LIBERDADE DE EXPRESSÃO E RELAÇÕES PRIVADAS

MARCOS EHRHARDT JÚNIOR
FABÍOLA ALBUQUERQUE LOBO
GUSTAVO ANDRADE
Coordenadores

LIBERDADE DE EXPRESSÃO E RELAÇÕES PRIVADAS

Belo Horizonte

FÓRUM

CONHECIMENTO JURÍDICO

2021

© 2021 Editora Fórum Ltda.

É proibida a reprodução total ou parcial desta obra, por qualquer meio eletrônico,
inclusive por processos xerográficos, sem autorização expressa do Editor.

Conselho Editorial

Adilson Abreu Dallari	Floriano de Azevedo Marques Neto
Alécia Paolucci Nogueira Bicalho	Gustavo Justino de Oliveira
Alexandre Coutinho Pagliarini	Inês Virgínia Prado Soares
André Ramos Tavares	Jorge Ulisses Jacoby Fernandes
Carlos Ayres Britto	Juarez Freitas
Carlos Mário da Silva Velloso	Luciano Ferraz
Cármen Lúcia Antunes Rocha	Lúcio Delfino
Cesar Augusto Guimarães Pereira	Marcia Carla Pereira Ribeiro
Clovis Beznos	Márcio Cammarosano
Cristiana Fortini	Marcos Ehrhardt Jr.
Dinorá Adelaide Musetti Grotti	Maria Sylvia Zanella Di Pietro
Diogo de Figueiredo Moreira Neto (*in memoriam*)	Ney José de Freitas
Egon Bockmann Moreira	Oswaldo Othon de Pontes Saraiva Filho
Emerson Gabardo	Paulo Modesto
Fabrício Motta	Romeu Felipe Bacellar Filho
Fernando Rossi	Sérgio Guerra
Flávio Henrique Unes Pereira	Walber de Moura Agra

FÓRUM
CONHECIMENTO JURÍDICO

Luís Cláudio Rodrigues Ferreira
Presidente e Editor

Coordenação editorial: Leonardo Eustáquio Siqueira Araújo
Aline Sobreira de Oliveira

Av. Afonso Pena, 2770 – 15º andar – Savassi – CEP 30130-012
Belo Horizonte – Minas Gerais – Tel.: (31) 2121.4900 / 2121.4949
www.editoraforum.com.br – editoraforum@editoraforum.com.br

Técnica. Empenho. Zelo. Esses foram alguns dos cuidados aplicados na edição desta obra. No entanto, podem ocorrer erros de impressão, digitação ou mesmo restar alguma dúvida conceitual. Caso se constate algo assim, solicitamos a gentileza de nos comunicar através do *e-mail* editorial@editoraforum.com.br para que possamos esclarecer, no que couber. A sua contribuição é muito importante para mantermos a excelência editorial. A Editora Fórum agradece a sua contribuição.

Dados Internacionais de Catalogação na Publicação (CIP) de acordo com a AACR2

L695	Liberdade de expressão e relações privadas / Marcos Ehrhardt Júnior, Fabíola Albuquerque Lobo, Gustavo Andrade (Coord.).– Belo Horizonte : Fórum, 2021. 582 p; 17x24cm ISBN: 978-65-5518-188-3 1. Direito Civil. 2. Tecnologia. 3. Direito Constitucional. I. Ehrhardt Júnior, Marcos. II. Lobo, Fabíola Albuquerque. III. Andrade, Gustavo. IV. Título. CDD: 342.1 CDU: 347.1

Elaborado por Daniela Lopes Duarte – CRB-6/3500

Informação bibliográfica deste livro, conforme a NBR 6023:2018 da Associação Brasileira de Normas Técnicas (ABNT):

EHRHARDT JÚNIOR, Marcos; LOBO, Fabíola Albuquerque; ANDRADE, Gustavo (Coord.). *Liberdade de expressão e relações privadas*. Belo Horizonte: Fórum, 2021. 582 p. ISBN 978-65-5518-188-3.

SUMÁRIO

APRESENTAÇÃO
Marcos Ehrhardt Júnior, Fabíola Albuquerque Lobo, Gustavo Andrade..................... 15

PARTE I
O PRINCÍPIO DA LIBERDADE DE EXPRESSÃO NAS RELAÇÕES PRIVADAS

LIBERDADE DE EXPRESSÃO E O DIREITO PRIVADO
Paulo Lôbo.. 19
1   Demarcando-se a liberdade de expressão e suas possibilidades..................... 19
2   A liberdade de expressão em face dos direitos da personalidade........................ 20
3   A liberdade de imprensa não pode sobrepor-se aos direitos da personalidade.. 21
4   Inviolabilidade dos direitos da personalidade... 23
5   Responsabilidade civil pelo abuso ou excesso da liberdade de expressão........... 24
6   Liberdade de expressão e direito de resposta e retratação................................. 26
7   Quando os princípios incidem, se aparentam colidir entre si?............................. 28

LIBERDADE DE EXPRESSÃO, ESTADO DE DIREITO E DEMOCRACIA
Gustavo Henrique Baptista Andrade... 31
1   Introdução... 31
2   Liberdade de expressão e os meios de comunicação... 36
3   Liberdade de expressão e redes sociais: o que há de novo 39
4   Tensão entre liberdade de expressão e democracia ontem e hoje...................... 45
5   Conclusão... 50
    Referências.. 53

MULTICULTURALISMO E AS RESTRIÇÕES IMPOSTAS PELO ESTADO AO
PLENO EXERCÍCIO DA LIBERDADE RELIGIOSA
**Adriano Marteleto Godinho, Rinaldo Mouzalas, Edhyla Carolliny Vieira
Vasconcelos Aboboreira**.. 57
1   Notas introdutórias.. 57
2   A expressão da religiosidade como exercício do direito fundamental à
    liberdade de crença 58
3   O caso chinês.. 64
4   O caso francês 65
5   O caso espanhol.. 67
6   O caso italiano 68
7   Considerações finais 69
    Referências.. 70

CORPO, LIBERDADE DE EXPRESSÃO E PRIVACIDADE: OS LIMITES DA
CONSTRUÇÃO DA SUBJETIVIDADE ESTÉTICO-CORPORAL
Thamis Dalsenter Viveiros de Castro, Vitor Almeida 73
    Introdução.. 73
1   O corpo transformado e fragmentado 76

2	O alcance da tutela jurídica do corpo e a autonomia existencial	78
3	Corpo e liberdade de expressão	83
4	Cirurgias estéticas, controle do corpo feminino e responsabilização civil do médico cirurgião plástico: breves apontamentos	87
	Considerações finais	92
	Referências	93

PARTE II
LIBERDADE DE EXPRESSÃO E REDES SOCIAIS

DIREITOS DA PERSONALIDADE E LIBERDADE DE EXPRESSÃO NAS REDES SOCIAIS: ATUALIZANDO CRITÉRIOS DE PONDERAÇÃO

Ana Carla Harmatiuk Matos, Hermano Victor Faustino Câmara		97
1	Introdução	97
2	Contornos legais e teóricos dos direitos da personalidade e da liberdade de expressão	99
2.1	Direitos da personalidade	100
2.2	Liberdade de expressão	102
2.3	Questões envolvendo conflito de direitos nas redes sociais	104
3	Atualização de critérios	105
3.1	Vedação do anonimato	106
3.2	Limitação circunstancial dos direitos da personalidade	107
3.3	Critério ético	109
3.4	Análise casuística dos conflitos	111
4	Conclusão	112
	Referências	114

DESAFIOS ATUAIS À DISCIPLINA JURÍDICA DA LIBERDADE DE EXPRESSÃO NAS REDES SOCIAIS

Eduardo Nunes de Souza, Rodrigo da Guia Silva, Cássio Monteiro Rodrigues		117
1	Introdução	117
2	Liberdade de expressão e merecimento de tutela	120
3	Potencialidades e limites da liberdade de expressão em redes sociais: revisitando o papel do provedor de aplicações	126
4	Novos passos na busca por critérios para a valoração da liberdade de expressão em redes sociais: manifestações políticas e o valor da democracia	130
5	Conclusão	134
	Referências	135

LIBERDADE DE EXPRESSÃO NAS REDES SOCIAIS E RESPONSABILIZAÇÃO DOS PROVEDORES

Geraldo Frazão de Aquino Júnior		137
1	Internet, liberdade contratual e liberdade de expressão	137
2	O direito e a responsabilidade civil	142
3	A responsabilidade civil na internet	144
4	A responsabilidade civil dos provedores de internet, a liberdade de expressão e a Lei nº 12.965, de 23.4.2014	148
5	Considerações finais	155
	Referências	156

PARTE III
LIBERDADE DE EXPRESSÃO E *FAKE NEWS*

FAKE NEWS, CAPITALISMO DE VIGILÂNCIA E REDES SOCIAIS
Maurício Requião, Luiza Moraes Galrão 161
1   Introdução 161
2   Capitalismo de vigilância 161
3   Entendendo as *fake news* 168
4   Algumas questões jurídicas sobre *fake news* e redes sociais 173
5   Considerações finais 176
     Referências 176

LIBERDADE DE EXPRESSÃO, *FAKE NEWS* E RESPONSABILIDADE CIVIL:
BREVES REFLEXÕES
José Luiz de Moura Faleiros Júnior 179
1   Introdução 179
2   Em busca de uma categorização conceitual para as *fake news* 180
3   A responsabilidade civil e as liberdades de imprensa e de expressão no
     contraponto à censura 183
4   Educação digital, ética da informação e os caminhos possíveis para a
     superação da desinformação 190
5   Considerações finais 196
     Referências 196

REPERCUSSÕES DO EXERCÍCIO DA LIBERDADE DE EXPRESSÃO E DA
DISSEMINAÇÃO DE *FAKE NEWS* NO CONTEXTO DA SOCIEDADE DA
INFORMAÇÃO
Clayton Douglas Pereira Guimarães, Michael César Silva 201
1   Considerações iniciais 201
2   Delineamentos da sociedade da informação 202
2.1   Sociedade da (des)informação e *fake news* 203
3   Delineamentos do direito à liberdade de expressão 206
4   Breves notas dos direitos da personalidade no Brasil 208
5   A tutela dos direitos da personalidade diante da divulgação de *fake news* 209
6   Considerações finais 213
     Referências 214

PARTE IV
LIBERDADE DE EXPRESSÃO NO DISCURSO HUMORÍSTICO

O MÉRITO DO RISO: LIMITES E POSSIBILIDADES DA LIBERDADE NO HUMOR
Carlos Edison do Rêgo Monteiro Filho, Maria Carla Moutinho Nery 219
1   Introdução 219
2   Liberdade de expressão: axiologia e fundamentos constitucionais 220
3   Abuso da liberdade: a judicialização da piada 223
4   O mérito do riso entre liberdade e direitos da personalidade. A experiência
     europeia 228
5   Conclusão: tentativa de solução por critérios objetivos 232
     Referências 234

DO POLITICAMENTE (IN)CORRETO AO FILTRO DOS DIREITOS HUMANOS E FUNDAMENTAIS: LEVANDO A SÉRIO A LIBERDADE DE EXPRESSÃO DO DISCURSO HUMORÍSTICO

Gabriel Schulman, João Paulo Capelotti.. 237

1 Já ouviu aquela do artigo que não tinha introdução? Contextualização e recorte 238

2 O caso Geraldim 240

3 A devoção aos direitos fundamentais, o humor e a religião. Como lidar com o mandamento de não ofender no contexto da liberdade de expressão................. 243

4 Em busca de critérios nas interfaces entre liberdade de expressão e o humor.... 247

Referências... 252

PARTE V
LIBERDADE DE EXPRESSÃO × DISCURSO DE ÓDIO

O PRAGMATISMO JURÍDICO DE HOLMES E SUA INTERPRETAÇÃO DA LIBERDADE DE EXPRESSÃO NAS RELAÇÕES PARTICULARES: OS LIMITES DO DISCURSO DE ÓDIO

Adrualdo de Lima Catão... 257

1 Introdução 257

2 Pragmatismo como teoria do direito: características principais 258

3 Evolucionismo e pragmatismo: o método do *common law*............................. 259

4 Pragmatismo jurídico e os limites da liberdade de expressão 263

5 Considerações finais 266

Referências... 268

"ZONA LIVRE PARA OFENSAS" E A LIBERDADE DE EXPRESSÃO NAS REDES SOCIAIS

Carlos E. Elias de Oliveira.. 269

1 Introdução 269

2 "Zona livre para ofensas" e o plano da existência dos negócios jurídicos 270

3 Rede social: um ambiente com uma "zona livre para ofensas" mais alargada ... 273

4 Conclusão... 276

LIMITES À LIBERDADE DE EXPRESSÃO E O (DES)RESPEITO À DIVERSIDADE: A DEMARCAÇÃO DISCURSIVA DO DISCURSO DE ÓDIO CONTRA GRUPOS SOCIALMENTE ESTIGMATIZADOS NO BRASIL

Carlos Henrique Félix Dantas, Manuel Camelo Ferreira da Silva Netto 277

Introdução 277

1 O estigma e a vulnerabilidade como fatores propulsores do discurso de ódio: a diversidade como alvo de depreciação ante o padrão de "normalidade" hegemonicamente imposto.. 279

2 A demarcação conceitual do discurso de ódio no direito para a promoção do respeito à diversidade: fronteiras da liberdade expressão.................................. 285

2.1 Estudo do caso Siegfried Ellwanger (STF – Habeas Corpus nº 82.424): a liberdade de expressão comporta discursos discriminatórios?......................... 288

2.2 Redes sociais e a expansão do discurso de ódio contra grupos estigmatizados.. 291

3 O discurso de ódio na prática: estudo de dois casos que envolvem excessos na liberdade de expressão a partir da aplicação da matriz de variáveis................... 293

3.1	O candidato à Presidência da República e a homofobia ostensiva: "Aparelho excretor não reproduz"	294
3.2	O deputado federal e a "ironia" do machismo: "Não te estupro porque você não merece"	299
	Considerações finais	304
	Referências	306

PARTE VI
LIBERDADE DE EXPRESSÃO NAS RELAÇÕES FAMILIARES E SUCESSÓRIAS

LIBERDADE DE EXPRESSÃO: UM DIREITO ABSOLUTO NO AMBIENTE FAMILIAR?
Simone Tassinari Cardoso Fleischmann, Eduarda Victória Menegaz dos Santos 311

1	A proposta do presente estudo	311
2	Da liberdade de expressão nas relações familiares	313
3	Do levantamento de dados	315
3.1	Da pesquisa empírica realizada e da metodologia empregada	315
3.2	Dos dados qualiquantitativos	316
3.3	Ofensas verbais no contexto familiar *versus* agressões verbais proferidas contra estranhos	319
4	Notas conclusivas	322
	Referências	323
	Jurisprudência	324

ABUSO NO EXERCÍCIO DA LIBERDADE DE EXPRESSÃO E INDIGNIDADE NO DIREITO DE FAMÍLIA
Felipe Quintella, Tereza Cristina Monteiro Mafra | 327

1	Considerações iniciais	327
2	A vagueza semântica da locução procedimento indigno	328
3	Ato ilícito por abuso no exercício da liberdade de expressão	331
4	Indignidade do alimentando por abuso no exercício da liberdade de expressão	333
4.1	Indignidade do alimentando e abuso no exercício da liberdade de expressão na doutrina	333
4.2	Indignidade do alimentando e abuso no exercício da liberdade de expressão na jurisprudência	335
5	Considerações finais	342
	Referências	343

A HIPERSEXUALIZAÇÃO INFANTOJUVENIL NA INTERNET E O PAPEL DOS PAIS: LIBERDADE DE EXPRESSÃO, AUTORIDADE PARENTAL E MELHOR INTERESSE DA CRIANÇA
Ana Carolina Brochado Teixeira, Filipe Medon | 345

1	Notas introdutórias: a hipersexualização está na mídia e caminha ao lado do *(over)sharenting*	345
2	Autoridade parental no ambiente digital	350
3	O fenômeno da hipersexualização	353
4	Caminhos talhados pelo Estatuto da Criança e do Adolescente	357
5	Conclusão	360
	Referências	361

SHARENTING: NOTAS SOBRE LIBERDADE DE EXPRESSÃO, AUTORIDADE PARENTAL, PRIVACIDADE E MELHOR INTERESSE DE CRIANÇAS E ADOLESCENTES

André Luiz Arnt Ramos 363

    Introdução 363

1   *Sharenting* 364

2   Privacidade 366

3   Liberdade de expressão 368

4   Autoridade parental 369

5   Melhor interesse da criança e do adolescente 371

6   Perspectivas 373

    Referências 376

"DEIXE QUE DIGAM, QUE PENSEM, QUE FALEM": LINEAMENTOS SOBRE LIBERDADE DE EXPRESSÃO E DIREITO SUCESSÓRIO

Fernanda Leão Barretto, Marília Pedroso Xavier 379

    Introdução 379

1   Zonas de penumbra na intersecção entre indignidade e deserdação 382

2   Deserdação e injúria grave: em busca de um conceito 385

    Provocações finais 389

    Referências 390

PARTE VII
LIBERDADE DE EXPRESSÃO E RESPONSABILIDADE CIVIL

RESPONSABILIDADE CIVIL E IMPRENSA: DANOS E LIBERDADES COMUNICATIVAS

Felipe Braga Netto 395

1   Liberdades comunicativas: liberdade de informar e de ser informado como direito fundamental 395

2   Critérios hermenêuticos: definindo alguns passos 396

2.1   As liberdades comunicativas devem encontrar limites prévios ao seu exercício? 397

2.2   Os abusos, quando configurados, são ilícitos 399

2.3   A sátira e o humor, mesmo quando incisivos, devem ser admitidos ... 401

2.4   O direito de resposta como tutela específica 401

2.5   Qual a natureza da responsabilidade civil dos veículos de imprensa? 402

3   Contextualizando o uso da imagem alheia 404

3.1   Alguns aspectos relacionados ao uso da imagem alheia 405

4   Deveres gerais da imprensa 408

4.1   Dever de veracidade 408

4.1.1   Exige-se da imprensa o grau de certeza da prova judicial? ... 408

4.2   Dever de pertinência 409

4.3   Dever de cuidado 410

    Referências 411

RESPONSABILIDADE CIVIL DOS PROVEDORES DE INTERNET: A LIBERDADE DE EXPRESSÃO E O ART. 19 DO MARCO CIVIL

Ana Frazão, Ana Rafaela Medeiros 413

1   Introdução 413

2   O retrocesso do Marco Civil da Internet e a jurisprudência brasileira que o precedeu 415

3   O protagonismo das plataformas na curadoria e no gerenciamento de conteúdos 418

4   A liberdade de expressão e a necessidade de conferir interpretação sistemática e finalística ao art. 19 do Marco Civil da Internet 422

5   Conclusões 429

     Referências 430

ATOS NOTARIAIS, RELAÇÕES PRIVADAS E SEUS LIMITES DIANTE DA LIBERDADE DE EXPRESSÃO DOS USUÁRIOS DAS SERVENTIAS EXTRAJUDICIAIS
Gustavo Simões Pioto 433

1   Introdução 433

2   Liberdade de expressão 433

3   Aplicação dos direitos fundamentais às relações privadas 434

4   Conflito entre direitos fundamentais 435

5   Funções e atos notariais 436

6   Limites aplicáveis 439

7   Conclusão 443

     Referências 444

INTERSECÇÕES ENTRE AS RESPONSABILIDADES CIVIL E PENAL NO (AB)USO DA LIBERDADE DE EXPRESSÃO: PONDERAÇÕES SOBRE LIMITES, CONTROLE E EFICÁCIA EM MÍDIAS SOCIAIS
Bruno Cavalcante Leitão Santos, Francisco de Assis de França Júnior 447

1   Introdução 447

2   Liberdade de expressão no ordenamento jurídico brasileiro: uma perspectiva panorâmica 448

3   A (des)necessidade da tutela penal: uma perspectiva a partir da tutela da honra 452

4   A (in)suficiência da tutela civil 456

5   O exemplo do controle administrativo das mídias sociais pela via da responsabilidade civil contratual 459

6   Considerações finais 462

     Referências 463

PARTE VIII
INTERSECÇÕES DA LIBERDADE DE EXPRESSÃO COM O DIREITO PÚBLICO

A TEORIA DA PROTEÇÃO DÉBIL DO HOMEM PÚBLICO E A NECESSÁRIA PONDERAÇÃO ENTRE LIBERDADE DE EXPRESSÃO E O EXERCÍCIO DOS DIREITOS POLÍTICOS
Caio Buarque, Thiago Bomfim 467

     Referências 479

LIBERDADE DE EXPRESSÃO DOS SERVIDORES PÚBLICOS: RESPONSABILIDADE CIVIL POR DANOS A TERCEIROS E À ADMINISTRAÇÃO PÚBLICA
Romualdo Baptista dos Santos 481

     Introdução 481

1   Apontamentos sobre a liberdade de expressão 481

2	Fronteiras da liberdade de expressão	483
3	Liberdade de expressão dos servidores públicos	484
4	Limites à liberdade de expressão dos servidores públicos	485
5	Danos que podem resultar do exercício da liberdade de expressão dos servidores públicos	488
6	Contornos da responsabilidade civil do Estado e dos agentes públicos	489
7	Caracterização da responsabilidade civil em razão da liberdade de expressão dos agentes públicos	491
	Conclusões	493
	Referências	493

DIREITO À PRIVACIDADE PRESIDENCIAL: A PROTEÇÃO ÀS INFORMAÇÕES RELATIVAS À CONDIÇÃO DE SAÚDE DO PRESIDENTE DA REPÚBLICA EM FACE DA LIBERDADE DE IMPRENSA

Igor de Lucena Mascarenhas, Ana Paula Correia de Albuquerque da Costa		497
1	Introdução	497
2	Liberdade de imprensa como prerrogativa de Estados democráticos	498
3	Os direitos da personalidade e a teoria das esferas	499
3.1	O sigilo médico como pressuposto básico para a defesa da intimidade	502
3.2	Dos recentes casos de violação de direitos da personalidade de pessoas públicas	504
4	Exibição de documentos médicos pelo presidente da República no contexto da pandemia	505
4.1	Intimidade médica e outros casos famosos	507
5	Conclusões	508
	Referências	509

PARTE IX
A COMPREENSÃO DOS TRIBUNAIS BRASILEIROS SOBRE A LIBERDADE DE EXPRESSÃO

O CASO DA ESCOLA BASE: A LIBERDADE DE EXPRESSÃO E A LESÃO AOS DIREITOS DA PERSONALIDADE SOB A ÓTICA DA ADPF Nº 130 E DO ENUNCIADO Nº 613 DO CJF

Danielle Spencer, Elaine Buarque		513
1	Introdução	513
2	Aspectos gerais sobre a tutela dos direitos da personalidade	516
3	Direito à privacidade versus direito à liberdade de expressão: (im) possibilidade de sua violação	519
4	A liberdade de expressão ou liberdade de imprensa sob a ótica da ADPF nº 130/DF/2009	524
5	Total procedência da ADPF nº 130/DF/2009, para o efeito de declarar como não recepcionado pela Constituição de 1988 todo o conjunto de dispositivos da Lei Federal nº 5.250, de 9.2.1967	527
6	O caso da Escola Base e a mídia como mecanismo de construção social versus a lesão aos direitos da personalidade: hipervalorização da liberdade de expressão ou jornalismo de mercado?	529
7	Conclusão	537
	Referências	538

BREVES CONSIDERAÇÕES SOBRE AS BIOGRAFIAS E A LIBERDADE DE EXPRESSÃO, APÓS O JULGAMENTO DA ADI Nº 4.815 PELO SUPREMO TRIBUNAL FEDERAL
Paula Falcão Albuquerque, José Barros Correia Júnior 541
    Considerações iniciais 541
1   A Constituição Federal de 1988 e os direitos à liberdade de expressão, à intimidade e à privacidade 542
2   Contornos acerca da decisão da ADI nº 4.815 545
3   Posicionamentos contrários a alguns argumentos postos na decisão da ADI nº 4.815/DF 549
    Considerações finais 554
    Referências 555

LGPD E O DIREITO AO ESQUECIMENTO NO CENÁRIO DA PROTEÇÃO DE DADOS PESSOAIS NO DIREITO BRASILEIRO
Marcos Ehrhardt Jr., Guilherme Lopes da Matta 557
    Introdução 557
1   Direito ao esquecimento: em busca de um conceito 559
2   O que podemos extrair da experiência europeia? 563
3   Como a questão vem sendo tratada no direito brasileiro? 568
    Conclusão 574
    Referências 575

SOBRE OS AUTORES 577

APRESENTAÇÃO

A compreensão sobre os limites e possibilidades de aplicação do princípio da liberdade de expressão nas relações privadas já vem há muito tempo na pauta de discussão da doutrina e dos tribunais, porém assumiu importância nos últimos anos, dada a expansão do uso de ferramentas tecnológicas de interação social, que permitem uma rápida difusão da informação, com amplo acesso a conteúdo, do mesmo modo que induzem certa polarização de interesses por conta da arquitetura de programação das plataformas regidas por aplicações de inteligência artificial.

Não é necessário destacar a importância do tema na atualidade, quando vivenciamos a era da informação, marcada pelo tráfego de um número quase infinito de dados (*big data*) e de forte exposição das pessoas nas redes sociais. Não faltam ocorrências envolvendo conflitos relacionados à tensão entre a liberdade de expressão e os direitos da personalidade, e até outros direitos fundamentais de ordem econômica e política. Desde a criação da internet na década de 1990 até os dias atuais, a rede mundial de computadores passou por diversas fases e evoluiu em gerações, encontrando-se hoje em uma etapa em que o próprio usuário produz, publica e difunde suas ideias, de modo que se torna cada vez mais desafiador o tratamento jurídico da questão.

O livro foi dividido em nove partes, cada qual abrangendo um aspecto ou a interlocução da liberdade de expressão com diversos institutos e disciplinas do direito privado, em especial do direito civil. A primeira parte traz reflexões sobre o estado da arte da liberdade de expressão e uma abordagem mais voltada à contextualização desse princípio no ambiente do direito privado sob a chancela do Estado democrático de direito, além de uma análise de uma das vertentes da liberdade de expressão – a liberdade religiosa – à luz das restrições impostas pelo Estado ao seu exercício. Cabe aqui também uma reflexão sobre os limites da construção da subjetividade estético-corporal e sua correlação com a liberdade de expressão.

A Parte II apresenta inquietações acerca do uso das redes sociais, *locus* atual das manifestações relativas ao exercício do direito à liberdade de expressão, com implicações diretas nos direitos da personalidade e sua estreita ligação com o direito de danos. As chamadas *fake news* compõem o conteúdo da terceira parte da obra sob a ótica do debate na ambiência da sociedade da informação, com questionamentos acerca não somente da liberdade de expressão, mas também da disseminação de falsos conteúdos nas redes sociais.

A quarta parte apresenta uma característica específica da liberdade de expressão em uma perspectiva relacionada à sátira humorista, fonte de muitos conflitos, em especial com relação a agentes políticos, pessoas famosas e até mesmo grupos que representam minorias, comumente vítimas de discriminação. Na sequência, o foco da atenção destina-se à análise de área bastante sensível no estudo do tema, versando sobre o discurso de ódio. Os textos nela inseridos trazem à discussão ponto crucial, qual seja, aquele que diz respeito ao limite imposto entre o que deve exprimir a livre expressão e o que representa, de fato, o discurso de ódio, descortinando dificuldades geralmente encontradas pelo doutrinador e, de uma maneira geral, pelo intérprete na análise da questão.

As relações familiares e sucessórias são o objeto da abordagem contida na sexta parte da obra, a qual coloca a liberdade de expressão no centro das discussões ali desenvolvidas, centradas igualmente no estabelecimento de limites ao exercício da livre expressão face a outros direitos que perpassam ditas relações jurídicas no âmbito do direito das famílias e das sucessões.

O direito de danos ressurge na Parte VII de forma específica e casuística, situando a responsabilidade civil nas mais diversas situações jurídicas e atos praticados na imprensa, nos provedores de internet, nas serventias extrajudiciais, visitando também a interlocução entre as responsabilidades civil e penal no exercício da liberdade de expressão.

A oitava parte do livro discute a liberdade de expressão em suas intersecções com o direito público, trazendo à tona sua relação com outros direitos fundamentais, a exemplo dos direitos políticos, com foco no agente público, quer no que diz respeito a sua tutela, quer quanto a sua responsabilização, no caso do cometimento de danos. Por fim, a Parte IX leva o leitor a uma análise da liberdade de expressão sob a ótica de decisões judiciais, resgatando a problemática relativa às biografias e lembrando um dos mais emblemáticos casos de responsabilidade civil já ocorridos no país, o da "Escola Base", nos anos 90 do século passado, na cidade de São Paulo. Para terminar, reserva-se um momento para reflexão acerca do denominado "direito ao esquecimento" na experiência jurídica brasileira.

Assim é que entregamos com muita satisfação à comunidade jurídica obra com a participação de pesquisadores de todo o Brasil, produção inédita em uma das áreas mais debatidas pelos juristas na atualidade, momento em que vem se tornando urgente o enfrentamento da questão, considerando, entre diversas outras circunstâncias, a polarização política que o país vive, a grave crise sanitária, econômica e institucional que se atravessa e a arena implacável em que foram transformadas as redes sociais.

Maceió/Recife, 14 de março de 2021.

Marcos Ehrhardt Júnior
contato@marcosehrhardt.com.br

Fabíola Albuquerque Lobo
fabiolalobo13@gmail.com

Gustavo Andrade
gustavo@gustavoandrade.adv.br

PARTE I

O PRINCÍPIO DA LIBERDADE DE EXPRESSÃO NAS RELAÇÕES PRIVADAS

LIBERDADE DE EXPRESSÃO E O DIREITO PRIVADO

PAULO LÔBO

1 Demarcando-se a liberdade de expressão e suas possibilidades

A liberdade de expressão, no âmbito do direito público constitucional, ostenta consolidação histórica de mais de dois séculos, como uma das garantias das liberdades individuais. O mesmo não se pode dizer de sua interlocução com o direito privado, máxime dos direitos da personalidade, caracterizada por tensões, colisões e pouca densidade teórica.

A história da liberdade de expressão é atravessada pelas vicissitudes por que passou a imprensa, nos dois últimos séculos, ao ponto de ser confundida com a liberdade de imprensa, que é uma de suas espécies. Desde a Primeira Emenda à Constituição dos EUA, de 1791, essa aparente confusão emergiu, pois ela estabeleceu a proibição ao Congresso federal americano (depois a Suprema Corte a estendeu aos Estados-Membros e aos demais poderes) de fazer qualquer lei "restringindo a liberdade de expressão, ou da imprensa" (*abridging the freedom of speech, or of the press*), cuja expressão pode ser entendida como relativa a duas espécies ou a apenas uma, sendo a segunda desdobramento da primeira.

Os publicistas entendem, em geral, que a liberdade de expressão é mais ampla, não podendo conter-se na liberdade de imprensa. Esta, por seu tuno, é específica, dados seus propósitos de informar e comunicar. Com efeito, a liberdade de expressão acompanha a história da humanidade, desde quando as primeiras sociedades se organizaram em torno de poderes públicos ou privados estabelecidos por consenso ou pela força.

Nenhum poder, público ou privado, aceita sem tensão e conflito a liberdade de expressão, porque esta é limitadora daquele. Quanto maior o grau de despotismo, maior a contenção da liberdade de expressão, na mesma proporção, seja ela oral ou reproduzida em qualquer meio de divulgação.

A história dos povos é marcada pela repressão, perseguição ou morte daqueles que contrariaram os interesses do poder político, do poder religioso, do poder econômico e quaisquer outros poderes sociais dominantes. Assim, a história da liberdade de expressão ou de sua repressão é parte fundamental da história das sociedades politicamente organizadas.

As artes, em quaisquer de suas modalidades – literatura, artes plásticas, música, arte dramática, artes populares e tradicionais, artes rupestres etc. –, inexistem sem a liberdade de expressão. Elas nem sempre agradam aos poderes dominantes. As ciências, a reflexão crítica exposta, a produção intelectual em geral inexistem sem liberdade de expressão, pois esta é de sua essência mesma, na medida que se realizam a partir das dúvidas, dos questionamentos e da problematização dos saberes instituídos. A censura prévia, as ameaças ou atentados à liberdade pessoal de artistas, autores, pensadores, cientistas são constantes nas sociedades, de acordo com o grau de despotismo que sofrem ou sofreram.

Podemos citar, como exemplos de graus máximos de atentados à liberdade de expressão, as aterrorizantes fogueiras da inquisição religiosa nas quais foram imolados os dissidentes do credo oficial, ou as não menos aterrorizantes fogueiras de livros no auge das ditaduras, com intuito de destruir obras e pensamentos divergentes.

A liberdade de expressão atinge sua plenitude de reconhecimento jurídico com o advento do constitucionalismo contemporâneo, máxime com a afirmação das liberdades públicas. Mas logo se percebeu que, sem democracia, a liberdade de expressão era uma quimera. Os regimes ditatoriais contemporâneos também buscaram legitimidade na aparente legalidade constitucional, ainda que imposta, inclusive para impedir ou restringir a liberdade de expressão. Sem democracia, portanto, não se pode falar de liberdade de expressão.

Esses são os pontos de partida da atual compreensão da liberdade de expressão, que nos permitem sindicar de sua interação com outras garantias fundamentais, em uma perspectiva civil constitucional. Dito de outro modo, interessam-nos os pontos de intercessão da liberdade de expressão e os institutos civilísticos correlacionados, notadamente os direitos da personalidade, cuja incorporação ao direito privado é recente.

2   A liberdade de expressão em face dos direitos da personalidade

Quando os direitos da personalidade emergiram como categorias fundamentais do direito privado no plano legislativo, nas últimas décadas – no Brasil, apenas com o advento da Constituição de 1988 e do Código Civil de 2002 –, foi inevitável que muitas de suas dimensões esbarrassem nas dimensões próprias da liberdade de expressão. Dois problemas, desde então, se apresentaram, ante a aparente colisão: o da supremacia *a priori* de uma contra outra; ou da harmonização possível entre elas.

A supremacia *a priori* tem sido relacionada à prevalência do que se entenderia como interesse público sobre o interesse privado. Nessa linha de pensamento, a liberdade de expressão ostentaria maior grau de interesse público. Assim, os direitos da personalidade, que tutelariam apenas interesses privados, deveriam sempre ceder à garantia da liberdade de expressão. Esse entendimento tem sido encontrado em nossa doutrina jurídica – principalmente de direito público – e nos fundamentos de diversos julgados de nossos Tribunais, inclusive do Supremo Tribunal Federal.

Porém, se atentarmos para os enunciados normativos da Constituição de 1988, por exemplo do inc. X do art. 5º ("X - são invioláveis a intimidade, a vida privada, a honra e a imagem das pessoas, assegurado o direito a indenização pelo dano material ou moral decorrente de sua violação"), é difícil inferir deles a submissão necessária *a priori* ao que se entenderia por interesse público da liberdade de expressão.

Em verdade, a Constituição estabelece exatamente o não prevalecimento da liberdade de expressão sobre os direitos da personalidade, como se vê neste preceito do capítulo destinado à comunicação social: "Art. 220. [...] §1º Nenhuma lei conterá dispositivo que possa constituir embaraço à plena liberdade de informação jornalística em qualquer veículo de comunicação social, observado o disposto no art. 5º, IV, V, X, XIII e XIV". A referência expressa ao inc. X, ao contrário do que se tem expressado na doutrina e na jurisprudência, significa que a inviolabilidade dos referidos direitos da personalidade é oponível, inclusive, à liberdade de expressão.

Entendemos, portanto, que não há prevalência *a priori* da liberdade de expressão sobre os direitos da personalidade, pois a Constituição os pôs no mesmo plano. Essa orientação contrasta firmemente com alguns dos fundamentos da decisão do STF, na ADPF nº 130, que entendeu não recepcionada (modalidade de inconstitucionalidade, adotada no Brasil) inteiramente a Lei de Imprensa (Lei nº 5.250/1967), por incompatibilidade com a Constituição de 1988, como veremos a seguir.

3   A liberdade de imprensa não pode sobrepor-se aos direitos da personalidade

Constam de ementa do acórdão da ADPF nº 130, julgada em 2009, alguns problemáticos enunciados argumentativos (os grifos são nossos):

(1) "[...] as relações de imprensa e as relações de intimidade, vida privada, imagem e honra são de *mútua excludência*, no sentido de que as primeiras se antecipam, no tempo, às segundas; ou seja, antes de tudo *prevalecem as relações de imprensa* como superiores bens jurídicos e natural forma de *controle social sobre o poder do Estado*, sobrevindo as demais relações como *eventual responsabilização* ou consequência do pleno gozo das primeiras".

(2) "*Somente depois* é que se passa a cobrar do titular de tais situações jurídicas ativas um eventual desrespeito a direitos constitucionais alheios".

(3) "*Determinação constitucional de momentânea paralisia* à *inviolabilidade de certas categorias de direitos subjetivos fundamentais*, porquanto a cabeça do art. 220 da Constituição veda qualquer cerceio ou restrição à concreta manifestação do pensamento".

(4) "[...] a *excessividade indenizatória* é, *em si mesma, poderoso fator de inibição da liberdade de imprensa*, em violação ao princípio constitucional da proporcionalidade".

Esses excertos da ementa do acórdão conduzem a conclusões, a nosso ver, equivocadas e merecedoras de crítica doutrinária, pois:

a) parecem atribuir prevalência liberdade de imprensa *a priori* sobre os direitos da personalidade, invertendo o que estabelece, por exemplo, o inc. X do art. 5º da Constituição;

b) por serem de "mútua excludência", rejeitam a incidência conjunta ou harmônica dos preceitos regentes da liberdade de imprensa e da garantia dos direitos da personalidade;

c) ao mesmo tempo, parecem restringir-se essencialmente à oponibilidade ao poder político, quando aludem ao "controle social sobre o poder do Estado", deixando na opacidade a identidade ou não da aplicabilidade da decisão quando a ofensa disser respeito estritamente às relações privadas (imprensa particular *versus* pessoa física particular), sem repercussões políticas. Todavia, podem também ser entendidos como dirigidos igualmente ao Estado-Juiz, para inibi-lo de ponderar esses interesses em conflito, ainda que estritamente privados;

d) deles parecem resultar que a responsabilidade civil pelos danos morais, injustamente causados aos particulares no exercício abusivo ou excessivo da liberdade de imprensa, apenas pode ser exigida judicialmente após a consumação do dano, ficando vedadas as medidas preventivas que possam impedir o dano inevitável ou interrompê-lo, quando continuado;

e) a alusão à "paralisia à inviolabilidade" dos direitos da personalidade, que a Constituição não prevê, inova a ordem constitucional, pois o que é inviolável não pode ser suspenso por decisão judicial, o que desfiguraria essa magna garantia;

f) cerceiam a independência jurisdicional, quando advertem sobre a "excessividade indenizatória", sem definir o seu significado.

Ao que parece, o STF decidiu ainda sob o impacto da história da censura arbitrária, ideológica e violenta que se abateu sobre a imprensa, enquanto perdurou a ditadura militar. O fato de ter sido a Lei de Imprensa editada durante esse triste período de nossa história recente não é razão suficiente para considerá-la inteiramente imprestável, inclusive no que concerne à responsabilidade civil preventiva ou reparadora pelos danos causados às pessoas, em virtude de excessos e abusos, que são regras comuns encontradas nas legislações nacionais emanadas de regimes democráticos. Se essa razão fosse suficiente, então todas as leis editadas durante a ditadura militar (entre os exemplos, a Lei dos Registros Públicos) deveriam ser consideradas não recepcionadas pela Constituição de 1988.

O STF inverteu o fim do preceito constitucional, resultando no impedimento da vítima em prevenir a ofensa pelo exercício abusivo e excessivo da liberdade de imprensa. É insustentável que se possa livremente violar os direitos da personalidade, notadamente os relativos à intimidade, à vida privada, à imagem e à honra, para apenas após o seu cometimento pugnar por receber uma indenização por dano moral – sempre sob o risco de configurar "excessividade indenizatória" –, que jamais permite ao ofendido a restituição ao estado anterior. A ofensa perdura enquanto alguém tiver acesso à informação ofensiva divulgada pelos meios de comunicação, jornais impressos, gravações, vídeos da época. Em tempos de internet, a ofensa é praticamente perpétua.

Com essa decisão, o STF erigiu a liberdade de imprensa em valor ou princípio constitucionais absolutos ou ilimitados. A doutrina jurídica, aqui e alhures, tem sustentado que não há, nas Constituições democráticas, princípios absolutos, que não admitem discussão, limitação, controle, incidência conjunta com outros ou balanceamento. Princípios que tais são próprios de ordens autocráticas, como vigoraram durante o Estado absoluto, primeira etapa do Estado moderno, ou nas ditaduras contemporâneas.

Ao bloquear medidas preventivas de ofensas, ou a interrupção das ofensas continuadas ou repetidas pelos veículos de imprensa, condenou permanentemente as vítimas à imolação moral.

A responsabilidade civil preventiva não é censura, porque não tem por fito impedir a liberdade de imprensa, mas evitar o dano.

A Lei Geral de Proteção de Dados – LGPD (Lei nº 13.709/2018) é exemplo de responsabilidade civil preventiva, que pode ser aplicada, analogicamente, às publicações da imprensa. A LGPD, art. 6º, VIII, estabelece que as atividades de tratamento de dados pessoais pelos agentes (pessoas físicas e jurídicas) deverão observar o princípio de prevenção, mediante a adoção de medidas para prevenir a ocorrência de danos em virtude desse tratamento, além do dever de demonstrar e comprovar a observância, o cumprimento e a eficácia das normas de proteção dos dados.

O limite da liberdade de expressão é o dano, que deve ser prevenido e não apenas reparado *a posteriori*.

O próprio STF, contrariando a orientação que prevaleceu na ADPF nº 130, decidiu no caso Ellwanger (HC nº 82.424) que a liberdade de imprensa não incluía a incitação ao racismo; também decidiu (RHC nº 146.303) que a incitação ao ódio público contra qualquer denominação religiosa e seus seguidores não está protegida pela liberdade de expressão, cujo exercício não é absoluto. Percebe-se, nesses casos, o afastamento da prevalência *a priori* da liberdade de expressão, inclusive da liberdade de imprensa.

4   Inviolabilidade dos direitos da personalidade

Além dos direitos da personalidade referidos no paradigmático inc. X do art. 5º, a Constituição especifica outros, os quais também são invioláveis, inclusive em razão do exercício da liberdade de expressão, porque são inerentes à pessoa humana e à sua dignidade (art. 1º, III).

A Constituição protege, igualmente, os direitos da personalidade relativos à vida, à liberdade, à identidade pessoal, à integridade psicofísica e moral, à diversidade e integridade genéticas, à igualdade das pessoas vulneráveis (criança, idoso ou com deficiências).

A constitucionalização dos direitos fundamentais muito contribuiu para se confirmar essa relevância jurídica, pois os direitos da personalidade, ambientados nas relações privadas, são espécies do gênero direitos fundamentais. Contudo, nem todos os direitos fundamentais, corporificados ou não na Constituição, são direitos da personalidade, porque aqueles vão mais longe que estes, na medida em que atribuem direitos a organizações que não são pessoas e envolvem direitos sociais, econômicos e culturais, que não são direitos da personalidade, por não serem inerentes à pessoa humana.

Os direitos da personalidade fizeram percurso oposto ao dos demais institutos jurídicos fundamentais: em vez de migrarem do direito civil para a Constituição, vieram desta para o direito civil infraconstitucional.

O Código Civil de 2002 dedica um capítulo da parte geral aos direitos da personalidade, selecionando aqueles que produzem efeitos mais agudos nas relações civis, a saber: direito à integridade física, proibindo-se atos de disposição ao próprio corpo, salvo para fins de transplante e, gratuitamente, após a morte, para fins científicos ou altruísticos; vedação de tratamento médico ou intervenção cirúrgica não consentidos; direito à identidade pessoal (direito a ter nome e a impedir que seja usado de modo a expor ao ridículo ou com intenção difamatória; proibição de usar o nome alheio, sem autorização, para fins publicitários; proteção ao pseudônimo); direito à imagem; direito à honra; direito à vida privada.

Essa fragmentação normativa não deve perder o sentido da estrutura existencial da pessoa, que exige uma proteção unitária e integral, não admitindo ser substancialmente parcelada em multiplicidade de aspectos, desconectados uns dos outros, cada um dos quais se apresenta como um interesse juridicamente tutelável de modo autônomo, como bem adverte o jurista peruano Carlos Fernández Sessarego em suas obras.

Os direitos da personalidade, por serem inerentes à pessoa em si, não se originam de qualquer relação jurídica. Neles, a relação jurídica é derivada, ou seja, dá-se por efeito reflexo de sua violação por outrem, geradora de deveres e obrigações de fazer, ou de não fazer ou de reparar o dano.

Os direitos da personalidade na perspectiva do direito civil constituem o conjunto de direitos inerentes à pessoa, notadamente a pessoa humana, que prevalecem sobre todos os demais direitos subjetivos privados.

Sua natureza não patrimonial, em desacordo com a cultura jurídica ocidental de valorização do indivíduo proprietário, fez com que permanecessem à margem do direito civil. Foi preciso que se avançasse na compreensão de que sua violação deveria se enquadrar no âmbito dos danos e, fundamentalmente, dos danos morais, espécies do gênero danos não patrimoniais.

Os principais desafios que a aplicação dos direitos da personalidade enfrenta, inclusive no cotidiano do sistema judiciário, máxime os que se enquadram no direito à privacidade, são: a) sua abdicação no inconsciente coletivo em prol da sensação de mais segurança, multiplicando-se aspectos do que já se denominou sociedade de vigilância; b) o argumento da primazia *a priori* da liberdade de expressão; c) a exposição pública dos dados pessoais, voluntária ou praticada ilicitamente por terceiros na sociedade da informação, nos meios de comunicação e nas chamadas redes sociais.

No sentido que defendemos é o Enunciado nº 613 das Jornadas de Direito Civil (CJF/STJ): "A liberdade de expressão não goza de posição preferencial em relação aos direitos da personalidade no ordenamento jurídico brasileiro".

5 Responsabilidade civil pelo abuso ou excesso da liberdade de expressão

Qualquer ofensa a direito de personalidade, inclusive por abuso ou excesso da liberdade de expressão, é fato ilícito que dá ensejo à prevenção ou compensação do dano moral decorrente. A interação entre danos morais e direitos da personalidade é tão estreita que se deve indagar a possibilidade da existência daqueles fora do âmbito destes. Ambos sofreram a resistência de grande parte da doutrina em considerá-los objetos autônomos do direito.

As trajetórias dos dois institutos ficaram indissoluvelmente ligadas, com reconhecimento expresso na Constituição de 1988, que os tratou em conjunto, principalmente no já mencionado inc. X do art. 5º. A interação não é ocasional, mas necessária. A referência na Constituição aos danos morais inclui implicitamente os danos existenciais, que comprometem o projeto de vida da pessoa e sua vida em relação, de modo permanente, quando ocorrem simultaneamente em razão do mesmo fato.

A inserção constitucional dos direitos da personalidade e dos danos morais consagra a evolução pela qual ambos os institutos jurídicos têm passado. Os direitos da personalidade, por serem extrapatrimoniais, encontram excelente campo de aplicação nos danos morais, que têm a mesma natureza não patrimonial. Ambos têm por objeto bens integrantes da interioridade da pessoa, que não dependem da relação com os essenciais à realização da pessoa, ou seja, aquilo que é inerente à pessoa e deve ser tutelado pelo direito (vida, liberdade, integridade física, psíquica e moral, vida privada, intimidade, imagem, sigilo de comunicações e correspondências, identidade pessoal, direitos morais de autor), inclusive ante a cláusula geral da dignidade da pessoa humana (art. 1º, III, da Constituição).

Os direitos da personalidade, nas vicissitudes por que passaram, sempre esbarraram na dificuldade de se encontrar um mecanismo viável de tutela jurídica, quando da ocorrência da lesão. Ante os fundamentos patrimonialistas que determinaram a concepção do direito subjetivo, nos dois últimos séculos, os direitos de personalidade restaram alheios à dogmática civilística. A recepção dos danos morais foi o elo que faltava, pois constituem a sanção adequada ao descumprimento do dever absoluto de abstenção. Assim, danos morais são violações exclusivamente de direitos da personalidade, não tendo cabimento, no direito brasileiro, a invocação a "preço da dor" (*pretium doloris*). Essa concepção negativa foi substituída exatamente pela concepção positiva e objetivamente aferível, que vincula o dano moral com a lesão a direitos da personalidade.

Do mesmo modo, os danos morais se ressentiam de parâmetros materiais seguros, para sua aplicação, propiciando a crítica mais dura que sempre receberam de serem deixados ao arbítrio judicial e à verificação de um fator psicológico de aferição problemática: dor moral ou sofrimento. A jurisprudência dos tribunais, para obviar a dificuldade, vem delineando situações de autêntica inversão do ônus da prova, na medida em que estabelece presunções que a dispensam.

De modo mais amplo, os direitos de personalidade oferecem um conjunto de situações definidas pelo sistema jurídico, inerentes à pessoa, cuja lesão faz incidir diretamente a pretensão aos danos morais, de modo objetivo e controlável, não sendo necessária a prova do prejuízo ou o recurso à existência de dor moral ou psíquica, sofrimentos ou incômodos.

No que respeita aos danos morais, a prestação devida, pelo que seja considerado responsável, expressa-se em valor pecuniário. Porém, o direito lesado do credor corresponde a um ou diversos direitos da personalidade, que são destituídos de valor pecuniário, em virtude de sua natureza de direito absoluto indisponível, intransmissível e irrenunciável (Código Civil, art. 11). Os danos materiais constituem valor a menos no patrimônio do lesado, enquanto os danos morais compensam pecuniariamente a lesão de direitos eminentemente não patrimoniais. Esses direitos sem valor econômico correspondem "a um interesse do credor, digno de proteção legal", na dicção do Código Civil português, cuja regra é aplicável ao direito brasileiro, porque amparados na Constituição e na legislação brasileiras, com oponibilidade a todas as pessoas, cada uma sujeitando-se à prestação de abstenção de violá-los.

A responsabilidade opera-se pelo simples fato da violação (*damnu in re ipsa*); assim, verificada a lesão a direito da personalidade, surge a necessidade de reparação do dano moral. Por exemplo, a violação da vida privada ou da intimidade por qualquer modalidade de mídia basta por si, sem necessidade de comprovação de móvel intencional.

Qualquer dano moral pode ser prevenido, quando são fortes os indícios de que ele irá ocorrer. Ou interrompido, quando é continuado em sucessivas ou periódicas ofensas na mídia tradicional ou eletrônica. Se apenas puder ser reparado *a posteriori*, o dano pode causar consequências irrecuperáveis à higidez psíquica ou até mesmo dano existencial, com destruição permanente e injusta da reputação vítima. Na impiedosa relação de custo e benefício, a violação consciente dos direitos da personalidade da vítima pode ser economicamente vantajosa.

Como salientamos acima, a Lei Geral de Proteção de Dados – LGPD estabelece que as atividades de tratamento de dados pessoais pelos agentes (pessoas físicas e jurídicas) deverão observar o princípio de prevenção, mediante a adoção de medidas para prevenir a ocorrência de danos em virtude desse tratamento, além do dever de demonstrar e comprovar a observância, o cumprimento e a eficácia das normas de proteção dos dados.

O Código Civil argentino, de 2014, art. 1.710, estabelece expressamente o "dever de prevenção do dano", no sentido de que toda pessoa tem o dever, no que dela dependa, de evitar causar dano não justificável, de adotar as medidas razoáveis para evitar que se produza um dano ou diminuir sua magnitude, de não agravar o dano, se já se produziu. Para isso, prevê a "ação preventiva", ou tutela inibitória.

Os danos morais não podem ser submetidos a limites ou prefixações legais, porque os direitos da personalidade e, consequentemente, sua lesão são incomensuráveis. A Constituição não franqueou ao legislador ordinário fazê-lo. A vida, a liberdade, a honra, a intimidade, por exemplo, não têm preço, porque não tem preço a dignidade da pessoa humana, como já dizia Kant.

Nessa linha, o STJ editou a Súmula nº 281, cujo enunciado estabelece: "a indenização por dano moral não está sujeita à tarifação prevista na Lei de Imprensa", cujo princípio permanece, ainda que o STF tenha decidido que a Lei de Imprensa não foi recepcionada pela Constituição.

Modalidade de limitação da liberdade de expressão, ainda que *a posteriori*, é o direito de resposta e retratação, que não tem o sentido de reparação indenizatória do dano moral que daquela resultou.

6   Liberdade de expressão e direito de resposta e retratação

O exercício do direito de resposta, na forma da Lei nº 13.188/2015, pode ser muito mais satisfatório para o lesado pelo abuso ou excesso da liberdade de expressão, por seu efeito simbólico, que a reparação pecuniária, a qual terá função complementar. Na antes referida ADPF nº 130, o STF decidiu que o direito de resposta, "que se manifesta como ação de replicar ou de retificar matéria publicada, é exercitável por parte daquele que se vê ofendido em sua honra objetiva, ou então subjetiva, conforme estampado no inciso V do art. 5º da Constituição Federal".

É sempre oportuna a advertência de Hannah Arendt, expressada em suas obras, de que devemos diferenciar entre verdades factuais e opiniões, porque a liberdade de expressão é uma farsa se não se garantir a informação objetiva e os próprios fatos não forem aceitos.

Em relação ao art. 20 do CC/2002, tem sido discutida a constitucionalidade da proibição nele contida de divulgação ou publicação de dados e informações de uma pessoa, "salvo se autorizadas, ou necessária à administração da justiça ou à manutenção da ordem pública", ante a possível colisão entre a liberdade de informação e de imprensa e a garantia da intimidade e da vida privada, que a CF tutela. A tese de ser possível a interpretação constitucionalmente adequada desse artigo terminou vencedora no STF, em 2015, no caso das biografias não autorizadas (ADI nº 4.815), tendo o Tribunal dado

> interpretação conforme à Constituição aos arts. 20 e 21 do Código Civil, sem redução de texto, para, em consonância com os direitos fundamentais à liberdade de pensamento e de sua expressão, de criação artística, produção científica, declarar inexigível autorização de pessoa biografada relativamente a obras biográficas literárias ou audiovisuais.

Também nessa decisão o STF pendeu para a liberdade de expressão, em detrimento da inviolabilidade da intimidade, da privacidade e da honra da pessoa biografada, restando a esta a reparação pelos danos decorrentes e o direito de resposta, *a posteriori*. Reafirmamos que a Constituição não determina essa prevalência. Ao contrário, a CF, art. 220, remete expressamente ao inc. X de seu art. 5º, que garante a inviolabilidade do direito à privacidade. A reparação dos danos apenas *a posteriori* importa negativa da prevenção ou da não continuidade do dano, em virtude da publicação da biografia comprovadamente ofensiva e danosa à pessoa do biografado.

As empresas provedoras de dados de informações pessoais e de redes sociais têm atitude ambígua em relação à privacidade: de defesa, no interesse do *business of privacy*, e de negação, quando dificulta ou impede a pretensão das pessoas em suspender a divulgação dos dados pessoais e de informações ofensivas. Todavia, o art. 8º da Lei do Marco Civil da Internet (Lei nº 12.965/2014) estabelece que a "garantia do direito à privacidade e à liberdade de expressão nas comunicações é condição para o pleno exercício do direito de acesso à internet", não estabelecendo qualquer primazia *a priori* de uma sobre outra.

O direito de resposta, gratuito e proporcional à matéria ofensiva, foi regulamentado pela Lei nº 13.188/2015, facultado ao ofendido em qualquer meio de comunicação social, distribuição, transmissão ou plataforma de distribuição, inclusive na internet. Considera-se matéria ofensiva o conteúdo que atente, ainda que por equívoco de informação, contra a honra, a intimidade, a reputação, o conceito, o nome, a marca ou a imagem de pessoa física ou jurídica identificada ou passível de identificação. Não são consideradas matérias ofensivas os comentários realizados por usuários da internet nas páginas eletrônicas dos veículos de comunicação social. A retratação espontânea ou a retificação não impedem o exercício do direito de resposta. É de sessenta dias o prazo, que a lei qualifica como de decadência, para o exercício do direito de resposta, mediante ação judicial, se não for atendido no prazo de sete dias pelo meio de divulgação e transmissão, o qual ainda responderá por perdas e danos.

Para muitos, o direito de resposta constitui verdadeiro corolário do direito de informação e da liberdade de expressão, na medida em que permite a reposição da verdade. Sob outra perspectiva, expressa a necessidade de limite do exercício do poder privado de comunicação e informação, o qual, como os demais poderes, não pode ser considerado ilimitado.

Além do direito de resposta, impõe-se o direito à retratação, quando matéria divulgada pela mídia ofende injustamente a honra de pessoa, seja figura pública ou privada. Nesse sentido, decidiu o STJ (REsp nº 1.771.866) que o direito à retratação e ao esclarecimento da verdade possui previsão constitucional, não tendo sido afastado pelo STF no julgamento da ADPF nº 130/DF; para o STJ o direito à retratação tem fundamento nos arts. 927 e 944 do CC.

7 Quando os princípios incidem, se aparentam colidir entre si?

Cabe ao intérprete e aplicador identificar se o princípio de liberdade de expressão incidiu ou não, isto é, ante as circunstâncias, se seu suporte fático se concretizou no mundo dos fatos, ou se foi outro princípio que incidiu, como exemplo, o da garantia da privacidade, afastando o primeiro.

Quando um princípio aparenta entrar em colisão com outro, resolve-se essa aparente antinomia de acordo com as circunstâncias do caso concreto, que indicarão qual deles incidirá. Esclareça-se que a análise das circunstâncias não é espaço para o arbítrio judicial, pois o aplicador não deve substituir o juízo jurídico por suas convicções de moralidade, de política ou de ideologia. Nesse sentido, estabelece o CPC, art. 489, §2º, que no caso de colisão entre normas o juiz deve justificar o objeto e os critérios gerais da ponderação efetuada, enunciando as razões que autorizam a interferência na norma afastada.

Texto jornalístico reproduziu trecho de afirmação gravada que acusava presidente de tribunal de mau uso de verbas públicas, nepotismo e tráfico de influência. A decisão recorrida condenou o órgão de imprensa em danos morais, com fundamento na inviolabilidade da honra, da intimidade e da imagem (art. 5º, X, da CF). Todavia, o STF (RE nº 208.685-1) reformou a decisão por entender que, no caso, a notícia reproduziu denúncia encaminhada ao TST, e que:

> a colisão será solucionada levando-se em conta o peso ou a importância relativa de cada um. A solução, portanto, não pode deixar de lado os conhecidos princípios da razoabilidade e da ponderação dos bens envolvidos. Na espécie, o dano moral pretendido pelo recorrido somente se justificaria se positivado o abuso do direito de informar.

Nessa decisão, o STF, ao contrário do que decidiu na ADPF nº 130, não atribuiu prevalência *a priori* à liberdade de expressão, optando pela necessidade de ponderação ou balanceamento com o princípio constitucional da inviolabilidade da privacidade. Nela é perceptível a repercussão da lição de Ronald Dworkin, para quem, se os princípios entram em colisão, deve-se resolver o conflito levando em consideração o exato peso de cada um deles. Um dos princípios prepondera sobre o outro no caso concreto, mas ambos permanecem válidos e integrados ao ordenamento jurídico.

Para nós, o peso, referido por Dworkin, é dado pelas circunstâncias da situação concreta, até porque não há "pesos" *a priori* entre os princípios jurídicos, pois estão situados no mesmo plano da hierarquia normativa. De qualquer forma, o sentido figurado de "peso" deve ser entendido como meio de identificação do suporte fático concreto, que provoca a incidência do princípio jurídico adequado (segundo a concepção de Pontes de Miranda), como norma jurídica que é, o que termina por afastar a própria ideia de colisão. Consequentemente, a colisão de princípios jurídicos é apenas aparente, pois somente o princípio jurídico adequado pode incidir sobre o suporte fático concreto, de acordo com as circunstâncias.

Devemos considerar uma categoria fundamental que explique a força normativa do princípio, tal como se desenvolveu no Brasil. Referimo-nos à incidência da norma jurídica, entre as categorias jurídicas sistematizadas por Pontes de Miranda, que sempre valorizou os princípios ao longo, por exemplo, do monumental tratado de direito privado, em seus sessenta volumes. Pontes de Miranda alude a todo momento aos princípios e ele previu, ou anteviu, soluções jurídicas que só vieram a se tornar comuns e pacificadas na jurisprudência brasileira algumas décadas após. A partir justamente dos princípios.

E aí ressurge a importância da categoria da incidência jurídica, no lugar de ponderação, ou de dimensão de peso, para a interpretação dos princípios. Ou a norma jurídica incidiu ou não incidiu. A incidência envolve a referência à hipótese normativa, que é o suporte fático hipotético, que toda norma contém. A ocorrência da incidência, para a interpretação, é essencial, em primeiro lugar. Verifica-se se a norma jurídica pode incidir, pois muitas vezes ela está obstada por uma razão temporal, em razão de o legislador ter postergado seu início de vigência.

Em segundo lugar, o intérprete há de verificar o âmbito de incidência da norma jurídica, inclusive do princípio jurídico, que diz com seus fins sociais e com a abrangência material (exemplo, direito civil, quando não pode incidir em matéria penal). Ainda: a abrangência de acordo com os limites da competência formal do legislador (federal, estadual ou municipal).

Em terceiro lugar, cabe ao intérprete a verificação da incidência adequada, que se dá quando demonstra que o suporte fático hipotético ou hipótese normativa se realizou no mundo da vida ou mundo dos fatos. Neste ponto, esclarecemos nossa divergência com Pontes de Miranda, que propugnava pela incidência automática, como se ocorresse relação de causa e efeito, sem necessidade de interpretação, de observância ou aplicação reais. Para nós, a incidência da norma jurídica (principiológica ou não) não pode dispensar a interpretação, que leva em conta não apenas a correspondência da situação fática com a hipótese normativa, mas também as circunstâncias que a cercam (fáticas, temporais, especiais).

A operação da incidência, assim esquematizada, é a mesma, tanto para os princípios jurídicos, quanto para as demais normas jurídicas. A maior ou menor determinação de conteúdo ou de aparente autonomia semântica são indiferentes para a incidência da norma jurídica, e não integram a natureza ou a estrutura desta. Não é requisito para existência, validade e eficácia da norma jurídica, seja ela princípio ou não, a determinação ou indeterminação do seu conteúdo.

A incidência da norma jurídica sobre o suporte fático que se concretizou provoca a emersão do fato jurídico no mundo do direito. E quando o fato jurídico surge, brotam suas eficácias todas: direitos, deveres, pretensões, obrigações, ações e situações passivas de acionados.

As consequências jurídicas sempre existem para todas as normas jurídicas, sejam elas princípios jurídicos ou não. No exemplo da liberdade de expressão, o abuso ou o excesso de seu exercício em violação dos direitos da personalidade acarretam a compensação pelos danos morais, sendo esta a consequência jurídica que não precisa ser explicitada, pois emerge do conjunto do sistema jurídico.

Informação bibliográfica deste texto, conforme a NBR 6023:2018 da Associação Brasileira de Normas Técnicas (ABNT):

LÔBO, Paulo. Liberdade de expressão e o direito privado. *In*: EHRHARDT JÚNIOR, Marcos; LOBO, Fabíola Albuquerque; ANDRADE, Gustavo (Coord.). *Liberdade de expressão e relações privadas*. Belo Horizonte: Fórum, 2021. p. 17-30. ISBN 978-65-5518-188-3.

LIBERDADE DE EXPRESSÃO, ESTADO DE DIREITO E DEMOCRACIA

GUSTAVO HENRIQUE BAPTISTA ANDRADE

Posso não concordar com o que você diz, mas defenderei até a morte o seu direito de dizê-lo.[1]

1 Introdução

Escrever sobre liberdade de expressão requer rigor metodológico, dada a amplitude do tema, suas implicações e interlocuções com as mais variadas áreas não só do saber, mas da vivência do homem como ser social. Inserir tal temática no âmbito do Estado de direito e da democracia não colabora necessariamente para o corte a ser efetuado. Pelo contrário, amplia sobremaneira o leque de temas correlatos e pode conduzir o autor a um caminho intrincado e traçado com inúmeras vias marginais, em que o texto corre o risco de estancar e perder-se sem condições de retomar seu curso, ao menos para ser concluído com uma reflexão, inquietação ou provocação coerentes e conectadas com a problematização apresentada.

Por isso a escolha da epígrafe que marca o presente artigo, atribuída ao filósofo francês Voltaire. Adota-se a liberdade de expressão como uma premissa, um pressuposto, um pensamento *a priori*, de acordo com os ensinamentos de Kant.[2] Entretanto, não obstante a variedade de culturas e ordenamentos jurídicos que, ou bem lhe impõem o

---

[1] A frase em questão foi universalizada e imortalizada como uma máxima atribuída ao filósofo francês Voltaire (1694-1778). E de fato o é, porém, publicada por uma biógrafa do filósofo já no início do século XX, a escritora Evelyn Beatrice Hall (1868-1939). A obra, intitulada *The friends of Voltaire* (*Os amigos de Voltaire*, em tradução livre), foi escrita com base em depoimentos de dez figuras notáveis com as quais o filósofo se relacionou, entre elas D'Alembert, Diderot, Turgot e Helvétius. Na parte dedicada a este último, é apresentada a frase – "I disapprove of what you say, but I will defend to the death your right to say it" – originalmente atribuída a uma situação específica em que Voltaire se posicionou contrariamente ao banimento de um livro de Helvétius (*De l'espirit*), mesmo discordando explicitamente de seu pensamento. Helvétius publicou o livro em 1758 e foi condenado pela Sorbonne, pelo Parlamento de Paris e até pelo Papa, chegando a ser queimado (BILHEIRO, Ivan. A falsa citação de Voltaire. *Recanto das Letras*, Palmas, 2014. Disponível em: https://www.recantodasletras.com.br/artigos-de-cultura/5023780).

[2] KANT, Imannuel. *Crítica da razão pura*. Lisboa: Fundação Calouste Gulbekian, 2008. p. 37.

status de macroprincípio fundante – sendo exemplo frisante, ainda que a uma primeira impressão, os Estados Unidos da América –, ou lhe diminuem a força normativa, o que acontece em países onde há maior controle sobre os meios de comunicação, é imperativo compreender a liberdade de expressão no contexto mesmo das liberdades e de princípios constitucionais que estruturam a ordem jurídica de determinado Estado, buscando também entender seu alcance, seus limites e sua concretização diante desse mesmo cenário. Em uma descrição ilustrativa, o pêndulo dessa balança deve estar o mais perto possível da liberdade de expressão, mas há que ser realizada uma calibragem que possa equilibrá-la com outros direitos fundamentais individuais e coletivos, mantendo hígido o Estado democrático de direito.

Este artigo se propõe a estabelecer o estado da arte da liberdade de expressão no Brasil e apontar questões sensíveis ao exercício de tal direito e que merecem atenção e cuidado do legislador, do aplicador e do intérprete na chamada sociedade da informação. Seu escopo, dessa forma, é apresentar possíveis soluções para desatar um dos mais complexos nós que desafiam o jurista contemporâneo: como preservar os valores da democracia como condição para a própria existência do Estado de direito, diante das constantes ameaças que emergem de espaços ainda pouco conhecidos e quase nada regulamentados e que se espalham pela rede mundial de computadores em proporção e camadas muitas vezes ainda inalcançadas, mostrando-se um grande problema para o direito e que precisa ser enfrentado. Partindo do projeto de Estado desenhado pela Assembleia Constituinte que culminou com a Carta de 5.10.1988, é possível pavimentar a base de uma estrutura legislativa regulatória que já dispõe de conteúdo apto a promover a aplicação de seus princípios e regras na busca do desfazimento desse nó e de soluções para o problema.

A metodologia civil-constitucional serve ao tema não somente porque o texto insere a liberdade de expressão na ambiência do direito privado, mas também e principalmente porque entende a norma constitucional como razão primária e justificadora das relações jurídicas, integrando, por isso, a regra ou princípio nela insculpido à normativa que concretiza ditas relações. A investigação sob a metodologia civil-constitucional enriquece sobremaneira a pesquisa quando se debruça sobre as necessidades existenciais da pessoa humana, como as que são versadas neste artigo. Sem se afastar do direito civil em sua feição mais tradicional, essa metodologia torna o intérprete apto a redefinir o fundamento e a extensão dos institutos jurídicos, evidenciando os seus perfis funcionais, revitalizando o direito civil e a teoria da interpretação.[3]

Uma questão que se impõe de maneira prévia em um trabalho que versa sobre a liberdade de expressão, em especial quando o tema se encontra vinculado à democracia e aos instrumentos hoje utilizados para desestabilizá-la, todos praticamente ligados a redes sociais e/ou grandes plataformas de internet mantidas por um pequeno grupo de empresas gigantes, é a identificação e compreensão de alguns conceitos. Além da liberdade, da privacidade, da dicotomia entre o público e o privado,[4] será preciso enfrentar

---

[3] PERLINGIERI, Pietro. *Perfis do direito civil*. Introdução ao direito civil constitucional. Rio de Janeiro: Renovar, 2002. p. 12.

[4] Sobre essa temática, consultar por todos SALDANHA, Nelson. O jardim e a praça: ensaio sobre o lado 'privado' e o lado 'público' da vida social e histórica. *Ciência & Trópico*, Recife, jan./jun. 1983.

o próprio conceito de democracia e de Estado de direito, sem descurar da importância de designações como tecnologia digital, redes sociais e muitas palavras estrangeiras – na sua maioria em inglês, a exemplo de *deep web, deep fake, cloud, clustering, big data*, entre outras, muitas vezes representadas por siglas, bem ao gosto da cultura norte-americana – e que não podem deixar de ser mencionadas, traduzidas e muitas vezes explicadas, sob pena dificultar a compreensão do leitor. Para solucionar tal demanda, embora não se possa aprofundar a explicação de todo e qualquer termo utilizado, dar-se-á importância aos mais utilizados e significativos, limitando-se ao menos à tradução, nos casos em que esta se mostrar suficiente.

Outra importante temática que, porém, não poderá ser aprofundada neste texto é a que diz respeito a um dos direitos da personalidade, extremamente ligado à liberdade de expressão, que é o direito à privacidade, protegido constitucionalmente[5] e destacado no art. 21 do Código Civil brasileiro.[6]

Stefano Rodotà diferencia o clássico conceito de privacidade trazido por Louis Brandeis e Samuel Warren em texto elaborado em 1890 –[7] porém, segundo o autor italiano, concebido quarenta anos antes por Robert Kerr – da noção que as mudanças tecnológicas imprimiram ao direito à vida privada.

O "direito a ficar só" (*right to be alone*) concebido no século XX precisou evoluir para o direito de controle sobre as informações privadas de cada pessoa e o correlato poder de construir, cada qual, a sua própria esfera privada.[8]

É o que Rodotà chama de "direito à autodeterminação informativa". Nessa perspectiva, o direito à privacidade estaria ressignificado a um instrumento, a uma função contrária à discriminação e a favor da igualdade e da liberdade.

O direito ao respeito à vida privada e familiar teria uma conotação individualista – típica do momento histórico em que a noção foi concebida – e uma tutela estática e negativa, neste caso por denotar a não interferência de terceiro.

Já a proteção dos dados pessoais, o poder de exercer o controle sobre eles, imprime uma tutela dinâmica e positiva, que se traduz na intervenção da própria pessoa para evitar a circulação desses dados.[9]

A circulação de dados, por sua vez, assumiu as mais diversas formas, antes inimagináveis, o que reforça a ideia e a necessidade de tutela, o que também acontece, por óbvio, com a informação em seu sentido mais amplo. A propósito do direito à informação, tem este projeção no também direito fundamental à liberdade de expressão e se relaciona com o direito à comunicação, o qual por sua vez se consubstancia no direito de procurar, receber, compartilhar e publicar informações:

> O direito à informação, no âmbito do direito da comunicação, tem significado diferenciado. Na perspectiva do direito fundamental da liberdade de expressão, é direito oponível ao Estado, e a qualquer pessoa, de não impedirem o acesso e a transmissão de informação,

---

[5]   Ver, entre outros dispositivos da Constituição da República, o inc. X do seu art. 5º.

[6]   "Art. 21. A vida privada da pessoa natural é inviolável, e o juiz, a requerimento do interessado, adotará as providências necessárias para impedir ou fazer cessar ato contrário a esta norma".

[7]   WARREN, Samuel D.; BRANDEIS, Louis D. The right to privacy. *Harvard Law Review*, Cambridge, v. IV, n. 5, 1890. Disponível em: https://faculty.uml.edu/sgallagher/Brandeisprivacy.htm.

[8]   RODOTÀ, Stefano. *A vida na sociedade da vigilância*. A privacidade hoje. Rio de Janeiro: Renovar, 2008. p. 15.

[9]   RODOTÀ, Stefano. *A vida na sociedade da vigilância*. A privacidade hoje. Rio de Janeiro: Renovar, 2008. p. 17.

assim para quem comunica e para quem recebe a comunicação. É um direito sensível e vulnerável ao autoritarismo político.[10]

Anderson Schreiber denuncia a pouca interlocução havida entre os dois sistemas, da comunicação e do direito que, ao menos em tese, deveriam se harmonizar:

> Direito e Comunicação parecem dispostos a travar monólogos em separado. De um lado, as grandes empresas de comunicação se arvoram na condição de entidades imunes a toda tentativa de regulamentação da sua atividade, estando seus veículos sempre prontos a invocarem fantasmas do passado, para evitar, sob o argumento do "retorno à censura", qualquer mínima interferência estatal em seus domínios, aí abrangidas mesmo aquelas propostas que se limitam a buscar a democratização do acesso aos meios de comunicação, estimulando uma mídia independente não apenas do "governo", mas também do "mercado" comunicativo.[11]

Nessa seara, importante é atentar-se à relação entre liberdade de expressão e os meios de comunicação, até porque a informação – e mais que ela, os próprios dados pessoais – representa mercadoria para a indústria da comunicação. Some-se a isto o fato de que os dados pessoais circulam muitas vezes livremente no mercado de consumo, havendo quem os considere "o novo petróleo" (*the new oil*).[12]

Acerca da mercantilização dos dados na era da internet, verifica-se que a concentração da maior parte da circulação de dados e informações na rede mundial de computadores se dá em um grupo de cinco grandes empresas de tecnologia, as chamadas gigantes da *web*. Há inclusive um acrônimo para representá-las: *GAFAM* (Google, Apple, Facebook, Amazon e Microsoft). Lembra-se de que o conglomerado de empresas Google (Alphabet) detém entre outros aplicativos o YouTube e movimentou mais de 162 bilhões de dólares em 2019, com alta de 19% em relação a 2018.[13] E não se deve esquecer que os aplicativos Instagram e WhatsApp pertencem ao Facebook, o que dimensiona o poder informacional que detém dita empresa, em que é armazenada a maior quantidade de dados sensíveis de uma pessoa em um mesmo registro e na qual, a rigor, projeta-se a vida de cada usuário com detalhes e minúcias que dificilmente poderiam ser conhecidas e, muitas vezes, compartilhadas com o mais próximo dos seus contatos físicos.

De uma maneira geral, a comunidade jurídica vem discutindo a liberdade de expressão e seu corolário direito à informação sob o prisma dos direitos fundamentais, dado que tal liberdade é o próprio significante da manifestação de pensamento.

Esses valores foram introduzidos e incorporados às Cartas libertárias oriundas dos movimentos que formaram o Estado liberal, a exemplo do *Bill of Rights* inglês (1689),

---

[10] LÔBO, Paulo. A informação como direito fundamental do consumidor. *Revista Jus Navigandi*, Teresina, ano 6, n. 51, 1º out. 2001. Disponível em: https://jus.com.br/artigos/2216. Acesso em: 24 fev. 2021.

[11] SCHREIBER, Anderson. Direito e mídia. *In*: SCHREIBER, Anderson (Coord.). *Direito e mídia*. São Paulo: Atlas, 2013. p. 17.

[12] EUROPEAN PARLIAMENT. *Is data the new oil?* Competition issues in the digital economy. Disponível em: https://www.europarl.europa.eu/RegData/etudes/BRIE/2020/646117/EPRS_BRI(2020)646117_EN.pdf. Acesso em: 24 fev. 2021.

[13] ALPHABET divulga resultados: meta é bater a Microsoft na nuvem. *Exame.com*. Disponível em: https://exame.com/negocios/alphabet-divulga-resultados-meta-e-bater-a-microsoft-na-nuvem/. Acesso em: 25 set. 2020.

da Declaração dos Direitos do Homem e do Cidadão (1789 – França), do *Virginia's Declaration of Rights* (1776 – EUA) e da Primeira Emenda (1791) à Constituição dos Estados Unidos (1787).

Já no século XX, com o reconhecimento da liberdade de expressão na Declaração Universal dos Direitos Humanos, aprovada em 1948 pela Organização das Nações Unidas – ONU, e em outros documentos internacionais, consolidou-se tal liberdade no direito de expressar opinião, receber ou prestar informações e ideias sem a ingerência de autoridades públicas.

Em algumas sociedades e ordenamentos jurídicos, sendo o melhor exemplo os Estados Unidos da América, tratar de liberdade de expressão é versar sobre um direito quase sacralizado. Contingências contidas na própria historicidade do instituto naquele país formou um modo próprio de enxergar a liberdade de expressão como um dogma que é também pilar da estrutura do que os norte-americanos concebem como democracia.

Como será tratado adiante, porém, há que se distinguir, no que diz respeito à democracia, qual o caráter que a liberdade de expressão assumirá, se uma vertente instrumental – meio para se alcançar a democracia – ou como direito individual, neste caso como uma garantia de participação no debate público, independentemente da qualidade das opiniões, convicções e informações por qualquer meio veiculadas por alguém.[14]

A liberdade de expressão substantiva corresponderia a um valor em si mesmo, um direito individual a garantir o pleno desenvolvimento da personalidade, e a liberdade de expressão instrumental corresponderia a um legítimo instrumento para a promoção de outros valores e demandaria tutela específica. Entre esses outros valores estaria a democracia.

Não é demais destacar que a liberdade de expressão, inserida no contexto do princípio da liberdade, percorreu inicialmente um curso histórico que sai do espaço coletivo – dos povos antigos, Grécia e Roma – para o individual, que eclode com a Revolução Francesa. Na cultura greco-romana, a liberdade estaria ligada ao *status* político ou à vida privada dos cidadãos. A liberdade moderna surge com um sentido negativo de não impedimento à ação individual ou à fruição dos bens privados.

Nessa trajetória histórica aqui extremamente resumida, passamos do Estado liberal para o Estado social, consolidando-se no século XX uma nova concepção de universalidade dos direitos fundamentais, com um grau mais alto de juridicidade, concretude, positividade e eficácia pelo fortalecimento de princípios como o da igualdade material, da solidariedade e os valores sociais, de uma maneira geral, que culminaram com a já mencionada Declaração Universal dos Direitos Humanos, aprovada em 1948 pela Organização das Nações Unidas – ONU.

Assim foi que surgiu a concepção da liberdade de expressão mais plural como a que se entende hoje, que abrange não só o direito de cada qual de expressar sua opinião, mas também de receber ou prestar informações e ideias sem a ingerência de autoridades públicas.

---

[14] GROSS, Clarissa Piterman. Fake news e democracia: discutindo o status normativo do falso e a liberdade de expressão. *In*: RAIS, Diogo (Coord.). *Fake news*. A conexão entre a desinformação e o direito. São Paulo: Thomson Reuters Brasil, 2018.

2 Liberdade de expressão e os meios de comunicação

A relação entre a liberdade de expressão e os meios de comunicação no decorrer da história tem se mostrado, no mínimo, complexa, e é possível afirmar que sempre esteve ligada à forma do exercício do poder político em determinado país. Sim, porque desde democracias consolidadas, como é considerada a dos Estados Unidos da América – em que, como visto, a liberdade de expressão tem caráter de norma fundamental –, até países que convivem com permanentes tensões políticas e sociais e muito mais naqueles em que há controle absoluto do Estado sobre a comunicação de uma forma geral, difícil tem sido conciliar ou até mesmo calibrar a tensão existente nessa balança.

A propósito dos Estados Unidos, os grandes conglomerados da imprensa costumam tomar posição ante tal ou qual partido e seus candidatos quando da ocorrência de eleições, o que não implica um problema insolúvel a princípio, desde que não haja interferência direta ou indireta na veiculação das notícias, tarefa não tão fácil de executar. Jornalistas de cunho mais ativista denunciam, entretanto, que a relação do poder central do Estado norte-americano com a imprensa ultrapassa costumeiramente os limites éticos e legais, havendo, por vezes, reuniões prévias na busca de consenso entre o que pode e o que não pode ser apresentado ao público em determinadas circunstâncias, sob os auspícios e em prol do que eles consideram "segurança nacional".[15]

Ainda a propósito da relação entre os meios de comunicação e os Estados Unidos, em especial os poderes Executivo e Legislativo, forçoso é lembrar episódio recente da história daquele país em que Edward Snowden, funcionário da área técnica de uma empresa de informática prestadora de serviços à Agência de Segurança Nacional – NSA (National Security Agency), munido de prova consubstanciada em milhares de documentos eletrônicos baixados dos arquivos da própria agência, protagonizou em maio de 2013 um escândalo de grandes proporções no que diz respeito à privacidade não somente de cidadãos norte-americanos, o que já seria devastador, mas de todos os cantos do mundo. As revelações de Snowden foram confiadas ao jornalista Glenn Greenwald, que à época trabalhava na sucursal do jornal britânico *The Guardian*, em que foram publicadas as primeiras reportagens sobre o caso.

Sob a justificativa de "iniciar um debate mundial sobre privacidade, liberdade na *internet* e os perigos da vigilância estatal", Snowden, hoje exilado na Rússia, exibiu ao mundo um esquema de vigilância estatal jamais visto.

O episódio está umbilicalmente ligado à privacidade com impacto direto na liberdade de expressão. A prática da vigilância estatal não é nova; avançou no pós-guerra, expandiu-se no período da Guerra Fria e tornou-se praticamente onipresente a partir do surgimento da internet.

De acordo com a narrativa de Greenwald, os Estados Unidos comandam as atividades que, em geral, consubstanciam-se na coleta de toda sorte de comunicação escrita eletronicamente, realizada por áudio e também por vídeo de cidadãos daquele país e também de diversos outros. Quatro países, quais sejam Reino Unido, Austrália, Canadá e Nova Zelândia, formam com os Estados Unidos um grupo denominado "Os cinco olhos" (*The Five Eyes* – FVEY), na realidade uma aliança de inteligência e

---

[15] Ver por todos, GREENWALD, Glenn. *Sem lugar para se esconder*. Rio de Janeiro: Sextante, 2014.

vigilância comandada pela NSA com o auxílio da Central de Comunicações do Governo Britânico – GCHQ (Government Communications Headquarters).

Documentos fornecidos por Edward Snowden dão conta de que a NSA, um braço do Pentágono, age em benefício do que chama de "clientes", aqui incluídos não somente a Casa Branca, o Departamento de Estado e a CIA, mas também agentes econômicos, como o Representante de Comércio e os departamentos de Agricultura, Tesouro e Comércio dos Estados Unidos. Com o avanço da tecnologia da informação por meio da internet e o surgimento das redes sociais, a rede de vigilância teria chegado a níveis inimagináveis, alcançando inclusive as comunicações realizadas pelos passageiros de voos comerciais, por meio do cada vez mais frequente uso de celulares nos aviões, tudo acontecendo sob a proteção de leis antiterroristas e de manuais que incluem até táticas para desabonar pessoas (*discredit a target*) com montagem do que eles chamam de "armadilhas sexuais" (*honey-trap*) e técnicas de mudança de fotos em redes sociais, a exemplo do *Manual Operacional de Perturbações (Disruption Operational Playbook)*.[16]

Líderes e governantes de qualquer país do mundo e todo e qualquer cidadão podem ser alvo da invasão de privacidade e vigilância diuturna da Agência de Segurança norte-americana, que tem como fontes empresas de telefonia e, principalmente, as chamadas gigantes da internet, um restrito grupo de empresas que controla o tráfego e a transmissão de dados na rede mundial de computadores.

O argumento utilizado pelos Estados Unidos em defesa da vigilância em massa é o de que ela existe exclusivamente para deter o terrorismo e dar segurança às pessoas, o que é aceito por boa parte da população daquele país, além de ratificado por parlamentares e políticos em geral, quer de um ou de outro dos dois grandes partidos lá existentes, o Democrata e o Republicano.[17]

Um dos discursos utilizados em prol da vigilância estatal norte-americana é o de que as pessoas não devem se importar com o direito à privacidade se não têm nada a esconder. Em entrevista, Snowden compara o argumento ao de que, se assim for, as pessoas não devem se importar com a liberdade de expressão se não têm nada a dizer.[18]

Curioso é perceber, no entanto, que pesquisa divulgada pela ConsumerLab, da Ericson, em 2017, realizada nas 10 maiores cidades do mundo, incluindo São Paulo, dava conta de que um em cada três entrevistados acreditava que os governos poderiam acessar dados pessoais, inclusive os seus próprios, para lutar contra o crime e o terrorismo. A mesma pesquisa revela que também um terço (1/3) dos entrevistados tem a concepção de que a privacidade não mais existe.[19]

Outras questões relacionadas à liberdade de expressão e o discurso político vêm sendo pautadas desde o início da pandemia da Covid-19 (*Coronavirus Disease 2019*), doença causada pelo novo coronavírus. Entre outras tantas fragilidades mundiais e

---

[16] GREENWALD, Glenn. *Sem lugar para se esconder*. Rio de Janeiro: Sextante, 2014. p. 206.

[17] GREENWALD, Glenn. *Sem lugar para se esconder*. Rio de Janeiro: Sextante, 2014. p. 214.

[18] Tradução livre de: "Arguing that you don't care about the right to privacy because you have nothing to hide is no different than saying you don't care about free speech because you have nothing to say" (KLEEMAN, Sophie. In one quote, Snowden just destroyed the biggest myth about privacy. *Mic*. Disponível em: https://www.mic.com/articles/119602/in-one-quote-edward-snowden-summed-up-why-our-privacy-is-worth-fighting-for. Acesso em: 2 fev. 2021).

[19] 10 HOT consumer trends 2017. *Ericsson.com*. Disponível em: https://www.ericsson.com/en/reports-and-papers/consumerlab/reports/10-hot-consumer-trends-2017. Acesso em: 25 fev. 2021.

nacionais escancaradas no período pandêmico, como a desigualdade social, a globalização econômica e o embate entre o negacionismo e a ciência, a utilização da internet para a difusão de notícias falsas tem se mostrado forte e representa um problema que precisa ser enfrentado e vem causando, desde antes das eleições de 2018, mas principalmente a partir da campanha eleitoral daquele ano, significativa tentativa de enfraquecer a jovem estrutura democrática brasileira.

Não que antes do advento e da expansão da internet não houvesse difusão de informações falsas. A propósito da expansão da *web*, lembra-se que, mesmo sendo um fenômeno recente, a internet já passou por algumas gerações. Nos seus primórdios, lá pelos idos de 1990, os usuários tinham um papel passivo, apenas recebendo informações. Na geração atual, os usuários também produzem e divulgam, eles próprios, conteúdos com toda sorte de formatos.

O Brasil é hoje o 5º país do mundo com maior número de conexões à internet. Por outro lado, menos de 25% dos domicílios estão conectados. Aqui se constata que a maioria das conexões é feita através de dispositivos móveis e para uso nas redes sociais.

Relatório de 2017 da Conferência das Nações Unidas sobre Comércio e Desenvolvimento apontava o Brasil em quarto lugar no *ranking* mundial de usuários de internet. Porém, não obstante o grande número de brasileiros conectados, se for considerado o total de usuários em relação à população, o desempenho do Brasil é inferior e, de acordo com o relatório, há também grande desigualdade no acesso da população, considerados aspectos regionais e socioeconômicos.[20]

Entretanto, o número de aparelhos celulares inteligentes existentes no país até junho de 2020 é de 234 milhões, de acordo com pesquisa levada a efeito pela Fundação Getúlio Vargas.[21] Se forem levados em conta também os *tablets* e *notebooks*, o número chega a 342 milhões de dispositivos.

No que diz respeito à utilização de redes sociais no Brasil, as que prestam serviços de mensagens viraram ferramentas essenciais no dia a dia da população, estando o WhatsApp no topo dos aplicativos mais usados. Conforme pesquisa da *Global Mobile Consumer Survey*, 80% dos brasileiros usam essa plataforma de troca de mensagens ao menos uma vez a cada hora.[22]

Aqui se chega a um ponto de extrema importância para o tema abordado no presente texto, dado que o poder de difusão de informação que detém o WhatsApp é capaz de superar diversos outros meios de comunicação, a exemplo da televisão aberta – de acesso irrestrito – e outras plataformas também oferecidas na internet.

Esse fenômeno tem preocupado vários setores da sociedade e trazido inúmeras inquietações aos juristas. O alcance e a maneira ou objetivos pelos quais for motivado o uso desse aplicativo, a propósito, já foram capazes de comprovar seu potencial de

---

[20] BRASIL é o 4º país em número de usuários de internet. *Exame.com*. Disponível em: https://exame.com/tecnologia/brasil-e-o-4o-pais-em-numero-de-usuarios-de-internet/. Acesso em: 25 fev. 2021.

[21] BRASIL tem 424 milhões de dispositivos digitais em uso, revela a 31ª Pesquisa Anual do FGVcia. *Fundação Getúlio Vargas*. Disponível em: https://portal.fgv.br/noticias/brasil-tem-424-milhoes-dispositivos-digitais-uso-revela-31a-pesquisa-anual-fgvcia. Acesso em: 25 fev. 2021.

[22] 80% DOS brasileiros usa WhatsApp pelo menos uma vez por hora, diz pesquisa *Tilt*. Disponível em: https://www.uol.com.br/tilt/noticias/redacao/2019/10/31/80-dos-brasileiros-usa-whatsapp-pelo-menos-uma-vez-por-hora.htm. Acesso em: 25 fev. 2021..

impacto em processos eletivos de natureza política. O Brasil, inclusive, é apontado em estudo realizado pela Reuters (*Digital News Report 2020*)[23] como um dos países que mais consomem informação por intermédio de redes sociais. Saliente-se mais uma vez que não somente o WhatsApp, mas também o Instagram (60,1 milhões de usuários mensais em agosto de 2019)[24] estão abrigados no conglomerado do Facebook, uma das mais longevas redes sociais, com 120 milhões de usuários ativos no Brasil em abril de 2020[25] e recentemente envolvida em escândalos eleitorais, sendo os mais conhecidos a eleição norte-americana de 2016 e o referendo relacionado à saída do Reino Unida da União Europeia, conhecido como Brexit e ocorrido em junho do mesmo ano.[26]

3 Liberdade de expressão e redes sociais: o que há de novo

Uma vez constatado que as redes sociais constituem hoje o modo mais comum de comunicação entre as pessoas e também de difusão de informação, o presente artigo se ocupará da relação entre tais redes sociais, a liberdade de expressão e a democracia.

Exemplos não faltam de violação a direitos da personalidade pelos diversos meios de comunicação, inclusive no passado, sendo o exemplo mais emblemático o conhecido caso da Escola Base, ocorrido em São Paulo no ano de 1994. A partir de uma denúncia falsa de abuso sexual de crianças, imediatamente noticiada no Jornal Nacional, da Rede Globo de Televisão, o telejornal de maior audiência no país, o julgamento moral dos envolvidos foi inevitável e igualmente imediato, propagando-se de maneira incontrolável. Os donos da escola, um casal de pais de aluno e o motorista que fazia transporte escolar sofreram consequências irreparáveis em decorrência da veiculação da notícia falsa.[27]

No presente, a expansão da internet em uma versão em que ao próprio usuário da rede é dado divulgar e difundir fatos, somada à explosão das redes sociais, dá nova dimensão e alcance ao fenômeno das falsas informações ou da desinformação, tentando-se ressignificá-los na abrangente expressão inglesa *fake news*. A língua inglesa, como é consabido, tem um vocabulário mais restrito do que o da língua portuguesa, o que pode atribuir a uma mesma palavra ou expressão diversos significados. E muitas vezes as tradições literais não correspondem ao real sentido que se quer empregar à expressão.

Assim é que a expressão *fake news* foi traduzida como "notícias falsas". Pode até ocorrer casos em que a lesão a direitos da personalidade seja causada por veiculação de notícia falsa, como aconteceu no referido caso da Escola Base.

---

[23] NIELSEN, Rasmus Kleis. Foreword to the Reuters Institute Digital News Report 2020. *Digital News Report*. Disponível em: https://www.digitalnewsreport.org/survey/2020/foreword-2020/. Acesso em: 25 fev. 2021.

[24] PAIVA, Fernando. Brasil é o terceiro maior mercado do Instagram no mundo. *Mobile Time*. Disponível em: https://www.mobiletime.com.br/noticias/06/08/2019/brasil-e-o-terceiro-maior-mercado-do-instagram-no-mundo/. Acesso em: 25 fev. 2021.

[25] SILVA, Douglas Vieira da. Brasil é o 4º país com mais usuários no Facebook na quarentena. *Tecmundo*. Disponível em: https://www.tecmundo.com.br/redes-sociais/153570-brasil-4-pais-usuarios-facebook-quarentena.htm. Acesso em: 26 fev. 2021.

[26] O QUE sabemos do escândalo do Facebook e por que você deve se preocupar. *Tilt*. Disponível em: https://www.uol.com.br/tilt/listas/o-que-sabemos-do-escandalo-do-facebook-e-por-que-voce-deve-se-preocupar.htm. Acesso em: 26 fev. 2021.

[27] SILVA, Gabriela de Barros. Como o caso Escola Base enterrou socialmente os envolvidos. *Jusbrasil*. Disponível em: https://canalcienciascriminais.jusbrasil.com.br/artigos/579874777/como-o-caso-escola-base-enterrou-socialmente-os-envolvidos. Acesso em: 2 mar. 2021.

Mas quando se faz referência a *fake news*, o significado que se quer impor é o de falsas informações. Este é, na realidade, o sentido da expressão. As *fake news*, em seu sentido mais amplo, estão ligadas a outros institutos correlatos, como o discurso de ódio (*hate speech*) e a pornografia de vingança (*revenge porn*), entre outros.

No caso do discurso de ódio há, em geral, uma nítida ultrapassagem dos limites impostos ao exercício do direito à livre expressão e, por consequência, uma potencial violação a direitos fundamentais, quer os inerentes à personalidade, quer os de ordem econômica ou política, já que neste caso o interlocutor manifesta sua opinião sobre qualquer tema com palavras que expressem ódio a determinadas pessoas ou grupo de pessoas, geralmente expressões negativas sobre etnia, raça, religião, gênero, orientação sexual e outras características.

E assim, no que concerne às *fake news*, o direito tem um grande problema a enfrentar e que se consubstancia na imposição de limite à liberdade de expressão, quando o exercício desse direito opera a difusão em massa de falsas informações pela internet. Seria possível falar-se em uma liberdade de expressão de falsidades?

Independentemente do sentido que se dê à liberdade de expressão, isto é, se uma concepção instrumental ou uma concepção constitutiva, é possível deduzir-se que a resposta é negativa.

A vertente instrumental da liberdade de expressão em uma democracia está ligada ao exercício do poder político por intermédio do voto. A proteção dessa liberdade não se concentra na pessoa ou no agente que se expressa, mas na contribuição para um debate plural e rico de conteúdo, que por sua vez possa contribuir para a formação da convicção do eleitor. A liberdade de expressão aqui é um meio, não um fim. E a sua proteção será levada a efeito se puder se identificar uma relação virtuosa com os fins aos quais deve perseguir. Também é instrumental a concepção da liberdade de expressão identificada com o exercício do voto, mas não como condição para o exercício de uma liberdade política individual, porém para a tomada coletiva de boas decisões.[28] O valor atribuído à liberdade de expressão em sua versão instrumental, mais especificamente a sua ligação com a consequência que se pretende alcançar por intermédio da aludida relação virtuosa, dependerá de diversas variáveis sociais, políticas, culturais, econômicas e tecnológicas e prezará sempre pela atualidade do debate público. Ainda que sob riscos de manipulação ou de esvaziamento do discurso, a justificativa da vedação à "expressão de falsidades" seria um ônus àqueles que têm a pretensão de participar do debate político. Defende-se, inclusive, que o impacto das informações falsas na era digital é maior, uma vez que as pessoas podem ser facilmente influenciadas pela rápida e abrangente circulação desses falsos conteúdos.[29]

A concepção substantiva da liberdade de expressão, por sua vez, projeta entendimento segundo o qual o poder do voto individual é limitado, podendo inclusive haver disparidades entre o impacto que certos cidadãos promovem em virtude do seu

---

[28] GROSS, Clarissa Piterman. Fake news e democracia: discutindo o status normativo do falso e a liberdade de expressão. *In*: RAIS, Diogo (Coord.). *Fake news*. A conexão entre a desinformação e o direito. São Paulo: Thomson Reuters Brasil, 2018. p. 160.

[29] GROSS, Clarissa Piterman. Fake news e democracia: discutindo o status normativo do falso e a liberdade de expressão. *In*: RAIS, Diogo (Coord.). *Fake news*. A conexão entre a desinformação e o direito. São Paulo: Thomson Reuters Brasil, 2018. p. 165.

voto na comparação com outros cidadãos, o que desperta e impulsiona a reflexão sobre igualdade política. Neste caso, a existência da democracia está condicionada à proteção individual de cada pessoa em sua liberdade de se expressar livremente. Nessa vertente, a liberdade de expressão possui um lugar constitutivo de qualificação do debate político, em que ninguém está excluído *a priori*, não sendo possível falar de democracia sem a proteção da liberdade de expressão como direito individual. Isto não significa que inexista limites. Pelo contrário, todos devem se esforçar para a melhoria da qualidade do debate político, mas o engajamento de maneira maliciosa para obtenção de vantagens não é protegido. O conteúdo fraudulento, intencionalmente criado para enganar, não é absorvido pelo valor da igualdade política. A interpretação deixa margem a uma discussão sobre a circulação de conteúdo falso expressado ou "postado" de boa-fé.[30]

O fato é que, de uma ou outra maneira, não se pode admitir a circulação de falsas informações como concretização do exercício de um direito à liberdade de expressão.

Como já afirmado anteriormente, a complexidade de demandas sociais, aliada ao desgaste de muitas instituições representativas de poder político, além da facilidade e rapidez na comunicação, tornaram o ambiente das redes sociais a grande arena da opinião pública.

O problema, por óbvio, não se restringe ao Brasil, lembrando-se o paradigmático escândalo da Cambridge Analytica, o qual envolveu o uso de dados de aproximadamente 87 milhões de pessoas vinculadas ao Facebook nas campanhas eleitorais dos EUA em 2016 e teve papel decisivo no Brexit.

Nos dias em que o presente artigo se encontrava em fase final, mais precisamente em 16.2.2021 ocorreu a prisão do Deputado Federal pelo Partido Social Liberal (PSL) Daniel Silveira, episódio em cuja questão central se encontra o uso das redes sociais e a ameaça à democracia. Envolvido em inquérito que apura a difusão de notícias falsas e a publicação de ameaças aos membros do Supremo Tribunal Federal, conhecido como "Inquérito das *Fake News*", o referido parlamentar vinha sendo investigado e foi preso em flagrante em sua residência no estado do Rio de Janeiro pelo cometimento de crimes previstos na Lei de Segurança Nacional (Lei nº 7.170/1983). A respeito da Lei de Segurança Nacional, amplia-se o debate sobre a necessidade de sua revisão, já que se trata de ato normativo editado em plena ditadura militar e com o nítido propósito de perseguir adversários políticos. A sua aplicação no caso em tela, entretanto, não representa uma distorção quanto aos valores em questão, uma vez que a própria Constituição carrega com clareza e força normas aptas a tutelar o primado do Estado de direito, que as postagens do parlamentar afrontaram.

No que diz respeito ao enquadramento e tipicidade dos crimes cometidos pelo deputado, não houve maiores debates, já que, louvando a ditadura militar, Daniel Silveira ofendeu e caluniou os ministros do STF, fez-lhes ameaças explícitas, inclusive de espancamento, defendeu o fechamento da Corte Suprema do país e insuflou "seguidores" – sim, do inglês *followers*, das redes sociais – incitando a violência e conspirando claramente contra a ordem pública. A discussão se deu em torno da flagrância do

---

[30] GROSS, Clarissa Piterman. Fake news e democracia: discutindo o status normativo do falso e a liberdade de expressão. *In*: RAIS, Diogo (Coord.). *Fake news*. A conexão entre a desinformação e o direito. São Paulo: Thomson Reuters Brasil, 2018. p. 171.

cometimento dos tipos penais, uma vez que os crimes teriam sido praticados por meio de vídeos intermitentemente disponibilizados em suas redes sociais, repetindo as ameaças inclusive no momento em que os policiais o aguardavam dentro da sua casa para conduzi-lo ao cárcere. A defesa do deputado arguiu a tese da imunidade parlamentar, embora haja previsão para a prisão em flagrante de membro do Congresso Nacional, no caso da prática de crime inafiançável, como os que lhe foram imputados na decisão monocrática do Ministro Alexandre de Moraes.

Apesar da complexidade da questão jurídica em discussão, como bem salientou Lenio Streck em texto publicado já no dia seguinte à prisão,[31] embora pudesse ser questionado o flagrante, fato é que o acusado cometera o crime por meio da instantaneidade das redes sociais e a flagrância hoje não pode ser examinada como o era nas décadas de 40 ou 80. Para Streck, "dizer que o crime é apenas gravar o vídeo é ignorar a natureza do crime, é ignorar a forma que ele toma nesse mundo de redes e acessibilidade e mensagens e compartilhamentos instantâneos", e, por tabela, ignorar a gravidade e as consequências do crime, entendendo ser legítimo o uso, pelo parlamentar, de suas prerrogativas e suas redes sociais para atacar o que sustenta a democracia brasileira.[32]

Ao fim, o Plenário do STF se reuniu no dia seguinte ao da prisão e, por unanimidade, decidiu pela permanência do deputado na prisão, o que foi corroborado por seus pares em sessão ocorrida na Câmara no dia 19 de fevereiro, com 364 votos a favor da manutenção da prisão, 130 contrários e 3 abstenções,[33] o que esvaziou as críticas à decisão do STF.

O caso surge em momento oportuno e abre importante precedente para o fortalecimento da democracia no Brasil.

Outro episódio recente e de grande repercussão em todo o mundo foi a invasão de eleitores ou "seguidores" do então Presidente norte-americano Donald Trump ao edifício do Capitólio, sede do Poder Legislativo central daquele país, na capital Washington. No dia 6.1.2021, quando aconteceria sessão para homologar o resultado das eleições ocorridas ainda em 2020, Trump fez um discurso para apoiadores poucas horas antes do início da assembleia e a uma distância pequena do prédio do Capitólio, precisamente em um palanque armado em frente aos jardins da Casa Branca (*White House*), sede do Poder Executivo daquele país. No questionado discurso, Trump, não aceitando sua derrota para o hoje Presidente Joe Biden, inflama a pequena multidão com palavras de ordem relacionadas à acusação de fraudes nas eleições e insuflando-a com frases como "se vocês não lutarem como o inferno, não terão mais um país" e "estamos indo para o Capitólio".[34] O evento terminou com a invasão do prédio-símbolo

---

[31] STRECK, Lenio Luiz. Deus morreu e agora tudo pode? Reflexões sobre a prisão do deputado. *Conjur*, São Paulo. Disponível em: https://www.conjur.com.br/2021-fev-17/streck-deus-morreu-agora-tudo-prisao-deputado. Acesso em: 17 fev. 2021.

[32] STRECK, Lenio Luiz. Deus morreu e agora tudo pode? Reflexões sobre a prisão do deputado. *Conjur*, São Paulo. Disponível em: https://www.conjur.com.br/2021-fev-17/streck-deus-morreu-agora-tudo-prisao-deputado. Acesso em: 17 fev. 2021.

[33] COM 364 votos, Câmara mantém prisão de Daniel Silveira. *Migalhas*. Disponível em: https://www.migalhas.com.br/quentes/340619/ao-vivo-camara-mantem-prisao-de-daniel-silveira. Acesso em: 1º mar. 2021.

[34] Tradução livre de "If you don't fight like hell you're not going to have a country anymore" e "We are going to the Capitol" (CAPITOL riots: Did Trump's words at rally incite violence? *BBC*. Disponível em: https://www.bbc.com/news/world-us-canada-55640437. Acesso em: 1º mar. 2021).

da democracia daquele país, com cenas de vandalismo, violência e algumas pessoas mortas. O comício, que fora organizado pelas redes sociais – como de resto o foram quase todas as manifestações do governo Trump, oficiais ou não – e, logo após o acontecimento, enquanto a população mundial assistia atônita às imagens veiculadas pela imprensa, o próprio ex-presidente postava no aplicativo Twitter um vídeo, no qual afirmava que tivera uma eleição roubada e a vitória dele havia sido esmagadora, o que era do conhecimento de todos, em especial "o outro lado".[35] O Twitter bloqueou de imediato por 12 horas a conta de Trump, a fim de aguardar que a postagem fosse retirada. Bloqueio temporário também foi realizado por Facebook e Instagram, nesse caso por 24 horas.

O que chama a atenção no episódio do Parlamento em Washington, no que diz respeito às redes sociais, é que a "pressão" de organismos governamentais e da sociedade civil, até mesmo pelos inúmeros acontecimentos que, como já mencionado antes, chegaram a influenciar eleitores, pela existência de uma "indústria" clandestina que envolve o disparo de mensagens através de robôs (*bots*), entre outras circunstâncias, fez com que as próprias gigantes das redes sociais tomassem iniciativas com sinais de autorregulamentação, quer bloqueando contas e perfis, quer postando advertências nas postagens (*posts*). E as redes sociais, empresas que são, podem estabelecer regras para a veiculação de manifestações de seus usuários e bloquear ou até excluir mensagens e até mesmo contas ou perfis que não se adequem ou respeitem tais regras. A questão, como destaca Anderson Schreiber em artigo publicado logo após o incidente nos Estados Unidos, é que, do mesmo modo que essas empresas – em geral multinacionais que atuam nos mais diversos países com as mais variadas culturas – estabelecem elas mesmas tais regras e podem tomar a iniciativa de restringir, bloquear e até excluir postagens de seus usuários, são igualmente livres para não o fazer.[36]

A regulamentação do direito à livre expressão não parece corretamente abrigado exclusivamente no terreno do autocontrole, da autorregulamentação. O exercício desse direito é carregado de potenciais riscos de violação a direitos da personalidade, entre outros direitos fundamentais e seu conteúdo é pilar, esteio e alicerce do próprio Estado democrático de direito.

Por outro lado, como lembra Schreiber no texto acima referido, o autocontrole exercido pelas redes sociais criou situações de censura ao próprio exercício da liberdade de expressão, como aconteceu com o bloqueio da imagem da capa de um clássico do *rock*, o disco *Nevermind* da banda Nirvana, quando o respectivo perfil comemorava vinte anos do lançamento do álbum. A capa continha a fotografia de um bebê nu e, pelo menos a princípio, a atitude estaria voltada a impedir a difusão da nudez infantil, já que, depois de constatado o excesso, a própria rede social voltou a exibir a imagem. O que se percebe e é igualmente destacado pelo autor do artigo é que o controle quanto à obediência pelos usuários aos termos de uso dessas empresas é realizado por meios mecânicos ou robóticos, alimentados com algoritmos que podem identificar elementos

---

[35] TWITTER and Facebook lock Donald Trump's accounts after video address. *The Guardian*, London. Disponível em: https://www.theguardian.com/us-news/2021/jan/06/facebook-twitter-youtube-trump-video-supporters-capitol.

[36] TWITTER bloqueia Trump: há limites para a liberdade de expressão? *Jusbrasil*, jan. 2021. Disponível em: https://direitocivilbrasileiro.jusbrasil.com.br/artigos/1151239599/twitter-bloqueia-trump-ha-limites-para-a-liberdade-de-expressao. Acesso em: 8 mar. 2021.

que sugiram pornografia, pedofilia ou apologia ao crime, para ficar no episódio do Nirvana. Porém, é óbvio que essas sugestões podem estar erradas.[37]

Nos países europeus, geralmente mais cautelosos no que diz respeito ao uso indiscriminado das redes sociais e mais reticentes a uma ausência de regulamentação pelo Estado, a opinião predominante entre aqueles que desenvolvem projetos que visam à proteção da pessoa e da democracia ante a difusão de informações falsas ou simplesmente ofensivas por intermédio das redes sociais é a de que a invasão do Capitólio deve servir de alerta para uma redefinição pelos Estados Unidos acerca da liberdade de expressão, inclusive com a responsabilização das plataformas que difundirem discurso de ódio, prática muito utilizada por Trump durante todo o seu mandato e muito em voga também no Brasil, inclusive pelas autoridades públicas, como no caso do Deputado Federal Daniel Silveira acima mencionado.

A Professora Jane Suiter, da Universidade de Dublin, entende que os Estados Unidos devem discutir a regulação das plataformas digitais nos moldes do que vem sendo adotado pela Europa. De maneira mais abrangente, defende Suiter um redesenho, por parte da maioria dos países, de instituições e também de sua comunicação. Esse redesenho deve incluir ações de educação para a mídia que possam ajudar as pessoas a pensar criticamente e reconhecer uma desinformação ou identificar uma mentira, discussão sobre regulação e acerca do papel da mídia, incluídas aqui não só as gigantes das redes sociais ou da internet, mas também as empresas jornalísticas, de televisão, as que são conhecidas como mídia tradicional.[38]

O que se percebe é que, mesmo tratando-se de um tema tabu e, como dito no início deste texto, um direito quase sacralizado, a liberdade de expressão nos Estados Unidos encontra pouca limitação no âmbito das relações privadas. Não se pode dizer o mesmo da relação entre o cidadão e o Estado, cuja vigilância de certa maneira "consentida" proporciona ao governo – paradoxalmente, já que considerada a "maior democracia do mundo" – forte controle sobre as informações e a circulação de dados.

A cultura norte-americana é fortemente liberal e muitas vezes permissiva com as chamadas "empresas de tecnologia", ficando a cargo do mercado a sua regulação. Pouca ou nenhuma é a presença do Estado.

Na União Europeia, pelo contrário, as atividades se desenvolvem segundo as leis do mercado, porém a regulação estatal se mostra presente quando há necessidade de proteção à pessoa nos mais diversos aspectos, não apenas quanto à liberdade de expressão. A plataforma de transporte Uber teve sua licença suspensa na cidade de Londres em 2017 e 2019 por falhas relacionadas à segurança e descumprimento de regras regulatórias estabelecidas pelo órgão competente, Transport for London (TfL).[39]

---

[37] TWITTER bloqueia Trump: há limites para a liberdade de expressão? *Jusbrasil*, jan. 2021. Disponível em: https://direitocivilbrasileiro.jusbrasil.com.br/artigos/1151239599/twitter-bloqueia-trump-ha-limites-para-a-liberdade-de-expressao. Acesso em: 8 mar. 2021.

[38] PINTO, Ana Estela de Sousa. Invasão nos EUA foi alerta para redefinir liberdade de expressão, diz pesquisadora. *Folha de S.Paulo*, São Paulo. Disponível em: https://www1.folha.uol.com.br/mundo/2021/01/invasao-nos-eua-foi-alerta-para-redefinir-liberdade-de-expressao-diz-pesquisadora.shtml. Acesso em: 8 jan. 2021.

[39] UBER loses licence to operate in London. *BBC*. Disponível em: https://www.bbc.com/news/business-50544283. Acesso em: 10 mar. 2021.

O mesmo ocorreu na Alemanha, onde a mesma plataforma enfrenta diversos processos judiciais por violação ao marco regulatório do governo.[40]

A tendência mundial vem sendo a formação de um consenso quanto à regulação da internet de uma forma geral e ela é necessária para a garantia de direitos aos usuários. Defende Eduardo Magrani:

> A internet é uma tecnologia plástica e mutável, sujeita a oscilações e direcionamentos além de políticos, mercadológicos, que podem a qualquer momento afastá-la dos princípios e características que constavam em sua origem e nos pensamentos talvez ingênuos de seus primeiros defensores. [...]
>
> Com a consciência de que não há uma essência e com consciência de sua plasticidade, há hoje algum consenso de que a regulação (em alguma medida) da internet é importante para que haja maio segurança de garantias aos direitos constitucionais dos cidadãos-usuários. Tanto indivíduos quanto o próprio poder público de diversas partes do globo já realizaram este necessidade. Contudo, estamos ainda tateando as melhores formas de se regular a internet. Por conta disso, há ainda uma ausência de regulação apropriada em vários aspectos para se garantir os direitos dos cidadãos nos espaços on-line, tais como: privacidade, liberdade de expressão e direitos consumeiristas. Somado a isso, a internet, por ser uma tecnologia em constante construção, vem mostrando a cada dia novos potenciais e avançando cada vez mais em sua tecnologia, ensejando novos debates.
>
> Diante destes fatores, vemos hoje, em muitos casos, agentes públicos e privados se aproveitarem deste cenário, seja por falta de regulação específica ou não, para introduzirem nos espaços on-line mecanismos de norteamento de condutas alinhados à lógica de manutenção do poder político ou do mercado, fomentando a colonização do mundo da vida também através da esfera pública conectada.[41]

O Brasil tem demonstrado preocupação quanto à regulamentação da internet, podendo ser encontrados alguns avanços na seara legislativa, fruto de amadurecimento acadêmico e científico dos setores envolvidos, como é de ver-se do Marco Civil da Internet e da Lei Geral de Proteção de Dados.

No que diz respeito mais especificamente às redes sociais, é preciso que o país assuma posição mais firme quanto ao modelo de regulação a ser adotado, embora haja no sistema normativa suficiente à garantia dos direitos fundamentais das pessoas e à manutenção e higidez dos valores inerentes ao Estado democrático de direito ante a liberdade de expressão.

4   Tensão entre liberdade de expressão e democracia ontem e hoje

A tensão entre liberdade de expressão e democracia não surgiu obviamente com o advento da internet, nem muito menos com a expansão da comunicação através das redes sociais.

A comunicação social, aliás, é elemento sensível do ordenamento jurídico de um país e serve de *locus* onde pode ser equilibrada dita tensão. É também instrumento para

---

[40] GERMAN court bans Uber's ride-hailing services in Germany. *Reuters*, London. Disponível em: https://www.reuters.com/article/us-uber-court-idUKKBN1YN171. Acesso em: 10 mar. 2021.

[41] MAGRANI, Eduardo. *Democracia conectada*. A internet como ferramenta de engajamento político-democrático. Curitiba: Juruá, 2014. p. 151.

o exercício da livre expressão e para a preservação da ordem democrática. Não deve sofrer restrição, sendo vedada toda e qualquer censura de natureza política, ideológica e artística, como prescreve a Constituição brasileira no *caput* e §2º do seu art. 220.

A história da humanidade é repleta de fatos em que a comunicação social se concentrou nas mãos do Estado e em que governos autoritários e totalitários a mantiveram sob seu pulso forte, protagonizando passagens vergonhosas e trágicas, destacando-se na era moderna, somente no século XX, a dizimação de milhões de judeus pela Alemanha nazista e pelos países sob seu domínio, o fascismo italiano e as ditaduras militares da América Latina, as quais também causaram dezenas de milhares de mortes, sendo a do Brasil uma das primeiras a emergir, durante mais de vinte anos.

Sobre as liberdades, Paulo Lôbo distingue a categoria do direito geral à liberdade da pessoa daquela em que estão inseridas a liberdade econômica e a liberdade política. A liberdade geral da pessoa, segundo o referido autor, "é o direito de ser livre, desde o nascimento até à morte, o direito de não estar subjugado a outrem, o direito de ir e vir, salvo a restrição em virtude do cometimento de crime".[42] A privação da liberdade, no caso de prisão, não extingue o correspectivo direito, apenas o restringe.[43]

A categoria em que se encontram os direitos de liberdade econômica, os quais fundamentam a livre iniciativa – que por sua vez deve estar condicionada aos valores sociais inscritos na Constituição, conforme prescreve o inc. IV do seu art. 1º – e a autonomia privada, é a dos direitos fundamentais exteriores à pessoa, ou seja, aqueles que não lhe são inerentes. O mesmo acontece com os direitos de liberdade política.

A liberdade política é aquela que se concretiza em face do Estado. Além da liberdade de associação, de culto, de pensamento e de trabalho, nela se apresenta a liberdade de expressão.

A liberdade de expressão e as demais liberdades políticas, assim como a liberdade econômica, são direitos fundamentais, mas que não integram os direitos da personalidade, já que não são inerentes à pessoa, como o é o direito geral à liberdade.

Nessa perspectiva é possível vislumbrar limites ao exercício do direito à liberdade de expressão quando em conflito com outros direitos fundamentais, em especial os direitos da personalidade.

Os pensamentos e as ideias devem ser livremente expressados. No entanto, um sistema jurídico liberal quanto ao exercício desse direito não deve prevê-lo de forma irrestrita. A liberdade de expressão pode sofrer restrição inversamente proporcional ao valor que o sistema imprima à dignidade da pessoa humana e aos princípios gerais da liberdade e da igualdade e sua tutela jurídica:

> A liberdade de expressão permite assegurar a continuidade do debate intelectual e do confronto de opiniões, integrando o sistema constitucional de direitos fundamentais e constituindo-se em um direito multifuncional, que se desdobra em um feixe de direitos comunicativos fundamentais, sendo eles: as liberdades de expressão *stricto sensu*, de informação, de investigação acadêmica, de criação artística, de edição, de jornalismo, de imprensa, de radiodifusão, de programação, de comunicação audiovisual, de telecomunicação e de comunicação em rede; bem como as liberdades associadas às

---

[42] LÔBO, Paulo. *Direito civil*. Parte geral. São Paulo: Saraiva, 2019. p. 156.
[43] LÔBO, Paulo. *Direito civil*. Parte geral. São Paulo: Saraiva, 2019. p. 157.

comunicativas: liberdade de profissão, livre-iniciativa econômica, liberdade de prestação de serviços e o direito de propriedade.[44]

A relação entre a liberdade de expressão e a democracia se dá na possibilidade da plena formação da pessoa, a quem como cidadã é garantido discurso público de manifestação de suas opiniões.

Dentro de uma ótica funcional, ao modo da doutrina de Norberto Bobbio – para quem a função promocional do direito constitui o aspecto mais recente da evolução do Estado – percebe-se que a passagem do Estado liberal para o social trouxe para este último a necessidade de funcionalização dos institutos jurídicos como seiva para a sua própria existência e sentido de realizar a justiça social. Para Bobbio, "trata-se de passar da concepção do direito como forma de controle social para a concepção do direito como forma de controle e *direção social*".[45]

No caso da liberdade de expressão, é importante se ter em mente que a sua funcionalização, ou seja, sua função promocional longe está de somente reprimir e orientar condutas, mas possui caráter propositivo, apta que está a impulsionar não apenas a paz social, como também a construção de uma sociedade democrática, "livre, justa e solidária", como determina o art. 3º, I, da Constituição da República. Nessa construção, realiza-se a plena dignidade da pessoa humana.[46]

E a liberdade de expressão foi ampliada com o passar do tempo justamente para constituir-se em condição de existência dessa sociedade livre e pluralista que o Constituinte terminou por desenhar e eleger como um dos fundamentos do Estado democrático de direito brasileiro.

No que diz respeito ao Estado democrático de direito, é forçoso lembrar, na esteira do pensamento de J. J. Gomes Canotilho, que qualquer que seja o conceito e a justificação do Estado, este somente se concebe hoje como Estado constitucional:

> O Estado constitucional, para ser um estado com as qualidades identificadas pelo constitucionalismo moderno, deve ser um *Estado de direito democrático*. Eis aqui as duas grandes qualidades do Estado constitucional: Estado de *direito* e Estado *democrático*. Estas duas qualidades surgem muitas vezes separadas. Fala-se em Estado de direito, omitindo-se a dimensão democrática, e alude-se a Estado democrático silenciando a dimensão do Estado de direito. Esta dissociação corresponde, por vezes, à realidade das coisas: existem formas de domínio político onde este domínio não está domesticado em termos de Estado de direito e existem Estados de direito sem qualquer legitimação em termos democráticos. O *Estado constitucional democrático de direito* procura estabelecer uma conexão interna entre democracia e Estado de direito.[47]

Nesse sentido, é a liberdade democrática que legitima o poder e este, de acordo com o princípio da soberania popular, "emana do povo" (parágrafo único, art. 1º,

---

[44] BARBOSA, Fernanda Nunes. *Biografias e liberdade de expressão*. Critérios para a publicação de histórias de vida. Porto Alegre: Arquipélago, 2016. p. 103

[45] BOBBIO, Norberto. *Da estrutura à função*: novos estudos de teoria do direito. Barueri: Manole, 2007. p. 209.

[46] BARBOSA, Fernanda Nunes. *Biografias e liberdade de expressão*. Critérios para a publicação de histórias de vida. Porto Alegre: Arquipélago, 2016. p. 90.

[47] CANOTILHO, J. J. Gomes. *Direito constitucional e teoria da Constituição*. Coimbra: Almedina, 2003. p. 93.

CR). Essa fórmula é que permite a compreensão da moderna concepção do Estado democrático de direito.

A democracia, além de uma dimensão subjetiva traduzida no reconhecimento de inúmeros direitos sociais ou direitos subjetivos públicos, possui uma dimensão objetiva derivada de disposições constitucionais como o princípio da dignidade da pessoa humana (art. 1º, III, CR) e o princípio da igualdade (*caput* do art. 5º, CR), entre outros. Nessa ambiência também se encontra a liberdade de expressão.

Ao mesmo tempo, no entanto, não se pode descurar do fato de que a liberdade de expressão é uma permanente fonte de lesão a direitos da personalidade. São muitos os exemplos e muito comum a colisão entre esse e outros direitos fundamentais. São temas correlatos a essa discussão o direito ao esquecimento,[48] a pornografia de vingança (*revenge porn*),[49] o discurso de ódio (*hate speech*) e, entre tantos outros, as *fake news*, nas quais este artigo concentra seu foco.

Exemplo clássico e que serve de fonte de estudos de muitos doutrinadores é a decisão proferida pelo Tribunal Constitucional Federal da Alemanha no caso *Lebach*, em que uma emissora de televisão exibiria um documentário sobre o assassinato de soldados às vésperas da libertação de um dos acusados pelo crime, tendo a Corte constatado que se tratava da repetição de um noticiário televisivo sobre um grave crime, em que não havia mais interesse atual pela informação e que colocava em risco a ressocialização do autor, no que a proteção da personalidade teve precedência sobre a liberdade de expressão.[50]

Quais, então, seriam os limites da liberdade de expressão, em especial no que concerne à liberdade democrática? Como contrapor o argumento da liberdade de expressão ante ameaças à estabilidade da democracia ou à sua própria existência, como no caso das *fake news*, em especial com a difusão em massa de falsas informações pela rede mundial de computadores, a internet?

A difusão de informações falsas, embora não retrate uma novidade, encontrou terreno fértil no universo virtual e hoje é, talvez, o maior desafio para o futuro da vida em sociedade. Sim, porque entre os inúmeros problemas trazidos pela evolução tecnológica – sem que esqueçamos dos enormes benefícios dela oriundos – a difusão das chamadas *fake news* é o que de mais ameaçador se encontra na internet atualmente, quando o alvo é a democracia. Os desafios para o direito são uma realidade a ser enfrentada com máxima urgência pelas nações.

Tanto quanto as próprias informações falsas, os instrumentos que as difundem e os propósitos de poderosas indústrias de comunicação de massa também constituem uma ameaça. Além dos direitos da personalidade, a exemplo da privacidade, da imagem e da honra, outros direitos fundamentais individuais e coletivos, difusos ou não, são

---

[48] Ver por todos: LÔBO, Paulo. *Direito civil*. Parte geral. São Paulo: Saraiva, 2021; e FRITZ, Karina Nunes. Direito ao esquecimento não é absoluto, diz Bundersgerchtshof. *Migalhas*. Disponível em: https://www.migalhas.com.br/coluna/german-report/336206/direito-ao-esquecimento-nao-e-absoluto--diz-bundesgerichtshof. Acesso em: 25 fev. 2021.

[49] Ver por todos: BUARQUE, Elaine. A verificação do dano existencial sob à ótica do direito à privacidade: o revenge porn. *Revista Fórum de Direito Civil*, Belo Horizonte, n. 16, p. 27-48, set./dez. 2017.

[50] ALEXY, Robert. *Teoria dos direitos fundamentais*. São Paulo: Malheiros, 2008. p. 102.

alvos constantes de ataques, devendo ser destacadas as liberdades ínsitas ao Estado democrático de direito.

A questão é complexa tanto do ponto de vista tecnológico, já que envolve proteção de dados, inteligência artificial e toda a gama de categorias a elas vinculadas, como internet das coisas (IoT), geolocalização de pessoas e dispositivos e aplicações com as mais diversas finalidades, quanto sob a perspectiva do direito.

A complexidade de demandas sociais aliada ao desgaste de muitas instituições representativas de poder político e a facilidade e rapidez na comunicação tornaram o ambiente das redes sociais a grande arena da opinião pública. Para dimensionar melhor esse espaço é mais adequado falar em "plataformas digitais", as quais envolvem, além das redes sociais, os portais de notícias e algo ainda pouco explorado e ainda mais ameaçador, a *deep web*, em que repousa mais ao fundo a *dark web*.

A representação gráfica que melhor descreve a *internet* ou *web* é a figura de um *iceberg*, em que a parte que desponta na superfície é a rede mundial de computadores como a conhecemos; na camada abaixo da superfície estaria o que se convencionou chamar de *deep web* e na parte mais profunda, a *dark web*. O que diferencia essas duas camadas mais profundas da rede é que o seu conteúdo não é indexado aos mecanismos de busca – sendo o Google o mais conhecido – e dito conteúdo, portanto, não é acessível ao grande público. São formadas por inúmeras outras redes, que por sua vez contêm um sem número de *sites* que não se comunicam.

É então acerca desse cenário que se desenvolve o debate. E ele envolve a proteção de dados pessoais, a liberdade, a segurança e a maneira como se projeta a convivência entre as pessoas para o futuro.

De outro modo, vivemos hoje as consequências de um maior engajamento político nas redes sociais, o que a princípio poderia ser salutar e benéfico, mas, devido aos propósitos das pessoas físicas e jurídicas que assumiram o protagonismo desse debate e o espaço infinito da "arena" onde ele acontece, tem trazido toda sorte de lesão a direitos e séria ameaça à democracia. O fenômeno não se restringe aos países periféricos. O conhecido escândalo da Cambridge Analytica, mencionado acima, o qual envolveu o uso de dados de aproximadamente 87 milhões de pessoas vinculadas ao Facebook em campanhas eleitorais teve forte impacto nas eleições norte-americanas de 2016 e papel decisivo no referendo que decidiu sobre a saída do Reino Unido da União Europeia, conhecido como Brexit.[51]

Por fim, no universo das informações falsas, surge nos últimos anos o conceito de *deep fake*, um aperfeiçoamento das *fake news* dada a rápida evolução da tecnologia que envolve a manipulação de imagens, a qual se utiliza inclusive das técnicas de reconhecimento facial e consegue colocar vozes e rostos sobrepostos a cenas ou vídeos previamente produzidos, com precisão capaz de dificultar a sua análise pelos melhores peritos da área. O uso da imagem do rosto do então candidato, hoje governador do estado de São Paulo, João Dória em 2018 em uma cena de sexo grupal é um exemplo

---

[51] CAMBRIDGE Analytica teria tido papel crucial no Brexit, diz ex-diretor de pesquisa. *G1*. Disponível em: https://g1.globo.com/mundo/noticia/cambridge-analytica-teria-tido-papel-crucial-no-brexit-diz-ex-diretor-de-pesquisa.ghtml. Acesso em: 25 set. 2020.

amplamente citado, já que nunca se chegou à certeza sobre a veracidade da cena, que aliás diz respeito à vida privada do político.[52]

A Lei Geral de Proteção de Dados brasileira (Lei nº 13.709/2018), fortemente influenciada pelo Regulamento europeu de 2016 – o GDPR (*General Data Protection Regulation*) –, traz bases legais adequadas ao tratamento de dados também na esfera eleitoral. Porém, um esforço interpretativo amplo é necessário para a conjugação do arcabouço legislativo eleitoral e a LGPD. Nesse sentido, uma lei específica nos moldes daqueles que propõe o PL nº 2630/2020[53] se mostra pertinente. Isto porque, mais do que impor regras de conduta ao comportamento de agentes políticos, o PL representa um mecanismo de combate à desinformação ao instituir a Lei Brasileira de Liberdade, Responsabilidade e Transparência na Internet, impondo normas a serem seguidas pelos provedores de redes sociais e serviços de mensagens privadas no intuito de garantir segurança e ampla liberdade de expressão, comunicação e manifestação do pensamento. O já conhecido Projeto de Lei das *Fake News*, acaso aprovado pelo Congresso Nacional, ajudará, em permanente interlocução com a LGPD, no enfrentamento da questão, que como dito é complexa e envolve uma série de problemas de natureza jurídica que podem repercutir nas mais diversas esferas da pessoa, atingindo a sua dignidade e a sua liberdade.

5   Conclusão

A síntese conclusiva a que se pode chegar em um artigo que versa sobre a análise jurídica de uma temática tão complexa não permite, muitas vezes, respostas precisas, porém novos pontos de partida com inquietações sobre as quais o pesquisador se debruçou ou que surgiram como desdobramentos dos estudos empenhados.

Muito se tem a discutir, errar e acertar no campo do domínio da internet para o direito. Novas situações jurídicas surgem a cada dia e a primeira conclusão a que se pode chegar é acerca da necessidade de se trabalhar com parâmetros éticos bem definidos para convivência nesse universo. Há que se preocupar também com o modelo de negócio que fará transmitir e fazer circular as informações. Tal modelo de negócio deve igualmente se pautar pela ética e boas práticas, dispondo de ações afirmativas aptas a prevenir ou minimizar os efeitos de eventual violação de direitos.

Entretanto, não há como se deixar de salientar a existência, no sistema jurídico brasileiro, de base legislativa suficiente para a solução dos casos concretos, em especial ante a colisão dos direitos fundamentais em tela, a liberdade de expressão e o fundamento do Estado democrático de direito (art. 1º, CR), como aconteceu recentemente de forma tangencial no caso da prisão em flagrante do deputado federal que atentou contra instituições democráticas, acima aludido.

---

[52] FAKE news e as eleições 2018. *Cadernos Adenauer*, ano XIX, n. 4, 2018. Disponível em: http://eduardomagrani.com/wp-content/uploads/2019/05/PUBLICACAO-2019-KA-Cadernos-2018.4-site.pdf. Acesso em: 25 set. 2020.

[53] BRASIL. Senado. *Lei Brasileira de Liberdade, Responsabilidade e Transparência na Internet*. Disponível em: https://legis.senado.leg.br/sdleg-getter/documento?dm=8128670&ts=1600365729707&disposition=inline. Acesso em: 26 set. 2020.

O direito à liberdade de expressão é muito caro à própria democracia e, por isso mesmo, não pode ser exercido de maneira ilimitada. Não se trata de um direito absoluto. Como apontado por Anderson Schreiber no texto igualmente referido anteriormente, "o que se exige, em atenção ao risco de censura, é que os limites à liberdade de expressão não sejam vagos e imprecisos, de modo a permitir abusos ou refreamentos indevidos pela lei, pelo Poder Judiciário ou pelos próprios agentes do mercado".[54] Este é um ponto crucial.

Parece não existir hoje maiores controvérsias acerca do posicionamento doutrinário e jurisprudencial quando o direito lesado pela manifestação da livre expressão for um dos direitos da personalidade. Neste caso, inexistirá prevalência da liberdade de expressão, podendo ocorrer, no caso concreto, maior ou menor plasticidade no exercício de ponderação e, consequentemente, na medida da incidência das normas jurídicas a ele aplicáveis.

Os tribunais superiores têm se manifestado reiteradamente nesse sentido, que é também o entendimento do Enunciado nº 613 das Jornadas de Direito Civil do Conselho da Justiça Federal (STJ), segundo o qual "A liberdade de expressão não goza de posição preferencial em relação aos direitos da personalidade no ordenamento jurídico brasileiro".[55]

Ao se tratar da salvaguarda do Estado democrático de direito, também são encontrados limites à liberdade de expressão. Eles se consubstanciam em impedimentos a qualquer forma de expressão tornada pública e que desafie a legitimidade da ordem estabelecida e as instituições democráticas, ameaçando o próprio Estado de direito. Nesse aspecto o maior desafio está na imposição de restrições à liberdade de expressão quando a plataforma de divulgação for a internet. Seu ambiente é vasto e complexo, o que resulta em um caráter difuso e dificulta sobremaneira a imposição de técnicas de restrição ou mesmo qualquer mecanismo de controle.[56]

O desafio, no entanto, não inviabiliza as medidas que possam vir a se fazer necessárias a impedir manifestações antidemocráticas, como aconteceu no caso recente do Deputado Federal Daniel Silveira. Na decisão proferida no Inquérito nº 4.781/DF que tramita no Supremo Tribunal Federal, o ministro relator destaca a gravidade das manifestações do parlamentar por não somente atingirem a honorabilidade dos membros da Corte (direito da personalidade), mas também por visar "impedir o exercício da judicatura, notadamente a independência do Poder Judiciário e a manutenção do Estado Democrático de Direito".[57]

Há na referida decisão referência expressa à vedação de comandos constitucionais no que concerne à propagação de ideias contrárias à ordem constitucional e ao Estado democrático (CR, arts. 5º, XLIV; 34, III e IV) e à manifestação visando ao rompimento

---

[54] TWITTER bloqueia Trump: há limites para a liberdade de expressão? *Jusbrasil*, jan. 2021. Disponível em: https://direitocivilbrasileiro.jusbrasil.com.br/artigos/1151239599/twitter-bloqueia-trump-ha-limites-para-a-liberdade-de-expressao. Acesso em: 8 mar. 2021.

[55] BRASIL. Conselho da Justiça Federal. *Enunciado 613*. Brasília, 2018. Disponível em: https://www.cjf.jus.br/enunciados/enunciado/1161. Acesso em: 9 mar. 2021.

[56] MACHADO, Jónatas E. M. *Liberdade de expressão*. Dimensões constitucionais da esfera pública no sistema social. Coimbra: Coimbra, 2002. p. 1118.

[57] BRASIL. Supremo Tribunal Federal. *Inquérito 4.781/Distrito Federal*. Disponível em: http://www.stf.jus.br/arquivo/cms/noticiaNoticiaStf/anexo/INQ4781FLAGRANTEDELITODECISAO.pdf. Acesso em: 10 mar. 2021.

do Estado de direito, com a extinção de cláusulas pétreas constitucionais – separação de poderes (CR, art. 60, §4º).

Retrata igualmente o julgado a dificuldade de se decidir acerca de dois valores interdependentes e contrapô-los em uma equação de equilíbrio:

> A liberdade de expressão e o pluralismo de ideias são valores estruturantes do sistema democrático. A livre discussão, a ampla participação política e o princípio democrático estão interligados com a liberdade de expressão tendo por objeto não somente a proteção de pensamentos e ideias, mas também opiniões, crenças, realização de juízo de valor e críticas a agentes públicos, no sentido de garantir a real participação dos cidadãos na vida coletiva. Dessa maneira, tanto são inconstitucionais as condutas e manifestações que tenham a nítida finalidade de controlar ou mesmo aniquilar a força do pensamento crítico, indispensável ao regime democrático; quanto aquelas que pretendam destruí-lo, juntamente com suas instituições republicanas; pregando a violência, o arbítrio, o desrespeito à Separação de Poderes e aos direitos fundamentais, em suma, pleiteando a tirania, o arbítrio, a violência e a quebra dos princípios republicanos, como se verifica pelas manifestações criminosas e inconsequentes do referido parlamentar: [...].[58]

Não obstante inúmeros debates acerca de discussões que tangenciaram o objeto da decisão, a exemplo da caracterização da flagrância do crime, a imunidade parlamentar e a recepção pela Constituição da Lei nº 7.170/73 – Lei de Segurança Nacional – editada em plena ditadura militar, parece não ter surgido dúvida quanto à ofensa ao regime democrático e ao Estado de direito nas manifestações veiculadas pelo deputado em suas redes sociais.

E dada a centralidade da pessoa humana na ordem constitucional estabelecida em 1988, assim como os valores que figuram no texto da Carta e decorrem da realidade social, ao mesmo tempo em que a fundamentam, a possibilidade de restrição à liberdade de expressão nos casos em que há nítida ofensa ao Estado democrático de direito é medida que se impõe, nos moldes de uma fundamentação precisa, clara e isenta de vagueza e abstração quanto à prevalência da ordem democrática sobre o direito à livre expressão.

A própria Constituição permite a baliza e o controle sobre os dois princípios em tensão. Porém, considerando a complexidade dos instrumentos utilizados para o exercício da liberdade de expressão, destacando-se a internet e as redes sociais, em que hoje se concentra a maioria das manifestações antidemocráticas, reconhece-se igualmente a existência de base legislativa infraconstitucional suficiente para tanto – a exemplo da Lei nº 12.965/2014 (Marco Civil da Internet) –, ainda que o país não conte com uma legislação específica sobre o tratamento da veiculação, circulação e difusão de falsas informações e ofensas diretas ao Estado democrático de direito nas redes sociais.

O controle parece viável e pode ser preventivo, a depender, como aqui defendido, do modelo de negócio e de regulação que o país consolidará.

---

[58] BRASIL. Supremo Tribunal Federal. *Inquérito 4.781/Distrito Federal*. Disponível em: http://www.stf.jus.br/arquivo/cms/noticiaNoticiaStf/anexo/INQ4781FLAGRANTEDELITODECISAO.pdf. Acesso em: 10 mar. 2021.

Referências

10 HOT consumer trends 2017. *Ericsson.com*. Disponível em: https://www.ericsson.com/en/reports-and-papers/consumerlab/reports/10-hot-consumer-trends-2017. Acesso em: 25 fev. 2021.

80% DOS brasileiros usa WhatsApp pelo menos uma vez por hora, diz pesquisa *Tilt*. Disponível em: https://www.uol.com.br/tilt/noticias/redacao/2019/10/31/80-dos-brasileiros-usa-whatsapp-pelo-menos-uma-vez-por-hora.htm. Acesso em: 25 fev. 2021.

ALEXY, Robert. *Teoria dos direitos fundamentais*. São Paulo: Malheiros, 2008.

ALPHABET divulga resultados: meta é bater a Microsoft na nuvem. *Exame.com*. Disponível em: https://exame.com/negocios/alphabet-divulga-resultados-meta-e-bater-a-microsoft-na-nuvem/. Acesso em: 25 set. 2020.

BARBOSA, Fernanda Nunes. *Biografias e liberdade de expressão*. Critérios para a publicação de histórias de vida. Porto Alegre: Arquipélago, 2016.

BILHEIRO, Ivan. A falsa citação de Voltaire. *Recanto das Letras*, Palmas, 2014. Disponível em: https://www.recantodasletras.com.br/artigos-de-cultura/5023780.

BOBBIO, Norberto. *Da estrutura à função*: novos estudos de teoria do direito. Barueri: Manole, 2007.

BRASIL é o 4º país em número de usuários de internet. *Exame.com*. Disponível em: https://exame.com/tecnologia/brasil-e-o-4o-pais-em-numero-de-usuarios-de-internet/. Acesso em: 25 fev. 2021.

BRASIL tem 424 milhões de dispositivos digitais em uso, revela a 31ª Pesquisa Anual do FGVcia. *Fundação Getúlio Vargas*. Disponível em: https://portal.fgv.br/noticias/brasil-tem-424-milhoes-dispositivos-digitais-uso-revela-31a-pesquisa-anual-fgvcia. Acesso em: 25 fev. 2021.

BRASIL. Conselho da Justiça Federal. *Enunciado 613*. Brasília, 2018. Disponível em: https://www.cjf.jus.br/enunciados/enunciado/1161. Acesso em: 9 mar. 2021.

BRASIL. Senado. *Lei Brasileira de Liberdade, Responsabilidade e Transparência na Internet*. Disponível em: https://legis.senado.leg.br/sdleg-getter/documento?dm=8128670&ts=1600365729707&disposition=inline. Acesso em: 26 set. 2020.

BRASIL. Supremo Tribunal Federal. *Inquérito 4.781/Distrito Federal*. Disponível em: http://www.stf.jus.br/arquivo/cms/noticiaNoticiaStf/anexo/INQ4781FLAGRANTEDELITODECISAO.pdf. Acesso em: 10 mar. 2021.

BUARQUE, Elaine. A verificação do dano existencial sob à ótica do direito à privacidade: o revenge porn. *Revista Fórum de Direito Civil*, Belo Horizonte, n. 16, p. 27-48, set./dez. 2017.

CAMBRIDGE Analytica teria tido papel crucial no Brexit, diz ex-diretor de pesquisa. *G1*. Disponível em: https://g1.globo.com/mundo/noticia/cambridge-analytica-teria-tido-papel-crucial-no-brexit-diz-ex-diretor-de-pesquisa.ghtml. Acesso em: 25 set. 2020.

CANOTILHO, J. J. Gomes. *Direito constitucional e teoria da Constituição*. Coimbra: Almedina, 2003.

CAPITOL riots: Did Trump's words at rally incite violence? *BBC*. Disponível em: https://www.bbc.com/news/world-us-canada-55640437. Acesso em: 1º mar. 2021.

COM 364 votos, Câmara mantém prisão de Daniel Silveira. *Migalhas*. Disponível em: https://www.migalhas.com.br/quentes/340619/ao-vivo-camara-mantem-prisao-de-daniel-silveira. Acesso em: 1º mar. 2021.

EUROPEAN PARLIAMENT. *Is data the new oil?* Competition issues in the digital economy. Disponível em: https://www.europarl.europa.eu/RegData/etudes/BRIE/2020/646117/EPRS_BRI(2020)646117_EN.pdf. Acesso em: 24 fev. 2021.

FAKE news e as eleições 2018. *Cadernos Adenauer*, ano XIX, n. 4, 2018. Disponível em: http://eduardomagrani.com/wp-content/uploads/2019/05/PUBLICACAO-2019-KA-Cadernos-2018.4-site.pdf. Acesso em: 25 set. 2020.

FRITZ, Karina Nunes. Direito ao esquecimento não é absoluto, diz Bundersgerchtshof. *Migalhas*. Disponível em: https://www.migalhas.com.br/coluna/german-report/336206/direito-ao-esquecimento-nao-e-absoluto--diz-bundesgerichtshof. Acesso em: 25 fev. 2021.

GERMAN court bans Uber's ride-hailing services in Germany. *Reuters*, London. Disponível em: https://www.reuters.com/article/us-uber-court-idUKKBN1YN171. Acesso em: 10 mar. 2021.

GREENWALD, Glenn. *Sem lugar para se esconder*. Rio de Janeiro: Sextante, 2014.

GROSS, Clarissa Piterman. Fake news e democracia: discutindo o status normativo do falso e a liberdade de expressão. *In*: RAIS, Diogo (Coord.). *Fake news*. A conexão entre a desinformação e o direito. São Paulo: Thomson Reuters Brasil, 2018.

KANT, Imannuel. *Crítica da razão pura*. Lisboa: Fundação Calouste Gulbekian, 2008.

KLEEMAN, Sophie. In one quote, Snowden just destroyed the biggest myth about privacy. *Mic*. Disponível em: https://www.mic.com/articles/119602/in-one-quote-edward-snowden-summed-up-why-our-privacy-is-worth-fighting-for. Acesso em: 2 fev. 2021.

LÔBO, Paulo Luiz Netto. A informação como direito fundamental do consumidor. *Revista de Direito do Consumidor*, n. 37, p. 59-76, 2001.

LÔBO, Paulo. *Direito civil*. Parte geral. São Paulo: Saraiva, 2019.

LÔBO, Paulo. *Direito civil*. Parte geral. São Paulo: Saraiva, 2021.

MACHADO, Jónatas E. M. *Liberdade de expressão*. Dimensões constitucionais da esfera pública no sistema social. Coimbra: Coimbra, 2002.

MAGRANI, Eduardo. *Democracia conectada*. A internet como ferramenta de engajamento político-democrático. Curitiba: Juruá, 2014.

NIELSEN, Rasmus Kleis. Foreword to the Reuters Institute Digital News Report 2020. *Digital News Report*. Disponível em: https://www.digitalnewsreport.org/survey/2020/foreword-2020/. Acesso em: 25 fev. 2021.

O QUE sabemos do escândalo do Facebook e por que você deve se preocupar. *Tilt*. Disponível em: https://www.uol.com.br/tilt/listas/o-que-sabemos-do-escandalo-do-facebook-e-por-que-voce-deve-se-preocupar.htm. Acesso em: 26 fev. 2021.

PAIVA, Fernando. Brasil é o terceiro maior mercado do Instagram no mundo. *Mobile Time*. Disponível em: https://www.mobiletime.com.br/noticias/06/08/2019/brasil-e-o-terceiro-maior-mercado-do-instagram-no-mundo/. Acesso em: 25 fev. 2021.

PERLINGIERI, Pietro. *Perfis do direito civil*. Introdução ao direito civil constitucional. Rio de Janeiro: Renovar, 2002.

PINTO, Ana Estela de Sousa. Invasão nos EUA foi alerta para redefinir liberdade de expressão, diz pesquisadora. *Folha de S.Paulo*, São Paulo. Disponível em: https://www1.folha.uol.com.br/mundo/2021/01/invasao-nos-eua-foi-alerta-para-redefinir-liberdade-de-expressao-diz-pesquisadora.shtml. Acesso em: 8 jan. 2021.

RODOTÀ, Stefano. *A vida na sociedade da vigilância*. A privacidade hoje. Rio de Janeiro: Renovar, 2008.

SALDANHA, Nelson. O jardim e a praça: ensaio sobre o lado 'privado' e o lado 'público' da vida social e histórica. *Ciência & Trópico*, Recife, jan./jun. 1983.

SCHREIBER, Anderson. Direito e mídia. *In*: SCHREIBER, Anderson (Coord.). *Direito e mídia*. São Paulo: Atlas, 2013.

SILVA, Douglas Vieira da. Brasil é o 4º país com mais usuários no Facebook na quarentena. *Tecmundo*. Disponível em: https://www.tecmundo.com.br/redes-sociais/153570-brasil-4-pais-usuarios-facebook-quarentena.htm. Acesso em: 26 fev. 2021.

SILVA, Gabriela de Barros. Como o caso Escola Base enterrou socialmente os envolvidos. *Jusbrasil*. Disponível em: https://canalcienciascriminais.jusbrasil.com.br/artigos/579874777/como-o-caso-escola-base-enterrou-socialmente-os-envolvidos. Acesso em: 2 mar. 2021.

STRECK, Lenio Luiz. Deus morreu e agora tudo pode? Reflexões sobre a prisão do deputado. *Conjur*, São Paulo. Disponível em: https://www.conjur.com.br/2021-fev-17/streck-deus-morreu-agora-tudo-prisao-deputado. Acesso em: 17 fev. 2021.

TWITTER and Facebook lock Donald Trump's accounts after video address. *The Guardian*, London. Disponível em: https://www.theguardian.com/us-news/2021/jan/06/facebook-twitter-youtube-trump-video-supporters-capitol.

TWITTER bloqueia Trump: há limites para a liberdade de expressão? *Jusbrasil*, jan. 2021. Disponível em: https://direitocivilbrasileiro.jusbrasil.com.br/artigos/1151239599/twitter-bloqueia-trump-ha-limites-para-a-liberdade-de-expressao. Acesso em: 8 mar. 2021.

UBER loses licence to operate in London. *BBC*. Disponível em: https://www.bbc.com/news/business-50544283. Acesso em: 10 mar. 2021.

WARREN, Samuel D.; BRANDEIS, Louis D. The right to privacy. *Harvard Law Review*, Cambridge, v. IV, n. 5, 1890. Disponível em: https://faculty.uml.edu/sgallagher/Brandeisprivacy.htm.

Informação bibliográfica deste texto, conforme a NBR 6023:2018 da Associação Brasileira de Normas Técnicas (ABNT):

ANDRADE, Gustavo Henrique Baptista. Liberdade de expressão, Estado de direito e democracia. *In*: EHRHARDT JÚNIOR, Marcos; LOBO, Fabíola Albuquerque; ANDRADE, Gustavo (Coord.). *Liberdade de expressão e relações privadas*. Belo Horizonte: Fórum, 2021. p. 31-55. ISBN 978-65-5518-188-3.

MULTICULTURALISMO E AS RESTRIÇÕES IMPOSTAS PELO ESTADO AO PLENO EXERCÍCIO DA LIBERDADE RELIGIOSA

ADRIANO MARTELETO GODINHO
RINALDO MOUZALAS
EDHYLA CAROLLINY VIEIRA VASCONCELOS ABOBOREIRA

1 Notas introdutórias

Apesar de reconhecido desde as primeiras cartas internacionais de direitos humanos e incorporado à maioria das Constituições dos Estados modernos, o direito à liberdade religiosa ainda necessita de enfrentamento e espaço no debate jurídico e acadêmico, sobretudo quando visto sob a perspectiva de um mundo com fronteiras diluídas pela tecnologia e diversidades culturais cada vez mais reveladas.

É notório que, após o intenso período de reflexão e produção legislativa em torno do conteúdo dos direitos fundamentais, sejam eles integrantes de quaisquer das dimensões de direitos humanos propugnadas, a preocupação premente, tanto dos pesquisadores quanto dos atores e gestores políticos, tornou-se em como concretizá-los e como garanti-los ante outros indivíduos e o próprio poderio estatal. Por outro lado, a crescente onda dos fundamentalismos religiosos pelo mundo coloca em evidência os necessários limites entre o exercício da convicção religiosa e o respeito à liberdade do outro.

A questão do pluralismo tornou-se um elemento de destaque a permear os meandros desta discussão, uma vez que se enfrenta o paradoxo de alcançar a idealização e a concretização de direitos humanos, no caso, o direito à liberdade religiosa, com a devida observação às particularidades de variadas culturas, modos de ser e ver o mundo que, muitas vezes, formam um amálgama componente de uma só nação, como é o caso brasileiro.

Todo este processo ganha ainda mais complexidade quando pensado em sociedades cada vez mais plurais. O pluralismo democrático é entendido, conforme Gisele Cittadino,[1] como "a multiplicidade de valores culturais, visões religiosas de

---

[1] CITTADINO, Gisele. *Pluralismo, direito e justiça distributiva*: elementos da filosofia constitucional contemporânea. 3. ed. Rio de Janeiro: Lumen Juris, 2004. p. 78.

mundo, compromissos morais, concepções sobre a vida digna", capazes de conviver no ambiente heterogêneo e conflituoso. A relação entre os diferentes passa longe da constituição harmoniosa, mas guarda possibilidades de convergências para o consenso na democracia, fator que legitima a norma e sua aplicação pelo Estado.

Igualmente, as influências do regime político e do reconhecimento da laicidade como princípio a ser seguido pelas instituições que compõem o Estado interferem diretamente nas análises dos casos propostos, uma vez que são passíveis de admitir ou não uma maior imposição de limites ou, até mesmo, violações à liberdade religiosa.

O multiculturalismo, designação que traz em si representação, reconhecimento e respeito da diversidade cultural,[2] está diretamente relacionado com o tema do direito à liberdade religiosa e as restrições impostas pelo Estado. O conceito não será objeto de aprofundamento teórico, mas se insere como contexto necessário ao universo delimitado de análise para este estudo.

Dessa forma, o problema a ser enfrentado nas linhas que se seguem diz respeito à concretização do direito fundamental à liberdade religiosa, considerando as tensões existentes entre o pluralismo cultural e as restrições impostas pelos Estados ao exercício do referido direito.

Assim, inicialmente, serão apresentados os marcos jurídicos e teóricos que delimitam o conteúdo do direito à liberdade de crença e, mais especificamente, a liberdade religiosa. Após, a partir dos pontos de inflexão teórica, serão apresentados os casos chinês, francês, espanhol e italiano.

2 A expressão da religiosidade como exercício do direito fundamental à liberdade de crença

A todo e qualquer indivíduo cumpre reconhecer, enquanto expressão de sua dignidade e de seus valores, o direito não apenas de escolher professar determinada crença religiosa, como também o de orientar sua vida e suas decisões em conformidade com os princípios e dogmas de sua fé. Tal direito repousa, a propósito, em textos normativos de caráter nacional e supranacional.

Tome-se, como ponto de referência inaugural, o texto do art. XVIII, da Declaração Universal dos Direitos do Homem, sobre a liberdade de consciência e de crença:

> Toda pessoa tem direito à liberdade de pensamento, consciência e religião; este direito inclui a liberdade de mudar de religião ou crença e a liberdade de manifestar essa religião ou crença, pelo ensino, pela prática, pelo culto e pela observância, isolada ou coletivamente, em público ou em particular.

A partir do texto transcrito, de validade transnacional, manifesta-se o reconhecimento de que a cada pessoa é reconhecido o direito à liberdade de consciência e de religião.

---

[2] GALINDO, Bruno. *Teoria intercultural da Constituição*: a transformação paradigmática da teoria da constituição diante da integração interestatal na União Européia e Mercosul. Porto Alegre: Livraria do Advogado, 2006. p. 94.

Cabe, contudo, agir com prudência ao conferir a estas liberdades seu verdadeiro sentido, sob pena de reduzi-las à condição de meros rótulos vazios, desprovidos de qualquer conteúdo.

De fato, o frequente inchamento dos inúmeros direitos e garantias que se vão editando, assegurados por diplomas e normas internacionais, constitucionais e infraconstitucionais, comumente não confere mais do que uma falsa aparência de segurança. Para todo tipo de direito ou pretensão imagináveis, surge algum órgão ou ordenamento que, generoso na elaboração de normas e princípios, teoricamente nos resguarda e nos protege contra tudo e contra todos. E é este o problema que se coloca: como a teoria nem sempre corresponde à prática, toda a aparente segurança desfalece, a revelar o propósito demagógico de se tentar adular as pessoas com a estipulação de um interminável rol de direitos que, na realidade, não se concretizam.

Impõe-se, então, estabelecer os devidos contornos à significação daqueles valores.

Em primeiro lugar, eleva-se ao *status* dos direitos humanos a liberdade de consciência. A expressão é inequivocamente vaga e, por isso, compete precisá-la. Em que sentido se apela a esta liberdade de consciência? Segundo o magistério de J. J. Gomes Canotilho e Vital Moreira,[3] "a liberdade de consciência consiste essencialmente na liberdade de opção, de convicções e de valores, ou seja, a faculdade de escolher os próprios padrões de valoração ética ou moral na conduta própria e alheia".

Gozar de liberdade de consciência significa, pois, permitir à pessoa encontrar os próprios valores e estar em paz consigo mesma e com suas escolhas de foro íntimo, num plano individual, e orientar livremente as suas condutas e decisões comunitárias, num plano social. A liberdade de consciência confere a cada pessoa o poder de refletir e definir o que releva e o que não importa para sua vida, conforme sua concepção de si mesma e do mundo que a cerca. Está em jogo a construção da própria identidade de cada indivíduo, enquanto pessoa (ser humano digno e irrepetível) e cidadão (o ser humano inserido na sociedade).

As convicções e crenças, em boa medida, preenchem o sentido da existência humana, tornando cada pessoa um ser individual, único, autônomo. A liberdade para viver e partilhar tais crenças é, indubitavelmente, natural decorrência do princípio do desenvolvimento (e realização) da personalidade. Todo tipo de afronta ou coação contra tais valores, proveniente do exterior – inclusive e sobretudo dos poderes públicos –, será um menoscabo da personalidade humana, da profundidade e singularidade de cada qual; será, enfim, um ato que "desindividualiza" a pessoa.[4]

É íntima a conexão entre a liberdade de consciência, enquanto "santuário interior onde a liberdade do homem é total e, portanto, onde não é permitida qualquer intromissão do Estado e da sociedade" e a dignidade da pessoa humana, que repousa "na sua qualidade de pessoa ética, enquanto ser que orienta livre e universalmente todas as suas ações". Ser digno implica ser livre para decidir segundo valores e convicções pessoais; para permitir este intento, vale a consciência como "reserva de interioridade"

---

[3] CANOTILHO, José Joaquim Gomes; MOREIRA, Vital. *Constituição da República portuguesa anotada*. 4. ed. Coimbra: Ed. Coimbra, 2007. p. 609.

[4] GARCÍA MANZANO, Pablo. Libertad de creencias y dimensión pública de las convicciones religiosas. *Persona y Derecho: Revista de Fundamentación de las Instituciones Jurídicas y de Derechos Humanos*, Pamplona, n. 45, 2001. p. 178.

e como "fonte de toda a decisão moral", nos dizeres de Augusto Silva Dias.[5] E a satisfação da consciência, ainda na esteira do pensamento do mesmo autor, implica tolerar que o indivíduo se comporte verdadeiramente conforme os seus imperativos, que são invioláveis.[6]

Não se pode, evidentemente, compreender a liberdade de consciência num sentido absoluto; como toda liberdade, ela encontra limites no próprio ordenamento. Também não se pode admitir, todavia, que possa o Estado ou qualquer outra entidade tolher as manifestações da consciência e os comportamentos nela embasados, o que cabe garantir a qualquer indivíduo. Do contrário, perde-se o sentido da inviolabilidade da liberdade de consciência, consagrada nas mais diversas cartas internacionais e ordens jurídicas locais.

Adiante, consagra-se, no rol dos direitos humanos, a liberdade religiosa – que não deixa de ser, enfim, uma manifestação específica da liberdade de consciência. O texto do art. XVIII da Declaração Universal dos Direitos do Homem, já transcrito, não se limita, contudo, a enunciá-la, mas também a estabelecer o seu alcance: assim é que a liberdade de religião abarca, em sua amplitude, o direito à livre escolha da religião (e, como corolário, o direito de mudar de religião e, embora o texto da Declaração não o diga, também o direito de simplesmente não seguir uma religião ou de abandonar aquela outrora escolhida) e, o que parece ainda mais relevante, o direito de efetivamente exercer a crença religiosa, em ambiente público ou privado.

Este direito fundamental à liberdade de consciência e de crença, portanto, pode ser exercido tanto de maneira "positiva" quanto "negativa", ou seja, a cada um se confere não apenas a prerrogativa de escolher e de professar ou de não professar determinada religião ou crença enquanto relação dialogal com Deus[7] e de ver respeitada sua opção.

No sentido da plena liberdade religiosa, encontra-se também o fundamento para difundir, com palavras e gestos, determinada crença. Noutra formulação, a liberdade religiosa abrange "não apenas a liberdade de praticar essa religião, mas também a liberdade de viver de acordo com os princípios ordenadores básicos dessa religião".[8]

Compreende-se no conteúdo desta liberdade não apenas um aspecto omissivo, de proibição de toda discriminação por motivos religiosos, mas também um caráter ativo, consistente na prerrogativa que tem cada pessoa de agir consoante os preceitos da sua religião. É esta a mais significativa afirmação que se pode extrair da ideia de liberdade religiosa: viver segundo tais preceitos representa, para seus seguidores, a mais ostensiva forma de professar sua fé e os valores de seu Deus. Daí advém um direito à autodeterminação de acepções concretas de liberdade religiosa, o que avança por sobre o modo de revelação da religião ou crença e atinge o seu conteúdo, ou seja, as formas de participação e de exercício, seja no âmbito domiciliar, familiar ou público, o que poderá determinar, inclusive, as práticas e usos religiosos, desde a maneira de

---

[5]   DIAS, Augusto Silva. *A relevância jurídico penal das decisões de consciência*. Coimbra: Almedina, 1986. p. 68.

[6]   DIAS, Augusto Silva. *A relevância jurídico penal das decisões de consciência*. Coimbra: Almedina, 1986. p. 68.

[7]   PAREJO GUZMÁN, María José. *La eutanasia, ¿un derecho?* Navarra: Thomson-Aranzadi, 2005. p. 314.

[8]   QUEIROZ, Cristina. Autonomia e direito fundamental à liberdade de consciência, religião e culto. Os limites da intervenção do poder público. *In*: FACULDADE DE DIREITO DA UNIVERSIDADE DO PORTO. *Estudos em comemoração dos cinco anos da Faculdade de Direito da Universidade do Porto*. Coimbra: Ed. Coimbra, 2001. p. 314.

se vestir até manifestações públicas como procissões, o uso de insígnias e símbolos das comunidades religiosas e o gozo de feriados religiosos.[9]

No Brasil, são diversas as disposições constitucionais que cuidam do tema em apreço. No rol dos direitos fundamentais de que trata o art. 5º do texto da Magna Carta, vislumbra-se a presença de três incisos que versam sobre a matéria:

> VI - é inviolável a liberdade de consciência e de crença, sendo assegurado o livre exercício dos cultos religiosos e garantida, na forma da lei, a proteção aos locais de culto e a suas liturgias;
>
> VII - é assegurada, nos termos da lei, a prestação de assistência religiosa nas entidades civis e militares de internação coletiva;
>
> VIII - ninguém será privado de direitos por motivo de crença religiosa ou de convicção filosófica ou política, salvo se as invocar para eximir-se de obrigação legal a todos imposta e recusar-se a cumprir prestação alternativa, fixada em lei.

Das disposições constitucionais referidas, absorvem-se as seguintes noções: a liberdade de consciência e de crença é inviolável, sendo esta a regra primordial a estabelecer neste domínio; por via de consequência, asseguram-se aos indivíduos o livre exercício ao culto e a proteção aos locais onde ele se pratica, bem como a garantia de que nenhum prejuízo advirá da escolha e do exercício de qualquer crença religiosa.

Dos preceitos constitucionais brasileiros declinados, ainda se extrai, como regra, a ideia segundo a qual as convicções pessoais, sejam de índole política, filosófica ou religiosa, não podem ser invocadas com o propósito de se furtar ao cumprimento da lei, sobretudo quando esta se revestir de cunho imperativo.

Entretanto, numa abertura que procura evitar a intolerância contra a adoção de determinados preceitos religiosos ou orientações políticas e filosóficas, chega-se a admitir, particularmente, a prerrogativa de se recusar o serviço militar obrigatório, mediante a assunção do compromisso de prestação de serviço alternativo, consoante prevê o §1º do art. 143 da Constituição. Esta alternativa não equivale a uma abertura para a concessão de descabidos privilégios a uns, em detrimento da submissão de outros a obrigações a todos impostas, mesmo porque aquelas pessoas que deixam de cumprir certo dever, com fundamento em suas convicções, não ficam isentas da prestação de um serviço alternativo. A questão, a todas as luzes, desafia uma difícil solução: se, por um lado, forçar uma pessoa a servir nas Forças Armadas pode representar grave violação às suas convicções religiosas, por outro lado, não se pode admitir a abertura de frestas no princípio constitucional da separação das igrejas e do Estado, tampouco a concessão de um favoritismo a alguns, em prejuízo do princípio da isonomia, igualmente assegurado em sede constitucional.[10] Uma conciliação, contudo, é possível: a fórmula encontrada não tenciona o indevido favorecimento de alguns, mas procura conjugar deveres e

---

[9] QUEIROZ, Cristina. Autonomia e direito fundamental à liberdade de consciência, religião e culto. Os limites da intervenção do poder público. *In*: FACULDADE DE DIREITO DA UNIVERSIDADE DO PORTO. *Estudos em comemoração dos cinco anos da Faculdade de Direito da Universidade do Porto*. Coimbra: Ed. Coimbra, 2001. p. 315-317.

[10] QUEIROZ, Cristina. Autonomia e direito fundamental à liberdade de consciência, religião e culto. Os limites da intervenção do poder público. *In*: FACULDADE DE DIREITO DA UNIVERSIDADE DO PORTO. *Estudos em comemoração dos cinco anos da Faculdade de Direito da Universidade do Porto*. Coimbra: Ed. Coimbra, 2001. p. 324.

direitos fundamentais, preservando-se ao máximo a inviolabilidade das consciências pessoais, nomeadamente religiosas.

A liberdade religiosa, como se assinalou, decorre da ideia da liberdade de consciência, tomada esta numa acepção de liberdade para entabular escolhas individuais e de comportar-se de acordo com elas. Daí deriva, inclusive, um direito à *objeção de consciência* (ou *imperativo de consciência*), consistente num "direito de não cumprir obrigações ou não praticar atos que conflituem essencialmente com os ditames da consciência de cada um",[11] e que não se subscreve apenas para as obrigações militares (como se depreende da particular análise do citado art. 143, §1º da Constituição da República), não respeita exclusivamente exigências ou comandos de origem legal ou estatal e tampouco se restringe aos motivos de ordem religiosa, podendo invocar-se em relação a domínios de outra índole e fundamentar-se em outras razões de consciência, como as morais e as filosóficas,[12] desde que estejam estas amparadas na boa-fé (quer dizer, desde que de fato correspondam às mais íntimas convicções individuais, e não que sejam falsa e maliciosamente invocadas para servir como pretensa justificativa ao descumprimento de deveres pontuais). Agir segundo a própria consciência, enfim, implica rejeitar tudo aquilo que com ela não se coadune.

Estas objeções de consciência, portanto, não podem prevalecer como uma espécie de artifício para que alguém venha a escapar do império da lei ou encontrar um regime jurídico de privilégios em relação aos demais membros da sociedade. Do art. 5º da Constituição da República brasileira emerge o fundamental postulado segundo o qual "todos são iguais perante a lei, sem distinção de qualquer natureza". O que justifica um tratamento desigual, favorável aos objetores, é a busca de uma igualdade material, e não apenas formal: todo aquele que verdadeiramente invocar um imperativo de consciência para recusar o cumprimento de determinado dever estará, na realidade, buscando em sua essência e individualidade uma razão plausível para comportar-se de acordo com esta mesma consciência. Do contrário, estar-se-ia a correr sério risco de se proceder a uma grave violação da própria dignidade humana, princípio que, como já se alertou, confere abertura suficiente para que cada indivíduo paute sua existência consoante seus valores.

Todavia, a questão ganha contornos complexos quando o reconhecimento de tratamento desigual, que assegure a efetividade do direito à liberdade de crença, necessita da ingerência em outros princípios e regras de direitos constitucionais dirigidas ao bem comum. Sobre esse aspecto, por exemplo, têm sido as discussões atuais travadas sobre a recusa a tratamento médico pelas testemunhas de jeová no Brasil e os custos a serem suportados pelo sistema de saúde estatal para garantia do exercício da convicção religiosa, no âmbito do Supremo Tribunal Federal.[13]

Diga-se, em tempo, que aqui não importa estabelecer critérios tendentes a encontrar soluções para as tensões que podem emergir entre a liberdade de consciência e de crença

---

[11] CANOTILHO, José Joaquim Gomes; MOREIRA, Vital. *Constituição da República portuguesa anotada*. 4. ed. Coimbra: Ed. Coimbra, 2007. p. 616.

[12] CANOTILHO, José Joaquim Gomes; MOREIRA, Vital. *Constituição da República portuguesa anotada*. 4. ed. Coimbra: Ed. Coimbra, 2007. p. 616.

[13] RE nº 979.742/AM, RE nº 1.212.272/AL e ADI nº 618/DF.

e o eventual descumprimento de deveres impostos pelas autoridades públicas (como servir as Forças Armadas) ou mesmo de obrigações estabelecidas em relações jurídicas de caráter privado (como a recusa de um empregado a trabalhar em determinado dia da semana ou de usar certas vestimentas). Estas reflexões conduziriam a discussões que em muito ultrapassam os fins deste trabalho. O que interessa, neste ponto, é firmar a existência e o reconhecimento constitucional dessas liberdades como direitos fundamentais, pontuar a objeção de consciência como sua manifestação específica e enquadrá-las como possível fundamento para as limitações voluntárias ao exercício dos direitos da personalidade, precipuamente aquelas que recaiam sobre a integridade física.

Cumpre afirmar que se as pessoas são seres em formação, que vivem em constante busca da sua plenitude e da realização dos seus desígnios, as liberdades de consciência e de crença, que facultam a cada um encontrar no seu âmago a própria razão de viver, são caminhos para se atingir o desenvolvimento e a realização da personalidade. Permitir que toda pessoa se determine conforme sua essência, segundo sua consciência, e tolerar as decisões pautadas pela íntima convicção individual, inclusive religiosa, são atos que representam o respeito pela própria dignidade humana, que, conforme já se afirmou, não é um dado frio e constante, de conteúdo comum a toda a humanidade, mas, antes, algo que se concretiza no interior de cada espírito. Permitir que o indivíduo seja e se torne quem quiser, segundo suas mais sagradas e invioláveis crenças, é abrir-lhe o caminho rumo à libertação e à transcendência.

Nesse sentido, para além dos aspectos negativo e positivo do direito à liberdade de consciência e de crença, quais sejam, proibição de não discriminação e direito de agir conforme a sua crença, respectivamente, e dos limites impostos ao exercício individual do direito fundamental, há que se destacar a não intervenção estatal ou princípio da laicidade como elo de tensão e principal pressuposto para análise dos casos que serão abordados a seguir.

Em julgamento da ADI nº 4.439,[14] no Supremo Tribunal Federal, o Ministro Luís Roberto Barroso afirmou:

> Diante desta realidade, o Estado deve desempenhar dois papeis decisivos na sua relação com a religião. Em primeiro lugar, cabe-lhe assegurar a liberdade religiosa, promovendo um ambiente de respeito e segurança para que as pessoas possam viver suas crenças livres de constrangimento ou preconceito. Em segundo lugar, é dever do Estado conservar uma posição de neutralidade no tocante às diferentes religiões, sem privilegiar ou desfavorecer qualquer uma delas.

Visando a tal escopo, a laicidade estatal possui três dimensões. A dimensão institucional corresponde à separação entre Estado e religião do ponto de vista político; a dimensão pessoal inadmite representantes de religiões específicas como agentes públicos e, por fim, a dimensão simbólica aponta para a afirmação de que símbolos que sejam adotados como representação do Estado não podem constituir símbolos de identificações religiosas. O Estado e seu arcabouço institucional, portanto, deve zelar para que o indivíduo tenha a possibilidade de exercer livremente a sua crença, bem

---

[14] ADI nº 4.439. Rel. Roberto Barroso. Rel. p/ acórdão Alexandre de Moraes, Tribunal Pleno, j. 27.9.2017. *DJe*, 123, div. 20.6.2018, pub. 21.6.2018.

como guardar uma postura neutra, de forma que não favoreça ou determine preferência a determinadas religiões em detrimento de outras.

Esse entendimento corrobora a percepção de que não bastam as previsões internacionais, constitucionais e legais que reconheçam e estabeleçam garantias para o direito à liberdade religiosa. É necessário que tanto a organização constitucional do Estado como o regime político adotado estejam alinhados com a perspectiva de liberdade e de autodeterminação do sujeito.[15]

3   O caso chinês

Caso noticiado de recente restrição à liberdade religiosa na China merece análise a par das considerações até aqui apresentadas.

Segundo os meios de imprensa,[16] alimentados por informações prestadas pela Rádio Free Asia (agência de notícias financiada pelos Estados Unidos), para algumas províncias, como as de Zhejiang e de Anhui, foram enviados agentes do governo chinês para remover cruzes e outros símbolos cristãos colocados em templos religiosos, locais estes que passaram a ser transformados em centros culturais de promoção ao socialismo, sob o fundamento de que aqueles não possuiriam autorização para funcionamento. Ademais, os religiosos cristãos que pregariam suas crenças nas ruas estariam sujeitos à prisão administrativa.

Além disso, de acordo com a revista *Bitter Winter*, do Centro Studi sulle Nuove Religioni, a perseguição aos cristãos também se concretizaria especialmente contra os moradores que estariam a receber ajuda do governo. Na província de Shanxi, representante da igreja teria dito que as "autoridades locais tiraram um calendário com uma imagem de Jesus da sua casa e colocaram no lugar um retrato de Mao Tsé-Tung", porque "as famílias religiosas empobrecidas devem obedecer ao Partido Comunista pelo dinheiro que recebem".

Em contraponto, alguns veículos de imprensa[17] informam que as denúncias não seriam verídicas, tanto que vazias, sem identificação precisa dos locais e das pessoas envolvidas. Todavia, a despeito desta controvérsia, ao presente trabalho, interessa a análise da denúncia, a individualizar cada um dos pontos indicados para mostrar como o regime político pode violar a liberdade religiosa. Ela (a denúncia), portanto, consistiria

---

[15] Sobre regime político e Estado laico, XXX anotam que "a adoção de credos ou religiões por qualquer democracia, ou a filiação de qualquer forma democrática a qualquer credo, religião ou dogma são contradições. A democracia não comporta a identificação com dogmas oficiais. A autocracia pode ser compatível com o Estado laico, já que a autocracia pode muito bem se manter sem a adoção de religião oficial ou patrocinada pelo Estado. A autocracia pode ser dogmática ou laica, indistintamente. A democracia não pode se compatibilizar com o dogma religioso oficial, ou seja, ao contrário da autocracia, a democracia não pode ser laica ou associada ao poder religioso, indistintamente" (BORGES, Alexandre Walmott; ALVES, Rubens Valtecides. O Estado laico e a liberdade religiosa. *Revista Brasileira de Estudos Políticos*, Belo Horizonte, n. 107, p. 227-265, jul./dez. 2013. p. 238).

[16] PERSEGUIÇÃO aos cristãos está piorando na China, denunciam organizações. *Gazeta do Povo*. Disponível em: https://www.gazetadopovo.com.br/mundo/perseguicao-aos-cristaos-esta-piorando-na-china-denunciam-organizacoes/. Acesso em: 10 jan. 2021.

[17] RODRIGUES, Elton; BISPO, Jemima; CUNHA, Magali; LIMA, Maria Fernanda de. Mídias sociais e noticiosas circulam desinformação sobre perseguição a cristãos na China. *Bereia*, 5 ago. 2020. Disponível em: https://coletivobereia.com.br/midias-sociais-e-noticiosas-circulam-desinformacao-sobre-perseguicao-a-cristaos-na-china/. Acesso em: 10 jan. 2021.

em remoção de símbolos religiosos, desativação de templos e prisão administrativa de pregadores da doutrina cristã.

Tais atos, de prática atribuída ao regime político chinês, imporiam indevida restrição à liberdade religiosa? Poder-se-ia afirmar que eles limitariam a manifestação da crença e atentariam contra o ensino e a prática de culto? Os autores deste trabalho, para ambas as indagações, entendem que sim, a existir claro atentado contra a liberdade religiosa, com limitação de crença e impedimento ao seu ensino e à sua prática.

Ora, não se pode negar que a Igreja católica explicitamente vai de encontro a fundamentos do regime comunista, por entender que há supressão de liberdades individuais. Foi em razão disso que, nos anos de 1948 e de 1949, a Igreja católica, sob o papado de Pio XII, editou dois decretos a manifestar posição contrária àquele regime. Posteriormente, inclusive, diversos outros atos e manifestações ratificaram essa posição da Igreja católica.

Apesar disso, a China, que adota um regime político com características totalitárias, não pode atentar contra a liberdade religiosa, expressão essencial da liberdade individual de consciência, seja porque este direito é reconhecido pela própria Constituição do país como fundamental, seja porque as convicções e as práticas religiosas não são utilizadas pelos cristãos para escusar o cumprimento da legislação local.

A discordância aos fundamentos do regime chinês (mesmo que seja assim compreendida pela simples exposição de símbolos, pelo funcionamento de templos e pelas pregações doutrinárias) deve ser tolerada, porque ela é ínsita a qualquer regime político, em especial os de cariz minimamente democrático. O que não deve ocorrer, apesar de até ser por vezes tolerada, é a recusa do cumprimento de dever legal por convicção religiosa.

Acontece que, no caso chinês, os símbolos cristãos, os seus templos e a propagação da sua doutrina podem até massificar a discordância aos fundamentos do regime político, mas, isso, por si, não implica violação de dever legal, pelo que não pode justificar qualquer mitigação ao direito fundamental de liberdade religiosa. Não é, assim, sustentável em premissas sólidas o argumento de que a propagação da doutrina cristã, por si só, atentaria contra o regime político chinês, nem muito menos contra os deveres legais, a se tratar, pois, de mero discurso heurístico destinado unicamente a tentar legitimar as ações não razoáveis tomadas pelo governo local.

Portanto, os atos praticados pelo governo da China, consistentes na retirada de símbolos cristãos, fechamento de templos e prisão administrativa de pregadores da fé católica, afrontam diretamente a liberdade religiosa dos indivíduos que a professam.

4 O caso francês

Outro caso que deve ser analisado é o das restrições impostas à liberdade religiosa pela França.

Em 2010, no país, foi aprovada a Lei nº 1.192, que impede o uso, em espaços públicos, de peças ou acessórios que cubram o rosto, como (mas não só) a burca e o *niqab*. A lei teria por objetivo assegurar a igualdade entre sexos, porque ditas vestes e seus afins reprimiriam a mulher muçulmana, com perpetuação do dogma da superioridade masculina.[18]

Ao analisar o texto legal em razão de provocação realizada por uma cidadã francesa, a Corte Europeia de Direitos Humanos, por maioria (de dezessete votos, houve apenas dois dissidentes), embora tenha compreendido que a lei francesa tenha "efeitos negativos específicos sobre a situação das mulheres muçulmanas", decidiu que existe "uma justificativa objetiva e razoável para adotá-la".[19]

Foi aceito pelos julgadores o argumento de que a lei francesa não impunha uma restrição específica ao uso de vestes religiosas, mas de qualquer roupa ou acessório que ocultasse o rosto, como capacetes e capuzes, a ponderar, inclusive, que a medida poderia parecer desproporcional, pois, na França, dos 5.000.000 de mulçumanos, apenas 2.000 usam burca ou *niqab*.

Se a lei francesa foi preservada pela Corte Europeia de Direitos Humanos sob o argumento de que a proibição não seria especificamente quanto ao uso de vestes religiosas, mas de qualquer roupa ou acessório que escondesse o rosto, fica claro que ela não visava a reduzir a desigualdade entre os sexos na religião mulçumana. Na verdade, a França, naquele momento, havia sofrido ataques terroristas impulsionados pela intolerância religiosa, o que redundou na edição da lei restritiva.

Logo, a proibição imposta pela lei não buscava preservar a igualdade entre os sexos, mas sim afirmar a segurança pública em razão dos atentados sofridos pelo país europeu.[20] Só que o atentado contra a fé muçulmana foi desarrazoado, porque desnecessária a proibição imposta, já que, além de a quantidade de mulheres muçulmanas que, ali, usam burcas e *niqab* ser diminuta, a restrição não impediria a prática de novos atentados. Tanto que, depois, a mesma França sofreu outros.

Poder-se-ia até indagar se continuasse permitido o uso da burca e do *niqab* poderiam ter existido mais atentados. Embora inexistam indicadores oficiais de segurança a respeito, acredita-se que não existiriam, porque a identificação pelo uso das vestes religiosas até facilitaria eventual controle, se, realmente, coubesse compreender que as mulheres muçulmanas (ou quem mais usasse as vestes religiosas) poderiam ser agentes utilizados à causação de atos atentatórios à segurança pública.

De qualquer modo, a lei apenas restringe a liberdade religiosa, pois a imposição do pagamento de multa de 150 euros para quem usa vestes típicas das mulheres mulçumanas não é suficiente para evitar qualquer atentado à segurança pública, mas apenas para constranger a dignidade daqueles que respeitam a legislação proibitiva. Tanto que o uso de máscaras durante a pandemia de Covid-19, imposto por outra lei

---

[18] SCHUCK, Elena de Oliveira; GOLDMEIER, Gabriel. *A Lei de Proibição da Burca na França*: os limites da liberdade e dignidade das mulheres sob a perspectiva da teoria política. Disponível em: http://www.cienciapolitica.org.br/wpcontent/uploads/2014/04/28_6_2012_19_13_2.pdf. Acesso em: 13 jan. 2021.

[19] LEI francesa que proíbe uso de burca não fere direitos, afirma corte europeia. *Consultor Jurídico*. Disponível em: https://www.conjur.com.br/2014-jul-02/lei-francesa-proibe-uso-burca-nao-fere-direitos-humanos#:~:text=Rosto%20escondido&text=A%20Corte%20Europeia%20de%20Direitos,face%20em%20p%C3%BAblico%20%C3%A9%20v%C3%A1lida.&text=A%20lei%20passou%20a%20valer,sem%20detalhar%20tipos%20de%20pe%C3%A7as. Acesso em: 13 jan. 2021.

[20] LAICIDADE e proibição do véu islâmico na França. *Gen Jurídico*. Disponível em: http://genjuridico.com.br/2017/06/26/laicidade-e-proibicao-do-veu-islamico-na-franca/. Acesso em: 15 jan. 2021.

francesa, embora tenha bem jurídico diverso a ser protegido, revelou que o acessório não facilita a ocorrência de atentados.

Por isso, o sacrifício imposto à liberdade religiosa não se justifica. Uma lei criada em meio a uma efervescência popular, de uma sociedade chagada pelo histórico de recente atentado, não levou em consideração vários direitos fundamentais, sem contar que os sacrifícios impostos alcançaram benefícios mínimos, que poderiam ser alcançados por providências outras que respeitassem a liberdade religiosa.

Sob outra perspectiva, mesmo que a lei francesa tivesse sido editada para afirmar a igualdade de gênero, ela violaria, sem razão, a liberdade religiosa.

Como ensina Carlos Flávio Teixeira, o símbolo religioso incorporado à burca e ao véu, que cobre o rosto das mulheres, é uma tradição que acompanha gerações e gerações da religião islâmica. As mulheres sentem-se honradas em seguir os dogmas de sua religião, porque o uso da burca não só tem um sentido primário, que representa o uso em si de vestimentas características, mas também um sentido secundário, que exalta a identidade mulçumana feminina.[21]

Ao Estado não cabe, portanto, intervir na fé dos cidadãos que abriga, mas garantir que eventual opressão de seu imposto exercício seja afastada, o que, certamente, é proporcionado pela força das instituições, e não pela proibição de roupas tipicamente religiosas. Por tais razões, os autores deste trabalho compreendem que a lei francesa atenta de forma desarrazoada contra a liberdade religiosa.

5   O caso espanhol

Do Tribunal Constitucional espanhol advém um notável exemplo de tutela da liberdade religiosa, a impedir que pessoas fiquem privadas do exercício de seus direitos fundamentais em virtude da fé que professam. O Sr. Pedro C. havia sido impedido judicialmente de exercer regularmente o direito de visitar seus filhos. Nos autos da separação judicial movida por sua esposa, a Sra. Carmen, esta alegou que, desde o momento em que seu esposo aderiu à seita denominada Movimiento Gnóstico Cristiano Universal de España, deixou de contribuir com suas obrigações familiares, começou a residir num local pertencente à organização religiosa e passou a constrangê-la a também integrar a entidade.

Segundo a demandante, seu marido instigava também os dois filhos do casal, de doze e cinco anos de idade, a fazer parte da seita, o que, conforme a Sra. Carmen, poderia acarretar sérios prejuízos à educação e ao desenvolvimento psicológico dos menores. Em primeira instância, a sentença atribuiu a guarda dos filhos à demandante, tendo permitido ao pai exercer o direito de visita em fins de semana alternados e em feriados igualmente intercalados.

Em sede de apelação, foram impostas severas restrições ao direito de visita, ficando o pai impedido de pernoitar com seus filhos e de tê-los em sua companhia durante os períodos de férias. Segundo aferiu a equipe de psicólogos que prestou amparo aos menores, a seita professada pelo pai era "destrutiva", e medidas restritivas deveriam

---

[21]   TEIXEIRA, Carlos Flávio. *Repensando a religião*: debates sobre tecnologia, Estado e cultura. São Paulo: Unaspress, 2011. p. 355.

ser adotadas para evitar o seu contato com os filhos. Por entender ter sido vítima de discriminação religiosa, o pai interpôs novo recurso.

Embora o Tribunal Constitucional tenha firmado relevantes balizas quanto ao direito de professar qualquer crença religiosa, que não compreende a faculdade de coagir terceiros para que dela também façam parte (o proselitismo de um crente tem como limite a integridade moral de outrem, sobretudo de seus filhos menores), a decisão final declarou ser desmedido impor tamanho distanciamento entre o recorrente e sua prole.[22]

A liberdade religiosa é tida nas ordens jurídicas ancoradas em textos constitucionais democráticos como um direito fundamental, merecedor do mais amplo resguardo. A prerrogativa de exercer ativamente a liberdade de crença não implica, contudo, que toda conduta supostamente ancorada neste direito fundamental seja legítima. Como toda liberdade, haverá certos limites para além dos quais não se poderá licitamente avançar. Independentemente de se adentrar o mérito da eventual imposição de afastamento entre o genitor e seus filhos – o que extrapola os limites e méritos deste texto –, certo é que a liberdade religiosa somente será efetivamente "livre" se encontrar bases na prerrogativa de ampla escolha dos indivíduos, que devem escolher e professar suas crenças longe da atuação coativa de outrem.

6 O caso italiano

Outro caso de interessante análise é o da presença de crucifixos em escolas públicas da Itália. No país, por força de leis que datam do início do século XX, o símbolo cristão é exposto em dependências públicas do estado, inclusive escolas. A situação foi objeto de discussão, inclusive perante a Corte Europeia de Direitos Humanos, que, em 18.3.2011, julgou *Lautsi v. Itália*. O autor da ação afirmava que ele e seus filhos, que não eram cristãos, por força da colocação dos crucifixos na escola em que estudavam os últimos, tinham suas liberdades de religião violadas.

A Câmara da Segunda Seção atendeu ao pedido formulado por Lautsi, a compreender que, como o estado italiano não poderia impor a crença em determinada religião, também não poderia permitir a presença de crucifixos em escolas públicas, já que o símbolo traria uma forte carga das religiões cristãs. Assim, quem professasse outra ou nenhuma religião não deveria ficar emocionalmente perturbado com a aposição dos crucifixos em escolas públicas.

A Itália recorreu contra essa decisão para a Grande Seção da Corte Europeia de Direito Humanos, ao argumento de que o crucifixo, antes de qualquer significado religioso, possuiria significados culturais, históricos e democráticos, especialmente aos países ocidentais. Por isso, não haveria violação à laicidade, muito menos à liberdade religiosa.

Em decisão definitiva, a Corte definiu que a exposição de crucifixos não representaria forma de propagação da fé cristã, especialmente porque a Itália abriria ambiente escolar paralelo a outras religiões, a destacar, em acréscimo, que não haveria proibição ao uso de vestes típicas muçulmanas, nem de qualquer outro símbolo religioso por qualquer

---

[22] ESPANHA. Tribunal Constitucional. *Sentença 141/2000, proferida em 29 de maio*. Disponível em: http://webpages. ull.es/users/mbarral/stc141-2000.html. Acesso em: 15 dez. 2020.

aluno ou por pessoa. Por último, acrescentou que os filhos, estudantes de escola pública italiana, não declararam que qualquer professor tenha realizado influência em razão da presença de crucifixos no local. Logo, não haveria violação à liberdade religiosa.

A liberdade religiosa passa ao lado da tolerância. A exposição, em prédios públicos, inclusive escolas, não significa violação àquela. Tal ocorre, em sentido oposto, quando há intolerância. Se os símbolos cristãos, como é o crucifixo, fazem parte de um contexto cultural e histórico, sobretudo da Itália, não se poderia impedir as suas aposições em escolas ao argumento de que haveria violação à liberdade religiosa. A cultura e a história de um povo não podem ser apagadas pela intolerância religiosa, sobretudo em ambiente em que se permite o uso de quaisquer símbolos.

A opção, pois, para quem não tolera a exposição de um símbolo religioso, definitivamente, não é a sua retirada.

7   Considerações finais

O direito à liberdade de convicção e expressão religiosa deriva diretamente do exercício do direito fundamental à liberdade de crença. Reconhecida desde a Declaração Universal dos Direitos do Homem, a liberdade de consciência emerge como corolário do princípio da dignidade da pessoa humana, pois compõe uma das principais formas de expressão da personalidade e manifestação da individualidade do sujeito.

O direito humano e fundamental de expressar-se e autodeterminar-se de acordo com sua crença e, mais especificamente, de acordo com a sua convicção religiosa, confere ao ser humano a prerrogativa de respeito à mais profunda manifestação do seu intelecto, ações e valores morais. Essa garantia alcança o indivíduo tanto nas relações horizontais quanto na relação vertical para o Estado e suas instituições.

No Brasil, a Constituição Federal de 1988 estabelece os direitos à liberdade de consciência e de crença e liberdade religiosa como direitos fundamentais no art. 5º, incs. VI a VIII e garante a objeção de consciência no art. 143, §1º. No entanto, a previsão constitucional e as cartas de direitos internacionais não são suficientes para a plena fruição dessa liberdade, nem isenta a prática social e jurídica de casos complexos surgidos a partir da institucionalização de práticas religiosas, da intolerância e das tensões sociais decorrentes do pluralismo cultural.

Tendo em vista esse cenário, o princípio da laicidade estatal destaca-se como vetor dessas garantias ao ser capaz de pautar e adequar a formatação da organização estatal, de forma que o Poder Público não apenas se abstenha de privilegiar ou identificar-se com uma religião específica, mas também atue no sentido de proteger e promover a diversidade religiosa e o respeito ao ser humano na integralidade da sua essência.

Assim, a partir da análise dos casos estudados, o chinês, o francês, o espanhol e o italiano, verifica-se que a interferência do Estado, por ação de quaisquer dos poderes que o constitui, seja Executivo, seja Legislativo, seja Judiciário, é um dos fatores preponderantes capazes de ensejar restrições à liberdade religiosa.

Até quando se relaciona liberdade religiosa e regime político, percebe-se que, mesmo a França, reconhecidamente democrática e oposta ao regime chinês, incorre em violação às prerrogativas decorrentes da liberdade de crença ao impor restrições, que não se sustentam do ponto de vista argumentativo, ao uso de vestes religiosas por mulheres que professam a religião muçulmana.

Conforme depreende-se dos casos estudados, a temática não deixa de ser tormentosa e de apresentar contornos preocupantes para a garantia e respeito à liberdade religiosa, inclusive nas chamadas democracias ocidentais. O processo de reafirmação desse e de outros direitos fundamentais é de extrema importância para sua preservação e efetividade, ainda que inseridos no contexto histórico de referência ao multiculturalismo e flexibilização das fronteiras mundiais.

Referências

BORGES, Alexandre Walmott; ALVES, Rubens Valtecides. O Estado laico e a liberdade religiosa. *Revista Brasileira de Estudos Políticos*, Belo Horizonte, n. 107, p. 227-265, jul./dez. 2013.

CANOTILHO, José Joaquim Gomes; MOREIRA, Vital. *Constituição da República portuguesa anotada*. 4. ed. Coimbra: Ed. Coimbra, 2007.

CITTADINO, Gisele. *Pluralismo, direito e justiça distributiva*: elementos da filosofia constitucional contemporânea. 3. ed. Rio de Janeiro: Lumen Juris, 2004.

DIAS, Augusto Silva. *A relevância jurídico penal das decisões de consciência*. Coimbra: Almedina, 1986.

ESPANHA. Tribunal Constitucional. *Sentença 141/2000, proferida em 29 de maio*. Disponível em: http://webpages.ull.es/users/mbarral/stc141-2000.html. Acesso em: 15 dez. 2020.

GALINDO, Bruno. *Teoria intercultural da Constituição*: a transformação paradigmática da teoria da constituição diante da integração interestatal na União Européia e Mercosul. Porto Alegre: Livraria do Advogado, 2006.

GARCÍA MANZANO, Pablo. Libertad de creencias y dimensión pública de las convicciones religiosas. *Persona y Derecho: Revista de Fundamentación de las Instituciones Jurídicas y de Derechos Humanos*, Pamplona, n. 45, 2001.

LAICIDADE e proibição do véu islâmico na França. *Gen Jurídico*. Disponível em: http://genjuridico.com.br/2017/06/26/laicidade-e-proibicao-do-veu-islamico-na-franca/. Acesso em: 15 jan. 2021.

LEI francesa que proíbe uso de burca não fere direitos, afirma corte europeia. *Consultor Jurídico*. Disponível em: https://www.conjur.com.br/2014-jul-02/lei-francesa-proibe-uso-burca-nao-fere-direitos-humanos#:~:text=Rosto%20escondido&text=A%20Corte%20Europeia%20de%20Direitos,face%20em%20p%C3%BAblico%20%C3%A9%20v%C3%A1lida.&text=A%20lei%20passou%20a%20valer,sem%20detalhar%20tipos%20de%20pe%C3%A7as. Acesso em: 13 jan. 2021.

PAREJO GUZMÁN, María José. *La eutanasia, ¿un derecho?* Navarra: Thomson-Aranzadi, 2005.

PERSEGUIÇÃO aos cristãos está piorando na China, denunciam organizações. *Gazeta do Povo*. Disponível em: https://www.gazetadopovo.com.br/mundo/perseguicao-aos-cristaos-esta-piorando-na-china-denunciam-organizacoes/. Acesso em: 10 jan. 2021.

QUEIROZ, Cristina. Autonomia e direito fundamental à liberdade de consciência, religião e culto. Os limites da intervenção do poder público. *In*: FACULDADE DE DIREITO DA UNIVERSIDADE DO PORTO. *Estudos em comemoração dos cinco anos da Faculdade de Direito da Universidade do Porto*. Coimbra: Ed. Coimbra, 2001.

RODRIGUES, Elton; BISPO, Jemima; CUNHA, Magali; LIMA, Maria Fernanda de. Mídias sociais e noticiosas circulam desinformação sobre perseguição a cristãos na China. *Bereia*, 5 ago. 2020. Disponível em: https://coletivobereia.com.br/midias-sociais-e-noticiosas-circulam-desinformacao-sobre-perseguicao-a-cristaos-na-china/. Acesso em: 10 jan. 2021.

SCHUCK, Elena de Oliveira; GOLDMEIER, Gabriel. *A Lei de Proibição da Burca na França*: os limites da liberdade e dignidade das mulheres sob a perspectiva da teoria política. Disponível em: http://www.cienciapolitica.org.br/wpcontent/uploads/2014/04/28_6_2012_19_13_2.pdf. Acesso em: 13 jan. 2021.

TEIXEIRA, Carlos Flávio. *Repensando a religião*: debates sobre tecnologia, Estado e cultura. São Paulo: Unaspress, 2011.

Informação bibliográfica deste texto, conforme a NBR 6023:2018 da Associação Brasileira de Normas Técnicas (ABNT):

GODINHO, Adriano Marteleto; MOUZALAS, Rinaldo; ABOBOREIRA, Edhyla Carolliny Vieira Vasconcelos. Multiculturalismo e as restrições impostas pelo Estado ao pleno exercício da liberdade religiosa. *In*: EHRHARDT JÚNIOR, Marcos; LOBO, Fabíola Albuquerque; ANDRADE, Gustavo (Coord.). *Liberdade de expressão e relações privadas*. Belo Horizonte: Fórum, 2021. p. 57-71. ISBN 978-65-5518-188-3.

CORPO, LIBERDADE DE EXPRESSÃO E PRIVACIDADE: OS LIMITES DA CONSTRUÇÃO DA SUBJETIVIDADE ESTÉTICO-CORPORAL

THAMIS DALSENTER VIVEIROS DE CASTRO
VITOR ALMEIDA

> *O corpo humano nunca esteve tão 'na moda' como hoje. Em nenhum momento da história, as formas, a aparência, a textura ou seu cheiro foram tão discutidos por leigos e especialistas. O mundo pós-moderno criou um tipo de corpo e todos os demais, para serem aceitos, devem se encaixar no modelo. Magro, diga-se de passagem. Não há espaço para os corpos que ocupam muito espaço. Os distintivos de beleza se globalizaram e quem não os tem busca a cirurgia plástica, atualmente bem mais acessível financeiramente.* (Mary Del Priore e Marcia Amantino)[1]

Introdução

A proeminência das situações existenciais, calcada no valor fundante da dignidade da pessoa humana, permitiu o protagonismo do direito ao corpo nas recentes discussões no âmbito do direito civil, em especial nos domínios dos chamados direitos da personalidade. A rigor, a garantia do livre desenvolvimento da personalidade começa seu percurso com as experiências e vivências inscritas na corporalidade e que viabilizam a percepção do corpo como expressão da identidade pessoal, o que permite modificações corporais de acordo com contingencialidades históricas e desejos individuais. A dessacralização do corpo retira o manto da intangibilidade e descortina a necessidade de compreender nosso microcosmo corporal como veículo de expressão cultural e de liberdade existencial. Nessa linha, o corpo é moldado por construções sociais, temporalmente situadas e geograficamente localizadas, eis que as performances corporais são condicionadas por representações e estereótipos, bem como revelam padrões de beleza socialmente impostos, em especial em corpos femininos.

---

[1] PRIORE, Mary Del; AMANTINO, Marcia. *História do corpo no Brasil*. São Paulo: Editora Unesp, 2011. p. 9.

Após um longo período de negligência teórica, o tema da autonomia corporal e das fronteiras sobre o direito de dispor do próprio corpo assume destaque e ocupa, atualmente, o centro de grande parte dos dilemas jurídicos existenciais que desafiam o intérprete contemporâneo. De fato, o direito civil tradicional e seu sistema de garantias para o sujeito patrimonial não possuía espaço para considerações acerca da integridade psicofísica, tampouco para o corpo como dimensão da personalidade. Como superação desse quadro, as atenções se voltaram para o corpo especialmente após o movimento de repersonalização do direito civil, que tem na pessoa o núcleo central de todas as preocupações do direito,[2] em decorrência da consagração da dignidade humana como princípio jurídico, a orientar também as relações no âmbito privado.[3]

Nesse contexto, a autonomia corporal, concebida como a autodeterminação da pessoa com relação ao seu próprio corpo, é espécie do gênero autonomia existencial ou extrapatrimonial[4] e pode resultar na disposição do corpo e de partes dele em vida ou para depois da morte. As múltiplas formas de realizar essa disposição, contudo, não encontram tutela jurídica adequada e suficiente, pelo que a autonomia corporal permanece como cerne de importantes controvérsias sobre o alcance e os limites dessa liberdade existencial. Como esteve ausente do Código Civil de 1916, o direito ao próprio corpo somente ganhou previsão expressa na legislação civilista com o Código Civil de 2002, que consagrou o corpo como um dos direitos da personalidade previstos nos arts. 13, 14 e 15,[5] que possuem redação pouco reveladora[6] e repleta de conceitos de conteúdo indeterminado. Ainda que esse quadro legislativo tenha reforçado o âmbito de proteção à pessoa e à sua integridade, incontáveis controvérsias acerca do direito ao próprio corpo permanecem e as consequências desse quadro são sentidas com mais intensidade após as transformações sofridas pelo corpo nas últimas décadas e os avanços tecnológicos promovidos, sobretudo, no âmbito das ciências médicas.

Nessa linha, em que pesem os avanços na tutela do corpo no direito civil, a disciplina dos atos de disposição do próprio corpo em vida ou após a morte e as intervenções médico-cirúrgicas ainda se encontram distantes das concretas vivências das

---

[2] FACHIN, Luiz Edson; PIANOVSKI, Carlos Eduardo. A dignidade da pessoa humana no direito contemporâneo: uma crítica da raiz dogmática do neopositivismo constitucionalista. *Revista Trimestral de Direito Civil – RTDC*, Rio de Janeiro, v. 35, p. 107-119, 2008. p. 108.

[3] Sobre a dignidade humana como cláusula geral de tutela da personalidade, a superar as insuficiências do modelo estrutural dos direitos da personalidade, v. TEPEDINO, Gustavo. A tutela da personalidade no ordenamento civil-constitucional brasileiro. *In*: TEPEDINO, Gustavo. *Temas de direito civil*. Rio de Janeiro: Renovar, 2004. p. 23-58.

[4] MORAES, Maria Celina Bodin de; CASTRO, Thamis Dalsenter Viveiros de. Autonomia existencial nos atos de disposição do próprio corpo. *Pensar*, Fortaleza, v. 19, n. 3, p. 779-818, set./dez. 2014.

[5] "Art. 13. Salvo por exigência médica, é defeso o ato de disposição do próprio corpo, quando importar diminuição permanente da integridade física, ou contrariar os bons costumes. Parágrafo único. O ato previsto neste artigo será admitido para fins de transplante, na forma estabelecida em lei especial. Art. 14. É válida, com objetivo científico, ou altruístico, a disposição gratuita do próprio corpo, no todo ou em parte, para depois da morte. Parágrafo único. O ato de disposição pode ser livremente revogado a qualquer tempo. Art. 15. Ninguém pode ser constrangido a submeter-se, com risco de vida, a tratamento médico ou a intervenção cirúrgica".

[6] Exemplo mais claro é encontrado no recurso que o legislador fez à cláusula de bons costumes na redação do art. 13. Para uma análise mais aprofundada dos parâmetros constitucionalizados para a interpretação de tais conceitos, cf. CASTRO, Thamis Dalsenter Viveiros de. *Bons costumes no direito civil brasileiro*. São Paulo: Almedina, 2017.

corporalidades dentro de um contexto de vulnerabilidades[7] e interseccionalidade.[8] Ou seja, há que se destacar que corpos femininos, negros, heterodiscordantes, transexuais e com deficiência são vítimas de um processo de silenciamento e exclusão, que retiram da pessoa a efetiva autodeterminação existencial, uma vez que as modificações corporais são pautadas a partir do modelo de beleza padronizado. Nessa perspectiva, cirurgias puramente estéticas, imposição de cirurgia de transgenitalização para aceitação social de transexuais e a utilização de próteses e modificações corporais em pessoas com deficiência para se assemelharem a indivíduos considerados "normais" revelam a face perversa de uma concepção abstrata e neutra da autonomia corporal. Afinal, nem sempre há liberdade genuína em atos de disposição do próprio corpo e em intervenções médico-cirúrgicas.

Ao afirmar o direito ao próprio corpo como direito da personalidade, torna-se imprescindível investigar o alcance e os limites da autonomia corporal a partir do espaço de liberdade existencial e da reserva de privacidade. Indispensável, entretanto, analisar a tutela do corpo como projeção da identidade pessoal e instrumento de emancipação, uma vez que as modificações corporais e estéticas revelam aspectos íntimos que singularizam cada pessoa humana e escolhas autorreferentes de modos de viver e de se expressar por meio da corporalidade. Por outro lado, olvida-se que as estruturas de opressão ainda condicionam o culto à imagem, sobretudo em mulheres, e impulsionam um mercado da beleza que descortina a sujeição dos corpos femininos ao padrão estabelecido, ao invés de promover, de fato, a liberdade existencial. O presente artigo pretende examinar os limites da autonomia corporal a partir do direito à liberdade de expressão e dos espaços de privacidade, ao considerar o corpo fragmentado e como informação, bem como refletir sobre a construção das subjetividades estéticas a partir do sistema de opressão em face de grupos vulneráveis, em especial da desigualdade de gênero[9] que atinge as mulheres.

---

[7] Cf. BARBOZA, Heloisa Helena; ALMEIDA, Vitor. A tutela das vulnerabilidades na legalidade constitucional. *In*: TEPEDINO, Gustavo; TEIXEIRA, Ana Carolina Brochado; ALMEIDA, Vitor (Org.). *Da dogmática à efetividade do direito civil*: Anais do Congresso Internacional de Direito Civil Constitucional – IV Congresso do IBDCIVIL. Belo Horizonte: Fórum, 2017. p. 37-50.

[8] "A discriminação interseccional é conceito que surgiu da percepção do fenômeno peculiar da discriminação sofrida por mulheres negras em contraste com a vivida por mulheres brancas, realidade para cuja análise não se presta a invocação abstrata da proibição de discriminação por sexo. Designada, no âmbito jurídico, sob o conceito amplo de discriminação múltipla, fazse necessário distinguir, no interior do conceito jurídico, a perspectiva quantitativa (discriminação aditiva e composta, marcadas pela mera soma de critérios) da perspectiva qualitativa (discriminação interseccional). Nesse contexto, utilizase a expressão 'discriminação interseccional' para a compreensão da categoria jurídica da discriminação múltipla como fenômeno original, irredutível e inassimilável ao somatório de diversos critérios proibidos de discriminação de forma simultânea. A discriminação interseccional ocorre quando dois ou mais critérios proibidos interagem, sem que haja possibilidade de decomposição deles. Em seu conceito, é composta pelos elementos conceituais de intersecção de identidades consideradas como critérios proibidos de discriminação em estruturas de subordinação. Assim, a discriminação interseccional implica uma análise contextualizada, dinâmica e estrutural, a partir de mais de um critério proibido de discriminação. Por exemplo, uma mulher pertencente a uma determinada minoria está sujeita a estigmas e prejuízos diversos daqueles experimentados por homens pertencentes ao mesmo grupo. A discriminação baseada em mais de um critério deve ser vista, nessas situações, sob a perspectiva e considerando as experiências específicas do grupo subordinado, não de forma meramente quantitativa" (RIOS, Roger Raupp; SILVA, Rodrigo da. Democracia e direito da antidiscriminação: interseccionalidade e discriminação múltipla no direito brasileiro. *Ciência e Cultura*, ano 16, v. 69, n. 1, p. 44-49, 2017. p. 45). V. também AKOTIRENE, Carla. *Interseccionalidade*. São Paulo: Sueli Carneiro; Pólen, 2019.

[9] Cf. BARBOZA, Heloisa Helena; ALMEIDA JUNIOR, Vitor de Azevedo. (Des)Igualdade de gênero: restrições à autonomia da mulher. *Pensar – Revista de Ciências Jurídicas*, v. 22, p. 240-271, 2017.

1 O corpo transformado e fragmentado

A obra *Des destinées de l'ame* (*Os destinos da alma*), escrita no século XIX pelo francês Arsène Houssaye, teve sua capa confeccionada com pele humana. Por considerar que um livro que tratava da alma humana merecia uma capa feita de fragmentos reais do corpo de uma pessoa, Houssaye entregou um exemplar ao seu amigo Ludovic Bouland, médico que encadernou a obra com a pele das costas de uma paciente com deficiência que havia morrido recentemente. Essa intenção do autor está descrita no manuscrito[10] que acompanhou o exemplar entregue à biblioteca da Universidade de Harvard, em 1934. Ainda que esse seja atualmente o único livro confeccionado com pele humana catalogado no acervo da biblioteca de Harvard, os registros históricos indicam que a prática de confeccionar livros através da técnica de encapamento antropodérmico era fenômeno bastante comum nos XVIII e XIX.[11]

Mais recentemente, em 2016, o lançamento de uma coleção de peças confeccionadas em pele humana surpreendeu a indústria da moda tanto quanto causou espanto aos juristas que se dedicam ao estudo corpo. Tina Gorjanc, estudante da escola de moda inglesa Central Saint Martins apresentou jaquetas e bolsas feitas em couro 100% humano, confeccionadas a partir do DNA do renomado estilista Alexander MacQueen.[12] Com essa coleção, denominada *PureHuman*, a estudante pretendeu uma dura crítica à falta de proteção jurídica da informação genética. As peças são feitas em couro sintético, elaborado a partir do DNA e com textura que imita a pele do falecido estilista. Para coletar o material biológico do estilista, a estudante conseguiu fios de cabelo de MacQueen contidos em antigas etiquetas da sua primeira coleção – inspirada em Jack, o estripador –, que o consagrou quando ainda era estudante da mesma escola de moda. Com o DNA, um laboratório de genética desenvolveu o tecido humano.

A facilidade de acesso à tecnologia para produzir esse tipo de peça feita a partir de pele humana chama atenção para a grande escala de problemas jurídicos que podem surgir a partir da utilização do material genético sem o consentimento ou conhecimento da pessoa que lhe deu origem.[13] Apesar de complexo, o procedimento que permite a criação de pele humana já está disponível e ao alcance do público em laboratórios especializados.[14] A extração da informação genética humana de algum material disponível

---

[10] Segundo trecho do manuscrito: "Esse livro é encadernado em pele humana, onde nenhum ornamento foi prensado para preservar sua elegância. Olhando cuidadosamente, você pode facilmente distinguir os poros da pele. Um livro sobre a alma humana merecia ter uma capa humana: eu havia guardado esse pedaço de pele humana tirado das costas de uma mulher" (Disponível em: http://f5.folha.uol.com.br/estranho/2014/06/1466714-harvard-descobre-livro-com-capa-feita-de-pele-humana.shtml. Acesso em: 5 nov. 2017).

[11] Disponível em: https://www.dn.pt/artes/livros/interior/a-capa-deste-livro-e-feita-de-pele-humana-3958707.html. Acesso em: 16 abr. 2018.

[12] Disponível em: https://www.dezeen.com/2016/07/11/pure-human-tina-gorjanc-leather-fashion-design-central-saint-martins/. Acesso em: 10 jan. 2017.

[13] Nesse sentido a advertência da estudante: "Se uma estudante como eu foi capaz de patentear um material extraído de informação biológica de Alexander McQueen, como não havia legislação para me parar", e prosseguiu "só podemos imaginar o que grandes corporações com maior financiamento vão ser capazes de fazer no futuro" (Disponível em: https://www.dezeen.com/2016/07/11/pure-human-tina-gorjanc-leather-fashion-design-central-saint-martins/. Acesso em: 2 set. 2017. Tradução livre).

[14] Com finalidade diversa, a pele humana já é reproduzida *in vitro* na Universidade do Estado de São Paulo, com intuito de facilitar o cumprimento das diretrizes da Resolução Normativa nº 18 do Concea – Conselho Nacional de Controle de Experimentação Animal. Segundo a resolução, os testes de experimentação animal devem ser

é a primeira etapa deste processo e, em seguida, se dá a sua inserção em um fragmento de pele. Quando este enxerto cresce, forma-se um tecido que reproduz as características da pele humana correspondente ao DNA nele inserido.

De fato, a ausência de regras sobre o que pode ou não pode ser feito com o corpo humano não é nenhuma novidade. Mas jamais o corpo, especialmente de forma fragmentada, esteve tão acessível ao grande público e, como consequência, nunca antes o direito esteve tão defasado diante dos avanços da biotecnologia e da biomedicina. O ritmo acelerado do desenvolvimento tecnológico desafia o jurista contemporâneo, que não possui em seus instrumentos clássicos, herdados em sua maioria dos mecanismos romanistas de direito privado, ferramentas para acompanhar o protagonismo que o corpo assumiu nas últimas décadas. Um corpo que se espalha e transborda para além dos limites físicos não é, definitivamente, algo que se encaixe facilmente nas velhas fórmulas privatistas que foram desenvolvidas para tutelar o sujeito patrimonial e suas múltiplas possibilidades de circular e acumular patrimônio.

No campo do direito civil, as transformações do corpo e os problemas jurídicos decorrentes da fragmentação e da perda da sua unidade foram analisadas pioneiramente por Stefano Rodotà. Coube ao jurista italiano a advertência de que o corpo que se fragmenta também experimenta a sua crescente perda de materialidade, processo que teve seu ponto alto com a contraposição do corpo físico ao eletrônico.[15] Tem-se, assim, uma multiplicidade de dimensões do corpo a serem tuteladas, todas elas complementares e essenciais à personalidade.[16] Como proteger a autonomia corporal na *Information Age*, quando o corpo se transforma em sistema informativo, gerando incontáveis dilemas jurídicos, não só pela crescente exposição da personalidade no ambiente virtual e das questões que envolvem também a tutela da privacidade, mas também por conta das violações geradas pela coleta e circulação dos dados sensíveis.[17] Soma-se ao problema da dimensão virtual do corpo a utilização de dados biométricos, razão pela qual o corpo se torna instrumento para recrudescer políticas de segurança pública e assume o centro de inquietantes questionamentos sobre os limites do interesse público e da tutela da autodeterminação informativa nas relações privadas.

Da noção de fragmentação também se pode extrair, nas palavras de Stefano Rodotà, o corpo distribuído e desterritorializado. Trata-se de dimensão do corpo que ganhou relevo com a possibilidade de extração de material biológico para utilização imediata ou até mesmo *post mortem*, por meio do recurso às técnicas de reprodução humana

---

substituídos sempre que houver alternativas validadas disponíveis. Diante da reprodução da textura e da estrutura da pele humana, a pele produzida *in vitro* se apresenta como um material mais apropriado para os testes do que a pele dos animais que eram utilizados para tal fim, e pode contribuir para a diminuição efetiva de práticas cruéis de desrespeito aos animais (informações sobre a iniciativa da USP podem ser encontradas no *site*: http://www.usp.br/aun/exibir?id=7582).

[15] RODOTÀ, Stefano. Transformações do corpo. *Revista Trimestral de Direito Civil – RTDC*, n. 19, jul./set. 2004. p. 93.

[16] TERRA, Aline; MOURA, Paula. Considerações acerca do estatuto jurídico do corpo humano. *Revista dos Tribunais*, v. 952, p. 37-58, fev. 2015. p. 40.

[17] A Lei Geral de Proteção de Dados Pessoais (LGPD) – Lei nº 13.709, de 14.8.2018 – disciplina o tratamento dos dados pessoais sensíveis entre os arts. 11 a 13 e o define como "dado pessoal sobre origem racial ou étnica, convicção religiosa, opinião política, filiação a sindicato ou a organização de caráter religioso, filosófico ou político, dado referente à saúde ou à vida sexual, dado genético ou biométrico, quando vinculado a uma pessoa natural", nos termos do art. 5º, inc. II.

assistida:[18] "um corpo 'distribuído' não apenas no espaço, mas também no tempo".[19] A separação laboratorial do corpo permitiu a utilização de sêmen, óvulos, embriões, células-tronco[20] com finalidade reprodutiva ou terapêutica e gerou um importante setor biotecnológico composto pelos bancos que se especializaram no armazenamento e no fornecimento de material biológico.

2 O alcance da tutela jurídica do corpo e a autonomia existencial

A autonomia corporal foi ganhando destaque no debate jurídico contemporâneo desde que o corpo se tornou bem jurídico a ser tutelado também pelo direito civil, o que só ocorreu a partir do Código Civil de 2002. Na legislação civil de 1916 não havia menção aos direitos da personalidade, tampouco qualquer preocupação de tutelar a integridade psicofísica. O corpo só interessava, àquela época, aos comandos do direito penal, a fim de afastar qualquer investida de terceiros sobre a integridade física. Já a partir do vigente Código, a realidade mudou substancialmente, e a matéria foi disciplinada com artigo próprio, que consagrou o direito ao próprio corpo como espécie dentro do rol dos direitos da personalidade.

A tutela do direito ao corpo pressupõe ainda o alargamento da noção de integridade física, que deve ser vista de maneira mais ampla do que sugere a nomenclatura inadequada utilizada pelo legislador quando dispõe apenas da integridade em seu aspecto físico, tal como se vê no art. 13 do Código Civil de 2002. A unificação das dimensões física e psíquica da pessoa é indispensável para que seja efetiva a sua tutela jurídica.[21] Dessa unidade decorre que a interpretação da integridade deve contemplar também a noção de saúde, tanto em seu viés negativo, de ausência de doença, quanto em seu perfil promocional,[22] correspondente às noções de bem-estar físico, psíquico e social, todas elas indissociáveis da proteção de vida digna prevista pela Constituição da República.

---

[18] No Brasil, a reprodução assistida é regulamentada pela Resolução CFM nº 2.168/2017.

[19] RODOTÀ, Stefano. Transformações do corpo. *Revista Trimestral de Direito Civil – RTDC*, n. 19, jul./set. 2004. p. 94.

[20] O art. 5º da Lei de Biossegurança – Lei nº 11.105/2005 – permite a utilização de células-tronco embrionárias obtidas de embriões humanos produzidos por fertilização *in vitro* para fins de pesquisa e terapia e não utilizados no respectivo procedimento, atendidas as condições indicadas nos incisos e parágrafos do mencionado dispositivo.

[21] Por essa razão, afirma Pietro Perlingieri: "[...] a integridade da pessoa tem uma unidade problemática, dado que único é o bem ou interesse protegido. Seja o perfil físico, seja aquele psíquico, ambos constituem componentes indivisíveis da pessoa humana. A tutela de um desses perfis traduz-se naquela da pessoa no seu todo, e a disciplina na qual consiste esta tutela é, de regra, utilizável também para cada um de seus aspectos" (PERLINGIERI, Pietro. *Perfis do direito civil*. Rio de Janeiro: Renovar, 2002. p. 159).

[22] A esse respeito, note-se que o Poder Judiciário vem exercendo papel ativo na promoção do referido direito, como se vê nos casos de fornecimento de remédio negado em sede administrativa. É nesse sentido que se torna oportuna a menção ao trecho do Ministro Luiz Fux, da maneira que segue: "RECURSO ESPECIAL. SUS. FORNECIMENTO DE MEDICAMENTO. PACIENTE COM MIASTENIA GRAVIS. DIREITO À VIDA E À SAÚDE. DEVER DO ESTADO. COMINAÇÃO DE MULTA DIÁRIA. ASTREINTES. INCIDÊNCIA DO MEIO DE COERÇÃO. PRINCÍPIO DA DIGNIDADE DA PESSOA HUMANA. 1. Ação objetivando a condenação da entidade pública ao fornecimento gratuito dos medicamentos necessários ao tratamento de 'miastenia gravis'. 2. O Sistema Único de Saúde-SUS visa a integralidade da assistência à saúde, seja individual ou coletiva, devendo atender aos que dela necessitem em qualquer grau de complexidade, de modo que, restando comprovado o acometimento do indivíduo ou de um grupo por determinada moléstia, necessitando de determinado medicamento para debelá-la, este deve ser fornecido, de modo a atender ao princípio maior, que é a garantia à vida digna. 3. Configurada a necessidade do recorrente de ver atendida a sua pretensão posto legítima e constitucionalmente garantida, uma vez assegurado o direito à saúde e, em última instância, à vida. A saúde, como de sabença, é direito de todos e dever do Estado. [...] 8. À luz do Princípio da Dignidade da Pessoa Humana, valor erigido com um dos fundamentos da República,

A amplitude do conceito, nos termos consignados, permite que sejam consideradas duas perspectivas distintas. De modo geral, a tutela da integridade psicofísica se refere, como esclarece Stefano Rodotà, à "definição de saúde proposta pela Organização Mundial da Saúde, e hoje universalmente aceita, como bem-estar físico, psíquico e social", pelo que a diminuição permanente da integridade psicofísica pode advir de atos de subtração ou ainda de atos de adição, "como demonstram de modo eloquente o *doping*, o consumo de drogas, o fumo nas suas duas versões, ativa e passiva".[23]

Assim, por exemplo, os diversos casos de acrasia, como o tabagismo e os excessos cometidos nos hábitos alimentares, podem ser englobados na categoria de atos que promovem uma diminuição da integridade por uma adição, como aponta o referido autor. Também as situações que ocorrem em razão das convicções íntimas do sujeito, como a recusa das testemunhas de jeová ao tratamento médico por meio de transfusão de sangue, importam diminuição permanente da integridade sem que, contudo, estejam vedadas pelo ordenamento jurídico.

Outra hipótese de autonomia corporal que se tornou especialmente emblemática e característica dessa concepção de integridade psicofísica e de autonomia corporal nas últimas décadas é a prática do *bareback*. Surgido nos EUA durante os anos 90, o termo *bareback*[24] é utilizado para a prática de atos sexuais de penetração sem o uso de preservativo, uma modalidade de sexo inseguro bastante difundida entre os homens homossexuais. São variadas as motivações que levam a tal prática, sendo necessária compreendê-la como uma resposta pouco razoável ao estigma que se espraiou sobre os homossexuais em razão do avanço do vírus do HIV, tratado inicialmente como "câncer *gay*" ou "peste cor-de-rosa".[25] Concebido inicialmente como uma forma de protesto, tal prática foi na contramão dos esforços internacionais para conscientização do uso de preservativos.[26]

Atualmente, o *barebacking* não mais se restringe às práticas homossexuais, sendo cada vez mais difundido entre heterossexuais em busca de um prazer que se fundamenta

---

impõe-se a concessão dos medicamentos como instrumento de efetividade da regra constitucional que consagra o direito à saúde. 9. Agravo Regimental desprovido" (STJ. AgRg no REsp nº 950.725/RS. Rel. Min. Luiz Fux, j. 6.5.2008, pub. 18.6.2008).

[23] Assim, "La tutela della persona riguarda ormai la sua integrità fisica e psichica, come dice esplicitamente l'articolo 3 della Carta dei diritti fondamentali dell'Unione europea. Una indicazione, questa, che rinvia alla definizione di salute proposta dall'Organizzazione mondiale della sanità, e ormai universalmente accetata, come benessere fisico, psichico e sociale. Inoltre, la diminuzione permanente dell'integrità fisica può derivare da una addizione, e non più soltanto da una sottrazione, come dimostrano in modo eloquente il doping, l'assunzione di drogue, il fumo nelle sue due versioni, attiva e passiva" (RODOTÀ, Stefano. *La vita e le regole*. Tra diritto e non diritto. Milano: Feltrineli, 2007. p. 85).

[24] Como informa Bernardo Lynch de Gregório: "O termo inglês literalmente significa 'traseiro careca' e foi criado por alguns grupos de homossexuais masculinos dos Estados Unidos e da Europa, que se recusam a usar 'camisinha' em suas práticas apesar de toda a enorme campanha internacional feita para prevenção da síndrome da imunodeficiência adquirida (AIDS) e demais doenças sexualmente transmissíveis (DSTs)" (GREGÓRIO, Bernardo Lynch. *"Bareback": o que é isso?* Disponível em: http://www.desejosecreto.com.br/seguro/seguro18.htm. Acesso em: 9 mar. 2021).

[25] GREGÓRIO, Bernardo Lynch. *"Bareback": o que é isso?* Disponível em: http://www.desejosecreto.com.br/seguro/seguro18.htm. Acesso em: 9 mar. 2021.

[26] Ainda na esteira da liberdade sexual, vale lembrar que as relações homoafetivas foram tradicionalmente tomadas como ato de perversão sexual, desvio sexual, patologia merecedora de correção médica. Desde 1948, o homossexualismo passou a constar no CID – Classificação Internacional de Doenças, no qual permaneceu até o dia 17.5.1990, data que se tornou o Dia Mundial de Combate à Homofobia, quando a Organização Mundial de Saúde OMS assentou que a homossexualidade não constitui doença nem distúrbio nem perversão.

no risco. Quanto mais perigoso o ato sexual, maior prazer será capaz de gerar. O significativo aumento do *barebacking* se deve, em grande parte, ao advento do coquetel contra a Aids, cuja descoberta serviu para mitigar a ideia de letalidade, tradicionalmente ligada à síndrome. Logo, não se pode afirmar que os *barebackers* ignorem os efeitos potencialmente danosos da referida prática, mas, assim como tantos outros atos nos quais a pessoa se coloca em situação de perigo, eles simplesmente optam por correr os riscos que justamente lhe conferem prazer. Uma opção questionável em vários aspectos, exceto um: trata-se de escolha consciente e racional, em que a relação custo-benefício é equacionada pelo prazer.[27] Até aí não haveria nada além dos tradicionais segredos de alcova, os quais a sociedade sempre tratou de assegurar como manifestação genuína da privacidade.

Ocorre, porém, que a difusão dessa prática sexual pouco convencional vem ganhando ares de questão de saúde pública, considerando o número de adeptos e as cada vez mais populares festas da roleta-russa, ou *bare parties*, nas quais entre os convidados há os *bug chasers* (caçadores de vírus), os HIV negativo, que se submetem ao sexo sem preservativo, e os *gift givers* (presenteadores), os soropositivos que servem à contaminação daquele HIV negativo.[28] E isso acontece em um momento especialmente delicado para o controle do contágio pelo vírus HIV, tendo em vista que o último relatório divulgado pelo Unaids (Programa das Nações Unidas para HIV e Aids) revelou que o número de infecções com o vírus aumentou 11% no Brasil entre 2005 e 2013, indo na contramão da média global, que apresenta queda.[29]

Trata-se de um tipo de evento social que não é gratuito. As festas são promovidas por particulares adeptos do sexo inseguro, nas quais os convidados pagam pela entrada e por tudo aquilo que consumirem. Em matéria veiculada no *Jornal do Brasil*, o jornalista Vagner Fernandes teve acesso a duas dessas festas, uma realizada em Ipanema, zona sul do Rio de Janeiro, e a outra delas em um sítio na zona oeste, chamada oportunamente de "Vale Tudo". Ambas as festas têm em comum um público em busca do prazer arriscado, a despeito de todas as potenciais doenças sexualmente transmissíveis que são francamente democratizadas nessas ocasiões.[30]

Tendo em vista essas considerações, maximiza-se a tutela do direito ao corpo por meio do recurso à privacidade, expandindo a proteção jurídica da integridade psicofísica para atrelá-la à ideia de autonomia existencial. Como consequência dessa chave interpretativa, as escolhas de vida feitas pela pessoa devem ser protegidas ainda que não se encaixem perfeitamente nos esquemas e padrões sociais que operem em determinada comunidade, afastando intervenções paternalistas excessivas e ilegítimas que tenham como objetivo a limitação do projeto de livre desenvolvimento da personalidade. Nesse sentido, como esclarece Stefano Rodotà:

---

[27] CASTRO, Thamis Dalsenter Viveiros de. *Bons costumes no direito civil brasileiro*. São Paulo: Almedina, 2017. p. 207.

[28] BAREBACKING cresce no Brasil e torna-se caso de saúde pública. *JB Online*. Disponível em: http://jbonline.terra.com.br/extra/2009/01/03/e030115675.html. Acesso em: 4 maio 2017.

[29] Disponível em: http://www.bbc.co.uk/portuguese/noticias/2014/07/140716_aids_relatorio_rb. Acesso em: 14 nov. 2017.

[30] BAREBACKING cresce no Brasil e torna-se caso de saúde pública. *JB Online*. Disponível em: http://jbonline.terra.com.br/extra/2009/01/03/e030115675.html. Acesso em: 4 maio 2017.

A livre construção da personalidade é fórmula que não implica a definição de uma área reservada às escolhas individuais privada de qualquer relação com a regra jurídica. Implica na verdade um instrumento que torna possível a busca autônoma por uma política de identidade pessoal.[31]

Além dessa premissa interpretativa, é preciso considerar ainda como tarefa urgente a criação de categorias próprias para a tutela das relações existenciais. Parece, de fato, não haver outra saída para acolher adequadamente as demandas que foram trazidas pelos avanços da biomedicina e do biodireito. Longe de promover uma indesejável importação acrítica de instrumentos patrimoniais para o regramento de situações existenciais, a missão que se impõe é a de aproveitar os caminhos trilhados que possam ser funcionalizados à promoção da dignidade humana e construir novos instrumentos que sejam talhados para a proteção da pessoa no ambiente de fragmentação do corpo e de suas múltiplas possibilidades de ocupar o trânsito jurídico.

Não se pode ignorar as incontáveis situações em que o corpo precisa ser tutelado não só como aspecto da personalidade, mas também no trânsito concreto de relações jurídicas. Considerando que para cada tipo de bem jurídico o ordenamento reserva um regime jurídico apropriado, como tutelar os negócios de índole existenciais e/ou biojurídicos sem que haja na legislação civil uma teoria eficaz dos bens jurídicos existenciais? Como responder a questionamentos sobre os requisitos de validade de uma diretiva antecipada se pouco ou nada se tem no Código Civil para compreender quais as limitações de utilização do corpo como objeto dessas relações jurídicas que envolvem a complexa comunicação entre médico-paciente e as diversas considerações acerca da melhor forma de interpretar o consentimento como declaração de vontade?

Como determinar a melhor disciplina jurídica a ser aplicada no caso de gestação de substituição, diante das hipóteses de desistência de uma das partes em prosseguir com o procedimento durante ou após o parto, recusando-se a entregar a criança para a mãe biológica?[32] Como disciplinar a doação compartilhada de óvulos, permitida pelo Conselho Federal de Medicina, diante de cláusula que pode ser interpretada como condição ilícita ao determinar que uma das partes arcará com os custos da técnica de reprodução da parte doadora do material biológico, especialmente diante do princípio da gratuidade que deve reger os negócios existenciais?[33]

---

[31] RODOTÀ, Stefano. *La vita e le regole*. Tra diritto e non diritto. Milano: Feltrineli, 2007. p. 22.

[32] Outros questionamentos, na mesma linha de reflexão, são levantados por Rose Melo Vencelau Meireles: "A disciplina do negócio jurídico também abrange a condição, o termo e o encargo. Os negócios existenciais estariam sujeitos a essa normativa? Limitar o exercício de situações existenciais ao adimplemento de uma condição, ao advento do termo ou do cumprimento do encargo pode ir de encontro à natureza jurídica das mesmas. Por exemplo, poderia uma pessoa condicionar a doação de órgão ao fato de o donatário se tornar seu sócio? Poderia alguém estabelecer um prazo para se submeter a tratamento médico? E se a gestação por substituição for acordada com o encargo de que os pais genéticos comprem um imóvel para a mãe hospedeira? Não é difícil, porém, pensar na aposição dessas cláusulas em negociações envolvendo direito autoral ou de imagem, no que diz respeito ao seu aspecto patrimonial" (MEIRELES, Rose Melo Vencelau. Autonomia privada e dignidade humana. Rio de Janeiro: Renovar, 2009. p. 135).

[33] "O princípio da gratuidade nas situações existenciais encontra seu fundamento de validade no art. 199, §4º, da CF/1988 que, ao dispor sobre a assistência à saúde, veda a venda de órgãos, tecidos e substâncias humanas para fins de transplante, pesquisa e tratamento. Referido artigo é regulado pela Lei 9.434/1997, que permite a disposição gratuita de tecidos, órgãos e partes do corpo humano, em vida ou post mortem, para fins de transplante e tratamento, sendo considerado crime a comercialização (art. 15), bem como pela Lei 10.205/2001, que dispõe sobre coleta, processamento, estocagem, distribuição e aplicação do sangue, seus componentes e derivados, e

Evidentemente que mais importante do que a estrutura de um instituto jurídico é a função que lhe é atribuída. Mas a funcionalização não funciona no vácuo, ela precisa de uma estrutura para condicionar o seu significado. Daí porque é sobremaneira relevante a construção de categorias jurídicas apropriadas para as funções existenciais que o corpo assume em diversos negócios jurídicos dos quais participa. Para reforçar esse argumento, veja-se o caso do DNA extraído da guimba (ou "bituca") de cigarro usada. Em 2003, uma situação concreta demonstrou a pertinência desse exemplo, que ficou conhecido como "Caso Pedrinho". Na delegacia de investigações criminais de Goiânia foi realizado exame de DNA de Roberta Jamilly Martins Borges, 23 anos, sem o seu consentimento, que provou que ela não é filha natural de Vilma Martins Costa, mulher acusada de levar o hoje adolescente Pedrinho – registrado como Osvaldo Martins Borges Júnior – de uma maternidade, em 1986.[34] Roberta já havia manifestado que não gostaria de realizar o exame, mas, mesmo sem a sua anuência, o delegado responsável pelas investigações decidiu que coletar o material de um bem móvel descartado por ela não constituiria nenhuma ilegalidade e, portanto, seria a estratégia mais adequada e legítima.

De fato, a *res derelicta* é aquela que não tem mais dono, que pode ser apropriada por quem a desejar. Essa descrição sobre bens que são abandonados, que um dia já foi satisfatória, hoje se mostra absolutamente insuficiente. Será mesmo que aquela guimba de cigarro descartada pode ser equiparada juridicamente a uma embalagem de molho de tomate usada que é levada ao lixo? Há alguma mudança no fato de que a coleta do material se fez para fins de apreensão de um dado corporal de Roberta? Se a guimba fosse utilizada para uma obra de arte ou para um curso de técnicas de reciclagem, nesses casos teríamos algum problema jurídico envolvido?

Ainda que estruturalmente a guimba de cigarro e a embalagem de molho de tomate possam ser descritas de maneira absolutamente idêntica, a finalidade com que cada um desses bens foi utilizado exige tutelas jurídicas distintas. Ora, na utilização da bituca de cigarro descartada a finalidade de obter material corporal que constitui a identidade genética da pessoa é completamente diferente da finalidade de usar a caixa de molho de tomate numa ação de reciclagem. Mas o recurso à noção de *res derelicta* afasta a ilicitude em sentido estrito e demanda um esforço argumentativo no sentido de qualificar essa conduta como abusiva e atrair, assim, toda a disciplina pertinente ao abuso do direito. Mas essa construção está longe de ser pacífica, e não há dúvidas dos benefícios que uma previsão legislativa mais clara sobre a tutela do corpo e da informação genética como bem jurídico existencial traiam, especialmente se fosse acompanhada de uma evidente limitação à aplicação da noção de abandono a esse tipo de bem de ordem existencial.

Segundo Carlos Nelson Konder, a "dissociação do corpo decorre de sua fragmentação em partes, cada qual com sua autônoma relevância jurídica". No entanto, ressalta:

---

proíbe a remuneração ao doador pela doação de sangue e comercialização da coleta, processamento, estocagem, distribuição e transfusão do sangue, componentes e hemoderivados (art. 14, III; IV)" (TERRA, Aline; MOURA, Paula. Considerações acerca do estatuto jurídico do corpo humano. *Revista dos Tribunais*, v. 952, p. 37-58, fev. 2015. p. 41).

[34] Disponível em: http://www1.folha.uol.com.br/fsp/cotidian/ff1302200310.htm. Acesso em: 29 set. 2016.

é na virtualização que se dá o verdadeiro salto. O corpo, por suas partes, é transformado em dados biométricos: impressão digital, formato da face, da íris e da palma da mão, até o timbre de voz – padrões corporais que servem para individualizar o sujeito frente ao resto da coletividade.

Descortina-se, desse modo, a ideia de corpo como informação e a necessária ligação contemporânea com a privacidade, uma vez que o consentimento livre e esclarecido a respeito dos dados gerados a partir do corpo se torna fundamental. Nesse sentido, o autor salienta que, "uma vez virtualizado, o corpo entra na rede. As informações biométricas podem deslocar-se livremente, de forma instantânea, integrar bancos de dados, serem analisadas, processadas e manipuladas para formar perfis".[35]

Nesse cenário, a tutela do corpo transcende o aspecto psicofísico e as partes e substâncias destacados do corpo, bem como alcança os dados corporais sensíveis coletados e armazenados na rede, que formam um verdadeiro corpo virtual.

3   Corpo e liberdade de expressão

O corpo, espaço de construção de subjetividades, é também cenário de intensas manifestações corporais que descrevem a relação do sujeito com os padrões culturais assimilados por ele, em determinado contexto social. As modificações corporais servem para ilustrar esse argumento. Entre as práticas que podem ser assim classificadas se incluem as transformações radicais que geraram as tão estudadas figuras do homem lagarto e do homem tigre, práticas corporais, extremas ou não, como a suspensão,[36] tatuagens, *piercings, branding, cutting,* implantes subcutâneos ou ICTs, além dos *wannabes* ou *amputees by choice,*[37] que amputam voluntariamente seus membros por não os reconhecerem como parte de seu corpo. Como afirma Francisco Ortega, também são formas de modificação corporal:

> *bodybuilding,* atividades de *fitness* e de *wellness* [...] bem como todo tipo de próteses internas e externas para potencializar ou substituir o funcionamento dos órgãos e o uso cada vez menos distante da nanotecnologia, que promete novos desenvolvimentos no interior do corpo.[38]

Embora não se configure como um dos mais graves exemplos de modificação corporal, a tatuagem tem suscitado questionamentos sobre a insuficiência dos estatutos disponíveis para tutelar o corpo que carrega a manifestação artística de outra pessoa, e sobre os impactos das tatuagens feitas com intuito terapêutico e eventuais violações ao direito à privacidade.

---

[35]   KONDER, Carlos Nelson. Privacidade e corpo: convergências possíveis. *Pensar*, Fortaleza, v. 18, n. 2, p. 354-400, maio/ago. 2013. p. 376-378.

[36]   Prática que envolve a fixação da pessoa a diversos ganchos de metal, inseridos sob a pele e ligados a um conjunto de roldanas utilizadas para erguer o corpo a 30 ou 60 cm do chão, de modo seja possível permanecer com seu corpo suspenso enquanto for capaz suportar seu próprio peso, a depender de sua vontade a duração do ato.

[37]   Sobre o tema, ver KONDER, Carlos Nelson. O consentimento no biodireito: os casos dos transexuais e dos wannabes. *Revista Trimestral de Direito Civil*, n. 15, p. 41-72, jul./set. 2003.

[38]   ORTEGA, Francisco. *O corpo incerto*: corporeidade, tecnologias médicas e cultura contemporânea. Rio de Janeiro: Garamond, 2008. p. 57.

Exemplo desse raciocínio ocorreu recentemente, em 2017. Como resultado de uma longa investigação feita pela Universidade de Harvard e pelo Instituto de Tecnologia de Massachusetts, nos Estados Unidos, foi anunciada a criação de tatuagens com biosensores,[39] que seriam feitas com tintas específicas que teriam a capacidade de mudar de cor diante de alterações biológicas ligadas à patologia da pessoa, como altos níveis de açúcar para diabéticos ou altas concentrações de sódio que indiquem possível desidratação. A tinta, que recebeu o nome de DermalAbyss pelos pesquisadores, apresenta três tonalidades diferentes que indicam ao doente sua condição de saúde, "refletindo os processos metabólicos internos na forma de tatuagem".[40]

Ao lado dos benefícios terapêuticos que o usuário dessa tinta *inteligente* pode alcançar, colocam-se importantes riscos à sua esfera privada, considerando que a informação de saúde que é revelada na pele pode gerar discriminações de diferentes ordens, como nos contratos de trabalho e de seguro saúde, por exemplo. A preocupação com a utilização de informações biológicas para fins discriminatórios parece ter sido ampliada diante dessa possibilidade, que se concretiza de forma visível e não mais carece de investigações genéticas mais apuradas. Considerando que a finalidade desse tipo de tatuagem é alertar facilmente o seu usuário sobre os seus indicadores de saúde, é possível presumir que os locais de fácil acesso visual devem ser recomendados para a confecção da tatuagem, o que põe em risco a privacidade do usuário.

A noção de autodeterminação informativa se vê comprometida diante da impossibilidade de controlar o uso que será feito do dado sensível externalizado na pele, vez que sua coleta pode se dar de maneira involuntária numa situação de exame médico funcional, por exemplo, ou mesmo no momento de uma entrevista de emprego, a depender do local no qual se encontra a tatuagem. Com efeito, especialmente nesse contexto em que se desenham na pele informações sobre a condição de saúde da pessoa e que tais dados revelam aspecto essencial da integridade psicofísica, a tutela da privacidade demanda "a possibilidade de um sujeito conhecer, controlar, endereçar, interromper o fluxo das informações a ele relacionadas, e o direito de manter o controle sobre as próprias informações".[41] As evidentes dificuldades para manter o controle do fluxo informacional no caso das tatuagens terapêuticas são um problema insanável, cujos efeitos devem ser anunciados aos usuários dessa prática para que possam sopesá-los diante do benefício e das facilidades de administrar com maior eficácia suas patologias crônicas.

Já as tatuagens tradicionais, apesar de não possuírem funções terapêuticas e não colocarem em risco a privacidade de seus adeptos, também representam um importante desafio para tutelar o corpo e a autonomia corporal, já que trazem a liberdade artística do tatuador como mais um fator a ser considerado na relação com o tatuado. Como técnica de pigmentação da pele, a tatuagem é uma atividade cultural tradicional, que durante muito tempo gozou de reputação questionável entre a parcela da população

---

[39] Disponível em: https://www.dn.pt/sociedade/interior/tatuagem-que-muda-de-cor-para-controlar-diabetes-8608320.html. Acesso em: 10 fev. 2018.

[40] Disponível em: https://www.dn.pt/sociedade/interior/tatuagem-que-muda-de-cor-para-controlar-diabetes-8608320.html. Acesso em: 10 fev. 2018.

[41] RODOTÀ, Stefano. *A vida na sociedade da vigilância*: a privacidade hoje. Rio de Janeiro: Renovar, 2008. p. 16.

mais conservadora, já que sua utilização foi especialmente difundida entre parcela marginalizada da população, com destaque para as pessoas aprisionadas, cuja prática de se tatuar estava diretamente relacionada à valentia, à capacidade de resistir à dor e eventualmente descrevia também algum aspecto relacionado ao crime praticado.

Prática proibida até hoje em alguns países como a Coreia do Sul,[42] a tatuagem é permitida no Brasil como manifestação artística sobre a pele. O alcance da liberdade e os efeitos do ato de se tatuar foram analisados no Supremo Tribunal Federal, no Recurso Extraordinário nº 898.450/SP, em que se questionava a participação de pessoa tatuada em concurso público por vedação em edital e, eventualmente, no exercício da função. Registrou-se no voto do Ministro Relator Luiz Fux que as tatuagens são "instrumentos de exteriorização da liberdade de manifestação do pensamento e de expressão, valores amplamente tutelados pelo ordenamento jurídico brasileiro (CRFB/88, artigo 5º, IV e IX)". Para afastar intervenções restritivas ilegítimas sobre essa liberdade existencial, o ministro prosseguiu reconhecendo o direito que toda pessoa possui de "preservar sua imagem como reflexo de sua identidade, ressoando indevido o desestímulo estatal à inclusão de tatuagens no corpo. O Estado não pode desempenhar o papel de adversário da liberdade de expressão".[43]

Importantes questionamentos se colocam na relação jurídica entre o tatuador e o sujeito que recebe em seu corpo a tatuagem. Se a tatuagem é reprodução de alguma imagem que está em domínio público[44] ou que representa imagem comum, parece não haver dúvidas de que essa situação não atrai a proteção moral ou patrimonial no campo dos direitos autorais, vez que não se trata de processo de criação, mas tão somente de reprodução técnica. O problema ocorre quando a tatuagem constitui um desenho novo. O tema envolve disputas milionárias, como se viu no caso das tatuagens que aparecem nas imagens hiper-realistas do jogo de videogame de basquete NBA 2K16. As empresas desenvolvedoras do jogo estão sendo processadas por grupo que representa interesses de tatuadores e afirma ter os direitos autorais dos desenhos de oito tatuagens representadas no *game*. Entre elas estão o retrato de uma criança, rolos de manuscrito e nuvens com pombas no antebraço de um dos grandes astros do basquete norte-americano, LeBron James, além das borboletas no braço de Kobe Bryant, outro ídolo do esporte nos Estados Unidos. A disputa versa sobre a licença no valor de US$1,1 milhão para que as tatuagens pudessem aparecer nas quadras virtuais.

O sistema de tutela de direitos autorais no Brasil pressupõe um suporte da criação artística externo, como é o caso de uma folha de papel ou de uma tela que será pintada a óleo. A ideia de que o suporte será o corpo de outra pessoa obviamente cria uma série de restrições e demandas existenciais as quais a legislação sequer cogitou. Ainda que o suporte tenha previsão legislativa suficientemente vaga na Lei de Direitos Autorais

---

[42] Disponível em: https://www.vice.com/pt/article/8qaq9b/coreia-do-sul-tatuagem-crime-prisao-vice-news. Acesso em: 12 mar. 2018.

[43] STF. RE nº 898.450-SP. Rel. Min. Luiz Fux, j. 17.8.2016, pub. 23.8.2016.

[44] Lei nº 9.610/98: "Art. 45. Além das obras em relação às quais decorreu o prazo de proteção aos direitos patrimoniais, pertencem ao domínio público: I - as de autores falecidos que não tenham deixado sucessores; II - as de autor desconhecido, ressalvada a proteção legal aos conhecimentos étnicos e tradicionais".

para contemplar a ideia de corpo humano no caso da tatuagem,[45] todo o sistema no qual está inserida a proteção do suporte não foi estruturado para lidar com a proteção da personalidade que recairia sobre o suporte como corpo humano. Um suporte sobre o qual não podem recair prerrogativas proprietárias do autor nem se pode exercer controle sobre a integridade da obra, tampouco controlar a sua exposição. Não sem razão, ainda que se tenha como premissa a necessidade de proteger a criação do tatuador, não faltarão dificuldades em aplicar as medidas previstas no art. 24 da LDA[46] e até para aplicar a tutela patrimonial de acordo com o modelo de aquisição de obra protegida.

Como tutelar, nesse contexto, o direito de autor considerando a necessidade de tutelar com veemência ainda maior a autonomia corporal do tatuado? O problema se agrava diante do direito de circulação e comunicação e do próprio direito de integridade, que vedaria a possibilidade de alteração da obra original sem o consentimento do autor. A pessoa que escolheu a tatuagem como manifestação cultural sobre o seu próprio corpo sofrerá as interdições que são próprias dos deveres de integridade, sendo que isso significaria uma importante limitação da autonomia corporal?

Diante da preeminência das situações existenciais ante as patrimoniais, um dos pilares da metodologia civil-constitucional, o direito ao próprio corpo assume posição preferencial e goza de *status* jurídico superior aos direitos de autor que se colocam nessa disputa. Isso não significa, contudo, que a criação do autor permaneça desamparada diante do precário sistema protetivo que se apresenta no quadro normativo atual, uma vez se tratar, afinal, de manifestação artística que também deve gozar de amparo legal. Todas essas questões que demonstram a insuficiência dos institutos tradicionais de direito privado parecem indicar a necessidade de trilhar novos caminhos diante da insuficiência dos estatutos proprietários existentes para tutelar o corpo, tanto em sede de propriedade intelectual quanto na seara do Código Civil.

O corpo, portanto, é também instrumento de liberdade de expressão, seja por meio de obras de terceiros, como as tatuagens, bem como expressão dos desejos, preferências e vontades da própria pessoa que inscreve em seu corpo sua identidade a partir dos valores culturais que a compõe. Por isso, a necessidade de compreender o corpo para além da constituição física, mas como atos, atitudes, performances e representações que singularizam as vivências da corporalidade de cada indivíduo. A rigor, o corpo é a própria materialização da pessoa humana, embora hoje em seu processo de fragmentação e virtualização o corpo físico represente somente uma das

---

[45] Conforme art. 7º da Lei de Direitos Autorais: "São obras intelectuais protegidas as criações do espírito, expressas por qualquer meio ou fixadas em qualquer suporte, tangível ou intangível, conhecido ou que se invente no futuro".

[46] "Art. 24. São direitos morais do autor: I - o de reivindicar, a qualquer tempo, a autoria da obra; II - o de ter seu nome, pseudônimo ou sinal convencional indicado ou anunciado, como sendo o do autor, na utilização de sua obra; III - o de conservar a obra inédita; IV - o de assegurar a integridade da obra, opondo-se a quaisquer modificações ou à prática de atos que, de qualquer forma, possam prejudicá-la ou atingi-lo, como autor, em sua reputação ou honra; V - o de modificar a obra, antes ou depois de utilizada; VI - o de retirar de circulação a obra ou de suspender qualquer forma de utilização já autorizada, quando a circulação ou utilização implicarem afronta à sua reputação e imagem; VII - o ter acesso a exemplar único e raro da obra, quando se encontre legitimamente em poder de outrem, para o fim de, por meio de processo fotográfico ou assemelhado, ou audiovisual, preservar sua memória, de forma que cause o menor inconveniente possível a seu detentor, que, em todo caso, será indenizado de qualquer dano ou prejuízo que lhe seja causado. §1º Por morte do autor, transmitem-se a seus sucessores os direitos a que se referem os incisos I a IV. §2º Compete ao Estado a defesa da integridade e autoria da obra caída em domínio público. §3º Nos casos dos incisos V e VI, ressalvam-se as prévias indenizações a terceiros, quando couberem".

dimensões do corpo. É através do corpo, em sua unidade psicofísica, que a liberdade de expressão é concretizada e pode igualmente servir de instrumento de exteriorização das suas expressões identitárias e culturais.

4 Cirurgias estéticas, controle do corpo feminino e responsabilização civil do médico cirurgião plástico: breves apontamentos

Dentro do contexto das modificações corporais, as cirurgias estéticas ocupam lugar de destaque no cenário brasileiro. Segundo Pesquisa Internacional sobre Procedimentos Cosméticos e Estéticos de 2018, realizada pela Sociedade Internacional de Cirurgia Plástica Estética (International Society of Aesthetic Plastic Surgery – ISAPS), divulgada em dezembro de 2019, o Brasil lidera o *ranking* de procedimentos de cirurgia estética, ficando à frente dos Estados Unidos.[47] O estudo revela dois dados importantes: primeiro, que o total de procedimentos cirúrgicos e não cirúrgicos teve aumento de 5,4% em 2018, ou seja, continua a crescer em todo o mundo; em segundo lugar, em relação à diferença de gênero, a Pesquisa Global demonstra que as "mulheres continuam fazendo mais procedimentos cosméticos que os homens, e representaram 87,4% ou 20.330.465 procedimentos. Os homens representaram 12,6% de todos os procedimentos em 2018, ou 2.935.909 procedimentos".[48]

Em que pese as cirurgias estéticas não descortinem intensos debates jurídicos a respeito dos limites dos atos de disposição do próprio corpo, tal questão se torna sintomática na medida em que tais procedimentos cirúrgicos são realizados massivamente por mulheres em busca de um padrão de beleza imposto pela sociedade e o crescente número de crianças e adolescentes que realizam tais intervenções. Segundo dados da Sociedade Brasileira de Cirurgia Plástica (SBCP), em censo realizado em 2018, 1,8% dos procedimentos foram realizados em crianças até 12 anos e 4,8% em adolescentes de 13 a 18 anos, o que totaliza 6,6%.[49] Os estudos revelam que os espaços de construção das subjetividades estéticas, que deveriam representar, em essência, atos de liberdade existencial, de modo a permitir que cada pessoa buscasse a partir de escolhas autorreferentes a imagem estética que melhor se adequasse ao seu padrão pessoal de beleza, a rigor, são imposições heterônomas a partir de um culto inalcançável de beleza que oprime o corpo feminino.

Segundo Naomi Wolf, "a indústria da cirurgia estética está em expansão por manipular conceitos de saúde e doença", que "costumam ser julgamentos subjetivos que a sociedade faz para seus próprios fins. Há muito as mulheres vêm sendo definidas como doentes como um meio de sujeitá-las ao controle social". Ainda de acordo com a autora:

---

[47] Segundo o estudo, foram realizados 1.498.327 procedimentos cirúrgicos estéticos em 2018 no Brasil (Disponível em: https://www.isaps.org/wp-content/uploads/2019/12/ISAPS-Global-Survey-2018-Press-Release-Portuguese. pdf. Acesso em: 10 fev. 2021).

[48] Disponível em: https://www.isaps.org/wp-content/uploads/2019/12/ISAPS-Global-Survey-2018-Press-Release-Portuguese.pdf. Acesso em: 10 fev. 2021.

[49] Disponível em: http://www2.cirurgiaplastica.org.br/blog/2021/01/23/aumentou-o-numero-de-cirurgias-plasticas-em-adolescentes-sera-mesmo/. Acesso em: 10 mar. 2021.

a Era da Cirurgia assumiu o lugar da institucionalização da "doença mental" feminina, que por sua vez tinha substituído a institucionalização da histeria do século XIX, tendo cada fase da coação médica sempre descoberto novas formas de determinar que o que fosse feminino seria doente.[50]

Nessa perspectiva, o mito da beleza e da juventude, estimulado pelo patriarcado, atua como mecanismo de controle social que impede o alcance das pautas feministas de emancipação intelectual, sexual e econômica, e surge como uma reação contemporânea à libertação feminina conquistada pela luta feminista a partir da década de 1970. De acordo com Naomi Wolf, "encarnar a beleza é uma obrigação para as mulheres, não para os homens, situação esta necessária e natural por ser biológica, sexual e evolutiva". Sentencia a autora que o "mito da beleza não tem absolutamente nada a ver com mulheres. Ele gira em torno das instituições masculinas e do poder institucional dos homens".[51]

Nessa perspectiva, fundamental compreender que nem sempre os atos de disposição do próprio corpo da mulher para fins exclusivamente estéticos são genuinamente livres, mas, em muitos casos, revela-se como uma autonomia sitiada e moldada a partir do contexto cultural dominante que reserva às mulheres a opressão de um sistema de beleza. Nesse cenário, a "cirurgia estética transforma o corpo de mulheres feitas-por-mulheres, que compõe a grande maioria dos pacientes, em mulheres feitas-pela-mão-do-homem".[52]

A partir do quadro de opressão instituído pelo "mito da beleza", indispensável, do ponto de vista jurídico, averiguar se o regime de responsabilidade civil do cirurgião plástico em procedimentos com finalidade puramente estética é adequado à luz da vulnerabilidade de gênero e em que medida tais atos são plenamente amparados pelo ordenamento civil-constitucional. Como se sabe, a responsabilidade civil dos médicos cirurgiões plásticos no que diz respeito ao regime legal é informada pela modalidade subjetiva, na medida em que segue o sistema de responsabilização do profissional liberal. Não se diferencia, nesta medida, do regime geral de responsabilidade médica,[53] sendo que se reveste de caráter contratual, em regra, e possui natureza consumerista. A responsabilidade civil médica se funda no art. 951 do Código Civil, que, em redação genérica, previu a obrigação de indenizar àquele que "no exercício de atividade profissional", por negligência, imprudência ou imperícia, causar "a morte do paciente, agravar-lhe o mal, causar-lhe lesão ou inabilitá-lo para o trabalho", e no Código de Defesa do Consumidor, que em seu art. 14, §4º, igualmente prevê que a "responsabilidade pessoal dos profissionais liberais será apurada mediante a verificação de culpa". A aferição de culpa é imprescindível, portanto, para a configuração do dever de indenizar do cirurgião plástico, o qual somente seria ilidido se configurada uma das causas excludentes de responsabilidade.

---

[50] WOLF, Naomi. *O mito da beleza*: como as imagens de beleza são usadas contra as mulheres. Tradução de Waldéa Barcellos. 13. ed. Rio de Janeiro: Rosa dos Tempos, 2020. p. 319-320.

[51] WOLF, Naomi. *O mito da beleza*: como as imagens de beleza são usadas contra as mulheres. Tradução de Waldéa Barcellos. 13. ed. Rio de Janeiro: Rosa dos Tempos, 2020. p. 29; 31.

[52] WOLF, Naomi. *O mito da beleza*: como as imagens de beleza são usadas contra as mulheres. Tradução de Waldéa Barcellos. 13. ed. Rio de Janeiro: Rosa dos Tempos, 2020. p. 319.

[53] Sobre a responsabilidade civil médica, cf. TEPEDINO, Gustavo. A responsabilidade médica na experiência brasileira contemporânea. *In*: TEPEDINO, Gustavo. *Temas de direito civil*. Rio de Janeiro: Renovar, 2006. t. II; e BARBOZA, Heloisa Helena. Responsabilidade civil médica no Brasil. *Revista Trimestral de Direito Civil*, Rio de Janeiro, v. 19, jul./set. 2004.

O legislador optou, assim, por manter a responsabilidade de natureza subjetiva em relação aos profissionais liberais, em especial, os profissionais da saúde, fugindo da tendência contemporânea de objetivação da responsabilização daqueles que exercem atividade de risco.[54] Contudo, nos últimos anos, tem-se percebido que os critérios clássicos distintivos das modalidades da responsabilidade civil, se objetiva ou subjetiva, estão sendo temperados. Cada vez mais, a culpa tem sido aferida a partir de vetores objetivos, na medida em que se fincam *standards* de conduta legitimamente reconhecidos. No campo da responsabilidade do profissional liberal, por exemplo, o desvio ou afastamento do padrão de conduta cuja expectativa possa ser legitimamente esperada já é o bastante para a configuração da culpa profissional.

A culpa, especialmente no campo da atividade profissional, é construída a partir da natureza das obrigações que são atribuídas a determinada categoria profissional. Desse modo, a culpa restaria caracterizada se houvesse a violação de um dos deveres imputados ao exercício da atividade profissional. No âmbito da relação médico-paciente, muito já se divergiu quanto à natureza da obrigação, se de meio ou de resultado.[55] A orientação dominante no campo da responsabilidade civil médica se assenta no sentido de atribuir ao médico a obrigação de meio, cabendo a ele empregar todos os esforços e cuidados necessários à realização do tratamento indicado, sem se responsabilizar pelo resultado almejado. Neste sentido, já se escreveu que "o insucesso da prática adotada, por si só, não gera obrigação de indenizar, cabendo ao prejudicado comprovar a culpa do profissional envolvido".[56] Deve o médico atuar de acordo com as regras e os métodos cientificamente aceitos e validamente testados.

No entanto, no caso de cirurgia plástica meramente estética, o Superior Tribunal de Justiça reconhece e caracteriza tal procedimento médico como obrigação de resultado, distanciando-se da regra geral no caso de responsabilidade civil médica. Desse modo, entende o STJ que nestes casos:

> a situação é distinta, [...] quando o médico se compromete com o paciente a alcançar um determinado resultado, o que ocorre no caso da cirurgia plástica meramente estética. Nesta hipótese, segundo o entendimento nesta Corte Superior, o que se tem é uma obrigação de resultados e não de meios.[57]

Em outro julgamento, o STJ já se manifestou que "a cirurgia plástica estética é obrigação de resultado, uma vez que o objetivo do paciente é justamente melhorar sua aparência, comprometendo-se o cirurgião a proporcionar-lhe o resultado pretendido".[58]

---

[54] A respeito do desenvolvimento e fundamento da responsabilidade objetiva no direito brasileiro, imprescindível a leitura de MORAES, Maria Celina Bodin de. Risco, solidariedade e responsabilidade objetiva. *In*: TEPEDINO, Gustavo; FACHIN, Luiz Edson (Coord.). *O direito e o tempo*: embates jurídicos e utopias contemporâneas. Estudos em homenagem ao Professor Ricardo Lira. Rio de Janeiro: Renovar, 2008. p. 847-881.

[55] RENTERÍA, Pablo. *Obrigações de meios e de resultado* – Análise crítica. São Paulo: Gen/Método, 2011, *passim*.

[56] BARBOZA, Heloisa Helena. Responsabilidade civil médica no Brasil. *Revista Trimestral de Direito Civil*, Rio de Janeiro, v. 19, jul./set. 2004. p. 56.

[57] STJ. REsp nº 236.708-MG. Rel. Min. Carlos Fernando Mathias, j. 10.2.2009.

[58] STJ. AgRg nos EDcl no Agravo em Recurso Especial nº 328.110-RS. Rel. Min. Luis Felipe Salomão, j. 19.9.2013.

Nessa linha, adverte o STJ:

em procedimento cirúrgico para fins estéticos, conquanto a obrigação seja de resultado, não se vislumbra responsabilidade objetiva pelo insucesso da cirurgia, mas mera presunção de culpa médica, o que importa a inversão do ônus da prova, cabendo ao profissional elidi-la de modo a exonerar-se da responsabilidade contratual pelos danos causados ao paciente, em razão do ato cirúrgico.[59]

Em julgamento de outro caso, o Tribunal entendeu:

a despeito do reconhecimento de que a cirurgia plástica caracteriza-se como obrigação de resultado, observa-se que, no caso, foi afastado o alegado dano. As instâncias ordinárias, mediante análise de prova pericial, consideraram que o resultado foi alcançado e que eventual descontentamento do resultado idealizado decorreu de complicações inerentes à própria condição pessoal da paciente, tais como condições da pele e do tecido mamário.[60]

Há vozes na doutrina que criticam o entendimento do STJ em matéria de cirurgias plásticas exclusivamente estéticas, na medida em que não haveria justificativa para "qualificar de maneira diferente um procedimento 'estético' de um 'reparador'". Desse modo, em qualquer caso, independentemente da finalidade da intervenção cirúrgica, a obrigação seria de meio e não de resultado.[61] A caracterização da responsabilidade dos profissionais médicos depende da investigação da culpa, a qual se norteia a partir dos deveres que lhes são imputados pelo ordenamento, independentemente da natureza da obrigação, se de meio ou resultado. Isso porque, como visto, o resultado esperado pelo paciente não se confunde com a sua expectativa íntima, mas sim com o sucesso do procedimento a partir dos protocolos existentes. Segundo Gustavo Tepedino, os deveres médicos podem ser enquadrados em três categorias centrais:

a) o dever de fornecer ampla informação quanto ao diagnóstico e prognóstico; b) o emprego de todas as técnicas disponíveis para a recuperação do paciente, aprovadas pela comunidade científica e legalmente permitidas; c) a tutela do melhor interesse do enfermo em favor de sua dignidade e integridade física e psíquica.[62]

A prestação de serviços por cirurgiões plásticos, na qualidade de profissionais liberais, submete-se à incidência das normas consumeristas, em virtude de a relação travada entre eles e seus pacientes ser considerada de consumo. O Código de Defesa do Consumidor – Lei nº 8.078, de 11.9.1990 – estabeleceu, como regra, o princípio da responsabilização objetiva para os acidentes de consumo. No entanto, previu como única exceção ao regime adotado, em seu art. 14, §4º, que a responsabilidade pessoal

---

[59] STJ. REsp nº 985.888-SP. Rel. Min. Luis Felipe Salomão, j. 16.2.2012.

[60] STJ. AgRg no Recurso Especial nº 1.442.438-SC. Rel. Min. Raul Araújo, j. 3.2.2015.

[61] V. DANTAS, Eduardo. Da necessária revisão do entendimento jurisprudencial a respeito da responsabilidade civil do cirurgião plástico. *In*: ROSENVALD, Nelson; MENEZES, Joyceane Bezerra de; DADALTO, Luciana. *Responsabilidade civil e medicina*. Indaiatuba: Foco, 2020. p. 120-121.

[62] TEPEDINO, Gustavo. A responsabilidade médica na experiência brasileira contemporânea. *In*: TEPEDINO, Gustavo. *Temas de direito civil*. Rio de Janeiro: Renovar, 2006. t. II. p. 90.

do profissional liberal far-se-á com base no sistema tradicional alicerçado na culpa.[63] A justificativa para a diversidade de tratamento dos profissionais liberais em detrimento dos demais, assentada na regra especial de responsabilização subjetiva, se dá em razão da pessoalidade de seus serviços prestados. Tal hipótese específica beneficia os profissionais liberais somente quanto à imposição da verificação da culpa e em relação aos serviços prestados, isentando estes da responsabilidade objetiva, mas os submete às demais diretrizes, princípios e regras insculpidos no CDC.

Ainda que eivada de controvérsia, após o tormentoso embate doutrinário relativo à natureza jurídica da responsabilidade civil médica – paradigma dos profissionais liberais –, dividida entre os que se colocavam a favor da responsabilidade contratual e os que a entendiam como extracontratual ou aquiliana,[64] a responsabilidade dos cirurgiões plásticos segue a tendência hodierna de ser caracterizada como contratual. Isto porque, mesmo com as singularidades da especialidade médica e uma vulnerabilidade especial do paciente, não há motivos para diferenciá-lo quanto a isto.

A informação é elemento-chave a guiar a relação médico-paciente, sobretudo nos casos nos quais se qualifica como de resultado a obrigação do médico, uma vez que é o esclarecimento prestado para fins de obtenção do consentimento do paciente que vincula o resultado e não o desejo subjetivo de beleza nas hipóteses se cirurgias plásticas exclusivamente estéticas. Nesse sentido, parece adequado o entendimento do STJ a respeito da caracterização da obrigação de resultado, desde que compreendida como processo informacional a respeito do procedimento e dos possíveis resultados e não como vinculação à uma imagem estética projetada pela paciente e satisfação pessoal.[65] Nessa direção, indiscutível que o princípio do consentimento informado, laconicamente previsto no art. 15 do Código Civil, porém afirmado em diversas resoluções de diferentes conselhos profissionais para casos específicos, como o Conselho Federal de Medicina, é o vetor para as intervenções médicas, cirúrgicas ou não, estéticas ou reparadoras, mas adquire especial importância naquela. Tal princípio, ancorado na autonomia privada e na dignidade da pessoa humana, exige de forma essencial a prestação de informação adequada e clara, ajustada para o paciente-alvo, em especial a partir da vulnerabilidade da paciente.

---

[63] "Art. 14. [...] §4º A responsabilidade pessoal dos profissionais liberais será apurada mediante a verificação de culpa".

[64] Sobre a controvérsia existente em relação à caracterização jurídica da responsabilidade médica, remete-se a PEREIRA, Caio Mario da Silva. *Responsabilidade civil*. Atualização de Gustavo Tepedino. 10. ed. rev. e atual. Rio de Janeiro: GZ, 2012. p. 203-212.

[65] Nesse sentido, cabe transcrever a ementa do acórdão do TJDFT: "[...] 2. Em se tratando de cirurgia plástica estética, o paciente tem maior liberdade de escolha do procedimento a que deseja se submeter, cabendo ao médico indicar as opções possíveis e acatar as escolhas de seu paciente. 3. Não há que se falar em erro médico quando resta comprovado nos autos que foram adotadas as técnicas cirúrgicas previamente acordadas entre as partes, com melhora estética para a paciente, embora esta não tenha ficado plenamente satisfeita com o resultado, que, a seu ver, saiu aquém do que, subjetivamente, esperava. 4. Em cirurgia plástica estética, é temerário impor ao médico cirurgião o dever de indenizar todas as vezes em que o paciente se afirmar insatisfeito com o resultado obtido, sem que se comprove erro médico caracterizado por negligência, imprudência ou imperícia. Tal entendimento pode dar margem a perigoso abuso de direito de pacientes, no sentido de pleitearem indenizações descabidas e devolução de valores pagos em relação a procedimentos bem-sucedidos, sob o pretexto de não terem ficado satisfeitos com o resultado. 5. Não restando comprovada qualquer conduta ilícita por parte do médico cirurgião ou de sua clínica, não há que se falar em indenização por danos materiais, morais ou estéticos" (TJDFT. Apelação Cível nº 0703681-75.2018.8.07.0020. Rel. Des. Robson Barbosa de Azevedo, j. 2.9.2020).

A opressão de gênero é particularmente evidente no caso de mulheres que se submetem a procedimentos estéticos, cirúrgicos ou não, a partir do "mito da beleza" estabelecido em nossa sociedade como forma de controle dos corpos femininos que obstaculiza a emancipação plena das mulheres. Por isso, informações claras e adequadas sobre os riscos, alternativas e efeitos colaterais devem restar cabalmente esclarecidas por ocasião do processo dialógico de interação entre médico e paciente. Além disso, procedimentos cirúrgicos desnecessários e que colocam em risco a vida da paciente por motivos de pura tirania da beleza devem ser evitados a todo custo, eis que fúteis e sem indicação médica. A liberdade existencial encontra limite quando a própria vontade é moldada por sistemas invisíveis de opressão e impulsionada pela indústria da cirurgia plástica. Nessa linha, a partir de uma leitura constitucional, a compreensão das vulnerabilidades é imprescindível para densificação, especialização e adequação do conteúdo da informação transmitida, reforçando a necessidade de consentimento específico na medida de suas vulnerabilidades e em respeito à sua dignidade.

Considerações finais

A proteção do corpo no direito brasileiro se efetiva a partir da autonomia existencial e da privacidade em relação à construção da subjetividade estética e dos dados corporais sensíveis coletados. Logo, o corpo como instrumento do livre desenvolvimento da personalidade é hostil à excessiva tutela paternalista que impede uma tutela do corpo voltada à expressão da sua identidade, como forma de exercício legítimo da sua liberdade de expressão, constitucionalmente amparada.

Diante dos avanços tecnológicos das últimas décadas e das transformações que tornaram o corpo fragmentado e desterritorializado, não há no ordenamento jurídico instrumentos normativos adequados para tutelar e disciplinar de forma satisfatória a autonomia corporal e as variadas formas de dispor do próprio corpo. Disso resulta que a resposta do ordenamento para as diversas e intrincadas situações que envolvem o corpo humano não foram dadas pelo legislador, constituindo importante desafio a ser enfrentado pelo intérprete diante do caso concreto, que deverá buscar na proteção da privacidade a chave para compreender as demandas que envolvem a integridade psicofísica. Além disso, é indispensável compreender o corpo como instrumento de liberdade de expressão, seja através da materialização de obras em sua própria pele (como as tatuagens), bem como a partir da expressão da identidade em seus modos de agir e representar corporalmente.

Além disso, é preciso compreender como urgente a tarefa de elaborar novos instrumentos jurídicos adequados para a tutela do corpo, diante da impropriedade de se aplicar os regramentos patrimoniais que são fornecidos pela legislação de direito privado. Essa tarefa, evidentemente, não se limita ao corpo, mas a todos os bens jurídicos existenciais que poderão gozar de maior segurança jurídica – uma segurança voltada para interesses extrapatrimoniais – nas relações que estejam inseridos.

Por fim, em nome da liberdade existencial, não se deve permitir que cirurgias plásticas puramente estéticas sejam realizadas sem um processo de consentimento livre e esclarecido, atento às vulnerabilidades de gênero e à tirania da beleza, que atingem especialmente as mulheres, que deve informar de maneira adequada, específica e transparente os riscos, as alternativas e os efeitos colaterais, bem como a desnecessidade da sua realização diante de procedimentos inúteis e fúteis. A autonomia existencial não pode ser cerceada diante de um sistema de opressão que aniquila os reais desejos em prol de um padrão de beleza socialmente imposto e inalcançável.

Referências

AKOTIRENE, Carla. *Interseccionalidade*. São Paulo: Sueli Carneiro; Pólen, 2019.

BARBOZA, Heloisa Helena. Responsabilidade civil médica no Brasil. *Revista Trimestral de Direito Civil*, Rio de Janeiro, v. 19, jul./set. 2004.

BARBOZA, Heloisa Helena; ALMEIDA JUNIOR, Vitor de Azevedo. (Des)Igualdade de gênero: restrições à autonomia da mulher. *Pensar – Revista de Ciências Jurídicas*, v. 22, p. 240-271, 2017.

BARBOZA, Heloisa Helena; ALMEIDA, Vitor. A tutela das vulnerabilidades na legalidade constitucional. *In*: TEPEDINO, Gustavo; TEIXEIRA, Ana Carolina Brochado; ALMEIDA, Vitor (Org.). *Da dogmática à efetividade do direito civil*: Anais do Congresso Internacional de Direito Civil Constitucional – IV Congresso do IBDCIVIL. Belo Horizonte: Fórum, 2017.

CASTRO, Thamis Dalsenter Viveiros de. *Bons costumes no direito civil brasileiro*. São Paulo: Almedina, 2017.

DANTAS, Eduardo. Da necessária revisão do entendimento jurisprudencial a respeito da responsabilidade civil do cirurgião plástico. *In*: ROSENVALD, Nelson; MENEZES, Joyceane Bezerra de; DADALTO, Luciana. *Responsabilidade civil e medicina*. Indaiatuba: Foco, 2020.

FACHIN, Luiz Edson; PIANOVSKI, Carlos Eduardo. A dignidade da pessoa humana no direito contemporâneo: uma crítica da raiz dogmática do neopositivismo constitucionalista. *Revista Trimestral de Direito Civil – RTDC*, Rio de Janeiro, v. 35, p. 107-119, 2008.

KONDER, Carlos Nelson. O consentimento no biodireito: os casos dos transexuais e dos wannabes. *Revista Trimestral de Direito Civil*, n. 15, p. 41-72, jul./set. 2003.

KONDER, Carlos Nelson. Privacidade e corpo: convergências possíveis. *Pensar*, Fortaleza, v. 18, n. 2, p. 354-400, maio/ago. 2013.

MEIRELES, Rose Melo Vencelau. Autonomia privada e dignidade humana. Rio de Janeiro: Renovar, 2009.

MORAES, Maria Celina Bodin de. Risco, solidariedade e responsabilidade objetiva. *In*: TEPEDINO, Gustavo; FACHIN, Luiz Edson (Coord.). *O direito e o tempo*: embates jurídicos e utopias contemporâneas. Estudos em homenagem ao Professor Ricardo Lira. Rio de Janeiro: Renovar, 2008.

MORAES, Maria Celina Bodin de; CASTRO, Thamis Dalsenter Viveiros de. Autonomia existencial nos atos de disposição do próprio corpo. *Pensar*, Fortaleza, v. 19, n. 3, p. 779-818, set./dez. 2014.

ORTEGA, Francisco. *O corpo incerto*: corporeidade, tecnologias médicas e cultura contemporânea. Rio de Janeiro: Garamond, 2008.

PEREIRA, Caio Mario da Silva. *Responsabilidade civil*. Atualização de Gustavo Tepedino. 10. ed. rev. e atual. Rio de Janeiro: GZ, 2012.

PERLINGIERI, Pietro. *Perfis do direito civil*. Rio de Janeiro: Renovar, 2002.

PRIORE, Mary Del; AMANTINO, Marcia. *História do corpo no Brasil*. São Paulo: Editora Unesp, 2011.

RENTERÍA, Pablo. *Obrigações de meios e de resultado* – Análise crítica. São Paulo: Gen/Método, 2011.

RIOS, Roger Raupp; SILVA, Rodrigo da. Democracia e direito da antidiscriminação: interseccionalidade e discriminação múltipla no direito brasileiro. *Ciência e Cultura*, ano 16, v. 69, n. 1, p. 44-49, 2017.

RODOTÀ, Stefano. *A vida na sociedade da vigilância*: a privacidade hoje. Rio de Janeiro: Renovar, 2008.

RODOTÀ, Stefano. *La vita e le regole*. Tra diritto e non diritto. Milano: Feltrineli, 2007.

RODOTÀ, Stefano. Transformações do corpo. *Revista Trimestral de Direito Civil – RTDC*, n. 19, jul./set. 2004.

TEPEDINO, Gustavo. A responsabilidade médica na experiência brasileira contemporânea. *In*: TEPEDINO, Gustavo. *Temas de direito civil*. Rio de Janeiro: Renovar, 2006. t. II.

TEPEDINO, Gustavo. A tutela da personalidade no ordenamento civil-constitucional brasileiro. *In*: TEPEDINO, Gustavo. *Temas de direito civil*. Rio de Janeiro: Renovar, 2004.

TERRA, Aline; MOURA, Paula. Considerações acerca do estatuto jurídico do corpo humano. *Revista dos Tribunais*, v. 952, p. 37-58, fev. 2015.

WOLF, Naomi. *O mito da beleza*: como as imagens de beleza são usadas contra as mulheres. Tradução de Waldéa Barcellos. 13. ed. Rio de Janeiro: Rosa dos Tempos, 2020.

Informação bibliográfica deste texto, conforme a NBR 6023:2018 da Associação Brasileira de Normas Técnicas (ABNT):

CASTRO, Thamis Dalsenter Viveiros de; ALMEIDA, Vitor. Corpo, liberdade de expressão e privacidade: os limites da construção da subjetividade estético-corporal. *In*: EHRHARDT JÚNIOR, Marcos; LOBO, Fabíola Albuquerque; ANDRADE, Gustavo (Coord.). *Liberdade de expressão e relações privadas*. Belo Horizonte: Fórum, 2021. p. 73-94. ISBN 978-65-5518-188-3.

PARTE II

LIBERDADE DE EXPRESSÃO E REDES SOCIAIS

DIREITOS DA PERSONALIDADE E LIBERDADE DE EXPRESSÃO NAS REDES SOCIAIS: ATUALIZANDO CRITÉRIOS DE PONDERAÇÃO

ANA CARLA HARMATIUK MATOS
HERMANO VICTOR FAUSTINO CÂMARA

1 Introdução

A temática do possível conflito entre a liberdade de expressão e os direitos da personalidade não representa algo novo nas reflexões das decisões nacionais nem na produção do conhecimento jurídico como um todo. Há muito se discutem meios de equilibrar esses dois grupos de direitos: a liberdade na divulgação de informações e opiniões é um valor importante e inerente a uma sociedade democrática, mas quando essa divulgação recai sobre fatos ou imagens de pessoas (públicas ou não), a incidência de direitos da personalidade faz surgirem limites, cuja delimitação não é simples.

Em 2004, Luís Roberto Barroso publicou um interessante artigo[1] oferecendo critérios para ponderações capazes de auxiliar a solução de colisões entre esses valores, valendo-se de uma interpretação constitucional dos dispositivos do Código Civil. À época, o Código ainda era "novo", e as preocupações sobre essa temática estavam mais relacionadas à atividade jornalística.

Buscava-se definir um parâmetro de limites para a imprensa, os quais não fossem essencialmente rígidos ao sabor da censura nem demasiadamente frouxos, dada a relevância assumida pelos "recém-nascidos" direitos da personalidade, que somente passaram a ser expressamente mencionados no ordenamento brasileiro com o advento do Código Civil de 2002.[2]

---

[1] BARROSO, Luís Roberto. Colisão entre liberdade de expressão e direitos da personalidade. Critérios de ponderação. Interpretação constitucionalmente adequada do Código Civil e da Lei de Imprensa. *Revista Trimestral de Direito Civil*, Rio de Janeiro, v. 16, p. 59-102, 2004.

[2] Código que fixou em "insatisfatórios 11 artigos" a tutela desses direitos, numa disciplina que já surgiu descontextualizada com a ambiência histórica do Novo Código, haja vista terem-se reproduzido textualmente alguns dos dispositivos inteligentemente desenhados por Orlando Gomes em seu Anteprojeto de Código Civil, o qual, contudo, foi elaborado na década de 1960. Sobre o tema, cf. MACHADO, Diego Carvalho. Capacidade

No artigo, são apontados critérios para um agir hermenêutico influenciado pela leitura constitucional das relações privadas e das liberdades de imprensa e de informação.

No trabalho, a liberdade de informação é relacionada à liberdade de expressão, a qual, "por seu turno, destina-se a tutelar o direito de externar ideias, opiniões, juízos de valor, em suma, qualquer manifestação do pensamento humano".[3]

Assim, para balizar a análise desse conflito, Barroso oferece critérios a serem utilizados numa ponderação individuada de cada caso. Na veiculação de notícias e informações sobre pessoas, haveriam de ser verificadas questões como a notoriedade da figura retratada e a relevância do fato noticiado. Figuras públicas envolvidas em fatos relevantes estariam, dessa forma, em posição de maior visibilidade, o que justificaria, em linhas gerais, um maior peso a ser conferido à liberdade de informação na veiculação de notícias ou opiniões acerca desses fatos.

Todavia, a contemporaneidade trouxe um contorno muito peculiar para essa discussão: a ocorrência do conflito entre liberdade de expressão e direitos da personalidade passou a ter lugar no ambiente virtual, notadamente na ambiência das redes sociais.

Nesse espaço, a lógica foi subvertida de forma essencial. Não importa necessariamente a notoriedade das pessoas, nem a relevância dos fatos: tudo pode ser objeto de veiculação. A mais pacata das pessoas, cometendo ações banais, pode ser retratada em postagens e publicações nas redes sociais, pois nessa ambiência o interesse por conteúdos não é norteado de modo exclusivo pela notoriedade das figuras ou fatos.

A *selfie* na saída do trabalho, o *check-in* na chegada da academia, a opinião compartilhada sobre o novo barzinho da esquina, ou até mesmo os *stories* gravados no percurso entre um ponto e outro da cidade: tudo é passível de ser veiculado no espaço virtual.

E todo esse conteúdo importa para a discussão aqui apresentada. Afinal, nessas veiculações temos essencialmente conteúdos sobre o principal objeto das redes sociais: as pessoas. É, assim, inequívoca a incidência de direitos da personalidade.

Esse conteúdo é também essencialmente constituído por imagens, opiniões, juízos de valor. Entre fotos, *likes* e *deslikes*, há uma forte manifestação da liberdade de expressão, o que torna essa ambiência muito propícia para a verificação de tensões entre liberdade de expressão e direitos da personalidade – para as quais não se pode buscar soluções por meio dos critérios de notoriedade das pessoas e relevância dos fatos veiculados, pois nessas redes o que é assunto não depende forçosamente dessa notoriedade.

Problemas antigos, novos contornos. Há aqui a necessidade de um realinhamento de critérios para uma adequada solução.

Torna essa discussão ainda mais interessante o fato de serem os próprios usuários das redes sociais os agentes que alimentam esse espaço com suas imagens e escritos. Afinal, a noção mesma dos direitos da personalidade também está relacionada à proteção da pessoa contra o arbítrio de sua própria liberdade.

---

de agir e direitos da personalidade no ordenamento jurídico brasileiro: o caso do direito à privacidade. *Revista Brasileira de Direito Civil*, v. 8, n. 2, abr./jun. 2016.

[3] BARROSO, Luís Roberto. Colisão entre liberdade de expressão e direitos da personalidade. Critérios de ponderação. Interpretação constitucionalmente adequada do Código Civil e da Lei de Imprensa. *Revista Trimestral de Direito Civil*, Rio de Janeiro, v. 16, p. 59-102, 2004.

Nesse sentido, é importante se ter em mente que a categoria dos direitos da personalidade surge como resposta ao liberalismo exacerbado, pois nesse contexto a tirania do Estado e dos soberanos fora substituída por questões de excesso de liberdades promovidas pelos próprios cidadãos, que, exercendo sua livre manifestação de vontade, renunciavam de forma absoluta a certos direitos, geralmente por meio de avenças desequilibradas, o que tornou imperativo o surgimento de limitações a essas renúncias, através de "barreiras ao canibalismo da vontade". [4]

Entre essas barreiras se encontram os direitos da personalidade: um núcleo de direitos que não podem ser, em regra, renunciados pelos titulares.

Dessa forma, a decisão de expor ideias, imagens e registros em redes sociais não pode ser compreendida como uma renúncia absoluta a esses direitos. O usuário que, dispondo de seu direito à imagem, decide compartilhar seus registros fotográficos no ambiente virtual não está renunciando plenamente a esse direito ao fazê-lo.

Além de não poder aniquilar os próprios direitos, o usuário das redes sociais também não pode descuidar dos direitos de personalidade alheios: as opiniões lançadas no ambiente virtual não estão isentas de controle, pois há situações em que a honra alheia há de ser protegida, e a liberdade de expressão no ambiente virtual há de ser limitada também em face dos direitos da personalidade.

Assim posta a problemática, fica evidenciada a relevância da temática. Objetiva-se aqui, pois, contribuir com a identificação de critérios para a análise da harmonização entre direitos da personalidade e liberdade de expressão no contexto das redes sociais, pois que essa ambiência peculiar demanda investigações específicas e hermenêuticas atualizadas.

Para isso, far-se-á, através da interpretação crítica da doutrina e da legislação, uma análise teórica e normativa dos direitos envolvidos nessa questão, e em seguida esses contornos serão pensados no contexto das redes sociais, com o amparo de alguns casos concretos, para que se possa chegar aos critérios atualizados para a solução desse conflito.

2 Contornos legais e teóricos dos direitos da personalidade e da liberdade de expressão

O conflito entre liberdade de expressão e direitos da personalidade no contexto virtual precisa ser analisado tendo-se em conta os delineamentos de cada um desses dois grupos de direitos no ordenamento jurídico brasileiro.

Se, por um lado, é possível fazermos essa análise pontuando o que os dois grupos têm de peculiar e específico, também podemos analisá-los no que há em comum. Isso porque os direitos que integram a liberdade de expressão são tradicionalmente trabalhados como direitos fundamentais, e há sólidos entendimentos que interpretam os direitos da personalidade, em linhas gerais, como equivalentes aos direitos fundamentais, porém com aplicação mais direcionada ao contexto das relações entre particulares.[5]

---

[4] SCHREIBER, Anderson. *Direitos da personalidade*. 3. ed. rev. e atual. São Paulo: Atlas, 2014. p. 4.

[5] BITTAR, Carlos Alberto. *Os direitos da personalidade*. 8. ed. rev., aum. e mod. por Eduardo C. B. Bittar. São Paulo: Saraiva, 2015. p. 32.

Há também quem considere os direitos da personalidade "espécie do gênero direitos fundamentais",[6] o que reforça a relação entre as categorias.

Disso decorre que não há hierarquia absoluta entre esses direitos: tanto os direitos da personalidade como a liberdade de expressão gozam de especial proteção no ordenamento, sendo direitos de mesma grandeza, porém com contornos próprios, não sendo, pois, tarefa fácil a harmonização de uma interpretação integradora de ambos.

Para traçar critérios de sopesamento entre esses valores, é preciso que antes analisemos as especificidades de cada um desses grupos de direitos. Partamos a essa análise.

2.1 Direitos da personalidade

Os direitos da personalidade, assim como os direitos fundamentais, são atributos da dignidade humana, e, por essa razão, merecedores de destacada proteção jurídica.[7]

Assim colocados, os direitos da personalidade conseguiram se destacar teoricamente, chegando a compor categoria relevante de direitos no contexto das relações privadas, em decorrência da dignidade do titular – e em detrimento da tendência histórica de valorizar tão somente os direitos do sujeito proprietário no âmbito das relações civis.

O esgotamento da lógica liberal mostrou que o direito civil não poderia se limitar à regulação do trânsito jurídico de obrigações e riquezas, devendo também se importar com aspectos relativos à pessoa.

Dessa forma, a tutela da pessoa deixou de ser uma exclusividade da seara pública e constitucional. As cartas constitucionais de direitos fundamentais, que têm seu desenvolvimento iniciado no contexto do Estado Liberal, com incremento humanizante na fase do Estado Social, preocupavam-se com o estabelecimento de limites para a intervenção estatal na esfera de direitos de cada cidadão, e também passaram a trazer a proteção da pessoa como missão estatal. Nas relações entre particulares, essa proteção precisava ser delineada.

Dessa forma, direitos fundamentais e direitos da personalidade têm, apesar das suas semelhanças, aspectos próprios e particularidades. Paulo Lôbo pondera:

> nem todos os direitos fundamentais, corporificados ou não na Constituição, são direitos da personalidade, porque aqueles vão mais longe que estes, na medida em que atribuem direitos a organizações que não são pessoas e envolvem direitos sociais, econômicos e culturais, que não são direitos da personalidade. Os direitos da personalidade fizeram percurso oposto ao dos demais institutos jurídicos fundamentais: em vez de migrarem do direito civil para a Constituição, vieram desta para o direito civil infraconstitucional.[8]

As ponderações acima reproduzidas evidenciam que há elementos presentes na categoria dos direitos fundamentais que são estranhos ao rol de direitos da personalidade, e vice-versa. São, assim, categorias com contornos próprios, que não se confundem, apesar de suas semelhanças.

---

[6]   LÔBO, Paulo. *Direito civil*. Parte geral. 7. ed. São Paulo: Saraiva Educação, 2018. v. 1. p. 139.

[7]   SCHREIBER, Anderson. *Direitos da personalidade*. 3. ed. rev. e atual. São Paulo: Atlas, 2014. p. 13.

[8]   LÔBO, Paulo. *Direito civil*. Parte geral. 7. ed. São Paulo: Saraiva Educação, 2018. v. 1. p. 139.

Também é interessante a reflexão acima transcrita, no que diz respeito à ideia de que o fenômeno de constitucionalização das relações privadas não se opera apenas no plano da positivação constitucional de temas civis, mas também da reinvenção do direito civil à luz da Constituição.

Assim, na ambiência civil os direitos da personalidade são entendidos como a primeira e mais fundamental das categorias de "bens" da pessoa,[9] pois são valores intrínsecos, decorrentes da dignidade da pessoa humana, passíveis de ampla tutela e oponíveis até mesmo em face dos próprios titulares, que, conforme veremos, têm limites quanto à disposição desses direitos – inclusive no contexto das redes sociais.

Por serem direitos ínsitos na pessoa, gozam de atributos particulares, entre os quais Bittar destaca a "intransmissibilidade e a irrenunciabilidade, que se antepõem, inclusive como limites à própria ação do titular".[10]

Já Tepedino e Oliva ressaltam como características dos direitos da personalidade: a generalidade, pela qual esses direitos seriam concedidos a todo cidadão, pelo só fato de ser; a extrapatrimonialidade, pela qual não estariam restritos à mera dimensão econômica, ainda que o dano decorrente de sua violação possa ser indenizável; o caráter absoluto, por serem oponíveis *erga omnes*; e a inalienabilidade, relacionada à irrenunciabilidade e impenhorabilidade, ponto que comporta maior grau de discussão, haja vista a situação jurídica dos atos lesivos a direitos da personalidade cometidos com consentimento do interessado.[11]

O Código Civil ao estabelecer restrição praticamente absoluta à disponibilidade dos direitos da personalidade[12] recebeu críticas, de modo que coube à doutrina e à jurisprudência a missão de estabelecer temperamentos sobre as disposições legais, pois a fixação rígida a esse respeito é incoerente com a realidade social contemporânea.

Contudo, é certo que, mesmo com algum grau de disponibilidade, o titular de direitos da personalidade sofre limitações nos atos de disposição desses valores jurídicos. Não podemos esquecer que os direitos da personalidade são, na essência, direitos oponíveis também ao próprio titular, sendo, portanto, irrenunciáveis – ou seja, pode haver disposição sobre esses direitos, mas os atos de disposição não podem significar renúncia completa. Isso vale, evidentemente, para as publicações em redes sociais.

E quais seriam, então, esses direitos? A resposta está na noção de que essa categoria é composta pelos valores mais nucleares e essenciais à pessoa humana, com incidência nas relações privadas. Assim,

> incidem os direitos da personalidade sobre a vida da pessoa, a sua saúde física, a sua integridade física, a sua honra, a sua liberdade física e psicológica, o seu nome, a sua

---

[9] BITTAR, Carlos Alberto. *Os direitos da personalidade*. 8. ed. rev., aum. e mod. por Eduardo C. B. Bittar. São Paulo: Saraiva, 2015. p. 156.

[10] BITTAR, Carlos Alberto. *Os direitos da personalidade*. 8. ed. rev., aum. e mod. por Eduardo C. B. Bittar. São Paulo: Saraiva, 2015. p. 35.

[11] TEPEDINO, Gustavo; OLIVA, Milena Donato. *Fundamentos do direito civil* – Teoria geral do direito civil. 2. ed. rev., atual. e ampl. Rio de Janeiro: Forense, 2020. v. 1. Cap. VII, item 3, sem paginação.

[12] Código Civil: "Art. 11. Com exceção dos casos previstos em lei, os direitos da personalidade são intransmissíveis e irrenunciáveis, não podendo o seu exercício sofrer limitação voluntária".

imagem, a reserva sobre a intimidade da vida privada. É este um círculo de direitos necessários; um conteúdo mínimo e imprescindível da esfera jurídica de cada pessoa.[13]

Desse modo, a imagem, a honra, o nome, o corpo, a intimidade, entre outros valores que compõem a integridade corporal e mental da pessoa, são tomados pelo direito civil como direitos de primeira grandeza, em geral irrenunciáveis, imprescritíveis, impenhoráveis. Mesmo com consentimento do titular, o ato lesivo a tais valores pode ser considerado ilícito.

Refletir sobre os contornos e atributos dos direitos da personalidade é importante para os objetivos aqui intentados. A proposta de critérios para a correta identificação dos limites aos atos de disposição sobre direitos da personalidade no ambiente virtual será retomada mais adiante, mas desde já podemos perceber a relevância dada a essa categoria de direitos nucleares no ordenamento brasileiro.

Partamos agora ao estudo da liberdade de expressão como valor jurídico igualmente relevante.

2.2 Liberdade de expressão

Direito fundamental relacionado ao pluralismo político e à livre manifestação de ideias e do pensamento, a liberdade de expressão costuma ser trabalhada como valor prioritário na democracia brasileira. As amarguras do regime ditatorial e da censura, que são memórias recentes de nossa história, incrementam a importância desse valor jurídico, que tem posição privilegiada no ordenamento.

Em função disto, Ingo Sarlet afirma que a liberdade de expressão, que contempla não só a proteção à manifestação de pensamento, mas também as liberdades de informação e de imprensa,

> assume uma espécie de posição preferencial (*preferred position*), quando da resolução de conflitos com outros princípios constitucionais e direitos fundamentais, muito embora se afirme que no Brasil a teoria da posição preferencial – em que pese consagrada pelo STF quando do julgamento da ADPF 130 – tem sido, em geral, aplicada de forma tímida.[14]

Essa "timidez" na aplicação da tese da posição preferencial talvez se dê pelo fato de que cada situação de colisão de direitos guarda suas próprias peculiaridades. Essa posição privilegiada não pode ser confundida com um caráter absoluto da liberdade de expressão. Hipóteses há em que outros valores são majoritariamente prestigiados, com consequente limitação da liberdade de informação.

Assim, tem-se que a Constituição Federal, ao elencar no art. 5º diversos incisos que tratam das liberdades de imprensa e de manifestação de ideias, não estabeleceu rol de direitos absolutos ou ilimitados, pois o próprio texto constitucional trouxe hipóteses de temperamentos, bem como de reparação de danos contra pessoas e direitos

---

[13] PINTO, Carlos Alberto da Mota. *Teoria geral do direito civil*. 3. ed. atual. 9. reimpr. Coimbra: Coimbra, 1994. p. 207.

[14] SARLET, Ingo Wolfgang. Direitos fundamentais em espécie. *In*: SARLET, Ingo Wolfgang; MARINONI, Luiz Guilherme; MITIDIERO, Daniel. *Curso de direito constitucional*. 3. ed. São Paulo: Revista dos Tribunais, 2014. p. 446.

da personalidade em decorrência de abusos cometidos no exercício da liberdade de expressão.[15]

Trazendo a discussão para o tema das redes sociais, fica evidente que essa liberdade não pode ser usada como "salvo conduto" no ambiente virtual. O compartilhamento de imagens e de ideias nesse espaço esbarra em barreiras éticas e normativas.

Esse é um conflito delicado, porque os limites legais e constitucionais para a liberdade de informação e de manifestação do pensamento estão mais relacionados à atuação jornalística e à divulgação de ideias em canais de comunicação, como anteriormente lembrado.

O art. 220 da CF,[16] por exemplo, traz proteções à liberdade de expressão voltadas à atividade jornalística e artística. Censuras políticas e ideológicas são vedadas pela Constituição, assim como a edição de leis que criem embaraços à liberdade de informação, em qualquer veículo de comunicação social.

Nas redes sociais, contudo, não se está diante desse cenário. Nem tudo que se veicula nas redes decorre da informação jornalística ou artística. Também é preciso ter-se em mente que o conteúdo do que circula nas redes não se resume a um debate qualificado de ideias.

A defesa de uma ampla liberdade de discurso no ambiente virtual costuma vir associada de argumentações segundo as quais as redes sociais devem ser palco do debate livre e informado, mas consideramos este ponto de vista uma visão reducionista da questão.

Com a devida vênia, destacamos o exemplo do Conselho de Direitos Humanos da Assembleia Geral da ONU, que, na sua 20ª sessão, emitiu carta afirmando que "los derechos de las personas también deben estar protegidos en Internet, en particular la libertad de expresión, que es aplicable sin consideración de fronteras y por cualquier procedimiento que se elija".[17]

Apesar de ser um dispositivo relevante, a carta coloca a liberdade de expressão no ambiente virtual como um valor muito caro e indispensável, tutelável por qualquer procedimento que se queira utilizar. Essa amplitude parece descuidar do fato de que as redes também são usadas para o cometimento de violações a direitos por meio de discursos abusivos.

Em outras defesas enfáticas da amplitude da liberdade de expressão, diz-se, por exemplo, que esse direito fundamental compreenderia o direito de utilização de qualquer meio apropriado para a difusão de conteúdos e ideias.[18]

---

[15] BENTIVEGNA, Carlos Frederico Barbosa. *Liberdade de expressão, honra, imagem e privacidade* – Os limites entre o lícito e o ilícito. Barueri: Manole, 2020. p. 82.

[16] CF: "Art. 220. A manifestação do pensamento, a criação, a expressão e a informação, sob qualquer forma, processo ou veículo não sofrerão qualquer restrição, observado o disposto nesta Constituição".

[17] CONSELHO DE DIREITOS HUMANOS DA ORGANIZAÇÃO DAS NAÇÕES UNIDAS. *20ª Sessão* – Promoción, protección y disfrute de los derechos humanos en Internet. Disponível em: https://ap.ohchr.org/documents/S/HRC/d_res_dec/A_HRC_20_L13.pdf. Acesso em: 8 jan. 2020.

[18] SANTANA, Anna Luisa Walter de; PAMPLONA, Danielle Anne; CARRILO SANTARELLI, Nicolás. Empresas e derechos humanos: las contribuciones del Sistema Interamericano de derechos humanos para la protección a libertad de expresión en internet. *In*: PAMPLONA, Danielle Anne; FACHIN, Melina Girardi (Coord.); BOLZANI, Giulia Fontana. *Direitos humanos e empresas*. Curitiba: Íthala, 2019. p. 108.

Ora, por mais que soe defensável lutar pela afirmação da liberdade de expressão no contexto da internet, não se pode olvidar que, conforme já problematizado, há diversas situações que demonstram que é preciso estabelecer limites para essa liberdade – para que o arbítrio não vire tirania, opressão e constrangimento.

A tese da posição privilegiada do direito fundamental à liberdade de manifestação do pensamento não pode descuidar dos desafios da contemporaneidade. Uma das balizas trazidas pelo próprio texto constitucional, no art. 5º, IV,[19] é a vedação do anonimato, e o ambiente virtual é marcado pela facilidade de difusão de conteúdos de forma apócrifa, o que já representa um ponto interessante de reflexão.

Também a proteção contra danos a direitos da personalidade através do discurso traz outra questão, pois que as redes sociais são essencialmente preenchidas com conteúdos e opiniões sobre pessoas, o que já evidencia outra restrição a essa liberdade de expressão, que no contexto virtual não pode ser irrestrita.

É evidente que quando o discurso virtual é utilizado para denunciar arbitrariedades ou avaliar gestores públicos, o pêndulo deverá apontar para o prestígio da liberdade de expressão. Mas quando o discurso é direcionado para a difamação gratuita e para o constrangimento, notadamente se for feito de forma apócrifa, o "manto sagrado" da liberdade de expressão não pode ser invocado para proteger abusos e discursos de ódio.

2.3 Questões envolvendo conflito de direitos nas redes sociais

Diante das reflexões até aqui travadas, destaca-se como as redes sociais representam ambiência muito propícia à ocorrência de tensões entre os direitos da personalidade e o direito fundamental à liberdade de expressão.

Exemplificativamente, temos que nessas redes, o nome e a imagem dos usuários são a todo tempo transmitidos em postagens. Se tomarmos a liberdade de expressão como valor irrestrito no ambiente virtual, o compartilhamento e reutilização desses direitos da personalidade alheios (nome e imagem) seriam admitidos em toda e qualquer hipótese? Carlos Alberto Bittar entende que não:

> De acordo com o art. 20 do CCivil, pode-se entender que se o indivíduo aliena, no espaço virtual, a sua imagem, para um uso específico, em seu blog, por exemplo, não consente com isso, por exemplo, que ela entre em circulação ilimitada, ou que haja abusos, transfigurações, encenações, vinculações, reutilizações indevidas de sua imagem, e é nesse particular que as novas tecnologias ampliam o efeito aos milhões, mas não elide a culpa, que pode ser apurada por meio dos instrumentos de investigação digital já existentes.[20]

É dizer, quem divulga elementos de seus direitos da personalidade em redes sociais não autoriza, com isso, a replicação desses direitos por terceiros – ao menos não de maneira irrestrita.

Não se está a fazer ponderações acerca de direitos autorais ou exclusivos de imagem. Sobre esse assunto, cada plataforma virtual tem suas regras e mecanismos

---

[19] No qual se estabelece que "é livre a manifestação do pensamento, sendo vedado o anonimato".

[20] BITTAR, Carlos Alberto. *Os direitos da personalidade*. 8. ed. rev., aum. e mod. por Eduardo C. B. Bittar. São Paulo: Saraiva, 2015. p. 159.

de controle, aceitos pelos usuários no momento da criação dos perfis nas redes sociais. Há plataformas que permitem a utilização, o compartilhamento e o *repost* de quaisquer conteúdos, outras que permitem configurações de privacidade feitas pelos usuários, facilitando a restrição dos conteúdos.

De todo modo, independentemente do que digam os termos de adesão das plataformas virtuais, os direitos da personalidade têm proteção no ambiente virtual – até por serem irrenunciáveis. Então mesmo nas plataformas que facilitam o compartilhamento de imagens e conteúdos de terceiros, há que haver ética e rigor na utilização dos conteúdos alheios.

Assim, o *repost* de conteúdo que tem finalidade educativa ou pedagógica e o compartilhamento de publicações com conteúdo motivacional, por exemplo, soam razoáveis, mesmo que nesses conteúdos haja imagem de terceiros. Se, nessa hipótese, o terceiro fez uma postagem pública com conteúdos voltados ao interesse geral, a veiculação e compartilhamento desse material não parece representar violações a direitos da personalidade.

Situação inversa ocorre quando, exemplificativamente, alguém posta uma simples foto de sua própria imagem em situação do cotidiano, e essa publicação é repostada por terceiros com acréscimos difamatórios ou mensagens desabonadoras. Haveria, em tese, violação a direitos da personalidade. Também haveria violação se, digamos, o perfil de uma loja de roupas compartilhasse essa imagem no intuito de associar a figura desse usuário à marca da loja, numa espécie de postagem publicitária não autorizada.

Essa autorização também há de ser analisada com cautela, pois, em se tratando de direitos da personalidade, não é razoável se falar em disposição plena, que importe abdicação vitalícia ou irrestrita. O consentimento não desnatura os direitos da personalidade,[21] devendo ser interpretado de maneira limitada. O titular pode dispor desses direitos, mas jamais renunciar a eles.

Vemos, assim, que não se pode buscar proteção na liberdade de expressão para encobrir excessos, abusos e violações a direitos da personalidade nas redes sociais.

Com essas ponderações, apresentamos alguns dos conflitos possíveis entre esses valores jurídicos no contexto virtual, e trouxemos algumas reflexões preliminares acerca das possibilidades de harmonização entre direitos da personalidade e liberdade de expressão no ambiente virtual. Feitas essas considerações, é chegado o momento de tratarmos especificamente dos critérios a serem levados em conta nesse conflito, que precisam ser recalibrados diante dos novos desafios da contemporaneidade.

3   Atualização de critérios

Na introdução deste trabalho, falamos nos critérios tradicionalmente utilizados pela doutrina e pela jurisprudência na análise de questões que envolvem direitos da personalidade e liberdade de expressão. Notoriedade das pessoas e dos fatos retratados em veículos de imprensa eram os critérios mais relevantes nessa análise – o que, por todo o exposto, não dá conta de resolver o mesmo conflito nos contornos atuais.

---

[21]   BITTAR, Carlos Alberto. *Os direitos da personalidade*. 8. ed. rev., aum. e mod. por Eduardo C. B. Bittar. São Paulo: Saraiva, 2015. p. 35.

Nas reflexões até aqui apresentadas, destacamos pontos interessantes na identificação dos novos critérios que devem ser levados em conta nessa discussão, agora ambientada em um contexto muito mais volátil e abrangente do que o da atividade jornalística: o contexto das redes sociais.

Assim, o anonimato, que textualmente já afastava a proteção da liberdade de expressão desde o advento da Constituição de 1988, passou a ser um elemento ainda mais importante na análise do conflito, pois nas redes sociais é extremamente fácil ocultar-se a identidade do autor de determinada publicação. Também a finalidade das veiculações ganhou relevo nessa discussão, pois se na atividade jornalística a finalidade informacional estava sempre presente, nas redes sociais a finalidade das publicações é sempre diversa, surgindo aí um ponto de análise e reflexão.

Diante dessas reflexões, propomos aqui uma atualização dos critérios de harmonização para o conflito entre liberdade de expressão e direitos da personalidade, especificamente para o contexto das redes sociais.

Em síntese, os elementos a serem observados nessa questão são: vedação do anonimato; limitação circunstancial dos direitos da personalidade; critério ético e, por fim, análise casuística dos conflitos. Analisemos especificamente cada um deles.

3.1 Vedação do anonimato

A liberdade de expressão não protege a manifestação apócrifa, isto é, não identificada, sem assinatura ou autenticação. Essa é a regra estabelecida no próprio texto constitucional brasileiro, que em seu art. 5º, IV, estabelece: "é livre a manifestação do pensamento, sendo vedado o anonimato".

No peculiar caso das redes sociais, é importante reafirmar essa regra, tendo em vista a notável facilidade de veiculação de informações não assinadas, através de perfis falsos, que comumente se dedicam a difundir desinformações e promover campanhas difamatórias, em clara violação a direitos da personalidade alheios.

Analisando a questão, Anderson Schreiber comentou, em ensaio, o caso em que a rede social Facebook excluiu de sua plataforma 196 páginas e 87 perfis ligados ao Movimento Brasil Livre (MBL). Os perfis se valiam de contas falsas para difundir informações caluniosas e inverídicas no ano de 2018, com possível intuito de influenciar a disputa eleitoral daquele ano.[22]

No ensaio, Schreiber menciona que a própria rede social justificou sua medida com o argumento de que a autenticidade é importante no ambiente virtual, e que a identificação dos autores dos conteúdos divulgados na rede protege a todos os usuários, além de permitir a responsabilização pelas informações divulgadas. Destaca ainda que medidas como a adotada pelo Facebook não devem descuidar da necessidade de se garantir alguma espécie de contraditório aos agentes penalizados, pois as garantias constitucionais têm aplicabilidade também nas relações interprivadas.

---

[22] SCHREIBER, Anderson. Redes sociais, perfis falsos e liberdade de expressão. *Carta Forense*, 2018. Disponível em: http://cartaforense.com.br/conteudo/colunas/redes-sociais-perfis-falsos-e-liberdade-de-expressao/18263#_ftn2. Acesso em: 12 jan. 2021.

O caso em comento ilustra muito bem as razões pelas quais o anonimato é incompatível com a liberdade de expressão. Para valer-se dessa liberdade, o titular do discurso deve assumir as responsabilidades do pensamento que é manifestado. Tão importante quanto garantir o direito de emitir ideias é a necessidade de se identificar o emissor do dessa manifestação, para se resguardar o equilíbrio de interesses em jogo.

Sem essa identificação, qualquer controle sobre o discurso fica impossibilitado. E controlar o discurso não equivale a promover censura. No cenário atual, na chamada era da *pós-verdade*, em que "os fatos influenciam menos a opinião pública do que apelos à emoção ou às crenças pessoais",[23] é preciso que se tenha controle sobre o que é veiculado nas redes sociais, para se coibir a desinformação desenfreada e a massificação da mentira.

O caso também é interessante porque mostra que o combate à desinformação, pautado na vedação do anonimato, não é tarefa exclusiva do Estado. As próprias empresas responsáveis pelas redes sociais e pelos novos canais de informação têm papel de destaque nessa missão, devendo inclusive esforçar-se na elaboração de diretrizes que reforcem o seu comprometimento com a afirmação dos direitos humanos.[24]

E direitos da personalidade são valores relevantes, que, assim como a liberdade de informação, integram a expressão abrangente dos direitos humanos. Quando a liberdade de manifestação aparenta conflitar com outros valores assim relevantes, o primeiro critério a se avaliar é: o discurso proferido tem um autor identificado, ou foi proferido de forma apócrifa? Neste último caso, o conflito é apenas aparente, pois a liberdade de expressão não protege o discurso não identificado. Especialmente no contexto virtual.

Assim, a liberdade de expressão deve ser afastada nas hipóteses em que, valendo-se do anonimato, um usuário de redes sociais promove violações a direitos de personalidade de terceiros.

3.2 Limitação circunstancial dos direitos da personalidade

Qualquer conflito que envolva atos de disposição sobre direitos da personalidade precisa passar pela reflexão sobre os atributos desses direitos, entre os quais está a irrenunciabilidade.

Como a problemática aqui investigada está relacionada a esses atos de disposição – posto que os próprios usuários das redes sociais, dispondo de seu nome, imagem, honra e privacidade, lançam nas redes uma parcela de sua personalidade, ganha relevo o atributo da irrenunciabilidade nessa discussão. Afinal, se por um lado não é mais adequado afirmar que os direitos da personalidade são de todo indisponíveis, por outro temos que continuam sendo irrenunciáveis.

Cabe aqui, novamente com Anderson Schreiber, considerarmos que o direito "não é contra ou a favor da vontade. É simplesmente a favor da realização da pessoa, o que

---

[23] SIEBERT, Silvânia; PEREIRA, Israel Vieira. A pós-verdade como acontecimento discursivo. *Linguagem em (dis) curso*, Tubarão, v. 20, n. 2, maio/ago. 2020. *Epub* set. 2020.

[24] SANTANA, Anna Luisa Walter de; PAMPLONA, Danielle Anne; CARRILO SANTARELLI, Nicolás. Empresas e derechos humanos: las contribuciones del Sistema Interamericano de derechos humanos para la protección a libertad de expresión en internet. *In*: PAMPLONA, Danielle Anne; FACHIN, Melina Girardi (Coord.); BOLZANI, Giulia Fontana. *Direitos humanos e empresas*. Curitiba: Íthala, 2019. p. 115.

pode ou não corresponder ao atendimento da sua vontade em cada caso concreto".[25] Assim, as restrições aos atos de disposição sobre direitos da personalidade não devem ser entendidas como aniquilação da vontade e da autodeterminação da pessoa, mas sim como um vetor de proteção da dignidade do titular.

Dessa forma, o titular de direitos da personalidade não pode a eles renunciar. Pode deles dispor, mas de maneira pontual, circunstancial, e não absoluta. Ademais, o ato de disposição deve estar voltado à realização da pessoa, isto é, deve contribuir com a afirmação – e não com a deterioração – de sua personalidade.

Nesse sentido, interessante é o Enunciado nº 4 do Conselho da Justiça Federal: "O exercício dos direitos da personalidade pode sofrer limitação voluntária, desde que não seja permanente nem geral". Isto é, para os atos de disposição há limitação temporal e também de abrangência, posto que não pode haver, em nenhuma hipótese, disposição que caracterize renúncia a direitos da personalidade. Por ato de vontade, o titular pode momentaneamente abrir mão de porção de dado direito, e não do direito na sua totalidade.

Aplicando esse raciocínio ao ambiente das redes sociais, surgem questões. Se o ato de disposição não pode ser permanente, o armazenamento de imagens e postagens em plataformas de redes sociais não deveria passar por uma limitação temporal? Parece-nos que sim.

Isso porque, nas redes sociais, é bastante comum que imagens ou escritos de tempos remotos sejam resgatados em perfis de pessoas que ganham notoriedade, geralmente com intuito de gerar constrangimentos. Vejamos o exemplo da médica Marcela McGowan, que participou do *reality show* Big Brother Brasil em 2020. Em decorrência da visibilidade adquirida pela participante do programa, internautas resgataram postagens feitas por Marcela na rede social Twitter, no ano de 2013, nas quais ela tecia comentários deselegantes sobre a então Presidenta Dilma Rousseff.[26]

De 2013 a 2020, certamente, a personalidade de Marcela se desenvolveu. É provável que seu pensamento tenha mudado, e que as postagens de tempos remotos não mais traduzissem, em 2020, suas visões sobre a vida. Todavia, sem limitação temporal, essas publicações ficam indeléveis nas redes sociais, podendo ser facilmente resgatadas e reproduzidas em contextos desabonadores, na contramão da realização da pessoa.

A situação aqui retratada apenas visa a ilustrar esse caráter perpetuador daquilo que é lançado nas redes sociais, que é incompatível com o atributo da irrenunciabilidade dos direitos da personalidade. A porção da personalidade livremente disponibilizada pelo usuário em postagens e publicações não deve ficar ali armazenada de forma irrestrita e indelével. Soa razoável e desejável estabelecer-se uma limitação temporal para o armazenamento dessas informações.

Se nos icônicos casos Lüth e Lebach temos uma discussão sobre imprensa e direito ao esquecimento, hoje temos esse debate sendo travado em esferas muito mais abrangentes. Observamos um universo de pessoas sendo diariamente lembradas de

---

[25] SCHREIBER, Anderson. *Direitos da personalidade*. 3. ed. rev. e atual. São Paulo: Atlas, 2014. p. 27.

[26] EX-BBB20 Marcela Mc Gowan pede perdão por ofensas contra Dilma Rousseff. *Portal Metrópoles*, 26 maio 2020. Disponível em: https://www.metropoles.com/entretenimento/bbb/ex-bbb20-marcela-mc-gowan-pede-perdao-por-ofensas-contra-dilma-rousseff. Acesso em: 13 jan. 2020.

passados longínquos, registrados há anos em postagens banais, que vêm à tona por meio de lembretes gerados mecanicamente por algoritmos que se valem de bancos de dados alimentados pelos próprios usuários.

Assim, a pessoa transexual está sempre exposta ao risco de ter seus registros fotográficos do passado sendo retomados nas redes sociais, bem como a pessoa que passou por cirurgia bariátrica e não deseja ver divulgada a sua imagem pretérita. Relacionamentos do passado também entram nesse rol de memórias indesejavelmente perpetuadas nas redes sociais, pois que são rotineiramente "lembrados" pelo algoritmo.

Com essas reflexões, queremos aqui reforçar que todo ato de disposição relativo a direitos de personalidade deve ser meramente circunstancial, não podendo ser absoluto ou vitalício. Há que se pensar em mecanismos de proteção à pessoa, para que imagens ou ideias lançadas nas redes sociais não residam ali de forma permanente e eterna.

Definir o alcance dessa limitação circunstancial não é tarefa fácil. De fato, seria mesmo melhor "que o legislador tivesse cuidado de especificar os parâmetros que devem guiar o controle de legitimidade de tais limitações, em especial: (i) o alcance, (ii) a duração, (iii) a intensidade e (iv) a finalidade da autolimitação",[27] mas, ante o silêncio legislativo, a fixação desses critérios fica a cargo da jurisprudência e da doutrina.

Mesmo não havendo limitação legal ou contratual no tempo de armazenamento de imagens, escritos e demais direitos da personalidade no ambiente das redes sociais, a delimitação temporal desse armazenamento deve estar sujeita a autodeterminações, ponderados os demais valores do caso concreto.

3.3 Critério ético

Além da vedação ao anonimato e da compressão de que a limitação no exercício dos direitos da personalidade deve ser meramente circunstancial, trazemos aqui uma referência atualizada para a solução do conflito entre direitos da personalidade e liberdade de expressão nas redes sociais: o critério ético.

Esse critério está relacionado ao paradigma humanista dos direitos sociais. Não se deve analisar a questão tão somente sob o prisma econômico e liberal, isto é, o que importa sobremaneira não é verificar se quem compartilha a imagem e outros direitos de terceiro está auferindo lucro. O que importa é a verificação do elemento ético de cada publicação: as postagens devem ser compatíveis com a realização da pessoa, e não com a mitigação de sua personalidade.

Assim, não se deve pensar o direito à imagem numa lógica meramente econômica, como se fossem exclusivos de autor. O conteúdo do direito à imagem, enquanto direito de personalidade, vai além da análise estritamente econômica do uso e reprodução da imagem do titular.

Sobre o assunto, José Oliveira de Ascensão reflete que os direitos da personalidade não devem ser invocados como exclusivos relacionados à captação de dinheiro.[28] A proteção autoral de uma fotografia, que segue lógica específica, visa, esta sim, à tutela

---

[27] SCHREIBER, Anderson. *Direitos da personalidade*. 3. ed. rev. e atual. São Paulo: Atlas, 2014. p. 29.

[28] ASCENSÃO, José Oliveira de. Pessoa, direitos fundamentais e direito da personalidade. *Revista Mestrado em Direito*, Osasco, ano 6, n. 1, p. 145-168, 2006. p. 156.

de interesses patrimoniais do fotógrafo, do modelo fotográfico, do diretor de arte, entre outros. Mas a imagem enquanto direito da personalidade não se resume a um conteúdo patrimonial: a razão de ser desse direito é a proteção da pessoa em si.

Todavia, Ascensão destaca que os direitos da personalidade estão desaguando em um direito de cunho "associal", nada relacionado ao desenvolvimento efetivo da pessoa humana.[29]

Dessa forma, o conflito em estudo nas reflexões aqui desenvolvidas deve ser pensado para além dessa lógica patrimonial. Tomando-se em análise determinada publicação em redes sociais, a pergunta que se deve fazer é: nessa veiculação de escritos ou de imagens, houve violação à personalidade ôntica[30] de algum sujeito retratado na publicação? Está-se diante de um compartilhamento de conteúdos que afeta ou diminui, em algum sentido, a personalidade de alguém? Se a resposta a essas perguntas for afirmativa, possivelmente a proteção dos direitos da personalidade deverá afastar a liberdade de expressão.

Assim, a imagem não é o único direito da personalidade que integra o conflito com a liberdade de expressão nas redes sociais. Não apenas a reprodução do registro imagético das pessoas é objeto de controle, mas também o conteúdo desses registros deve passar por ponderação, pois valores como a privacidade e a intimidade das pessoas retratadas nas fotografias podem estar sendo violados.

Analisando os novos contornos da privacidade decorrentes dos avanços tecnológicos, Marcos Ehrhardt Junior e Erick Lucena Campos Peixoto entendem ter surgido uma dimensão informacional da privacidade,[31] em decorrência de toda a tutela da intimidade, da vida privada e da honra, que já tinham disciplina legal e constitucional.

Essa dimensão está relacionada à proteção de dados e também àquela tutela da integridade psicológica do titular, que engloba a proteção da ideia que a pessoa tem de si mesma. No ambiente virtual, esse conteúdo personalíssimo da privacidade também é objeto de salvaguarda.

A proteção de direitos da personalidade não recai sobre exclusivos de autoria de imagens, mas sim sobre os atributos da pessoa, que não podem ser devassados no ambiente virtual. Esse é um critério ético a ser observado na harmonização do conflito entre direitos da personalidade e liberdade de expressão. Um critério subjetivo, que varia conforme a pessoa retratada e principalmente conforme finalidade da retratação.

Também nesse critério, deve-se observar a finalidade da publicação, para se averiguar a maior ou menor incidência da liberdade de expressão. Publicações com conteúdo educativo e informativo, ou postagens voltadas à opinião ou mesmo à crítica, em linhas gerais não representam, por si só, atos de abuso dessa liberdade.

Proteger a imagem e a honra de alguém não equivale a colocar esse sujeito acima da crítica. Ninguém está blindado à opinião alheia, e a alma da opinião reside em sua livre divulgação. Se, exemplificativamente, um cliente desaconselha, em uma

---

[29] ASCENSÃO, José Oliveira de. Pessoa, direitos fundamentais e direito da personalidade. *Revista Mestrado em Direito*, Osasco, ano 6, n. 1, p. 145-168, 2006. p. 157.

[30] Expressão também utilizada por Ascensão no texto em comento (ASCENSÃO, José Oliveira de. Pessoa, direitos fundamentais e direito da personalidade. *Revista Mestrado em Direito*, Osasco, ano 6, n. 1, p. 145-168, 2006).

[31] PEIXOTO, Erick Lucena Campos; EHRHARDT JUNIOR, Marcos. Breves notas sobre a ressignificação da privacidade. *Revista Brasileira de Direito Civil – RBDCivil*, Belo Horizonte, v. 16, p. 35-56, abr./jun. 2018.

postagem, a procura de determinada empresa ou profissional liberal, compartilhando o relato de uma má experiência, esse opinativo não deve ser interpretado como violação à personalidade ôntica da pessoa (natural ou jurídica) retratada na publicação.

Na verdade, essas avaliações são bastante corriqueiras na ambiência das redes sociais – algumas das quais têm, inclusive, campos específicos para a avaliação de empresas e estabelecimentos.

Mas, se por um lado a opinião é garantida, por outro o excesso deve ser rechaçado. Não é dado ao usuário expor terceiros a ridículo, seja em comentários, avaliações, postagens, seja em qualquer canal disponível nas redes sociais. O constrangimento, a calúnia, o escárnio e a troça não podem ser protegidos pela liberdade de expressão.

De todo modo, esse critério precisa ser aplicado com cautela. Assim como ocorre na vida "real", devem ser avaliados no ambiente virtual de acordo com cada caso concreto.

Chegamos, assim, ao último elemento de análise destacada para a temática aqui estudada: o critério casuístico, pelo qual os contornos e peculiaridades de cada situação de tensão de direitos nas redes sociais precisam ser especificamente tomados em conta.

3.4 Análise casuística dos conflitos

Dar solução à harmonização entre direitos de alta densidade valorativa não é tarefa fácil – e o conflito entre liberdade de expressão e direitos da personalidade pode, sem dúvida, levar a um conflito de valores equilibradamente elevados. A melhor solução para essas questões deve se atentar para o caso específico, pois de maneira geral e abstrata não há como se estabelecer uma resposta padrão para esse entrave.

Quando o conflito se dá no âmbito das redes sociais, os casos a serem analisados são as postagens, publicações e compartilhamentos que aparentem conter abusos ou violações a direitos da personalidade.

Tomada em análise a publicação, os critérios acima apontados deverão ser aplicados. Trata-se de publicação apócrifa, ou é possível identificar sua origem? Na publicação, há prejuízo substancial e/ou permanente ao direito da personalidade afetado, ou a limitação é meramente circunstancial? Esse prejuízo recai sobre a essência do direito, representando ônus à própria personalidade ôntica do seu titular, ou se trata de mero opinativo ou outra forma de menção tolerável, ainda que em algum grau indesejada?

Somente diante do caso concreto será possível se aplicar esses critérios de ponderações. Os padrões de julgamento até podem servir de orientação para casos assemelhados, mas sempre há que serem consideradas as peculiaridades de cada caso concreto.

Vejamos um exemplo de análise casuística desenvolvida neste julgado:

AGRAVO DE INSTRUMENTO. CONSTITUCIONAL. LIBERDADE DE EXPRESSÃO. INFORMAÇÃO. DIREITOS DA PERSONALIDADE. POSTAGEM EM REDE SOCIAL. PONDERAÇÃO. ART. 300 DO CPC. AUSÊNCIA DOS REQUISITOS. DECISÃO MANTIDA.

1. Trata-se de agravo de instrumento contra decisão que indeferiu a tutela de urgência, a fim de determinar ao demandado a retirada das publicações feitas em sua conta na rede social Instagram, a respeito dos produtos comercializados pela autora.

2. A liberdade de expressão não se restringe ao direito de opinar, abarcando, ainda, outras garantias que lhes são correlatas, tais como os direitos a criticar, informar, reclamar e se exprimir de modos diversos.

3. Verificado o confronto entre a liberdade de expressão e os direitos da personalidade da pessoa jurídica envolvida, cabe ao Magistrado, por meio da ponderação, avaliar qual deve liderar no caso concreto.

4. *In casu*, conquanto se avalie não possuir o direito de manifestação caráter absoluto, tem-se que a publicação realizada na rede social Instagram, apesar de negativa ao interesse da recorrente, possui caráter preponderantemente informativo/educacional, encontrando respaldo em artigos científicos, sendo benéfica à difusão de ideias perante a sociedade. (TJDF. Agravo de Instrumento nº 0708626-68.2018.8.07.0000. Rel. Des. Sandoval Oliveira, j. 29.8.2018)

Nesse caso concreto, uma pessoa jurídica[32] foi retratada em postagens de terceiro na rede social Instagram. O usuário da rede havia divulgado informações desabonadoras sobre produtos comercializados pela pessoa jurídica, a qual se insurgiu contra as publicações, requerendo judicialmente a exclusão do conteúdo, alegando violação a seus direitos da personalidade.

Todavia, na análise do caso, o Tribunal de Justiça do Distrito Federal entendeu que o conteúdo das publicações tinha cunho informativo e educacional e, ponderando a liberdade de expressão do réu e os direitos da personalidade da entidade autora, proferiu decisão que prestigiou maiormente a livre manifestação de opinativo do demandado.

A solução para o conflito não se pautou na invocação de excertos legais ou de decisões paradigmáticas, mas sim na ponderação de valores, levando em conta as especificidades do caso concreto.

4 Conclusão

Diante de todas as reflexões aqui travadas, percebe-se que os tradicionais critérios de harmonização de conflitos entre direitos de personalidade e liberdade de expressão não dão mais conta de resolver esse entrave, posto que o contexto das redes sociais inseriu essa questão em contornos muito mais abrangentes.

Tanto a liberdade de expressão como os direitos da personalidade ocupam posição privilegiada na hierarquia de valores do ordenamento brasileiro. Porém, nenhuma dessas categorias deve ser entendida como absoluta, pois tanto os direitos da personalidade podem, em algum grau, sofrer limitações, como a liberdade de expressão pode ser afastada em certas hipóteses.

Quando há tensão entre esses valores em postagens nas redes sociais, não há solução abstrata: é preciso se analisar o caso concreto para se verificar se a publicação é ou não juridicamente adequada.

Nessa ponderação, não é suficiente se valer do tradicional critério da notoriedade da pessoa envolvida na veiculação, ou do fato veiculado. Isso porque as redes sociais

---

[32] Não faz parte do objeto deste trabalho o debate sobre a precisão técnica de se aplicar às pessoas jurídicas a tutela dos direitos da personalidade.

são ambiente em que a mais pacata das situações é passível de ser retratada, de modo que o critério da notoriedade se mostra inadequado.

Assim, a partir de um estudo da legislação e da doutrina mais atualizada acerca dos direitos da personalidade e da liberdade de expressão, bem como com amparo em casos concretos e aporte de julgados antecedentes, evocam-se novos critérios capazes de orientar essa análise.

O primeiro deles é o critério da vedação do anonimato, que decorre da Constituição e da interpretação mais atualizada da liberdade de expressão. Em decorrência dessa regra, não se pode buscar proteger o discurso não identificado, pois a identificação da autoria é necessária para coibir os abusos e os excessos. Sendo as redes sociais um ambiente facilitador da divulgação de conteúdo apócrifo, esse critério ganha relevo na discussão aqui travada, sendo, portanto, o primeiro elemento a ser avaliado na análise.

Também a limitação circunstancial dos direitos da personalidade há de ser observada. Decorrente do atributo irrenunciabilidade dos direitos da personalidade, esse critério orienta que nenhuma postagem ou publicação pode se valer da liberdade de expressão para promover limitação irrestrita ou permanente a direitos de personalidade alheios.

Tal situação importaria renúncia a esses direitos, o que não é permitido pelo ordenamento. A necessidade de limitação temporal do comprometimento dos direitos da personalidade e a autodeterminação, nesse sentido, fazem surgir, inclusive, uma reflexão sobre a desejável fixação de prazos para armazenamento de conteúdos nas plataformas das redes sociais, pois, sem essa delimitação, parece-nos haver mitigação permanente dos direitos da personalidade lançados nas redes, o que também é antijurídico, e viola o direito ao esquecimento.

O critério ético também deve ser observado, pois a discussão aqui travada não visa à proteção de exclusivos de imagem, num paradigma individualista e meramente patrimonial. Os direitos aqui tratados têm relação com a personalidade ôntica dos titulares, e a análise de eventuais violações a esses direitos não visa a proteger necessariamente o patrimônio, mas sim a dignidade das pessoas.

Também a análise da finalidade das postagens e publicações entra nesse espectro da discussão, pois que conteúdos informativos e educacionais, não voltados ao constrangimento ou à difamação, devem ser tolerados no ambiente virtual, ainda que digam respeito a elementos da personalidade de terceiros.

É dizer: a crítica e a opinião não representam, por si só, violações a direitos da personalidade. Para afastar a liberdade de expressão, o discurso contido em postagem de redes sociais necessita conter um atributo a mais, tem de violar de algum modo a integridade e a respeitabilidade do terceiro titular de direitos da personalidade.

Por fim, reforça-se que não há solução geral e abstrata para o conflito aqui estudado. A hermenêutica entre os valores aqui contrapostos deve partir da análise de casos concretos, pois que só diante de uma efetiva publicação será possível avaliar se houve abuso na liberdade de expressão, representando violação a direitos da personalidade.

Cumpre ainda destacar que todos os critérios desenvolvidos neste trabalho são endereçados não apenas à solução judicial de conflitos, mas a todo e qualquer procedimento que busque dar resposta a controvérsias situadas no âmbito das tensões entre liberdade de expressão e direitos da personalidade no ambiente das redes sociais.

Como as plataformas que alojam em redes têm assumido protagonismo na solução dessas questões, promovendo banimentos e exclusões de postagens e de contas, é preciso que também esses agentes privados observem critérios definidos para essa harmonização.

A solução para essas controvérsias não se mostra uma tarefa fácil. Que os critérios aqui desenvolvidos possam ajudar nessa missão que é cada vez mais demandada na sociedade da informação.

Referências

ASCENSÃO, José Oliveira de. Pessoa, direitos fundamentais e direito da personalidade. *Revista Mestrado em Direito*, Osasco, ano 6, n. 1, p. 145-168, 2006.

BARROSO, Luís Roberto. Colisão entre liberdade de expressão e direitos da personalidade. Critérios de ponderação. Interpretação constitucionalmente adequada do Código Civil e da Lei de Imprensa. *Revista Trimestral de Direito Civil*, Rio de Janeiro, v. 16, p. 59-102, 2004.

BENTIVEGNA, Carlos Frederico Barbosa. *Liberdade de expressão, honra, imagem e privacidade* – Os limites entre o lícito e o ilícito. Barueri: Manole, 2020.

BITTAR, Carlos Alberto. *Os direitos da personalidade*. 8. ed. rev., aum. e mod. por Eduardo C. B. Bittar. São Paulo: Saraiva, 2015.

CONSELHO DE DIREITOS HUMANOS DA ORGANIZAÇÃO DAS NAÇÕES UNIDAS. *20ª Sessão* – Promoción, protección y disfrute de los derechos humanos en Internet. Disponível em: https://ap.ohchr.org/documents/S/HRC/d_res_dec/A_HRC_20_L13.pdf. Acesso em: 8 jan. 2020.

EX-BBB20 Marcela Mc Gowan pede perdão por ofensas contra Dilma Rousseff. *Portal Metrópoles*, 26 maio 2020. Disponível em: https://www.metropoles.com/entretenimento/bbb/ex-bbb20-marcela-mc-gowan-pede-perdao-por-ofensas-contra-dilma-rousseff. Acesso em: 13 jan. 2020.

LÔBO, Paulo. *Direito civil*. Parte geral. 7. ed. São Paulo: Saraiva Educação, 2018. v. 1.

MACHADO, Diego Carvalho. Capacidade de agir e direitos da personalidade no ordenamento jurídico brasileiro: o caso do direito à privacidade. *Revista Brasileira de Direito Civil*, v. 8, n. 2, abr./jun. 2016.

PEIXOTO, Erick Lucena Campos; EHRHARDT JUNIOR, Marcos. Breves notas sobre a ressignificação da privacidade. *Revista Brasileira de Direito Civil – RBDCivil*, Belo Horizonte, v. 16, p. 35-56, abr./jun. 2018.

PINTO, Carlos Alberto da Mota. *Teoria geral do direito civil*. 3. ed. atual. 9. reimpr. Coimbra: Coimbra, 1994.

SANTANA, Anna Luisa Walter de; PAMPLONA, Danielle Anne; CARRILO SANTARELLI, Nicolás. Empresas e derechos humanos: las contribuciones del Sistema Interamericano de derechos humanos para la protección a la libertad de expresión en internet. *In*: PAMPLONA, Danielle Anne; FACHIN, Melina Girardi (Coord.); BOLZANI, Giulia Fontana. *Direitos humanos e empresas*. Curitiba: Íthala, 2019.

SARLET, Ingo Wolfgang. Direitos fundamentais em espécie. *In*: SARLET, Ingo Wolfgang; MARINONI, Luiz Guilherme; MITIDIERO, Daniel. *Curso de direito constitucional*. 3. ed. São Paulo: Revista dos Tribunais, 2014.

SCHREIBER, Anderson. *Direitos da personalidade*. 3. ed. rev. e atual. São Paulo: Atlas, 2014.

SCHREIBER, Anderson. Redes sociais, perfis falsos e liberdade de expressão. *Carta Forense*, 2018. Disponível em: http://cartaforense.com.br/conteudo/colunas/redes-sociais-perfis-falsos-e-liberdade-de-expressao/18263#_ftn2. Acesso em: 12 jan. 2021.

SIEBERT, Silvânia; PEREIRA, Israel Vieira. A pós-verdade como acontecimento discursivo. *Linguagem em (dis)curso*, Tubarão, v. 20, n. 2, maio/ago. 2020. *Epub* set. 2020.

TEPEDINO, Gustavo; OLIVA, Milena Donato. *Fundamentos do direito civil* – Teoria geral do direito civil. 2. ed. rev., atual. e ampl. Rio de Janeiro: Forense, 2020. v. 1.

Informação bibliográfica deste texto, conforme a NBR 6023:2018 da Associação Brasileira de Normas Técnicas (ABNT):

MATOS, Ana Carla Harmatiuk; CÂMARA, Hermano Victor Faustino. Direitos da personalidade e liberdade de expressão nas redes sociais: atualizando critérios de ponderação. *In*: EHRHARDT JÚNIOR, Marcos; LOBO, Fabíola Albuquerque; ANDRADE, Gustavo (Coord.). *Liberdade de expressão e relações privadas*. Belo Horizonte: Fórum, 2021. p. 97-115. ISBN 978-65-5518-188-3.

DESAFIOS ATUAIS À DISCIPLINA JURÍDICA DA LIBERDADE DE EXPRESSÃO NAS REDES SOCIAIS

EDUARDO NUNES DE SOUZA
RODRIGO DA GUIA SILVA
CÁSSIO MONTEIRO RODRIGUES

1 Introdução

A tensão entre o direito fundamental à ampla liberdade de expressão assegurado pela Constituição Federal de 1988 (art. 5º, IV e IX, e art. 220, *caput* e §2º) e a limitação da manifestação de pensamento em respeito a outros direitos da personalidade nos espaços abertos de comunicação das redes sociais representa tema dos mais tormentosos para o direito civil. Trata-se, a rigor, de dilema bastante anterior ao momento atual de proliferação da *social media*; parece, porém, inegável que as redes sociais, por sua própria estrutura de funcionamento e capacidade de alcance, tornam ainda mais dramáticos os contornos do antigo debate. De fato, a drástica ampliação do acesso à rede mundial de computadores nos últimos anos tem tornado *communis opinio* uma íntima associação entre a internet (inclusive as redes sociais) e o acesso à informação, a liberdade de expressão e a garantia do que já se denominou *direito à verdade*.[1]

Como é notório, autores dos mais diversos matizes, tanto no direito público quanto no direito privado, reconhecem as dificuldades em se determinarem, no caso concreto, os limites entre liberdade de expressão e outros corolários da dignidade humana.[2] Com efeito, encontrar a justa medida entre essas duas tendências, tarefa difícil mesmo quando

---

[1] A respeito, leciona Stefano Rodotà: "O sistema de informação e comunicação cumpre a função essencial de fornecer aos cidadãos conhecimentos que de outra forma seriam inacessíveis. O direito de buscar, obter e difundir informações tornou - se uma possibilidade concreta para um número crescente de pessoas graças à Internet. A verdade na democracia, portanto, exige força dos parlamentos, liberdade dos sistemas informativos em relação a condicionamentos econômicos e à censura, direito de acesso à rede" (RODOTÀ, Stefano. O direito à verdade. Tradução de Maria Celina Bodin de Moraes e Fernanda Nunes Barbosa. *Civilistica.com*, Rio de Janeiro, ano 2, n. 3, jul./set. 2013).

[2] "[...] há uma inevitável tensão na relação entre a liberdade de expressão e de comunicação, de um lado, e os direitos da personalidade constitucionalmente protegidos, de outro, que pode gerar uma situação conflituosa, a chamada colisão de direitos fundamentais" (MENDES, Gilmar Ferreira. Colisão de direitos fundamentais: liberdade de expressão e de comunicação e direito à honra e à imagem. *Cadernos de Direito Tributário e Finanças Públicas*, v. 2, n. 5, 1993. p. 17).

pensada em abstrato, mostra-se especialmente complexa na experiência constitucional brasileira – que, superadas décadas de autoritarismo e censura, depositou na liberdade de informação uma de suas maiores esperanças para a tutela da própria dignidade humana.[3] A perplexidade do intérprete ao resolver os casos difíceis envolvendo o exercício da liberdade de expressão encontra-se justamente neste ponto: ponderar as diversas emanações da dignidade da pessoa humana, valor máximo do ordenamento, com aquele que se pretende, ao mesmo tempo, um dos seus mais relevantes corolários e um dos mais decisivos instrumentos voltados à sua defesa.

No atual estágio de desenvolvimento da chamada sociedade da informação, em que se multiplicam mecanismos cada vez mais céleres e com alcance cada vez mais amplo de difusão de notícias, informações e ideias, as redes sociais demonstram sua capacidade de potencializar danos decorrentes dos eventuais excessos no exercício da liberdade de expressão.[4] Nesse sentido, vale destacar que não apenas a falsa notícia,[5] o discurso de ódio[6] ou o dado sensível[7] podem causar danos uma vez publicizados; também a opinião desfavorável ou negativa a respeito de certa pessoa, em princípio inofensiva (ou pouco ofensiva) quando mantida na esfera das relações pessoais de seu emissor, pode ocasionar lesões de grande escala à dignidade da pessoa a que se refere quando difundida por meio de redes sociais como Twitter, Instagram, Facebook etc.

---

[3] "Em fases diferentes da experiência brasileira, a vida foi vivida nas entrelinhas, nas sutilezas, na clandestinidade. A interdição compulsória da liberdade de expressão e de informação, por qualquer via, evoca episódios de memória triste e dificilmente poderia ser vista com naturalidade ou indiferença. É claro que uma ordem judicial, precedida de devido processo legal, não é uma situação equiparada à presença de censores da Polícia Federal nas redações e nos estúdios. Mas há riscos análogos. E o passado é muito recente para não assombrar" (BARROSO, Luís Roberto. Colisão entre liberdade de expressão e direitos da personalidade. Critérios de ponderação. Interpretação constitucionalmente adequada do Código Civil e da Lei de Imprensa. *Revista Trimestral de Direito Civil*, Rio de Janeiro, v. 16, out./dez. 2003. p. 99).

[4] Exemplo candente desse potencial é fornecido pela circulação dos chamados *memes*, em particular aqueles que utilizam imagens de pessoas, cuja difusão se dá, sobretudo, por meio de redes sociais. A questão foi estudada detalhadamente em RODRIGUES, Cássio Rodrigues; ANDRÉ, Diego Brainer de Souza. Memes imagéticos e 'pessoas públicas': um exame funcional de merecimento de tutela. *In*: MORAES, Maria Celina Bodin de; MULHOLLAND, Caitlin (Org.). *Privacidade hoje*: Anais do I Seminário de Direito Civil da PUC-Rio. Rio de Janeiro: Independent Publisher, 2018.

[5] Como se sabe, o debate em torno das chamadas *fake news* se intensificou após as eleições norte-americanas de 2016 e as brasileiras de 2018, encontrando-se na ordem do dia. Para uma análise do problema da disseminação em redes sociais, agravado conforme cresce o número de usuários destas últimas, cf. ALMADA, Giovana Michelato; FREITAS, Cinthia Obladen de Almendra. A governança da internet e o Comitê Gestor da Internet do Brasil: o papel educacional no combate às fake news. *Civilistica.com*, Rio de Janeiro, ano 9, n. 3, 2020, item 2. A relevância da verdade para a manutenção do regime democrático é amplamente proclamada pela doutrina. Registre-se, a respeito, a lição de Stefano Rodotà: "A plenitude do conhecimento para todos funda a verdade 'democrática'. E é, certamente, péssima para o interesse geral uma deliberação baseada em informações enganosas ou falsas. Deve-se acrescentar que o conhecimento é necessário para planejar e fiscalizar, portanto para consentir a participação dos cidadãos ao processo democrático como um todo" (RODOTÀ, Stefano. O direito à verdade. Tradução de Maria Celina Bodin de Moraes e Fernanda Nunes Barbosa. *Civilistica.com*, Rio de Janeiro, ano 2, n. 3, jul./set. 2013. p. 16).

[6] Sobre o tema, registra Luís Roberto Barroso a rejeição, quase universal nos países do Ocidente, aos discursos de ódio: "O *hate speech* representa outra questão sensível e complexa. Na maioria dos países democráticos o discurso que visa à depreciação de indivíduos ou de grupos vulneráveis por motivos de raça, etnia, cor, religião, gênero e orientação sexual, entre outros, não é aceitável e não está dentro do âmbito de proteção da liberdade de expressão. Os Estados Unidos, nesse caso em particular, constituem uma exceção solitária" (BARROSO, Luís Roberto. "Aqui, lá e em todo lugar": a dignidade humana no direito contemporâneo e no discurso transnacional. *Revista dos Tribunais*, São Paulo, v. 919, maio 2012. p. 127 e ss.).

[7] Designam-se dados sensíveis os dados pessoais, em geral relacionados à saúde ou à opinião, que, se divulgados, poderiam gerar discriminação (RODOTÀ, Stefano. *A vida na sociedade da vigilância*. Rio de Janeiro: Renovar, 2009. p. 79).

Desse modo, o intérprete encontra particular dificuldade para perquirir eventual exercício ilegítimo da liberdade de expressão a partir da manifestação de opiniões ou pensamentos que não traduzam propriamente notícias falsas, discursos de ódio voltados contra minorias sociais nem tratamento irregular de dados pessoais sensíveis – hipóteses que, embora não completamente consolidadas, costumam ser mais imediatamente identificadas como repreensíveis pela civilística. Isso porque, ao contrário das *fake news* (que trazem em sua inveracidade o fundamento de sua ilegitimidade), do *hate speech* (que ostenta manifestamente um potencial lesivo a coletividades) ou da circulação indevida de dados sensíveis (cujo potencial ensejador de discriminação permite, muitas vezes, identificar as situações de antijuridicidade), a emissão de opinião não é, em princípio, avaliável nos termos mais comumente reconhecidos pelo jurista. Com efeito, a opinião sobre certos temas ou pessoas, por indesejável que se possa afigurar para o público, costuma ter um conteúdo subjetivo demais para se sujeitar a uma valoração em termos de falsidade ou veracidade; do mesmo modo, a opinião não transparece, na maioria das vezes, o mesmo potencial danoso e a agenda deliberada do emissor constantes do discurso de ódio; além disso, enquanto informações sensíveis presumem-se de circulação restrita, a presunção a respeito das opiniões é a de que possam ser livremente manifestadas.

As dificuldades de controle e valoração das opiniões se agravam diante de hipóteses fáticas em que a manifestação do pensamento ostenta um caráter *político* e é emitida por *pessoa notória*, em especial quando se trata da opinião de um governante ou agente público acerca de temas centrais na pauta política de certa sociedade em determinado momento histórico. Com efeito, a complexidade do problema e a potencial gravidade dos danos que podem advir de tais manifestações políticas têm conduzido, no cenário atual, à adoção espontânea de medidas repressivas pela própria sociedade civil (e, muitas das vezes, pelo próprio mercado), destinadas à restrição das manifestações consideradas negativas ou desfavoráveis a agendas político-sociais que se pretendem promover.

O espectro de fenômenos que ilustram a questão é tão diversificado que talvez seja mesmo inviável tratar o dilema das redes sociais como um problema unívoco. De um lado, por exemplo, proliferam *sanções morais* impostas no próprio seio social (cujas repercussões jurídicas aguardam, ainda, o devido tratamento). Emblemática, nesse sentido, tornou-se a denominada *cultura do cancelamento*,[8] espécie de reedição contemporânea da morte civil ou da pena de ostracismo que eram conhecidas pelas sociedades clássicas – mitigada, talvez, apenas pela conhecida fugacidade decorrente das rápidas mudanças de humor da comunidade de usuários de redes sociais. O chamado *cancelamento* representa, assim, ainda que com ânimo impermanente, uma sanção à manifestação de ideias, imposta por um corpo social cada vez mais (perigosamente) convencido de sua competência e legitimidade para promover julgamentos coletivos e aplicar penalidades informais à margem do Poder Judiciário.

De outra parte, assiste-se a um progressivo crescimento da adoção de medidas coercitivas por iniciativa dos próprios provedores das redes sociais, como a exclusão

---

[8] "O movimento hoje conhecido como 'cultura do cancelamento' começou, há alguns anos, como uma forma de chamar a atenção para causas como justiça social e preservação ambiental. Seria uma maneira de amplificar a voz de grupos oprimidos e forçar ações políticas de marcas ou figuras públicas" (SANCHES, Mariana. O que é a 'cultura de cancelamento'. *BBC News Brasil*, 25 jun. 2020).

ou o bloqueio ao acesso público de perfis e conteúdos produzidos pelos usuários. Tais sanções, aplicadas livremente por agentes do mercado aos consumidores de seus próprios serviços, aproximam-se ainda mais de uma atividade judicante informal e revigoram a relevância das reflexões acerca dos critérios valorativos para o exercício e a limitação da liberdade de expressão – sendo certo que, apesar de não desfrutar de caráter absoluto ou preferencial, cuida-se de um valor dos mais relevantes para a promoção da dignidade humana. Mostra-se, assim, ainda e sempre oportuna a revisitação do tema, não se podendo olvidar que a individualização da normativa aplicável ao caso concreto dependerá necessariamente da ponderação criteriosa dos valores em rota potencial de colisão em cada caso particular.[9]

Com o objetivo de delinear um breve panorama do problema, parte-se da demonstração da centralidade do juízo de merecimento de tutela para a compreensão geral dos contornos da liberdade de expressão à luz da tábua axiológica constitucional. Tal raciocínio permite, na sequência, investigar o papel do provedor no dilema sobre os limites e potencialidades da liberdade de expressão nas redes sociais. Por fim, a partir do reconhecimento de que as redes sociais constituem o principal espaço de debate político da atualidade, buscar-se-á ressaltar a importância a ser conferida, por ocasião do juízo de merecimento de tutela, ao caráter político de que porventura se revistam as manifestações ou perfis que se cogite excluir ou bloquear.

2   Liberdade de expressão e merecimento de tutela

De início, cumpre ter em mente a necessária crítica à artificialidade da oposição, tantas vezes reproduzida, entre a noção de liberdade e as demais emanações da cláusula geral de tutela da pessoa humana.[10] Como corolário inafastável dessa cláusula geral, a tutela das liberdades (aqui incluída a liberdade de expressão) não deveria figurar como antagonista da dignidade, mas como instrumento efetivo para promovê-la. Conforme já esclareceu autorizada doutrina, a dignidade humana, valor máximo da ordem constitucional de 1988, não se submete, ela própria, à ponderação com outros valores do sistema: ao contrário, a ponderação nessa matéria ocorre entre os diversos princípios tutelados pelo sistema *em função* da promoção da dignidade humana, que se apresenta como o fiel da balança, um norte hermenêutico para orientar o trabalho do intérprete.[11] Não tem sido essa, porém, a tônica da argumentação adotada por muitos setores da doutrina e até mesmo pelo Supremo Tribunal Federal na solução de recentes casos de enorme repercussão social, para os quais se tem buscado hipertrofiar o papel

---

[9]   Sobre a relação entre o pensamento civil-constitucional, particularmente no que diz respeito à noção de ordenamento do caso concreto, e a técnica de ponderação de princípios, cf. SOUZA, Eduardo Nunes de. Merecimento de tutela: a nova fronteira da legalidade no direito civil. *Revista de Direito Privado*, São Paulo, ano 15, v. 58, abr./jun. 2014, item 3.

[10] Crítica originariamente apresentada em SOUZA, Eduardo Nunes de. Qual liberdade tutelar na era da opinião irresponsável? *In*: QUEIROZ, João Quinelato de. *Responsabilidade civil na rede*: danos e liberdade à luz do Marco Civil da Internet. Rio de Janeiro: Processo, 2019.

[11] MORAES, Maria Celina Bodin de. O princípio da dignidade humana. *In*: MORAES, Maria Celina Bodin de (Coord.). *Princípios do direito civil contemporâneo*. Rio de Janeiro: Renovar, 2006.

(já tão relevante) da liberdade e construir uma injustificada relação de antagonismo entre a liberdade de expressão e os demais interesses da pessoa humana.[12]

Não por acaso: a hipertrofia da liberdade parece simplificar os debates porque, conforme opinião cada vez mais prevalente, esse princípio já contaria, de antemão, com ampla primazia sobre todos os outros – aos moldes da tradição norte-americana, na qual se confere uma dita *preferred position* à liberdade. Talvez se possa dizer até mesmo que o princípio da liberdade se tornou, sobretudo no entendimento recente do STF, não mais um dos valores a serem sopesados, mas o próprio fiel da balança. Nessa perspectiva, seria possível afirmar (não sem um pouco de exagero, mas também não sem grande dose de preocupação) que, nos debates atuais sobre personalidade, quase qualquer pretensão que se possa formular *nos moldes* do exercício de uma liberdade civil tem vencido, de antemão, a ponderação – e recebido, consequentemente, a tutela judicial. Semelhante entendimento parece ignorar que a liberdade desempenha um papel específico em outros ordenamentos, particularmente na Constituição norte-americana, que jamais foi cogitado pela Constituição de 1988, a qual não prevê a prevalência desse valor sobre os demais.[13]

Contraponha-se a realidade brasileira à experiência norte-americana, a começar pelo próprio texto da Constituição dos Estados Unidos, e se estará diante de dois cenários marcadamente distintos. Na ordem jurídica norte-americana, desde 1791, a Primeira Emenda à Constituição assegura que "o Congresso não fará nenhuma lei em relação ao estabelecimento de uma religião, ou proibindo seu livre exercício; ou cerceando a liberdade de expressão, ou de imprensa; ou o direito popular de associação pacífica [...]".[14] A previsão não tardou a ser estendida à atuação dos demais poderes estatais. Não seria incorreto dizer, nesse sentido, que a história constitucional dos Estados Unidos foi originariamente construída em torno do valor da liberdade, intocável pela lei, pelo Poder Público e pelos tribunais, em um momento histórico bastante anterior aos contornos hoje mundialmente reconhecidos à dignidade humana – cuja maior difusão no cenário jurídico internacional se deu em meados do século XX, no pós-guerra.

---

[12] Para um comentário crítico sobre tais recentes posicionamentos do STF, cf. MORAES, Maria Celina Bodin de; SOUZA, Eduardo Nunes de. Educação e cultura no Brasil: a questão do ensino domiciliar. *Civilistica.com*, Rio de Janeiro, ano 6, n. 2, 2017.

[13] Veja-se, a esse propósito, a análise de Ingo Sarlet: "Por mais que se seja simpático também a tal linha de entendimento, a atribuição de uma função preferencial à liberdade de expressão não parece, salvo melhor juízo, compatível com as peculiaridades do direito constitucional positivo brasileiro, que, neste particular, diverge em muito do norte-americano e mesmo do inglês. Aliás, o nosso sistema, nesse domínio, está muito mais afinado com o da Alemanha, onde a liberdade de expressão não assume uma prévia posição preferencial na arquitetura dos direitos fundamentais. Mesmo uma interpretação necessariamente amiga da liberdade de expressão (indispensável num ambiente democrático) não poderia descurar o fato de que a CF expressamente assegura a inviolabilidade dos direitos à privacidade, intimidade, honra e imagem (artigo 5º, inciso X), além de assegurar expressamente um direito fundamental à indenização em caso de sua violação e consagrar já no texto constitucional o direito de resposta proporcional ao agravo. Importa sublinhar, ainda no contexto, que a vedação de toda e qualquer censura por si só não tem o condão de atribuir à liberdade de expressão a referida posição preferencial" (SARLET, Ingo. Liberdade de expressão e biografias não autorizadas – Notas sobre a ADI 4.815. *Consultor Jurídico*, 19 jun. 2015). Em sentido contrário, Cf. BARROSO, Luís Roberto. Colisão entre liberdade de expressão e direitos da personalidade. Critérios de ponderação. Interpretação constitucionalmente adequada do Código Civil e da Lei de Imprensa. *Revista Trimestral de Direito Civil*, Rio de Janeiro, v. 16, out./dez. 2003, *passim*.

[14] Tradução livre do original: "Congress shall make no law respecting an establishment of religion, or prohibiting the free exercise thereof; or abridging the freedom of speech, or of the press; or the right of the people peaceably to assemble [...]".

Por outro lado, no ordenamento brasileiro, o amadurecimento da liberdade como princípio jurídico deu-se, em grande parte, nas últimas três décadas, após a redemocratização do país. Com efeito, foi sob o regime constitucional de 1988 que se desenvolveu uma perspectiva da liberdade como *pressuposto* para a garantia de uma existência humana *digna* – à semelhança, neste particular, do que ocorreu após o término dos regimes totalitaristas que dominaram a Itália, a Alemanha, a Espanha e Portugal em meados do século XX.[15] Os países da família romano-germânica, nesse sentido, não apenas compartilham as mesmas bases histórico-culturais como também experimentaram, em sua trajetória constitucional recente, regimes políticos semelhantes em aspectos que ajudam a entender por que, neles, passou-se a atribuir à liberdade um papel (não quantitativamente, mas) qualitativamente distinto daquele difundido na experiência norte-americana.[16]

Como propõe a ótica civil-constitucional, os institutos jurídicos devem ser compreendidos como figuras históricas e relativas.[17] A malfadada aplicação de um conceito jurídico de liberdade desprovido de qualquer historicidade (ou, pior, munido da importação acrítica da experiência alheia) faz com que o direito deixe de refletir sua própria sociedade, sua história e cultura, suas conquistas arduamente alcançadas, para representar uma identidade estrangeira.[18] O que é ainda mais grave: não se pode esperar que tal importação indevida forneça os mesmos resultados benéficos que porventura possam ter sido produzidos em outro sistema, justamente porque, neste último, o conceito está situado no tempo e no espaço – mas não no primeiro, que o absorveu de forma acrítica e desatenta ao seu próprio contexto. Esse aspecto singelo da interpretação e aplicação do direito, se desconsiderado, acarreta uma quebra de sistemática: um instituto jurídico existe *em relação* com os demais e com a realidade social, de tal modo

---

[15] Como registra Ana Paula de Barcellos, a inserção da dignidade humana e dos direitos fundamentais nas Constituições desses países no pós-guerra, ao representar a incorporação de valores e opções políticas ao texto constitucional, traduz uma marca do neoconstitucionalismo (BARCELLOS, Ana Paula de. Neoconstitucionalismo, direitos fundamentais e controle das políticas públicas. *Revista Diálogo Jurídico*, n. 15, jan./mar. 2007. p. 4).

[16] Nesse sentido, afirma Giorgio Repetto: "assai ricorrente in dottrina è la contrapposizione tra un modello europeo-continentale di libertà di espressione, incentrato appunto sulla dignità e sui suoi nessi comunitari nel dare corpo alle clausole limitative di detta libertà, e quello statunitense, maggiormente rispettoso delle esigenze della liberty come ambito di libera esplicazione dell'individualità nel marketplace of ideas" (REPETTO, Giorgio. La dignità umana e la sua dimensione sociale nel diritto costituzionale europeo. *Diritto pubblico*, n. 1, 2016. p. 286). O autor relata como, nos últimos anos, a dignidade humana tem adquirido, entre outras funções, também o papel de fundamento para a restrição de liberdades individuais; critica o autor, nesse sentido, que a força semântica da noção de dignidade tenha servido, na jurisprudência europeia, para justificar essa função repressiva independente de qualquer ponderação (REPETTO, Giorgio. La dignità umana e la sua dimensione sociale nel diritto costituzionale europeo. *Diritto pubblico*, n. 1, 2016, item 6), crítica que se coaduna com a perspectiva ora proposta, em que se sustenta a impossibilidade de privilegiar, *a priori*, seja a orientação pró-liberdade, seja a orientação contrária.

[17] "O conhecimento jurídico é uma ciência relativa: precisa-se levar em conta que os conceitos e os instrumentos caracterizam-se pela sua relatividade e por sua historicidade. É grave erro pensar que, para todas as épocas e para todos os tempos haverá sempre os mesmos instrumentos jurídicos. É justamente o oposto: cada lugar, em cada época terá os seus próprios mecanismos" (PERLINGIERI, Pietro. Normas constitucionais nas relações privadas. *Revista da Faculdade de Direito da UERJ*, n. 6-7, 1998-1999. p. 63-64).

[18] Sobre a relevância da contextualização na abordagem dos institutos jurídicos, cf. KONDER, Carlos Nelson. Apontamentos iniciais sobre a contingencialidade dos institutos de direito civil. *In*: MONTEIRO FILHO, Carlos Edison do Rêgo; GUEDES, Gisela Sampaio da Cruz Costa; MEIRELES, Rose Melo Vencelau (Org.). *Direito civil*. Rio de Janeiro: Freitas Bastos, 2015. v. II. p. 35 e ss.

que o seu sentido, em certo ordenamento, apenas se explica a partir do fino equilíbrio e do sistema de compensações entre ele e esses outros elementos.[19]

À luz do ordenamento jurídico e das idiossincrasias da experiência brasileira, assim, não se pode estabelecer, *a priori*, uma prevalência da liberdade de expressão em relação a outros valores, em especial quando se faça necessária a ponderação entre diversos corolários da dignidade da pessoa humana. Superando-se a tentadora atribuição em abstrato de uma suposta posição preferencial a algum dos valores em possível rota de colisão, o seu sopesamento de valores há de ser feito sempre à luz das circunstâncias do concreto, pautado pelo princípio da razoabilidade e, ainda, à luz da unidade do ordenamento.

Coloca-se, então, a questão: como proceder à realização do juízo valorativo denominado merecimento de tutela? Este tipo de valoração dos atos de autonomia privada não pode, por sua própria natureza, restringir-se à lógica negativa que pauta os juízos de licitude e não abusividade.[20] A uma, porque estas duas últimas formas de valoração encontram seu fundamento na função repressiva do direito, ao passo que o merecimento de tutela surgiu no bojo do reconhecimento de uma outra função, a promocional. A duas, pois, embora seja certo que o particular não possa violar, em sua atividade, interesses juridicamente relevantes (e, se o fizer, não há dúvidas de que deve ser reprimido na medida de sua contrariedade – estrutural ou funcional – ao direito), de outra parte não se pode afirmar que ele deva necessariamente, à margem de previsão legal, *promover* tais interesses. E, se não há dever ou proibição propriamente ditos (no plano estrutural ou funcional) a se respeitar, não se pode falar, tecnicamente, em sanção negativa ou repressão de condutas.

Cogita-se, por isso, de um juízo mais amplo (ou, ao menos, de ordem distinta): o merecimento de tutela, a saber, uma instância positiva de controle dos atos particulares, que não visa diretamente à repressão de violações ao direito (papel já desempenhado pelos juízos de licitude e não abusividade), mas sim a conferir uma proteção privilegiada a determinado ato pelos valores que promove – ainda que a consequência indireta dessa proteção acabe por resultar na repressão a outro exercício particular conflitante com ele.[21] De fato, pode acontecer que dois atos particulares sejam indubitavelmente lícitos e não abusivos, mas, ainda assim, encontrem-se, no caso concreto, em rota de colisão, de tal modo que o exercício de um não se compatibilize com o de outro. É justamente neste ponto, quando já se verificou que não há ilicitude nem abuso de nenhuma das partes, e ainda assim um novo juízo valorativo precisa incidir sobre tais atos (de modo a decidir qual deles irá prevalecer), que se revela especialmente útil o juízo de merecimento de tutela. Trata-se de verdadeiros *hard cases*, nos quais a decisão buscará proteger primordialmente o ato que se reputar mais promovedor dos valores

---

[19] Como anota António Manuel Hespanha, "as normas jurídicas apenas podem ser entendidas se integradas nos complexos normativos que organizam a vida social" (HESPANHA, António Manuel. *Cultura jurídica europeia*: síntese de um milênio. Florianópolis: Boiteux, 2005. p. 35).

[20] Ao propósito, cf. as considerações previamente desenvolvidas em SOUZA, Eduardo Nunes de. Abuso do direito: novas perspectivas entre a ilicitude e o merecimento de tutela. *Revista Trimestral de Direito Civil*, Rio de Janeiro, v. 50, abr./jun. 2012, *passim*; e SOUZA, Eduardo Nunes de. Merecimento de tutela: a nova fronteira da legalidade no direito civil. *Revista de Direito Privado*, São Paulo, ano 15, v. 58, abr./jun. 2014, *passim*.

[21] Assim se sustentou originariamente em SOUZA, Eduardo Nunes de. Merecimento de tutela: a nova fronteira da legalidade no direito civil. *Revista de Direito Privado*, São Paulo, ano 15, v. 58, abr./jun. 2014. p. 94 e ss.

do ordenamento, e apenas por via transversa negará tutela jurídica ao outro ato, apenas na medida em que for inevitável que ambos convivam.

Vale ressaltar que a alcunha de "difíceis" conferida a esses casos não decorre de sua solução advir de princípios e não de regras (como se sustenta normalmente na doutrina constitucionalista sobre ponderação de princípios).[22] Em vez disso, tais hipóteses podem ser consideradas difíceis porque, enquanto na maior parte dos casos o recurso à axiologia do ordenamento permite alcançar uma resposta definitiva para a controvérsia (a partir da identificação de uma posição particular ilícita ou abusiva a ser reprimida), aqui não há contrariedade a reprimir e, portanto, o regular exame dos limites à autonomia privada não oferece uma solução.

Note-se que a solução conferida ao ato que não se considera merecedor de tutela não dista daquela direcionada ao exercício abusivo das situações jurídicas: a partir de uma análise funcional, identifica-se em que medida o ato precisa ser reprimido. A diferença está, essencialmente, no fundamento pelo qual se nega tutela ao ato. Em caso de abuso, verifica-se uma desconformidade à função que caracteriza e legitima a própria situação jurídica, aos valores e interesses que o sistema associa a ela. Trata-se de um juízo que prescinde da existência de uma pretensão antagônica: o ato é abusivo porque exercido de modo contrário aos valores associados àquela situação subjetiva.[23] As consequências são várias: a antijuridicidade do ato permite advogar por sua nulidade;[24] o dano eventualmente causado ensejará responsabilidade civil como se decorresse de ato ilícito;[25] os interessados podem pedir o desfazimento do ato ou o suprimento judicial de declaração de vontade abusivamente negada pelo titular do direito.[26] A conduta será reprimida e seus efeitos negados na medida necessária para que o exercício volte a ser compatível com a função da situação jurídica subjetiva.

Por sua vez, um ato que não se considere merecedor de tutela o será sempre em termos relativos (ou seja, não será merecedor de tutela *em relação a outro* exercício particular que lhe seja contraposto). No plano funcional, esse ato é plenamente conforme aos valores associados à sua tutela jurídica (i.e., à sua função); sua repressão decorre tão somente de uma incompatibilidade com outro ato, também obediente à respectiva

---

[22] Para uma análise crítica da distinção tradicional entre regras e princípios, com a demonstração de que todas as normas (inclusive as regras) sujeitam-se à técnica da ponderação, seja consentido remeter a SILVA, Rodrigo da Guia. Um olhar civil-constitucional sobre a "inconstitucionalidade no caso concreto". *Revista de Direito Privado*, ano 18, v. 73, jan. 2017, item 2.

[23] Pense-se, por exemplo, no exercício do poder familiar por um dos pais apenas com intuito emulativo em relação ao outro genitor, ou no exercício do proprietário que não cumpre a função social de seu bem. Nestes casos, a desconformidade do exercício se relaciona à própria função da situação jurídica abusada (respectivamente, o melhor interesse da criança, que deve sempre guiar o exercício do poder familiar; e a função social da propriedade, que conforma internamente o domínio e contra a qual este jamais pode ser exercido), não havendo propriamente oposição entre o interesse legítimo do titular da situação jurídica e interesses igualmente legítimos de terceiros, mas sim desvio, pelo titular, do interesse que legitima o exercício da sua própria situação jurídica.

[24] Trata-se da chamada nulidade *virtual* ou *não cominada* – aquela que, embora não prevista pelo legislador, resulta da vedação do ato pelo ordenamento (art. 166, VI, do Código Civil). Para a análise de algumas novas perspectivas de operatividade da causa de nulidade virtual, seja consentido remeter a SOUZA, Eduardo Nunes de. *Teoria geral das invalidades do negócio jurídico*. São Paulo: Almedina, 2017. p. 68 e ss.

[25] Esta é, provavelmente, a consequência mais difundida, sobretudo porque o art. 927 do Código Civil, ao disciplinar o dever de indenizar, expressamente remete ao art. 187 do mesmo diploma.

[26] Sobre esta e as demais consequências do exercício abusivo, cf. SOUZA, Eduardo Nunes de. Abuso do direito: novas perspectivas entre a ilicitude e o merecimento de tutela. *Revista Trimestral de Direito Civil*, Rio de Janeiro, v. 50, abr./jun. 2012. p. 80 e ss.

função, mas que, à luz da totalidade do sistema, merecerá tutela preferencial. A medida da repressão do primeiro ato, assim, não será a sua própria função, mas a medida necessária para a tutela do outro, dito merecedor de tutela em sentido estrito. Não se pode afirmar, por isso, que o primeiro ato seja *antijurídico* (ao menos, não no mesmo sentido em que se fala do ilícito e do abuso); se não existisse uma posição particular contraposta que promovesse melhor os valores do sistema, esse ato teria sua eficácia reconhecida. Em suma, todo ato lícito e não abusivo será, em sentido amplo, merecedor de tutela: o merecimento é, em regra, uma *consequência* da licitude e não abusividade do exercício; excepcionalmente, porém, exigir-se-á do intérprete um terceiro e último juízo valorativo para determinar se o ato terá seus efeitos protegidos.

Exemplo emblemático desse raciocínio se tem justamente no clássico embate entre o direito à privacidade e a liberdade de expressão, caracterizado inclusive pela própria doutrina constitucionalista como um caso difícil.[27] Entre o jornalista, por exemplo, que pretende noticiar fatos relativos à vida íntima de certa celebridade e a pretensão desta de impedi-lo de divulgar tais informações pode não existir qualquer traço de ilicitude ou abusividade: basta imaginar que se trate, ilustrativamente, de dados sensíveis da pessoa (a justificar seu pedido de não divulgação), porém de inegável interesse público (como no caso do político que, tendo arregimentado eleitores por defender certos valores religiosos, mantém secretamente hábitos privados frontalmente contrários a tais valores).[28]

Não cabe, assim, aludir a uma suposta prevalência *prima facie* da liberdade de expressão,[29] ou a uma tutela menos rígida da privacidade de pessoas notórias, assim como não há critérios que definam *a priori* quais informações devem ser protegidas em todos os casos e quais podem ser eventualmente publicadas.[30] Se este é, como parece, um caso que exige uma avaliação meritória, apenas à luz das circunstâncias do caso concreto é possível ponderar qual das pretensões promove melhor os valores do ordenamento e merece tutela jurídica privilegiada. Tal aspecto globalizante coaduna-se com a noção de que, no ordenamento brasileiro, não se admite mais uma tutela fragmentada da pessoa humana a partir de direitos da personalidade tipificados, tornando-se necessário protegê-la em todos os seus aspectos.[31]

---

[27] Cf., por exemplo, BARROSO, Luís Roberto. Liberdade de expressão versus direitos da personalidade. *In*: BARROSO, Luís Roberto. *Temas de direito constitucional*. Rio de Janeiro: Renovar, 2005. t. 3, *passim*.

[28] O caso aconteceu com o Senador americano Roy Ashburn, que, tendo-se destacado como forte opositor dos homossexuais junto aos seus eleitores, foi detido ao sair dirigindo embriagado de um clube *gay* em 2010 (MURTA, Andrea. Político dos EUA que sempre votou contra direitos gays se assume homossexual. *Folha de S.Paulo*, 10 mar. 2010).

[29] Como restou consignado no Enunciado nº 613 da VIII Jornada de Direito Civil do Conselho da Justiça Federal: "A liberdade de expressão não goza de posição preferencial em relação aos direitos da personalidade no ordenamento jurídico brasileiro".

[30] Em sentido contrário, sustenta-se que "as pessoas que ocupam cargos públicos têm o seu direito de privacidade tutelado em intensidade mais branda. [...] O mesmo vale para as pessoas notórias, como artistas, atletas, modelos e pessoas do mundo do entretenimento". Considera-se, ainda, que "o interesse público na divulgação de qualquer fato verdadeiro se presume, como regra geral", e que "as liberdades de informação e de expressão servem de fundamento para o exercício de outras liberdades, o que justifica uma posição de preferência – *preferred position* – em relação aos direitos fundamentais individualmente considerados" (BARROSO, Luís Roberto. Liberdade de expressão versus direitos da personalidade. *In*: BARROSO, Luís Roberto. *Temas de direito constitucional*. Rio de Janeiro: Renovar, 2005. t. 3. p. 105-116).

[31] Na síntese de Pietro Perlingieri, amplamente acolhida pela doutrina civil-constitucional brasileira: "A tutela da pessoa não pode ser fracionada em isoladas *fattispecie* concretas, em hipóteses autônomas não comunicáveis entre si, mas deve ser apresentada como problema unitário, dado seu fundamento representado pela unidade

Neste ponto do raciocínio, impõe-se uma advertência: se é verdade que a liberdade de expressão não desfruta de posição preferencial – e, portanto, deve necessariamente se submeter ao sopesamento com os demais valores relevantes no caso concreto, no âmbito do juízo de merecimento de tutela –, é igualmente verdade que a liberdade de expressão não pode ser sumariamente tolhida sem a sua imprescindível ponderação com os outros valores em rota potencial de colisão. Trata-se de reconhecer que a posição de desprezo à liberdade de expressão, tal como a posição de deferência irrestrita a tal liberdade, revela-se incompatível com o ordenamento jurídico brasileiro, que consagra essa liberdade como um dos corolários da dignidade humana – essa, sim, como afirmado anteriormente, o valor supremo do sistema.

Tais considerações afiguram-se particularmente relevantes no contexto atual, em que, a pretexto de proteção de variados valores reputados socialmente relevantes, os provedores de redes sociais têm adotado a prática reiterada de exclusão ou bloqueio temporário de usuários e/ou dos conteúdos por eles produzidos. Impende, assim, investigar o papel do provedor no dilema contemporâneo sobre as potencialidades e – sobretudo – os limites da liberdade de expressão nas redes sociais.

3 Potencialidades e limites da liberdade de expressão em redes sociais: revisitando o papel do provedor de aplicações

A tendência a uma tutela desmesurada, à outrance, da liberdade de expressão parece ignorar que a garantia de uma liberdade a qualquer preço implica, não raro, a supressão ilegítima de diversas outras liberdades com ela colidentes. Para além das liberdades, por assim dizer, *nominadas* (como as liberdades de expressão, imprensa, religião e associação), existe um sem-número de liberdades individuais cotidianas, tão ou mais representativas da autonomia privada quanto as primeiras, que, na tendência do atual cenário jurisprudencial brasileiro, têm perdido reiteradamente na ponderação em face daquelas. A rigor, como já se observou, o próprio exercício dos direitos da personalidade, tantas vezes sacrificados em nome da liberdade de expressão, são também expressões da autonomia privada – ou, em outros termos, de uma liberdade.[32]

Exemplo eloquente foi fornecido pelo legislador ordinário, por ocasião da edição do Marco Civil da Internet. Como se sabe, o controverso art. 19 do diploma legislativo impôs uma série de entraves à responsabilização civil dos provedores de internet pela não retirada de conteúdos ofensivos a pedido da vítima.[33] Afirma-se amplamente que as várias restrições à responsabilização dos provedores, privilegiando a manutenção do

---

do valor da pessoa. Este não pode ser dividido em tantos interesses, em tantos bens, em situações isoladas, como nas teorias atomistas" (PERLINGIERI, Pietro. *O direito civil na legalidade constitucional*. Rio de Janeiro: Renovar, 2008. p. 764).

[32] Ilustrativamente, leciona Maria Celina Bodin de Moraes a respeito da privacidade: "Dizer que ninguém pode determinar a vida alheia é o mesmo que dizer que só a pessoa tem o poder de se autodeterminar no que se refere à sua vida privada" (MORAES, Maria Celina Bodin de. Uma aplicação do princípio da liberdade. *In*: MORAES, Maria Celina Bodin de. *Na medida da pessoa humana*: estudos de direito civil constitucional. Rio de Janeiro: Renovar, 2010. p. 190-191).

[33] Registre-se, por oportuno, que se encontram pendentes de apreciação pelo Supremo Tribunal Federal recursos que versam sobre a (in)constitucionalidade do art. 19 do Marco Civil da Internet (RE nº 1.037.396/SP e RE nº 1.057.258/RJ).

conteúdo ofensivo no ar, buscam tutelar a liberdade de expressão do autor do conteúdo.[34] Não se comenta, porém, o cerceamento de autonomia acarretado, na prática, à vítima: a lesão à sua privacidade ou à sua imagem restringe, sem dúvida, não apenas o seu uso das aplicações de internet como, ainda, implica seu afastamento de atividades sociais, profissionais e familiares.

No entanto, esta, como tantas outras liberdades "anônimas", por assim dizer, têm sido suprimidas em nossa ordem jurídica em nome de outras, formalmente reconhecidas e nomeadas, como a liberdade de expressão.[35] Indaga-se: o que autoriza o intérprete a conferir prevalência *a priori* a certas liberdades em detrimento de outras, se o constituinte não disciplinou nenhuma liberdade específica de modo privilegiado?[36] A prevalência absoluta da liberdade de expressão sobre todos os outros valores do ordenamento parece corresponder a um projeto constitucional diverso daquele pretendido pelo constituinte de 1988. Por que não trazer todas as liberdades em jogo para uma ponderação realizada, *comme il faut*, à luz dos elementos do caso concreto?[37] Por trás da preferência apriorística à liberdade de expressão se oculta, não raro, uma indevida prevalência das partes mais fortes de certas relações jurídicas, normalmente agentes econômicos de grande porte, que talvez não necessitassem de uma tutela privilegiada.

Em termos simples, cumpre indagar: seria a liberdade de expressão o único interesse da pessoa humana impassível de um controle funcional? E, se negativa a resposta a essa questão, como parece, impende questionar: não são justamente os demais interesses decorrentes da cláusula geral de tutela da pessoa humana os mais relevantes para a valoração, em concreto, do merecimento de tutela do exercício dessa liberdade? Nesse sentido, a hipertrofia da liberdade de expressão em contraposição a outros interesses da pessoa humana não apenas gera uma contradição com o próprio sistema como, ainda, acarreta um indesejável efeito colateral: uma vez que se reconhece a existência de um espaço de prerrogativa tão absoluta quanto a chamada "posição preferencial" da liberdade de expressão, passa-se a querer inserir toda sorte de problema no campo dessa liberdade, convertida em argumento infalível para evitar a (sempre necessária) ponderação de interesses. Nesse diapasão, interesses que muitas vezes dizem respeito

---

[34] Nesse sentido, SOUZA, Carlos Affonso Pereira de. As cinco faces da proteção à liberdade de expressão no Marco Civil da Internet. *In*: LUCCA, Newton de; SIMÃO FILHO, Adalberto; LIMA, Cíntia Rosa Pereira de. *Direito & Internet III*: Marco Civil da Internet (Lei n. 12.965/2014). São Paulo: Quartier Latin, 2015. t. II. Mencione-se, aliás, que tal linha de raciocínio restou positivada na própria redação do art. 19 do Marco Civil da Internet, que enuncia "o intuito de assegurar a liberdade de expressão e impedir a censura".

[35] Crítica formulada originariamente em SOUZA, Eduardo Nunes de. Qual liberdade tutelar na era da opinião irresponsável? *In*: QUEIROZ, João Quinelato de. *Responsabilidade civil na rede*: danos e liberdade à luz do Marco Civil da Internet. Rio de Janeiro: Processo, 2019, *passim*.

[36] Nesse sentido, "o legislador constituinte não realizou uma ponderação *a priori* em favor de qualquer direito fundamental, e sim direcionou a interpretação e aplicação da norma à condição que garanta a maior tutela à dignidade da pessoa humana. Dessa forma, se uma lei infraconstitucional arbitrar uma colisão de direitos fundamentais de forma rígida e abstrata, ela enfrentará dois relevantes óbices: a unidade da Constituição e a ausência de hierarquia entre os direitos fundamentais, os quais impedem que haja fundamento de validade para preferências atribuídas em caráter geral e permanente" (TEFFÉ, Chiara Spadaccini de; MORAES, Maria Celina Bodin de. Redes sociais virtuais, privacidade e responsabilidade civil: análise a partir do Marco Civil da Internet. *Pensar*, Fortaleza, v. 22, n. 1, jan./abr. 2017. p. 115).

[37] A doutrina especializada registra que a decisão oriunda da ponderação deve respeitar o núcleo dos direitos fundamentais envolvidos, embora persista controvérsia quanto à existência *a priori* de um núcleo duro e intangível ou a flexibilidade desse núcleo, definido apenas após ponderação em concreto (BARCELLOS, Ana Paula de. *Ponderação, racionalidade e atividade jurisdicional*. Rio de Janeiro: Renovar, 2005. p. 139-146).

mais ao mercado do que a pessoas concretas passam a ser considerados problemas de liberdade de expressão.

Prospectivamente, seria possível até mesmo questionar se a maior parte dos conteúdos ofensivos que podem ensejar a aplicação do art. 19 do Marco Civil da Internet correspondem a efetivas manifestações do direito fundamental à liberdade de expressão. Como se sabe, as redes sociais e os *sites* de hospedagem de vídeos, talvez os principais campos de aplicação do dispositivo, tornaram-se reinos de manifestações irresponsáveis, veiculando, com frequência, comentários ofensivos, opiniões discriminatórias, conteúdos humilhantes e expressões de ódio. A falta de amadurecimento da sociedade para o uso de ferramentas ainda historicamente recentes tornou o ambiente virtual e, em especial, a chamada *social media* uma espécie de dimensão paralela, na qual muitos usuários se comportam de modo agressivo e incivilizado, impensável nos espaços de relações humanas presenciais. Postar, comentar ou responder de modo ofensivo tornou-se um hábito banal para muitos frequentadores de redes sociais, que se sentem confortáveis para tanto em um espaço sem ostensiva regulamentação jurídica e para cuja utilização não há, ainda, regras sociais ou culturais consolidadas.

Os exemplos, se necessários, não são poucos. Recente estudo realizado junto à Universidade de Columbia identificou que cerca de 60% dos *links* de notícias compartilhados por usuários do Twitter jamais foram abertos: comenta-se e compartilha-se um conteúdo que sequer foi visto, muito menos analisado criticamente pelo usuário.[38] Nesse cenário, tem-se notícia de iniciativas como a do *site* jornalístico norueguês NRK, que passou a elaborar um questionário curto sobre cada matéria veiculada, que o usuário deve responder para ser autorizado a comentar.[39] O procedimento, embora rápido (o questionário pode ser respondido em cerca de 15 segundos), visa justamente a evitar comentários maldosos ou totalmente estranhos ao assunto da matéria, bem como busca permitir ao usuário um pequeno tempo de reflexão, que já se mostrou suficiente para reduzir drasticamente a incidência de ofensas e manifestações de ódio nos comentários. Em iniciativa similar, a *holding* Alphabet, à qual se encontra vinculado o Google, tem desenvolvido uma ferramenta voltada especificamente a filtrar comentários "tóxicos" ou ofensivos em plataformas *on-line*.[40]

Tais notícias, além de se revelarem como iniciativas particulares, mostram-se por vezes muito mais eficazes para a construção de um ambiente digital saudável do que a intervenção legislativa nos diversos países, parecem ainda ressaltar o que todo usuário de redes sociais sabe empiricamente: comentários e postagens na rede não são precedidos, via de regra, de maior reflexão, sendo raras as hipóteses em que os usuários medem as possíveis repercussões de cada publicação. O maior problema nessa constatação está no fato de que o meio digital pode conferir a certo conteúdo ou informação uma magnitude e um caráter perene jamais cogitados na era "analógica" das relações humanas (basta

---

[38] GABIELKOV, Maksym; RAMACHANDRAN, Arthi; CHAINTREAU, Augustin; LEGOUT, Arnaud. Social clicks: what and who gets read on Twitter? *ACM SIGMETRICS/IFIP Performance 2016*, Antibes Juan-les-Pins, France, jun. 2016.

[39] O'REILLY, Lara. A news site is making readers take a quiz about its articles before they start ranting in the comment section. *Business Insider*, 2 mar. 2017.

[40] GHOSH, Shona. Google's new tool will tell you if you're being an online troll. *Business Insider*, 24 fev. 2017.

observar o vulto adquirido pelas recentes discussões sobre o direito ao esquecimento).[41] É precisamente esse contexto que torna graves e surpreendentes as previsões contidas no controvertido art. 19 do Marco Civil da Internet. Segundo o dispositivo, enquanto não venham a descumprir ordem judicial de retirada de certo conteúdo lesivo do ar, os provedores de aplicações permanecem isentos de responsabilidade, ainda que se trate de materiais de enorme potencial danoso, cujo acesso público permitem e potencializam, enquanto se beneficiam direta e indiretamente da difusão e da comoção gerada pelo conteúdo.

Nesse contexto, vale perguntar: é esse tipo de manifestação que se deseja resguardar sob a égide de um valor tão fundamental quanto a liberdade de expressão? Faz sentido equiparar comentários e postagens em redes sociais a obras artísticas, notícias jornalísticas, produções literárias, manifestações políticas ou qualquer forma tradicional de veiculação de ideias ou opiniões? Ao que tudo indica, está-se diante de um fenômeno novo, de um novo fórum de atuação humana, e talvez fosse recomendável dispensar a tais hipóteses uma tutela de ordem diversa. Evitar-se-ia, assim, associar o direito fundamental à liberdade de expressão, cuja tutela foi consagrada pelo constituinte, a um duvidoso "direito fundamental de postar e comentar", cujo reconhecimento, neste momento histórico, ainda parece bastante frágil.[42]

Mais do que isso, em um momento tão politicamente conturbado do país e do mundo, no qual a liberdade de imprensa (até pouco tempo considerada uma conquista definitiva e consolidada em nossa ordem jurídica)[43] tem sido perigosamente questionada, associar a tutela da livre expressão e informação à disciplina jurídica de postagens e comentários em redes sociais, na maior parte dos casos, parece apenas debilitar e banalizar o próprio argumento da liberdade. Parece, de fato, haver um razoável espaço de certeza acerca das manifestações mais corriqueiras de usuários em redes sociais – sobretudo quando certa manifestação, dirigida diretamente contra um indivíduo, não envolve agentes públicos ou questões ideológicas ou partidárias e atinge a dignidade de pessoas específicas –, em que não se afigura justificável a impossibilidade de responsabilização

---

[41] Por todos, cf. COSTA, André Brandão Nery. Direito ao esquecimento no ambiente digital: estratégias para a otimização dos interesses em jogo. *Revista de Direito Privado*, São Paulo, v. 67, jul. 2016.

[42] Sobre o conceito contemporâneo de direitos fundamentais, vale lembrar a sempre imprescindível lição de Stefano Rodotà, que esclarece tratar-se de direitos que "individuano un fondamento del sistema politico-istituzionale, un insieme di fini non negoziabili né tra le forze politiche, [...] né da parte delle persone titolari di tali diritti, che non possono ridurne la portata neppure se reputano che ciò sia conforme a un loro interesse". Os direitos fundamentais, assim, pertencem a uma área de *indecidibilità*. Prossegue o autor: "La ricostruzione di un fine del diritto intorno ai diritti fondamentali si presenta così come una guida quotidiana, come un test permanente al quale sottoporre anzitutto le scelte giuridicamente rilevanti. [...] Il diritto, non più vuoto di fini, ma strettamente vincolato a un sistema di valori, dunque in grado di offrire una guida pur per le scelte tecnologiche". Não se pense, porém, que essa concepção transforma os direitos fundamentais em uma categoria imutável, uma espécie de *fine della storia*. Ao contrário, "il sistema dei diritti fondamentali deve divenire parte della realtà e rimanere parte della vicenda storica, in una continua costruzione" (RODOTÀ, Stefano. *La vita e le regole*. Roma: La Feltrinelli, 2012. p. 36-37).

[43] Parece mesmo surpreendente que, no início dos anos 1990, Norberto Bobbio tenha proclamado, no magnífico ensaio intitulado "Presente e futuro dos direitos do homem", "que o problema grave de nosso tempo, com relação aos direitos do homem, não era mais o de fundamentá-los, e sim o de protegê-los" (BOBBIO, Norberto. *A era dos direitos*. Rio de Janeiro: Elsevier, 2004. p. 17). O momento mundial atual parece, por vezes, pôr em xeque a acalentadora crença na natureza inegociável dos direitos fundamentais – mas, talvez, na realidade, apenas confirme a constatação da premente de protegê-los, já que, como lecionava Bobbio, "nos encontramos aqui numa estrada desconhecida; e, além do mais, numa estrada pela qual trafegam, na maioria dos casos, dois tipos de caminhantes, os que enxergam com clareza mas têm os pés presos, e os que poderiam ter os pés livres mas têm os olhos vendados" (BOBBIO, Norberto. *A era dos direitos*. Rio de Janeiro: Elsevier, 2004. p. 22).

do provedor pelo longo período de espera, verdadeira tortura para a vítima, até que se obtenha uma ordem judicial de remoção.

Por outro lado, evidentemente, sempre haverá zonas gríseas na qualificação de certos conteúdos digitais como exercícios efetivos de liberdade de expressão nas redes sociais, a demandarem um tratamento particular e ainda mais cauteloso. Particularmente nesse contexto se situam alguns desafios atuais, sobretudo em hipóteses fáticas nas quais a opinião sob exame – considerada ilegítima pela plataforma ou por parcela de seus usuários – traduz, a bem da verdade, autêntica convicção política do seu emissor. O dilema se torna ainda mais sensível quando tal opinião é manifestada na rede social por um líder político, titular ou não de cargo público.

Como se sabe, no que tange a embates políticos, muito já se criticou sobre os problemas em se conceder a qualquer pessoa o poder de obter a retirada de conteúdos *on-line*, ainda que por curtos lapsos temporais, suficientes para influenciar decisivamente a opinião pública (fala-se, por exemplo, no chamado *chilling effect*). O problema se agrava quando, em vez de se examinar o poder diluído entre a comunidade de usuários, passa-se a focar a atenção no poder concentrado – e tendencialmente ilimitado (ao menos, no que tange a aspectos tecnológicos) – das próprias redes sociais. Trata-se de questão que merece atenção redobrada da doutrina, a fim de que se logre desenvolver critérios idôneos à valoração da legitimidade da conduta da plataforma *vis à vis* da devida investigação das potencialidades e limites da liberdade de expressão quando estiver em jogo o respeito ao valor da democracia.

4 Novos passos na busca por critérios para a valoração da liberdade de expressão em redes sociais: manifestações políticas e o valor da democracia

A indicação de algumas situações concretas ilustra bem a importância da reflexão ora propugnada, bem como suscita o reconhecimento de alguns possíveis critérios para o equacionamento da questão. Em um primeiro grupo de casos, pense-se na hipótese fática em que certo agente político – em especial, se titular de cargo público –, insatisfeito com mensagens publicadas na sua conta em certa rede social, decide bloquear o acesso de alguns cidadãos à sua conta, em que pese tratar-se de perfil público e, portanto, em regra, acessível pela generalidade dos usuários da plataforma. Coloca-se, então, o questionamento: tal conduta poderia ser considerada um instrumento legítimo de repressão a um exercício alegadamente ilegítimo da liberdade de expressão dos usuários críticos ao agente político titular da conta?

A realidade contemporânea revela um sem-número de exemplos práticos, muitos dos quais ensejaram o ajuizamento de ações pendentes de apreciação pelos Tribunais pátrios. Por exemplo, o jornalista William de Lucca teve o seu perfil no Twitter bloqueado pelo Presidente da República (i.e., foi impedido de acessar a conta do Presidente da República) após publicar comentário crítico à atuação presidencial.[44] Situação similar

---

[44] Conforme relato contido na petição inicial da ação movida pelo jornalista (STF, MS nº 36.666/DF), o bloqueio teria sido uma represália ao seguinte comentário: "Pra alguém que presta continência a bandeira de outro país,

se verificou com o advogado Leonardo Medeiros de Magalhães, que igualmente teve bloqueado o seu acesso à conta do Presidente da República no Instagram após registrar comentário crítico em resposta a uma postagem.[45]

Os casos concretos se espraiam para além das fronteiras restritas da Presidência da República. Por exemplo, a antropóloga Débora Diniz teve o seu perfil no Twitter bloqueado pelo Ministro da Educação após publicar comentário crítico à atuação do líder da referida pasta ministerial.[46] Em outro caso, o advogado Giovani dos Santos Ravagnani teve o seu perfil bloqueado no Instagram pela Agência Nacional de Transportes Terrestres (ANTT) após publicar comentários críticos a agentes públicos da referida agência reguladora.[47]

Como sói acontecer em situações tão complexas, parece possível cogitar de critérios favoráveis e contrários a cada uma das pretensões conflitantes. Por um lado, poder-se-ia supor que o caráter aparentemente não oficial da conta na rede social justificaria um entendimento no sentido da plena liberdade do titular do perfil para determinar os usuários aptos a acessar o conteúdo por ele produzido. Por outro lado, a análise atenta das circunstâncias do caso concreto pode vir a revelar que, a despeito do caráter supostamente não oficial, é possível – e cada vez mais comum – que a conta seja utilizada pelo agente político como autêntico mecanismo de veiculação de comunicados oficiais à população em geral, o que sinalizaria para a impossibilidade de bloqueio de usuários por mera divergência política.

Diante de hipóteses em que o perfil na rede social é utilizado por agente público como instrumento para o exercício de autêntica função política, tem-se difundido o entendimento de que "a atuação em rede social de acesso público, na qual veiculado conteúdo de interesse geral por meio de perfil identificado com o cargo ocupado [...] revela ato administrativo praticado no exercício do Poder Público", raciocínio com base no qual o Min. Marco Aurélio concluiu, ao apreciar um caso concreto de bloqueio de usuário, que "não cabe, ao Presidente da República, avocar o papel de censor de declarações em mídia social, bloqueando o perfil do impetrante, no que revela precedente perigoso".[48] Segundo se argumentou na ocasião, as redes sociais constituiriam as *praças públicas* da realidade contemporânea, a justificar redobrada cautela ao se cogitar de eventual limitação à liberdade de expressão.[49] Por outro lado, não se pode ignorar que o bloqueio

---

que diz que os americanos deveriam vir tomar posse da Amazônia e que tem uma política externa subserviente aos interesses dos estadunidenses, você está bem preocupado com 'interesses externos', né?".

[45] Conforme relato contido na petição inicial da ação movida pelo advogado (STF, MS nº 37.132/DF), o bloqueio teria sido uma represália aos comentários no sentido de que o Presidente da República "queria e quer, sim, intervir na Polícia judiciária Federal para interesse próprio e de seus filhos, o que por si só é um absurdo".

[46] Conforme relato contido na petição inicial da ação movida pela antropóloga (STJ, MS nº 25.290/DF), o bloqueio teria sido uma represália aos seguintes comentários: "Se o Ministro da Educação não conhece o Código de Conduta da Administração Federal, essa será uma oportunidade de ler para aprender como se comporta um representante do Estado. Twitter não é reunião de confraria onde se falam impropérios, mas esfera pública para a democracia"; "Ministro, isso se chama balbúrdia. Dada sua idade, balbúrdia colegial, de meninos no pátio da escola. No seu caso, há mais do que falta de modos, há desrespeito à liturgia do cargo".

[47] A ação tramita perante a Justiça Federal da 1ª Região (TRF1, Processo nº 1058557-79.2020.4.01.3400).

[48] STF. MS nº 37.132/DF. Rel. Min. Marco Aurélio, voto proferido em 13.11.2020. Disponível em: https://www.conjur.com.br/. Acesso em: 17 jan. 2021.

[49] Assim se manifestou a Min. Cármen Lúcia ao votar no âmbito do MS nº 36.666/DF (ainda pendente de julgamento final): "A questão é nova e põe-se pela transformação dos meios de comunicação social. Por ela se promove, de um lado, a democratização pelos instrumentos tecnológicos postos à disposição das pessoas, que mune todos e

do perfil de um usuário por outro não equivale à supressão completa da manifestação de opiniões do bloqueado naquela específica rede social, que poderá continuar a exprimir suas opiniões em seu próprio perfil, simplesmente ficando impedido de comentar as postagens de quem realiza o bloqueio.

Em um segundo grupo de casos, pense-se na hipótese fática, por assim dizer, "inversa", em que um agente político – em especial, uma vez mais, se titular de cargo público –, após publicar postagens com conteúdo considerado impróprio pela rede social, vem a ter a referida postagem ou mesmo seu inteiro perfil bloqueado temporariamente (quiçá excluído) por iniciativa da plataforma. O exemplo reveste-se de contornos mais drásticos, já que, neste caso, a repressão é feita pela própria plataforma, implicando uma restrição mais severa (por vezes completa) das manifestações do usuário naquela rede; além disso, o usuário bloqueado em questão é quem exerce uma função pública, a qual pode vir a ser, em maior ou menor medida, obstada ou prejudicada com o bloqueio. Renova-se, então, o questionamento: tal espécie de conduta poderia ser considerada um instrumento legítimo de repressão a um exercício alegadamente ilegítimo da liberdade de expressão do usuário que se manifesta na qualidade de agente político?

A atualidade e a premência dessa reflexão são confirmadas por algumas situações concretas verificadas tanto na experiência nacional quanto na experiência estrangeira. Por exemplo, repercutiu em todo o mundo a decisão do Twitter no sentido de bloquear temporariamente, em janeiro de 2021, a conta do então Presidente dos Estados Unidos da América em razão de postagens que, segundo compreendeu a rede social, teriam induzido ou estimulado a invasão do prédio do Capitólio por manifestantes que não reconheciam a legitimidade das eleições presidenciais de 2020.[50] Também na Alemanha verificou-se situação similar quando o Facebook e o Twitter bloquearam temporariamente a Deputada Beatrix von Storch, integrante do partido nacionalista Alternativa para a Alemanha (tradução livre de *Alternative für Deutschland* – AfD), em razão de a parlamentar ter criticado a polícia de Colônia por publicar um *tweet* de felicitação de Ano Novo em árabe.[51]

A realidade brasileira não passa imune a esse fenômeno. Ilustram tal circunstância as sucessivas intervenções do Twitter sobre postagens publicadas pelo Presidente da República em relação à pandemia da Covid-19. A plataforma adotou medidas como exclusão de algumas publicações do Presidente da República[52] e, mais recentemente, a

---

cada qual dos cidadãos de voz e vez na participação política direta, possibilitada pelo uso de ferramentas das 'redes sociais'. De outro lado, inventada a praça virtual tecnológica, há que se transferir a esse espaço virtual o reconhecimento de que 'a praça é do povo'. Não há como cercear ou limitar o acesso de um a outro que nela se tenha resolvido acessar" (STF. MS nº 36.666/DF. Rel. Min. Cármen Lúcia, voto proferido em 27.11.2020. Disponível em: https://images.jota.info/. Acesso em: 17 jan. 2021).

[50] Ao propósito, remete-se à análise de SCHREIBER, Anderson. Twitter bloqueia Trump: há limites para a liberdade de expressão? *O Globo*, 8 jan. 2021. V., ainda, MARTINS, Guilherme Magalhães; LONGHI, João Victor Rozatti. Liberdade de expressão e redes sociais: a que ponto chegaremos? *Consultor Jurídico*, 13 jan. 2021.

[51] Assim teria se pronunciado a congressista: "Vocês acham que isto irá apaziguar as hordas bárbaras e violentas de homens muçulmanos?". Nesse sentido relata, em análise crítica à luz da teoria da comunicação, ANJOS, Júlia Cavalcanti Versiani dos. *Megeras (in)domadas*: discurso de ódio antifeminista nas redes sociais. Dissertação (Mestrado) – Universidade Federal do Rio de Janeiro, Rio de Janeiro, 2019. p. 18 e ss.

[52] Notícia relatada em: TWITTER apaga publicações de Jair Bolsonaro por violarem regras da rede. *G1*, 29 mar. 2020. Disponível em: https://g1.globo.com/. Acesso em: 17 jan. 2021.

inclusão de uma mensagem de advertência sobre certas postagens,[53] em ambos os casos sob a alegação de que o conteúdo ali veiculado teria violado as regras e políticas de uso da rede social. Em muitas hipóteses, a tênue distinção, em concreto, entre opiniões e informações inverídicas acrescentou um elemento de complexidade ao debate, na medida em que se questionou a possível veiculação de *fake news* pelo próprio Presidente – ou, ao menos, de convicções pessoais deste que poderiam ser interpretadas como notícias *stricto sensu* pelo grande público.

As reflexões suscitadas por ambos os grupos de casos indicados acima conduzem ao reconhecimento de que a preservação do próprio Estado Democrático de Direito (a rigor, um corolário ou, ao menos, um pressuposto para a garantia da dignidade humana como valor máximo do ordenamento brasileiro)[54] constitui um dos valores que, cuidadosamente levados em consideração no processo de ponderação, pode sinalizar para a necessidade de maior deferência à liberdade de expressão. Tal fundamento pode vir a sinalizar, à luz do caso concreto, tanto em favor da tutela da liberdade de expressão de particulares quanto de agentes políticos, uma vez que, como visto acima, o imperativo de tutela desse valor pode, de um lado, demonstrar a eventual ilegitimidade da conduta do agente político que bloqueia o acesso de cidadãos à sua conta utilizada para fins públicos, e, de outro lado, demonstrar a possível irregularidade da conduta da rede social que bloqueia a conta de agentes políticos.

O reconhecimento da importância da promoção da democracia para a garantia da dignidade humana constitui, assim, passo importante na contínua busca por critérios idôneos a nortear a árdua tarefa de se valorar, à luz das circunstâncias de cada caso, a legitimidade do concreto exercício da liberdade de expressão. Não se trata de afirmar-se, por via transversa, um inadequado caráter absoluto ou preferencial da liberdade de expressão no contexto das manifestações de cunho político, mas tão somente de reconhecer que o caráter político da opinião e o interesse público à informação verídica devem ser levados em consideração como relevantes fatores na ponderação. Tais elementos hão de ser acompanhados, por certo, de outros fatores relevantes que podem, a depender das circunstâncias de cada caso concreto, conduzir ao reconhecimento da necessidade de limites à liberdade de expressão, de que constituem bons exemplos os critérios

---

[53] Notícia relatada em: TWITTER diz que post de Bolsonaro sobre "tratamento precoce" da Covid viola regras da plataforma, mas mantém a mensagem no ar. *G1*, 15 jan. 2021. Disponível em: https://g1.globo.com/. Acesso em: 17 jan. 2021. Prática semelhante foi implementada pelo Twitter em relação a algumas postagens dos deputados federais Carla Zambelli e Daniel Silveira (DEPOIS de alerta em publicação de Bolsonaro, Twitter notifica post de Carla Zambelli e Daniel Silveira. *G1*, 16 jan. 2021. Disponível em: https://g1.globo.com/. Acesso em: 17 jan. 2021).

[54] De fato, a construção coletiva de mecanismos de promoção e acesso à verdade considera-se cada vez mais imprescindível tanto à preservação do regime democrático quanto à garantia dos direitos fundamentais da pessoa, a evidenciar a íntima relação entre democracia e dignidade humana. A respeito, leciona Stefano Rodotà: "A obrigação de verdade por parte das instituições torna-se direito de informação na perspectiva dos cidadãos. No art. 19 da Declaração Universal dos Direitos Humanos da ONU afirma-se que 'cada indivíduo tem direito de buscar, receber e difundir informações e ideias por todos os meios e independentemente de fronteiras'. Este direito individual à investigação da verdade por meio de informações esclarece bem qual seja o significado da verdade nas sociedades democráticas, que se apresenta como o resultado de um processo aberto de conhecimento, que o distancia radicalmente daquela produção de verdade oficial, típica do absolutismo político, que quer na verdade excluir a discussão, o confronto, a expressão de opiniões divergentes, as posições minoritárias" (RODOTÀ, Stefano. O direito à verdade. Tradução de Maria Celina Bodin de Moraes e Fernanda Nunes Barbosa. *Civilistica. com*, Rio de Janeiro, ano 2, n. 3, jul./set. 2013. p. 15-16).

paulatinamente desenvolvidos para a repressão ao discurso de ódio e às *fake news*, bem como a vedação constitucional ao anonimato (art. 5º, IV, da Constituição).

Em uma palavra, o interesse público na atuação de um agente político em redes sociais, se, por um lado, confere maior peso à necessidade de tutela da sua liberdade, por outro, demanda maior responsabilidade e compromisso com a verdade[55] desse agente em relação à comunidade de usuários. De fato, se talvez não seja correto afirmar que todo cidadão teria um direito fundamental e inalienável a postar e comentar o que bem entender em redes sociais (ou, ao menos, se for necessário reconhecer que essa prerrogativa constitui um fenômeno novo, não plenamente abrangido pela garantia constitucional à liberdade de expressão), de outra parte não há dúvidas quanto à necessidade de se garantir o direito fundamental do cidadão a ter acesso a informações de interesse público, notadamente aquelas emanadas de autoridades e agentes políticos, bem como o de que tais informações preservem seu compromisso com a veracidade – uma verdade coletiva e democraticamente construída.

5   Conclusão

Mais de três décadas após a vigência da Constituição de 1988, há que se libertar a tutela da pessoa humana de incompreensões que se encontram nas raízes dos casos difíceis de colisão entre liberdade de informação e tutela da dignidade. De um lado, faz-se preciso abandonar a ótica setorial, que tipificava os ditos direitos da personalidade e, por meio deles, promovia uma tutela fragmentada, por vezes ineficaz, por vezes equivocada, da pessoa no caso concreto. De outra parte, torna-se imperativo promover uma tutela unitária da pessoa humana, que não ceda nem arrefeça diante do argumento, tão forte quanto eficaz, da liberdade de informação como dogma absoluto. Da mesma forma que não se admite uma restrição sem critérios da liberdade de expressão em nome da suposta proteção da dignidade de quem se alegue vitimado por ela, não se pode permitir, por outro lado, que a vítima reste indefesa, nos casos em que sua dignidade esteja de fato ameaçada, diante do eloquente discurso contrário ao fantasma da censura.

Embora a enunciação de critérios abstratos de ponderação seja, inevitavelmente, insuficiente, parece adequado afirmar que um prestígio maior à liberdade de expressão se faz necessário em casos específicos, que não envolvam simplesmente a lesão à dignidade de uma vítima específica por cidadão comum, mas digam respeito ao exercício efetivo de funções públicas por governantes, agentes políticos, entidades estatais e assim por

---

[55] Vale reproduzir, ainda uma vez, a lição de Stefano Rodotà: "Na democracia, a verdade é filha da transparência. Como já foi recordado, Louis Brandeis escreveu que "a luz do sol é o melhor desinfetante". Avalie-se como se quiser esta informação, mas é certo que cada mobilização de luta contra a corrupção, cada ação voltada para o controle de legalidade das ações individuais e coletivas exige, como condição preliminar, a criação de um ambiente dentro do qual não existam barreiras protetivas ao abrigo das quais a possibilidade do segredo favoreça a fraude. Mas até que ponto a irrenunciável transparência sobre a vertente pública pode se transformar para qualquer cidadão em uma obrigação absoluta de verdade, em um dever de desnudar-se em público? Aqui as respostas são diversas conforme os papéis sociais, e estamos diante de novos entrelaçamentos, como aqueles entre verdade e confiança. [...] É a importância que, gradualmente, vêm assumindo as figuras públicas que faz com que seus comportamentos devam ser acompanhados de menor "expectativa de privacidade", [...] estabelecendo, assim, a premissa de que todos os cidadãos estejam em condições de dispor de todas as informações necessárias para aferir se aquele dever foi respeitado" (RODOTÀ, Stefano. O direito à verdade. Tradução de Maria Celina Bodin de Moraes e Fernanda Nunes Barbosa. *Civilistica.com*, Rio de Janeiro, ano 2, n. 3, jul./set. 2013. p. 17).

diante, ou à circulação de informações de interesse público. Em qualquer caso, a garantia da liberdade de expressão deve figurar como pressuposto, não como antagonista, à tutela da dignidade humana, cabendo a esta, como valor máximo do ordenamento jurídico brasileiro, o papel de nortear a ponderação de todos os valores que dela decorrem – desde os mais clássicos direitos, ditos da personalidade, até a proteção da ordem pública, da veracidade das informações e do regime democrático.

Referências

ALMADA, Giovana Michelato; FREITAS, Cinthia Obladen de Almendra. A governança da internet e o Comitê Gestor da Internet do Brasil: o papel educacional no combate às fake news. *Civilistica.com*, Rio de Janeiro, ano 9, n. 3, 2020.

ANJOS, Júlia Cavalcanti Versiani dos. *Megeras (in)domadas*: discurso de ódio antifeminista nas redes sociais. Dissertação (Mestrado) – Universidade Federal do Rio de Janeiro, Rio de Janeiro, 2019.

BARCELLOS, Ana Paula de. Neoconstitucionalismo, direitos fundamentais e controle das políticas públicas. *Revista Diálogo Jurídico*, n. 15, jan./mar. 2007.

BARCELLOS, Ana Paula de. *Ponderação, racionalidade e atividade jurisdicional*. Rio de Janeiro: Renovar, 2005.

BARROSO, Luís Roberto. "Aqui, lá e em todo lugar": a dignidade humana no direito contemporâneo e no discurso transnacional. *Revista dos Tribunais*, São Paulo, v. 919, maio 2012.

BARROSO, Luís Roberto. Colisão entre liberdade de expressão e direitos da personalidade. Critérios de ponderação. Interpretação constitucionalmente adequada do Código Civil e da Lei de Imprensa. *Revista Trimestral de Direito Civil*, Rio de Janeiro, v. 16, out./dez. 2003.

BARROSO, Luís Roberto. Liberdade de expressão versus direitos da personalidade. *In*: BARROSO, Luís Roberto. *Temas de direito constitucional*. Rio de Janeiro: Renovar, 2005. t. 3.

BOBBIO, Norberto. *A era dos direitos*. Rio de Janeiro: Elsevier, 2004.

COSTA, André Brandão Nery. Direito ao esquecimento no ambiente digital: estratégias para a otimização dos interesses em jogo. *Revista de Direito Privado*, São Paulo, v. 67, jul. 2016.

DEPOIS de alerta em publicação de Bolsonaro, Twitter notifica post de Carla Zambelli e Daniel Silveira. *G1*, 16 jan. 2021. Disponível em: https://g1.globo.com/. Acesso em: 17 jan. 2021.

GABIELKOV, Maksym; RAMACHANDRAN, Arthi; CHAINTREAU, Augustin; LEGOUT, Arnaud. Social clicks: what and who gets read on Twitter? *ACM SIGMETRICS/IFIP Performance 2016*, Antibes Juan-les-Pins, France, jun. 2016.

GHOSH, Shona. Google's new tool will tell you if you're being an online troll. *Business Insider*, 24 fev. 2017.

HESPANHA, António Manuel. *Cultura jurídica europeia*: síntese de um milênio. Florianópolis: Boiteux, 2005.

KONDER, Carlos Nelson. Apontamentos iniciais sobre a contingencialidade dos institutos de direito civil. *In*: MONTEIRO FILHO, Carlos Edison do Rêgo; GUEDES, Gisela Sampaio da Cruz Costa; MEIRELES, Rose Melo Vencelau (Org.). *Direito civil*. Rio de Janeiro: Freitas Bastos, 2015. v. II.

MARTINS, Guilherme Magalhães; LONGHI, João Victor Rozatti. Liberdade de expressão e redes sociais: a que ponto chegaremos? *Consultor Jurídico*, 13 jan. 2021.

MENDES, Gilmar Ferreira. Colisão de direitos fundamentais: liberdade de expressão e de comunicação e direito à honra e à imagem. *Cadernos de Direito Tributário e Finanças Públicas*, v. 2, n. 5, 1993.

MORAES, Maria Celina Bodin de. O princípio da dignidade humana. *In*: MORAES, Maria Celina Bodin de. *Princípios do direito civil contemporâneo*. Rio de Janeiro: Renovar, 2006.

MORAES, Maria Celina Bodin de. Uma aplicação do princípio da liberdade. *In*: MORAES, Maria Celina Bodin de. *Na medida da pessoa humana*: estudos de direito civil constitucional. Rio de Janeiro: Renovar, 2010.

MORAES, Maria Celina Bodin de; SOUZA, Eduardo Nunes de. Educação e cultura no Brasil: a questão do ensino domiciliar. *Civilistica.com*, Rio de Janeiro, ano 6, n. 2, 2017.

MURTA, Andrea. Político dos EUA que sempre votou contra direitos gays se assume homossexual. *Folha de S.Paulo*, 10 mar. 2010.

O'REILLY, Lara. A news site is making readers take a quiz about its articles before they start ranting in the comment section. *Business Insider*, 2 mar. 2017.

PERLINGIERI, Pietro. Normas constitucionais nas relações privadas. *Revista da Faculdade de Direito da UERJ*, n. 6-7, 1998-1999.

PERLINGIERI, Pietro. *O direito civil na legalidade constitucional*. Rio de Janeiro: Renovar, 2008.

REPETTO, Giorgio. La dignità umana e la sua dimensione sociale nel diritto costituzionale europeo. *Diritto pubblico*, n. 1, 2016.

RODOTÀ, Stefano. *A vida na sociedade da vigilância*. Rio de Janeiro: Renovar, 2009.

RODOTÀ, Stefano. *La vita e le regole*. Roma: La Feltrinelli, 2012.

RODOTÀ, Stefano. O direito à verdade. Tradução de Maria Celina Bodin de Moraes e Fernanda Nunes Barbosa. *Civilistica.com*, Rio de Janeiro, ano 2, n. 3, jul./set. 2013.

RODRIGUES, Cássio Rodrigues; ANDRÉ, Diego Brainer de Souza. Memes imagéticos e 'pessoas públicas': um exame funcional de merecimento de tutela. *In*: MORAES, Maria Celina Bodin de; MULHOLLAND, Caitlin (Org.). *Privacidade hoje*: Anais do I Seminário de Direito Civil da PUC-Rio. Rio de Janeiro: Independent Publisher, 2018.

SANCHES, Mariana. O que é a 'cultura de cancelamento'. *BBC News Brasil*, 25 jun. 2020.

SARLET, Ingo. Liberdade de expressão e biografias não autorizadas – Notas sobre a ADI 4.815. *Consultor Jurídico*, 19 jun. 2015.

SCHREIBER, Anderson. Twitter bloqueia Trump: há limites para a liberdade de expressão? *O Globo*, 8 jan. 2021.

SILVA, Rodrigo da Guia. Um olhar civil-constitucional sobre a "inconstitucionalidade no caso concreto". *Revista de Direito Privado*, ano 18, v. 73, jan. 2017.

SOUZA, Carlos Affonso Pereira de. As cinco faces da proteção à liberdade de expressão no Marco Civil da Internet. *In*: LUCCA, Newton de; SIMÃO FILHO, Adalberto; LIMA, Cíntia Rosa Pereira de. *Direito & Internet III*: Marco Civil da Internet (Lei n. 12.965/2014). São Paulo: Quartier Latin, 2015. t. II.

SOUZA, Eduardo Nunes de. Abuso do direito: novas perspectivas entre a ilicitude e o merecimento de tutela. *Revista Trimestral de Direito Civil*, Rio de Janeiro, v. 50, abr./jun. 2012.

SOUZA, Eduardo Nunes de. Merecimento de tutela: a nova fronteira da legalidade no direito civil. *Revista de Direito Privado*, São Paulo, ano 15, v. 58, abr./jun. 2014.

SOUZA, Eduardo Nunes de. Qual liberdade tutelar na era da opinião irresponsável? *In*: QUEIROZ, João Quinelato de. *Responsabilidade civil na rede*: danos e liberdade à luz do Marco Civil da Internet. Rio de Janeiro: Processo, 2019.

SOUZA, Eduardo Nunes de. *Teoria geral das invalidades do negócio jurídico*. São Paulo: Almedina, 2017.

TEFFÉ, Chiara Spadaccini de; MORAES, Maria Celina Bodin de. Redes sociais virtuais, privacidade e responsabilidade civil: análise a partir do Marco Civil da Internet. *Pensar*, Fortaleza, v. 22, n. 1, jan./abr. 2017.

TWITTER apaga publicações de Jair Bolsonaro por violarem regras da rede. *G1*, 29 mar. 2020. Disponível em: https://g1.globo.com/. Acesso em: 17 jan. 2021.

TWITTER diz que post de Bolsonaro sobre "tratamento precoce" da Covid viola regras da plataforma, mas mantém a mensagem no ar. *G1*, 15 jan. 2021. Disponível em: https://g1.globo.com/. Acesso em: 17 jan. 2021.

Informação bibliográfica deste texto, conforme a NBR 6023:2018 da Associação Brasileira de Normas Técnicas (ABNT):

SOUZA, Eduardo Nunes de; SILVA, Rodrigo da Guia; RODRIGUES, Cássio Monteiro. Desafios atuais à disciplina jurídica da liberdade de expressão nas redes sociais. *In*: EHRHARDT JÚNIOR, Marcos; LOBO, Fabíola Albuquerque; ANDRADE, Gustavo (Coord.). *Liberdade de expressão e relações privadas*. Belo Horizonte: Fórum, 2021. p. 117-136. ISBN 978-65-5518-188-3.

LIBERDADE DE EXPRESSÃO NAS REDES SOCIAIS E RESPONSABILIZAÇÃO DOS PROVEDORES

GERALDO FRAZÃO DE AQUINO JÚNIOR

1 Internet, liberdade contratual e liberdade de expressão

Indubitavelmente, a liberdade é um dos valores mais importantes para o direito. Significa a possibilidade de o indivíduo optar entre as alternativas possíveis e manifestar-se, fazendo ou deixando de fazer alguma coisa. Está consubstanciada no livre arbítrio, no agir conforme sua vontade. No campo jurídico, a liberdade representa o poder de produzir efeitos no campo do direito e no poder de praticar atos salvaguardados num conjunto de garantias que protegem a pessoa na sua atividade privada. A vontade dos contratantes adentra o mundo jurídico, irradiando os efeitos que lhe são próprios.

Tomadas *lato sensu*, a liberdade contratual e a autonomia privada representam a linha mestra do direito contratual e os instrumentos de poder dos operadores econômicos. A liberdade contratual em sentido amplo abrange a liberdade de conclusão ou de celebração dos contratos e a liberdade de escolha do modelo contratual que estabelece o conteúdo de suas cláusulas. Essa liberdade encontra restrições seja pela ordem pública, pelos costumes ou pela pessoa do contratante (um consumidor, por exemplo). Nesse particular, a função do ordenamento jurídico é meramente negativa e limitadora, competindo às partes constituir e determinar o conteúdo do acordo: a vontade negocial é passível de restrições, quer no momento em que o negócio jurídico se conclui, quer no regramento das cláusulas contratuais, que podem ocorrer pela incidência da lei, de ato administrativo ou em razão de desproporção entre o poder social e o individual.[1]

Especificamente, quando se refere ao poder que o particular tem de estabelecer as regras jurídicas de seu próprio comportamento, diz-se, em vez de autonomia da vontade, autonomia privada. Autonomia da vontade, como manifestação da liberdade individual no campo do direito, e autonomia privada, como poder de criar, nos limites da lei, normas jurídicas, ou seja, o poder que os particulares têm de regular, pelo exercício de sua própria vontade, as relações de que participam, estabelecendo-lhes

---

[1] COUTO E SILVA, Clóvis do. *A obrigação como processo*. Rio de Janeiro: FGV, 2006. p. 25-26.

o conteúdo e a respectiva disciplina jurídica. A autonomia privada espelha, portanto, uma esfera de atuação do sujeito no âmbito do direito privado, um espaço que lhe é concedido para exercer sua atividade jurídica. À autonomia da vontade subjaz uma conotação subjetiva, enquanto que a autonomia privada se refere ao poder da vontade de modo objetivo, concreto.

Mais modernamente, tem-se utilizado a expressão "autonomia negocial" para designar a faculdade da livre constituição ou modelação das relações jurídicas negociais espelhando o "poder, reconhecido objetivamente pelo ordenamento jurídico aos particulares, de auto-regularem os seus interesses, estabelecendo certos efeitos aos negócios que pactuam".[2] Assim, excetuadas as matérias reservadas à regulação estatal, a autonomia negocial revelaria o poder reconhecido ou atribuído pelo ordenamento ao sujeito de direito público ou privado de regular suas próprias manifestações de vontade, interesses privados ou públicos, ainda que não necessariamente próprios.[3] A partir da autonomia privada em relação a determinado negócio jurídico, passa-se a falar em autonomia negocial ou contratual, como espécie daquela, fazendo-se uma correlação ao tomar-se o negócio jurídico como gênero e o contrato como espécie.[4]

Historicamente, com o desenvolvimento do comércio e da indústria, da divisão de trabalho e da especialização, aliado ao intercâmbio de bens e serviços, o princípio da autonomia da vontade, elemento nuclear da liberdade, tornou-se extremamente útil para o desenrolar desse processo, na medida em que o pensamento econômico liberal tinha a lei da oferta e da procura como a resposta aos interesses da sociedade. Nesse sentido, assim se expressa Véronique Ranouil:[5]

> No pensamento jurídico, a autonomia da vontade, conceito puramente doutrinário, significa que a vontade é a fonte e a medida dos direitos subjetivos; que é um "órgão criador do direito". Ela é a peça mestra da filosofia do direito que dominou o séc. XIX: o individualismo jurídico. Este, entendido em seu sentido clássico, faz do indivíduo considerado como uma vontade livre, isolada do meio social, o único fundamento e o único fim do direito. É, então, uma filosofia do homem, uma teoria do fundamento do direito e uma teoria do fim do direito. Com efeito, ele concede ao homem os direitos naturais anteriores àqueles da sociedade, dentre os quais o essencial é a liberdade; ele faz do indivíduo a fonte do direito, o que a doutrina designa de autonomia da vontade; por fim, assinala ao direito a coexistência das vontades individuais.

Nessa perspectiva, a autonomia da vontade tem como fundamento a propriedade particular e, como função, a livre circulação dos bens, o que pressupõe, também, a igualdade formal dos sujeitos, isto é, a igualdade de todos perante a lei. Nesse diapasão, é produto e instrumento de um processo político e econômico baseado na liberdade e na igualdade formal, com positivação jurídica nos direitos subjetivos de propriedade e de

---

[2] MARTINS-COSTA, Judith. Mercado e solidariedade social entre cosmos e taxis: a boa-fé nas relações de consumo. *In*: MARTINS-COSTA, Judith (Org.). *A reconstrução do direito privado*. São Paulo: Revista dos Tribunais, 2002. p. 614-615.

[3] PERLINGIERI, Pietro. *O direito civil na legalidade constitucional*. Rio de Janeiro: Renovar, 2008. p. 338.

[4] LOTUFO, Renan. Teoria geral dos contratos. *In*: LOTUFO, Renan; NANNI, Giovanni Ettore (Coord.). *Teoria geral dos contratos*. São Paulo: Atlas, 2011. p. 16.

[5] RANOUIL, Véronique. *L'Autonomie de la Volonté*: Naissance et Évolution d'un Concept. Paris: Presses Universitaires de France, 1980. p. 9-10. Tradução nossa.

liberdade de iniciativa econômica. Seu fundamento ideológico é, portanto, o liberalismo, como doutrina que, entre outras formulações, faz da liberdade o princípio orientador da criação jurídica no âmbito do direito privado.

A vontade como elemento nuclear do negócio jurídico é assim pontuada por Paulo Lôbo:[6]

> Os juristas, especialmente os pandectistas alemães do século XIX, construíram um sistema integrado do negócio jurídico – do qual o contrato é espécie –, em cujo centro colocaram a vontade como elemento nuclear, suficiente para receber a incidência da norma jurídica. Reflexo do espírito da época, de ter a liberdade contratual formal como um bem em si mesmo, o negócio jurídico é a teoria científica da forma e da estrutura, aplicada aos atos negociais, sem qualquer preocupação com o conteúdo material ou com os figurantes. É bem verdade que a doutrina mais sofisticada que os sucedeu – como a de Pontes de Miranda, no Brasil – atribuiu a eficácia jurídica não à vontade, mas ao negócio jurídico que dela se originou. Esse deslocamento da fonte de eficácia, da vontade ao negócio jurídico (que a contém), representa importante avanço do pensamento jurídico.

Os pressupostos que embasavam a teoria clássica do contrato foram postos em xeque pelo Estado social característico do século XX, o que levou à crise do contrato enquanto mero realizador de funções individuais entre contratantes formalmente iguais. Com a intervenção posterior do Estado, e a respectiva legislação especial, limita-se a autonomia da vontade e objetiva-se estabelecer outro tipo de igualdade, a material, referente à possibilidade de acesso a todos os bens e às oportunidades da vida econômico-social. Não obstante não mais persistir o absolutismo inerente ao princípio da autonomia da vontade, ele continua a permear a ordem jurídica privada, permanecendo, como regra, a liberdade de contratar e de estabelecer o conteúdo do contrato, devendo ser excepcional a intervenção do Estado. Esse caminhar histórico de afirmação do referido princípio parece corroborar a ideia de que o desenvolvimento da civilização ocidental deriva do espírito de aventura rumo ao desconhecido, dando novas roupagens a institutos já aparentemente sedimentados, mas que permanece um grande desconhecido e que deve ser reconhecido enquanto tal para ser explorado; é a herança da incerteza.[7]

Essa nova configuração, na qual o contrato deve estar submetido a princípios que desenvolvam os ideais de justiça social e de solidariedade, sem relações arbitrárias ou abusivas, dando-se preferência ao diálogo de fontes e à mobilização dos princípios, que revelam as diretrizes do ordenamento jurídico, também é esposada por Jean-François Perrin:[8]

> [...] Os civilistas do começo do século XX eram já sensíveis a esse profundo hiato que sempre existiu entre a ficção da liberdade contratual, por um lado, e, por outro, as exigências sociais que limitavam seu exercício. A teoria clássica se apressou em restaurar a pureza dos princípios quando a realidade demonstrava que a autonomia da vontade

---

[6] LÔBO, Paulo Luiz Neto. *Direito civil*: contratos. São Paulo: Saraiva, 2011. p. 20.

[7] FEYNMAN, Richard Philips. The uncertainty of values. *In*: FEYNMAN, Richard Philips. *The meaning of it all*: the thoughts of a citizen scientist. Reading: Addison-Wesley, 1998. p. 47.

[8] PERRIN, Jean-François. La autonomía de la voluntad y el pluralismo jurídico en nuestros días. *Sociologias*, Porto Alegre, ano 7, n. 13, p. 162-178, jan./jun. 2005. p. 163. Tradução nossa.

se havia exercido em condições inaceitáveis. Protegeu, assim, seu livre exercício graças a instrumentos conceituais que reconheciam um fundamento moral e que tinham por fim promover o uso legítimo do direito. O princípio da boa-fé e a correlativa proibição do abuso de direito constituíam as válvulas de segurança que podiam ser acionadas quando o mencionado hiato se tornava insuportável.

É na passagem da segunda metade do século XIX para a primeira metade do século XX que o contrato conhecerá seu ápice, concomitantemente ao predomínio do capitalismo industrial e à elaboração da teoria do negócio jurídico que alçou a autonomia da vontade ao patamar de princípio fundamental do direito privado.

Nesse período de intervenção mínima do Estado na economia e nas relações privadas, os princípios contratuais da autonomia da vontade, da força obrigatória e da relatividade objetiva prevaleciam na relação negocial, uma vez que estavam fulcrados na segurança, na certeza e na previsibilidade caracterizadoras do *pacta sunt servanda*. O contrato, não obstante válido, perfazia-se, no mais das vezes, entre pactuantes materialmente desequilibrados, com vantagem para um e ruína para outro, e com parca margem de revisão judicial do quanto avençado. Nesse diapasão, a concepção clássica do contrato fez transparecer o desequilíbrio entre os contratantes, pois não eram observadas as peculiaridades de cada um no caso concreto, sucumbindo os fracos diante dos fortes, haja vista a compreensão de que o elemento patrimonial tinha maior relevo do que as questões existenciais.

Por outro prisma, o desenvolvimento tecnológico, em especial nas últimas décadas, forneceu um novo panorama para o desenrolar da liberdade contratual. O caráter global e quase onipresente da internet tem contribuído para o surgimento de uma nova forma de contratação que, realizada no meio virtual, conduz a declarações de vontade que não se coadunam com as tradicionais condutas que se perfazem entre pessoas presentes. Nesse prisma, desponta o comércio eletrônico como uma das atividades de maior relevância econômica com o advento da internet. Hoje, inúmeros acordos são formalizados por meio de contratações a distância, conduzidas por meios eletrônicos e sem a presença física simultânea dos contratantes no mesmo local.

A disseminação, em escala mundial, de informações e de imagens mediante a utilização das mídias digitais e o exponencial desenvolvimento dos meios informáticos vêm fomentando o trabalho de pesquisadores para entender o alcance do fenômeno. O advento da internet, em especial, tem provocado mudanças no desenvolvimento das relações humanas e o direito, reflexo que é da sociedade, vem sofrendo o influxo dessas transformações, o que impõe enormes desafios aos juristas, legisladores e aplicadores. Sobre o processo de globalização e o surgimento da internet, assevera Boaventura de Sousa Santos:[9]

> Nas últimas três décadas, as interacções transnacionais conheceram uma intensificação dramática, desde a globalização dos sistemas de produção e das transferências financeiras, à disseminação, a uma escala mundial, de informação e imagens através dos meios de comunicação social ou às deslocações em massa de pessoas, quer como turistas, quer como

---

[9] SANTOS, Boaventura de Sousa. Os processos da globalização. *In*: SANTOS, Boaventura de Sousa (Org.). *A globalização e as ciências sociais*. 3. ed. São Paulo: Cortez, 2005. p. 25.

trabalhadores migrantes ou refugiados. A extraordinária amplitude e profundidade destas interacções transnacionais levaram a que alguns autores as vissem como ruptura em relação às anteriores formas de interacções transfronteiriças, um fenômeno novo designado por "globalização", "formação global", "cultura global", "sistema global", "modernidades globais", "processo global", "culturas da globalização" ou "cidades globais".

Na formação dessa nova cultura, a internet é um elemento imprescindível, pois permite a experimentação de um tipo de comunicação global, que vem se consolidando como uma estrutura básica mundial.[10] A transmissão de informações por esse meio está diretamente vinculada à banda na qual transitam os dados, que são codificados e decodificados, comprimidos e descomprimidos, de modo que a velocidade de trânsito das informações seja otimizada e chegue ao usuário no menor tempo possível.[11]

Já há algum tempo, o espaço virtual não se limita às fronteiras do computador, já que dispositivos móveis utilizam tecnologia multimídia, trazem a nota distintiva da portabilidade e estão onipresentes, conectando pessoas nos mais diversos pontos do planeta. Novos aparelhos são lançados com uma periodicidade avassaladora, tornando os modelos anteriores rapidamente defasados e gerando a ânsia, nos consumidores, de apresentar, nos círculos sociais, o último exemplar de dispositivo móvel. É o apelo ao consumismo descomedido, traço indelével da sociedade da informação.

Assim, também, cresceram as extrapolações à liberdade de expressar-se na rede, a disseminação de perfis falsos, de notícias que não correspondem à realidade e de crimes cibernéticos. Com o surgimento de novas ferramentas de interação social, os indivíduos têm diante de si uma página em branco na qual podem emitir sua opinião acerca de qualquer assunto, sem levar em conta os aspectos atinentes à esfera individual dos outros. Plataformas como o Instagram, Facebook, Twitter, Reddit, LinkedIn, Tik Tok, Pinterest, Snapchat, por exemplo, dão voz àqueles que se encontram limitados no mundo real a expressar suas opiniões.

Se, por um lado, essa possibilidade de expressar opiniões confere um viés democrático às redes sociais, essa democratização deve estar indissoluvelmente atrelada à liberdade de expressão inscrita no inc. IX do art. 5º da Constituição Federal, que reza que é livre a expressão da atividade intelectual, artística, científica e de comunicação, independentemente de censura ou licença. A liberdade de expressão e de manifestação do pensamento não pode sofrer limitação prévia, não obstante a inviolabilidade prevista no inc. X ("são invioláveis a intimidade, a vida privada, a honra e a imagem das pessoas, assegurado o direito a indenização pelo dano material ou moral decorrente de sua violação") traçar as balizas tanto para a liberdade de expressão do pensamento como para o direito à informação, vedando-se a violação da intimidade, vida privada, honra e imagem das pessoas.

O texto constitucional repele peremptoriamente a possibilidade de censura prévia, não significando, contudo, que a liberdade de expressão é absoluta e que não encontra restrições nos demais direitos fundamentais, uma vez que a responsabilização do autor pelas informações injuriosas, mentirosas ou difamatórias será cabível, inclusive com a

---

[10] ASCENSÃO, José de Oliveira. *Direito da internet e da sociedade da informação*. Rio de Janeiro: Forense, 2002. p. 69.

[11] ZITTRAIN, Jonathan L. The generative internet. *Harvard Law Review*, v. 119, n. 7, p. 1974-2040, maio 2006. p. 1993-1994.

possibilidade de condenação ao pagamento de danos materiais e/ou morais. A proibição de censura prévia conjuga, a um só tempo, a garantia à liberdade de expressão e a limitação ao controle estatal preventivo, não impedindo, contudo, a posterior responsabilização em virtude do abuso no exercício desse direito.

São inúmeros os desafios ante uma economia globalizada que não tem mais fronteiras rígidas e que estimula a livre iniciativa e a livre concorrência, tornando-se imprescindível que as leis que protegem o internauta ganhem maior relevo em sua exegese, na incessante busca do equilíbrio que deve reger as relações jurídicas, mormente quando se tem em conta a complexidade, o imediatismo e a interatividade da sociedade atual. Alie-se a isso o fato de a vida econômica e social não poder desenvolver-se sem que haja o mínimo de segurança jurídica do contrato: sem ela, as garantias de tutela do ato jurídico perfeito e do direito adquirido tornar-se-iam meramente retóricas, despindo-se de sua finalidade estabilizadora e construtiva no relacionamento jurídico.[12] Nesse contexto, surge a questão da responsabilidade civil na internet, foco de grandes debates na doutrina e na jurisprudência, em especial por tratar-se de fenômeno relativamente recente que requer uma novel forma de estudo do fenômeno. Sob essa ótica, a questão da responsabilidade civil na internet demanda uma visão prospectiva, sem que se olvidem suas raízes já bem sedimentadas no ordenamento jurídico nacional.

2   O direito e a responsabilidade civil

A noção de direito encontra-se estreitamente vinculada à ideia de composição de conflitos de interesses, no intuito de atender às finalidades essenciais de justiça e de segurança. Nesse diapasão, a norma jurídica teria a função de dissipar as divergências e de servir de parâmetro de conduta para o comportamento da sociedade. Assim, são estabelecidos pressupostos, critérios e mecanismos de composição patrimonial dos conflitos, de forma a ressarcir aquele que sofreu eventual dano. Dessa forma, toda atividade que acarreta prejuízo a outrem gera responsabilidade ou dever de indenizar. Em realidade, "toda manifestação da atividade humana traz em si o problema da responsabilidade".[13]

A expressão "responsabilidade civil" abrange qualquer situação na qual alguém deve arcar com as consequências de um ato, fato ou negócio que acarrete dano, fazendo com que seja acionado o mecanismo jurídico que exige do causador o dever de indenizar.

Os princípios da responsabilidade civil trazem embutidos a ideia da restauração de um equilíbrio patrimonial ou moral que sofreu violação, uma vez que eventual dano não reparado representa fator de inquietação social. Com vistas a abarcar uma maior gama de fenômenos, de molde a fazer com que considerável parcela dos danos não reste irressarcida, os ordenamentos jurídicos contemporâneos têm procurado alargar o campo do dever de indenizar, englobando situações antes não previstas, principalmente se se toma em conta a crescente complexidade da sociedade atual e as inovações tecnológicas levadas a efeito no contexto atual do mundo globalizado e do desenvolvimento dos meios de comunicação.

---

[12] THEODORO JÚNIOR, Humberto. *Direitos do consumidor*. 3. ed. Rio de Janeiro: Forense, 2002. p. 14.

[13] DIAS, José de Aguiar. *Da responsabilidade civil*. Rio de Janeiro: Renovar, 2006. p. 3.

A responsabilidade civil divide-se, classicamente, em contratual e extracontratual. Aquela ocorre dentro do contexto de um negócio jurídico, quando há a cessação do contrato – resolução – em consequência de o devedor ter faltado ao cumprimento de sua obrigação. Rompido o vínculo contratual, sujeita-se o inadimplente ao princípio da reparação, que deve ser ampla, compreendendo o dano emergente e o lucro cessante.[14]

O estudo da responsabilidade extracontratual insere-se no âmbito do direito obrigacional, consistindo a reparação dos danos em algo sucessivo à transgressão de uma obrigação ou de um dever jurídico. O causador da ofensa ou da violação do direito alheio responde com os seus bens pela reparação do dano causado. Nessa seara, a ilicitude da conduta consiste no procedimento contrário a um dever preexistente. Sempre que alguém falta ao dever a que é adstrito, comete um ato ilícito, violando o ordenamento jurídico.

Com a Constituição Federal de 1988, retirou-se da esfera meramente individual e subjetiva o dever de repartição dos riscos da atividade econômica, impondo-se, como linha de tendência, a intensificação dos critérios objetivos de reparação e o desenvolvimento de novos mecanismos de seguro social.[15] É a socialização dos riscos, uma vez que os benefícios são repartidos entre todos. A par da previsão constitucional de estabelecer certas hipóteses de responsabilidade objetiva e de seguro social, o Código Civil, nessa mesma linha, além de prever novas hipóteses específicas de responsabilidade objetiva, instituiu, no parágrafo único do art. 927, uma cláusula geral de responsabilidade objetiva para atividades de risco. Daí, tem-se, no ordenamento jurídico brasileiro, um modelo dualista: de um lado, a norma geral de responsabilidade subjetiva estabelecida no art. 186 do Código Civil e, de outro, as normas reguladoras da responsabilidade objetiva para determinadas atividades, conforme a referida cláusula geral.

Anderson Schreiber[16] observa, atualmente, uma nítida objetivação das hipóteses de responsabilidade com culpa presumida, assim como uma tendência em tomar a culpa em sentido objetivo, como desconformidade a um padrão geral e abstrato de comportamento, o que implica divórcio entre a culpa e sua tradição moral. O agente não é mais considerado culpado por ter agido de forma reprovável no sentido moral, mas por ter deixado de empregar a diligência social média, de modo que o comportamento do agente não é mais avaliado em relação ao que dele se deveria esperar, mas do que se espera do *bonus pater familias*.

A tendência em termos de responsabilidade civil caminha no sentido de, mais do que apontar o responsável pelo dano, dizer como ele será reparado.[17] Ampliam-se os casos de responsabilidade objetiva, em que não se perquire o elemento subjetivo da culpa, e atribui-se maior liberdade ao juiz para identificar em que situações há um risco criado capaz de ocasionar danos advindos do exercício de atividades consideradas perigosas. Em todo caso, o centro das preocupações em matéria de responsabilidade civil passou do homem, tomado isoladamente, para o homem considerado coletivamente.

---

[14] PEREIRA, Caio Mário da Silva. *Instituições de direito civil*. Rio de Janeiro: Forense, 2004. v. III. p. 157.

[15] TEPEDINO, Gustavo. A evolução da responsabilidade civil no direito brasileiro e suas controvérsias na atividade estatal. *In*: TEPEDINO, Gustavo. *Temas de direito civil*. 3. ed. Rio de Janeiro: Renovar, 2004. p. 194.

[16] SCHREIBER, Anderson. *Novos paradigmas da responsabilidade civil*: da erosão dos filtros da reparação à diluição dos danos. 5. ed. São Paulo: Atlas, 2013. p. 32-38.

[17] DIAS, José de Aguiar. *Da responsabilidade civil*. Rio de Janeiro: Renovar, 2006. p. 50.

Volta-se o olhar para a construção de uma sociedade que resgate os valores éticos em prol da redefinição da arquitetura social em que vivemos.

Nessa linha, discorre Roberto Paulino:[18]

> [...] Hoje, porém, o dano extrapatrimonial ganha enorme volume, pressiona por um sistema de reparação mais eficaz e a teoria clássica se mostra exaurida pelo fenômeno da erosão dos filtros e aparentemente incapaz de uma renovação sobre as mesmas bases.
>
> Do panorama exposto se aduz que o método subsuntivo clássico da reparação de dano foi implodido por dentro, a partir de suas próprias contradições e insuficiências frente às novas demandas com que passou a se defrontar. Esvaziado o conteúdo do suporte fático, a sistemática tradicional não dá conta do problema da indenização nos termos em que hoje é posto.

Segundo Anderson Schreiber,[19] destacam-se como tendências da responsabilidade civil: a flexibilidade dos tribunais na exigência da prova do nexo causal; a coletivização das ações de responsabilidade civil, que permite superar a dificuldade de acesso individual à Justiça e assegura uma decisão unitária para todas as vítimas; a expansão do dano ressarcível, abrangendo dano à vida sexual, dano por nascimento indesejado, dano à identidade pessoal, dano de *mobbing*, dano de *mass media*, dano de férias arruinadas etc.; a despatrimonialização da reparação, na medida em que os tribunais passaram a valer-se de instrumentos extrapatrimoniais como a retratação pública; preponderância na prevenção dos danos, por meio da atuação das agências reguladoras e órgãos de fiscalização e, por fim, a substituição da indenização pelo seguro.

3 A responsabilidade civil na internet

Como já ressaltado, as inovações tecnológicas, no contexto da atual globalização da sociedade, trazem em seu bojo a oportunidade de aprofundar posições e conceitos disseminados na cultura jurídica. O avassalador desenvolvimento dos meios de comunicação e de informática observado desde o final do século XX vem fomentando o germe imaginativo e criativo dos pesquisadores em prol da redefinição da arquitetura conjuntural do mundo em que vive o ser humano, plasmada por alterações vertiginosas da forma como é visto e sentido. Em particular, o desenvolvimento dos meios informáticos acarretou o surgimento de novas formas de contratação e de interação realizadas no meio virtual, o que engendra desafios para os operadores do direito.

Em especial, o fenômeno das redes sociais traz à tona a questão da responsabilidade civil na internet. As hipóteses de responsabilidade por danos abarcam uma ampla gama de situações, que podem ser classificadas, exemplificativamente, de acordo com o âmbito de regulação incidente:[20] a) injúrias e calúnias dirigidas a usuários individuais ou coletivos, provocadas pelo conteúdo informativo; b) danos causados aos consumidores;

---

[18] ALBUQUERQUE JÚNIOR, Roberto Paulino. Ensaio introdutório sobre a teoria da responsabilidade civil familiar. *Advocatus*, Recife, ano 4, n. 6, p. 64-74, mar. 2011. p. 70.

[19] SCHREIBER, Anderson. As novas tendências da responsabilidade civil brasileira. *Revista Trimestral de Direito Civil*, Rio de Janeiro, ano 6, v. 22, p. 45-69, abr./jun. 2005.

[20] LORENZETTI, Ricardo Luis. *Comércio eletrônico*. São Paulo: Revista dos Tribunais, 2004. p. 423-425.

c) danos ao direito de propriedade no contexto da concorrência desleal; d) violações à privacidade do usuário; e) responsabilidade criminal.

No caso de danos aos usuários causados por prática de atos ilícitos na rede de computadores, tem-se que o ponto fulcral desse tipo de conduta é a existência de um autor que veicula, por meio digital, informação de conteúdo lesivo. O primeiro problema a ser enfrentado diz respeito à determinação da licitude ou não dessa informação, averiguando-se se se trata de um exercício do direito de liberdade de expressão de um indivíduo. Tomando-se como ponto de partida o fato de que as mensagens informativas virtuais carregam em si a marca do exercício dessa liberdade, não há que se olvidar que o direito protege outros bens jurídicos e, por isso, aquela liberdade pode vir a ser restringida por meio de um juízo de ponderação, sopesando valores que com ela possam vir a colidir. É de se ressaltar que o bem jurídico protegido em uma sociedade imbuída dos valores democráticos é a livre circulação de ideias e de informações.

De fato, a liberdade de expressão, direito protegido constitucionalmente, encontra limite na proteção da privacidade do sujeito afetado e, por conseguinte, a qualificação da responsabilidade civil dependerá da ponderação de ambos os direitos à luz do caso concreto. A mensagem digital está, assim, inserida no contexto de duas normas que a albergam: a que protege a livre manifestação do pensamento, de um lado, e, de outro, a que tutela a vida privada de um indivíduo. Além disso, deve-se levar em conta que a informação, tomada em si mesma, é um bem público, consubstanciando a necessidade de sua proteção por constituir-se em interesse difuso de todos os cidadãos, o que faz exsurgir a premência da tutela da transparência da informação e da veiculação de ações visando à decretação de inconstitucionalidade dos atos que a restrinjam a ponto de perder o objetivo para o qual foi veiculada. Em todo caso, a lesão aos limites estabelecidos normativamente à livre expressão do pensamento constituirá ineludivelmente ato antijurídico a reclamar o instituto da responsabilidade civil, que proverá a tutela específica contra a divulgação de conteúdo ilícito na internet, seja ela a ação reparatória ou a inibitória.

A liberdade de expressão, prevista constitucionalmente, mostra-se fundamental para a evolução da sociedade, pois todo cidadão que tem voz é capaz de veicular suas ideias e pensamentos e atingir um número incontável de pessoas. Mas, nesse contexto, é possível colocar limites à liberdade de expressão? Tem-se observado, com frequência, que muitos usuários das redes sociais a utilizam para promover ofensas, propagar notícias e acontecimentos falsos ou até mesmo praticar *bullying*. Assim, a liberdade de expressão que é inerente às redes sociais está limitada pelo princípio constitucional de proteção à honra e à imagem, cuja violação pode acarretar a possibilidade de reparação via danos morais e materiais. Assim, em síntese, é possível afirmar que as ofensas propagadas por meio das redes sociais podem dar ensejo a ações judiciais por meio das quais o ofendido buscará não somente a exclusão do conteúdo ofensivo, mas também a indenização por tais ofensas. Então, se, de um lado as redes sociais democratizaram a exposição de opiniões, de outro, permitiram que pessoas mal-intencionadas pudessem encontrar refúgio no pretenso anonimato por elas proporcionado para propagar suas ofensas.

Como pensar em um regime de responsabilização concernente a postagens ofensivas, agressivas ou desrespeitosas? Além do agente ofensor, caberia responsabilização dos provedores que fornecem serviços de intermediação no âmbito da internet? Há que se recordar que as plataformas digitais operam por meio de conteúdos gerados por terceiros e eventual responsabilização poderia via a afetar diretamente a liberdade de expressão, pois os mecanismos regulatórios podem ensejar a remoção de conteúdo veiculado na internet. Garante-se, de um lado, a liberdade de expressão dos usuários e, de outro, a não ofensa aos direitos da personalidade dos demais usuários.

Como a forma de apresentação dos dados de uma página na internet concretiza-se por meio de produtos fragmentados em módulos, há um fracionamento objetivo e subjetivo da responsabilidade. Há, portanto, uma multiplicidade de sujeitos, cada qual ancorado em atuações distintas que reclamam tratamento diferenciado. Existem aqueles que provêm acesso à rede, outros são os titulares das páginas e há os que fornecem os conteúdos a serem exibidos. É o caso da responsabilidade contratual matizada pelo fato de haver uma pluralidade de sujeitos unidos por contratos conexos e que atuam em rede, cabendo distinguir as várias hipóteses de modo a não imputar responsabilidade a uma parte por ato praticado pela outra.

No caso de um contrato formalizado por meio da internet no qual o contratado se obriga a realizar uma prestação executada por diversos intermediários, aquele responde pelos demais que o auxiliaram no cumprimento da obrigação. Se, em outra hipótese, acessa-se uma página para pactuar-se um serviço a ser realizado por vários contratados, há uma pluralidade de sujeitos passivamente obrigados, que respondem, paritariamente, por eventuais danos, seja individualmente, seja solidariamente.

No entanto, se o sujeito acessa uma página e celebra contratos com várias pessoas, dando causa a obrigações diversas, tem-se que, como a página representa um produto fragmentado, cada obrigado não responde solidariamente pelas obrigações contraídas pelos outros sujeitos nos outros contratos. Não há, no caso, pluralidade subjetiva passiva, mas uma plêiade de vínculos convencionais com causas e sujeitos diferentes, cada qual com sua responsabilidade própria, cabendo, apenas, analisar se cabe imputar a algum partícipe o descumprimento contratual de outro.

O anonimato na internet é uma questão problemática. São inúmeros os casos de mensagens enviadas por *hackers*, *spams*, páginas clonadas, ações de grupos virtuais etc. Diante dessa situação, cabe à tecnologia fornecer as soluções possíveis ao problema da identificação da autoria das informações na rede, de modo a determinar inequivocamente a responsabilidade pelo envio de dados indesejáveis ou nocivos. A regra de identificação é um ônus que deve recair sobre quem estiver em condições de cumpri-la com os menores custos. Em princípio, são os intermediários da cadeia de comunicação digital que podem representar esse papel, uma vez que contam com a possibilidade de estabelecer mecanismos de controle para a identificação dos usuários. A evolução tecnológica proporcionará os meios necessários para o cumprimento desse mister, cabendo aos juízes, auxiliados por peritos, analisar objetivamente as possibilidades concretas em cada caso. Se não tiver sido utilizado o mecanismo de controle adequado, o intermediário poderá ser responsabilizado, pois não se muniu dos recursos necessários, objetivamente aferíveis, para prover a identificação dos usuários que se utilizam de seus serviços. É evidente que, nesse processo, não devem ser feridas a privacidade ou a liberdade de expressão dos sujeitos intervenientes.

Fica evidente, pelo exposto, que a responsabilidade civil em cada caso terá que ser examinada à luz da ação considerada: se houve o fornecimento da informação; se o intermediário apenas a transmitiu; se houve a modificação da informação; ou se ocorreu a sua difusão, ampliando seus efeitos. Ou seja, no campo da responsabilidade, há que se identificar plenamente o conteúdo que produziu o efeito danoso, pois, muitas vezes, o dano é produzido não a partir de vários conteúdos informativos, mas de um conjunto organizado por diversos módulos cujo sentido só poderá ser discernido se examinado como um todo.

Talvez a posição mais relevante nessa cadeia que se forma desde a origem até o destino final da informação caiba aos sujeitos intermediários. Estes não produzem a informação, mas se situam numa posição que une as duas pontas: o fornecedor original da informação e aquele que a recepciona. Atuando apenas como intermediadores na transmissão da informação, não exercem influência no objeto transmitido. Por essa razão, não são responsáveis pelo quanto veiculado. Não obstante, na medida em que abandonem essa posição de indiferença e passem, de algum modo, a influenciar a informação, os intermediários tornam-se responsáveis civilmente. Nessa linha, aduz Lorenzetti:

> A posição de intermediário tem recebido críticas relativas à existência de casos nos quais se dispõe uma conexão automática sem a intervenção do servidor, ou pelo menos sem a presença de uma atuação relevante que permita a qualificação de distribuição. Em outras hipóteses não ocorre distribuição, mas sim o mero acesso a um local no qual a decisão de acessar e o custo pelo uso ficam por conta do usuário; a posição do servidor é meramente passiva. Diante deste argumento, cabe observar que sempre que uma posição jurídica for definida, existirão hipóteses nela não enquadráveis; o importante é estabelecer a regra geral e de quem será o ônus de demonstrar a exceção. De acordo com a argumentação expendida, o "servidor" terá o ônus de comprovar a alegação de não atuar como intermediário.[21]

Entre os intermediários, podem-se citar os provedores de serviços de acesso à internet, o *hosting*, o *caching* e o *cybercafé*. Os provedores de acesso à internet prestam o serviço de transmissão de informações e não controlam o conteúdo das mensagens transitadas, aspecto que impacta decisivamente na questão relativa à análise de sua responsabilidade civil. Se há intervenção do provedor no conteúdo, este passa a ocupar o polo de fornecedor de conteúdo, o que modifica seu papel no tocante à eventual responsabilização.

O *hosting* é um contrato por meio do qual o prestador de serviço concede a outrem o direito de hospedar em servidor (a título gratuito ou oneroso) arquivos e programas de informática. Intervêm duas relações: a de hospedagem, entre o prestador e o titular da página, e a do acesso à informação, entre o público e o servidor. O *hosting* tem a característica de permanência e figura como mero locador de espaço para abrigar as informações digitais, não respondendo pelos atos do contratante.

Já o *caching* configura-se como um armazenamento temporário de informações, efetivado com o objetivo de tornar eficaz a transmissão posterior. Esse armazenamento provisório é necessário, pois se trata de um processo dentro do escopo de distribuição

---

[21] LORENZETTI, Ricardo Luis. *Comércio eletrônico*. São Paulo: Revista dos Tribunais, 2004. p. 449.

da informação. Nesse caso, funciona como um intermediário que, por conseguinte, não possui responsabilidade pelo armazenamento desde que não tenha atuação ativa, modificando a informação ou desobedecendo as instruções fornecidas por quem a envia. Tanto no caso do *hosting* quanto no do *caching*, o prestador deve retirar a informação armazenada ou bloquear seu conteúdo caso haja ordem judicial nesse sentido.

No tocante ao *cybercafé*, trata-se de intermediário e não de fornecedor de informações, disponibilizando computadores a serem utilizados pelos usuários para conexão à internet e para entretenimento. Estão imunes à responsabilidade pelo conteúdo das informações acessadas, uma vez que são fornecedores não técnicos e que não possuem condições de atuação ativa no conteúdo da informação.

No que concerne à responsabilidade dos fornecedores de informação, é importante distinguir entre os profissionais e os não profissionais. Os primeiros exercem a atividade de forma habitual, a título oneroso ou gratuito, e sua responsabilidade pode ser contratual, pelo descumprimento da prestação devida, ou extracontratual. Na esfera contratual, de acordo com o conteúdo da prestação, sua responsabilidade será determinada a partir do não cumprimento de uma obrigação de dar ou de fazer. Não cumprida a obrigação, responde o devedor por perdas e danos, mais juros e atualização monetária. Não obstante, o devedor não responde pelos prejuízos resultantes de caso fortuito ou de força maior, se expressamente não se houver por eles responsabilizado.

Na esfera extracontratual, a questão é de maior complexidade, tendo em conta que a informação divulgada na internet pode ser imediatamente acessada por uma vasta gama de pessoas, com a possibilidade de gerar as mais diversas questões relativas à responsabilidade. A mensagem informativa será considerada ilícita quando afetar bens passíveis de tutela. Nesses casos, é cabível imputar ao prestador de serviços a responsabilidade por sua veiculação, cabendo-lhe ressarcir os danos causados. Fundamenta-se essencialmente na culpa e o nexo causal resta estabelecido quando demonstrar-se a atuação do provedor que causou o dano. As excludentes de responsabilidade configuram-se, além da força maior e do caso fortuito, quando há ausência de culpa ou quando esta recai exclusivamente na vítima.

4   A responsabilidade civil dos provedores de internet, a liberdade de expressão e a Lei nº 12.965, de 23.4.2014

Especial relevo deve ser dado à questão da legislação regulamentadora dos novos institutos jurídicos que brotam nessa área. Não se trata, aqui, de tolher os avanços tecnológicos, mas de prover um arcabouço normativo que zele pela confiança e pela proteção do consumidor que contrate utilizando-se do meio virtual. Nesse sentido, qualquer normatização que venha a tratar do assunto deverá ter o necessário grau de generalidade e de flexibilidade para não se quedar defasada no tempo e para atender às características próprias dessa seara na qual a marca é a velocidade das mudanças.

Nessa linha, foi aprovado o Marco Civil da Internet (Lei nº 12.965, de 23.4.2014), iniciativa legislativa que visa à regulação de alguns aspectos da internet no Brasil, estabelecendo princípios, garantias, direitos e deveres para os usuários da rede, além de disciplinar a atuação do poder público no estabelecimento de mecanismos de governança multiparticipativa, transparente, colaborativa e democrática, com o auxílio do governo, do setor empresarial, da sociedade civil e da comunidade acadêmica. A propósito, o inventor do *World Wide Web*, Sir Tim Berners-Lee, divulgou uma declaração de apoio ao marco civil brasileiro.[22]

No capítulo destinado aos direitos e garantias dos usuários, estabelece-se a inviolabilidade da intimidade e da vida privada, além de sua proteção e indenização pelo dano material ou moral decorrente de sua violação. Asseguram-se, também, a inviolabilidade e o sigilo do fluxo de comunicações pela internet e das comunicações privadas, salvo por ordem judicial, exigindo-se consentimento expresso sobre coleta, uso, armazenamento e tratamento de dados pessoais. Importante avanço ocorreu com a positivação da aplicabilidade das normas de proteção e de defesa do consumidor às relações de consumo realizadas na internet, sendo nulas de pleno direito as cláusulas contratuais que violem a garantia do direito à privacidade e à liberdade de expressão nas comunicações realizadas na rede. Não obstante, já era pacífico o entendimento de que o Código de Defesa do Consumidor aplica-se às relações travadas no ambiente virtual, conferindo-se aos usuários da rede o manto protetor estabelecido nos arts. 12 a 25 daquele diploma legal, que tratam da responsabilidade pelo fato e pelo vício do produto e do serviço.[23]

Ressalte-se a diretriz abraçada pela norma ao eleger a neutralidade da rede como diretriz basilar. Assim, o responsável pela transmissão, comutação ou roteamento tem o dever de tratar de forma isonômica quaisquer pacotes de dados, sem distinção por conteúdo, origem ou destino, serviço, terminal ou aplicação. Na provisão de conexão à internet, onerosa ou gratuita, bem como na transmissão, comutação ou roteamento, é vedado bloquear, monitorar, filtrar ou analisar o conteúdo dos pacotes de dados, cabendo ao responsável pela discriminação ou degradação do tráfego o dever de reparar os danos causados à luz do art. 927, do Código Civil.

Os arts. 10 e 11 do Marco Civil da Internet dispõem sobre a proteção dos registros, dos dados pessoais e das comunicações privadas, estabelecendo que a guarda e a disponibilização dos registros de conexão e de acesso a aplicações de internet, bem como de dados pessoais e do conteúdo de comunicações privadas, devem atender à preservação da intimidade, da vida privada, da honra e da imagem das partes direta ou indiretamente envolvidas. Além disso, em qualquer operação de coleta, armazenamento, guarda e tratamento de registros, de dados pessoais ou de comunicações por provedores de conexão e de aplicações de internet em que pelo menos um desses atos ocorra em território nacional, deverão ser obrigatoriamente respeitados a legislação brasileira e os direitos à privacidade, à proteção dos dados pessoais e ao sigilo das comunicações privadas e dos registros. O provedor responsável pela guarda somente será obrigado a disponibilizar os registros dos usuários mediante ordem judicial. Nesse caso, caberá ao juiz tomar as providências necessárias à garantia do sigilo das informações recebidas e à

---

[22] MARCO Civil: Statement of Support from Sir Tim Berners-Lee. *Web Foundation*, 25 mar. 2014. Disponível em: http://www.webfoundation.org/2014/03/marco-civil-statement-of-support-from-sir-tim-berners-lee/. Acesso em: 20 jan. 2019.

[23] Assim entende o Superior Tribunal de Justiça em diversos julgados, a exemplo do REsp nº 1.396.417-MG, do REsp nº 1.403.749-GO e do REsp nº 1.406.448- RJ.

preservação da intimidade, da vida privada, da honra e da imagem do usuário, podendo determinar segredo de justiça, inclusive quanto aos pedidos de guarda de registro.

Ressalte-se que as infrações às normas previstas nos referidos arts. 10 e 11 ficam sujeitas, sem prejuízo das sanções cíveis, criminais ou administrativas, às seguintes penas, aplicadas de forma isolada ou cumulativa: a) advertência, com indicação de prazo para adoção de medidas corretivas; b) multa de até 10% (dez por cento) do faturamento do grupo econômico no Brasil no seu último exercício, excluídos os tributos, considerados a condição econômica do infrator e o princípio da proporcionalidade entre a gravidade da falta e a intensidade da sanção; c) suspensão temporária das atividades; e/ou d) proibição de exercício das atividades. Tratando-se de empresa estrangeira, responde solidariamente pelo pagamento da multa sua filial, sucursal, escritório ou estabelecimento situado no país.

O Marco Civil da Internet também ajudou a delinear de maneira mais contundente a questão da responsabilidade por danos decorrentes de conteúdo gerado por terceiros. Nessa medida, estatui que o provedor de conexão à internet não será responsabilizado civilmente por danos decorrentes de conteúdo gerado por terceiros. Com o intuito de assegurar a liberdade de expressão e impedir a censura, o provedor de aplicações de internet somente poderá ser responsabilizado civilmente por danos decorrentes de conteúdo gerado por terceiros se, após ordem judicial específica, não tomar as providências para, no âmbito e nos limites técnicos do seu serviço e dentro do prazo assinalado, tornar indisponível o conteúdo apontado como infringente.

Nesse ponto, cabe fazer a necessária distinção entre o provedor de conexão e o provedor de aplicações. A lei estabelece, no art. 5º, algumas definições de atividades por eles desempenhadas, mas não estabeleceu a definição dos diferentes tipos de provedor. Os incs. V, VI e VII estabelecem o seguinte glossário: conexão à internet: habilitação de um terminal para envio e recebimento de pacotes de dados pela internet, mediante a atribuição ou autenticação de um endereço IP; registro de conexão: o conjunto de informações referentes à data e hora de início e término de uma conexão à internet, sua duração e o endereço IP utilizado pelo terminal para o envio e recebimento de pacotes de dados; aplicações de internet: o conjunto de funcionalidades que podem ser acessadas por meio de um terminal conectado à internet. Dessa forma, o julgador terá o ônus de identificar qual foi o serviço prestado para que possa avaliar sua eventual responsabilidade. Não obstante, a partir do contido na Portaria nº 148, de 31.5.1995, do Ministério das Comunicações, pode-se estabelecer a seguinte diferenciação: o provedor de conexão possibilita o acesso à internet aos usuários, e o provedor de aplicações fornece um conjunto de funcionalidades que podem ser acessadas pelo usuário. A responsabilidade deste último em virtude da ocorrência de danos provocados por conteúdo gerado por terceiro está disciplinada nos arts. 19 a 21, enquanto que o provedor de conexão à internet não será responsabilizado civilmente por danos decorrentes de conteúdo gerado por terceiros (art. 18).

O art. 19 dispõe que, com o intuito de assegurar a liberdade de expressão e impedir a censura, o provedor de aplicações de internet somente poderá ser responsabilizado civilmente por danos decorrentes de conteúdo gerado por terceiros, se, após ordem judicial específica, não tomar as providências para, no âmbito e nos limites técnicos do seu serviço e dentro do prazo assinalado, tornar indisponível o conteúdo apontado como infringente, ressalvadas as disposições legais em contrário. Infere-se, daí, que há responsabilidade subjetiva por omissão do provedor que não retira o conteúdo ofensivo, após a devida notificação judicial. Por outro lado, a mera notificação extrajudicial, em regra, não ensejará o dever jurídico de retirada do material considerado ofensivo. Aparentemente, quis o legislador assegurar a liberdade e evitar a censura privada, tendo o Judiciário sido alçado ao patamar de órgão decisor acerca da eventual ilicitude do conteúdo veiculado.

O referido dispositivo não impede o provedor de retirar o conteúdo que ele mesmo considere ilícito. Essa possibilidade de retirada independentemente de notificação judicial está amparada pelas condições gerais dos contratos celebrados com os usuários, uma vez que, em regra, as cláusulas contratuais consideram ilícita a publicação de conteúdos ofensivos que vão contra as diretrizes da plataforma. Há exceções ao *caput* do art. 19, sendo diferente a previsão de responsabilidade das plataformas de internet nos casos de publicações que violam direitos autorais, como está disposto no art. 19, §2º, e em publicações cujo conteúdo seja pornografia de vingança, segundo o art. 21. No caso dos direitos autorais, a responsabilização das plataformas é regulada pela Lei de Direitos Autorais, como dispõe o art. 31 do Marco Civil da Internet.

No Brasil, na inexistência de uma lei que regule especificamente o tema da responsabilidade civil por violação de conteúdo protegido por direito autoral, os responsáveis pelas plataformas na internet costumam adotar o mecanismo do *notice and take down* (notificação e retirada) por meio do qual os detentores de direitos autorais notificam o provedor solicitando a remoção do conteúdo e este notifica aquele que postou o conteúdo. Caso este não assuma a responsabilidade pela veiculação do material, o provedor poderá remover o conteúdo.

Caso interessante ocorreu em janeiro de 2021, com o bloqueio das contas do Twitter, Facebook e Instagram do Presidente norte-americano Donald Trump, diante da incitação à violência por ele promovida que resultou na invasão do Capitólio (sede do Legislativo).[24] Caberia dizer que, nesse caso, houve cerceamento da liberdade de expressão por parte das redes sociais? A atividade decorrente da exploração de redes sociais é exclusivamente privada, protagonizada normalmente por empresas de caráter multinacional, que estabelecem as regras de utilização e de conduta ("termos de uso"). Dessa forma, como elas próprias determinam as regras que devem ser seguidas pelos usuários, podem definir o que atenta ou não contra suas próprias diretrizes. Essa forma de atuação encontra amparo, no Brasil, no art. 19 do Marco Civil da Internet que, como já referido, dispõe que, em regra, os provedores de aplicações somente poderão ser responsabilizados por danos decorrentes de conteúdo gerado pelos seus usuários se deixarem de excluir tal conteúdo após ordem judicial específica.

O controle exercido pelas redes sociais acerca do que é nelas divulgado é insuficiente, uma vez que não há mecanismos idôneos para corretamente identificar a

---

[24] TWITTER bloqueia conta de Trump permanentemente. *DW*, 9 jan. 2021. Disponível em: https://www.dw.com/pt-002/twitter-bloqueia-conta-de-trump-permanentemente/a-56179605. Acesso em: 12 jan. 2021 e TWITTER, Facebook e Instagram bloqueiam contas de Trump temporariamente. *G1*, 6 jan. 2021. Disponível em: https://g1.globo.com/economia/tecnologia/noticia/2021/01/06/twitter-diz-que-conta-de-trump-ficara-bloqueada-por-12-horas.ghtml. Acesso em: 12 jan. 2021.

propagação de conteúdo falso que lesa direitos fundamentais de terceiros, a exemplo de perfis e notícias falsas, além de, indevidamente, cercear manifestações legítimas da liberdade de expressão. Sabe-se que, diante da impossibilidade de seres humanos exercerem esse papel, são algoritmos que fazem a varredura do que é postado, selecionando, a partir de informações previamente alimentadas nos *softwares* das redes, aquelas que atentam contra os termos de uso. No entanto, falta clareza nessas diretrizes das redes sociais, que muitas vezes utilizam termos vagos ou imprecisos para justificar o bloqueio. Além disso, não há o devido respeito ao contraditório, pois inexiste oitiva prévia do usuário para que o administrador da rede avalie se houve ou não infringência aos termos de uso. Normalmente, a regra é: retira-se o conteúdo e depois a rede avalia num determinado prazo se o conteúdo foi indevidamente restringido.

No caso específico dos *tweets* do Presidente Trump, há que se considerar que o exercício da liberdade de expressão não pode ser absoluto. Mas, para que não haja censura, é necessário que os limites à liberdade de expressão na ótica dos termos de uso das redes não sejam vagos e imprecisos, de modo a permitir abusos por parte dos administradores das redes. A propagação de notícias claramente falsas, como as difundidas por Trump, sem fundamento em qualquer embasamento fático, aliada à incitação à violência, foi a mola propulsora da invasão do Capitólio. As redes sociais, nesse caso, tiveram atitude proativa ao bloquear as contas de Trump, diante do sopesamento entre os direitos fundamentais envolvidos.

No caso da pornografia de vingança (art. 21), o provedor de aplicações de internet que disponibilize conteúdo gerado por terceiros será responsabilizado subsidiariamente pela violação da intimidade decorrente da divulgação, sem autorização de seus participantes, de imagens, de vídeos ou de outros materiais contendo cenas de nudez ou de atos sexuais de caráter privado quando, após o recebimento de notificação pelo participante ou seu representante legal, deixar de promover, de forma diligente, no âmbito e nos limites técnicos do seu serviço, a indisponibilização desse conteúdo. A notificação deverá conter, sob pena de nulidade, elementos que permitam a identificação específica do material apontado como violador da intimidade do participante e a verificação da legitimidade para apresentação do pedido.

Nesse contexto, aguarda-se o posicionamento do STF por meio do Tema de Repercussão Geral nº 987, vinculado ao Recurso Extraordinário nº 1.037.396/SP, relatado pelo Ministro Dias Toffoli, que analisará a constitucionalidade do art. 19 da Lei nº 12.965/2014, que determina a necessidade de prévia e específica ordem judicial de exclusão de conteúdo para a responsabilização civil de provedor de internet, *websites* e gestores de aplicativos de redes sociais por danos decorrentes de atos ilícitos praticados por terceiros.

O Superior Tribunal de Justiça (STJ) já possui precedentes seguindo a linha de que o provedor de internet deve pagar indenização por danos morais na hipótese em que o conteúdo publicado impute ao autor fato definido como crime. Isso porque, ao ser comunicado de que algum texto ou imagem possui conteúdo ilícito, deve o provedor de internet retirar o material do ar, devendo responder pelos danos, em virtude da omissão praticada (considerações do Ministro Antonio Carlos Ferreira no AgRg no AREsp nº 431.271-RJ).

A ordem judicial deverá conter, sob pena de nulidade, identificação clara e específica do conteúdo apontado como infringente, que permita a localização inequívoca do material. Inovação nessa seara diz respeito à possibilidade de as causas que versem sobre ressarcimento por danos decorrentes de conteúdos disponibilizados na internet relacionados à honra, à reputação ou a direitos de personalidade, bem como sobre a indisponibilização desses conteúdos por provedores de aplicações de internet, serem apresentadas perante os juizados especiais. Em todo caso, poderá ser deferida, pelo juiz, antecipação da tutela pretendida no pedido inicial, existindo prova inequívoca do fato e considerado o interesse da coletividade na disponibilização do conteúdo na internet, desde que presentes os requisitos de verossimilhança da alegação do autor e de fundado receio de dano irreparável ou de difícil reparação. Até a entrada em vigor de lei específica, a responsabilidade do provedor de aplicações de internet por danos decorrentes de conteúdo gerado por terceiros, quando se tratar de infração a direitos de autor ou a direitos conexos, continuará a ser disciplinada pela legislação autoral vigente.

A propósito, a jurisprudência já se tem manifestado acerca da responsabilidade dos provedores de internet. O STJ pronunciou-se no sentido de que o dano moral decorrente de mensagens com conteúdo ofensivo não constitui risco inerente à atividade desenvolvida pelo provedor da internet, porquanto não se lhe é exigido que proceda a controle prévio de conteúdo disponibilizado por usuários. Não se lhe aplica, assim, a responsabilidade objetiva, prevista no art. 927, parágrafo único, do Código Civil; além disso, a fiscalização prévia dos conteúdos postados não é atividade intrínseca ao serviço prestado pelos provedores (AgRg no REsp nº 1.402.104-RJ e AgRg no REsp nº 1.396.963-RS).

Assim, o provedor de hospedagem é uma espécie do gênero provedor de conteúdo, pois se limita a abrigar e a oferecer ferramentas para edição de páginas criadas e mantidas por terceiros, sem exercer nenhum controle editorial sobre as mensagens postadas pelos usuários. A verificação de ofício do conteúdo das mensagens postadas por cada usuário não constitui atividade intrínseca ao serviço prestado pelos provedores de hospedagem, de modo que não se pode reputar defeituoso, nos termos do art. 14 do CDC, o *site* que não exerce esse controle. Não se pode exigir do provedor de hospedagem a fiscalização antecipada de cada nova mensagem postada, não apenas pela impossibilidade técnica e prática de assim proceder, mas, sobretudo, pelo risco de tolhimento da liberdade de pensamento. Não se pode, sob o pretexto de dificultar a propagação de conteúdo ilícito ou ofensivo na *web*, reprimir o direito da coletividade à informação. Sopesados os direitos envolvidos e o risco potencial de violação de cada um deles, o fiel da balança deve pender para a garantia da liberdade de criação, expressão e informação, assegurada pelo art. 220 da Constituição Federal, sobretudo considerando que a internet representa, hoje, importante veículo de comunicação social de massa.

Não obstante a regra de não responsabilização pelos danos decorrentes de conteúdo gerado por terceiros, o provedor de aplicações de internet que disponibilize esse tipo de conteúdo será responsabilizado subsidiariamente pela violação da intimidade decorrente da divulgação, sem autorização de seus participantes, de imagens, de vídeos ou de outros materiais de caráter privado quando, após o recebimento de notificação pelo participante ou pelo seu representante legal, deixar de promover, de forma diligente, no âmbito e nos limites técnicos do seu serviço, a indisponibilização desse conteúdo. Essa notificação deverá conter, sob pena de nulidade, elementos que permitam a identificação específica do material apontado como violador da intimidade do participante e a verificação da legitimidade para apresentação do pedido.

Discutindo os limites da responsabilidade dos provedores de hospedagem de *blogs* pela manutenção de dados de seus usuários, o STJ consigna, no REsp nº 1.417.641-RJ, que, ao oferecer um serviço por meio do qual se possibilita que os usuários divulguem livremente suas opiniões, deve o provedor de conteúdo ter o cuidado de propiciar meios para que se possa identificar cada um desses usuários, coibindo o anonimato e atribuindo a cada imagem uma autoria certa e determinada.

Sob a ótica da diligência média que se espera do provedor, do dever de informação e do princípio da transparência, deve este adotar as providências que, conforme as circunstâncias específicas de cada caso, estiverem ao seu alcance para a individualização dos usuários do *site*, sob pena de responsabilização subjetiva por culpa *in omittendo*. Uma vez ciente do ajuizamento da ação e da pretensão nela contida de obtenção dos dados de determinado usuário, estando a questão *sub judice*, o mínimo de bom senso e de prudência sugerem a iniciativa do provedor de conteúdo no sentido de evitar que essas informações se percam.

Essa providência é condizente com a boa-fé que se espera não apenas dos fornecedores e contratantes em geral, mas também da parte de um processo judicial, devendo as informações necessárias à identificação do usuário ser armazenadas pelo provedor de conteúdo por um prazo mínimo de 3 (três) anos, a contar do dia em que o usuário cancela o serviço.

Também do STJ advém o seguinte excerto:

> Atualmente, saber qual o limite da responsabilidade dos provedores de internet ganha extrema relevância, na medida em que, de forma rotineira, noticiam-se violações à intimidade e à vida privada de pessoas e empresas, julgamentos sumários e linchamentos públicos de inocentes, tudo praticado na rede mundial de computadores e com danos substancialmente potencializados em razão da natureza disseminadora do veículo. Os verdadeiros "apedrejamentos virtuais" são tanto mais eficazes quanto o são confortáveis para quem os pratica: o agressor pode recolher-se nos recônditos ambientes de sua vida privada, ao mesmo tempo em que sua culpa é diluída no anonimato da massa de agressores que replicam, frenética e instantaneamente, o mesmo comportamento hostil, primitivo e covarde de seu idealizador, circunstância a revelar que o progresso técnico-científico não traz consigo, necessariamente, uma evolução ética e transformadora das consciências individuais. Certamente, os rituais de justiça sumária e de linchamentos morais praticados por intermédio da internet são as barbáries típicas do nosso tempo. Nessa linha, não parece adequado que o Judiciário adote essa involução humana, ética e social como um módico e inevitável preço a ser pago pela evolução puramente tecnológica, figurando nesse cenário como mero expectador.[25]

---

[25] REsp nº 1.306.157-SP. Disponível em: www.stj.jus.br. Acesso em: 5 jan. 2021.

5   Considerações finais

O fenômeno da globalização é moldado pela ausência de limitações territoriais ou geográficas no que tange à atuação humana, sendo caracterizado pela virtualidade e por mecanismos tecnológicos que encurtam as distâncias e promovem a comunicação instantânea, sobressaindo-se, nesse ambiente, as novas formas de comunicação, que adquiriram relevo com o surgimento da internet.

Os juristas debruçam-se sobre as questões levantadas pelo mundo virtual, direcionando esforços não só no sentido de regular determinados aspectos do mundo virtual, mas também de criar a confiança naquele que utiliza a rede mundial de computadores. Essa mobilização de forças tem como sustentáculo a necessidade de construir a transparência no meio virtual, proporcionando segurança às relações jurídicas, que devem ser pautadas pela boa-fé das partes no que se refere à privacidade dos dados transitados e ao dever de criar um ambiente seguro para a contratação. Ter consciência dos desafios e dos problemas inerentes à utilização da internet é um passo importante para desenvolver ações que visem à restituição da confiança que deve reger todas as relações jurídicas.

Em especial no que concerne à responsabilidade civil na internet e à liberdade de expressão, o direito aplicável ao mundo digital também tem guarida na maioria dos princípios do direito aplicável ao mundo físico. O novo olhar que lhe deve ser dirigido está, principalmente, relacionado à postura de quem o interpreta. A tecnologia não cria espaços imunes à aplicação do direito. Partindo do pressuposto de que a sociedade está inserida no processo de globalização, o grande desafio do operador do direito é ser flexível o bastante para adaptar seu raciocínio às novas situações e não criar obstáculos ao livre desenvolvimento da rede. Assim, permitir-se-á maior adequação à realidade, provendo a dinâmica necessária para acompanhar a velocidade das transformações no mundo virtual, em especial no ambiente das redes sociais.

Presencia-se, nesse contexto, uma alteração nos paradigmas empresariais, um maior poder de informação para o consumidor, uma maior agilidade na consecução de suas transações (comerciais ou de cunho pessoal) e uma maior disseminação das redes sociais, configurando uma mudança de costumes propiciada pela era da tecnologia, na qual se põe em evidência a liberdade de expressão. Nesse panorama, função relevante é atribuída ao direito com o fito de fornecer a necessária segurança aos partícipes das relações virtuais, provendo-lhes a correta prestação jurisdicional e protegendo o ambiente virtual das práticas nocivas que acarretam danos ao internauta, mormente quando este se encontra na posição de consumidor. O direito deve estar coadunado com as novas práticas que surgem a todo o momento, acompanhando de perto as inovações tecnológicas e, por conseguinte, promovendo um ambiente social mais próximo da segurança que deve nortear as relações jurídicas.

São essas possíveis e contraditórias leituras acerca do estado atual da sociedade que fazem com que seja tão rico e complexo o fenômeno globalizante da internet e das redes sociais e sua consequente repercussão na liberdade de expressão, exigindo do direito a maleabilidade necessária para regular as repercussões dessas ferramentas na vida de cada um. O direito, reflexo que é do caminhar evolutivo da sociedade, também é influenciado por essa nova realidade: a dinâmica da era da informação exige uma mudança na própria forma como é exercido e pensado de modo que possa garantir a segurança das expectativas e que incorpore as transformações por meio de uma estrutura flexível que possa sustentá-la no tempo.

Referências

ALBUQUERQUE JÚNIOR, Roberto Paulino. Ensaio introdutório sobre a teoria da responsabilidade civil familiar. *Advocatus*, Recife, ano 4, n. 6, p. 64-74, mar. 2011.

ASCENSÃO, José de Oliveira. *Direito da internet e da sociedade da informação.* Rio de Janeiro: Forense, 2002.

COUTO E SILVA, Clóvis do. *A obrigação como processo.* Rio de Janeiro: FGV, 2006.

DIAS, José de Aguiar. *Da responsabilidade civil.* Rio de Janeiro: Renovar, 2006.

FEYNMAN, Richard Philips. The uncertainty of values. *In*: FEYNMAN, Richard Philips. *The meaning of it all*: the thoughts of a citizen scientist. Reading: Addison-Wesley, 1998.

LÔBO, Paulo Luiz Neto. *Direito civil*: contratos. São Paulo: Saraiva, 2011.

LORENZETTI, Ricardo Luis. *Comércio eletrônico.* São Paulo: Revista dos Tribunais, 2004.

LOTUFO, Renan. Teoria geral dos contratos. *In*: LOTUFO, Renan; NANNI, Giovanni Ettore (Coord.). *Teoria geral dos contratos.* São Paulo: Atlas, 2011.

MARCO Civil: Statement of Support from Sir Tim Berners-Lee. *Web Foundation*, 25 mar. 2014. Disponível em: http://www.webfoundation.org/2014/03/marco-civil-statement-of-support-from-sir-tim-berners-lee/. Acesso em: 20 jan. 2019.

MARTINS-COSTA, Judith. Mercado e solidariedade social entre cosmos e taxis: a boa-fé nas relações de consumo. *In*: MARTINS-COSTA, Judith (Org.). *A reconstrução do direito privado.* São Paulo: Revista dos Tribunais, 2002.

PEREIRA, Caio Mário da Silva. *Instituições de direito civil.* Rio de Janeiro: Forense, 2004. v. III.

PERLINGIERI, Pietro. *O direito civil na legalidade constitucional.* Rio de Janeiro: Renovar, 2008.

PERRIN, Jean-François. La autonomía de la voluntad y el pluralismo jurídico en nuestros días. *Sociologias*, Porto Alegre, ano 7, n. 13, p. 162-178, jan./jun. 2005.

RANOUIL, Véronique. *L'Autonomie de la Volonté*: Naissance et Évolution d'un Concept. Paris: Presses Universitaires de France, 1980.

SANTOS, Boaventura de Sousa. Os processos da globalização. *In*: SANTOS, Boaventura de Sousa (Org.). *A globalização e as ciências sociais.* 3. ed. São Paulo: Cortez, 2005.

SCHREIBER, Anderson. As novas tendências da responsabilidade civil brasileira. *Revista Trimestral de Direito Civil*, Rio de Janeiro, ano 6, v. 22, p. 45-69, abr./jun. 2005.

SCHREIBER, Anderson. *Novos paradigmas da responsabilidade civil*: da erosão dos filtros da reparação à diluição dos danos. 5. ed. São Paulo: Atlas, 2013.

TEPEDINO, Gustavo. A evolução da responsabilidade civil no direito brasileiro e suas controvérsias na atividade estatal. *In*: TEPEDINO, Gustavo. *Temas de direito civil.* 3. ed. Rio de Janeiro: Renovar, 2004.

THEODORO JÚNIOR, Humberto. *Direitos do consumidor.* 3. ed. Rio de Janeiro: Forense, 2002.

TWITTER bloqueia conta de Trump permanentemente. *DW*, 9 jan. 2021. Disponível em: https://www.dw.com/pt-002/twitter-bloqueia-conta-de-trump-permanentemente/a-56179605. Acesso em: 12 jan. 2021.

TWITTER, Facebook e Instagram bloqueiam contas de Trump temporariamente. *G1*, 6 jan. 2021. Disponível em: https://g1.globo.com/economia/tecnologia/noticia/2021/01/06/twitter-diz-que-conta-de-trump-ficara-bloqueada-por-12-horas.ghtml. Acesso em: 12 jan. 2021.

ZITTRAIN, Jonathan L. The generative internet. *Harvard Law Review*, v. 119, n. 7, p. 1974-2040, maio 2006.

Informação bibliográfica deste texto, conforme a NBR 6023:2018 da Associação Brasileira de Normas Técnicas (ABNT):

AQUINO JÚNIOR, Geraldo Frazão de. Liberdade de expressão nas redes sociais e responsabilização dos provedores. *In*: EHRHARDT JÚNIOR, Marcos; LOBO, Fabíola Albuquerque; ANDRADE, Gustavo (Coord.). *Liberdade de expressão e relações privadas*. Belo Horizonte: Fórum, 2021. p. 137-157. ISBN 978-65-5518-188-3.

PARTE III

LIBERDADE DE EXPRESSÃO E *FAKE NEWS*

FAKE NEWS, CAPITALISMO DE VIGILÂNCIA E REDES SOCIAIS

MAURÍCIO REQUIÃO
LUIZA MORAES GALRÃO

1 Introdução

O fenômeno das *fake news* tem sido cada vez mais presente. Gerando interferência em decisões políticas, e até mesmo no combate à atual pandemia, coloca-se como questão que merece urgente combate.

Esse artigo se propõe a investigar a relação entre as *fake news* e a estrutura do capitalismo de vigilância, notadamente no que toca às redes sociais e aplicativos de comunicação. A premissa é de que esta estrutura é parte essencial para a existência das *fake news* como conhecidas hoje.

Em tal intento, inicia-se com abordagem sobre o capitalismo de vigilância, com a finalidade de apresentar breve histórico e explanar o modo como ele intencionalmente criou uma rede de vigilância que o permite lucrar a partir do tratamento de dados pessoais.

Na sequência, realiza-se análise do fenômeno das *fake news*, buscando elencar suas características, tratando tanto daquelas essenciais, como de algumas que costumam aparecer com frequência.

Por fim, apresentam-se algumas considerações jurídicas sobre os pontos anteriormente descritos, com maior foco nas redes sociais e aplicativos de comunicação, esboçando algumas possíveis soluções e apresentando considerações finais.

2 Capitalismo de vigilância

O capitalismo de vigilância consiste em nova ordem econômica que traduz a experiência humana como material bruto para práticas comerciais ocultas de extração, predição e venda, baseando-se em lógica parasitária em que a produção de bens e serviços está subordinada à nova arquitetura global de modificação comportamental.[1]

---

[1] ZUBOFF, Shoshana. *The age of surveillance capitalism* – The fight for a human future at the new frontier of power. Nova York: PublicAffairs, 2019. p. 1.

Seria, então, uma mutação do capitalismo, que se apropria da imensurável quantidade de dados fornecidos gratuitamente pelos usuários às empresas de tecnologia, transformando-os em matéria-prima e produto final altamente lucrativos, representando, dessa forma, grande concentração de riqueza, conhecimento e poder de maneiras nunca antes vistas na história da humanidade.[2]

Esses foram alguns dos conceitos trazidos pela autora Shoshana Zuboff, responsável por intitular essa nova ordem econômica de capitalismo de vigilância, na qual a vivência digital humana é utilizada como matéria-prima gratuita para a conversão em dados comportamentais.[3]

Foi criado, assim, um elaborado mecanismo em que os dados extraídos, além de aplicados à melhoria de produtos ou serviços, são declarados como excedentes comportamentais de propriedade das grandes empresas de tecnologia, alimentados em processos avançados de inteligência artificial com o fito de prever e antecipar o comportamento do usuário.[4]

Posteriormente, esse produto de previsão comportamental é negociado em um novo tipo de mercado, sedimentado pelas empresas interessadas em apostar no comportamento futuro dos usuários, o que resulta em uma valiosa ferramenta de venda, direcionada a um mercado cada vez mais competitivo e sedento por fontes preditivas do comportamento humano, incluindo suas vozes, personalidades e emoções.[5]

Essas empresas ou instituições privadas passam, então, a deter, utilizar, invadir e transmitir, de forma não consentida ou através do conhecimento do usuário, as informações privadas lançadas na rede, utilizando-se de sofisticado sistema de controle e administração desses dados, com o único fim de comercializar o produto preditivo obtido por meio do engenhoso processo.[6] Os dados dos usuários tornaram-se, então, a matéria-prima do negócio, um insumo econômico vital, utilizado para a criação dessa nova forma de valor econômico.[7]

Foi dessa maneira que a internet passou a prestar um papel para além da concessão de informações sobre produtos, serviços ou estilos de vida e pensamento, na medida em que a sua importância, para os capitalistas de vigilância, reside justamente nas suas propriedades cibernéticas. Todos os movimentos e operações realizados na rede pelos usuários geram um registro, tido como um rastro que será armazenado em roteadores,

---

[2] ZUBOFF, Shoshana. *The age of surveillance capitalism* – The fight for a human future at the new frontier of power. Nova York: PublicAffairs, 2019. p. 1.

[3] ZUBOFF, Shoshana. *The age of surveillance capitalism* – The fight for a human future at the new frontier of power. Nova York: PublicAffairs, 2019. p. 7.

[4] ZUBOFF, Shoshana. *The age of surveillance capitalism* – The fight for a human future at the new frontier of power. Nova York: PublicAffairs, 2019. p. 7.

[5] ZUBOFF, Shoshana. *The age of surveillance capitalism* – The fight for a human future at the new frontier of power. Nova York: PublicAffairs, 2019. p. 8.

[6] BLOTTA, Vitor. Mapeando a vigilância corporativa na internet brasileira: privacidade e transparência no Google e Facebook. *In*: FIORILLO, Celso Antonio Pacheco; MARTINEZ, Regina Célia (Org.). *Os 20 anos da internet no Brasil, seus reflexos no meio ambiente digital e sua tutela jurídica na sociedade da informação*. São Paulo: [s.n.], 2015. p. 115. Disponível em: https://www.academia.edu/27455077/Mapeando_a_vigila_ncia_corporativa_na_internet_Brasileira_privacidade_e_transpare_ncia_no_Google_e_Facebook. Acesso em: 4 ago. 2020.

[7] MAYER-SCHÖNBERGER, Viktor; CUKIER, Kenneth. *Big data*: a revolution that will transform how we live, work and think. Boston/Nova York: An Eamon Dolan Book e Houghton Mifflin Harcourt, 2013. p. 5.

servidores e computadores que realizarão captura, guarda e tratamento, fomentando assim o modelo de negócio vigente.[8]

Muito embora seja impossível vislumbrar o capitalismo de vigilância fora do meio digital, ele não deve ser confundido com a tecnologia em si. Este é um ponto crucial a ser entendido, porquanto o objetivo das grandes empresas de tecnologia é justamente fazer com que os usuários acreditem que suas práticas seriam meras expressões inevitáveis das tecnologias que empregam, quando, na realidade, constituem engrenagem meticulosamente calculada, de alto investimento financeiro, que fomentam os fins comerciais verdadeiramente almejados.[9]

Destarte, não se pode considerar o capitalismo de vigilância como um "acidente tecnológico", nem mesmo que a tecnologia representa um fim em si mesma, já que está sempre atrelada aos meios econômicos. Tem-se, com isso, um paradoxo, na medida em que, não obstante o avanço tecnológico possa representar importantes aquisições para a sociedade, está atrelado também a uma lógica de dominância e concentração de poder.

No que toca à origem do capitalismo de vigilância, o Google pode ser considerado o pioneiro, tanto na concepção, quanto na experimentação e na implementação da nova sistemática econômica. Por tratar-se de uma prática sem precedentes, a empresa não enfrentou grandes impedimentos da lei, tampouco precisou se preocupar com qualquer concorrência.[10]

A missão da empresa começou com o preceito de organizar a informação mundial e torná-la universalmente acessível e útil, na promessa de democratizar o conhecimento como uma força social libertadora através do seu mecanismo de busca, o que de fato mudou a vida de todos, trazendo à população incontáveis benefícios.[11]

Assim, conforme a população realizava buscas na rede e passava a utilizar a lista crescente de produtos do Google, este, além de coletar as palavras-chave da pesquisa, passou a produzir recursos de dados totalmente novos, a exemplo dos "dados colaterais", que representam informações além do objeto central da busca, a exemplo do número e o padrão dos termos de pesquisa, de que forma a consulta é formulada, ortografia, pontuação, tempo de permanência, padrões de clique e localização.[12]

De início, esses subprodutos comportamentais eram armazenados aleatoriamente e operacionalmente ignorados, porém, através da visão inovadora de "mineração de dados", descobriu-se que esses registros representavam um perfil detalhado de cada usuário no que toca aos seus pensamentos, sentimentos e interesses, fornecendo, assim,

---

[8] SILVEIRA, Sergio Amadeu. Economia da intrusão e modulação na internet. *Liinc em Revista*, v. 12, n. 1, p. 17-24, maio 2016. p. 18. Disponível em: http://revista.ibict.br/liinc/article/view/3706. Acesso em: 4 ago. 2020.

[9] ZUBOFF, Shoshana. *The age of surveillance capitalism* – The fight for a human future at the new frontier of power. Nova York: PublicAffairs, 2019. p. 14.

[10] ZUBOFF, Shoshana. *The age of surveillance capitalism* – The fight for a human future at the new frontier of power. Nova York: PublicAffairs, 2019. p. 14.

[11] ZUBOFF, Shoshana. *The age of surveillance capitalism* – The fight for a human future at the new frontier of power. Nova York: PublicAffairs, 2019. p. 56.

[12] ZUBOFF, Shoshana. *The age of surveillance capitalism* – The fight for a human future at the new frontier of power. Nova York: PublicAffairs, 2019. p. 62.

um vasto sensor de comportamento humano, que passaria a alimentar o mecanismo de inteligência artificial.[13]

Logo se percebeu que os fluxos contínuos de dados comportamentais colaterais, obtidos através das informações depositadas na rede pelos usuários, poderiam transformar o mecanismo de pesquisa em um sistema de aprendizado recursivo que aprimorava constantemente os resultados da busca e estimulava inovações de produtos, a exemplo da verificação ortográfica, tradução e reconhecimento de voz.[14]

Foi dessa maneira que, segundo Shoshana Zuboff, criou-se uma verdadeira simbiose, na qual a pesquisa precisava de pessoas para se aprimorar e as pessoas precisavam da pesquisa para se informar, formando-se assim um ciclo de *feedback* que possibilitou que os algoritmos do Google aprendessem e produzissem resultados de pesquisa cada vez mais relevantes e abrangentes.[15]

Porém, o ponto de inflexão no que toca ao funcionamento do capitalismo de vigilância ocorreu a partir da comercialização do produto comportamental preditivo confeccionado pela empresa. Nas palavras da suprarreferida autora:

> As matérias primas que antes eram utilizadas exclusivamente para melhoria da qualidade dos resultados da pesquisa agora também seriam usadas no serviço de segmentação de publicidade para usuários individuais. Alguns dados continuariam sendo aplicados à melhoria do serviço, mas as crescentes reservas de sinais colaterais seriam redirecionadas para melhorar a lucratividade dos anúncios para o Google e seus anunciantes. Esses dados comportamentais disponíveis para usos além da melhoria de serviço constituíam um excedente, e foi com base nesse excedente comportamental que a jovem empresa encontraria seu caminho para os "lucros sustentados e exponenciais".[16]

Desse momento em diante, a combinação da inteligência artificial cada vez mais eficiente com os insumos de excedente comportamental progressivamente acumulados se tornaria a lógica basilar para o funcionamento da nova sistemática econômica que, através de captura, análise e aprendizado obtidos pelas buscas dos usuários, transformariam o Google no primordial modelo e centro de difusão do capitalismo de vigilância.

Com o sucesso do Google, não demorou muito até que a prática do capitalismo da vigilância tenha sido implementada rapidamente pelas demais empresas *high techs*, tendo a criação de um mecanismo de busca pavimentado o caminho para a formação de uma nova era de economia da informação, responsável por concentrar poder jamais vislumbrado na história da sociedade nas mãos das grandes empresas de tecnologia, o que trouxe consigo grandiosas repercussões sociais.

Por meio do desenvolvimento do capitalismo de vigilância, foi criada verdadeira economia da informação, sedimentada em razão da evolução tecnológica recente, que criou subsídios de processamento e transmissão de informações em uma quantidade e

---

[13] ZUBOFF, Shoshana. *The age of surveillance capitalism* – The fight for a human future at the new frontier of power. Nova York: PublicAffairs, 2019. p. 62.

[14] ZUBOFF, Shoshana. *The age of surveillance capitalism* – The fight for a human future at the new frontier of power. Nova York: PublicAffairs, 2019. p. 62.

[15] ZUBOFF, Shoshana. *The age of surveillance capitalism* – The fight for a human future at the new frontier of power. Nova York: PublicAffairs, 2019. p. 63.

[16] Tradução livre de ZUBOFF, Shoshana. *The age of surveillance capitalism* – The fight for a human future at the new frontier of power. Nova York: PublicAffairs, 2019. p. 69.

velocidade sem precedentes, substituindo, assim, os recursos que outrora estruturavam as sociedades pré-modernas.[17]

Dessa maneira, foi inserida na sociedade uma nova forma de organização, em que a informação é elemento nuclear e estruturante para o desenvolvimento da economia, tal qual a terra, as máquinas a vapor e a eletricidade significaram para a sociedade agrícola, industrial e pós-industrial, respectivamente.[18]

Tal revolução foi permitida por meio da criação dos *bits*, menor parcela de informação processada por um computador que, através do sistema binário de dígitos (1 e 0), implica uma virada exponencial da quantidade de informação processada, organizada e acessada, acarretando, assim, progresso quantitativo e qualitativo do processamento informacional.[19]

Diante da disponibilização da informação em massa, surge o *big data*, que consiste no tratamento de dados em larga escala com a finalidade de extração de novas ideias e criação de novas formas de valor, sendo desenvolvida a capacidade de mudar mercados, organizações, o relacionamento entre cidadãos, as políticas empregadas por governos, entre outras repercussões sociais.[20]

Por meio dessas novas tecnologias e do processamento do *big data*, o *marketing* digital foi levado a outro nível, por dispor de ferramentas altamente eficazes de interferência comportamental, capazes de individualizar ou agrupar condutas e criar perfis de consumo, para assim interceptar os atos dos usuários no momento propício de influenciar sua conduta.

Ao passo que o usuário alimenta a rede com incontáveis informações sobre si próprio, como gostos (alimentação, vestuário, viagens, gosto musical), pretensões (mudar de casa, fazer um curso), estado de humor (feliz, ansioso, alegre, com medo), hábitos *on-line* e *off-line*, posicionamento político, social, religioso e mais uma diversa gama de tendências comportamentais, todas essas informações servirão de insumo para criar um perfil e vendê-lo às empresas interessadas na divulgação dos seus produtos/serviços.

O Facebook, por exemplo, utiliza-se da formação de *lookalike audiences*, uma técnica de publicidade que consiste em encontrar um público semelhante para os clientes de determinado anunciante, através dos diversos dados disponibilizados em sua plataforma, como o que foi "curtido", compartilhado, excluído e bloqueado; a frequência em que uma página é visitada; ou a menção de um produto/serviço específico, para então oferecer às empresas exatamente o segmento que mais se assemelha aos possíveis consumidores, conseguindo medir até mesmo a eficácia dos anúncios através das visualizações e cliques.[21]

---

[17] BIONI, Bruno Ricardo. *Proteção de dados pessoais e a função e os limites do consentimento*. Rio de Janeiro: Forense, 2019. p. 5.

[18] BIONI, Bruno Ricardo. *Proteção de dados pessoais e a função e os limites do consentimento*. Rio de Janeiro: Forense, 2019. p. 5.

[19] BIONI, Bruno Ricardo. *Proteção de dados pessoais e a função e os limites do consentimento*. Rio de Janeiro: Forense, 2019. p. 8.

[20] MAYER-SCHÖNBERGER, Viktor; CUKIER, Kenneth. *Big data*: a revolution that will transform how we live, work and think. Boston/Nova York: An Eamon Dolan Book e Houghton Mifflin Harcourt, 2013. p. 6.

[21] SILVEIRA, Sergio Amadeu. Economia da intrusão e modulação na internet. *Liinc em Revista*, v. 12, n. 1, p. 17-24, maio 2016. p. 20. Disponível em: http://revista.ibict.br/liinc/article/view/3706. Acesso em: 4 ago. 2020.

Inclusive, ainda que não sejam compartilhadas informações pessoais de forma direta, os métodos de análise computacionais poderão captar ou até mesmo deduzir importantes dados pelas próprias ações do usuário na rede, como os seus relacionamentos, documentos, consultas de pesquisa, páginas da *web* acessadas, atividade de navegação e informações sobre anúncios anteriores que o usuário mostrou, selecionou e/ou fez compras após a visualização.[22]

Tais ferramentas podem ser denominadas publicidade comportamental *on-line*, que, através do rastreamento da navegação do usuário, cria um rico retrato do seu perfil e respectivas preferências e, em última análise, a sua suscetibilidade de consumo com base nesses dados, propiciando abordagem publicitária de elevada eficiência.[23]

Por meio do avanço da tecnologia móvel, passou-se a utilizar também localização geográfica do indivíduo para o direcionamento das ações publicitárias, levando em conta a proximidade física do potencial consumidor ao bem de consumo ofertado, o que explica o forte interesse das empresas pelos hábitos de vida *off-line* da população, através de tecnologias que promovem constante ubiquidade.[24]

Diante desse cenário, não pairam dúvidas quanto à importância do mecanismo desenvolvido através do capitalismo de vigilância para a economia, entretanto, a presença cada vez mais penetrante de sistemas de inteligência artificial no cotidiano da população suscita também preocupações relacionadas à autodeterminação humana e à proteção de direitos fundamentais, diante da forte influência que operam no comportamento dos usuários.[25]

É que, embora concebida através do meio virtual, essa nova forma de organização social transcende esse ambiente, interferindo diretamente na forma de pensar, agir, sentir e consumir da sociedade, o que cria perigosa linha de ingerência na tomada de decisão e, sob ótica mais ampla, no próprio livre arbítrio e autonomia dos indivíduos.

Tais interferências criariam a chamada "ditadura dos dados", que dificulta a concretização de ideias relacionadas à transparência, compreensibilidade e auditabilidade,[26] ao passo que, além de direcionar produtos/serviços de acordo com o perfil do usuário, utiliza-se de técnicas desde a elaboração da interface, o *design* de *softwares*, os recursos técnicos das próprias plataformas e os sistemas de recomendação, para efetivamente influenciar o comportamento do indivíduo.[27]

---

[22] ZUBOFF, Shoshana. *The age of surveillance capitalism* – The fight for a human future at the new frontier of power. Nova York: PublicAffairs, 2019. p. 72.

[23] BIONI, Bruno Ricardo. *Proteção de dados pessoais e a função e os limites do consentimento*. Rio de Janeiro: Forense, 2019. p. 18.

[24] BIONI, Bruno Ricardo. *Proteção de dados pessoais e a função e os limites do consentimento*. Rio de Janeiro: Forense, 2019. p. 22.

[25] WIMMER, Miriam. Inteligência artificial, algoritmos e o direito. Um panorama dos principais desafios. *In*: LIMA, Ana Paula M. Canto de; HISSA, Carmina Bezerra; SALDANHA, Paloma Mendes (Coord.). *Direito digital*: debates contemporâneos. 1. ed. São Paulo: Thomson Reuters Brasil, 2019. p. 18.

[26] WIMMER, Miriam. Inteligência artificial, algoritmos e o direito. Um panorama dos principais desafios. *In*: LIMA, Ana Paula M. Canto de; HISSA, Carmina Bezerra; SALDANHA, Paloma Mendes (Coord.). *Direito digital*: debates contemporâneos. 1. ed. São Paulo: Thomson Reuters Brasil, 2019. p. 19.

[27] BRUNO, Fernanda Glória; BENTES, Anna Carolina Franco; FALTAY, Paulo. Economia psíquica dos algoritmos e laboratório de plataforma: mercado, ciência e modulação do comportamento. *Revista Famecos*, v. 26, n. 3, p. e33095, dez. 2019. p. 10. Disponível em: https://revistaseletronicas.pucrs.br/ojs/index.php/revistafamecos/article/view/33095. Acesso em: 5 ago. 2020.

Neste aspecto, as mídias sociais operam papel extremamente relevante quanto à influência comportamental exercida através do capitalismo de vigilância. É que, além de alimentar as redes com informações gerais, os usuários dispõem também sobre seus estados psicológicos, não somente através das suas próprias postagens, mas também por meio de ferramentas criadas pelas plataformas para captar o humor do indivíduo, como os *likes*, *dislikes*, atualização de *status*, ícones de reação, "carinhas" e testes psicológicos.

O veloz capitalismo de vigilância passa a se interessar, então, não apenas pelos rastros das ações e interações dos usuários, mas também pela "tonalidade" psíquica e emocional de tais rastros, de modo a facilitar a indução e modificação do comportamento humano, por meio de *designs* e arquiteturas voltados a alimentar algoritmos de plataformas e aplicativos com dados psíquicos e emocionais, de modo a torná-los disponíveis para o cálculo computacional.[28]

Assim, muito embora o usuário acredite estar navegando livremente pela *web*, em realidade ele pode estar sendo conduzido, através da exploração das suas vulnerabilidades cognitivas e emocionais e por meio de ferramentas estrategicamente localizadas aptas a interferir em tempo real nas suas ações e emoções, a tomar decisões que beneficiarão interesses econômicos alheios.

Esses mecanismos tornaram-se, portanto, meios ocultos de exercer controle disciplinar ao orientar, interceptar e modelar as condutas, opiniões e discursos humanos,[29] ultrapassando, assim, os limites da ética e da legitimidade,[30] embora acabem não sendo percebidos como intrusivos ou controladores por serem considerados "úteis" para o dia a dia das pessoas.[31]

Percebe-se, diante disso, que, para além dos fins comerciais, o capitalismo de vigilância tem o poder de efetivamente influenciar o comportamento dos cidadãos em variados âmbitos, bastando direcionar determinadas informações para cada tipo de usuário, estando inseridas nesse campo até mesmo matérias jornalísticas, muitas vezes de veracidade duvidosa, com o fito de modular o comportamento do indivíduo de acordo com a vontade de terceiros.

Ao modificar a ação humana de forma oculta e com fins lucrativos, políticos e sociais, o capitalismo de vigilância exila o usuário do seu próprio comportamento, através da lógica de que o material humano seria mutável e, portanto, personalidade,

---

[28] BRUNO, Fernanda Glória; BENTES, Anna Carolina Franco; FALTAY, Paulo. Economia psíquica dos algoritmos e laboratório de plataforma: mercado, ciência e modulação do comportamento. *Revista Famecos*, v. 26, n. 3, p. e33095, dez. 2019. p. 5. Disponível em: https://revistaseletronicas.pucrs.br/ojs/index.php/revistafamecos/article/view/33095. Acesso em: 5 ago. 2020.

[29] ARRUDA, Rene Eduardo. Sistemas algorítmicos e governamentalidade: perspectivas da sociedade de controle e capitalismo de vigilância. *In*: SIMPÓSIO NACIONAL DA ABCIBER, DEVIRES DA CIBERCULTURA: POLÍTICAS E PRÁTICAS, XII. *Anais...* Porto Alegre: [s.n.], 2019. p. 9. Disponível em: https://www.academia.edu/41366484/SISTEMAS_ALGOR%C3%8DTMICOS_E_GOVERNAMENTALIDADE_PERSPECTIVAS_DA_SOCIEDADE_DE_CONTROLE_E_CAPITALISMO_DE_VIGIL%C3%82NCIA?sm=b. Acesso em: 3 ago. 2020.

[30] PINHEIRO, Patricia Peck. *Direito digital*. 6. ed. rev., atual. e ampl. São Paulo: Saraiva, 2016. p. 481.

[31] MEIRELES, Adriana Veloso. Algoritmos e autonomia; relações de poder e resistência no capitalismo de Vigilância. *In*: SIMPÓSIO INTERNACIONAL LAVITS. ASSIMETRIAS E (IN)VISIBILIDADES: VIGILÂNCIA, GÊNERO E RAÇA, VI. *Anais...* Salvador: [s.n.], 2019. Disponível em: http://lavits.org/wp-content/uploads/2019/12/VelosoMeireles-LAVITISS-2019.pdf. Acesso em: 1º ago. 2020.

identidade, consciência e capacidade de comportamento autodeterminante poderiam ser eliminadas e substituídas pelo controle externo.[32]

Porém, não aparenta ser justa a necessidade de lançar mão de direitos como autonomia privada, livre arbítrio e privacidade em troca de uma vida com mais eficácia e participação social. O modelo atualmente vivido já ultrapassa barreiras de proteção à individualidade e, com o exponencial desenvolvimento tecnológico, pode ser criado panorama ainda mais suscetível à violação de direitos fundamentais.

3   Entendendo as *fake news*

A expressão *fake news* já se tornou corrente na linguagem. Entretanto, não há um uso uniforme da expressão, razão pela qual se faz necessário, para qualquer investigação, buscar traçar suas características.

A primeira característica das *fake news* é, por óbvio, tratar-se da produção de uma informação falsa, uma mentira, uma falsa representação da realidade. Essa característica aparece na totalidade dos textos pesquisados que se propõem a definir ou enumerar características das *fake news*,[33] sendo, portanto, seu elemento mais definidor. Então, quando se fala de *fake news*, está se falando de algo que retrata falsamente o mundo. Não se trata aqui de mero juízo de valor,[34] mas, sim, de uma falsa informação.

Assim, por exemplo, afirmar que o comício de um político foi um sucesso ou um fracasso é algo que é esperado que esteja permeado pela subjetividade do interlocutor e, portanto, não é, necessariamente, *fake news*. Ao contrário, caso se afirme que compareceram ao comício dez mil pessoas, quando na verdade apenas foram cem, estaria presente a característica da falsidade que é inerente às *fake news*.

A segunda característica, que aparece de modo acoplado à falsidade da informação, é o fato de que tal mentira é gerada de modo deliberado.[35] Ao menos na sua criação, há

---

[32] ZUBOFF, Shoshana. *The age of surveillance capitalism* – The fight for a human future at the new frontier of power. Nova York: PublicAffairs, 2019. p. 285.

[33] GOMES, Wilson da Silva; DOURADO, Tatiana. Fake news, um fenômeno de comunicação política entre jornalismo, política e democracia. *Estudos em Jornalismo e Mídia*, v. 16, n. 2, jul./dez. 2019. ISSNe 1984-6924. p. 35. Disponível em: http://dx.doi.org/10.5007/1984-6924.2019v16n2p33. Acesso em: 15 jan. 2021; FRIAS FILHO, Otavio. O que é falso sobre fake news. *Revista USP*, São Paulo, n. 116, p. 39-44, jan./mar. 2018. p. 43. Disponível em: https://www.revistas.usp.br/revusp/article/view/146576. Acesso em: 15 jan. 2021; HIMMA- HIMMA-KADAKAS, Marju. Alternative facts and fake news entering journalistic content production cycle. *Cosmopolitan Civil Societies: An Interdisciplinary Journal*, v. 9, n. 2, p. 25-40, 2017. p. 26. Disponível em: http://dx.doi.org/10.5130/ccs.v9i2.5469. Acesso em: 15 jan. 2021; RECUERO, Raquel; GRUZD, Anatoliy. Cascatas de fake news políticas: um estudo de caso no Twitter. *Galaxia*, São Paulo, n. 41, p. 31-47, maio/ago. 2019. ISSN 1982-2553. p. 32. Disponível em: http://dx.doi.org/10.1590/1982-25542019239035. Acesso em: 15 jan. 2021; QUINELATO, João. Liberdade, verdade e fake news: mecanismos para o ressarcimento de danos. *In*: EHRHARDT JÚNIOR, Marcos; CATALAN, Marcos; MALHEIROS, Pablo (Coord.). *Direito civil e tecnologia*. Belo Horizonte: Fórum, 2020. p. 470.

[34] QUINELATO, João. Liberdade, verdade e fake news: mecanismos para o ressarcimento de danos. *In*: EHRHARDT JÚNIOR, Marcos; CATALAN, Marcos; MALHEIROS, Pablo (Coord.). *Direito civil e tecnologia*. Belo Horizonte: Fórum, 2020. p. 470.

[35] GOMES, Wilson da Silva; DOURADO, Tatiana. Fake news, um fenômeno de comunicação política entre jornalismo, política e democracia. *Estudos em Jornalismo e Mídia*, v. 16, n. 2, jul./dez. 2019. ISSNe 1984-6924. p. 35. Disponível em: http://dx.doi.org/10.5007/1984-6924.2019v16n2p33. Acesso em: 15 jan. 2021; FRIAS FILHO, Otavio. O que é falso sobre fake news. *Revista USP*, São Paulo, n. 116, p. 39-44, jan./mar. 2018. p. 43. Disponível em: https://www.revistas.usp.br/revusp/article/view/146576. Acesso em: 15 jan. 2021; HIMMA-KADAKAS, Marju. Alternative facts and fake news entering journalistic content production cycle. *Cosmopolitan Civil Societies: An Interdisciplinary Journal*, v. 9, n. 2, p. 25-40, 2017. p. 26. Disponível em: http://dx.doi.org/10.5130/ccs.v9i2.5469.

o elemento intencional, malicioso. Assim, quem cria *fake news* tem consciência de que está divulgando informação que é falsa. Na sua propagação, entretanto, esse elemento aparece de maneira acidental, já que há pessoas que a reproduzirão com consciência de se tratar de *fake news*, enquanto outras acreditarão que elas trazem informação verdadeira, afinal, é justamente esse o seu objetivo.

A terceira característica que costuma ser apontada é a de que as *fake news* são apresentadas numa forma que busca emular, mimetizar a da notícia jornalística, como modo de aumentar a sua credibilidade.[36] Daí, inclusive, o uso de *news* na expressão, como referência à ideia de que ela buscaria se apresentar como uma notícia e não mero boato.

Isso se deve ao fato de, idealmente, o jornalismo ocupar papel de informar a população sobre os acontecimentos da atualidade por meio de trabalho sério, com a devida apuração de fatos antes da sua divulgação. Assim, ao emular uma notícia jornalística, as *fake news* buscariam se apropriar indevidamente desta credibilidade.

Embora esta seja característica muito comum, não se considera aqui que seja ela essencial para caracterizar o que vem hoje sendo considerado *fake news*. Ou seja, é possível que algo seja caracterizado como *fake news* independentemente de buscar mimetizar matéria jornalística. A título de exemplo, que por sua gravidade dispensa outros, as diversas falas do Presidente Jair Bolsonaro, ao longo do ano de 2020 e no início deste ano de 2021, momento em que este texto é escrito, a respeito do combate à pandemia do Covid-19. Tais manifestações chegaram ao ponto de, inclusive, o Twitter marcar *post* seu, em 15.1.2021, como contrário às políticas da plataforma por ser informação falsa.[37]

Apresentadas estas características mais definidoras, há ainda outros aspectos que se mostram relevantes para o entendimento das *fake news*. No que toca ao tema do seu conteúdo, aparece com frequência nos artigos acadêmicos o cunho político.[38] Isso não significa que as *fake news* estejam necessariamente relacionadas com questões políticas, num sentido mais estrito, mas sim que são amplamente utilizadas nesse campo.

Apenas para focar no Brasil, é possível encontrar trabalhos explorando a propagação das *fake news* durante eventos que culminaram na prisão e o julgamento

---

Acesso em: 15 jan. 2021; RECUERO, Raquel; GRUZD, Anatoliy. Cascatas de fake news políticas: um estudo de caso no Twitter. *Galaxia*, São Paulo, n. 41, p. 31-47, maio/ago. 2019. ISSN 1982-2553. p. 32. Disponível em: http://dx.doi.org/10.1590/1982-25542019239035. Acesso em: 15 jan. 2021; QUINELATO, João. Liberdade, verdade e fake news: mecanismos para o ressarcimento de danos. *In*: EHRHARDT JÚNIOR, Marcos; CATALAN, Marcos; MALHEIROS, Pablo (Coord.). *Direito civil e tecnologia*. Belo Horizonte: Fórum, 2020. p. 470.

[36] GOMES, Wilson da Silva; DOURADO, Tatiana. Fake news, um fenômeno de comunicação política entre jornalismo, política e democracia. *Estudos em Jornalismo e Mídia*, v. 16, n. 2, jul./dez. 2019. ISSNe 1984-6924. p. 36. Disponível em: http://dx.doi.org/10.5007/1984-6924.2019v16n2p33. Acesso em: 15 jan. 2021; HIMMA-KADAKAS, Marju. Alternative facts and fake news entering journalistic content production cycle. *Cosmopolitan Civil Societies: An Interdisciplinary Journal*, v. 9, n. 2, p. 25-40, 2017. p. 26. Disponível em: http://dx.doi.org/10.5130/ccs.v9i2.5469. Acesso em: 15 jan. 2021; RECUERO, Raquel; GRUZD, Anatoliy. Cascatas de fake news políticas: um estudo de caso no Twitter. *Galaxia*, São Paulo, n. 41, p. 31-47, maio/ago. 2019. ISSN 1982-2553. p. 32. Disponível em: http://dx.doi.org/10.1590/1982-25542019239035. Acesso em: 15 jan. 2021.

[37] TOMAZELLI, Idiana. Twitter marca como 'enganosa' publicação de Bolsonaro sobre tratamento precoce para Covid-19. *Estadão*, Brasília, 15 jan. 2021. Disponível em: https://politica.estadao.com.br/noticias/geral,twitter-marca-como-enganosa-publicacao-de-bolsonaro-sobre-tratamento-precoce-para-covid-19,70003583083. Acesso em: 21 jan. 2021.

[38] GOMES, Wilson da Silva; DOURADO, Tatiana. Fake news, um fenômeno de comunicação política entre jornalismo, política e democracia. *Estudos em Jornalismo e Mídia*, v. 16, n. 2, jul./dez. 2019. ISSNe 1984-6924. p. 38. Disponível em: http://dx.doi.org/10.5007/1984-6924.2019v16n2p33. Acesso em: 15 jan. 2021; FRIAS FILHO, Otavio. O que é falso sobre fake news. *Revista USP*, São Paulo, n. 116, p. 39-44, jan./mar. 2018. p. 43. Disponível em: https://www.revistas.usp.br/revusp/article/view/146576. Acesso em: 15 jan. 2021.

do Ex-Presidente Lula;[39] durante as eleições presidenciais de 2018,[40] como o caso do kit *gay* e da mamadeira de piroca,[41] bem como das veiculadas sobre os candidatos Fernando Haddad e Manuela D'Ávila; e mesmo após o processo eleitoral de 2018, com as alegações de fraude nas eleições.[42]

Entretanto, como já salientado, as *fake news* não versam necessariamente sobre questões políticas num sentido estrito. O ano de 2020, por exemplo, por conta da pandemia, foi célebre na propagação de *fake news* sobre o Covid-19,[43] como se já não fosse problema suficiente o combate ao vírus. Artigo analisando a disseminação de *fake news* sobre o tema em língua inglesa identificou, entre outras, afirmações de que: o coronavírus seria transmitido por picada de mosquito; beber água quente, urina de vaca, metanol ou álcool seria meio de curar a doença; o coronavírus seria transmitido pelas torres de 5G; o coronavírus teria sua cura por uso de diversas drogas farmacêuticas sem eficácia comprovada.[44]

No Brasil, mais uma vez, as comunicações do próprio Presidente Jair Bolsonaro também servem como exemplo de disseminação de *fake news* sobre o coronavírus, tendo, por exemplo, minimizado os efeitos do vírus ("é só uma gripezinha"), e defendido, até o presente momento, o uso da cloroquina e ivermectina como "tratamento precoce", sem que haja qualquer evidência científica nesse sentido.[45]

Outro ponto que costuma ser destacado é que, no campo político, as *fake news* são usualmente ferramenta utilizada pelos que integram, para uns, o espectro da direita conservadora,[46] ou, para outros, dos movimentos populistas.[47] Nesse ponto, inclusive, há uma disputa narrativa sobre o que seriam *fake news*. Isso porque os políticos de extrema direita costumam usar o termo *fake news* para se referir às notícias veiculadas

---

[39] RECUERO, Raquel; GRUZD, Anatoliy. Cascatas de fake news políticas: um estudo de caso no Twitter. *Galaxia*, São Paulo, n. 41, p. 31-47, maio/ago. 2019. ISSN 1982-2553. p. 35. Disponível em: http://dx.doi.org/10.1590/1982-25542019239035. Acesso em: 15 jan. 2021.

[40] GOUVÊA, Carina Barbosa; CASTELO, Pedro H. Villas Bôas. *Populismos*. Belo Horizonte: Casa do Direito, 2020. p. 131.

[41] GOMES, Wilson da Silva; DOURADO, Tatiana. Fake news, um fenômeno de comunicação política entre jornalismo, política e democracia. *Estudos em Jornalismo e Mídia*, v. 16, n. 2, jul./dez. 2019. ISSNe 1984-6924. p. 38. Disponível em: http://dx.doi.org/10.5007/1984-6924.2019v16n2p33. Acesso em: 15 jan. 2021.

[42] GOMES, Wilson da Silva; DOURADO, Tatiana. Fake news, um fenômeno de comunicação política entre jornalismo, política e democracia. *Estudos em Jornalismo e Mídia*, v. 16, n. 2, jul./dez. 2019. ISSNe 1984-6924. p. 39. Disponível em: http://dx.doi.org/10.5007/1984-6924.2019v16n2p33. Acesso em: 15 jan. 2021.

[43] BIN NAEEM, Salman; BHATTI, Rubina; KHAN, Aqsa. An exploration of how fake news is taking over social media and putting public health at risk. *Health Information & Libraries Journal*, 2020. p. 1. Disponível em: https://onlinelibrary.wiley.com/doi/full/10.1111/hir.12320. Acesso em: 15 jan. 2021; QUINELATO, João. Liberdade, verdade e fake news: mecanismos para o ressarcimento de danos. *In*: EHRHARDT JÚNIOR, Marcos; CATALAN, Marcos; MALHEIROS, Pablo (Coord.). *Direito civil e tecnologia*. Belo Horizonte: Fórum, 2020. p. 466.

[44] BIN NAEEM, Salman; BHATTI, Rubina; KHAN, Aqsa. An exploration of how fake news is taking over social media and putting public health at risk. *Health Information & Libraries Journal*, 2020. p. 2-4. Disponível em: https://onlinelibrary.wiley.com/doi/full/10.1111/hir.12320. Acesso em: 15 jan. 2021.

[45] COLETTA, Ricardo Della. Bolsonaro volta a defender remédios sem eficácia e cita 'tratamento precoce' em caso de 2ª onda. *Folha de S.Paulo*, Brasília, 11 nov. 2020. Disponível em: https://www1.folha.uol.com.br/equilibrioesaude/2020/11/bolsonaro-volta-a-defender-remedios-sem-eficacia-e-cita-tratamento-precoce-em-caso-de-2a-onda.shtml. Acesso em: 18 jan. 2021.

[46] GOMES, Wilson da Silva; DOURADO, Tatiana. Fake news, um fenômeno de comunicação política entre jornalismo, política e democracia. *Estudos em Jornalismo e Mídia*, v. 16, n. 2, jul./dez. 2019. ISSNe 1984-6924. p. 37. Disponível em: http://dx.doi.org/10.5007/1984-6924.2019v16n2p33. Acesso em: 15 jan. 2021.

[47] GOUVÊA, Carina Barbosa; CASTELO, Pedro H. Villas Bôas. *Populismos*. Belo Horizonte: Casa do Direito, 2020. p. 99.

pelos veículos mais tradicionais de imprensa,[48] notadamente quando estas trazem informações que lhes são desfavoráveis.[49]

Assim é que políticos como Donald Trump e Jair Bolsonaro utilizam de modo regular o uso da expressão *fake news* para atacar justamente a credibilidade dos veículos de imprensa, que consideram reduto dos esquerdistas. Do outro lado, como se faz nesse artigo, e na ciência em geral, são justamente as falas e notícias falseadas vinculadas aos políticos de tal espectro que são caracterizadas como *fake news*.

Por fim, porém, como ponto central para este artigo, embora as notícias falsas não tenham surgido no mundo só agora,[50] as *fake news*, no modo como hoje existem, só se tornaram possíveis graças à era digital,[51] notadamente por conta da estrutura criada pelo capitalismo de vigilância. Foi o advento das redes sociais e dos aplicativos de comunicação que possibilitou a ampla e rápida propagação que é essencial para a ocorrência deste fenômeno. Afinal, a existência e disseminação de notícias falsas sempre ocorreu, mas nunca antes com a potência proporcionada por estes meios de interação social, originalmente criados como modo de implementação do capitalismo de vigilância.

Note-se que essa estrutura beneficiou a propagação das *fake news* não apenas pelos pontos acima citados, mas também por favorecer a formação de bolhas, em que os sujeitos passam a receber majoritariamente conteúdo que confirme suas crenças e interesses, o que, inclusive, contribui para a polarização.[52] Não à toa, quanto mais polarizado o grupo que se analisa, maior a incidência de compartilhamentos de *fake news*.[53]

Os algoritmos das redes sociais não têm como função precípua a checagem da veracidade das informações postadas, mas sim as reverter em lucro, da melhor forma possível, para as empresas que as mantêm.

---

[48] GOMES, Wilson da Silva; DOURADO, Tatiana. Fake news, um fenômeno de comunicação política entre jornalismo, política e democracia. *Estudos em Jornalismo e Mídia*, v. 16, n. 2, jul./dez. 2019. ISSNe 1984-6924. p. 37. Disponível em: http://dx.doi.org/10.5007/1984-6924.2019v16n2p33. Acesso em: 15 jan. 2021.

[49] FRIAS FILHO, Otavio. O que é falso sobre fake news. *Revista USP*, São Paulo, n. 116, p. 39-44, jan./mar. 2018. p. 42. Disponível em: https://www.revistas.usp.br/revusp/article/view/146576. Acesso em: 15 jan. 2021.

[50] FRIAS FILHO, Otavio. O que é falso sobre fake news. *Revista USP*, São Paulo, n. 116, p. 39-44, jan./mar. 2018. p. 41. Disponível em: https://www.revistas.usp.br/revusp/article/view/146576. Acesso em: 15 jan. 2021; QUINELATO, João. Liberdade, verdade e fake news: mecanismos para o ressarcimento de danos. *In*: EHRHARDT JÚNIOR, Marcos; CATALAN, Marcos; MALHEIROS, Pablo (Coord.). *Direito civil e tecnologia*. Belo Horizonte: Fórum, 2020. p. 465.

[51] GOMES, Wilson da Silva; DOURADO, Tatiana. Fake news, um fenômeno de comunicação política entre jornalismo, política e democracia. *Estudos em Jornalismo e Mídia*, v. 16, n. 2, jul./dez. 2019. ISSNe 1984-6924. p. 36. Disponível em: http://dx.doi.org/10.5007/1984-6924.2019v16n2p33. Acesso em: 15 jan. 2021; FRIAS FILHO, Otavio. O que é falso sobre fake news. *Revista USP*, São Paulo, n. 116, p. 39-44, jan./mar. 2018. p. 42. Disponível em: https://www.revistas.usp.br/revusp/article/view/146576. Acesso em: 15 jan. 2021; HIMMA-KADAKAS, Marju. Alternative facts and fake news entering journalistic content production cycle. *Cosmopolitan Civil Societies: An Interdisciplinary Journal*, v. 9, n. 2, p. 25-40, 2017. p. 26. Disponível em: http://dx.doi.org/10.5130/ccs.v9i2.5469. Acesso em: 15 jan. 2021; RECUERO, Raquel; GRUZD, Anatoliy. Cascatas de fake news políticas: um estudo de caso no Twitter. *Galaxia*, São Paulo, n. 41, p. 31-47, maio/ago. 2019. ISSN 1982-2553. p. 33. Disponível em: http://dx.doi.org/10.1590/1982-25542019239035. Acesso em: 15 jan. 2021; QUINELATO, João. Liberdade, verdade e fake news: mecanismos para o ressarcimento de danos. *In*: EHRHARDT JÚNIOR, Marcos; CATALAN, Marcos; MALHEIROS, Pablo (Coord.). *Direito civil e tecnologia*. Belo Horizonte: Fórum, 2020. p. 466.

[52] RIBEIRO, Manoel Horta; ALMEIDA, Pedro H.; CALAIS, Virgílio A. F.; MEIRA JR., Wagner. "Everything I disagree with is #fakenews": correlating political polarization and spread of misinformation. *In*: DATA SCIENCE + JOURNALISM @ KDD 2017. *Proceedings...* Halifax, Canada: [s.n.], 2017. DOI: 10.475/123 4. p. 1.

[53] RIBEIRO, Manoel Horta; ALMEIDA, Pedro H.; CALAIS, Virgílio A. F.; MEIRA JR., Wagner. "Everything I disagree with is #fakenews": correlating political polarization and spread of misinformation. *In*: DATA SCIENCE + JOURNALISM @ KDD 2017. *Proceedings...* Halifax, Canada: [s.n.], 2017. DOI: 10.475/123 4. p. 3.

Por conta disso, os algoritmos fazem com que cheguem até os sujeitos as informações que presumem sejam do seu interesse, favorecendo assim, ao menos no campo psíquico, a confirmação do leitor das *fake news*. E isso acontece tanto por conta de o sujeito receber a mesma informação várias vezes ("se todo mundo está dizendo, então é verdade"), como também pelo sujeito, especialmente num ambiente polarizado, tender a acreditar mais facilmente em informações que confirmem a sua crença ("*bias de confirmação*"),[54] utilizando com mais frequência o termo *fake news* para se referir a qualquer notícia que a desafie.[55]

Os algoritmos das redes sociais, entretanto, não apenas favorecem a criação das bolhas. A criação destas, em verdade, depende de um fator anterior que é o tratamento de dados pessoais dos usuários. A criação da bolha depende previamente de saber os gostos e interesses de cada usuário, para que assim lhes possam ser entregues certos conteúdos.

Essa perfilização é essencial para a estrutura econômica do capitalismo de vigilância, pois é ela que permite a existência do *marketing* direcionado. É por conta deste tratamento de dados pessoais que as empresas que gerenciam as redes sociais conseguem vender aos seus anunciantes espaços publicitários que lhes são extremamente atrativos, pois serão direcionados já ao seu público-alvo, e não simplesmente expostas de um modo mais geral, como acontece num *outdoor*, por exemplo.

Ocorre que, embora esta estrutura tenha sido originalmente pensada para questões comerciais, os últimos anos vêm mostrando que podem também ser utilizadas no campo político, inclusive para a disseminação das *fake news*. Foi assim no Brexit, nas eleições norte-americanas de 2016 e nas eleições brasileiras de 2018.

O Google e o Facebook tiveram papel determinante nessas ocasiões, diante da indiferença e conivência com as políticas de desinformação implantadas, sobretudo em períodos de eleições. Um importante exemplo foi a decisão do Facebook de padronizar a apresentação do conteúdo do *feed* de notícias para que todas as informações ali lançadas tivessem o mesmo formato, desde notícias jornalísticas sérias, testes de personalidade, matérias de fofoca e informações de jornais desprovidos de qualquer credibilidade.[56]

Essa expressão de equivalência sem igualdade tornou as informações lançadas no Facebook excepcionalmente vulneráveis à influência das *fake news*, não havendo qualquer controle na habilitação de anunciantes, que escolhem o público para o qual exibirão seus anúncios de acordo com suas suscetibilidades, havendo ocorrência, ao longo dos anos, de anúncios de marcas legítimas ao lado de materiais com discurso de ódio, conteúdo político extremo e publicações de vídeos terroristas, racistas e antissemitas.[57]

---

[54] RECUERO, Raquel; GRUZD, Anatoliy. Cascatas de fake news políticas: um estudo de caso no Twitter. *Galaxia*, São Paulo, n. 41, p. 31-47, maio/ago. 2019. ISSN 1982-2553. p. 33. Disponível em: http://dx.doi.org/10.1590/1982-25542019239035. Acesso em: 15 jan. 2021.

[55] RIBEIRO, Manoel Horta; ALMEIDA, Pedro H.; CALAIS, Virgílio A. F.; MEIRA JR., Wagner. "Everything I disagree with is #fakenews": correlating political polarization and spread of misinformation. *In*: DATA SCIENCE + JOURNALISM @ KDD 2017. *Proceedings...* Halifax, Canada: [s.n.], 2017. DOI: 10.475/123 4. p. 3.

[56] ZUBOFF, Shoshana. *The age of surveillance capitalism* – The fight for a human future at the new frontier of power. Nova York: PublicAffairs, 2019. p. 467.

[57] ZUBOFF, Shoshana. *The age of surveillance capitalism* – The fight for a human future at the new frontier of power. Nova York: PublicAffairs, 2019. p. 469.

Com tudo isso em consideração, é possível afirmar que uma estrutura criada e administrada por corporações privadas em busca do lucro acaba se colocando como elemento essencial para a existência das *fake news*.

4 Algumas questões jurídicas sobre *fake news* e redes sociais

Ao realizar a abordagem jurídica, um primeiro ponto a se destacar é que a natureza jurídica do ato de criar *fake news* é de ato ilícito. Esta afirmação, realizada de modo assertivo, coloca-se como necessária para, de já, deixar claro que tal prática não está no campo da liberdade de expressão. Como colocado anteriormente, as *fake news* não se confundem com mero dissenso de opinião, sendo, ao contrário, distorções deliberadas da realidade, que atendem aos requisitos configuradores do ato ilícito, de violar direito e causar dano a outrem.

Superado este ponto, as questões a serem analisadas aqui partem da relação acima apontada entre as *fake news* e a estrutura do capitalismo de vigilância, notadamente as redes sociais.

Um primeiro ponto de discussão diz respeito ao controle de conteúdo postado por usuário nas redes sociais poder e dever ser feito pelas empresas que as gerem. No que toca à possibilidade de controle, em linhas gerais, a resposta deve ser afirmativa. São empresas privadas que criam redes sociais e estabelecem termos de uso aos quais os usuários aderem quando criam contas naquelas.

Desde que sejam lícitas as disposições dos termos de uso,[58] é também lícito que, em havendo conduta que viole o disposto nesses termos de uso, a exemplo da propagação de *fake news*, seja aplicada a consequência contratualmente prevista, que pode ser, em casos extremos, até mesmo a exclusão do usuário daquela rede social, como aconteceu recentemente com Donald Trump.[59]

Quanto à segunda pergunta, sobre o dever de exercer esse controle, também aqui a resposta é afirmativa. Não pode a empresa criar ambiente virtual e ser conivente, ou sequer negligente, com o conteúdo das postagens nele feitas. Se, por um lado, é verdade que não há como fazer esse controle de modo apriorístico, sob pena de risco à liberdade de expressão, por outro, a não fiscalização posterior caracteriza conduta ilícita por parte da empresa, que permite, no caso em análise, a propagação de *fake news* através de sua rede social.

É certo que, na situação aqui discutida, a própria análise da violação dos termos de uso passa por análise de fatores que lhes são externos, no caso, a verificação da veracidade do conteúdo da postagem. Pode, portanto, ser um fator problemático a verificação do próprio descumprimento dos termos de uso.[60] Porém, ao menos em casos claros de

---

[58] Frisa-se a questão da licitude, pois de modo frequente vezes esses termos de uso violam a proteção de dados pessoais dos sujeitos, situação em que, por óbvio, não servem como fundamento para qualquer direito das empresas que os criaram.

[59] TWITTER tira conta de Trump do ar permanentemente. *G1*, 8 jan. 2021. Disponível em: https://g1.globo.com/economia/tecnologia/noticia/2021/01/08/twitter-tira-conta-de-trump-do-ar.ghtml. Acesso em: 18 jan. 2021.

[60] ROCHA, Francisco Ilídio Ferreira. Da responsabilidade por danos decorrentes de conteúdo gerado por terceiros. *In*: LEITE, George Salomão; LEMOS, Ronaldo. *Marco Civil da Internet*. São Paulo: Atlas, 2014. p. 834.

fake news, não parece que tal argumento possa ser utilizado para afastar o dever das empresas de retirar tais conteúdos do ar, ou de criar advertências sobre sua falsidade.

Ademais, podem também as empresas realizar condutas que minimizem a propagação de *fake news*. A limitação dos encaminhamentos de mensagem pelo WhatsApp, após constatação do seu papel na propagação de *fake news*, afigura-se como um exemplo. Do mesmo modo, as indicações de que a mensagem foi "encaminhada" e a mais recente indicação de que aquela mensagem é "encaminhada frequentemente" podem ser úteis para a identificação de *fake news*.[61]

No que toca às *fake news* de cunho político, que, como se viu, constitui uma importante vertente, ao menos mais uma medida também pode ser proposta. A não perfilização levando em conta conteúdos inclinações políticas dos usuários, ou, ao menos, a sua não utilização como instrumento de *marketing* direcionado é outro modo de evitar a propagação de *fake news*.

Apesar destas sugestões que dizem respeito a condutas que seriam realizadas por entes privados, não se acredita que se possa delegar ou confiar a estes o controle sobre o fluxo de divulgação informacional, ou mesmo quanto às *fake news*.

Como dito, são empresas privadas que utilizam os dados coletados e os interesses dos anunciantes como fonte primária, quando não única, de lucro. E as *fake news*, com manchetes típicas de tabloides, geram mais cliques e mais lucro.[62] É ingênuo esperar que estas empresas renunciem ao lucro em prol de eventual garantia de direitos fundamentais ou mesmo do sistema democrático.[63] Seria a mesma ingenuidade de acreditar, no que toca à proteção de dados pessoais, no sistema de autorregulamentação: há claro conflito de interesses.[64]

No que toca à responsabilidade civil, um dos grandes problemas que envolvem as *fake news* é a dificuldade de verificação do sujeito que a criou ou providenciou maliciosamente a sua propagação.[65] Seja pela criação de perfis anônimos em redes sociais, pela dificuldade de rastreamento da origem em aplicativos como o WhatsApp, ou pelo uso de *bots*[66] para propagação, os atingidos pelas *fake news* encontram dificuldades em buscar a responsabilização daqueles que são por elas responsáveis.

---

[61] RIGUES, Rafael. WhatsApp ganha recurso de busca para combater fake news. *Olhar Digital*, 4 ago. 2020. Disponível em: https://olhardigital.com.br/2020/08/04/noticias/whatsapp-ganha-recurso-de-busca-para-combater-fake-news/. Acesso em: 18 jan. 2021.

[62] RIBEIRO, Manoel Horta; ALMEIDA, Pedro H.; CALAIS, Virgílio A. F.; MEIRA JR., Wagner. "Everything I disagree with is #fakenews": correlating political polarization and spread of misinformation. *In*: DATA SCIENCE + JOURNALISM @ KDD 2017. *Proceedings...* Halifax, Canada: [s.n.], 2017. DOI: 10.475/123 4. p. 1.

[63] FRIAS FILHO, Otavio. O que é falso sobre fake news. *Revista USP*, São Paulo, n. 116, p. 39-44, jan./mar. 2018. p. 43. Disponível em: https://www.revistas.usp.br/revusp/article/view/146576. Acesso em: 15 jan. 2021.

[64] DONEDA, Danilo. *Da privacidade à proteção de dados pessoais*: elementos da formação da Lei Geral de Proteção de Dados. São Paulo: Revista dos Tribunais, 2020. p. 293.

[65] QUINELATO, João. Liberdade, verdade e fake news: mecanismos para o ressarcimento de danos. *In*: EHRHARDT JÚNIOR, Marcos; CATALAN, Marcos; MALHEIROS, Pablo (Coord.). *Direito civil e tecnologia*. Belo Horizonte: Fórum, 2020. p. 480.

[66] RECUERO, Raquel; GRUZD, Anatoliy. Cascatas de fake news políticas: um estudo de caso no Twitter. *Galaxia*, São Paulo, n. 41, p. 31-47, maio/ago. 2019. ISSN 1982-2553. p. 34. Disponível em: http://dx.doi.org/10.1590/1982-25542019239035. Acesso em: 15 jan. 2021.

Outra dificuldade na busca do ressarcimento dos danos aos prejudicados pelas *fake news* decorre do teor do art. 19, da Lei nº 12.965, conhecida como Marco Civil da Internet (MCI), que estabelece:

> Com o intuito de assegurar a liberdade de expressão e impedir a censura, o provedor de aplicações de internet somente poderá ser responsabilizado civilmente por danos decorrentes de conteúdo gerado por terceiros se, após ordem judicial específica, não tomar as providências para, no âmbito e nos limites técnicos do seu serviço e dentro do prazo assinalado, tornar indisponível o conteúdo apontado como infringente, ressalvadas as disposições legais em contrário.

Tal determinação, de modo expresso, afasta a responsabilidade civil das empresas que criam e gerenciam as redes sociais, por *fake news* nelas propagadas, até que haja ordem judicial neste sentido. Obviamente, esta regra não impede que as empresas retirem os conteúdos que sejam *fake news* independentemente da ordem judicial, mas só condiciona a responsabilização ao descumprimento desta. Neste sentido, o regime adotado seria de responsabilidade civil subjetiva[67] e, em havendo identificação do autor das *fake news*, solidária.[68]

Quanto a isso, há tese formulada no sentido da inconstitucionalidade do referido artigo, "sobretudo por, equivocadamente, privilegiar o direito fundamental à liberdade de expressão em detrimento de outras garantias constitucionais, como a proteção à dignidade da pessoa humana".[69] Esta tese, se acolhida, implicará a revogação do texto legal.[70]

Acontece que, em grande número de casos, também a vítima das *fake news* não é um sujeito em específico. Se, por um lado, existem *fake news* criadas como ataque direcionado a certo indivíduo, por outro, há também aqueles em que o dano seria difuso ou coletivo.

Em tal tipo se enquadram as *fake news* propagadas sobre o Covid-19, que, para além de danos individuais aos sujeitos que, nelas acreditando, venham a se contaminar ou realizar tratamentos indevidos e danosos, causam também dano à coletividade, pois afetam a saúde pública como um todo.

Na mesma linha de pensamento, as *fake news* se constituem como uma ameaça à própria democracia, atacando as bases do Estado brasileiro, como previsto no art. 1º da Constituição Federal. Neste sentido é que, como já indicado, as *fake news* são identificadas

---

[67] SOUZA, Carlos Affonso Pereira de. Responsabilidade civil dos provedores de acesso e de aplicações de internet: evolução jurisprudencial e os impactos da Lei n. 12.695/2014 (Marco Civil da Internet). *In*: LEITE, George Salomão; LEMOS, Ronaldo. *Marco Civil da Internet*. São Paulo: Atlas, 2014. p. 810.

[68] ROCHA, Francisco Ilídio Ferreira. Da responsabilidade por danos decorrentes de conteúdo gerado por terceiros. *In*: LEITE, George Salomão; LEMOS, Ronaldo. *Marco Civil da Internet*. São Paulo: Atlas, 2014. p. 831.

[69] QUINELATO, João. Liberdade, verdade e fake news: mecanismos para o ressarcimento de danos. *In*: EHRHARDT JÚNIOR, Marcos; CATALAN, Marcos; MALHEIROS, Pablo (Coord.). *Direito civil e tecnologia*. Belo Horizonte: Fórum, 2020. p. 482.

[70] QUINELATO, João. Liberdade, verdade e fake news: mecanismos para o ressarcimento de danos. *In*: EHRHARDT JÚNIOR, Marcos; CATALAN, Marcos; MALHEIROS, Pablo (Coord.). *Direito civil e tecnologia*. Belo Horizonte: Fórum, 2020. p. 482. Vem surgindo também na doutrina, no que toca à responsabilidade civil, a ideia de uma "responsabilidade proativa", alternativa à clássica divisão entre os regimes de responsabilidade subjetiva e objetiva, em que, para que seja afastada a responsabilização, se faz necessária "a assunção de medidas preventivas e proativas". No presente texto, não se pretende discutir o cabimento ou não dessa nova categoria.

como um dos elementos variáveis que caracterizam os movimentos populistas, que são, em essência, antidemocráticos.[71]

5 Considerações finais

Como narrado, o capitalismo de vigilância se baseia na penetrante vigilância e categorização dos usuários da internet, o que permite a sua perfilização e consequentes ações, tais quais publicidade direcionada e previsões ou induções comportamentais. Portanto, o modo como funciona a dinâmica dos dados pessoais no mundo digital não é uma consequência inevitável, mas uma escolha deliberada.

As *fake news*, embora não pareçam ser parte originalmente dessa estrutura, acabam a ela se acoplando e a tendo como elemento fundamental para sua propagação. Em outras palavras, dificilmente as *fake news* teriam o atual poder devastador sem que existisse a estrutura do capitalismo de vigilância.

O ideal seria o desmonte da estrutura do capitalismo de vigilância. Entretanto, mesmo mantida esta, é possível haver o combate às *fake news*, seja pela ação voluntária das empresas que gerenciam tal estrutura, seja pela ação do Estado.

No que toca às empresas, podem estas buscar estabelecer boas práticas, como algumas acima exemplificadas, que dificultem a disseminação das *fake news*.

No que toca ao Estado, a atribuição de responsabilidade às empresas que gerenciam e lucram com as plataformas em que são disseminadas as *fake news* parece um caminho também eficiente. No Brasil, em específico, a modificação do citado art. 19, do Marco Civil da Internet, seria um bom começo. Ainda no campo das medidas que podem ser tomadas pelo Estado, tem-se também a possibilidade de abertura do adequado processo, jurídico ou administrativo, para responsabilização de pessoas que, ocupando cargos públicos, eletivos ou não, criam ou disseminam *fake news*.

A inobservância de tais medidas pode, em médio prazo, implicar não apenas a manutenção da violação a direitos fundamentais, mas até mesmo dano à própria democracia, razão pela qual não pode ser tolerado o danoso aspecto das *fake news*.

Referências

ARRUDA, Rene Eduardo. Sistemas algorítmicos e governamentalidade: perspectivas da sociedade de controle e capitalismo de vigilância. *In*: SIMPÓSIO NACIONAL DA ABCIBER, DEVIRES DA CIBERCULTURA: POLÍTICAS E PRÁTICAS, XII. *Anais...* Porto Alegre: [s.n.], 2019. Disponível em: https://www.academia.edu/41366484/SISTEMAS_ALGOR%C3%8DTMICOS_E_GOVERNAMENTALIDADE_PERSPECTIVAS_DA_SOCIEDADE_DE_CONTROLE_E_CAPITALISMO_DE_VIGIL%C3%82NCIA?sm=b. Acesso em: 3 ago. 2020.

BIN NAEEM, Salman; BHATTI, Rubina; KHAN, Aqsa. An exploration of how fake news is taking over social media and putting public health at risk. *Health Information & Libraries Journal*, 2020. Disponível em: https://onlinelibrary.wiley.com/doi/full/10.1111/hir.12320. Acesso em: 15 jan. 2021.

BIONI, Bruno Ricardo. *Proteção de dados pessoais e a função e os limites do consentimento*. Rio de Janeiro: Forense, 2019.

---

[71] GOUVÊA, Carina Barbosa; CASTELO, Pedro H. Villas Bôas. *Populismos*. Belo Horizonte: Casa do Direito, 2020. p. 99.

BLOTTA, Vitor. Mapeando a vigilância corporativa na internet brasileira: privacidade e transparência no Google e Facebook. *In*: FIORILLO, Celso Antonio Pacheco; MARTINEZ, Regina Célia (Org.). *Os 20 anos da internet no Brasil, seus reflexos no meio ambiente digital e sua tutela jurídica na sociedade da informação*. São Paulo: [s.n.], 2015. Disponível em: https://www.academia.edu/27455077/Mapeando_a_vigila_ncia_corporativa_na_internet_Brasileira_privacidade_e_transpare_ncia_no_Google_e_Facebook. Acesso em: 4 ago. 2020.

BRUNO, Fernanda Glória; BENTES, Anna Carolina Franco; FALTAY, Paulo. Economia psíquica dos algoritmos e laboratório de plataforma: mercado, ciência e modulação do comportamento. *Revista Famecos*, v. 26, n. 3, p. e33095, dez. 2019. Disponível em: https://revistaseletronicas.pucrs.br/ojs/index.php/revistafamecos/article/view/33095. Acesso em: 5 ago. 2020.

COLETTA, Ricardo Della. Bolsonaro volta a defender remédios sem eficácia e cita 'tratamento precoce' em caso de 2ª onda. *Folha de S.Paulo*, Brasília, 11 nov. 2020. Disponível em: https://www1.folha.uol.com.br/equilibrioesaude/2020/11/bolsonaro-volta-a-defender-remedios-sem-eficacia-e-cita-tratamento-precoce-em-caso-de-2a-onda.shtml. Acesso em: 18 jan. 2021.

DONEDA, Danilo. *Da privacidade à proteção de dados pessoais*: elementos da formação da Lei Geral de Proteção de Dados. São Paulo: Revista dos Tribunais, 2020.

FRIAS FILHO, Otavio. O que é falso sobre fake news. *Revista USP*, São Paulo, n. 116, p. 39-44, jan./mar. 2018. Disponível em: https://www.revistas.usp.br/revusp/article/view/146576. Acesso em: 15 jan. 2021.

GOMES, Wilson da Silva; DOURADO, Tatiana. Fake news, um fenômeno de comunicação política entre jornalismo, política e democracia. *Estudos em Jornalismo e Mídia*, v. 16, n. 2, jul./dez. 2019. ISSNe 1984-6924. Disponível em: http://dx.doi.org/10.5007/1984-6924.2019v16n2p33. Acesso em: 15 jan. 2021.

GOUVÊA, Carina Barbosa; CASTELO, Pedro H. Villas Bôas. *Populismos*. Belo Horizonte: Casa do Direito, 2020.

HIMMA-KADAKAS, Marju. Alternative facts and fake news entering journalistic content production cycle. *Cosmopolitan Civil Societies: An Interdisciplinary Journal*, v. 9, n. 2, p. 25-40, 2017. Disponível em: http://dx.doi.org/10.5130/ccs.v9i2.5469. Acesso em: 15 jan. 2021.

MAYER-SCHÖNBERGER, Viktor; CUKIER, Kenneth. *Big data*: a revolution that will transform how we live, work and think. Boston/Nova York: An Eamon Dolan Book e Houghton Mifflin Harcourt, 2013.

MEIRELES, Adriana Veloso. Algoritmos e autonomia; relações de poder e resistência no capitalismo de Vigilância. *In*: SIMPÓSIO INTERNACIONAL LAVITS. ASSIMETRIAS E (IN)VISIBILIDADES: VIGILÂNCIA, GÊNERO E RAÇA, VI. *Anais...* Salvador: [s.n.], 2019. Disponível em: http://lavits.org/wp-content/uploads/2019/12/VelosoMeireles-LAVITISS-2019.pdf. Acesso em: 1º ago. 2020.

PINHEIRO, Patricia Peck. *Direito digital*. 6. ed. rev., atual. e ampl. São Paulo: Saraiva, 2016.

QUINELATO, João. Liberdade, verdade e fake news: mecanismos para o ressarcimento de danos. *In*: EHRHARDT JÚNIOR, Marcos; CATALAN, Marcos; MALHEIROS, Pablo (Coord.). *Direito civil e tecnologia*. Belo Horizonte: Fórum, 2020.

RECUERO, Raquel; GRUZD, Anatoliy. Cascatas de fake news políticas: um estudo de caso no Twitter. *Galaxia*, São Paulo, n. 41, p. 31-47, maio/ago. 2019. ISSN 1982-2553. Disponível em: http://dx.doi.org/10.1590/1982-25542019239035. Acesso em: 15 jan. 2021.

RIBEIRO, Manoel Horta; ALMEIDA, Pedro H.; CALAIS, Virgílio A. F.; MEIRA JR., Wagner. "Everything I disagree with is #fakenews": correlating political polarization and spread of misinformation. *In*: DATA SCIENCE + JOURNALISM @ KDD 2017. *Proceedings...* Halifax, Canada: [s.n.], 2017. DOI: 10.475/123 4.

RIGUES, Rafael. WhatsApp ganha recurso de busca para combater fake news. *Olhar Digital*, 4 ago. 2020. Disponível em: https://olhardigital.com.br/2020/08/04/noticias/whatsapp-ganha-recurso-de-busca-para-combater-fake-news/. Acesso em: 18 jan. 2021.

ROCHA, Francisco Ilídio Ferreira. Da responsabilidade por danos decorrentes de conteúdo gerado por terceiros. *In*: LEITE, George Salomão; LEMOS, Ronaldo. *Marco Civil da Internet*. São Paulo: Atlas, 2014.

SILVEIRA, Sergio Amadeu. Economia da intrusão e modulação na internet. *Liinc em Revista*, v. 12, n. 1, p. 17-24, maio 2016. Disponível em: http://revista.ibict.br/liinc/article/view/3706. Acesso em: 4 ago. 2020.

SOUZA, Carlos Affonso Pereira de. Responsabilidade civil dos provedores de acesso e de aplicações de internet: evolução jurisprudencial e os impactos da Lei n. 12.695/2014 (Marco Civil da Internet). *In*: LEITE, George Salomão; LEMOS, Ronaldo. *Marco Civil da Internet*. São Paulo: Atlas, 2014.

TOMAZELLI, Idiana. Twitter marca como 'enganosa' publicação de Bolsonaro sobre tratamento precoce para Covid-19. *Estadão*, Brasília, 15 jan. 2021. Disponível em: https://politica.estadao.com.br/noticias/geral,twitter-marca-como-enganosa-publicacao-de-bolsonaro-sobre-tratamento-precoce-para-covid-19,70003583083. Acesso em: 21 jan. 2021.

TWITTER tira conta de Trump do ar permanentemente. *G1*, 8 jan. 2021. Disponível em: https://g1.globo.com/economia/tecnologia/noticia/2021/01/08/twitter-tira-conta-de-trump-do-ar.ghtml. Acesso em: 18 jan. 2021.

WIMMER, Miriam. Inteligência artificial, algoritmos e o direito. Um panorama dos principais desafios. *In*: LIMA, Ana Paula M. Canto de; HISSA, Carmina Bezerra; SALDANHA, Paloma Mendes (Coord.). *Direito digital*: debates contemporâneos. 1. ed. São Paulo: Thomson Reuters Brasil, 2019.

ZUBOFF, Shoshana. *The age of surveillance capitalism* – The fight for a human future at the new frontier of power. Nova York: PublicAffairs, 2019.

Informação bibliográfica deste texto, conforme a NBR 6023:2018 da Associação Brasileira de Normas Técnicas (ABNT):

REQUIÃO, Maurício; GALRÃO, Luiza Moraes. Fake news, capitalismo de vigilância e redes sociais. *In*: EHRHARDT JÚNIOR, Marcos; LOBO, Fabíola Albuquerque; ANDRADE, Gustavo (Coord.). *Liberdade de expressão e relações privadas*. Belo Horizonte: Fórum, 2021. p. 161-178. ISBN 978-65-5518-188-3.

LIBERDADE DE EXPRESSÃO, *FAKE NEWS* E RESPONSABILIDADE CIVIL: BREVES REFLEXÕES[1]

JOSÉ LUIZ DE MOURA FALEIROS JÚNIOR

1 Introdução

A propagação informacional, outrora dependente de veículos de comunicação mais tradicionais, como a imprensa, hoje se realiza por múltiplas fontes. A internet é, sem dúvidas, a emanação mais marcante de um período no qual vozes podem ser ouvidas com instantaneidade e potencial de propagação quase imediato. Contudo, nem sempre se tem clara distinção entre o que é fato e o que é factoide, ou entre o que é pura opinião – denotando o subjetivismo inerente às percepções humanas – e o que é teoria da conspiração. A manipulação também pode ser interpretada nesse contexto, haja vista que estruturas algorítmicas são implementadas para nortear a percepção: fala-se em *trending topics* e *hype*; a perfilização é utilizada para direcionar conteúdos, o que cria "bolhas" informacionais; o discurso de ódio passa a ocupar espaço que antes não ocupava. Enfim, a desinformação é propagada em uma onda de deturpação informacional que passou a ser identificada pela expressão inglesa *fake news*.

Fato é que não se está a tratar de um único conceito, pois os conteúdos que circulam pela rede podem não ser necessariamente falsos, tampouco dolosamente direcionados à manipulação ou à desinformação. É preciso distingui-los, e esse tem sido um dos grandes desafios enfrentados pela doutrina que se dedica à temática em várias ciências. Para o direito, o desafio é gigantesco. Isso porque, em razão de envolver valores consagrados como direitos humanos – a exemplo da liberdade –, qualquer discussão relativa ao controle, à regulação ou à imposição de sanções pela propagação de *fake news* fatalmente desafiará o intérprete à cognição dos limites imponíveis (no caso, às liberdades de imprensa e de expressão).

Sintomas das graves consequências relacionadas a esse fenômeno, todavia, já são sentidos em pleitos eleitorais, na economia e em temas de saúde pública. Não são

---

[1] Este trabalho foi originalmente concebido para guiar apresentação oral realizada nas IV Jornadas Luso-Brasileiras de Responsabilidade Civil, realizadas pelo Instituto Jurídico da Comunicação da Universidade de Coimbra, em novembro de 2020. Para a presente publicação, o texto foi revisto, estruturado, atualizado e ampliado.

poucos os exemplos concretos que demonstram o absoluto caos que notícias falsas podem causar.

Resta saber, nesse cenário complexo e desafiador, como a responsabilidade civil pode se manifestar, por suas múltiplas funções, para tutelar situações abstrusas de malversação informacional. Trabalha-se com a hipótese de que as liberdades devem ser preservadas e de que a construção de uma "nova" ética da informação pode se dar a partir de releituras específicas dos benefícios que a efetiva educação digital pode produzir. É papel do Estado (em prol da coletividade) e de todos os cidadãos (em busca do próprio aprimoramento) efetivá-la, e, não por outra razão, o Brasil editou comando específico, no art. 26 da Lei nº 12.965, de 23.4.2014 (Marco Civil da Internet), para tratar do tema.

Para além de políticas públicas específicas e da oferta de meios para que cada indivíduo construa conhecimentos mais sólidos quanto ao funcionamento da internet e das plataformas digitais, é preciso considerar que há empresas – os "provedores de aplicação", pela legislação brasileira – que assumem deveres específicos quanto à supervisão de conteúdos que circulam por seus servidores e bancos de dados. A esses, por certo, a responsabilidade civil se impõe e eventuais falhas podem desencadear o dever reparatório quanto aos danos específicos relacionados à desinformação.

Pelo método dedutivo, procurar-se-á explorar como a responsabilidade civil pode ser aplicada a esse complexo contexto, para a reparação de danos nem sempre identificáveis ou quantificáveis, no qual a desinformação tem o condão de produzir efeitos, ferindo o próprio princípio democrático e, por vezes, gerando abalos à economia, à saúde pública ou mesmo às relações interpessoais.

2 Em busca de uma categorização conceitual para as *fake news*

Apesar de inexistir conceito único, a expressão *fake news* é comumente entendida pela tradução literal da língua inglesa: "notícias falsas". É fato, porém, que existe verdadeira polissemia, que "ora indica como se fosse uma notícia falsa, ora como se fosse uma notícia fraudulenta, ora como se fosse uma reportagem deficiente ou parcial, ou, ainda, uma agressão a alguém ou a alguma ideologia".[2] De certa forma, a ascensão das redes propiciou tamanha ampliação comunicacional[3] que a confusão sobre o verdadeiro significado da expressão pode ser decorrência da miríade de possibilidades que esse fenômeno desencadeou.

---

[2] RAIS, Diogo. Fake news e eleições. *In*: RAIS, Diogo (Coord.). *Fake news*: a conexão entre a desinformação e o direito. São Paulo: Revista dos Tribunais, 2018. p. 107. O autor ainda complementa: "Daí uma das críticas ao uso da expressão *fake news*: a impossibilidade de sua precisão. *Fake news* têm assumido um significado cada vez mais diverso, e essa amplitude tende a inviabilizar seu diagnóstico, afinal, se uma expressão significa tudo, como identificar seu adequado tratamento? Não é possível encontrar uma solução para um desafio com múltiplos sentidos".

[3] MOUNK, Yascha. *The people vs. democracy*: why our freedom is in danger and how to save it. Cambridge: Harvard University Press, 2018. p. 137. Anota: "Until the late Middle Ages, it was prohibitively costly and cumbersome to spread information to a large number of people. To make a copy of a long text, a professional copyist or a monk would need to transcribe each word in the original manuscript. To make another copy, he would have to start all over again. As a result, written information was only accessible to a select elite. To share a piece of writing with fifty or a hundred people was a major undertaking. To share it with thousands was the exclusive preserve of kings or senior clergymen. Technological limits on the spread of the written word thus helped to enforce political and religious orthodoxy: with the dissemination of ideas firmly in the hands of priests and potentates, it was comparatively easy to quell political dissent and religious heresy".

A rigor, a expressão se tornou um "gênero" que congloba todo tipo de conteúdo indevido, seja por sua natureza deliberadamente falsa, caluniosa ou difamatória, seja porque propagado para confundir, iludir ou desinformar, seja para propagar teorias da conspiração ou mesmo para veicular visões carregadas de subjetivismo. Matthew D'Ancona é assertivo: "o fluxo de informações é cada vez mais dominado pela interação par a par, em vez do imprimátur da imprensa tradicional. [...] O dínamo supremo da novidade também se tornou o curador do boato, do folclore e do preconceito".[4] Nesse contexto, o que se nota é que os filtros tradicionais do discernimento humano não são capazes de distinguir o que é verdadeiro.[5] Perde-se a capacidade de confiar e largo espaço se abre para a propagação de todo tipo de desinformação.

O termo "negacionismo" (*denialism*) é utilizado por Michael Specter para contextualizar a propagação (e até mesmo a assimilação) da desinformação.[6] Nega-se a ciência (negacionismo científico), a imprensa (negacionismo jornalístico), a história (negacionismo histórico). Como consequência, surgem distorções quanto a pautas que concernem a todos e, de repente, temas como o falseamento dos efeitos do aquecimento global,[7] as intenções e propensões de candidatos em pleitos eleitorais (naquilo que Gerbaudo designa como "populismo 3.0") –,[8] podendo até mesmo influenciar seus resultados, como se desvelou no escândalo envolvendo Facebook e Cambridge Analytica[9] –, possíveis

---

[4] D'ANCONA, Matthew. *Pós-verdade*: a nova guerra contra os fatos em tempos de fake news. Tradução de Carlos Szlak. Barueri: Faro, 2019. p. 55.

[5] O controle se torna muito mais sutil, como alerta Eli Pariser: "But in the age of the Internet, it's still possible for governments to manipulate the truth. The process has just taken a different shape: Rather than simply banning certain words or opinions outright, it'll increasingly revolve around second-order censorship – the manipulation of curation, context, and the flow of information and attention. And because the filter bubble is primarily controlled by a few centralized companies, it's not as difficult to adjust this flow on an individual-by-individual basis as you might think. Rather than decentralizing power, as its early proponents predicted, in some ways the Internet is concentrating it" (PARISER, Eli. *The filter bubble*: what the internet is hiding from you. Nova York: Penguin, 2011. p. 78). Não obstante, pode-se afirmar que o debate é muito mais amplo e passa a englobar uma complexa nova *commodity*: a atenção. Conferir, por todos, WU, Tim. *The attention merchants*: the epic scramble to get inside our heads. Nova York: Vintage, 2016.

[6] Cf. SPECTER, Michael. *Denialism*: how irrational thinking hinders scientific progress, harms the planet, and threatens our lives. Nova York: Penguin, 2009.

[7] Interessante pesquisa de base empírica, publicada em 2020, demonstrou conclusões curiosas quanto à exposição de grupos de indivíduos a conteúdos falsos relativos ao aquecimento global: "Our findings suggest exposure to fake climate news is unlikely to strongly influence climate skepticism. They are consistent with recent work suggesting that fake news may not be shared because it is thought to be informative; rather, its creation and sharing may serve to signal one's identity and group membership. Future efforts to understand and combat climate skepticism might focus on unpacking the relationship between climate beliefs and political ideology, for example by focusing on how Republican/conservative skepticism of climate change may have to do with an aversion to the policy solutions proposed to address climate change" (DRUMMOND, Caitlin; SIEGRIST, Michael; ÁRVAI, Joseph. Limited effects of exposure to fake news about climate change. *Environmental Research Communications*, Bristol, v. 2, n. 8, p. 1003-1013, ago. 2020. p. 1012).

[8] GERBAUDO, Paolo. Social media and populism: an elective affinity? *Media, Culture & Society*, Londres, v. 40, n. 5, 2018. p. 746.

[9] A empresa Cambridge Analytica realizava consultoria e análise de dados e foi acusada de obter ilegalmente dados pessoais de milhões de perfis de usuários da rede social Facebook e de os ter utilizado na campanha eleitoral de Donald Trump, atual presidente dos EUA. Sobre isso, consultar: GRANVILLE, Kevin. Facebook and Cambridge Analytica: what you need to know as fallout widens. *New York Times*, 19 mar. 2018. Disponível em: https://nyti.ms/2Rv2YOM. Acesso em: 18 jan. 2021. A manipulação de dados alcançou mais de 50 milhões de usuários e a repercussão do caso foi tamanha que é considerada a maior crise de imagem da história da Facebook. Foi estabelecida uma multa de US$5 bilhões por violação de privacidade dos usuários da rede. Para mais detalhes sobre o caso e suas repercussões, ver, por todos, WYLIE, Christopher. *Mindf*ck*: Cambridge Analytica and the Plot to Break America. Nova York: Penguin/Random House, 2019.

curas para doenças graves (e isto se tornou evidente com a pandemia de Covid-19)[10] [11] ou até mesmo o formato plano (e não geoide) da Terra[12] ganham adeptos.

A internet produz uma "tirania das tendências" (*tiranny of trends*), como registra Sinan Aral no fenômeno mais amplo que designa como "máquina de *hype*", pois "a atenção requer engajamento, então o *design* da *Hype Machine* incentiva e amplia o engajamento tanto quanto pode. Quanto mais as plataformas de mídia social nos mantêm engajados, mais seu inventário de anúncios e o valor de seus anúncios aumentam".[13] Ainda não é simples, porém, a utilização de algoritmos – embora, segundo David Sumpter, seja exatamente isso que as grandes empresas da internet estejam a desenvolver –[14] para o controle intrínseco de conteúdos na "máquina de mentiras"[15] que a internet vem se tornando, será viável em razão da ampliação comunicacional e do aumento do *big data*, ou, como anota Seth Stephens-Davidowitz, "podemos usar os dados para lutar contra 'a escuridão'. Coletar dados valiosos sobre os problemas do mundo é o primeiro passo para corrigi-los".

Sem dúvidas, é preciso que conteúdos diferentes sejam suficientemente distinguíveis para que não se cometa o equívoco de atribuir classificação única a situações com alcances e sentidos diferentes.

---

[10] FALEIROS JÚNIOR, José Luiz de Moura. Informação, pós-verdade e responsabilidade civil em tempos de quarentenas e lockdowns: a internet e o controle de danos. *In*: MONTEIRO FILHO, Carlos Edison do Rêgo; ROSENVALD, Nelson; DENSA, Roberta (Coord.). *Coronavírus e responsabilidade civil*. Indaiatuba: Foco, 2020. p. 355-368.

[11] BOLESINA, Iuri; GERVASONI, Tássia Aparecida. "Seres nada-fantásticos e onde habitam": a desinformação sobre o coronavírus e a Covid-19 propagada por trolls, fakers, haters e bullies e a configuração de abuso de direito. *Revista Iberc*, Belo Horizonte, v. 3, n. 2, p. 37-60, maio/ago. 2020, *passim*.

[12] Em análise bastante curiosa dos impactos de algumas plataformas digitais, como o YouTube, sobre a percepção do público quanto à teoria em questão, conferir: LANDRUM, Ashley R.; OLSHANSKY, Alex. Differential susceptibility to misleading flat earth arguments on YouTube. *Media Psychology*, set. 2019. Disponível em: https://doi.org/10.1 080/15213269.2019.1669461. Acesso em: 18 jan. 2021.

[13] ARAL, Sinan. *The hype machine*: how social media disrupts our elections, our economy, and our health – And how we must adapt. Nova York: Currency, 2020. p. 215. Tradução livre. No original: "Attention requires engagement, so the Hype Machine's design encourages and amplifies engagement as much as it can. The more social media platforms keeps us engaged, the more their ad inventory and the value of their ads increase".

[14] O autor é enfático: "The biggest limitation of the algorithms currently used by Google, Facebook and Twitter, is that they don't properly understand the meaning of the information we are sharing with each other. [...] These companies would like to be able to have algorithms monitor our posts and automatically decide, by understanding of the true meaning of our posts, whether it is appropriate to share and who it should be shared with. It is exactly this question, of getting algorithms to understand what we are talking about, that all of these companies are working on. Their aim is to reduce their reliance on human moderators" (SUMPTER, David. *Outnumbered*: from Facebook and Google to fake news and filter-bubbles – The algorithms that control our lives. Londres: Bloomsbury, 2018. p. 176).

[15] HOWARD, Philip N. *Lie machines*: how to save democracy from troll armies, deceitful robots, junk news operations, and political operatives. New Haven: Yale University Press, 2020. p. 1-2. O autor explica o contexto no qual utiliza a expressão "máquina de mentiras" (*lie machine*): "How is it possible to make convincing arguments, without evidence, about the causes of or solutions to important social problems? Lie machines do this work, and they seem to be more and more active in public life. These social and technical systems generate and spread political lies by subverting the people, organizations, and institutions in which we have most confidence. We tend to trust our instincts for evaluating the truth, and we tend to trust friends and family as sources of good information; as sources of news, many of us prefer social media to professional print media. Lie machines vary in size and scope. Some are large and permanent, others more liminal – temporary teams formed for a campaign or an election".

3 A responsabilidade civil e as liberdades de imprensa e de expressão no contraponto à censura

Não há dúvidas de que especulações, fofocas, comentários depreciativos e mesmo o discurso de ódio ou as teorias da conspiração são preexistentes à internet. Em verdade, sempre existiram e até fazem parte da natureza humana, que não mudou em sua essência. O que mudou foi a forma pela qual a comunicação se realiza.[16]

É importante lembrar que a invenção dos televisores propiciou grande empolgação. Sua benesse mais admirável era o modo fidedigno de veiculação dos conteúdos transmitidos. À época, mais do que um texto lido em jornal, ou uma notícia anunciada no rádio, tinha-se o telespectador visualizando cenas que corroboravam o que estava sendo noticiado. A percepção sensorial adquiriu dimensão muito ampla e passou a representar a *confiança* que Sartori descreve a partir de seu conceito de *homo videns*. Essa mesma confiança, contudo, representava risco igualmente proporcional à benesse: "A televisão pode mentir e distorcer a verdade, como qualquer outra ferramenta de comunicação. A diferença é que o 'poder de veracidade' inerente à imagem torna a mentira mais eficaz e, portanto, mais perigosa".[17]

Novos modelos, propiciados a partir das tecnologias de informação e comunicação (TICs), deram voz a todo cidadão (que disponha dos equipamentos respectivos). A liberdade de expressão atingiu patamar antes impraticável, desencadeando a revolução comunicacional descrita por McLuhan:

> Os novos meios e tecnologias pelos quais nos ampliamos e prolongamos constituem vastas cirurgias coletivas levadas a efeito no corpo social com o mais completo desdém pelos anestésicos. Se as intervenções se impõem, a inevitabilidade de contaminar todo o sistema tem de ser levada em conta. Ao se operar uma sociedade com uma nova tecnologia, a área que sofre a incisão não é a mais afetada. A área da incisão e do impacto fica entorpecida. O sistema inteiro é que muda. O efeito do rádio é auditivo, o efeito da fotografia é visual. Qualquer impacto altera as *ratios* de todos os sentidos. O que procuramos hoje é controlar esses deslocamentos das proporções sensoriais da visão social e psíquica [...].[18]

Daniel Solove resume esse novo contexto com os seguintes dizeres: "as pessoas têm maneiras novas e profundas de se comunicar, mas as fofocas, a vergonha e os rumores que estão sendo espalhados on-line às vezes têm efeitos devastadores em suas vidas".[19] Um primeiro passo para compreender o complexo conceito atribuído à expressão *fake news* pode ser, portanto, deduzido do dano que eventual falseamento pode causar à

---

[16] BUCKLAND, Michael. *Information and society*. Cambridge: The MIT Press, 2017. p. 17-18.

[17] SARTORI, Giovanni. *Homo videns*: televisione e post-pensiero. 3. ed. Roma/Bari: Laterza, 2011. p. 69. Tradução livre. No original: "La televisione può mentire, e falsare la verità, esattamente come qualsiasi altro strumento di comunicazione. La differenza è che la «forza di veridicità» insita nell'immagine ne rende la menzogna più efficace e quindi più pericolosa".

[18] MCLUHAN, H. Marshall. *Os meios de comunicação como extensões do homem*. Tradução de Décio Pignatari. São Paulo: Cultrix, 2007. p. 84.

[19] SOLOVE, Daniel J. *The future of reputation*: gossip, rumor, and privacy on the Internet. New Haven: Yale University Press, 2007. p. 4. Tradução livre. No original: "People have profound new ways to communicate, yet the gossip, shaming, and rumors that are being spread online are sometimes having devastating effects on people's lives".

pessoa individualmente considerada, sendo pertinente a aferição casuística do abalo patrimonial e extrapatrimonial que lhe seja causado.

Temas recorrentes na jurisprudência envolvem questões que já estão normatizadas, como os casos de calúnia e difamação, com consequências penais (arts. 138 e 139 do Código Penal brasileiro) e civis. O dano, nesse contexto, passa a abarcar todo o conjunto de bens jurídicos do indivíduo, constituindo-se em tudo aquilo que se relaciona com a existência, a intimidade e com todo o arcabouço de caracteres que formam a personalidade.[20]

Outro exemplo importante é o direito de resposta para fins de retratação ou retificação. Por óbvio, a liberdade de imprensa deve ser preservada, inclusive, para assegurar o escrutínio político em nações democráticas.[21] Nos Estados Unidos da América, o tema foi exaustivamente enfrentado no precedente *N.Y. Times Co. v. Sullivan* (376 U.S. 254, 269 [1964]),[22] embora tenha origens jurisprudenciais mais remotas, no precedente *Stromberg v. California* (283 U.S. 359, 369 [1939]).

Curiosamente, a liberdade de expressão também é amplamente festejada em razão do permissivo conferido pela Primeira Emenda (*First Amendment*) à Constituição,[23] que leva às últimas consequências a preservação dessa liberdade individual,[24] produzindo distorções quanto ao modo como é aplicada.[25] Nigel Warburton faz importante distinção terminológica entre o *free speech* e a *freedom of expression*, explicando que esta última seria mais adequada para se referir à subjetividade daquele que comunica um fato a determinado público.[26] Os reflexos disso são sentidos em escala, com a criação de

---

[20] Segundo Augusto Zenun, é preciso que se garanta à vítima "[...] meios adequados para um alevantamento seguro, eficaz, talvez lento e demorado, às vezes mais rápido, desde que não seja fugaz e enganador [...] para se aplicar à reparabilidade daquilo que a dor causa ou deixa gravado em cada qual, num somatório de males invadindo a alma, mordendo o coração" (ZENUN, Augusto. *Dano moral e sua reparação*. 3. ed. Rio de Janeiro: Forense, 1995. p. 2). Essa primeira concepção é colhida, ademais, da obra de Adriano De Cupis, que visualiza no dano não patrimonial, em conformidade com sua negativa expressão literal, tudo o que não tenha por objeto interesse patrimonial, isto é, que diga respeito a bem jurídico não patrimonial (DE CUPIS, Adriano. *Il danno*: teoria generale della responsabilità civile. Milão: Giuffrè, 1970. v. I. p. 51). Para mais, conferir: CAHALI, Yussef Said. *Dano moral*. 3. ed. São Paulo: Revista dos Tribunais, 2005. p. 21; DIAS, José de Aguiar. *Da responsabilidade civil*. 11. ed. Rio de Janeiro: Renovar, 2006. p. 19.

[21] RICHTER MORALES, Ulrich. *El ciudadano digital*: fake news y posverdad en la era de internet. Ciudad de México: Oceano, 2018. p. 115-121.

[22] O entendimento exarado pela Suprema Corte, no caso em questão, foi o seguinte: "The maintenance of the opportunity for free political discussion to the end that the government may be responsive to the will of the people and that changes may be obtained by lawful means, an opportunity essential to the security of the Republic, is a fundamental principle of our constitutional system". Para maiores detalhes, inclusive analisando o contexto da referida discussão no atual cenário das *fake news*, conferir: NICE, Randall D. Reviving the lost tort of defamation: a proposal to stem the flow of fake news. *Arizona Law Review*, Tucson, v. 61, p. 205-230, 2019.

[23] SUNSTEIN, Cass. *Democracy and the problem of free speech*. Nova York: Free Press, 1993. p. 363. O autor comenta: "The First Amendment is the central constitutional reflection of the commitment to deliberative democracy. It is part of the constitutional commitment to citizenship. And this commitment should be understood in light of the American conception of sovereignty, placing governing authority in the people themselves".

[24] O tratamento da questão é amplo e congloba elementos obtidos da própria Declaração Universal dos Direitos Humanos de 1948, conforme anota Carlos Bentivegna: "De se lembrar apenas como um elemento histórico envolvendo o tratamento da questão: a própria Declaração Universal dos Direitos Humanos, fortemente inspirada, em 1948, pelos Estados Unidos da América – a pátria da Liberdade de Expressão ilimitada – garante em seu artigo 12º 'a vida privada, a família, o domicílio, a correspondência e a honra e reputação' dos cidadãos e só bem depois, em seu artigo 19º é que disciplina 'a liberdade de opinião e expressão'. Não que o fato tenha grande importância, mas apenas mostra que as garantias todas foram definidas sem que a Livre Manifestação do Pensamento tivesse sobre elas aprioristicamente uma prevalência" (BENTIVEGNA, Carlos Frederico Barbosa. *Liberdade de expressão, honra, imagem e privacidade*: os limites entre o lícito e o ilícito. Barueri: Manole, 2020. p. 208).

[25] FRANKS, Mary Anne. *The cult of the constitution*. Stanford: Stanford University Press, 2019. p. 169.

[26] WARBURTON, Nigel. *Free speech*: a very short introduction. Oxford: Oxford University Press, 2009. p. 5.

ambientes propícios à veiculação de conteúdos ilícitos que escudam os provedores, porquanto viabilizados a partir do sistema *notice and takedown*, que não demanda qualquer intervenção judicial e acaba por isentá-los de responsabilidade pela retirada unilateral do conteúdo.[27]

No Brasil, quanto à liberdade de imprensa, o art. 220, §1º, da Constituição de República, estabelece que "nenhuma lei conterá dispositivo que possa constituir embaraço à plena liberdade de informação jornalística em qualquer veículo de comunicação social, [...]", com aplicação direta aos meios de comunicação eletrônica (art. 222, §3º, CR).

Além disso, o tema foi amplamente analisado e se consolidou com a apreciação da Arguição de Descumprimento de Preceito Fundamental nº 130/DF, pelo Supremo Tribunal Federal, que tratou de analisar a recepção ou não da Lei nº 5.520/1967 (Lei de Imprensa). No aresto, restou assentado que "os direitos que dão conteúdo à liberdade de imprensa são bens de personalidade que se qualificam como sobredireitos".

Quando se trabalha com a liberdade de imprensa, tem-se em vista que "o direito de se informar é o que faculta à pessoa a busca por informações sem qualquer espécie de empecilho ou limitações".[28] O escrutínio de pessoas públicas é, por esse motivo, interpretado de forma diversa daquele realizado em detrimento do cidadão comum. Insofismavelmente, abusos praticados no exercício do labor comunicacional, a depender das circunstâncias em que ocorre e da inobservância do múnus jornalístico de verificação de fontes e da veracidade do que se pretende noticiar,[29] podem levar à responsabilização.

O direito de resposta – recentemente tutelado no Brasil pela Lei nº 13.188, de 11.11.2015 – assegura ao ofendido, "em matéria divulgada, publicada ou transmitida por veículo de comunicação social [...], o direito de resposta ou retificação, gratuito e proporcional ao agravo" (art. 2º), que "deve ser exercido no prazo decadencial de 60 (sessenta) dias, contado da data de cada divulgação, publicação ou transmissão" (art. 3º).

Quanto aos provedores, adotou-se sistemática diversa da norte-americana, embora também se proteja, assim como noutros ordenamentos, a liberdade de expressão.[30] Percebe-se a distinção entre a liberdade de expressão, prevista no art. 5º, e as regras relativas à comunicação social, previstas no capítulo específico dos arts. 220 e seguintes. Quanto a esses últimos dispositivos, a doutrina sinaliza a importância da ponderação quando diagnosticar eventual abuso, especialmente no que diz respeito à liberdade de imprensa e ao livre exercício da atividade jornalística: "algo que não será realizado somente pelo juiz, intérprete último, mas também pelo legislador, que tem a função de 'pré-ponderar' valores em aparente conflito".[31]

---

[27] LONGHI, João Victor Rozatti. *Responsabilidade civil e redes sociais*: retirada de conteúdo, perfis falsos, discurso de ódio e fake news. Indaiatuba: Foco, 2020. p. 138.

[28] STROPPA, Tatiana. *As dimensões constitucionais do direito de informação e o exercício da liberdade de informação jornalística*. Belo Horizonte: Fórum, 2010. p. 92.

[29] LĂZĂROIU, George. Post-truth and the journalist's ethos. *In*: PETERS, Michael A.; RIDER, Sharon; HYVÖNEN, Mats; BESLEY, Tina (Ed.). *Post-truth, fake news*: viral modernity & higher education. Singapura: Springer Nature, 2018. p. 116-117.

[30] MACHADO, Jónatas Eduardo Mendes. *Liberdade de expressão*: dimensões constitucionais da esfera pública no sistema social. Coimbra: Coimbra Editora, 2002. p. 721.

[31] LONGHI, João Victor Rozatti. #ÓDIO: responsabilidade civil nas redes sociais e a questão do hate speech. *In*: MARTINS, Guilherme Magalhães; ROSENVALD, Nelson (Coord.). *Responsabilidade civil e novas tecnologias*. Indaiatuba: Foco, 2020. p. 311.

Desde a promulgação da Lei nº 12.965, de 23.4.2014 (Marco Civil da Internet), o regime de responsabilidade civil aplicável aos provedores tem sido objeto de intensos debates.[32] A responsabilização por conteúdos gerados por terceiros é tema que segue em pauta, inclusive, perante o Supremo Tribunal Federal, que apreciará a constitucionalidade do art. 19 da lei,[33] que cria mecanismo pelo qual somente é possível a responsabilização civil do provedor que se omite em cumprir comando judicial específico.[34] Embora a doutrina informe que julgados do Superior Tribunal de Justiça sinalizam propensão à aplicação do dispositivo tal como está redigido,[35] o tema certamente é inquietante e ainda suscita enfrentamentos de outra parcela da doutrina.[36]

A história mostra que etapas como o dogmatismo, o ceticismo e o criticismo marcaram a evolução da construção do saber,[37] a ponto de se atingir um estágio de dubiedade, nebulosidade e desinteresse pela checagem dos fatos; enfim, de verdadeira desinformação. Há uma faceta alvissareira do acesso amplo às TICs, especialmente à internet, mas também há riscos que não se pode desconsiderar em um ambiente de hiperconectividade.[38]

Em última instância, o que está em jogo é a própria democracia,[39] compreendida no contraponto às sobreditas liberdades – cuja preservação se impõe:

---

[32] Para uma ampla compreensão do tema, leia-se: DRESCH, Rafael de Freitas Valle. Reflexões sobre a responsabilidade civil de provedores pelo conteúdo postado por usuários na Internet. In: BARBOSA, Mafalda Miranda; ROSENVALD, Nelson; MUNIZ, Francisco (Coord.). Desafios da nova responsabilidade civil. Salvador: JusPodivm, 2019. p. 395-405; COLOMBO, Cristiano; FACCHINI NETO, Eugênio. Ciberespaço e conteúdo ofensivo gerado por terceiros: a proteção de direitos de personalidade e a responsabilidade civil dos provedores de aplicação, à luz da jurisprudência do Superior Tribunal de Justiça. Revista Brasileira de Políticas Públicas, Brasília, v. 7, n. 3, p. 216-234, 2017.

[33] LONGHI, João Victor Rozatti. Responsabilidade civil e redes sociais: retirada de conteúdo, perfis falsos, discurso de ódio e fake news. Indaiatuba: Foco, 2020. p. 143.

[34] Analisando mais especificamente as interações do MCI com a questão das fake news, leia-se: MARTINS, Guilherme Magalhães; LONGHI, João Victor Rozatti. Fake news e vazamentos de dados: a fratura exposta do Marco Civil da Internet no Brasil. Jota, 9 abr. 2018. Disponível em: https://www.jota.info/opiniao-e-analise/artigos/fake-news-e-vazamento-de-dados-09042018. Acesso em: 18 jan. 2021.

[35] É de se indicar, ainda nessas linhas essenciais, que a aferição de um regime de responsabilidade civil para os provedores, alinhado aos ditames do Marco Civil da Internet, desdobra-se da aferição quanto à ocorrência de "defeito" na prestação de serviços. Isso porque "a responsabilidade civil pelo fato do produto e do serviço no Código de Defesa do Consumidor é especial, fundada no defeito, o que, tecnicamente, determina a análise da culpa levíssima presumida" (DRESCH, Rafael de Freitas Valle. Fundamentos da responsabilidade civil pelo fato do produto e do serviço: um debate jurídico-filosófico entre o formalismo e o funcionalismo no direito privado. Porto Alegre: Livraria do Advogado, 2009. p. 138).

[36] É o que aduz Guilherme Martins: "Em plena era dos meios alternativos de solução de conflitos, como a mediação e a arbitragem, o Marco Civil judicializa questões que já se encontravam resolvidas através de outros instrumentos mais ágeis, como os Termos de Ajustamento de Conduta (TACs). [...] Ao optar pela via judicial, a Lei 12.965/2014 impõe mais um ônus à vítima, que agora precisa provocar o Judiciário para requerer a retirada do conteúdo ofensivo, além de facilitar o aumento da extensão do dano, visto que aquele material ficará mais tempo disponível na rede" (MARTINS, Guilherme Magalhães. Responsabilidade civil por acidente de consumo na internet. 2. ed. São Paulo: Revista dos Tribunais, 2014. p. 328-330). Confira-se, ainda: LONGHI, João Victor Rozatti. Marco Civil da Internet no Brasil: breves considerações sobre seus fundamentos, princípios e análise crítica do regime de responsabilidade civil dos provedores. In: MARTINS, Guilherme Magalhães; LONGHI, João Victor Rozatti (Coord.). Direito digital: direito privado e internet. 3. ed. Indaiatuba: Foco, 2020. p. 135.

[37] CASTILHO, Ricardo. Educação e direitos humanos. São Paulo: Saraiva, 2016. p. 25.

[38] Cf. SCHNEIER, Bruce. Secrets & lies: digital security in a networked world. Hoboken: Wiley, 2015.

[39] VAIDHYANATHAN, Siva. Anti-social media: how Facebook disconnect us and undermines democracy. Oxford: Oxford University Press, 2018. p. 3. Diz o autor: "The story of Facebook has been told well and often. But it deserves a deep and critical analysis at crucial moment. Somehow Facebook devolved from an innocent social site hacked together by Harvard Students into a force that, while it may make personal life just a little more pleasurable, makes democracy a lot more challenging. It's a story of hubris of good intentions, a missionary spirit, and an

Ora, em uma sociedade democrática não há critérios objetivos para se definir o que merece ou não merece ser dito. Aliás, este é o traço distintivo fundamental entre a democracia e os regimes totalitários: a relatividade dos conceitos de bom, justo e verdadeiro. A garantia da liberdade de expressão e do livre fluxo de informações, ideias e opiniões – independentemente de seu mérito intrínseco – serve, precisamente, para assegurar a cada um de nós o direito de julgar e escolher, sem a tutela do Estado. A segunda pergunta (quem controla os controladores?) tem resposta simples e desconcertante: ninguém.[40]

Na medida em que a tecnologia e o poder comunicacional ganham espaço, novos métodos são utilizados para a previsão de resultados e a delimitação de problemas.[41] Se, atualmente, é "um desafio permanente pensar na qualidade do diálogo que se estabelece em rede",[42] ainda maiores serão os enfrentamentos necessários do ponto de vista da liberdade de imprensa[43] e da liberdade de expressão nesse amplíssimo contexto de controle das e pelas mídias sociais.

Catherine Legg lança interessantes provocações: "Devemos entrar em pânico por ter atingido um novo baixo nível epistêmico na história humana? A verdade está desaparecendo da cultura humana e da vida pública, para nunca mais voltar? E em caso afirmativo, o que devemos fazer sobre isso?".[44] O título do capítulo da autora talvez represente sua resposta aos próprios questionamentos: "The solution to poor opinions is more opinions". Seria a ampliação absoluta da liberdade de expressão suficiente para conter a desinformação? Mais vozes seriam mais eficazes do que vozes "melhores" (mais conscientes, letradas e capacitadas)? O critério quantitativo bastaria para conter

---

ideology that sees computer code as the universal solvent for all human problems. And it's an indictment of how social media has fostered the deterioration of democratic and intellectual culture around the world".

[40] BINENBOJM, Gustavo. *Liberdade igual*: o que é e por que importa. Rio de Janeiro: História Real, 2020. p. 35.

[41] NEVES, António Castanheira. Uma perspectiva de consideração da comunicação e o poder – ou a inelutável decadência eufórica... Notas de um esboço de reflexão. *In*: MONTEIRO, António Pinto (Coord.). *Estudos de direito da comunicação*. Coimbra: Universidade de Coimbra, 1992. p. 95-96. Diz: "Se o fenómeno da comunicação técnico-informática é o fenómeno mais caracterizador do nosso tempo socialmente desenvolvido, não menos apelativamente invocada neste nosso tempo e de modo a poder falar-se a esse propósito de uma dimensão pós-moderna, é a comunicação que dissemos comunicação-comunicação – a comunicação dialógico-cultural, que de todo se não confunde com aquela outra. Tem essa comunicação-comunicação a ver com a superação do *sujeito*, do sujeito moderno ou da cultura moderna e moderno-iluminista – seja o sujeito cartesiano, seja o sujeito transcendental. Por isso se invocam hoje, contra a 'filosofia do sujeito', a filosofia e a razão comunicativas. O sujeito cartesiano é o solipsista titular (absoluto) da razão e no fundo identificava-se com a própria razão – a razão decerto também moderna, axiomático-sistemática, que assimilava o conhecimento necessário e universal. A verdade seria uma só – a definida por essa razão – e o sujeito-razão ter-lhe-ia acesso na transparência da consciência. O sujeito transcendental era menos absoluto – oferecia só as condições críticas do conhecimento possível à razão e à experiência humanas. E se com isto se abria, por contraponto, a porta a outros horizontes de sentido (desde logo, de sentido prático), o núcleo determinante e o *modus* paradigmático continuaram a ser o necessário e o universal".

[42] NOHARA, Irene Patrícia. Desafios da ciberdemocracia diante do fenômeno das fake news: regulação estatal em face dos perigos da desinformação. *In*: RAIS, Diogo (Coord.). *Fake news*: a conexão entre a desinformação e o direito. São Paulo: Thomson Reuters Brasil, 2018. p. 79.

[43] Válido, neste aspecto, o alerta de Ramon Pizarro: "En pocos temas como en éste se advierten tantos preconceptos y prejuicios, que frecuentemente rinden tributo indebido a lo que se ha convertido en un falso mito: la libertad de prensa concebida como un derecho casi absoluto e ilimitado" (PIZARRO, Ramon Daniel. *Responsabilidad de los medios masivos de comunicación*. Buenos Aires: Hammurabi, 1991. p. 29).

[44] LEGG, Catherine. 'The solution to poor opinions is more opinions': Peircean pragmatism tactics for the epistemic long game. *In*: PETERS, Michael A.; RIDER, Sharon; HYVÖNEN, Mats; BESLEY, Tina (Ed.). *Post-truth, fake news*: viral modernity & higher education. Singapura: Springer Nature, 2018. p. 43. Tradução livre. No original: "Should we panic at having reached a new epistemic low in human history? Is truth disappearing from human culture and public life, never to return? And if so, what should we do about it?".

a desinformação? Naturalmente, a ampliação da liberdade de imprensa e da liberdade de expressão são objetivos que se devem buscar, mas não pode o direito permanecer inerte e ao alvedrio das transformações sociais desencadeadas pela malversação de ferramentas tecnológicas que, como visto, representam inegável desafio.

No mundo todo, olhares se voltam à busca por algoritmos capazes de diagnosticar e filtrar conteúdos falsos.[45] A tendência que se nota em diversos países, porém, é de propensão regulatória: na Alemanha, foi aprovado o *Netzwerkdurchsetzungsgesetz* (NetzDG), que impõe aos provedores o dever de reportar às autoridades policiais violações a seus termos de uso, especialmente para o combate ao discurso de ódio.[46]

A França foi mais específica ao tratar da regulamentação do combate às *fake news* na *Loi nº 2018-1202 du 22 décembre 2018 relative à la lutte contre la manipulation de l'information*, prevendo medidas específicas para os períodos eleitorais, com os seguintes requisitos: (i) as notícias falsas devem ser manifestas; (ii) devem ser distribuídas massiva e artificialmente; (iii) devem perturbar a paz pública ou a lisura de uma eleição.[47] Fora dos períodos eleitorais, a lei ainda previu um dever de cooperação dos provedores, que devem implementar medidas de combate à divulgação de informações falsas suscetíveis de perturbar a ordem pública, baseando tais sistemas nos seguintes parâmetros: transparência de seus algoritmos; promoção de conteúdos de empresas e agências de notícias e serviços de comunicação audiovisual; combate a contas que propagam recorrentemente informações falsas; guarda dos dados dos utilizadores (pessoas físicas ou jurídicas) que monetizam e impulsionam conteúdos relacionados a temas de interesse geral; informação aos usuários sobre a natureza, a origem e os métodos de distribuição do conteúdo; publicização midiática do fato.[48]

Singapura é outro exemplo de país que promulgou lei específica para o combate às *fake news*: o *Protection from Online Falsehoods and Manipulation Act*, que passou a vigorar em outubro de 2019. Entre várias providências, a lei define como crime a comunicação de declarações falsas de fatos (Seção 7), mesmo que a pessoa que as comunique não esteja no território do país, quando o conteúdo for prejudicial à "segurança de Singapura", à "saúde pública, segurança pública, tranquilidade pública ou às finanças públicas", às relações internacionais amistosas com outros países, quando influenciarem o resultado das eleições parlamentares e presidenciais ou referendos, "incitarem tensões" entre diferentes grupos de pessoas ou "diminuírem a confiança pública" no governo de Singapura. Noutra passagem curiosa (Seção 8), proibiu-se a criação e o uso de *bots* ou a

---

[45] Ver: ZHANG, Jiawei; DONG, Bowen; YU, Philip S. FakeDetector: effective fake news detection with deep diffusive neural network. *Proceedings of the IEEE 36th International Conference on Data Engineering (ICDE)*, abr. 2020. Disponível em: https://doi.org/10.1109/ICDE48307.2020.00180. Acesso em: 18 jan. 2021; REIS, Julio C. S.; CORREIA, André; MURAI, Fabrício; VELOSO, Adriano; BENEVENUTO, Fabrício. Explainable Machine Learning for fake news detection. *Proceedings of the ACM WebSci '19*, Boston, jun./jul. 2019. Disponível em: https://doi.org/10.1145/3292522.3326027. Acesso em: 18 jan. 2021.

[46] BONIFACIC, Igor. Germany's updated hate speech law requires sites to report users to police. *Engadget*, 19 jun. 2020. Disponível em: https://www.engadget.com/germany-netzdg-update-171502170.html. Acesso em: 18 jan. 2021.

[47] FRANÇA. *Loi nº 2018-1202 du 22 décembre 2018 relative à la lutte contre la manipulation de l'information (1)*. Disponível em: https://www.legifrance.gouv.fr/jorf/id/JORFTEXT000037847559/. Acesso em: 18 jan. 2021.

[48] LAUSSON, Julien. Loi «fake news»: le gouvernement précise quand la transparence s'imposera aux sites. *Numerama*, 11 abr. 2019. Disponível em:https://www.numerama.com/politique/480319-loi-fake-news-le-gouvernement-precise-quand-la-transparence-simposera-aux-sites.html. Acesso em: 18 jan. 2021.

permissão de utilização de outra pessoa com a intenção de comunicar uma declaração falsa de fato em Singapura. Ainda, a norma proíbe (Seção 9) solicitar, receber ou concordar em receber um benefício pela prestação de um serviço que a pessoa sabe que é ou será usado para comunicar uma declaração falsa de fato em Singapura, se o serviço for de fato usado na comunicação, com a ressalva de não se aplicar a serviços intermediários (provedores).[49]

No Brasil, tramita perante o Congresso Nacional o Projeto de Lei nº 2.630, de 3.7.2020, popularmente conhecido como Projeto de Lei das *Fake News*.[50] Se aprovado for, servirá de embasamento normativo para a tutela da liberdade de expressão na internet.

O art. 10 do PL é especialmente curioso,[51] pois prevê a guarda dos registros e metadados (§2º) das mensagens veiculadas em encaminhamento em massa (cujo conceito consta do §1º e remete ao chamado *spam* político,[52] fenômeno perturbador que se observou no Brasil por ocasião das eleições de 2018) pelo prazo de 3 (três) meses, resguardados a privacidade e o conteúdo das mensagens.

As primeiras impressões que se colhem da proposta denotam intervenção em plataformas de comunicação protegidas por criptografia de ponta a ponta (*peer-to-peer*),[53] o que suscita dúvidas sobre sua legalidade, se identificáveis os interlocutores. De fato, a guarda de registros não é uma novidade: o art. 15 do Marco Civil da Internet[54] já prevê tal dever para provedores de aplicação, quanto aos registos de acesso; ainda, o art. 17 da Lei nº 12.850/2013 prevê às empresas de telefonia dever de guarda específico.[55]

---

[49] BRASIL. Câmara dos Deputados. *Projeto de Lei n. 2630, de 3 de julho de 2020.* Disponível em: https://www.camara. leg.br/proposicoesWeb/fichadetramitacao?idProposicao=2256735. Acesso em: 18 jan. 2021.

[50] "Art. 17. As concessionárias de telefonia fixa ou móvel manterão, pelo prazo de 5 (cinco) anos, à disposição das autoridades mencionadas no art. 15, registros de identificação dos números dos terminais de origem e de destino das ligações telefônicas internacionais, interurbanas e locais".

[51] "Art. 10. Os serviços de mensageria privada devem guardar os registros dos envios de mensagens veiculadas em encaminhamentos em massa, pelo prazo de 3 (três) meses, resguardada a privacidade do conteúdo das mensagens. §1º Considera-se encaminhamento em massa o envio de uma mesma mensagem por mais de 5 (cinco) usuários, em intervalo de até 15 (quinze) dias, para grupos de conversas, listas de transmissão ou mecanismos similares de agrupamento de múltiplos destinatários. §2º Os registros de que trata o caput devem conter a indicação dos usuários que realizaram encaminhamentos em massa da mensagem, com data e horário do encaminhamento e o quantitativo total de usuários que receberam a mensagem. §3º O acesso aos registros somente poderá ocorrer com o objetivo de responsabilização pelo encaminhamento em massa de conteúdo ilícito, para constituição de prova em investigação criminal e em instrução processual penal, mediante ordem judicial, nos termos da Seção IV do Capítulo III da Lei nº 12.965, de 23 de abril de 2014 (Marco Civil da Internet). §4º A obrigatoriedade de guarda prevista neste artigo não se aplica às mensagens que alcançarem quantitativo total inferior a 1.000 (mil) usuários, devendo seus registros ser destruídos nos termos da Lei nº 13.709, de 14 de agosto de 2018 (Lei Geral de Proteção de Dados Pessoais)".

[52] Sobre o tema, conferir: MARTINS, Guilherme Magalhães; LONGHI, João Victor Rozatti; FALEIROS JÚNIOR, José Luiz de Moura. Desinformação e o envio massivo de mensagens no WhatsApp. *Migalhas*, 30 jun. 2020. Disponível em: https://s.migalhas.com.br/S/005610. Acesso em: 18 jan. 2021.

[53] TEIXEIRA, Tarcísio; SABO, Paulo Henrique; SABO, Isabela Cristina. WhatsApp e a criptografia ponto-a-ponto: tendência jurídica e o conflito privacidade vs. interesse público. *Revista da Faculdade de Direito da Universidade Federal de Minas Gerais*, Belo Horizonte, v. 71, n. 2, p. 607-638, jul./dez. 2017. p. 633.

[54] "Art. 15. O provedor de aplicações de internet constituído na forma de pessoa jurídica e que exerça essa atividade de forma organizada, profissionalmente e com fins econômicos deverá manter os respectivos registros de acesso a aplicações de internet, sob sigilo, em ambiente controlado e de segurança, pelo prazo de 6 (seis) meses, nos termos do regulamento".

[55] "Art. 17. As concessionárias de telefonia fixa ou móvel manterão, pelo prazo de 5 (cinco) anos, à disposição das autoridades mencionadas no art. 15, registros de identificação dos números dos terminais de origem e de destino das ligações telefônicas internacionais, interurbanas e locais".

Ainda que se cogite da impossibilidade de identificação dos titulares de dados que mantiveram conversas privadas, os metadados em si não seriam cognoscíveis, haja vista a robustez desse tipo de criptografia. Isoladamente, seriam imprestáveis, mesmo que guardados fossem, para o fim de identificar a fonte de eventual conteúdo falso.

Há outras passagens peculiares no projeto, como o art. 12, que prevê o "devido processo" na moderação de conteúdos.[56] Embora esteja prevista, de forma expressa, a necessidade de preservação da liberdade de expressão, o PL almeja impor dever fiscalizatório que, como já se viu, envolve leituras subjetivas quanto ao alcance e ao sentido da expressão *fake news*. Para isso não há soluções objetivas, embora algoritmos específicos já estejam em desenvolvimento, e regular tal matéria para simplesmente delegá-la aos provedores pode representar maiores riscos do que ganhos em um ecossistema no qual há margem à interpretação e múltiplos sentidos podem conduzir à indesejada censura.

A tarefa de filtrar conteúdos "não é apenas um alinhamento cognitivo com a interpretação do evento, mas, acima de tudo, uma defesa ardente das próprias crenças contra os objetivos comunicacionais do outro".[57] Nesse intuito, a regulação hermética não é suficiente, tampouco adequada à tutela de situações tão abstratas. O PL abre margem, nesse campo, à autorregulação, definindo-a em seu art. 30 em função da possibilidade de criação de um conselho: "Os provedores de redes sociais e de serviços de mensageria privada poderão criar instituição de autorregulação voltada à transparência e à responsabilidade no uso da internet".

Novamente, retorna-se ao ponto de origem: é possível alguma espécie de regulação – seja ela hermética ou não – para temática tão complexa e inerentemente subjetiva? Como conciliar a imposição de deveres com a prevenção de ilícitos quanto à propagação de conteúdos? Essa é, talvez, a grande questão a ser respondida na terceira década do século XXI.

4 Educação digital, ética da informação e os caminhos possíveis para a superação da desinformação

Compreender as *fake news* como um fenômeno e não como uma contingência é o primeiro passo para uma releitura dos caminhos possíveis para seu enfrentamento. É exatamente isso o que faz Donald Barclay ao propor três subespécies para classificá-las, a saber: (i) *mercenary fake news*, que são notícias falsas criadas com o intuito único e exclusivo de gerar lucro, seja a partir do sensacionalismo, das distorções, das manchetes atrativas (conhecidas como *clickbaits*), ou mesmo pela aplicação de recursos financeiros no "impulsionamento" desses conteúdos; (ii) *fake news with an agenda*, que se tornam elemento fundamental de um conjunto específico de metas de cunho político, eleitoral

---

[56] "Art. 12. Os provedores de aplicação de internet submetidos a esta Lei devem garantir o direito de acesso à informação e à liberdade de expressão de seus usuários nos processos de elaboração e aplicação de seus termos de uso, disponibilizando mecanismos de recurso e devido processo".

[57] CALVO, Ernesto; ARUGUETE, Natalia. *Fake news, trolls y otros encantos*: cómo funcionan (para bien y para mal) las redes sociales. Buenos Aires: Siglo XXI Editores, 2020. p. 60. Tradução livre. No original: "no constituye solo un alineamiento cognitivo con la interpretación del evento sino, ante todo, una defensa encendida de creencias propias ante los objetivos comunicacionales del otro".

ou econômico, sendo identificável, na língua inglesa, pelo termo "propaganda"; (iii) *satirical fake news*, em que a finalidade humorística do conteúdo é extrapolada para a construção de sátiras e piadas que, fora de contexto, podem ser mal interpretadas e levar à desinformação.[58]

As duas primeiras espécies seriam, por razões que já restaram elucidadas no curso desse breve ensaio, as mais perigosas – e danosas –, pois teriam potencial lesivo suficiente para sufragar o próprio princípio democrático e as estruturas políticas e econômicas de uma nação, gerando desvirtuamentos e manipulações funcionalizados a partir de "agendas". O conteúdo satírico/humorístico, naturalmente, deve ser aferido com a proteção que a liberdade de expressão confere ao cidadão, em especial quando direcionado a figuras públicas.

Todavia e a despeito das propostas classificatórias que se prefira adotar ou sugerir, é fato que a contenção dos efeitos nefastos da propagação da desinformação depende, em última instância, de cidadãos mais preparados para discernir os conteúdos que consomem.

Parece estar no horizonte a garantia do acesso amplo (e até universal) à internet, com o objetivo maior de promover a inclusão digital, que se mostra "relevante" para a vida em sociedade.[59] Noutros termos, a "relevância" – termo utilizado por Tefko Saracevic – adquire contornos que alçam a afirmação individual na sociedade da informação, a partir da enunciação de seus respectivos discursos, a um patamar fundamental.[60] É suficiente?

Segundo Pierre Lévy:

> As tecnologias intelectuais não ocupam um setor como qualquer outro da mutação antropológica contemporânea; elas são potencialmente sua zona crítica, o lugar político. É necessário enfatizar isso? Não reinventaremos os instrumentos de comunicação e pensamento coletivo sem reinventar a democracia que está distribuída por toda parte, ativa, molecular. Nesse ponto de reversão ou fechamento perigoso, a humanidade poderia recuperar seu futuro. Não colocando seu destino nas mãos de algum mecanismo supostamente inteligente, mas produzindo sistematicamente as ferramentas que lhe permitirão constituir-se em coletivos inteligentes, capazes de se orientar entre os mares tempestuosos de mutação.[61]

---

[58] BARCLAY, Donald. *Fake news, propaganda, and plain old lies*: how to find trustworthy information in the digital age. Lanham: Rowman & Littlefield, 2018. p. 31-33.

[59] BROWNSWORD, Roger; GOODWIN, Morag. *Law and the technologies of the Twenty-First Century*. Cambridge: Cambridge University Press, 2012. p. 225 *et seq.*

[60] SARACEVIC, Tefko. Relevance: a review of the literature and a framework for thinking on the notion in information science. *Journal of the American Society for Information, Science and Technology*, Newark, v. 58, n. 13, p. 1915-1933, out. 2007. p. 6. Comenta: "Relevance is a relation. Relevance is a property. Relevance is a measure. Relevance has a context, external and internal. Relevance may change. Relevance has a number of manifestations or kinds. Relevance is not given. Relevance is inferred. Relevance is created or derived. Relevance involves selection. Relevance involves interaction. Relevance follows some intentionality".

[61] LÉVY, Pierre. *L'intelligence collective*: pour une anthropologie du cyberspace. Paris: La Découverte, 1994. p. 12. Tradução livre. No original: "Les technologies intellectuelles n'occupent pas un secteur comme un autre de la mutation anthropologique contemporaine, elles en sont potentiellement la zone critique, le lieu politique. Est-il besoin de le souligner? On ne réinventera pas les instruments de la communication et de la pensée collective sans réinventer la démocratie partout distribuée, active, moléculaire. En ce point de retournement ou de bouclage hasardeux, l'humanité pourrait ressaisir son devenir. Non pas en remettant son destin entre les mains de quelque mécanisme prétendument intelligent, mais en produisant systématiquement les outils qui lui permettront de se constituer en collectifs intelligents, capables de s'orienter parmi les mers orageuses de la mutation".

Henry Giroux é enfático: "o 'analfabetismo' cívico colapsa opiniões e argumentos informados, apaga a memória coletiva e torna-se cúmplice da militarização tanto do indivíduo, quanto dos espaços públicos e da própria sociedade".[62] A (ciber)cidadania ativa[63] se apresenta, efetivamente, como caminho inexorável para a produção de resultados adequados nesse novo contexto informacional.[64] Sem que se tenha cidadãos conscientes dos impactos dessas novas tecnologias para a própria proteção do modelo democrático, a efetividade (e até a existência) do Estado estarão em xeque.

Embora boa parte da população mundial ainda não tenha acesso à internet,[65] a hiperconectividade para aqueles que o têm acarreta diversos impactos.[66] Assim, o que deveria estar na pauta legislativa são políticas públicas dirigidas à oferta de educação digital (e não apenas do mero acesso à internet), pois "as novas tecnologias proporcionam recursos que podem alavancar muitas das capacidades naturais. Levadas ao extremo podem nos transformar em algo como supergovernos, superempresas, super-homens e supermulheres".[67] O letramento para uso da *web* é adjetivado, em inglês, pela expressão *information savvy* – recorrentemente utilizada por Nicole Cooke –[68] e indica o quanto o ensino hodierno está intimamente ligado ao atendimento das necessidades humanas, definidas por Abraham Maslow[69] e perfeitamente enquadráveis no contexto da atual

---

[62] GIROUX, Henry A. What is the role of higher education in the age of fake news? *In*: PETERS, Michael A.; RIDER, Sharon; HYVÖNEN, Mats; BESLEY, Tina (Ed.). *Post-truth, fake news*: viral modernity & higher education. Singapura: Springer Nature, 2018. p. 209. Tradução livre. No original: "Civic illiteracy collapses opinion and informed arguments, erases collective memory, and becomes complicit with the militarization of both individual, public spaces, and society itself".

[63] Cf. PÉREZ LUÑO, Antonio Enrique. ¿Ciberciudadaní@ o cidadaní@.com? Barcelona: Gedisa, 2004.

[64] GROSS, Clarissa Piterman. Fake news e democracia: discutindo o status normativo do falso e a liberdade de expressão. *In*: RAIS, Diogo (Coord.). *Fake news*: a conexão entre a desinformação e o direito. São Paulo: Thomson Reuters Brasil, 2018. p. 168. Segundo a autora: "De acordo com essa concepção de democracia, a liberdade de expressão possui um lugar constitutivo. Essa concepção exige que não desqualifiquemos ninguém do debate público *a priori* por causa de um juízo de valor que fazemos a respeito das ideias ou do caráter dessa pessoa. O exercício da igualdade política não é condicionado à demonstração de algum nível básico de esclarecimento. Em outras palavras, não exigimos que, para a condição de cidadão, a pessoa prove um tipo específico de domínio ou emprego da racionalidade, ou ainda uma competência mínima de reunião de informações de qualidade. Ao contrário: associamos esse tipo de exigência para a participação no debate público a um elitismo e a uma desigualdade que buscamos deixar para trás".

[65] CARDIN, Adele. Almost half the world has no internet access, says study. *The Rio Times*, 29 set. 2019. Disponível em: https://riotimesonline.com/brazil-news/miscellaneous/almost-half-the-world-has-no-internet-access-says-study/. Acesso em: 18 jan. 2021.

[66] BAUMAN, Zygmunt; RAUD, Rein. *A individualidade numa época de incertezas*. Tradução de Carlos Alberto Medeiros. Rio de Janeiro: Zahar, 2018. p. 120. Comentam: "Numerosas pesquisas têm mostrado que os usuários devotados à internet podem passar, e de fato passam, grande parte de seu tempo, ou mesmo a totalidade de sua vida *on-line*, relacionando-se unicamente com pessoas de mentalidade semelhante. A internet cria uma versão aperfeiçoada dos "condomínios fechados": ao contrário de seu equivalente *off-line*, ela não cobra de seus residentes uma taxa exorbitante, nem precisa de guardas armados e sofisticadas redes de TV em circuito fechado; tudo que necessita é da tecla 'deletar'".

[67] GIOVA, Giuliano. Educação e cidadania digital: nascer, morrer e renascer no mundo digital, onde deixaram o manual? *In*: ABRUSIO, Juliana (Coord.). *Educação digital*. São Paulo: Revista dos Tribunais, 2015. p. 46.

[68] Cf. COOKE, Nicole. *Fake news and alternative facts*: information literacy in a post-truth era. Chicago: ALA Publishing, 2018.

[69] MASLOW, Abraham H. *Motivation and personality*. 2. ed. Nova York: Harper & Row, 1970. p. 21. Anota: "If we examine carefully the average desires that we have in daily life, we find that they have at least one important characteristic, i.e., that they are usually means to an end rather than ends in themselves. We want money so that we may have an automobile. In turn we want an automobile because the neighbors have one and we do not wish to feel inferior to them, so that we can retain our own self-respect and so that We can be loved and respected by others. Usually when a conscious desire is analyzed we find that we can go behind it, so to speak, to other, more fundamental aims of the individual. In other words, we have here a situation that parallels very much the role

sociedade da informação, que impõe o convívio no ciberespaço, em que a tecnologia atua como um poderoso componente do ambiente de aprimoramento individual.

O legislador brasileiro definiu comando específico sobre esse tema nos arts. 26 e 27, I, do Marco Civil da Internet:

> Art. 26. O cumprimento do dever constitucional do Estado na prestação da educação, em todos os níveis de ensino, inclui a capacitação, integrada a outras práticas educacionais, para o uso seguro, consciente e responsável da internet como ferramenta para o exercício da cidadania, a promoção da cultura e o desenvolvimento tecnológico.
>
> Art. 27. As iniciativas públicas de fomento à cultura digital e de promoção da internet como ferramenta social devem:
>
> I - promover a inclusão digital; [...].

As previsões dos dispositivos atendem a um objetivo maior, que, nos dizeres de Guilherme Damasio Goulart, "preenche não apenas a lacuna legal referente aos direitos civis na Internet, mas também afirma e reconhece uma sociedade digital",[70] na qual as possibilidades de análise estatística são infindáveis, embora se possa destacar que a excessiva "virtualização" propicia diversas mudanças no cotidiano e nas formas como as pessoas se relacionam.[71] Tudo está conectado à construção do *big data*, que nada mais é que a representação dos enormes bancos de dados em que se armazena todo tipo de informação para que, posteriormente, se trabalhe com esses dados, cruzando-os para alimentar algoritmos e oferecer possibilidades variadas de predição de eventos futuros e, ainda, condições para a identificação de correlações de dados a partir de causalidades complexas.

Insofismavelmente, na medida em que a internet "aumenta o poder da sociedade civil para atuar mediante cooperação e solidariedade frente aos demais poderes que atuam de forma vertical",[72] a promoção da educação digital desempenha papel essencial para o reforço da liberdade de expressão bem manifestada.

O letramento quanto ao uso da tecnologia, particularmente da internet, e também quanto aos riscos propiciados por seu uso indevido, inadvertido ou abusivo, tem o condão de otimizar a utilização de ferramentas comunicacionais. Sem dúvidas, a ampliação da liberdade de expressão, por si, produz o desejável resultado de ampliar vozes e evitar a censura; porém, a ampliação da manifestação digitalmente segura, eloquente e letrada para o uso da rede e de suas ferramentas atende a um propósito ainda mais importante: o de produzir a diminuição de usos nocivos dessas ferramentas.

Magda Pischetola registra três tipos de "competências digitais" que se alinham a esse propósito: a) as competências operacionais, que correspondem ao conjunto de

---

of symptoms in psychopathology. The symptoms are important, not so much in themselves, but for what they ultimately mean, that is, for what their ultimate goals or effects may be".

[70] GOULART, Guilherme Damasio. Os impactos das novas tecnologias nos direitos humanos e fundamentais: o acesso à internet e a liberdade de expressão. *Revista Direitos Emergentes na Sociedade Global*, Santa Maria, v. 1, n. 1, p. 145-168, jan./jun. 2012. p. 158-159.

[71] REIS, Abel. *Sociedade.com*: como as tecnologias digitais afetam quem somos e como vivemos. Porto Alegre: Arquipélago, 2018, *passim*.

[72] BENACCHIO, Marcelo; SANTOS, Queila Rocha Carmona dos. A Lei nº 12.965/14 como instrumento de promoção dos direitos humanos. *In*: DE LUCCA, Newton; SIMÃO FILHO, Adalberto; LIMA, Cíntia Rosa Pereira de (Coord.). *Direito & Internet III*: Marco Civil da Internet (Lei nº 12.965/2014). São Paulo: Quartier Latin, 2015. t. I. p. 168.

habilidades técnicas que permitem ao usuário acessar as aplicações básicas das TICs; b) as competências informacionais, que envolvem a pesquisa, a seleção e a elaboração sobre as informações e os recursos disponíveis na internet; c) as competências estratégicas, que correspondem às metas específicas orientadas a alcançar outras mais amplas, com o fim de manter ou melhorar sua própria posição social.[73]

O desenvolvimento dessas competências (ou *skills*, para citar o termo utilizado por van Dijk e van Deursen)[74] é uma das chaves para a transição à sociedade da informação. Viver sem computadores está se tornando cada vez mais difícil, pois se perde um número crescente de oportunidades. Em várias ocasiões, as pessoas serão excluídas de acesso a recursos vitais. Todo candidato a emprego sabe que a capacidade de trabalhar com computadores e internet é crucial para encontrar e obter um emprego e, cada vez mais, para concluir um trabalho. O número de trabalhos que não exigem habilidades digitais está diminuindo rapidamente. A localização de empregos exige cada vez mais o uso de locais de vagas e aplicativos eletrônicos. Nas entrevistas de emprego, os empregadores solicitam cada vez mais certificados ou outras provas de habilidades digitais.[75]

Obviamente, "se há relevantes benefícios, também há risco de grave segregação. Aqueles que dominarem a tecnologia obterão acesso mais amplo às vantagens e benefícios disponíveis do que os demais".[76] De todo modo, sendo inevitável a exposição aos fluxos informacionais incessantes, não seria a promoção da educação digital direcionada ao

---

[73] PISCHETOLA, Magda. *Inclusão digital e educação*: a nova cultura da sala de aula. Petrópolis: Vozes, 2016. p. 42. Aprofundando-se no tema, a autora ainda explica: "No nosso entender, as três competências refletem, de fato, três graus de desigualdade. Alcançar a inclusão digital, no sentido que demos ao termo, significa obter todos os níveis de competência cognitiva mencionados [...]. Antes da mídia digital, para formar um grupo engajado em uma ação social, cultural ou política, era geralmente necessária uma instituição, com todos os seus processos burocráticos hierarquizados. Hoje, as plataformas digitais permitem que os indivíduos participem de grupos com interesses afins, se organizando espontaneamente, em um sistema de grande flexibilidade estrutural, que lhes oferece a possibilidade de interagir de forma constante. A competência alfabética inclui não apenas a capacidade de ler e escrever, mas o desenvolvimento de novas habilidades de comunicação, categorias de pensamento, linguagem, decorrentes da utilização das TICs e, em especial, do computador e da *web*".

[74] VAN DIJK, Jan; VAN DEURSEN, Alexander. *Digital skills*: unlocking the information society. Nova York: Palgrave Macmillan, 2014. p. 1. Anotam: "In the first decade of the twenty-first century, the attention given to the so-called digital divide in developed countries gradually decreased. The common opinion among policy makers and the public at large was that the divide between those with access to computers, the Internet, and other digital media and those without access was closing. In some countries, 90 percent of households were connected to the Internet. Computers, mobile telephony, digital televisions, and many other digital media decreased in price daily while their capacity multiplied. On a massive scale, these media were introduced in all aspects of everyday life. Several applications appeared to be so easy to use that practically every individual with the ability to read and write could use them. Yet, we posit that the digital divide is deepening. The divide of so-called physical access might be closing in certain respects; however, other digital divides have begun to grow. The digital divide as a whole is deepening because the divides of digital skills and unequal daily use of the digital media are increasing".

[75] Comentando o cenário legislativo brasileiro, Renato Opice Blum explica que "[...] pouco adiantará a aprovação de leis para garantir uma segurança maior ao usuário da rede mundial de computadores se ele, antes de iniciar a conexão com um mundo tão rico, tão vasto, tão cheio de informações, mas por vezes perigoso, não for educado digitalmente. Primeiro, é necessário que o usuário, tanto no âmbito pessoal, quanto profissional, e de forma preventiva, seja educado para isso. Por meio de educação voltada para o uso correto da Internet e de suas informações. Esse aprendizado deveria começar na fase escolar e perdurar por toda a vida do ser humano, ante o dinamismo e a abrangência do mundo virtual. Da mesma forma, as escolas devem fazer uso de uma Política de Segurança da Informação, aplicando sistemas eficientes para resguardar o sigilo de suas informações, especialmente de seus alunos. Entretanto, é importante observar que de nada adiantará a escola empresa ter uma estrutura adequada na área de Tecnologia da Informação se os professores, alunos e pais não tiverem consciência da importância de se garantir a segurança da informação" (BLUM, Renato Opice. O Marco Civil da Internet e a educação digital no Brasil. *In*: ABRUSIO, Juliana (Coord.). *Educação digital*. São Paulo: Revista dos Tribunais, 2015. p. 189-190).

[76] GIOVA, Giuliano. Educação e cidadania digital: nascer, morrer e renascer no mundo digital, onde deixaram o manual? *In*: ABRUSIO, Juliana (Coord.). *Educação digital*. São Paulo: Revista dos Tribunais, 2015. p. 46.

desenvolvimento das competências individuais um caminho virtuoso rumo à proliferação do uso ético da internet e das próprias informações que por ela trafegam?

Segundo Henry Giroux, "[a] democracia deve ser uma forma de pensar sobre educação, que prospera ao conectar a equidade à excelência, o aprendizado à ética e a agência aos imperativos da responsabilidade social e do bem público".[77] Por certo, a busca por um renovado *ethos* (ἔθος) para a sociedade da informação perpassa o aprimoramento das capacidades cognitivas e competências individuais para o uso letrado e seguro das ferramentas que, hodiernamente, compõem as rotinas e atividades cotidianas.

Isso é educação digital! Seu atingimento tem o potencial de diminuir a efetividade de conteúdos falsos e de neutralizar o agente propagador de desinformação,[78] na medida em que cibercidadãos mais bem preparados saberão checar fatos e fontes, desconfiar de manchetes sensacionalistas (*clickbaits*), zelar por seus dados pessoais, não aderir a quaisquer termos de uso, controlar o acesso a metadados de navegação, utilizar criptografia para se preservar na internet, diagnosticar e denunciar abusos, repudiar a desinformação com alertas aos provedores e aos propagadores do conteúdo falseado, entre várias outras condutas que o simples labor regulatório, embora louvável, não é capaz de impor.

E onde entra a responsabilidade civil? Ora, investir em educação digital e propagá-la como política pública efetiva – ainda que de médio prazo – se coaduna exatamente com as desejáveis funções preventiva, precaucional e promocional da responsabilidade civil.

Mantém-se a "ideia de que é justo responsabilizar aquele que retira um proveito de uma atividade que com toda a probabilidade poderá causar prejuízos a terceiros".[79] No caso, os provedores, que exercerão papel fundamental na atuação preventiva, realizando auditorias de conteúdos impulsionados, analisando-os quando emanados de perfis de pessoas públicas, contrastando-os com a fonte original quando relativos a matérias jornalísticas, impondo alertas para potenciais conteúdos falseados em razão de denúncias recebidas etc.

Por outro lado, o cumprimento de uma função promocional decorreria justamente do reconhecimento da "concretização do princípio da máxima efetividade ao sistema de proteção à vítima conferido pela responsabilidade civil contemporânea".[80]

---

[77] GIROUX, Henry A. What is the role of higher education in the age of fake news? *In*: PETERS, Michael A.; RIDER, Sharon; HYVÖNEN, Mats; BESLEY, Tina (Ed.). *Post-truth, fake news*: viral modernity & higher education. Singapura: Springer Nature, 2018. p. 209. Tradução livre. No original: "Democracy should be a way of thinking about education, one that thrives on connecting equity to excellence, learning to ethics, and agency to the imperatives of social responsibility and the public good".

[78] Sobre tal figura, vale mencionar a descrição de Steve Fuller: "In that respect, the post-truther is an epistemic 'double agent' and hence open to charges of hypocrisy in a way that the truther is not" (FULLER, Steve. What can Philosophy teach us about the post-truth condition? *In*: PETERS, Michael A.; RIDER, Sharon; HYVÖNEN, Mats; BESLEY, Tina (Ed.). *Post-truth, fake news*: viral modernity & higher education. Singapura: Springer Nature, 2018. p. 25).

[79] BARBOSA, Mafalda Miranda. *Liberdade vs. responsabilidade*: a precaução como fundamento da imputação delitual? Coimbra: Almedina, 2006. p. 352.

[80] REIS JÚNIOR, Antonio dos. Aplicações da função promocional na responsabilidade civil ambiental. *Revista Iberc*, Belo Horizonte, v. 3, n. 1, p. 1-33, jan./abr. 2020. p. 30-31. O autor explica: "Assentir com a existência de uma função promocional da responsabilidade civil pressupõe, fundamentalmente, aderir à tese de que (a) a ordem jurídica positiva visa cumprir determinadas finalidades, podendo delas extrair uma teleologia; (b) em razão disso, os institutos e categorias devem ser interpretados de maneira funcionalizada ao cumprimento de tais

5   Considerações finais

Pelo exposto, algumas das constatações colhidas neste brevíssimo ensaio podem ser assim sintetizadas:

a) O desenvolvimento acelerado das tecnologias de informação e comunicação propiciou a instantaneidade do fluxo informacional e "deu voz" a quem, nas antigas circunstâncias, jamais seria ouvido, fazendo surgir maior propensão ao acúmulo de conteúdos que trafegam pela rede.

b) A expressão *fake news*, hoje adotada como um "gênero" que engloba todo tipo de falseamento, como teorias da conspiração, conteúdo calunioso e difamatório, opiniões estritamente subjetivas, factoides, manchetes sensacionalistas (*clickbaits*), entre outros, precisa ser aferida casuisticamente, pois nem todo conteúdo falso terá o condão de gerar danos, nem todo conteúdo, embora danoso, será falso.

c) A responsabilidade civil exerce papel fundamental na sociedade da informação, mas é preciso reconhecer que sua incidência após o dano não é desejável, impondo o festejo às suas funções preventiva e precaucional, norteando a busca por soluções que reduzam, de forma crescente, o grau de desinformação em sociedade, e promocional, que visa assegurar algum prêmio àquele que age de acordo com parâmetros éticos bem definidos para a prevenção da propagação de conteúdo falso.

d) O próprio princípio democrático pode ser colocado em risco em alguns cenários específicos, sendo imprescindível a compreensão de seus flagelos para que seja preservado à luz das liberdades de imprensa e de expressão.

e) Diversos países já editaram regulamentos para tratar das *fake news*, e o Brasil caminha para isso com o Projeto de Lei nº 2.630/2020, em que pese as críticas quanto à necessidade ou mesmo à viabilidade disso.

f) A educação digital, vista como meta de médio a longo prazo e expressamente tratada no art. 26 do Marco Civil da Internet, é um caminho profícuo para que se produzam cidadãos mais éticos e capazes de evitar os bombardeiros recorrentes com promoções e publicidades indesejadas.

Referências

ARAL, Sinan. *The hype machine*: how social media disrupts our elections, our economy, and our health – And how we must adapt. Nova York: Currency, 2020.

BARBOSA, Mafalda Miranda. *Liberdade vs. responsabilidade*: a precaução como fundamento da imputação delitual? Coimbra: Almedina, 2006.

---

finalidades; (c) os mecanismos normativos, definidores dos comportamentos desejados, pela via da previsão de reação do direito diante da conduta dos sujeitos, apresentam-se de duas formas: sanções negativas e positivas; (d) a sanção positiva, definida como uma resposta benéfica do ordenamento a um comportamento desejável, que se faz necessário estimular, é admitida no âmbito da responsabilidade civil e extraída do contexto global do sistema; (e) os seus efeitos podem ser revelados mediante uma interpretação teleológica do direito posto, no qual já se pode vislumbrar uma aplicação prática, mesmo sem a existência de uma regulamentação específica; (f) a sua construção dogmática deve gozar de autonomia suficiente para não se confundir com as demais funções já consagradas, ainda que possa ter relação de dependência com uma delas".

BARCLAY, Donald. *Fake news, propaganda, and plain old lies*: how to find trustworthy information in the digital age. Lanham: Rowman & Littlefield, 2018.

BAUMAN, Zygmunt; RAUD, Rein. *A individualidade numa época de incertezas*. Tradução de Carlos Alberto Medeiros. Rio de Janeiro: Zahar, 2018.

BENACCHIO, Marcelo; SANTOS, Queila Rocha Carmona dos. A Lei nº 12.965/14 como instrumento de promoção dos direitos humanos. *In*: DE LUCCA, Newton; SIMÃO FILHO, Adalberto; LIMA, Cíntia Rosa Pereira de (Coord.). *Direito & Internet III*: Marco Civil da Internet (Lei nº 12.965/2014). São Paulo: Quartier Latin, 2015. t. I.

BENTIVEGNA, Carlos Frederico Barbosa. *Liberdade de expressão, honra, imagem e privacidade*: os limites entre o lícito e o ilícito. Barueri: Manole, 2020.

BINENBOJM, Gustavo. *Liberdade igual*: o que é e por que importa. Rio de Janeiro: História Real, 2020.

BLUM, Renato Opice. O Marco Civil da Internet e a educação digital no Brasil. *In*: ABRUSIO, Juliana (Coord.). *Educação digital*. São Paulo: Revista dos Tribunais, 2015.

BOLESINA, Iuri; GERVASONI, Tássia Aparecida. "Seres nada-fantásticos e onde habitam": a desinformação sobre o coronavírus e a Covid-19 propagada por trolls, fakers, haters e bullies e a configuração de abuso de direito. *Revista Iberc*, Belo Horizonte, v. 3, n. 2, p. 37-60, maio/ago. 2020.

BONIFACIC, Igor. Germany's updated hate speech law requires sites to report users to police. *Engadget*, 19 jun. 2020. Disponível em: https://www.engadget.com/germany-netzdg-update-171502170.html. Acesso em: 18 jan. 2021.

BRASIL. Câmara dos Deputados. *Projeto de Lei n. 2630, de 3 de julho de 2020*. Disponível em: https://www.camara.leg.br/proposicoesWeb/fichadetramitacao?idProposicao=2256735. Acesso em: 18 jan. 2021.

BROWNSWORD, Roger; GOODWIN, Morag. *Law and the technologies of the Twenty-First Century*. Cambridge: Cambridge University Press, 2012.

BUCKLAND, Michael. *Information and society*. Cambridge: The MIT Press, 2017.

CAHALI, Yussef Said. *Dano moral*. 3. ed. São Paulo: Revista dos Tribunais, 2005.

CALVO, Ernesto; ARUGUETE, Natalia. *Fake news, trolls y otros encantos*: cómo funcionan (para bien y para mal) las redes sociales. Buenos Aires: Siglo XXI Editores, 2020.

CARDIN, Adele. Almost half the world has no internet access, says study. *The Rio Times*, 29 set. 2019. Disponível em: https://riotimesonline.com/brazil-news/miscellaneous/almost-half-the-world-has-no-internet-access-says-study/. Acesso em: 18 jan. 2021.

CASTILHO, Ricardo. *Educação e direitos humanos*. São Paulo: Saraiva, 2016.

COLOMBO, Cristiano; FACCHINI NETO, Eugênio. Ciberespaço e conteúdo ofensivo gerado por terceiros: a proteção de direitos de personalidade e a responsabilidade civil dos provedores de aplicação, à luz da jurisprudência do Superior Tribunal de Justiça. *Revista Brasileira de Políticas Públicas*, Brasília, v. 7, n. 3, p. 216-234, 2017.

COOKE, Nicole. *Fake news and alternative facts*: information literacy in a post-truth era. Chicago: ALA Publishing, 2018.

D'ANCONA, Matthew. *Pós-verdade*: a nova guerra contra os fatos em tempos de fake news. Tradução de Carlos Szlak. Barueri: Faro, 2019.

DE CUPIS, Adriano. *Il danno*: teoria generale della responsabilità civile. Milão: Giuffrè, 1970. v. I.

DIAS, José de Aguiar. *Da responsabilidade civil*. 11. ed. Rio de Janeiro: Renovar, 2006.

DRESCH, Rafael de Freitas Valle. *Fundamentos da responsabilidade civil pelo fato do produto e do serviço*: um debate jurídico-filosófico entre o formalismo e o funcionalismo no direito privado. Porto Alegre: Livraria do Advogado, 2009.

DRESCH, Rafael de Freitas Valle. Reflexões sobre a responsabilidade civil de provedores pelo conteúdo postado por usuários na Internet. *In*: BARBOSA, Mafalda Miranda; ROSENVALD, Nelson; MUNIZ, Francisco (Coord.). *Desafios da nova responsabilidade civil*. Salvador: JusPodivm, 2019.

DRUMMOND, Caitlin; SIEGRIST, Michael; ÁRVAI, Joseph. Limited effects of exposure to fake news about climate change. *Environmental Research Communications*, Bristol, v. 2, n. 8, p. 1003-1013, ago. 2020.

FALEIROS JÚNIOR, José Luiz de Moura. Informação, pós-verdade e responsabilidade civil em tempos de quarentenas e lockdowns: a internet e o controle de danos. *In*: MONTEIRO FILHO, Carlos Edison do Rêgo; ROSENVALD, Nelson; DENSA, Roberta (Coord.). *Coronavírus e responsabilidade civil*. Indaiatuba: Foco, 2020.

FRANÇA. *Loi nº 2018-1202 du 22 décembre 2018 relative à la lutte contre la manipulation de l'information (1)*. Disponível em: https://www.legifrance.gouv.fr/jorf/id/JORFTEXT000037847559/. Acesso em: 18 jan. 2021.

FRANKS, Mary Anne. *The cult of the constitution*. Stanford: Stanford University Press, 2019.

FULLER, Steve. What can Philosophy teach us about the post-truth condition? *In*: PETERS, Michael A.; RIDER, Sharon; HYVÖNEN, Mats; BESLEY, Tina (Ed.). *Post-truth, fake news*: viral modernity & higher education. Singapura: Springer Nature, 2018.

GERBAUDO, Paolo. Social media and populism: an elective affinity? *Media, Culture & Society*, Londres, v. 40, n. 5, 2018.

GIOVA, Giuliano. Educação e cidadania digital: nascer, morrer e renascer no mundo digital, onde deixaram o manual? *In*: ABRUSIO, Juliana (Coord.). *Educação digital*. São Paulo: Revista dos Tribunais, 2015.

GIROUX, Henry A. What is the role of higher education in the age of fake news? *In*: PETERS, Michael A.; RIDER, Sharon; HYVÖNEN, Mats; BESLEY, Tina (Ed.). *Post-truth, fake news*: viral modernity & higher education. Singapura: Springer Nature, 2018.

GOULART, Guilherme Damasio. Os impactos das novas tecnologias nos direitos humanos e fundamentais: o acesso à internet e a liberdade de expressão. *Revista Direitos Emergentes na Sociedade Global*, Santa Maria, v. 1, n. 1, p. 145-168, jan./jun. 2012.

GRANVILLE, Kevin. Facebook and Cambridge Analytica: what you need to know as fallout widens. *New York Times*, 19 mar. 2018. Disponível em: https://nyti.ms/2Rv2YOM. Acesso em: 18 jan. 2021.

GROSS, Clarissa Piterman. Fake news e democracia: discutindo o status normativo do falso e a liberdade de expressão. *In*: RAIS, Diogo (Coord.). *Fake news*: a conexão entre a desinformação e o direito. São Paulo: Thomson Reuters Brasil, 2018.

HOWARD, Philip N. *Lie machines*: how to save democracy from troll armies, deceitful robots, junk news operations, and political operatives. New Haven: Yale University Press, 2020.

LANDRUM, Ashley R.; OLSHANSKY, Alex. Differential susceptibility to misleading flat earth arguments on YouTube. *Media Psychology*, set. 2019. Disponível em: https://doi.org/10.1080/15213269.2019.1669461. Acesso em: 18 jan. 2021.

LAUSSON, Julien. Loi «fake news»: le gouvernement précise quand la transparence s'imposera aux sites. *Numerama*, 11 abr. 2019. Disponível em:https://www.numerama.com/politique/480319-loi-fake-news-le-gouvernement-precise-quand-la-transparence-simposera-aux-sites.html. Acesso em: 18 jan. 2021.

LĂZĂROIU, George. Post-truth and the journalist's ethos. *In*: PETERS, Michael A.; RIDER, Sharon; HYVÖNEN, Mats; BESLEY, Tina (Ed.). *Post-truth, fake news*: viral modernity & higher education. Singapura: Springer Nature, 2018.

LEGG, Catherine. 'The solution to poor opinions is more opinions': Peircean pragmatism tactics for the epistemic long game. *In*: PETERS, Michael A.; RIDER, Sharon; HYVÖNEN, Mats; BESLEY, Tina (Ed.). *Post-truth, fake news*: viral modernity & higher education. Singapura: Springer Nature, 2018.

LÉVY, Pierre. *L'intelligence collective*: pour une anthropologie du cyberspace. Paris: La Découverte, 1994.

LONGHI, João Victor Rozatti. #ÓDIO: responsabilidade civil nas redes sociais e a questão do hate speech. *In*: MARTINS, Guilherme Magalhães; ROSENVALD, Nelson (Coord.). *Responsabilidade civil e novas tecnologias*. Indaiatuba: Foco, 2020.

LONGHI, João Victor Rozatti. Marco Civil da Internet no Brasil: breves considerações sobre seus fundamentos, princípios e análise crítica do regime de responsabilidade civil dos provedores. *In*: MARTINS, Guilherme Magalhães; LONGHI, João Victor Rozatti (Coord.). *Direito digital*: direito privado e internet. 3. ed. Indaiatuba: Foco, 2020.

LONGHI, João Victor Rozatti. *Responsabilidade civil e redes sociais*: retirada de conteúdo, perfis falsos, discurso de ódio e fake news. Indaiatuba: Foco, 2020.

MACHADO, Jónatas Eduardo Mendes. *Liberdade de expressão*: dimensões constitucionais da esfera pública no sistema social. Coimbra: Coimbra Editora, 2002.

MARTINS, Guilherme Magalhães. *Responsabilidade civil por acidente de consumo na internet*. 2. ed. São Paulo: Revista dos Tribunais, 2014.

MARTINS, Guilherme Magalhães; LONGHI, João Victor Rozatti. Fake news e vazamentos de dados: a fratura exposta do Marco Civil da Internet no Brasil. *Jota*, 9 abr. 2018. Disponível em: https://www.jota.info/opiniao-e-analise/artigos/fake-news-e-vazamento-de-dados-09042018. Acesso em: 18 jan. 2021.

MARTINS, Guilherme Magalhães; LONGHI, João Victor Rozatti; FALEIROS JÚNIOR, José Luiz de Moura. Desinformação e o envio massivo de mensagens no WhatsApp. *Migalhas*, 30 jun. 2020. Disponível em: https://s.migalhas.com.br/S/005610. Acesso em: 18 jan. 2021.

MASLOW, Abraham H. *Motivation and personality*. 2. ed. Nova York: Harper & Row, 1970.

MCLUHAN, H. Marshall. *Os meios de comunicação como extensões do homem*. Tradução de Décio Pignatari. São Paulo: Cultrix, 2007.

MOUNK, Yascha. *The people vs. democracy*: why our freedom is in danger and how to save it. Cambridge: Harvard University Press, 2018.

NEVES, António Castanheira. Uma perspectiva de consideração da comunicação e o poder – ou a inelutável decadência eufórica... Notas de um esboço de reflexão. *In*: MONTEIRO, António Pinto (Coord.). *Estudos de direito da comunicação*. Coimbra: Universidade de Coimbra, 1992.

NICE, Randall D. Reviving the lost tort of defamation: a proposal to stem the flow of fake news. *Arizona Law Review*, Tucson, v. 61, p. 205-230, 2019.

NOHARA, Irene Patrícia. Desafios da ciberdemocracia diante do fenômeno das fake news: regulação estatal em face dos perigos da desinformação. *In*: RAIS, Diogo (Coord.). *Fake news*: a conexão entre a desinformação e o direito. São Paulo: Thomson Reuters Brasil, 2018.

PARISER, Eli. *The filter bubble*: what the internet is hiding from you. Nova York: Penguin, 2011.

PÉREZ LUÑO, Antonio Enrique. ¿Ciberciudadaní@ o cidadaní@.com? Barcelona: Gedisa, 2004.

PISCHETOLA, Magda. *Inclusão digital e educação*: a nova cultura da sala de aula. Petrópolis: Vozes, 2016.

PIZARRO, Ramon Daniel. *Responsabilidad de los medios masivos de comunicación*. Buenos Aires: Hammurabi, 1991.

RAIS, Diogo. Fake news e eleições. *In*: RAIS, Diogo (Coord.). *Fake news*: a conexão entre a desinformação e o direito. São Paulo: Revista dos Tribunais, 2018.

REIS JÚNIOR, Antonio dos. Aplicações da função promocional na responsabilidade civil ambiental. *Revista Iberc*, Belo Horizonte, v. 3, n. 1, p. 1-33, jan./abr. 2020.

REIS, Abel. *Sociedade.com*: como as tecnologias digitais afetam quem somos e como vivemos. Porto Alegre: Arquipélago, 2018.

REIS, Julio C. S.; CORREIA, André; MURAI, Fabrício; VELOSO, Adriano; BENEVENUTO, Fabrício. Explainable Machine Learning for fake news detection. *Proceedings of the ACM WebSci '19*, Boston, jun./jul. 2019. Disponível em: https://doi.org/10.1145/3292522.3326027. Acesso em: 18 jan. 2021.

RICHTER MORALES, Ulrich. *El ciudadano digital*: fake news y posverdad en la era de internet. Ciudad de México: Oceano, 2018.

SARACEVIC, Tefko. Relevance: a review of the literature and a framework for thinking on the notion in information science. *Journal of the American Society for Information, Science and Technology*, Newark, v. 58, n. 13, p. 1915-1933, out. 2007.

SARTORI, Giovanni. *Homo videns*: televisione e post-pensiero. 3. ed. Roma/Bari: Laterza, 2011.

SCHNEIER, Bruce. *Secrets & lies*: digital security in a networked world. Hoboken: Wiley, 2015.

SOLOVE, Daniel J. *The future of reputation*: gossip, rumor, and privacy on the Internet. New Haven: Yale University Press, 2007.

SPECTER, Michael. *Denialism*: how irrational thinking hinders scientific progress, harms the planet, and threatens our lives. Nova York: Penguin, 2009.

STEPHENS-DAVIDOWITZ, Seth. *Everybody lies*: big data, new data, and what the Internet can tell us about who we really are. Nova York: Dey Street/HarperCollins, 2017.

STROPPA, Tatiana. *As dimensões constitucionais do direito de informação e o exercício da liberdade de informação jornalística*. Belo Horizonte: Fórum, 2010.

SUMPTER, David. *Outnumbered*: from Facebook and Google to fake news and filter-bubbles – The algorithms that control our lives. Londres: Bloomsbury, 2018.

SUNSTEIN, Cass. *Democracy and the problem of free speech*. Nova York: Free Press, 1993.

TEIXEIRA, Tarcísio; SABO, Paulo Henrique; SABO, Isabela Cristina. WhatsApp e a criptografia ponto-a-ponto: tendência jurídica e o conflito privacidade vs. interesse público. *Revista da Faculdade de Direito da Universidade Federal de Minas Gerais*, Belo Horizonte, v. 71, n. 2, p. 607-638, jul./dez. 2017.

VAIDHYANATHAN, Siva. *Anti-social media*: how Facebook disconnect us and undermines democracy. Oxford: Oxford University Press, 2018.

VAN DIJK, Jan; VAN DEURSEN, Alexander. *Digital skills*: unlocking the information society. Nova York: Palgrave Macmillan, 2014.

WARBURTON, Nigel. *Free speech*: a very short introduction. Oxford: Oxford University Press, 2009.

WU, Tim. *The attention merchants*: the epic scramble to get inside our heads. Nova York: Vintage, 2016.

WYLIE, Christopher. *Mindf*ck*: Cambridge Analytica and the Plot to Break America. Nova York: Penguin/Random House, 2019.

ZENUN, Augusto. *Dano moral e sua reparação*. 3. ed. Rio de Janeiro: Forense, 1995.

ZHANG, Jiawei; DONG, Bowen; YU, Philip S. FakeDetector: effective fake news detection with deep diffusive neural network. *Proceedings of the IEEE 36th International Conference on Data Engineering (ICDE)*, abr. 2020. Disponível em: https://doi.org/10.1109/ICDE48307.2020.00180. Acesso em: 18 jan. 2021.

Informação bibliográfica deste texto, conforme a NBR 6023:2018 da Associação Brasileira de Normas Técnicas (ABNT):

FALEIROS JÚNIOR, José Luiz de Moura. Liberdade de expressão, fake news e responsabilidade civil: breves reflexões. *In*: EHRHARDT JÚNIOR, Marcos; LOBO, Fabíola Albuquerque; ANDRADE, Gustavo (Coord.). *Liberdade de expressão e relações privadas*. Belo Horizonte: Fórum, 2021. p. 179-200. ISBN 978-65-5518-188-3.

REPERCUSSÕES DO EXERCÍCIO DA LIBERDADE DE EXPRESSÃO E DA DISSEMINAÇÃO DE *FAKE NEWS* NO CONTEXTO DA SOCIEDADE DA INFORMAÇÃO

CLAYTON DOUGLAS PEREIRA GUIMARÃES
MICHAEL CÉSAR SILVA

1   Considerações iniciais

O estudo propõe analisar crítica e discursivamente a controvérsia relacionada à imputação de responsabilidade civil pela disseminação de *fake news* no contexto da sociedade contemporânea e seus impactos no direito da liberdade de expressão.

A sociedade hodierna se apresenta como hiperconectada ou digitalizada,[1] marcada pela presença de tecnologias, que permitem a transmissão de um extraordinário volume de informações entre os indivíduos de modo célere. Todavia, por vezes, as informações não são verídicas, oferecendo argumentos e constatações falsas, fenômeno que se convencionou denominar *fake news*.

Nesse ínterim, a pesquisa busca examinar a temática relativa à divulgação de *fake news* a partir de uma perspectiva teórico-discursiva, perpassando a teoria do *marketplace das ideias*,[2] da *pós-verdade*[3] e do *viés da confirmação*.[4]

Propõe-se, ainda, analisar a referida controvérsia à luz dos direitos da personalidade, notadamente, *o direito à liberdade de expressão*, estabelecendo seus contornos e

---

[1] Acerca da temática recomenda-se a leitura de: LÉVY, Pierre. *Cibercultura*. São Paulo: Editora 34, 1999. Disponível em: https://mundonativodigital.files.wordpress.com/2016/03/cibercultura-pierre-levy.pdf. Acesso em: 25 nov. 2020.

[2] QUINELATO, João. Liberdade, verdade e fake news: mecanismos para o ressarcimento de danos. *In*: EHRHARDT JÚNIOR, Marcos; CATALAN, Marcos; MALHEIROS, Pablo (Coord.). *Direito civil e tecnologia*. Belo Horizonte: Fórum, 2020. p. 473.

[3] STRONG, S. I. Alternative facts and the post-truth society. *University of Pennsylvania Law Review Online*, v. 165, p. 137-146, 2017. Disponível em: https://scholarship.law.upenn.edu/cgi/viewcontent.cgi?article=1193&context=penn_law_review_online. Acesso em: 2 dez. 2020.

[4] SEIXAS, Rodrigo. A retórica da pós-verdade: o problema das convicções. *EID&A – Revista Eletrônica de Estudos Integrados em Discurso e Argumentação*, Ilhéus, n. 18, p. 122-138, 2019. p. 130-131. Disponível em: http://periodicos.uesc.br/index.php/eidea/article/view/2197/1747. Acesso em: 2 dez. 2020.

limites, com a finalidade de verificar se a disseminação de *fake news* configuraria ou não abuso do referido direito.

No tocante à metodologia utilizada, com suporte na classificação de Jorge Witker[5] e Miracy Barbosa de Sousa Gustin e Maria Tereza Fonseca Dias,[6] afirma-se que se trata de uma pesquisa teórica que se circunscreve à tipologia crítico-prospectiva e que se demostra possível mediante a análise de conteúdo da doutrina e da legislação pertinente.

Por fim, o estudo pretende lançar luzes sobre a temática, com vistas a apresentar soluções adequadas em relação à imputação de responsabilidade civil pela divulgação de *fake news* no contexto de uma sociedade da informação.

2 Delineamentos da sociedade da informação

A sociedade contemporânea – complexa, plural e assimétrica – apresenta-se intensamente marcada pelo alto grau de tecnologias informacionais presente no dia a dia das pessoas. Hoje, faz-se possível por meio de um *smatphone, tablet* ou computador ter acesso a um grande volume de dados em poucos segundos.

Segundo Frank Webster, verificam-se cinco conceitos de sociedade da informação: a) tecnológico: as novas tecnologias são um dos indicadores mais visíveis dos novos tempos, e, por isso, são tomadas como sinal do advento de uma sociedade da informação; b) econômico: o crescimento do valor econômico das atividades informativas é o sinal do advento de uma sociedade da informação; c) ocupacional: alcança-se uma sociedade da informação quando a preponderância das ocupações é encontrada no trabalho da informação; d) espacial: alcança-se uma sociedade da informação quando há redes de informações que interconectam locais, inclusive, pode-se cogitar essas redes em um nível nacional, internacional e global; e) cultural: inaugura-se a sociedade da informação a partir do padrão do cotidiano, no qual se constata um aumento expressivo na divulgação de informações.[7]

A difusão dos computadores e sistemas de comunicação virtuais promoveram, sobretudo, a partir da década de 1970, o início da transformação do sistema vigente. Todavia, a utilização do referido marco temporal é controverso na medida em que se demonstra difícil estipular o ponto na escala tecnológica em que se considera que uma sociedade ingressou na *era da informação*, pois, o mero surgimento de uma tecnologia não significa por si só a transformação do sistema vigente. Logo, exige-se, também, que essas tecnologias promovam uma alteração em nível econômico, ocupacional, espacial e cultural.

Ainda que não se possa reconhecer que a sociedade ingressou completamente em uma *era da informação* na década de 1970, pode-se reconhecer os primeiros passos nesse sentido. Hodiernamente, entretanto, é fácil constatar que a sociedade está inserida

---

[5] WITKER, Jorge. *Como elaborar una tesis en derecho*: pautas metodológicas y técnicas para el estudiante o investigador del derecho. Madrid: Civitas, 1985.

[6] GUSTIN, Miracy Barbosa de Sousa; DIAS, Maria Tereza Fonseca. *(Re)pensando a pesquisa jurídica*: teoria e prática. 3. ed. Belo Horizonte: Del Rey, 2010.

[7] WEBSTER, Frank. *Theories of the information society*. Oxon: Routledge, 2006. Disponível em: https://is.muni.cz/el/fss/jaro2012/ZUR286/um/22759680/Webster_Theories_of_Information_Society.pdf. Acesso em: 2 dez. 2020.

no referido contexto, haja vista se verificarem todos os pressupostos de uma sociedade de informação.

2.1 Sociedade da (des)informação e *fake news*

Em uma sociedade inserida na *era das informações*, estas são amplamente disponibilizadas, ao ponto de ser impossível um indivíduo consumi-las.[8] *The Wall* Street *Journal* demonstrou que 400 horas de vídeo são enviadas ao YouTube a cada minuto, o equivalente a 65 anos de vídeo por dia.[9] Segundo Frank Webster, há mais informações disponibilizadas, mas essas carecem de significado, fenômeno que pode ser descrito como colapso de significado.[10]

Nessa linha de intelecção, observa-se a ausência de significado das informações em decorrência do fenômeno das *fake news*, as quais podem ser definidas como "[...] desinformação projetada para enganar os leitores parecendo e aparecendo como mídia tradicional, é semelhante a formas muito mais antigas de desinformação".[11]

> A divulgação de notícias falsas ou mentirosas é fenômeno conhecido internacionalmente como "fake news" e pode ser conceituado como a disseminação, por qualquer meio de comunicação, de notícias sabidamente falsas com o intuito de atrair a atenção para desinformar ou obter vantagem política ou econômica.[12]

As *fake news* assumiram tamanha relevância na sociedade contemporânea que o *Dicionário Collins* elegeu o termo como a "palavra do ano" de 2017, sendo definido como "representações de informações falsas, normalmente sensacionalistas, disseminadas sob o disfarce de reportagens de notícias".[13]

Verifica-se que as *fake news* são um fenômeno recorrente na sociedade da informação, ainda que propiciem desinformações. Isso porque as *fake news* supostamente estariam inseridas no que se denomina *marketplace de ideias*, ou seja, um mercado de

---

[8]   CUBAS, Marcia Regina. Excesso de informação é alienante? *Journal of Health Informatics*, v. 12, n. 1, 2020. Disponível em: www.jhi-sbis.saude.ws/ojs-jhi/index.php/jhi-sbis/article/view/759. Acesso em: 15 dez. 2020.

[9]   YOUTUBE tops 1 billion hours of video a day, on pace to eclipse TV. *The Wall Street Journal*, 2017. Disponível em: https://www.wsj.com/articles/youtube-tops-1-billionhours-of-video-a-day-on-pace-to-eclipse-tv-1488220851. Acesso em: 2 dez. 2020.

[10] Colapso de significado representa a ausência de valor ou importância das informações, em decorrência de: a) as informações não se traduzirem em conhecimentos para os leitores devido ao demasiado contingente; b) a propagação reiterada de *fake news* a ponto de se constituir o que se denomina pós-verdade (WEBSTER, Frank. *Theories of the information society*. Oxon: Routledge, 2006. Disponível em: https://is.muni.cz/el/fss/jaro2012/ZUR286/um/22759680/Webster_Theories_of_Information_Society.pdf. Acesso em: 2 dez. 2020).

[11] No original: "[...] misinformation designed to mislead readers by looking like and coming across as traditional media, is similar to much older forms of misinformation" (WALDMAN, Ari Erza. The marketplace of fake news. *University of Pennsylvania Journal of Constitucional Law*, n. 20, p. 845-870, 2018. p. 848. Disponível em: https://scholarship.law.upenn.edu/cgi/viewcontent.cgi?article=1661&context=jcl. Acesso em: 2 dez. 2020).

[12] BRAGA, Renê Morais da Costa. A indústria das fake news e o discurso de ódio. *In*: PEREIRA, Rodolfo Viana (Org.). *Direitos políticos, liberdade de expressão e discurso de ódio*. Belo Horizonte: Instituto para o Desenvolvimento Democrático, 2018. v. I. p. 205. Disponível em: http://bibliotecadigital.tse.jus.br/xmlui/bitstream/handle/bdtse/4813/2018_braga_industria_fake_news.pdf?sequence=1&isAllowed=y. Acesso em: 2 dez. 2020.

[13] No original: "False, often sensational, information disseminated under the guise of news reporting" (WORD of the Year 2017. *Collins Dictionary*, 2017. Disponível em: https://www.collinsdictionary.com/woty. Acesso em: 2 dez. 2020).

ideias, no qual são ofertadas ideias de todos os gêneros, e as melhores prevaleceriam sobre as piores, assim, as verdadeiras sobrepujariam as falsas.

> Os defensores do chamado marketplace of ideas entendem que as fake news são o preço que se paga para viver-se em uma sociedade livre. As notícias falsas fariam parte do chamado marketplace of ideas, pensamento que defende que a melhor maneira para uma sociedade democrática determinar qual a melhor ideia entre tantas é deixá-las se confrontarem no campo das ideias.[14]

Todavia, reputa-se falha a teoria do *marketplace de ideias* diante do fenômeno da pós-verdade. O termo *post truth* adquiriu relevância e notoriedade dentro do debate acadêmico e social, de modo que o *Dicionário Oxford da Língua Inglesa* elegeu o termo como a "palavra do ano" em 2016, sendo que a pós-verdade "relaciona-se à circunstância na qual os fatos objetivos têm menor influência em moldar a opinião pública do que aqueles que apelam a emoções e crenças pessoais".[15]

> Embora o conceito de "sociedade pós-verdade" só tenha realmente entrado na consciência cultural no último ano, cientistas sociais de uma variedade de campos, mais notavelmente ciência política e psicologia, há muito tempo estão interessados em como e por que indivíduos e instituições adotam comportamentos ou crenças que estão patentemente em desacordo com a realidade observável. As conclusões muitas vezes surpreendentes desses acadêmicos fornecem insights importantes para advogados e formuladores de políticas que lutam para se adaptar a desafios jurídicos e políticos sem precedentes. Tradicionalmente, os acadêmicos têm caracterizado percepções políticas equivocadas como "déficits de informação" decorrentes da "falta de interesse ou conhecimento de política por parte dos indivíduos".[16]

A despeito de se reconhecer a notoriedade do termo pós-verdade na contemporaneidade, constata-se que em determinadas situações os indivíduos acreditam nas informações divulgadas em *fake news* sem verificar a veracidade delas. Tal fato decorre de uma tendência por parte do ser humano em acreditar no que esteja em consonância com suas crenças pessoais pretéritas.

Segundo preconiza a professora de neurociência Tali Sharot, a teoria do viés da confirmação explica esse fenômeno. Como a maior parte das crenças pretéritas de um indivíduo é verdadeira, o cérebro busca confirmar as crenças e resiste a evidências

---

[14] QUINELATO, João. Liberdade, verdade e fake news: mecanismos para o ressarcimento de danos. *In*: EHRHARDT JÚNIOR, Marcos; CATALAN, Marcos; MALHEIROS, Pablo (Coord.). *Direito civil e tecnologia*. Belo Horizonte: Fórum, 2020. p. 473.

[15] No original "Relating to or denoting circumstances in which objective facts are less influential in shaping public opinion than appeals to emotion and personal belief" (WORD of the Year 2016. *Oxford Dictionary*, 2016. Disponível em: https://www.oxforddictionaries.com/press/news/2016/12/11/WOTY-16. Acesso em: 2 dez. 2020).

[16] No original: "Although the concept of a 'post-truth society' only truly entered the cultural consciousness within the last year, social scientists from a variety of fields, most notably political science and psychology, have long been interested in how and why individuals and institutions adopt behaviors or beliefs that are patently at odds with observable reality. These scholars' often startling conclusions provide important insights for lawyers and policymakers struggling to adapt to unprecedented legal and political challenges. Traditionally, scholars have characterized political misperceptions as 'information deficits' arising out of individuals' 'lack of interest in or knowledge of politics'" (STRONG, S. I. Alternative facts and the post-truth society. *University of Pennsylvania Law Review Online*, v. 165, p. 137-146, 2017. Disponível em: https://scholarship.law.upenn.edu/cgi/viewcontent. cgi?article=1193&context=penn_law_review_online. Acesso em: 2 dez. 2020).

contrárias. Associado à teoria do viés da informação, tem-se ainda o aspecto social, pelo qual a adesão social tem mais influência em ser um validador de uma informação do que mecanismos críticos. Portanto, a percepção da realidade por parte do indivíduo é construída mediante processos de socialização que nos reafirmam como membro de uma coletividade.[17]

Por intermédio do viés da informação e do aspecto de necessidade de inserção social, cria-se um autoritarismo de interpretação, tornando-se dificultoso ao indivíduo romper com o paradigma vigente em seu grupo e buscar alcançar a verdade por meio de mecanismos críticos.

> A pós-verdade evocaria, assim, um autoritarismo da interpretação, que impele os sujeitos a já predisporem de determinada leitura cativa dos fatos, rejeitando o que distingue, compartilhando o que assemelha, sem maiores reflexões acerca do que ali é informado como verdade. Há, portanto, algo de bastante retórico, não meramente pela questão da (im)persuasão possível de ser observada nesse fenômeno, mas, sobretudo, pelo caráter retórico desde a percepção da realidade, pelo movimento cognitivo e argumentativo de seleção do que se divulga e do que se rejeita.[18]

Logo, o viés de confirmação se caracteriza como um dos principais elementos que estruturam a pós-verdade.[19] O fenômeno da pós-verdade apresenta, ainda, como complexidade, a utilização de pontuais observações plausíveis e fontes confiáveis, fator que imprime maior veracidade às *fake news*, haja vista serem embasadas em verdades parciais.

> [...] alguns consideram que o discurso da pós-verdade corresponde a uma suspensão completa de referência a fatos e verificações objetivas, substituídas por opiniões tornadas verossímeis apenas à base de repetições, sem confirmação de fontes. Penso que o fenômeno é mais complexo que isso, pois ele envolve uma combinação calculada de observações corretas, interpretações plausíveis e fontes confiáveis em uma mistura que é, no conjunto, absolutamente falsa e interesseira.[20]

As *fake news*, sobretudo, quando constituem a pós-verdade, por vezes prevalecem sobre as notícias verdadeiras. Assim, aquelas representam um risco, na medida em que são desinformativas aos indivíduos e, consequentemente, podem gerar danos tanto

---

[17] NEUROCIENTISTA explica porque as pessoas nunca mudam de opinião nas redes sociais. *O Globo*, 2018. Disponível em: https://oglobo.globo.com/sociedade/ciencia/neurocientista-explica-por-que-as-pessoas-nunca-mudam-de-opiniao-nas-redes-sociais-23071786. Acesso em: 27 dez. 2020.

[18] SEIXAS, Rodrigo. A retórica da pós-verdade: o problema das convicções. *EID&A – Revista Eletrônica de Estudos Integrados em Discurso e Argumentação*, Ilhéus, n. 18, p. 122-138, 2019. p. 130-131. Disponível em: http://periodicos. uesc.br/index.php/eidea/article/view/2197/1747. Acesso em: 2 dez. 2020.

[19] LACERDA, Bruno Torquato Zampier. *Bens digitais*: cybercultura, redes sociais, e-mails, músicas, livros, milhas aéreas, moedas virtuais. 2. ed. Indaiatuba: Foco, 2021.

[20] DUNKER, Christian. Subjetividade em tempos de pós-verdade. *In*: DUNKER, Christian *et al.* Ética e pós-verdade. Porto Alegre/São Paulo: Dublinense, 2017. p. 38.

à esfera pessoal quanto à esfera social,[21] ocasionando o que se denomina *desordem informacional*.[22]

Consoante leciona Orlando Maurício de Carvalho Berti, "Quando o assunto é saúde, as *fake news* podem ser ainda mais devastadoras e ter consequências mais maléficas, impactando expressivamente uma geração inteira".[23]

Por fim, cumpre verificar se o risco decorrente da disseminação das *fake news* é aceitável pela sociedade, inserindo-se no âmbito do direito à liberdade expressão, ou se, em outro giro, representaria uma violação aos direitos da personalidade e, consequentemente, em abuso do direito de liberdade de expressão.

3 Delineamentos do direito à liberdade de expressão

O direito à liberdade de expressão ou liberdade de manifestação do pensamento revela-se como um dos principais direitos da personalidade, visto que representa a possibilidade jurídica, dentro de determinado ordenamento jurídico, de falar, escrever e exprimir ideias, sem a necessidade de uma verificação prévia acerca de seu conteúdo.

> O reconhecimento constitucional do direito de expressão compreende a possibilidade de exteriorização de crenças, convicções, ideias, ideologias, opiniões, sentimentos e emoções, pelas mais diversificadas plataformas informativas hoje existentes. A proteção conferida pelo direito de expressão vai além do ato de poder pensar e alcança a possibilidade de divulgar o que se pensa, com o mais variado conteúdo, visto que as mensagens não podem ser restritas em razão das motivações políticas, econômicas ou filosóficas que lhes sejam subjacentes, ou em função de sua suposta banalidade ou relevância.[24]

Portanto, pode-se exprimir ideias sobre qualquer fato ou indivíduo, de interesse público ou não, de importância e de valor ou não. A partir dessa difusão de ideias diversas, alcança-se a noção de pluralismo, concernente na coexistência de ideias desde que essas estejam em conformidade com os ditames constitucionais.

Insta frisar que o direito à liberdade de expressão encontra-se intimamente interligado à própria noção de Estado Democrático de Direito, pois o pluralismo – coexistência de ideias diversas –, decorrente do exercício da liberdade de expressão, é

---

[21] No tocante à possibilidade de danos sociais advindos da disseminação de *fake news*, recomenda-se a leitura de: GUIMARÃES, Glayder Daywerth Pereira; SILVA, Michael César. Implicações das fake news na responsabilidade civil digital: a eclosão de um novo dano social. *In*: FERRI, Carlos Alberto; ALMEIDA, José Luiz Gavião de; LELLIS, Lélio Maximo (Org.). *Direito, ética e cidadania*: estudos em homenagem ao professor Jorge Luiz de Almeida. Curitiba: CRV, 2020. v. 1. p. 185-204.

[22] Acerca da desordem informacional e suas correlações com o fenômeno das *fake news* ver: BOLESINA, Iuri; GERVASONI, Tássia Aparecida. Seres nada-fantásticos e onde habitam: a desinformação sobre o coronavírus e a Covid-19 propagada por trolls, fakers, haters e bullies e a configuração de abuso de direito. *Revista Iberc*, v. 3, n. 2, p. 37-60, 2020.

[23] BERTI, Orlando Maurício de Carvalho. Quem cuida de quem cuida? As redes sociais em tempos de combate à pandemia da Covid-19 contra as fake news. *Revista Rizoma*, Santa Cruz do Sul, v. 8, n. 1, p. 165-184, 2020.

[24] STROPPA, Tatiana; ROTHENBURG, Walter Claudius. Liberdade de expressão e discurso de ódio: o conflito discursivo nas redes sociais. *Revista Eletrônica do Curso de Direito da UFSM*, v. 10, n. 2, p. 450-468, 2015. p. 452-453. Disponível em: https://periodicos.ufsm.br/revistadireito/article/view/19463. Acesso em: 2 dez. 2020.

fundamento do Estado democrático de direito, conforme se extrai do art. 1º, inc. V, da Constituição Federal.[25]

Nessa linha de raciocínio, Fernanda Carolina Torres destaca em seu escólio que "Em suma, a liberdade de expressão é condição necessária ao exercício da cidadania e ao desenvolvimento democrático do Estado, na consolidação de uma sociedade bem informada e coautora de seus sistemas político e jurídico".[26]

A liberdade de expressão representa assim um dos alicerces do Estado democrático de direito, fazendo-se necessário atribuir um amplo tratamento a ele, seja por normas constitucionais ou infraconstitucionais.

> O direito à liberdade de expressão do pensamento vem expressamente assegurado na Constituição Federal de 1988, o que representou a volta da democracia no Brasil e o fim do regime militar; portanto, confere especial tratamento ao Estado Democrático de Direito e assegura um amplo rol de direitos e garantias fundamentais. Nesse contexto, atribui amplo tratamento ao direito de liberdade de expressão do pensamento que é um dos alicerces do regime democrático.[27]

O Estado democrático de direito consagra o direito à liberdade de expressão, principalmente, por meio do art. 5º, IV, V e IX e do art. 220 da CF.[28] Ressalta-se, todavia, que a liberdade de expressão não é irrestrita, encontrando limites na hipótese da colisão com outros direitos fundamentais e com outros valores constitucionalmente estabelecidos.

> Ocorre que são muitas as hipóteses em que a manifestação do pensamento entra em conflito com outros direitos e valores constitucionalmente protegidos. Dentre os diversos conflitos situam-se as manifestações que expressam mensagens violentas, intolerantes e eivadas de conteúdo preconceituoso.[29]

No contexto de uma sociedade que dispõe de numerosas formas de comunicação por meios virtuais, se constata a dificultosa tarefa de sopesar o direito à liberdade de expressão e a disseminação indevida das *fake news*.

---

[25] BRASIL. *Constituição da República Federativa do Brasil, de 5 de outubro de 1988*. Disponível em: http://www.planalto.gov.br/ccivil_03/Constituicao/ConstituicaoCompilado.htm Acesso em: 2 dez. 2020.

[26] TORRES, Fernanda Carolina. O direito fundamental à liberdade de expressão e sua extensão. *Revista de Informação Legislativa*, Brasília, ano 50, n. 200, 2013. Disponível em: www2.senado.leg.br/bdsf/item/id/502937. Acesso em: 2 dez. 2020.

[27] MEYER-PFLUG, Samantha Ribeiro. Liberdade de expressão do pensamento. *In*: LEITE, George Salomão; LEITE, Glauco Salomão; STRECK, Lenio Luiz (Coord.). *Jurisdição constitucional e liberdades públicas*. Belo Horizonte: Fórum, 2017. p. 72.

[28] "Art. 5º Todos são iguais perante a lei, sem distinção de qualquer natureza, garantindo-se aos brasileiros e aos estrangeiros residentes no País a inviolabilidade do direito à vida, à liberdade, à igualdade, à segurança e à propriedade, nos termos seguintes: [...] IV - é livre a manifestação do pensamento, sendo vedado o anonimato; V - é assegurado o direito de resposta, proporcional ao agravo, além da indenização por dano material, moral ou à imagem; [...] IX - é livre a expressão da atividade intelectual, artística, científica e de comunicação, independentemente de censura ou licença; [...]. Art. 220. A manifestação do pensamento, a criação, a expressão e a informação, sob qualquer forma, processo ou veículo não sofrerão qualquer restrição, observado o disposto nesta Constituição" (BRASIL. *Constituição da República Federativa do Brasil, de 5 de outubro de 1988*. Disponível em: http://www.planalto.gov.br/ccivil_03/Constituicao/ConstituicaoCompilado.htm Acesso em: 2 dez. 2020).

[29] ROTHENBURG, Walter Claudius; STROPPA, Tatiana. Liberdade de expressão e discurso de ódio: o conflito discursivo nas redes sociais. *In*: CONGRESSO INTERNACIONAL DE DIREITO E CONTEMPORANEIDADE: MÍDIAS E DIREITOS DA SOCIEDADE EM REDE, III. Anais... [s.l.]: [s.n.], 2015. p. 4. Disponível em: http://coral.ufsm.br/congressodireito/anais/2015/6-21.pdf. Acesso em: 2 dez. 2020.

4 Breves notas dos direitos da personalidade no Brasil

Ao longo da história, determinadas prerrogativas individuais inerentes à própria pessoa humana passaram a ser reconhecidas pelos mais diversos ordenamentos jurídicos, por meio de construções doutrinárias ou jurisprudenciais.

Logo, os direitos da personalidade se consubstanciam como componentes da personalidade humana e como pressupostos para a realização de relações jurídicas, gozando, desse modo, de proteção jurídica.

Nessa perspectiva, segundo Vaneska Donato Araújo, "Os direitos da personalidade são normalmente definidos como o conjunto de direitos, atributos, faculdades, bens ou valores jurídicos, inerentes a pessoa humana, sendo-lhes tão próprios a modo de com ela confundirem-se".[30]

Os direitos da personalidade decorrem, portanto, do princípio da dignidade da pessoa humana, na medida em que representam direitos aos atributos fundamentais do homem como honra, privacidade, intimidade, imagem, entre outros.

No Brasil, a proteção aos direitos da personalidade é consagrada na Constituição Federal (arts. 1º, III, e 5º, X, CF) bem como no Código Civil (arts. 11 a 21, CC).

O Código Civil buscou sintetizar e colmatar a proteção aos direitos da personalidade, estabelecendo um rol de direitos, entre os quais se verificam a integridade física (arts. 13 a 15, CC); o nome (arts. 16 a 19, CC); a imagem nas perspectivas – retrato, atributo ou honra, e voz (art. 20, CC); e privacidade (art. 21, CC). No entanto, o referido diploma legal não visou ser exaustivo, na medida em que os direitos da personalidade não se limitam ao rol exemplificativo previsto em lei, e, portanto, podem ser caracterizados como ilimitados.

Conforme Gilberto Haddad Jabur, os direitos da personalidade são ilimitados, de modo que o Código Civil, nos arts. 11 a 21, meramente enunciam um rol aberto ou exemplificativo. Nessa linha de raciocínio, constata-se haver numerosos direitos da personalidade não previstos expressamente no referido rol, como o direito a alimentos, ao planejamento familiar, ao leite materno, ao meio ambiente ecológico, à velhice digna, ao culto religioso, à liberdade de pensamento, ao segredo profissional, à identidade pessoal etc.[31]

Os direitos da personalidade, notadamente, o direito à honra, isto é, a própria integridade e identidade moral da pessoa, contemporaneamente, encontram-se atrelados à temática das *fake news,* isso porque, por vezes, as notícias falsas surgem com o intuito de alterar a impressão que o corpo social possui sobre determinada pessoa.

> O Direito à Honra protege, nessa perspectiva, a reputação da pessoa e a consideração de sua integridade como ser humano por terceiros e pelo próprio titular do direito (honra subjetiva), destinando-se a salvaguardar o indivíduo de expressões ou outras formas de

---

[30] ARAÚJO, Vaneska Donato. *A gênese dos direitos da personalidade e sua inaplicabilidade a pessoa jurídica*. 2014. 228 f. Tese (Doutorado em Direito) – Universidade de São Paulo, São Paulo, 2014. Disponível em: https://teses.usp.br/teses/disponiveis/2/2131/tde-02102017-111538/pt-br.php. Acesso em: 20 dez. 2020. p. 91.

[31] JABUR, Gilberto Haddad. Os direitos da personalidade no Código Civil brasileiro. *Revista Jurídica Unicuritiba*, v. 1, n. 58, p. 434-488, 2020.

intervenção no direito que possam afetar o crédito e o sentimento de estima e inserção social de alguém.[32]

Diante da necessidade da proteção aos direitos da personalidade, o Código Civil estabeleceu, em seu art. 12, uma *cláusula geral de tutela aos direitos da personalidade*,[33] que se coaduna intimamente com a *cláusula geral de tutela da pessoa humana*[34] prevista no art. 1º, III da CF.

Por fim, na hipótese de ocorrência de violação aos direitos da personalidade poder-se-á pleitear a cessação da violação bem como outras formas de reparação previstas no ordenamento jurídico, especialmente, por meio de modelo jurídico da responsabilidade civil.

5 A tutela dos direitos da personalidade diante da divulgação de *fake news*

Verifica-se que as *fake news*, enquanto notícias deliberadamente falsas, não estão contempladas pelo direito de liberdade de expressão estabelecido no ordenamento jurídico brasileiro. Logo, o exercício da liberdade de expressão encontra limites, somente sendo admitido para divulgação de informações verdadeiras, e em consonância com a proteção dos direitos da personalidade.

> A informação que goza de proteção constitucional é a informação verdadeira. A divulgação deliberada de uma notícia falsa em detrimento do direito da personalidade de outrem, não constitui direito fundamental do emissor. Os veículos de comunicação têm o dever de apurar, com boa fé e dentro de critérios de razoabilidade, a correção do fato ao qual darão publicidade.[35]

Em uma sociedade inserida na era *da informação*, constata-se a ocorrência de divulgação de *fake news* via internet – notadamente, por meio de redes sociais e plataformas de comunicação, em decorrência da hiperconexão. Caso um agente atue de modo a causar dano mediante a violação a direito da personalidade, seja privacidade, intimidade, honra, seja vida privada, poderá ensejar a imputação de responsabilidade civil.

---

[32] SARLET, Ingo Wolfgang; MARINONI, Luiz Guilherme; MITIDIERO, Daniel. *Curso de direito constitucional*. 6. ed. São Paulo: Saraiva, 2017. *E-book*. p. 518-519.

[33] "Art. 12. Pode-se exigir que cesse a ameaça, ou a lesão, a direito da personalidade, e reclamar perdas e danos, sem prejuízo de outras sanções previstas em lei" (BRASIL. *Código Civil*. Lei nº 10.406, de 10 de janeiro de 2002. Disponível em: http://www.planalto.gov.br/ccivil_03/LEIS/2002/L10406.htm Acesso em: 2 dez. 2020).

[34] Para uma leitura aprofundada da temática recomenda-se: LEAL, Pastora do Socorro Teixeira; BONNA, Alexandre Pereira. A cláusula geral de tutela da pessoa humana e os danos morais: a concretização de um princípio. *1º Encontro Nacional do Conpedi/Unicuritiba*, 2013. Disponível em: http://www.publicadireito.com.br/artigos/?cod=d7f426ccbc6db7e2. Acesso em: 22 dez. 2020.

[35] BARROSO, Luís Roberto. Colisão entre liberdade de expressão e direitos da personalidade. Critérios de ponderação. Interpretação constitucionalmente adequada do Código Civil e da Lei de Imprensa. *Revista Trimestral de Direito Civil*, Rio de Janeiro, v. 16, p. 1-36, 2004. p. 25. Disponível em: http://bibliotecadigital.fgv.br/ojs/index.php/rda/article/view/45123. Acesso em: 2 dez. 2020.

A disseminação de notícias falsas pela internet é fenômeno que demanda do intérprete a ponderação entre o direito à liberdade de expressão, de um lado, e de outro a proteção à intimidade, honra e vida privada da vítima das falsas notícias. São hard cases, para os quais não há na doutrina ou na legislação uma solução pré-pronta e que auxilie o magistrado no caso concreto. Certo é que, no processo hermenêutico de ponderação entre esses valores, imponderável será a dignidade ainda que posta está na cimeira do ordenamento e funcionará, sempre, como um vetor orientativo desse processo decisório.

É premente, assim, a definição de critérios objetivos – e não necessariamente jurídicos – do que são fake news, sua distinção com manifestações da opinião e, para efeitos de determinação do dever de indenizar para as vítimas das notícias falsas, a análise da conduta dos autores das informações falsas (autores e provedores de aplicações de internet) para determinar-se se é possível ou não a construção de uma responsabilidade solidária entre esses referidos agentes. Assumirá relevante preocupação nesse itinerário lógico a conduta dos provedores de conteúdo que, por vezes, cientes da flagrante inverdade do material, permitem a disseminação das informações falsas em suas respectivas plataformas.[36]

A constatação da existência de diversos agentes potencialmente causadores de danos em decorrência da disseminação de *fake news* decorre, sobretudo, da massiva utilização das plataformas sociais. Nesse cenário, supera-se a noção de que o emissor é essencialmente o único causador dos danos, sendo também causadores do evento danoso os replicadores e o provedor de internet. Entretanto, os danos somente podem ser aferíveis diante das circunstâncias delineadas no caso concreto, sendo necessária a ponderação entre o exercício da liberdade de expressão em contraposição com a proteção da intimidade e da honra.

Deste modo, somente na hipótese em que se verifique determinado abuso no exercício da liberdade de expressão, o indivíduo lesado poderá se valer do instituto da responsabilidade civil para buscar a efetiva reparação do dano sofrido.

Observa-se a criação de comunidades para falar mal de alguém, ou de determinada empresa (às vezes com participação de funcionários, explícita ou disfarçadamente, ou entre ex-funcionários). Em todo os casos, configurado o dano, poderá haver indenização (usamos o verbo no condicional porque, invariavelmente, a responsabilidade civil precisa, para se afirmar, do contexto em que se deu o dano. Precisa verificar a situação do autor e da vítima, precisa sobretudo se amparar no nexo causal). A liberdade de expressão existe e não há, nesses casos, possibilidade de censura prévia, mas há responsabilidade por aquilo que se escreve, sobretudo se ofensivo ou danoso aos direitos de outrem. Somos livres para atacar, mas não somos livres em relação às consequências civis do ataque. O abuso de direito, no Brasil, é ilícito civil (CC, art. 187).[37]

Por conseguinte, a disseminação de *fake news* qualifica-se como abuso do direito, ou seja, perfectibiliza-se como um exercício irregular, desarrazoado do direito à liberdade de expressão, que se contrapõe aos preceitos ético-jurídicos norteadores de conduta advindos da boa-fé objetiva.

---

[36] QUINELATO, João. Liberdade, verdade e fake news: mecanismos para o ressarcimento de danos. *In*: EHRHARDT JÚNIOR, Marcos; CATALAN, Marcos; MALHEIROS, Pablo (Coord.). *Direito civil e tecnologia*. Belo Horizonte: Fórum, 2020. p. 467-468.

[37] FARIAS, Cristiano Chaves de; ROSENVALD, Nelson; BRAGA NETTO, Felipe Peixoto. *Novo tratado de responsabilidade civil*. 2. ed. São Paulo: Saraiva, 2017. p. 792-793.

A boa-fé objetiva e o abuso de direito são conexos, operando a primeira como parâmetro de valoração do comportamento do sujeito. Assim, o exercício de um direito subjetivo será abusivo, se consubstanciar a quebra dos padrões da lealdade e confiança.[38]

Destarte, existe a expectativa de que, no exercício do direito à liberdade de expressão, o sujeito aja de modo a não causar prejuízos à esfera individual ou social, pois, na hipótese de eventual abuso, tais prejuízos deverão ser reparados.

> Por fim, deve-se ponderar que as ações de reparação por Fake News, seja em função de um dano a um direito pessoal, quando a notícia falsa ofende determinado indivíduo causando-lhe danos morais, materiais, ou danos sociais, por consequência da própria natureza das Fake News e sua influência no fenômeno de Post Truth, não são excludentes, uma vez que, ofendem direitos distintos e lesionam sujeitos diversos.

> Deste modo, verifica-se que há a possibilidade de ações concomitantes em função do mesmo ato quando cause danos a direitos variados. Nessa esteira, nada obstando uma tutela específica em vista da proteção personalíssima do sujeito em função de danos morais e materiais, e autonomamente por intermédio da Defensoria Pública ou do Ministério Público, uma tutela que objetive a reparação pelo dano social causado pela ação de determinado sujeito.[39]

No tocante às *fake news*, busca-se o desestímulo à sua disseminação, bem como a reparação de todo eventual dano decorrente da prática do abuso do direito de liberdade de expressão. Nesse giro, caberá à responsabilidade civil – a partir de uma perspectiva civil constitucional – a importante tarefa de atuar como instrumento de mitigação ou mesmo de solução aos efeitos do evento danoso decorrente da criação, circulação e disseminação de *fake news*.

> A responsabilidade civil sob um prisma funcional deve ser entendida como um mecanismo necessário à realização de certos processos, principalmente para a adaptação, integração e continuidade de um convívio social pacífico. Desse modo, a aplicação do instituto deve garantir, mesmo diante de um complexo normativo, consequências justas e eficazes.[40]

A responsabilidade civil, por meio de suas funções, poderá perfectibilizar-se em uma reparação de caráter econômico, bem como de caráter preventivo, buscando-se a minimização dos danos, por meio da retirada da notícia falsa em circulação, do direito de resposta e do direito à retratação.

> A rigor, a preocupação com os riscos de lesão já, há muito, ocupa o pensamento do direito civil-constitucional, para o qual a tutela dos interesses fundados em valores constitucionais não se limita a uma tutela de tipo negativo clássico, destinada a reprimir sua lesão, mas abrange também uma tutela negativa preventiva ou inibitória, no sentido de evitar situações

---

[38] FARIAS, Cristiano Chaves de; ROSENVALD, Nelson; BRAGA NETTO, Felipe Peixoto. *Novo tratado de responsabilidade civil*. 2. ed. São Paulo: Saraiva, 2017.

[39] GUIMARÃES, Glayder Daywerth Pereira; SILVA, Michael César. Fake news à luz da responsabilidade civil digital: o surgimento de um novo dano social. *Revista Jurídica da FA7*, v. 16, n. 2, p. 99-114, 2019. p. 111. Disponível em: https://periodicos.uni7.edu.br/index.php/revistajuridica/article/view/940. Acesso em: 2 dez. 2020.

[40] GIANCOLI, Brunno Pandori. *Função punitiva da responsabilidade civil*. 2014. 192 f. Tese (Doutorado em Direito) – Faculdade de Direito, Universidade de São Paulo, São Paulo, 2014. p. 25. Disponível em: https://teses.usp.br/teses/disponiveis/2/2131/tde-11022015-123351/pt-br.php. Acesso em: 2 dez. 2020.

potencialmente lesiva a tais interesses, bem como uma tutela positiva, comprometida em promover a sua máxima realização.[41]

Contemporaneamente, o instituto da responsabilidade civil, compreendido em sua multifuncionalidade, não mais se restringe à reparação de um dano, mas, sobretudo, estimula condutas juridicamente pretendidas e desestimula comportamentos de risco ou efetivamente danosos.

> Percebemos que conforme o tempo e o lugar, a Responsabilidade Civil absorve quatro funções fundamentais (sedo as duas primeiras pacíficas na *civil law*): (a) a função de reagir ao ilícito danoso, com a finalidade de reparar o sujeito atingido pela lesão; (b) a função de repristinar o lesado ao *status quo ante*, ou seja, estado ao qual o lesado se encontrava antes de suportar a ofensa; (c) a função de reafirmar o poder sancionatório (ou punitivo) do estado; (d) a função de desestímulo para qualquer pessoa que pretenda desenvolver atividade capaz de causar efeitos prejudiciais a terceiros. É inegável que a alteração do período histórico e do ambiente social impactará na proeminência de uma função em detrimento da outra.[42]

A retirada de notícias falsas de circulação e o direito de resposta merecem ainda um aprofundamento, tendo em vista as recentes legislações que fazem referência a essas matérias, quais sejam, a Lei nº 13.188/2015 (Lei do Direito de Resposta) e a Lei nº 12.965/2014 (Marco Civil da Internet).

Nesse contexto, há ainda de se superar a visão patrimonialista do direito, de modo a compreender que a indenização é tão somente um dos métodos abrangidos pela responsabilidade civil, havendo, também, outros métodos para uma reparação integral do dano sofrido.[43]

Nessa esteira, a Lei nº 13.188/2015 estabeleceu o método do direito de resposta, o qual visa a permitir o retorno ao *status quo ante* em matéria de violação ao direito à honra, merecendo destacar que a resposta deve ter a mesma publicidade, dimensão, periodicidade e alcance da notícia original.[44]

Complementarmente, a Lei nº 12.965/2014 (Marco Civil da Internet),[45] notadamente em seu art. 19, prevê a possibilidade de retirada do conteúdo falso da internet. Cumpre ressaltar que é necessária a interpelação judicial do provedor de aplicação de internet para a retirada do conteúdo e responsabilização desse, bem como que se indique pormenorizadamente em quais sítios eletrônicos encontra-se o conteúdo a ser retirado. Constata-se, todavia, que a discriminação exigida pela lei é reprovável na medida em que é extremamente dificultosa para as vítimas de *fake news*.

---

[41] SCHREIBER, Anderson. *Novos paradigmas da responsabilidade civil*. 6. ed. São Paulo: Atlas, 2015. p. 229.

[42] ROSENVALD, Nelson. *As funções da responsabilidade civil*: a reparação e a pena civil. 3. ed. São Paulo: Saraiva, 2017. p. 32.

[43] GUIMARÃES, Glayder Daywerth Pereira; SILVA, Michael César. Tutela da honra e disseminação de fake news na nova sociedade digital. *In*: COSTA, Fabrício Veiga; GOMES, Magno Federici; FREITAS, Sérgio Henriques Zandona (Coord.). *Direitos plurais inclusivos na sociedade democrática*. Porto Alegre: Fi, 2020. p. 560-584.

[44] BRASIL. *Lei nº 13.188, de 11 de novembro de 2015*. Disponível em: www.planalto.gov.br/ccivil_03/_Ato2015-2018/2015/Lei/L13188.htm. Acesso em: 2 dez. 2020.

[45] BRASIL. *Marco Civil da Internet*. Lei nº 12.965, de 23 de abril de 2014. Disponível em: www.planalto.gov.br/ccivil_03/_ato2011-2014/2014/lei/l12965.htm. Acesso em: 2 dez. 2020.

6 Considerações finais

A pesquisa buscou analisar a possibilidade de imputação de responsabilidade civil pela disseminação de notícias falsas no contexto da sociedade da informação.

Nesse contexto, as *fake news* podem ser conceituadas como uma desinformação propagada por qualquer meio de comunicação, comumente com a finalidade de obtenção de vantagem política ou econômica.

Insta frisar que a divulgação de *fake news* não é contemplada no direito à liberdade de expressão nos moldes estabelecidos pelo ordenamento jurídico brasileiro, posto que o direito de manifestação do pensamento encontra restrições, entre as quais se assegura a liberdade de expressão exclusivamente para informações verídicas, e em conformidade com a proteção aos direitos da personalidade.

O fenômeno das *fake news* é vislumbrado desde antes da sociedade da informação, mas adquire novos contornos a partir dela. Isso pois, o alto grau de tecnologias informacionais presente no dia a dia da sociedade contemporânea possibilita que a disseminação de *fake news* transponha as barreiras do grupo em que um indivíduo está inserido e ganhe dimensões sociais, em âmbito nacional ou global.

A partir da teoria do viés de confirmação é possível constatar a tendência humana em acreditar em informações que estejam em consonância com suas crenças pessoais pretéritas, que, por conseguinte, permite que notícias falsas constituam a pós-verdade. Nesse ínterim, as *fake news*, por vezes, prevalecem sobre notícias verdadeiras, assim representando um risco, posto que são desinformativas e, consequentemente, possuem o potencial de gerar danos tanto no âmbito pessoal quanto no âmbito social.

Na hipótese em que as *fake news* acarretem danos, serão passíveis de ensejar a responsabilização civil, com fundamento na cláusula geral de tutela aos direitos da personalidade ou no dever de reparação previsto pela responsabilidade civil, seja essa de caráter econômico ou de caráter não patrimonial por meio do direito de resposta e interpelação judicial para a retirada do conteúdo falso.

Verifica-se, ademais, que a responsabilização por danos decorrentes de *fake news* pode ser imputada aos diversos agentes na cadeia de disseminação das *fake news*, como o emissor da notícia falsa, o agente replicador e o provedor de conteúdo. Todavia, para a responsabilização do provedor de conteúdo, com fulcro na previsão legal do Marco Civil da Internet, faz-se necessário que se proceda à indicação pormenorizada dos sítios eletrônicos dos quais se objetiva remover o conteúdo.

Em síntese, é necessário que o emissor da notícia falsa, o agente replicador e o provedor de conteúdo pautem sua conduta pela observância ao princípio da boa-fé objetiva e pelo elemento preventivo da responsabilidade civil, com a finalidade de se mitigar a ocorrência de eventos danosos advindos da disseminação de *fake news* e contribuir para a construção de uma sociedade mais justa e igualitária, em consonância com os preceitos e valores delineados pela Constituição Federal.

Referências

ARAÚJO, Vaneska Donato. *A gênese dos direitos da personalidade e sua inaplicabilidade a pessoa jurídica*. 2014. 228 f. Tese (Doutorado em Direito) – Universidade de São Paulo, São Paulo, 2014. Disponível em: https://teses.usp.br/teses/disponiveis/2/2131/tde-02102017-111538/pt-br.php. Acesso em: 20 dez. 2020.

BARROSO, Luís Roberto. Colisão entre liberdade de expressão e direitos da personalidade. Critérios de ponderação. Interpretação constitucionalmente adequada do Código Civil e da Lei de Imprensa. *Revista Trimestral de Direito Civil*, Rio de Janeiro, v. 16, p. 1-36, 2004. Disponível em: http://bibliotecadigital.fgv.br/ojs/index.php/rda/article/view/45123. Acesso em: 2 dez. 2020.

BERTI, Orlando Maurício de Carvalho. Quem cuida de quem cuida? As redes sociais em tempos de combate à pandemia da Covid-19 contra as fake news. *Revista Rizoma*, Santa Cruz do Sul, v. 8, n. 1, p. 165-184, 2020.

BOLESINA, Iuri; GERVASONI, Tássia Aparecida. Seres nada-fantásticos e onde habitam: a desinformação sobre o coronavírus e a Covid-19 propagada por trolls, fakers, haters e bullies e a configuração de abuso de direito. *Revista Iberc*, v. 3, n. 2, p. 37-60, 2020.

BRAGA, Renê Morais da Costa. A indústria das fake news e o discurso de ódio. *In*: PEREIRA, Rodolfo Viana (Org.). *Direitos políticos, liberdade de expressão e discurso de ódio*. Belo Horizonte: Instituto para o Desenvolvimento Democrático, 2018. v. I. Disponível em: http://bibliotecadigital.tse.jus.br/xmlui/bitstream/handle/bdtse/4813/2018_braga_industria_fake_news.pdf?sequence=1&isAllowed=y. Acesso em: 2 dez. 2020.

BRASIL. *Código Civil*. Lei nº 10.406, de 10 de janeiro de 2002. Disponível em: http://www.planalto.gov.br/ccivil_03/LEIS/2002/L10406.htm Acesso em: 2 dez. 2020.

BRASIL. *Constituição da República Federativa do Brasil, de 5 de outubro de 1988*. Disponível em: http://www.planalto.gov.br/ccivil_03/Constituicao/ConstituicaoCompilado.htm Acesso em: 2 dez. 2020.

BRASIL. *Lei nº 13.188, de 11 de novembro de 2015*. Disponível em: www.planalto.gov.br/ccivil_03/_Ato2015-2018/2015/Lei/L13188.htm. Acesso em: 2 dez. 2020.

BRASIL. *Marco Civil da Internet*. Lei nº 12.965, de 23 de abril de 2014. Disponível em: www.planalto.gov.br/ccivil_03/_ato2011-2014/2014/lei/l12965.htm. Acesso em: 2 dez. 2020.

CUBAS, Marcia Regina. Excesso de informação é alienante? *Journal of Health Informatics*, v. 12, n. 1, 2020. Disponível em: www.jhi-sbis.saude.ws/ojs-jhi/index.php/jhi-sbis/article/view/759. Acesso em: 15 dez. 2020.

DUNKER, Christian. Subjetividade em tempos de pós-verdade. *In*: DUNKER, Christian *et al*. Ética e pós-verdade. Porto Alegre/São Paulo: Dublinense, 2017.

FARIAS, Cristiano Chaves de; ROSENVALD, Nelson; BRAGA NETTO, Felipe Peixoto. *Novo tratado de responsabilidade civil*. 2. ed. São Paulo: Saraiva, 2017.

GIANCOLI, Brunno Pandori. *Função punitiva da responsabilidade civil*. 2014. 192 f. Tese (Doutorado em Direito) – Faculdade de Direito, Universidade de São Paulo, São Paulo, 2014. Disponível em: https://teses.usp.br/teses/disponiveis/2/2131/tde-11022015-123351/pt-br.php. Acesso em: 2 dez. 2020.

GUIMARÃES, Glayder Daywerth Pereira; SILVA, Michael César. Fake news à luz da responsabilidade civil digital: o surgimento de um novo dano social. *Revista Jurídica da FA7*, v. 16, n. 2, p. 99-114, 2019. Disponível em: https://periodicos.uni7.edu.br/index.php/revistajuridica/article/view/940. Acesso em: 2 dez. 2020.

GUIMARÃES, Glayder Daywerth Pereira; SILVA, Michael César. Implicações das fake news na responsabilidade civil digital: a eclosão de um novo dano social. *In*: FERRI, Carlos Alberto; ALMEIDA, José Luiz Gavião de; LELLIS, Lélio Maximo (Org.). *Direito, ética e cidadania*: estudos em homenagem ao professor Jorge Luiz de Almeida. Curitiba: CRV, 2020. v. 1.

GUIMARÃES, Glayder Daywerth Pereira; SILVA, Michael César. Tutela da honra e disseminação de fake news na nova sociedade digital. *In*: COSTA, Fabrício Veiga; GOMES, Magno Federici; FREITAS, Sérgio Henriques Zandona (Coord.). *Direitos plurais inclusivos na sociedade democrática*. Porto Alegre: Fi, 2020.

GUSTIN, Miracy Barbosa de Sousa; DIAS, Maria Tereza Fonseca. *(Re)pensando a pesquisa jurídica*: teoria e prática. 3. ed. Belo Horizonte: Del Rey, 2010.

JABUR, Gilberto Haddad. Os direitos da personalidade no Código Civil brasileiro. *Revista Jurídica Unicuritiba*, v. 1, n. 58, p. 434-488, 2020.

LACERDA, Bruno Torquato Zampier. *Bens digitais*: cybercultura, redes sociais, e-mails, músicas, livros, milhas aéreas, moedas virtuais. 2. ed. Indaiatuba: Foco, 2021.

LEAL, Pastora do Socorro Teixeira; BONNA, Alexandre Pereira. A cláusula geral de tutela da pessoa humana e os danos morais: a concretização de um princípio. *1º Encontro Nacional do Conpedi/Unicuritiba*, 2013. Disponível em: http://www.publicadireito.com.br/artigos/?cod=d7f426ccbc6db7e2. Acesso em: 22 dez. 2020.

LÉVY, Pierre. *Cibercultura*. São Paulo: Editora 34, 1999. Disponível em: https://mundonativodigital.files.wordpress.com/2016/03/cibercultura-pierre-levy.pdf. Acesso em: 25 nov. 2020.

MEYER-PFLUG, Samantha Ribeiro. Liberdade de expressão do pensamento. *In*: LEITE, George Salomão; LEITE, Glauco Salomão; STRECK, Lenio Luiz (Coord.). *Jurisdição constitucional e liberdades públicas*. Belo Horizonte: Fórum, 2017.

NEUROCIENTISTA explica porque as pessoas nunca mudam de opinião nas redes sociais. *O Globo*, 2018. Disponível em: https://oglobo.globo.com/sociedade/ciencia/neurocientista-explica-por-que-as-pessoas-nunca-mudam-de-opiniao-nas-redes-sociais-23071786. Acesso em: 27 dez. 2020.

QUINELATO, João. Liberdade, verdade e fake news: mecanismos para o ressarcimento de danos. *In*: EHRHARDT JÚNIOR, Marcos; CATALAN, Marcos; MALHEIROS, Pablo (Coord.). *Direito civil e tecnologia*. Belo Horizonte: Fórum, 2020.

ROSENVALD, Nelson. *As funções da responsabilidade civil*: a reparação e a pena civil. 3. ed. São Paulo: Saraiva, 2017.

ROTHENBURG, Walter Claudius; STROPPA, Tatiana. Liberdade de expressão e discurso de ódio: o conflito discursivo nas redes sociais. *In*: CONGRESSO INTERNACIONAL DE DIREITO E CONTEMPORANEIDADE: MÍDIAS E DIREITOS DA SOCIEDADE EM REDE, III. *Anais*... [s.l.]: [s.n.], 2015. Disponível em: http://coral.ufsm.br/congressodireito/anais/2015/6-21.pdf. Acesso em: 2 dez. 2020.

SARLET, Ingo Wolfgang; MARINONI, Luiz Guilherme; MITIDIERO, Daniel. *Curso de direito constitucional*. 6. ed. São Paulo: Saraiva, 2017. *E-book*.

SCHREIBER, Anderson. *Novos paradigmas da responsabilidade civil*. 6. ed. São Paulo: Atlas, 2015.

SEIXAS, Rodrigo. A retórica da pós-verdade: o problema das convicções. *EID&A – Revista Eletrônica de Estudos Integrados em Discurso e Argumentação*, Ilhéus, n. 18, p. 122-138, 2019. Disponível em: http://periodicos.uesc.br/index.php/eidea/article/view/2197/1747. Acesso em: 2 dez. 2020.

STRONG, S. I. Alternative facts and the post-truth society. *University of Pennsylvania Law Review Online*, v. 165, p. 137-146, 2017. Disponível em: https://scholarship.law.upenn.edu/cgi/viewcontent.cgi?article=1193&context=penn_law_review_online. Acesso em: 2 dez. 2020.

STROPPA, Tatiana; ROTHENBURG, Walter Claudius. Liberdade de expressão e discurso de ódio: o conflito discursivo nas redes sociais. *Revista Eletrônica do Curso de Direito da UFSM*, v. 10, n. 2, p. 450-468, 2015. Disponível em: https://periodicos.ufsm.br/revistadireito/article/view/19463. Acesso em: 2 dez. 2020.

TORRES, Fernanda Carolina. O direito fundamental à liberdade de expressão e sua extensão. *Revista de Informação Legislativa*, Brasília, ano 50, n. 200, 2013. Disponível em: www2.senado.leg.br/bdsf/item/id/502937. Acesso em: 2 dez. 2020.

WALDMAN, Ari Erza. The marketplace of fake news. *University of Pennsylvania Journal of Constitucional Law*, n. 20, p. 845-870, 2018. Disponível em: https://scholarship.law.upenn.edu/cgi/viewcontent.cgi?article=1661&context=jcl. Acesso em: 2 dez. 2020.

WEBSTER, Frank. *Theories of the information society*. Oxon: Routledge, 2006. Disponível em: https://is.muni.cz/el/fss/jaro2012/ZUR286/um/22759680/Webster_Theories_of_Information_Society.pdf. Acesso em: 2 dez. 2020.

WITKER, Jorge. *Como elaborar una tesis en derecho*: pautas metodológicas y técnicas para el estudiante o investigador del derecho. Madrid: Civitas, 1985.

WORD of the Year 2016. *Oxford Dictionary*, 2016. Disponível em: https://www.oxforddictionaries.com/press/news/2016/12/11/WOTY-16. Acesso em: 2 dez. 2020.

WORD of the Year 2017. *Collins Dictionary*, 2017. Disponível em: https://www.collinsdictionary.com/woty. Acesso em: 2 dez. 2020.

YOUTUBE tops 1 billion hours of video a day, on pace to eclipse TV. *The Wall Street Journal*, 2017. Disponível em: https://www.wsj.com/articles/youtube-tops-1-billionhours-of-video-a-day-on-pace-to-eclipse-tv-1488220851. Acesso em: 2 dez. 2020.

Informação bibliográfica deste texto, conforme a NBR 6023:2018 da Associação Brasileira de Normas Técnicas (ABNT):

GUIMARÃES, Clayton Douglas Pereira; SILVA, Michael César. Repercussões do exercício da liberdade de expressão e da disseminação de fake news no contexto da sociedade da informação. *In*: EHRHARDT JÚNIOR, Marcos; LOBO, Fabíola Albuquerque; ANDRADE, Gustavo (Coord.). *Liberdade de expressão e relações privadas*. Belo Horizonte: Fórum, 2021. p. 201-216. ISBN 978-65-5518-188-3.

PARTE IV

LIBERDADE DE EXPRESSÃO NO DISCURSO HUMORÍSTICO

O MÉRITO DO RISO: LIMITES E POSSIBILIDADES DA LIBERDADE NO HUMOR[1]

CARLOS EDISON DO RÊGO MONTEIRO FILHO
MARIA CARLA MOUTINHO NERY

Certos humoristas captaram a envergadura e as nuances dessa fase evolutiva da desorientação com mais acuidade do que os próprios filósofos e sociólogos. Talvez este também seja um sinal dos tempos
(Domenico De Masi)[2]

1 Introdução

A liberdade de fazer humor usualmente toma como escudo a repulsa à censura de outrora, como se fosse carta branca para parodiar e satirizar qualquer tipo de assunto da ordem do dia, independentemente do destinatário da piada. Mas a questão que se põe à reflexão é: o humor tudo pode?

No mundo contemporâneo e polarizado, qual o lugar do humor? O humor pode ser mensurado, regrado ou regulado? Essas são perguntas que ecoam sem resposta quando a discussão da liberdade de expressão do humor (e da limitação dessa liberdade) ressurge em um país que costuma fazer piada até mesmo de situações catastróficas.

A zona cinzenta entre o humor e a ofensa é complexa, e pode se transformar em sede de conflitos, por trazer à baila questões de índole subjetiva, nem sempre convergentes, de ambas as partes. Afinal, o amplo espectro do humor compreende desde as ironias sutis e refinadas até o chamado "pastelão", cujo exemplo de destaque são as famosas "videocassetadas", de um conhecido programa dominical, que encontram até mesmo patrocinadores específicos para arrancar risos das mais variadas formas de se esborrachar no chão.[3]

---

[1] Os autores agradecem aos advogados Gustavo Azevedo (mestrando/PPGD-UERJ) e Giovanna Chirico pela valiosa participação na pesquisa que resultou no presente artigo.

[2] MASI, Domenico de. *Alfabeto da sociedade desorientada*: para entender os nossos tempos. São Paulo: Objetiva, 2017. p. 107.

[3] Existem diversas teorias que buscam explicar o fenômeno humorístico, sendo as principais delas: a teoria da superioridade, na qual o humor é um mecanismo de afirmação social de um indivíduo sobre outro, ou de um grupo sobre outro; a teoria do humor por alívio, que explica o humor como uma espécie de válvula de escape

Na realidade, o limite à prática do humor aproxima-se do sorriso amarelo de quem não recebe a piada com o mesmo espírito gozador de quem a faz. O espaço limítrofe entre o respeito ao sujeito objeto da piada e a boa gargalhada revela-se conflituoso e pode findar na judicialização da piada. Neste ponto, pergunta-se: caberá ao Judiciário o mérito do riso?

E, na sequência, o que fazer depois do dano causado por uma piada indevida, de mau gosto? A primeira lição ética indica que se deve reconhecer o erro e pedir desculpas. Como o Poder Judiciário vem se posicionando acerca da retratação do humorista causador de dano decorrente de uma piada de mau gosto? Duas posições rigorosamente antagônicas se digladiam no particular: a retratação do autor da piada pode ser utilizada como *confissão*, imputando-lhe total responsabilidade, ou, por outra via, como *atenuante* do dano, reduzindo sua extensão para fins de cálculo do *quantum* reparatório correspondente aos efeitos patrimoniais e extrapatrimoniais da lesão.[4]

A ausência dessa retratação pública foi tomada, inclusive, como causa para ajuizamento de ações indenizatórias, a exemplo da conhecida demanda judicial travada entre o comediante Rafinha Bastos e a cantora Wanessa Camargo, que buscou a reparação extrapatrimonial do dano sofrido por não ter conseguido obter do comediante a sua retratação.[5]

Nesse contexto: a sinceridade de um pedido de desculpas é sindicável? Faz alguma diferença? Ou este pedido não passa de estratégia que visa a obter uma redução do montante de condenação tida por certa?

Este trabalho tem por objetivo, em um primeiro momento, apresentar estudo a respeito da liberdade de expressão no humor, com seus fundamentos e perspectivas. Em seguida, analisa-se o abuso do exercício dessa liberdade de humor por meio de casos enfrentados pelo Judiciário cujo objeto foi o dano decorrente da piada de mau gosto para, assim, investigar a viabilidade de eleição de critérios e parâmetros para o exercício legítimo dessa liberdade, sem causar dano a outrem.

2 Liberdade de expressão: axiologia e fundamentos constitucionais

O aprendizado histórico oriundo da experiência traumática da censura, alçada à prática oficial na ditadura militar, impulsionou o constituinte a estabelecer como objetivo da República *a construção de uma sociedade livre* (art. 3º, I), reconduzindo, assim, o *valor liberdade* ao Título I, no plano dos princípios fundamentais da Constituição Federal de 1988. Além disso, no rol dos direitos e garantias fundamentais (art. 5º), o constituinte buscou assegurar a inviolabilidade do direito à liberdade (*caput*), e, ainda, em diferentes acepções: a livre manifestação do pensamento (inc. IV); a inviolabilidade da liberdade

---

para a tensão das relações humanas; a teoria da incongruência, na qual o humor surge de uma dissonância cognitiva, resultado de uma incongruência entre o esperado e o efetivo; e a teoria conceitual, na qual o humor nasce da solução, ou não, de um paradoxo. Para uma análise detalhada sobre cada uma delas, v. FIGUEIREDO, Celso. Por que rimos: um estudo do funcionamento do humor na publicidade. *Revista Comunicação e Sociedade*, ano 33, n. 57, p. 171-198, jan./jun. 2012.

[4] "O princípio da reparação integral projeta-se no *an debeatur* (aferição da reparação) e no *quantum debeatur* (quantificação da reparação). Em outras palavras, o mandamento exige, de um lado, que todo dano seja reparado (*an debeatur*) e, de outro, que todo o dano seja reparado (*quantum debeatur*)" (MONTEIRO FILHO, Carlos Edison do Rêgo. Limites ao princípio da reparação integral no direito brasileiro. *Civilística.com*, ano 7, n. 1, 2018. p. 6).

[5] Processo nº 0201838-05.2011.8.26.0100.

de consciência e de crença, sendo assegurado o livre exercício dos cultos religiosos e garantida, na forma da lei, a proteção aos locais de culto e a suas liturgias (VI); a liberdade de expressão da atividade intelectual, artística, científica e de comunicação, independentemente de censura ou licença (IX); a liberdade de exercício de qualquer trabalho, ofício ou profissão, atendidas as qualificações profissionais que a lei estabelecer (XIII); a liberdade de locomoção no território nacional em tempo de paz, podendo qualquer pessoa, nos termos da lei, nele entrar, permanecer ou dele sair com seus bens (XV); a liberdade de associação para fins lícitos, vedada a de caráter paramilitar (XVII), sendo certo que ninguém poderá ser compelido a associar-se ou a permanecer associado (XX), entre outros.

Percebe-se ter a Constituição haurido a liberdade do conjunto de valores existenciais que buscara implantar com prioridade máxima, conectando-a, como seria mesmo natural, com o núcleo axiológico do regime democrático, ante a necessidade de resguardar o Estado democrático de direito e as próprias instituições democráticas.[6] Com efeito, a liberdade de expressão vincula-se igualmente à garantia de manifestação do pensamento (art. 220), da qual se extrai a contundente locução que rechaça qualquer forma de censura, confira-se:

> Art. 220. A manifestação do pensamento, a criação, a expressão e a informação, sob qualquer forma, processo ou veículo não sofrerão qualquer restrição, observado o disposto nesta Constituição.
>
> §1º Nenhuma lei conterá dispositivo que possa constituir embaraço à plena liberdade de informação jornalística em qualquer veículo de comunicação social, observado o disposto no art. 5º, IV, V, X, XIII e XIV.
>
> §2º É vedada toda e qualquer censura de natureza política, ideológica e artística.

Do panorama tratado nos parágrafos *supra*, sobressai a importância da liberdade como gênero – e conquista essencial do regime democrático implantado a partir de 1988 no Brasil –, assim como suas articulações em diferentes espécies, a reger o funcionamento e as engrenagens de instituições públicas e privadas no país. Pietro Perlingieri chega a afirmar que *o princípio da liberdade inspira a ordem constitucional como sistema*, confira-se: "do núcleo dos princípios e valores em nível constitucional deriva, em primeiro lugar, a afirmação, também em relação à matéria penal, do princípio de liberdade, no qual é inspirada a ordem constitucional no seu complexo".[7] Nessa moldura é que se insere a *liberdade de expressão*, e, mais precisamente, o *exercício da liberdade de expressão no humor*. Donde se extrai que a carga axiológica que pesa a favor da liberdade da piada recebe

---

[6] "Para que o fórum público seja livre e aberto a todos, e permaneça em sessão contínua, todos devem poder participar dele. Todos os cidadãos devem ter meios de informar-se sobre questões políticas. Devem ter condições de avaliar como certas propostas interferem em seu bem-estar e quais políticas promovem sua concepção do bem público. Além disso, devem ter uma oportunidade equitativa de acrescentar à agenda propostas alternativas para o debate político" (RAWLS, John. *Uma teoria da justiça*. 4. ed. Tradução de Jussara Si ões. São Paulo: Martins Fontes, 2016.p. 277-278).

[7] PERLINGIERI, Pietro. *O direito civil na legalidade constitucional*. Tradução de Maria Cristina de Cicco. Rio de Janeiro: Renovar, 2008. p. 164.

todo o conjunto de influxos aptos a assegurar e prestigiar o direito ao humor, como emanação da personalidade de seu autor, e realização de sua liberdade de expressão.[8]

A liberdade de expressão, diga-se entre parênteses, não se confunde com a liberdade de informação, pois esta está contida no amplo conceito daquela. A liberdade informativa, de *natureza objetiva*, diz respeito ao direito do sujeito tanto de se comunicar livremente a respeito de acontecimentos do mundo fenomênico, como de ser informado a respeito destes fatos, devendo o conteúdo da informação ser verdadeiro. Segundo Perlingieri, a informação, em sociedades democráticas, é fundamento de participação dos cidadãos na vida do país.[9] Por seu lado, a liberdade de expressão, de *natureza subjetiva*, garante o direito do indivíduo de se manifestar, isto é, de emitir opinião livremente.[10]

Todavia, deve-se ampliar o enfoque de análise e ponderar que, do outro lado da balança, podem existir interesses e valores existenciais contrapostos à liberdade que se expressa por meio da piada, e que também são merecedores de tutela constitucional qualificada, por serem diretamente informados pelo princípio da dignidade da pessoa humana:[11] são os direitos da personalidade da vítima da sátira.[12]

Ou seja, assim como os demais direitos fundamentais, nem a liberdade de expressão nem a de informação são direitos absolutos, pois encontram limites no arcabouço normativo trazido pelo ordenamento, como exemplo, a vedação à prática de ato ilícito ou abusivo (arts. 186-188 do Código Civil) ou à propagação de *fake news* (art.

---

[8] Do ponto de vista semântico, "liberdade de expressão" traduz-se na possibilidade de o sujeito manifestar-se livremente a respeito de fatos sociais. Assim, o *Dicionário Priberam da Língua Portuguesa* apresenta a seguinte definição da palavra "liberdade": o "direito de um indivíduo proceder conforme lhe pareça, desde que esse direito não vá contra o direito de outrem e esteja dentro dos limites da lei". "liberdade" (LIBERDADE. *Dicionário Priberam da Língua Portuguesa*, 2008-2020. Disponível em: https://dicionario.priberam.org/liberdade. Acesso em: 19 jan. 2021). Já o termo "expressão" significa "ato ou efeito de exprimir. Maneira de exprimir; frase, palavra. Manifestação de um sentimento" "expressão" (EXPRESSÃO. *Dicionário Priberam da Língua Portuguesa*, 2008-2020. Disponível em: https://dicionario.priberam.org/express%C3%A3o. Acesso em: 18 jan. 2021).

[9] "A informação, em uma sociedade democrática, representa o fundamento da participação do cidadão na vida do País e, portanto, do próprio correto funcionamento das instituições; ela muda os próprios traços fisionômicos em relação às condições históricas e culturais nos quais se concretiza e aos valores que caracterizam o sistema, alternando historicamente entre hipóteses extremas: do monopólio estatal da informação ao oligopólio particular, da subordinação ao regime à contestação global, da rigorosa regulamentação (incluída a censura prévia) à autodisciplina" (PERLINGIERI, Pietro. *O direito civil na legalidade constitucional*. Tradução de Maria Cristina de Cicco. Rio de Janeiro: Renovar, 2008. p. 855-856).

[10] BARROSO, Luís Roberto. Colisão entre liberdade de expressão e direitos da personalidade. Critérios de ponderação. Interpretação constitucionalmente adequada do Código Civil e da Lei de Imprensa. *Revista de Direito Administrativo*, v. 235, p. 1-36, 2004.

[11] Em esforço sistemático, Maria Celina elaborou o seguinte esquema teórico sobre o conteúdo da dignidade humana: "O substrato material da dignidade assim entendida se desdobra em quatro postulados: i) o sujeito moral (ético) reconhece a existência dos outros como sujeitos iguais a ele; ii) merecedores do mesmo respeito à integridade psicofísica de que é titular; iii) é dotado da vontade livre, de autodeterminação; iv) é parte do grupo social, em relação ao qual tem a garantia de não vir a ser marginalizado" (MORAES, Maria Celina Bodin de. Danos à pessoa humana: uma leitura civil-constitucional do dano moral. 1. ed. Rio de Janeiro: Renovar, 2003. p. 85).

[12] "A escolha da dignidade da pessoa humana como fundamento da República, associada ao objetivo fundamental de erradicação da pobreza e da marginalização, e de redução das desigualdades sociais, juntamente com a previsão do §2º do art. 5º, no sentido da não exclusão de quaisquer direitos e garantias, mesmo que não expressos, desde que decorrentes dos princípios adotados pelo texto maior, configuram uma verdadeira cláusula geral de tutela e promoção da pessoa humana, tomada como valor máximo pelo ordenamento" (TEPEDINO, Gustavo. A tutela da personalidade no ordenamento civil-constitucional brasileiro. *In*: TEPEDINO, Gustavo. *Temas de direito civil*. 4. ed. Rio de Janeiro: Renovar, 2008. p. 46).

9º da Resolução TSE nº 23.610/2019),[13] podendo resultar em reparação civil e/ou direito de resposta (art. 58 da Lei nº 9.504/1997), como se passa a analisar no tópico a seguir.

3 Abuso da liberdade: a judicialização da piada

O controle judicial da liberdade de expressão percorreu trajetórias distintas nos Estados Unidos e na Europa continental, em especial na Alemanha. Para compreender a noção norte-americana a respeito desse direito fundamental, é importante ter em mente dois fatores que muito a influenciaram. Em primeiro lugar, a Primeira Emenda da Constituição americana possui redação bastante categórica ao afirmar que "o Congresso não editará leis" que cerceiem, entre outros direitos fundamentais, a liberdade de expressão,[14] sem deixar, aparentemente, espaço para flexibilizações desse direito. Em segundo lugar, a tradição liberal norte-americana, a partir dos escritos de John Stuart Mill, desenvolveu a concepção do "mercado livre de ideias" (*marketplace of ideas*), perspectiva segundo a qual apenas por meio do acesso e da discussão de todas as ideias no espaço público é que seria possível encontrar a verdade.[15] Como consequência desses cenários normativo e cultural, pode-se entender, em parte, o porquê de a Suprema Corte norte-americana ter consolidado precedentes que conferem primazia a este direito fundamental em face dos demais.[16]

A experiência histórica alemã, por outro lado, parece ter tido influência crucial para que a compreensão da liberdade de expressão naquele país se desse de maneira um tanto diversa se comparada à concepção norte-americana. A experiência dos horrores do

---

[13] "Art. 9º A utilização, na propaganda eleitoral, de qualquer modalidade de conteúdo, inclusive veiculado por terceiros, pressupõe que o candidato, o partido ou a coligação tenha verificado a presença de elementos que permitam concluir, com razoável segurança, pela fidedignidade da informação, sujeitando-se os responsáveis ao disposto no art. 58 da Lei nº 9.504/1997, sem prejuízo de eventual responsabilidade penal".

[14] O texto integral da primeira emenda é o seguinte: "O Congresso não editará leis estabelecendo uma religião oficial ou proibindo o livre exercício religioso; ou cerceando a liberdade de expressão ou de imprensa; ou o direito das pessoas de se reunirem pacificamente, e de peticionar ao governo para a reparação de danos".

[15] "But the peculiar evil of silencing the expression of an opinion is, that it is robbing the human race; posterity as well as the existing generation; those who dissent from the opinion, still more than those who hold it. If the opinion is right, they are deprived of the opportunity of exchanging error for truth: if wrong, they lose, what is almost as great a benefit, the clearer perception and livelier impression of truth, produced by its collision with error" (MILL, John Stuart. *On liberty*. Kitchener: Batoche Books, 2001. p. 19). Tradução livre: "Mas o mal particular em silenciar a expressão de uma opinião é que constitui um roubo à humanidade; à posteridade, bem como à geração atual; àqueles que discordam da opinião, mais ainda do que àqueles que a sustentam. Se a opinião for correta, ficarão privados da oportunidade de trocar erro por verdade; se estiver errada, perdem uma impressão mais clara e viva da verdade, produzida pela sua confrontação com o erro – o que constitui um benefício quase igualmente grande".

[16] Como observa Daniel Sarmento, a liberdade de expressão é "o mais valorizado direito fundamental no âmbito da jurisprudência constitucional norte-americana" e, em seguida, continua para constatar que "esta expansão na proteção da liberdade de expressão tem se dado em parte ao custo de um enfraquecimento na garantia de outros direitos contrapostos, como privacidade, honra e também igualdade" (SARMENTO, Daniel. A liberdade de expressão e o problema do "hate speech". *Revista de Direito do Estado*, v. 4, 2006. p. 5). Por outro lado, a doutrina observa que, não obstante tenha primazia, nunca se sustentou, nos Estados Unidos, que a liberdade de expressão tivesse caráter absoluto e que "O fato de ser primariamente uma típica garantia liberal do cidadão contra a autoridade constituída não impediu que algum tipo de limitação sempre fosse admitida como forma de proteção do 'interesse público'" (BINENBOJM, Gustavo. Meios de comunicação de massa, pluralismo e democracia deliberativa: as liberdades de expressão e de imprensa nos Estados Unidos e no Brasil. *Revista da EMERJ*, v. 6, n. 23, 2003. p. 360). Nesse sentido, o autor faz referência à afirmação do *Justice* Oliver Holmes pronunciada no julgamento do caso *Schenck v. United States*, 249 U.S. 47, no sentido de que "os cidadãos não são livres para gritar 'fogo!' falsamente dentro de um teatro lotado".

holocausto decorrente de uma política de Estado racista e genocida decerto provocou certo ceticismo, na Alemanha, a respeito da capacidade de um "mercado livre de ideias" promover sempre a melhor ideia.[17] Portanto, lá, conquanto a liberdade de expressão seja considerada um dos mais importantes direitos fundamentais, ao contrário do que ocorre nos Estados Unidos, ela não desfruta de uma posição de superioridade em relação aos demais direitos e frequentemente os tribunais a ponderam com outros bens jurídicos.[18]

No Brasil, o caso paradigmático a respeito do conflito entre liberdade de expressão e outros direitos fundamentais foi o denominado caso Ellwanger, no qual o Supremo Tribunal Federal julgou *habeas corpus* impetrado em favor de um escritor e editor condenado pelo crime de racismo por "escrever, editar, divulgar e comerciar livros fazendo apologia de ideias preconceituosas e discriminatórias contra a comunidade judaica". Ficou assentado, naquele precedente, que a liberdade de expressão é garantia constitucional que não se tem como absoluta e que, por isso, "não consagra o 'direito à incitação do racismo', dado que um direito individual não pode constituir-se em salvaguarda de condutas ilícitas".[19] Não parece possível, portanto, falar-se em primazia da liberdade de expressão sobre os demais direitos fundamentais no ordenamento brasileiro.[20]

O exercício da liberdade de humor, por sua vez, pode resultar em abuso cujas consequências variam entre dano a um sujeito determinado (normalmente o destinatário da piada) ou mesmo à coletividade, quando a sátira é destinada a um gênero, nacionalidade, religião ou orientação sexual.

Inúmeras situações podem ser relatadas para retratar as hipóteses em que a liberdade de expressão resultou em *danos irreparáveis*, a exemplo da tragédia que

---

[17] Nesse ponto, ganha relevo o conceito de "democracia militante", segundo o qual o Estado deve defender a democracia contra seus inimigos e que surgiu na Alemanha após redemocratização como forma de se evitar que algo semelhante ao nazismo pudesse voltar a ocorrer. Nas palavras de Alessandra Pearce de Carvalho Monteiro, "O termo 'democracia militante' foi originalmente cunhado por Loewenstein, que se baseou principalmente no (mau) exemplo do fracasso da República de Weimar e na ascensão do Partido Nazista para justificar a ideia de uma democracia que se protege ativamente daqueles que planejam destruí-la. Inclusive, a primeira Constituição democrática militante surgiu, de fato, na Alemanha ocidental com a Lei Fundamental de Bona, promulgada após os eventos traumáticos da segunda guerra mundial e em razão deles: o povo alemão sentiu a necessidade de proteger a nova ordem constitucional para impedir a repetição da queda do antigo regime" (MONTEIRO, Alessandra Pearce de Carvalho. *Democracia militante na atualidade*: o banimento dos novos partidos políticos antidemocráticos na Europa. Dissertação (Mestrado) – Faculdade de Direito da Universidade de Coimbra, 2015. p. 15). A esse respeito, vale mencionar, como ilustração clara do conceito de democracia militante, o art. 18 da Lei Fundamental de Bonn, segundo o qual "Quem, para combater a ordem fundamental livre e democrática, abusar da liberdade de expressar a opinião, particularmente da liberdade de imprensa (artigo 5 §1), da liberdade de ensino (artigo 5 §3), da liberdade de reunião (artigo 8), da liberdade de associação (artigo 9), do sigilo da correspondência, das comunicações postais e das telecomunicações (artigo 10), do direito de propriedade (artigo 14) ou do direito de asilo (artigo 16 §2), perde estes direitos fundamentais. Cabe ao Tribunal Constitucional Federal pronunciar-se sobre a perda dos direitos e fixar a sua extensão".

[18] SARMENTO, Daniel. A liberdade de expressão e o problema do "hate speech". *Revista de Direito do Estado*, v. 4, 2006. p. 19.

[19] STF, Tribunal Pleno. Habeas Corpus nº 82.424-2/RS. Rel. p/ acórdão. Min. Maurício Corrêa, j. 17.9.2003.

[20] Nesse sentido: "Acerca desse tormentoso terreno das colisões de direitos fundamentais envolvendo as liberdades, parece mais acertado afirmar que, diante da ausência de uma norma expressa que determine qual dos direitos deve prevalecer em abstrato, a noção de prevalência não pode ser um dado a priori. Em outras palavras, a ideia de que um direito fundamental possa prevalecer sobre outro só pode ser o resultado do sopesamento concreto dos interesses em jogo, configurando-se, assim, uma relação de prevalência condicionada, mas jamais uma premissa ou um ponto de partida de que pode se servir o intérprete para realizar a ponderação dos direitos que estão em conflito" (BARBOSA, Fernanda Nunes; CASTRO, Thamis Dalsenter Viveiros de. Dilemas da liberdade de expressão e da solidariedade. *Civilistica.com*, ano 6, n. 2, 2017. p. 3).

resultou em 12 mortos e 11 feridos, na França, em virtude da publicação de charges do profeta Maomé pelo jornal humorístico *Charlie Hebdo*,[21] ou, ainda, na *judicialização da piada* – como no especial de Natal do Porta dos Fundos, e no embate entre Rafinha Bastos e Wanessa Camargo – caso emblemático, perpetuado na mídia, cujos contornos se passam a analisar.

Diante da acusação do golpe, por parte da vítima, o ofensor pode retratar-se ou se negar a realizar o pedido de desculpas, por não reconhecer seu erro ou mesmo por enxergar a retratação pública como ofensa à sua própria reputação. Essa foi a base da celeuma em torno da ofensa pública efetivada pelo comediante Rafael Bastos Hocsman, o Rafinha Bastos, contra a cantora Wanessa Camargo. O artista foi condenado a indenizar a cantora Wanessa Camargo, o marido dela e o filho do casal, por ter feito uma piada de mau gosto sobre a gravidez da cantora, no programa CQC, da Rede Bandeirantes, exibido no dia 19.9.2011.

A cantora emitiu um comunicado à imprensa, publicado no *Jornal Estadão*,[22] esclarecendo ter ajuizado a ação, em razão do seu desejo de obter a retratação do comediante. Confira-se trecho da publicação:

> Sinceramente, não estou interessada em dinheiro nenhum, muito menos que ele seja encarcerado em prisão alguma. Apenas desejo que esse processo faça o humorista repensar sua forma ofensiva de falar, disfarçada erroneamente em liberdade de expressão. Desejo a ele o arrependimento e que compreenda o ferimento que causou. [...] Muitas pessoas enviaram mensagens me pedindo para perdoar, mas só se perdoa quem pede desculpas e está arrependido. Eu não tive essa opção.

O comediante, por seu lado, recusou-se reiteradas vezes a pedir desculpas à cantora e à sua família. Em entrevista ao programa Marília Gabriela, exibido após a polêmica, Rafinha Bastos foi perguntado pela apresentadora se era tão difícil pedir desculpas. O comediante respondeu:

> Era muito difícil porque eu abriria um precedente terrível contra minha profissão, contra o meu caráter e contra a maneira como eu olho as coisas e olho o mundo. Eu sou um comediante, meu papel, meu objetivo, sempre foi fazer piada inclusive naquele momento. Da maneira que eu poderia agredir alguém com aquela piada eu poderia ter agredido alguém nos últimos 4 anos. [...] Eu preciso me manter autêntico. Pedir desculpas públicas naquele momento eu estaria sendo falso. Eu só estaria fazendo aquilo para agradar quem estava chateado comigo. Isso é não ser autêntico. Eu precisava manter a minha postura.[23]

No Processo nº 0201838-05.2011.8.26.0100, Rafinha Bastos foi condenado, no primeiro grau, ao pagamento de 30 salários mínimos à família ofendida e recorreu da decisão ao mesmo tempo em que postou no seu Twitter um comentário jocoso sobre a condenação ("Status: ocupado. Juntando moedas...").

---

[21] Disponível em: https://exame.com/mundo/as-capas-de-charlie-hebdo-que-causaram-a-ira-em-extremistas/. Acesso em: 21 jan. 2021.

[22] Disponível em: http://www.estadao.com.br/noticias/arteelazer,wanessa-camargo-quebra-o-silencio-e-fala-sobre-rafinha-bastos,788719,0.htm. Acesso em: 26 abr. 2014.

[23] Disponível em: http://www.youtube.com/watch?v=Kjc62WM-_sA. Acesso em: 26 abr. 2014.

Em grau de recurso, o TJSP reformou a decisão para impor uma indenização de R$150.000,00 para a família de Wanessa e levou em consideração a piada do humorista realizada no Twitter após a sentença de 1º grau. O STJ confirmou a decisão, em sede de recurso especial, porém, o processo ainda não transitou em julgado, ante a apresentação de novos recursos.

Posteriormente, o apresentador foi recontratado pela Rede Bandeirantes para comandar o programa *Agora é Tarde* e, no programa exibido no dia 1º.4.2014, fez a seguinte declaração:

> Fui para a minha casa, pensei nessa história toda, olhei para o meu filho, para a minha mulher. Sempre brinquei com isso e acho que finalmente acordei para essa história. Confesso que fiz um pouco essa piada para chamar a atenção. Não cheguei a pensar na menina, no filho dela. Então: Wanessa, a brincadeira acabou. Quero corrigir isso, quero te pedir desculpas, não só pela piada, como também por tudo o que eu fiz depois disso, fui um pouco egoísta. Não precisava ter te exposto, nem me exposto desse jeito. Cheguei à conclusão de que o humor na televisão, sim, precisa ter limites e eu acho que com você eu extrapolei um pouquinho.[24]

Após os aplausos da plateia, o comediante dançou junto com as bailarinas e, às gargalhadas, registrou ser "dia da mentira". Além de não pedir desculpas, rir da situação danosa por ele retratada, o apresentador reitera o dano à família de Wanessa, ao desdenhar mais uma vez da cantora. A roupagem humorística não pode consistir em salvo-conduto para a ofensa reiterada a direitos da personalidade. O comediante, ao agir desta maneira, eterniza o dano.

Nesta hipótese, a retratação pública espontânea não pôde ser obtida. Porém, a imposição da indenização pelo Tribunal aliada à publicação da decisão em toda a mídia parece afigurar-se suficiente para a reparação do dano sofrido pela cantora e sua família.

Além disso, existem discussões acirradas acerca do direito de sátira em cotejo com a liberdade religiosa. Nessa direção, a 2ª Turma do Supremo Tribunal Federal teve oportunidade de julgar caso paradigmático a respeito do mencionado especial de Natal produzido pelo grupo Porta dos Fundos e veiculado pelo canal de *streaming* Netflix. Na espécie, a associação católica Centro Dom Bosco de Fé e Cultura havia ajuizado ação, com pedido de liminar para impedir a difusão do conteúdo em debate – pleito que restou acatado pelo desembargador relator na tramitação no Tribunal de Justiça do Rio de Janeiro. Diante do teor dessa decisão, a Netflix e o Porta dos Fundos ajuizaram, no âmbito do STF, a Reclamação nº 38.782/RJ,[25] com pedido cautelar. A cautelar foi deferida pelo então presidente do STF, Min. Dias Toffoli, que ressaltou "a plenitude do exercício da liberdade de expressão como decorrência imanente da dignidade da pessoa humana e como meio de reafirmação/potencialização de outras liberdades constitucionais", além de salientar a voluntariedade no acesso ao conteúdo impugnado, "de modo que o poder de censura fica nas mãos de cada pessoa isoladamente". A 2ª Turma do Supremo Tribunal Federal, confrontada com a questão após interposição de agravo regimental, manteve, por unanimidade, a decisão da presidência.

---

[24] Disponível em: www.youtube.com/watch?v=dsu7YWUwURo. Acesso em: 26 abr. 2014.
[25] STF, 2ª T. Rcl. nº 38.782/RJ. Rel. Min. Gilmar Mendes, j. 3.11.2020.

O Judiciário brasileiro também já se debruçou sobre casos envolvendo atrito entre direito de marca e o direito de paródia, como corolário da liberdade humorística, no caso envolvendo o jornal *Folha de S.Paulo* e o *site* humorístico *Falha de São Paulo*. De acordo com a 4ª Turma do Superior Tribunal de Justiça, que analisou a questão:

> paródia é forma de expressão do pensamento, é imitação cômica de composição literária, filme, música, obra qualquer, dotada de comicidade, que se utiliza do deboche e da ironia para entreter. É interpretação nova, adaptação de obra já existente a um novo contexto, com versão diferente, debochada, satírica. Assim, a atividade exercida pela Falha, paródia, encontra, em verdade, regramento no direito de autor, mais específico e perfeitamente admitida no ordenamento jurídico pátrio, nos termos do direito de liberdade de expressão, tal como garantido pela Constituição da República.[26]

Outra hipótese usual de colisão aparente de direitos fundamentais envolvendo o direito de sátira analisado pelos tribunais brasileiros consiste na oposição entre este e os direitos da personalidade, em particular o direito à honra. Em caso apreciado pelo Superior Tribunal de Justiça, as descendentes do Barão Smith de Vasconcellos, proprietário original do Castelo de Itaipava, no Estado do Rio de Janeiro, acionaram a Editora Pererê Revistas e Livros Ltda., responsável pela publicação da revista humorística *Bundas*, em razão da veiculação de uma matéria satírica em que denominava o referido castelo de *Castelo de Bundas*, como se este fosse de propriedade da revista, e se referia ao barão como "Barão de Merda", com fundamento em antiga piada decorrente do fato de o antepassado dos autores ter adquirido sua fortuna com a fabricação de papéis higiênicos. O Superior Tribunal de Justiça, ao se debruçar sobre o caso, observou que "é preciso analisar não só a expressão apontada como injuriosa, e sim esta em conjunto com a integralidade do texto e com o estilo do periódico que o veiculou", de modo que:

> a conduta praticada não carrega a necessária potencialidade lesiva para causar a dor que as recorrentes desejam ver reconhecida, porquanto carecedora da menor seriedade a suposta ofensa perpetrada, estando o texto dentro dos limites daquilo que se entende por prática humorística e em veículo a tal destinado.

E ponderou o tribunal, ainda, que a questão referente ao nível do humor praticado, reputado como chulo pelas autoras:

> não é tema a ser debatido pelo Judiciário, uma vez que não cabe a este órgão estender-se em análises críticas sobre o talento dos humoristas envolvidos; a prestação jurisdicional deve se limitar a dizer se houve ou não ofensa a direitos morais das pessoas envolvidas pela publicação.[27]

A liberdade humorística não deve mesmo possuir caráter absoluto, suscitando sempre responsabilização daqueles que a utilizam de modo a violar a dignidade

---

[26] STJ, 4ª T. REsp nº 1.548.849/SP. Rel. p/ acórdão Min. Luis Felipe Salomão, j. 20.6.2017. A questão da paródia em colisão com direitos de autor também já foi objeto de análise pelo Tribunal Europeu de Direitos Humanos (TEDH) no caso *Deckmyn v. Vandersteen* (*Case* C-201/13, 3.9.2014). Neste julgado, a Corte identificou como elementos caracterizadores da paródia (i) a referência a uma obra já existente, embora distinguível dela; e (ii) constituição de uma expressão de humor ou troça.

[27] STJ, 3ª T. REsp nº 736.015/RJ. Rel. Min. Nancy Andrighi, j. 16.6.2005.

alheia. Nesse sentido, o Tribunal de Justiça de São Paulo condenou a TV Bandeirantes a compensar uma vítima de ofensas sofridas em participação no programa *Pânico na TV*. De acordo com o acórdão, o apresentador do programa, ao dizer "[...] você viu que tem 'uma bolo fofo' lá; ele vai ter que pegar 'a bolo fofo'; MC Gui, eu não duvido; olha só o tamanho da 'balofo'; ele vai ter que encarar esse 'brownie' [...]", teria extrapolado o limite do jocoso e, reforçando o estigma da "gordofobia" junto ao público, configurado abuso no exercício do direito e lesão à honra e à imagem da autora, restando configurados, na espécie, danos morais reparáveis.[28]

4 O mérito do riso entre liberdade e direitos da personalidade. A experiência europeia

A linha divisória entre o abuso e a liberdade de humor é bastante tênue, devendo-se ter em mente que a veracidade dos fatos ou mesmo a fiel reprodução da obra originária nem sempre estarão presentes na manifestação do humor, por ser da essência deste se utilizar de excessos metafóricos para satirizar (ou mesmo criticar) determinado fato, obra ou pessoa.

Nesse contexto, o art. 47[29] da Lei nº 9.610/1998, a Lei de Direitos Autorais, prevê a liberdade de paráfrases e paródias da obra originária, ressaltando a necessidade de não haver demérito ao trabalho autoral. Assim, por exemplo, as paródias, realizadas por meio da tecnologia *deep fake* (ou falsificação profunda, em tradução literal) pelo jornalista Bruno Sartori,[30] em suas redes sociais, trazem crítica à atuação do presidente da República na condução do combate à pandemia da Covid-19, sem qualquer ofensa pessoal a este, ou aos direitos autorais da música original, por ficar evidente e de fácil constatação a realização da montagem.

Do mesmo modo, as caricaturas que tornam mais evidentes alguns defeitos visuais do caricaturado, como olhos ou orelhas avantajados, não constituem abuso de liberdade. No entanto, o descompromisso com a fiel descrição dos fatos e o livre exercício do direito de crítica (de natureza social, política ou econômica) não dão ao humorista carta branca para induzir o público a erro, incitar a violência ou, ainda, distorcer a verdade, notadamente, quando evidenciado o interesse público.

Com os avanços tecnológicos exponenciais dos últimos anos, desponta no horizonte o problema da *deepfake* associada ao humor, que hoje, nas sátiras realizadas com várias celebridades, afigura-se de fácil constatação. Já se entrevê, todavia, a possibilidade, em curto espaço de tempo, de novas tecnologias permitirem a criação de vídeos falsos e diálogos inexistentes, disseminando *fake news* por meio de *deepfakes* bastante verossímeis, impossibilitando ao espectador médio identificá-las. Tal problema, evidentemente, não se limita ao humor, possuindo repercussões nos mais variados campos, em especial na

---

[28] TJSP, 8ª C. Dir. Priv. Apelação nº 1009801-66.2016.8.26.0161. Rel. Des. Pedro de Alcântara da Silva Leme Filho, j. 28.6.2019.

[29] "Art. 47. São livres as paráfrases e paródias que não forem verdadeiras reproduções da obra originária nem lhe implicarem descrédito".

[30] A paródia mais famosa do jornalista Bruno Sartori é a da música "Florentina", do palhaço Tiririca parodiada para a música "Cloroquina" (Disponível em: https://www.youtube.com/watch?v=Z0eSifdNMBY. Acesso em: 19 jan. 2021).

política, ficando o registro do desafio da contenção das *fake news* criadas por *deepfakes* para as próximas eleições, por exemplo.[31]

A tensão entre manifestações humorísticas e o processo político, aliás, chegou a ser regrada na Lei das Eleições (Lei nº Lei 9.504/1997), que, em seu art. 45, incs. II e III, proibiu emissoras de rádio e televisão de "usar trucagem, montagem ou outro recurso de áudio ou vídeo que, de qualquer forma, degradem ou ridicularizem candidato, partido ou coligação, ou produzir ou veicular programa com esse efeito" e de "veicular propaganda política ou difundir opinião favorável ou contrária a candidato, partido, coligação, a seus órgãos ou representantes" após encerrado o prazo para a realização das convenções em ano eleitoral.

Diante de tal previsão, a Associação Brasileira de Emissoras de Rádio e Televisão – Abert ajuizou no Supremo Tribunal Federal ação direta de inconstitucionalidade (ADI nº 4.451/DF),[32] com pedido liminar para impugnar as referidas disposições. Em 2010, sob relatoria do Min. Ayres Brito, o STF deferiu a liminar e, já em 2018, o tribunal voltou à questão para julgar o mérito da ação, desta feita tendo como relator o Min. Alexandre de Moraes. Os ministros deliberaram, por unanimidade, pelo reconhecimento da inconstitucionalidade dos referidos dispositivos sob o seguinte argumento central:

> são inconstitucionais os dispositivos legais que tenham a nítida finalidade de controlar ou mesmo aniquilar a força do pensamento crítico, indispensável ao regime democrático. Impossibilidade de restrição, subordinação ou forçosa adequação programática da liberdade de expressão a mandamentos normativos cerceadores durante o período eleitoral.

Na esteira de tais reflexões, calha trazer à baila a interessante correlação entre humor e jornalismo desenvolvida por Capelloti, confira-se:

> O standard no qual os tribunais ainda se baseiam é a responsabilidade dos veículos de comunicação por matérias jornalísticas. A moldura serve, idealmente, também para o humor (na medida em que nos dois casos é necessário avaliar o estado anímico do réu – se ofender em vez de informar ou divertir). Por outro lado, há elementos típicos do jornalismo que não podem simplesmente ser transferidos ao humor, sob pena de desconfigurá-lo.
>
> Não se pode exigir do humor o mesmo interesse público que se procura nas matérias jornalísticas, pois, embora seja frequente tratar por via cômica algum assunto de relevância social, econômica, política ou de outro matiz, o objetivo precípuo não é a informação, mas o riso, que não raro é disparado justamente por linguagem chula, por elementos escatológicos, por gagues de mau gosto ou por trocadilhos bobos. [...] Não se propõe que a

---

[31] Sobre o tema, cf. CAPELLOTI, João Paulo. Deep fake, humor e política. *Dissenso.org*. Disponível em: http://dissenso.org/deep-fake-humor-e-politica/. Acesso em: 16 jan. 2021.

[32] "[...] 2. A livre discussão, a ampla participação política e o princípio democrático estão interligados com a liberdade de expressão, tendo por objeto não somente a proteção de pensamentos e ideias, mas também opiniões, crenças, realização de juízo de valor e críticas a agentes públicos, no sentido de garantir a real participação dos cidadãos na vida coletiva. 3. São inconstitucionais os dispositivos legais que tenham a nítida finalidade de controlar ou mesmo aniquilar a força do pensamento crítico, indispensável ao regime democrático. Impossibilidade de restrição, subordinação ou forçosa adequação programática da liberdade de expressão a mandamentos normativos cerceadores durante o período eleitoral. 4. Tanto a liberdade de expressão quanto a participação política em uma Democracia representativa somente se fortalecem em um ambiente de total visibilidade e possibilidade de exposição crítica das mais variadas opiniões sobre os governantes. 5. O direito fundamental à liberdade de expressão não se direciona somente a proteger as opiniões supostamente verdadeiras, admiráveis ou convencionais, mas também aquelas que são duvidosas, exageradas, condenáveis, satíricas, humorísticas, bem como as não compartilhadas pelas maiorias. [...]" (STF, Tribunal Pleno. ADI nº 4.451/DF. Rel. Min. Alexandre de Moraes, j. 21.6.2018).

matriz casuística seja abandonada (tendo em vista os grandes inconvenientes de se definir aprioristicamente o que é e o que não é humor lícito), mas se espera que, ao julgar casos envolvendo humor, os julgadores se recordem de suas peculiaridades como o exagero, a condensação e a alegoria, para que, reconhecendo que ele nem sempre traduz informações factuais, possam definir da forma mais fundamentada e objetiva possível quando existe abuso que gere dever de indenizar.[33]

A avaliação do estado anímico do réu, mencionada no excerto acima, tem sido apontada como um dos principais critérios distintivos na controversa linha que separa a liberdade do humor e seu respectivo abuso.[34] De fato, em diferentes experiências estrangeiras, o objetivo, a intenção do criador veiculada na mensagem humorística destaca-se entre os principais parâmetros utilizados na dura prática de estremar limites e possibilidades do direito de sátira.[35]

Assim, buscam os tribunais identificar se o agente pretendia apenas informar ou entreter o público, que seriam objetivos legítimos, ou se a liberdade de expressão, no caso, está sendo utilizada para camuflar *discurso de ódio* ou outros propósitos ilegítimos, como a incitação à violência ou à discriminação (*v.g.*, racismo, machismo e homofobia), além da perquirição de possível *animus injuriandi*.

A título de exemplo, pode-se citar o caso Garaudy *v.* França, no qual o Tribunal Europeu de Direitos Humanos observou que o objetivo inspirador das manifestações impugnadas, que negavam o holocausto, era reabilitar o regime nazista e acusar as vítimas de falsificar a história, o que representava abuso da liberdade de expressão.[36]

Por vezes, no entanto, a Corte soma, à análise da intenção do agente, outros critérios objetivos, igualmente importantes para firmar posição a respeito dos limites do humor. Torna-se relevante, nessa direção, considerar a criteriologia dos tribunais brasileiros em geral e do Tribunal Europeu de Direitos Humanos, em particular. Em alguns casos analisados, constata-se que tais decisões tendiam a associar a perquirição da intenção do autor da sátira à *razoabilidade do espectador da piada, mais até do que da suposta vítima*. Vale dizer, atribui-se maior peso à apreciação ordinária de espectadores razoáveis do que ao que teria sentido ou pensado a parte ofendida em relação à piada,

---

[33] CAPELLOTI, João Paulo. Processos judiciais contra humoristas na história brasileira recente. *Revista de História e Estudos Culturais*, Paraná, ano 15, n. 1, v. 15, jan./jun. 2018. p. 16-17.

[34] A liberdade de expressão – e, consequentemente, a liberdade humorística –, como foi dito, não possuem caráter absoluto. Todavia, parece primordial a busca por critérios objetivos de identificação do exercício abusivo, especialmente diante da relevância que esses direitos têm no ambiente democrático, comprometido por decisões que limitam a liberdade de expressão sem a devida fundamentação. A corroborar com essa preocupação, pesquisa realizada por Thiago Dias Oliva, Dennys Marcelo Antonialli e Maike Wile dos Santos na segunda instância de todos os tribunais de justiça brasileiros, de todos os tribunais regionais federais e no STF, no STJ e no TSE, concluiu que "nos casos envolvendo conteúdos humorísticos na internet, a maioria das decisões analisadas admite a restrição à liberdade de expressão em favor de outros direitos, como direito à honra e a imagem. Essa conclusão, inferida em números como os altos índices de deferimento de pedidos de indenização (71%, no caso de pessoas comuns, e 50%, no caso de políticos, ambos em segunda instância) atesta os riscos relativamente elevados de se fazer humor no Brasil" (OLIVA, Thiago Dias; ANTONIALLI, Dennys Marcelo; SANTOS, Maike Wile dos. Censura Judicial ao humor: análise de decisões judiciais envolvendo liberdade de expressão na Internet. *Revista de Direitos Culturais*, Santo Ângelo, v. 14, n. 34, p. 19-44, set./dez. 2019. p. 40).

[35] LESKOVA, Anastasia. *"Black humor" in modern Europe*: freedom of speech v. racist hate speech. Or where is the line for racist humor? Dissertação (Mestrado) – Universidade de Sevilla, 2016. p. 37.

[36] ECHR. *Garaudy v. France*, Application n. 64496/17, j. 7.7.2003.

em tentativa de escapar do subjetivismo de sensibilidades extremadas, prestigiando investigações mais objetivas.

Assim se deu no caso Sousa Goucha *v*. Portugal, no qual famoso apresentador de televisão abertamente homossexual – em razão de um *show* de comédia ao vivo tê-lo incluído em lista de opções para escolha *da melhor apresentadora* da TV portuguesa, em 2009 – apresentou denúncia ao TEDH por difamação em face das empresas de televisão e produção, apresentador e diretores do programa. Ao analisar os fatos, a Corte, em 2016, concluiu que a liberdade de expressão, naquele caso, deveria ser colocada acima da reputação do autor da ação ao levar em consideração justamente (i) a falta de intenção dos comediantes de atacar a reputação do autor; e (ii) que um espectador razoável daquele *show* de comédia teria percebido tratar-se de uma piada, de modo que seria desproporcional limitar a liberdade de expressão neste contexto específico.[37]

Note-se que o critério do espectador razoável deita raízes, também, no repúdio do tribunal europeu a concepções paternalistas ao garantir ao público em geral autonomia para escolher o conteúdo humorístico ou informacional a que terá acesso, bem como a capacidade de discernir entre conteúdo sério e não sério.[38]

Outro critério bastante utilizado pelos tribunais na busca pela identificação das fronteiras do humor é o do *contexto*, aqui entendido em sentido amplo, tanto como o ambiente em que o conteúdo é veiculado – a desafiar valorações distintas entre programas humorístico e jornalístico – bem como suas circunstâncias históricas, regionais e sociais.

A respeito da relevância do contexto histórico, vale mencionar caso em que a coordenadora de Fiscalização da Propaganda Eleitoral do Tribunal Regional Eleitoral do Rio de Janeiro determinou a retirada do ar do vídeo do grupo Porta dos Fundos intitulado "Zona Eleitoral". No esquete, publicado durante período eleitoral, vê-se um eleitor diante da urna eletrônica insatisfeito com os candidatos que ali aparecem e, após muitas tentativas, digita o número 666 (número associado ao diabo) e diz "votei no Garotinho", então candidato ao governo do estado do Rio de Janeiro. A magistrada, ao julgar, entendeu que o objetivo principal do vídeo, por meio dessa associação de ideias, seria "prejudicar o candidato Anthony Garotinho e fazer verdadeira propaganda eleitoral negativa".[39]

Logo após o término do processo eleitoral, porém, o tribunal liberou o retorno do conteúdo à internet ao argumento de que "o vídeo não possui mais potencialidade para influir no pleito eleitoral". Sem entrar no mérito da decisão, o precedente é interessante por representar aplicação prática do *critério do contexto* da manifestação para a realização do juízo de abusividade. Anote-se, ainda, que, neste caso, a discussão é distinta daquela travada no Supremo Tribunal Federal na já analisada ADI nº 4.451/DF, que julgou inconstitucionais os incs. II e III do art. 45 Lei das Eleições (Lei nº 9.504/1997). A inconstitucionalidade dos dispositivos, reconhecida pelo STF, decorria da proibição, em abstrato, do uso de recursos humorísticos que degradassem ou ridicularizassem

---

[37] ECHR. *Sousa Goucha v. Portugal*, Application n. 70434/12, j. 22.3.2016.

[38] "Além de restrições ao comportamento das pessoas, ele [o paternalismo] pode envolver, por exemplo o bloqueio do acesso a informações a ou pontos de vista a partir da premissa de que o indivíduo poderia utilizá-los mal, tomando decisões errada" (SARMENTO, Daniel. *Dignidade da pessoa humana*: conteúdo, trajetórias e metodologia. 1. ed. Belo Horizonte: Fórum, 2016. p. 167).

[39] TRE/RJ. Mandado de Segurança nº 7907-04.2014.6.19.0000. Rel. Des. Abel Fernandes Gomes, j. 15.10.2014.

o candidato durante período eleitoral. Nada impede, porém, que o magistrado, em concreto, entenda por haver abusividade na manifestação humorística que faça referência a candidato em campanha eleitoral.

Quarto critério que se mostra útil à análise da abusividade das manifestações humorísticas em concreto consiste na averiguação do meio de comunicação utilizado para a disseminação do conteúdo. De fato, parece que a manifestação veiculada pela internet, por exemplo, terá efeitos mais graves do que aquela feita em uma apresentação teatral presencial em razão de sua acessibilidade se prolongar no tempo e se expandir a um maior número de pessoas. Quanto maiores a visibilidade e a eficiência do meio utilizado, maior deverá ser a responsabilidade do agente quanto ao conteúdo de sua manifestação; e, ainda, maior será a extensão dos efeitos de eventual lesão.[40]

Finalmente, o quinto elemento aduzido para aferição da legitimidade das manifestações humorísticas diz respeito a seu *conteúdo*. Esse parâmetro, porém, deve ser analisado com parcimônia para que não se transformem os tribunais em verdadeiros críticos de piada. Conforme observou o Superior Tribunal de Justiça no já mencionado caso da revista *Bundas*, não cabe ao Judiciário julgar o talento do humorista. Nada obstante, em análise global de cada caso concreto, em apreciação conjunta com os demais critérios, a elucidação do conteúdo da sátira revela-se peça importante na montagem do quebra-cabeças da solução ponderativa. Sem penetrar o subjetivismo do autor da comédia, e sua capacidade de fazer humor ou ofender, são chamados a atuar no deslinde da controvérsia os limites dos bons costumes, da ordem pública, da boa-fé objetiva, enfim, do conjunto de valores que se extraem da ordem jurídica posta. Ademais, por óbvio, a liberdade de humor não pode ser funcionalizada à prática ou ao encobrimento de ato ilícito.

5   Conclusão: tentativa de solução por critérios objetivos

Como se vê, as hipóteses que ensejam controvérsias jurídicas em torno da temática do humor usualmente retratam circunstâncias nas quais se põem em choque, nos contornos de cada caso concreto, diversos princípios e valores tutelados pelo ordenamento. Assim, por exemplo, se, pelo lado do autor/divulgador, a concepção e a veiculação da piada expressam faceta da liberdade em sentido amplo, por outro, são também merecedores de proteção outros bens jurídicos relevantes das pessoas satirizadas, como honra, privacidade, imagem etc.

As ações que tramitam em todo o país e na corte europeia de direitos humanos espelham, de certa forma, essa tensão. Apesar da existência de resultados variados, ora apontando numa direção, ora noutra, a sobrepujar tal antagonismo tem prevalecido a noção de que *o direito ao humor não é absoluto*. Na lição de Perlingieri:

---

[40]   Sobre o tema, v. MONTEIRO FILHO, Carlos Edison do Rêgo; AZEVEDO, Gustavo Souza de. A lesão continuada decorrente de publicação em mídia digital. *In*: EHRHARDT JÚNIOR, Marcos; CATALAN, Marcos; MALHEIROS, Pablo. *Direitos civil e tecnologia*. Belo Horizonte: Fórum, 2020. p. 397-411. Em especial, cf. p. 401: "A novidade primordial introduzida pela realidade virtual nesse contexto diz respeito aos novos padrões de danos gerados pelas lesões a bens jurídicos. [...] Assim, a mesma lesão à honra praticada virtualmente por meio da publicação de texto difamatório na internet pode gerar diversos danos, tanto patrimoniais quanto extrapatrimoniais, ao longo de todo o período que o conteúdo lesivo estiver disponível para acesso aos internautas, a se constatar afastamento temporal do dano em relação à lesão inicial ao bem jurídico honra".

Ao identificar a essência da antijuridicidade em um conflito entre interesses contrapostos, o ordenamento deve ainda, nesta hipótese, adequar-se, na escolha do interesse prevalecente, a critérios personalistas e solidaristas (tutela da pessoa e satisfação de interesses gerais), confirmando uma opção da qual há ampla verificação em matéria privatística: pense-se na disciplina constitucional da iniciativa privada (art. 41 Const.), onde se encontra a contraposição entre o caráter 'livre' da mesma e os interesses constituídos pela 'utilidade social' e pela 'segurança, liberdade, dignidade humana'. Iguais considerações valem também para a disciplina da propriedade privada (art. 42 Const.), que determina a harmonização do direito ao interesse geral, e para o direito à saúde que encontra o próprio limite, por força do art. 32, §2, Const., no "respeito da pessoa humana".[41]

De outro turno, reputa-se viável a retratação do humorista, em caso de danos a direitos da personalidade, como atenuante da ofensa e não como confissão do ilícito, conforme utilizado equivocadamente por algumas decisões judiciais. Aliás, a sinceridade do pedido de desculpas evidencia a capacidade humana em reconhecer erros e consiste no primeiro passo na tentativa de repará-los da melhor maneira possível.

O limite da liberdade, os confins do riso não repousam sobre o mau gosto da piada ou acidez da crítica, mas sobre o abuso de direito que extrapola as balizas do razoável, ataca direitos da personalidade, deprecia obras e discrimina pessoas: hoje, não se ri mais de piadas racistas, machistas e homofóbicas.

Na construção desse discrímen, o presente estudo, longe de esgotar o tema, procurou fornecer critérios objetivos aptos a distinguir entre liberdade e abuso de humor. Nessa direção, muito embora os tribunais brasileiros, assim como o TEDH, baseiem suas decisões nas circunstâncias particulares de cada caso, alguns parâmetros comuns puderam ser identificados em tentativa de sistematização da matéria, a bem da segurança jurídica que deve pautar sua apreciação, levando-se em conta o choque entre princípios e valores, igualmente relevantes, que permeiam tais controvérsias. São eles, com os respectivos desdobramentos, como visto neste trabalho: (i) propósito perseguido pelo autor da piada; (ii) espectador razoável; (iii) contexto das ações incriminadoras; (iv) conteúdo impugnado; (v) impacto potencial dos meios de veiculação.

O manejo de tais critérios, do ponto de vista prático, não dispensa apreciação *prudente* dos tribunais, que devem atuar atentos à excepcionalidade das intervenções, sem esquecer da carga axiológica da liberdade, que pesa do outro lado da balança; ao mesmo tempo em que não os libera de empregá-los conjuntamente, na avaliação completa das circunstâncias específicas de cada caso concreto, sempre atentos à *historicidade e relatividade* do ordenamento jurídico. Propósito, conteúdo e espectador razoável do Brasil de hoje não se confundem com os da Europa de dez anos atrás, por exemplo.

Só assim se viabiliza o exercício pleno da liberdade humorística, em sintonia com o projeto constitucional, sem resultar em abuso, em lesão a direito de terceiro, não cabendo à doutrina ou ao Judiciário imiscuir-se no mérito do riso, no bom (ou no mau) gosto da piada.

---

[41] PERLINGIERI, Pietro. *O direito civil na legalidade constitucional*. Tradução de Maria Cristina de Cicco. Rio de Janeiro: Renovar, 2008. p. 164.

Referências

BARBOSA, Fernanda Nunes; CASTRO, Thamis Dalsenter Viveiros de. Dilemas da liberdade de expressão e da solidariedade. *Civilistica.com*, ano 6, n. 2, 2017.

BARROSO, Luís Roberto. Colisão entre liberdade de expressão e direitos da personalidade. Critérios de ponderação. Interpretação constitucionalmente adequada do Código Civil e da Lei de Imprensa. *Revista de Direito Administrativo*, v. 235, p. 1-36, 2004.

BINENBOJM, Gustavo. Meios de comunicação de massa, pluralismo e democracia deliberativa: as liberdades de expressão e de imprensa nos Estados Unidos e no Brasil. *Revista da EMERJ*, v. 6, n. 23, 2003.

CAPELLOTI, João Paulo. Ampliação do conceito de paródia e novos regramentos na UE e na Austrália. *Revista Conjur*, 24 fev. 2020. Disponível em: https://www.conjur.com.br/2020-fev-24/direito-civil-atual-ampliacao-conceito-parodia-novos-regramentos-exterior. Acesso em: 7 jan. 2021.

CAPELLOTI, João Paulo. Deep fake, humor e política. *Dissenso.org*. Disponível em: http://dissenso.org/deep-fake-humor-e-politica/. Acesso em: 16 jan. 2021.

CAPELLOTI, João Paulo. Processos judiciais contra humoristas na história brasileira recente. *Revista de História e Estudos Culturais*, Paraná, ano 15, n. 1, v. 15, jan./jun. 2018.

FIGUEIREDO, Celso. Por que rimos: um estudo do funcionamento do humor na publicidade. *Revista Comunicação e Sociedade*, ano 33, n. 57, p. 171-198, jan./jun. 2012.

LESKOVA, Anastasia. *"Black humor" in modern Europe*: freedom of speech v. racist hate speech. Or where is the line for racist humor? Dissertação (Mestrado) – Universidade de Sevilla, 2016.

LÔBO, Paulo. Danos morais e direitos da personalidade. *Revista Jus Navigandi*, Teresina, ano 8, n. 119, 31 out. 2003. Disponível em: http://jus.com.br/artigos/4445. Acesso em: 7 jan. 2021.

MASI, Domenico de. *Alfabeto da sociedade desorientada*: para entender os nossos tempos. São Paulo: Objetiva, 2017.

MENDES, Gilmar. Liberdade de expressão e direitos da personalidade. *Revista Conjur*, 16 set. 2019. Disponível em: https://www.conjur.com.br/2019-set-16/direito-civil-atual-liberdade-expressao-direitos-personalidade?imprimir=1. Acesso em: 15 jan. 2021

MILL, John Stuart. *On liberty*. Kitchener: Batoche Books, 2001.

MONTEIRO FILHO, Carlos Edison do Rêgo. Limites ao princípio da reparação integral no direito brasileiro. *Civilística.com*, ano 7, n. 1, 2018.

MONTEIRO FILHO, Carlos Edison do Rêgo; AZEVEDO, Gustavo Souza de. A lesão continuada decorrente de publicação em mídia digital. *In*: EHRHARDT JÚNIOR, Marcos; CATALAN, Marcos; MALHEIROS, Pablo. *Direitos civil e tecnologia*. Belo Horizonte: Fórum, 2020.

MONTEIRO, Alessandra Pearce de Carvalho. *Democracia militante na atualidade*: o banimento dos novos partidos políticos antidemocráticos na Europa. Dissertação (Mestrado) – Faculdade de Direito da Universidade de Coimbra, 2015.

MORAES, Maria Celina Bodin de. Danos à pessoa humana: uma leitura civil-constitucional do dano moral. 1. ed. Rio de Janeiro: Renovar, 2003.

OLIVA, Thiago Dias; ANTONIALLI, Dennys Marcelo; SANTOS, Maike Wile dos. Censura Judicial ao humor: análise de decisões judiciais envolvendo liberdade de expressão na Internet. *Revista de Direitos Culturais*, Santo Ângelo, v. 14, n. 34, p. 19-44, set./dez. 2019.

OLIVEIRA, Magno Gomes de. Limites constitucionais do humor e da liberdade de expressão na jurisprudência. *Revista do Ministério Público do Rio Grande do Sul*, v. 1, n. 87, p. 269-296, 2020.

PERLINGIERI, Pietro. *O direito civil na legalidade constitucional*. Tradução de Maria Cristina de Cicco. Rio de Janeiro: Renovar, 2008.

RAWLS, John. *Uma teoria da justiça*. 4. ed. Tradução de Jussara Simões. São Paulo: Martins Fontes, 2016.

ROTHENBURG, Walter Claudius. O humor e seus limites jurídicos. *Faces da História*, v. 7, n. 2, p. 176-194, 2020.

SARMENTO, Daniel. A liberdade de expressão e o problema do "hate speech". *In*: SARMENTO, Daniel. *Livres e iguais*: estudos de direito constitucional. Rio de Janeiro: Lumen Juris, 2006.

SARMENTO, Daniel. *Dignidade da pessoa humana*: conteúdo, trajetórias e metodologia. 1. ed. Belo Horizonte: Fórum, 2016.

TEPEDINO, Gustavo. A tutela da personalidade no ordenamento civil-constitucional brasileiro. *In*: TEPEDINO, Gustavo. *Temas de direito civil*. 4. ed. Rio de Janeiro: Renovar, 2008.

Informação bibliográfica deste texto, conforme a NBR 6023:2018 da Associação Brasileira de Normas Técnicas (ABNT):

MONTEIRO FILHO, Carlos Edison do Rêgo; NERY, Maria Carla Moutinho. O mérito do riso: limites e possibilidades da liberdade no humor. *In*: EHRHARDT JÚNIOR, Marcos; LOBO, Fabíola Albuquerque; ANDRADE, Gustavo (Coord.). *Liberdade de expressão e relações privadas*. Belo Horizonte: Fórum, 2021. p. 219-235. ISBN 978-65-5518-188-3.

DO POLITICAMENTE (IN)CORRETO AO FILTRO DOS DIREITOS HUMANOS E FUNDAMENTAIS: LEVANDO A SÉRIO[1] A LIBERDADE DE EXPRESSÃO DO DISCURSO HUMORÍSTICO

GABRIEL SCHULMAN
JOÃO PAULO CAPELOTTI

A liberdade de expressão não é apenas um emblema especial e distinto da cultura ocidental que pode ser generosamente resumido ou qualificado como uma medida de respeito por outras culturas que a rejeitam, da mesma forma que uma meia-lua ou menorá pode ser acrescentada a uma exibição religiosa cristã. A liberdade de expressão é uma condição do governo legítimo. As leis e políticas não são legítimas, a menos que tenham sido adotadas por meio de um processo democrático, e um processo não é democrático se o governo impediu qualquer pessoa de expressar suas convicções sobre o que essas leis e políticas deveriam ser. O ridículo é um tipo distinto de expressão: sua substância não pode ser reembalada de uma forma retórica menos ofensiva sem expressar algo muito diferente do que se pretendia. É por isso que desenhos animados e outras formas de ridículo durante séculos, mesmo quando ilegais, estiveram entre as armas mais importantes de movimentos políticos nobres e perversos.[2]

---

[1] Aqui se presta homenagem a Dworkin: DWORKIN, Ronald. *Levando os direitos a sério*. São Paulo: Martins Fontes, 2010. Para melhor compreensão de seu pensamento, entre outros textos aqui referidos, cf.: DWORKIN, Ronald. Why must speech be free? *In*: DWORKIN, Ronald. *Freedom's law*: the moral reading of the American Constitution. Oxford: Oxford University Press, 2005. p. 195-213.

[2] Trata-se de análise sobre a publicação de charges a respeito do profeta Maomé, que causou grande repercussão no mundo todo, inclusive com reações violentas (DWORKIN, Ronald. The right to ridicule. *New York Review of Books*, 23 mar. 2006. Tradução livre). A meia-lua e a menorá, mencionadas pelo autor, são, respectivamente, símbolos fundamentais das religiões islâmica e judaica.

1 Já ouviu aquela do artigo que não tinha introdução? Contextualização e recorte

A liberdade de expressão representa um direito fundamental de grande importância que exige, no entanto, uma reflexão séria. Estabelecer uma medida para essa liberdade é uma tarefa bastante complexa e que demanda pensar tanto as balizas, quanto a maneira de lidar com os eventuais e inevitáveis abusos e descaminhos. As contrapartidas para estes têm incluído soluções tão diversas como reparação de danos, direito de resposta (ambos previstos na Constituição da República, art. 5º, incs. V e X), ou, até, de modo mais polêmico e contestável, providências inibitórias e mesmo criminais.[3]

Ainda que à primeira vista consagrar um sentido não restrito de liberdade de expressão possa denotar um caminho esperado, e a restrição seja tomada sempre por *censura* – com todo o peso semântico deste vocábulo –, na prática é preciso notar que temas como *fake news*, discurso de ódio,[4] incitação a crimes e proteção da democracia demandam uma discussão mais profunda deste campo. Tais temas, que estão na ordem do dia, apontam para situações-limite em que se evidencia a necessidade de alguma forma de controle sobre a liberdade de expressão.

A divulgação de informações falsas de modo amplo, o ataque a instituições, o discurso de ódio[5] dirigido a certos grupos e que se desdobra em xenofobia, racismo e intolerância religiosa,[6] assinalam exemplos da demanda por uma filtragem constitucional do discurso. De maneira sutil, no tocante à crítica, é preciso assegurar o direito de

---

[3] Veja-se, por exemplo, os pedidos de explicações ajuizados por entidades de classe da Polícia de São Paulo contra cartunistas da *Folha de S.Paulo*. Permita-se a remissão, a respeito, para texto específico sobre o assunto em portal que discute liberdade de expressão: CAPELOTTI, João Paulo. O pedido de explicações aos chargistas da Folha: é censura? *Dissenso*. Disponível em: https://dissenso.org/o-pedido-de-explicacoes-aos-chargistas-da-folha-e-censura/. Acesso em: 27 jan. 2021.

[4] No Supremo Tribunal Federal, entre outros casos, confira-se: STF. Tribunal Pleno. *HC nº 82.424*. Rel. Min. Moreira Alves. Rel. p/ acórdão Min. Maurício Corrêa, j. 17.9.2003 (Caso Ellwanger); STF. *ADO nº 26*. Rel. Min. Celso de Mello, j. 20.2.2019 (Criminalização da Homostransfobia). No caso Ellwanger, decidiu-se que liberdade de expressão não protege a incitação de racismo antissemita. No precedente mais recente, em seu voto, o Min. Celso de Melo decidiu por dar interpretação conforme a Constituição Federal para enquadrar a homofobia e a transfobia, qualquer que seja sua forma, nos tipos penais da Lei nº 7.716/89, até que haja legislação autônoma editada pelo Congresso Nacional por considerar que "as práticas homotransfóbicas qualificam-se como espécies do gênero racismo, na dimensão de racismo social consagrada pelo Supremo Tribunal Federal". Na doutrina, entre outros, cf. GROSS, Clarissa Piterman. *Pode dizer ou não?* Discurso de ódio, liberdade de expressão e a democracia liberal igualitária. 2017. Tese (Doutorado) – Faculdade de Direito, Universidade de São Paulo, São Paulo, 2017; SARMENTO, Daniel. A liberdade de expressão e o problema do "hate speech". *In*: SARMENTO, Daniel. *Livres e iguais*: estudos de direito constitucional. Rio de Janeiro: Lumen Juris, 2006.

[5] Sobre o tema, na visão de Barroso, pode-se afirmar que "uma das raras ocasiões em que se dispôs a limitar a liberdade de expressão, o STF considerou ilegítima a manifestação de ódio racial e religioso" (BARROSO, Luís Roberto. *A dignidade da pessoa humana no direito constitucional contemporâneo*: natureza jurídica, conteúdos mínimos e critérios de aplicação, dez. 2010. Versão provisória para debate público. p. 14).

[6] "No que toca especificamente à liberdade de expressão religiosa, cumpre reconhecer, nas hipóteses de religiões que se alçam a universais, que o discurso proselitista é da essência de seu integral exercício. De tal modo, a finalidade de alcançar o outro, mediante persuasão, configura comportamento intrínseco a religiões de tal natureza. Para a consecução de tal objetivo, não se revela ilícito, por si só, a comparação entre diversas religiões, inclusive com explicitação de certa hierarquização ou animosidade entre elas. O discurso discriminatório criminoso somente se materializa após ultrapassadas três etapas indispensáveis. Uma de caráter cognitivo, em que atestada a desigualdade entre grupos e/ou indivíduos; outra de viés valorativo, em que se assenta suposta relação de superioridade entre eles; e, por fim, uma terceira, em que o agente, a partir das fases anteriores, supõe legítima a dominação, exploração, escravização, eliminação, supressão ou redução de direitos fundamentais do diferente que compreende inferior" (STF. RHC nº 134.682. Rel. Min. Edson Fachin, 1ª Turma. *DJe*, 29 ago. 2017).

discordar, e inclusive promover mudanças legislativas em condutas tipificadas.[7] A dinâmica, no entanto, não pode permitir a hostilização da democracia, o que não se confunde com a crítica, mesmo ácida e satírica, às suas instituições e aos seus atores.

De acordo com o Pacto de San José da Costa Rica, o exercício da liberdade de expressão "não pode estar sujeito à censura prévia, mas a responsabilidades ulteriores" (art. 13.2). Embora *prima facie* a censura seja repudiável no ambiente democrático, a utilização das redes sociais para difusão de *fake news* torna mais complexa a questão.[8] Ilustrativamente, no ano de 2021, viu-se a expulsão de Donald Trump do Twitter e redes sociais similares, por ter incitado atos violentos no Capitólio.[9] Não resta dúvida de que a restrição a um presidente eleito constitui uma medida mais do que excepcional, e que, porém, no contexto, revelava-se adequada.[10]

No Brasil, observaram-se também restrições à divulgação de informações pelo presidente, como a exclusão de certas declarações feitas por Bolsonaro. Não deixa de ser curioso – e lamentável – que até postagens do Ministério da Saúde sofreram restrições por veicularem informações falsas.[11] Sem adentrar na questão das *fake news*, que para não mentir demandam um estudo próprio, a verdade é que estes exemplos demonstram a necessidade e a dificuldade de estabelecer adequados limites à liberdade de expressão.[12]

Não bastasse esse contexto geral significativamente complicado, no campo do discurso humorístico há ainda uma miríade de fatores a serem considerados. Há as

---

[7] Um bom exemplo a respeito é a decisão do STF quanto à chamada "Marcha da Maconha", afinal considerada pela corte como albergada pela manifestação do pensamento: "[...] 'MARCHA DA MACONHA' – MANIFESTAÇÃO LEGÍTIMA, POR CIDADÃOS DA REPÚBLICA, DE DUAS LIBERDADES INDIVIDUAIS REVESTIDAS DE CARÁTER FUNDAMENTAL: O DIREITO DE REUNIÃO (LIBERDADE-MEIO) E O DIREITO À LIVRE EXPRESSÃO DO PENSAMENTO (LIBERDADE-FIM) – A LIBERDADE DE REUNIÃO COMO PRÉ-CONDIÇÃO NECESSÁRIA À ATIVA PARTICIPAÇÃO DOS CIDADÃOS NO PROCESSO POLÍTICO E NO DE TOMADA DE DECISÕES NO ÂMBITO DO APARELHO DE ESTADO – CONSEQUENTE LEGITIMIDADE, SOB PERSPECTIVA ESTRITAMENTE CONSTITUCIONAL, DE ASSEMBLEIAS, REUNIÕES, MARCHAS, PASSEATAS OU ENCONTROS COLETIVOS REALIZADOS EM ESPAÇOS PÚBLICOS (OU PRIVADOS) COM O OBJETIVO DE OBTER APOIO PARA OFERECIMENTO DE PROJETOS DE LEI, DE INICIATIVA POPULAR, DE CRITICAR MODELOS NORMATIVOS EM VIGOR, DE EXERCER O DIREITO DE PETIÇÃO E DE PROMOVER ATOS DE PROSELITISMO EM FAVOR DAS POSIÇÕES SUSTENTADAS PELOS MANIFESTANTES E PARTICIPANTES DA REUNIÃO" (STF. Pleno. ADPF nº 187. Rel. Min. Celso de Mello. *DJe*, 29 maio 2014).

[8] GROSS, Clarissa Piterman. Fake new e democracia: discutindo o status normativo do falso e a liberdade de expressão. *In*: RAIS, Diogo (Coord.). *Fake news*: a conexão entre desinformação e o direito. 2. ed. São Paulo: Thomson Reuters Brasil, 2020.

[9] FUNG, Brian. Twitter bans President Trump permanently. *CNN Business*, Washington DC, 9 jan. 2021. Disponível em: https://edition.cnn.com/2021/01/08/tech/trump-twitter-ban/index.html. Acesso em: 27 jan. 2021.

[10] O tema merece discussões aprofundadas e que extrapolam os limites deste artigo, que considerem também, por exemplo, a demora das plataformas por providências diante de condutas graves de Trump no passado, sua recalcitrância na publicação de notícias falsas (conforme levantamento do *Washington Post*, Trump publicou milhares ao longo de seu mandato), bem como do silêncio a respeito da utilização das redes por ditadores e líderes antidemocráticos em outros países do mundo. Apenas para início do debate, remete-se a: SOUZA, Carlos Affonso de. Banir Trump se tornou solução e armadilha para as redes sociais. *Tilt*, 10 jan. 2021. Disponível em: https://www.uol.com.br/tilt/colunas/carlos-affonso-de-souza/2021/01/10/banimento-de-trump-cria-solucao-e-cilada-para-as-redes-sociais.htm. Acesso em: 27 jan. 2021.

[11] "O Twitter colocou uma marca num post do Ministério da Saúde apontando que houve 'a publicação de informações enganosas e potencialmente prejudiciais relacionadas à COVID-19'. O tuite do órgão pede que o tratamento precoce seja solicitado por quem apresentar sintomas da doença, o que não é endossado por especialistas" (TWITTER faz alerta em post do Ministério da Saúde de informação enganosa. *G1*, 16 jan. 2021).

[12] A distinção entre a ironia e o propósito de desinformar foi sublinhada como um critério relevante pelo Supremo, ao julgar inconstitucional a legislação eleitoral (Lei das Eleições – Lei nº 9.504/1997) no que impedia emissoras de rádio e televisão de veicular programas de humor envolvendo candidatos e partidos (STF. ADI nº 4.451. Rel. Min. Alexandre de Moraes. *DJe*, 6 mar. 2019).

dificuldades de adaptação, para o humor, dos parâmetros construídos para a atividade de imprensa (por exemplo, seria cabível – ou útil – pedir direito de resposta contra uma charge?); há as dificuldades de interpretação do próprio discurso (não raro a ironia é tomada ao pé da letra); há, talvez de modo mais visível, uma tensão cada vez mais nítida entre uma patrulha corretiva do discurso politicamente correto, de um lado, e, de outro, sujeitos que se arvoram no que qualificam de incorreção para delinquir e ofender com a desculpa de que é só uma brincadeira.

Para iniciar, ao menos, o debate em torno de questões como as lançadas acima, este artigo se vale de estudo qualitativo da jurisprudência, mediante eleição de casos significativos (casos força). Nos precedentes buscou-se observar os critérios adotados para restringir ou não a liberdade de expressão do discurso humorístico e identificar os limites e possibilidades do exercício desta liberdade. É sintomático da repercussão e relevância da temática posta em análise o reconhecimento de repercussão geral, pelo STF, do Tema nº 837, que pretende estabelecer:

> Definição dos limites da liberdade de expressão em contraposição a outros direitos de igual hierarquia jurídica – como os da inviolabilidade da honra e da imagem – e estabelecimento de parâmetros para identificar hipóteses em que a publicação deve ser proibida e/ou o declarante condenado ao pagamento de danos morais, ou ainda a outras consequências jurídicas.

Trata-se de julgamento ainda em aberto ao tempo do encerramento da elaboração deste artigo e cujo resultado demanda grande atenção. O que se pontua a seguir são variáveis úteis para o adequado sopesamento que a jurisprudência pretender empreender.

2   O caso Geraldim

Em 2018, o Superior Tribunal de Justiça (STJ) concedeu indenização por danos morais por conta de uma comunidade virtual criada nos tempos da extinta rede social Orkut, chamada "Eu já corri do Geraldim". Nas palavras da própria criadora, ela era "[...] feita pra todos aqueles q conhecem, ouviram falar ou até mesmo correu dele!!! [sic]". Geraldim tinha deficiência mental e, segundo constava nessa comunidade, corria atrás dos moradores da cidade, por vezes para lhes apalpar as partes íntimas. Reformando a sentença de primeiro grau e o acórdão do Tribunal de Justiça de Minas Gerais, o STJ considerou que a criadora da comunidade teria estimulado as pessoas da pequena cidade do interior a externar seus preconceitos contra Geraldim, o que iria contra os preceitos constitucionais de criação de uma sociedade livre, justa e solidária.

O acórdão, relatado pelo Ministro Marco Aurélio Bellizze, tem pontos de atenção para os interessados nas relações entre direito e internet, como a ausência de responsabilização da Google, na medida em que a empresa apenas disponibilizava a plataforma, e não era responsável por seu conteúdo, tampouco tinha o dever de fiscalizá-la. No entanto, como este já é um ponto bem estabelecido pelos tribunais,[13] a decisão pareceu um ponto de partida ideal para discutir um tema que sempre vem à tona quando se

---

[13]   Essa orientação foi consolidada pelo STJ no julgamento do REsp nº 1.728.069, e também pode ser observada em diversos outros precedentes da corte (STJ. REsp nº 1.728.069. Rel. Min. Marco Aurélio Bellizze. *DJe*, 26 out. 2018).

fala de liberdade de expressão e, principalmente, humor: a questão dos limites e, em especial, a influência de paradigmas de proteção às pessoas com deficiência e indo mais além do politicamente correto no julgamento que fazemos como público ouvinte, e o que os juízes fazem em seu dever de decidir as controvérsias que lhes são submetidas.

Numa perspectiva possível, o caso de Geraldim traz à tona a lembrança dos personagens folclóricos de cidades pequenas, que se tornam notórios por seu comportamento pouco usual, pela ruptura dos padrões sociais que acaba por atrair o riso diante do inesperado e do incongruente. A diferença é que, se antes as histórias desses personagens circulavam de boca em boca, compondo um anedotário oral (não raro apropriado e adaptado por romancistas como Gabriel García Márquez e Jorge Amado), no século XXI elas passaram a ser registradas na internet. Com isso, não só as histórias passaram a ficar eternizadas – de um modo diferente do dos escritores (que cuidavam no mais das vezes de contar o milagre com nome de outro santo) – como também passaram a permitir identificar o responsável por colocá-las nesse meio. Mesmo que a criadora da comunidade do Orkut não estivesse identificada por nome e *e-mail*, a Google teria ao menos o IP do aparelho, o que permitiria uma identificação indireta a partir desse dado.

O que nos traz ao segundo ponto do acórdão: Camila foi apenas a criadora da comunidade, e o conteúdo colocado em sua descrição era razoavelmente objetivo: parece fato que todos em Capelinha conheciam, tinham ouvido falar ou até mesmo haviam corrido de Geraldim. Os danos maiores viriam, segundo argumentava Camila, de comentários feitos por um outro usuário, também identificado, mas que não integrava o polo passivo da demanda (ou seja, não era réu nesse processo).

Para o STJ, contudo, a criação da comunidade foi uma espécie de

> convite aberto à comunidade de internautas para que se manifestassem em tom jocoso e desrespeitoso a respeito do comportamento da vítima, o qual se devia à própria condição de deficiente por desenvolvimento mental incompleto, fere a dignidade do ser humano e, em especial, da pessoa portadora de deficiência.

Por isso, votou-se pela imposição de condenação nominalmente modesta (três mil reais), atentando-se ao fato de a comunidade ofensiva ter sido removida antes da apresentação de contestação. Com isso, o tribunal parece indicar uma punição antes de tudo simbólica, conferindo um direcionamento jurisprudencial e uma demarcação de posição, sem que isso acarretasse a penúria da apontada ofensora.

Como em todos os casos envolvendo manifestações humorísticas, é central identificar quem é o ofensor e quem é o ofendido, qual o conteúdo e em que contexto a manifestação foi externada. No caso, Geraldim poderia ser considerado uma pessoa notória, dentro do restrito âmbito do município, mas por circunstâncias inerentes à sua personalidade, e não por um cargo que ocupasse, por exemplo. Nesse sentido, se a comunidade criada por Camila no Orkut tivesse como propósito satirizar atos ou pronunciamentos do prefeito, dos vereadores ou do secretariado municipal, a tendência seria de tolerância muito maior.[14]

---

[14] É discutível, por outro lado, o inequívoco favorecimento que o humor de cunho político, ou de alguma forma percebido como "socialmente útil", recebe dos tribunais e da doutrina, que louvam um humor "de qualidade", "inteligente", "refinado", entre outros adjetivos positivos. Não se recomenda uma associação simplista entre

O humor lançado contra Geraldim, contudo, era de cunho discriminatório, e por mais que a descrição do acórdão permita entrever que as narrativas postadas pelos usuários tivessem antes de tudo um caráter um tanto anedótico, não deixavam de, segundo o acórdão, de desrespeitar a individualidade do autor.

Ilustrativamente, o acórdão alinha-se com algo perceptível na televisão brasileira. Veja-se que programas humorísticos gradualmente parecem estar deixando de ser centrados no puro deboche de estereótipos (pense-se, por exemplo, na Vera Verão, do programa *A Praça é Nossa*). O humor feito às custas de grupos marginalizados não é expressamente proibido pelo ordenamento (ainda que existam ações coletivas, algumas exitosas, fundadas sobretudo no princípio da dignidade humana, que entendam que sim) – recorde-se o dito por Dworkin, no texto citado na epígrafe, que ninguém está imune ao ridículo.[15] Passou, contudo, a ser associado a um custo argumentativo muito grande, que boa parte dos humoristas não está disposta a assumir. Que isso esteja associado a certa castração do humorismo, que os próprios profissionais da área clamam para ser tão livre de amarras quanto possível, é um efeito colateral inevitável e que vez ou outra terá exemplos de exageros trazidos pela cultura do politicamente correto (e do "cancelamento" que surgiu em seus estertores).[16]

De todo modo, cabe repensar o lado positivo desse conceito tão demonizado que é o politicamente correto. Não fosse por ele, comportamentos francamente preconceituosos seriam hoje ainda tolerados. Cabe, de fato, refletir sobre doses pontuais de exagero e de patrulha. O que o caso de Geraldim parece sinalizar, porém, é que humor às custas de traços inatos e imutáveis de personalidade serão tendencialmente menos admitidos, e receberão contrapartidas posteriores conforme ditarem as circunstâncias do caso concreto, como a condição econômica do ofensor e a dimensão da repercussão (porque, no ambiente digital, a replicação não decorre exclusivamente do emissor original; ao contrário, determinada mensagem – texto, imagem, desenho, arte etc. – pode multiplicar-se, ou viralizar para utilizar a linguagem atual, a oferecer uma nova infraestrutura que pode interferir na racionalidade de análise).

A partir deste julgado, em resumo, é possível depreender:

(i) A distinção entre plataforma ou suporte e a mensagem em si, o que pode repercutir em distinções no campo do direito de danos em relação à plataforma em que o humor é objeto de expressão.

(ii) A colaboração da plataforma na identificação do emitente da mensagem como dever e como elemento para estabelecer a reparação por danos.

"função social do humor" e licitude da manifestação humorística, pois isso deixaria de fora discursos políticos de ódio, mas vetaria simples trocadilhos. O ponto central é que o discurso a respeito da coisa pública é, não sem razão, tido como o centro nervoso da liberdade de expressão, e o discurso humorístico não foge à regra (daí por exemplo o bordão da *commedia dell'arte, ridendo castigat mores*, ou, rindo castigam-se os costumes).

[15] Indo mais além, confira-se a obra do sociólogo inglês Christie Davies, que investigava estereótipos usados em piadas e o que eles refletiam sobre as respectivas sociedades: DAVIES, Christie. *Jokes and targets*. Bloomington: Indiana University Press, 2011.

[16] Para alguns sobre o tema, em que humoristas se posicionam, cf. CÂMARA DOS DEPUTADOS. O riso dos outros. *YouTube*. Disponível em: https://www.youtube.com/watch?v=GowlcUgg85E. Acesso em: 10 jan. 2021; CAFÉ FILOSÓFICO CPFL. Implicam com humoristas como se fossem criminosos. *YouTube*. Disponível em: https://www.youtube.com/watch?v=UDP4Lx7qyKw. Acesso em: 10 jan. 2021.

(iii) A necessidade de observação da repercussão da mensagem e da maneira como se difunde, tal qual certa relação de causa e efeito que nem sempre permite atribuir os danos – ao menos não em toda sua extensão – a quem "fez a piada".

(iv) A posição social de quem é o alvo da piada, e se seu mote tem alicerce em traços de sua personalidade (inerentes/inatos/imutáveis) ou decorrentes de cargo de poder, posição social ou outro traço não dado *a priori*, com os potenciais ônus argumentativos que cada opção implica na esfera pública em que essa manifestação irá repercutir.

3 A devoção aos direitos fundamentais, o humor e a religião. Como lidar com o mandamento de não ofender no contexto da liberdade de expressão

> O direito fundamental à liberdade de expressão não se direciona somente a proteger as opiniões supostamente verdadeiras, admiráveis ou convencionais, mas também aquelas que são duvidosas, exageradas, condenáveis, satíricas, humorísticas, bem como as não compartilhadas pelas maiorias. (STF. ADI nº 4.451. Rel. Min. Alexandre de Moraes. *DJe*, 6 mar. 2019)

A Associação Centro Dom Bosco de Fé e Cultura buscou o Judiciário para suspender a veiculação, na plataforma Netflix, de um vídeo produzido por famoso grupo de humor carioca chamado *Especial de Natal Porta dos Fundos: A Primeira Tentação de Cristo*. A demanda fundamentava-se na alegação de que o filme configuraria ato de intolerância religiosa e discurso de ódio, destacando desta maneira sua alegada finalidade propositalmente lesiva. Além disso, observou-se que o lançamento ocorreu às vésperas do Natal e retratava, nos termos do acórdão do TJRJ que censurou o filme, "Jesus Cristo como um homossexual pueril, namorado de Lúcifer, Maria como uma adúltera desbocada e José como um idiota traído por Deus, argumentando que o filme tem como intento primário o menoscabo e a depreciação da fé alheia". É interessante notar que a decisão do Tribunal atenta de maneira detida aos diálogos, e inclusive os reproduz no teor do acórdão. Por outro lado, não aprofunda tanto a questão do interesse envolvido, o que seria de grande valia.

Em primeiro grau,[17] a decisão que negou a tutela de urgência para afastar a exibição do filme apresenta e contextualiza o grupo Porta dos Fundos e inclusive menciona anterior filme que também faz sátira religiosa no período do Natal – *Se beber não ceie*, que recebeu o Emmy Internacional como melhor comédia do ano.

O juízo singular destacou a colisão entre o direito à "liberdade de expressão artística enquanto corolário da liberdade de expressão e pensamento e de outro a liberdade religiosa e a proteção aos locais de culto e as suas liturgias, consubstanciadas no sentimento religioso". Após examinar diversos precedentes do STF, o juízo de primeiro grau concluiu, com acerto, não ser possível estabelecer um critério de censura prévia

---

[17] RIO DE JANEIRO. 16ª Vara Cível. *Decisão liminar nos Autos de n. 0332259-06.2019.8.19.0001*. j. 19.12.2019.

amplo e irrestrito. Todavia, a decisão propõe alguns critérios – um tanto fluidos – ao procurar referir ao tema de repercussão geral, nº 837, a ser apreciado pelo STF. A respeito, a decisão que negou o pedido de retirada do conteúdo do ar consignou:

> enquanto não haja decisão diversa do STF em sede de Repercussão Geral, que somente possa haver a proibição da publicação, circulação e exibição de conteúdos de manifestações artísticas, filmes e livros pelo Judiciário quando houver a prática de ilícito, incitação à violência, discriminação e violação de direitos humanos nos chamados discursos de ódio.

Sobre tais critérios, cabe anotar que se admitir restrição à liberdade de expressão toda vez que houver ilícito, pode terminar, pela via dos arts. 186 e 187, do Código Civil, por culminar em uma leitura muito frouxa da indispensável restrição à censura. Ademais, não parece uma boa solução equiparar os critérios de reparação por danos e a derrota da liberdade de expressão em detrimento a outro direito no caso concreto. Aliás, a própria decisão recordou que, para o STF:[18]

> A liberdade de expressão, em seu aspecto positivo, permite posterior responsabilidade civil e criminal pelo conteúdo difundido, além da previsão do direito de resposta. No entanto, não há permissivo constitucional para restringir a liberdade de expressão no seu sentido negativo, ou seja, para limitar preventivamente o conteúdo.

Não sem tropeços (dos quais a própria decisão do TJRJ é um exemplo), tem se tentado, na jurisprudência brasileira dos últimos anos, construir uma tradição de se evitar a restrição à liberdade de expressão e admitir a possibilidade de posterior reparação de danos por abuso na liberdade de expressão, sem que para tanto o conteúdo seja eliminado –[19] o que, vale realçar, são consequências entre si independentes.[20] Esta circunstância deve ser exaltada na medida em que, enquanto o direito de danos demanda cotidianamente a atuação estatal, como exalta a jurisprudência do Supremo, "a intervenção estatal na liberdade expressão é excepcional o STF proibiu enfaticamente a censura de publicações jornalísticas, bem como tornou excepcional qualquer tipo de intervenção estatal na divulgação de notícias e de opiniões".[21]

Pode-se então registrar duas premissas importantes em matéria de liberdade de expressão, interligadas entre si. É excepcional a "retirada do conteúdo do ar", e tal medida extrema não é condicionante à reparação de danos que pode ser fixada ao final do processo judicial. Estas premissas, por sua vez, harmonizam-se à compreensão do Supremo de que a liberdade de expressão possui uma posição preferencial,[22] ou seja,

---

[18] STF. *Rcl nº 38.201*. Rel. Min. Alexandre de Moraes, j. 18.12.2019.

[19] CAPELOTTI, João Paulo. O humor entre a crítica social e o dano. *Revista dos Tribunais*, São Paulo, v. 103, n. 939, p. 15-59, jan. 2014.

[20] Na compreensão do Supremo: "Eventual uso abusivo da liberdade de expressão deve ser reparado, preferencialmente, por meio de retificação, direito de resposta. Ao determinar a retirada de matéria jornalística de sítio eletrônico de meio de comunicação, a decisão reclamada violou essa orientação" (STF. Rcl nº 22.328 RJ. Rel. Min. Roberto Barroso, 1ª Turma. *DJe*, 10 maio 2018).

[21] STF. Rcl nº 42.273 AgR. Rel. Min. Roberto Barroso, 1ª Turma. *DJe*, 3 nov. 2020. De modo similar, concluiu-se em: STF. Rcl nº 37.228. Rel. Min. Marco Aurélio, 1ª Turma. *DJe*, 18 ago. 2020.

[22] Não se ignora que, recentemente, a VIII Jornada de Direito Civil aprovou o Enunciado nº 613, que vai em sentido diametralmente diverso: "A liberdade de expressão não goza de posição preferencial em relação aos direitos da personalidade no ordenamento jurídico brasileiro" (Disponível em: https://www.cjf.jus.br/cjf/

goza de certa presunção de inocência. Em uma frase, para o Supremo "embora não haja hierarquia entre direitos fundamentais, tais liberdades possuem uma posição preferencial (*preferred position*), o que significa dizer que seu afastamento é excepcional, e o ônus argumentativo é de quem sustenta o direito oposto".[23]

Ao afastar a censura de conteúdo, exaltou-se a avaliação do potencial lesivo do filme, ou melhor, sua ausência. Em seu voto, ao reverter a decisão do tribunal fluminense, o Min. Dias Toffoli destacou que "Não é de se supor, contudo, que uma sátira humorística tenha o condão de abalar valores da fé cristã, cuja existência retrocede há mais de 2 (dois) mil anos, estando insculpida na crença da maioria dos cidadãos brasileiros".[24]

Interessante notar que o STF já consagrou o entendimento de que o humor é alcançado pela proteção assegurada à imprensa (Constituição, §1º do art. 220), quando o jornalismo é exercido com humor.[25] A sátira também é reconhecida como uma forma de liberdade de expressão, como ecoa a jurisprudência da Corte Interamericana de Direitos Humanos.[26]

Contextos especiais podem oferecer, no entanto, a necessidade de apreciar situações especiais em relação ao ultraje ou mesmo agressões. Como denotou o caso acima exposto, o humor envolvendo determinada religião é sempre delicado. Essa verticalização transborda ainda no delicado tema da negação de acontecimentos históricos, mitigação do racismo, do holocausto, entre outras pautas.

Nessa linha, no caso Dieudonné M'Bala M'Bala,[27] a Corte Europeia de Direitos Humanos ofereceu uma série de critérios interessantes para lidar com as tensões entre a proteção da liberdade de expressão do discurso de humor e da liberdade religiosa. A teor do acórdão, o comediante Dieudonné, que desenvolvia também atividade política, encenou uma performance no local "Zénith", em Paris, no contexto de um *show* intitulado "J'ai fait l'con" ("Eu fui um menino travesso"). Entre os esquetes, uma passagem extremamente hostil faz referência a um prisioneiro judeu dos campos de concentração,

A Corte Europeia de Direitos Humanos considerou que o *"show* de humor" do artista Dieudonné não se destinava ao humor, mas a negar o holocausto, com um conteúdo "antissemita marcante, que desviava a finalidade da liberdade de expressão, para fazer prevalecer fins contrários ao texto e ao espírito da Convenção e que, se admitidos, contribuiriam para a destruição dos direitos e liberdades garantidos pela Convenção".[28]

---

corregedoria-da-justica-federal/centro-de-estudos-judiciarios-1/publicacoes-1/jornadas-cej/viii-enunciados-publicacao-site-com-justificativa.pdf).

[23] STF. Rcl nº 22.328 RJ. Rel. Min. Roberto Barroso, 1ª Turma. *DJe*, 10 maio 2018. Com igual teor, STF. Rcl nº 42.273 AgR. Rel. Min. Roberto Barroso, 1ª Turma. *DJe*, 3 nov. 2020.

[24] STF. *Mc na Rcl nº 38.782*. Rel. Min. Dias Toffoli, Decisão monocrática, j. 9.1.2020.

[25] "Programas humorísticos, charges e modo caricatural de pôr em circulação ideias, opiniões, frases e quadros espirituosos compõem as atividades de imprensa, sinônimo perfeito de informação jornalística (§1º do art. 220)" (STF. ADI nº 4.451. Rel. Min. Alexandre de Moraes. *DJe*, 6 mar. 2019).

[26] Cf. EUROPA. Corte Europeia de Direitos Humanos. *Caso Alves da Silva v. Portugal*. Aplicação n. 41.665/2007, j. 20.10.2009.

[27] EUROPA. Corte Europeia de Direitos Humanos. *Caso Dieudonné M'Bala M'Bala v. França*. Aplicação n. 25239/13, j. 20.10.2015.

[28] A empresa criou um Conselho de Supervisão do Facebook, o qual se propõe a "Garantir o respeito à liberdade de expressão por meio do julgamento independente" (ABOUT Facebook. *Facebook*. Disponível em: https://about.

De maneira bastante instigante, neste caso a Corte considerou haver se ultrapassado não apenas os limites do humor, mas a própria ideia de espetáculo artístico:

> O Tribunal considera, assim, como o Tribunal de Recurso, que no decurso do esboço ofensivo o espetáculo assumiu o carácter de um comício e deixou de ser uma forma de entretenimento. O recorrente não pode alegar, nas circunstâncias particulares e atendendo ao contexto, que agiu como artista com o direito de se exprimir por meio da sátira, do humor e da provocação. Sob o disfarce de um show de comédia, ele convidou um dos mais conhecidos negacionistas franceses, que havia sido condenado um ano antes por negar crimes contra a humanidade, para prestar-lhe homenagem e dar-lhe um palco. Igualmente, no contexto de uma *mise en scène* absurdamente grotesca conseguiu que um ator interpretando o papel de um prisioneiro judeu dos campos de concentração nazistas concedesse um prêmio a Robert Faurisson. Levando-se em conta o valor atribuído ao negacionismo, através da proeminência do papel de Robert Faurisson no palco e do retrato degradante das vítimas judias deportadas perante um homem que nega o seu extermínio, o Tribunal considera que esta foi uma demonstração de ódio e antissemitismo, favorável à negação do Holocausto. Não pode aceitar que a expressão de uma ideologia contrária aos valores fundamentais da Convenção, expressos no seu Preâmbulo, a saber, a justiça e a paz, possa ser equiparada a uma forma de entretenimento, ainda que satírica ou provocadora, que receber proteção pelo artigo 10 da Convenção.

Para se ter uma dimensão, nas instâncias ordinárias, tamanha a repercussão do caso, oito entidades aderiram ao feito. Na jurisdição francesa, o réu havia sido condenado a pagar uma multa de dez mil euros, bem como a custear a publicação em jornais de grande circulação da informação de que foi condenado por dirigir insulto a uma pessoa ou grupo de pessoas por causa da sua origem ou de pertencimento, ou não pertencimento, a determinada comunidade étnica, nação, raça ou religião.

Em harmonia com a jurisprudência das cortes brasileiras, a Justiça da França, ao examinar o caso, destacou que a "caricatura e sátira – mesmo de natureza deliberadamente provocativa ou vulgar – caem claramente, em uma sociedade democrática, no domínio da liberdade de expressão e criação, envolvendo a livre comunicação de ideias e opiniões". Assinalou-se também não caber à corte analisar a "qualidade" da performance. Conclui-se que o humor tem limites, em particular o respeito pela dignidade da pessoa humana. Enfatizou-se também que, ao enfocar seu desejo em promover uma provocação antissemita, homenagear publicamente um negacionista do holocausto, chamando-o ao palco para ser premiado, por um ator que representaria um judeu deportado, de maneira a ridicularizar símbolos judaicos, "o réu extrapolou excessivamente os limites permitidos do direito ao humor".

O caso de Dieudonné acrescenta outro aspecto que consiste no chamado "Tribunal do Facebook"[29] (rectius, o *Oversight Board*, o Conselho de Supervisão), ou seja, uma instância privada de avaliação de conteúdo, cujos parâmetros ainda estão para serem conhecidos – e debatidos. As plataformas digitais ocupam papel central no debate

---

fb.com/news/2020/05/welcoming-the-oversight-board/. Acesso em: 5 jan. 2021). As atividades foram recém iniciadas (FACEBOOK Oversight Board reveals its first cases. *BBC*, 1º dez. 2020).

[29] FACEBOOK supprime la page de Dieudonné, ainsi que son compte Instagram, pour "discours de haine" Dieudonné M'Bala, condamné à plusieurs reprises et encore récemment pour des propos négationnistes et antisémites, avait déjà été banni de YouTube fin juin. *Le Monde*, 3 out. 2020.

público e como canal de exercício da liberdade de expressão. Prestam-se a denúncias, críticas campanhas políticas, expressões artísticas e, em todas elas, com ou sem humor. O monopólio destas plataformas demanda uma discussão que leve em conta essa ferramenta. A moderação de conteúdo de humor pelas plataformas demanda uma atenção especial, inclusive para discutir sua relação com o exercício de um controle complementar – ou quiçá simultâneo – pelo Estado. Impõe-se igualmente que as decisões internas das plataformas na avaliação das manifestações – mensagens, vídeos, textos, músicas, postagens e afins – sejam orientadas pela efetivação dos direitos humanos e fundamentais, os quais constituem no contexto tecnológico critério indispensável sobretudo diante da força dos palcos virtuais.

4   Em busca de critérios nas interfaces entre liberdade de expressão e o humor

A comunicação feita com humor pode ter finalidade de divertir, chamar atenção, informar ou mesmo ofender, entre outras facetas possíveis da veia cômica. Como consigna o TJSP, "é cediço poder atuar o humor como uma técnica de manifestação ou transmissão de informação de natureza crítica",[30] mas nem por isso pode ser ele utilizado de modo ilimitado.

Entre as balizas identificadas na jurisprudência para restrições, observa-se a difusão de mensagens falsas ou conteúdo que pode gerar desinformação, risco à saúde e outros danos com uma crescente nos últimos meses, em virtude da pandemia de Covid-19.[31] Sem confundir-se com a premissa da caracterização de "danos morais" – melhor designados por danos existenciais ou danos à pessoa –[32] o critério do potencial lesivo tem sido empregado como um importante indicador da necessidade de restringir a veiculação de certo conteúdo.

Em linha com tal compreensão, já há alguns anos, o STJ definiu que "a liberdade de imprensa não pode servir de escusa a tamanha invasão na privacidade do indivíduo, impondo-lhe, como ocorrido no caso concreto, além da violação de seu direito de imagem, uma situação de absoluto constrangimento e humilhação".[33] Examinava-se a conduta do Programa Pânico na TV, que exibe corpos femininos nas praias e faz uma avaliação entre "satisfatório ou insatisfatório", no quadro "Vô, num vô". A autora da demanda expressamente pediu para não ser filmada, tampou seu rosto e ainda assim foi filmada e exibida em trajes de praia. A despeito das circunstâncias, a reparação em danos foi arbitrada em R$20.000,00, tema para um outro estudo.

O critério do potencial lesivo foi também empregado pelo TJSP,[34] ao considerar inadequado vídeo que satirizava o medicamento Neosoro e o associava a vício. Para

---

[30] TJSP. Apelação nº 1098362-50.2019.8.26.0100. Rel. Des. Piva Rodrigues. 9ª Câmara de Direito Privado. *DJe*, 2 dez. 2020. De maneira similar, cf. STF. Rcl nº 15.243 AgR. Rel. Min: Celso de Mello, 2ª Turma. *DJe*, 11 out. 2019.

[31] MERCEDES, Neto *et al.* Fake news no cenário da pandemia de Covid-19. *Cogitare Enfermagem*, v. 25, e72627, 2020.

[32] MORAES, Maria Celina Bodin de. *Danos à pessoa humana*: uma leitura civil-constitucional dos danos morais. Rio de Janeiro: Renovar, 2003.

[33] STJ. REsp nº 1.728.040. Rel. Min. Marco Aurélio Bellizze, 3ª Turma. *DJe*, 21 set. 2018.

[34] TJSP. Apelação nº 1124541-89.2017.8.26.0100. Rel. Des. Erickson Gavazza Marques. 5ª Câmara de Direito Privado. *DJe*, 26 nov. 2019.

o Tribunal, o caso não seria de manifestação artística e humorística, já que o vídeo apresentaria um risco a saúde, fato reforçado pela notificação feita pela Anvisa à plataforma Facebook em que estava disponível. Relevante confrontar o voto vencido, proferido pela Desembargadora Fernanda Gomes Camacho, que demonstra fundamentos interessantes, para concluir em sentido diverso:

> Vídeo que não se destina ao estímulo ao uso indiscriminado do medicamento, mas apresenta de forma exagerada situação do cotidiano. Inexistência de *animus injuriandi*. Fácil compreensão do objetivo humorístico, inclusive porque divulgado por canal humorístico. Inexistência de afronta a legislação sanitária, a propaganda de medicamentos ou a direito de proteção a vida, saúde, segurança e informação do consumidor.

O voto vencido utiliza o conceito que estudiosos da área chamam de "competência humorística", isto é, saber identificar um discurso humorístico e distingui-lo do discurso não sério (a chamada comunicação *non bona fide*) e que, portanto, reclama interpretação não literal. Um interessante argumento trazido pela dissidência é que quem vê um vídeo de um canal humorístico, com uma situação do cotidiano claramente levada a proporções inusuais, sabe se tratar de algo não sério, feito para divertir. Na atual circunstância de pandemia, em que informações falsas sobre curas milagrosas circulam renitentemente, a posição dos tribunais pode ser mais restritiva e menos disposta a acolher tal argumento. Não obstante, produtoras de conteúdo como o Porta dos Fundos têm uma série de vídeos (estrelados pela personagem Dona Helena) que satirizam justamente as tais curas milagrosas, correntes de WhatsApp e difusão de informações falsas. É tênue a fronteira entre não subestimar a inteligência do público e os riscos ditados pela emergência sanitária. O caso do Neosoro, porém, dada a probabilidade menor de repercussão na saúde pública, parece um exemplo de paternalismo judiciário injustificado.

No direito norte-americano, é frequente a referência ao critério *Clear and Present Danger Test*, referido por Holmes no famoso precedente Schenck x Estados Unidos.[35] Schenck, secretário executivo do partido socialista, havia publicado panfletos contrários ao recrutamento militar. Holmes considerou que, em tempos de guerra, o contexto não permitiria sustentar manifestação dessa natureza. Como grande contribuição, o precedente reforça a importância dos critérios do dano e do contexto da mensagem como parâmetros úteis da liberdade de expressão. Ainda que não voltado ao humor, sugere a necessidade de levar em conta o risco e repercussão de determinada mensagem, à luz do ambiente em que é expressa. Este teste, no entanto, foi refinado no tempo,[36] de maneira que há precedentes posteriores da Suprema Corte estadunidense que permitiram desde camisetas com expletivos[37] contra o alistamento militar até a queima da bandeira do país como forma de protesto.[38]

---

[35] ESTADOS UNIDOS. Supreme Court. *Schenck v. United States*. 249 U.S. 47, 52. 1919.

[36] KROTOSZYNSKI, Ronald J. Jr. The clear and present dangers of the clear and present danger test: Schenck and Abrams revisited. *SMU Law Review*, v. 72, n. 3, p. 415-440, 2019.

[37] ESTADOS UNIDOS DA AMÉRICA. Suprema Corte. *403 U.S. 15. Cohen v. State of California*. Opinião da corte escrita pelo juiz John M. Harlan II, j. 7.6.1971.

[38] ESTADOS UNIDOS DA AMÉRICA. Suprema Corte. *491 U.S. 397. Texas v. Johnson*. Opinião da corte escrita pelo juiz William Brennan, j. 21.6.1989.

O Judiciário brasileiro, como o caso do Especial de Natal do Porta dos Fundos permite entrever, não segue exatamente a cartilha do *clear and present danger*. Na decisão do TJRJ que decidiu suspender a obra da Netflix, o desembargador relator invoca entre seus argumentos a necessidade de "acalmar ânimos" e utiliza o atentado à bomba na portaria da produtora como a materialização do perigo claro e imediato,[39] ainda que o ato criminoso tenha sido um episódio isolado, cometido por um único indivíduo e tenha sido já elucidado à época do proferimento da decisão monocrática. O risco a que aludia Holmes, certamente, não continha essas dimensões pouco expressivas nem se coaduna com essa postura do Judiciário como um programador do melhor momento para a divulgação de determinada obra.

O episódio em questão acaba por demonstrar, exemplarmente, o chamado "efeito Streisand", que alude à tentativa da conhecida atriz e cantora Barbra Streisand de impedir a publicação de fotos de sua mansão, o que só atiçou a curiosidade do público pelo imóvel. De modo análogo, a tentativa de cerceio do programa humorístico acabou lhe gerando publicidade gratuita. O vídeo também se tornou a produção brasileira mais vista da plataforma de *streaming*.

O caso do Porta dos Fundos ainda demonstra muito bem como decisões de casos relacionados a humor estão muitas vezes relacionadas a gosto. Não raro, elas se baseiam na dicotomia bom gosto – lícito/mau gosto – ilícito, incluindo uma apreciação estética sobre a manifestação em análise. Mas há precedentes que, a nosso ver, tratam o tema de modo mais acertado, como o REsp nº 736.015/RJ, de relatoria da Ministra Nancy Andrighi, que repudia o suposto mau gosto de uma revista como critério suficiente para justificar o reproche à peça humorística veiculada.

A qualidade estética ou ser engraçado não é uma apreciação a ser desenvolvida pelo Judiciário, o que não significa que as intenções ou finalidade de uma mensagem dotada de humor (ou embalada como humor) não devam ser observadas. Vale dizer, o humor deve ser reconhecido como uma forma especial de discurso (como aliás aponta Dworkin no texto da epígrafe), que funciona não raro graças a recursos como metáforas e hipérboles, e que, portanto, não pode ser interpretado de modo literal. Deve-se atentar para o contexto em que determinada manifestação vem à tona. Todavia, isso não significa conferir ao humor um salvo-conduto que isente tal manifestação do regime de responsabilidades ulteriores preconizado pelo ordenamento jurídico.[40]

Diante do exposto, observa-se que a liberdade de expressão é um direito fundamental de enorme importância, contudo, seu exercício deve ser objeto da devida atenção e demanda lidar com linhas bastante tênues. Discutir as balizas da liberdade

---

[39] TJRJ. 6ª Câmara Cível. *Agravo de instrumento 0083896-72.2019.8.19.0000*. Rel. Des. Benedicto Abicair, j. 8.1.2020. Como registra o *UOL*, em 2021, "A sede do Porta dos Fundos foi alvo de um ataque a bomba nesta madrugada, por volta das 4h, véspera de Natal. O prédio, que fica no Humaitá, bairro nobre na zona sul do Rio de Janeiro, foi atingido por dois coquetéis molotov. Recentemente, o grupo causou polêmica ao retratar Deus mentiroso e Jesus gay em seu já tradicional especial de Natal para a Netflix" (NOGUEIRA, Renata. Sede do Porta dos Fundos sofre ataque a bomba na véspera do Natal. *UOL*, 24 dez. 2019. Disponível em: https://entretenimento.uol.com.br/noticias/redacao/2019/12/24/sede-do-porta-dos-fundos-sofre-ataque-a-bomba-na-vespera-do-natal.htm Acesso em: 15 jan. 2020).

[40] Cf. a respeito: LOCKYER, Sharon; PICKERING, Michael. Introduction: the ethics and aesthetics of humour and comedy. *In*: LOCKYER, Sharon; PICKERING, Michael (Org.). *Beyond a joke*: the limits of humour. New York: Palgrave Macmillan, 2009. p. 4-5, *passim*.

de expressão não assinala sua mitigação, pelo contrário, revela um compromisso sério com sua efetivação. Embora o tema exija estudo mais aprofundado, procura-se oferecer aqui uma síntese, que se espera seja recebida como uma pequena contribuição ao tema.

É possível afirmar que o direito a se expressar de maneira bem-humorada não deve ser limitado por um critério artístico ou estético. O fato de o destinatário da manifestação não aprovar o conteúdo – ou mesmo não achar engraçado – não pode representar por si um limite ao exercício da liberdade de expressão. Sentir-se ofendido também não pode ser um critério para derrubar a manifestação, ainda que deva ser tomado em conta.

Considerando que o humor não raro bebe do inesperado e do proibido, o traçado de limites apriorísticos, com a interdição de determinados temas ao escrutínio dos comediantes, pode ter como efeito colateral o aumento da graça com que parte da audiência encare esse conteúdo. Por isso que o reconhecimento de situações de abuso ou exercício regular de direito depende muito das circunstâncias do caso concreto – a qualificação de ofensor e ofendido, o meio utilizado, o contexto etc. – ainda que, repita-se, a ampliação da consciência de grupos minoritários por seus direitos e a voz por eles adquiridas com a internet recrudesceram enormemente o custo argumentativo (e por vezes pecuniário mesmo) pago pelos elaboradores e pelos apreciadores de humor que utiliza essa matéria-prima.

Falta também, muitas vezes, conferir ao humor sua verdadeira dimensão, contando com seu reconhecimento como tal e impedindo que a interdição de sua circulação se dê com a frequência hoje vista como decorrência de uma indisfarçada concepção moralista e autoritária sobre os discursos que merecem alcançar a esfera pública.

No contexto digital torna-se ainda mais rico o debate em torno das manifestações de humor. Entre a sátira e a ofensa, o recurso ao absurdo e a disseminação de desinformações, nem se pode tomar a liberdade de expressão como um salvo-conduto nem a demonizar. Plataformas digitais potencializam a repercussão e a replicação de discursos e a difusão de desinformação, e não podem banalizar a importância de um olhar cuidadoso sobre o que circula *on-line*.

Em *A new map of censorship*,[41] Ronald Dworkin dialoga com o pensamento de Stuart Mill sobre os limites da liberdade de expressão. A partir da reflexão desenvolvida em *On liberty*,[42] na qual Mill sublinha o caráter fundamental da contraposição de pensamentos, Dworkin propõe uma leitura mais ampla da liberdade de expressão, a qual concebe como um elemento central da democracia. Em sua visão, a democracia demanda não apenas a legitimação pelo voto, mas também pela voz. A comparação entre estes dois autores pode oferecer algumas respostas interessantes.

Em sua obra, Stuart Mill destaca a relevância da divergência e reputa como única justificativa legítima para a invasão à liberdade pessoal a existência de risco a terceiros – *harm to others*. A partir de tal pressuposto, em sua análise, o fato de um pensamento ou comportamento não coadunar com a posição da maioria não legitima a intervenção no comportamento. Assim também será então em relação ao humor. Igualmente, é interessante anotar que a noção de contexto do humor já estava presente

---

[41] DWORKIN, Ronald. A new map of censorship. *Index on Censorship*, 1994.
[42] MILL, John Stuart. *On liberty*. Ontario: Batoche Books; Kitchener, 2001.

como um parâmetro apontado por Stuart Mill em seu texto de 1859, ao diferenciar uma crítica, na imprensa, voltada aos negociantes de milho e a incitação de uma turba a um ato de violência em frente à residência de um dos negociantes ou quando a mensagem é transmitida por meio de um cartaz.[43]

Para Dworkin, a liberdade de expressão é um princípio indivisível,[44] cujo custo de risco de comprometimento é muito mais perigoso. Ter o poder de silenciar não deve significar que devemos usá-lo: "We might have the power to silence those we despise, but it would be at the cost of political legitimacy, which is more important than they are". A perspectiva singular de Dworkin, que admite até mesmo em certa medida o discurso de ódio, não deixa de trazer à baila uma provocação relevante, além de reforçar a premissa acima exposta de que a liberdade de expressão ocupa uma *preferred position*, de maneira que a censura é excepcional, a garantia da manifestação é a regra e ônus argumentativo é de quem sustenta o direito oposto.

O caso do especial de Natal do Porta dos Fundos, colocado lado a lado com a exibição de cartazes do profeta Maomé, serve para sublinhar que não se pode ter como parâmetro para escolhas em matéria de liberdade de expressão a concordância com determinada crença religiosa. A igualdade corresponde a um princípio a ser religiosamente empregado no exame dos critérios, sem diferenciar os parâmetros para Jesus, Maomé ou quaisquer outras crenças. Não se pode acolher discursos majoritários como os únicos possíveis, nem considerar que toda crítica ou mesmo ofensa a um grupo minoritário ou vulnerável deva ensejar que o discurso de humor seja silenciado.

O risco de tutelar por meio da liberdade de expressão discursos sexistas, homofóbicos, racistas, ofensivos a certas religiões[45] e que de outra maneira afrontem direitos humanos e fundamentais ou outros valores essenciais não é suficiente então para afastar a liberdade de expressão como direito essencial e estruturante. Ao mesmo tempo, o emprego da liberdade de expressão para fins estritamente obtusos, como no caso de Dieudonné M'Bala M'Bala, não deve ser admitido;[46] não se pode utilizar o humor tão somente como uma maneira de embalar o conteúdo e assim garantir-lhe

---

[43] "No one pretends that actions should be as free as opinions. On the contrary, even opinions lose their immunity when the circumstances in which they are expressed are such as to constitute their expression a positive instigation to some mischievous act. An opinion that corn-dealers are starvers of the poor, or that private property is robbery, ought to be unmolested when simply circulated through the press, but may justly incur punishment when delivered orally to an excited mob assembled before the house of a corndealer, or when handed about among the same mob in the form of a placard" (MILL, John Stuart. *On liberty*. Ontario: Batoche Books; Kitchener, 2001. p. 52. Grifos nossos). Leia-se também uma análise desta passagem em: BELL, Melina Constantine. John Stuart Mill's harm principle and free speech: expanding the notion of harm. *Utilitas*, p. 1-18, 23 set. 2020.

[44] No original, Dworkin assinala: "Principle is indivisible, and we try to divide it at our peril".

[45] Post faz uma análise dessa colisão de direitos fundamentais, ainda que indiretamente, ao examinar as caricaturas de Maomé. Em seu texto, compara os sentidos de liberdade de expressão no modelo europeu e norte-americano (permita-se este grau de simplificação), para concluir que somente se houver incitação a ações concretas se poderia restringir a liberdade de expressão. Em suas palavras: "Content-based restrictions on speech cannot be imposed on the ground that the speech might cause a future harm unless the speec: 'is directed to inciting or producing imminent lawless action and is likely to incite or produce such action". O trecho final consiste no parâmetro adotado em Brandenburg v. Ohio (1994). A partir de tal concepção, conclui que como os *cartoons* não ofendem, discriminam nem ameaçam não devem ser censurados (POST, Robert. Religion and freedom of speech: portraits of Muhammad. *Constellations*, v. 14, n. 1, p. 72-90, 2007).

[46] "Addressing hate speech does not mean limiting or prohibiting freedom of speech. It means keeping hate speech from escalating into something more dangerous, particularly incitement to discrimination, hostility and violence, which is prohibited under international law" (UNITED NATIONS. *United Nations Strategy and Plan of Action on Hate Speech*. 2019).

livre passagem, longe da proteção dos direitos humanos e fundamentais. Diante desta ordem de ideias, pensar então que estabelecer parâmetros para a liberdade de expressão do humor possa ser uma tarefa simples é uma bela piada.

Referências

ABOUT Facebook. *Facebook.* Disponível em: https://about.fb.com/news/2020/05/welcoming-the-oversight-board/. Acesso em: 5 jan. 2021.

BARROSO, Luís Roberto. *A dignidade da pessoa humana no direito constitucional contemporâneo*: natureza jurídica, conteúdos mínimos e critérios de aplicação, dez. 2010. Versão provisória para debate público.

BELL, Melina Constantine. John Stuart Mill's harm principle and free speech: expanding the notion of harm. *Utilitas*, p. 1-18, 23 set. 2020.

CAFÉ FILOSÓFICO CPFL. Implicam com humoristas como se fossem criminosos. *YouTube*. Disponível em: https://www.youtube.com/watch?v=UDP4Lx7qyKw. Acesso em: 10 jan. 2021.

CÂMARA DOS DEPUTADOS. O riso dos outros. *YouTube*. Disponível em: https://www.youtube.com/watch?v=GowlcUgg85E. Acesso em: 10 jan. 2021.

CAPELOTTI, João Paulo. O humor entre a crítica social e o dano. *Revista dos Tribunais*, São Paulo, v. 103, n. 939, p. 15-59, jan. 2014.

CAPELOTTI, João Paulo. O pedido de explicações aos chargistas da Folha: é censura? *Dissenso*. Disponível em: https://dissenso.org/o-pedido-de-explicacoes-aos-chargistas-da-folha-e-censura/. Acesso em: 27 jan. 2021.

DWORKIN, Ronald. A new map of censorship. *Index on Censorship*, 1994.

DWORKIN, Ronald. *Levando os direitos a sério*. São Paulo: Martins Fontes, 2010.

DWORKIN, Ronald. The right to ridicule. *New York Review of Books*, 23 mar. 2006.

ESTADOS UNIDOS. Supreme Court. *Schenck v. United States*. 249 U.S. 47, 52. 1919.

EUROPA. Corte Europeia de Direitos Humanos. *Caso Alves da Silva v. Portugal*. Aplicação n. 41.665/2007, j. 20.10.2009.

EUROPA. Corte Europeia de Direitos Humanos. *Caso Dieudonné M'Bala M'Bala v. França*. Aplicação n. 25239/13, j. 20.10.2015.

FACEBOOK Oversight Board reveals its first cases. *BBC*, 1º dez. 2020.

FACEBOOK supprime la page de Dieudonné, ainsi que son compte Instagram, pour "discours de haine" Dieudonné M'Bala, condamné à plusieurs reprises et encore récemment pour des propos négationnistes et antisémites, avait déjà été banni de YouTube fin juin. *Le Monde*, 3 out. 2020.

FUNG, Brian. Twitter bans President Trump permanently. *CNN Business*, Washington DC, 9 jan. 2021. Disponível em: https://edition.cnn.com/2021/01/08/tech/trump-twitter-ban/index.html. Acesso em: 27 jan. 2021.

GROSS, Clarissa Piterman. Fake new e democracia: discutindo o status normativo do falso e a liberdade de expressão. *In*: RAIS, Diogo (Coord.). *Fake news*: a conexão entre desinformação e o direito. 2. ed. São Paulo: Thomson Reuters Brasil, 2020.

GROSS, Clarissa Piterman. *Pode dizer ou não?* Discurso de ódio, liberdade de expressão e a democracia liberal igualitária. 2017. Tese (Doutorado) – Faculdade de Direito, Universidade de São Paulo, São Paulo, 2017.

KROTOSZYNSKI, Ronald J. Jr. The clear and present dangers of the clear and present danger test: Schenck and Abrams revisited. *SMU Law Review*, v. 72, n. 3, p. 415-440, 2019.

LOCKYER, Sharon; PICKERING, Michael. Introduction: the ethics and aesthetics of humour and comedy. *In*: LOCKYER, Sharon; PICKERING, Michael (Org.). *Beyond a joke*: the limits of humour. New York: Palgrave Macmillan, 2009.

MERCEDES, Neto *et al.* Fake news no cenário da pandemia de Covid-19. *Cogitare Enfermagem*, v. 25, e72627, 2020.

MILL, John Stuart. *On liberty*. Ontario: Batoche Books; Kitchener, 2001.

MORAES, Maria Celina Bodin de. *Danos à pessoa humana*: uma leitura civil-constitucional dos danos morais. Rio de Janeiro: Renovar, 2003.

NOGUEIRA, Renata. Sede do Porta dos Fundos sofre ataque a bomba na véspera do Natal. *UOL*, 24 dez. 2019. Disponível em: https://entretenimento.uol.com.br/noticias/redacao/2019/12/24/sede-do-porta-dos-fundos-sofre-ataque-a-bomba-na-vespera-do-natal.htm Acesso em: 15 jan. 2020.

POST, Robert. Religion and freedom of speech: portraits of Muhammad. *Constellations*, v. 14, n. 1, p. 72-90, 2007.

RIO DE JANEIRO. 16ª Vara Cível. *Decisão liminar nos Autos de n. 0332259-06.2019.8.19.0001*. j. 19.12.2019.

SARMENTO, Daniel. A liberdade de expressão e o problema do "hate speech". *In*: SARMENTO, Daniel. *Livres e iguais*: estudos de direito constitucional. Rio de Janeiro: Lumen Juris, 2006.

SOUZA, Carlos Affonso de. Banir Trump se tornou solução e armadilha para as redes sociais. *Tilt*, 10 jan. 2021. Disponível em: https://www.uol.com.br/tilt/colunas/carlos-affonso-de-souza/2021/01/10/banimento-de-trump-cria-solucao-e-cilada-para-as-redes-sociais.htm. Acesso em: 27 jan. 2021.

STF. ADI nº 4.451. Rel. Min. Alexandre de Moraes. *DJe*, 6 mar. 2019.

STF. *ADO nº 26*. Rel. Min. Celso de Mello, j. 20.2.2019 (Criminalização da Homostransfobia).

STF. *Mc na Rcl nº 38.782*. Rel. Min. Dias Toffoli, Decisão monocrática, j. 9.1.2020.

STF. Pleno. ADPF nº 187. Rel. Min. Celso de Mello. *DJe*, 29 maio 2014.

STF. Rcl nº 15.243 AgR. Rel. Min: Celso de Mello, 2ª Turma. *DJe*, 11 out. 2019.

STF. Rcl nº 22.328 RJ. Rel. Min. Roberto Barroso, 1ª Turma. *DJe*, 10 maio 2018.

STF. Rcl nº 37.228. Rel. Min. Marco Aurélio, 1ª Turma. *DJe*, 18 ago. 2020.

STF. *Rcl nº 38.201*. Rel. Min. Alexandre de Moraes, j. 18.12.2019.

STF. Rcl nº 42.273 AgR. Rel. Min. Roberto Barroso, 1ª Turma. *DJe*, 3 nov. 2020.

STF. RHC nº 134.682. Rel. Min. Edson Fachin, 1ª Turma. *DJe*, 29 ago. 2017.

STF. Tribunal Pleno. *HC nº 82.424*. Rel. Min. Moreira Alves. Rel. p/ acórdão Min. Maurício Corrêa, j. 17.9.2003 (Caso Ellwanger).

STJ. REsp nº 1.728.040. Rel. Min. Marco Aurélio Bellizze, 3ª Turma. *DJe*, 21 set. 2018.

STJ. REsp nº 1.728.069. Rel. Min. Marco Aurélio Bellizze. *DJe*, 26 out. 2018.

TJSP. Apelação nº 1098362-50.2019.8.26.0100. Rel. Des. Piva Rodrigues. 9ª Câmara de Direito Privado. *DJe*, 2 dez. 2020.

TJSP. Apelação nº 1124541-89.2017.8.26.0100. Rel. Des. Erickson Gavazza Marques. 5ª Câmara de Direito Privado. *DJe*, 26 nov. 2019.

TWITTER faz alerta em post do Ministério da Saúde de informação enganosa. *G1*, 16 jan. 2021.

UNITED NATIONS. *United Nations Strategy and Plan of Action on Hate Speech*. 2019.

Informação bibliográfica deste texto, conforme a NBR 6023:2018 da Associação Brasileira de Normas Técnicas (ABNT):

SCHULMAN, Gabriel; CAPELOTTI, João Paulo. Do politicamente (in)correto ao filtro dos direitos humanos e fundamentais: levando a sério a liberdade de expressão do discurso humorístico. *In*: EHRHARDT JÚNIOR, Marcos; LOBO, Fabíola Albuquerque; ANDRADE, Gustavo (Coord.). *Liberdade de expressão e relações privadas*. Belo Horizonte: Fórum, 2021. p. 237-253. ISBN 978-65-5518-188-3.

PARTE V

LIBERDADE DE EXPRESSÃO
× DISCURSO DE ÓDIO

O PRAGMATISMO JURÍDICO DE HOLMES E SUA INTERPRETAÇÃO DA LIBERDADE DE EXPRESSÃO NAS RELAÇÕES PARTICULARES: OS LIMITES DO DISCURSO DE ÓDIO

ADRUALDO DE LIMA CATÃO

1 Introdução

O objetivo deste artigo é analisar as limitações ao discurso de ódio nas manifestações de opinião (mesmo dentro dos limites das relações particulares), diante da proteção constitucional da liberdade de expressão, usando por base a interpretação desse direito constitucional pelo pragmatismo jurídico inspirado no pensamento de Holmes Jr.

Como o discurso de ódio normalmente envolve questões sobre ideologia ou a manifestação de ideias e pensamentos religiosos, a simples proibição legal do uso de algumas expressões implica a restrição da expressão do pensamento e da liberdade religiosa, gerando uma incompatibilidade *prima facie* diante do direito à liberdade de expressão.

O pensamento jurídico pragmático encontra sua expressão mais importante em Oliver Holmes Jr. Seu ceticismo metodológico em relação ao direito legislado leva a uma desconfiança das posturas essencialistas, questionando o positivismo jurídico e sua defesa da autoridade central e da legislação.

A crítica da abordagem do positivismo jurídico por parte do pragmatismo jurídico se apresenta como um apoio ao método do *common law*, que se mostra mais plural no que diz respeito às fontes do direito, levando em conta aquilo que se pode chamar de direito judiciário, além da importância da história.

Isso claramente influenciou sua visão sobre a liberdade de expressão. O valor fundamental desse princípio existe justamente porque as ideias devem sempre passar pelo teste da experiência e nunca devem estar sob a tutela de qualquer grupo ou pessoa, uma visão que aproxima o pragmatismo jurídico da tradição do liberalismo encontrada em Hayek e Popper.

Assim, as restrições à liberdade de expressão, que poderiam levar à proibição do discurso de ódio, precisam ser justificadas de forma tal a não violar esse princípio, que também é metodológico, segundo o qual as ideias evoluem com a história e não devem ser tuteladas previamente.

2 Pragmatismo como teoria do direito: características principais

A preocupação central do pragmatismo de Holmes é sobre o que os tribunais fazem e como o fazem. Como os juízes realmente decidem e fundamentam suas decisões em casos específicos?[1] No seu conhecido *paper The path of the law*, Holmes define o direito como um conjunto de profecias sobre o que os tribunais e juízes farão em cada caso concreto, e o papel dos juristas é tornar essas profecias mais corretas e precisas.[2]

A expressão "realismo jurídico", aplicada a Holmes, indica essa visão segundo a qual o direito não deve ser visto como algo abstrato. Em outras palavras, a realidade do direito está não em textos abstratos, mas na história das decisões judiciais. Isso explica a similaridade entre as expressões "realismo jurídico" e "pragmatismo jurídico". Existe uma relação clara entre o pragmatismo e uma visão histórica e experimentalista ligada ao método científico. O pragmatismo defende a necessidade de submeter nossas crenças intelectuais ao teste de experiência, considerando todas as consequências práticas que podem ocorrer.[3]

A história desempenha um papel importante no estudo do direito, porque os juízes e também os estudantes de direito devem reconstruir a história do direito como uma exigência de coerência. Cada nova decisão judicial é uma forma de continuidade. É por isso que Holmes afirma que o estudo do direito é, de certa forma, um estudo da história.[4]

Holmes defende que o pragmatismo deve primeiro seguir a dogmática tradicional, para depois descobrir a partir da história por que ele é o que é e, finalmente, considerar finalidade do direito e como realizá-la. O jurista pragmático, incluindo os juízes, deve, portanto, buscar as consequências sociais do direito.[5]

Richard Posner, um autodeclarado pragmatista, defende a compatibilidade de sua defesa da chamada "maximização da riqueza" com os postulados pragmáticos. Se o pragmatismo é uma visão empirista do direito, deve ser fácil aceitar a interferência interdisciplinar da economia, uma ciência preocupada em medir empiricamente as consequências das instituições. Os economistas investigam os fatos para antecipar as

---

[1] HART, Herbert. *Essays in jurisprudence and philosophy*. [s.l.]: [s.n.], 1983. p. 123.

[2] "The prophecies of what the courts will do in fact, and nothing more pretentious, are what I mean by the law" (HOLMES JR., Oliver. The path of the law. *Collected legal papers*, 2010. p. 173). Também "These are what properly have been called the oracles of the law. Far the most important and pretty nearly the whole meaning of every new effort of legal thought is to make these prophecies more precise, and to generalize them into a thoroughly connected system" (HOLMES JR., Oliver. The path of the law. *Collected legal papers*, 2010. p. 168).

[3] REGO, George Browne. O pragmatismo de Charles Sanders Peirce: conceitos e distinções. *Anuário dos Cursos de Pós-Graduação em Direito*, 2003. p. 238-241.

[4] "The rational study of law is still to a large extent the study of history" (HOLMES JR., Oliver. The path of the law. *Collected legal papers*, 2010. p. 186).

[5] "Nevertheless, pragmatism must also spend his time in studying the ends of the law. It is the aspect of pragmatism that points to the future. Therefore, Holmes emphasizes the importance of economic consequences. In his own words, 'As a step toward that ideal it seems to me that every lawyer ought to seek an understanding of economics'. And 'The man of the future is the man of statistics and the master of economics'" (HOLMES JR., Oliver. The path of the law. *Collected legal papers*, 2010. p. 184; 198).

possíveis consequências das decisões judiciais, o que é fundamental para uma análise pragmática.[6]

Posner admite que existem possíveis consequências éticas questionáveis na aplicação do princípio de maximização da riqueza, principalmente quando garantias individuais (jurídicas ou morais) estão no lado oposto do aumento coletivo da riqueza. Uma crítica importante – e muito comum – à teoria normativa da maximização da riqueza é que alguns valores políticos, como a liberdade, são estranhos à ideia de maximização da riqueza. A liberdade teria um valor em si mesma. Independentemente do cálculo, escolhemos viver em uma sociedade livre.

Posner, respondendo a essa crítica, evita usar uma argumentação moralista e defender princípios morais ou ideologias políticas.[7] Do ponto de vista pragmático, a experiência e a história demonstrariam a eficiência e o triunfo da maximização da riqueza nas sociedades ditas democráticas.[8]

Nesse sentido, ao criar o *common law*, devemos ver os juízes como se estivessem escolhendo entre duas ou mais políticas públicas. Mas o material estritamente jurídico (o direito dogmático) não é desimportante. Ele serve apenas para ajudar a estabelecer uma orientação inicial, fornecendo dados específicos e como fonte de limitações das políticas públicas possíveis de serem escolhidas. Servem, também, para um controle prévio das escolhas dos juízes. Mas a escolha dos juízes deve mesmo ser orientada pelos resultados da pesquisa e avaliação das consequências das opções alternativas. As consequências envolvem não apenas o caso específico, mas também o Estado de direito e a sociedade como um todo.[9]

É possível dizer, nesse contexto, que os juízes estão mais preparados do que os legisladores para enfrentar esse desafio. Os juízes não estão expostos aos mesmos *lobbies* que pressionam legisladores e políticos. Segundo Posner, a independência judicial tornaria o legislador mais limitado do que o juiz.[10]

3 Evolucionismo e pragmatismo: o método do *common law*

O pragmatismo de Holmes é uma teoria do direito que defende uma investigação socialmente arraigada, histórica e empírica, com paralelos importantes com a filosofia de Peirce. É uma aplicação ainda mais conservadora que a de Dewey ou, mais recentemente, de Rorty.[11]

---

[6] POSNER, Richard. *Direito, pragmatismo e democracia*. Tradução de Teresa Dias Carneiro. Revisão técnica de Francisco Bilac M. Pinto Filho. Rio de Janeiro: Forense, 2010. p. 60.

[7] Posner não defende o utilitarismo clássico. Para ele, a ética da maximização da riqueza poderia ser vista como uma mistura de tradições filosóficas rivais, liberalismo, igualitarismo ou utilitarismo. A riqueza estaria positivamente correlacionada, embora imperfeitamente, com a utilidade, mas a busca da riqueza, baseada no modelo da transação de mercado voluntária, envolve maior respeito pela escolha individual do que no utilitarismo clássico (POSNER, Richard. *The economics of justice*. [s.l.]: [s.n.], 1983. p. 66).

[8] POSNER, Richard. *Problemas de filosofia do direito*. [s.l.]: [s.n.], 2007. p. 516.

[9] POSNER, Richard. *Problemas de filosofia do direito*. [s.l.]: [s.n.], 2007. p. 178.

[10] POSNER, Richard. *Direito, pragmatismo e democracia*. Tradução de Teresa Dias Carneiro. Revisão técnica de Francisco Bilac M. Pinto Filho. Rio de Janeiro: Forense, 2010. p. 223; POSNER, Richard. *Problemas de filosofia do direito*. [s.l.]: [s.n.], 2007. p. 177.

[11] KELLOGG, Fredrick. *Oliver Wendell Homes Jr., Legal Theory, and Judicial Restraint*. Cambridge: Cambridge University Press, 2007. p. 40.

No âmbito da teoria do direito, podemos explicar esse posicionamento por meio de um importante dualismo. Na história do direito inglês, esse dualismo é representado por dois diferentes teóricos: Thomas Hobbes e Edward Coke.

Edward Coke diz no seu *Institutes of the Laws of England* que "O common law é a absoluta perfeição da razão". Essa "razão", todavia, não é razão cartesiana. Ela é inseparável dos casos particulares decididos pelos juízes e não baseada em regras e princípios abstratos.[12]

O *common law* é uma lei não escrita e descentralizada, enraizada em máximas e costumes históricos. Assim, a legislação, neste cenário, deve ser meramente declaratória ou corretiva de vícios do *common law*. Coke e também Blackstone criticavam a legislação porque era produto de um consenso temporário ou de um poder centralizado.[13]

De acordo com Hobbes, no entanto, o *common law* não tem a ver com a razão, porque suas decisões vêm de fontes incoerentes, em que cada homem interpreta o direito de acordo com a própria razão particular. Assim, "os indivíduos irão discordar sobre questões jurídicas de acordo com seus diferentes interesses".[14] Isso implica que o *common law* não vem de uma razão unificada, mas de um conjunto de visões de indivíduos descoordenados.

Coke e a tradição do método do *common law* não discordam sobre a relatividade da interpretação jurídica, embora isso não signifique que não haja razão ou estabilidade no direito. Segundo Coke, "o melhor intérprete do direito é o costume".[15] Isso significa uma ação comunitária por parte dos juízes e outros atores da jurisprudência construindo o direito na história.

A palavra *razão*, em Coke, tem um significado diferente daquele de Hobbes:

> Pode ser enganoso descrever essa razão como algo interno ao direito, pois reflete o fato de que os casos são o subproduto de uma interação problemática entre humanos envolvidos em atividades sociais e econômicas, que se enquadram naturalmente em padrões que podem ser qualificados como "costume", da qual a razão não pode ser separada. É distinto, então, do significado dado ao termo por Hobbes.[16]

A discordância de Hobbes com essa visão está centrada na questão de autoridade e obediência. Sem uma única fonte de comando, pode-se usar sua própria razão para desobedecer ao direito. Então, para ser racional, o direito tem que ter apenas uma fonte de comando, e o modelo do *common law* definitivamente não é um exemplo de centralização.

---

[12] COKE, Sir Edward. *Reports of Sir Edward Coke*. London: J. Butterworth, 1826. v. 2.

[13] KELLOGG, Fredrick. *Oliver Wendell Homes Jr., Legal Theory, and Judicial Restraint*. Cambridge: Cambridge University Press, 2007. p. 49.

[14] KELLOGG, Fredrick. *Oliver Wendell Homes Jr., Legal Theory, and Judicial Restraint*. Cambridge: Cambridge University Press, 2007. p. 50.

[15] COKE, Sir Edward. *Reports of Sir Edward Coke*. London: J. Butterworth, 1826. v. 2.

[16] "It may be misleading to describe this reason as internal to the law, as it reflects the fact that cases are the by-product of problematic interaction among humans engaged in social and economic activities, which fall naturally into patterns that might qualify as 'custom', from which reason cannot be detached. It is distinct, then, from the meaning given to the term by Hobbes" (KELLOGG, Fredrick. *Oliver Wendell Homes Jr., Legal Theory, and Judicial Restraint*. Cambridge: Cambridge University Press, 2007. p. 49).

Segundo Kellogg, Hobbes não conseguia entender o argumento em defesa do *common law*, baseado no costume e na prática, porque ele não conseguia ver como o costume ou o precedente poderia ter qualquer autoridade especial além de sua adoção explícita na lei, por um soberano. Muito do trabalho de Holmes deve ser visto como um ataque à filosofia e à defesa do direito comum inglês.[17]

Já o pragmatismo jurídico pode ser visto como uma teoria eclética, que vê a legislação como apenas uma entre outras fontes do direito. A tradição do *common law*, nesse sentido, está em contraste com o positivismo, como uma ordem jurídica acêntrica melhor explicada pela história do que pela análise estática.[18]

É nesse sentido que, no início do *paper The common law*, Holmes diz, numa frase muito citada, que "a vida do direito não tem sido lógica, tem sido experiência".[19] E, ao criticar o positivismo jurídico, Holmes faz uma provocação: "Você pode acreditar, com Hobbes, Bentham e Austin, que todo direito emana do soberano, mesmo quando os primeiros seres humanos a enunciá-lo são os juízes".[20]

No entanto, o *common law* não é feito estritamente por juízes. Toda a experiência que os juízes levam em consideração em seu julgamento vem de algum consenso entre juízes, advogados e litigantes. De acordo com Holmes, uma doutrina jurídica bem estabelecida é composta do trabalho de muitas mentes, e é constantemente testada na forma e no conteúdo por críticos treinados e cujo interesse prático muitas vezes é resistir a ela.[21]

É importante destacar que o pragmatismo jurídico não rejeita a legislação. A lei escrita faz parte do desenvolvimento do direito e uma análise histórica deve compreender seus aspectos. Mas a rejeição do positivismo implica a rejeição da legislação como a única forma de lei ou mesmo como a mais importante.

É possível dizer também que a disputa entre o método do *common law* e a postura hobbesiana em favor de uma centralização pode ser também relacionada à disputa pelo poder, levantando questões sobre quem controla o direito. Ao negar que o direito pode ser produto de uma única mente ou de um grupo limitado de indivíduos (até mesmo cientistas), Holmes está em evidente paralelo com a teoria de Hayek sobre a evolução da sociedade.

Esta questão tem uma consequência na definição de liberdade. De acordo com Hayek, existem duas tradições diferentes na teoria da liberdade. A primeira é empírica e a segunda é racionalista. A segunda visa à construção de uma "utopia" e a primeira é

---

[17] "Hobbes could not appreciate the common law argument from custom and practice, because he could not see how custom or precedent could have any special authority apart from their explicit adoption into the law by an empowered sovereign on strictly legal or equitable grounds" (KELLOGG, Fredrick. *Oliver Wendell Homes Jr., Legal Theory, and Judicial Restraint*. Cambridge: Cambridge University Press, 2007. p. 49).

[18] KELLOGG, Fredrick. *Oliver Wendell Homes Jr., Legal Theory, and Judicial Restraint*. Cambridge: Cambridge University Press, 2007. p. 56.

[19] HOLMES JR., Oliver. *The common law*. [s.l.]: [s.n.], 1881. p. 1.

[20] "You may assume, with Hobbes and Bentham and Austin, that all law emanates from the sovereign, even when the first human beings to enunciate it are the judges" (HOLMES JR., Oliver. The path of the law. *Collected legal papers*, 2010. p. 180).

[21] KELLOGG, Fredrick. *Oliver Wendell Homes Jr., Legal Theory, and Judicial Restraint*. Cambridge: Cambridge University Press, 2007. p. 56.

baseada em uma interpretação de tradições e instituições que cresceram espontaneamente e são imperfeitamente entendidas.[22]

A primeira visão da liberdade está enraizada na tradição do direito inglês e do *common law*. De outro lado, a segunda é ligada à tradição do racionalismo cartesiano. A diferença entre essas duas visões é uma diferença de metodologia. Procedimentos de "tentativa e erro" *versus* "deliberação doutrinária". A ideia de uma "mão invisível" *versus* "mão oculta".

Esse debate se reflete também na teoria do direito. A tradição positivista de Hobbes também permite uma visão de *design* do direito e da liberdade. Quando Hale critica Hobbes, ele enfatiza a experiência de longo prazo no direito como uma abordagem melhor para a justiça do que a de um "conselho de homens".[23]

Na evolução social, não é a seleção de propriedades físicas que importa, mas a seleção por imitação de instituições de sucesso. Como diz Hayek, esses teóricos da evolução "encontram a origem das instituições, não no artifício ou design, mas na sobrevivência dos bem-sucedidos".[24]

Uma teoria evolucionária também é uma espécie de ceticismo metodológico. A falibilidade do ser humano justificaria a noção cética dos limites do conhecimento. Qualquer visão baseada na perfeição do homem está imediatamente ligada à visão racionalista do segundo tipo.

A questão é que para os defensores da visão hobbesiana, que Hayek identifica como uma racionalidade cartesiana, liberdade significa caos. Eles não concebem nada que tenha propósito humano que não tenha um *design* consciente. Assim, seriam inimigos da liberdade, pois não veem ordem sem uma razão personificada por trás. [25]

Mas a liberdade não é necessariamente um caos. A experiência não é uma experiência de um homem, mas de gerações. Portanto, a lei e as instituições que herdamos surgiram desse longo processo. Segundo Hayek:

> Nós nos entendemos e nos damos bem, somos capazes de agir com sucesso em nossos planos, porque, na maioria das vezes, membros de nossa civilização se conformam a padrões de conduta inconscientes, mostram uma regularidade em suas ações que não é resultado de comandos de coerção, muitas vezes nem mesmo de qualquer adesão consciente a regras conhecidas, mas de hábitos e tradições firmemente estabelecidos.[26]

---

[22] HAYEK, Fredrick. *The constitution of liberty*. University of Chicago Press: Chicago, 1989. p. 108.

[23] Hale também usa esse argumento em favor do *common law*. "Againe I have reason to assure myself that long experience makes more discoveries touching conveniences or inconveniences of laws than is possible for the wisest consill of men att first to foresee" (HALE, Mathew. *A history of common law of England*. Chicago: University of Chicago Press, 1971).

[24] HAYEK, Fredrick. *The constitution of liberty*. University of Chicago Press: Chicago, 1989. p. 112.

[25] "Those who believe that all useful institutions are deliberate contrivances and who cannot conceive of anything serving a human purpose that has not been consciously designed are almost of necessity enemies of freedom. For them, freedom means chaos" (HAYEK, Fredrick. *The constitution of liberty*. University of Chicago Press: Chicago, 1989. p. 112).

[26] "We understand one another and get along with one another, are able to act successfully on our plans, because most of the times, members of our civilization conform to unconscious patterns of conduct, show a regularity in their actions that is not the result of commands of coercion, often not even of any conscious adherence to known rules, but of firmly established habits and traditions" (HAYEK, Fredrick. *The constitution of liberty*. University of Chicago Press: Chicago, 1989. p. 123).

Holmes também buscou rastrear as ideias jurídicas até elementos inconscientes implícitos na linguagem e nas instituições do direito. Nele vemos a defesa de uma teoria evolucionista, que se preocupa com a comunidade e sua evolução de formas primitivas para uma sociedade evoluída de uma cultura complexa. Assim, a teoria de Holmes era desenvolvimentista, analisando os conceitos jurídicos no contexto de sua emergência e crescimento históricos.[27]

4   Pragmatismo jurídico e os limites da liberdade de expressão

A ideia de limites à liberdade de expressão pode parecer estranha a uma doutrina que, segundo afirmamos aqui, está identificada com o liberalismo. Além do mais, a expressão "mercado de ideias", que aparece no pensamento de Holmes, leva ao entendimento de que esse mercado precisaria ser completamente livre. Não é o caso, porém. Essa perplexidade também foi detectada por Fabrício Pontim, num artigo sobre Stuart Mill:

> Para o leitor ocasional, a defesa da liberdade de expressão em Mill pode parecer incondicionada, uma defesa de um critério de uma mão invisível imparcial capaz de regulamentar sem intervenção as interações de fala entre membros de uma sociedade civil mais ou menos aberta. De fato, o uso do termo "mercado de ideias" para descrever o ambiente de interação de ideias induz o leitor a alinhar Mill com Adam Smith e com um critério de "mercado" para a arena pública de discussões.[28]

No artigo, o autor defende que o pensamento de Mill, apesar de estar alinhado com Smith na defesa de um mercado livre, não defende que essa liberdade seja incondicionada. Na verdade, ela está condicionada à existência de pressupostos para o funcionamento de uma sociedade livre.

> No entanto, o sistema de Mill, para funcionar de forma ideal, é moderado com um princípio de reciprocidade. Ou seja, enquanto interlocutor, se você quer ter a sua liberdade de expressão respeitada você precisa, necessariamente, respeitar a opinião de pessoas ou grupos que desejam expressar suas opiniões.

Essa ideia de reciprocidade pode esclarecer como o discurso de ódio representa um desafio à noção de liberdade de expressão absoluta. Esse debate é um guia importante para compreender como o pragmatismo jurídico, mesmo com sua identificação com o liberalismo e sua defesa do "mercado de ideias", também impõe que consideremos os limites daquilo que podemos considerar uma ideia passível de participar do debate público.

---

[27] "The truth is, that the law is always approaching, and never reaching, consistency. It is forever adopting new principles from life at one end, and it always retains old ones from history at the other, which have not yet been absorbed or sloughed off. It will become entirely consistent only when it ceases to grow" (HOLMES JR., Oliver. *The common law*. [s.l.]: [s.n.], 1881. p. 36).

[28] PONTIM, Fabricio. Da prudência liberal ao institucionalismo aberto: sobre a necessidade da moderação da liberdade de expressão em Adam Smith, John Stuart-Mill e Amartya Sen. *In*: ZAMBAM, Neuro José; KUJAWA, Henrique Aniceto. *Estudos sobre Amartya Sem*. [s.l.]: [s.n.], 2019. v. 6. p. 95.

Ao lidar com discursos desse tipo, o pragmatismo de Holmes lida com a tradição da Suprema Corte americana, cujo histórico foi vacilante diante de discursos racistas, por exemplo. No caso *Beauharnais v. Illinois* (1952),[29] a Suprema Corte americana declarou a constitucionalidade da lei que afirmava ser ilegal a distribuição, por qualquer pessoa, de qualquer publicação que representasse depravação, criminalidade, promiscuidade ou falta de virtude de uma classe de cidadãos de qualquer raça, cor, credo ou religião, ou submetê-los a insulto, difamação ou calúnia, ou que perturbe a paz ou promova motins.[30]

A referida lei foi aplicada na condenação criminal de um indivíduo que promoveu a distribuição de panfletos racistas em Chicago. Nesse caso, a Suprema Corte americana manteve a condenação, considerou a lei constitucional e validou a ideia de "difamação coletiva".[31]

Mas em 1969 a posição da Suprema Corte dos EUA sobre a liberdade de expressão tornou-se mais libertária com o caso *Brandenburg v. Ohio*. Era também uma questão daquilo que hoje chamamos de discurso de ódio. Especificamente, um discurso da Ku Klux Klan sobre a discriminação contra negros e judeus.[32]

A Suprema Corte americana considerou que as palavras proferidas não representavam o perigo de uma ação ilegal iminente contra os negros. Nesse caso, a lei foi declarada inconstitucional porque punia a defesa de uma ideia e isso seria uma violação da liberdade.[33]

Em *Collin v. Smith* (1978) lemos a base epistemológica para a decisão a favor da liberdade de expressão em casos desse tipo:

> Segundo a Primeira Emenda, não existe isso de uma ideia falsa. Por mais perniciosa que possa parecer uma opinião, para sua correção dependemos não da consciência de juízes e júris, mas da competição com outras idéias. A falsidade declarada do dogma nazista e seu evidente repúdio geral, simplesmente não justificam sua supressão.[34]

---

[29] ESTADOS UNIDOS. Suprema Corte Americana. *343 U.S. 250* (72 S.Ct. 725, 96 L.Ed. 919). Beauharnais v. People of the State of Illinois. Disponível em: http://www.law.cornell.edu/supremecourt/text/343/250. Acesso em: 13 mar. 2014.

[30] BRUGGER, Winfried. Proibição ou proteção ao discurso do ódio? Algumas observações sobre o direitos alemão e o americano. *Revista de Direito Público – IDP*, Brasília, n. 15, jan./mar. 2007. Disponível em: http://www.Direitospublico.idp.edu.br/index.php/Direitospublico/article/view/521/919. Acesso em: 13 mar. 2014.

[31] SARMENTO, Daniel. *Livre e iguais*: estudos de direitos constitucional. 2. ed. Rio de Janeiro: Lumen Juris, 2010. p. 213. E Daniel ainda cita trecho da decisão do *Justice* Frankfurter: "[as ofensas pessoais] não são parte essencial de qualquer exposição de ideias, e possuem um valor social tão reduzido como passo em direção à verdade que qualquer benefício que possa ser derivado delas é claramente sobrepujado pelo interesse social na moralidade e na ordem. [...] O trabalho de um homem, as suas oportunidades educacionais e a dignidade que lhe é reconhecida podem depender tanto da reputação do grupo racial ou religioso a que ele pertença como dos seus próprios méritos. Sendo assim, estamos impedidos de dizer que a expressão que pode ser punível quando imediatamente dirigida contra indivíduos, não possa ser proibida se dirigida a grupos" (SARMENTO, Daniel. *Livre e iguais*: estudos de direitos constitucional. 2. ed. Rio de Janeiro: Lumen Juris, 2010. p. 213).

[32] Brandemburg, inclusive, usou a frase: "os crioulos (nigger's) deveriam ser devolvidos para a África e os judeus para Israel" (SARMENTO, Daniel. *Livre e iguais*: estudos de direitos constitucional. 2. ed. Rio de Janeiro: Lumen Juris, 2010. p. 214).

[33] ESTADOS UNIDOS. Suprema Corte Americana. *395 U.S. 444*. Brandenburg v. Ohio (n. 492). Disponível em: http://www.law.cornell.edu/supremecourt/text/395/444. Acesso em: 14 mar. 2014.

[34] "Under the First Amendment there is no such thing as a false idea. However pernicious an opinion may seem, we depend for its correction not on the conscience of judges and juries but on the competition of other ideas. The asserted falseness of Nazi dogma, and, indeed, its general repudiation, simply do not justify its suppression".

A questão central nesse histórico de decisões em favor da liberdade, mesmo diante de discursos racistas, é sobre um "otimismo com relação a capacidade de auto-moderação de indivíduos dentro do livre-mercado de ideias" encontrado em Mill, Smith.[35] Acrescentaria que tal otimismo também é encontrado em Hayek e no próprio Oliver Holmes Jr.

Mas, segundo Posner, o juiz pragmático deve sempre comparar os prós e os contras sociais da restrição da liberdade de expressão que o proponente está questionando. Devemos interpretar custos e benefícios não apenas em termos monetários. Equilibrar prós e contras da restrição à liberdade também envolve valores que não são submetidos à quantificação monetária.

Posner tem o cuidado de não fazer uma confusão clássica. Embora a liberdade e, especificamente, a liberdade de expressão não seja considerada pelo pragmatismo um valor absoluto, sua restrição deve ser justificada com o risco claro e evidente de privar a sociedade de outros grandes valores.[36]

Essa posição está de acordo com o pensamento de Holmes, que também considera que a liberdade de expressão não é absoluta. Holmes foi um defensor da ideia de que a liberdade de expressão pode ser questionada em casos de grave perigo. Com base nesse conceito, criou toda uma doutrina constitucional libertária sobre o assunto na Suprema Corte dos Estados Unidos.

No caso *Schenck v. USA*, Holmes usou o método de equilíbrio (ou sopesamento) do pragmatismo jurídico para estabelecer os limites da liberdade de expressão. Tratava-se da distribuição de milhares de panfletos a militares americanos convocados para lutar na Primeira Guerra Mundial. Os panfletos afirmavam que o projeto correspondia a uma "servidão involuntária" proibida pela Décima Terceira Emenda da Constituição (proibindo a escravidão). Schenck foi acusado de violar a Lei de Espionagem. A Suprema Corte manteve a condenação de Schenck e decidiu que a Lei de Espionagem não violava a Primeira Emenda. Holmes fez aquele que seria o voto condutor no tribunal e disse que a Primeira Emenda não deve ser aplicada quando a ação cria um perigo claro e iminente. Num trecho bastante conhecido, ele trata da hipótese que ficou famosa do homem que grita "fogo" num teatro lotado:

> The most stringent protection of free speech would not protect a man in falsely shouting fire in a theatre and causing a panic. It does not even protect a man from an injunction against uttering words that may have all the effect of force. The question in every case is whether the words used are used in such circumstances and are of such a nature as to create a clear and present danger that they will bring about the substantive evils that Congress has a right to prevent. It is a question of proximity and degree.[37]

---

[35] PONTIM, Fabricio. Da prudência liberal ao institucionalismo aberto: sobre a necessidade da moderação da liberdade de expressão em Adam Smith, John Stuart-Mill e Amartya Sen. *In*: ZAMBAM, Neuro José; KUJAWA, Henrique Aniceto. *Estudos sobre Amartya Sem*. [s.l.]: [s.n.], 2019. v. 6. p. 105.

[36] POSNER, Richard. *Direito, pragmatismo e democracia*. Tradução de Teresa Dias Carneiro. Revisão técnica de Francisco Bilac M. Pinto Filho. Rio de Janeiro: Forense, 2010. p. 280.

[37] POSNER, Richard. *Direito, pragmatismo e democracia*. Tradução de Teresa Dias Carneiro. Revisão técnica de Francisco Bilac M. Pinto Filho. Rio de Janeiro: Forense, 2010. p. 278-280.

Holmes argumenta que a liberdade de expressão deve ser reconhecida mesmo em relação ao que causa grande repulsa na sociedade. Ele também defendeu, na Suprema Corte dos Estados Unidos e em seus trabalhos, que somente indivíduos poderiam decidir as ideias que apoiariam ou rejeitariam, sem qualquer regulamentação prévia centralizada. Mas isso, como vimos, tem um limite.

Em *Abrams v. USA*, ele entendeu o caso de maneira diferente e deu uma opinião divergente, mas em que mantém os mesmos fundamentos no que diz respeito aos limites da liberdade. Mais uma vez, defendeu que o congresso não pode proibir as tentativas de mudar a mentalidade do país, mas pode limitar a expressão de opinião quando há um perigo presente de um mal imediato.[38]

Ambos os casos eram sobre propaganda contra a Primeira Guerra Mundial. Usando o mesmo princípio, Holmes deu duas interpretações diferentes ao aplicar a Primeira Emenda. Não é uma contradição. É sobre a intensidade e o grau do provável mal que cada ação deve causar. No caso *Schenk*, havia o mal provável e iminente enquanto em Abrams, Holmes defendeu que "ninguém pode supor que a publicação sub-reptícia de um folheto bobo por um homem desconhecido" representaria qualquer perigo imediato de que suas opiniões prejudicassem o sucesso na guerra.[39]

5   Considerações finais

A evolução histórica do direito parece atingir um objetivo moral claramente individualista: o maior grau possível de liberdade individual. Se as sociedades primitivas se baseavam na política de satisfazer o instinto de vingança, mantendo a paz e a segurança, a complexa sociedade moderna acrescentou o princípio de permitir o maior grau de liberdade pessoal até o ponto da proibição de prejudicar os outros. Os princípios morais que limitam a ação individual, como a liberdade individual, são desenvolvidos muito lentamente. É por isso que eles são tão preciosos.

A liberdade de expressão é um desses espaços de liberdade individual vinculados ao reconhecimento de uma esfera privada protegida da coerção. Além disso, a proteção jurídica da liberdade de expressão, em geral, leva a uma consequência de longo prazo de vantagem social, como a democracia e o Estado de direito.

De acordo com essa abordagem, em uma sociedade livre, haverá pouco perigo de seguir crenças erradas. Em uma sociedade em que os indivíduos são livres para escolher seu estilo de vida prático, as crenças erradas seriam autocorretivas.[40]

---

[38] "But, as against dangers peculiar to war, as against others, the principle of the right to free speech is always the same. It is only the present danger of immediate evil or an intent to bring it about that warrants Congress in setting a limit to the expression of opinion where private rights are not concerned. Congress certainly cannot forbid all effort to change the mind of the country" (POSNER, Richard. *Direito, pragmatismo e democracia*. Tradução de Teresa Dias Carneiro. Revisão técnica de Francisco Bilac M. Pinto Filho. Rio de Janeiro: Forense, 2010. p. 278-280).

[39] POSNER, Richard. *Direito, pragmatismo e democracia*. Tradução de Teresa Dias Carneiro. Revisão técnica de Francisco Bilac M. Pinto Filho. Rio de Janeiro: Forense, 2010. p. 278-280.

[40] "The argument for liberty, in the last resort, is indeed an argument for principles and against expediency in collective action, which, as we shall see, is equivalent to saying that only the judge and not the administrator may order coercion" (HAYEK, Fredrick. *The constitution of liberty*. University of Chicago Press: Chicago, 1989. p. 129).

As opiniões e manifestações em geral devem ser livres, pois mesmo uma opinião errada possui uma porção da verdade. Somente com a contraposição de opiniões contrárias, é possível alcançar a verdade. A abordagem epistemológica do pragmatismo jurídico se aproxima aqui do liberalismo.[41]

Holmes argumentou que não existem ideias verdadeiras ou falsas, *a priori*. As ideias só são verdadeiras ou falsas quando operam na discussão pública. Portanto, não deve caber ao Estado o papel de um censor, decidindo qual ideia pode ou não ser retirada do discurso, dizendo que foi errônea ou inadequada.[42]

Este é o espírito do método da *common law* e a razão pela qual o pragmatismo jurídico de Holmes o apoia. Porém, Holmes argumenta que as falácias e falsidades dos discursos do opressor não devem ser combatidas com silêncio, mas com mais debate e mais liberdade de expressão e de manifestação religiosa. Além disso, as limitações à liberdade de expressão são cabíveis quando o mal que queremos evitar é sério e iminente.[43]

A posição pragmática, portanto, não está completamente alheia aos perigos representados pelo discurso de ódio e, portanto, pode servir de fundamento a respostas institucionais contra desafios atuais no campo da liberdade de expressão. Ou seja, com base no pragmatismo, é plenamente possível fundamentar juridicamente instituições que respondam ao desafio contemporâneo das *fake news*, da manipulação da opinião pelo uso de robôs em redes sociais e da proliferação de discursos de ódio contra raça, gênero ou orientação sexual.[44]

O pragmatismo jurídico não consegue apresentar soluções para esses desafios. Possibilita, porém, que pensemos nessas questões de um ponto de vista empirista, evitando soluções centralizadoras e "de cima para baixo". Talvez seja o caso também de "repensar a forma de moderação efetiva da liberdade de expressão no século XXI, um caminho que parece passar necessariamente pela aposta em instituições públicas capazes de incluir e educar um campo cada vez mais amplo e mais diverso".

De um ponto de vista pragmático, soluções institucionais que se baseiem em autogovernança no âmbito das redes sociais e o fortalecimento da capacidade da sociedade civil de encontrar as saídas para esses desafios podem e devem envolver uma

---

[41] WEINSTEIN, James. *Hate speech, pornography, and the radical attack on free speech doctrine*. Boulder: Westview Press, 1999. p. 4.

[42] KAGAN, Elena. Private speech, public purpose: the role of government, motive in First Amendment. *University of Chicago Law Review*, Chicago, v. 63, p. 413-428, 1996.

[43] No caso do direito constitucional brasileiro, mesmo quando falamos em discurso de ódio, o Supremo Tribunal Federal também parece estar construindo uma posição libertária clara. Três dos onze juízes declararam que escrever um livro antissemitismo não deve ser considerado um crime no famoso caso Ellwanger. Ayres Britto, por exemplo, afirmou que, embora tivesse muitas restrições sobre o discurso racista de Ellwanger, não deveria haver proibição de defesa de qualquer ideologia. Em outro famoso julgamento, sobre as restrições ao exercício da profissão de jornalista, Gilmar Mendes argumenta que a qualificação profissional só pode ser exigida das profissões que possam causar um risco evidente de danos à população em geral. Assim, os legisladores não podem exigir nenhuma qualificação específica para o exercício do jornalismo. É considerada uma violação evidente do princípio da liberdade de expressão. Na opinião de Gilmar Mendes, a questão essencial em debate é que o jornalismo é uma profissão especial porque está intimamente ligada ao pleno exercício da liberdade de expressão e informação. Como se vê, o STF deixa claro que a proteção fundamental da liberdade de expressão se dá na proibição contra a censura prévia, ficando aberta a possibilidade de punição e responsabilização civil *a posteriori*.

[44] Devemos lembrar, também, que há restrições, como à pornografia ou outros discursos que ofendem profundos valores emocionais e morais e que não se baseiam somente no risco de violência. Portanto, o perigo claro de algum homem gritar "fogo" em uma sala de cinema não é o único exemplo de uma restrição justificada.

intervenção do Estado, mas não no nível superficial da censura prévia, que parece ter se provado bastante danosa ao desenvolvimento de uma sociedade livre.

Referências

BRUGGER, Winfried. Proibição ou proteção ao discurso do ódio? Algumas observações sobre o direitos alemão e o americano. *Revista de Direito Público – IDP*, Brasília, n. 15, jan./mar. 2007. Disponível em: http://www.Direitospublico.idp.edu.br/index.php/Direitospublico/article/view/521/919. Acesso em: 13 mar. 2014.

COKE, Sir Edward. *Reports of Sir Edward Coke*. London: J. Butterworth, 1826. v. 2.

HALE, Mathew. *A history of common law of England*. Chicago: University of Chicago Press, 1971.

HART, Herbert. *Essays in jurisprudence and philosophy*. [s.l.]: [s.n.], 1983.

HAYEK, Fredrick. *The constitution of liberty*. University of Chicago Press: Chicago, 1989.

HOLMES JR., Oliver. *The common law*. [s.l.]: [s.n.], 1881.

HOLMES JR., Oliver. The path of the law. *Collected legal papers*, 2010.

KAGAN, Elena. Private speech, public purpose: the role of government, motive in First Amendment. *University of Chicago Law Review*, Chicago, v. 63, p. 413-428, 1996.

KELLOGG, Fredrick. *Oliver Wendell Homes Jr., Legal Theory, and Judicial Restraint*. Cambridge: Cambridge University Press, 2007.

NOZICK, Robert. *Anarquia, Estado e utopia*. [s.l.]: [s.n.], [s.d.].

PONTIM, Fabricio. Da prudência liberal ao institucionalismo aberto: sobre a necessidade da moderação da liberdade de expressão em Adam Smith, John Stuart-Mill e Amartya Sen. *In*: ZAMBAM, Neuro José; KUJAWA, Henrique Aniceto. *Estudos sobre Amartya Sem*. [s.l.]: [s.n.], 2019. v. 6.

POSNER, Richard. *Direito, pragmatismo e democracia*. Tradução de Teresa Dias Carneiro. Revisão técnica de Francisco Bilac M. Pinto Filho. Rio de Janeiro: Forense, 2010.

POSNER, Richard. *Problemas de filosofia do direito*. [s.l.]: [s.n.], 2007.

POSNER, Richard. *The economics of justice*. [s.l.]: [s.n.], 1983.

REGO, George Browne. O pragmatismo de Charles Sanders Peirce: conceitos e distinções. *Anuário dos Cursos de Pós-Graduação em Direito*, 2003.

SARMENTO, Daniel. *Livre e iguais*: estudos de direitos constitucional. 2. ed. Rio de Janeiro: Lumen Juris, 2010.

WEINSTEIN, James. *Hate speech, pornography, and the radical attack on free speech doctrine*. Boulder: Westview Press, 1999.

Informação bibliográfica deste texto, conforme a NBR 6023:2018 da Associação Brasileira de Normas Técnicas (ABNT):

CATÃO, Adrualdo de Lima. O pragmatismo jurídico de Holmes e sua interpretação da liberdade de expressão nas relações particulares: os limites do discurso de ódio. *In*: EHRHARDT JÚNIOR, Marcos; LOBO, Fabíola Albuquerque; ANDRADE, Gustavo (Coord.). *Liberdade de expressão e relações privadas*. Belo Horizonte: Fórum, 2021. p. 257-268. ISBN 978-65-5518-188-3.

"ZONA LIVRE PARA OFENSAS" E A LIBERDADE DE EXPRESSÃO NAS REDES SOCIAIS

CARLOS E. ELIAS DE OLIVEIRA

1   Introdução

A liberdade de expressão não é absoluta. O legislador, a doutrina e os operadores do direito têm a dura tarefa de delimitar esse direito, ainda mais na era da internet. Trataremos aqui de um aspecto específico: a liberdade de expressão nas redes sociais à luz do conceito de "zona livre para ofensas".

Há muitos fatos novos causados pelas redes sociais a gerarem debates sobre a responsabilidade civil. Temos, porém, que grande parte desses fatos são variações de problemas antigos, que podem ser resolvidos com base na civilística tradicional, ainda que com adaptações.

Já tivemos a oportunidade de discorrer sobre a responsabilidade civil dos provedores de aplicação (ex.: Facebook, Instagram etc.) sob a ótica da Lei do Marco Civil da Internet (Lei nº 12.965/2014).[1] Não reiteraremos aqui esse aspecto subjetivo da responsabilidade civil.

O foco deste artigo é contribuir para os debates relativos aos limites da liberdade de expressão nas redes sociais, especificamente para definir quando haverá responsabilidade civil por ofensa à honra nessas "praças cibernéticas". E, para tanto, valer-nos-emos do conceito de "zona livre para ofensa".

E, nesse ponto, é crucial recordar que o ordenamento jurídico possui indisfarçável prestígio à liberdade de expressão, deixando, em regra, para controle *a posteriori* casos de abusos, ainda mais no âmbito da internet. Disso dá conta o art. 19 da Lei do Marco Civil da Internet, que desobriga os provedores de aplicações de internet (como os *sites*) a retirarem conteúdos postados sem uma ordem judicial específica, com exceção dos casos de nudez (art. 22 da referida lei). O STF acena nesse sentido ao proibir a censura prévia a biografias, conforme o julgamento da ADI nº 4.815.

---

[1] OLIVEIRA, Carlos Eduardo Elias de. *Aspectos principais da Lei nº 12.965, de 2014, o Marco Civil da Internet: subsídios à comunidade jurídica.* Brasília: Núcleo de Estudos e Pesquisas/CONLEG/Senado, abr. 2014. Texto para Discussão nº 148. Disponível em: www.senado.leg.br/estudos. Acesso em: 29 abr. 2014.

2 "Zona livre para ofensas" e o plano da existência dos negócios jurídicos

Em regra, só se pode falar em responsabilidade civil (ou seja, em dever de indenizar) quando há um ato ilícito, que pode definido nos arts. 186 e 187 do CC. A exceção corre à conta de hipóteses previstas expressamente em lei.[2] Sem ilicitude, não há dever de indenizar.[3] Nesse sentido, reportamo-nos às lições dos professores Flávio Tartuce,[4] Pablo Stolze Gagliano e Rodolfo Pamplona Filho.[5] Para aprofundamento, recomendamos energicamente a leitura da aprofundada obra intitulada *Responsabilidade civil*, do Professor Flávio Tartuce, especialmente no seu segundo capítulo, que trata do dano injusto.

Há fatos que, embora sejam recriminados pela moral, não o são pelo direito. Esses fatos não são jurídicos, mas meramente "fatos materiais", à luz da teoria dos fatos jurídicos.[6] O direito não colore todos os fatos da vida.

E, realmente, não convém que o direito se intrometa em todos os fatos da vida, pois a estrutura coercitiva que o caracteriza pode gerar efeitos práticos indesejados no convívio social. O jurista precisa ser extremamente cauteloso para não escorregar na plasticidade dos princípios jurídicos e das cláusulas abertas e, assim, invadir terreno reservado exclusivamente para a moral.

Nesse contexto, indaga-se: todas as ofensas desferidas a outrem caracterizam um ilícito civil e, portanto, dão ensejo à reparação civil?

A resposta é não. Nem todas as ofensas são fatos jurídicos. Nem todas ofensas passam pelo plano da existência dos fatos jurídicos. Há algumas que ficam apenas no campo da moral e convém que assim continue. Algumas ofensas são enquadradas na jurisprudência como "meros aborrecimentos".

Em poucas palavras, nem toda "falta de educação" é um ilícito civil, embora possa ser um "ilícito moral" (o qual é irrelevante para o direito).

A dura tarefa do jurista é delimitar a linha divisória que separa ofensas juridicamente relevantes daquelas que só têm efeito no campo da moral. *Não há respostas cartesianas para tal questão.*

---

[2] É o caso, por exemplo, de responsabilidade objetiva (que, por dispensar a culpa, torna dispensável a existência de ato ilícito nos termos do art. 186 do CC), de dever de indenizar a vítima que não causou a situação de legítima defesa ou de estado de necessidade (arts. 929 e 930 do CC).

[3] Nesse sentido, defendemos que a dúvida jurídica razoável, por afastar a própria ilicitude, pode afastar ou, ao menos, atenuar a responsabilidade civil (OLIVEIRA, Carlos E. Elias de Oliveira. *A dúvida jurídica razoável e a cindibilidade dos efeitos jurídicos*. Brasília: Núcleo de Estudos e Pesquisas/CONLEG/Senado, mar. 2018. Disponível em: www.senado.leg.br/estudos. Acesso em: 5 mar. 2018).

[4] "O ato ilícito que interessa para os fins da responsabilidade civil, denominado por Pontes de Miranda como ilícito indenizante, é o ato praticado em desacordo com a ordem jurídica violando direitos e causando prejuízos a outrem. Diante da sua ocorrência, a. norma jurídica cria o dever de reparar o dano, o que justifica o fato de ser o ato ilícito fonte do direito obrigacional" (TARTUCE, Flávio. *Direito civil*: direito das obrigações e responsabilidade civil. Rio de Janeiro: Forense, 2020. p. 356-357).

[5] "[...] *a noção jurídica de responsabilidade* pressupõe a atividade danosa de alguém que, atuando *a priori* ilicitamente, viola uma norma jurídica preexistente (legal ou contratual), subordinando-se, dessa forma, às consequências do seu ato (obrigação de reparar)" (GAGLIANO, Pablo Stolze; PAMPLONA FILHO, Rodolfo. *Novo curso de direito civil*: responsabilidade civil. São Paulo: Saraiva Educação, 2020. v. 3. p. 39).

[6] Tivemos a oportunidade de aprofundar o tema neste artigo: OLIVEIRA, Carlos E. Elias de Oliveira. *Consideração sobre os planos dos fatos jurídicos e a "substituição do fundamento do ato de vontade"*. Brasília: Núcleo de Estudos e Pesquisas/CONLEG/Senado, fev. 2020. Disponível em: www.senado.leg.br/estudos. Acesso em: 5 mar. 2020.

Há, porém, uma metáfora cunhada Tribunal de Justiça de Frankfurt (Oberlandesgericht Frankfurt) que será bem útil para guiar o jurista na identificação dessa linha divisória a partir da análise do caso concreto. Trata-se do conceito de "zona livre para ofensas", conforme noticiado pela genial jurista Karina Fritz na sua coluna *German Report*.[7]

A Professora Karina, comentando o referido julgado alemão e advertindo para o cuidado de não banalizar a ideia, alertou para o fato de que há uma zona livre para ofensa no seio familiar, de maneira que nem sempre insultos e deselegâncias entre familiares configuram fatos jurídicos e, portanto, não necessariamente gerarão dever de indenizar. Por esse motivo, a Corte alemã negou o pedido de indenização por dano moral formulado pelo genro contra a sogra, acusada de ter desferido ofensas contra ele no grupo de WhatsApp da família.

Na verdade, a "zona livre para ofensas" existe em todos os círculos de pessoas.

Soa estranho dizer que as pessoas podem ofender as demais a depender do ambiente, mas isso é uma realidade que o direito não pode ignorar. O juiz deverá ser extremamente cauteloso nessa análise, pois evidentemente não se pode tolerar casos abusivos, como os de violência contra pessoas vulneráveis.

Para delimitar o espaço dessa zona livre, entendemos que deve ser feito um juízo de "bom senso" (o que inevitavelmente gerará certo grau de indeterminação) que leve em conta os seguintes parâmetros: (1) o grau de intimidade entre os membros do grupo; (2) o nível de formalidade adotado entre eles; e (3) a existência ou não de recusa externa de um dos membros a participar dessa "zona livre para ofensa".

Quanto maior o grau de intimidade entre os membros desse grupo e quanto maior a informalidade nesse ambiente, essa zona livre será maior.

Cabe ao juiz a difícil tarefa de mapear o ambiente interpessoal para, no caso concreto, averiguar a extensão da "zona livre para ofensas". Um mesmo "palavrão" ou um "xingamento" pode ser um ilícito civil em um ambiente muito formal e não ser ilícito algum em um ambiente extremamente informal.

E é preciso dizer que, no momento em que alguém ofende outrem dentro dessa "zona livre para ofensas", ele abre espaço para revides, que poderão ser de maior intensidade e poderão ocasionar uma escalada de ofensas. Como diz o ditado popular, "quem fala o que quer ouve o que não quer". Em princípio, essa escalada de ofensas está dentro da "zona livre para ofensas" e, portanto, não deve ser tutelada pelo direito, salvo se realmente extrapolar os limites da moral (como no caso de haver um espancamento).

Quem não quiser se submeter a essa "zona livre" terá de externar, com clareza, a sua recusa a qualquer tipo de abordagem ofensiva, caso em que provavelmente essa pessoa será "excluída" do grupo. A rigor, quem não quiser participar de nenhuma "zona livre para ofensa" deve viver isolado de todos. Se, por exemplo, em uma roda de amigos acostumados a se tratar reciprocamente com palavrões e irreverência, algum desses amigos não gosta dessas "brincadeiras", ele deve externar isso com seriedade, caso em que provavelmente ele será excluído dessa roda de amizade. Caberá a esse

---

[7]   FRITZ, Karina. Dentro do círculo familiar há uma "zona livre" para ofensas. *Migalhas*. Disponível em: https://migalhas.uol.com.br/coluna/german-report/305037/dentro-do-circulo-familiar-ha-uma--zona-livre--para-ofensas. Acesso em: 25 jun. 2019.

membro "mais sensível" buscar alguma outra roda composta por membros mais afetos a um modelo de tratamento próprio de um cavalheirismo formal britânico.

Com efeito, nós temos de escolher as "zonas livres para ofensas" em que queremos transitar ou, eventualmente, podemos usar ferramentas da moral para constranger o outro a reduzir a zona livre para manifestações. O que não se pode é querer usar a força coercitiva do direito dentro dessa zona livre.

Em outras palavras, a partir do momento em que uma pessoa tem uma relação interpessoal com outra, haverá inevitavelmente aí uma "zona livre para ofensa", ainda que essa possa ser pequena a depender dos níveis de intimidade e de formalidade do local. Essa "zona livre" é regulada pela moral, e não pelo direito.

Em um ambiente familiar, a "zona livre para ofensa" costuma ser maior.

Lembramos aí do caso alemão. A sogra maledicente que, no meio do grupo familiar, fala mal do genro, ainda que com uma acidez venenosa, não comete ilícito civil, pois está dentro da "zona livre para ofensa". Sua conduta é regulada pela moral, e não pelo direito. O genro, portanto, poderá valer-se de meios de repressão disponíveis pela própria moral, como deixar de convidar essa sogra venenosa para festas familiares e isolá-la do seu convívio pessoal. Eventualmente o genro poderá, em ato de revide, maldizer a sogra no grupo de família, caso em que, em princípio, essa escalada de indelicadezas ainda estará dentro da "zona livre para ofensa". O que não é viável é que esse genro traga ao Judiciário um pleito de indenização por desgostos ocorridos dentro da "zona livre para ofensas".

Em um ambiente profissional, a "zona livre para ofensas" tende a ser menor. Depende do nível de informalidade desse ambiente. Há locais de trabalho que, por costume, são extremamente formais.

Se um membro desse local de trabalho extremamente formal vier a tratar outro com palavrões ou com "brincadeiras de mal gosto", esse seu ato poderá, a depender do caso concreto, ser considerado um ilícito civil, hábil a autorizar uma condenação ao pagamento de indenização por dano moral, além de poder caracterizar-se um ilícito de outra natureza (como um ilícito trabalhista, idôneo a ensejar uma demissão por justa causa).

Em um ambiente de amigos íntimos, a "zona livre para ofensas" tende a ser maior. Alguém que ingresse nessa zona livre e se sinta ofendido ao ser alvo de uma "brincadeira de mal gosto" não deve querer resolver no Judiciário uma questão que diz respeito à moral. Se não quiser adotar o *modus* irreverente de tratamento interpessoal desse grupo, sobra-lhe sair desse círculo de amigos ou externar que não aceita esse tipo de "brincadeiras" (caso em que provavelmente esse indivíduo mais sensível acabará sendo escanteado pelos demais).

Em poucas palavras, *electa una altera non datur*[8] ou, em palavras mais coloquiais, "desceu no *play*, vai ter de brincar". Quem ingressa em um ambiente interpessoal mais irreverente não pode exigir de seus membros uma polidez refinada de um legítimo fidalgo do século XIX.

---

[8] A expressão latina mais completa é "electa una via non datur regressus ad alteram" e pode ser traduzida como: "escolhido um caminho, não é possível voltar atrás e escolher outro".

3 Rede social: um ambiente com uma "zona livre para ofensas" mais alargada

As redes sociais, em geral, são ambientes que tendem a ter uma "zona livre para ofensas" mais alargada.

Rede social pode ser comparada a uma grande praça pertencente a uma empresa (como o Facebook) que convida qualquer interessado a se inter-relacionar com os demais, externando suas intimidades e opiniões com uma ampla publicidade a todos os presentes nessa praça.

Quem cria um perfil em uma rede social e autoriza que seu perfil seja visualizado por pessoas de forma indeterminada está voluntariamente se expondo a uma "zona livre para ofensas" mais ampla.

É claro que há redes sociais que, por natureza, são mais formais, a exemplo do LinkedIn. A zona livre para ofensas aí é mais atrofiada diante do alto grau de formalidade.

Outras redes, porém, como o Twitter, o Facebook ou o Instagram, tendem a ser mais informais, especialmente quando o usuário abre suas publicações para acesso irrestrito a qualquer pessoa. Nessas hipóteses, o usuário tem de estar ciente de que está em uma "zona livre para ofensas" mais vasta.

Um usuário que, por exemplo, posta uma foto esperando receber elogios para a sua aparência ou para o seu novo *look* não pode, posteriormente, querer valer-se da força coercitiva e repressiva do direito se recebe um comentário crítico e indesejado, como o de alguém que chama de "feio" o ostentado traje.

O usuário ofendido pode valer-se de ferramentas disponíveis pela própria moral em reação, como bloquear o acesso das suas postagens a esse mordaz indivíduo ou eventualmente contra-atacar o comentário com outra ofensa às vestimentas desse desafeto. Essa troca de indelicadezas ("esse barraco"), por mais triste que possa ser, não é um fato jurídico e, portanto, não pode atrair a força coercitiva ou repressiva do direito. Estamos aí diante de movimentações dentro "zona livre para ofensa".

Quando se trata de pessoas públicas, esse espaço da "zona livre para ofensas" tende a ser bem maior, ainda mais quando lidam com assuntos polvorosos, como os relacionados à política ou a questões sensíveis e polêmicas na sociedade.

A jurisprudência acena nessa direção, reconhecendo a existência de uma "zona livre para ofensas" nas relações interpessoais, ainda mais no âmbito das redes sociais. Por vezes, os tribunais referem-se a "conflitos naturais da vida em sociedade" para se referir a essa "zona livre para ofensas".

O TJSP, por exemplo, ao verificar que havia animosidade recíproca entre as partes – que tiveram comportamento impróprio e excessivo uma contra a outra –, negou o pedido de indenização formulado por um dos contendores por conta de ofensas sofridas em rede social. No caso concreto, uma das partes, além de ser noiva do ex-companheiro da outra parte, é concorrente comercial desta última no ramo da beleza, o que levou as partes a trocarem ofensas nas redes sociais. Ao negar o pleito indenizatório, a Desembargadora Clara Maria Araújo Xavier, destacando que há conflitos naturais na sociedade (referindo-se indiretamente ao que chamamos aqui de "zona livre para ofensas"), sublinhou o seguinte no seu voto condutor:

Mais a mais, ainda que a intenção da ré fosse abalar psicologicamente à parte autora, restou incontroverso, pela vasta documentação probatória juntada nos autos, a animosidade recíproca entre as partes, que se utilizaram da rede social para relatar, dentre outros participantes do canal de entretenimento, as desavenças e os fatos ocorridos no hostil ambiente empresarial, consumerista e pessoal.

O que se constata dos autos é que, independentemente dos problemas pessoais anteriores existentes entre as partes, ambas se exaltaram além do razoável. Por isso, entendo incabível condenar a ré ao pagamento de indenização por danos morais, diante do comportamento impróprio de ambas as partes que deram causa a lamentável ocorrência. [...]

Assim, a situação de beligerância entre as partes não deve ser incentivada pelo Judiciário ao ponto de gerar indenização pecuniária, uma vez que é indubitável que existe um problema entre as partes, *o que revela conflitos naturais da vida em sociedade,* de modo que o bom senso e as regras sociais de conveniência devem ser observadas para se poder viver em tranquilidade, cada qual em respeito ao direito do outro, sem que haja interferência judicial, salvo flagrante excesso e abuso de direitos. Na verdade, pedidos sem propósitos devem ser resolvidos no âmbito particular, evitando-se indústrias indenizatórias e sobrecargas desnecessárias no Poder Judiciário, cada vez mais abarrotado de casos de extrema urgência que envolvem pessoas em situação de vulnerabilidade, necessitadas da proteção do Estado-Juiz. (TJSP, 8ª Câmara de Direito Privado. AC nº 10308926020178260071/ SP 1030892-60.2017.8.26.0071. Rel. Des. Clara Maria Araújo Xavier. *DJe,* 12 set. 2019)

Igualmente, a 1ª Turma Recursal dos Juizados Especiais Cíveis e Criminais do DF, também alertando para a existência de conflitos naturais da vida em sociedade, negou pleito de indenização formulado por uma parte que, mantendo uma relação de animosidade recíproca com a outra parte, trocou ofensas no Facebook. Confira-se a ementa deste julgado:

JUIZADOS ESPECIAIS CÍVEIS. RESPONSABILIDADE CIVIL. OFENSA PROFERIDA EM REDE SOCIAL. VIOLAÇÃO A ATRIBUTO DA PERSONALIDADE. DANO MORAL NÃO CONFIGURADO. RECURSO CONHECIDO E IMPROVIDO.

1. Relata a parte autora que foi vítima de ofensa moral por meio da rede social (Facebook) em que a requerida lhe acusara de roubo, propagando a ofensa a outros colegas de trabalho. a requerida em contestação afirma que foi a autora quem afirmou isso, com relação a sua pessoa e que somente narrou o ocorrido.

2. Restou incontroverso, pelas provas produzidas, a animosidade recíproca entre as partes, que se utilizaram da rede social para relatar, dentre os participantes do grupo, as desavenças e fatos ocorridos no hostil ambiente em que trabalhavam.

3. Como bem argumentado na sentença atacada, não resta dúvida que existe um problema entre as partes, mas que, do conjunto probatório carreado aos autos, não enseja uma condenação por danos morais.

4. *A situação fática trazida aos autos, nada mais revela que conflitos naturais da vida em sociedade,* de modo que o bom senso e as regras sociais de convivência devem ser observados para se poder viver em tranquilidade, cada qual em respeito ao direito do outro.

5. No caso dos autos, como bem asseverado pela d. juízo do primeiro grau, não há que se falar em condenação por danos morais, razão pela qual a sentença de improcedência merece ser confirmada.

6. Recurso conhecido e improvido. Sentença mantida por seus próprios fundamentos. A súmula de julgamento servirá de acórdão, conforme regra do art. 46 da lei nº 9.099/95. Condenado o recorrente no pagamento das custas processuais, que resta suspenso em

razão da gratuidade de justiça que lhe socorre. Sem honorários, em razão da inexistência de contrarrazões. (TJ-DF, 1ª Turma Recursal dos Juizados Especiais Cíveis e Criminais do DF. ACJ nº 20120111880786 DF 0188078-86.2012.8.07.0001. Rel. Juiz Alvaro Luiz Chan Jorge. *DJe*, 3 out. 2013)

Outrossim, o TJRS negou pedido de indenização por dano moral formulado por uma parte que, mantendo um relacionamento de altíssima beligerância com a parte ré, especialmente após ter tido um filho com esta, alegava ter sofrido várias ofensas por meio do Facebook. A Corte gaúcha, apesar de lamentar essa animosidade entre as partes, reconheceu que os conflitos entre elas não ingressavam no mundo do direito, ainda mais por envolver emoções irracionais entre pessoas que mantiveram relacionamento amoroso com o nascimento de um filho. É oportuno transcrever este excerto do voto do Desembargador Niwton Carpes do referido julgado:

> Trata-se, consoante sumário relatório, de ação de reparação por dano moral decorrente de suposta ofensa praticada pela demandada em desfavor do autor na rede social (Facebook), julgada improcedente na origem. [...]
>
> Examinando o caso específico, tenho como não configurado o dever de indenizar, uma vez que os elementos constantes nos autos não evidenciam a ocorrência de qualquer ato ilícito, mas apenas dissabores decorrentes de relações interpessoais. [...]
>
> Por conta disso, destarte, valho-me dos argumentos lançados na douta sentença singular, da lavra da Dra. Paula Yoshino Valério, os quais reproduzo e passam a fazer parte integrante do voto, ipsis verbis: [...]
>
> *Dá análise dos autos, observa-se que existiu relação bastante conturba entre o autor e a ré, especialmente em razão do nascimento do filho comum.*
>
> *Ainda, observa-se conduta bastante intransigente da ré, que de forma incessante e rotineira enviava diversas mensagens para o autor de conteúdos extremamente grosseiros e imorais.*
>
> *As relações interpessoais, ainda mais quando envolvem uma criança, são de difícil trato e solução jurídica na esfera cível, pois decorrem de desequilíbrios emocionais e psicológicos dos envolvidos.*
>
> *A situação narrada efetivamente revela que a ré importunava incessantemente o autor, mostrando-se bastante intransigente para qualquer diálogo racional em relação ao filho, demonstrando mais a intenção de incomodar o requerente do que uma preocupação efetiva com a criança.*
>
> *Na esfera civil, lastreada quase que exclusivamente na proteção dos direitos patrimoniais e obrigações de ordem privada, é difícil encontrar alguma solução efetiva para obstar que determinada pessoa deixe de praticar determinado ato ou fato, em especial quando a motivação decorre da intenção de importunar determinada pessoa. [...]*
>
> *No caso dos autos, tem que se levar em consideração que é quase impossível que as partes deixem de manter qualquer tipo de comunicação em razão da existência de filho comum, de forma que a situação deve ser ponderada com bom senso e urbanidade.*
>
> *De qualquer forma, compreendo que os fatos relatos nos autos não comportam proteção no direito civil, já que não evidenciado ato ilícito capaz de gerar o dever de indenizar, em que pese concorde que a situação é bastante incômoda ao autor. [...]*
>
> É patente o clima de beligerância que orbita em torno do relacionamento havido entre as partes. Porém, conforme bem analisado pela magistrada a quo, as relações interpessoais, ainda mais quando envolvem uma criança, são de difícil trato e solução jurídica na esfera cível, pois decorrem de desequilíbrios emocionais e psicológicos dos envolvidos, de modo que, em análise ao conteúdo das mensagens postadas pela requerida (fls. 26/121), os dissabores experimentados pelo autor não têm o condão de caracterizar lesão psíquica

ou grave e vexatória, capaz de ensejar o dever de indenização. (TJRS, Sexta Câmara Cível. AC nº 70079885398 RS. Rel. Des. Niwton Carpes da Silva. *DJe*, 10 abr. 2019)

É claro que, em determinados casos, a jurisprudência reconhece a existência de ilícito apto a gerar o dever de indenizar por ofensas ocorridas em redes sociais, pois é evidente que essa grande praça cibernética não é um faroeste, apesar da maior amplitude da sua "zona livre para ofensas". Por exemplo, a exposição não consentida de imagens de nudez de uma pessoa ou a realização de xingamentos diretos dificilmente estarão enquadrados em uma "zona livre para ofensas" em uma rede social.

4 Conclusão

Em todas as relações interpessoais, há uma "zona livre para ofensas", que pode ser maior ou menor a depender do grau de intimidade, do nível de formalidade e da existência de expressa recusa de um dos seus membros a participar desse ambiente de liberdade de manifestação. Nas redes sociais, essa "zona livre" tende a ser mais ampla, especialmente quando o usuário abre o seu perfil para acesso irrestrito a terceiros. Farpas trocadas dentro dessa "zona livre para ofensas" são, em regra, irrelevantes ao direito, salvo situações excepcionais de abuso.

Cabe uma advertência apodítica ao encerrar as cortinas deste artigo: é evidente que o conceito de "zona livre para ofensas" não é um sinal verde a selvagerias ou à violência. Trata-se, apenas, de uma metáfora útil para que os juízes, com equidade, consigam distinguir fatos que realmente saltam do campo da moral e adentram o mundo do direito, ativando os instrumentos repressivos e coercitivos que lhe são peculiares.

Enfim, abusos têm de ser reprimidos. Ninguém tem salvo-conduto para violar direitos da personalidade de outrem. E não se pode ignorar que as redes sociais têm um poder devastador, capaz de assassinar a reputação de uma pessoa em poucos segundos ou de instigar massas irracionais a realizarem linchamentos virtuais ou até físicos com base em *fake news*. O juiz precisa ter essa sensibilidade para, em cada caso concreto, delimitar as difíceis fronteiras da "zona livre para ofensas", separando o joio do trigo.

Informação bibliográfica deste texto, conforme a NBR 6023:2018 da Associação Brasileira de Normas Técnicas (ABNT):

OLIVEIRA, Carlos E. Elias de. "Zona livre para ofensas" e a liberdade de expressão nas redes sociais. *In*: EHRHARDT JÚNIOR, Marcos; LOBO, Fabíola Albuquerque; ANDRADE, Gustavo (Coord.). *Liberdade de expressão e relações privadas*. Belo Horizonte: Fórum, 2021. p. 269-276. ISBN 978-65-5518-188-3.

LIMITES À LIBERDADE DE EXPRESSÃO E O (DES) RESPEITO À DIVERSIDADE: A DEMARCAÇÃO DISCURSIVA DO DISCURSO DE ÓDIO CONTRA GRUPOS SOCIALMENTE ESTIGMATIZADOS NO BRASIL

CARLOS HENRIQUE FÉLIX DANTAS
MANUEL CAMELO FERREIRA DA SILVA NETTO

Eu determino que termine aqui, e agora.
Eu determino que termine em mim, mas não acabe comigo
Determino que termine em nós e desate.
Que amanhã possa ser diferente com elas.
Que tenham outros problemas e encontre novas soluções.
E que eu possa viver delas, através delas, e suas memórias.
(Linn da Quebrada. *Oração*, 2019)[1]

Introdução

Ódio é uma palavra que nomeia, talvez, um dos sentimentos mais negativos que uma pessoa possa nutrir por outra. Ele representa uma ira, uma aversão, uma ojeriza,

---

[1] A epígrafe se trata de música da multiartista Linn da Quebrada, cuja autoafirmação de identidade transcende a binariedade sexo-gênero, identificando-se como travesti. Enquanto ativista do movimento LGBTI+, suas músicas abordam a necessidade de reconhecimento de direitos relativos a essa população. Por isso, a canção aqui escolhida reflete, na percepção dos autores, a necessidade de combate ao discurso de ódio, a sexualização do corpo e, sobretudo, a despersonalização da pessoa trans, que, para alguns, significaria a retirada da condição de sujeito humano pela violação cotidiana e reiterada de seus direitos fundamentais e da personalidade. Por isso, tratar-se-ia de um ser "sem nação", como faz referência a cantora. Para ouvir a música, basta apontar a câmera do celular para o QR *Code*:

um desgosto, uma repulsa, um nojo, um rancor, uma antipatia, uma abominação, um desafeto, um asco, tudo em um único termo, traduzindo uma sensação muito específica, que é única, mas, ao mesmo tempo, representa a junção de várias outras. Quiçá seja essa a razão da dificuldade em encontrar uma definição que seja capaz de representá-lo em toda sua complexidade.

Curiosamente, é também um termo que tem sido bastante utilizado, na atualidade, para qualificar os discursos proferidos contra certas pessoas ou grupos sociais, os quais, por alguma razão, atrelada sobretudo às suas identidades, padecem, de alguma maneira, com as desigualdades que a sociedade impõe. Tal situação, considerando o viés plural que o meio social contemporâneo apresenta, leva a alguns questionamentos que não podem ser ignorados, como exemplo: será que toda emissão de opinião é legítima e deve ser protegida pelo direito, mesmo que o parecer opinativo represente a diminuição e a inferiorização de determinada pessoa ou coletividade? E, afinal de contas, o que é esse discurso de ódio tão falado? Teria ele alguma repercussão jurídica?

É importante pontuar que a diversidade humana comporta, na sociedade, diferentes formas de expressão da identidade de gênero e afetividade, bem como ideologias, culturas e demais traços que distinguem a forma de ver e vivenciar o mundo. Todavia, essa pluralidade na forma de existir esbarra também no livre pensamento, corolário da *liberdade de expressão*, que é uma garantia constitucional, tutelada pelo Estado de direito. A partir disso, cria-se no imaginário comum a percepção de que a manifestação de ideias não esbarra em limites, sendo permissível para que todos possam ditar suas opiniões independentemente de ferir a subjetividade do outro, de modo a ignorar ao revés do ideal de alteridade e respeito à diferença que deve existir na sociedade.

Esse quadro, por sua vez, é utilizado como subterfúgio para alegações de cunho discriminatório e excludente de direitos contra grupos que, pelo seu contexto relacional, já são considerados marginalizados socialmente, como a população LGBTI+, pessoas com deficiência, mulheres, integrantes de grupos étnico-raciais desprestigiados e de minorais religiosas, entre outros. Por isso, comenta-se que esse tipo de atitude discursiva pode ser enquadrado como odioso, por promover, no meio social, a incitação da violência, da discriminação e da retirada de direitos que devem ser conferidos para todas as pessoas independentemente de suas particularidades, como a origem nacional, raça, cor, gênero, credo, idade etc.

Nesse seguimento, o discurso de ódio enquadra-se como conduta reprovável e que macula a imagem social da pessoa humana vulnerável perante os demais sujeitos, de forma a buscar incitar a retirada de direitos, oportunidades e recursos disponíveis; sendo, assim, necessário que exista, na esfera jurídica, um papel ativo na promoção da defesa dos direitos fundamentais e da personalidade. A partir desse contexto, este trabalho parte da seguinte problemática: de que forma o discurso de ódio pode funcionar como um limitador da *liberdade de expressão* para a promoção do respeito à diversidade?

À vista disso, buscou-se analisar de que forma esse discurso de ódio poderá ser considerado como um elemento limitador do exercício da *liberdade de expressão*, corroborando a promoção do respeito à ideia de diversidade no meio social. Para isso, objetivou-se: a) entender os conceitos de estigma e de vulnerabilidade e a sua relação basilar com o discurso de ódio; b) compreender a demarcação conceitual de *liberdade de expressão* e discurso de ódio, a partir do panorama jurídico brasileiro; c) estudar o caso Ellwanger e o papel desempenhado por ele na construção do conceito jurídico de discurso de ódio; e d) fazer um estudo de dois casos que envolvam excesso no exercício do direito à *liberdade de expressão*, a fim de constatar a ocorrência ou não de discurso de ódio contra grupos estigmatizados e se a postura do Judiciário foi suficiente para promover a proteção da diversidade como um bem jurídico tutelável.

Para tanto, fora utilizado o método analítico-dedutivo, por meio do recurso à técnica da documentação indireta, de revisão bibliográfica e de pesquisa documental, e do estudo de casos múltiplos com abordagem qualitativa. Nesse sentido, a pesquisa teve caráter exploratório, valendo-se: a) de livros, teses, dissertações e artigos científicos, em meio bibliográfico e digital, para construção de um embasamento teórico jurídico das ideias de *liberdade de expressão*, discurso de ódio e a sua relação com as percepções de estigma e vulnerabilidade; b) do estudo específico do caso Ellwanger, como paradigma jurisprudencial utilizado para balizar as discussões em torno da tutela jurídica das manifestações odiosas; e c) de artigos e julgados, para efetivar um estudo de casos múltiplos, relativos a duas situações envolvendo excessos no exercício da *liberdade de expressão*, de modo a perquirir o seu enquadramento na categoria do discurso de ódio e o papel do Judiciário no seu sancionamento.

1 O estigma e a vulnerabilidade como fatores propulsores do discurso de ódio: a diversidade como alvo de depreciação ante o padrão de "normalidade" hegemonicamente imposto

Antes de abordar especificamente os temas da *liberdade de expressão*, do discurso de ódio e as suas respectivas delimitações conceituais, é necessário destacar, *a priori*, que a relevância e pertinência dessa discussão encontram-se, sobretudo, no fato de haver, no meio social, certos indivíduos e grupos de indivíduos que veem suas existências recortadas por duas circunstâncias específicas: a) o estigma; e b) a vulnerabilidade. Por essa razão, a definição desses dois conceitos servirá de ponto de partida para, em seguida, poder-se compreender a relação intrínseca entre discurso de ódio e *liberdade de expressão* e o papel do direito na inibição ao primeiro.

Destarte, a presente discussão será iniciada a partir da ideia de estigma, que poderia ser compreendida como um atributo, carregado por determinado indivíduo ou grupo de indivíduos que, ante a ótica da sociedade na qual está(ão) inserido(s), essa faz com que seja(m) visto(s) por um prisma depreciativo. Sobre o tema, inclusive, não há como deixar de referenciar a obra *Estigma* (1963), do sociólogo canadense Erving Goffman, na qual o autor faz uma análise pormenorizada de tal atributo ante a realidade social.

Segundo o autor, tal termo, de origem grega, foi cunhado pelos antigos para indicar os sinais corporais os quais evidenciavam alguma situação extraordinária ou ruim sobre o *status* moral de quem o apresentava. A sua apreensão na contemporaneidade, por outro lado, leva em consideração o fato de a sociedade estabelecer, de modo geral, meios para categorização das pessoas, vinculando a esse processo as noções de "comum" e "natural",[2] numa clara tentativa de elaboração do conceito de "normalidade".

---

[2] GOFFMAN, Erving. *Estigma*: notas sobre a manipulação da identidade. 4. ed. Rio de Janeiro: LTC, 2008. p. 11-12.

Diante disso, há a construção de uma identidade social para cada indivíduo, que pode ser dividida entre a *identidade social virtual* (a compreensão de uma pessoa a partir de um retrospecto em potencial de uma categorização à qual ela está vinculada) e a *identidade social real* (os reais atributos e potenciais daquela pessoa em específico). Nesse sentido, o estigma irá surgir quando há um descrédito, uma diminuição de determinada pessoa em razão de uma discrepância entre a sua *identidade social virtual* e a sua *identidade social real*, ocasionada pela constatação de um atributo que lhe é profundamente depreciativo.[3] Explica-se: na construção do conceito médico de deficiência, por exemplo, considerava-se que as pessoas com deficiência eram seres limitados em razão das suas condições anatomocorporais particulares, levando tais indivíduos a serem enxergados com pena e comiseração pelo meio social; ignorando, portanto, as suas reais qualidades e potencialidades, o que acabava acarretando, até mesmo, a restrição de alguns de seus direitos na esfera jurídica.[4]

Desse modo, pode-se dizer que o estigma e, mais precisamente, o processo de estigmatização atuam diretamente sobre as relações sociais, para desmerecer e desprestigiar aquelas pessoas que possuem características, comportamentos ou traços que as fazem desviar do padrão de "normalidade" socialmente erigido. À vista disso, para os fins do presente trabalho, ele não tem como estar dissociado, igualmente, do que seria a noção de vulnerabilidade e a sua assimilação pelo direito.

A respeito do tema, Carlos Nelson Konder elucida a respeito da vulnerabilidade e da sua origem, explicando que essa categoria emerge dos debates em torno da saúde pública. Segundo o autor, tal termo foi construído para identificar aqueles indivíduos que, por alguma razão particular, estão mais sujeitos a serem lesionados em seus corpos.

Considerando essa concepção apriorística, portanto, o direito adota esse conceito para significar a suscetibilidade maior de lesão aos direitos de determinados indivíduos em suas relações jurídicas, em razão de determinadas características e/ou circunstâncias. A partir daí, pode-se mencionar as noções de vulnerabilidade patrimonial e de vulnerabilidade existencial, sendo que é nesta segunda hipótese que se encontra a modalidade de vulneração específica que tem pertinência com a presente discussão.[5] Explica o autor:

> [...] vulnerabilidade existencial seria a situação subjetiva em que o titular se encontra sob maior suscetibilidade de ser lesionado na sua esfera extrapatrimonial, impondo a aplicação de normas jurídicas de tutela diferenciada para a satisfação do princípio da dignidade da pessoa humana.[6]

Diante disso, Konder menciona que existem, no ordenamento pátrio, algumas normativas que visam à implementação de tutela jurídica específica e diferenciada para certos grupos que reconhecidamente possuem uma maior propensão a terem seus direitos lesionados, a exemplo: a) do Estatuto da Criança e do Adolescente (Lei

---

[3] GOFFMAN, Erving. *Estigma*: notas sobre a manipulação da identidade. 4. ed. Rio de Janeiro: LTC, 2008. p. 12-13.

[4] No mesmo sentido, ver DINIZ, Débora. *O que é deficiência*. São Paulo: Brasiliense, 2007.

[5] KONDER, Carlos Nelson. Vulnerabilidade patrimonial e existencial: por um sistema diferenciador. *Revista de Direito do Consumidor*, São Paulo, v. 99, p. 101-123, 2015. p. 101-104, *passim*.

[6] KONDER, Carlos Nelson. Vulnerabilidade patrimonial e existencial: por um sistema diferenciador. *Revista de Direito do Consumidor*, São Paulo, v. 99, p. 101-123, 2015. p. 105.

nº 8.069/1990), que tutela a vulnerabilidade existencial de crianças e adolescentes, considerados vulneráveis em razão da sua qualidade de pessoas em desenvolvimento; b) o Estatuto da Pessoa Idosa (Lei nº 10.741/2003), cuja vulnerabilidade se encontra nas repercussões do envelhecimento, como a diminuição nas condições de saúde; c) a Lei Maria da Penha (Lei nº 11.340/2006), tutelando a especificidade das mulheres vítimas de violência doméstica etc.[7]

Contudo, nem sempre essas normativas especiais estão aptas a obstar todas as formas de violação sofridas por esses indivíduos, notadamente aquelas que dizem respeito ao discurso de ódio, por exemplo, conforme será melhor elucidado nos tópicos subsequentes. Inclusive, essa vulnerabilidade, quando associada ao processo de estigmatização – que é responsável por classificar as pessoas em normais/anormais, melhores/piores, certas/erradas, saudáveis/patológicas etc. – gera consequências extremamente negativas para aqueles que estão sujeitos à violação. Além do mais, não se pode olvidar que cada uma dessas opressões opera de forma bastante específica, a depender das subjetividades da pessoa em questão – não se excluindo casos de cumulação, em razão de uma hipervulnerabilidade da pessoa –, tais quais as que podem ser a seguir exemplificadas:

(A) *o machismo* – elucida Marcia Tiburi que o machismo é um modo de ser que privilegia a figura do "macho", subestimando as demais. Suas bases estão nos arranjos do patriarcado,[8] o qual, por sua vez, seria uma estrutura caracterizada por favorecer uns, obrigando outros a se submeterem a esse grande favorecido, sob pena de violência e morte. Para tanto, ele depende da natureza, pressupondo a existência exclusiva de apenas dois sexos, cujos comportamentos foram programados. Isto é, nessa perspectiva, aqueles entendidos como homens devem ter comportamentos masculinos, ao passo que aquelas tidas como mulheres devem ter comportamentos femininos, sendo que a figura do "homem macho" é a que ocupa especial destaque na centralidade desse sistema, o qual subjuga as demais pessoas que não se encontram nesse padrão. Aponta, também, a autora que esse machismo está presente tanto na macroestrutura, como na microestrutura quotidianas, na objetividade e na subjetividade, de modo que é introjetado em todas as pessoas, independentemente do seu desejo.[9] Em consequência disso, vários impactos podem ser observados, especialmente com relação às opressões impostas ao gênero feminino, tais quais a cultura do estupro (que faz com que a violência seja encarada como apelo sexual, demonstrando o poder

---

[7] KONDER, Carlos Nelson. Vulnerabilidade patrimonial e existencial: por um sistema diferenciador. *Revista de Direito do Consumidor*, São Paulo, v. 99, p. 101-123, 2015. p. 106.

[8] Importante pontuar também que o termo "patriarcado" gera certa divergência dentro da teoria feminista. Admite-se, por parte dos autores, que "[...] o patriarcado é entendido como sendo apenas uma das manifestações históricas da dominação masculina. Ele corresponde a uma forma específica de organização política, vinculada ao absolutismo, bem diferente das sociedades democráticas concorrenciais atuais. [...] Falar em dominação masculina, portanto, seria mais correto e alcançaria um fenômeno mais geral que o patriarcado" (cf. MIGUEL, Luis Felipe; BIROLI, Flávia. *Feminismo e política*: uma introdução. São Paulo: Boitempo, 2014. p. 18).

[9] TIBURI, Marcia. *Feminismo em comum*: para todas, todes e todos. Rio de Janeiro: Rosa dos Tempos, 2018. p. 59-63, *passim*.

do macho sobre a fêmea), a culpabilização da vítima (responsabilizando a mulher pelas agressões por ela sofridas), a rivalidade feminina (que faz as mulheres internalizarem que o seu valor subjaz no desejo masculino para com elas, forçando-as a competir entre si pela sua atenção),[10] a violência contra a mulher (notadamente a violência doméstica, a qual escancara o fato de elas não estarem livres de violações nem mesmo dentro do seus próprios lares), a percepção de menores remunerações quando comparadas com as dos homens, a sub-representação política etc.;[11]

(B) *o racismo* – no dizer de Djamila Riberio, falar em racismo é tratar de um sistema de opressão estrutural que remonta a uma perspectiva histórica diretamente relacionada ao processo de escravização e às suas consequências verificáveis até os dias atuais, consubstanciadas na negação de direitos básicos e na ausência de distribuição de riquezas.[12] A sua estruturação, segundo Grada Kilomba, deve-se ao escalonamento de três fatores: a) a construção da diferença a partir da *white norm* –[13] no sentido de que um grupo somente pode ser categorizado como "diferente", porque existe outro grupo que tem o poder de definir-se enquanto a norma, neste caso a branquitude; b) o preconceito e a construção dessa diferença a partir da hierarquização de valores – significando que o "diferente" é articulado a partir do estigma, da desonra e da inferioridade, gerando uma "naturalização" aplicável a todos os membros de um mesmo grupo, vistos como "problemáticos", "perigosos", "preguiçosos", "exóticos", "incomuns" etc.; e c) a supremacia branca – representando o poder histórico, político, social e econômico exercido em conjunto com o preconceito e que é responsável pela criação do racismo, de modo que outros grupos raciais não têm como ser racistas ou performar o racismo, uma vez que não possuem esse poder.[14] Diante disso, várias consequências podem ser constatadas, na prática, e que denunciam o desprestígio social da população não branca, como exemplo, a dificuldade de acesso a ensino de qualidade, a dificuldade de inserção no mercado de trabalho, o epistemicídio (a "morte" ou apagamento sistemático das produções intelectuais de grupos socialmente estigmatizados), a hipersexualização das mulheres e homens negros, a violência racial etc.;[15]

---

[10] HILGERT, Luiza Helena. O arcaico do contemporâneo: Medusa e o mito da mulher. *Lampião – Revista de Filosofia*, v. 1, n. 1, p. 41-70, 2020. p. 63-65. Disponível em: https://seer.ufal.br/index.php/lampiao/article/view/11689/8183. Acesso em: 14 jan. 2020.

[11] No mesmo sentido, ver TIBURI, Marcia. *Feminismo em comum*: para todas, todes e todos. Rio de Janeiro: Rosa dos Tempos, 2018. 2018.

[12] Nos dizeres da autora, "O racismo é, portanto, um sistema de opressão que nega direitos, e não um simples ato de vontade de um indivíduo" (cf. RIBEIRO, Djamila. *Pequeno manual antirracista*. São Paulo: Companhia das Letras, 2019. p. 9-12).

[13] Em tradução livre: a norma branca.

[14] KILOMBA, Grada. *Plantation memories*. Episodes of everyday racism. Münster: Unrast Verlag, 2010. p. 42.

[15] Djamila Ribeiro traz dados estatísticos para demonstrar essas desigualdades estruturais: a) aponta pesquisa realizada pela Associação dos Dirigentes das Instituições Federais de Ensino Superior (Andifes), com base em dados de 2018, que constatou que, entre os alunos negros dessas instituições, 64,7% cursaram o ensino médio em escolas públicas e 70,2% vêm de famílias com renda mensal *per capita* de até um salário mínimo e meio; b) pesquisa realizada em parceria entre o Centro de Estudos das Relações de Trabalho e Desigualdades (Ceert) e a Aliança Jurídica pela Equidade Racial, em 2019, considerando o estado de São Paulo, apontou que pessoas negras somam 1% entre os advogados e sócios de escritórios de advocacia, não chegando a 10% entre os estagiários;

(C) *o capacitismo* – explica Adriana Dias que o capacitismo é uma compreensão social que enxerga as pessoas com deficiência a partir do paradigma da não igualdade, da inaptidão e da incapacidade, entendendo-as como impossibilitadas de gerirem suas próprias vidas de maneira autônoma e independente.[16] Para além disso, na verdade, acrescenta ainda Fiona Campbell que esse capacitismo (*ableism*) é uma crença de que a deficiência (independentemente do tipo) é inerentemente negativa, devendo, quando oportuno, ser melhorada, curada ou mesmo eliminada. Ou seja, essa perspectiva produz um tipo particular de modo-de-ser e de corpo (um padrão corporal) que é tido como o padrão de perfeição, típico da espécie, relegando a deficiência a noção de uma forma diminuída de ser humano.[17] As repercussões de tal pensamento encontram-se, especialmente, na construção de uma sociedade não adaptada, a qual tende a atender apenas às necessidades de uma parcela da população, a qual não possui deficiência, excluindo, consequentemente, aqueles que não se enquadram nos moldes de "perfeição" e "normalidade" corporais, sensoriais e psíquicos esperados. A exemplo disso tem-se a falta de acessibilidade (física, urbanística e arquitetônica) em ambientes públicos e privados, a dificuldade de inserção dessas pessoas em ambientes educacionais (especialmente os de ensino superior),[18] a sua baixa inclusão em ambientes laborais, a necessidade de defesa do reconhecimento da sua *dignidade intrínseca* e *extrínseca*, garantindo a proteção de seus direitos humanos ante os avanços biotecnológicos etc.;[19]

(D) *a LGBTfobia* – a LGBTfobia consiste em uma forma específica de dominação e opressão que visa negar a existência e a possibilidade de reconhecimento das sexualidades ou das identidades de gênero que fogem ao padrão socialmente imposto. Tal modelo de "normalidade", a seu turno, está embasado nos ideais da heterocisnormatividade, ou seja, a concepção de que a heterossexualidade e a cisgeneridade são os arquétipos a serem seguidos no meio social em termos de expressão de sexualidade e identidade de gênero, de modo que

---

c) dados do Atlas da Violência de 2018, realizado pelo Fórum Brasileiro de Segurança Pública, mostraram que a população negra está mais exposta à violência no Brasil, sendo 71,5% das pessoas assassinadas; d) dados da Anistia Internacional apontam que a cada 23 minutos um jovem negro é assassinado no Brasil etc. (cf. RIBEIRO, Djamila. *Pequeno manual antirracista*. São Paulo: Companhia das Letras, 2019. 2019).

[16] DIAS, Adriana. Por uma genealogia do capacitismo: da eugenia estatal a narrativa capacitista social. *In*: SIMPÓSIO INTERNACIONAL DE ESTUDOS SOBRE A DEFICIÊNCIA, I. *Anais...* São Paulo: [s.n.], 2013. p. 2. Disponível em: http://www.memorialdainclusao.sp.gov.br/ebook/Textos/Adriana_Dias.pdf. Acesso em: 12 jan. 2021.

[17] CAMPBELL, Fiona Kumari. Refusing able(ness): a preliminary conversation about ableism. *M/C Journal*, v. 11, n. 3, 2008. DOI: 10.5204/mcj.46. Disponível em: https://journal.media-culture.org.au/index.php/mcjournal/article/view/46. Acesso em: 11 jan. 2021.

[18] Sobre o tema, aponta Agustina Palácios que as pessoas com deficiência não costumam acessar o ensino superior e, quando chegam a fazê-lo, enfrentam diversas barreiras, em especial de falta de capacitação e formação no trato com a deficiência (Cf. PALACIOS, Agustina. Perspectiva de discapacidad y derechos humanos en el contexto de una educación superior inclusiva. *Pensar*, Fortaleza, v. 24, n. 4, p. 1-13, 2019. p. 6. Disponível em: https://periodicos. unifor.br/rpen/article/view/10225/pdf#. Acesso em: 15 jan. 2021).

[19] Explicam Agustina Palacios e Javier Romañach que a dignidade intrínseca se refere ao valor inerente a toda e qualquer pessoa, independentemente das suas características pessoais, ao passo que a dignidade extrínseca seria o reconhecimento do valor próprio daquela pessoa perante a sociedade e a proteção dos seus direitos, máxime aqueles mais fundamentais (cf. PALACIOS, Agustina; ROMAÑACH, Javier. El modelo de la diversidad: una nueva visión de la bioética desde la perspectiva de las personas con diversidad funcional (discapacidad). *Intersticios: Revista Sociológica de Pensamiento Crítico*, v. 2, n. 2, 37-47, 2008. p. 42).

são pressupostas nas relações sociais e impostas compulsoriamente a todas as pessoas que as compõem.[20] Essa LGBTfobia, termo esse de caráter mais abrangente e que visa identificar de forma mais ampla os comportamentos discriminatórios verificáveis contra as pessoas que integram a diversidade sexual e de gênero, apresenta-se, também, em acepções mais específicas, tais quais: a) a homofobia – entendida como a discriminação específica voltada a pessoas homossexuais; b) a lesbofobia – compreendida como os traços discriminatórios particularmente dirigidos às mulheres lésbicas, abrangendo, em si, traços não somente da homofobia, como também do machismo; c) a bifobia – como sendo o padrão discriminatório dispensado para com as pessoas bissexuais, notadamente no que diz respeito à sua não conformação dentro de um binarismo hetero/homo; e d) a transfobia – que representa a discriminação particularmente dirigida às pessoas trans em geral (transgêneros, transexuais e travestis). Além disso, observe-se igualmente que são inúmeras as repercussões de cunho social, político e jurídico que são oriundas dessa construção LGBTfóbica à qual a sociedade brasileira foi submetida, tal qual os elevados índices de mortalidade dessas pessoas, a dificuldade de inserção nos mercados de trabalho (especialmente das pessoas trans), a dificuldade de inserção dessas pessoas nos sistemas de ensino formal, a LGBTfobia intrafamiliar, a sub-representação política no contexto nacional etc.;[21]

(E) *a intolerância religiosa* – segundo explana Sidnei Nogueira, a intolerância religiosa, na forma que é atualmente concebida, é, em verdade, fruto de um processo de colonização do país, responsável por apagar os traços culturais e religiosos que não fossem compatíveis com a fé cristã, utilizada, por sua vez, como uma forma de conquista, dominação e doutrinação.[22] Nesse sentido, complementa, ainda, Ciani Neves ao afirmar que as formas de existir do colonizado, ao ameaçarem os propósitos do colonizador, foram domesticadas, assimiladas ou banidas e sob esse viés é que foram assentadas as religiões de matriz africana e afro-indígena na formação da sociedade brasileira, passando por um processo de subalternização e inferiorização dos seus adeptos, bem como de demonização de seus ritos e signos.[23]

Considerando tal conjuntura, portanto, de uma sociedade extremamente desigual e que tem os seus padrões de "normalidade" bem definidos, atribuindo, consequentemente, privilégios àqueles que se aproximem desse modelo e implicando violações

---

[20] SILVA NETTO, Manuel Camelo Ferreira da; MOREIRA, Mateus Henrique Cavendish; FERREIRA, Vinícius José Passos. O arco-íris manchado de sangue: as mortes da população LGBT+ sob a ótica de uma heterocisnormatividade perversa e os debates em torno da criminalização da LGBTfobia no Brasil. *In*: FERRAZ, Carolina Valença; DANTAS, Carlos Henrique Félix; SILVA NETTO, Manuel Camelo Ferreira da; CHAVES, Marianna (Coord.). *Direito e morte*. Belo Horizonte: Letramento, 2020.

[21] No mesmo sentido, ver SILVA NETTO, Manuel Camelo Ferreira da; DANTAS, Carlos Henrique Félix. "Nossas vidas importam?" A vulnerabilidade sociojurídica da população LGBTI+ no Brasil: debates em torno do Estatuto da Diversidade Sexual e de Gênero e da sua atual pertinência. *In*: EHRHARDT JÚNIOR, Marcos; LÔBO, Fabíola (Coord.). *Vulnerabilidade e sua compreensão no direito brasileiro*. Indaiatuba: Foco, 2021.

[22] NOGUEIRA, Sidnei. *Intolerância religiosa*. São Paulo: Sueli Carneiro; Pólen, 2020. p. 20.

[23] NEVES, Ciani Sueli das. Diversidade religiosa: a morte sob a ótica das religiões de matriz africana e afro-indígena. *In*: FERRAZ, Carolina Valença; DANTAS, Carlos Henrique Félix; SILVA NETTO, Manuel Camelo Ferreira da; CHAVES, Marianna (Coord.). *Direito e morte*. Belo Horizonte: Letramento, 2020. p. 560.

das mais diversas ordens – sociais, políticas, econômicas e jurídicas – para aqueles que se afastam dele, que a disseminação do chamado discurso de ódio apresenta-se como problemática. Afinal, é possível dizer que o estigma e a vulnerabilidade (ou mesmo a hipervulnerabilidade), quando considerados concomitantemente, possuem o condão de potencializar lesões à imagem, à honra ou mesmo à integridade, suportadas por certos e determinados indivíduos ou por uma coletividade de pessoas, que ao verem suas existências serem questionadas, depreciadas, minimizadas e agredidas fazem jus a uma tutela jurídica apta a inibir a difusão e a maximização desses comportamentos violadores.

2 A demarcação conceitual do discurso de ódio no direito para a promoção do respeito à diversidade: fronteiras da liberdade expressão

O ódio, como um sentimento, acompanha a própria natureza da pessoa humana na história de desenvolvimento da espécie, de modo a não ser uma novidade nas discussões da filosofia, psicanálise e até mesmo do direito. Entretanto, a modernidade suscita novos contornos da figura do ódio, a exemplo de se tornar possível manipular o seu direcionamento[24] de forma especializada, sobretudo com a expansão do mundo digital e a insuficiência de normas jurídicas que possam proteger de maneira tangível grupos socialmente estigmatizados. Isso porque há poucos critérios definidos que possam demarcar e identificar o ódio discursivamente na sociedade, dificultando, assim, que seja um instrumento contundente na promoção de defesa dos direitos fundamentais e da personalidade violados da pessoa humana vulnerada. Dessa forma, a demarcação conceitual do ódio, juridicamente, torna-se essencial, considerando a inconsistência de mecanismos para os aplicadores do direito.

À vista disso, como resultado do relatório unificado da pesquisa *A construção do conceito jurídico de discurso de ódio no Brasil*,[25] desenvolvido no Centro de Ensino e Pesquisa em Inovação (Cepi) da FGV Direito SP, o professor Victor Nóbrega Luccas ensina que o discurso de ódio consiste em "conceito guarda-chuva", cuja manifestação

---

[24] Isso, por sua vez, pôde ser percebido em fenômenos históricos da humanidade, como no período nazista, em que os grupos socialmente estigmatizados, considerados "inimigos do Estado", eram os judeus, negros, homossexuais, entre outros. Por outro lado, na literatura de ficção distópica, cabe mencionar a obra chamada de *1984*, de George Orwell, cuja narrativa inclui o chamado "Dois Minutos de Ódio". Dessa forma, aqueles que não cumprirem as determinações ideológicas impostas pelo Estado são considerados "inimigos". Assim, em determinado momento do dia a população é direcionada pelo Grande Irmão para se voltar a uma tela, na qual é exibido o rosto do inimigo nacional, sendo permitido utilizar todo e qualquer tipo de ofensa, de modo a alimentar o ódio que compõe a natureza humana. Destaca-se na obra o seguinte trecho: "O mais horrível dos Dois Minutos de Ódio não era o fato de a pessoa ser obrigada a desempenhar um papel, mas de ser impossível manter-se à margem. Depois de trinta segundos, já não era preciso fingir. Um êxtase horrendo de medo e sentimento de vingança, um desejo de matar, de torturar, de afundar rostos com uma marreta, parecia circular pela plateia inteira como uma corrente elétrica, transformando as pessoas, mesmo contra sua vontade, em malucos a berrar, rostos deformados pela fúria. Mesmo assim, a raiva que as pessoas sentiam era uma emoção abstrata, sem direção, que podia ser transferida de um objeto para outro como a chama de um maçarico. [...] Em algumas ocasiões chegava a ser possível alterar o objeto do próprio ódio por meio de um ato voluntário. [...]" (cf. ORWELL, George. *1984*. Tradução de Alexandre Hubner e Heloisa Jahn. São Paulo: Companhia das Letras, 2009. p. 27-28).

[25] LUCCAS, Victor Nóbrega; SALVADOR, João Pedro Favaretto; GOMES, Fabrício Vasconcelos. *A construção do conceito jurídico de discurso de ódio (relatório unificado de pesquisa)*. São Paulo: CEPI-FGV Direito SP, 2020. Disponível em: https://fgv.academia.edu/fgvcepi. Acesso em: 7 jan. 2021.

se direciona em avaliar negativamente um grupo estigmatizado pela sociedade, ou um único sujeito como integrante do grupo, de forma a estabelecer esse como menos digno de direitos, oportunidades ou recursos. Além disso, também deve ser entendido como discurso de ódio a incitação direta à discriminação ou violência contra determinado grupo ou sujeito vulnerado. Por isso, na visão do autor, há a presença de: a) orador: quem profere o discurso de ódio; b) audiência: a quem o discurso se dirige; e c) alvo: quem é negativamente avaliado pelo discurso de ódio.[26]

Dessa forma, ainda como resultado da pesquisa elaborada no CEPI/FGV Direito SP, os pesquisadores Victor Nóbrega Luccas, Fabrício Gomes e João Salvador[27] identificaram, por meio de coleta, filtragem e análise de jurisprudência, bibliografia teórica e legislação esparsa, critérios que podem ser utilizados para estabelecer uma matriz de variáveis para juristas fundamentarem suas decisões sobre o discurso de ódio. Por isso, foram estabelecidas três questões que abarcam, cada qual, algumas variáveis a serem analisadas: a) identificação: dedicada a investigar se a manifestação pode ser identificada como discurso de ódio por meio do alvo, da mensagem e do contexto relacional; b) avaliação: investiga se o direito deve sancionar, regular ou tolerar a manifestação conforme o contexto situacional, o orador, a audiência, o veículo da mensagem, o contexto histórico-social e as consequências; e c) sancionamento e regulação: compreender como deve ser feito o sancionamento ou regulação de uma manifestação particular ou conjunta de um discurso de ódio, por meio de políticas de prevenção, contradiscurso, remoção, censura prévia, indenização, sanções criminais, sanções administrativas ou sanções privadas. Ratifica-se, ainda, que a base da matriz de variáveis é utilizada no tópico 3 como forma de estudo de dois casos selecionados pelos autores deste trabalho, devido aos critérios de: a) repercussão nacional; e b) violação aos signos da alteridade, identidade e diferença de forma a incitar o ódio ou repulsa.

Ademais, de acordo com Silva, Nichel, Martins e Borchardt,[28] o discurso de ódio promove também o que se chama de *vitimização difusa*, em que ao ser proferido, atacará a dignidade de todo um grupo social e não apenas de um indivíduo singularmente considerado. Por isso, ainda que exista um direcionamento para um único sujeito, àqueles que compartilham da vulnerabilidade e traços de estigmatização, ao entrarem em contato com a mensagem proferida, compartilharão do sentimento de violação. Assim, todas essas pessoas serão consideradas vítimas, devido ao sentimento de pertencimento social ao grupo-alvo.

Comenta-se, também, que outra contribuição do projeto, explicitado no Relatório Unificado da Pesquisa do Cepi/FGV Direito SP, a partir de estudo e análise de 82

---

[26] LUCCAS, Victor Nóbrega. O dilema entre a proteção da liberdade de expressão e o combate ao discurso de ódio. *In*: GOMES, Fabrício Vasconcelos; SALVADOR, João Pedro Favaretto; LUCCAS, Victor Nóbrega (Coord.). *Discurso de ódio*: desafios jurídicos. 1. ed. São Paulo: Almedina, 2020. p. 39-40.

[27] Para um aprofundamento do tema, consultar: LUCCAS, Victor Nóbrega; GOMES, Fabrício Vasconcelos; SALVADOR, João Pedro Favaretto. A construção do conceito jurídico de discurso de ódio no Brasil: a matriz de variáveis. *In*: GOMES, Fabrício Vasconcelos; SALVADOR, João Pedro Favaretto; LUCCAS, Victor Nóbrega (Coord.). *Discurso de ódio*: desafios jurídicos. 1. ed. São Paulo: Almedina, 2020.

[28] SILVA, Rosane Leal; NICHEL, Andressa; MARTINS, Anna Clara Lehmann; BORCHARDT, Carlise Kolbe. Discursos de ódio em redes sociais: jurisprudência brasileira. *Rev. Direito GV*, São Paulo, v. 7, n. 2, p. 445-468, 2011. p. 449. Disponível em: http://www.scielo.br/scielo.php?script=sci_arttext&pid=S1808-24322011000200004&lng=en&nrm=iso. Acesso em: 18 jan. 2021.

documentos coletados (72 acórdãos e 10 decisões monocráticas), no momento de filtragem, foi a descoberta de que na maioria das vezes em que houve a menção da expressão "discurso de ódio" nos tribunais brasileiros, o conceito esteve presente sem corresponder necessariamente à argumentação das partes ou do julgador na solução do caso em concreto. Por isso, perceberam os pesquisadores que houve, na verdade, uma forma equivocada do uso da expressão, denotando, por essa razão, a importância sobre o debate crítico-conceitual do discurso de ódio no direito.[29] Ademais, ao analisar a jurisprudência estadunidense, compreenderam que o enquadramento discursivo do ódio estava também inserido em debate maior e antigo, qual seja, os necessários limites à *liberdade de expressão*, sendo considerados ainda assim como casos paradigmáticos indiretamente relacionados com a pesquisa realizada.[30]

Desse modo, o combate ao discurso de ódio também se insere na necessidade de se estabelecer limites bem definidos sobre a *liberdade de expressão*, na medida em que se deve valorizar o respeito à diversidade como forma de tutelar a pessoa humana no estado atual de transformação do direito brasileiro. Sobretudo, porque na transição do Estado Liberal para o Social, nas constituições brasileiras, no século XX, estabeleceu-se a ideia da cláusula geral de proteção humana, em que a pessoa em concreto[31] se torna o centro do ordenamento jurídico. Assim, torna-se necessário promover a cidadania plural, o respeito à diferença e a alteridade inerentes à complexidade de sujeitos que compõem a sociedade. Ignorar a diversidade constituinte da sociedade afrontaria, por isso, o próprio fundamento democrático do Estado de direito constante na Constituição da República Federativa do Brasil de 1988 (CRFB/1988), na medida em que é eixo da república a *dignidade humana* (art. 1º, inc. III), tendo como objetivo a construção de uma sociedade livre, justa e solidária que busca a erradicação da marginalização e redução das desigualdades, de forma a promover o bem de todos, independentemente de origem, raça, sexo, cor, idade e outras formas de discriminação (art. 3º, inc. I, III e IV).

Em consonância com o disposto, ensina Daniel Sarmento[32] que o *hate speech*, ou discurso de ódio, em tradução livre, consiste em tema relativo aos limites da *liberdade de expressão*, na medida em que consiste em "manifestações de ódio, desprezo, ou intolerância contra determinados grupos, motivadas por preconceitos ligados à etnia, religião, gênero, deficiência física ou mental e orientação sexual, dentre outros fatores". Dessa forma, o exercício da autonomia discursiva e verbalizada passa pela indagação do autor: "até que ponto, por exemplo, deve-se tolerar o intolerante?". A esse respeito,

---

[29] LUCCAS, Victor Nóbrega; SALVADOR, João Pedro Favaretto; GOMES, Fabrício Vasconcelos. *A construção do conceito jurídico de discurso de ódio (relatório unificado de pesquisa)*. São Paulo: CEPI-FGV Direito SP, 2020. Disponível em: https://fgv.academia.edu/fgvcepi. Acesso em: 7 jan. 2021. p. 46.

[30] LUCCAS, Victor Nóbrega; GOMES, Fabrício Vasconcelos; SALVADOR, João Pedro Favaretto. A construção do conceito jurídico de discurso de ódio no Brasil: apresentação da pesquisa. In: GOMES, Fabrício Vasconcelos; SALVADOR, João Pedro Favaretto; LUCCAS, Victor Nóbrega (Coord.). *Discurso de ódio*: desafios jurídicos. 1. ed. São Paulo: Almedina, 2020. p. 68.

[31] Sobre o tema, conferir TEPEDINO, Gustavo. O papel atual da doutrina do direito civil entre o sujeito e a pessoa. In: TEPEDINO, Gustavo; TEIXEIRA, Ana Carolina Brochado; ALMEIDA, Vitor (Coord.). *O direito civil entre o sujeito e a pessoa*: estudos em homenagem ao professor Stefano Rodotà. Belo Horizonte: Fórum, 2016.

[32] SARMENTO, Daniel. A liberdade de expressão e o problema do "hate speech". In: SARMENTO, Daniel (Org.). *Livres e iguais*: estudos de direito constitucional. 2. ed. Rio de Janeiro: Lumen Juris, 2010. p. 208; 209-210.

percebe que a tolerância nem sempre é a resposta moralmente correta diante dos conflitos no meio social.

Por isso, a *liberdade de expressão*, ao encontrar correspondência constitucional, como um direito fundamental, no art. 5º, inc. IV da CRFB/1988, e em outros dispositivos, é descrita em linhas gerais como a livre manifestação de pensamento, sendo vedado o anonimato. Contudo, ainda segundo lições de Sarmento, não se trata de um direito de ordem absoluta, pois o próprio texto da constituição consagra outros direitos fundamentais que impõem limites e restrições a esse, como a indenização por dano moral ou à imagem (art. 5º, inc. V) e a inviolabilidade da intimidade, vida privada, honra e imagem das pessoas (art. 5º, inc. X). Percebe o autor, também, que a metodologia adequada diante do liame entre o abuso da *liberdade de expressão* e o discurso de ódio seria exatamente a técnica de ponderação, de forma a buscar, a partir do caso concreto, a medida que melhor acomode os interesses constitucionais que estejam em jogo.[33]

Por outro lado, comenta-se igualmente que o combate ao discurso de ódio encontra correspondência na legislação infraconstitucional, especificamente na Lei nº 7.716/89, no art. 20, *caput*, §§1º e 2º. Assim, o legislador prescreve que a prática, indução ou incitação ao preconceito de raça, cor, etnia, religião ou procedência nacional são passíveis de pena de reclusão de um a três anos e multa. Por sua vez, quando se tratar da fabricação, comercialização, distribuição ou veiculação de símbolos da cruz suástica ou gamada, com finalidade nazista, é passível de punição de reclusão de dois a cinco anos e multa, ao passo que, se a prática for cometida por meios de comunicação social ou publicação de qualquer natureza, a pena será de dois a cinco anos e multa.

No entanto, curiosamente, poucos são ainda os casos, na jurisprudência pátria, que enfrentam diretamente a temática dos limites imposto à *liberdade de expressão*, a partir da prática de discurso de ódio. Destaca-se, ainda, que o caso Siegfried Ellwanger se tornou um grande paradigma para essa matéria, razão pela qual será objeto de análise no tópico seguinte.

2.1 Estudo do caso Siegfried Ellwanger (STF – Habeas Corpus nº 82.424): a liberdade de expressão comporta discursos discriminatórios?

O caso Siegfried Ellwanger (STF – Habeas Corpus nº 82.424) é conhecido na literatura acadêmica como um dos principais precedentes na história da jurisprudência nacional que dizem respeito ao discurso de ódio. Isso, porque a corte do Supremo Tribunal Federal (STF), diferentemente de outros julgados, enfrenta de maneira explícita a conduta enquadrada como racismo ou discriminação étnica contra os judeus, de forma a buscar as possíveis limitações ao abuso da *liberdade de expressão* a partir do discurso de ódio. Assim, como explica João Violante,[34] no ano de 1987, foi fundada a

---

[33] SARMENTO, Daniel. A liberdade de expressão e o problema do "hate speech". *In*: SARMENTO, Daniel (Org.). *Livres e iguais*: estudos de direito constitucional. 2. ed. Rio de Janeiro: Lumen Juris, 2010. p. 235.

[34] VIOLANTE, João Luís Mousinho dos Santos Monteiro. *O caso Ellwanger e seu impacto no direito brasileiro*. 2010. 130 f. Dissertação (Mestrado em Direito) – Pontifícia Universidade Católica de São Paulo, São Paulo, 2010. p. 9-10. Disponível em: https://tede2.pucsp.br/bitstream/handle/5345/1/Joao%20Luis%20Mousinho%20dos%20Santos%20Monteiro%20Violante.pdf. Acesso em: 17 jan. 2021.

Revisão Editora, por Siegfried Ellwanger, brasileiro, descendente de imigrantes alemães, conhecido por difundir ideias que contestavam fatos relativos à Segunda Guerra Mundial, como o holocausto judeu pelos nazistas, de forma a dar corpo e voz ao "revisionismo histórico", que corresponde a movimento que objetiva negar acontecimentos históricos importantes. Dessa forma, Ellwanger, ao adotar o pseudônimo de S. E. Castan, no ano de 1987, dedicou-se a publicar o seu primeiro livro, chamado de *Holocausto – Judeu ou alemão: nos bastidores da mentira do século*, sendo a primeira impressão feita na Editora Palloti, mas, com a repercussão e vendas, o autor fundou a sua própria editora, a Revisão Editora Ltda.

A partir disso, comenta Violante[35] que, nos primeiros anos de existência da Revisão Editora Ltda., existia a divulgação de boletins informativos, chamados de *Esclarecimentos ao país*, que se dedicavam a compartilhar obras de autores nacionais e estrangeiros sobre acontecimentos históricos, destacando-se, sobretudo, temas como o nacionalismo, o antissemitismo, questionamentos sobre fatos relacionados à Segunda Guerra Mundial, todos com postura negacionista. Destaca-se, por sua vez, que a obra escrita por Ellwanger, sob o pseudônimo S. E. Castan, tentava demostrar que "o extermínio em massa de judeus, ciganos, soviéticos e poloneses, além de doentes mentais [sic][36] e homossexuais, na realidade, não teria ocorrido". Além disso, o raciocínio de Castan indicava que os judeus eram os responsáveis pela derrota alemã de 1918, como também era possível perceber similitude com as ideias de Adolf Hitler em seu pensamento.[37]

Em razão do exposto, em novembro de 1991, o Ministério Público (MP) do Estado do Rio Grande do Sul ofereceu denúncia contra Ellwanger, com base na Lei nº 7.716/89, por ter editado, distribuído e comercializado obras de cunho discriminatório contra o povo judeu. Ainda foi requerido que fossem apreendidos todos os exemplares disponíveis na Revisão Editora e os que foram comercializados. No entanto, ao término da fase de instrução processual, o MP se pronunciou pela absolvição do réu. Assim, em junho de 1995, em sentença de 1º grau, houve a absolvição de Ellwanger, conforme o argumento de inexistência de fatos (art. 386, inc. I, do Código de Processo Penal). Isso, por sua vez, gerou inconformismo, ocasionando apelação à instância superior, tendo a 3ª Câmara Criminal do Tribunal de Justiça do Rio Grande do Sul dado provimento ao recurso, condenando o editor a dois anos de reclusão, com *sursis* por quatro anos.[38]

---

[35] VIOLANTE, João Luís Mousinho dos Santos Monteiro. *O caso Ellwanger e seu impacto no direito brasileiro*. 2010. 130 f. Dissertação (Mestrado em Direito) – Pontifícia Universidade Católica de São Paulo, São Paulo, 2010. p. 9-14. Disponível em: https://tede2.pucsp.br/bitstream/handle/5345/1/Joao%20Luis%20Mousinho%20dos%20Santos%20Monteiro%20Violante.pdf. Acesso em: 17 jan. 2021.

[36] Em que pese a expressão utilizada na citação original, é importante relembrar que houve uma mudança de terminologia relativa ao grupo social específico, de modo a valorizar a dignidade intrínseca da pessoa humana. Por isso, entende-se, sobretudo tomando como base o modelo social de deficiência, como expressão mais adequada o termo "pessoa com deficiência". Comenta-se, ainda, que há quem fale sobre a possibilidade de uso do termo "pessoa com diversidade funcional", como forma de dar corpo e voz ao modelo da diversidade, que institui o traço valorativo da diferença ante a pessoa humana.

[37] VIOLANTE, João Luís Mousinho dos Santos Monteiro. *O caso Ellwanger e seu impacto no direito brasileiro*. 2010. 130 f. Dissertação (Mestrado em Direito) – Pontifícia Universidade Católica de São Paulo, São Paulo, 2010. p. 17. Disponível em: https://tede2.pucsp.br/bitstream/handle/5345/1/Joao%20Luis%20Mousinho%20dos%20Santos%20Monteiro%20Violante.pdf. Acesso em: 17 jan. 2021.

[38] VIOLANTE, João Luís Mousinho dos Santos Monteiro. *O caso Ellwanger e seu impacto no direito brasileiro*. 2010. 130 f. Dissertação (Mestrado em Direito) – Pontifícia Universidade Católica de São Paulo, São Paulo, 2010. p. 36-40.

Insatisfeito com a condenação em segunda instância, Ellwanger, representado judicialmente, impetrou *habeas corpus* no: a) Superior Tribunal de Justiça (STJ) (HC nº 15.155 – 2000/013 1351-7 – 5ª Turma Criminal – Rio Grande do Sul): objetivando impugnar a prática de racismo, com base no afastamento da cláusula constitucional de imprescritibilidade do delito, de modo a argumentar que os judeus não seriam uma raça. Ao apreciar a demanda, os ministros do STJ denegaram, de modo a entender que o *habeas corpus* é meio impróprio para o reexame, da mesma forma que não há ilegalidade na decisão de condenação, caracterizando as condutas crime formal, de mera conduta; e b) Supremo Tribunal Federal (HC nº 82.424): ocasião na qual, em decisão proferida no tribunal, por maioria, foi indeferido o *habeas corpus*, em 17.9.2003, de modo a reconhecer o abuso no exercício da *liberdade de expressão*, com base na prática do racismo e denegação do *writ*.[39]

Ainda sobre a decisão proferida no STF, destacam-se os seguintes argumentos do acórdão vencedor do Ministro Presidente Maurício Corrêa:[40]

(A) *Direcionamento à exclusão de oportunidades e direitos relativos a um grupo estigmatizado socialmente: os judeus* – as obras publicadas pela Revisão Editora Ltda., além de negarem fatos históricos relacionados à perseguição do nazismo, também incentivam a discriminação racial, de modo a imputar aos judeus os males do mundo, como aponta o ministro. Assim, compreendeu-se que a parte impetrante do *habeas corpus* considerava justificável a inferiorização e segregação do grupo estigmatizado-alvo.[41]

(B) *A interpretação equivocada de que o delito de discriminação contra os judeus não se constitui crime de racismo, por não se tratar de uma raça específica, estando, por isso, sob a exegese do prazo prescricional previsto em lei* – ao apreciar a questão, entendeu-se que não se pode empregar isoladamente o significado de raça como expressão puramente biológica. Isso porque se devem levar em conta, também, os valores antropológicos e sociológicos para a discussão, sobretudo porque se convencionou correlacionar a ideia de raça a partir da geografia mundial, em que homens brancos são atrelados à Europa, enquanto a cor negra, à África e os de cor amarela, à Ásia. Portanto, ressalta:

19. [...] a divisão dos seres humanos em raças decorre de um processo político-social originado da intolerância dos homens. Disso resultou o preconceito racial. Não existindo base científica para divisão do homem em raças, torna-se ainda mais odiosa qualquer ação discriminatória da espécie. Como evidenciado cientificamente, todos os homens

---

Disponível em: https://tede2.pucsp.br/bitstream/handle/5345/1/Joao%20Luis%20Mousinho%20dos%20Santos%20Monteiro%20Violante.pdf. Acesso em: 17 jan. 2021.

[39] VIOLANTE, João Luís Mousinho dos Santos Monteiro. *O caso Ellwanger e seu impacto no direito brasileiro*. 2010. 130 f. Dissertação (Mestrado em Direito) – Pontifícia Universidade Católica de São Paulo, São Paulo, 2010. p. 41-49. Disponível em: https://tede2.pucsp.br/bitstream/handle/5345/1/Joao%20Luis%20Mousinho%20dos%20Santos%20Monteiro%20Violante.pdf. Acesso em: 17 jan. 2021.

[40] BRASIL. Supremo Tribunal Federal. *Habeas Corpus nº 82.424*. Relator para o acórdão: Ministro Presidente Maurício Corrêa, j. 17.12.2003. Disponível em: http://redir.stf.jus.br/paginadorpub/paginador.jsp?docTP=AC&docID=79052. Acesso em: 17 jan. 2021.

[41] Voto do Ministro Presidente Maurício Corrêa (BRASIL. Supremo Tribunal Federal. *Habeas Corpus nº 82.424*. Relator para o acórdão: Ministro Presidente Maurício Corrêa, j. 17.12.2003. p. 555. Disponível em: http://redir.stf.jus.br/paginadorpub/paginador.jsp?docTP=AC&docID=79052. Acesso em: 17 jan. 2021).

que habitam o planeta, sejam eles pobres, ricos, brancos, negros, amarelos, judeus ou muçulmanos, fazem parte de uma única raça, que é a espécie humana, realçada nas normas internacionais sobre direitos humanos, mas também os fundamentos do Pentateuco ou Torá acerca da origem comum do homem. [...] Em consequência, apesar da diversidade de indivíduos e grupos segundo características das mais diversas, os seres humanos pertencem a uma única espécie, não tendo base científica as teorias de que grupos raciais ou étnicos são superiores ou inferiores, pois na verdade são contrárias aos princípios morais e éticos da humanidade.[42]

(C) *O antissemitismo nazista constitui uma forma de racismo* – compreendeu-se, também, que a conduta antissemita constitui uma forma de racismo, pois opõe e hierarquiza valores de certos grupos em contraposição a outros.[43]

Dessa forma, a corte do STF proferiu decisão de modo a indeferir o *habeas corpus*, vencendo os votos dos ministros Moreira Alves, Marco Aurélio e Carlos Britto, destacando-se o acórdão do Ministro Presidente Maurício Corrêa, sendo acompanhado por maioria no tribunal. Assentou-se, portanto, que o direito individual, ainda que decorra de uma garantia constitucionalmente estabelecida, como a *liberdade de expressão*, não é absoluta, podendo no caso concreto ultrapassar limites morais e jurídicos passíveis de ilicitude penal.

Por isso, deve-se promover o respeito à diversidade e à diferença como forma de tutelar a *igualdade material jurídica*, corolário do Estado Constitucional de Direito brasileiro. Todavia, na medida em que a sociedade se inova, novos desafios são postos para o direito, tal qual a imposição dos meios de comunicação e a falsa sensação de que não há limites no ambiente digital para a propagação do discurso de ódio, como será abordado a seguir.

2.2 Redes sociais e a expansão do discurso de ódio contra grupos estigmatizados

Argumenta Marco Santos[44] que o discurso de ódio, nas redes sociais, a partir do estudo das teorias de Levinas, consiste em retirar do outro a condição de reconhecimento e respeito com base no rebaixamento da pessoa humana. Dessa forma, o discurso elaborado, como linguagem, pode significar violência, injustiça e também um ato imoral. Por isso, a partir desse levantamento, percebe-se que o discurso retórico de ódio pode vir a configurar uma imoralidade que deve ser suprimida, na medida em que a linguagem não deve funcionar apenas como uma junção de palavras, mas também o reflexo da necessidade de reconhecimento e respeito do outro, cumprindo, por isso, a função ética de respeito à diferença e alteridade.

---

[42] Voto do Ministro Presidente Maurício Corrêa (BRASIL. Supremo Tribunal Federal. *Habeas Corpus nº 82.424*. Relator para o acórdão: Ministro Presidente Maurício Corrêa, j. 17.12.2003. p. 560; 562. Disponível em: http://redir.stf.jus.br/paginadorpub/paginador.jsp?docTP=AC&docID=79052. Acesso em: 17 jan. 2021).

[43] Voto do Ministro Presidente Maurício Corrêa (BRASIL. Supremo Tribunal Federal. *Habeas Corpus nº 82.424*. Relator para o acórdão: Ministro Presidente Maurício Corrêa, j. 17.12.2003. p. 569. Disponível em: http://redir.stf.jus.br/paginadorpub/paginador.jsp?docTP=AC&docID=79052. Acesso em: 17 jan. 2021).

[44] SANTOS, Marco Aurelio Moura dos. *O discurso de ódio em redes sociais*. 1. ed. São Paulo: Lura Editorial, 2016.

Entretanto, a democratização do acesso aos meios comunicacionais, sobretudo com a difusão e uso da internet na atualidade, em escala mundial, permite que seja possível o intercâmbio de informações entre as pessoas com mais facilidade, potencializando o risco ao discurso de ódio em novas formas que trazem obstáculos renovados para as investigações e seu respectivo combate. Assim, podem se constituir, por exemplo, por meio do anonimato, criação de perfis falsos, comunidades com fóruns fechados, entre outros meios, como explica Silva, Nichel, Martins e Borchardt.[45] Desse modo, novos desafios são propostos para o direito diante das inovações reiteradas das redes sociais, comprometendo não apenas a segurança na proteção dos dados pessoais e sensíveis, mas também o respeito à diferença constituinte da individualidade de cada pessoa humana que se insere em diferentes culturas, comunidades, gêneros, raças, expressões sexuais etc.

Sobre o tema, ensina Geraldo Frazão de Aquino Júnior que a problemática do anonimato na internet deve passar pela transferência do ônus sobre a identificação do sujeito para quem puder cumprir com os menores custos. Assim, cabe à tecnologia, ou aos intermediários da cadeia de comunicação, estabelecer os mecanismos de controle e identificação do usuário. Dessa maneira, argumenta que os juízes e os peritos podem auxiliar na descoberta de como solucionar à luz de cada caso concreto.[46]

Por outro lado, a proteção à pluralidade e à diversidade de pensamento, ante a garantia constitucional da *liberdade de expressão*, possui previsão específica no Marco Civil da Internet (Lei nº 12.965/2014), no art. 2º, inc. III. Todavia, essa livre manifestação de pensamento não deve esbarrar na intolerância, no preconceito ou em formas de discriminações contra grupos vulnerados, tal qual pressupõe o discurso de ódio no ambiente digital. Isso, pois, a pluralidade e extensão da diversidade de pensamento, como visto, encontra limite na proteção jurídica daqueles que destoem do padrão socialmente esperado, ou seja, enquadrados como grupos socialmente estigmatizados, sob pena de violar os direitos fundamentais e da personalidade que tutelam as intersubjetividades da pessoa humana; sendo possível, inclusive, enquadrar-se a conduta em ilícito penal. Em função disso, a interpretação desse dispositivo, na percepção dos autores, para fins de combate ao discurso de ódio nas redes sociais, deve ser feita conjuntamente com o art. 20, *caput*, §§1º e 2º da Lei nº 7.716/89, anteriormente comentado, como forma de tutelar o respeito à diversidade humana na esfera digital.

Por sua vez, registra-se ainda que a Lei nº 12.965/2014, nos termos dos arts. 19 a 21, determina que os provedores de aplicação – aqueles que fornecem funcionalidades de acesso para o usuário, como portais, aplicativos, redes sociais etc. – não possuem responsabilidade quanto à veiculação por terceiros de mensagens que possuam o cunho discriminatório ou de preconceito em suas plataformas. Por isso, nesses casos, somente após decisão judicial específica, não havendo providência legal tomada em

---

[45] SILVA, Rosane Leal; NICHEL, Andressa; MARTINS, Anna Clara Lehmann; BORCHARDT, Carlise Kolbe. Discursos de ódio em redes sociais: jurisprudência brasileira. *Rev. Direito GV*, São Paulo, v. 7, n. 2, p. 445-468, 2011. p. 450. Disponível em: http://www.scielo.br/scielo.php?script=sci_arttext&pid=S1808-24322011000200004&lng=en&nrm=iso. Acesso em: 18 jan. 2021.

[46] AQUINO JÚNIOR, Geraldo Frazão de. Responsabilidade civil dos provedores de internet. *In*: EHRHARDT JÚNIOR, Marcos; LOBO, Fabíola Albuquerque (Coord.). *Privacidade e sua compreensão no direito brasileiro*. Belo Horizonte: Fórum, 2019. p. 115.

prazo assinalado, que ocorrerão as sanções legais previstas. Afinal, a justificativa do legislador, no *caput* do art. 19, gira em torno da necessidade de se proteger a *liberdade de expressão* diante de censura.

Contudo, como argumentado, até então, resta como claro que essa garantia constitucional não possui um valor absoluto no ordenamento jurídico brasileiro, havendo como limite o respeito à diversidade como forma de tutelar a pessoa humana a partir do discurso de ódio. Portanto, a fim de investigar, na prática, como se dá a demarcação discursiva do ódio na realidade social, o tópico seguinte se ocupa em explanar, a partir da matriz de variáveis, casos que abordam o incentivo à ojeriza de grupos socialmente estigmatizados.

3 O discurso de ódio na prática: estudo de dois casos que envolvem excessos na liberdade de expressão a partir da aplicação da matriz de variáveis

Finalmente, no intuito de demonstrar as potencialidades lesivas que o discurso de ódio guarda em si – notadamente considerando-o uma extrapolação da *liberdade de expressão*, consoante fora anteriormente trabalhado –, bem como as formas por meio das quais ele pode vir a se manifestar no meio social, o presente artigo realizou um estudo qualitativo de casos múltiplos, considerando pertinente para o objeto do trabalho abordar somente duas situações em que houve extrapolação no exercício do direito à *liberdade de expressão*, ressaltando o valor diversidade como traço fundamental.

Sobre a técnica do estudo de caso, afirma Robert Yin que ela representa "[...] a estratégia preferida quando se colocam questões do tipo 'como' e 'porque', quando o pesquisador tem pouco controle sobre os eventos e quando o foco se encontra em fenômenos contemporâneos inseridos em algum contexto da vida real".[47] Assim, fora considerada uma abordagem exploratória, visando à análise de casos de extrapolação do direito à *liberdade de expressão*, para levantar de que forma a manifestação do discurso de ódio contribui para a difusão e o aumento do processo de estigmatização contra grupos socialmente vulneráveis e como o Judiciário respondeu/deveria responder a essas manifestações.

Diante disso, considerando que o estigma é decorrente de atributos considerados depreciativos que se referem a aspectos de diversas ordens (gênero, raça, expressão de sexualidade, possuir deficiência etc.), os quais compõem a identidade de certos indivíduos ou grupos sociais, sobretudo em razão da sua maior suscetibilidade à violação dos seus diretos (vulnerabilidade), a escolha dos casos levou em conta o estudo de violações proferidas contra pessoas que integrassem grupos vulneráveis distintos (diversidade sexual e gênero). Isso, pois, intentou-se constatar as semelhanças presentes nas manifestações odiosas, as quais não reproduzem uma única forma de opressão (machismo, racismo, capacitismo, LGBTfobia etc.), mas sim permeiam as relações sociais num geral, ressaltando as desigualdades nelas existentes e contribuindo para a desvalorização da diversidade na sociedade.

---

[47] YIN, Robert K. *Estudo de caso*: planejamento e métodos. 2. ed. Porto Alegre: Bookman, 2001. p. 19.

Assim, foi levada em consideração a matriz de variáveis construída pelos pesquisadores da Cepi/FGV Direito SP, notadamente a descrição feita por Victor Nóbrega Luccas, Fabrício Gomes e João Salvador, anteriormente trabalhada, para inspirar a análise da ocorrência do discurso de ódio e se a resposta do Judiciário aos casos analisados foi coerente com o sancionamento esperado para as práticas discursivas proferidas em função do desrespeito à diversidade.

Para tanto, foram escolhidos casos de extrapolação do direito à *liberdade de expressão* que obtiveram repercussão midiática e que resultaram na instauração de procedimento judicial (não necessariamente envolvendo a discussão expressa do discurso de ódio em seu bojo), tendo o estudo sido conduzido com base em análise documental de notícias veiculadas sobre os casos (a fim de contextualizar os fatos neles ocorridos), em artigos acadêmicos e na análise dos procedimentos judiciais instaurados.

Após essas considerações metodológicas, passa-se, a seguir, ao estudo específico de cada um dos casos escolhidos.

3.1 O candidato à Presidência da República e a homofobia ostensiva: "Aparelho excretor não reproduz"

A origem do acontecimento remonta a um debate, entre os candidatos Luciana Genro (PSOL) e Levy Fidelix (PRTB), no dia 28.9.2014, para o cargo de Presidência da República, ocorrido em rede nacional televisiva e transmitido na emissora TV Record. Dessa forma, a então candidata do PSOL questiona ao presidenciável Levy Fidelix (PRTB) o seguinte: "Por que que as pessoas que defendem tanto a família se recusam a reconhecer como família um casal do mesmo sexo?". Na sua declaração, o candidato argumenta que "dois iguais não fazem filho", pois "aparelho excretor não reproduz". Além disso, ainda acrescenta que o então Papa Francisco havia expurgado, recentemente, um sacerdote da Igreja católica por pedofilia, em combate ao abuso infantil, situação essa que, pelo contexto da sua fala, leva à compreensão de que estaria comparando tal ato com as relações desempenhadas por pessoas do mesmo gênero. Ratifica, também, que os integrantes desse grupo estigmatizado devem ser enfrentados, incentivando a discriminação e o preconceito, na medida em que alega: "Então, gente, vamos ter coragem. Nós somos maioria, vamos enfrentar essa minoria". Entre suas alegações finais, também destaca que essa parcela de pessoas deve ser submetida a atendimento psicológico e afetivo, o qual deveria ocorrer "bem longe da gente", dando a entender que cuida de uma patologia que merece tratamento no campo da saúde.[48] [49]

---

[48] Para um aprofundamento, consultar LEVY Fidelix é condenado em R$1 mi por ofensas a homossexuais. *Migalhas*, 16 mar. 2015. Disponível em: https://migalhas.uol.com.br/quentes/217286/levy-fidelix-e-condenado-em-r-1-mi-por-ofensas-a-homossexuais. Acesso em: 19 jan. 2021.

[49] Transcrição da resposta elaborada por Levy Fidelix (PRTB) no debate com Luciana Genro (PSOL): "Jogo pesado agora. [Risos da plateia]. Nessa você jamais deveria entrar. Economia tudo bem. Olha minha filha, tendo 62 anos. *Pelo o que vi na vida, dois iguais não fazem filho. E digo mais: desculpe, mas aparelho excretor não reproduz.* É feio dizer isso, mas não podemos, jamais, gente... eu que sou um pai de família, um avô... deixar que tenhamos esses que estão achacando a gente no dia a dia, querendo escorar essa minoria a maioria do povo brasileiro. Como é que pode o pai de família, um avô, ficar aqui escorado, com medo. Porque tem medo de perder voto. Prefiro não ter esses votos, mas ser um pai, um avô que tem vergonha na cara, que instrua o seu filho, que instrua seu neto. E vamos acabar com essa historinha. *Eu vi agora o padre, o santo padre, o papa, expurgar – fez muito bem – do vaticano um pedófilo.* Está certo. Nós tratamos a vida toda com a religiosidade, para que nossos filhos possam encontrar

A partir disso, em decorrência das alegações proferidas pelo presidenciável do PRTB, em rede nacional televisiva, abarcando um grande quantitativo de pessoas, a Defensoria Pública do Estado de São Paulo (DEPESP) ajuizou petição inicial de ação civil pública[50] (Processo Digital nº 1098711-29.2014.8.26.0100) perante o Tribunal de Justiça do Estado de São Paulo (TJSP), tendo por objetivo indenização civil por dano moral coletivo no montante de R$1.000.000,00 (um milhão de reais), devendo o valor ser revertido em ações para a promoção de igualdade da população LGBTI+, conforme definição do Conselho Nacional de Combate à Discriminação LGBTI+. Assim, a principal fundamentação da peça decorreu de o candidato ter ultrapassado os limites da *liberdade de expressão*, incidindo em discurso de ódio, por incitar a discriminação e exclusão da população LGBTI+ na sociedade, considerando-a menos detentora de direitos, oportunidades e recursos. Em decorrência disso, houve procedência para o pedido da DEPESP, de modo a haver condenação em primeiro grau no TJSP nos seguintes parâmetros: a) pagamento de danos morais coletivos, no valor de R$1.000.000,00 (esfera cível), sendo revertido em ações para a promoção da igualdade da população LGBTI+ na sociedade; b) em caso de descumprimento da ordem judicial, pagamento de multa no valor de R$500.000,00 por cada ato judicial não cumprido; e c) produção de um programa, com a mesma duração do discurso do presidenciável do PRTB, em mesma faixa de horário da programação, para promover o reconhecimento dos direitos da população LGBTI+.[51]

Insatisfeito com a condenação, Levy Fidelix, representado judicialmente, protocolou pedido de apelação perante a 4ª Câmara de Direito Privado do Tribunal de Justiça de São Paulo,[52] obtendo, no dia 2.2.2017, reforma integral da sentença em segunda instância, de modo a: a) retirar a condenação por indenização por danos morais, de forma a entender que não há suporte para a indenização; e b) rechaçar a condenação acerca da necessidade de se produzir publicidade televisiva de modo a abranger a tutela jurídica dos direitos da população LGBTI+. Constata-se, ainda, que o posicionamento da câmara contrariou o parecer emitido pela Procuradoria-Geral de Justiça que, de forma propositiva, alegava que deveria apenas ser reduzido o valor da indenização e multa, permanecendo os critérios levantados em primeira instância.

A argumentação dos desembargadores esteve diretamente associada a privilegiar a *liberdade de expressão* em contraposição ao reconhecimento da existência latente de

---

realmente um bom caminho familiar. Então, Luciana, lamento muito. Que façam um bom proveito se querem fazer e continuar como estão, mas eu, presidente da república, não vou estimular. Se está na lei, que fique como está, *mas estimular jamais a União Homoafetiva*. [...] Luciana, você já imaginou: o Brasil tem 200 milhões de habitantes, se começarmos a estimular isso aí, daqui a pouco vai acabar reduzindo para 100. [Risos da plateia]. Vá para a paulista e você verá. É feio o negócio. *Então gente, vamos ter coragem. Nós somos maioria, vamos enfrentar essa minoria.* Vamos enfrentá-los. Não ter medo, de dizer: sou pai, mãe, vovô. *E o mais importante, é que esses que tem esses problemas sejam atendidos no plano psicológico e afetivo, mas bem longe da gente. Bem longe mesmo, que aqui não dá"* (grifos nossos). Para assistir o trecho do debate, acessar o seguinte *link*: https://www.youtube.com/watch?v=5NPea2dyaEA.

50 SÃO PAULO (Estado). Defensoria Pública. *Petição inicial de ação civil pública cominatória de obrigação de fazer*. Disponível em: https://www.defensoria.sp.def.br/dpesp/Repositorio/39/Documentos/ACP_Levy%20fidelix_dano%20moral%20coletivo.pdf. Acesso em: 20 jan. 2021.

51 SÃO PAULO (Estado). Tribunal de Justiça, 18ª Vara Cível. *Sentença da Ação Civil Pública (Processo Digital nº 1098711-29.2014.8.26.0100)*. Juíza de Direito: Dra. Flavia Poyares Miranda, j. 15.3.2015. Disponível em: https://migalhas.uol.com.br/arquivos/2015/3/art20150316-08.pdf. Acesso em: 14 jan. 2021.

52 SÃO PAULO (Estado). Tribunal de Justiça, 4ª Câmara de Direito Privado do Tribunal de Justiça de São Paulo. *Acórdão da Apelação Cível (Processo Digital nº 1098711-29.2014.8.26.0100)*. Rel. Dr. Natan Zelinschi de Arruda, j. 2.2.2017. Disponível em: https://migalhas.uol.com.br/arquivos/2017/2/art20170206-02.pdf. Acesso em: 14 jan. 2021.

discurso de ódio pelo candidato, por isso, destaca-se o seguinte trecho para o estudo do comportamento do Judiciário:

> [...] não se identifica afronta específica à dignidade da pessoa humana dos integrantes do movimento LGBT, ante as peculiaridades que envolvem os debates políticos, sempre em busca do sensacionalismo [...] que nada fora demonstrado que configurasse incitação ao ódio, além de que, não se tem notícia de que tenha ocorrido repercussão de violência em sentido amplo, não obstante o procedimento inadequado do candidato corréu em que prevaleceram, no mínimo, aspectos grosseiros, no entanto, sem maiores consequências.

Por outro lado, de forma contraditória ao que foi levantado pelo relator do acórdão, no trecho destacado, houve sim uma repercussão na propagação do discurso de ódio, como pode ser observado em rápida consulta nas mídias sociais, como se observa a seguir:

FIGURA 1 – Captura de tela de comentários feitos em vídeo do debate entre Levy Fidelix e Luciana Genro

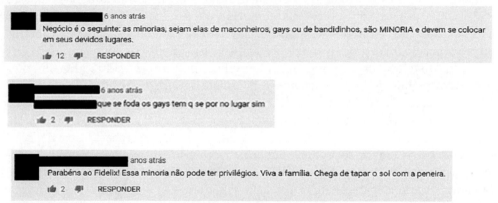

Fonte: "Aparelho excretor não reproduz", responde Levy Fidelix em debate, 2014.

Ademais, diante da reforma integral da sentença em primeira instância, como fora comentado, a DEPESP se movimentou no sentido de ingressar com recurso especial (REsp) e recurso extraordinário (RE), perante o STJ e o STF, respectivamente, de modo a defender que houve sim excesso de *liberdade de expressão* e violação à diversidade como fundamento da *dignidade humana*, por parte do candidato à Presidência da República. Até a data de conclusão do presente artigo, o REsp nº 1.763.626/SP (2018/0224692-8) encontra-se concluso para decisão pelo Relator Ministro Marco Aurélio Bellizze.[53] Dessa maneira, pode-se dizer que a argumentação do presente caso se enquadra como discurso de ódio pelos seguintes motivos:

> (A) *Incentivo à intolerância e discriminação da população LGBTI+, na medida em que afirma ser uma minoria que deve ser combatida pela maioria, devendo ser rechaçada a união entre pessoas do mesmo gênero* – ao argumentar sobre a necessidade de

---

[53] Para acompanhar o andamento processual, consultar: https://esaj.tjsp.jus.br/cposg/open.do.

enfrentamento da população LGBTI+, o candidato à Presidência da República incita pessoas que não sejam integrantes do movimento a se colocarem contrárias àquelas que o compõem. Por isso, entende-se que há a instigação discriminatória contra um grupo considerado alvo de forma coletivizada, ferindo o art. 3º, inc. IV da CRFB/1988.

(B) *Equiparação da expressão de sexualidade homossexual com a pedofilia* – ao proceder com essa afirmação, o presidenciável alimenta o estigma de que pessoas homossexuais seriam, na verdade, dignas do mesmo repúdio e ojeriza que pessoas que sejam pedófilas. Isso porque, na sua visão, poderiam ser inseridas nas mesmas circunstâncias reprováveis que uma pessoa pedófila. Todavia, torna-se necessário argumentar que a livre expressão da sexualidade, como atributo fundamental da pessoa humana, consiste em traço da personalidade que merece respeito, proteção e o afastamento de estigmas e preconceitos, de modo a ser exercido de forma segura e condizente com a autodeterminação e pessoalidade de cada sujeito. Por isso, a equiparação entre pedófilos e homossexuais soa desarrazoável, incongruente e caluniosa. Afinal, a conduta de pedofilia, inclusive, é criminosa, ao contrário do direito ao exercício da sexualidade de pessoas de mesmo gênero.

(C) *Alegação de que "dois iguais não fazem filho"* – trata-se de afirmação que não condiz com os parâmetros e possibilidades para dar cabo à construção do vínculo parental. Isso, pois, pode-se construir esses laços por meio da adoção, uso de gestação por substituição, entre outras modernas alternativas.

(D) *Afirmação de que a população LGBTI+ deve ser submetida a tratamento psicológico e afetivo, como se fosse uma patologia passível de tratamento no campo da saúde* – a identidade e a expressão de sexualidade não constituem atributo capaz de enquadrar um ser humano como detentor de uma patologia. Na verdade, consiste em característica fundamental da pessoalidade de cada indivíduo e da sua natureza como animal. Além disso, ressalta-se que o desejo afetivo e sexual por pessoas de mesmo gênero não constitui mais patologia também nos diplomas internacionais da área de saúde, como o Catálogo Internacional de Doenças (CID). Por sua vez, a identidade de gênero subjaz a forma com que o sujeito se entende como pessoa humana, tendo avançado, recentemente, também, a CID em enquadrar como transtorno de personalidade ou disforia de gênero.

À vista disso, ao enquadrar-se o presente caso à matriz de variáveis, chega-se ao seguinte resultado:

QUADRO 1 – Tabela construída a partir da análise do caso 1 com base na aplicação da matriz de variáveis

Variáveis		Caso em análise
Identificação	Houve discurso de ódio?	Sim.
	Alvo	População LGBTI+ num geral e, mais especificamente, os homens homossexuais.
	Mensagem	"Pelo que eu vi na vida dois iguais não fazem filho. E digo mais, digo mais: desculpe, mas aparelho excretor não reproduz [...]. Vamos acabar com essa historinha. Eu vi agora o santo padre, o papa, expurgar, fez muito bem, do Vaticano, um pedófilo. Está certo! [...] O Brasil tem 200 milhões de habitantes, daqui a pouquinho vai reduzir para 100 [milhões]. Vai para a Avenida Paulista, anda lá e vê. É feio o negócio, né? Então, gente, vamos ter coragem, nós somos maioria. Vamos enfrentá-los".
	Contexto relacional	Debate entre os presidenciáveis, exibido pela TV Record (repercussão nacional).
Avaliação	Direito deve sancionar, regular ou tolerar?	Sancionar.
	Orador	Candidato à Presidência da República pelo PRTB.
	Audiência	Audiência do debate e população do país como um todo.
	Veículo da mensagem	TV Record (emissora de televisão com repercussão nacional).
	Contexto históri-co-social	Sociedade LGBTfóbica, em que as pessoas heterossexuais e cisgêneras ocupam um lugar de privilégio quando comparadas àqueles e àquelas que compõem a diversidade sexual e de gênero (lésbicas, *gays*, bissexuais, transexuais, travestis, transgêneros, não binaries, intersexuais, assexuais, pansexuais etc.), notadamente considerando que o país ocupa o topo do *ranking* mundial nas mortes desses indivíduos.
	Consequências	De maneira imediata, as falas do candidato geraram risadas na plateia, de modo que o tema fora tratado como chacota.
Sanciona-mento ou regulação	Houve sancio-namento ou regulação?	Em primeira instância sim. Contudo, em segunda instância houve a reformulação da decisão para não aplicar nenhum sancionamento. O processo, por sua vez, ainda não transitou em julgado, estando atualmente concluso para decisão no STJ.
	Qual sanciona-mento?	Em primeira instância: 1) Pagamento de danos morais coletivos, no valor de R$1.000.000,00 (esfera cível), sendo revertido em ações para a promoção da igualdade da população LGBTI+ na sociedade. 2) Em caso de descumprimento da ordem judicial, pagamento de multa no valor de R$500.000,00 por cada ato judicial não cumprido. 3) Produção de um programa, com a mesma duração do discurso do presidenciável do PRTB, em mesma faixa de horário da programação, para promover o reconhecimento dos direitos da população LGBTI+.
		Em segunda instância: TJSP: Não houve aplicação.
		STJ e STF: Aguarda julgamento.

Fonte: Elaboração pelos autores, a partir dos dados da pesquisa.

Diante da situação narrada, chega-se ao entendimento, portanto, de que houve sim prática de discurso de ódio por parte do candidato, dirigido à população LGBTI+, como um todo, e, mais especificamente, aos homens homossexuais, como uma coletividade. Afinal, as palavras utilizadas pelo presidenciável foram responsáveis por estigmatizar um grupo vulnerável já bastante discriminado no contexto nacional, de modo: a) a diminuir a *dignidade* de suas relações sexuais, visto que não têm como reproduzirem-se, via de regra,[54] por meio da reprodução humana natural; b) a comparar as relações afetivo-sexuais desempenhadas por pessoas de mesmo gênero com a prática de pedofilia, conduta criminosa tipificada; e c) a incitar expressamente o enfrentamento de tal grupo minoritário e vulnerável pela maioria, heterossexual e cisgênera. Por fim, cabe dizer que a atuação do Judiciário, em segunda instância, no caso foi insatisfatória, de modo a não seguir os precedentes jurisprudenciais fixados sobre o tema.

Outrossim, impende enfatizar que, em 2019, o STF, por meio do julgamento da Ação Direta de Inconstitucionalidade por Omissão (ADO) nº 26 e do Mandado de Injunção (MI) nº 4.733, fixou tese no sentido de, resumidamente, dar interpretação conforme a Constituição para enquadrar a homotransfobia, qualquer que seja sua forma de manifestação, nos tipos penais constantes da Lei nº 7.716/89, com base na compreensão social de racismo, assentada no caso Ellwanger, até que sobrevenha legislação autônoma editada pelo Congresso Nacional. Desse modo, embora não se possa aplicar especificamente ao caso em comento a imputação criminal de homofobia – visto que a legislação penal somente autoriza retroação em benefício do réu –, tal reconhecimento, por parte do STF, corrobora a compreensão de que deve haver proteção estatal às pessoas que integram a diversidade sexual e de gênero, especialmente pelas suas condições de grupo vulnerável socialmente estigmatizado no contexto de uma sociedade heterocisnormativa.

3.2 O deputado federal e a "ironia" do machismo: "Não te estupro porque você não merece"

Este caso teve origem em uma manifestação proferida pelo então Deputado Federal Jair Bolsonaro (PP-RJ) que, no dia 9.12.2014, em discurso no Plenário da Câmara dos Deputados, afirmou, referindo-se à também Deputada Federal Maria do Rosário (PT-RS), que só não a estupraria porque ela "não merecia".[55] A ofensa ocorrera supostamente em "resposta" ao posicionamento da deputada com relação à Ditadura Militar, a qual chamara o período de "vergonha absoluta".

---

[54] Fato interessante e que não fora considerado pelo candidato, tendo em vista o seu notório desconhecimento a respeito das questões que envolvem a diversidade sexual e de gênero, é que pessoas homossexuais podem sim reproduzir-se, entre si, com ou sem auxílio das técnicas de reprodução humana assistida, como exemplo, no caso de casal homoafetivo masculino, formado por um homem cis e um homem trans, ou de casal homoafetivo feminino, formando por uma mulher cis e uma mulher trans (no mesmo sentido, ver SILVA NETTO, Manuel Camelo Ferreira da. *Planejamento familiar nas famílias LGBT*: desafios sociais e jurídicos do recurso à reprodução humana assistida no Brasil. Belo Horizonte: Fórum, 2021).

[55] No caso em questão, o deputado chamou a atenção da parlamentar que se ausentava do recinto, no momento em que ele subiu à tribuna, afirmando: "Fica aí, Maria do Rosário, fica. Há poucos dias, tu me chamou de estuprador, no Salão Verde, e eu falei que não ia estuprar você porque você não merece. Fica aqui pra ouvir". Note-se, ainda, que essa ofensa fazia menção a uma discussão que ambos haviam tido, no ano de 2003, nos corredores da Câmara dos Deputados, em que a mesma ofensa fora proferida (cf. MARIA do Rosário desabafa e diz que vai processar Bolsonaro após ofensas. *G1*, 10 dez. 2014. Disponível em: http://g1.globo.com/rs/rio-grande-do-sul/noticia/2014/12/maria-do-rosario-desabafa-e-diz-que-vai-processar-bolsonaro-apos-ofensas.html. Acesso em: 14 jan. 2021).

Além disso, no dia seguinte, 10.12.2014, o citado parlamentar, em entrevista concedida ao jornal *Zero Hora*, repetiu as afirmações ao ser indagado sobre sua declaração feita na tribuna, ao que ele respondeu dizendo: "Ela *não merece porque ela é muito ruim, porque ela é muito feia, não faz meu gênero*, jamais a estupraria. Eu não sou estuprador, mas, se fosse, não iria estuprar, porque não merece" (grifos nossos). Na mesma oportunidade, ao ser questionado se haveria alguém que "merecia" ser estuprada, ele prontamente afirmou: "O estuprador é um psicopata, ele escolhe suas vítimas. Não pega aleatoriamente. Não é a primeira mulher que passa ali numa área de penumbra que ele vai pegar e estuprar. Foi uma resposta, *uma ironia naquele momento*" (grifos nossos).[56]

Tais alegações, a seu turno acarretaram a instauração do Inquérito nº 3.932/DF,[57] culminando em denúncia, perante o STF, realizada pelo Ministério Público Federal, pelo tipo de incitação a crime (constante do art. 286 do Código Penal – CP)[58] e no protocolo da Petição nº 5.243/DF (Queixa-Crime),[59] de autoria da própria Deputada Maria do Rosário, pelos crimes de calúnia e injúria com relação ao evento ocorrido na Câmara dos Deputados e outro crime de injúria referente à entrevista conferida ao jornal *Zero Hora* (art. 138, *caput* e §1º, art. 140 c/c art. 141, *caput* e incs. II e III c/c art. 70, parágrafo único, todos do CP),[60] ambos sob relatoria do Ministro Luiz Fux. Nessa continuidade, a 1ª Turma do STF, em julgamento conjunto, por maioria de votos (vencido o Ministro Marco Aurélio Mello), recebeu a denúncia e, parcialmente, a queixa-crime, apenas no tocante ao crime de injúria.

Contudo, é importante deixar aqui frisado que o tema do "discurso de ódio" não chegou a ser expressamente apreciado pelo Judiciário no caso em questão, embora seja vislumbrado, diante das discussões anteriormente trazidas, que a situação guarda pertinência com a difusão de conduta odiosa manifestada em excesso do direito à *liberdade de expressão* contra pessoa integrante de grupo vulnerável específico, quais sejam as mulheres. Sobre isso, existem alguns fundamentos suscitados nos autos desses processos que corroboram os debates trazidos na presente discussão até então, passando-se a comentá-los:

---

[56] O QUE Bolsonaro disse a Zero Hora em 2014 sobre direitos das mulheres. *GZH*, 29 out. 2018. Disponível em: https://gauchazh.clicrbs.com.br/politica/eleicoes/noticia/2018/08/o-que-bolsonaro-disse-a-zero-hora-em-2014-sobre-direitos-das-mulheres-cjlfiylei05bk01qk0zsj66ce.html. Acesso em: 14 jan. 2021.

[57] BRASIL. Supremo Tribunal Federal. *Inquérito nº 3.932*. Rel. Min. Luiz Fux, j. 9.9.2016. Disponível em: http://portal.stf.jus.br/processos/detalhe.asp?incidente=4689051. Acesso em: 14 jan. 2021.

[58] Código Penal: "Incitação ao crime Art. 286. Incitar, publicamente, a prática de crime: Pena - detenção, de três a seis meses, ou multa. [...]".

[59] BRASIL. Supremo Tribunal Federal. *Petição nº 5.243*. Rel. Min. Luiz Fux, j. 9.6.2016. Disponível em: http://portal.stf.jus.br/processos/detalhe.asp?incidente=4689836. Acesso em: 21 jan. 2021.

[60] Código Penal: "Art. 70. Quando o agente, mediante uma só ação ou omissão, pratica dois ou mais crimes, idênticos ou não, aplica-se-lhe a mais grave das penas cabíveis ou, se iguais, somente uma delas, mas aumentada, em qualquer caso, de um sexto até metade. As penas aplicam-se, entretanto, cumulativamente, se a ação ou omissão é dolosa e os crimes concorrentes resultam de desígnios autônomos, consoante o disposto no artigo anterior. [...] Calúnia Art. 138. Caluniar alguém, imputando-lhe falsamente fato definido como crime: Pena - detenção, de seis meses a dois anos, e multa. [...] §1º Na mesma pena incorre quem, sabendo falsa a imputação, a propala ou divulga.[...] Injúria Art. 140. Injuriar alguém, ofendendo-lhe a dignidade ou o decoro: Pena - detenção, de um a seis meses, ou multa. [...] Art. 141. As penas cominadas neste Capítulo aumentam-se de um terço, se qualquer dos crimes é cometido: [...] II - contra funcionário público, em razão de suas funções; [...] III - na presença de várias pessoas, ou por meio que facilite a divulgação da calúnia, da difamação ou da injúria".

(A) *O reconhecimento de depreciação dirigida não apenas à Deputada Maria do Rosário individualmente, mas às mulheres num geral* – ao apreciar a não propositura de transação penal para a questão *in casu*, fora levantado pela Procuradora-Geral em exercício, Ela Wiecko, e ratificado no voto do relator, que as ofensas proferidas contra a vítima/querelada e a escolha das agressões ligadas à dignidade sexual de uma mulher, bem como a sua associação a discurso que corroborava com a desigualdade entre homens e mulheres no mercado de trabalho,[61] levavam ao entendimento de que o acusado não pretendia ofender apenas a deputada, mas as mulheres num geral.

(B) *O reconhecimento das mulheres como grupo vulnerável merecedor de proteção específica pelo ordenamento jurídico* – no julgamento, foi feita menção a dispositivos normativos nacionais e internacionais, que visam tutelar especificamente os direitos das mulheres, protegendo-as contra todas as formas de discriminação e violência em razão das suas condições pessoais, entre os quais se citam: a) a Lei Maria da Penha (Lei nº 11.340/2006); b) a tipificação da prática do feminicídio como qualificadora do crime de homicídio, no §2º do art. 121 do CP; c) a Convenção Interamericana para Prevenir, Punir e Erradicar a Violência contra a Mulher – Convenção de Belém do Pará (1994); e d) a Convenção sobre a Eliminação de Todas as Formas de Discriminação contra a Mulher – Carta Internacional dos Direitos da Mulher (1979). Nessa toada, enfatizou-se que a razão de ser dessas legislações está justamente em "[...] um pano de fundo aterrador, de cotidianas mortes, lesões e imposição de sofrimento físico e psicológico à mulher em nosso país".[62]

(C) *O reconhecimento do privilégio masculino, em detrimento da opressão ao feminino, decorrente do machismo perpetrado no meio social, notadamente no que diz respeito à liberdade sexual* – suscitou-se, igualmente, no julgado, com base em pesquisa realizada nos Estados Unidos, que o estupro é um crime de exercício de poder (do homem sobre a mulher), de modo que a ameaça constante de estupro tem

---

[61] Sobre isso, faz-se constar que, na entrevista concedida ao *Jornal Zero Hora*, o deputado fez igualmente a seguinte afirmação: "Eu sou liberal. Defendo a propriedade privada. Se você tem um comércio que emprega 30 pessoas, eu não posso obrigá-lo a empregar 15 mulheres. A mulher luta muito por direitos iguais, legal, tudo bem. Mas eu tenho pena do empresário no Brasil, porque é uma desgraça você ser patrão no nosso país, com tantos direitos trabalhistas. *Entre um homem e uma mulher jovem, o que o empresário pensa? 'Poxa, essa mulher tá com aliança no dedo, daqui a pouco engravida, seis meses de licença-maternidade...'.* Bonito pra c..., pra c...! *Quem que vai pagar a conta? O empregador. No final, ele abate no INSS, mas quebrou o ritmo de trabalho.* Quando ela voltar, vai ter mais um mês de férias, ou seja, ela trabalhou cinco meses em um ano [...] *Por isso que o cara paga menos para a mulher, qual a solução...* É muito fácil eu, que sou empregado, ou que estou aqui no serviço público, que não tenho nada a ver com um empregado meu mandado embora, falar que é injusto, que tem que pagar salário igual. Só que aquele cara que está produzindo ali, na ponta da linha, com todos os encargos trabalhistas, aquela pessoa que fica fora, que perde o ritmo de trabalho etc. etc., ele vai ter uma perda de produtividade. O produto dele vai ser posto mais caro na rua, ele vai ser quebrado pelo cara da esquina (conversa com o repórter). *Eu sou um liberal, se eu quero empregar na minha empresa você ganhando R$ 2 mil por mês e a Dona Maria ganhando R$ 1,5 mil, se a Dona Maria não quiser ganhar isso, que procure outro emprego!* Se você acha que também não tá ganhando, que procure outro emprego. Eu que estou pagando, o patrão sou eu" (cf. O QUE Bolsonaro disse a Zero Hora em 2014 sobre direitos das mulheres. *GZH*, 29 out. 2018. Disponível em: https://gauchazh.clicrbs.com.br/politica/eleicoes/noticia/2018/08/o-que-bolsonaro-disse-a-zero-hora-em-2014-sobre-direitos-das-mulheres-cjlfiylei05bk01qk0zsj66ce.html. Acesso em: 14 jan. 2021. Grifos nossos).

[62] Voto do Ministro Relator Luiz Fux, p. 29.

as mulheres sobre um estado permanente de subordinação.[63] Nesse sentido, o emprego do verbo "merecer" foi enxergado como a comparação de um crime repudiável, o de estupro, com um prêmio, favor, benesse à mulher, de modo que a declaração do deputado levaria ao entendimento de que o homem estaria na posição de escolher quais mulheres "poderiam" e "mereciam" ser estupradas ou não, diminuindo a *dignidade* das mulheres e, ao mesmo tempo, culpabilizando as vítimas pela violência contra elas praticada.[64]

Diante disso, insta pontuar, inclusive, que as declarações prestadas pelo deputado, considerando especialmente o cargo político por ele ocupado, os locais em que foram proferidas as ofensas (Tribuna da Câmara dos Deputados e jornal de repercussão nacional) e a difusão dada ao caso, geraram para a Deputada Maria do Rosário uma série de ofensas, nas redes sociais, que corroboravam a "opinião" do parlamentar, sendo algumas destacas na peça acusatória: a) "Mas aí essa puta naum defende bandido que que tem ele dá uma estupradinha nela?"; b)"Eu estupraria Maria do Rosário, mas com os dedos, porque com aquela cara nem com Viagra".[65] Ademais, deve-se dizer, também, que tal hostilidade se alargara no tempo, de modo que, a título de exemplo, destaca-se a captura de tela tirada dos comentários feitos em uma das notícias que veicularam o ocorrido, durante a campanha presidencial de 2018:

FIGURA 2 – Captura de tela de comentário feito em notícia veiculando o episódio em comento

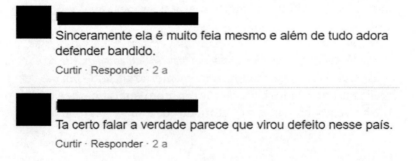

Fonte: O QUE Bolsonaro disse a Zero Hora em 2014 sobre direitos das mulheres. *GZH*, 29 out. 2018.

Desse modo, observa-se que a suposta *liberdade de expressão* por ele exercida, em verdade, contribuiu para o processo de estigmatização não somente da parlamentar vítima em questão, mas das mulheres num geral, as quais seriam, considerando expressamente o que fora dito pelo deputado, divisíveis entre as que "merecem ser estupradas" e as que "não merecem ser estupradas"; dando, inclusive, ao crime de estupro uma conotação de "mera relação sexual", o que desmerece a sua razão de ser e compara o ato sexual consentido com uma violência repudiável. Tal fato foi, inclusive, enfatizado nos autos do processo, pela Procuradora-Geral da República em exercício,

---

[63] Voto do Ministro Relator Luiz Fux, p. 31.
[64] Voto do Ministro Relator Luiz Fux, p. 33.
[65] Relatório do caso, p. 11.

destacando que as alegações do deputado levavam à compreensão de que "um homem pode estuprar uma mulher que escolha e que ele entenda ser merecedora do estupro".[66]

De mais a mais, cabe comentar também que as circunstâncias narradas deram ensejo à instauração de procedimento, na esfera cível, para reparação de danos morais, que culminou na condenação do deputado, em segunda instância, ao pagamento de indenização por danos morais no valor de R$10.000,00 e a realização de retratação ostensiva em todas páginas oficiais e mídias sociais do parlamentar,[67] tendo, posteriormente, sido negado seguimento ao seu recurso junto ao STF e mantida a decisão do Tribunal de Justiça do Distrito Federal.[68]

À vista disso, ao enquadrar-se o presente caso à matriz de variáveis, chega-se ao seguinte resultado:

QUADRO 2 – Tabela construída a partir da análise do caso 2 com base na aplicação da matriz de variáveis

(continua)

	Variáveis	Caso em análise
Identificação	Houve discurso de ódio?	Sim.
	Alvo	Deputada Maria do Rosário e mulheres no geral.
	Mensagem	1) "[...] eu falei que não ia estuprar você porque você não merece".
		2) "Ela não merece porque ela é muito ruim, porque ela é muito feia, não faz meu gênero, jamais a estupraria. [...]".
	Contexto relacional	1) Discussão política na Câmara dos Deputados.
		2) Entrevista ao jornal *Zero Hora* (repercussão nacional).
Avaliação	Direito deve sancionar, regular ou tolerar?	1) Tolerar, em razão da imunidade parlamentar.
		2) Sancionar, por não estar encoberto pela imunidade parlamentar.
	Orador	Deputado Federal (homem).
	Audiência	População do país como um todo.
	Veículo da mensagem	1) Canal da Câmara dos Deputados e redes sociais.
		2) Jornal *Zero Hora* (de repercussão nacional) e redes sociais.
	Contexto histórico-social	Sociedade machista, em que o homem ocupa local de privilégio com relação às mulheres, fazendo com que estejam expostas a diversas formas de violação dos seus direitos (à vida, à integridade, à honra, à dignidade sexual etc.).
	Consequências	Propagação, difundida no tempo, de manifestações odiosas contra a vítima (Deputada Maria do Rosário).

---

[66] Voto do Ministro Relator Luiz Fux, p. 8.

[67] BEA. Turma determina retratação de deputado por ofensas em plenário a outro parlamentar. *TJDFT*, 2016. Disponível em: https://www.tjdft.jus.br/institucional/imprensa/noticias/2015/dezembro/turma-aumenta-condenacao-de-deputado-por-ofensas-a-outra-parlamentar. Acesso em: 14 jan. 2021.

[68] BRASIL. Supremo Tribunal Federal. Negado recurso de Jair Bolsonaro contra condenação por danos morais a deputada Maria do Rosário. *Notícias STF*, 19 fev. 2019. Disponível em: http://www.stf.jus.br/portal/cms/verNoticiaDetalhe.asp?idConteudo=403782. Acesso em: 14 jan. 2021.

(conclusão)

	Variáveis	Caso em análise
Sanciona-mento ou regulação	Houve sancio-namento ou regulação?	Sancionamento
	Qual(is) sancionamento(s) aplicado(s)?	Recebimento da denúncia (esfera penal).
		Recebimento parcial da queixa-crime (esfera penal).
		Condenação ao pagamento de danos morais no valor de R$10.000,00 (esfera cível – indenização).
		Obrigação de realizar retratação ostensiva em todas as redes sociais do agressor (esfera cível).

Fonte: Elaboração pelos autores, a partir dos dados da pesquisa.

Desse modo, chega-se ao entendimento de que, na situação descrita, houve sim a prática de discurso de ódio em excesso do direito à *liberdade de expressão* pelo deputado, com culminação de ofensas à vítima, Deputada Maria do Rosário, em particular, e às mulheres, como grupo socialmente vulnerável, no geral, acarretando uma difusão do seu processo de estigmatização, notadamente na violação da sua dignidade sexual. Ademais, pode-se dizer que a atuação do Judiciário no caso foi acertada, ao reconhecer as ofensas praticadas, sancionando-as em duas esferas, a penal (recepção da denúncia e recepção parcial da queixa-crime) e a cível (condenação ao pagamento de danos morais e publicação de retratação ostensiva).

Considerações finais

Considerando, portanto, as discussões abordadas neste trabalho, chegou-se às seguintes considerações:

1. O estigma e a vulnerabilidade são dois conceitos imprescindíveis para a apreensão dos excessos no exercício da *liberdade de expressão* por meio do discurso de ódio. Enquanto o primeiro diz respeito a atributos depreciativos considerados em um indivíduo ou um grupo social específicos, o segundo representa a maior suscetibilidade dessas pessoas ou coletividades à cons-tatação de lesões aos seus direitos. Nesse sentido, quando considerados cumulativamente, podem corroborar a difusão e a maximização de padrões de dominação e de desigualdade já presentes no contexto social, tais quais o machismo, o racismo, o capacitismo, a LGBTfobia, a intolerância religiosa etc. Isso, por sua vez, pode corroborar com um estímulo à segregação, à opressão, à violação e à inferiorização de grupos já estigmatizados; devendo o direito, portanto, atuar para inibir esse fomento.

2. Dessa maneira, o estigma e a vulnerabilidade são atributos da pessoa humana que são quotidianamente inflamados como justificativa para se retirar oportunidades, direitos e promover a exclusão de recursos disponíveis no Estado de direito. Em função disso, argumenta-se que esse fator, aliado ao discurso de ódio, oportuniza ao Estado-Juiz que torne possível o seu combate

como forma de viabilizar o respeito à diversidade imanente ao contexto social, considerando o fundamento da República brasileira em promover o bem de todos, independentemente de origem, raça, sexo, cor, idade e outras formas de discriminação (art. 3º, inc. IV da CRFB/1988).

3. Todavia, o enfrentamento aos excessos da *liberdade de expressão*, no Judiciário, diante do discurso de ódio, ainda representa um desafio. Isso, porque, na esfera interpretativa, não há uma unidade delineada para corroborar a identificação e a avaliação da sua ocorrência e do seu adequado disciplinamento na esfera jurídica. Dessa maneira, ressalta-se o esforço dos pesquisadores da Cepi/FGV Direito SP em construir, com base em estudo legislativo, jurisprudencial e bibliográfico, critérios responsáveis por criar uma matriz de variáveis que corrobora para identificar o discurso de ódio no caso concreto. Não obstante, ressalta-se que a garantia constitucional da *liberdade de expressão* não consiste em um direito absoluto; sendo passível, portanto, de limitações, tal qual o necessário respeito que se deve ter com a pluralidade de pessoas que compõe a sociedade.

4. A rápida difusão de informações possibilitada pelo acesso à internet, aliada às redes sociais, viabiliza que pessoas de todas as idades e regiões tenham aproximação umas das outras. Assim, na medida em que se favorece esse positivo intercâmbio de informações na modernidade, oportunizando um maior estreitamento social, acaba-se propiciando também que o contato entre diferentes culturas e pluralidade de pensamentos enseje o discurso de ódio no ambiente virtual. Em decorrência disso, acredita-se que a interpretação conferida à proteção da diversidade de pensamento, no art. 2º, inc. III, do Marco Civil da Internet no Brasil, deve ser feita conjuntamente com o art. 20 da Lei nº 7.716/89, para corroborar o combate ao discurso de ódio e o respeito à diferença no espaço virtual.

5. Paradigmaticamente, o caso Siegfried Ellwanger (STF, HC nº 82.424) representa um precedente histórico importante na demarcação discursiva do discurso de ódio na jurisprudência nacional, ao reconhecer limites claros para os excessos à *liberdade expressão*, com fundamento no reconhecimento do crime de racismo contra o povo judeu a partir das atividades desempenhadas na Revisão Editora Ltda. A decisão proferida pelo STF, portanto, contribui para ratificar a proibição da discriminação contra grupos socialmente estigmatizados. Desse modo, pode-se dizer que:

   5.1. mesmo que, ao tempo do caso de Levy Fidelix, ocorrido em debate presidencial, em rede nacional televisiva, não tenha existido ainda a equiparação da LGBTfobia ao crime de racismo pelo STF (ADO nº 26 e MI nº 4.733), já era conduta desonrosa e reprovável, incompatível com os preceitos do Estado democrático de direito, em função do respeito à *dignidade* dos sujeitos que compõem a população LGBTI+ e o sentimento de alteridade que deve compor o meio social, de forma a afastar a conduta imoral e violenta do discurso de ódio;

5.2. no tocante ao caso das ofensas sofridas pela Deputada Maria do Rosário, por sua vez, o discurso empreendido pelo então Deputado Jair Bolsonaro teve o condão de ofender não somente a parlamentar contra quem proferiu sua fala, como também as mulheres no geral, como um grupo que padece cotidianamente com as repercussões sociais do machismo. Diante disso, em que pesem as particularidades do caso, visto que uma das declarações foi proferida de modo a ser encoberta pela imunidade parlamentar, a outra, uma vez situada fora do contexto dessa proteção, não pode ser tolerada, tendo em vista o seu caráter lesivo contrário a um grupo socialmente estigmatizado e que encontra-se em estado de vulnerabilidade na sociedade, notadamente quanto se considera o desrespeito à sua dignidade sexual.

6. A intervenção jurídica pode ser um método eficaz de inibição ao discurso de ódio, encontrando mecanismos de prevenção, repreensão ou reparação, tanto na esfera cível, como na criminal. No entanto, é preciso que o Judiciário, como agente responsável por resguardar os direitos daqueles que forem atingidos pelo discurso de ódio, esteja atento para as circunstâncias de cada caso, para que possa conferir a tutela jurídica mais efetiva, sempre visando à proteção dos indivíduos vulnerados ou grupos vulneráveis ante as manifestações odiosas que se destinem a difundir e endossar a estigmatização contra aqueles que já padeçam com os próprios padrões de desigualdade que permeiam o meio social. O sancionamento, por isso, não deve funcionar somente como uma punição para o agressor, propulsor do discurso odioso, mas também como forma de desaconselhar e funcionar como estímulo para que não se reproduzam atitudes similares na sociedade.

Referências

AQUINO JÚNIOR, Geraldo Frazão de. Responsabilidade civil dos provedores de internet. *In*: EHRHARDT JÚNIOR, Marcos; LOBO, Fabíola Albuquerque (Coord.). *Privacidade e sua compreensão no direito brasileiro*. Belo Horizonte: Fórum, 2019.

BEA. Turma determina retratação de deputado por ofensas em plenário a outro parlamentar. *TJDFT*, 2016. Disponível em: https://www.tjdft.jus.br/institucional/imprensa/noticias/2015/dezembro/turma-aumenta-condenacao-de-deputado-por-ofensas-a-outra-parlamentar. Acesso em: 14 jan. 2021.

BRASIL. Código Penal. *Decreto-Lei nº 2.848, de 7 de dezembro de 1940*. Disponível em: http://www.planalto.gov.br/ccivil_03/decreto-lei/del2848compilado.htm. Acesso em: 14 jan. 2021.

BRASIL. Supremo Tribunal Federal. *Habeas Corpus nº 82.424*. Relator para o acórdão: Ministro Presidente Maurício Corrêa, j. 17.12.2003. Disponível em: http://redir.stf.jus.br/paginadorpub/paginador.jsp?docTP=AC&docID=79052. Acesso em: 17 jan. 2021.

BRASIL. Supremo Tribunal Federal. *Inquérito nº 3.932*. Rel. Min. Luiz Fux, j. 9.9.2016. Disponível em: http://portal.stf.jus.br/processos/detalhe.asp?incidente=4689051. Acesso em: 14 jan. 2021.

BRASIL. Supremo Tribunal Federal. Negado recurso de Jair Bolsonaro contra condenação por danos morais a deputada Maria do Rosário. *Notícias STF*, 19 fev. 2019. Disponível em: http://www.stf.jus.br/portal/cms/verNoticiaDetalhe.asp?idConteudo=403782. Acesso em: 14 jan. 2021.

BRASIL. Supremo Tribunal Federal. *Petição nº 5.243*. Rel. Min. Luiz Fux, j. 9.6.2016. Disponível em: http://portal.stf.jus.br/processos/detalhe.asp?incidente=4689836. Acesso em: 21 jan. 2021.

CAMPBELL, Fiona Kumari. Refusing able(ness): a preliminary conversation about ableism. *M/C Journal*, v. 11, n. 3, 2008. DOI: 10.5204/mcj.46. Disponível em: https://journal.media-culture.org.au/index.php/mcjournal/article/view/46. Acesso em: 11 jan. 2021.

DIAS, Adriana. Por uma genealogia do capacitismo: da eugenia estatal a narrativa capacitista social. *In*: SIMPÓSIO INTERNACIONAL DE ESTUDOS SOBRE A DEFICIÊNCIA, I. *Anais...* São Paulo: [s.n.], 2013. Disponível em: http://www.memorialdainclusao.sp.gov.br/ebook/Textos/Adriana_Dias.pdf. Acesso em: 12 jan. 2021.

DINIZ, Débora. *O que é deficiência*. São Paulo: Brasiliense, 2007.

GOFFMAN, Erving. *Estigma*: notas sobre a manipulação da identidade. 4. ed. Rio de Janeiro: LTC, 2008.

HILGERT, Luiza Helena. O arcaico do contemporâneo: Medusa e o mito da mulher. *Lampião – Revista de Filosofia*, v. 1, n. 1, p. 41-70, 2020. Disponível em: https://seer.ufal.br/index.php/lampiao/article/view/11689/8183. Acesso em: 14 jan. 2020.

KILOMBA, Grada. *Plantation memories*. Episodes of everyday racism. Münster: Unrast Verlag, 2010.

KONDER, Carlos Nelson. Vulnerabilidade patrimonial e existencial: por um sistema diferenciador. *Revista de Direito do Consumidor*, São Paulo, v. 99, p. 101-123, 2015.

LEVY Fidelix é condenado em R$1 mi por ofensas a homossexuais. *Migalhas*, 16 mar. 2015. Disponível em: https://migalhas.uol.com.br/quentes/217286/levy-fidelix-e-condenado-em-r-1-mi-por-ofensas-a-homossexuais. Acesso em: 19 jan. 2021.

LUCCAS, Victor Nóbrega. O dilema entre a proteção da liberdade de expressão e o combate ao discurso de ódio. *In*: GOMES, Fabrício Vasconcelos; SALVADOR, João Pedro Favaretto; LUCCAS, Victor Nóbrega (Coord.). *Discurso de ódio*: desafios jurídicos. 1. ed. São Paulo: Almedina, 2020.

LUCCAS, Victor Nóbrega; GOMES, Fabrício Vasconcelos; SALVADOR, João Pedro Favaretto. A construção do conceito jurídico de discurso de ódio no Brasil: a matriz de variáveis. *In*: GOMES, Fabrício Vasconcelos; SALVADOR, João Pedro Favaretto; LUCCAS, Victor Nóbrega (Coord.). *Discurso de ódio*: desafios jurídicos. 1. ed. São Paulo: Almedina, 2020.

LUCCAS, Victor Nóbrega; GOMES, Fabrício Vasconcelos; SALVADOR, João Pedro Favaretto. A construção do conceito jurídico de discurso de ódio no Brasil: apresentação da pesquisa. *In*: GOMES, Fabrício Vasconcelos; SALVADOR, João Pedro Favaretto; LUCCAS, Victor Nóbrega (Coord.). *Discurso de ódio*: desafios jurídicos. 1. ed. São Paulo: Almedina, 2020.

LUCCAS, Victor Nóbrega; SALVADOR, João Pedro Favaretto; GOMES, Fabrício Vasconcelos. *A construção do conceito jurídico de discurso de ódio (relatório unificado de pesquisa)*. São Paulo: CEPI-FGV Direito SP, 2020. Disponível em: https://fgv.academia.edu/fgvcepi. Acesso em: 7 jan. 2021.

MARIA do Rosário desabafa e diz que vai processar Bolsonaro após ofensas. *G1*, 10 dez. 2014. Disponível em: http://g1.globo.com/rs/rio-grande-do-sul/noticia/2014/12/maria-do-rosario-desabafa-e-diz-que-vai-processar-bolsonaro-apos-ofensas.html. Acesso em: 14 jan. 2021.

MIGUEL, Luis Felipe; BIROLI, Flávia. *Feminismo e política*: uma introdução. São Paulo: Boitempo, 2014.

NEVES, Ciani Sueli das. Diversidade religiosa: a morte sob a ótica das religiões de matriz africana e afro-indígena. *In*: FERRAZ, Carolina Valença; DANTAS, Carlos Henrique Félix; SILVA NETTO, Manuel Camelo Ferreira da; CHAVES, Marianna (Coord.). *Direito e morte*. Belo Horizonte: Letramento, 2020.

NOGUEIRA, Sidnei. *Intolerância religiosa*. São Paulo: Sueli Carneiro; Pólen, 2020.

O QUE Bolsonaro disse a Zero Hora em 2014 sobre direitos das mulheres. *GZH*, 29 out. 2018. Disponível em: https://gauchazh.clicrbs.com.br/politica/eleicoes/noticia/2018/08/o-que-bolsonaro-disse-a-zero-hora-em-2014-sobre-direitos-das-mulheres-cjlfiylei05bk01qk0zsj66ce.html. Acesso em: 14 jan. 2021.

ORWELL, George. *1984*. Tradução de Alexandre Hubner e Heloisa Jahn. São Paulo: Companhia das Letras, 2009.

PALACIOS, Agustina. Perspectiva de discapacidad y derechos humanos en el contexto de una educación superior inclusiva. *Pensar*, Fortaleza, v. 24, n. 4, p. 1-13, 2019. Disponível em: https://periodicos.unifor.br/rpen/article/view/10225/pdf#. Acesso em: 15 jan. 2021.

PALACIOS, Agustina; ROMAÑACH, Javier. El modelo de la diversidad: una nueva visión de la bioética desde la perspectiva de las personas con diversidad funcional (discapacidad). *Intersticios: Revista Sociológica de Pensamiento Crítico*, v. 2, n. 2, 37-47, 2008.

RIBEIRO, Djamila. *Pequeno manual antirracista*. São Paulo: Companhia das Letras, 2019.

SANTOS, Marco Aurelio Moura dos. *O discurso de ódio em redes sociais*. 1. ed. São Paulo: Lura Editorial, 2016.

SÃO PAULO (Estado). Defensoria Pública. *Petição inicial de ação civil pública cominatória de obrigação de fazer*. Disponível em: https://www.defensoria.sp.def.br/dpesp/Repositorio/39/Documentos/ACP_Levy%20 fidelix_dano%20moral%20coletivo.pdf. Acesso em: 20 jan. 2021.

SÃO PAULO (Estado). Tribunal de Justiça, 18ª Vara Cível. *Sentença da Ação Civil Pública (Processo Digital nº 1098711-29.2014.8.26.0100)*. Juíza de Direito: Dra. Flavia Poyares Miranda, j. 15.3.2015. Disponível em: https:// migalhas.uol.com.br/arquivos/2015/3/art20150316-08.pdf. Acesso em: 14 jan. 2021.

SÃO PAULO (Estado). Tribunal de Justiça, 4ª Câmara de Direito Privado do Tribunal de Justiça de São Paulo. *Acórdão da Apelação Cível (Processo Digital nº 1098711-29.2014.8.26.0100)*. Rel. Dr. Natan Zelinschi de Arruda, j. 2.2.2017. Disponível em: https://migalhas.uol.com.br/arquivos/2017/2/art20170206-02.pdf. Acesso em: 14 jan. 2021.

SARMENTO, Daniel. A liberdade de expressão e o problema do "hate speech". *In*: SARMENTO, Daniel (Org.). *Livres e iguais*: estudos de direito constitucional. 2. ed. Rio de Janeiro: Lumen Juris, 2010.

SILVA NETTO, Manuel Camelo Ferreira da. *Planejamento familiar nas famílias LGBT*: desafios sociais e jurídicos do recurso à reprodução humana assistida no Brasil. Belo Horizonte: Fórum, 2021.

SILVA NETTO, Manuel Camelo Ferreira da; DANTAS, Carlos Henrique Félix. "Nossas vidas importam?" A vulnerabilidade sociojurídica da população LGBTI+ no Brasil: debates em torno do Estatuto da Diversidade Sexual e de Gênero e da sua atual pertinência. *In*: EHRHARDT JÚNIOR, Marcos; LÔBO, Fabíola (Coord.). *Vulnerabilidade e sua compreensão no direito brasileiro*. Indaiatuba: Foco, 2021.

SILVA NETTO, Manuel Camelo Ferreira da; MOREIRA, Mateus Henrique Cavendish; FERREIRA, Vinícius José Passos. O arco-íris manchado de sangue: as mortes da população LGBT+ sob a ótica de uma heterocisnormatividade perversa e os debates em torno da criminalização da LGBTfobia no Brasil. *In*: FERRAZ, Carolina Valença; DANTAS, Carlos Henrique Félix; SILVA NETTO, Manuel Camelo Ferreira da; CHAVES, Marianna (Coord.). *Direito e morte*. Belo Horizonte: Letramento, 2020.

SILVA, Rosane Leal; NICHEL, Andressa; MARTINS, Anna Clara Lehmann; BORCHARDT, Carlise Kolbe. Discursos de ódio em redes sociais: jurisprudência brasileira. *Rev. Direito GV*, São Paulo, v. 7, n. 2, p. 445-468, 2011. Disponível em: http://www.scielo.br/scielo.php?script=sci_arttext&pid=S1808-24322011000200004&ln g=en&nrm=iso. Acesso em: 18 jan. 2021.

TEPEDINO, Gustavo. O papel atual da doutrina do direito civil entre o sujeito e a pessoa. *In*: TEPEDINO, Gustavo; TEIXEIRA, Ana Carolina Brochado; ALMEIDA, Vitor (Coord.). *O direito civil entre o sujeito e a pessoa*: estudos em homenagem ao professor Stefano Rodotà. Belo Horizonte: Fórum, 2016.

TIBURI, Marcia. *Feminismo em comum*: para todas, todes e todos. Rio de Janeiro: Rosa dos Tempos, 2018.

VIOLANTE, João Luís Mousinho dos Santos Monteiro. *O caso Ellwanger e seu impacto no direito brasileiro*. 2010. 130 f. Dissertação (Mestrado em Direito) – Pontifícia Universidade Católica de São Paulo, São Paulo, 2010. Disponível em: https://tede2.pucsp.br/bitstream/handle/5345/1/Joao%20Luis%20Mousinho%20dos%20 Santos%20Monteiro%20Violante.pdf. Acesso em: 17 jan. 2021.

YIN, Robert K. *Estudo de caso*: planejamento e métodos. 2. ed. Porto Alegre: Bookman, 2001.

Informação bibliográfica deste texto, conforme a NBR 6023:2018 da Associação Brasileira de Normas Técnicas (ABNT):

DANTAS, Carlos Henrique Félix; SILVA NETTO, Manuel Camelo Ferreira da. Limites à liberdade de expressão e o (des)respeito à diversidade: a demarcação discursiva do discurso de ódio contra grupos socialmente estigmatizados no Brasil. *In*: EHRHARDT JÚNIOR, Marcos; LOBO, Fabíola Albuquerque; ANDRADE, Gustavo (Coord.). *Liberdade de expressão e relações privadas*. Belo Horizonte: Fórum, 2021. p. 277-308. ISBN 978-65-5518-188-3.

PARTE VI

LIBERDADE DE EXPRESSÃO NAS RELAÇÕES FAMILIARES E SUCESSÓRIAS

LIBERDADE DE EXPRESSÃO: UM DIREITO ABSOLUTO NO AMBIENTE FAMILIAR?

SIMONE TASSINARI CARDOSO FLEISCHMANN
EDUARDA VICTÓRIA MENEGAZ DOS SANTOS

1   A proposta do presente estudo

As últimas eleições dos países democráticos apresentaram uma disputa ímpar no que diz respeito à liberdade de expressão. Questões atinentes à censura, disputas discursivas de legitimidade e *fake news* são realidades tão presentes quanto a situação pandêmica decorrente da Covid-19.

Em ambiente público, os limites entre a tutela dos direitos de personalidade e a liberdade de expressão e informação estão em constante tensionamento. Sabe-se que a liberdade de expressão – como direito do ser humano de manifestar livremente seus pensamentos e opiniões – é um direito fundamental assegurado pela Constituição, consistindo em um dos pilares do Estado democrático de direito.

Em termos mundiais, o art. 19 da Declaração dos Direitos Humanos sintetiza a preocupação: "todo o indivíduo tem direito à liberdade de opinião e de expressão, o que implica o direito de não ser inquietado pelas suas opiniões e o de procurar, receber e difundir, sem consideração de fronteiras, informações e ideias por qualquer meio de expressão".[1] Sem este conjunto de tutelas, modalidades historicamente nefastas de censura e opressões políticas ganham espaço e a democracia perde.

Não obstante, em que pese se reconheça a importância histórico-sociocultural, além de ter em si jusfundamentalidade suficiente para estar assegurada constitucionalmente, a liberdade de expressão – como qualquer outro direito –, não é absoluta. Ou seja, pode ser limitada nas hipóteses em que seu exercício ocorra de maneira a afrontar outros princípios, valores constitucionais e até mesmo outros direitos fundamentais, como a honra, a imagem e a privacidade, entre outros direitos da personalidade.[2]

---

[1]   ONU. *Declaração Universal dos Direitos Humanos*. 1948. Disponível em: https://www.unicef.org/brazil/declaracao-universal-dos-direitos-humanos. Acesso em: 6 fev. 2021.

[2]   "Art. 5º [...] IV - é livre a manifestação do pensamento, sendo vedado o anonimato; [...] X - são invioláveis a intimidade, a vida privada, a honra e a imagem das pessoas, assegurado o direito a indenização pelo dano material ou moral decorrente de sua violação; [...]".

Tradicionalmente, a tutela desta díade direitos da personalidade *versus* liberdade de expressão é realizada em ambiente público. Nesse sentido, são de fácil visualização situações em que o exercício da liberdade de expressão acaba por ferir os direitos de personalidade de alguém nas relações sociais em geral,[3] sobretudo quando da exposição ofensiva decorrem efeitos a partir do conhecimento de terceiros.

Como realizar essa ponderação de direitos, entretanto, no momento em que, "em nome da liberdade de expressão", pratica-se um ato que viola direitos da personalidade de pessoas na ambiência mais privada, tal qual as relações familiares? Seria este vetor da liberdade de expressão mais amplo, com base na premissa de que em um ambiente privado determinadas expressões não seriam ofensivas ou suficientes para caracterizar o dano? Ou, pelo fato de estarem incursas em relações de caráter familiar existiria um "recôndito privado da impossibilidade de danos à personalidade"?

Mediante breve pesquisa jurisprudencial, já é possível obter algumas respostas para essas perguntas. Isso porque, em regra, verifica-se que ofensas verbais proferidas no contexto familiar não são suficientes para caracterizar um dano extrapatrimonial indenizável. De outra sorte, quando os insultos são direcionados a terceiros, ou seja, quando se exclui da equação o fator família, a jurisprudência, ao menos em um primeiro momento, mostra-se significativamente mais favorável ao reconhecimento dos danos causados aos direitos da personalidade em virtude do exercício da liberdade de expressão.[4]

É justamente esse o objeto de estudo deste trabalho. Afinal, seria a família um ambiente no qual ofensas verbais proferidas entre seus membros não possuem qualquer consequência jurídica, de forma a tornar a liberdade de expressão nesse meio um direito absoluto ou muito mais amplo do que seu vetor "em ambiente público"? Em outras palavras, uma agressão verbal dirigida a terceiro alheio ao núcleo familiar possuiria um peso diferente para o direito do que àquela destinada a um membro da família?

---

[3] A título exemplificativo, tem-se julgado proveniente do Tribunal de Justiça do Estado de São Paulo, no qual foi reconhecido o direito do autor à indenização por danos imateriais decorrentes do uso excessivo da liberdade de expressão. Na hipótese, o autor foi vítima de publicações ofensivas postadas em rede social, cujos termos, na visão do tribunal, causaram danos à sua honra e imagem (TJSP, Apelação Cível nº 1002010-13.2018.8.26.0408, Rel. Des. Alexandre Coelho, 8ª Câmara de Direito Privado, j. 28.1.2021, pub. 28.1.2021).

[4] Tomando como parâmetro o Tribunal de Justiça de São Paulo – estado mais populoso do país –, verifica-se a existência de diversos precedentes no sentido de que desentendimentos familiares não são suficientes para configurar dano extrapatrimonial indenizável: TJSP, Apelação Cível nº 0001074-81.2013.8.26.0019, Rel. Des. Paulo Alcides, 28ª Câmara Extraordinária de Direito Privado, j. 26.7.2017, pub. 31.7.2017; TJSP, Apelação Cível nº 0025317-08.2011.8.26.0004, Rel. Des. Vito Guglielmi, 6ª Câmara de Direito Privado, j. 27.11.2013, pub. 2.12.2013; TJSP, Apelação Cível nº 9096285-24.2008.8.26.0000, Rel. Des. João Pazine Neto, 3ª Câmara de Direito Privado, j. 21.8.2012, pub. 22.8.2012 e TJSP, Apelação 9105035-88.2003.8.26.0000, Rel. Des. Sebastião Carlos Garcia, 6ª Câmara de Direito Privado, j. 15.10.2009, pub. 21.10.2009. De outra sorte, realizando pesquisa jurisprudencial no sistema do tribunal com os termos "liberdade de expressão" e "dano moral", encontram-se, já nos primeiros vinte resultados, diversas hipóteses em que configurado dano imaterial indenizável em razão do excesso do exercício da liberdade de expressão nas relações sociais em geral: TJSP, Apelação Cível nº 1001963-69.2019.8.26.0128, Rel. Des. Salles Rossi, 8ª Câmara de Direito Privado, j. 1º.2.2021, pub. 1º.2.2021; TJSP, Apelação Cível nº 1005547-80.2016.8.26.0248, Rel. Des. Fábio Quadros, 4ª Câmara de Direito Privado, j. 29.1.2021, pub. 29.1.2021; TJSP, Apelação Cível nº 1002010-13.2018.8.26.0408, Rel. Des. Alexandre Coelho, 8ª Câmara de Direito Privado, j. 28.1.2021, pub. 28.1.2021; TJSP, Apelação Cível nº 1072434-03.2019.8.26.0002, Rel. Des. Maria do Carmo Honorio, 3ª Câmara de Direito Privado, j. 15.12.2020, pub. 18.12.2020; TJSP, Apelação Cível nº 1006823-13.2019.8.26.0032, Rel. Des. Edson Luiz de Queiróz, 9ª Câmara de Direito Privado, j. 17.12.2020, pub. 17.12.2020; TJSP, Apelação Cível nº 1004168-98.2017.8.26.0077, Erickson Gavazza Marques, 5ª Câmara de Direito Privado, j. 16.12.2020, pub. 16.12.2020 e TJSP, Apelação Cível nº 1022106-49.2018.8.26.0602, Rel. Des. Galdino Toledo Júnior, 9ª Câmara de Direito Privado, j. 15.12.2020, pub. 16.12.2020.

Por que motivo o vínculo familiar seria capaz de excluir a ilicitude civil ou até mesmo criminal dos danos aos direitos de personalidade?

Com o intuito de entender de que forma a jurisprudência concilia essa interação entre o exercício da liberdade de expressão e a proteção dos direitos da personalidade, especificamente quando as relações familiares são adicionadas à problemática, é feita, primeiramente, uma revisão bibliográfica a partir das noções fundamentais para, em um segundo momento, realizar uma pesquisa de jurisprudência, sob a metodologia de levantamento jurisprudencial.

Nela, procede-se à consulta de todas as decisões disponíveis nos *sites* de oito tribunais estaduais,[5] por meio dos vocábulos "desentendimento", "familiar" e "dano moral", inserindo-se na amostra somente os julgados em que efetivamente enfrentado o mérito da controvérsia buscada. Uma vez de posse das decisões, é feita a análise das razões de decidir dos acórdãos, visando-se à obtenção de dados capazes de contribuir de forma relevante para a discussão levantada neste trabalho.

2   Da liberdade de expressão nas relações familiares

Não obstante a liberdade de expressão seja uma temática extensamente abordada pela doutrina e pela jurisprudência, sobretudo quando o direito à livre manifestação colide com os direitos da personalidade, o tratamento específico da matéria sob o enfoque do direito de família ainda não é algo comumente encontrado na literatura jurídica.[6] Há, portanto, um silêncio eloquente ao acostar-se a variável familiar à investigação sobre liberdade de expressão.

Em um primeiro momento, poder-se-ia pensar que as ofensas em ambiente familiar são raras, pois a família deveria ser o *locus* privilegiado do afeto, da solidariedade, da convivência e do cuidado.[7] Deve-se lembrar, contudo, que, não obstante a família seja um espaço de afeto, também é um local de conflito.[8]

Neste sentido, a pouca quantidade de investigações sobre o tema não importa na ausência de casos concretos que demandam a manifestação do Judiciário. Há fartos exemplos de pedidos motivados na interação entre a liberdade de expressão e os direitos da personalidade nas hipóteses em que o conflito ocorre no âmbito de uma relação familiar.

---

[5]   Com o intuito de afastar a variável relativa à situação econômica dos litígios familiares, mas buscando incluir na amostra os estados brasileiros com a maior densidade populacional, bem como tendo em vista a disponibilidade de decisões que possibilitassem a identificação das razões de decidir dos acórdãos, optou-se pela consulta nos *sites* dos Tribunais de Justiça dos estados com os maiores índices de Produto Interno Bruto (PIB) do país, quais sejam Bahia, Distrito Federal, Minas Gerais, Paraná, Santa Catarina, São Paulo, Rio de Janeiro e Rio Grande do Sul.

[6]   Em rápida pesquisa à base de dados da *Revista do Tribunais*, utilizando-se apenas a expressão "liberdade de expressão", encontraram-se 4.763 artigos de doutrina sobre o tema (Disponível em: https://revistadostribunais.com.br/maf/app/search/ru. Acesso em: 5 fev. 2020).

[7]   "A convivência e o cuidado recíproco no âmbito familiar, nesta linha de entendimento, devem ser instrumentos para diminuir as vulnerabilidades e promover o livre desenvolvimento da personalidade das pessoas que, por alguma razão, encontram-se em situação de vulnerabilidade, provisória ou definitiva" (TEPEDINO, Gustavo; TEIXEIRA, Ana Carolina Brochado. *Fundamentos do direito civil* – Direito de família. Rio de Janeiro: Forense, 2020. p. 19).

[8]   A literatura tem sido hábil em demonstrar as vicissitudes familiares. Neste sentido, por todos, *vide* LUFT, Lya. Família como fazer? *Revista Veja*, São Paulo, n. 44, 3 nov. 2004. p. 25.

Embora ainda sejam poucos os trabalhos jurídicos acerca deste tema específico –[9] ofensas a direitos de personalidade dentro do ambiente familiar em decorrência do exercício da liberdade de expressão –, mostram-se úteis para o desenvolvimento da discussão os estudos acerca de algumas hipóteses em que reconhecida a violação aos direitos de personalidade no contexto familiar. Isso porque apresentam os valores a partir dos quais há tutela jurídica da personalidade individual no seio familiar. São eles os casos de infidelidade conjugal e rompimento de noivado, ofensas proferidas em redes sociais e cartas de conteúdo ofensivo à nova companheira, com injúrias perante terceiros.

Nos casos envolvendo infidelidade conjugal e rompimento de noivado, por exemplo – duas das hipóteses mais comuns para o ajuizamento de ações indenizatórias por dano imaterial no direito de família –, tanto a doutrina majoritária[10] quanto a jurisprudência predominante[11] se alinham no sentido de que a indenização, muito embora não seja um efeito automático da traição ou do fim do relacionamento, é cabível nas hipóteses em que um dos integrantes da relação afetiva expõe o outro à situação constrangedora.

Dentro desse campo, são de fácil obtenção julgados procedentes nos quais a situação vexatória é causada em virtude de ofensas verbais proferidas diante de terceiros. O caráter de repreensão jurídica, portanto, é tomado por conta do elemento externo, que seria o conhecimento do ocorrido por pessoas estranhas à relação, ou seja, é preciso que a forma de dissolução ou até mesmo a traição tenha se dado de modo a colocar o parceiro em situação constrangedora perante a comunidade.

Não é, portanto, apenas a ofensa ao direito de personalidade que enseja a situação danosa. Além dela, exige-se exposição ou embaraço público. É neste sentido a fundamentação do acórdão de caso julgado pelo Tribunal de Justiça do Estado de Minas Gerais, em que reconhecido o cabimento da indenização por danos imateriais em decorrência justamente de ofensas postadas em rede social por cônjuge que, tomando conhecimento da traição da esposa, redigiu a seguinte mensagem: "o pior erro de um homem, é descobrir que foi enganado a vida toda e por uma vadia, e não levantar a

---

[9] Sobre o assunto, há interessante decisão proferida pelo Tribunal de Justiça de Frankfurt Am Main no ano de 2019, envolvendo caso no qual o genro ajuizou ação cautelar pleiteando que sua sogra cessasse o envio de mensagens pejorativas sobre ele no grupo de WhatsApp da família. Na hipótese, o Tribunal se posicionou no sentido de que a família é um local no qual as pessoas podem se expressar sem o receio de responderem judicialmente por suas colocações, razão pela qual a pretensão do autor carecia de fundamento (FRITZ, Karina Nunes. Dentro do círculo familiar há uma "zona livre" para ofensas *Migalhas*, 5 jun. 2019. Disponível em: https://migalhas.uol.com.br/coluna/german-report/305037/dentro-do-circulo-familiar-ha-uma--zona-livre--para-ofensas. Acesso em: 3 fev. 2021).

[10] Entre quem pensa assim, destacam-se: AGUIAR JR., Ruy Rosado de. Responsabilidade civil no direito de família. *In*: MONTEIRO FILHO, Raphael de Barros (Org.). *Doutrina Superior Tribunal de Justiça*: edição comemorativa de 15 anos. Brasília: STJ, 2005. p. 459-472; CAHALI, Yussef Said. *Dano moral*. 3. ed. São Paulo: Revista dos Tribunais, 2005 e ROSA, Conrado Paulino da; CARVALHO, Dimas Messias de; FREITAS, Douglas Phillips. *Dano moral & Direito das famílias*. 2. ed. Belo Horizonte: Del Rey, 2012.

[11] Neste sentido, os seguintes julgados: TJGO, Apelação Cível nº 0124042-29.2013.8.09.0006, Rel. Des. Orloff Neves Rocha, 1ª Câmara Cível, j. 3.8.2018, pub. 3.8.2018; TJRO, Apelação Cível nº 0262324-75.2008.822.0001, Rel. Des. Miguel Monico Neto, 2ª Câmara Cível, j. 20.1.2010, pub. 29.3.2010; TJMG, Apelação Cível nº 1.0572.13.000343-5/001, Rel. Des. Otávio Portes, 16ª Câmara Cível, j. 8.11.2017, pub. 22.11.2017 e TJSP, Apelação Cível nº 1004720-43.2017.8.26.0019, Rel. Des. Costa Netto, 6ª Câmara de Direito Privado, j. 30.11.2020, pub. 30.11.2020.

cabeça e seguir seu caminho livre de traição!".[12] Como se vê, a exposição pública foi o suporte fático que levou à incidência da condenação ao dever de indenizar.

Outro caso interessante diz respeito a acórdão do Tribunal de Justiça do Estado de São Paulo, no qual a ex-esposa do autor restou condenada ao pagamento de reparação pelos danos causados a ele e à sua nova companheira em virtude do envio de cartas com conteúdo ofensivo, bem como em razão de injúrias e difamações proferidas pela ré na presença de terceiros.[13] Ressalta-se que, não obstante as ofensas significativas proferidas pela ré, nas razões de decidir novamente restou inclusa a circunstância da exposição perante terceiros.

Com efeito, as particularidades de cada caso concreto demonstram que alcançar o equilíbrio entre o respeito à liberdade de expressão e a proteção dos direitos da personalidade não é uma tarefa simples, sendo certo que o problema se torna ainda mais complexo quando as relações familiares são adicionadas à equação. Daí a relevância de um estudo acerca de como a jurisprudência encara a problemática, com o intuito de entender como se dá a conciliação desses interesses na prática.

Afinal, seria a família um local no qual é possível se expressar de forma irrestrita, ainda que determinadas manifestações causem danos ao patrimônio imaterial de seus membros, ou haveria algum limite para aquilo que se pode exprimir dentro do contexto familiar? Seria o ambiente familiar uma "zona livre" para ofensas, como aponta Karina Fritz?[14]

3 Do levantamento de dados

3.1 Da pesquisa empírica realizada e da metodologia empregada

Com o objetivo de verificar o tratamento conferido pela jurisprudência aos casos concretos em que o direito de liberdade de expressão manifesta-se por meio de ofensas verbais dentro do núcleo familiar, optou-se pela realização de levantamento de dados, por meio de pesquisa jurisprudencial dividida em duas etapas.

Em um primeiro momento, foram identificados os estados com maior índice de Produto Interno Bruto – PIB,[15] na tentativa de incluir a densidade populacional e afastar – ainda que hipoteticamente – a variável relativa à situação socioeconômica dos litígios familiares. Nesta lista foram incluídos os seguintes estados:

---

[12] TJMG, Apelação Cível nº 1.0572.13.000343-5/001, Rel. Des. Otávio Portes, 16ª Câmara Cível, j. 8.11.2017, pub. 22.11.2017.

[13] TJSP, Apelação Cível nº 4002410-19.2013.8.26.0224, Rel. Des. Mariella Ferraz de Arruda Pollice Nogueira, 9ª Câmara de Direito Privado, j. 24.7.2018, pub. 25.7.2018.

[14] FRITZ, Karina Nunes. Dentro do círculo familiar há uma "zona livre" para ofensas *Migalhas*, 5 jun. 2019. Disponível em: https://migalhas.uol.com.br/coluna/german-report/305037/dentro-do-circulo-familiar-ha-uma--zona-livre--para-ofensas. Acesso em: 3 fev. 2021.

[15] IBGE – INSTITUTO BRASILEIRO DE GEOGRAFIA E ESTATÍSTICA. *Produto Interno Bruto*. Disponível em: https://www.ibge.gov.br/explica/pib.php. Acesso em: 11º fev. 2021.

Unidades da Federação	PIB em 2018 (1.000.000 R$)
São Paulo	2.210.562
Rio de Janeiro	758.859
Minas Gerais	614.876
Rio Grande do Sul	457.294
Paraná	440.029
Santa Catarina	298.227
Bahia	286.240
Distrito Federal	254.817

Após esta seleção, era preciso que os dados das decisões destes tribunais estivessem acessíveis na rede mundial de computadores para pesquisa de verbete específico, bem como que nos resultados se pudesse identificar a *ratio decidendi* das decisões, requisitos os quais foram cumpridos por todas as Cortes.

Determinados os tribunais nos quais seriam feitas as buscas, essas foram realizadas de forma simples, por verbete e na modalidade de censo, a fim de que fosse possível agrupar todos os julgados disponíveis nos *sites* dos tribunais sobre a questão. O conjunto de decisões foi obtido com a pesquisa das seguintes variáveis: "desentendimento", "familiar" e "dano moral", sendo que a decisão por estas variáveis teve por base levantamento prévio exploratório que identificou o conjunto de palavras-chave comumente usado nas ementas dos julgados envolvendo a problemática.

Selecionadas as decisões, passou-se à análise dos julgados, inicialmente com a coleta de questões mais gerais, como o levantamento de dados quantitativos relacionados à procedência ou improcedência, passando-se em seguida à pesquisa qualitativa, fundada nas razões de decidir dos acórdãos.

3.2 Dos dados qualiquantitativos

A pesquisa jurisprudencial realizada nos *sites* dos tribunais resultou na obtenção de 130 decisões, das quais somente 53 restaram efetivamente incluídas na amostra, uma vez que o restante dos acórdãos não enfrentava o mérito do objeto visado pela investigação.

Destes 53 acórdãos, no entanto, somente 7 foram julgados procedentes, o que equivale a uma taxa de procedência de apenas 13,2%. Com base nisso, portanto, percebe-se que, ao menos no âmbito dos oito tribunais consultados nesta pesquisa, o que tem prevalecido é o entendimento majoritário de que as ofensas proferidas dentro do contexto familiar não são suficientes para causar um dano juridicamente relevante.

Neste contexto, notou-se que diversas decisões trouxeram como fundamento principal o argumento de que a família é um ambiente no qual ofensas e desentendimentos entre seus membros são algo corriqueiro e, até mesmo, esperado, não configurando nada além de meros aborrecimentos.[16]

---

[16] Neste sentido, os seguintes julgados: TJSP, Apelação Cível nº 0006065-65.2012.8.26.0236, Rel. Des. Alexandre Bucci, 9ª Câmara de Direito Privado, j. 25.10.2016, pub. 26.10.2016; TJMG, Apelação Cível nº 1.0439.07.070129-7/001, Rel. Des. Rogério Medeiros, 14ª Câmara Cível, j. 23.10.2008, pub. 13.1.2009; TJMG, Apelação Cível nº

É este, inclusive, o fundamento mais significativo para deixar de reconhecer o dano existente no seio familiar. Ao contrário do que as hipóteses mais recorrentes poderiam indicar, no sentido de ser a dificuldade probatória relacionada à existência do fato em si o maior obstáculo, parece haver um consenso de razões de decidir que se alinha à ideia de que "há necessidade de acostumar-se a ser ofendido dentro das famílias, pois isso é por demais corriqueiro. Com efeito, aborrece, mas não há interesse jurídico suficiente a deferir tutela".

Os acórdãos coletados possibilitaram visualizar hipóteses de ofensas verbais envolvendo os seguintes tipos de relação familiar:[17]

(1) entre irmãos ou irmãs: 11 decisões;
(2) entre cunhados ou cunhadas e entre ex-cunhados ou ex-cunhadas: 9 decisões;
(3) entre sogro ou sogra e genro ou nora: 6 decisões;
(4) entre cônjuges ou companheiros e entre ex-cônjuges ou ex-companheiros: 5 decisões;
(5) entre tia e sobrinho ou sobrinha: 4 decisões;
(6) entre pai e filho: 3 decisões;
(7) entre mãe e filho ou filha: 3 decisões.

No que tange ao teor das ofensas, as decisões examinadas revelaram tanto provocações verbais leves – dando causa ao ajuizamento de ações até mesmo um tanto absurdas –, como na hipótese em que um dos motivos pelos quais a autora se dizia sentir lesada seria o fato de seu cunhado ter proferido palavras de desdém em relação ao fato de sua sobrinha ter passado no vestibular –,[18] quanto ataques verbais mais graves, envolvendo ofensas em locais públicos como "biscate", "pilantra" e "vagabunda".

Especificamente no que concerne às razões de decidir dos acórdãos procedentes, verificou-se que os tribunais costumam visualizar como cabível a atuação do Judiciário nesses casos apenas em hipóteses bastante específicas, e nas quais são destacados sinais considerados pelos desembargadores "em que, evidentemente foram ultrapassados os limites daquilo que se espera que ocorra em uma discussão familiar". Para demarcar esses limites, observou-se que os julgadores geralmente utilizam critérios como (i) a gravidade dos termos utilizados nos ataques, bem como (ii) a circunstância de as ofensas terem sido presenciadas por terceiros.

De outra sorte, relativamente às decisões improcedentes, o argumento mais recorrente, conforme referido, foi no sentido de que "meros desentendimentos familiares não possuem o condão de violar a honra, a imagem ou a intimidade das partes". Ademais, outro fator que também se destacou por geralmente conduzir à improcedência das ações diz respeito à "existência de agressões recíprocas entre os envolvidos, hipótese

---

1.0084.11.000247-8/001, Rel. Des. Alberto Henrique, 13ª Câmara Cível, j. 1º.3.2012, pub. 7.3.2012 e TJRJ, Apelação Cível nº 0413768-61.2016.8.19.0001, Rel. Des. Sirley Abreu Biondi, 13ª Câmara Cível, j. 20.7.2020, pub. 27.7.2020.

[17] Esclarece-se que 16 dos acórdãos extraídos não indicaram de maneira precisa a relação familiar envolvida na demanda.

[18] TJSP, Apelação Cível nº 9092500-93.2004.8.26.0000, Rel. Des. José Carlos Ferreira Alves, 2ª Câmara de Direito Privado, j. 9.8.2011, pub. 12.8.2011.

na qual as ofensas, porquanto mútuas", também não justificam a incidência do dever de indenizar na visão dos tribunais.[19]

Neste contexto, a fim de ilustrar de que forma as questões envolvendo ofensas verbais no núcleo familiar são tratadas pelo Judiciário, interessante expor algumas das decisões coletadas, iniciando por um acórdão proveniente do Tribunal de Justiça do Estado do Rio Grande do Sul,[20] envolvendo ataques verbais proferidos por irmão contra irmã na presença de terceiros.

De acordo com as testemunhas, o réu, irmão da autora, atacou-a verbalmente em frente à sua residência, utilizando-se de termos como "caloteira", "sem vergonha", "ladra" e "cara de pau", bem como acusando-a de roubar o carro pertencente à empresa da família. No caso, o Tribunal entendeu pela manutenção da decisão de primeiro grau, que havia condenado o réu ao pagamento de R\$5.000,00 a título de danos extrapatrimoniais, uma vez que, na visão dos julgadores, os desentendimentos existentes entre a autora e sua família não eram suficientes para justificar os ataques verbais perpetrados pelo réu, os quais expuseram sua irmã à situação constrangedora perante terceiros, violando sua honra e, portanto, ferindo seus direitos de personalidade.[21] Novamente, destaca-se a condenação porque a ofensa foi proferida perante terceiros.

Ainda, também chamou atenção decisão proferida pelo Tribunal de Justiça do Estado do Rio de Janeiro,[22] em caso envolvendo xingamentos proferidos pela tia contra a sobrinha em discussão familiar, na presença de pessoas estranhas, com o emprego de termos como "piranhazinha" e "galinha preta".

Na hipótese, consignando que um eventual desentendimento familiar entre as partes não seria o bastante para justificar, por si só, as graves ofensas sofridas pela autora por sua própria tia, bem como tendo em vista a circunstância de a sobrinha ter escutado as agressões sem revidar, o Tribunal decidiu por confirmar a sentença, que havia condenado a ré ao pagamento de indenização por danos imateriais no valor de R\$8.000,00. Novamente, considerou-se na *ratio decidendi* a presença de pessoas estranhas e incluiu-se um elemento interessante na avaliação, a ausência de autotutela. Quanto à primeira característica, vem repetida em vários julgados, mas exigir-se a oitiva em silêncio para que sejam reconhecidas ofensas como danos extrapatrimoniais indenizáveis acaba por criar um elemento simbólico interessante ao suporte fático exigido para incidência legislativa em família: (i) que a ofensa ocorra na presença de pessoas estranhas; (ii) que o conteúdo seja reconhecido como excedente ao que se espera nas relações familiares, elastecendo a abrangência do que seria reconhecido socialmente sem relacionamento familiar e (iii) que a vítima não pratique autotutela ou revide.

---

[19] Neste sentido: TJBA, Apelação Cível nº 0548484-83.2014.8.05.0001, Rel. Des. Baltazar Miranda Saraiva, 5ª Câmara Cível, j. 25.11.2019, pub. 25.11.2019; TJDFT, Apelação Cível nº 0703582-42.2017.8.07.0020, Rel. Des. Sérgio Rocha, 4ª Turma Cível, j. 14.08.2019, pub. 27.8.2019; TJSC, Apelação Cível nº 2014.005024-2, Rel. Des. Hildemar Meneguzzi de Carvalho, Câmara Especial Regional de Chapecó, j. 14.3.2016, pub. 14.3.2016; TJPR, Recurso Inominado nº 0001225-61.2016.8.16.0038, Rel. Des. Giani Maria Moreschi, 1ª Turma Recursal, j. 18.9.2017, pub. 18.9.2017.

[20] TJRS, Apelação Cível nº 70069145555, Rel. Des. Miguel Ângelo da Silva. 9ª Câmara Cível, j. 15.3.2017, pub. 17.3.2017.

[21] TJRS, Apelação Cível nº 70069145555, Rel. Des. Miguel Ângelo da Silva. 9ª Câmara Cível, j. 15.3.2017, pub. 17.3.2017.

[22] TJRJ, Apelação Cível nº 0053661-31.2015.8.19.0205, Rel. Des. Mônica Feldman de Mattos, 27ª Câmara Cível, j. 5.9.2019, pub. 30.9.2019.

Outro acórdão digno de nota diz respeito a caso analisado pelo Tribunal de Justiça do Estado de São Paulo,[23] no qual o irmão da autora, descontente com a administração e o uso dos bens de propriedade de sua mãe, realizou postagens em redes sociais, bem como enviou *e-mail* ao local de trabalho de sua irmã, utilizando-se de termos pejorativos com o intuito de denegrir sua imagem, tais como "vagabunda", "Judas traidora", "nojenta", "mal-amada", "traste" e "imunda".

Tendo em vista sobretudo o grave teor dos ataques, os quais, na visão da relatora, "extrapolaram todos os limites do razoável em uma discussão entre irmão e irmã", o Tribunal entendeu pela impossibilidade de as desavenças familiares presentes entre as partes servirem para afastar a lesividade da conduta do réu, decidindo pela manutenção da sentença, que havia condenado o irmão ao pagamento de R$5.000,00 a título de danos extrapatrimoniais. Neste julgado, em que pese o resultado final tenha sido reconhecer o dano e condenar à indenização, verifica-se que, de certo modo, o vínculo familiar poderia ser utilizado para afastar a lesividade da conduta entre parentes – o que deveria ocupar a doutrina jurídica, posto que toda a construção doutrinária e até mesmo jurisprudencial contemporânea está no sentido de reconhecer a família como *locus* de proteção e cooperação.[24]

Por fim, o último item que se pretende discutir no presente estudo diz respeito aos montantes indenizatórios arbitrados nas ações. Para que se tenha um parâmetro de comparação com outras condenações, ressalta-se que no ambiente familiar foram encontrados valores que estavam entre de R$5.000,00 e R$10.000,00. Da amostra coletada pôde-se identificar uma média de R$6.857,14 em indenizações.

3.3 Ofensas verbais no contexto familiar *versus* agressões verbais proferidas contra estranhos

Com fundamento nos dados coletados por meio da pesquisa empírica empreendida, é possível afirmar que, no momento em que o exercício da liberdade de expressão nas relações familiares se manifesta por meio de ofensas verbais, a improcedência da ação é a regra, e a condenação ao pagamento de indenização, a exceção.[25]

Ocorre que, como a seguir será demonstrado, em casos envolvendo ofensas idênticas ou muito similares direcionadas à pessoa estranha ao núcleo familiar, a lógica da jurisprudência parece ser inversa, haja vista que, em regra, proferir insultos de caráter grave a terceiros costuma possuir consequência jurídicas relevantes.

Em outras palavras, às vezes, dentro de um mesmo Tribunal, é possível encontrar casos envolvendo as mesmas agressões verbais ou extremamente similares que recebem soluções diferentes. E isso tão somente em razão do contexto social no qual foram proferidas.

---

[23] TJSP, Apelação Cível nº 1003799-69.2015.8.26.0564, Rel. Des. Mariella Ferraz de Arruda Pollice Nogueira, 9ª Câmara de Direito Privado, j. 19.6.2018, pub. 20.6.2018.

[24] PERLINGIERI, Pietro. *O direito civil-constitucional na legalidade constitucional*. Tradução de Maria Cristina De Cicco. Rio de Janeiro: Renovar, 2008. p. 973-978.

[25] Apenas 13,2% da amostra levantada teve resultado de procedência. O restante fundamentou a improcedência da ação com motivo de ser interna e familiar, sem atingir terceiros, porque a gravidade das ofensas era leve e passível de ser admitida em ambiente familiar, ou porque as agressões foram mútuas.

No Tribunal de Justiça do Estado de São Paulo, por exemplo, um caso envolvendo insultos como "piranha", "galinha", "vagabunda" e "biscate" –[26] proferidos dentro do núcleo familiar e presenciados por terceiros – foi julgado improcedente, tendo em vista justamente a circunstância de as ofensas terem ocorrido em um contexto familiar.

Excluindo da pesquisa, no entanto, apenas a circunstância de as agressões verbais terem se dado na família, mas mantendo na busca o emprego de termos semelhantes aos referidos no caso mencionado, é possível encontrar diversas decisões procedentes no sentido de reconhecer a existência de dano imaterial indenizável.[27]

A título exemplificativo, tem-se decisão na qual analisado caso[28] em que a autora sofreu ofensas verbais em seu local de trabalho e perante vizinhos, com o uso de palavras como "puta", "vagabunda", "sem vergonha" e "safada" pela ré, conduta que ensejou sua condenação ao pagamento de R$15.000,00 pelos danos causados à honra da autora.

Ainda no âmbito do Tribunal de Justiça do Estado de São Paulo, uma das decisões integrantes da amostra dizia respeito a caso no qual, em razão de desavenças familiares, o ex-companheiro da filha atacou o ex-sogro em um bar repleto de terceiros, chamando-o de "corno" e referindo-se à sua esposa como "biscate" e à sua filha como "rapariga".[29]

Mais uma vez, a ação indenizatória foi julgada improcedente em virtude de as ofensas possuírem origem em desentendimentos familiares. Entretanto, pesquisando jurisprudência relativa a ações indenizatórias ajuizadas em razão das mesmas ofensas proferidas no caso relatado, novamente é possível encontrar várias ações procedentes no sentido de reconhecer o dano imaterial.[30]

É extremamente interessante verificar um forte aspecto da tradição que coloca o gênero feminino como inferior, além de aceitar que se questionem situações relacionadas à sexualidade feminina.[31] As mesmas ofensas relacionadas à conotação sexual da mulher: "vagabunda", "sem vergonha", "puta", "rapariga", "safada" não são reconhecidas como capazes de causar dano dentro do ambiente familiar e, da mesma forma, a ofensa masculina de "corno", que novamente objetifica a mulher questionando sua fidelidade sexual, na família, também não assegura tutela.

---

[26] TJSP, Apelação Cível nº 9128239-64.2003.8.26.0000, Rel. Des. Grava Brazil, 9ª Câmara de Direito Privado, j. 6.10.2009, pub. 22.10.2009.

[27] Neste sentido, os seguintes julgados: TJSP, Apelação Cível nº 9000027-33.2009.8.26.0576, Rel. Des. Salles Rossi, 13ª Câmara Extraordinária de Direito Privado, j. 22.5.2015, pub. 22.5.2015; TJSP, Apelação Cível nº 1012527-31.2018.8.26.0003, Rel. Des. Antonio Rigolin, 31ª Câmara de Direito Privado, j. 6.8.2020, pub. 6.8.2020; TJSP, Apelação Cível nº 1000613-63.2016.8.26.0415, Rel. Des. Donegá Morandini, 3ª Câmara de Direito Privado, j. 28.5.2020, pub. 28.5.2020 e TJSP, Apelação Cível nº 1032261-16.2015.8.26.0506, Rel. Des. Maria Lúcia Pizzotti, 30ª Câmara de Direito Privado, j. 6.11.2019, pub. 7.11.2019.

[28] TJSP, Apelação Cível nº 1006603-33.2018.8.26.0005, Rel. Des. Soares Levada, 34ª Câmara de Direito Privado, j. 29.11.2019, pub. 29.11.2019.

[29] TJSP, Apelação Cível nº 0000469-91.2013.8.26.0357, Rel. Des. Alexandre Lazzarini, 9ª Câmara de Direito Privado, j. 15.3.2016, pub. 16.3.2016.

[30] TJSP, Apelação Cível nº 1008292-35.2018.8.26.0451, Rel. Des. Hertha Helena de Oliveira, 2ª Câmara de Direito Privado, j. 9.9.2020, pub. 9.9.2020; TJSP, Apelação Cível nº 0004432-20.2011.8.26.0150, Rel. Des. Erickson Gavazza Marques, 5ª Câmara de Direito Privado, j. 28.8.2019, pub. 3.9.2019 e TJSP, Apelação Cível nº 0005117-94.2015.8.26.0438, Rel. Des. Ana Maria Baldy, 6ª Câmara de Direito Privado, j. 12.4.2018, pub. 16.4.2018.

[31] "Some-se aos descompassos acima mencionados o fato de seguir prevalentemente no âmbito do inconsciente um modelo androcêntrico de pensar a família, a sexualidade e o afeto. Este conteúdo cuja perversidade oculta pelo fundamento que consiste em consequência naturalizada e não construída, acaba por se refletir profundamente nos âmbitos conjugal e parental" (OLIVEIRA, Lígia Ziggiotti de. *Olhares feministas sobre o direito das famílias contemporâneo.* Rio de Janeiro: Lumen Juris, 2020. p. 107-108).

A título exemplificativo, tem-se acórdão[32] no qual o motivo determinante para a configuração do dever de indenizar foi a gravidade das agressões verbais sofridas pelo autor, o qual, de forma bastante similar ao ocorrido no caso acima relatado, foi chamado de "corno" por seu vizinho, tendo como resultado a condenação do réu ao pagamento de indenização arbitrada em R$8.000,00.

Nos dois casos, portanto, não obstante um dos termos pejorativos usados tenha sido o mesmo – "corno" –, bem como o fato de que as duas situações foram presenciadas por terceiros, as pretensões indenizatórias receberam soluções jurisdicionais diametralmente opostas.

O que se depreende, portanto, é que a circunstância de as partes de alguma forma serem ou terem sido ligadas por laços familiares em algum momento figura como um fator determinante para a configuração do dever de indenizar no caso concreto.

Outro caso intrigante inserido na amostra, mas que também não foi julgado procedente pelo Tribunal, é aquele constante em decisão do Tribunal de Justiça do Estado do Rio Grande do Sul,[33] no qual a pretensão indenizatória do autor era fundada em ofensas verbais redigidas pela sobrinha de sua esposa em grupo familiar do aplicativo de WhatsApp, no qual teceu comentários pejorativos em relação à gestão de alguns negócios da família pelo autor, insinuando até mesmo que havia sido utilizada como "laranja" por algumas empresas por ele administradas e acusando-o de sonegar impostos.[34]

Não obstante o teor das ofensas, o tribunal entendeu pela improcedência do pedido, tendo em vista que os comentários haviam se dado em grupo de âmbito familiar, o que já bastaria para descaracterizar a possibilidade de ocorrer um dano extrapatrimonial no caso, constituindo o ocorrido apenas um mero dissabor do cotidiano. A relação familiar seria suficiente para legitimar as ofensas proferidas.

Buscando decisões envolvendo ofensas verbais veiculadas em grupos de WhatsApp, no entanto, é de fácil obtenção uma quantidade significativa de ações indenizatórias procedentes.[35] Como exemplo, tem-se acórdão no qual analisado caso em que a autora foi chamada por insultos como "vagabunda, abobada, trouxa e ordinária" pelo réu em grupo de trabalho de WhatsApp, ensejando condenação por danos imateriais no valor de R$1.500,00.[36]

Ainda, no Tribunal de Justiça do Estado de São Paulo, em caso concreto no qual enviado áudio pela ré em grupo de WhatsApp tecendo considerações negativas sobre a pessoa do autor, entre as quais a acusação de que esse funcionava como "laranja" de terceiro, também se entendeu pela procedência da ação, tendo em vista que a conduta da

---

[32] TJSP, Apelação Cível nº 1019696-57.2018.8.26.0007, Rel. Des. Edson Luiz de Queiróz, 9ª Câmara de Direito Privado, j. 21.7.2020, pub. 21.7.2020.

[33] TJRS, Apelação Cível nº 70082920109, Rel. Des. Lusmary Fatima Turelly da Silva, 5ª Câmara Cível, j. 18.12.2019, pub. 23.1.2020.

[34] TJRS, Apelação Cível nº 70082920109, Rel. Des. Lusmary Fatima Turelly da Silva, 5ª Câmara Cível, j. 18.12.2019, pub. 23.1.2020.

[35] TJRS, Apelação Cível nº 70079181293, Rel. Des. Eduardo Kraemer, 9ª Câmara Cível, j. 18.12.2018, pub. 21.1.2019; TJRS, Apelação Cível nº 71008939753, Rel. Des. Gisele Anne Vieira de Azambuja, 4ª Turma Recursal Cível, j. 25.10.2019, pub. 28.10.2019; TJSP, Apelação Cível nº 1004973-44.2019.8.26.0477, Rel. Des. Silvério da Silva, 8ª Câmara de Direito Privado, j. 1.10.2020, pub. 1.10.2020 e TJSP, Apelação Cível nº 1017259-48.2019.8.26.0576, Rel. Des. Tercio Pires, 34ª Câmara de Direito Privado, j. 10.12.2020, pub. 10.12.2020.

[36] TJRS, Apelação Cível nº 71009604075, Rel. Des. Roberto Carvalho Fraga, 1ª Turma Recursal Cível, j. 29.9.2020, pub. 2.10.2020.

ré teria extrapolado o exercício da liberdade de expressão, ocasionando sua condenação ao pagamento de R$5.000,00 a título de danos imateriais.[37]

Como sistematização dos argumentos encontrados na pesquisa, alguns impactos de construções jurisprudenciais preocupantes em ambiente da liberdade de expressão na família. O primeiro, mais óbvio, é o fato de que a ofensa que ocorre somente dentro do ambiente familiar não é suficiente para ofender. É necessário que haja presença de terceiros estranhos perante aos quais ela aconteça. O segundo diz respeito a uma elasticidade que somente é admitida no ambiente familiar, porque entendida como totalmente desrespeitosa em ambiente social, mas perdoada em seio familiar. As mesmas expressões dirigidas a membro da família não lesam, mas dirigidas a terceiros geram tutela jurídica. O terceiro seria a exigência de que o ofendido não retorne a agressão. Em quarto lugar, verifica-se que ainda está presente o resquício do patriarcado, que objetifica e ofende as mulheres com expressões extremamente pejorativas que questionam sua sexualidade, ainda que na tentativa de ofender o homem com quem ela se relaciona e não encontram tutela estatal para reconhecê-las como danosas. E, por fim, verifica-se que o montante condenatório fora do ambiente familiar é maior.

4 Notas conclusivas

Partindo da constatação de que há casos concretos nos quais o Judiciário é chamado a se manifestar acerca do embate entre a liberdade de expressão na família e os direitos da personalidade de seus integrantes, o propósito deste trabalho foi o de verificar de que modo a conciliação desses interesses ocorre na jurisprudência.

Para tanto, optou-se como ferramenta de investigação o levantamento de dados, realizado por meio de pesquisa jurisprudencial em oito tribunais estaduais, com foco nos casos de ações indenizatórias ajuizadas em razão de ofensas verbais proferidas no núcleo familiar. A análise das razões de decidir dos acórdãos coletados possibilitou a formação de um panorama acerca da questão, permitindo identificar de que forma, e por quais razões, o exercício da liberdade de expressão nas relações familiares pode gerar danos à esfera imaterial de seus membros na visão dos tribunais.

Tendo em vista o baixo percentual de decisões procedentes encontradas – apenas 13,2% –, o que se verificou foi que o exercício da liberdade de expressão na família só é considerado abusivo pela jurisprudência em casos bastante específicos, como nas hipóteses em que as agressões são presenciadas por pessoas estranhas à entidade familiar ou nas quais o conteúdo das ofensas ultrapassam aquilo que normalmente se espera que ocorra no contexto de um desentendimento familiar. Há exigência de extrapolar um limite extremamente subjetivo e variável em cada uma das decisões.

Outro fator observado a partir das decisões inseridas na amostra foi a existência de posicionamentos contraditórios nos tribunais quanto à resolução de conflitos envolvendo a liberdade de expressão e os direitos da personalidade, haja vista a existência de casos nos quais, ainda que proferidas ofensas verbais idênticas ou muito similares entre as partes, as decisões se deram em sentido diametralmente opostos em virtude do contexto

---

[37] TJSP, Apelação Cível nº 1004168-98.2017.8.26.0077, Rel. Des. Erickson Gavazza Marques, 5ª Câmara de Direito Privado, j. 16.12.2020, pub. 16.12.2020.

social no qual os ataques foram proferidos. Na família parece existir uma "zona livre para ofensas".[38]

Levando em consideração a alta complexidade envolvida nas relações entre os membros de uma família, cujas peculiaridades não se verificam como regra nas relações sociais em geral, certamente que a atuação do Judiciário no sentido de diferenciar a ofensa que configura mero aborrecimento daquela que realmente viola os direitos da personalidade do ofendido não constitui uma tarefa fácil.

Não obstante, o fato é que, dada a existência de demandas sobre o assunto, a problemática precisa, de alguma forma, ser resolvida pelos tribunais. Nesse cenário, a contribuição da doutrina pode ser essencial a fim de possibilitar que os tribunais analisem a questão da liberdade de expressão nas relações familiares de forma a encarar o ambiente familiar menos como uma espécie de excludente de responsabilidade, e mais como uma particularidade do caso concreto.

Isto porque não parece plausível, dada a gravidade de algumas das ofensas identificadas no levantamento de dados, que a mera circunstância de o ataque verbal ter ocorrido no contexto familiar figure como um obstáculo para a proteção dos direitos da personalidade do indivíduo, ainda que o ofensor faça parte de sua família.

Afinal, se é válido o argumento de que a família é um ambiente no qual seus membros devem se sentir livres para expressar suas opiniões, sob pena de toda e qualquer discussão ser levada ao Judiciário, também possui fundamento a ideia de que a família não pode ser encarada pelos julgadores como uma espécie de imunidade civil conferida a seus integrantes, o que alçaria a liberdade de expressão a um patamar de direito absoluto dentro do contexto familiar.

Referências

AGUIAR JR., Ruy Rosado de. Responsabilidade civil no direito de família. *In*: MONTEIRO FILHO, Raphael de Barros (Org.). *Doutrina Superior Tribunal de Justiça*: edição comemorativa de 15 anos. Brasília: STJ, 2005.

CAHALI, Yussef Said. *Dano moral*. 3. ed. São Paulo: Revista dos Tribunais, 2005.

FRITZ, Karina Nunes. Dentro do círculo familiar há uma "zona livre" para ofensas *Migalhas*, 5 jun. 2019. Disponível em: https://migalhas.uol.com.br/coluna/german-report/305037/dentro-do-circulo-familiar-ha-uma--zona-livre--para-ofensas. Acesso em: 3 fev. 2021.

IBGE – INSTITUTO BRASILEIRO DE GEOGRAFIA E ESTATÍSTICA. *Produto Interno Bruto*. Disponível em: https://www.ibge.gov.br/explica/pib.php. Acesso em: 11º fev. 2021.

LUFT, Lya. Família como fazer? *Revista Veja*, São Paulo, n. 44, 3 nov. 2004.

OLIVEIRA, Lígia Ziggiotti de. *Olhares feministas sobre o direito das famílias contemporâneo*. Rio de Janeiro: Lumen Juris, 2020.

PERLINGIERI, Pietro. *O direito civil-constitucional na legalidade constitucional*. Tradução de Maria Cristina De Cicco. Rio de Janeiro: Renovar, 2008.

ROSA, Conrado Paulino da; CARVALHO, Dimas Messias de; FREITAS, Douglas Phillips. *Dano moral & Direito das famílias*. 2. ed. Belo Horizonte: Del Rey, 2012.

---

[38] FRITZ, Karina Nunes. Dentro do círculo familiar há uma "zona livre" para ofensas *Migalhas*, 5 jun. 2019. Disponível em: https://migalhas.uol.com.br/coluna/german-report/305037/dentro-do-circulo-familiar-ha-uma--zona-livre--para-ofensas. Acesso em: 3 fev. 2021.

TEPEDINO, Gustavo; TEIXEIRA, Ana Carolina Brochado. *Fundamentos do direito civil* – Direito de família. Rio de Janeiro: Forense, 2020.

Jurisprudência

DISTRITO FEDERAL E TERRITÓRIOS. Tribunal de Justiça. *Apelação Cível 0703582-42.2017.8.07.0020.* Rel. Des. Sérgio Rocha. Brasília, 27 ago. 2019. Disponível em: https://pesquisajuris.tjdft.jus.br/IndexadorAcordaos-web/sistj. Acesso em: 1º fev. 2021.

GOIÁS. Tribunal de Justiça. *Apelação Cível 0124042-29.2013.8.09.0006.* Rel. Des. Orloff Neves Rocha. Goiânia, 3 ago. 2018. Disponível em: https://projudi.tjgo.jus.br/BuscaArquivoPublico?PaginaAtual=6&Id_Movimenta-caoArquivo=76832914&hash=224361625639737221286883080585757337414&CodigoVerificacao=true. Acesso em: 1º fev. 2021.

MINAS GERAIS. Tribunal de Justiça. *Apelação Cível 1.0084.11.000247-8/001.* Rel. Des. Alberto Henrique. Belo Horizonte, 7 mar. 2012. Disponível em: https://www5.tjmg.jus.br/jurisprudencia/pesquisaNumeroCNJEspelhoAcordao.do;jsessionid=4E6216D37E2D2FEDB8B013EC3D61D7CE.juri_node2?numeroRegistro=1&totalLinhas=1&linhasPorPagina=10&numeroUnico=1.0084.11.000247-8%2F001&pesquisaNumeroCNJ=Pesquisar. Acesso em: 2 fev. 2021.

MINAS GERAIS. Tribunal de Justiça. *Apelação Cível 1.0439.07.070129-7/001.* Rel. Des. Rogério Medeiros. Belo Horizonte, 13 jan. 2009. Disponível em: https://www5.tjmg.jus.br/jurisprudencia/pesquisaNumeroCNJEspelhoAcordao.do;jsessionid=4E6216D37E2D2FEDB8B013EC3D61D7CE.juri_node2?numeroRegistro=1&totalLinhas=1&linhasPorPagina=10&numeroUnico=1.0439.07.070129-7%2F001&pesquisaNumeroCNJ=Pesquisar. Acesso em: 2 fev. 2021.

MINAS GERAIS. Tribunal de Justiça. *Apelação Cível 1.0572.13.000343-5/001.* Rel. Des. Otávio Portes. Belo Horizonte, 22 nov. 2017. Disponível em: https://www5.tjmg.jus.br/jurisprudencia/pesquisaNumeroCNJEspelhoAcordao.do;jsessionid=F2689A650DEBFDDB203280ABB7B925A9.juri_node2?numeroRegistro=1&totalLinhas=1&linhasPorPagina=10&numeroUnico=1.0572.13.000343-5%2F001&pesquisaNumeroCNJ=Pesquisar. Acesso em: 1º fev. 2021.

PARANÁ. Tribunal de Justiça. *Recurso Inominado 0001225-61.2016.8.16.0038.* Rel. Des. Giani Maria Moreschi. Curitiba, 18 set. 2017. Disponível em: https://portal.tjpr.jus.br/jurisprudencia/j/2100000003848271/Ac%C3%B3rd%C3%A3o-0001225-61.2016.8.16.0038#integra_2100000003848271. Acesso em: 11º fev. 2021.

RIO DE JANEIRO. Tribunal de Justiça. *Apelação Cível 0053661-31.2015.8.19.0205.* Rel. Des. Mônica Feldman de Mattos. Rio de Janeiro, 30 set. 2019. Disponível em: http://www4.tjrj.jus.br/EJURIS/temp/0dce1c63-5d92-4dfc-9c82-ae75b5e18e56.html. Acesso em: 1º fev. 2021.

RIO DE JANEIRO. Tribunal de Justiça. *Apelação Cível 0413768-61.2016.8.19.0001.* Rel. Des. Sirley Abreu Biondi. Rio de Janeiro, 27 jul. 2020. Disponível em: http://www4.tjrj.jus.br/EJURIS/temp/7ca40103-8f65-486d-bc8d-9eabb5ac19fd.html. Acesso em: 2 fev. 2021.

RIO GRANDE DO SUL. Tribunal de Justiça. *Apelação Cível 70069145555.* Rel. Des. Miguel Ângelo da Silva. Porto Alegre, 17 mar. 2017. Disponível em: https://www.tjrs.jus.br/buscas/jurisprudencia/exibe_html.php. Acesso em: 2 fev. 2021.

RIO GRANDE DO SUL. Tribunal de Justiça. *Apelação Cível 70079181293.* Rel. Des. Eduardo Kraemer. Porto Alegre, 21 jan. 2019. Disponível em: https://www.tjrs.jus.br/buscas/jurisprudencia/exibe_html.php. Acesso em: 3 fev. 2021.

RIO GRANDE DO SUL. Tribunal de Justiça. *Apelação Cível 70082920109.* Rel. Des. Lusmary Fatima Turelly da Silva. Porto Alegre, 23 jan. 2020. Disponível em: https://www.tjrs.jus.br/buscas/jurisprudencia/exibe_html.php. Acesso em: 30 jan. 2021.

RIO GRANDE DO SUL. Tribunal de Justiça. *Apelação Cível 71008939753.* Rel. Des. Gisele Anne Vieira de Azambuja. Porto Alegre, 28 out. 2019. Disponível em: https://www.tjrs.jus.br/buscas/jurisprudencia/exibe_html.php. Acesso em: 3 fev. 2021.

RIO GRANDE DO SUL. Tribunal de Justiça. *Apelação Cível 71009604075.* Rel. Des. Roberto Carvalho Fraga. Porto Alegre, 2 out. 2020. Disponível em: https://www.tjrs.jus.br/buscas/jurisprudencia/exibe_html.php. Acesso em: 30 jan. 2021.

RONDÔNIA. Tribunal de Justiça. *Apelação Cível 0262324-75.2008.822.0001*. Rel. Des. Miguel Monico Neto. Porto Velho, 29 mar. 2010. Disponível em: http://webapp.tjro.jus.br/juris/consulta/detalhesJuris.jsf?cid=1. Acesso em: 1º fev. 2021.

SANTA CATARINA. Tribunal de Justiça. *Apelação Cível 2014.005024-2*. Rel. Des. Hildemar Meneguzzi de Carvalho. Chapecó, 14 mar. 2016. Disponível em: http://busca.tjsc.jus.br/jurisprudencia/html.do?q=&only_ementa=&frase= &id=AAAbmQAACAANqQhAAV&categoria=acordao. Acesso em: 1º fev. 2021.

SÃO PAULO. Tribunal de Justiça. *Apelação Cível 0000469-91.2013.8.26.0357*. Rel. Des. Alexandre Lazzarini. São Paulo, 16 mar. 2016. Disponível em: https://esaj.tjsp.jus.br/cjsg/getArquivo.do?cdAcordao=9272330&cdForo=0. Acesso em: 31 jan. 2021.

SÃO PAULO. Tribunal de Justiça. *Apelação Cível 0004432-20.2011.8.26.0150*. Rel. Des. Erickson Gavazza Marques. São Paulo, 3 set. 2019. Disponível em: https://esaj.tjsp.jus.br/cjsg/getArquivo.do?cdAcordao=12842352&cdForo=0. Acesso em: 2 fev. 2021.

SÃO PAULO. Tribunal de Justiça. *Apelação Cível 0005117-94.2015.8.26.0438*. Rel. Des. Ana Maria Baldy. São Paulo, 16 abr. 2018. Disponível em: https://esaj.tjsp.jus.br/cjsg/getArquivo.do?cdAcordao=11366295&cdForo=0. Acesso em: 2 fev. 2021.

SÃO PAULO. Tribunal de Justiça. *Apelação Cível 0006065-65.2012.8.26.0236*. Rel. Des. Alexandre Bucci. São Paulo, 26 out. 2016. Disponível em: https://esaj.tjsp.jus.br/cjsg/getArquivo.do?cdAcordao=9924482&cdForo=0. Acesso em: 2 fev. 2021.

SÃO PAULO. Tribunal de Justiça. *Apelação Cível 1000613-63.2016.8.26.0415*. Rel. Des. Donegá Morandini. São Paulo, 28 maio 2020. Disponível em: https://esaj.tjsp.jus.br/cjsg/getArquivo.do?cdAcordao=13595497&cdForo=0. Acesso em: 1º fev. 2021.

SÃO PAULO. Tribunal de Justiça. *Apelação Cível 1002010-13.2018.8.26.0408*. Rel. Des. Alexandre Coelho. São Paulo, 28 jan. 2021. Disponível em: https://esaj.tjsp.jus.br/cjsg/getArquivo.do?conversationId=&cdAcordao=14306708&cdForo=0&uuidCaptcha=sajcaptcha_f2d248227d1d48c58cf20c4c1cd4a0a9&g-recaptcha-response=03AGdBq26zwW81B6kkvef_o4ncI5wzUJrpGmRQPwJKhI9XbZ7S22B7_gimXo5WkvVo2j4p5SQAt8U8o5vU58oxbHf-B834TjtpmKcJQfRS2221evyoW0LiXWGDiitWU6o6GN2-D2l0C623pm0Lp2zBIouFl0bb1p8mVciHaq4nqovnBqjnX9saVpQY4wk1C7ixI0qBMmXmAs4CABGimz588Kl03JhLEVlYIZQCEVQe2CCkxJ_HgtLi92eTcpwxVOkehUSNigy3Kf9tkyxVG2egVxLJIpOA7kMtktg6fDZpgvpvsXYNTHX1WU3GhMXV8ivWoejsmP7MDF2rpTA8Z6lV6NtFFicp_GfHuAERdC4QmtRj8qRPBSUaRtJTbCp6kN7trgZ_478I93JcDEDdiGZftkn3XO_nU8bYOJq5SgDzj3ZoDqxSeqAPuIhooXknXrT5LpT9zxV_PGDBXfh8VWH866AxgaUTxdDvAA. Acesso em: 4 fev. 2021.

SÃO PAULO. Tribunal de Justiça. *Apelação Cível 1003799-69.2015.8.26.0564*. Rel. Des. Mariella Ferraz de Arruda Pollice Nogueira. São Paulo, 20 jun. 2018. Disponível em: https://esaj.tjsp.jus.br/cjsg/getArquivo.do?cdAcordao=11556969&cdForo=0. Acesso em: 1º fev. 2021.

SÃO PAULO. Tribunal de Justiça. *Apelação Cível 1004168-98.2017.8.26.0077*. Rel. Des. Erickson Gavazza Marques. São Paulo, 16 dez. 2020. Disponível em: https://esaj.tjsp.jus.br/cjsg/getArquivo.do?cdAcordao=14240075&cdForo=0. Acesso em: 30 jan. 2021.

SÃO PAULO. Tribunal de Justiça. *Apelação Cível 1004720-43.2017.8.26.0019*. Rel. Des. Costa Netto. São Paulo, 30 nov. 2020. Disponível em: https://esaj.tjsp.jus.br/cjsg/getArquivo.do?cdAcordao=14196396&cdForo=0. Acesso em: 1º fev. 2021.

SÃO PAULO. Tribunal de Justiça. *Apelação Cível 1004973-44.2019.8.26.0477*. Rel. Des. Silvério da Silva. São Paulo, 1º out. 2020. Disponível em: https://esaj.tjsp.jus.br/cjsg/getArquivo.do?cdAcordao=14023432&cdForo=0. Acesso em: 3 fev. 2021.

SÃO PAULO. Tribunal de Justiça. *Apelação Cível 1006603-33.2018.8.26.0005*. Rel. Des. Soares Levada. São Paulo, 29 nov. 2019. Disponível em: https://esaj.tjsp.jus.br/cjsg/getArquivo.do?cdAcordao=13126948&cdForo=0. Acesso em: 31 jan. 2021.

SÃO PAULO. Tribunal de Justiça. *Apelação Cível 1008292-35.2018.8.26.0451*. Rel. Des. Hertha Helena de Oliveira. São Paulo, 9 set. 2020. Disponível em: https://esaj.tjsp.jus.br/cjsg/getArquivo.do?conversationId=&cdAcordao=13945038&cdForo=0&uuidCaptcha=sajcaptcha_9187a04da59749cd80b15f0b7d366d4e&g-recaptcha-response=03AGdBq24yFWv9wc43Ntx93pjMqW0VD5Osnr9M6NqHC2EMsOUanyCmn4mnvGUAuxVedkUlGWnynxcFAZz3T4OK2bX8_ClFphxy7KcGC5IW_9DWmcnodzt_0ikAk-FYUF1uQWcN0EsmXPPUPDc5vV741J5NpzSzjmocTtJ4B42bt6uJ0he2XUUdgvbsQboCaAXzVFSFv5ppbrXScyJwOS046N7DjgQomrsQVn7XYU_R2FEIJzqNHISHGdr9YVWkCQMItYHQyItLqJQg0ym3E6ZL-Uv-hg2FI3OkQYL93DmA0o

gck-SUgmUsRMWEehUdNtC5bnxAWoaWvnMEYa4i5aUVo55btFCvUh9mgwqZoKrQ55QY7mRRHtV8P
WczP2A1wzd6t323w-6xg3YPie9yXewr_33ysgOXBAP2N_aTiQZcya9qPyv7PvP2NRb-qtJqYS-inNAaQkRV
NgqXn0rwil6qN-ECS3m8Wki6AQ. Acesso em: 2 fev. 2021.

SÃO PAULO. Tribunal de Justiça. *Apelação Cível 1012527-31.2018.8.26.0003*. Rel. Des. Antonio Rigolin. São Paulo, 6 ago. 2020. Disponível em: https://esaj.tjsp.jus.br/cjsg/getArquivo.do?cdAcordao=13835455&cdForo=0. Acesso em: 1º fev. 2021.

SÃO PAULO. Tribunal de Justiça. *Apelação Cível 1017259-48.2019.8.26.0576*. Rel. Des. Tercio Pires. São Paulo, 10 dez. 2020. Disponível em: https://esaj.tjsp.jus.br/cjsg/getArquivo.do?cdAcordao=14221800&cdForo=0. Acesso em: 3 fev. 2021.

SÃO PAULO. Tribunal de Justiça. *Apelação Cível 1019696-57.2018.8.26.0007*. Rel. Des. Edson Luiz de Queiróz. São Paulo, 21 jul. 2020. Disponível em: https://esaj.tjsp.jus.br/cjsg/getArquivo.do?cdAcordao=13770208&cdForo=0. Acesso em: 30 jan. 2021.

SÃO PAULO. Tribunal de Justiça. *Apelação Cível 1032261-16.2015.8.26.0506*. Rel. Des. Maria Lúcia Pizzotti. São Paulo, 7 nov. 2019. Disponível em: https://esaj.tjsp.jus.br/cjsg/getArquivo.do?cdAcordao=13059964&cdForo=0. Acesso em: 1º fev. 2021.

SÃO PAULO. Tribunal de Justiça. *Apelação Cível 4002410-19.2013.8.26.0224*. Rel. Des. Mariella Ferraz de Arruda Pollice Nogueira. São Paulo, 24 jul. 2018. Disponível em: https://esaj.tjsp.jus.br/cjsg/getArquivo. do?cdAcordao=11644033&cdForo=0. Acesso em: 2 fev. 2021.

SÃO PAULO. Tribunal de Justiça. *Apelação Cível 9000027-33.2009.8.26.0576*. Rel. Des. Salles Rossi. São Paulo, 22 maio 2015. Disponível em: https://esaj.tjsp.jus.br/cjsg/getArquivo.do?conversationId=&cdAcordao=8479835& cdForo=0&uuidCaptcha=sajcaptcha_d89b3570a39a4ec1a0877cb846b71f31&g-recaptcha-response=03AGdB q27wE8u7q5cKHuDRkONDP5WQB3YdY_B9WtPCakIer7K0W_qE8IaxL-93buMjPAbjGgXioUufe8IX_jv vR8adzOrt0mxIG9oaF6unxHly-nKDAZOAfNsGLmX2C9sPUSTZuW_08Gr_JYy88eqepwsCq41ETskKYmi YXZvqCjnwAF4SIIDcrm8m8iKeao0Tf0IVhx3or0M4AgKcdNx48wB1sYrI-Y564KNAdRHtHhmTopvlIC1Xiz 3du3oMaaiAwFs68gtUl2tyrokX-6C5xzeK7suxuuUeSS78YUAQojnRKfQKNmOY8UGcgYbdhnFlB8BVfdQX CvRa_nk1nSymAsU-nzod4jeY-A-HeFTxRweAXxH20Av3QPMdUUP6DWbvGqYnQClNza_pFfDS79FP2ta TaciOW3m5w-e9b4pPRMnlZ0LEGFp6yNgBRIk9wFnpv3_1CZH5h5Ss3IJqpnudE2WmqB2joR5w8A. Acesso em: 1º fev. 2021.

SÃO PAULO. Tribunal de Justiça. *Apelação Cível 9092500-93.2004.8.26.0000*. Rel. Des. José Carlos Ferreira Alves. São Paulo, 12 ago. 2011. Disponível em: https://esaj.tjsp.jus.br/cjsg/getArquivo.do?cdAcordao=5316050&cdForo=0. Acesso em: 1º fev. 2021.

SÃO PAULO. Tribunal de Justiça. *Apelação Cível 9128239-64.2003.8.26.0000*. Rel. Des. Grava Brazil. São Paulo, 22 out. 2009. Disponível em: https://esaj.tjsp.jus.br/cjsg/getArquivo.do?cdAcordao=4130541&cdForo=0. Acesso em: 31 jan. 2021.

Informação bibliográfica deste texto, conforme a NBR 6023:2018 da Associação Brasileira de Normas Técnicas (ABNT):

FLEISCHMANN, Simone Tassinari Cardoso; SANTOS, Eduarda Victória Menegaz dos. Liberdade de expressão: um direito absoluto no ambiente familiar? *In*: EHRHARDT JÚNIOR, Marcos; LOBO, Fabíola Albuquerque; ANDRADE, Gustavo (Coord.). *Liberdade de expressão e relações privadas*. Belo Horizonte: Fórum, 2021. p. 311-326. ISBN 978-65-5518-188-3.

ABUSO NO EXERCÍCIO DA LIBERDADE DE EXPRESSÃO E INDIGNIDADE NO DIREITO DE FAMÍLIA

FELIPE QUINTELLA
TEREZA CRISTINA MONTEIRO MAFRA

1 Considerações iniciais

De há muito o direito privado se preocupa com a configuração de condutas demeritórias, que tornam os que as praticam *indignos*. Nesse sentido, são imemoriais as noções de *ingratidão do donatário*, apta a ensejar a revogação da doação, e de indignidade do herdeiro ou legatário, suficiente para autorizar a exclusão da sucessão ou a deserdação.

Contudo, o *procedimento indigno*, com impactos nos alimentos do direito de família, não era previsto no Código Civil de 1916, tendo sido estabelecido no parágrafo único do art. 1.708 do Código Civil de 2002.

A proposta deste trabalho, dentro deste contexto, é verificar se seria doutrinariamente viável e se, na prática forense no país, o *abuso* no exercício da liberdade de expressão tem sido suscitado para a configuração de procedimento indigno, apto a extinguir o direito a alimentos do indigno ou reduzir o respectivo valor.

A relevância do tema se demonstra pela existência de uma "inevitável tensão"[1] entre a liberdade de expressão e os direitos da personalidade, como os direitos à honra, à intimidade, à vida privada e à imagem, o que pode configurar a chamada *colisão de direitos fundamentais*,[2] tornando complexa a solução, pois tais direitos desfrutam do mesmo *status* jurídico e se situam no mesmo nível axiológico.[3]

Para alcançar o objetivo traçado, serão utilizadas as metodologias de pesquisa doutrinária e jurisprudencial, para a criação de um quadro diagnóstico e propositivo

---

[1] MENDES, Gilmar Ferreira. *Direitos fundamentais e controle de constitucionalidade*. 4. ed. São Paulo: Saraiva, 2012. p. 648.

[2] FARIAS, Edilsom Pereira de. *Colisão de direitos*: a honra, a intimidade, a vida privada e a imagem *versus* a liberdade de expressão e informação. 2. ed. Porto Alegre: Sergio Antonio Fabris Editor, 2000. p. 171.

[3] BARROSO, Luís Roberto. Colisão entre liberdade de expressão e direitos da personalidade: critérios de ponderação. Interpretação constitucionalmente adequada do Código Civil e da Lei de Imprensa. *R. Dir. Adm.*, Rio de Janeiro, v. 235, p. 1-36, jan./mar. 2004. Disponível em: http://bibliotecadigital.fgv.br/ojs/index.php/rda/article/view/45123/45026. Acesso em: 13 jan. 2021.

do assunto. Ao longo do trabalho, nos comentários aos resultados, será construído o posicionamento dos autores.

Considerando os limites dos artigos que compõem a presente obra, para a pesquisa doutrinária o tema foi consultado especificamente em seis obras que tratam de direito de família e de alimentos.

A pesquisa jurisprudencial, por sua vez, foi realizada no Superior Tribunal de Justiça (STJ) e nos vinte e sete Tribunais de Justiça dos estados e do Distrito Federal.

2 A vagueza semântica da locução procedimento indigno

O direito civil, desde tempos imemoriais, preocupa-se com a prática de atos ofensivos, que tornem o sujeito que os pratica *indigno*. Nesse sentido, encontramos, na tradição romano-germânica mantida no Brasil, a possibilidade de revogação da doação por ingratidão (art. 557 do Código Civil), bem como a possibilidade de exclusão ou de deserdação do sucessor indigno (arts. 1.814 e 1.961).

No caso específico do direito de família, a preocupação com a indignidade veio com o Código Civil de 2002, o qual previu a ocorrência de *procedimento indigno* como hipótese legal de extinção do direito a alimentos (art. 1.708, parágrafo único do Código Civil).

Dispõe o art. 1.708, parágrafo único, do Código Civil: "[c]om relação ao credor cessa, também, o direito a alimentos, se tiver procedimento indigno em relação ao devedor".

Embora não houvesse referência expressa à indignidade no direito pré-codificado, Lafayette explicava que poderia cessar o direito aos alimentos "se o filho commetteu alguma ingratidão pela qual possa ser desherdado; se sem justa causa abandonou a casa paterna; se casou sem o consentimento do pai, ou sem consentimento suprido pela justiça".[4]

Mas, diversamente do que ocorre no direito das sucessões, em que as condutas ensejadoras de indignidade do sucessor, aptas a causar a sua exclusão da sucessão, ou sua deserdação, são previstas taxativamente em lei (art. 1.814 do Código Civil), no direito de família, a definição do procedimento indigno *não foi* estabelecida em lei.

Flávio Tartuce, por exemplo, considera a hipótese "uma cláusula geral, um conceito legal indeterminado a ser preenchido pelo aplicador do Direito caso a caso, de acordo com as circunstâncias que envolvem a lide".[5]

Como se sabe, o Código Civil de 2002 adotou a técnica das cláusulas gerais, "de modo que os operadores do direito tenham um papel ativo na determinação das normas jurídicas, consubstanciando, pois, um sistema aberto" – nas palavras de Miguel Reale.[6]

De acordo com Judith Martins-Costa e Gerson Branco, "nas cláusulas gerais a formulação da hipótese legal é procedida mediante o emprego de conceitos cujos termos

---

[4] PEREIRA, Lafayette Rodrigues. *Direitos de família*. Rio de Janeiro: Virgílio Maia & Comp., 1918. p. 281.

[5] TARTUCE, Flávio *et al. Código Civil comentado*. Rio de Janeiro: Forense, 2019. p. 1344.

[6] REALE, Miguel. *O Projeto do Novo Código Civil*. 2. ed. São Paulo: Saraiva, 1999. p. 60.

têm significados intencionalmente vagos e abertos, os chamados *conceitos jurídicos indeterminados*".[7]

Além disso, como bem salienta Coltro, "da mesma forma que o imoral de ontem perdeu tal característica hoje, o que era indigno no passado poderá ser suportável no futuro".[8]

Para Farias e Rosenvald, "trata-se de dispositivo centrado, a toda evidência, na boa-fé objetiva, incorporando o paradigma da eticidade que permeia o Código Civil em vigor, impondo ao credor alimentar um comportamento compatível com a própria solidariedade familiar".[9]

Além das hipóteses de revogação da doação e de indignidade sucessória, ante a natureza aberta do conceito, pode haver muitos outros casos, a depender da análise do caso concreto.

Na lição de Giselda Hironaka, o procedimento indigno

> é uma ação pela destruição do outro, é uma violência, no interior ou por conta da própria relação familiar ou afetiva. Não se trata de qualquer uso de força – tanto força afetiva quanto força física –, mas sim um uso violento de alguma força capaz de destruir ou enfraquecer o outro.[10]

Apesar de proferido há mais de 12 anos, merece referência um julgado da 4ª Câmara de Direito Privado do TJSP, cujo relator foi o Des. Ênio Santarelli Zuliani:

> Exoneração que o pai postula devido a descobrir que o alimentado espalha, em comunidades de relacionamento na *internet* – *Orkut* –, mensagens com conteúdos suficientes para justificar a ruptura de relacionamento civilizado e que seriam, em tese, classificáveis como atos indignos – "meu pai não paga minha pensão; eu *odeio* meu pai e meu pai é *um filho da puta*. [...] Não satisfeito, o jovem ainda escreveu a seguinte mensagem no ícone: *"como você gostaria de matar seu pai"*; *"de qualquer jeito! O importante é que ele suma da face da terra!!! O ... é perder a minha liberdade por causa de um traste imprestável como ele, eu torço pra que alguém faça isso por mim, sei lá uma doença como câncer, um carro um caminhão atropelar ele sei lá até mesmo um trombadinha tentar roubar ele e meter a faca sei lá um raio cair na cabeça dele, mas nada disso acontece"*. Decisão que determina o depósito das prestações em conta judicial até encerramento do litígio. Razoabilidade. Não provimento.[11]

Em capítulo de livro sobre alimentos, o desembargador relator do acórdão acima tratou dos possíveis conflitos entre as manifestações nas redes de computadores e os direitos da personalidade:

---

[7] MARTINS-COSTA, Judith; BRANCO, Gerson Luiz Carlos. *Diretrizes teóricas do novo Código Civil brasileiro*. São Paulo: Saraiva, 2002. p. 117.

[8] COLTRO, Antônio Carlos Mathias. A cessação do dever de prestar alimentos. *In*: CAMARGO NETO, Theodureto; SILVA, Regina Beatriz. *Grandes temas de direito de família e das sucessões*. São Paulo: Saraiva, 2011. p. 165.

[9] FARIAS, Christiano Chaves; ROSENVALD, Nelson. *Curso de direito civil*. 8. ed. Salvador: JusPodivm, 2016. v. 6. p. 762.

[10] HIRONAKA, Giselda Maria Fernandes Novaes. A indignidade como causa de escusabilidade do dever de alimentar. *Revista do Advogado*, São Paulo, n. 98, 2008. p. 107.

[11] TJSP, 4ª Câmara de Direito Privado. Agravo de Instrumento nº 566.619-4/8. Rel. Des. Ênio Santarelli Zuliani, j. 12.6.2008.

A *internet* é um meio de comunicação penetrante e mais devastador para efeito de diminuir sentimentos por ofensa à honra e à reputação, superando, nesse aspecto, a concorrência de jornais e revistas impressas e que circulam nos postos de revenda ou até gratuitamente, porque o acesso à *internet* é maior pela facilidade provocada pelos interesses conexos [trabalho, estudo, entretenimento e até devassidão ou ócio]. [...] Não há, portanto, sigilo e a ampla publicidade que se tem autoriza afirmar que a exegese da ingratidão não poderá ser restritiva, como sugere a doutrina para hipóteses não contempladas como suscetíveis de deserdação.[12]

Três em cada quatro brasileiros acessam a internet, o que equivale a 134 milhões de pessoas. As informações são da pesquisa TIC Domicílios 2019, após levantamento sobre acesso a tecnologias da informação e comunicação, realizada pelo Centro Regional para o Desenvolvimento de Estudos sobre a Sociedade da Informação (Cetic.br), vinculado ao Comitê Gestor da Internet no Brasil, publicada em 26.5.2020.[13]

O uso crescente de novas tecnologias, por um lado, contribui para o desenvolvimento das pessoas, mas, de outro lado, põe em risco liberdades individuais.[14] A tensão entre liberdade de expressão e direitos da personalidade, em face das novas tecnologias, só aumenta. E os conflitos envolvendo exoneração de alimentos parecem crescentes no ambiente virtual, especialmente em se tratando de matéria marcada pela vagueza semântica do *procedimento indigno*.

Tecnicamente, diríamos, o dispositivo em questão não é exemplo, exatamente, de *conceito aberto*, porém, mais propriamente, de significativa ausência de parâmetros. De fato, a única diretriz estabelecida pela lei decorre do uso do adjetivo *indigno*, dirigindo a interpretação no sentido de que a conduta há de ser *grave* e *desonrosa*.

A técnica legislativa das cláusulas gerais, a nosso ver, é muito adequada a certas situações, mas entendemos que as cláusulas gerais devem conter diretrizes que possam conduzir o exame das circunstâncias, para que a incidência da norma não se torne discricionária.

Em outros países, existem previsões semelhantes.

O art. 2019º do Código Civil de Portugal estabelece que cessa a obrigação alimentar quando o alimentado se tornar indigno do benefício pelo seu comportamento moral, sendo que a doutrina recomenda utilizar esse dispositivo quando a imoralidade for de tal ordem que pareça razoável entender como inexigível o encargo.[15]

O Código Civil italiano, no art. 440, prevê a possibilidade de redução dos alimentos "por conduta desordenada ou reprovável do alimentando".[16]

No Código Civil espanhol há duas hipóteses que se assemelham ao procedimento indigno do direito pátrio. A primeira ocorre quando o herdeiro, necessário ou não,

---

[12] ZULIANI, Ênio Santarelli. Alimentos. *In*: COLTRO, Antônio Carlos Mathias. *Estudos jurídicos em homenagem ao centenário de Edgard de Moura Bittencourt*: a revisão do direito de família. Rio de Janeiro: GZ, 2009. p. 245.

[13] Disponível em: https://agenciabrasil.ebc.com.br/geral/noticia/2020-05/brasil-tem-134-milhoes-de-usuarios-de-internet-aponta-pesquisa. Acesso em: 16 jan. 2021.

[14] COSTA, Luiz. Liberdade de informação e privacidade como liberdade. *In*: SAMPAIO, José Adércio Leite. *Liberdade de expressão no século XXI*. Belo Horizonte: Del Rey, 2016. p. 382.

[15] COELHO, Francisco Pereira; OLIVEIRA, Guilherme de. *Curso de direito de família*. Coimbra: Coimbra Editora, 2008. v. 1. p. 706.

[16] "440. Cessazione, riduzione e aumento. [...] Gli alimenti possono pure essere ridotti per la condotta disordinata o riprovevole dell'alimentato".

pratica alguma falta que dê ensejo à deserdação. E, a segunda, quando o alimentando seja descendente do alimentante e sua necessidade provenha de má conduta ou falta de aplicação no trabalho.[17]

Em suma, nas palavras de Caio Mário, "o 'procedimento indigno' há de ser apreciado cum arbitrio boni viri do juiz", pois a "linguagem do preceito não é feliz e suscita interpretações controversas".[18]

3   Ato ilícito por abuso no exercício da liberdade de expressão

Como se sabe, a Constituição da República de 1988 estabelece, no rol dos direitos e garantias fundamentais, a liberdade de manifestação do pensamento (art. 5º, IV), também denominada *liberdade de expressão*.

Além disso, o art. 220 da Carta Magna prevê que "a manifestação do pensamento, a criação, a expressão e a informação, sob qualquer forma, processo ou veículo não sofrerão qualquer restrição, observado o disposto nesta Constituição".

Cabe esclarecer que será utilizada a locução *liberdade de expressão*, com apoio em Carlos Frederico Barbosa Bentivegna, em "sentido lato (*lato sensu*), que compreende, de forma ampla, a liberdade de manifestação do pensamento e da opinião (aí incluídas as produções do espírito, quer de natureza científica, literária, artística etc.), bem como a liberdade de informação",[19] abarcando os limites constitucionalmente estabelecidos no art. 220, §1º, correspondentes à inviolabilidade da honra, da intimidade, da vida privada e da imagem (art. 5º, X).[20]

Há colisão entre direitos fundamentais quando ocorre conflito no exercício de direitos fundamentais envolvendo diferentes titulares, podendo decorrer de conflito entre "(a) direitos individuais, (b) direitos individuais e bens jurídicos da comunidade, e (c) entre bens jurídicos coletivos".[21]

Conforme o caso concreto, a manifestação/divulgação de fatos relativos a uma pessoa poderá se configurar como lícita ou abusiva.[22]

De acordo com Luís Roberto Barroso:

> [n]a colisão entre a liberdade de informação e de expressão, de um lado, e os direitos da personalidade, de outro, destacam-se como elementos de ponderação: a veracidade do fato, a licitude do meio empregado na obtenção da informação. a personalidade pública ou estritamente privada da pessoa objeto da notícia, o local do fato, a natureza do fato,

---

[17] "Art. 152. Cesará también la obligación de dar alimentos: [...] 4º Cuando el alimentista, sea o no heredero forzoso, hubiese cometido alguna falta de las que dan lugar a la desheredación. 5º Cuando el alimentista sea descendiente del obligado a dar alimentos, y la necesidad de aquél provenga de mala conducta o de falta de aplicación al trabajo, mientras subsista esta causa".

[18] PEREIRA, Caio Mário da Silva. *Instituições de direito civil*. 23. ed. Rio de Janeiro: Forense, 2015. v. V. p. 622.

[19] BENTIVEGNA, Carlos Frederico Barbosa. *Liberdade de expressão, honra, imagem e privacidade*: os limites entre o lícito e o ilícito. Barueri: Manole, 2020. p. 81.

[20] FARIAS, Edilsom Pereira de. *Colisão de direitos*: a honra, a intimidade, a vida privada e a imagem *versus* a liberdade de expressão e informação. 2. ed. Porto Alegre: Sergio Antonio Fabris Editor, 2000. p. 127.

[21] MENDES, Gilmar Ferreira; BRANCO, Paulo Gustavo Gonet. *Curso de direito constitucional*. 15. ed. São Paulo: Saraiva, 2020. p. 236.

[22] MENDES, Gilmar Ferreira; BRANCO, Paulo Gustavo Gonet. *Curso de direito constitucional*. 15. ed. São Paulo: Saraiva, 2020. p. 289.

a existência de interesse público na divulgação, especialmente quando o fato decorra da atuação de órgãos ou entidades públicas e a preferência por medidas que não envolvam a proibição prévia da divulgação.[23]

Já o art. 187 do Código Civil trata do ato ilícito por *abuso* no exercício de um direito, ao mesmo tempo em que o art. 188, I, não considera ilícito o ato praticado no exercício *regular* de um direito.

Daí se extrai, por conseguinte, que o exercício de um direito tanto pode configurar conduta lícita, quanto ilícita. Tudo vai depender de haver, por parte do titular, abuso ou exercício regular.

O art. 187 do Código Civil contém três critérios materiais para averiguação do abuso: o fim econômico ou social do direito (exercício funcionalizado em favor de um fim socialmente relevante – é a função social ou econômica de cada direito);[24] os bons costumes (cláusula de salvaguarda do mínimo ético-jurídico reclamado pelo direito e exigível de todos os membros da comunidade);[25] e a boa-fé (boa-fé objetiva, que atua como baliza de comportamento e como limitadora do exercício dos direitos).[26]

A positivação da teoria do abuso de direito reflete o abandono das concepções que atribuíam caráter absoluto aos direitos individuais, que são relativizados, prevendo-se a repressão ao seu exercício, além dos limites impostos por essa relatividade, ante a necessidade de conciliar a utilização individual do direito com o respeito à esfera jurídica alheia. O abuso se caracteriza por uma disfuncionalidade sistemática entre a permissão legal e o comportamento realizado, apresentando uma *eficácia inibitória*, que se traduz "numa *preclusão do exercício de certa posição jurídica*".[27]

Trata-se de uma "contradição entre o respeito por uma estrutura formal (através da qual se invoca um 'direito') e a violação da intenção material em que normativamente se funda o mesmo direito que aquela estrutura pretende traduzir".[28]

Deve-se exercer o direito de um modo não danoso, ou do modo menos danoso possível, pois, como esclarece Pedro Pais de Vasconcelos:

> [o] princípio do mínimo dano exige que, no exercício, o titular evite causar danos a terceiros e que, se assim não for possível, exerça o direito de modo a causar o mínimo possível de danos. A tradicional regra segundo a qual o exercício de um direito faz cessar a responsabilidade civil pelo dano – *qui jure suo utitur neminem laedit* – deve ser interpretada

---

[23] BARROSO, Luís Roberto. Colisão entre liberdade de expressão e direitos da personalidade: critérios de ponderação. Interpretação constitucionalmente adequada do Código Civil e da Lei de Imprensa. *R. Dir. Adm.*, Rio de Janeiro, v. 235, p. 1-36, jan./mar. 2004. Disponível em: http://bibliotecadigital.fgv.br/ojs/index.php/rda/article/view/45123/45026. Acesso em: 13 jan. 2021.

[24] CORDEIRO, António Manuel da Rocha e Menezes. *Da boa fé no direito civil*. Coimbra: Almedina, 2007. p. 1230-1233.

[25] FRADA, Manuel António da Castro Portugal Carneiro da. *Teoria da confiança e responsabilidade civil*. Coimbra: Almedina, 2004. p. 845.

[26] FRADA, Manuel António da Castro Portugal Carneiro da. *Teoria da confiança e responsabilidade civil*. Coimbra: Almedina, 2004. p. 853-854.

[27] FRADA, Manuel António da Castro Portugal Carneiro da. *Teoria da confiança e responsabilidade civil*. Coimbra: Almedina, 2004. p. 853-854.

[28] NEVES, Antonio Castanheira. *Questão de facto, questão de direito, ou o problema metodológico da juridicidade*. Coimbra: Almedina, 1967. p. 524.

e aplicada de um modo não meramente formal. O exercício do direito não permite ao seu titular causar a terceiros danos desnecessários e evitáveis.[29]

E essa lógica se aplica ao exercício da liberdade de expressão.

Em suma, pois, por um lado, a liberdade de manifestação do pensamento é garantida pela Constituição da República. Por outro lado, no campo específico do direito civil, o abuso no exercício da liberdade de expressão pode configurar ato ilícito.

4 Indignidade do alimentando por abuso no exercício da liberdade de expressão

Conforme estabelecido nas considerações iniciais, este trabalho pretende relacionar o abuso no exercício da liberdade de expressão à configuração de procedimento indigno e, para tanto, propõe-se a apresentar um quadro diagnóstico de doutrina e de jurisprudência.

4.1 Indignidade do alimentando e abuso no exercício da liberdade de expressão na doutrina

Na III Jornada de Direito Civil, promovida pelo Conselho da Justiça Federal (CJF) e pelo Superior Tribunal de Justiça (STJ), em 2004, aprovou-se o seguinte enunciado:

> Enunciado 264. "Art. 1.708: Na interpretação do que seja procedimento indigno do credor, apto a fazer cessar o direito a alimentos, aplicam-se, por analogia, as hipóteses dos incisos I e II do art. 1.814 do Código Civil".

Diversos autores adotaram a proposta do enunciado acima referido, como Carlos Eduardo Minozzo Poletto,[30] Paulo Lôbo,[31] Renata Barbosa de Almeida e Walsir Edson Rodrigues Júnior.[32]

No entanto, para a composição do quadro diagnóstico, considerando-se os limites dos artigos que compõem esta coletânea, foram selecionadas, aleatoriamente, seis obras que tratam de direito de família e de alimentos, publicadas após 2015: (1) *Direito de família*, de Rolf Madaleno; (2) *Tratado de direito das famílias*, coletânea do IBDFAM; (3) *Manual de direito das famílias*, de Maria Berenice Dias; (4) *Instituições de direito civil*, de Caio Mário da Silva Pereira; (5) *Manual de direito civil contemporâneo*, de Anderson Schreiber; (6) *A indignidade no direito aos alimentos*, de Fabiana Domingues Cardoso.

Em seu *Direito de família*, Rolf Madaleno afirma que "[c]omportamento indigno é conceito absolutamente indeterminado e sujeito às injustiças se interpretado com preconceito e sem parcimônia".[33] Para o propósito deste artigo, é interessante destacar

---

[29] VASCONCELOS, Pedro Pais de. *Teoria geral do direito civil*. 3. ed. Coimbra: Almedina, 2005., p. 660.

[30] POLETTO, Carlos Eduardo Minozzo. *Indignidade sucessória e deserdação*. São Paulo: Saraiva, 2013. p. 96.

[31] LÔBO, Paulo. *Direito civil*: famílias. São Paulo: Saraiva, 2010. p. 392.

[32] ALMEIDA, Renata Barbosa de; RODRIGUES JÚNIOR, Walsir Edson. *Direito civil*: famílias. 2. ed. São Paulo: Atlas, 2012. p. 420.

[33] MADALENO, Rolf. *Direito de família*. 7. ed. Rio de Janeiro: Forense, 2017. p. 1052.

exemplo de procedimento indigno dado pelo autor, que configura, exatamente, *abuso no exercício da liberdade de expressão*:

> Alimentos deixam realmente de ser devidos quando seu destinatário perde completamente o respeito e a consideração em relação ao alimentante, como no caso dos filhos que levam a convivência familiar aos extremos insustentáveis, [...], ou daquele ex-esposa que se utiliza das comunidades de relacionamentos da Internet (Facebook, Twitter, Instagram, Snapchat, Linkedin etc.) e até mesmo dos demais meios de comunicação como a rádio e a televisão, para denegrir a pessoa e a figura sociofamiliar do provedor de sua pensão alimentícia.[34]

Flávio Tartuce, no *Tratado de direito das famílias*, destaca a relação entre a hipótese de extinção do direito a alimentos pela configuração de procedimento indigno, a boa-fé objetiva e a eticidade.[35] O autor se posiciona contrário à interpretação restritiva do comando legal determinada pelo Enunciado nº 264 do CJF/STJ: "[c]om todo o respeito, seguindo outra corrente doutrinária, entendo que em alguns casos deve-se ampliar a concepção de procedimento indigno de forma extensiva, principalmente em hipóteses de notória gravidade".[36]

Maria Berenice Dias, no *Manual de direito das famílias*, refere-se ao parágrafo único do art. 1.708 como "mais um dispositivo" em que "o legislador busca punir o credor dos alimentos".[37] Para a autora, "o conceito de indignidade deve ser buscado nas causas que dão ensejo ou à *revogação da doação* (CC 557) ou à declaração de *indignidade* do herdeiro para afastar o direito à herança (CC 1.814)".[38]

No volume V das *Instituições de direito civil*, de Caio Mário da Silva Pereira, atualizado conforme o Código de 2002 por Tânia da Silva Pereira, afirma-se, sobre o comando do parágrafo único do art. 1.708, que "[e]ste último há de ser apreciado *cum arbitrio boni viri* do juiz. A linguagem do preceito não é feliz e suscita interpretações controversas".[39] Assevera-se, ademais: "[e]mbora não se cogite expressamente da espécie, não é razoável que o devedor de alimentos continue a supri-los depois de haver o alimentário, como exemplo, incorrido no crime de calúnia ou de injúria contra ele".[40]

Em seu *Manual de direito civil contemporâneo*, Anderson Schreiber, que também critica a redação do preceito legal, a qual considera "demasiadamente aberta",[41] dá, como exemplo de procedimento indigno, justamente o da injúria grave contra o alimentante.

Fabiana Domingues Cardoso, na obra *A indignidade no direito aos alimentos*, adota posição mais abrangente. A autora acolhe, além do Enunciado nº 264 da III Jornada de Direito Civil, o Enunciado nº 345 da IV Jornada de Direito Civil, qual seja:

---

[34] MADALENO, Rolf. *Direito de família*. 7. ed. Rio de Janeiro: Forense, 2017. p. 1052.

[35] TARTUCE, Flávio. Alimentos. *In*: PEREIRA, Rodrigo da Cunha (Coord.). *Tratado de direito das famílias*. 2. ed. Belo Horizonte: IBDFAM, 2016. p. 549.

[36] TARTUCE, Flávio. Alimentos. *In*: PEREIRA, Rodrigo da Cunha (Coord.). *Tratado de direito das famílias*. 2. ed. Belo Horizonte: IBDFAM, 2016. p. 550.

[37] DIAS, Maria Berenice. *Manual de direito das famílias*. 12. ed. São Paulo: RT, 2017. p. 653.

[38] DIAS, Maria Berenice. *Manual de direito das famílias*. 12. ed. São Paulo: RT, 2017. p. 653.

[39] PEREIRA, Caio Mário da Silva. *Instituições de direito civil*. 23. ed. Rio de Janeiro: Forense, 2015. v. V. p. 622.

[40] PEREIRA, Caio Mário da Silva. *Instituições de direito civil*. 23. ed. Rio de Janeiro: Forense, 2015. v. V. p. 622.

[41] SCHREIBER, Anderson. *Manual de direito civil contemporâneo*. São Paulo: Saraiva, 2018. p. 922-923.

Enunciado 345. "Art. 1708. O 'procedimento indigno' do credor em relação ao devedor, previsto no parágrafo único do art. 1.708 do Código Civil, pode ensejar a exoneração ou apenas a redução do valor da pensão alimentícia para quantia indispensável à sobrevivência do credor".

A referida autora delimita sua pesquisa em torno de três objetivos:

a) discussão das hipóteses (rol paradigma – direito sucessório) de procedimento indigno a ensejar a exoneração e a redução dos alimentos entre parentes e ex-consortes; b) o debate sobre o procedimento indigno permitir a redução do pensionamento alimentar; c) a apresentação de nova aplicação, bem como elaboração teórica, do que nesta pesquisa se denominou de exoneração antecipada de alimentos.[42]

Como se vê, dos seis autores consultados, cinco têm posicionamentos que levam à conclusão de que pode haver configuração de procedimento indigno por abuso no exercício da liberdade de expressão. Apenas Maria Berenice Dias defende a aplicação restritiva da regra do art. 1.708, parágrafo único, relacionando-a às hipóteses taxativas de indignidade do herdeiro ou legatário.

4.2 Indignidade do alimentando e abuso no exercício da liberdade de expressão na jurisprudência

Para a pesquisa jurisprudencial, utilizou-se, sempre, a expressão "procedimento indigno", entre aspas, como critério de busca. Considerando-se o tema, limitou-se o exame dos julgados a decisões de apelações cíveis. Não foi necessário estabelecer recorte temporal ou de número de julgados. Todos os resultados obtidos com o critério de busca referentes a apelações cíveis foram examinados.

No Superior Tribunal de Justiça (STJ) foi encontrado apenas um julgado contendo a expressão *procedimento indigno*. Trata-se do REsp nº 995.538/AC, de relatoria da Min. Nancy Andrighi, o qual, como se constatou, é frequentemente citado pelos Tribunais de Justiça dos Estados e do Distrito Federal.

Em 2010, no julgamento do recurso especial, todavia, o STJ entendeu que não era possível reexaminar a configuração ou não de procedimento indigno, o que demandaria discussão fática, não tendo o Tribunal de Justiça do Acre imputado à recorrida "qualquer comportamento indigno ou que tenha desrespeitado os deveres entre os companheiros".[43]

Já nos Tribunais de Justiça dos estados e do Distrito Federal, foram encontrados 86 resultados: 52 na Região Sudeste, 11 na Região Nordeste, 11 na Região Sul, nove na Região Centro-Oeste e três na Região Norte.

Nos Tribunais de Justiça da Região Sudeste, foram encontrados 52 acórdãos de apelações contendo a expressão "procedimento indigno": 44 no TJSP; sete no TJRJ; um no TJMG.

Dos 44 acórdãos do TJSP examinados, apenas quatro trataram de configuração de procedimento indigno; os demais 40 ou continham a expressão em excerto transcrito de

---

[42] CARDOSO, Fabiana Domingues. *A indignidade no direito aos alimentos*. São Paulo: Editora IASP, 2018. p. 333-334.

[43] STJ, Terceira Turma. REsp nº 995.538/AC. Rel. Min. Nancy Andrighi, j. 4.3.2010.

outro julgado, ou como referência genérica às hipóteses legais de exoneração da obrigação de prestar alimentos, ou em outro contexto, que não o da discussão de alimentos.

Dos quatro julgados que versaram sobre a configuração de procedimento indigno, um tratou de fraudes nos negócios familiares (Apelação Cível nº 1055095-89.2018.8.26.0576), um tratou de abandono (Apelação Cível nº 1007470-56.2018.8.26.0286), um tratou de homicídio (Apelação Cível nº 0017611-74.2011.8.26.0003), e um, por fim, de agressões morais e físicas (Apelação Cível nº 1006176-08.2019.8.26.0003).

No caso que gerou a Apelação Cível nº 1006176-08.2019.8.26.0003, em sede de reconvenção, o ex-marido, de quem se pediam alimentos, alegou que a ex-mulher havia cometido contra ele procedimento indigno, na forma de agressões físicas e morais:

> Em relação à reconvenção, alegou o réu que após dez meses da separação de fato a autora estaria se comportando de forma "odiosa para com o autor", razão pela qual o apelante está fazendo tratamento psicoterapêutico (laudo de fls. 88/89), com agressões físicas e morais, devidamente registradas em áudios e mensagens transcritas nos autos, as quais foram consideradas autênticas por tabelião, havendo duas demandas criminais em curso por este motivo.[44]

Em 2020, no julgamento da apelação, o TJSP, todavia, entendeu que não se configurou procedimento indigno no caso.

O primeiro fundamento suscitado no acórdão foi no sentido de que os fatos teriam ocorrido próximo à época da separação, quando o ex-marido ainda não tinha que prestar alimentos à ex-mulher:

> *In casu*, eventuais agressões morais e físicas durante discussões acaloradas, que levaram até à instauração de procedimentos criminais, ocorreram em outrora, próximo à separação do casal e sem a autora-reconvinda receber alimentos por parte do réu-reconvindo, naco sendo o caso de se aplicar a norma supra, portanto, uma vez que os atos ditos indignos ocorreram quanto nem sequer havia a prestação alimentar.[45]

O segundo fundamento foi no sentido de que o conteúdo dos desentendimentos entre os ex-cônjuges não configurou indignidade:

> Ademais, as conversas de whatsapp que o apelante insiste em transcrever reiteradamente nos autos indicam apenas recomendações quanto a cuidado do com filho comum e divergências das partes quanto a isso, dada a intensa beligerância mútua entre os ex-cônjuges, o que não se trata de indignidade que afaste o direito da ex-mulher de receber alimentos, por período determinado necessário para reinserção no mercado de trabalho.

Chama a atenção, no caso, o fato de serem incontroversos os desentendimentos entre os ex-cônjuges, que levaram até a instauração de procedimentos criminais, aos quais o Tribunal se referiu como "intensa beligerância mútua".

---

[44] TJSP, 7ª Câmara de Direito Privado. Apelação Cível nº 1006176-08.2019.8.26.0003. Rel. Des. José Rubens Queiroz Gomes, j. 16.4.2020.

[45] TJSP, 7ª Câmara de Direito Privado. Apelação Cível nº 1006176-08.2019.8.26.0003. Rel. Des. José Rubens Queiroz Gomes, j. 16.4.2020.

Quanto ao primeiro fundamento lançado, parece-nos que não se exige que o procedimento indigno tenha ocorrido *após* a fixação dos alimentos, mesmo porque, muitas vezes, graves condutas são praticadas justamente no ínterim entre a separação e a conclusão do divórcio ou da dissolução da união estável. Quanto ao segundo fundamento, parece-nos que o acórdão poderia ter explicado melhor o conteúdo das supostas agressões. A redação, como está, acaba deixando o leitor desconfiado.

Dos sete acórdãos do TJRJ examinados, apenas dois trataram de configuração de procedimento indigno; os demais cinco ou continham a expressão em excerto transcrito de outro julgado, ou como referência genérica às hipóteses legais de exoneração da obrigação de prestar alimentos, ou em outro contexto, que não o da discussão de alimentos.

Os dois julgados que versaram sobre a configuração de procedimento indigno, no entanto, trataram de abandono (apelações cíveis nºs 0000793-18.2011.8.19.0205 e 0011549-89.2011.8.19.0204).

Já o único acórdão examinado do TJMG (Apelação Cível nº 0063868-22.2011.8.13.0456), por sua vez, tratou de configuração de procedimento indigno em caso de calúnia.

No caso, o ex-marido pretendeu a exoneração da obrigação de prestar alimentos em razão de a ex-mulher, supostamente, ter feito acusações falsas a parentes dele, no sentido de que ele a teria agredido.

No julgamento da apelação, em 2014, o Tribunal entendeu que não se poderia verificar a ocorrência de procedimento indigno, pelo fato de não ter havido prévia condenação criminal por calúnia, não sendo possível que os fatos alegados pelo autor fossem examinados no juízo cível. Afirmou-se, no acórdão:

> A meu juízo, diante do quadro delineado pelo Autor, o reconhecimento prévio, perante o Juízo criminal, de que a conduta da Ré se amoldou ao tipo penal descrito no art. 138, do Código Penal seria essencial para a caracterização, com segurança, do procedimento indigno a que alude o parágrafo único do art. 1.708, do CC/2002.
>
> Ressalte-se que essa conclusão adquire enorme relevo diante da possibilidade que a Ré possui de, perante o Juízo criminal competente, valer-se de contra-ação penal, que se trata da exceção da verdade e, eventualmente, ser absolvida dos delitos que lhe forem imputados.[46]

Parece-nos ter se equivocado o TJMG, vez que o Código Civil não enumera quais condutas seriam consideradas ensejadoras de indignidade – quanto aos alimentos –, razão pela qual não há como se estabelecer conexão com repercussões criminais. No caso de crimes contra a honra, como a calúnia, o procedimento indigno deveria se configurar pela prática do fato típico, e não, necessariamente, do crime. Naturalmente que, também no juízo cível, seria possível a defesa, inclusive com a eventual prova de alguma das excludentes de ilicitude de que trata o art. 188 do Código Civil.

Nos Tribunais de Justiça da Região Nordeste, por sua vez, foram encontrados 11 acórdãos de apelações contendo a expressão "procedimento indigno": cinco no TJBA; três no TJRN; dois no TJPB; um no TJAL.

---

[46] TJMG, 4ª Câmara Cível. Apelação Cível nº 0063868-22.2011.8.13.0456. Rel. Des. Ana Paula Caixeta, j. 28.8.2014.

Dos cinco acórdãos do TJBA examinados, apenas um tratou de configuração de procedimento indigno; os demais quatro ou continham a expressão em excerto transcrito de outro julgado, ou como referência genérica às hipóteses legais de exoneração da obrigação de prestar alimentos, ou em outro contexto, que não o da discussão de alimentos.

O único acórdão examinado do TJBA (Apelação Cível nº 0063868-22.2011.8.13.0456) que versou sobre a configuração de procedimento indigno, tratou de agressões físicas e verbais.

No caso que gerou a Apelação Cível nº 0063868-22.2011.8.13.0456, o ex-marido alegou a configuração de procedimento indigno por parte da ex-mulher em virtude de diversas agressões físicas e verbais, algumas das quais geraram ocorrências policiais.

Em 2014, no julgamento da apelação, o TJBA, todavia, entendeu que não se configurou hipótese legal de procedimento indigno:

> Diante da obscuridade do conceito "comportamento indigno", a doutrina e jurisprudência tem buscado interpretá-lo de acordo com as hipóteses legais aplicáveis àqueles que perdem o direito a sucessão hereditária por comportamentos inadequados. [...]
>
> Não há dúvida, pois, das agressões entre as partes, muitas vezes, com maior violência por parte da apelada, sem, contudo, haver provas das hipóteses legais acima descritas, como atos de ameaça de morte, homicídios, calúnias em juízo, a fim de configurar o "comportamento indigno".[47]

Parece-nos que procedeu mal o Tribunal, ao considerar taxativo o rol de procedimentos indignos, quando o Código sequer estabeleceu – fato que o próprio TJBA reconheceu – um *conceito*, que dirá enumerou hipóteses taxativas.

Dos três acórdãos do TJRN examinados, apenas um tratou de configuração de procedimento indigno; os outros dois ou continham a expressão em excerto transcrito de outro julgado, ou como referência genérica às hipóteses legais de exoneração da obrigação de prestar alimentos, ou em outro contexto, que não o da discussão de alimentos.

O único acórdão examinado do TJRN (Apelação Cível nº 0000398-16.2008.8.20.0104) que versou sobre a configuração de procedimento indigno, tratou de ameaças.

No caso que gerou a Apelação Cível nº 0000398-16.2008.8.20.0104, a ex-mulher pretendeu a exoneração da obrigação de prestar alimentos ao ex-marido que fez ameaças contra ela.[48]

Em 2009, no julgamento da apelação, o TJRN entendeu que estava provado o procedimento indigno do ex-marido, razão pela qual manteve a sentença que julgou procedente o pedido da ex-mulher para exonerá-la da obrigação de prestar alimentos. O acórdão, infelizmente, não discutiu qual seria o conteúdo das ameaças que o Tribunal considerou configurarem procedimento indigno.

Nenhum dos acórdãos do TJPB e do TJAL examinados tratou de configuração de procedimento indigno; os três julgados ou continham a expressão em excerto transcrito de

---

[47] TJBA, 4ª Câmara Cível. Apelação Cível nº 0063868-22.2011.8.13.0456. Rel. Des. Cynthia Maria Pina Resende, j. 20.1.2014.

[48] TJRN, 3ª Câmara Cível. Apelação Cível nº 0000398-16.2008.8.20.0104. Rel. Juiz Ibanez Monteiro (convocado), j. 20.8.2009.

outro julgado, ou como referência genérica às hipóteses legais de exoneração da obrigação de prestar alimentos, ou em outro contexto, que não o da discussão de alimentos.

Nos Tribunais de Justiça da Região Sul, foram encontrados 11 acórdãos de apelações contendo a expressão "procedimento indigno": seis no TJSC; três no TJPR; dois no TJRS.

Dos seis acórdãos do TJSC examinados, três trataram de configuração de procedimento indigno; os outros três ou continham a expressão em excerto transcrito de outro julgado, ou como referência genérica às hipóteses legais de exoneração da obrigação de prestar alimentos, ou em outro contexto, que não o da discussão de alimentos.

Dos seis julgados que versaram sobre a configuração de procedimento indigno, um tratou de violência psicológica (Apelação Cível nº 0300132-50.2016.8.24.0043), e dois trataram de abandono (apelações cíveis nºs 0304373-68.2015.8.24.0054 e 2014.031831-9).

Todos os casos do TJSC consultados tramitaram em segredo de justiça. Ocorre que o TJSC, diversamente de outros Tribunais do país, não disponibiliza, em casos sob segredo de justiça, acesso ao inteiro teor das decisões. Por essa razão, somente as ementas puderam ser consultadas.

No caso que gerou a Apelação Cível nº 0300132-50.2016.8.24.0043, o ex-marido pretendeu receber alimentos da ex-mulher, que se defendeu alegando a ocorrência de procedimento indigno, consubstanciado em violência psicológica.[49] Chegou, inclusive, a haver condenação pelo crime de ameaça.

No julgamento da apelação, em 2020, o TJSC negou provimento à apelação interposta pelo ex-marido.

Dos três acórdãos do TJPR examinados, todos trataram de configuração de procedimento indigno. Um cuidou de ofensas (Apelação Cível nº 572.728-2), outro de abandono (Apelação Cível nº 409.855-9), e outro de adultério (Apelação Cível nº 504.060-2).

No caso que gerou a Apelação Cível nº 572.728-2, o ex-marido pretendeu a exoneração da obrigação de prestar alimentos à ex-mulher, que contra ele praticou uma série de ofensas.[50]

No julgamento da apelação, em 2009, o TJPR, mesmo reconhecendo a gravidade das condutas praticadas pela ex-mulher, entendeu que não se podia exonerar o ex-marido da obrigação de prestar os alimentos, vez que estes consistiam na única fonte de renda da alimentanda:

> E o mesmo raciocínio vale para a questão da exoneração dos alimentos decorrente do alegado procedimento indigno da alimentada, pois, ainda que a conduta desta possa ser classificada como reprovável e injustificável, não se pode chegar ao ponto de condená-la ao perecimento, na medida em que é sabido que ela, no momento, não possui condições de manter-se por conta própria.[51]

Chama atenção, neste caso, o fato de que o Tribunal não examinou a configuração ou não de procedimento indigno, o que seria feito discutindo a gravidade maior ou

---

[49] TJSC, 6ª Câmara de Direito Civil. Apelação Cível nº 0300132-50.2016.8.24.0043. Rel. Des. Stanley da Silva Braga, j. 28.1.2020.

[50] TJPR, 11ª Câmara de Direito Civil. Apelação Cível nº 572.728-2. Rel. Juiz Luiz A. Barry (convocado), j. 2.9.2009.

[51] TJPR, 11ª Câmara de Direito Civil. Apelação Cível nº 572.728-2. Rel. Juiz Luiz A. Barry (convocado), j. 2.9.2009.

menor das condutas praticadas pela ex-mulher, mas decidiu com base na necessidade da alimentanda, e na possibilidade do alimentante:

> Prefacialmente importa consignar que em nenhum momento o autor, ora apelante, fundamentou o pedido exoneratório de alimentos na diminuição da sua capacidade contributiva, nem mesmo na ausência ou na redução das necessidades da alimentada, ora apelada.
>
> Assim, o deslinde da questão está adstrito à possibilidade de exoneração decorrente da alegada capacidade de exercício de atividade remunerada por parte da ex-mulher, bem como no alegado comportamento indigno desta perante o devedor.[52]

Ocorre, todavia, que se trata de *duas diferentes hipóteses* de exoneração: a da alteração do binômio necessidade-possibilidade; a da configuração de procedimento indigno.

Logo, parece-nos que o TJPR andou mal ao decidir o pedido fundamentado em uma hipótese verificando a situação fática referente à outra hipótese.

Concluindo a pesquisa na Região Sul, nenhum dos dois acórdãos do TJRS examinados tratou da configuração de procedimento indigno; ambos continham a expressão utilizada em outro contexto, que não o da discussão de alimentos.

Nos Tribunais de Justiça da Região Centro-Oeste, foram encontrados nove acórdãos de apelações contendo a expressão "procedimento indigno": sete no TJDF; um no TJGO; um no TJMT.

Dos sete acórdãos do TJDF examinados, três trataram de configuração de procedimento indigno; os outros quatro ou continham a expressão em excerto transcrito de outro julgado, ou como referência genérica às hipóteses legais de exoneração da obrigação de prestar alimentos, ou em outro contexto, que não o da discussão de alimentos.

Dos três julgados que versaram sobre a configuração de procedimento indigno, um tratou de denunciação caluniosa (Apelação Cível nº 0716925-25.2018.8.07.0003), um tratou de exclusão de sobrenome e troca de mensagens críticas (Apelação Cível nº 0022924-34.2013.8.07.0016), e um tratou de adultério (Apelação Cível nº 0107538-56.2009.8.07.0001).

No caso que gerou a Apelação Cível nº 0716925-25.2018.8.07.0003, o ex-marido pretendeu a exoneração da obrigação de prestar alimentos à ex-mulher, que chegou a ser condenada por denunciação caluniosa.[53]

Conforme consta no relatório, alegou-se, na inicial da ação de exoneração:

> Contudo, após saber do ajuizamento da ação de guarda, a requerida começou a propagar acusações graves e inverídicas contra si, afirmando inclusive que abusou sexualmente dos filhos menores. Tudo foi esclarecido em processo criminal, no qual a ré foi condenada por denunciação caluniosa.[54]

---

[52] TJPR, 11ª Câmara de Direito Civil. Apelação Cível nº 572.728-2. Rel. Juiz Luiz A. Barry (convocado), j. 2.9.2009.

[53] TJDF, 4ª Turma Cível. Apelação Cível nº 0716925-25.2018.8.07.0003. Rel. Des. Luís Gustavo B. de Oliveira, j. 17.6.2020.

[54] TJDF, 4ª Turma Cível. Apelação Cível nº 0716925-25.2018.8.07.0003. Rel. Des. Luís Gustavo B. de Oliveira, j. 17.6.2020.

No julgamento da apelação, em 2020, o TJDF manteve a sentença que julgou procedente o pedido exoneratório.

Chama atenção, neste caso, o fato de que três páginas do acórdão cuidam da necessidade da alimentanda, enquanto apenas cinco linhas tratam do procedimento indigno:

> No mais, pesa contra a requerida o ato de indignidade, confirmado em processo judicial (autos no 2014.01.1.195851-8), onde foi condenada por denunciação caluniosa devido à "imputação falsa de prática de atos libidinosos a J.D.F. motivada por forte sentimento de vingança" (ID 8572680).
>
> Assim, aplica-se o art. 1.708, parágrafo único, do Código Civil, que dispõe que cessa o direito a alimentos se o credor tiver procedimento indigno em relação ao devedor.[55]

No caso que gerou a Apelação Cível nº 0022924-34.2013.8.07.0016, o pai pretendeu a exoneração da obrigação de prestar alimentos à filha, que excluiu seu sobrenome e enviou a ele diversas mensagens com conteúdo crítico.[56]

O acórdão transcreveu da sentença o seguinte excerto sobre o procedimento indigno da filha, vez que a configuração da indignidade não foi objeto da apelação, porquanto somente o autor recorreu:

> Nada obstante, a despeito de haver qualquer valoração penal dos fatos, a verdade é que as seguidas e sucessivas notícias mencionadas revelam a completa inexistência de respeito, consideração, confiança, lealdade e boa-fé entre as partes. Consta no processo, ainda, conteúdo de mensagem enviada pela ré (fl. 212), perto de completar 18 (dezoito) anos, por meio da qual tece considerações de conteúdo bastante crítico acerca da personalidade do pai, que seria egoísta, manipulador, mentiroso, entre outras características.
>
> Embora tais fatos remontem a período em que a ré ainda era incapaz, tenho que refletem o processo de desgaste e comprometimento da relação de parentesco. Ressalte-se que as manifestações de vontade do incapaz podem, sim, gerar efeitos jurídicos, sobretudo quanto ao aspecto de convivência familiar, conforme entendimento doutrinário consolidado no Enunciado n. 138 do CJF/STJ, aprovado na III Jornada de Direito Civil: "*A vontade dos absolutamente incapazes, na hipótese do inciso I do art. 3º, é juridicamente relevante na concretização de situações existenciais a eles concernentes, desde que demonstrem discernimento para tanto*".
>
> Ora, se é relevante, por exemplo, a manifestação de vontade de um menor com mais de doze anos em um processo de adoção e guarda (vide arts. 28, §2º, e 45, §2º, ambos do Estatuto da Criança e do Adolescente - ECA - Lei n. 8.069/1990), não se pode desprezar o conteúdo de uma mensagem que revela desprezo, repúdio e ódio ao genitor.
>
> *Não se exige, por certo, para cumprimento do dever de prestar alimentos, a boa relação afetiva entre pai e filha, mas há que se preservar uma conduta de respeito mútuo, sob pena de violação de tal preceito irradiar efeitos jurídicos.*[57]

No julgamento da apelação, em 2016, o TJDF manteve a sentença que julgou parcialmente procedente o pedido exoneratório, para minorar o valor dos alimentos

---

[55] TJDF, 4ª Turma Cível. Apelação Cível nº 0716925-25.2018.8.07.0003. Rel. Des. Luís Gustavo B. de Oliveira, j. 17.6.2020.

[56] TJDF, 3ª Turma Cível. Apelação Cível nº 0022924-34.2013.8.07.0016. Rel. Des. Ana Cantarino, j. 29.6.2016.

[57] TJDF, 3ª Turma Cível. Apelação Cível nº 0022924-34.2013.8.07.0016. Rel. Des. Ana Cantarino, j. 29.6.2016.

em vez de extinguir o direito a eles, considerando a menor gravidade do procedimento indigno.

No voto que gerou o acórdão, a relatora, Des. Ana Cantarino, seguiu a diretriz do Enunciado nº 345 da IV Jornada de Direito Civil, e examinou a gravidade das condutas praticadas pela alimentanda tomando, por referência, as hipóteses legais que autorizam a revogação da doação por ingratidão, bem como a exclusão ou a deserdação do sucessor.[58]

Os acórdãos examinados do TJGO e do TJMT não trataram de configuração de procedimento indigno; um continha a expressão em excerto transcrito de outro julgado, e o outro como referência genérica às hipóteses legais de exoneração da obrigação de prestar alimentos.

Por fim, nos Tribunais de Justiça da Região Norte, foram encontrados três acórdãos de apelações contendo a expressão "procedimento indigno": dois no TJRR, e um no TJTO.

O acórdão examinado do TJTO versou sobre a configuração de procedimento indigno em um caso de alegadas ameaças e ofensas (Apelação Cível nº 5004735.13.2013.8.27.0000).

No julgamento da apelação, em 2013, o TJTO manteve a sentença que, quanto ao procedimento indigno, entendeu que não foram produzidas provas.[59]

Nenhum dos dois acórdãos do TJRR examinados tratou da configuração de procedimento indigno; um continha a expressão em excerto transcrito de outro julgado, e o outro como referência genérica às hipóteses legais de exoneração da obrigação de prestar alimentos.

Em suma: no STJ, buscando-se recursos especiais utilizando, como critério, a expressão "procedimento indigno", encontrou-se apenas um julgado, o qual, não obstante, não tratou da *configuração* de procedimento indigno; nos Tribunais de Justiça dos estados e do Distrito Federal, buscando-se apelações cíveis utilizando, como critério, a expressão "procedimento indigno", foram encontrados 87 casos, 19 dos quais trataram da configuração de procedimento indigno. Os demais 68 ou continham a expressão em excerto transcrito de outro julgado, ou como referência genérica às hipóteses legais de exoneração da obrigação de prestar alimentos, ou em outro contexto, que não o da discussão de alimentos.

Dos 19 casos encontrados que trataram de procedimento indigno, nove (47,36% do total) trataram de situações em que a conduta discutida como configuradora de procedimento indigno envolvia alegações de alguma forma de abuso no exercício da liberdade de expressão. Em apenas três (33,33% dos casos sobre abuso no exercício da liberdade de expressão), todavia, concluiu-se pela configuração de procedimento indigno.

5   Considerações finais

Conforme se demonstrou nas seções 2 e 3, (1) é vaga a noção de *procedimento indigno*, cabendo à doutrina a determinação de diretrizes seguras que possam ser aplicadas pela jurisprudência, para que se possa evitar a discricionariedade; (2) em tese, pode se configurar ato ilícito por abuso no exercício da liberdade de expressão.

---

[58] TJDF, 3ª Turma Cível. Apelação Cível nº 0022924-34.2013.8.07.0016. Rel. Des. Ana Cantarino, j. 29.6.2016.

[59] TJTO, 2ª Câmara Cível. Apelação Cível nº 5004735-13.2013.8.27.0000. Rel. Des. Marco Villas Boas, j. 11.12.2013.

Ademais, conforme se demonstrou na subseção 4.1, considerando as obras consultadas, o posicionamento majoritário (83,33%) comporta a configuração de procedimento indigno por abuso no exercício da liberdade de expressão. No entanto, conforme se demonstrou na subseção 4.2, ainda são pouco numerosos os casos que chegaram à segunda instância envolvendo a configuração de procedimento indigno (apenas 19 em todo o país, nos 18 anos de vigência do Código Civil de 2002). Quase metade dos que chegaram (47,36%), por sua vez, envolveram a configuração de procedimento indigno por condutas que, na linha desenvolvida neste trabalho, podem ser consideradas de abuso no exercício da liberdade de expressão. Em apenas um terço desses casos, no entanto, entendeu-se que houve a configuração de procedimento indigno.

Estamos de acordo com Adriano De Cupis, com apoio em Francesco Degni, no seguinte sentido:

> [u]ma forma de tutela civil do direito à vida é a obrigação legal de alimentos. Indubitavelmente que tal obrigação é estabelecida com vista à proteção da vida humana; mas o direito alimentar é um direito relativo, que se exerce contra determinados sujeitos obrigados a uma prestação de caráter positivo. O seu objeto não é a vida, mas sim um bem diferente, conquanto destinado a servir para a conservação da vida.[60]

Ora, a relativização e funcionalização dos direitos subjetivos[61] tem como uma de suas mais importantes consequências a imposição de limites ao seu exercício, pelo seu fim econômico ou social, pela boa-fé ou pelos bons costumes (art. 187 do Código Civil).

Assim, e ante a indefinição legal do que seja *procedimento indigno*, é preciso considerar que pode o abuso no exercício da liberdade de expressão afetar o direito a alimentos – seja para extingui-lo, seja para reduzir o montante fixado.

No contexto contemporâneo, em que, cada vez mais, as pessoas se manifestam em mensagens particulares ou em grupos de WhatsApp, bem como nas redes sociais, frequentemente sem a preocupação com bom senso ou qualquer tipo de limite, como se tais espaços fossem *terra de ninguém*, a defesa de tal tese ganha ainda mais relevo.

Referências

ALMEIDA, Renata Barbosa de; RODRIGUES JÚNIOR, Walsir Edson. *Direito civil*: famílias. 2. ed. São Paulo: Atlas, 2012.

BARROSO, Luís Roberto. Colisão entre liberdade de expressão e direitos da personalidade: critérios de ponderação. Interpretação constitucionalmente adequada do Código Civil e da Lei de Imprensa. *R. Dir. Adm.*, Rio de Janeiro, v. 235, p. 1-36, jan./mar. 2004. Disponível em: http://bibliotecadigital.fgv.br/ojs/index.php/rda/article/view/45123/45026. Acesso em: 13 jan. 2021.

BENTIVEGNA, Carlos Frederico Barbosa. *Liberdade de expressão, honra, imagem e privacidade*: os limites entre o lícito e o ilícito. Barueri: Manole, 2020.

CARDOSO, Fabiana Domingues. *A indignidade no direito aos alimentos*. São Paulo: Editora IASP, 2018.

COELHO, Francisco Pereira; OLIVEIRA, Guilherme de. *Curso de direito de família*. Coimbra: Coimbra Editora, 2008. v. 1.

---

[60] DE CUPIS, Adriano. *Os direitos da personalidade*. Tradução de Adriano Vera Jardim e Antonio Miguel Caeiro. Lisboa: Livraria Morais Editora, 1961. p. 67.

[61] DABIN, Jean. *Le droit subjectif*. Paris: Dalloz, 2008, *passim*.

COLTRO, Antônio Carlos Mathias. A cessação do dever de prestar alimentos. *In*: CAMARGO NETO, Theodureto; SILVA, Regina Beatriz. *Grandes temas de direito de família e das sucessões*. São Paulo: Saraiva, 2011.

CORDEIRO, António Manuel da Rocha e Menezes. *Da boa fé no direito civil*. Coimbra: Almedina, 2007.

COSTA, Luiz. Liberdade de informação e privacidade como liberdade. *In*: SAMPAIO, José Adércio Leite. *Liberdade de expressão no século XXI*. Belo Horizonte: Del Rey, 2016.

DIAS, Maria Berenice. *Manual de direito das famílias*. 12. ed. São Paulo: RT, 2017.

FARIAS, Christiano Chaves; ROSENVALD, Nelson. *Curso de direito civil*. 8. ed. Salvador: JusPodivm, 2016. v. 6.

FARIAS, Edilsom Pereira de. *Colisão de direitos*: a honra, a intimidade, a vida privada e a imagem *versus* a liberdade de expressão e informação. 2. ed. Porto Alegre: Sergio Antonio Fabris Editor, 2000.

FRADA, Manuel António da Castro Portugal Carneiro da. *Teoria da confiança e responsabilidade civil*. Coimbra: Almedina, 2004.

HIRONAKA, Giselda Maria Fernandes Novaes. A indignidade como causa de escusabilidade do dever de alimentar. *Revista do Advogado*, São Paulo, n. 98, 2008.

LÔBO, Paulo. *Direito civil*: famílias. São Paulo: Saraiva, 2010.

MADALENO, Rolf. *Direito de família*. 7. ed. Rio de Janeiro: Forense, 2017.

MARTINS-COSTA, Judith; BRANCO, Gerson Luiz Carlos. *Diretrizes teóricas do novo Código Civil brasileiro*. São Paulo: Saraiva, 2002.

MENDES, Gilmar Ferreira. *Direitos fundamentais e controle de constitucionalidade*. 4. ed. São Paulo: Saraiva, 2012.

MENDES, Gilmar Ferreira; BRANCO, Paulo Gustavo Gonet. *Curso de direito constitucional*. 15. ed. São Paulo: Saraiva, 2020.

NEVES, Antonio Castanheira. *Questão de facto, questão de direito, ou o problema metodológico da juridicidade*. Coimbra: Almedina, 1967.

PEREIRA, Caio Mário da Silva. *Instituições de direito civil*. 23. ed. Rio de Janeiro: Forense, 2015. v. V.

PEREIRA, Lafayette Rodrigues. *Direitos de família*. Rio de Janeiro: Virgílio Maia & Comp., 1918.

POLETTO, Carlos Eduardo Minozzo. *Indignidade sucessória e deserdação*. São Paulo: Saraiva, 2013.

REALE, Miguel. *O Projeto do Novo Código Civil*. 2. ed. São Paulo: Saraiva, 1999.

SCHREIBER, Anderson. *Manual de direito civil contemporâneo*. São Paulo: Saraiva, 2018.

TARTUCE, Flávio *et al*. *Código Civil comentado*. Rio de Janeiro: Forense, 2019.

TARTUCE, Flávio. Alimentos. *In*: PEREIRA, Rodrigo da Cunha (Coord.). *Tratado de direito das famílias*. 2. ed. Belo Horizonte: IBDFAM, 2016.

VASCONCELOS, Pedro Pais de. *Teoria geral do direito civil*. 3. ed. Coimbra: Almedina, 2005.

ZULIANI, Ênio Santarelli. Alimentos. *In*: COLTRO, Antônio Carlos Mathias. *Estudos jurídicos em homenagem ao centenário de Edgard de Moura Bittencourt*: a revisão do direito de família. Rio de Janeiro: GZ, 2009.

Informação bibliográfica deste texto, conforme a NBR 6023:2018 da Associação Brasileira de Normas Técnicas (ABNT):

QUINTELLA, Felipe; MAFRA, Tereza Cristina Monteiro. Abuso no exercício da liberdade de expressão e indignidade no direito de família. *In*: EHRHARDT JÚNIOR, Marcos; LOBO, Fabíola Albuquerque; ANDRADE, Gustavo (Coord.). *Liberdade de expressão e relações privadas*. Belo Horizonte: Fórum, 2021. p. 327-344. ISBN 978-65-5518-188-3.

A HIPERSEXUALIZAÇÃO INFANTOJUVENIL NA INTERNET E O PAPEL DOS PAIS: LIBERDADE DE EXPRESSÃO, AUTORIDADE PARENTAL E MELHOR INTERESSE DA CRIANÇA

ANA CAROLINA BROCHADO TEIXEIRA
FILIPE MEDON

Tava no fluxo, avistei uma novinha no grau. Sabe o que ela quer?
(MC Pikachu)

1 Notas introdutórias: a hipersexualização está na mídia e caminha ao lado do *(over)sharenting*

Diz a letra do *funk*: "Tava no fluxo, avistei uma novinha no grau. Sabe o que ela quer?". Há diversas respostas a depender do intérprete da canção. Na versão de Lucas e Orelha, "ela quer um cara, que cuide bem dela e que trate ela, feito Cinderela". Na versão de MC Pikachu, "ela quer pau". E na interpretação dos autores deste artigo, a novinha quer tão simplesmente ser criança e não ser tratada como adulta pela mídia e, principalmente, por seus pais.

A imagem tradicional da infância da menina ingênua, cândida e pura de tranças que brinca com boneca e pula amarelinha não é mais realidade predominante. De um lado, a evolução na compreensão sobre o papel do gênero na definição dos brinquedos ajudou a desconstruir papéis impostos pela sociedade patriarcal: menina brinca com o brinquedo que quiser. De outro lado, é mais provável que a criança seja vista com um celular na mão, enquanto imita alguma dança no TikTok: a amarelinha não é mais a brincadeira clássica. Todavia, o que parece mais assustador diz respeito às tranças: hoje é cada vez mais comum que as meninas coloquem maquiagens pesadas, subam no salto e façam poses provocantes. São esses sinais de uma hipersexualização precoce do corpo infantil, que, como se verá, passam pela condução responsável da autoridade parental e não podem ser negligenciados pelo direito, especialmente pelo Ministério Público, pelos conselhos tutelares e por toda sociedade.

Quem acessa o canal oficial do YouTube da adolescente conhecida como MC Melody dificilmente dirá que a menina nasceu no ano de 2007. Famosa desde a infância, seu canal tem 3,33 milhões de inscritos e seu clipe da música "Vai rebola" conta com 27 milhões de visualizações. O caso de Gabriella Abreu Severiano, verdadeiro nome da cantora mirim, foi alvo de intensas polêmicas que giram em torno da sua erotização precoce, ocorrida desde a infância e atribuída pela mídia ao estímulo, sobretudo, do pai da menina, Thiago de Abreu, conhecido como MC Belinho.

Para se ter uma dimensão do caso narrado, sua conta no Instagram chegou a ser desativada em 2019 após uma série de denúncias ao Ministério Público de São Paulo, que abriu investigação para analisar as condições do núcleo familiar da adolescente. Alguns anos antes, em 2015, os responsáveis pela então criança firmaram um termo de ajustamento de conduta (TAC) com o Ministério Público após investigação sobre a exposição da menina e de sua irmã.[1] À época, a cantora tinha apenas 8 anos de idade e a justificativa principal do Ministério Público era que os vídeos continham "forte conteúdo erótico e de apelos sexuais".[2]

Seu pai, que também era seu produtor musical,

> corria o risco de perder a tutela da filha por permitir e incentivá-la a dançar em festas noturnas e posar de forma sensual para fotos, além de postar vídeos dela dançando na internet. Como se já não bastasse, as letras cantadas por Melody não condizem com a sua idade, ou ao menos, com o que se espera de uma criança. Com a música "Fale de mim", que diz: "para todas as recalcadas, aí vai minha resposta, se é bonito ou se é feio, mas é foda ser gostosa", a cantora ganhou projeção, e muitas críticas.[3]

De fato, com maquiagem pesada e roupas provocantes, quem acessa os vídeos da adolescente, publicados ainda na infância, choca-se com o teor adultizado das postagens, muitas vezes com teor sensual, e dificilmente seria capaz de apontar corretamente a sua idade. Para incendiar ainda mais o caso, o *youtuber* Felipe Neto baniu Melody de seu canal por conta do forte apelo sexual após notificar o pai da menina,[4] o que impulsionou uma mudança na administração da carreira da cantora, cujo foco principal passou a ser adequar as publicações da menina à inocência compatível com sua idade. [5] Após a

---

[1] COM visual comportado, MC Melody comemora 12 anos com bolo de unicórnio. *Folha de S.Paulo*, 5 fev. 2019. Disponível em: https://f5.folha.uol.com.br/voceviu/2019/02/com-visual-comportado-mc-melody-comemora-12-anos-com-bolo-de-unicornio.shtml Acesso em: 11 jan. 2021.

[2] AMORIM, Bárbara; HOLANDA, André. Melody e a erotização dos corpos e discursos infantis. *In*: CONGRESSO DE CIÊNCIAS DA COMUNICAÇÃO NA REGIÃO SUDESTE, XXIV. *Anais...* Vitória: [s.n.], 2019. p. 1. Disponível em: https://portalintercom.org.br/anais/sudeste2019/resumos/R68-1204-1.pdf. Acesso em: 12 jan. 2021.

[3] AMORIM, Bárbara; HOLANDA, André. Melody e a erotização dos corpos e discursos infantis. *In*: CONGRESSO DE CIÊNCIAS DA COMUNICAÇÃO NA REGIÃO SUDESTE, XXIV. *Anais...* Vitória: [s.n.], 2019. p. 1. Disponível em: https://portalintercom.org.br/anais/sudeste2019/resumos/R68-1204-1.pdf. Acesso em: 12 jan. 2021.

[4] FELIPE Neto bane MC Melody de seu canal por apelo sexual após notificar pai da cantora. *Hypeness*, 2019. Disponível em: https://www.hypeness.com.br/2019/01/felipe-neto-bane-mc-melody-de-seu-canal-por-apelo-sexual-apos-notificar-pai-da-cantora/. Acesso em: 11 jan. 2021.

[5] COM visual comportado, MC Melody comemora 12 anos com bolo de unicórnio. *Folha de S.Paulo*, 5 fev. 2019. Disponível em: https://f5.folha.uol.com.br/voceviu/2019/02/com-visual-comportado-mc-melody-comemora-12-anos-com-bolo-de-unicornio.shtml Acesso em: 11 jan. 2021.

decisão de banimento, o *youtuber* propôs acompanhamento psicológico e pedagógico de Melody.[6]

Fora do Brasil, outro caso que se mostrou célebre foi o da jovem atriz Millie Bobby Brown, que se tornou mundialmente conhecida por conta de sua atuação na série *Stranger Things* e, mais recentemente, pelo filme *Enola Holmes*. Para se ter ideia, a atriz, quando tinha apenas 13 anos, foi incluída pela *Revista W* em uma lista de celebridades que justificariam "porque a TV está mais sexy do que nunca". É motivo de horror que ao se olhar a capa da publicação, que estampa a foto da atriz Charlize Theron, pode-se facilmente identificar:

> não há muitos elementos na foto que a diferem dos ensaios feitos por Millie Bobby Brown, ainda que a diferença de idade entre as duas seja significativa: Theron tem 42 anos, quase três décadas a mais que Millie – o que, no entanto, não impede que as fotos de Bobby Brown tentem passar uma mensagem tão sexy quanto a de Charlize em comparação.[7]

Em outubro de 2017 chamou a atenção da mídia o fato de que na *premiere* da segunda temporada da série a jovem atriz "apareceu com um visual mais adulto, com roupa de couro, salto, muita maquiagem e cabelos alisados – em forte contraste com sua aparição de um ano antes, bem mais infantil e adequada para sua idade".[8]

Interessante notar que, após uma série de críticas, Bobby Brown chegou a realizar duas publicações em seu perfil no Instagram, por meio das quais rebatia comentários feitos sobre suas roupas, cabelo e maquiagem. Em seus *stories*, a atriz chegou a afirmar que: "Sei que todo mundo na minha última foto quer que eu 'aja de acordo com a minha idade', mas, francamente, é meu Instagram e se eu escolhi postar aquela foto e você não gostar, apenas passe por ela".[9] No entanto, por ocasião da comemoração do seu aniversário de 16 anos, afirmou em seu perfil do Instagram: "16 parece ter chegado há muito tempo. Eu sinto que a mudança precisa acontecer não apenas para esta geração, mas para a próxima. Nosso mundo precisa de bondade e apoio para que as crianças cresçam e tenham sucesso". A atriz justifica seu pensamento: "[o]s últimos anos não foram fáceis, admito. Há momentos em que fico frustrada com a imprecisão, comentários inadequados, sexualização e insultos desnecessários que acabaram resultando em dor e insegurança para mim".[10]

O caso da atriz mirim não é propriamente uma novidade. Famosas como Miley Cyrus, Natalie Portman e Emma Watson passaram, de certo modo, pelo mesmo debate

---

[6] MOURA, Thais. Felipe Neto e pai de Melody chegam a acordo sobre futuro da jovem. *Metrópoles*, 18 jan. 2019. Disponível em: https://www.metropoles.com/celebridades/felipe-neto-e-pai-de-melody-chegam-a-acordo-sobre-futuro-da-jovem. Acesso em: 12 jan. 2021.

[7] THEOBALD, Debora. Millie Bobby Brown e a problemática da adultização de meninas. *Valkirias*, 13 abr. 2018. Disponível em: http://valkirias.com.br/millie-bobby-brown/. Acesso em: 11 jan. 2021.

[8] SOARES, Nana. Millie Bobby Brown é a vítima da vez da sexualização de meninas. *Estadão*, 2 nov. 2017. Disponível em: https://emais.estadao.com.br/blogs/nana-soares/millie-bobby-brown-e-a-vitima-da-vez-da-sexualizacao-de-meninas/. Acesso em: 11 jan. 2021.

[9] GERALDO, Nathália. Foto de Millie Bobby Brown gera debate: adultização ou adolescência. *UOL*, 13 nov. 2019. Disponível em: https://www.uol.com.br/universa/noticias/redacao/2019/11/13/foto-de-millie-bobby-brown-gera-debate-adultizacao-ou-adolescencia.htm. Acesso em: 11 jan. 2021.

[10] MILLIE Bobby Brown fala sobre sua frustração em ser sexualizada na infância. *Revista L'Officiel*, 22 fev. 2020. Disponível em: https://www.revistalofficiel.com.br/pop-culture/millie-bobby-brown-fala-sobre-sua-frustracao-em-ser-sexualizada-na-infancia. Acesso em: 25 jan. 2021.

acerca da erotização infantil ou adultização por terem iniciado a carreira artística quando ainda na infância, passando a entrar também neste "rol quando o tema é a aparência 'mais velha' que as jovens reproduzem e expõem tanto nas redes sociais quanto na mídia".[11]

O caso de Brown também é peculiar porque permite identificar como este processo de sexualização parece se abater quase que exclusivamente sobre o corpo feminino. Isso pode ser observado pelo tratamento diferenciado dado pela mídia aos colegas de trabalho de Millie na série *Stranger Things*, que agiam de modo coerente com sua idade e estágio de desenvolvimento nessa etapa de transição da infância para a pré-adolescência.[12] É de se notar, por exemplo, que enquanto os seus colegas

> meninos posavam de brincalhões, estavam sempre descontraídos em entrevistas, se vestindo como garotos de 13 anos devem se vestir – além de não serem julgados de forma severa pela mídia e pelos fãs por suas atitudes, fossem elas quais fossem –, Millie sofreu uma transformação com o passar do tempo, percebida principalmente em ensaios fotográficos.[13]

Nota-se que a desigualdade de gênero também povoa o debate desse artigo sobre a hipersexualização, típico de uma sociedade com herança fortemente patriarcal.

Em realidade, são muitos os nomes que a mídia e os especialistas têm dado na tentativa de descrever este fenômeno da erotização precoce do corpo infantil feminino: sexualização, hipersexualização, sensualização, hipersensualização etc. No entanto, a base disso é uma adultização ou adultificação precoce e uma sexualização do corpo infantojuvenil, que se tornam danosas para o desenvolvimento psicossocial daquela criança ou adolescente.

Uma possível diferença entre os casos de Brown, Cyrus, Portman, Watson e Melody é que, no caso das atrizes estrangeiras, o processo de adultização foi um pouco mais tardio e parece ter sido menos estimulado pelos pais, decorrendo mais de uma construção da mídia, diferentemente de Melody, cujos vídeos foram postados pelos pais ainda na sua infância. Melody tornou-se conhecida por conta dos vídeos erotizantes, ao passo que as outras atrizes já eram famosas por conta de suas atuações no cinema e na televisão, passando em seguida por um processo de adultização aos olhos da mídia.

Essa peculiar diferença é de central e vital importância para o debate que ora se propõe. Se é certo que aos pais incumbem deveres de proteção da infância e da adolescência, mesmo no caso de filhos famosos, é mais certo ainda que não deve caber aos pais promover por conta própria uma erotização precoce de seus filhos por meio da exposição que fazem ou permitem que seja feita deles nas redes sociais e na internet de um modo geral.

É assim que este debate acerca da hipersexualização infantil se conecta de forma quase indissociável a outro fenômeno mais amplo, com sensíveis repercussões para o desenvolvimento da criança e do adolescente: o *oversharenting* ou, como se convencionou

---

[11] GERALDO, Nathália. Foto de Millie Bobby Brown gera debate: adultização ou adolescência. *UOL,* 13 nov. 2019. Disponível em: https://www.uol.com.br/universa/noticias/redacao/2019/11/13/foto-de-millie-bobby-brown-gera-debate-adultizacao-ou-adolescencia.htm. Acesso em: 11 jan. 2021.

[12] THEOBALD, Debora. Millie Bobby Brown e a problemática da adultização de meninas. *Valkirias,* 13 abr. 2018. Disponível em: http://valkirias.com.br/millie-bobby-brown/. Acesso em: 11 jan. 2021.

[13] THEOBALD, Debora. Millie Bobby Brown e a problemática da adultização de meninas. *Valkirias,* 13 abr. 2018. Disponível em: http://valkirias.com.br/millie-bobby-brown/. Acesso em: 11 jan. 2021.

dizer, *sharenting*, neologismo que deriva da junção das palavras de língua inglesa *share* (compartilhar) e *parenting* (cuidar, exercer a autoridade parental)[14] e consiste, basicamente, "no hábito de pais ou responsáveis legais postarem informações, fotos e dados dos menores que estão sob a sua tutela em aplicações de internet".[15] [16] O termo chegou a ser definido pelo *Dicionário Collins*, como "a prática de um pai/mãe de usar regularmente as mídias sociais para comunicar grande quantidade de informação detalhada acerca de sua criança".[17] Trata-se, com efeito, de um exercício disfuncional da liberdade de expressão e da autoridade parental dos genitores ou de parentes próximos, que acabam solapando a privacidade de seus filhos por meio de suas atividades nas redes sociais e na internet de um modo geral.

Veja-se, por exemplo, que no caso de MC Melody se pode observar que em vídeo disponível no YouTube, datado de 2015, a então criança

> aparece em uma casa de shows noturnos dançando funk de forma extremamente sensual e erotizada. Quem observa tudo isso? Seu pai, que canta e incentiva a filha a continuar rebolando de pernas para o ar na frente de uma multidão de pessoas adultas, que gritam de histeria e filmam a menina ao som do Bonde das Maravilhas.[18]

Ou seja, alie-se a superexposição de crianças na internet com a prática de erotização precoce e tem-se um "combo explosivo" para o desenvolvimento psicofísico daquela criança ou adolescente, que passa a estar exposta em situação de vulnerabilidade aos olhos de toda a grande mídia, que, embora inegavelmente possa incluir fãs, inclui também, com assustadora frequência, pedófilos e diversos criminosos, que passam a se nutrir daquelas imagens e vídeos postados em sua maioria pelos próprios pais das crianças ou pelas crianças, mas com o consentimento desses.

Isso porque, nada obstante sejam inicialmente exibidas por seus pais, não raro a exposição *on-line* passa a ser em algum momento a vontade da própria criança/

---

[14] EBERLIN, Fernando Büscher von Teschenhausen. Sharenting, liberdade de expressão e privacidade de crianças no ambiente digital: o papel dos provedores de aplicação no cenário jurídico brasileiro. *Rev. Bras. Polít. Públicas*, Brasília, v. 7, n. 3, 2017. p. 258.

[15] "A prática consiste no hábito de pais ou responsáveis legais postarem informações, fotos e dados dos menores que estão sob a sua tutela em aplicações de internet. O compartilhamento dessas informações, normalmente, decorre da nova forma de relacionamento via redes sociais e é realizado no âmbito do legítimo interesse dos pais de contar, livremente, as suas próprias histórias de vida, da qual os filhos são, naturalmente, um elemento central. O problema jurídico decorrente do sharenting diz respeito aos dados pessoais das crianças que são inseridos na rede mundial de computadores ao longo dos anos e que permanecem na internet e podem ser acessados muito tempo posteriormente à publicação, tanto pelo titular dos dados (criança à época da divulgação) quanto por terceiros" (EBERLIN, Fernando Büscher von Teschenhausen. Sharenting, liberdade de expressão e privacidade de crianças no ambiente digital: o papel dos provedores de aplicação no cenário jurídico brasileiro. *Rev. Bras. Polít. Públicas*, Brasília, v. 7, n. 3, 2017. p. 258).

[16] Ver mais em: BESSANT, Claire. Sharenting: balancing the conflicting rights of parents and children. *Communications Law*, v. 23, n. 1, p. 7-24, 2018.

[17] "This kind of activity is called sharenting and has been defined by Collins Dictionary as 'the practice of a parent to regularly use the social media to communicate a lot of detailed information about their child' (Sharenting, as cited in: Collins Dictionary). The phenomenon of sharing and disclosure of intimate information about children by their parents through social media is growing rapidly. Therefore, it has become a subject of research by increasing numbers of scholars worldwide" (BROSCH, Anna. When the child is born into the internet: sharenting as a growing trend among parents on Facebook. *The New Educational Review*, 2016. p. 226).

[18] AMORIM, Bárbara; HOLANDA, André. Melody e a erotização dos corpos e discursos infantis. *In*: CONGRESSO DE CIÊNCIAS DA COMUNICAÇÃO NA REGIÃO SUDESTE, XXIV. *Anais...* Vitória: [s.n.], 2019. p. 6. Disponível em: https://portalintercom.org.br/anais/sudeste2019/resumos/R68-1204-1.pdf. Acesso em: 12 jan. 2021.

adolescente: é o que se viu na pandemia da Covid-19 com a explosão do número de menores com contas no aplicativo TikTok.[19] Por certo, tanto a vontade, como a autonomia dessas pessoas humanas em desenvolvimento devem ser consideradas, mas há que se investigar se os menores não estão fazendo aquilo por pressão dos pais.

E tudo isso sem falar nas marcas que essas crianças e adolescentes vão criando no ambiente virtual – de início, involuntariamente – que podem acabar as acompanhando para toda a vida, pois, depois que essas imagens e vídeos são divulgadas no mundo digital, é bastante difícil o controle das visualizações ou do destino que eles terão.[20]

Como advertem Benjamin Shmueli e Ayelet Blecher-Prigat, "o principal papel e responsabilidade dos pais é proteger seus filhos".[21] Uma exposição incontrolada e irrefletida da imagem, dos dados e informações faz exatamente o oposto: vulnera, em vez de proteger. No fundo, quando se discute o *(over)sharenting*, o que se está investigando, em verdade, são os limites da chamada autoridade parental, em face das novas tecnologias, especialmente das redes sociais.

Além disso, é preciso indagar: quem está construindo a narrativa da história daquela pessoa humana em desenvolvimento? Se os pais constroem a sua imagem no ambiente digital, como se dissociar dela, evitando a escravidão dos vídeos postados? Como afirmado em outra oportunidade:

> Ao retratar essas fotos nas redes, os pais 'coisificam' seus filhos como se eles não tivessem personalidade própria, utilizam e monetizam a imagem deles como se fossem a extensão de si mesmos sem perceber a propagação dos *dados sensíveis* da criança e dos danos provenientes desta conduta. Isso porque eles pensam na conotação lúdica das fotos e na ingenuidade da postagem, sem levar em consideração que a inocência é da criança e não dos inúmeros amigos virtuais. Estes muitas vezes são desconhecidos tanto da criança como de seus pais, embora sejam tratados com um grau de intimidade como se da família fossem. Ao assim proceder, os pais maculam não só a intimidade e a privacidade dos seus filhos, mas se utilizam também do direito de imagem destes, como se eles fossem os titulares.[22]

Essa relação dos pais com o ambiente virtual dos filhos será objeto de reflexão no próximo item, a fim de se verificar qual o papel da autoridade parental nesse novo universo vivenciado pelas crianças e adolescentes.

2 Autoridade parental no ambiente digital

Considerando que a vida de quase toda criança já tem inegáveis aspectos *on-line*, que tornam cada dia mais tênue a separação entre o mundo analógico e o digital, é de

---

[19] "De acordo com o aplicativo de controle parental AppGuardian, crianças passam em média 11 horas na rede social, que já está entre as cinco mais baixadas do país" (TIKTOK cresce entre crianças brasileiras e preocupa pais. *ABC da Comunicação*, 3 abr. 2020. Disponível em: https://www.abcdacomunicacao.com.br/tiktok-cresce-entre-criancas-brasileiras-e-preocupa-pais/. Acesso em: 23 jan. 2021).

[20] TEPEDINO, Gustavo; MEDON, Filipe. *A superexposição de crianças por seus pais na internet e o direito ao esquecimento.* No prelo.

[21] No original: "To be sure, the primary role and responsibility of parents is to protect their children" (SHMUELI, Benjamin; BLECHER-PRIGAT, Ayelet. Privacy for children. *Columbia Human Rights Law Review*, v. 42. p. 761).

[22] TEIXEIRA, Ana Carolina Brochado. NERY, Maria Carla Moutinho. Vulnerabilidade digital de crianças e adolescentes: a importância da autoridade parental para uma educação nas redes. *In*: EHRHARDT JR., Marcos; LOBO, Fabíola (Org.). *Vulnerabilidade e sua compreensão no direito brasileiro.* Indaiatuba: Foco, 2021. p. 142.

grande importância demarcar a função dos pais nesse novo ambiente, que proporciona inegáveis aprendizados, mas que também representa expressivos riscos ameaçadores a uma infância e adolescência saudáveis – alguns deles já apontados anteriormente.

Verificou-se, até aqui, comportamento de pais que tanto expõem, como permitem que os filhos sejam exibidos nas redes, em uma conduta que gera adultização, pois incentiva a sexualização. Por isso, é necessário investigar qual o papel da autoridade parental nesse contexto. Já se demarcou, em outra oportunidade, importante função dos pais no ambiente virtual, por meio da educação digital,[23] que consiste em orientar e supervisionar os filhos para que aprendam a navegar de forma segura. Em outras palavras: cabe aos pais a promoção da inserção responsável dos filhos no ambiente virtual, de maneira que estes aproveitem seus inúmeros benefícios, ao mesmo tempo em que estejam capacitados para lidar com seus perigos.

Na cultura atual, que valoriza autoexposição, renúncia à privacidade, capacidade de influenciar, de ser popular, ganhar seguidores e que acaba incentivando sexualização precoce, pergunta-se: podem os pais funcionar como incentivadores desses valores, operacionalizando instrumentos para que os filhos estejam cada vez mais integrados nesse espaço? Podem os pais permitir que os filhos se exponham e sejam adultizados por meio de terceiros (mídia, empresários, amigos etc.)? Estariam essas condutas no âmbito de uma esfera de liberdade em relação à forma da condução do processo educacional facultada pela autoridade parental?

É necessário rememorar que a autoridade parental é um múnus de direito privado, um poder jurídico, isto é, um feixe de poderes-deveres atribuído pelo Estado aos pais, para serem exercidos no interesse dos filhos. A Constituição estabelece que cabe aos pais a tarefa de criar, educar e assistir os filhos enquanto menores.

A rigor, até que a prole alcance a maioridade, ou seja, complete 18 (dezoito) anos, os pais devem guiar a sua vida, bem como decidir por ou com eles, vez que dependendo da idade irão representá-los ou assisti-los. Entretanto, na medida em que a Constituição determinou que criança e adolescente são alvos de proteção especial, por serem pessoas em desenvolvimento, valorizando a construção da sua personalidade, deve-se analisar de forma criteriosa a forma de exercício dessa autoridade parental.

Isso porque a criação e a educação dos filhos ocorrem como um processo: tanto maior é a atuação dos pais quanto menor são os filhos, ou melhor, quanto menos discernimento eles têm. Quando vão crescendo, automaticamente, faz-se menos necessária a intervenção parental, vez que, por meio desta mesma convivência e do processo educacional, vivenciam situações que lhes conduzem à paulatina aquisição da maturidade. Dessa forma, vão se tornando mais aptos para o exercício dos direitos fundamentais, fazendo opções com mais liberdade.

Nada obstante, discernimento significa, no âmbito desse processo, exercício de liberdades, como é o caso da liberdade de expressão, com a correlata responsabilidade, ou seja, ter condições psíquicas de assumir as consequências dos seus atos, o que só pode ser analisado individualmente. Por isso, a presença dos pais precisa ser constante,

---

[23] TEIXEIRA, Ana Carolina Brochado. NERY, Maria Carla Moutinho. Vulnerabilidade digital de crianças e adolescentes: a importância da autoridade parental para uma educação nas redes. *In*: EHRHARDT JR., Marcos; LOBO, Fabíola (Org.). *Vulnerabilidade e sua compreensão no direito brasileiro*. Indaiatuba: Foco, 2021. p. 133-147.

com um grau de intervenção que vai diminuindo no decorrer da vida, mas cujo suporte está sempre ali – juridicamente, pelo menos até o alcance da maioridade.

O papel parental tem as mais variadas facetas, segundo os macrodeveres estabelecidos pelo art. 229 da Constituição Federal. Criação e educação vão desde o acompanhamento diário, transmissão dos valores familiares, educação formal, informal, digital. Ou seja, engloba todos os aspectos da vida dos filhos. Mas isso não significa que os pais possam tudo, que eles tenham amplos poderes sobre a vida dos filhos, como era, por exemplo, no direito romano, quando definiam a vida e a morte deles.[24]

A barreira ao exercício da autoridade parental é, assim, o melhor interesse das crianças e adolescentes. Como princípio que é, tem conteúdo aberto, flexível e adaptável às mais diversas situações jurídicas que envolvem a população infantojuvenil. No entanto, sugere-se o preenchimento do seu conteúdo com os direitos fundamentais dirigidos especificamente à população infantojuvenil[25] que, no caso do Brasil, estão previstos no art. 227 da Constituição Federal.[26] O texto constitucional determina a condição prioritária das pessoas menores de idade, que se deve ao fato de estarem em desenvolvimento, cuja personalidade deve ser protegida e promovida, mediante o exercício dos direitos fundamentais.[27]

Isso significa que os direitos fundamentais dos filhos constituem barreira de ação e omissão dos pais no exercício da autoridade parental. Assim, os pais devem atuar tanto na supervisão da navegação protegida quanto da produção de conteúdo de forma preservada, que não exponha – ainda mais – os filhos a efeitos que possam lhes prejudicar. Navegar, postar e influenciar são ações que precisam ganhar sentido que as identifique com segurança, para que o crescimento biopsíquico seja saudável, com redução de riscos de dados pulverizados na rede que se perpetuam involuntariamente, sem qualquer controle das próprias informações,[28] e sem que os conteúdos, a preparação

---

[24] "Contemplado pelo Código Civil de 1916 sob a designação de *pátrio poder*, o instituto refletia a orientação hierarquizada e patriarcal que enxergava no pai o chefe da família, submetendo ao seu comando e arbítrio os filhos. O pátrio poder fincava raízes no *patria potestas* dos romanos, 'dura criação de direito despótico', que se assemelhava a autêntico direito de propriedade sobre os filhos" (SCHREIBER, Anderson. *Manual de direito civil contemporâneo*. São Paulo: Saraiva Educação, 2018. p. 863); "Os Romanos davam ao pater famílias, por exemplo, o direito de matar o filho" (PONTES DE MIRANDA, Francisco Cavalcanti. *Tratado de direito privado*. Parte Especial – Direito de família: direito parental: direito protectivo. Atualização de Rosa Maria Barreto Borriello de Andrade Nery. São Paulo: Revista dos Tribunais, 2012. t. IX. p. 175).

[25] Afirma Maria Clara Sottomayor que, embora o interesse da criança ou do adolescente seja um conceito indeterminável pelo seu caráter vago e elástico, facilitando interpretações subjetivas, tem um núcleo conceitual que deve ser preenchido por valorações objetivas. Essas se atrelam à estabilidade de condições de vida da criança, das suas relações afetivas e do seu ambiente físico e social (SOTTOMAYOR, Maria Clara. Quem são os verdadeiros pais? Adopção plena de menor e oposição dos pais biológicos. *Direito e Justiça: Revista da Faculdade de Direito da Universidade Católica Portuguesa*, v. XVI, t. I, 2002).

[26] "Art. 227. É dever da família, da sociedade e do Estado assegurar à criança, ao adolescente e ao jovem, com absoluta prioridade, o direito à vida, à saúde, à alimentação, à educação, ao lazer, à profissionalização, à cultura, à dignidade, ao respeito, à liberdade e à convivência familiar e comunitária, além de colocá-los a salvo de toda forma de negligência, discriminação, exploração, violência, crueldade e opressão".

[27] Tal condição lhes foi garantida pelo art. 6º da Lei 8.069/90, Estatuto da Criança e do Adolescente, cujo teor é o seguinte: "Art. 6º Na interpretação desta Lei levar-se-ão em conta os fins sociais a que ela se dirige, as exigências do bem comum, os direitos e deveres individuais e coletivos, e a condição peculiar da criança e do adolescente como pessoas em desenvolvimento".

[28] Stefano Rodotà trata a privacidade como controle sobre as próprias informações, de modo que se pode afirmar que privacidade é autonomia informativa sobre a própria vida (RODOTÀ, Stefano. *A vida na sociedade da vigilância*: a privacidade hoje. Organização, Seleção e Apresentação de Maria Celina Bodin de Moraes. Tradução de Danilo Doneda e Luciana Cabral Doneda. Rio de Janeiro: Renovar, 2008. p. 7).

para eles, sua idealização acabe por prejudicar o "ser criança", que não é apenas uma preparação para a vida adulta, mas uma fase cujas vivências e experiências são um fim em si mesmo. A antecipação desse momento acaba por prejudicar o próprio desenvolvimento infantil e as fases subsequentes.

Dessa forma, a autoridade parental deve ser funcionalizada tanto à proteção quanto à promoção do desenvolvimento dos filhos, garantindo-lhes a possibilidade de viver cada fase da sua vida no momento adequado. Os pais são os balizadores desse processo educacional, não podendo agir de forma a prejudicar os próprios filhos, expondo-os a situações contrárias a seus direitos fundamentais, à possibilidade de vivenciar uma infância e uma adolescência adequadas e coerentes com cada fase do seu desenvolvimento. No caso da hipersexualização dos filhos pelos próprios pais, nota-se uma grave disfunção da autoridade parental, pois os pais acabam excedendo a fronteira da proteção e promoção para a exposição. Com o intuito de ganhar seguidores, tornar-se popular, fazer publicidade e eventualmente até ter benefícios financeiros, desvirtua-se o próprio filho, antecipando fases significativas da vida.

Além disso, não se pode afirmar aqui que a autonomia com o próprio corpo, sua imagem e liberdade de expressão, direitos fundamentais da população infantojuvenil, devem ser respeitados a todo custo. É necessário que os pais, por meio da educação digital, deem o suporte necessário para o aprendizado seguro desse exercício nas redes. Se é tarefa dos pais conduzir os filhos por caminhos que eles ainda desconhecem e acompanhá-los nesse processo, tanto para apoiá-los quanto para corrigi-los, orientá-los, fiscalizar seus comportamentos, ajudá-los a alcançar capacidade crítica na vida *off-line*, não seria diferente na *on-line*, ou seja, é necessário que os filhos passem a receber dos pais educação digital, para auxiliá-los no desafio da navegação segura, tanto ativa quanto passivamente, o que significa que esse apoio deve acontecer tanto quando os filhos são expectadores do conteúdo da internet como quando eles são autores ou produtores de conteúdos digitais.

Assim, não há dúvidas de que a função da autoridade parental no ambiente digital é orientar, supervisionar e, sobretudo, garantir uma navegação segura que não implique a exposição exacerbada dos filhos, o incentivo ou a permissão para que tanto eles – agentes de proteção dos próprios filhos – quanto terceiros usem seus filhos com objetivos patrimoniais, com o escopo de ganhar seguidores, de alcançar maior popularidade, porque os poderes e deveres oriundos da autoridade parental não lhes possibilitam o consentimento para tais condutas, uma vez que contrariam frontalmente o melhor interesse dos filhos.

3   O fenômeno da hipersexualização

Retomando especificamente o processo de hipersexualização, pode-se verificar que este é objeto de estudo de diversos saberes, como a psicologia, a pedagogia e a comunicação social, mas não recebeu, ainda, a adequada contribuição do direito, que poderia auxiliar na proscrição de determinadas condutas, além de impor sanções diante de atos ilícitos e abusivos.

A sexualização[29] da infância e da juventude pode ser observada em diversos cenários: nas redes sociais, na mídia, na moda, no esporte, na literatura, nos filmes e séries, nas novelas e até mesmo nos desenhos infantis. Ou seja: da roupa que é vestida e da maquiagem que é usada, passando pela forma como são retratados no audiovisual, chegando aos vídeos nas redes sociais, que espelham a realidade da vida social: as crianças e adolescentes, principalmente meninas, são retratados cada vez mais em perspectiva sexualizante.[30]

Na pesquisa de Elizabeth McDade-Montez, que se ocupou da sexualização em programas de TV infantis, definiu-se a sexualização:

> o processo pelo qual as personagens são retratadas e tratadas de maneira excessivamente sexual. Normalmente, esses personagens são mulheres e meninas. A sexualização pode ocorrer por meio de conversas, comentários, olhares e toques de outras pessoas, e também na forma como as personagens femininas se vestem e se comportam.[31]

Segundo relatório da American Psychological Association, a sexualização ocorre quando está presente pelo menos uma das seguintes condições:

> (i) o valor de uma pessoa advém apenas de seu apelo ou comportamento sexual, com exclusão de outras características; (ii) uma pessoa é mantida em um padrão que iguala atratividade física (definida de maneira restrita) a ser sexy; (iii) uma pessoa é sexualmente objetificada – isto é, transformada em algo para uso sexual de outras pessoas, em vez de ser vista como uma pessoa com capacidade para ação e tomada de decisão independentes; e/ou (iv) a sexualidade é indevidamente imposta a uma pessoa.[32]

---

[29] "Sexualidade e sexualização precoce tem suas diferenças, a sexualidade infantil é um processo natural e cultural desenvolvido desde as primeiras experiências afetivas do bebê com a mãe. O respeito à manifestação da sexualidade é um direito da criança. Contudo, muitas vezes, os adultos são inapropriados em relação à sexualidade infantil, são descuidados em relação a seus comportamentos sexuais. Tornam acessível à criança um ambiente erotizado. Desse modo, impõem um padrão de comportamento na ótica da sexualidade. Tal padrão de comportamento dificulta a manifestação da sexualidade infantil e ainda leva a criança a reproduzir o comportamento sexual adulto em suas próprias brincadeiras. As mensagens subliminares vão sendo registradas na mente da criança de forma mal elaborada (YANO e RIBEIRO, 2009)" (ARAUJO, Saraina Gonsalves de; NIEBUHR, Miriam Cestari; AGUIAR, Giancarlo de. A adultização da criança na atualidade face à mídia influenciadora. *Anuário Pesquisa e Extensão UNOESC Videira*, v. 4, 2019. p. 7-8. Disponível em: https://portalperiodicos.unoesc.edu.br/apeuv/article/view/20043. Acesso em: 20 jan. 2021).

[30] Ver mais no interessante estudo: DÍAZ-BUSTAMANTE-VENTISCA, Mónica; LLOVET-RODRÍGUEZ, Carmen. Empoderamiento o empobrecimiento de la infancia desde las redes sociales? Percepciones de las imágenes de niñas sexualizadas en Instagram. *El Profesional de la Información*, v. 26, n. 1, ene./feb. 2017. eISSN: 1699-2407. Disponível em: http://www.elprofesionaldelainformacion.com/contenidos/2017/ene/08_esp.pdf. Acesso em: 20 jan. 2021.

[31] No original: "Sexualization is the process whereby characters are portrayed and treated in an overly sexual manner. Typically, these characters are women and girls. Sexualization can occur through conversations, comments, glances and touches from others, and also in the way in which female characters dress and behave" (MCDADE-MONTEZ, Elizabeth. New media, old themes: sexualization in children's TV shows. *The Etr Blog*, 28 mar. 2017. Disponível em: https://www.etr.org/blog/research-childrens-media/. Acesso em: 20 jan. 2021).

[32] No original: "(i) a person's value comes only from his or her sexual appeal or behavior, to the exclusion of other characteristics; (ii) a person is held to a standard that equates physical attractiveness (narrowly defined) with being sexy; (iii) a person is sexually objectified—that is, made into a thing for others' sexual use, rather than seen as a person with the capacity for independent action and decision making; and/or (iv) sexuality is inappropriately imposed upon a person" (AMERICAN PSYCHOLOGICAL ASSOCIATION. Task Force on the Sexualization of Girls. *Report of the APA Task Force on the Sexualization of Girls*, 2007. p. 1. Disponível em: http://www.apa.org/pi/women/programs/girls/report-full.pdf. Acesso em: 20 jan. 2021).

Ainda de acordo com o relatório, a quarta condição (imposição inapropriada de sexualidade) seria especialmente relevante no contexto das crianças, na medida em que embora qualquer um possa ser sexualizado – independentemente da idade ou do gênero – quando as crianças são sexualizadas, normalmente isso decorre de uma imposição e não de uma escolha feita por elas. Nesse sentido, para os pesquisadores, a exploração sexual automotivada não seria sexualização, o mesmo se diga com relação à exposição na idade adequada a informações sobre sexualidade.[33]

Como esclarece Filomena Teixeira, a hipersexualização se torna um fenômeno social e midiático, que mercantiliza o corpo infantojuvenil feminino:

> A imagem corporal das meninas tem vindo a torná-las, "crianças – mulheres – sexualizadas". Tratando-se de crianças, as imagens reenviam para a sexualização das suas expressões, posturas ou códigos de vestuário, demasiado precoces e evidenciando sinais de disponibilidade sexual, forjados e desajustados para a idade. Num mundo em que as crianças estão sob o olhar atento de pedófilos e sujeitas a diversas formas de abusos sexuais, esta situação é, verdadeiramente, preocupante. No quadro de uma educação em sexualidade que privilegie a saúde e o respeito pelos direitos humanos, emerge, assim, a problemática da hipersexualização do espaço público, enquanto fenómeno social e mediático que afeta sobretudo crianças e jovens do sexo feminino. Sendo consideradas mercadoria sexual, as meninas são, desde cedo sexualizadas para venderem todo o tipo de produtos, desde automóveis, habitações, bonecas, videojogos, roupas, jóias.[34]

A pesquisadora Gigi Durham "realizou estudos pioneiros sobre como os meios de comunicação de massa afetam a formação das meninas, concluindo que temos como efeito uma sexualização precoce. A partir daí, cunhou o termo Efeito Lolita",[35] que representaria "o conjunto de mitos sobre a sexualidade das garotas, com ampla circulação em nossa cultura e que tem o intuito de limitar, minar e restringir o progresso sexual de crianças e adolescentes do sexo feminino".[36] Segundo Durham, para funcionar, o efeito

---

[33] No original: "(i) a person's value comes only from his or her sexual appeal or behavior, to the exclusion of other characteristics; (ii) a person is held to a standard that equates physical attractiveness (narrowly defined) with being sexy; (iii) a person is sexually objectified — that is, made into a thing for others' sexual use, rather than seen as a person with the capacity for independent action and decision making; and/or (iv) sexuality is inappropriately imposed upon a person" (AMERICAN PSYCHOLOGICAL ASSOCIATION. Task Force on the Sexualization of Girls. *Report of the APA Task Force on the Sexualization of Girls*, 2007. p. 1. Disponível em: http://www.apa.org/pi/women/programs/girls/report-full.pdf. Acesso em: 20 jan. 2021).

[34] TEIXEIRA, Filomena. Hipersexualização, género e media. *Interações*, v. 11, n. 39, 2015. Número Especial – XV Encontro Nacional de Educação em Ciências. p. 4. Disponível em: https://revistas.rcaap.pt/interaccoes/article/view/8718. Acesso em: 20 jan. 2021.

[35] VIEIRA, Pâmera Rocha. Efeito Lolita: a sexualização e objetificação feminina por meio da mídia, em uma análise da fanpage da Capricho no Facebook. *Anais do 4º Seminário Internacional de Educação e Sexualidade e do 2º Encontro Internacional de Estudos de Gênero*, 2016. p. 1. Disponível em: http://www.gepsexualidades.com.br/resources/anais/6/1467379182_ARQUIVO_ArtigoEfeitoLolita.pdf. Acesso em: 20 jan. 2021. Ver mais em: DURHAM, Gigi. *The Lolita effect*: the media sexualization of young girls and what we can do about it. Nova York: The Overlook Press, 2008.

[36] VIEIRA, Pâmera Rocha. Efeito Lolita: a sexualização e objetificação feminina por meio da mídia, em uma análise da fanpage da Capricho no Facebook. *Anais do 4º Seminário Internacional de Educação e Sexualidade e do 2º Encontro Internacional de Estudos de Gênero*, 2016. p. 2. Disponível em: http://www.gepsexualidades.com.br/resources/anais/6/1467379182_ARQUIVO_ArtigoEfeitoLolita.pdf. Acesso em: 20 jan. 2021.

se apoiaria em cinco mitos: (i) se você tem, exiba, (ii) anatomia de uma deusa do sexo, (iii) as garotas bonitas, (iv) ser violento é *sexy* e, por fim, (v) do que os rapazes gostam.[37]

Neste primeiro mito, Durham aponta para os incentivos da indústria midiática para que meninas exibam desde muito cedo o corpo com roupas curtas por meio de fotos provocantes em suas redes sociais, o que poderia parecer como uma conquista num primeiro momento, mas, no entanto, acaba gerando o efeito contrário, na medida em que o corpo a ser exibido deve atender a padrões definidos pela mídia,[38] o que gera intensa pressão sobre essas meninas e, sobretudo, sobre seus corpos e mentes ainda em desenvolvimento.

Como se pode notar, são diversos e de variadas naturezas os problemas oriundos dessa sexualização infantojuvenil, afetando sobremaneira o desenvolvimento psicológico e até mesmo corporal de suas vítimas, que também se tornam alvos de pedófilos. É assustador, assim, "observar que existem pessoas que estão acessando a internet justamente para encontrar crianças em exposição para serem as suas vítimas".[39]

Nesse sentido:

> A sobrevalorização da aparência e a sedução comportam riscos, nomeadamente, perturbações alimentares, utilização recorrente de regimes de emagrecimento, consumo de tabaco, álcool e outras substâncias, recurso a cirurgias estéticas, relações sexuais precoces, perturbações de ordem sexual, incluindo a perda do desejo; problemas ligados à contraceção, IST e interrupção da gravidez. Consequentemente, as meninas vão assumindo com naturalidade a sua condição de objetos sexuais, tornando-se mulheres frágeis e vulneráveis. Sarah McKenney alerta, ainda, para distúrbios alimentares e baixa autoestima. A hipersexualização banaliza a pornografia e a violência; nas crianças, fragiliza o equilíbrio psicoafetivo e perturba a construção da identidade.[40]

O já referido relatório da American Psychological Association traz os seguintes riscos:

> The research summarized in this section offers evidence of negative consequences for girls when they are sexualized or exposed to sexualized images and when others are exposed to such images. First, there is evidence that girls exposed to sexualizing and objectifying media are more likely to experience body dissatisfaction, depression, and lower selfesteem; research to date suggests that these effects are not as pronounced for African American girls. There is no research to date on lesbian, bisexual, or transgendered youths. Self-objectification has been shown to diminish cognitive ability and to cause shame. This cognitive diminishment, as well as the belief that physical appearance rather than academic

---

[37] No original: "(i) if you got it, flaunt it, (ii) anatomy of a sex goddess, (iii) pretty babies, (iv) violence is sexy, (v) what boys like" (DURHAM, Gigi. *The Lolita effect*: the media sexualization of young girls and what we can do about it. Nova York: The Overlook Press, 2008).

[38] VIEIRA, Pâmera Rocha. Efeito Lolita: a sexualização e objetificação feminina por meio da mídia, em uma análise da fanpage da Capricho no Facebook. *Anais do 4º Seminário Internacional de Educação e Sexualidade e do 2º Encontro Internacional de Estudos de Gênero*, 2016. p. 3. Disponível em: http://www.gepsexualidades.com.br/resources/anais/6/1467379182_ARQUIVO_ArtigoEfeitoLolita.pdf. Acesso em: 20 jan. 2021.

[39] ARAUJO, Saraina Gonsalves de; NIEBUHR, Miriam Cestari; AGUIAR, Giancarlo de. A adultização da criança na atualidade face à mídia influenciadora. *Anuário Pesquisa e Extensão UNOESC Videira*, v. 4, 2019. p. 9. Disponível em: https://portalperiodicos.unoesc.edu.br/apeuv/article/view/20043. Acesso em: 20 jan. 2021.

[40] TEIXEIRA, Filomena. Hipersexualização, género e media. *Interações*, v. 11, n. 39, 2015. Número Especial – XV Encontro Nacional de Educação em Ciências. p. 5. Disponível em: https://revistas.rcaap.pt/interaccoes/article/view/8718. Acesso em: 20 jan. 2021.

or extracurricular achievement is the best path to power and acceptance, may influence girls' achievement levels and opportunities later in life. Girls' sexual development may also be affected as they are exposed to models of passivity, and studies indicate that the media may influence a girl's perceptions of her own virginity or first sexual experience. Interpersonally, girls' relationships with other girls are affected, as such relationships can become policing grounds where girls support or reject other girls for reasons having to do with conformity to a narrow beauty ideal that involves a sexualized presentation or competition for boys' attention. Girls' relationships with boys and men are affected in that exposure to sexualizing and objectifying media has been shown to relate to girls' and boys' views on dating, boys' sexual harassment of girls, and attitudes toward sexual violence.[41]

Outro problema grave é que "[a] nossa cultura promove a erotização infantil muitas das vezes de forma inconsciente, hoje a criança adultizada é vista como 'característica da sua geração', ao invés de crianças se preocupando com coisas de criança, temos crianças se preocupando com situações adultas". [42]

Como se viu nas linhas introdutórias deste artigo, este processo pode ser tanto estimulado pela mídia, como também alimentado pelos próprios pais. No entanto, é de se questionar: e se a criança ou o adolescente deseja, de alguma forma, ter comportamentos erotizantes e sexualizantes? Deve a sua autonomia ser considerada, como no caso citado de Bobby Brown, que inicialmente reagiu aos comentários de seus críticos? Em última análise: qual o limite dessa autonomia em face do papel dos pais, regulado pela autoridade parental? Trata-se, inequivocamente, de instigante questão.

Passa-se, a seguir, a analisar os recursos legislativos já existentes no âmbito do Estatuto da Criança e do Adolescente, a fim de apurar como ele pode contribuir para minar esse tipo de comportamento abusivo por parte de genitores que expõem suas filhas na internet, contribuindo para esse processo de sexualização, recordando sempre que a repressão a este tipo de conduta é papel e dever não apenas dos pais e do Estado, como também de toda a sociedade, como se observou no caso do *youtuber* Felipe Neto.

4 Caminhos talhados pelo Estatuto da Criança e do Adolescente

Retomando o tema, propõe-se verificar se o ordenamento jurídico brasileiro já tem instrumentos suficientes para tratar da hipersexualização da população infantojuvenil ou se a questão demanda legislação própria.

Como já se analisou, os direitos fundamentais previstos no art. 227 da Constituição constituem a matriz a ser protegida e promovida para o desenvolvimento infantil. Tais direitos foram disciplinados de forma mais detalhada pelo Estatuto da Criança e do Adolescente – ECA, como se verá.

---

[41] No original: "(i) a person's value comes only from his or her sexual appeal or behavior, to the exclusion of other characteristics; (ii) a person is held to a standard that equates physical attractiveness (narrowly defined) with being sexy; (iii) a person is sexually objectified—that is, made into a thing for others' sexual use, rather than seen as a person with the capacity for independent action and decision making; and/or (iv) sexuality is inappropriately imposed upon a person" (AMERICAN PSYCHOLOGICAL ASSOCIATION. Task Force on the Sexualization of Girls. *Report of the APA Task Force on the Sexualization of Girls*, 2007. p. 34. Disponível em: http://www.apa.org/pi/women/programs/girls/report-full.pdf. Acesso em: 20 jan. 2021).

[42] ARAUJO, Saraina Gonsalves de; NIEBUHR, Miriam Cestari; AGUIAR, Giancarlo de. A adultização da criança na atualidade face à mídia influenciadora. *Anuário Pesquisa e Extensão UNOESC Videira*, v. 4, 2019. p. 9. Disponível em: https://portalperiodicos.unoesc.edu.br/apeuv/article/view/20043. Acesso em: 20 jan. 2021.

O ECA corrobora a condição de absoluta prioridade da criança e do adolescente por se tratar de pessoas em desenvolvimento, que por isso fazem jus à proteção integral (arts. 3º e 6º). Além disso, o art. 5º veda a submissão da população infantojuvenil a "qualquer forma de negligência, discriminação, exploração, violência, crueldade e opressão, punido na forma da lei qualquer atentado, por ação ou omissão, aos seus direitos fundamentais". Adultizar uma criança pela via da sexualização ou permitir que terceiros o façam acaba contrariando frontalmente as etapas do desenvolvimento infantil, desrespeitando o direito de vivenciar as experiências apropriadas para cada fase da vida.

O art. 17 do ECA estabelece o direito ao respeito da população menor de idade, consistente na "inviolabilidade da integridade física, psíquica e moral da criança e do adolescente, abrangendo a preservação da imagem, da identidade, da autonomia, dos valores, ideias e crenças, dos espaços e objetos pessoais". Note-se que a hipersexualização desatende a esse dispositivo, na medida em que, conforme já demonstrado no item anterior, esse fenômeno impacta a integridade da criança e o seu "vir a ser". Verifica-se, por exemplo, (i) abalo em seu desenvolvimento psicológico, impedindo a evolução de amplas potencialidades de sua personalidade, o que pode vir a comprometer sua identidade; (ii) abalo em sua imagem, que pode ser capturada por pessoas mal intencionadas, pedófilos e manipuladoras; (iii) além de a hipersexualização na internet poder deixar marcas eternas, na medida em que, depois que houve divulgação de imagens na rede, não se tem o controle sobre elas, passando a integrar a história de vida daquela criança ou daquele adolescente, prejudicando sua autonomia futura.

As consequências da hipersexualização impactam diretamente a vida infantil e juvenil – sem contar os riscos futuros já apontados –, estando claro que essa conduta afronta sua dignidade, expondo-os a riscos de receberem "tratamento desumano, violento, aterrorizante, vexatório ou constrangedor", situação contrária ao art. 18. O mais complexo é que essas ameaças ao desenvolvimento infantojuvenil acabam sendo criadas – ou permitidas – pelos próprios pais, aqueles que deveriam cuidar com o máximo zelo possível de seus filhos, sob o falso entendimento de que a autoridade parental é um "cheque em branco" para qualquer atitude dos pais, sem avaliar os efeitos devastadores para a infância, para a adolescência e que podem arruinar o desenvolvimento de seus filhos.

Conquanto esse dever de proteção e promoção seja, *a priori*, dos pais, o Estado e a sociedade devem estar umbilicalmente comprometidos com a realização dessa finalidade. Esse compromisso vai muito além do momento patológico: para que haja uma proteção real e concreta dos filhos menores, é necessário que o comportamento seja preventivo e prospectivo, a teor do que dispõe o art. 70: "É dever de todos prevenir a ocorrência de ameaça ou violação dos direitos da criança e do adolescente". Nesse sentido, o art. 70-A[43] prevê uma série de diretrizes, por meio das quais se deve promover

---

[43] "Art. 70-A. A União, os Estados, o Distrito Federal e os Municípios deverão atuar de forma articulada na elaboração de políticas públicas e na execução de ações destinadas a coibir o uso de castigo físico ou de tratamento cruel ou degradante e difundir formas não violentas de educação de crianças e de adolescentes, tendo como principais ações: I - a promoção de campanhas educativas permanentes para a divulgação do direito da criança e do adolescente de serem educados e cuidados sem o uso de castigo físico ou de tratamento cruel ou degradante e dos instrumentos de proteção aos direitos humanos; II - a integração com os órgãos do Poder Judiciário, do

campanhas educativas que incentivem a educação não violenta, integração interna do Poder Público, formação continuada dos profissionais que têm interface direta com crianças e adolescentes e dos pais, entre outras. Embora a finalidade deste artigo seja coibir diretamente a violência física, sua aplicação pode ser estendida à prevenção de todos os atos de violência, crueldade, opressão, que comprometam o presente e o futuro das pessoas menores de idade. Afinal, o ECA deve ser interpretado segundo seus fins sociais explícitos em seu art. 6º.

As medidas de prevenção especial (arts. 74 e ss.) já deixam claro que o ECA se preocupa em evitar a antecipação de experiências para crianças, pois entende que ela compromete seu desenvolvimento. E, muitas vezes, a adultização acaba expondo a criança a ambientes com drogas, bebidas alcoólicas e a possíveis experiências inadequadas. É o respeito a cada fase do desenvolvimento que justifica avisos sobre faixa etária de filmes e espetáculos e que limita o acesso das pessoas menores à cultura para sua idade. Além disso, programas de rádio e televisão devem exibir para esse público exclusivamente programas com finalidades educativas, artísticas, culturais e informativas, assim como revistas e publicações com material impróprio a crianças e adolescentes devem ser comercializadas em embalagem lacrada e opaca. Note-se que a lei já fez uma opção para que seja resguardado o acesso à cultura de forma adequada a cada idade, ou seja, o ECA veda que pessoas menores tenham acesso à cultura fora da sua faixa etária, exatamente para que não antecipem informações, imagens, ideias que possam antecipar as fases seguintes da vida, quando terão maturidade para lidar com esses dados de forma saudável.

É essa mesma *ratio* que deve ser utilizada em relação à internet – o que traz maiores riscos, pois o mundo de possibilidades está à distância de um clique. Por isso, a importância da educação digital, do controle parental, do acompanhamento e do resguardo para que os filhos vivenciem cada fase da vida no momento apropriado, sem que os pais permitam ou incentivem a adultização que vem do incentivo à sexualização precoce. O ECA também prevê a responsabilidade parental como vetor hermenêutico a ser alcançado por meio das medidas de proteção, pois a intervenção deve ser efetuada de modo que os pais assumam os seus deveres para com seus filhos, como atribuição da autoridade parental (art. 100, parágrafo único, IX).

Tudo isso em respeito à privacidade das crianças e adolescentes, que deve ser interpretada não apenas como controle das próprias informações, mas também como

---

Ministério Público e da Defensoria Pública, com o Conselho Tutelar, com os Conselhos de Direitos da Criança e do Adolescente e com as entidades não governamentais que atuam na promoção, proteção e defesa dos direitos da criança e do adolescente; III - a formação continuada e a capacitação dos profissionais de saúde, educação e assistência social e dos demais agentes que atuam na promoção, proteção e defesa dos direitos da criança e do adolescente para o desenvolvimento das competências necessárias à prevenção, à identificação de evidências, ao diagnóstico e ao enfrentamento de todas as formas de violência contra a criança e o adolescente; IV - o apoio e o incentivo às práticas de resolução pacífica de conflitos que envolvam violência contra a criança e o adolescente; V - a inclusão, nas políticas públicas, de ações que visem a garantir os direitos da criança e do adolescente, desde a atenção pré-natal, e de atividades junto aos pais e responsáveis com o objetivo de promover a informação, a reflexão, o debate e a orientação sobre alternativas ao uso de castigo físico ou de tratamento cruel ou degradante no processo educativo; VI - a promoção de espaços intersetoriais locais para a articulação de ações e a elaboração de planos de atuação conjunta focados nas famílias em situação de violência, com participação de profissionais de saúde, de assistência social e de educação e de órgãos de promoção, proteção e defesa dos direitos da criança e do adolescente. Parágrafo único. As famílias com crianças e adolescentes com deficiência terão prioridade de atendimento nas ações e políticas públicas de prevenção e proteção".

princípio vetor da aplicação das medidas de proteção; nesse sentido, o art. 100, parágrafo único, V estabelece a "promoção dos direitos e proteção da criança e do adolescente deve ser efetuada no respeito pela intimidade, direito à imagem e reserva da sua vida privada".

Por isso, em tempos em que a auto e heteroexposição são valores quase absolutos, faz-se necessário, muitas vezes, que os pais sejam orientados, apoiados e acompanhados para que os filhos possam ter seu desenvolvimento resguardado (art. 101, II). É necessário que, para esse fim, sejam criados serviços e programas oficiais ou comunitários que tenham como finalidade proteção, apoio e promoção da família (art. 129, I). Uma vez esgotadas essas medidas de resguardo e promoção dos filhos, se eventualmente restarem infrutíferas, a questão poderá ser judicializada, garantindo-lhes curador especial sempre que seus interesses colidirem com os de seus pais.

Está demonstrado, portanto, que o ordenamento jurídico brasileiro tem os instrumentos necessários para a efetiva proteção da população infantojuvenil, para que possam vivenciar o ser criança e o ser adolescente como fim em si mesmos.

5   Conclusão

O presente artigo buscou inicialmente descrever, a partir de casos da mídia, o fenômeno da hipersexualização de crianças e adolescentes, que, como visto, opera-se em esmagadora maioria – senão em unanimidade – com meninas. Esta prática pode se dar tanto como imposição da mídia, como por atitude deliberada dos pais ou parentes próximos, ocasião em que se insere num contexto mais amplo de (*over*)*sharenting*.

Sem embargo, como se procurou delinear, o papel da autoridade parental é determinante em ambos os casos, seja protegendo os filhos dos olhares sedentos da mídia, seja atuando de forma responsável de modo a não exercer abusivamente a sua liberdade de expressão.

Demonstrou-se, por meio de substratos colhidos de outras ciências, sobretudo a psicologia, o potencial lesivo dessa prática, que antecipa fases do desenvolvimento saudável de crianças e adolescentes, expondo-as a riscos de ordem corporal e psicológica, bem como viabilizando que estas se tornem alvos de pedófilos e outros criminosos.

O direito brasileiro e em especial a civilística, com maior destaque para o Estatuto da Criança e do Adolescente, já conta com mecanismos próprios para prevenção, controle e repressão desse agir irresponsável de pais e mães, que acabam se tornando atentatórios aos direitos mais basilares de seus filhos, compreendidos como pessoas em desenvolvimento, gozando, por isso, de proteção mais intensa por parte do ordenamento.

Como se viu pelos relatos colhidos da mídia, torna-se imprescindível a atuação de toda a sociedade, mas, principalmente, do Ministério Público e dos conselhos tutelares, os quais podem solicitar em juízo medidas de diversas intensidades: da remoção do conteúdo publicado na internet às cominações mais graves que podem implicar até mesmo a suspensão e a perda da autoridade parental. Cumpre registrar a relevância de um trabalho prospectivo que efetivamente cuide do bem-estar da criança por meio da conscientização dos pais e familiares acerca do prejuízo que a adultização pode trazer aos próprios filhos, sendo necessário, muitas vezes, tratamento psicológico à criança ou ao adolescente.

Em síntese, o que se procura defender com estas reflexões é a necessidade de o direito examinar mais atentamente esse fenômeno de gravidade ainda a ser completamente desvendada e que vulnerabiliza o corpo infantil feminino. Como ressaltado nas primeiras linhas, as "novinhas" não querem nada a não ser o respeito aos seus direitos fundamentais, capazes de assegurar o seu desenvolvimento livre e saudável. As "novinhas" querem ser crianças, reservando a fase adulta para os tempos de madureza. É nessa etapa futura, com pleno desenvolvimento psíquico, que elas definirão os destinos dos seus corpos.

Referências

AMERICAN PSYCHOLOGICAL ASSOCIATION. Task Force on the Sexualization of Girls. *Report of the APA Task Force on the Sexualization of Girls*, 2007. Disponível em: http://www.apa.org/pi/women/programs/girls/report-full.pdf. Acesso em: 20 jan. 2021.

AMORIM, Bárbara; HOLANDA, André. Melody e a erotização dos corpos e discursos infantis. *In*: CONGRESSO DE CIÊNCIAS DA COMUNICAÇÃO NA REGIÃO SUDESTE, XXIV. *Anais...* Vitória: [s.n.], 2019. Disponível em: https://portalintercom.org.br/anais/sudeste2019/resumos/R68-1204-1.pdf. Acesso em: 12 jan. 2021.

ARAUJO, Saraina Gonsalves de; NIEBUHR, Miriam Cestari; AGUIAR, Giancarlo de. A adultização da criança na atualidade face à mídia influenciadora. *Anuário Pesquisa e Extensão UNOESC Videira*, v. 4, 2019. Disponível em: https://portalperiodicos.unoesc.edu.br/apeuv/article/view/20043. Acesso em: 20 jan. 2021.

BESSANT, Claire. Sharenting: balancing the conflicting rights of parents and children. *Communications Law*, v. 23, n. 1, p. 7-24, 2018.

BROSCH, Anna. When the child is born into the internet: sharenting as a growing trend among parents on Facebook. *The New Educational Review*, 2016.

COM visual comportado, MC Melody comemora 12 anos com bolo de unicórnio. *Folha de S.Paulo*, 5 fev. 2019. Disponível em: https://f5.folha.uol.com.br/voceviu/2019/02/com-visual-comportado-mc-melody-comemora-12-anos-com-bolo-de-unicornio.shtml Acesso em: 11 jan. 2021.

DÍAZ-BUSTAMANTE-VENTISCA, Mónica; LLOVET-RODRÍGUEZ, Carmen. Empoderamiento o empobrecimiento de la infancia desde las redes sociales? Percepciones de las imágenes de niñas sexualizadas en Instagram. *El Profesional de la Información*, v. 26, n. 1, ene./feb. 2017. eISSN: 1699-2407. Disponível em: http://www.elprofesionaldelainformacion.com/contenidos/2017/ene/08_esp.pdf. Acesso em: 20 jan. 2021.

DURHAM, Gigi. *The Lolita effect*: the media sexualization of young girls and what we can do about it. Nova York: The Overlook Press, 2008.

EBERLIN, Fernando Büscher von Teschenhausen. Sharenting, liberdade de expressão e privacidade de crianças no ambiente digital: o papel dos provedores de aplicação no cenário jurídico brasileiro. *Rev. Bras. Polít. Públicas*, Brasília, v. 7, n. 3, 2017.

FELIPE Neto bane MC Melody de seu canal por apelo sexual após notificar pai da cantora. *Hypeness*, 2019. Disponível em: https://www.hypeness.com.br/2019/01/felipe-neto-bane-mc-melody-de-seu-canal-por-apelo-sexual-apos-notificar-pai-da-cantora/. Acesso em: 11 jan. 2021.

GERALDO, Nathália. Foto de Millie Bobby Brown gera debate: adultização ou adolescência. *UOL*, 13 nov. 2019. Disponível em: https://www.uol.com.br/universa/noticias/redacao/2019/11/13/foto-de-millie-bobby-brown-gera-debate-adultizacao-ou-adolescencia.htm. Acesso em: 11 jan. 2021.

MCDADE-MONTEZ, Elizabeth. New media, old themes: sexualization in children's TV shows. *The Etr Blog*, 28 mar. 2017. Disponível em: https://www.etr.org/blog/research-childrens-media/. Acesso em: 20 jan. 2021.

MILLIE Bobby Brown fala sobre sua frustração em ser sexualizada na infância. *Revista L'Officiel*, 22 fev. 2020. Disponível em: https://www.revistalofficiel.com.br/pop-culture/millie-bobby-brown-fala-sobre-sua-frustracao-em-ser-sexualizada-na-infancia. Acesso em: 25 jan. 2021.

MOURA, Thais. Felipe Neto e pai de Melody chegam a acordo sobre futuro da jovem. *Metrópoles*, 18 jan. 2019. Disponível em: https://www.metropoles.com/celebridades/felipe-neto-e-pai-de-melody-chegam-a-acordo-sobre-futuro-da-jovem. Acesso em: 12 jan. 2021.

PONTES DE MIRANDA, Francisco Cavalcanti. *Tratado de direito privado*. Parte Especial – Direito de família: direito parental: direito protectivo. Atualização de Rosa Maria Barreto Borriello de Andrade Nery. São Paulo: Revista dos Tribunais, 2012. t. IX.

RODOTÀ, Stefano. *A vida na sociedade da vigilância*: a privacidade hoje. Organização, Seleção e Apresentação de Maria Celina Bodin de Moraes. Tradução de Danilo Doneda e Luciana Cabral Doneda. Rio de Janeiro: Renovar, 2008.

SCHREIBER, Anderson. *Manual de direito civil contemporâneo*. São Paulo: Saraiva Educação, 2018.

SHMUELI, Benjamin; BLECHER-PRIGAT, Ayelet. Privacy for children. *Columbia Human Rights Law Review*, v. 42.

SOARES, Nana. Millie Bobby Brown é a vítima da vez da sexualização de meninas. *Estadão*, 2 nov. 2017. Disponível em: https://emais.estadao.com.br/blogs/nana-soares/millie-bobby-brown-e-a-vitima-da-vez-da-sexualizacao-de-meninas/. Acesso em: 11 jan. 2021.

SOTTOMAYOR, Maria Clara. Quem são os verdadeiros pais? Adopção plena de menor e oposição dos pais biológicos. *Direito e Justiça: Revista da Faculdade de Direito da Universidade Católica Portuguesa*, v. XVI, t. I, 2002.

TEIXEIRA, Ana Carolina Brochado. NERY, Maria Carla Moutinho. Vulnerabilidade digital de crianças e adolescentes: a importância da autoridade parental para uma educação nas redes. *In*: EHRHARDT JR., Marcos; LOBO, Fabíola (Org.). *Vulnerabilidade e sua compreensão no direito brasileiro*. Indaiatuba: Foco, 2021.

TEIXEIRA, Filomena. Hipersexualização, género e media. *Interações*, v. 11, n. 39, 2015. Número Especial – XV Encontro Nacional de Educação em Ciências. Disponível em: https://revistas.rcaap.pt/interaccoes/article/view/8718. Acesso em: 20 jan. 2021.

TEPEDINO, Gustavo; MEDON, Filipe. *A superexposição de crianças por seus pais na internet e o direito ao esquecimento*. No prelo.

THEOBALD, Debora. Millie Bobby Brown e a problemática da adultização de meninas. *Valkirias*, 13 abr. 2018. Disponível em: http://valkirias.com.br/millie-bobby-brown/. Acesso em: 11 jan. 2021.

TIKTOK cresce entre crianças brasileiras e preocupa pais. *ABC da Comunicação*, 3 abr. 2020. Disponível em: https://www.abcdacomunicacao.com.br/tiktok-cresce-entre-criancas-brasileiras-e-preocupa-pais/. Acesso em: 23 jan. 2021.

VIEIRA, Pâmera Rocha. Efeito Lolita: a sexualização e objetificação feminina por meio da mídia, em uma análise da fanpage da Capricho no Facebook. *Anais do 4º Seminário Internacional de Educação e Sexualidade e do 2º Encontro Internacional de Estudos de Gênero*, 2016. Disponível em: http://www.gepsexualidades.com.br/resources/anais/6/1467379182_ARQUIVO_ArtigoEfeitoLolita.pdf. Acesso em: 20 jan. 2021.

Informação bibliográfica deste texto, conforme a NBR 6023:2018 da Associação Brasileira de Normas Técnicas (ABNT):

TEIXEIRA, Ana Carolina Brochado; MEDON, Filipe. A hipersexualização infantojuvenil na internet e o papel dos pais: liberdade de expressão, autoridade parental e melhor interesse da criança. *In*: EHRHARDT JÚNIOR, Marcos; LOBO, Fabíola Albuquerque; ANDRADE, Gustavo (Coord.). *Liberdade de expressão e relações privadas*. Belo Horizonte: Fórum, 2021. p. 345-362. ISBN 978-65-5518-188-3.

SHARENTING: NOTAS SOBRE LIBERDADE DE EXPRESSÃO, AUTORIDADE PARENTAL, PRIVACIDADE E MELHOR INTERESSE DE CRIANÇAS E ADOLESCENTES

ANDRÉ LUIZ ARNT RAMOS

Introdução

Liberdade de expressão, autoridade parental, direito à privacidade e melhor interesse da criança são posições jurídicas importantes no contexto do ordenamento jurídico brasileiro contemporâneo. Embora não raro concebidas e discutidas em apartado, elas convergem – em desarmonia – na ambiência virtual em que as relações humanas crescentemente se dão. Mais particularmente, no que toca ao compartilhamento, nas redes sociais, de registros visuais e/ou sonoros de crianças e adolescentes por seus pais. Esta prática costuma ser alcunhada de *sharenting* – a conjugação das expressões inglesas designadoras da parentalidade (*parenting*) e do compartilhamento (*to share*).

A tensão entre as posições jurídicas arroladas quanto à disseminação do *sharenting* é decorrência inevitável da titularidade e da função de cada uma delas. Pais e mães que postam informações em seus perfis virtuais – ou mesmo que constituem perfis para seus filhos – exercem *sua* liberdade de expressão. Contudo, ao expor a privacidade ou a intimidade dos filhos, dispõem sobre direitos *deles*, cujas proteção e promoção pelos pais são exigências desdobradas de *sua* autoridade parental. Esta, enfim e em sua contemporânea concepção de *dever*-poder é funcionalizada à realização do melhor interesse *da criança ou do adolescente*. Essa tensão multidirecional alça o tema a patamar de elevadíssima complexidade, malgrado sua aparente singeleza. Não por acaso, ele é objeto de investigações nas mais variadas áreas do conhecimento.

A ubiquidade da internet, o caráter massivo das relações travadas no ambiente virtual e as peculiaridades das redes sociais, ademais, denotam significância quantitativa. Isso é demonstrado por estudos realizados mundo afora, os quais dão conta de que, *e.g.*: em 2010, 81% das crianças com menos de dois anos tinham algum tipo de pegada virtual criada por seus pais;[1] e nos Estados Unidos da América, 92% das crianças com menos de dois anos tinham presença no mundo virtual no ano de 2014.[2]

Desde o prisma qualitativo, para o que o presente texto pretende contribuir, o correto enfrentamento da problemática em muito transcende os sempre lembrados jogos de forças entre *liberdade de expressão e proteção à personalidade* e *poder dos pais e melhor interesse dos filhos*. Diante disso é que se propõe o delineamento, por intermédio de pesquisa exploratória obediente ao método dedutivo e ao procedimento bibliográfico, dos desafios que o *sharenting* carrega para o direito civil brasileiro contemporâneo, na intersecção entre as múltiplas posições jurídicas elencadas.

O presente texto, neste desiderato, estrutura-se em seis seções. As cinco primeiras se dedicam a esboçar definições operativas dos verbetes e sintagmas listados acima, com vistas ao enfrentamento do tema proposto: *sharenting*, privacidade, liberdade de expressão, autoridade parental e melhor interesse da criança. A sexta aponta algumas perspectivas conjecturadas pelo autor para o presente e para o futuro, sem aspirações à definitividade.

1   *Sharenting*

A expressão *sharenting* tem sido empregada recorrentemente para designar o compartilhamento nas redes sociais de registros visuais, audiovisuais ou sonoros de crianças e adolescentes por seus pais. Isso se vê em meios de comunicação brasileiros[3] e estrangeiros,[4] bem como em publicações científicas dos mais variados perfis e especialidades. Malgrado o uso do verbete seja frequente, tem-se registrado que ele carece de uma definição rigorosa e consistente, ao argumento de que isso seria necessário para o desenvolvimento de teorias e para evitar confusões de uma mesma classe de fenômenos entre estudiosos.[5]

Para além de definições lexicográficas,[6] a comunidade especializada internacional tem definido *sharenting* como "um termo utilizado para descrever os modos com que

---

[1] DIGITAL diaries: digital birth – Celebrating infants and toddlers online and offline. *AVG Digital Diaries*, 24 jun. 2011. Disponível em: https://www.avgdigitaldiaries.com/post/6874775716/digital-diaries-digital-birth-celebrating. Acesso em: 13 jan. 2021.

[2] DUGGAN, M.; LENHART, A. Parents and social media. *Pew Research Center*, 16 jul. 2015. Disponível em: https://assets.pewresearch.org/wp-content/uploads/sites/14/2015/07/Parents-and-Social-Media-FIN-DRAFT-071515.pdf. Acesso em: 13 jan. 2021.

[3] É o que se vê, ilustrativamente, em: LANDO, C. C. Sharenting e a provável violação ao direito de menores. *O Estado de São Paulo*, 8 ago. 2020. Disponível em: https://politica.estadao.com.br/blogs/fausto-macedo/sharenting-e-a-provavel-violacao-ao-direito-de-menores/. Acesso em: 13 jan. 2021; e IDOETA, A. 'Sharenting': quando a exposição dos filhos nas redes sociais não é necessariamente algo ruim. *BBC News Brasil*, 13 jan. 2020. Disponível em: https://www.bbc.com/portuguese/salasocial-51028308. Acesso em: 13 jan. 2021.

[4] *V.g.*: HSU, H. Instagram, Facebook and the perils of "sharenting". *The New Yorker*, 11 set. 2019. Disponível em: https://www.newyorker.com/culture/cultural-comment/instagram-facebook-and-the-perils-of-sharenting. Acesso em: 13 jan. 2021; e BEDDINGTON, E. The pros and cons of "sharenting". *The Guardian*, 18 maio 2013. Disponível em: https://www.theguardian.com/lifeandstyle/2013/may/18/pros-cons-of-sharenting. Acesso em: 13 jan. 2021.

[5] BROSCH, A. Sharenting – Why do parents violate their children's privacy? *The Educational Review*, v. 54, n. 4, p. 75-85, 2018. p. 77.

[6] Referendadas, *e.g.*, por Arronso (Influenciadores digitais e o direito à imagem de seus filhos: uma análise a partir do melhor interesse da criança. *Revista Eletrônica da PGERJ*, Rio de Janeiro, v. 2, n. 2, maio/ago. 2019. p. 9): "Pais que postam demais já são objeto de preocupação ao redor do mundo, Em língua inglesa, cunhou-se o termo sharenting para explicar a prática, que já foi definida até mesmo pelo Dicionário Collins, como 'a prática de um

muitos pais compartilham detalhes da vida de seus filhos online"[7] ou um denotativo da prática parental de compartilhar informações sobre os próprios pais e seus filhos na internet.[8] Não é diferente no Brasil, onde a literatura toma *sharenting* como "hábito de pais ou responsáveis legais postarem informações, fotos e dados dos menores que estão sob sua tutela em aplicações de internet".[9]

Brosch, citando coluna de Malz Bovy no jornal *The Atlantic*,[10] argumenta que uma definição cientificamente adequada não prescinde da observância de três critérios: (i) a existência de uma audiência massificada, (ii) a possibilidade de identificação da criança e (iii) o risco possível para a criança (ou adolescente).[11] A autora, então, afirma: "o termo *'sharenting'* deve ser definido como: *A publicização, por pais, de quantidades significativas de informações detalhadas sobre seus filhos, na forma de fotografias, vídeos e postagens que violam a privacidade destes por intermédio das mídias sociais*".[12]

No mesmo texto, contudo, Brosch ressalva que "em muitos casos a postagem de uma única foto inapropriada é suficiente humilhar a criança"[13] e pergunta se isso seria ou não *sharenting*. Explica, então e algo contraditoriamente, que "importa não apenas a quantidade, mas também o conteúdo da informação postada",[14] bem como que as vezes a postagem em si não é prejudicial à criança ou adolescente, mas os comentários que lhe seguem.

Diante disso, a jurista polonesa sacramenta que o *sharenting* "inclui quatro elementos: a quantidade, a frequência, o conteúdo e a audiência das informações postadas".[15] A partir desses elementos, pode-se construir uma concepção unitária e quiçá suficiente de *sharenting*, como *a publicização, por pais, de registros visuais, audiovisuais,*

---

pai/mãe de usar regularmente as mídias sociais para comunicar grande quantidade de informação detalhada acerca de sua criança'".

[7] STEINBERG, S. B. Sharenting: children's privacy in the age of social media. *Emory Law Journal*, v. 66, p. 839-884, 2017. p. 842.

[8] BLUM-ROSS, A.; LIVINGSTONE, S. Sharenting: parent blogging and the boundaries of the digital self. *Popular Communication: The International Journal of Media and Culture*, v. 15, n. 2, p. 110-125, 2017. p. 111.

[9] EBERLIN, F. B. T. Sharenting, liberdade de expressão e privacidade de crianças no ambiente digital: o papel dos provedores de aplicação no cenário jurídico brasileiro. *Revista Brasileira de Políticas Públicas*, Brasília, v. 7, n. 3, p. 255-273, 2017. p. 256.

[10] BOVY, P. M. The ethical implications of parents writing about their kids. *The Atlantic*, 15 jan. 2013. Disponível em: https://www.theatlantic.com/sexes/archive/2013/01/the-ethical-implications-of-parents-writing-about-their-kids/267170/. Acesso em: 13 jan. 2021.

[11] V. BROSCH, A. Sharenting – Why do parents violate their children's privacy? *The Educational Review*, v. 54, n. 4, p. 75-85, 2018. p. 78.

[12] BROSCH, A. Sharenting – Why do parents violate their children's privacy? *The Educational Review*, v. 54, n. 4, p. 75-85, 2018. p. 78. Tradução livre. No original: "the term 'sharenting' should be defined as: Making public by parents a lot of detailed information about their children in the form of photos, videos and posts therough social media, hich violate children's privacy".

[13] BROSCH, A. Sharenting – Why do parents violate their children's privacy? *The Educational Review*, v. 54, n. 4, p. 75-85, 2018. p. 78. Tradução livre. No original: "in many cases it is enough to post only one inappropriate photo do humiliate the child".

[14] BROSCH, A. Sharenting – Why do parents violate their children's privacy? *The Educational Review*, v. 54, n. 4, p. 75-85, 2018. p. 79. Tradução livre. No original: "this shows how important not only the amount is but also the content of the posted information".

[15] BROSCH, A. Sharenting – Why do parents violate their children's privacy? *The Educational Review*, v. 54, n. 4, p. 75-85, 2018. p. 79. Tradução livre. No original: "the amount, frequency, content of posted information and the audience".

sonoros ou escritos continentes de informações detalhadas ou potencialmente embaraçosas sobre seus filhos, em prejuízo à privacidade destes.

Essa definição operativa permite uma melhor delimitação do tópico discutido, bem como com a exclusão de fenômenos eventualmente similares, mas distintos. Nada obstante, traz consigo novos desafios definitórios, particularmente por contemplar outro verbete de definição controversa à luz do direito civil contemporâneo: *privacidade*.

2   Privacidade

O sentido contemporâneo de privacidade exsurge das fraturas de sua concepção originária, costumeiramente associada ao atraso e à aversão ao progresso, à segurança nacional e à eficiência.[16] Esta má fama é tributária de uma inversão conceitual relacionada à cunhagem do propósito da privacidade, cara à afirmação do direito de o indivíduo ser deixado só.[17] Não por acaso, aponta-se que "exigências de segurança interna e internacional, interesses de mercado e a reorganização da administração pública estão levando à diminuição de salvaguardas importantes, ou ao desaparecimento de garantias essenciais".[18] Esta perda de tônus culmina com as recorrentes afirmações de que *a privacidade está morta*.

Dissociada desse vetusto suporte, a privacidade se revela, ao contrário, como um motor do desenvolvimento e como instrumento de proteção de um eu (*self*) construído socialmente. E assim é porque ela "resguarda subjetividades dinâmicas e emergentes contra os esforços de atores governamentais para tornar indivíduos e comunidades fixos, transparentes e previsíveis".[19] Nessa ordem de ideias, a privacidade é curial ao enfrentamento dos problemas do presente, já que "indivíduos estão cada vez mais transparentes e [...] órgãos públicos estão mais e mais fora de qualquer controle".[20]

---

[16]   Cf. COHEN, J. E. What Privacy is for. *HLR*, Cambridge, v. 126, p. 1904-1933, 2013. p. 1905.

[17]   A expressão foi utilizada pelo *Justice* Louis D. Brandeis, em seu célebre voto no julgamento do caso *Olmstead v. United States*, pela Suprema Corte estadunidense. Disse ele, *in verbis*: "Os elaboradores de nossa Constituição se esforçaram para garantir condições favoráveis à busca da felicidade. Eles reconheceram a significância da natureza espiritual do homem, de seus sentimentos e de seu intelecto. Eles sabiam que somente uma parte das dores, prazeres e satisfações da vida podem ser encontradas nos bens materiais. Eles procuraram proteger os americanos em suas crenças, pensamentos, emoções e sensações. Eles conferiram, contra o Governo, o direito a ser deixado só – o mais abrangente dos direitos e o direito mais valorado pelo homem civilizado. Para proteger tal direito, toda intrusão injustificável do Governo na privacidade do indivíduo, qualquer que seja o meio empregado, deve ser considerado uma violação à Quarta Emenda. E o uso, como prova, no processo penal, de fatos apurados por tal intrusão devem ser considerados violadores da Quinta Emenda" (DISSENTING opinion of Justice Louis D. Brandeis in Olmstead v. United States. *In*: HAMM, R. F. *Olmstead v. United States*: the Constitutional Challenges of Prohibition Enforcement. Washington DC: Federal Justice Center, 2010. p. 64). Tradução livre. No original: "The makers of our Constitution undertook to secure conditions favorable to the pursuit of happiness. They recognized the significance of man's spiritual nature, of his feelings, and of his intellect. They knew that only a part of the pain, pleasure and satisfactions of life are to be found in material things. They sought to protect Americans in their beliefs, their thoughts, their emotions and their sensations. They conferred, as against the Government, the right to be let alone – the most comprehensive of rights and the right most valued by civilized men. To protect that right, every unjustifiable intrusion by the Government upon the privacy of the individual, whatever the means employed, must be deemed a violation of the Fourth Amendment. And the use, as evidence in a criminal proceeding, of facts ascertained by such intrusion must be deemed a violation of the Fifth".

[18]   RODOTÀ, S. *A vida na sociedade da vigilância*: a privacidade hoje. Rio de Janeiro: Renovar, 2008. p. 13.

[19]   COHEN, J. E. What Privacy is for. *HLR*, Cambridge, v. 126, p. 1904-1933, 2013. p. 1905. Tradução livre. No original: "Privacy shelters dynamic, emergent subjectivity from the efforts of commercial and government actors to render individuals and communities fixed, transparent and predictable".

[20]   RODOTÀ, S. *A vida na sociedade da vigilância*: a privacidade hoje. Rio de Janeiro: Renovar, 2008. p. 15.

A renovação das preocupações concernentes ao sentido de privacidade para o direito e aos instrumentos que este oferece à sua proteção e promoção se justifica diante do crescimento do acesso à (e da dependência da) tecnologia. Isso porque ela tem uma espécie de rosto de Jânus: ao tempo em que contribui para a moldagem de uma esfera privada mais rica, importa sua crescente fragilização e exposição a ameaças. Aí está, portanto, a "a necessidade do fortalecimento contínuo de sua proteção jurídica, da ampliação das fronteiras do direito à privacidade".[21]

Uma tal reafirmação da privacidade prescinde de suas raízes conceituais. É, afinal, delas que deriva o problema de reputação. Nesta ordem de ideias, afirma-se para além do singelo *right to be let alone*.[22] Privacidade, em rigor, deve alcançar o direito de *controlar o acesso e uso de dados sensíveis, a proteção de escolhas contra ingerências externas e o direito de não saber (o que denota que o controle albergado pela nova privacidade alcança tanto a saída quanto a entrada de informações)*.[23] Trata-se, em poucas palavras, de assimilar um sentido *informacional* de privacidade, para além de suas feições espacial e decisória,[24] em uma vera e própria ressignificação da privacidade como

> categoria de direitos reunidos em torno de semelhanças familiares, cuja característica comum é o controle de acesso. Este controle de acesso farpa correspondência com cada uma das dimensões da privacidade, sendo de dois tipos: o que diz respeito ao acesso físico, tangível, que corresponderá à dimensão espacial da privacidade; e o que diz respeito a um acesso intangível, virtual, que corresponderá à dimensão decisional e à dimensão informacional da privacidade.[25]

Isto é possível apenas se tomada a privacidade em perfil funcional, em vez de apenas (ou predominantemente) estrutural. Só assim se traduzirá como o cerne da "soma de um conjunto de direitos que configuram a cidadania do novo milênio".[26]

É precisamente neste sentido *informacional* de privacidade que a prática do *sharenting* impacta – afinal, o direito à livre expressão dos pais não se sobrepuja à *prioridade absoluta* juridicamente conferida à proteção de crianças e adolescentes. Em tempos (ainda) de falta de clareza quanto a políticas de tratamento de dados pessoais, a indissociabilidade entre os sentidos de *sharenting* de *privacidade*, dado o caráter potencialmente deletério do primeiro à segunda, recomenda – no mínimo – cautela aos pais quanto ao compartilhamento de registros de seus filhos nas redes sociais. Sobretudo para públicos numerosos ou indefinidos, dada a incontrolabilidade do que se passa nas redes e a vocação de determinados registros à perpetuidade em virtude de sua perspectiva de exploração humorística e/ou econômica.

---

[21] RODOTÀ, S. *A vida na sociedade da vigilância*: a privacidade hoje. Rio de Janeiro: Renovar, 2008. p. 95.

[22] V. CORRÊA, R. Os plúrimos sentidos da privacidade e sua tutela: a questão da proteção de dados pessoais e sua violação na atual construção jurisprudencial brasileira. *ANIMA: Revista do Curso de Direito das Faculdades OPET*, Curitiba, ano 9, n. 16, jan./jun. 2017, *passim*.

[23] RODOTÀ, S. *A vida na sociedade da vigilância*: a privacidade hoje. Rio de Janeiro: Renovar, 2008. p. 109. Na rica literatura brasileira sobre o assunto, v. SCHREIBER, A. *Direitos da personalidade*. 3. ed. São Paulo: Atlas, 2014. p. 137.

[24] V. PEIXOTO, E. L. C.; EHRHARDT JUNIOR, M. Breves notas sobre a ressignificação da privacidade. *RBDCivil*, Belo Horizonte, v. 16, p. 35-56, abr./jun. 2018. p. 36.

[25] PEIXOTO, E. L. C.; EHRHARDT JUNIOR, M. Breves notas sobre a ressignificação da privacidade. *RBDCivil*, Belo Horizonte, v. 16, p. 35-56, abr./jun. 2018. p. 36.

[26] RODOTÀ, S. *A vida na sociedade da vigilância*: a privacidade hoje. Rio de Janeiro: Renovar, 2008. p. 17.

3 Liberdade de expressão

Liberdade de expressão é a pedra de toque das democracias liberais e do chamado constitucionalismo democrático contemporâneo, bem como brado que ecoa pelo direito ao menos desde as primeiras declarações modernas de direitos. Sem prejuízo de figurar em Convenções Internacionais ratificadas pelo Brasil, a liberdade de expressão consta dos incs. IV e IX do art. 5º e do *caput* do art. 220 do texto constitucional brasileiro, dos quais se lê, respectivamente: "é livre a manifestação do pensamento", "é livre a expressão da atividade intelectual, artística, científica e de comunicação, independente de censura ou licença" e "a manifestação do pensamento, a criação, a expressão e a informação, sob qualquer forma, processo ou veículo não sofrerão qualquer restrição, observado o disposto nesta Constituição".

Para além de sua evidente jusfundamentalidade – certamente também em função dela – o sentido e o alcance desta posição jurídica, bem assim o papel do Estado em sua proteção e promoção, constam da pauta prioritária da comunidade especializada doméstica e internacional. É o que revelam, *e.g.*, Nunes Barbosa e Viveiros de Castro:

> Mesmo diante da farta previsão legislativa, a liberdade de expressão vem ocupando papel de destaque nos tribunais brasileiros, especialmente nas últimas duas décadas, quando se intensificaram as controvérsias sobre a sua aplicação concreta. De fato, o Supremo Tribunal Federal tem sido instado a se manifestar sobre o *standard* de liberdade de expressão que a Constituição Federal brasileira consagraria, embora não se possa afirmar a efetiva existência, no Brasil, de uma *jurisprudência* sobre o tema. Nesse sentido, destacam-se a ADI 4.274 (Marcha da Maconha), a ADPF 130 (Lei de Imprensa) e as Reclamações nº 15.243 e nº 11.292. Ainda pendente de julgamento encontra-se a ADI 4.451, conhecida como "ADI do Humor", tendo sido objeto de julgamento, no entanto, Referendo na Medida Cautelar na Ação Direita de Inconstitucionalidade, no qual o então Ministro Ayres Brito defendeu a existência do direito de jornalistas de realizarem críticas "a qualquer pessoa", ainda que em tom "áspero, contundente, sarcástico, irônico ou irreverente, especialmente contra as autoridades e aparelhos do Estado". Assim, sustentou o Ministro, é assegurado pela CF/88 o direito à realização de programas humorísticos e de charges e modo caricatural de pôr em circulação ideias, opiniões, frases e quadros espirituosos, os quais gozam de plenitude da liberdade que é assegurada pela Constituição Federal à imprensa.[27]

Embora presente e discutida *urbe et orbe*, a liberdade de expressão aqui será analisada em proximidade à problemática do *sharenting*, em respeito ao recorte delimitado *supra*. Nada obstante, em simetria às preocupações que nortearam as seções precedentes, algumas considerações definitórias são inevitáveis – sobretudo porque a comunidade jurídica brasileira hesita em conferir tratamento uniforme à liberdade de expressão. Fala-se, a propósito, em distinções entre liberdade de manifestação do pensamento e liberdade de informar,[28] ou ainda mais detalhadamente, entre liberdades

---

[27] BARBOSA, F. N.; CASTRO, T. V. de. Dilemas da liberdade de expressão e da solidariedade. *Civilística.com*, ano 6, n. 2, 2017. A ADI nº 4.451/DF, mencionada pelas autoras, foi julgada procedente para declarar a inconstitucionalidade dos incs. II e III, bem assim dos §§4º e 5º do art. 45 da Lei nº 9.504/1997, em 21.6.2018.

[28] V. GRANDINETTI, L. G. *Liberdade de informação e o direito difuso à informação verdadeira*. Rio de Janeiro: Renovar, 2003.

de opinião, expressão comunicação e informação,[29] assim como em outras explicações fragmentárias e complementares.

Nos limites desta investigação e sem descurar da centralidade do debate, pode-se conceber operativamente a liberdade de expressão a partir de perfis plurívocos de liberdade.

Neste diapasão, a um só tempo, ela se afigura como uma liberdade *negativa*, no sentido de *ausência de coerção*,[30] uma liberdade *positiva*, no sentido de *alternativas para ação*[31] *e para tomada de decisões segundo os desígnios do sujeito*,[32] e elemento de liberdades *substantivas*, uma vez que integra funcionalidades básicas indispensáveis à vivência de uma vida digna.[33] Ou, por outras palavras: a liberdade de expressão corresponde a *uma esfera de possibilidades de ação resguardada de ingerências dos poderes constituídos* (não apenas deles, se considerada a emergência e difusão de *poderes privados*),[34] *a qual permite, atendidas certas condições materiais,*[35] *que o sujeito formule, expresse, persiga e viva segundo suas próprias concepções de bem.*

Afora ocasionais ímpetos autoritários, a generalidades dos problemas jurídicos atinentes à liberdade de expressão diz com seus impactos negativos sobre outros direitos e posições jurídicas – o que também pode ser explorado mediante recurso aos perfis de liberdade, tanto para restringir quanto para sustentar o ato de livre expressão do qual provenham. No caso do *sharenting*, pela própria definição operativa delimitada oportunamente, isso se revela na ingerência que a manifestação dos pais, titulares da autoridade parental, importa para a privacidade (e as liberdades, que nucleiam o melhor interesse) dos filhos.

4 Autoridade parental

O poder familiar já foi considerado a pedra angular da família aos olhos do direito, particularmente no tempo do que se convencionou chamar de direito de família institucional ou transpessoal. Isso é revelado na clássica obra do Conselheiro Ribas, da qual consta: "entre nós, como entre os romanos, o pátrio poder é a pedra angular da família e emana do matrimônio".[36]

---

[29] V. NUNES JUNIOR, V. S. *Direito e jornalismo*. São Paulo: Verbatim, 2011. p. 35 e ss.

[30] Conferir: VON MISES, L. *Human action*: a treatise on economics. 4. ed. São Francisco: Fox & Wikes, 1996. p. 279 e ss.; e VON HAYEK, F. A. *The constitution of liberty*. Chicago: The University of Chicago Press, 2011. p. 58 e ss.

[31] A propósito: CROCKER, L. *Positive liberty*: an essay in normative Political Philosophy. Boston: Martinus Nijhoff, 1980. p. 10 e ss.; e FARRELL, M. D. *Libertad negativa y libertad positiva*. Segundas Jornadas Argentinas de Filosofía Jurídica y Social. Buenos Aires: [s.n.], 1985. p. 9-10.

[32] Ver também: RUZYK, C. E. P. O caso das "pílulas de farinha" como exemplo da construção jurisprudencial de um "direito de danos" e da violação da liberdade positiva como "dano à pessoa". *In*: FRAZÃO, A.; TEPEDINO, G. (Coord.). *O Superior Tribunal de Justiça e a reconstrução do direito privado*. São Paulo: RT, 2011. p. 299-300.

[33] Sobre o tema: SEN, A. *Desenvolvimento como liberdade*. Tradução de Laura Teixeira Motta. 6. reimpr. São Paulo: Companhia das Letras, 2010. p. 16 e ss.

[34] SARLET, I. W. Direitos fundamentais e direito privado: algumas considerações em torno da vinculação dos particulares aos direitos fundamentais. *In*: SARLET, I. W. (Org.) *A Constituição concretizada*: construindo as pontes com o público e o privado. Porto Alegre: Livraria do Advogado, 2000.

[35] NUSSBAUM, M. Capabilities as fundamental entitlements: Sen and social justice. *Feminist Economics*, v. 9, n. 2, p. 33-59, 2003. p. 40-50.

[36] RIBAS, A. J. *Curso de direito civil brasileiro*. Rio de Janeiro: B. L. Garnier, 1880. t. 2. p. 58.

Embora haja muito folclore em torno do sentido e do alcance do pátrio poder no largo arco histórico que a literatura traça entre as compilações justinianeias e o direito civil do tempo presente,[37] é seguro afirmar que ele consistia em uma vera e própria posição de *poder*; em uma *"auctoritas*, tal qual a que tinha o proprietário sobre a coisa de que era dono".[38] Poder sobre a mulher casada (o antiquado *poder marital*) e sobre os filhos, atribuído ao marido e chefe da família. A razão para tanto é bastante singela. *Se a regular constituição do matrimônio é o critério para definição do que é e do que não é família* – destarte, para inclusão e exclusão de pessoas e relações da proteção a ela conferida –, *e o marido nele desempenha função de mando e chefia, então* o poder que informa essa função é, mesmo, alicerce fundamental da família juridicamente formatada.

O direito de família, contudo, mudou.[39] E mudou paradigmaticamente, pois experimentou transformações a um só tempo *estruturais* e *funcionais*.

Desde o prisma estrutural, aos olhos do direito, *família* não mais é apenas a organização constituída pelo casamento, mas uma comunidade de afeto e solidariedade. A propósito: "A família migra de uma estrutura fechada para delinear-se como comunidade de afeto, evitando adjetivações e exclusões, de modo a comportar-se numa dimensão plural".[40]

Já sob a ótica funcional, a família não mais se afigura como célula menor do Estado, mas como um *locus* de promoção da personalidade e da liberdade de cada um de seus membros.[41] Aliás, se antes a pedra de toque da família era a conjugalidade, a acomodar o pátrio poder, hoje é a filiação,[42] a contemplar um conjunto bastante diverso de atribuições conferidas aos pais.[43] Trata-se da *autoridade parental*, a qual se traduz menos como *poder* do *pai* sobre a família e mais como *dever* ou uma *responsabilidade* (no sentido de *Verantwortung*) –[44] do qual derivam certos poderes – *dos pais* sobre *os filhos*, com duração equivalente à sua menoridade e intensidade regressiva, em proporção ao avanço da idade dos filhos.[45]

Afora essa dimensão quantitativa, Brochado Teixeira e Dadalto Penalva explicam que a autoridade parental ostenta aspectos qualitativos, os quais compreendem,

---

[37] A propósito: SALLER, R. Patria potestas and the stereotype of the Roman family. *Coninuity and Change*, Cambridge, v. 1, n. 1, p. 7-22, maio 1986, *passim*.

[38] DANTAS, S. T. *Direito de família e das sucessões*. 2. ed. Rio de Janeiro: Forense, 1991. p. 308.

[39] V. RAMOS, A. L. A. Indeterminação normativa deliberada e liberdades: o melhor interesse da criança entre a coerência e o arbítrio. *Pensar: Revista de Ciências Jurídicas*, Fortaleza, v. 25, n. 2, p. 1-13, abr./jun. 2020. p. 6.

[40] MENEZES, J. B. A família na Constituição Federal de 1988: uma instituição plural e atenta aos direitos de personalidade. *Novos Estudos Jurídicos*, Itajaí, v. 13, n. 1, p. 119-130, jan./jun. 2008. p. 128.

[41] FACHIN, L. E. *Direito civil*: sentidos, transformações e fim. Rio de Janeiro: Renovar, 2015. p. 161, e TEPEDINO, G. A disciplina civil-constitucional das relações familiares. *In*: TEPEDINO, G. *Temas de direito civil*. Rio de Janeiro: Renovar, 1999. p. 335.

[42] V. MORAES, M. L. Q. O sistema judicial brasileiro e a definição do melhor interesse da criança. *Estudos Sociológicos*, Araraquara, v. 19, n. 36, p. 21-39, jan./jun. 2014. p. 29.

[43] Sobre o tema, diz Lôbo (Do poder familiar. *Jus Navigandi*. Disponível em: http://jus.com.br/artigos/8371. Acesso em: 15 jan. 2021): "No Brasil, foram necessários 462 anos [...] para a mulher casada deixar de ser considerada relativamente incapaz [...]; foram necessários mais 26 anos para consumar a igualdade de direitos e deveres na família [...], ponto fim, em definitivo, ao antigo pátrio poder e ao poder marital".

[44] SCHWENZER, I. *Familienrecht und gesellschaftliche Veränderungen*: Gutachten zum Postulat 12.3607 Fehr "Zeitgemässes kohärentes Zivil- insbesondere Familienrecht". Disponível em: https://www.bj.admin.ch/dam/data/bj/publiservice/publikationen/berichte/familienrecht/gutachten-schwenzer-d.pdf. Acesso em: 15 jan. 2021.

[45] TEIXEIRA, A. C. B.; PENALVA, L. D. Autoridade parental, incapacidade e melhor interesse da criança: uma reflexão sobre o caso Ashley. *Revista de Informação Legislativa*, Brasília, ano 45, n. 180, out./dez. 2008. p. 297.

segundo as autoras, a representação e a assistência dos menores nas situações jurídicas patrimoniais, bem como o apoio e a promoção ao exercício de situações jurídicas existenciais, sempre à luz do melhor interesse da criança e do adolescente.[46]

Disso tudo se pode inferir que os pais são detentores de prerrogativas ante os filhos na estrita medida do melhor interesse destes. Este, por sua vez, costuma ser entendido como a exigência de proteção e promoção dos direitos fundamentais das crianças e adolescentes, como manda o art. 227 da Constituição Federal. Tais direitos, como de sabença, correspondem à vasta gama de posições jurídicas jusfundamentais, a abarcar a privacidade, a intimidade e o sigilo. Ou seja: os pais, embora exerçam sua liberdade de expressão ao compartilhar registros alusivos a seus filhos nas redes sociais, têm também o dever de proteger e promover os direitos dos filhos (inclusive e especialmente a privacidade, no escopo da publicação), de modo a realizar seu melhor interesse. Mas é possível ir além no dimensionamento do alcance normativo deste.

5   Melhor interesse da criança e do adolescente

Assim como a liberdade de expressão e a proteção à privacidade, o melhor interesse da criança integra as preocupações prioritárias da comunidade jurídica internacional. Não por acaso, é celebrado pela Convenção Internacional das Nações Unidas sobre os Direitos da Criança, sintetizada, como lembra Barboza, pelo art. 227 da Constituição Federal brasileira.[47] A partir do advento desse dispositivo, a literatura especializada – sobretudo a compromissada com a perspectiva civil-constitucional – sustenta "um conteúdo normativo específico" para o melhor interesse da criança e do adolescente, "informado pela *cláusula geral de tutela da pessoa humana* introduzida pelo artigo 1º, III, da CF/88 e determinado especialmente no artigo 6º. da Lei 8.069/90".[48]

Nada obstante os ares novidadeiros desta abordagem à época de sua formulação e o histórico – embora por muito tempo sectário – compromisso do direito brasileiro com a proteção às crianças e adolescentes, o velho problema da indeterminação da linguagem jurídica se fez sentir nas contribuições da literatura e dos tribunais para o adensamento do *princípio* do melhor interesse.[49] Tanto quanto a generalidade dos demais enunciados ou formulações intencionalmente indeterminadas que permeiam o direito brasileiro contemporâneo, o melhor interesse da criança e do adolescente é

---

[46]   TEIXEIRA, A. C. B.; PENALVA, L. D. Autoridade parental, incapacidade e melhor interesse da criança: uma reflexão sobre o caso Ashley. *Revista de Informação Legislativa*, Brasília, ano 45, n. 180, out./dez. 2008. p. 297 e ss.

[47]   BARBOZA, H. H. O princípio do melhor interesse da criança e do adolescente. *In*: PEREITA, R. C. (Coord.). *A família na travessia do milênio*: anais do II Congresso Brasileiro de Direito de Família. Belo Horizonte: Del Rey, 2000. p. 203.

[48]   BARBOZA, H. H. O princípio do melhor interesse da criança e do adolescente. *In*: PEREITA, R. C. (Coord.). *A família na travessia do milênio*: anais do II Congresso Brasileiro de Direito de Família. Belo Horizonte: Del Rey, 2000. p. 206. V., também: TEPEDINO, G. A disciplina jurídica da filiação na perspectiva civil-constitucional. *In*: TEPEDINO, G. *Temas de direito civil*. Rio de Janeiro: Renovar, 1999. p. 395.

[49]   Sobre perspectivas da segurança jurídica ante os enunciados normativos deliberadamente indeterminados, v.: RAMOS, A. L. A. *Segurança jurídica e indeterminação normativa deliberada*: elementos para uma teoria do direito (civil) contemporâneo. Curitiba: Juruá, 2021. No prelo.

frequentemente empregado como atalho argumentativo, adorno retórico ou varinha de condão,[50] tanto na teoria quanto na prática do direito de família.[51]

Apesar deste quadro, não há dúvidas de que o melhor interesse da criança é o princípio-reitor do direito de família brasileiro contemporâneo. Assim, sobretudo em face de sue intrínseca conexão com a *autoridade* parental e, no que toca ao *sharenting*, com as *liberdades dos pais,* calha esforço de delimitação operativa de seu sentido, em coerência com o estatuto de base do direito civil pátrio. Só deste modo é que se poderá precisar a *ratio* que, em cada caso concreto, presidirá a invocação e a aplicação de tal formulação deliberadamente indeterminada.

A persecução deste desiderato não prescinde da retomada da temática da *liberdade,* que se afigura como "a grande chave para compreensão do sentido e alcance, não apenas dos institutos fundamentais de Direito Civil, nas também dos textos normativos de indeterminação deliberada".[52] Mais particularmente, dada a peculiar condição de *pessoas em desenvolvimento,* compartilhada por crianças e adolescentes, pelo viés do já indicado perfil *substantivo* de liberdade. Isso, evidentemente, sem descurar de suas dimensões positiva e negativa, também mencionadas *supra,* mesmo porque elas dependem de conjuntos capacitatórios elementares.

A *função* contemporânea da família, no bojo das viragens que timbram sua disciplina jurídica, é a promoção da dignidade de seus membros, particularmente dos filhos, cujo melhor interesse é resguardado com prioridade absoluta pelo texto constitucional. Afinada no diapasão da *função como liberdades,* pode-se dizer que a carga normativa atrelada àquele princípio direciona um *dever de promoção de liberdades.* Vale dizer: muito mais que a promoção de um etéreo *bem-estar,* o direito protege e exige a promoção de um agregado de capacidades e funcionalidades em prol de crianças e adolescentes.

Não se trata de um simples jogo de palavras. A compreensão do melhor interesse da criança como imposição normativa de proteção e promoção de liberdade, mormente substantiva, de crianças e adolescentes exige e acomoda critérios referendados pela comunidade científica. Neste diapasão, um caminho possível e coerente com as mediações de sentido ora propostas é traçado por Nussbaum, que, em clássico da filosofia política,[53] esquadrinha o que chama de *dez* capacidades elementares. São elas:

> (i) vida (ou condições propícias a uma vida digna de duração normal); (ii) saúde corporal, a incluir abrigo, alimentação e amparo médico adequados; (iii) integridade corporal, a compreender a não exposição à violência e autonomia para realização de escolhas quanto ao próprio corpo; (iv) sentidos, imaginação e pensamento, especialmente no sentido de ter autonomia para conformar e expressar informadas concepções de bem; (v) emoções, a contemplar a formação de vínculos com outros seres e coisas, e a não sujeição ao

---

[50] V. SCHMIDT, J. P. Zehn Jahre Art. 422 Código Civil: licht und schatten bei der anwendung des grundsatzes von Treu und Glauben in der brasilianischen gerichtspraxis. *DBJV Mitteilungen,* Hanover, b. 2, 2014, *passim.*

[51] BARBOZA, H. H. O princípio do melhor interesse da criança e do adolescente. *In*: PEREITA, R. C. (Coord.). *A família na travessia do milênio*: anais do II Congresso Brasileiro de Direito de Família. Belo Horizonte: Del Rey, 2000. p. 210-213.

[52] RAMOS, A. L. A. Indeterminação normativa deliberada e liberdades: o melhor interesse da criança entre a coerência e o arbítrio. *Pensar: Revista de Ciências Jurídicas,* Fortaleza, v. 25, n. 2, p. 1-13, abr./jun. 2020. p. 2.

[53] NUSSBAUM, M. Capabilities as fundamental entitlements: Sen and social justice. *Feminist Economics,* v. 9, n. 2, p. 33-59, 2003.

medo e à ansiedade; (vi) razão prática, isto é, "ter condições de formar uma concepção de bem e pensar criticamente acerca de seu plano de vida" (NUSSBAUM, 2003, p. 41); (vii) afiliação, entendida como (a) oportunidade de viver com e em relação com outros, segundo uma espécie de ética da alteridade; e (b) ter as bases sociais do autorrespeito e da não humilhação, com prestígio da própria dignidade e da dignidade do outro, qualquer que seja sua origem, credo, raça, orientação sexual, etnia, etc.; (viii) contato com outras espécies; (ix) lazer e recreação; e (x) controle sobre o próprio ambiente.[54]

Este conteúdo normativo, capaz de exprimir um sentido controlável de *melhor interesse da criança*, importa sobremaneira para o enfrentamento da problemática do *sharenting*. Afinal, é o melhor interesse que polariza a autoridade parental – e, em um mundo crescentemente conectado, diversas das capacidades elementares de Nussbaum têm interfaces com o ambiente virtual.

6   Perspectivas

Como visto, o *sharenting* – publicização, por pais, de registros visuais, audiovisuais, sonoros ou escritos continentes de informações detalhadas ou potencialmente embaraçosas sobre seus filhos, em prejuízo à privacidade destes – consubstancia tema dificultoso, entre outros fatores, por estar na intersecção entre quatro elementos normativos fundamentais: (i) a liberdade de expressão (dos pais); (ii) a autoridade parental (dos pais); (iii) a privacidade (dos filhos); e (iv) o melhor interesse da criança e do adolescente (ou: dos filhos).

Defronte às tensões normativas aí estabelecidas, Eberlin recomenda dois caminhos, a "técnica da ponderação", sob influência de Alexy, e o pensamento sistemático, tal qual sustentado por Canaris. Assim:

> A análise sobre os direitos a serem tutelados no caso do sharenting demanda mecanismos de solução para os casos concretos (seja pela ponderação com base no princípio da proporcionalidade, seja com base na interpretação sistemática), sendo necessário encontrar uma justa medida para preservar tanto o direito à liberdade de expressão dos pais e de terceiros como o direito à privacidade e à proteção de dados pessoais de crianças. Como visto nos exemplos acima, o uso desse tipo de mecanismo não é novo na jurisprudência brasileira e pode ser perfeitamente aplicado aos casos de conflitos entre princípios na sociedade da informação.[55]

A abordagem informada pelas contribuições de Alexy é problemática por quatro razões escrutinadas em outra sede:[56] (i) pela fragilidade do emprego das fórmulas de Radbruch para sustentação do argumento da pretensão de correção;[57] (ii) pela frouxidão

---

[54]   RAMOS, A. L. A. Indeterminação normativa deliberada e liberdades: o melhor interesse da criança entre a coerência e o arbítrio. *Pensar: Revista de Ciências Jurídicas*, Fortaleza, v. 25, n. 2, p. 1-13, abr./jun. 2020. p. 9.

[55]   EBERLIN, F. B. T. Sharenting, liberdade de expressão e privacidade de crianças no ambiente digital: o papel dos provedores de aplicação no cenário jurídico brasileiro. *Revista Brasileira de Políticas Públicas*, Brasília, v. 7, n. 3, p. 255-273, 2017. p. 264.

[56]   RAMOS, A. L. A. *Segurança jurídica e indeterminação normativa deliberada*: elementos para uma teoria do direito (civil) contemporâneo. Curitiba: Juruá, 2021. No prelo.

[57]   Esta fragilidade é denunciada por Bix: BIX, B. H. Radbruch's formula and conceptual analysis. *The American Journal of Jurisprudence*, v. 56, p. 45-57, 2011.

com que o autor enfrenta as noções de segurança jurídica e de justiça, conquanto sejam constituintes da principal tensão por ele arrostada;[58] (iii) pela impropriedade do argumento da conexão necessária entre direito e moral;[59] e (iv) pela inconstância, na própria obra de Alexy, quanto a uma das pedras de toque de sua teoria – a distinção entre regra e princípio.[60]

Já o pensamento sistemático de Canaris, embora de indisputável valia, deve ser complementado pela tópica, ao modo teorizado por Viehweg[61] e difundido, no contexto do direito civil brasileiro, por autores como Fachin,[62] Pianovski Ruzyk[63] e Aronne.[64] Destarte, o enfrentamento, pela ótica jurídica, de um *caso* de *sharenting* não pode senão ser *tópico e sistemático*.

Uma postura tópico-sistemática, vocacionada à promoção da segurança jurídica e da justiça *conforme o direito*, requer compromisso com a coerência normativa, a qual, conforme demonstrado alhures, funciona como aglutinador das diversas concepções fragmentárias (e complementares) de segurança jurídica espraiadas pela literatura internacional.[65]

Nesta ótica, é *apenas* diante do caso concreto que se poderá precisar, com a densidade almejada, a correção ou incorreção do *sharenting* aos olhos do direito.[66] Conquanto o presente texto não proponha um estudo de caso e, consequentemente, ambicione apenas polir as lentes que medeiam a leitura de situações problemáticas correlatas ao seu objeto, algumas linhas mestras podem ser estabelecidas.

A primeira perspectiva que se pode traçar é negativa, no sentido de recusar a abordagem de casos concretos pela escorregadia via da ponderação de princípios. A um, em razão das críticas formuladas à obra de Alexy e à peculiar leitura que dela faz a comunidade jurídica brasileira.[67] A dois, porque mesmo com os sucessivos esforços do autor para melhor caracterizar a distinção entre regra e princípio, a teoria é disfuncional, como demonstrado por Botero.[68] A três, porque mesmo que fosse possível contornar essas

---

[58] V. ALEXY, R. Legal certainty and correcteness. *Ratio Juris*, v. 28, n. 4, p. 441-451, dez. 2015, especialmente, p. 441.

[59] O argumento é desenvolvido por Poscher: POSCHER, R. The hand of Midas: when concepts turn legal, or deflating the Hart-Dworkin debate. *In*: HAGE, J.; PFORDEN, D. (Org.). *Concepts in law*. Dodrecht: Springer, 2009.

[60] A propósito: POSCHER, R. Theorie eins Phantoms – die erfolglose Suche der Prinzipientheorie nach ihrem Gegenstand. *Rechtswissenschaft*, n. 4, p. 349-372, 2010.

[61] V. VIEHWEG, T. *Topik und Jurisprudenz*: ein Beitrag zur rechswissenschaftlichen Grundlagenforschung. 5. ed. rev. e aum. Munique: C. H. Beck, 1974.

[62] FACHIN, L. E. *Direito civil*: sentidos, transformações e fim. Rio de Janeiro: Renovar, 2015.

[63] RUZYK, C. E. P. *Institutos fundamentais de direito civil e liberdade(s)*: repensando a dimensão funcional do contrato, da propriedade e da família. Rio de Janeiro: GZ, 2011.

[64] ARONNE, R. Sistema jurídico e unidade axiológica: os contornos metodológicos do direito civil-constitucional. *In*: ARONNE, R. *Direito civil e teoria do caos*: estudos preliminares. Porto Alegre: Livraria do Advogado, 2006.

[65] Conferir: RAMOS, A. L. A. *Segurança jurídica e indeterminação normativa deliberada*: elementos para uma teoria do direito (civil) contemporâneo. Curitiba: Juruá, 2021. No prelo, *passim*.

[66] ARONNE, R. Sistema jurídico e unidade axiológica: os contornos metodológicos do direito civil-constitucional. *In*: ARONNE, R. *Direito civil e teoria do caos*: estudos preliminares. Porto Alegre: Livraria do Advogado, 2006. p. 50.

[67] V. *supra*.

[68] BOTERO, A. Crítica da concepção de sistema jurídico e razão prática de Robert Alexy. *In*: BOTERO, A. *Estudos de história e filosofia do direito*. Tradução de Alberto K. Arbex, André K. Trindade, Danielle Regina W. de Araújo, Francisco Cordoniz e Gilberto B. de Almeida. Curitiba: Juruá, 2013, sobretudo, p. 192-197.

dificuldades, o dispositivo constitucional que demarca a cogência do melhor interesse da criança e do adolescente se enquadra na descrição alexyana de *regra*:

> Art. 227. É dever da família, da sociedade e do Estado assegurar à criança, ao adolescente e ao jovem, com absoluta prioridade, o direito à vida, à saúde, à alimentação, à educação, ao lazer, à profissionalização, à cultura, à dignidade, ao respeito, à liberdade e à convivência familiar e comunitária, além de colocá-los a salvo de toda forma de negligência, discriminação, exploração, violência, crueldade e opressão.

O dispositivo prescreve um dever de realizar, com prioridade absoluta, *capacidades* de crianças e adolescentes. E trata, especificamente, da dignidade, do respeito, da liberdade e do resguardo a toda sorte de discriminação, exploração e opressão. Prioridade absoluta, como já amplamente referendado pelo STF, tem precedência sobre regras de competência e, mesmo, sobre liberdades dos adultos.[69] Conquanto o Supremo não tenha ainda decidido acerca da tensão entre liberdade *de expressão* dos pais e direitos de personalidade dos filhos, não faltam julgados indicativos de que a primeira não ostenta caráter absoluto, devendo ser comensurada com outros direitos e garantias fundamentais.[70] Nem mesmo a tutela da liberdade de expressão, destarte, teria o condão de superar a absoluta prioridade conferida pela normativa constitucional aos direitos de crianças e adolescentes.

Descabe, pois, cogitar de ponderação – salvo se admissível a completa subversão do texto (e da norma) constitucional que espelha deliberação da Assembleia Constituinte informada pela Convenção Internacional das Nações Unidas. Isso conduz à inferência de que qualquer publicização, pelos pais, de registros de toda sorte de seus filhos menores que possa prejudicar o desenvolvimento de suas capacidades elementares é contrária à norma prescritiva da proteção e promoção do melhor interesse da criança e do adolescente.

Por outro lado, a definição operativa de *sharenting* como *publicização, por pais, de registros visuais, audiovisuais, sonoros ou escritos continentes de informações detalhadas ou potencialmente embaraçosas sobre seus filhos, em prejuízo à privacidade destes*, não pode ser levada a ferro e fogo. A razão para tanto é simples: a tomada da privacidade como direito de controlar a entrada e a saída de informações sobre si poderia tolher por completo o direito que os pais têm, *e.g.*, de compartilhar experiências e informações sobre a paternidade, bem como de buscar auxílio de seus pares nas redes sociais.

Diante deste quadro e sempre com a ressalva de que é o *caso* que permitirá a adequada delimitação da controvérsia e a boa aplicação do direito, é seguro registrar que o compartilhamento de informações sobre os filhos será juridicamente admissível sempre que (a) incrementar uma ou mais das capacidades elementares e (b) não diminuir qualquer das demais. Assim, por exemplo, a *ocasional* publicização de registros visuais ou audiovisuais de um passeio no parque, de determinada cena cotidiana não constrangedora, ou mesmo de experiências e angústias dos pais no desempenho da

---

[69] Veja-se, por exemplo, o acórdão pelo qual o Pleno do STF julgou o RE nº 888.815, referente ao ensino domiciliar.

[70] A propósito, v. SUPREMO TRIBUNAL FEDERAL. *A Constituição e o Supremo*. Brasília: STF, 2021. Disponível em: http://www.stf.jus.br/portal/constituicao/. Acesso em: 20 jan. 2021.

paternidade não teriam, em tese, o condão de caracterizar prática afrontosa à privacidade e ao melhor interesse dos filhos.

Nos primeiros dois casos, porque, observadas as balizas da eventualidade e da não humilhação, permitiria reforços à *oportunidade de viver com e em relação aos outros*, que cada vez mais vivem no ambiente virtual. Nos últimos, porque, com os devidos cuidados quanto à publicização da vida privada, da intimidade ou do sigilo dos filhos, podem-se construir oportunidades para melhorar as condições de vida dos filhos ou de outras crianças e adolescentes com situações, problemas ou diagnósticos parecidos.

Todavia e mesmo com os avanços representados pela Lei Geral de Proteção de Dados no que toca à tutela dos usuários de serviços virtuais, o volume de informações, o público por elas alcançado e o risco possível para o menor deve ser tão restrito quanto possível. Caso contrário, o exercício de liberdade de expressão dos pais pode caracterizar práticas deletérias, propagar antijuridicidades e inspirar ressentimentos absolutamente indesejáveis.

Referências

ALEXY, R. Legal certainty and correcteness. *Ratio Juris*, v. 28, n. 4, p. 441-451, dez. 2015.

ARONNE, R. Sistema jurídico e unidade axiológica: os contornos metodológicos do direito civil-constitucional. *In*: ARONNE, R. *Direito civil e teoria do caos*: estudos preliminares. Porto Alegre: Livraria do Advogado, 2006.

BARBOSA, F. N.; CASTRO, T. V. de. Dilemas da liberdade de expressão e da solidariedade. *Civilística.com*, ano 6, n. 2, 2017.

BARBOZA, H. H. O princípio do melhor interesse da criança e do adolescente. *In*: PEREITA, R. C. (Coord.). *A família na travessia do milênio*: anais do II Congresso Brasileiro de Direito de Família. Belo Horizonte: Del Rey, 2000.

BEDDINGTON, E. The pros and cons of "sharenting". *The Guardian*, 18 maio 2013. Disponível em: https://www.theguardian.com/lifeandstyle/2013/may/18/pros-cons-of-sharenting. Acesso em: 13 jan. 2021.

BIX, B. H. Radbruch's formula and conceptual analysis. *The American Journal of Jurisprudence*, v. 56, p. 45-57, 2011.

BLUM-ROSS, A.; LIVINGSTONE, S. Sharenting: parent blogging and the boundaries of the digital self. *Popular Communication: The International Journal of Media and Culture*, v. 15, n. 2, p. 110-125, 2017.

BOTERO, A. Crítica da concepção de sistema jurídico e razão prática de Robert Alexy. *In*: BOTERO, A. *Estudos de história e filosofia do direito*. Tradução de Alberto K. Arbex, André K. Trindade, Danielle Regina W. de Araújo, Francisco Cordoniz e Gilberto B. de Almeida. Curitiba: Juruá, 2013.

BOVY, P. M. The ethical implications of parents writing about their kids. *The Atlantic*, 15 jan. 2013. Disponível em: https://www.theatlantic.com/sexes/archive/2013/01/the-ethical-implications-of-parents-writing-about-their-kids/267170/. Acesso em: 13 jan. 2021.

BROSCH, A. Sharenting – Why do parents violate their children's privacy? *The Educational Review*, v. 54, n. 4, p. 75-85, 2018.

COHEN, J. E. What Privacy is for. *HLR*, Cambridge, v. 126, p. 1904-1933, 2013.

CORRÊA, R. Os plúrimos sentidos da privacidade e sua tutela: a questão da proteção de dados pessoais e sua violação na atual construção jurisprudencial brasileira. *ANIMA: Revista do Curso de Direito das Faculdades OPET*, Curitiba, ano 9, n. 16, jan./jun. 2017.

CROCKER, L. *Positive liberty*: an essay in normative Political Philosophy. Boston: Martinus Nijhoff, 1980.

DANTAS, S. T. *Direito de família e das sucessões*. 2. ed. Rio de Janeiro: Forense, 1991.

DIGITAL diaries: digital birth – Celebrating infants and toddlers online and offline. *AVG Digital Diaries*, 24 jun. 2011. Disponível em: https://www.avgdigitaldiaries.com/post/6874775716/digital-diaries-digital-birth-celebrating. Acesso em: 13 jan. 2021.

DISSENTING opinion of Justice Louis D. Brandeis in Olmstead v. United States. *In*: HAMM, R. F. *Olmstead v. United States*: the Constitutional Challenges of Prohibition Enforcement. Washington DC: Federal Justice Center, 2010.

DUGGAN, M.; LENHART, A. Parents and social media. *Pew Research Center*, 16 jul. 2015. Disponível em: https://assets.pewresearch.org/wp-content/uploads/sites/14/2015/07/Parents-and-Social-Media-FIN-DRAFT-071515.pdf. Acesso em: 13 jan. 2021.

EBERLIN, F. B. T. Sharenting, liberdade de expressão e privacidade de crianças no ambiente digital: o papel dos provedores de aplicação no cenário jurídico brasileiro. *Revista Brasileira de Políticas Públicas*, Brasília, v. 7, n. 3, p. 255-273, 2017.

FACHIN, L. E. *Direito civil*: sentidos, transformações e fim. Rio de Janeiro: Renovar, 2015.

FARRELL, M. D. *Libertad negativa y libertad positiva*. Segundas Jornadas Argentinas de Filosofía Jurídica y Social. Buenos Aires: [s.n.], 1985.

GRANDINETTI, L. G. *Liberdade de informação e o direito difuso à informação verdadeira*. Rio de Janeiro: Renovar, 2003.

HSU, H. Instagram, Facebook and the perils of "sharenting". *The New Yorker*, 11 set. 2019. Disponível em: https://www.newyorker.com/culture/cultural-comment/instagram-facebook-and-the-perils-of-sharenting. Acesso em: 13 jan. 2021.

IDOETA, A. 'Sharenting': quando a exposição dos filhos nas redes sociais não é necessariamente algo ruim. *BBC News Brasil*, 13 jan. 2020. Disponível em: https://www.bbc.com/portuguese/salasocial-51028308. Acesso em: 13 jan. 2021.

LANDO, C. C. Sharenting e a provável violação ao direito de menores. *O Estado de São Paulo*, 8 ago. 2020. Disponível em: https://politica.estadao.com.br/blogs/fausto-macedo/sharenting-e-a-provavel-violacao-ao-direito-de-menores/. Acesso em: 13 jan. 2021.

LÔBO, P. L. N. Do poder familiar. *Jus Navigandi*. Disponível em: http://jus.com.br/artigos/8371. Acesso em: 15 jan. 2021.

MENEZES, J. B. A família na Constituição Federal de 1988: uma instituição plural e atenta aos direitos de personalidade. *Novos Estudos Jurídicos*, Itajaí, v. 13, n. 1, p. 119-130, jan./jun. 2008.

MORAES, M. L. Q. O sistema judicial brasileiro e a definição do melhor interesse da criança. *Estudos Sociológicos*, Araraquara, v. 19, n. 36, p. 21-39, jan./jun. 2014.

NUNES JUNIOR, V. S. *Direito e jornalismo*. São Paulo: Verbatim, 2011.

NUSSBAUM, M. Capabilities as fundamental entitlements: Sen and social justice. *Feminist Economics*, v. 9, n. 2, p. 33-59, 2003.

PEIXOTO, E. L. C.; EHRHARDT JUNIOR, M. Breves notas sobre a ressignificação da privacidade. *RBDCivil*, Belo Horizonte, v. 16, p. 35-56, abr./jun. 2018.

POSCHER, R. The hand of Midas: when concepts turn legal, or deflating the Hart-Dworkin debate. *In*: HAGE, J.; PFORDEN, D. (Org.). *Concepts in law*. Dodrecht: Springer, 2009.

POSCHER, R. Theorie eins Phantoms – die erfolglose Suche der Prinzipientheorie nach ihrem Gegenstand. *Rechtswissenschaft*, n. 4, p. 349-372, 2010.

RAMOS, A. L. A. Indeterminação normativa deliberada e liberdades: o melhor interesse da criança entre a coerência e o arbítrio. *Pensar: Revista de Ciências Jurídicas*, Fortaleza, v. 25, n. 2, p. 1-13, abr./jun. 2020.

RAMOS, A. L. A. *Segurança jurídica e indeterminação normativa deliberada*: elementos para uma teoria do direito (civil) contemporâneo. Curitiba: Juruá, 2021. No prelo.

RIBAS, A. J. *Curso de direito civil brasileiro*. Rio de Janeiro: B. L. Garnier, 1880. t. 2.

RODOTÀ, S. *A vida na sociedade da vigilância*: a privacidade hoje. Rio de Janeiro: Renovar, 2008.

RUZYK, C. E. P. *Institutos fundamentais de direito civil e liberdade(s)*: repensando a dimensão funcional do contrato, da propriedade e da família. Rio de Janeiro: GZ, 2011.

RUZYK, C. E. P. O caso das "pílulas de farinha" como exemplo da construção jurisprudencial de um "direito de danos" e da violação da liberdade positiva como "dano à pessoa". *In*: FRAZÃO, A.; TEPEDINO, G. (Coord.). *O Superior Tribunal de Justiça e a reconstrução do direito privado*. São Paulo: RT, 2011.

SALLER, R. Patria potestas and the stereotype of the Roman family. *Coninuity and Change*, Cambridge, v. 1, n. 1, p. 7-22, maio 1986.

SARLET, I. W. Direitos fundamentais e direito privado: algumas considerações em torno da vinculação dos particulares aos direitos fundamentais. *In*: SARLET, I. W. (Org). *A Constituição concretizada*: construindo as pontes com o público e o privado. Porto Alegre: Livraria do Advogado, 2000.

SCHMIDT, J. P. Zehn Jahre Art. 422 Código Civil: licht und schatten bei der anwendung des grundsatzes von Treu und Glauben in der brasilianischen gerichtspraxis. *DBJV Mitteilungen*, Hanover, b. 2, 2014.

SCHREIBER, A. *Direitos da personalidade*. 3. ed. São Paulo: Atlas, 2014.

SCHWENZER, I. *Familienrecht und gesellschaftliche Veränderungen*: Gutachten zum Postulat 12.3607 Fehr "Zeitgemässes kohärentes Zivil- insbesondere Familienrecht". Disponível em: https://www.bj.admin.ch/dam/data/bj/publiservice/publikationen/berichte/familienrecht/gutachten-schwenzer-d.pdf. Acesso em: 15 jan. 2021.

SEN, A. *Desenvolvimento como liberdade*. Tradução de Laura Teixeira Motta. 6. reimpr. São Paulo: Companhia das Letras, 2010.

STEINBERG, S. B. Sharenting: children's privacy in the age of social media. *Emory Law Journal*, v. 66, p. 839-884, 2017.

SUPREMO TRIBUNAL FEDERAL. *A Constituição e o Supremo*. Brasília: STF, 2021. Disponível em: http://www.stf.jus.br/portal/constituicao/. Acesso em: 20 jan. 2021.

TEIXEIRA, A. C. B.; PENALVA, L. D. Autoridade parental, incapacidade e melhor interesse da criança: uma reflexão sobre o caso Ashley. *Revista de Informação Legislativa*, Brasília, ano 45, n. 180, out./dez. 2008.

TEPEDINO, G. A disciplina civil-constitucional das relações familiares. *In*: TEPEDINO, G. *Temas de direito civil*. Rio de Janeiro: Renovar, 1999.

TEPEDINO, G. A disciplina jurídica da filiação na perspectiva civil-constitucional. *In*: TEPEDINO, G. *Temas de direito civil*. Rio de Janeiro: Renovar, 1999.

VIEHWEG, T. *Topik und Jurisprudenz*: ein Beitrag zur rechswissenschaftlichen Grundlagenforschung. 5. ed. rev. e aum. Munique: C. H. Beck, 1974.

VON HAYEK, F. A. *The constitution of liberty*. Chicago: The University of Chicago Press, 2011.

VON MISES, L. *Human action*: a treatise on economics. 4. ed. São Francisco: Fox & Wikes, 1996.

Informação bibliográfica deste texto, conforme a NBR 6023:2018 da Associação Brasileira de Normas Técnicas (ABNT):

RAMOS, André Luiz Arnt. Sharenting: notas sobre liberdade de expressão, autoridade parental, privacidade e melhor interesse de crianças e adolescentes. *In*: EHRHARDT JÚNIOR, Marcos; LOBO, Fabíola Albuquerque; ANDRADE, Gustavo (Coord.). *Liberdade de expressão e relações privadas*. Belo Horizonte: Fórum, 2021. p. 363-378. ISBN 978-65-5518-188-3.

"DEIXE QUE DIGAM, QUE PENSEM, QUE FALEM": LINEAMENTOS SOBRE LIBERDADE DE EXPRESSÃO E DIREITO SUCESSÓRIO

FERNANDA LEÃO BARRETTO
MARÍLIA PEDROSO XAVIER

Introdução

É comum a divulgação, pela imprensa, de conflitos familiares de pessoas célebres – artistas, políticos, esportistas, empresários. Em verdade, há todo um segmento da imprensa que se alimenta de notícias tidas como "bombásticas" e para o qual o relato dos detalhes dessas situações de discórdia integra um verdadeiro filão comercial bastante rentável.

Muito tem sido debatido sobre o papel da mídia e do jornalismo, bem como sobre seus eventuais reflexos jurídicos, ao escrutinar essas situações e trazer a público querelas de ordem privada. Porém, muito pouco tem se analisado sobre se algumas dessas revelações e declarações, quando feitas voluntariamente pelos envolvidos, podem repercutir no âmbito do direito sucessório.

Impende perceber, inclusive, que com o advento das redes sociais, essa publicização voluntária de lides familiares atingiu um outro patamar de frequência e potencial de exposição. Tudo catalisado pela ductibilidade e rapidez típicas da comunicação nesses veículos.

Em 2018, por exemplo, Mayã Frota, filho do ator e deputado Alexandre Frota e de Samantha Gondin, usou as redes sociais para publicar declarações como "sou filho de um ator pornô, ex-viciado em cocaína, que defende a família, mas queria me abortar. Como ele se elegeu deputado federal por São Paulo, eu não sei".[1] O jovem, que mora na região de Antuérpia, na Bélgica, reclamou publicamente, ainda, acerca do não pagamento de sua pensão alimentícia (cuja dívida, segundo alguns veículos, estaria em torno de R$60.000 à época), bem como do fato de o pai tê-lo bloqueado na

---

[1] FILHO de Alexandre Frota diz que o pai queria que ele fosse abortado. *Correio Braziliense,* 9 out. 2018. Disponível em: https://www.correiobraziliense.com.br/app/noticia/politica/2018/10/09/interna_politica,711133/filho-de-alexandre-frota-diz-que-o-pai-queria-que-ele-fosse-abortado.sht. Acesso em: 31 jan. 2021.

rede social Twitter. As declarações se deram logo após a divulgação de que Frota fora eleito deputado.

Em face das afirmações do filho, o pai "se defendeu" com alegações como as de que o rapaz teria sido fruto de uma única relação sexual entre ele e Samantha e de que ambos usavam drogas no momento da relação. A mãe de Mayã, por sua vez, rechaçou as afirmações de Frota, acusando-o de abandonar afetiva e materialmente o filho, e de tê-lo "linchado moralmente" várias vezes.[2]

É certo que a realidade midiática é pródiga em apresentar estes conflitos familiares e sucessórios. Os exemplos não são poucos. Assim, segue compilação de alguns outros casos emblemáticos que também provocaram indagações sobre possíveis consequências jurídicas.

A família Camargo, formada pelo sertanejo Zezé Di Camargo, sua ex-esposa Zilu e os filhos Wanessa, Camila e Igor, se viu envolta em uma série de polêmicas desde que o casal se separou e o cantor assumiu novo relacionamento.

Notícias relatam que, em um processo movido por Zilu em 2017 em face de Zezé com o fito de anular o acordo de partilha de bens por eles celebrado em 2014, os filhos do cantor teriam deposto em favor do pai. Isso teria provocado profunda mágoa da mãe, a ponto de publicar uma nota afirmando estar triste e inconformada com a traição dos filhos, que estariam se metendo em uma seara que não lhes competia e tendo em conta apenas a versão do pai.[3] Igor, o filho mais novo do casal, porém, rebateu a nota da mãe alegando que Zilu, desde o início, transformou a separação do casal num "circo midiático" com o qual os filhos não concordavam.[4]

O fenômeno não se restringe ao Brasil. A cantora britânica Adele teria rompido relações com o pai ao descobrir que ele fornecia aos tabloides ingleses informações sobre ela, e que ele teria dado entrevistas cujo foco central era a relação com a filha e a vida dela. Isso tudo sem ao menos consultá-la. Em 2012, a cantora teria declarado: "nunca mais vou falar com ele. Há consequências para além de ganhar um pouco de dinheiro que dura meio ano. 'Eu a amo tanto'. Sério? Por que me diz isso pelo jornal? Se eu o vir, cuspo na cara dele".[5]

Outro caso recente, que atraiu a atenção de parte da imprensa, é o da eclosão de conflitos na família Odebrecht – até pouco tempo, um dos clãs mais ricos e empresarialmente importantes do Brasil –, opondo de um lado o filho mais velho de Norberto (o fundador da empresa), Emílio, e de outro seu neto Marcelo, primogênito de Emílio.

---

[2] "O RELACIONAMENTO terminou quando descobri gravidez", diz mãe do filho de Alexandre Frota. *Extra*, 13 out. 2018. Disponível em: https://extra.globo.com/famosos/o-relacionamento-terminou-quando-descobri-gravidez-diz-mae-do-filho-de-alexandre-frota-23153234.html. Acesso em: 31 jan. 2021.

[3] ZILU Godoi lamenta apoio dos filhos a Zezé Di Camargo em processo de divórcio: "Profunda tristeza". *Quem*, 23 set. 2019. Disponível em: https://revistaquem.globo.com/QUEM-News/noticia/2019/09/zilu-camargo-fala-sobre-apoio-dos-filhos-zeze-em-processo-de-divorcio-profunda-tristeza-e-inconformismo.html. Acesso em: 31 jan. 2021.

[4] ZILU Godoi lamenta apoio dos filhos a Zezé Di Camargo em processo de divórcio: "Profunda tristeza". *Quem*, 23 set. 2019. Disponível em: https://revistaquem.globo.com/QUEM-News/noticia/2019/09/zilu-camargo-fala-sobre-apoio-dos-filhos-zeze-em-processo-de-divorcio-profunda-tristeza-e-inconformismo.html. Acesso em: 31 jan. 2021.

[5] É COMO se eu estivesse morto para ela, revela pai de Adele. *Vagalume*, 28 jan. 2013. Disponível em: https://www.vagalume.com.br/news/2013/01/28/e-como-se-eu-estivesse-morto-para-ela-revela-pai-de-adele.html. Acesso em: 31 jan. 2021.

Diz-se, nos meios de comunicação, que Marcelo declarava identificar-se mais com o avô, inspirando-se nele, ao passo que a relação com o pai sempre foi tumultuada, seja no âmbito pessoal, seja nos assuntos que diziam respeito à empresa. O falecimento de Norberto, em 2014, foi identificado por amigos e familiares como o rompimento do último elo entre Emílio e Marcelo,[6] sendo que a Operação Lava Jato apenas viria a aprofundar o esgarçamento dessa relação com mais intensidade.

A prisão preventiva do engenheiro e empresário Marcelo Odebrecht ocorreu em 19.6.2015. Seu pai foi visitá-lo somente quase três meses depois. Desde que havia sido preso, Marcelo se recusava a fazer acordos de delação premiada, acreditando que a situação seria contornada e que em breve estaria em liberdade. Todavia, com o passar do tempo, novas operações dificultavam cada vez mais a situação da Odebrecht e ele próprio já havia sido condenado pelos crimes de corrupção ativa, lavagem de dinheiro e associação criminosa.[7]

O acordo de delação premiada acabou se tornando a saída entendida por ele como viável, mas sua negociação não teria sido fácil. Marcelo avaliava a situação como se ele tivesse sido escolhido como o bode expiatório, recebendo penas mais duras,[8] ao passo que outros executivos tinham sua vida facilitada e eram tratados com mais condescendência. Ainda que considerasse um acordo ruim para si, Marcelo fechou o acordo de delação premiada. Preocupado com o bem-estar de sua esposa e filhas, o empresário teria exigido que a Odebrecht lhe pagasse a multa e o valor que tinha perdido para a Lava Jato. No total, 73 milhões foram transferidos para a conta de uma das filhas e outros 70 milhões para uma conta de previdência privada em favor de esposa e filhas.[9]

Um outro golpe substancial na relação entre pai e filho teria se dado com a demissão de Marcelo Odebrecht, já que ele ainda sonhava com o retorno à empresa para a qual tinha dedicado toda a vida. A demissão teria sido motivada pelas exigências do acordo com o Departamento de Justiça dos EUA, bem como por acusações de que havia chantageado a empresa para fechar a delação. E, assim, foi demitido da Odebrecht.

De acordo com o divulgado, Marcelo sentia-se traído pelo pai e pelo restante da família que apoiava Emílio, já que sua esposa e filhas haviam ficado desamparadas no período em que esteve preso e também agora que estava sendo demitido. Um baque ainda maior viria quando os 143 milhões de reais que a esposa e filhas receberam em decorrência do acordo com a Odebrecht, relacionado à delação, foram bloqueados em razão de um processo judicial da Odebrecht S.A. contra elas para reaver o dinheiro.

---

[6] GASPAR, Malu. *A organização*: a Odebrecht e o esquema de corrupção que chocou o mundo. São Paulo: Companhia das Letras, 2020. p. 329.

[7] MILITÃO, Eduardo. Lava-Jato: Marcelo Odebrecht é condenado a 19 anos de prisão. *Correio Braziliense*, 8 mar. 2016. Disponível em: https://www.correiobraziliense.com.br/app/noticia/politica/2016/03/08/interna_politica,521061/lava-jato-marcelo-odebrecht-e-condenado-a-19-anos-de-prisao.shtml. Acesso em: 31 jan. 2021.

[8] Segue trecho do diário de Marcelo Odebrecht em mensagem dirigida à sua esposa: "A pressão e o isolamento que estamos (e vocês, principalmente, estão) sofrendo vêm de todos aqueles que, falsamente, diziam que eu era prioridade. São essas pessoas que não querem que eu em tese, priorize o meu acordo e saia daqui logo. Afinal, para essas pessoas é melhor atender à demanda por meu sangue da força-tarefa, me entregar numa bandeja de ouro como bode expiatório e troféu para a força-tarefa e, em tese, facilitando o acordo para todos os demais" (GASPAR, Malu. *A organização*: a Odebrecht e o esquema de corrupção que chocou o mundo. São Paulo: Companhia das Letras, 2020. p. 466-467).

[9] GASPAR, Malu. *A organização*: a Odebrecht e o esquema de corrupção que chocou o mundo. São Paulo: Companhia das Letras, 2020. p. 480.

Depois desse episódio, as netas de Emilio Odebrecht chegaram a comentar à imprensa o desejo de suprimir o sobrenome Odebrecht em razão de entenderem que o avô deu as costas ao filho e às netas.[10] Na obra intitulada *A organização*, escrita pela jornalista Malu Gaspar, consta o relato de que Marcelo afirma não se arrepender de ter rompido com os pais e que para ele os pais "estariam mortos". O único remorso que carregaria consigo seria o de ter pactuado o acordo de delação premiada.[11]

Diante de querelas familiares com esse grau de profundidade, com algumas delas chegando ao ponto de envolverem questões como depoimentos decisivos em processos judiciais e o desejo de supressão de patronímico, poderiam os envolvidos cogitar eventual exclusão da herança dos familiares oponentes, nas latitudes tracejadas pelo instituto da deserdação?

Vale pontuar que o objetivo primaz deste texto é, antes de chegar a respostas definitivas sobre um tema que se avista denso e, muitas vezes, dependente de análises casuísticas, provocar reflexões acadêmicas acerca desta intersecção sobre a qual a doutrina brasileira debruçou-se pouco, qual seja a da liberdade de expressão e o direito das sucessões.

Nesse panorama, questiona-se: pode uma pessoa deserdar alguém que seria seu herdeiro necessário pela ordem de vocação hereditária – parentes em linha reta, esposos e companheiros (para quem entende que a união estável também alicerçou os companheiros à essa categoria) –, com base nessas revelações desabonadoras ou que exponham situações conflituosas, segredos ou contextos familiares e íntimos do autor da herança? E seria possível deserdar um sucessor que firmou, publicamente, uma postura de rejeição ao titular do patrimônio ou à sua família? Em tais situações, estaria configurado o devido preenchimento do suporte fático suficiente a receber a incidência das normas que regram o instituto da deserdação? É o que se examinará nos tópicos seguintes.

1   Zonas de penumbra na intersecção entre indignidade e deserdação

Antes de enfrentar estes questionamentos, releva aduzir que parte da doutrina[12] é severamente crítica ao fato de que ambos os instrumentos legais de exclusão da herança foram transplantados do antigo para o atual Código Civil basicamente com os mesmos quadrantes.[13] Ou seja, o Código Reale reproduziu, sem uma atualização mais sensível, a estrutura legislativa da indignidade e da deserdação, furtando-se de observar as muitas e profundas mudanças sociais e jurídicas – mormente as verificadas no âmbito das famílias – operadas no intervalo de 86 anos que distanciou suas vigências.

---

[10] MASCARENHAS, Gabriel. Filhas de Marcelo Odebrecht rompem com o avô e tiram seu sobrenome. *Veja*, 13 nov. 2020. Disponível em: https://veja.abril.com.br/blog/radar/filhas-de-marcelo-odebrecht-rompem-com-o-avo-e-tiram-seu-sobrenome/. Acesso em: 31 jan. 2021.

[11] GASPAR, Malu. *A organização*: a Odebrecht e o esquema de corrupção que chocou o mundo. São Paulo: Companhia das Letras, 2020. p. 560.

[12] DIAS, Maria Berenice. *Manual das sucessões*. 3. ed. São Paulo: Revista dos Tribunais, 2013. p. 31.

[13] Há, porém, algumas diferenças, ainda que não muito significativas, a exemplo da ampliação do rol das vítimas de homicídio que autoriza a exclusão do seu autor ou participe da sucessão (HIRONAKA, Giselda Maria Fernandes Novaes. Deserdação e exclusão da sucessão. *In*: HIRONAKA, Giselda Maria Fernandes Novaes; PEREIRA, Rodrigo da Cunha (Coord.). *Direito das sucessões*. 2. ed. Belo Horizonte: Del Rey, 2007. p. 373).

O debate que se impõe é o de saber se condutas como as descritas no início deste artigo – que ocorrem, aparentemente, ao abrigo do direito da liberdade de se expressar –, podem atrair a subsunção das regras moldadas para permitir a deserdação de um herdeiro pelo titular do patrimônio.

Para tanto, primeiro cumpre observar que tanto a deserdação quanto a liberdade de expressão são facetas da autonomia privada – ainda que com dimensões e níveis de tutela diferentes –, positivadas em nosso ordenamento jurídico. E que ambas encontram limites nos próprios quadrantes do ordenamento posto.

A liberdade de expressão goza do *status* de princípio constitucional, a ela delineado nos arts. 5º e 220 da Lei Maior, e é um dos principais pilares que sustentam a arquitetura de um Estado democrático de direito. Mas, por óbvio, não é ilimitada, não podendo servir de canal para ameaças de morte, insultos graves –[14] capazes de aniquilar a autoestima do indivíduo –, para tentativas de rebaixamento moral da pessoa por meio da invocação de características pessoais, ligadas em geral à sua aparência física, raça, orientação sexual, religiosa, entre outros aspectos.

Também não pode servir para a prática do *bullying* e para ameaça de revelação de nudez ou de momentos íntimos/sexuais por meio da possível divulgação de fotos, áudios ou vídeos (fenômeno que desafia, hoje, a tutela dos direitos da personalidade, chamado de *porn revange* ou vingança pornográfica).

Já a deserdação, esculpida pelas regras dos arts. 1.961 a 1.965 do Código Civil de 2002, tem natureza de sanção civil e possibilita que o autor da herança elabore testamento, excluindo um herdeiro necessário de sua ordem de vocação hereditária.

Mas, conforme se depreende da leitura do próprio texto codificado e da doutrina que avança sobre ele, a deserdação encontra suas balizas nas três hipóteses que o legislador fez constar do art. 1.814 do Código Civil (próprias do instituto da indignidade, mas também aplicáveis à deserdação), somadas às quatro hipóteses específicas tracejadas para a deserdação, que repousam nos arts. 1.962 e 1.963 do Código Civil.

Nesse mister, impede aduzir que, para a doutrina[15] e a jurisprudência majoritárias,[16] o rol das referidas hipóteses não é meramente ilustrativo, mas taxativo. O mesmo se afirma quanto às hipóteses de exclusão da herança por indignidade.

A propósito da aproximação entre os institutos da indignidade e da deserdação, há outros pontos que representam zonas de convergência, mas também há características

---

[14] Retirado da obra de Farias e Rosenvald, interessante precedente sobre a cessão do dever de prestar pensão alimentícia em face da ingratidão de filho que usou a internet para propagar ofensas e mensagens de ódio contra o pai (FARIAS, Cristiano Chaves de; ROSENVALD, Nelson. *Curso de direito civil*: sucessões. 2. ed. São Paulo: Atlas, 2016. v. 7).

[15] CAHALI, Francisco Jose; HIRONAKA, Giselda Maria Fernandes Novaes. *Direito das sucessões*. 3. ed. São Paulo: Revista dos Tribunais, 2007. p. 109.

[16] "AÇÃO DE EXCLUSÃO DE HERDEIRO. CONDUTAS ILÍCITAS PRATICADAS ENTRE DESCENDENTES. AUSÊNCIA DE FATO TÍPICO AUTORIZADOR DA DECLARAÇÃO DE INDIGNIDADE. IMPOSSIBILIDADE DE INTERPRETAÇÃO EXTENSIVA. 1. A indignidade é uma pena aplicada ao sucessor que pratica atos indignos contra o autor da herança, taxativamente previstos em lei, não sendo permitida interpretação extensiva. Inteligência do artigo 1.814, do Código Civil. 2. É inviável a exclusão de herdeiro pela suposta prática de atos ilícitos em relação a outra herdeira, diante da ausência de fato típico autorizador da declaração de [...]" (BRASIL. Tribunal de Justiça do Rio Grande do Sul, Sétima Câmara Cível. AC nº 70040516312 RS. Rel. Sérgio Fernando de Vasconcellos Chaves, j. 24.8.2011. *DJ*, 26 ago. 2011).

e elementos que os estremam. Existem, ainda, as áreas de sombra ou penumbra, zonas pouco delineadas, entre eles.

Necessário, portanto, que tracemos um breve cotejo entre os instrumentos de exclusão da herança, de modo a aclarar sua compreensão e tornar mais preciso o seu âmbito de aplicação quanto ao tema alvo deste artigo.

Observando os perfis codificados dos referidos instrumentos, pode-se inferir que indignidade e deserdação começam a se afinar pelo intuito sancionatório, punitivo,[17] de excluir da sucessão o sujeito que tenha atentado contra a dignidade do autor da herança pela pratica de atos vis, ignóbeis.

Já quanto aos fundamentos que os alicerçam, é nítido que existe uma distinção. Enquanto a indignidade objetiva impedir a prática de atos repudiados intensamente pela sociedade e pela ordem jurídica[18] (como o homicídio contra o *de cujus*), a deserdação parte do reconhecimento da autonomia privada do autor da herança, a quem é dado a oportunidade de excluir da sua sucessão, via testamento deserdativo válido, aqueles que atentaram também contra a própria noção de solidariedade familiar ou que menosprezaram a lealdade, o respeito e o afeto que se espera dos membros da família.[19]

Como efeito uníssono tem-se que indigno ou deserdado[20] serão sancionados civilmente, punidos com a exclusão da sucessão[21] e considerados pré-mortos, atraindo as regras da sucessão por representação, ou seja, autorizando que outras pessoas herdem em seu lugar e participem da partilha por estirpe – ao contrário do que ocorre, por exemplo, em face do herdeiro renunciante.

Um outro lócus de aproximação entre os institutos está no campo do perdão ou da reabilitação do sucessor. Embora só haja previsão expressa da possibilidade de perdão para o indigno, nos termos do art. 1.818, a doutrina majoritária entende, com mais razão, que a oportunidade beneficia também o deserdado.

Quanto à questão temporal que envolve a prática do ato ensejador da exclusão, os institutos também se afastam. Enquanto a indignidade colhe condutas que ocorreram tanto antes quanto depois da morte do *de cujus*, a deserdação se volta apenas para atos que antecederam a abertura da sucessão.[22]

Sobre quais sucessores poderão ser excluídos, também diferem os institutos, uma vez que a indignidade se volta contra todos os possíveis sucessores, sejam eles herdeiros legítimos (necessários ou facultativos), testamentários ou legatários. Já a deserdação só se dirige aos herdeiros necessários (CC, art. 1.845), os que fazem jus à legítima, uma

---

[17] A natureza jurídica de pena privada, embora não unanime entre a doutrina, é a que conta hoje com maior e mais nítido prestígio, superando os posicionamentos que defendem a natureza de causas de incapacidade ou ilegitimidade para suceder (POLETTO, Carlos Eduardo Minozzo. *Indignidade sucessória e deserdação*. São Paulo: Saraiva, 2013. p. 246-247).

[18] PEREIRA, Caio Mario da Silva. *Instituições de direito civil*: direito das sucessões. 16. ed. Rio de Janeiro: Forense, 2007. v. 6. p. 39.

[19] POLETTO, Carlos Eduardo Minozzo. *Indignidade sucessória e deserdação*. São Paulo: Saraiva, 2013. p. 357.

[20] Parcela minoritária da doutrina, contudo, defende que como o legislador não repetiu, no campo da deserdação, norma com teor semelhante ao do art. 1.816 CC (que prevê os efeitos pessoais da exclusão da herança), não caberia representação para os sucessores do herdeiro deserdado. Trazendo esse posicionamento e a crítica a ele (SCHREIBER, Anderson. *Manual de direito civil contemporâneo*. São Paulo: Saraiva, 2018. p. 949).

[21] SCHREIBER, Anderson. *Manual de direito civil contemporâneo*. São Paulo: Saraiva, 2018. p. 248.

[22] TARTUCE, Flávio. *Direito civil*: direito das sucessões. 8. ed. São Paulo: Método, 2015. v. 6.

vez que os herdeiros facultativos podem ser afastados da ordem de vocação hereditária por simples testamento que beneficie pessoa eleita pelo testador.[23]

Um outro ponto de afastamento é que, embora ambos dependam de sentença judicial para serem decretados, a indignidade parte de ação autônoma, baseada na lei, com prazo decadencial de quatro anos, a contar da abertura da sucessão, e para a qual são legitimados quaisquer interessados.

Já a deserdação depende do mencionado testamento deserdativo, a ser elaborado pelo autor da herança, no qual conste a declaração expressa da causa deserdativa, e cuja eficácia carece de sentença homologatória proferida em ação cujo prazo também é decadencial de quatro anos, a contar da abertura da sucessão ou, para alguns autores, da decisão que ordena o cumprimento do testamento[24] (a redação do art. 1.965 parece ter confundido *dias a quo* com abertura do testamento, desconhecendo o fato de que apenas testamentos cerrados sujeitam-se a serem abertos).[25]

No bojo dessa ação, cujos legitimados ativos são os demais herdeiros que se beneficiarão da privação da legítima em face do deserdado, deverá restar provada, com observância plena da ampla defesa e do contraditório, a ocorrência da causa deserdativa apontada em testamento.

Existem outros pontos de confluência e de diferenciação entre os institutos, além de muitos pontos específicos interessantes sobre cada um deles, mas sua análise transbordaria os limites da investigação a que se propõe esse texto.

Contudo, necessário aduzir que um ponto representa zona gris entre os institutos, e dada a sua relevância para a interseção que este trabalho se propôs investigar, sobre ele tecer-se-á uma análise mais detida: é a possibilidade de exclusão do sucessor indigno pela prática do crime contra a honra *injúria* (bem como pelos crimes de calúnia e difamação), nos moldes do que aponta o art. 1.184, II, em cotejo com a possibilidade de deserdação do herdeiro necessário por *injúria grave,* na moldura do quanto disposto nos arts. 1.962 e a 1.963.

A injúria delimitada como causa específica que autoriza a deserdar é a mesma injúria capaz de deflagrar a exclusão do herdeiro por indignidade? Ademais, o que qualifica a injúria como grave, a ponto de configurar a conduta injuriosa como de *facti species* da deserdação?

É o que doravante se analisará.

2   Deserdação e injúria grave: em busca de um conceito

Como já exposto, a exclusão da herança pode ser operada pelos institutos da indignidade e da deserdação. Para além das várias diferenças acima delineadas, também foram identificadas algumas situações fáticas que poderiam, em tese, ensejar a incidência de ambas as categorias, ainda que respeitadas as peculiaridades processuais e procedimentais inerentes a cada uma. Em razão de ser mais afeta ao tema da autonomia

---

[23]   PEREIRA, Rodrigo da Cunha. *Dicionário de direito de família e sucessões ilustrado.* São Paulo: Saraiva, 2015. p. 224.

[24]   DIAS, Maria Berenice. *Manual das sucessões.* 3. ed. São Paulo: Revista dos Tribunais, 2013. p. 333-334.

[25]   FARIAS, Cristiano Chaves de; ROSENVALD, Nelson. *Curso de direito civil*: sucessões. 2. ed. São Paulo: Atlas, 2016. v. 7. p. 143-144.

privada e da necessidade de manifestação da vontade, a deserdação será examinada com maior profundidade. Aqui, ganha destaque a injúria grave, causa de deserdação prevista no inc. II dos arts. 1.962 e 1.963 do Código Civil.

A injúria grave, nesse contexto, é também chamada de injúria civil. Isso porque não se confunde com a injúria penal, prevista no art. 140 do Código Penal: "Injuriar alguém, ofendendo-lhe a dignidade ou o decoro". Nesse sentido, para além de diferir os termos e eliminar qualquer tipo de confusão conceitual, é fundamental destacar que as esferas civil e penal são absolutamente independentes, como determina o art. 935 do Código Civil. Ou seja, para a aplicação deste conceito civil não há necessidade de, ainda que por ventura seja cabível, aforar previamente demanda criminal e aguardar seu trânsito em julgado.

Na mesma linha, pontua Maria Berenice Dias que injúria grave:

> É expressão que não tem correspondência na lei penal como infração autônoma. O que existe é o delito contra a honra denominado injúria (CP, art. 140): injuriar alguém, ofendendo-lhe a dignidade ou o decoro. As formas qualificadas decorrem do emprego de meio alvitante ou utilização de elementos discriminatórios referentes à raça, cor, etnia, religião, origem ou ainda da condição da pessoa idosa ou com deficiência (CP, art. 140, §§2.º e 3º). Ou seja, a injúria grave prevista na lei civil não remete à prática de delito constante do Código Penal.[26]

Pois bem, conforme se apreende da expressão literal, a injúria prevista no inc. II dos arts. 1.962 e 1.963 do Código Civil de 2002 devem ser consideradas graves. Como precisamente ensina Luiz Edson Fachin:

> Remarque-se: não é qualquer ofensa à dignidade do testador que enseja deserdação. Conforme determina o texto legal, a injúria deverá ser qualificada como grave. Por evidente, tendo em vista a gravidade da sanção aplicada por meio da deserdação, circunda o legislador de rigores a definição das hipóteses em que a perda do direito à legítima pode ser caracterizada.[27]

De fato, a penalidade imposta é severa, pois, a princípio, gera o afastamento pleno do direito constitucional à herança, previsto no art. 5º, inc. XXX, da Constituição Federal de 1988. Em razão disso, é necessário zelar pela proporcionalidade entre o ato cometido e a respectiva sanção.

Em recente estudo, Maici Colombo defendeu a possibilidade jurídica da deserdação parcial em face da constitucionalização das relações privadas. Com apoio em obras clássicas, a autora afirma que é possível o testador tão somente reduzir a cota legitimária do herdeiro em lugar de determinar a total privação patrimonial deste. Com isso, seria possível modular os efeitos da deserdação conforme a gravidade do ato cometido. Isso ganha sentido diante da gama de hipóteses que o instituto estabelece como causas aptas para tanto. Também, Maici Colombo afirma que poderão ser tomados como critérios para

---

[26] DIAS, Maria Berenice. *Manual das sucessões*. 3. ed. São Paulo: Revista dos Tribunais, 2013. p. 327.

[27] FACHIN, Luiz Edson. Posse de estado de filho, adoção e sucessão testamentária. *Revista dos Tribunais*, v. 2, p. 135-158, jan. 2012.

essa deserdação parcial a necessidade de subsistência do ofensor e demais condições pessoais.[28]

Frise-se, também, que a injúria grave deve ser obrigatoriamente dirigida à pessoa do testador, não sendo possível fazer qualquer tipo de interpretação extensiva ou analógica para incluir ofensas realizadas em face de parentes próximos do autor da herança, tais como cônjuge e companheiro.

Para que sua caracterização reste presente e sejam operados os efeitos jurídicos pretendidos, não basta que o testador afirme de forma genérica que determinado herdeiro praticou ato de injúria grave. As graves afirmações ofensivas deverão ser descritas no testamento de forma completa, de modo a serem efetivamente identificadas em sua integralidade. Afinal de contas, somente assim é que o herdeiro prejudicado poderá se defender de maneira minimamente consentânea com as garantias constitucionais. Afinal, deserdação não opera de pleno de direito, como nos lembra Zeno Veloso. Com a morte do testador e abertura da sucessão, o herdeiro a quem aproveita a deserdação deve provar a veracidade da causa alegada em ação judicial própria no prazo decadencial de quatro anos. Até este momento, o deserdado é herdeiro e pelo princípio da *saisine* adquire propriedade e entra na posse dos bens, ainda que sob condição resolutiva.[29]

Assim, o testamento deve trazer a motivação da deserdação por injúria grave de forma expressa e com disposição de forma "explícita, direta, clara e induvidosa, embora não se exijam termos sacramentais. E tem de ser pura, não podendo subordinar-se a termo ou condição".[30] A doutrina também afirma que deve estar presente o chamado *animus injuriandi*, o qual se configura como aquela intenção deliberada do herdeiro de ofender o autor da herança.

No plano da validade, convém salientar que se o testamento é nulo, isso macula de igual forma a deserdação. Já a deserdação imotivada é considerada no plano do negócio jurídico testamento como ineficaz.

Dito isso, convém então aprofundar o exame acerca do suporte fático de injúria grave. E é neste ponto, precisamente, que reside o problema. Como bem aponta Luiz Edson Fachin, em outro parecer jurídico:

> do campo ético e moral (espelhando na mágoa, ressentimento, desrespeito, além de questões empresariais de gestão) à seara estrita da técnica jurídica dos crimes contra a honra, como tipos penais específicos, e da injúria grave (que não se subsume, necessariamente, ao conceito penal) há uma travessia íngreme a ser vencida.

O mesmo autor também aponta para a dificuldade conceitual sob o prisma da escassez de fontes, eis que "a doutrina é bastante lacônica a esse respeito, sendo também

---

[28] COLOMBO, Maici Barboza dos Santos. A deserdação como instrumento de planejamento sucessório. *In*: TEIXEIRA, Daniele Chaves (Coord.). *Arquitetura do planejamento sucessório*. Belo horizonte: Fórum, 2021. t. II. p. 574-575.

[29] VELOSO, Zeno. *Comentários ao Código Civil*: parte especial. Do direito das sucessões. Coordenação de Antonio Junqueira de Azevedo. São Paulo: Saraiva, 2003. v. 21. p. 316; 324.

[30] VELOSO, Zeno. *Comentários ao Código Civil*: parte especial. Do direito das sucessões. Coordenação de Antonio Junqueira de Azevedo. São Paulo: Saraiva, 2003. v. 21. p. 313.

escassa a jurisprudência. Com efeito, mais frequentes são os julgados que afirmam o que não é grave injúria do que aqueles que afirmam como ela se caracteriza".[31]

A presente pesquisa chancela a atualidade das afirmações acima. Não é possível defender a existência de uma ética precedentalista acerca do tema.[32] O que se tem são julgados esparsos que de fato concentram argumentos e fundamentos para dizer que o caso concreto não se subsume ao conceito de injúria grave, sem, no entanto, defini-lo com exatidão.

Em linhas gerais, os fundamentos mais recorrentes para afastar a incidência da injúria grave são a ausência de provas dos pretensos atos ofensivos, o fato de a cláusula testamentária apresentar descrição de causa genérica que não se amolda nas hipóteses *numerus clausus* da lei e, por fim, o fato de a conduta atacada configurar mero exercício regular de direito do herdeiro perante o autor da herança.

Como exemplo do primeiro fundamento acima aludido é a Apelação nº 1007151-26.2016.8.26.0297 do Tribunal de Justiça de São Paulo. Os herdeiros a quem aproveitava a herança não conseguiram se desincumbir do ônus probatório de demonstrar que as pretensas ofensas de fato ocorreram. Ficou entendido que os motivos alegados foram feitos de forma genérica e, por isso, não foram suficientes para caracterizar causas legais de afastamento do recebimento da herança.

Na Apelação nº 0044469-11.2012.8.26.0100 que tramitou perante o Tribunal de Justiça de São Paulo, ganha destaque a acertada decisão que entendeu pela improcedência da deserdação com base no exercício regular de direito do herdeiro em face do testador. No caso, a autora da herança havia sido acusada de desviar bens do espólio do seu marido falecido. Ocorre que os julgadores verificaram que havia intensa animosidade na família, a qual "desarmoniza-se em torno do patrimônio há anos". Também, foi levado em conta que realmente havia indícios de desvio por conta de discrepância entre a declaração de bens apresentada à Receita Federal e os bens declarados no inventário. No mesmo sentido, ainda que sob a égide do Código Civil de 1916, é bastante referenciado o REsp nº 1.185.122-RJ, julgado em 2011, o qual estabeleceu:

> [...] o exercício do direito de ação mediante o ajuizamento de ação de interdição do testador, bem como a instauração do incidente tendente a removê-lo do cargo de inventariante, não é, por si, fato hábil a induzir a pena de deserdação do herdeiro nos moldes do artigo 1.744, inciso II, do Código Civil de 1916 [no caso, injúria grave].

Ganha destaque a Apelação nº 0247138-29.2007.8.26.0100, do Tribunal de Justiça de São Paulo, a qual envolve situação extremamente dramática e delicada: uma avó que pretendeu deserdar as netas em razão de ofensas que estas teriam proferido logo após a descoberta do suicídio de sua mãe. A alegação era de que as netas teriam proferido agressões verbais no sentido de culpar a avó pelo ocorrido na presença de outras pessoas (familiares, amigos e funcionários) e, também, teriam prejudicado a participação da

---

[31] FACHIN, Luiz Edson. Natureza jurídica da deserdação. *Revista dos Tribunais*, v. 2, p. 221-239, jan. 2012. p. 223; 228.

[32] XAVIER, Marília Pedroso; PUGLIESE, William. Teoria dos precedentes no novo Código de Processo Civil e Direito de Família: primeiras aproximações. *In*: MAZZEI, Rodrigo; EHRHARDT JUNIOR, Marcos. *Direito civil*. Salvador: JusPodivm, 2017. v. 14. p. 755-756.

idosa nas cerimônias religiosas que se seguiram, bem como rasgado todas as fotos em que a mãe aparecia junto com a testadora. O relator, Desembargador Claudio Godoy, docente do Departamento de Direito Civil da Faculdade de Direito da Universidade de São Paulo, mostrou especial sensibilidade ao aquilatar todo o contexto fático em que a demanda estava envolta. Ao final, afastou a deserdação sob vários fundamentos muito bem explorados, a saber: (i) limitou-se a testadora a dizer que deserdava as rés por injúria grave sem fazer exaustiva referência a quais fatos seriam as causas para tanto; (ii) as alegadas ofensas na demanda de deserdação pelos tios das herdeiras deserdadas não foram devidamente provadas, muito embora tenha havido extensa dilação probatória suficiente para tanto (incluindo oitiva de testemunhas); (iii) o contexto do episódio narrado era de absoluta desinteligência familiar, com desgaste extremo de toda a família diante do quadro depressivo que culminou com o suicídio; (iv) os episódios taxados de ofensa teriam ocorrido imediatamente após o suicídio da mãe, em momento de absoluto e compreensível descontrole; (v) as filhas experimentavam situação traumática, eram jovens e imaturas; (vi) as pretensas ofensas teriam sido apenas e unicamente "vazadas no calor da tragédia", sem qualquer comprovação de que teriam se seguido ao longo do tempo; (vii) não estaria configurado o *animus injuriandi*, uma vez que teria sido um desabafo, ainda que em tom inadequado; e, por fim, (viii) consignou que os avós teriam se manifestado contra o relacionamento da filha com o pai das netas, sendo que por conta disso havia desconfiança de que tal perturbação poderia ter contribuído para o abalo emocional que culminou no suicídio.

A conclusão a que se pode chegar é a de que a configuração da deserdação por injúria grave deve se dar sempre após detida análise de todo o contexto fático do caso concreto apresentado. O exame deve ser feito *cum grano salis*, a fim de evitar contextos de vinganças privadas que exacerbem os limites da letra da lei.

Provocações finais

À guisa de conclusão, reitera-se que o objetivo primordial dessa incursão pelos limites e possibilidades do cruzamento entre o direito constitucional à liberdade de expressão e a seara sucessória não é o de cimentar conclusões. Como já dito, há consciência de que essa intersecção é complexa e ainda pouco investigada. O escopo do texto, portanto, é o de fomentar a curiosidade científica sobre a matéria, incrementando o debate. Também, a partir de narrativas retiradas da mídia, destacar a importância prática do tema, com evidente aplicação jurisdicional.

Ademais, essa densa interface conta com um significativo elemento de complexidade, qual seja a constatação do quão pouco inovador foi o legislador de 2002 no que toca às possibilidades de exclusão da herança ou de privação da legítima. Ante inúmeras mudanças que acompanharam o transcurso do último século e o alvorecer do atual, assim como ao impacto que estas tiveram no campo das relações familiares, é perceptível que o Código Civil de 2002 permaneceu atrelado apenas às causas reconhecidas pelo seu antecessor, quase 90 anos antes!

Nessa toada, reflete com acerto Rolf Madaleno quando diz que esse descompasso deixa no direito brasileiro:

uma desconfortável e frustrante sensação de que o direito sucessório desconhece a realidade do Direito de Família, especialmente em tempos de constante violência familiar de toda a índole, que não condiz com gestos de solidariedade e de afeto familiar que justamente deveriam nortear o universo das relações intrafamiliares e que motivam o direito à legítima, concretizando, por sua existência recíproca, os princípios da proteção familiar e da dignidade da pessoa humana.[33]

Ainda que a lição do Prof. Rolf seja irretocável, é imprescindível ponderar que transpor esse descompasso e atualizar interpretativa ou legislativamente o atual regime jurídico que autoriza a exclusão da herança por indignidade ou deserdação não deve significar transformar esse tema em um dínamo dos conflitos familiares.

Quanto ao objeto deste estudo, para evitar que o temor ou a possibilidade de deserdar um filho por injúria grave seja fator motivador de uma deterioração familiar ainda mais aguda, ou fato gerador de condutas piores do que a que se cogita como causa de deserdação, é necessário que haja a configuração da *gravidade efetiva* da conduta praticada, bem como a ausência de justificativa razoável que permita concluir que a conduta encontra motivação sólida e compreensível no comportamento do próprio autor da herança. Nesse mister, avulta a importância de uma análise casuística muito criteriosa da situação posta em tela.

Por fim, cabe dizer que a codificação retrata o tema da deserdação apenas por viés punitivo e sob o ponto patrimonial. Porém, com o advento de tantos meios autocompositivos de solução de conflitos, seria recomendável ao magistrado que fará o exame da demanda jurídica de deserdação se há disposição das partes em mediar o conflito. É importante lembrar aqui que, mesmo quando o ato tipificado como injúria grave for efetivamente praticado pelo herdeiro, ainda assim pode o autor da herança perdoá-lo. Logo, mesmo quando o testador não o fez em vida ou não consignou a escusa expressamente, é de se questionar se não faria bem a todos os envolvidos na contenda e, até mesmo às gerações futuras, a implementação de expedientes que visem ao reestabelecimento da comunicação entre as partes e o tratamento adequado das causas subjacentes do conflito. Nunca é demais lembrar a função declarada do direito, qual seja a pacificação social, e, também, que as relações familiares possuem uma grande peculiaridade: são tecidas de afeto.

Referências

"O RELACIONAMENTO terminou quando descobri gravidez", diz mãe do filho de Alexandre Frota. *Extra*, 13 out. 2018. Disponível em: https://extra.globo.com/famosos/o-relacionamento-terminou-quando-descobri-gravidez-diz-mae-do-filho-de-alexandre-frota-23153234.html. Acesso em: 31 jan. 2021.

BARRETTO, Fernanda Carvalho Leão. Abandono afetivo e alienação parental podem ser causas de deserdação? *In*: PEREIRA, Rodrigo da Cunha; DIAS, Maria Berenice (Coord.). *Famílias e sucessões*: polêmicas, tendências e inovações. Belo Horizonte: IDBFAM, 2018.

BRASIL. *Constituição da República Federativa do Brasil de 1988*. Disponível em: http://www.planalto.gov.br/ccivil_03/constituicao/constituicao.htm. Acesso em: 31 jan. 2021.

---

[33] MADALENO, Rolf. O fim da legítima. *Revista Brasileira de Direito de Família*, Belo Horizonte, v. 16, n. 24, p. 31-72, jul./ago. 2016. p. 49.

BRASIL. *Decreto-lei nº 2.848, de 7 de dezembro de 1940*. Código Penal. Disponível em: http://www.planalto.gov. br/ccivil_03/decreto-lei/del2848compilado.htm. Acesso em: 31 jan. 2021.

BRASIL. *Lei nº 10.406, de 10 de janeiro de 2002*. Institui o Código Civil. Disponível em: http://www.planalto. gov.br/ccivil_03/leis/2002/l10406compilada.htm. Acesso em: 31 jan. 2021.

BRASIL. Superior Tribunal de Justiça. *REsp 1185122/RJ*. Rel. Min. Massami Uyeda, j. 17/02/2011. Órgão Julgador: Terceira Turma, pub. 02/03/2011.

BRASIL. Tribunal de Justiça de São Paulo. *AC 0044469-11.2012.8.26.0100*. Rel. Des. Grava Brazil, j. 10/12/2014. Órgão Julgador: 8ª Câmara de Direito Privado, pub. 11/12/2014.

BRASIL. Tribunal de Justiça de São Paulo. *AC 02471382920078260100*. Rel. Claudio Godoy, j. 05/11/2013. Órgão Julgador: 1ª Câmara de Direito Privado, pub. 06/11/2013.

BRASIL. Tribunal de Justiça de São Paulo. *AC 10057213920168260297*. Rel. José Aparício Coelho Prado Neto, j. 02/07/2019. Órgão Julgador: 9ª Câmara de Direito Privado, pub. 03/07/2019.

BRASIL. Tribunal de Justiça de São Paulo. *AC 1006371-46.2018.8.26.0320*. Rel. Mary Grün, j. 09/09/2020. Órgão Julgador: 7ª Câmara de Direito Privado. Data de Registro: 09/09/2020.

BRASIL. Tribunal de Justiça de São Paulo. *AC 1007151-26.2016.8.26.0297*. Rel. José Aparício Coelho Prado Neto, j. 13/08/2019. Órgão Julgador: 9ª Câmara de Direito Privado, pub. 15/08/2019.

CAHALI, Francisco Jose; HIRONAKA, Giselda Maria Fernandes Novaes. *Direito das sucessões*. 3. ed. São Paulo: Revista dos Tribunais, 2007.

COLOMBO, Maici Barboza dos Santos. A deserdação como instrumento de planejamento sucessório. *In*: TEIXEIRA, Daniele Chaves (Coord.). *Arquitetura do planejamento sucessório*. Belo horizonte: Fórum, 2021. t. II.

DIAS, Maria Berenice. *Manual das sucessões*. 3. ed. São Paulo: Revista dos Tribunais, 2013.

É COMO se eu estivesse morto para ela, revela pai de Adele. *Vagalume*, 28 jan. 2013. Disponível em: https:// www.vagalume.com.br/news/2013/01/28/e-como-se-eu-estivesse-morto-para-ela-revela-pai-de-adele.html. Acesso em: 31 jan. 2021.

FACHIN, Luiz Edson. Natureza jurídica da deserdação. *Revista dos Tribunais*, v. 2, p. 221-239, jan. 2012.

FACHIN, Luiz Edson. Posse de estado de filho, adoção e sucessão testamentária. *Revista dos Tribunais*, v. 2, p. 135-158, jan. 2012.

FARIAS, Cristiano Chaves de; ROSENVALD, Nelson. *Curso de direito civil*: sucessões. 2. ed. São Paulo: Atlas, 2016. v. 7.

FILHO de Alexandre Frota diz que o pai queria que ele fosse abortado. *Correio Braziliense*, 9 out. 2018. Disponível em: https://www.correiobraziliense.com.br/app/noticia/politica/2018/10/09/interna_politica,711133/filho-de-alexandre-frota-diz-que-o-pai-queria-que-ele-fosse-abortado.sht. Acesso em: 31 jan. 2021.

GASPAR, Malu. *A organização*: a Odebrecht e o esquema de corrupção que chocou o mundo. São Paulo: Companhia das Letras, 2020.

HIRONAKA, Giselda Maria Fernandes Novaes. Deserdação e exclusão da sucessão. *In*: HIRONAKA, Giselda Maria Fernandes Novaes; PEREIRA, Rodrigo da Cunha (Coord.). *Direito das sucessões*. 2. ed. Belo Horizonte: Del Rey, 2007.

HIRONAKA, Giselda Maria Fernandes Novaes. *Morrer e suceder*: passado e presente da transmissão sucessória concorrente. São Paulo: Thomson Reuters Revista dos Tribunais, 2014.

MADALENO, Rolf. O fim da legitima. *Revista Brasileira de Direito de Família*, Belo Horizonte, v. 16, n. 24, p. 31-72, jul./ago. 2016.

MASCARENHAS, Gabriel. Filhas de Marcelo Odebrecht rompem com o avô e tiram seu sobrenome. *Veja*, 13 nov. 2020. Disponível em: https://veja.abril.com.br/blog/radar/filhas-de-marcelo-odebrecht-rompem-com-o-avo-e-tiram-seu-sobrenome/. Acesso em: 31 jan. 2021.

MAXIMILIANO, Carlos. *Direito das sucessões*. 5. ed. Rio de Janeiro: Freitas Bastos, 1964. v. 1.

MILITÃO, Eduardo. Lava-Jato: Marcelo Odebrecht é condenado a 19 anos de prisão. *Correio Braziliense*, 8 mar. 2016. Disponível em: https://www.correiobraziliense.com.br/app/noticia/politica/2016/03/08/interna_politica,521061/lava-jato-marcelo-odebrecht-e-condenado-a-19-anos-de-prisao.shtml. Acesso em: 31 jan. 2021.

PEREIRA, Caio Mario da Silva. *Instituições de direito civil*: direito das sucessões. 16. ed. Rio de Janeiro: Forense, 2007. v. 6.

PEREIRA, Rodrigo da Cunha. *Dicionário de direito de família e sucessões ilustrado*. São Paulo: Saraiva, 2015.

POLETTO, Carlos Eduardo Minozzo. *Indignidade sucessória e deserdação*. São Paulo: Saraiva, 2013.

SCHREIBER, Anderson. *Manual de direito civil contemporâneo*. São Paulo: Saraiva, 2018.

TARTUCE, Flávio. *Direito civil*: direito das sucessões. 8. ed. São Paulo: Método, 2015. v. 6.

TEPEDINO, Gustavo; BARBOZA, Heloisa Helena; MORAES, Maria Celina Bodin de. *Código Civil interpretado conforme a Constituição da República*. Rio de Janeiro: Renovar, 2014. v. 4.

TEPEDINO, Gustavo; NEVARES, Ana Luiza Maia; MEIRELES, Rose Melo Vencelau. *Direito das sucessões*: fundamentos de direito civil. Rio de Janeiro: Forense, 2020. v. 7.

VELOSO, Zeno. *Comentários ao Código Civil*: parte especial. Do direito das sucessões. Coordenação de Antonio Junqueira de Azevedo. São Paulo: Saraiva, 2003. v. 21.

XAVIER, Marília Pedroso; PUGLIESE, William. Teoria dos precedentes no novo Código de Processo Civil e Direito de Família: primeiras aproximações. *In*: MAZZEI, Rodrigo; EHRHARDT JUNIOR, Marcos. *Direito civil*. Salvador: JusPodivm, 2017. v. 14.

ZILU Godoi lamenta apoio dos filhos a Zezé Di Camargo em processo de divórcio: "Profunda tristeza". *Quem*, 23 set. 2019. Disponível em: https://revistaquem.globo.com/QUEM-News/noticia/2019/09/zilu-camargo-fala-sobre-apoio-dos-filhos-zeze-em-processo-de-divorcio-profunda-tristeza-e-inconformismo.html. Acesso em: 31 jan. 2021.

Informação bibliográfica deste texto, conforme a NBR 6023:2018 da Associação Brasileira de Normas Técnicas (ABNT):

BARRETTO, Fernanda Leão; XAVIER, Marília Pedroso. "Deixe que digam, que pensem, que falem": lineamentos sobre liberdade de expressão e direito sucessório. *In*: EHRHARDT JÚNIOR, Marcos; LOBO, Fabíola Albuquerque; ANDRADE, Gustavo (Coord.). *Liberdade de expressão e relações privadas*. Belo Horizonte: Fórum, 2021. p. 379-392. ISBN 978-65-5518-188-3.

PARTE VII

LIBERDADE DE EXPRESSÃO E RESPONSABILIDADE CIVIL

RESPONSABILIDADE CIVIL E IMPRENSA: DANOS E LIBERDADES COMUNICATIVAS

FELIPE BRAGA NETTO

1 Liberdades comunicativas: liberdade de informar e de ser informado como direito fundamental

> *A maioria das pessoas imagina que o importante, no diálogo, é a palavra. Engano: o importante é a pausa (envergonha-me estar aqui dizendo o óbvio). Para mim, não há verdade mais evidente. É na pausa que duas pessoas se compreendem e entram em comunhão.*
> (Nelson Rodrigues)

A liberdade de informar e de ser informado caracteriza-se, nas democracias constitucionais contemporâneas, como direito fundamental. Sem isso boa parte dos outros direitos estaria esvaziada, sobretudo as chamadas liberdades públicas. Não é possível votar, exercer o direito (fundamental) à fiscalização dos atos de governo, fazer um juízo sobre os melhores caminhos para o país sem acesso livre à informação. Atualmente, aliás, o cidadão não é mais – ou não deveria ser – aquela figura que recebe passivamente informações produzidas por outrem. Hoje todos influenciam e são influenciados. Há interações em rede, velozes e simultâneas. Essas interações redefinem, de modo dinâmico, as escolhas sociais e influenciam as ações dos governos e as decisões coletivas.

Já mencionamos em outras oportunidades que o Estado Constitucional de Direito pode ser considerado um Estado de ponderação (*Abwägungsstaat*). Todo conflito entre liberdade de informação e privacidade é fundamentalmente uma questão constitucional. Já frisamos que o Código Civil não foi nada feliz ao tratar dos direitos da personalidade.[1] O Código Civil, nascido já no século XXI, não menciona a liberdade de expressão! A

---

[1] O art. 20, por exemplo, dispõe: "Salvo se autorizadas, ou se necessárias à administração da justiça ou à manutenção da ordem pública, a divulgação de escritos, a transmissão da palavra, ou a publicação, a exposição ou a utilização da imagem de uma pessoa poderão ser proibidas, a seu requerimento e sem prejuízo da indenização que couber, se lhe atingirem a honra, a boa fama ou a respeitabilidade, ou se se destinarem a fins comerciais".

norma hierarquiza, de modo estático, bens jurídicos de um modo que se distancia das opções valorativas básicas da Constituição. Nota-se que o "art. 20 do Código Civil, que representa uma ponderação de interesses por parte do legislador, é desarrazoado, porque valora bens constitucionais de modo contrário aos valores subjacentes na Constituição". Continua: "A opção do legislador, tomada de modo apriorístico e desconsiderando o bem constitucional da liberdade de informação, pode e deve ser afastada pela interpretação constitucional".[2] Lembremos que há interesse público na própria liberdade de informação (que é filha, por assim dizer, da liberdade de expressão e da liberdade de pensamento). Podemos falar, no contexto descrito, na *função social da livre circulação das informações*.

A liberdade de informar não é privativa dos veículos de imprensa. Hoje todos – de certo modo – a tem. Com a internet e as redes sociais, as notícias perderam o foco de emissão único, fechado, que tinham no passado. O fenômeno tem aspectos positivos e negativos (mais positivos que negativos, em nossa opinião), mas, gostemos ou não, é um fato. Já dissemos também que se observa uma passagem, em nossos dias, do sujeito isolado para o sujeito conectado. Na esfera jurídica, o direito não opera mais – pelo menos não exclusivamente – na lógica do *um-contra-um*. Há uma relevante dimensão coletiva e difusa que se fortalece. Nascem novos sujeitos de direito, nascem novos interesses que os séculos anteriores mal poderiam adivinhar. Os bens jurídicos redefinem-se de modo intenso. O direito de informar e ser informado – com liberdade e sem obstáculos – apresenta-se como bem jurídico de singular relevância constitucional. Lembrando que devemos encarar esse direito de modo dinâmico, como algo que potencialmente pode ser exercido por todos, e à luz da *função social da livre circulação das informações*. Uma democracia constitucional, no século XXI, não merece esse nome se não tiver, de fato, uma ampla e real liberdade de imprensa.

2 Critérios hermenêuticos: definindo alguns passos

Cabe sintetizar alguns critérios hermenêuticos que nos parecem relevantes para auxiliar o intérprete em tema tão delicado: a) em linha de tendência, a liberdade de expressão e comunicação não deve encontrar obstáculos jurídicos, sobretudo se prévios ao seu exercício; b) os abusos, quando configurados, são atos ilícitos (Código Civil, art. 187), e perfazem danos indenizáveis, possibilitando a imposição de sanção exemplar, punitiva e pedagógica; c) a sátira e o humor, mesmo quando incisivos, devem ser admitidos, salvo quando instrumentalizem o ser humano, tornando-o, digamos assim, menos humano; d) o direito de resposta é uma forma de tutela específica que pode ser concedida pelo magistrado, de modo exclusivo ou cumulado com a indenização, mesmo após o STF ter decidido pela não recepção da Lei de Imprensa pela Constituição de 1988

---

[2] CARVALHO, Luís Gustavo Grandinetti Castanho de. Direito à informação x direito à privacidade. O conflito de direitos fundamentais. *Revista da AMAERJ*, n. 5, p. 12-45, 2002. p. 15. Ver ainda: ESCOBAR DE LA SERNA, Luis. *Derecho de la información*. Madrid: Dickyson, 1998; LLAMAZARES CALZADILLA, Maria Cruz. *Las libertades de expresión e información como garantía del pluralismo democrático*. Madrid: Civitas, 1999; MACHADO, Jônatas. *Liberdade de expressão*. Dimensões constitucionais da esfera pública não sistema social. Coimbra: Editora Coimbra, 2002; MIRAGEM, Bruno. *Responsabilidade civil por danos à honra*. O Código Civil e a Lei de Imprensa. Porto Alegre: Livraria do Advogado, 2005.

(convém lembrar que desde 2015 temos a Lei nº 13.188, que dispõe sobre o direito de resposta ou retificação do ofendido em matéria divulgada por veículo de comunicação social); e) embora não se admitam posturas levianas, não é exigível da imprensa o mesmo grau de certeza da prova produzida em juízo, por exemplo.

Convém incidentalmente lembrar, conquanto óbvio, que os danos relacionados ao tema são frequentes e muitas vezes graves.[3]

2.1 As liberdades comunicativas devem encontrar limites prévios ao seu exercício?

Apenas de modo absolutamente excepcional, e com imenso ônus argumentativo, o julgador deve determinar a proibição da veiculação da notícia. Mesmo porque, dada a incrivelmente veloz partilha de informações que ocorre em nossos dias, o efeito quase sempre é contrário ao pretendido. O STF já decidiu que "a Lei Fundamental do Brasil veicula o mais democrático e civilizado regime da livre e plena circulação de ideias e opiniões", assim como das notícias e informações, "mas sem deixar de prescrever o direito de resposta e todo um regime de responsabilidades civis, penais e administrativas" (STF, Pleno, ADPF nº 130). Devem ser evitadas quaisquer medidas, judiciais ou administrativas, que turbem o direito à livre circulação de notícias e opiniões. Lembremos que a Constituição Federal, art. 5º, IX, assegura ser "livre a expressão da atividade intelectual, artística, científica e de comunicação, independentemente de censura ou licença". Mais adiante, no inc. XIV, garante "a todos o acesso à informação e resguardado o sigilo da fonte, quando necessário ao exercício profissional". O STF já teve oportunidade de destacar a "primazia prima facie da liberdade de expressão no processo de ponderação. Seu afastamento há de ser a exceção e o ônus argumentativo é de quem sustenta o direito oposto" (STF, ADI nº 4.815, voto do Min. Barroso). Deverá haver, nesse contexto, a preferência por medidas que não envolvam a proibição prévia da divulgação (proibição prévia de livros, jornais, revistas, reportagens etc.).[4] Defende-se, por exemplo, que qualquer ação para inibir as chamadas *fake news* deve passar por mais informação e não menos. Assim:

---

[3] Cabe destacar "a larga repercussão de tudo o que é objeto de divulgação por intermédio dos meios de comunicação implica riscos de danos significativos, em especial quando os fatos divulgados não se revelam posteriormente verdadeiros, ou ainda quando estejam protegidos na esfera de exclusividade individual, como é o caso, por exemplo, de informações atinentes à privacidade e à intimidade. Daí surgem danos causados pela difusão de informações, pelos quais deverá ser imputado o dever de indenizar ao responsável pela divulgação sobre fatos inverídicos ou restritos em razão da proteção jurídica que lhes consagre, de proteção a uma dimensão exclusiva da pessoa" (MIRAGEM, Bruno. *Direito civil* – Responsabilidade civil. São Paulo: Saraiva, 2015. p. 636).

[4] RODRIGUES JR., Edson Beas. Solucionando o conflito entre o direito à imagem e a liberdade de expressão: a contribuição da jurisprudência da Corte Interamericana de Direitos Humanos. *Revista dos Tribunais*, São Paulo, ano 100, v. 905, p. 88-102, mar. 2011. p. 92. Seja como for, não são admissíveis alegações de direito à intimidade quando estão em jogo recursos públicos. O gestor de dinheiro público deve, obviamente, agir com total transparência (e estar pronto para aceitar cobranças nesse sentido), sendo contrária à Constituição qualquer interpretação que crie sofismas nesse campo. O dever de transparência pode eventualmente atingir os negócios particulares, uma vez que quem deseja se apropriar de recursos públicos – ou de valores privados, como pagamento de "favores" prestados na função pública – usa caminhos tortuosos e obscuros, para esconder a origem ilícita dos valores. O dever de transparência, no caso, se impõe de modo particularmente forte, prestigia e exalta os valores constitucionais. É preciso, também, que seja oferecido ao envolvido o direito de apresentar sua versão sobre a denúncia.

propostas que permitam a remoção sem ordem judicial de conteúdos, bem como que prejudiquem a mídia alternativa e criminalizem todo aquele que publicar conteúdo falso, deverão ser evitadas por não se alinharem com a Constituição e a proteção das liberdades fundamentais.[5]

Convém registrar, a propósito do tema, que o Plenário do STF, por unanimidade, julgando ação direta de inconstitucionalidade (ADI nº 4.815), afastou a exigência de prévia autorização para a publicação de biografias – no sentido, aliás, que sempre defendemos. A relatora, Ministra Cármen Lúcia, conferiu interpretação conforme a Constituição aos arts. 20 e 21 do Código Civil, em harmonia com os direitos fundamentais à liberdade de expressão e de informação. A ministra, de modo enfático, registrou: "Em consonância com os direitos fundamentais à liberdade de pensamento e de sua expressão, de criação artística, produção científica, declarar inexigível o consentimento da pessoa biografada relativamente a obras biográficas literárias ou audiovisuais", sendo por igual desnecessária autorização de pessoas retratadas como coadjuvantes (ou de seus familiares, em caso de pessoas falecidas). O Código Civil, de fato, nos artigos citados, adotou posição nitidamente contrária à liberdade de expressão – em opção legislativa de constitucionalidade duvidosa, para dizer o mínimo.[6] Os abusos, portanto, devem ser objeto de reparação *a posteriori* (sem excluir, por certo, outras formas além da indenização, como a publicação de ressalvas ou correções em novas edições). A verdade é que a experiência tem mostrado que as agressões, através de biografias, estão muito longe de serem a regra, sendo clara exceção (e, nesse último caso, abre-se espaço para o debate acerca da imposição de indenizações punitivas para coibir publicações ofensivas). E, diante de biografias nitidamente ofensivas, em que há "excesso no exercício da liberdade de informação e do direito de crítica, mediante ofensas à honra e à imagem do demandante, caracterizando a ocorrência de abuso de direito (art. 187, CC)", o STJ reconhece a obrigação de indenizar os danos causados (STJ, REsp nº 1.637.880).

---

[5] TEFFÉ, Chiara Spadaccini de; SOUZA, Carlos Affonso Pereira de. Fake news: como garantir liberdades e conter notícias falsas na internet? *In*: MENEZES, Joyceane Bezerra de; TEPEDINO, Gustavo (Coord.). *Autonomia privada, liberdade existencial e direitos fundamentais*. Belo Horizonte: Fórum, 2019. p. 538. As Jornadas de Direito Civil, em 2018, com visão distinta, entenderam que "a liberdade de expressão não goza de posição preferencial em relação aos direitos da personalidade no ordenamento jurídico brasileiro" (Enunciado nº 613). O STJ já teve oportunidade de decidir em acórdão relatado pela Ministra Nancy Andrighi: "A concessão de tutela inibitória em face de jornalista, para que cesse a postagem de matérias consideradas ofensivas, se mostra impossível, pois a crítica jornalística, pela sua relação de inerência com o interesse público, não pode ser aprioristicamente censurada. Sopesados o risco de lesão ao patrimônio subjetivo individual do autor e a ameaça de censura à imprensa, o fiel da balança deve pender para o lado do direito à informação e à opinião". E continua: "Mesmo para casos extremos como o dos autos – em que há notícia de seguidos excessos no uso da liberdade de imprensa – a mitigação da regra que veda a censura prévia não se justifica. Nessas situações, cumpre ao Poder Judiciário agir com austeridade, assegurando o amplo direito de resposta e intensificando as indenizações caso a conduta se reitere, conferindo ao julgado caráter didático, inclusive com vistas a desmotivar comportamentos futuros de igual jaez" (STJ, REsp nº 1.388.994).

[6] Convém registrar que "em certos casos, será inegável a existência de interesse público no conhecimento dos fatos narrados, ainda que privados. Todos conhecem Einstein por suas grandes realizações, mas o contexto em que foram produzidas suas descobertas e os elementos que moldavam sua personalidade também podem ser classificados como informações de interesse público. Outro bom exemplo seria o de Hitler. Não por acaso, trata-se de uma das personalidades mais estudadas da história, inclusive sob perspectiva psicológica e psiquiátrica. Parece difícil imaginar que algum dado de sua vida – por mais íntimo que seja – possa ser tido como indiferente ao interesse público" (STF, ADI nº 4.815, trecho do voto do Min. Luís Roberto Barroso).

2.2 Os abusos, quando configurados, são ilícitos

O abuso de direito é uma hipótese de responsabilidade objetiva, que deve ser analisado à luz de critérios funcionais e finalísticos. Pode funcionar como limite ao exercício dos direitos subjetivos – e importantes expedientes conceituais foram desenvolvidos nesse sentido, como a teoria dos atos próprios (*venire contra factum proprium*) e a teoria do adimplemento substancial (*substantial performance*), entre outras. Queremos dizer, com isso, que o abuso de direito é uma categoria cuja construção se deu de modo fundamentalmente interpretativo, em diálogo recíproco entre doutrina e jurisprudência (bem menos do que com categorias propriamente legislativas).[7]

Cabe lembrar que na responsabilidade civil do Estado – uma hipótese clara e pacífica de responsabilidade objetiva desde a Constituição de 1946, no Brasil – não há menção à desnecessidade de culpa no texto constitucional. Também, em inúmeros casos de responsabilidade objetiva, previstos em lei, não há menção à dispensa de culpa, resultando tal dispensa da própria natureza da responsabilidade, como é o caso do artigo 938 do Código Civil ("Aquele que habitar prédio, ou parte dele, responde pelo dano proveniente das coisas que dele caírem ou forem lançadas em lugar indevido"). Convém frisar, por fim, que as Jornadas de Direito Civil, promovidas pelo CJF, aprovaram há tempos o Enunciado nº 37: "A responsabilidade civil decorrente do abuso do direito independe de culpa, e fundamenta-se somente no critério objetivo-finalístico".

O abuso de direito é ato ilícito (Código Civil, art. 187). Seus efeitos são variados, não apenas indenizantes. Não basta, na sociedade contemporânea, ter direito, é fundamental que seu exercício não se dê de modo agressivo ou ilimitado, rompendo a harmonia social. Há deveres que, se observados, afastam a possibilidade de ofensa à honra. São eles: o dever geral de cuidado, o dever de pertinência e o dever de veracidade (STJ, REsp nº 1.382.680). O dever geral de cuidado diz respeito à projeção, por parte de quem publica, das consequências oriundas da divulgação; o dever de veracidade tem relação com o não falsear o que se publica, nem fazer conjecturas pejorativas; o dever de pertinência autoriza indagarmos em que medida o conteúdo supostamente ofensivo guarda relação com o dever de informar (não há pertinência, por exemplo, numa matéria sobre compras de Natal, um comentário ofensivo acerca da conduta de alguém). As peculiaridades do caso concreto são sempre relevantes.

Convém lembrar que quem calunia ou difama comete ato ilícito, respondendo civilmente pelos danos materiais e morais causados (Código Civil, arts. 186 ou 187 c/c o art. 927). Assim, o "profissional que assina a reportagem classificada de agressiva ou injuriosa tem legitimidade para figurar no polo passivo da ação compensatória ajuizada pelo ofendido. Precedentes" (STJ, AgRg no REsp nº 1.041.191). Solidariamente, responde

---

[7] A respeito do abuso de direito, consagrado no art. 187 do Código Civil, Barbosa Moreira é bastante claro: "Se assim não fosse – isto é, se para a configuração do abuso do direito tivessem de concorrer os pressupostos do art. 186 – tornar-se-ia inútil o art. 187. Haveria, não equiparação, mas identificação", ou melhor – continua – "subsunção da figura do abuso de direito na do ato ilícito segundo o art. 186" (MOREIRA, José Carlos Barbosa. Abuso do direito. *Revista Trimestral de Direito Civil*. v. 13, p. 97-110, jan./mar. 2003. p. 104). Aguiar Dias, por sua vez, é incisivo ao dizer que o abuso de direito, "sob pena de se desfazer em mera expressão de fantasia, não pode ser assimilado à noção de culpa. Inócua, ou de fundo simplesmente especulativo, seria a distinção, uma vez que por invocação aos princípios da culpa se teria a reparação do dano por ele causado" (DIAS, José de Aguiar. *Da responsabilidade civil*. Rio de Janeiro: Forense, 1997. p. 539, n. 184).

o proprietário do veículo de comunicação. A vítima poderá escolher contra quem proporá a ação. A indenização por injúria, difamação ou calúnia consistirá – de acordo com a dicção tautológica do art. 953 do Código Civil – na reparação do dano que delas resulte ao ofendido. O parágrafo único do referido artigo completa: "Se o ofendido não puder provar prejuízo material, caberá ao juiz fixar, equitativamente, o valor da indenização, na conformidade das circunstâncias do caso". A tendência contemporânea é abandonar as indenizações tarifadas, deixando que a prudência do juiz, atento às circunstâncias do caso, defina o razoável e o proporcional.

A jurisprudência anota que "todos aqueles que concorrem para o ato lesivo decorrente da veiculação de notícia na imprensa podem integrar o polo passivo da ação de responsabilidade civil" (STJ, AgRg no Agr nº 702.321). O STJ já teve oportunidade de analisar a questão, decidindo que os jornalistas são civilmente responsáveis, ao lado do dono do veículo de comunicação, por aquilo que publicam (STJ, Súmula nº 221: "São civilmente responsáveis pelo ressarcimento de dano, decorrente de publicação pela imprensa, tanto o autor do escritor quanto o proprietário do veículo de divulgação"). Esse entendimento se aplica a todas as formas de imprensa, alcançado, assim, também os serviços de provedoria de informação, cabendo àquele que mantém *blog* exercer o seu controle editorial, de modo a evitar a inserção no *site* de matérias ou artigos potencialmente danosos (STJ, REsp nº 1.381.610).

Há questões difíceis, sabidamente polêmicas. Winston Churchill dizia que um fanático é alguém que não pode mudar de opinião e não quer mudar de assunto. Pois bem, *hate speech*, ou discurso do ódio, é a expressão – oral, escrita ou por sinais – contra determinado grupo religioso, étnico, regional etc. É um tema que já nasce envolvo em dificuldades, uma vez que – como tantos outros no mundo contemporâneo – tem início a partir do exercício de um direito fundamental: a liberdade de expressão. Até onde vai, ou pode ir, o seu exercício? Em outras palavras, devemos tolerar os intolerantes? Devemos aceitar quem não aceita os outros? As democracias constitucionais contemporâneas estão prontas para aceitar manifestações ódio e intolerância como partes da liberdade de expressão?[8]

Algo é certo (e já frisamos): a Constituição garante a liberdade de expressão não só para ideias majoritárias, mas também minoritárias. Não só para ideias progressistas, mas também conservadoras (sem falar que a categorização do que é conservador ou progressista é bastante relativa). Por outro lado, não há direito ilimitado, todos são socialmente condicionados. O STF, de modo semelhante, ponderou que a liberdade de expressão não deve proteger somente ideias positivas, socialmente aceitas, inofensivas e neutras, mas também aquelas negativas, ofensivas, incômodas e chocantes. Essa é uma

---

[8] A questão traduz uma pergunta incômoda: devemos ser tolerantes com os intolerantes? Devemos dar liberdade às ideias que odiamos? Argumenta-se que "nem todo aspecto da diversidade cultural é digno de respeito. Algumas diferenças – o racismo e o antissemitismo são exemplos óbvios – não merecem respeito, ainda que se deva tolerar certas expressões das opiniões racistas e antissemitas" (GUTMANN, Amy. Introdução. *In*: TAYLOR, Charles. *El multiculturalismo y "La Política del Reconocimiento"*. Tradução de Mónica Utrilla de Neira, Liliana Andrade Llanas e Gerard Vilar Roca. México: Fondo de Cultura Económica, 2009. p. 49). Aliás, podemos falar em obrigatoriedade do reconhecimento das diferenças. É o que conclui, a partir da ideia de tolerância, Michael Walzer (WALZER, Michael. *Da tolerância*. Tradução de Almiro Pisetta. São Paulo: Martins Fontes, 1999). O autor lembra que a tolerância da diferença é intrínseca à política democrática. Importante registrar que Walze, em geral, em sua obra, não utiliza o termo "pluralismo" para se referir à diversidade de concepções individuais sobre os melhores caminhos a seguir (que estaria ligada à autodeterminação individual), mas – em concepção comunitarista – para descrever a pluralidade de identidades culturais, em específicos contextos históricos.

exigência do pluralismo e da tolerância, essencial em uma sociedade democrática (STF, ADI nº 4.815, voto do Min. Luís Roberto Barroso). Essa é a regra amplamente geral e aceita. Mas mesmo aqui há limites.

2.3 A sátira e o humor, mesmo quando incisivos, devem ser admitidos

Não é simples nem fácil delimitar as fronteiras entre o humor e o dano indenizável (costumamos nos esquecer ou nos fingir de distraídos, mas a verdade é esta: boa parte das piadas de que rimos, às vezes as mais engraçadas, são de certo modo ofensivas a alguém, reforçam algum estereótipo negativo, diminuem determinado gênero, raça, origem etc.). Por outro lado, o humor tem imensos aspectos positivos e necessários, exerce, além disso, função de relevância coletiva na crítica política e de costumes. São dimensões culturais que precisam ser lembradas. A sátira, em si, não é depreciativa. O mesmo se diga da paródia. Em determinado caso concreto, uma empresa de hortifrutigranjeiros alterou, na publicidade, um verso da canção *Garota de Ipanema*, transformando: "Olha que coisa mais linda, mais cheia de graça" em "Olha que *couve* mais linda, mais cheia de graça". Diante disso, a empresa detentora dos direitos autorais da canção (*Garota de Ipanema*) pediu a proibição da veiculação da referida publicidade, o que não foi aceito. O STJ decidiu em 2018 que a paródia é possível e traduz livre manifestação do pensamento, desde que haja efetiva atividade criativa por parte do parodiador e que não haja tom depreciativo ou ofensivo, que enseje descrédito em relação à obra parodiada (STJ, REsp nº 1.597.678).

É preciso sempre contextualizar a discussão. A piada, a sátira, a ironia são admissíveis, mesmo quando corrosivas e fortes. A situação pode assumir outros contornos quando atinge a integridade física de alguém, como nas chamadas "pegadinhas". Por exemplo, mulher que, enquanto caminha na rua, tem baratas vivas arremessadas contra o seu corpo, sobretudo quando a vítima tem verdadeiro pânico – o que ocorre com muitas mulheres – desse inseto (STJ, REsp nº 1.095.385). Ou alguém que é atingido por baldes de terra enquanto desempenha seu trabalho (STJ, AgRg no Ag nº 1.348.247). O dano se faz indenizável sobretudo se as imagens são veiculadas sem autorização (a autorização para veiculação, nesses casos, é imprescindível). Se podemos, muitas vezes, encarar a situação com bom humor e relevar esse ou aquele aborrecimento, em outras vezes há, de fato, linhas de razoabilidade que são ultrapassadas. De todo modo, ninguém está obrigado a aceitar essa veiculação, caso não queira.

O STF, em 2018, por unanimidade, declarou inconstitucionais os dispositivos da Lei das Eleições (Lei nº 9.504/1997) que impediam emissoras de rádio e televisão de veicular programas de humor envolvendo candidatos e partidos nos três meses anteriores ao pleito, como forma de evitar que sejam ridicularizados ou satirizados (STF, ADI nº 4.451). Entendeu-se corretamente que os artigos violam as liberdades de expressão e de imprensa e o direito à informação.

2.4 O direito de resposta como tutela específica

O direito de resposta representa uma tendência dos nossos dias: *despatrimonializar* os meios e modos da reparação do dano. O direito de resposta é uma forma de tutela específica que pode ser concedida pelo magistrado, mesmo após o STF ter decidido pela não recepção da Lei de Imprensa pela Constituição de 1988. O STF, ao julgar a Arguição de Descumprimento de Preceito Fundamental (ADPF) nº 130, entendeu que a Lei de Imprensa (Lei nº 5.250/67) não foi recepcionada, em sua integralidade, pela Constituição Federal de 1988. A resposta veiculada deve ser concisa, clara, objetiva, e não ostentar tintas ofensivas. O STJ, aliás, já se posicionou em sentido semelhante ao afirmar que "não há de se confundir direito de resposta com direito de vingança, porquanto aquele não constitui crédito ao ofendido para que possa injuriar ou difamar o seu ofensor" (STJ, REsp nº 296.391). O direito de resposta pode se apresentar como tutela específica autônoma, exclusiva. Ou pode se apresentar acompanhado da tutela ressarcitória, da indenização.

Em novembro de 2015 foi sancionada a Lei nº 13.188, que dispõe sobre o direito de resposta ou retificação do ofendido em matéria divulgada ou transmitida por veículo de comunicação social. Convém frisar, em linha de princípio, que a referida lei nasceu enfrentando forte polêmica quanto à sua conveniência, quanto ao acerto das escolhas por ela feitas e, até, quanto à sua constitucionalidade. A Associação Brasileira de Imprensa (ABI) insurgiu-se, perante o STF, contra a nova lei, pedindo que todo o texto da nova lei seja declarado inconstitucional. A OAB, anteriormente, já havia atacado, perante o STF, certos trechos da lei.[9] O Ministro Carlos Ayres Brito, que relatou, no STF, a ADPF nº 130 – que considerou integralmente não recepcionada, pela Constituição Federal de 1988, a Lei de Imprensa – declarou, a propósito da nova Lei do Direito de Resposta: "A lei trabalha mal com as categorias constitucionais sobre liberdade de imprensa e direito de resposta. Também não compreendeu bem as decisões do Supremo, como o fim da Lei de Imprensa. Ela foi hostil à liberdade de imprensa e pensamento". O texto legal, de fato, parece presumir o abuso, e não o valor constitucional da liberdade de imprensa.

2.5 Qual a natureza da responsabilidade civil dos veículos de imprensa?

Qual a natureza da responsabilidade civil dos veículos de imprensa em relação à prova da culpa? Eles respondem subjetiva ou objetivamente? Seria possível responsabilizá-los à luz da teoria do risco?

---

[9] A Lei nº 13.188/2015 faz explícita ressalva no sentido de que ela não se aplica aos comentários realizados por usuários da internet nas páginas eletrônicas dos veículos de comunicação social (art. 2º, §2º). A lei dispõe que a retratação ou retificação espontânea, ainda que a elas sejam conferidos os mesmos destaque, publicidade, periodicidade e dimensão do agravo, não impedem o exercício do direito de resposta pelo ofendido nem prejudicam a ação de reparação por dano moral (art. 2º, §3º). Define que o direito de resposta ou retificação deve ser exercido no prazo decadencial de 60 dias, contado da data de cada divulgação, publicação ou transmissão da matéria ofensiva, mediante correspondência com aviso de recebimento encaminhada diretamente ao veículo de comunicação social ou, inexistindo pessoa jurídica constituída, a quem por ele responda, independentemente de quem seja o responsável intelectual pelo agravo (art. 3º). Estatui que a resposta ou retificação – seja na "mídia escrita", na internet, na "mídia televisiva", ou na "mídia radiofônica" – terá o destaque, a publicidade, a periodicidade e a dimensão da matéria que a ensejou. Prevê ainda que a resposta ou retificação cuja divulgação, publicação ou transmissão não obedeça ao disposto nesta lei é considerada inexistente. Os demais artigos da lei (fundamentalmente, do 5º ao 12) estabelecem ritos procedimentais, e determinados requisitos, para a propositura e processamento da respectiva ação judicial. Requisitos, em geral, bastante severos em relação aos veículos de comunicação em geral (estabelece, em geral, prazos bastante exíguos e elimina, por exemplo, no art. 10, a possibilidade de um juízo monocrático no âmbito dos tribunais, entre outras medidas que destoam dos padrões normativos brasileiros). A lei, de fato, parece fugir à proporcionalidade, e pode-se cogitar que ela pretenda dificultar a livre circulação das ideias e informações tão própria de um regime democrático.

A responsabilidade civil por danos causados pela imprensa depende da prova de culpa. A jurisprudência brasileira tem trilhado esse caminho. Estaríamos, nessa perspectiva, diante de uma responsabilidade civil de tintas subjetivas, na linha tradicional, que atravessou séculos até chegar aos nossos dias. A jurisprudência exige, nesse contexto, a comprovação de que o veículo sabia ou poderia saber da inveracidade da informação divulgada. O acórdão consignou que se deve ter em mente aquele que talvez seja o requisito mais importante para aferir a responsabilidade do veículo de imprensa, qual seja, a culpa. Argumentou ainda que os veículos de imprensa e comunicação se sujeitam a um regime de responsabilidade subjetiva, não cabendo se falar aqui de responsabilidade por risco. Nesse contexto não bastaria a divulgação de informação falsa, exigir-se-ia mais: prova de que o agente que a divulgou conhecia ou poderia conhecer a inveracidade da informação propalada (STJ, REsp nº 984.803). Nessa linha, a culpa dos veículos de imprensa deve ser analisada circunstancialmente, à luz do caso concreto.[10]

A absolvição criminal posterior, por si só, não faz surgir o dever de indenizar do órgão de imprensa. Desse modo, o veículo de comunicação não estará obrigado a indenizar em virtude tão somente da absolvição criminal relativa à suspeita ou denúncia que noticiou, ou mesmo diante da mudança de rumos da investigação (STJ, REsp nº 1.263.973). A Ministra Nancy Andrighi ponderou: "A suspeita que recaía sobre o recorrido, por mais dolorosa que lhe seja, de fato, existia e era, à época, fidedigna. Se hoje já não pesam sobre o recorrido essas suspeitas, isso não faz com que o passado se altere". Enfatizou ainda que pensar de modo contrário seria impor indenização a todo veículo de imprensa que divulgue investigação ou ação penal que, ao final, se mostre improcedente (STJ, REsp nº 984.803). É possível – dizemos nós – que em determinados casos isso ocorra, mas não é um efeito automático da absolvição. O entendimento jurisprudencial mencionado – que exige a culpa do veículo de imprensa – concilia-se com a doutrina da *actual malice*, que exige não só a falsidade da notícia, mas também a prova de que o veículo de imprensa sabia ou devia saber disso.[11]

Provada que seja a culpa nos termos descritos, surge a responsabilidade solidária do órgão de imprensa (jornal, rede de TV etc.). E para que essa solidariedade seja imposta não é preciso prova de culpa. É aliás o que resulta do nosso Código Civil. O empregador responde sem culpa pelos atos dos empregados (CC, arts. 932, III, e 933).

---

[10] Tem-se entendido, em se tratando de matéria veiculada pela imprensa, que o dever de indenizar por danos morais surge quando o texto publicado evidencia a intenção de injuriar, difamar ou caluniar (STJ, REsp nº 1.390.560). A mesma linha tem sido observada em relação a obras – jurídicas ou não – que façam ilações a respeito da autoria de crimes de repercussão nacional. Assim, "com exceção das hipóteses de responsabilidade objetiva previstas no sistema de responsabilidade civil, não se concebe o dever de indenização se ausente o dolo, a culpa ou o abuso de direito. No caso, as 'conclusões' a que chegou o réu, no âmbito de obra jurídica intitulada 'Crimes Famosos', acerca do 'Crime da Rua Cuba', encontram-se no âmbito das incertezas razoáveis, das ilações plausíveis, as quais, aliás, podem estimular o estudo e a formação acadêmica do profissional do direito – a quem, principalmente, era dirigida a obra" (STJ, REsp nº 1.193.886). Em linha de princípio, pode-se dizer que o veículo de comunicação se exime de culpa quando busca fontes fidedignas, quando exerce atividade investigativa, ouve as diversas partes interessadas e afasta quaisquer dúvidas sérias quanto à veracidade do que divulgará (STJ, REsp nº 1.414.887).

[11] Conferir, a propósito: GARCIA, Enéas Costa. *Responsabilidade civil dos meios de comunicação*. São Paulo: Juarez de Oliveira, 2002. Mesmo, porém, para a posição tradicional – responsabilidade civil subjetiva dos órgãos de imprensa, segundo nossa jurisprudência dominante –, não se exige a prova inequívoca da má-fé da publicação (*actual malice*) para ensejar a indenização (STJ, REsp nº 680.794).

3 Contextualizando o uso da imagem alheia

Além dos tópicos que destacamos nos itens anteriores, poderíamos continuar elencando algumas particularidades que nos parecem relevantes na matéria. Os pontos são os seguintes: a) pode haver lesão à imagem com ou sem simultânea lesão à honra; b) a indenização por lesão à imagem não se condiciona à prova de prejuízo pelo ofendido nem tem como teto o lucro do agressor (quando houver); c) a autorização que alguém eventualmente dê para o uso de sua imagem deve ser interpretada de modo restrito, não cabendo hermenêutica ampla; d) fotos de multidões ou em lugares públicos (praias, por exemplo), se não destacam alguém em especial, não lesam o direito à imagem; e) o uso de imagem de crianças e adolescentes deve ser excepcional e contextualizado, cabendo, em linha de princípio, optar pelo resguardo da imagem e não exibição; f) recomenda-se ao intérprete, na matéria, especial cuidado para não escalonar o direito à imagem à luz da condição social ou econômica do ofendido.

Pode-se violar o direito à imagem de duas formas: a) violação da imagem com violação à honra; ou b) violação da imagem sem violação à honra. As hipóteses, embora conexas, não se confundem. Se, digamos, um jornal faz uma reportagem investigativa sobre corrupção e insere, por engano, a foto de um inocente na reportagem (haverá violação à imagem e à honra). Ou, de modo muito mais dramático, como aconteceu no tristemente célebre caso da Escola Base, ocasião em que falsas denúncias de pedofilia destruíram a vida de inocentes.[12] Diferente é a situação do uso, pelo mesmo jornal, num anúncio publicitário, da imagem de uma modelo sem autorização (haverá, nesse caso, violação ao direito de imagem, porém não do direito à honra). Não só aquele que teve sua imagem usada sem autorização poderá reclamar, mas também seus herdeiros, em caso de falecimento.[13]

Pois bem, supondo que consigamos, no caso concreto, distinguir as duas figuras conceituais: a) violação da imagem sem violação à honra (STJ, REsp nº 794.586); b) violação à imagem com violação à honra (STJ, REsp nº 436.070). Como exemplo da primeira hipótese, temos que "a ofensa ao direito à imagem materializa-se com a mera utilização da imagem sem autorização, ainda que não tenha caráter vexatório ou que não viole a honra ou a intimidade da pessoa, e desde que o conteúdo exibido seja capaz de individualizar o ofendido" (STJ, REsp nº 794.586). Como exemplo da segunda hipótese, tem-se que "o uso indevido autoriza, por si só, a reparação em danos materiais, desde que abrangido no pedido deduzido pelo autor. Se ao uso indevido da imagem soma-se o intuito de depreciar a vítima", devendo a indenização abranger não apenas os danos materiais, mas também os morais (STJ, REsp nº 436.070).

---

[12] Julgando o caso da Escola Base – ocorrido em 1994, quando, conforme dissemos, falsas denúncias de abuso sexual destruíram a vida de inocentes, proprietários de uma escola de educação infantil – o STJ, confirmando decisão do TJSP, concedeu, a cada uma das vítimas, o valor de R$250 mil a título de danos morais, contra o jornal que veiculou as acusações. O STJ entendeu que o valor em questão não é abusivo, diante das gravíssimas (e falsas) acusações (STJ, Ag nº 801.495).

[13] Aliás, o Enunciado nº 587 das Jornadas de Direito Civil destacou: "O dano à imagem restará configurado quando presente a utilização indevida desse bem jurídico, independentemente da concomitante lesão a outro direito da personalidade, sendo dispensável a prova do prejuízo do lesado ou do lucro do ofensor para a caracterização do referido dano, por se tratar de modalidade de dano *in re ipsa*".

As sanções civis nas duas hipóteses serão as mesmas? Falamos, aqui, da responsabilidade civil, e não de eventuais tutelas preventivas (para evitar a violação) ou mesmo tutelas específicas, como o direito de resposta. No caso de violação à imagem com violação à honra, a situação é mais fácil: a indenização compreenderá os danos morais, sem prejuízo dos danos materiais porventura configurados (digamos que alguém, acusado de pedofilia, foi demitido do emprego, ou teve sua escola infantil fechada). No caso de violação à imagem *sem violação à honra* entendemos que, em princípio, caberá apenas a indenização por dano material. Em casos excepcionais, à luz das singularidades concretas, poderá haver também dano moral.

3.1 Alguns aspectos relacionados ao uso da imagem alheia

A imagem é direito autônomo. Já vimos que ela pode ser violada isoladamente ou junto com a honra. Em nenhum dos dois casos, porém, faz-se necessária a prova de que houve prejuízo. O STJ, aliás, por meio da Súmula nº 403, estabeleceu: "Independe de prova do prejuízo a indenização pela publicação não autorizada de imagem de pessoa com fins econômicos ou comerciais". Há quem entenda que "a mera utilização inconsentida da imagem gera o dever de indenizar por danos morais, pouco importando que a projeção da imagem tenha se dado de forma não injuriosa, não atentatória à reputação da pessoa". Entendemos que na hipótese do uso da imagem alheia *sem* violação à honra só os casos concretos dirão se a indenização dirá respeito a danos materiais ou morais (podemos, nessas hipóteses, estar diante apenas de um deles, não dos dois).

Se o uso da imagem alheia, sem autorização, se faz com fins comerciais, o dano material é evidente. Isso vale até mesmo para a imagem de pessoas já mortas. A publicidade, aliás, vale-se com frequência de imagens de pessoas já mortas, porém célebres. Em determinada ocasião, o uso de fotos de "Lampião" e "Maria Bonita", em propaganda comercial, ensejou indenização aos herdeiros. Outro aspecto conexo é o seguinte: o valor da indenização não tem como teto o lucro do agressor, podendo ir além. Se é certo que a lesão à imagem não depende da circunstância de o ofensor ter auferido lucro com o ilícito, se ele auferiu, esse valor não pode ser usado como limite máximo para a quantificação da indenização. Aliás, mesmo se o ofensor teve prejuízo com o negócio, o uso indevido da imagem alheia é indenizável.

Outro aspecto que exige menção: a cessão, onerosa ou gratuita, de imagem deve ser interpretada restritivamente. Se alguém, por exemplo, dá entrevista e permite que sua foto seja usada em revista técnica – com viés econômico, jurídico etc. – isso não autoriza o mesmo grupo editorial a usar a foto em outras revistas, de celebridades e fofocas, por exemplo. Em abril de 2017, houve, em alguns *blogs*, publicidades digitais feitas por uma corretora de valores com a foto do ex-jogador de futebol Müller, com a seguinte frase: "Você se lembra do craque Müller? Ele ganhou milhões, mas não guardou dinheiro algum. Saiba como virar esse jogo". Por certo, publicidades como essa *não podem ser feitas* sem a autorização da pessoa cuja imagem é usada.

Embora não diga respeito à atuação da imprensa, há ainda uma dimensão – bastante atual – do problema que deve ser mencionada: consentimento para captação não é consentimento para publicação. Danos graves têm surgido daí. Os exemplos possíveis são muitos, fiquemos com o mais comum deles: a namorada envia fotos nuas – os célebres *nudes* – para o namorado. Ele, depois, por uma razão qualquer, publica as fotos na internet. Ou pior: o namorado grava, em vídeo, as relações sexuais que teve com a namorada (com ou sem consentimento dela). E depois do fim do namoro, por intuito de vingança ou outra razão qualquer, ele divulga esse conteúdo na internet. A conduta, por certo, é ilícita, e o potencial danoso é imenso para a vítima. Não são poucos os casos de pessoas que mudam de cidade, de emprego por casos assim. Também não são raros suicídios, sobretudo de adolescentes. Trata-se, sem dúvida, de dano indenizável. Convém repetir o óbvio: consentimento para a captação não é consentimento para a publicação. Sobretudo se a foto não foi tirada em local público, sobretudo se a foto ou o vídeo retrata algum momento íntimo. Para além de tudo isso, a Lei nº 13.772/18 criminalizou o registro não autorizado de conteúdo com cena de nudez ou ato sexual ou libidinoso de caráter íntimo e privado, estabelecendo um tipo penal encartado no art. 216-B do Código Penal, com pena de detenção de seis meses a um ano, além de multa.

E a orientação também vale para outros contextos. É muito comum, por exemplo, o uso de imagem de cidadãos – sobretudo brasileiros anônimos, humildes, sempre lembrados nessas horas – em programas eleitorais. A pessoa pode até autorizar a foto. O uso em contexto político não é presumido. O uso dessas imagens sem autorização é ilícito, e gera direito à indenização compensatória (STJ, REsp nº 1.217.422). Não importa se a pessoa que teve a imagem usada é civilmente capaz ou incapaz.

A imagem, se é um direito da personalidade com as especificidades que apontamos, não cria uma redoma ao redor de cada um de nós. Não seria, decerto, razoável nem mesmo possível essa interpretação. Não há, metaforicamente falando, uma espécie de capa jurídica que cubra cada ser humano ao sair de casa, impedindo que sejam feitos os usos normais, comuns e esperados da nossa imagem à luz dos usos e costumes da sociedade contemporânea.

Não caberia, nesse sentido – seria irrealista e ingênuo – pretender que os jornais, a cada edição, obtenham centenas de autorizações para uso de imagem. Imagine-se a cobertura de uma Copa do Mundo. Ninguém razoavelmente diria que seriam ilícitas e indevidas todas as imagens feitas sem autorização.[14] Fotos e vídeos feitos dentro ou ao redor dos estádios fazem parte da cobertura jornalística esperada. Mesmo sem cogitar de eventos de grande porte, o jornalismo, em nossas práticas culturais, faz-se diariamente sem que essas centenas ou milhares de autorizações sejam solicitadas.

Nesse contexto – e para ficar num único exemplo – não viola o direito à imagem fotos de lugares públicos, como praias e praças, em que aparecem várias pessoas. É possível – só a análise concreta dirá – que, mesmo nesses locais, haja violação à imagem, se o fotógrafo destaca a imagem de alguém, porque nesse caso não é o local da captação que importa, mas a imagem captada. Também não nos parece que haja violação nas câmeras em vias públicas (tem sido cada vez mais comum, no Brasil e em outros países, que haja câmeras de segurança nas ruas, como modo de otimizar e deslocar os policiais e agentes de trânsito para os pontos de maior necessidade).

---

[14] Há casos folclóricos. Num deles, ocorrido há algumas décadas, um sujeito, procurado pela Polícia Federal por significativo desfalque nos cofres públicos brasileiros, foi flagrado pelas câmeras de televisão na arquibancada de um ginásio no exterior, assistindo a um jogo de vôlei do Brasil nas Olimpíadas.

A criança e o adolescente têm direito ao resguardo da imagem e intimidade. Não cabe divulgar imagens de crianças ou adolescentes, nem mesmo quando se tratar de menor infrator. A Lei nº 10.764, de 2003 alterou o art. 143 do Estatuto da Criança e do Adolescente, dispondo que ele passou a ter a seguinte redação: "Parágrafo único. Qualquer notícia a respeito do fato não poderá identificar a criança ou adolescente, vedando-se fotografia, referência a nome, apelido, filiação, parentesco, residência e, inclusive, iniciais do nome e sobrenome".[15]

Hoje é comum o envio de *nudes* por adolescentes para seus namorados ou namoradas. Com alguma frequência, essas fotos são compartilhadas publicamente depois (*revenge porn*). Poderá haver, nessa situação, dano indenizável. Sob o aspecto criminal, quando o responsável pela divulgação de foto alheia de criança ou adolescente é maior de 18 anos, o Ministério Público Federal realiza a persecução criminal desses crimes (que têm aumentado muito). Voltando ao direito civil, sabemos que certas ações ou omissões causam danos cujos prejuízos são presumidos, não precisam ser provados. O STJ, em 2017, decidiu que agressão à criança dispensa prova de dano moral. Trata-se de dano moral *in re ipsa*. No caso, uma mulher foi condenada a pagar quatro mil reais a título de danos morais por ter agredido – física e verbalmente – uma criança de dez anos que havia brigado com sua filha na escola (STJ, REsp nº 1.642.318). Já em 2018 o STJ entendeu que a ofensa à dignidade de crianças e adolescentes – humilhados por quadros de programa televisivo que os exibe situações discriminatórias – gera dano moral coletivo (também *in re ipsa,* segundo o tribunal). No caso os menores tiveram suas origens biológicas devassadas e tratada de forma jocosa (STJ, REsp nº 1.517.973).

Cabe, embora brevemente, uma menção final neste tópico. Talvez muitos de nós sequer se deem conta, mas o direito à imagem costuma ser encarado de modo diferente, dependendo da condição econômica ou social da vítima. Esses desníveis de exigência – o que viola o direito de imagem do rico não viola o do pobre – precisam ser submetidos a testes de consistência constitucional, para que não incidamos em práticas discriminatórias, sobretudo ao interpretar e aplicar o direito. Por mais degradante que seja a situação vivida por alguém, o direito à imagem não se esfarela. Pelo contrário, talvez justamente aí a vítima mais precise dele, ainda que no momento não tenha esse discernimento. Há alguns anos a Polícia de Londres lançou uma campanha publicitária assim intitulada: "Não deixem que traficantes mudem a cara do seu bairro". Junto com o *slogan*, havia fotos, impressionantes e terríveis, de mulheres viciadas. As fotos (três de cada mulher) mostravam, em poucos meses, a espantosa degradação provocada pela droga, tornando, em pouco tempo, irreconhecíveis (fisicamente) as pessoas. Registre-se que as fotos foram tiradas, todas, pela polícia, nas sucessivas passagens das viciadas pela polícia. Por mais louvável que seja o propósito (e é), a exposição da imagem alheia, sobretudo em condições tão terríveis, jamais poderia ser feita sem os

---

[15] O STJ decidiu a propósito: "Pretensão ressarcitória visando à compensação de danos extrapatrimoniais deduzida por adolescente que teve sua fotografia (imagem) veiculada em matéria jornalística, em que se notificou a prática de roubo em casa lotérica, a despeito da expressa vedação inserta no parágrafo único do artigo 143 do Estatuto da Criança e Adolescente (Lei nº 8.069/90)" (STJ, REsp nº 1.297.660). Em outra ocasião o STJ frisou: "Não obstante o caráter informativo dos noticiários demandados e seu perceptível interesse público, ficou claro o abuso no direito de informar. Em se tratando de adolescente, cabia às empresas jornalísticas maior prudência e cautela na divulgação dos fatos, do nome, da qualificação e da própria fotografia do menor, de forma a evitar a indevida e ilícita violação de seu direito de imagem e dignidade pessoal" (STJ, AgInt no REsp nº 1.406.120).

respectivos consentimentos. Há clara violação do direito à imagem, presente tudo o que antes dissemos.

4   Deveres gerais da imprensa

É possível falar de deveres que colorem, de modo próprio, a atuação da imprensa. São deveres gerais, mais ou menos amplos, que servem como norte na análise dos casos concretos. O STJ já destacou que na atividade da imprensa é possível vislumbrar a existência de três deveres que, se observados, afastam a possibilidade de ofensa à honra. São eles: o dever geral de cuidado, o dever de pertinência e o dever de veracidade (STJ, REsp nº 1.676.393).

4.1   Dever de veracidade

O primeiro dever é o de veracidade. Não se exige aqui – como se argumenta no próximo tópico – uma exatidão à maneira das verdades matemáticas, absolutamente conclusivas. Exigem-se indícios consistentes, contextos razoavelmente formados, sobretudo uma apuração rigorosa. Não, porém, provas absolutas. Aliás, se mesmo do direito, como fenômeno jurídico, hoje cada vez mais se aceita que é um saber persuasivo e não demonstrativo, não faria sentido alguém tentar exigir isso da imprensa.[16]

4.1.1   Exige-se da imprensa o grau de certeza da prova judicial?

Os veículos de comunicação não operam – nem poderiam –, na apuração e divulgação de notícias, com os mesmos graus de solidez e certeza exigíveis num processo judicial (sobretudo se penal). Há interesse público, ademais, na divulgação célere e transparente das notícias, é algo que conquistamos e não saberíamos – socialmente falando – ficar sem isso, é um passo democraticamente irreversível. Outro ponto relevante é assentar que o dever de indenizar por parte do veículo de imprensa não surge, de modo automático, com a absolvição daquele a cujo respeito foi publicada notícia relativa à acusação ou suspeita.

Exige-se, isso sim, da imprensa, que atue de modo diligente, que busque a verdade, que sempre ouça (e publique) a versão da outra parte. Aliás, como costuma ocorrer em muitas áreas, com o tempo o público aprende a distinguir a publicação séria daquelas outras menos comprometidas com a busca da isenção e da verdade. Os leitores aprendem a dar pesos diferentes a notícias não só pelo conteúdo que eventualmente tragam, mas também pelos mensageiros que as trouxeram – isto é, julgam o veículo em si. Não deixa de ser democraticamente saudável esse aprendizado. Essa constatação,

---

[16]   O STJ decidiu em 2018: "O direito à informação não elimina as garantias individuais, porém encontra nelas os seus limites, devendo atentar ao dever de veracidade, ao qual estão vinculados os órgãos de imprensa, pois a falsidade dos dados divulgados manipula em vez de formar a opinião pública, bem como ao interesse público, pois nem toda informação verdadeira é relevante para o convívio em sociedade" (STJ, AgInt no REsp nº 1.626.272). De modo semelhante, "a honra e imagem dos cidadãos não são violados quando se divulgam informações verdadeiras e fidedignas a seu respeito e que, além disso, são do interesse público" (STJ, REsp nº 1.269.841). Por outro lado, "gera dano moral indenizável a publicação de notícia sabidamente falsa, amplamente divulgada, a qual expôs a vida íntima e particular dos envolvidos" (STJ, REsp nº 1.582.069).

no entanto, não autoriza a imprensa a publicar notícias sem a mínima base factual, sobretudo se ofensivos à honra de alguém. Quer dizer, até poderá publicar, mas deverá responder civilmente por isso.

Mencionamos que os dilemas que envolvem a imagem hoje costumam envolver questões constitucionais. Isso é ainda mais forte nos conflitos entre liberdade de imprensa e informação, de um lado, e honra e privacidade de outro, porque não temos legislação infraconstitucional específica (em vigor) sobre a matéria. Em relação à Lei de Imprensa – Lei nº 5.250/67 – vale lembrar que o STF, julgando a Arguição de Descumprimento de Preceito Fundamental nº 130, declarou a não recepção da lei pela Constituição de 1988, em sua integralidade (existe a lei do direito de resposta, citada no tópico anterior). O STF assentou que se aplicam à matéria as normas da legislação comum. Seja como for – e a orientação nos parece correta – o STJ destacou que "esta Corte tem reconhecido uma margem tolerável de inexatidão na notícia, a fim de garantir a ampla liberdade de expressão jornalística" (STJ, REsp nº 738.793).[17]

4.2 Dever de pertinência

Se, por um lado, *crimes e atos dos poderes públicos e de seus representantes são fatos noticiáveis por natureza*, o mesmo não ocorre em relação às dimensões íntimas, familiares, pessoais, de cada um. É certo que pode haver uma modulação em relação a artistas e esportistas, mas ainda assim há uma esfera íntima que deve ser respeitada. O intérprete deverá, à luz dos contextos concretos, fazer essas diferenciações, e sobretudo analisar se há interesse público na divulgação. Não que só a publicação que tenha interesse público seja lícita, não é isso. Mas, quando houver dano, a existência do interesse público como que imuniza a divulgação de qualquer dever de indenização, pelo menos a princípio. O STJ já decidiu que "a forma que fora realizada a abordagem na matéria jornalística ora questionada está inserta nos limites da liberdade de expressão jornalística assegurada pela Constituição da República", afirmando que esta última deve prevalecer quando em conflito com os direitos da personalidade, especialmente quando se trata de informações relativas à agente público (STJ, REsp nº 738.793).

Por outro lado, há jornais e revistas de entretenimento – não só no Brasil, pensemos nos terríveis tabloides ingleses – que se alimentam de fofoca e leviandades sobre a vida alheia. Muitas vezes divulga-se, sem nenhum pudor, fatos sem verificação alguma, fatos que envolvem a vida íntima de pessoas, ainda que célebres.[18] A jurisprudência precisa, naturalmente, analisar o contexto e a extensão dos danos, mas deverá ser firme para

---

[17] Em julgado distinto decidiu-se que "o jornalista tem um dever de investigar os fatos que deseja publicar. Isso não significa que sua cognição deva ser plena e exauriente à semelhança daquilo que ocorre em juízo. A elaboração de reportagens pode durar horas ou meses, dependendo de sua complexidade, mas não se pode exigir que a mídia só divulgue fatos após ter certeza plena de sua veracidade. O processo de divulgação de informações satisfaz verdadeiro interesse público, devendo ser célere e eficaz, razão pela qual não se coaduna com rigorismos próprios de um procedimento judicial" (STJ, REsp nº 984.803).

[18] Nessa linha, "a liberdade de imprensa – embora amplamente assegurada e com proibição de controle prévio – acarreta responsabilidade a posteriori pelo eventual excesso e não compreende a divulgação de especulação falsa, cuja verossimilhança, no caso, sequer se procurou apurar. Gera dano moral indenizável a publicação de notícia sabidamente falsa, amplamente divulgada, a qual expôs a vida íntima e particular dos envolvidos" (STJ, REsp nº 1.582.069). Neste último caso a manchete – falsa – era: "Amigas de Mariana Kupfer dizem que ela está grávida de Zezé de Camargo".

impedir atuações claramente levianas.[19] Se, por um lado, a crítica aos atos da esfera pública tem consistência constitucional e poderá ser feita, ainda que contundente e até agressiva, o mesmo não pode ser dito quanto a fatos que envolvem a esfera íntima das pessoas, suas escolhas existenciais fundamentais. Nesse campo, o olhar do julgador deverá ser mais severo, mais ativo, pois a ninguém é dado ingressar na esfera íntima de outrem fazendo afirmações públicas, sobretudo se falsas. O ônus da prova, obviamente, é de quem divulga a notícia.

A contextualização é fundamental no que diz respeito ao direito à imagem. Os juristas norte-americanos aludem ao fenômeno chamado *false light*, que seriam imagens – usadas de modo descontextualizado – que indicam situações distintas daquelas que elas realmente revelam (por exemplo, usar uma foto de dois irmãos adultos se abraçando ou se beijando, numa matéria jornalística que fala sobre os casais homoafetivos). Uma imagem num contexto indevido pode induzir a compreensões equivocadas.

Os jornais em geral possuem um banco de fotos e costumam usá-lo sem muita preocupação com o contexto em que a pessoa foi fotografada. Esse uso descompromissado poderá, desde que as circunstâncias perfaçam hipótese de dano indenizável, gerar responsabilidade civil (mais dificilmente em casos de pessoas públicas). Se nem todo uso configura abuso, há casos em que ele claramente se verifica. Lembremos, ademais, que a vítima, do outro lado, pouco ou nada poderá fazer. Pode ser devastadora a utilização indevida da imagem pela imprensa, sobretudo se aliada à violação à honra. O STJ corretamente já delimitou que o direito de informar deve ser garantido, observados os seguintes parâmetros: (i) o grau de utilidade para o público do fato informado por meio da imagem; (ii) o grau de atualidade da imagem; (iii) o grau de necessidade da veiculação da imagem para informar o fato; (iv) o grau de preservação do contexto originário do qual a imagem foi colhida (STJ, REsp nº 794.586).

4.3 Dever de cuidado

Conforme já apontamos, o STJ vislumbra três deveres específicos que devem nortear o agir da imprensa. Já vimos brevemente dois deles: "Na atividade da imprensa é possível vislumbrar a existência de três deveres que, se observados, afastam a possibilidade de ofensa à honra. São eles: o dever geral de cuidado, o dever de pertinência e o dever de veracidade" (STJ, REsp nº 1.676.393). O dever de cuidado diz respeito ao procedimento adotado em busca da notícia. Tem relação com o dever de veracidade, no sentido do dever do órgão de imprensa de agir – à luz da boa-fé objetiva – na busca da verdade, sem cores parciais. Assim, "o veículo de comunicação exime-se de culpa quando busca fontes fidedignas, quando exerce atividade investigativa, ouve as diversas partes interessadas e afasta quaisquer dúvidas sérias quanto à veracidade do que divulgará"

---

[19] A doutrina já apontou parâmetros para aferir o exercício da liberdade de informação por meio da veiculação de imagens: (i) o grau de utilidade para o público do fato informado por meio da imagem; (ii) o grau de atualidade da imagem; (iii) o grau de necessidade da veiculação da imagem para informar o fato; e (iv) o grau de preservação do contexto originário em que a imagem foi colhida. Para aferir a intensidade do sacrifício imposto ao direito à imagem, cumpre verificar: (i) o grau de consciência do retratado em relação à possibilidade de captação da sua imagem no contexto do qual foi extraída; (ii) o grau de identificação do retratado na imagem veiculada; (iii) a amplitude da exposição do retratado; e (iv) a natureza e o grau de repercussão do meio pelo qual se dá a divulgação da imagem (SCHREIBER, Anderson. *Direitos da personalidade*. São Paulo: Atlas, 2011. p. 109-110).

(STJ, REsp nº 1.269.841). É preciso esclarecer que a crítica – sobretudo se feita a pessoas que exercem funções públicas –, mesmo que incisiva e dura, tem amparo na Constituição, que valoriza e prestigia fortemente a liberdade de expressão e de pensamento. Aliás, como dissemos, há interesse público no livre exercício dessas liberdades e mais: a crítica a *atos da esfera pública* está resguardada pelo princípio da *função social da livre circulação das informações e pensamentos.*

Afirme-se, por fim, que um acolhimento excessivamente amplo a determinadas teses – como exemplo, a questão do direito ao esquecimento, que o STF definirá em breve – pode afetar seriamente as liberdades comunicativas. Não parece ser esse o melhor para nossa jovem democracia constitucional. Sobretudo nos fatos que digam respeito ao interesse público, parece pouco recomendável que alimentemos excessivamente a tese do direito ao esquecimento. O STF, nos últimos anos, tem caminhado no sentido oposto (lembremos, por exemplo, da decisão que tornou desnecessária a autorização do biografado, ou daquela que afastou a proibição do humor nas eleições, entre outras). A memória coletiva, e a própria liberdade de expressão e de informação precisam de ventos mais livres, de janelas abertas e corredores amplos pelos quais possam passar.

Referências

CARVALHO, Luís Gustavo Grandinetti Castanho de. Direito à informação x direito à privacidade. O conflito de direitos fundamentais. *Revista da AMAERJ*, n. 5, p. 12-45, 2002.

DIAS, José de Aguiar. *Da responsabilidade civil*. Rio de Janeiro: Forense, 1997.

ESCOBAR DE LA SERNA, Luis. *Derecho de la información*. Madrid: Dickyson, 1998.

FARIAS, Edilsom Pereira de. *Colisão de direitos*: a honra, a intimidade, a vida privada e a imagem versus a liberdade de expressão e informação. Porto Alegre: Sérgio Antonio Fabris Editor, 2000.

GARCIA, Enéas Costa. *Responsabilidade civil dos meios de comunicação*. São Paulo: Juarez de Oliveira, 2002.

LLAMAZARES CALZADILLA, Maria Cruz. *Las libertades de expresión e información como garantía del pluralismo democrático*. Madrid: Civitas, 1999.

MACHADO, Jônatas. *Liberdade de expressão*. Dimensões constitucionais da esfera pública não sistema social. Coimbra: Editora Coimbra, 2002.

MIRAGEM, Bruno. *Direito civil* – Responsabilidade civil. São Paulo: Saraiva, 2015.

MIRAGEM, Bruno. *Responsabilidade civil por danos à honra*. O Código Civil e a Lei de Imprensa. Porto Alegre: Livraria do Advogado, 2005.

MOREIRA, José Carlos Barbosa. Abuso do direito. *Revista Trimestral de Direito Civil*. v. 13, p. 97-110, jan./mar. 2003.

RODRIGUES JR., Edson Beas. Solucionando o conflito entre o direito à imagem e a liberdade de expressão: a contribuição da jurisprudência da Corte Interamericana de Direitos Humanos. *Revista dos Tribunais*, São Paulo, ano 100, v. 905, p. 88-102, mar. 2011.

SCHREIBER, Anderson. *Direitos da personalidade*. São Paulo: Atlas, 2011.

TAYLOR, Charles. *El multiculturalismo y "La Política del Reconocimiento"*. Tradução de Mónica Utrilla de Neira, Liliana Andrade Llanas e Gerard Vilar Roca. México: Fondo de Cultura Económica, 2009.

TEFFÉ, Chiara Spadaccini de; SOUZA, Carlos Affonso Pereira de. Fake news: como garantir liberdades e conter notícias falsas na internet? *In*: MENEZES, Joyceane Bezerra de; TEPEDINO, Gustavo (Coord.). *Autonomia privada, liberdade existencial e direitos fundamentais*. Belo Horizonte: Fórum, 2019.

WALZER, Michael. *Da tolerância*. Tradução de Almiro Pisetta. São Paulo: Martins Fontes, 1999.

Informação bibliográfica deste texto, conforme a NBR 6023:2018 da Associação Brasileira de Normas Técnicas (ABNT):

BRAGA NETTO, Felipe. Responsabilidade civil e imprensa: danos e liberdades comunicativas. *In*: EHRHARDT JÚNIOR, Marcos; LOBO, Fabíola Albuquerque; ANDRADE, Gustavo (Coord.). *Liberdade de expressão e relações privadas*. Belo Horizonte: Fórum, 2021. p. 395-412. ISBN 978-65-5518-188-3.

RESPONSABILIDADE CIVIL DOS PROVEDORES DE INTERNET: A LIBERDADE DE EXPRESSÃO E O ART. 19 DO MARCO CIVIL

ANA FRAZÃO
ANA RAFAELA MEDEIROS

1 Introdução

Na primeira semana de janeiro de 2021, o mundo assistiu, estarrecido, à invasão do Congresso norte-americano por apoiadores de Donald Trump, em iniciativa que foi orquestrada e insuflada por diversos movimentos e pelo próprio presidente, com base em mentiras e teorias conspiratórias, divulgadas em redes sociais. Como consequência, Trump teve sua conta do Twitter suspensa por doze horas e suas contas do Facebook e Instagram suspensas por prazo indeterminado, pelo menos até a posse de John Biden, sob o argumento de que suas declarações poderiam gerar graves comprometimentos à transição democrática.

A reação "espontânea" das plataformas, vista como tardia por muitos, está intimamente relacionada ao tema do presente artigo, que diz respeito à responsabilidade civil de tais agentes por veiculação de conteúdo gerado por terceiros, tema que sempre despertou diversos debates. A discussão inicia-se no final da década de 90 e começo dos anos 2000, quando duas premissas permeavam as análises a respeito do assunto: (i) o potencial emancipatório e democrático da internet e (ii) os inúmeros benefícios e utilidades que as plataformas digitais disponibilizariam gratuitamente para os seus usuários. A emblemática *Declaração de Independência do Ciberespaço*,[1] de John Perry Barlow, de 1996, ilustra bem o entusiasmo desse período.

Como descreve Jack M. Balkin,[2] nos seus primeiros anos, a internet criou uma expectativa de que a nova tecnologia iria nivelar hierarquias políticas e sociais,

---

[1] BARLOW, John Perry. *A Declaration of Cyberspace*. 1996. Disponível em: https://www.eff.org/pt-br/cyberspace-independence. Acesso em: 14 ago. 2020.

[2] BALKIN, M. Jack. Free speech in the algorithmic society: big data, private governance, and new school speech regulation. *University of California*, Davis, p. 1149-1210, 2018. p. 1152. Disponível em: https://lawreview.law.ucdavis.edu/issues/51/3/Essays/51-3_Balkin.pdf.

distribuindo poder político, organizacional e comunicativo, e assumindo o papel de força democrática.

As percepções iniciais de que a internet possibilitaria um amplo e livre fluxo informacional, que poderia ser produzido, acessado e compartilhado de forma direta pelos próprios usuários, logo se mostrou inexequível. Por uma série de razões, incluindo a dificuldade para se lidar com um volume de dados cada vez maior, rapidamente se fez necessário que esse fluxo informacional fosse intermediado e gerenciado por determinados agentes. Entram em cena, nesse contexto, as plataformas digitais, que se consolidaram, ao longo dos anos, como autênticos *gatekeepers* das informações que são produzidas e veiculadas pela internet e das interações entre os internautas.

Plataformas digitais podem ser compreendidas como instrumentos que, em regra, possibilitam a interação de pelo menos duas partes, polos ou lados do mercado[3] para diversas finalidades, comerciais ou não. Com a internet, potencializou-se o alcance desse modelo negócio, possibilitando combinações de maneira extremamente rápida e com grande abrangência geográfica.[4] Além disso, a extração massiva de dados pessoais de seus usuários conferiu a esses agentes um poder sem precedentes, seja do ponto de vista econômico, seja social ou político.

Acresce que essas plataformas estão inseridas na chamada "economia da atenção" (*economics of attention*). Como explica Tim Wu,[5] a atenção dos usuários tornou-se um dos maiores bens a serem disputados pelos agentes da economia digital. Quanto mais tempo as pessoas passam em determinadas plataformas, mais intensamente estão submetidas à publicidade e à coleta de dados, assim como mais suscetíveis estarão a estratégias que visam a influenciar e a alterar suas preferências e visões de mundo.[6]

O modelo de negócio das plataformas digitais, contudo, traz inúmeros desafios para a regulação jurídica. A questão adquire especial relevância em plataformas nas quais, a exemplo do YouTube, Facebook, Twitter e Instagram, é possível a ampla difusão do conteúdo produzido por seus usuários (postagem de vídeos, textos, fotos e outros materiais). Tal circunstância, potencializada pela alta penetração desses agentes econômicos e influenciada por seus interesses de mercado, traz diversos riscos de violações a direitos de personalidade.

Não é sem razão que uma das maiores e mais atuais controvérsias a respeito das plataformas digitais diz respeito à possibilidade de responsabilizá-las por danos decorrentes de conteúdos produzidos por terceiros.

Em 2014, entrou em vigor a Lei nº 12.965/2014, conhecida como Marco Civil da Internet, que disciplina, nos arts. 19 e 21, a responsabilidade civil dos chamados "provedores de aplicação" – aqui, incluídas as plataformas digitais. Em linhas gerais, a lei condicionou a responsabilidade dos provedores ao descumprimento de ordem judicial específica relativa à supressão do conteúdo lesivo. A motivação do legislador

---

[3] FRAZÃO, Ana. Plataformas digitais e os desafios para a regulação jurídica. *In*: PARENTONI, Leonardo; GONTIJO, Bruno Miranda (Org.). *Direito, tecnologia e inovação*. Belo Horizonte: D'Plácido, 2018. v. 1. p. 636.

[4] EVANS, David; SCHMALENSEE, Richard. *Matchmakers*: the new economics of multisided platforms. Boston: Harvard Business Review Press, 2016.

[5] WU, Tim. *The attention merchants*: the epic scramble to get inside our heads. Nova York: Knopf, 2016.

[6] FRAZÃO, Ana. Plataformas digitais e os desafios para a regulação jurídica. *In*: PARENTONI, Leonardo; GONTIJO, Bruno Miranda (Org.). *Direito, tecnologia e inovação*. Belo Horizonte: D'Plácido, 2018. v. 1. p. 642.

teria sido resguardar a liberdade de expressão dos usuários e evitar a censura privada. A disciplina legal, contudo, tem sido alvo de diversas críticas. Em 2018, o STF reconheceu a repercussão geral de recurso extraordinário no qual se discute a constitucionalidade do art. 19 do Marco Civil da Internet, reforçando a relevância da discussão.

Este texto defende, em síntese, que a recalcitrância dos provedores em dar cumprimento a uma ordem judicial específica é uma das hipóteses, mas não a única, capaz de atrair a responsabilidade dos provedores por danos decorrentes de conteúdo de terceiros, devendo-se conferir interpretação sistemática e teleológica ao art. 19 para fins de se afastar a conclusão de que, não tendo sido descumprida ordem judicial, não há dever de indenizar. Sustenta-se, em linhas gerais, que cabe às plataformas digitais, em atenção ao princípio da boa-fé objetiva, adotar deveres de cuidado e de proteção para prevenir danos injustos a seus usuários, ainda que decorrentes de conteúdos gerados por terceiros, sendo que o grau de diligência exigível será definido a partir do grau de previsibilidade, gravidade do dano e de um parâmetro de razoabilidade, não se esgotando no mero cumprimento de ordem judicial.

Além desta introdução e da conclusão, o presente artigo encontra-se dividido em três partes. No item 2, será descrita a jurisprudência brasileira que se firmou antes do Marco Civil da Internet e o regime de responsabilidade instituído pela Lei nº 12.965/2014. O item 3 trata do papel exercido pelas plataformas digitais no fluxo dos conteúdos publicados por seus usuários. Já o item 4 discute as limitações do art. 19 do Marco Civil da Internet e a necessidade de se conferir interpretação sistemática e teleológica ao dispositivo, acenando desde já para a necessidade de outras reflexões para o tratamento do tema, como o dever de cuidado que deve ser imputado às plataformas e sua aplicação sobre o *design* desses agentes econômicos.

2   O retrocesso do Marco Civil da Internet e a jurisprudência brasileira que o precedeu

A jurisprudência brasileira partiu de uma segmentação muito precisa entre os chamados provedores de conteúdo próprio e os provedores de conteúdo de terceiros, para o fim de evitar que fosse exigido destes últimos o dever de promover o controle dos conteúdos que neles transitassem. Ressalvados alguns poucos precedentes em que se reconheceu a responsabilidade objetiva pelo risco, a ideia geral foi de que a responsabilidade dos provedores de conteúdo de terceiros teria que ser subjetiva, sendo que a culpa não poderia estar associada à violação de um dever prévio de vigilância, até para se evitar o risco de censura.

Assim, nos termos da jurisprudência consolidada pelo STJ antes da promulgação do Marco Civil, os provedores de conteúdo de terceiros deveriam responder pelos danos se: (i) após tomarem conhecimento inequívoco, por meio de denúncia extrajudicial, da existência de conteúdos reputados ilegais ou ofensivos, explicitamente identificados pela(s) respectiva(s) URLs, deixassem de removê-los e/ou (ii) não mantivessem sistema de identificação dos usuários que permitisse saber quem foi o autor direto do dano.[7]

---

[7]   Cf. STJ, 3ª T. REsp nº 1.403.749. Rel. Min. Nancy Andrighi, j. 1.10.2013.

Tratava-se de uma espécie de "responsabilidade condicionada", que só incidiria a partir do momento em que o provedor, após ser comunicado da existência de conteúdo lesivo, deixasse de adotar providências para retirá-lo.[8] O regime aproxima-se do *notice and take down*, previsto no *Digital Millenium Copyright Act*, que disciplina a responsabilidade dos provedores por violações de direitos autorais nos Estados Unidos.[9]

As conclusões foram firmadas, essencialmente, sob a premissa de que os chamados provedores de conteúdo não interfeririam no conteúdo produzido por terceiros, de modo que a imputação do dever de fiscalização prévio poderia gerar riscos à liberdade de expressão. Não por acaso esse tipo argumentação é sistematicamente encontrado nos acórdãos proferidos pelo Superior Tribunal de Justiça.[10]

Dessa forma, a preocupação com a manutenção de um espaço virtual livre de censura prévia foi determinante para que o STJ adotasse a orientação de que as plataformas digitais apenas poderiam ser obrigadas a suprimir conteúdos após notificação extrajudicial e, mesmo assim, quando houvesse indicação específica da(s) URL(s) na(s) qual(is) o material tivesse sido publicado. Consequentemente, imputou-se à vítima o elevado, senão impraticável, ônus de informar cada uma das páginas em que o conteúdo fosse encontrado, em que pese a inalcançável velocidade de replicação na internet.

A Lei nº 12.965/2014, conhecida como Marco Civil da Internet, tornou ainda mais estritas as hipóteses de responsabilidade das plataformas digitais por danos decorrentes de conteúdo gerado por terceiros, despertando severas críticas da doutrina,[11] ao criar um regime próximo da irresponsabilidade.

De forma análoga ao que já vinha entendendo a jurisprudência, a lei também classificou os provedores, embora de forma menos detalhada. Houve a separação dos provedores de conexão e dos provedores de aplicação. Interpretando-se, conjuntamente, os arts. 15 e 5º, V, da lei, é possível definir estes últimos como os agentes que disponibilizam o acesso a um conjunto de aplicações que podem ser acessadas por meio de um terminal conectado à internet. Esse tipo de provedor não produz conteúdo próprio. Entre eles, inserem-se diversas plataformas digitais, como o YouTube, o Facebook, o Twitter, o Instagram, o Google Search, etc.

O art. 19 prevê que o provedor de aplicações de internet "somente poderá ser responsabilizado civilmente por danos de conteúdo gerado por terceiros se, após ordem judicial específica, não tomar as providências para tornar indisponível o conteúdo

---

[8] SCHREIBER, Anderson. Marco Civil da Internet: avanço ou retrocesso? A responsabilidade civil por dano derivado do conteúdo gerado por terceiro. *In*: LUCCA, Newton de; SIMÃO FILHO, Adalberto; LIMA, Cíntia Rosa Pereira (Coord.). *Direito e internet III*: Marco Civil da Internet. São Paulo: Quartier Latin, 2015. t. II. p. 277-305.

[9] Sobre o funcionamento do *notice and take down* no direito norte-americano, confira-se BINICHESKI, Paulo Roberto. *Responsabilidade civil dos provedores de internet*. Curitiba: Juruá, 2011. p. 76 e ss.

[10] Ver STJ, 3ª T. REsp nº 1.403.749/GO. Rel. Min. Nancy Andrighi, j. 1.10.2013; STJ, 3ª T. REsp nº 1.186.616. Rel. Min. Nancy Andrighi, j. 23.8.2011; STJ, 3ª T. REsp nº 1.192.208. Rel. Min. Nancy Andrighi, j. 12.6.2012; STJ, 3ª T. REsp nº 1.406.448. Rel. Min. Nancy Andrighi, j. 15.10.2013; STJ, 3ª T. REsp nº 1.308.830. Rel. Min. Nancy Andrighi, j. 8.5.2012.

[11] Tanto Anderson Schreiber (Marco Civil da Internet: avanço ou retrocesso? A responsabilidade civil por dano derivado do conteúdo gerado por terceiro. *In*: LUCCA, Newton de; SIMÃO FILHO, Adalberto; LIMA, Cíntia Rosa Pereira (Coord.). *Direito e internet III*: Marco Civil da Internet. São Paulo: Quartier Latin, 2015. t. II) quanto João Quinelato de Queiroz (*Responsabilidade civil na rede*: danos e liberdade à luz do marco civil da internet. Rio de Janeiro: Processo, 2019. p. 147) sustentam a inconstitucionalidade do art. 19 da Lei nº 12.965/14, sob o argumento de que, ao dar primazia à liberdade de expressão, o dispositivo teria violado o art. 5º, X, da Constituição Federal.

apontado como infringente". A lei condicionou, portanto, a responsabilização dos provedores por esse tipo de dano ao descumprimento de ordem judicial, afastando-se do modelo de *notice and take down*, que vinha sendo adotado, com algumas adaptações, pelos tribunais brasileiros.

As exceções ficaram por conta (i) das violações à intimidade decorrentes da divulgação de materiais contendo cenas de nudez ou atos sexuais de caráter privado sem a autorização de seus participantes, e (ii) dos direitos autorais. No primeiro caso, a lei reconheceu a responsabilidade subsidiária dos provedores de aplicações de internet, que, após o recebimento de notificação extrajudicial pela vítima ou por seu representante legal, deixarem de promover a indisponibilização do conteúdo, nos termos do art. 21 do Marco Civil. No segundo caso, o Marco Civil, no §2º do art. 19 c/c art. 31, ressalvou a aplicação da legislação autoral vigente até que seja editada norma específica.

O regime instituído pelo Marco Civil, como se vê, alterou o momento de configuração do ato ilícito dos provedores de aplicação. A responsabilidade civil, que antes era deflagrada a partir do descumprimento de notificação extrajudicial, passou a incidir apenas quando houver o descumprimento de ordem judicial específica, ressalvadas as hipóteses descritas acima.

Houve, portanto, uma redução no grau de proteção que já vinha sendo assegurado às vítimas de conteúdos lesivos de terceiros pela jurisprudência. Um dos argumentos que justificou o regime de responsabilidade instituído pelo Marco Civil da Internet foi a necessidade de assegurar a "liberdade de expressão". Logo no art. 2º, a lei estabelece que a "disciplina do uso da internet no Brasil tem como fundamento a liberdade de expressão". Mais à frente, esse direito aparece, em primeiro lugar, no inc. I, do art. 3º, entre os princípios que deverão nortear a disciplina da internet. O art. 19, por fim, de forma pouco usual para uma redação legislativa, declarou expressamente seu "intuito de assegurar a liberdade de expressão e impedir a censura prévia".

Trata-se do mesmo argumento, que já vinha sendo adotado pela jurisprudência brasileira. A diferença é que a lei levou a proclamada necessidade de assegurar a liberdade de expressão a outro patamar. A pretexto de assegurar a liberdade de expressão, o art. 19 do Marco Civil criou praticamente uma regra de imunidade para os provedores, pelo menos no que se refere aos danos decorrentes de conteúdo gerado por terceiros.

Embora o §3º do art. 19 do Marco Civil não imponha a indicação específica da URL, o STJ manteve o entendimento que se firmou antes da lei, sob o argumento de que a exigência de "indicação clara e específica" do conteúdo infringente referida no dispositivo deve ser entendida como a necessidade de declinar a URL específica na ordem judicial.[12]

Se o Marco Civil da Internet, em sua literalidade, já era preocupante sob o aspecto da tutela da vítima, a interpretação atribuída à lei por alguns precedentes reforça o risco de que danos injustos remanesçam sem reparação. No REsp nº 1.698.647, por exemplo, a Terceira Turma do STJ deu provimento ao recurso especial do Google para reformar o acórdão recorrido, que havia condenado o Google a suprimir do YouTube a eventual reinclusão do vídeo lesivo após o trânsito em julgado da ação, desde que a autora

---

[12] Confira-se, neste sentido, o REsp nº 1.698.647 (STJ. 3ª T. Rel. Min. Nancy Andrighi, j. 6.2.2018).

informasse, extrajudicialmente, as novas URLs. Entendeu-se que a solução, embora engenhosa, não encontrava respaldo no Marco Civil da Internet, devendo haver nova ordem judicial para a exclusão de outras URLs que não constaram do pedido inicial, ainda que relativas ao mesmo vídeo.[13]

Ocorre que, como se verá a seguir, as plataformas digitais não constituem espaços neutros pelos quais transitam os conteúdos de terceiros. Além de fazer a moderação dos conteúdos, suprimindo aqueles que violam seus "termos de uso", as plataformas também impulsionam determinados materiais, definindo, em última análise, a que cada usuário terá acesso. É sob essa perspectiva que deve ser examinada a responsabilidade civil das plataformas digitais, evitando que alegadas violações à liberdade de expressão sejam utilizadas para, na prática, isentar de obrigações um rentável modelo de negócio que já influencia, decisivamente, o fluxo comunicativo.

Assim, antes de examinarmos a adequada interpretação que deve ser conferida ao art. 19 do Marco Civil da Internet, é necessário compreender melhor qual o papel das plataformas digitais no acesso de seus usuários ao conteúdo de terceiros.

3   O protagonismo das plataformas na curadoria e no gerenciamento de conteúdos

As plataformas de comunicação facilitam o contato entre as pessoas, promovem novas oportunidades de interação, permitem a criação de grupos de indivíduos que têm afinidade por determinados interesses, além de assegurarem o acesso a uma infinidade de informações e de conteúdos.[14] Entretanto, a "fantasia de uma plataforma amplamente aberta", intimamente relacionada a noções idealizadas de comunidade e de democracia, é falaciosa: as plataformas impõem regras de moderação.[15]

Muitas vezes, é o Estado que se vale desses agentes econômicos para controlar determinados conteúdos que o governo sozinho não conseguiria facilmente fiscalizar. Todavia, como descreve Jack Balkin,[16] independentemente da lei e do Estado, as plataformas têm incentivos para criar seus sistemas de governança, (i) seja para reforçar o cumprimento de seus termos de serviço em razão da relevância dessas regras para a rentabilidade do negócio, (ii) seja para manter seus consumidores satisfeitos e atrair novos, prevenindo comportamentos abusivos de outros usuários, (iii) seja para garantir a credibilidade diante de seus parceiros comerciais quanto à sua eficiência para bloquear, filtrar ou remover determinado conteúdo.

---

[13]   Isso fica claro no voto da relatora.

[14]   GILLESPIE, Tarleton. *Custodians of the internet*: platforms, content moderation, and the hidden decisions that shape social media. New Haven, CT: Yale University Press, 2018. Disponível em: https://www.researchgate.net/publication/327186182_Custodians_of_the_internet_Platforms_content_moderation_and_the_hidden_decisions_that_shape_social_media.

[15]   GILLESPIE, Tarleton. *Custodians of the internet*: platforms, content moderation, and the hidden decisions that shape social media. New Haven, CT: Yale University Press, 2018. Disponível em: https://www.researchgate.net/publication/327186182_Custodians_of_the_internet_Platforms_content_moderation_and_the_hidden_decisions_that_shape_social_media.

[16]   BALKIN, M. Jack. Free speech in the algorithmic society: big data, private governance, and new school speech regulation. *University of California*, Davis, p. 1149-1210, 2018. p. 1181. Disponível em: https://lawreview.law.ucdavis.edu/issues/51/3/Essays/51-3_Balkin.pdf.

Diante disso, as próprias plataformas, passaram a definir, dentro das comunidades de usuários finais, políticas sobre o que pode ou não ser publicado e sobre a supressão de conteúdo.[17] Daí a conclusão de que as companhias de tecnologia, a exemplo do Facebook e do YouTube, atualmente, constituem não apenas empresas de mídia, mas estruturas de governança privada.[18] Fala-se em "governança privada", porque, como esclarece Jack Balkin,[19] trata-se de agentes econômicos do setor privado, que instituem, implementam e aplicam regras àqueles que utilizam seus serviços.[20]

Nesse cenário, o centro da proteção dos direitos individuais desloca-se da esfera pública para a esfera privada, na medida em que as plataformas digitais passam a mediar conflitos de direitos fundamentais, exercendo o poder de definição de garantias individuais relacionadas à privacidade, à honra, à liberdade de expressão etc.[21]

Essa moderação, contudo, é difícil de examinar e pode passar, intencionalmente, despercebida,[22] diante do interesse das plataformas no mito da neutralidade.[23] Assim, embora, muitas vezes, as plataformas façam alusões genéricas às personalizações de conteúdo como uma vantagem do serviço prestado a seus usuários, ao mesmo tempo minimizam seu papel de intervenção.[24] Mesmo quando reconhecem a moderação, as plataformas, como explica Tarleton Gillespie,[25] tendem a propalar uma imagem de imparcialidade.

---

[17] BALKIN, M. Jack. Free speech in the algorithmic society: big data, private governance, and new school speech regulation. *University of California*, Davis, p. 1149-1210, 2018. p. 1181. Disponível em: https://lawreview.law. ucdavis.edu/issues/51/3/Essays/51-3_Balkin.pdf.

[18] Como resume Balkin, "Facing the state, they are businesses subject to regulation - and occasional threats, jawboning, and cooptation. Facing their end-users, they are a new system of governors, special-purpose sovereigns ruling over the members of their communities" (BALKIN, M. Jack. Free speech in the algorithmic society: big data, private governance, and new school speech regulation. *University of California*, Davis, p. 1149-1210, 2018. p. 1181. Disponível em: https://lawreview.law.ucdavis.edu/issues/51/3/Essays/51-3_Balkin.pdf).

[19] BALKIN, M. Jack. Free speech in the algorithmic society: big data, private governance, and new school speech regulation. *University of California*, Davis, p. 1149-1210, 2018. p. 1184. Disponível em: https://lawreview.law. ucdavis.edu/issues/51/3/Essays/51-3_Balkin.pdf.

[20] BALKIN, M. Jack. Free speech in the algorithmic society: big data, private governance, and new school speech regulation. *University of California*, Davis, p. 1149-1210, 2018. p. 1184. Disponível em: https://lawreview.law. ucdavis.edu/issues/51/3/Essays/51-3_Balkin.pdf.

[21] MENDES, Gilmar Ferreira; FERNANDES, Victor Oliveira. Constitucionalismo digital e jurisdição constitucional: uma agenda de pesquisa para o caso brasileiro. *Revista Brasileira de Direito*, v. 16, n. 1, p. 1-33, jan./abr. 2020. p. 14. Disponível em: https://seer.imed.edu.br/index.php/revistadedireito/article/view/4103.

[22] GILLESPIE, Tarleton. *Custodians of the internet*: platforms, content moderation, and the hidden decisions that shape social media. New Haven, CT: Yale University Press, 2018. Disponível em: https://www.researchgate.net/publication/327186182_Custodians_of_the_internet_Platforms_content_moderation_and_the_hidden_decisions_that_shape_social_media.

[23] GILLESPIE, Tarleton. *Custodians of the internet*: platforms, content moderation, and the hidden decisions that shape social media. New Haven, CT: Yale University Press, 2018. Disponível em: https://www.researchgate.net/publication/327186182_Custodians_of_the_internet_Platforms_content_moderation_and_the_hidden_decisions_that_shape_social_media.

[24] GILLESPIE, Tarleton. *Custodians of the internet*: platforms, content moderation, and the hidden decisions that shape social media. New Haven, CT: Yale University Press, 2018. Disponível em: https://www.researchgate.net/publication/327186182_Custodians_of_the_internet_Platforms_content_moderation_and_the_hidden_decisions_that_shape_social_media.

[25] GILLESPIE, Tarleton. *Custodians of the internet*: platforms, content moderation, and the hidden decisions that shape social media. New Haven, CT: Yale University Press, 2018. Disponível em: https://www.researchgate.net/publication/327186182_Custodians_of_the_internet_Platforms_content_moderation_and_the_hidden_decisions_that_shape_social_media.

Acresce que a interferência no fluxo informacional não se esgota apenas na definição do que pode ser publicado e na remoção de conteúdos que violam seus "termos de uso". A extração de dados privados,[26] aliada ao uso intensivo de um intrincado sistema de algoritmos e ferramentas de *big data* e de *big analytics*, permite às plataformas também controlar a difusão do conteúdo produzido por terceiros. Para se ter uma ideia, 70% das visualizações do YouTube, por exemplo, decorrem de recomendações baseadas em sistemas de inteligência artificial,[27] de modo que, mais do que criar um ambiente de negócio potencialmente danoso, as plataformas, muitas vezes, têm papel ativo no acesso do usuário ao conteúdo lesivo. Há, portanto, uma conduta ativa e seletiva das plataformas.[28]

A partir daí surge o que Eli Parisier[29] intitulou de "bolhas dos filtros". O termo serve para designar uma espécie de ambiente personalizado, criado por meio de filtros, que examinam a forma como nos comportamos na internet e tentam fazer extrapolações sobre nossas personalidades.[30] Ainda que isso pareça ser feito de maneira automática, ou imparcial, esses algoritmos são deliberadamente programados para não serem neutros.[31]

Em artigo de título sugestivo – *Do platforms kill?* –, Michael Lavi[32] concluiu que as plataformas são, na verdade, explicitamente programadas para promover conteúdos que geram reações fortes, ante o fato de que isso "evoca emoções de alta excitação", que têm mais probabilidade de serem compartilhadas, reforçando o engajamento na plataforma.[33]

Esse ciclo favorece os interesses de mercado das plataformas, ao fazer com que seus usuários fiquem mais tempo no *site*, o que aumenta também sua exposição à publicidade, cujo conteúdo é definido com base nas informações colhidas a partir do comportamento do usuário na rede.[34] Isso explicaria por que, apesar da moderação, especialistas em tecnologia concordam que os esforços das plataformas para atuar proativamente no sentido de detectar e de remover conteúdos extremos têm ficado aquém do que se espera.[35]

---

[26] Segundo Shoshana Zuboff, a expressão "extração de dados" é perfeita para descrever o fenômeno, que é realizado, na maior parte das vezes, sem o consentimento e nem mesmo a ciência dos usuários (ZUBOFF, Shoshana. *The age of surveillance capitalism*. The fight for a human nature at the new frontier of power. New York: Public Affairs, 2019. p. 17-25).

[27] A declaração foi feita em um painel do Consumer Eletronic Show (CES), conforme a CNET. Cf. YOUTUBE'S AI is the puppet master over most of what you watch. *CNET*, 10 jan. 2018. Disponível em: https://www.cnet.com/news/youtube-ces-2018-neal-mohan/. Acesso em: 18 jul. 2020.

[28] LAVI, Michael. Do platforms kill? *Harvard Journal of Law and Public Policy*, v. 43, n. 2, p. 477-572, 2020. p. 500-502.

[29] PARISER, Eli. *O filtro invisível*: o que a internet está escondendo de você. São Paulo: Zahar, 2012. p. 11.

[30] PARISER, Eli. *O filtro invisível*: o que a internet está escondendo de você. São Paulo: Zahar, 2012. p. 11.

[31] Sobre a capacidade de manipulação dos algoritmos, confira-se CCDCOE. *Declaration by Committe of Ministers on the manipulative capabilities of algorithmic processes*, fev. 2019. Disponível em: https://ccdcoe.org/uploads/2019/09/CoE-190213-Declaration-on-manipulative-capabilities-of-algorithmic-processes.pdf. Acesso em: 3 ago. 2020.

[32] LAVI, Michael. Do platforms kill? *Harvard Journal of Law and Public Policy*, v. 43, n. 2, p. 477-572, 2020. p. 500-502.

[33] LAVI, Michael. Do platforms kill? *Harvard Journal of Law and Public Policy*, v. 43, n. 2, p. 477-572, 2020. p. 500-502. Em sentido semelhante, Natasha Lomas aponta que cada fragmento de dado dos usuários é cuidadosamente reunido, sintetizado, negociado e vendido para formar um perfil a partir de um amontoado de algoritmos, utilizados para promover conteúdos extremos (LOMAS apud LAVI, Michael. Do platforms kill? *Harvard Journal of Law and Public Policy*, v. 43, n. 2, p. 477-572, 2020. p. 500).

[34] LAVI, Michael. Do platforms kill? *Harvard Journal of Law and Public Policy*, v. 43, n. 2, p. 477-572, 2020. p. 500-502.

[35] LAVI, Michael. Do platforms kill? *Harvard Journal of Law and Public Policy*, v. 43, n. 2, p. 477-572, 2020. p. 497-498.

Com efeito, o incremento da atenção despendida pelos usuários que já integram a rede constitui a principal estratégia de crescimento das plataformas digitais, especialmente em companhias de porte muito elevado, como o Facebook, em que o aumento do número de usuários torna-se, gradativamente, mais difícil.[36] Como resume Balkin,[37] enquanto no século XX a liberdade de expressão enfrentava problemas relativos à escassez de acesso à mídia, no século XXI, a questão desloca-se para o problema da escassez de atenção, abrindo espaço para modelos de negócio nos quais empresas digitais atraem seus consumidores finais por meio de negócios, aparentemente, gratuitos, oferecendo, em troca, sua atenção aos anunciantes.

Diante desse cenário, Frank Pasquale[38] denuncia a postura altamente contraditória que tem sido assumida pelas plataformas, ora invocando seu papel de mero intermediários para escusar-se da responsabilidade pelos danos, ora, valendo-se de sua interferência no fluxo informacional para obter vantagens.

Não é sem razão que uma das críticas ao Marco Civil é que, apesar do propalado intuito de assegurar a liberdade de expressão dos usuários, o dispositivo não proibiu o provedor de aplicações de suprimir, unilateralmente, quaisquer conteúdos que ele julgue ofensivos de acordo com seus termos e condições. De fato, o modelo de responsabilização judicial pelo qual optou o legislador não prevê como única hipótese da remoção do conteúdo a existência de ordem judicial.[39] O que o dispositivo faz é deixar claro que, havendo ordem judicial específica, caberá à plataforma remover o conteúdo sob pena de responsabilização. Noutros termos, nada obsta que esses agentes econômicos, a partir da notificação extrajudicial de um usuário ou, mesmo de ofício, suprimam determinado conteúdo se entenderem que houve violação aos seus termos de uso. Daí a conclusão de João Quinelato de Queiroz[40] de que, embora a lei, supostamente, privilegie a liberdade de expressão, "perdeu a oportunidade de evitar a verdadeira censura privada".

Com efeito, a partir do Marco Civil da Internet – pelo menos se interpretado literalmente o art. 19 – os provedores passaram a gozar de uma dupla vantagem: (i) a faculdade de proceder, unilateralmente, à moderação de conteúdo, de acordo com seus interesses e (ii) a ausência de quaisquer deveres de cuidado perante seus usuários por danos de conteúdo de terceiros, cabendo-lhes tão somente o cumprimento de ordem judicial específica.

Em sua configuração atual, portanto, o ambiente virtual, antes de ser um local paradisíaco para o livre debate de ideias, consiste sobretudo em um espaço de atuação

---

[36] BALKIN, Jack M. Free speech is a triangle. *Columbia Law Review*, v. 118, p. 2011-2056, 2011. p. 2022.

[37] BALKIN, Jack M. Free speech is a triangle. *Columbia Law Review*, v. 118, p. 2011-2056, 2011. p. 2023.

[38] PASQUALE, Frank. Platform neutrality: enhancing freedom of expression in spheres of private power. *Theoretical Inquiries in Law*, v. 17, n. 2, p. 487-513, 2016. p. 495. Disponível em: https://papers.ssrn.com/sol3/papers.cfm?abstract_id=2779270.

[39] MENDES, Gilmar Ferreira; FERNANDES, Victor Oliveira. Constitucionalismo digital e jurisdição constitucional: uma agenda de pesquisa para o caso brasileiro. *Revista Brasileira de Direito*, v. 16, n. 1, p. 1-33, jan./abr. 2020. p. 19. Disponível em: https://seer.imed.edu.br/index.php/revistadedireito/article/view/4103.

[40] QUEIROZ, João Quinelato de. *Responsabilidade civil na rede*: danos e liberdade à luz do marco civil da internet. Rio de Janeiro: Processo, 2019. p. 242.

de mercado.[41] Por trás da defesa da liberdade de expressão, há, na verdade, motivações econômicas.[42]

4 A liberdade de expressão e a necessidade de conferir interpretação sistemática e finalística ao art. 19 do Marco Civil da Internet

Apesar da notória interferência das plataformas digitais no fluxo comunicativo, o argumento subjacente à responsabilização judicial instituída pelo art. 19 do Marco Civil é o de que a definição de um regime mais rígido, independente de ordem judicial expressa, traria o risco de notificações extrajudiciais infundadas ou abusivas, o que poderia colocar em risco a liberdade de expressão.[43] Dessa forma, a exigência de ordem judicial serviria para evitar que o servidor fosse pressionado a remover qualquer conteúdo apontado como ilícito.[44]

A discussão está, portanto, intimamente relacionada aos limites da regulação da liberdade de expressão. Nesse sentido, autores como Jack Balkin[45] sustentam que a adoção de um regime de responsabilidade pelo conteúdo de terceiros poderia levar à chamada "censura colateral", que ocorre quando, diante do temor de ser responsabilizado, o intermediário tende a bloquear ou censurar, de maneira exagerada, as publicações dos usuários. O autor explica que a "censura colateral" é, na verdade, o outro lado da moeda da responsabilidade dos provedores, que, em última análise, visa exatamente a estimular esses intermediários a promoverem diversas formas de controle, filtrando, bloqueando, removendo ou dificultando a difusão de determinados discursos de seus usuários.[46]

O que o autor chama de "censura colateral" é decorrência direta dos novos contornos assumidos pela liberdade de expressão na era digital, em que o antigo caráter dualista, típico dos séculos XIX e XX, abriu espaço para uma espécie de relação triangular.[47] No modelo anterior, havia essencialmente dois atores: o Estado de um lado e, do outro, o autor do conteúdo regulado (jornais, revistas, emissoras de rádio,

---

[41] SCHREIBER, Anderson. Marco Civil da Internet: avanço ou retrocesso? A responsabilidade civil por dano derivado do conteúdo gerado por terceiro. *In*: LUCCA, Newton de; SIMÃO FILHO, Adalberto; LIMA, Cíntia Rosa Pereira (Coord.). *Direito e internet III*: Marco Civil da Internet. São Paulo: Quartier Latin, 2015. t. II.

[42] Como explica Marvin Ammori, "The lawyers working for these companies have business reasons for supporting free expression. Indeed, all of these companies talk about their businesses in the language of free speech. Google's official mission is 'to organize the world's information and make it universally accessible and useful.' WordPress. com's corporate mission is to 'democratize publishing.' Facebook's is to 'give people the power to share and make the world more open and connected'" (The "New" New York Times: free speech lawyering in the age of Google and Twitter. *Harvard Law Review*, v. 127, n. 8, jun. 2014). Trecho também citado por Anderson Schreiber (Marco Civil da Internet: avanço ou retrocesso? A responsabilidade civil por dano derivado do conteúdo gerado por terceiro. *In*: LUCCA, Newton de; SIMÃO FILHO, Adalberto; LIMA, Cíntia Rosa Pereira (Coord.). *Direito e internet III*: Marco Civil da Internet. São Paulo: Quartier Latin, 2015. t. II).

[43] MENDES, Gilmar Ferreira; FERNANDES, Victor Oliveira. Constitucionalismo digital e jurisdição constitucional: uma agenda de pesquisa para o caso brasileiro. *Revista Brasileira de Direito*, v. 16, n. 1, p. 1-33, jan./abr. 2020. p. 16. Disponível em: https://seer.imed.edu.br/index.php/revistadedireito/article/view/4103.

[44] SOUZA, Carlos Affonso Pereira de. As cinco faces da proteção à liberdade de expressão no Marco Civil da Internet. *In*: LUCCA, Newton de; SIMÃO FILHO, Adalberto; LIMA, Cíntia Rosa Pereira (Coord.). *Direito e internet III*: Marco Civil da Internet. São Paulo: Quartier Latin, 2015. t. I. p. 377-408.

[45] BALKIN, Jack M. Free speech is a triangle. *Columbia Law Review*, v. 118, p. 2011-2056, 2011. p. 2015.

[46] BALKIN, Jack M. Free speech is a triangle. *Columbia Law Review*, v. 118, p. 2011-2056, 2011. p. 2015.

[47] BALKIN, Jack M. Free speech is a triangle. *Columbia Law Review*, v. 118, p. 2011-2056, 2011. p. 2015.

televisão etc). No século XXI, o modelo sofistica-se com a inclusão das plataformas digitais. Para disciplinar a liberdade de expressão, nesse contexto, o Estado deverá regular o comportamento desses agentes econômicos, para assegurar que exerçam controle sobre conteúdos abusivos publicados por seus usuários.[48] A questão é delicada, porque atribui a agentes privados a função de arbitrar direitos fundamentais, antecedendo a atuação do Estado.[49]

A discussão sobre a responsabilidade, todavia, surge exatamente quando o exercício da liberdade de expressão viola direitos fundamentais da vítima, afigurando-se abusivo ou ilegítimo.[50] Além disso, a liberdade de expressão não desfruta, na Constituição brasileira, de posição privilegiada em relação a outros direitos fundamentais. A ideia de uma posição preferencial, como ressalta Ingo Sarlet, não é "compatível com as peculiaridades do direito constitucional positivo brasileiro, que, neste particular, diverge em muito do norte-americano e mesmo inglês".[51] A liberdade de expressão, portanto, não está imune a restrições nem assume posição hierárquica de superioridade quando em conflito com outros direitos fundamentais, exigindo-se, ao contrário, um cuidadoso balanceamento dos bens jurídicos contrapostos.[52]

O art. 19 do Marco Civil, entretanto, acabou atribuindo à liberdade de expressão um caráter de "superprincípio", ao privilegiar esse direito em detrimento da tutela da dignidade da pessoa humana.[53] As incoerências desse raciocínio não passaram despercebidas pela doutrina, motivo pelo qual alguns autores têm sustentado a inconstitucionalidade do dispositivo.

É o caso, por exemplo, de Anderson Schreiber,[54] para quem o artigo viola a garantia constitucional de reparação plena e integral, o princípio de acesso à Justiça, o princípio da vedação ao retrocesso social (pela subversão da jurisprudência mais protetiva que já havia se firmado), além de permitir uma inversão axiológica ao assegurar às vítimas de violações a direitos autorais e conexos, de conteúdo exclusivamente patrimonial, regime mais favorável que às violações a direitos fundamentais (por meio da aplicação das regras gerais de responsabilidade civil previstas no Código Civil).

Daí por que o autor defende que a única forma de salvar o dispositivo seria atribuir a ele interpretação conforme, para se dispensar a ordem judicial, conformando-se com

---

[48] BALKIN, Jack M. Free speech is a triangle. *Columbia Law Review*, v. 118, p. 2011-2056, 2011. p. 2015.

[49] MENDES, Gilmar Ferreira; FERNANDES, Victor Oliveira. Constitucionalismo digital e jurisdição constitucional: uma agenda de pesquisa para o caso brasileiro. *Revista Brasileira de Direito*, v. 16, n. 1, p. 1-33, jan./abr. 2020. p. 19. Disponível em: https://seer.imed.edu.br/index.php/revistadedireito/article/view/4103.

[50] SCHREIBER, Anderson. Marco Civil da Internet: avanço ou retrocesso? A responsabilidade civil por dano derivado do conteúdo gerado por terceiro. *In*: LUCCA, Newton de; SIMÃO FILHO, Adalberto; LIMA, Cíntia Rosa Pereira (Coord.). *Direito e internet III*: Marco Civil da Internet. São Paulo: Quartier Latin, 2015. t. II.

[51] SARLET, Ingo Wolfgang. Liberdade de expressão e biografias não autorizadas – Notas sobre a ADI 4.815. *Revista Eletrônica Conjur*, 19 jun. 2015.

[52] SARLET, Ingo Wolfgang. Liberdade de expressão e biografias não autorizadas – Notas sobre a ADI 4.815. *Revista Eletrônica Conjur*, 19 jun. 2015.

[53] QUEIROZ, João Quinelato de. *Responsabilidade civil na rede*: danos e liberdade à luz do marco civil da internet. Rio de Janeiro: Processo, 2019. p. 59; 67.

[54] SCHREIBER, Anderson. Marco Civil da Internet: avanço ou retrocesso? A responsabilidade civil por dano derivado do conteúdo gerado por terceiro. *In*: LUCCA, Newton de; SIMÃO FILHO, Adalberto; LIMA, Cíntia Rosa Pereira (Coord.). *Direito e internet III*: Marco Civil da Internet. São Paulo: Quartier Latin, 2015. t. II. No mesmo sentido, QUEIROZ, João Quinelato de. *Responsabilidade civil na rede*: danos e liberdade à luz do marco civil da internet. Rio de Janeiro: Processo, 2019. p. 147.

a mera notificação, na linha do que já dispõe o art. 21 para os casos de cenas de nudez e de sexo.

De fato, um dos maiores problemas do art. 19 é que ele acaba por privilegiar a liberdade de expressão em detrimento de outras garantias constitucionais, em afronta ao art. 5º, X, da CF, que reconhece a inviolabilidade dos direitos à intimidade, à vida privada, à honra e à imagem das pessoas e assegura, expressamente, a reparação integral pelo dano material ou moral decorrentes de sua violação.

Causa estranheza, ainda, o fato de o legislador ter imputado à vítima o ônus de recorrer ao Judiciário, como condição indispensável para a deflagração da responsabilidade das plataformas e não como mero mecanismo para a tutela de seus direitos. Impõe-se às vítimas o ônus de enfrentar batalhas jurídicas, muitas vezes, longas e dispendiosas, agravando o dano, especialmente diante da morosidade do Judiciário em contraposição à velocidade de replicação dos conteúdos no ambiente virtual. Nesse contexto, é fácil perceber que a disciplina do art. 19 constitui, muito mais, uma norma de blindagem para as plataformas do que um mecanismo de proteção às vítimas, que, aliás, estavam mais bem amparadas pelas regras gerais de responsabilidade civil.[55]

É também essa a opinião de Gustavo Tepedino *et al.*,[56] segundo os quais, "o mecanismo [do art. 19] acaba por inverter a ótica da responsabilidade civil, ao contrário da tendência contemporânea de proteção prioritária e integral do ofendido". Como ressaltam os autores, na solução adotada pelo art. 19, "ignorou-se o dano sofrido pela vítima a partir da simples divulgação do conteúdo lesivo, impondo-lhe formalidades morosas e custosas, o que não apenas prolonga o dano, mas o agrava exponencialmente durante o período precedente à notificação judicial". Em razão disso, os autores sustentam que o texto legislativo não significa que "na hipótese de não atendimento de notificação extrajudicial, o dever de reparar deixaria de ser imputado", ante o princípio da dignidade da pessoa humana e a tutela plena e integral dos direitos da personalidade previsto na Constituição Federal.

Os julgados do STF em que se decidiu pela inconstitucionalidade da Lei da Imprensa e se admitiu a publicação de biografias não autorizadas não subvertem a conclusão. Nos dois precedentes, o que se entendeu é que, mesmo não sendo possível admitir que o Estado impeça a produção de determinados conteúdos, isso não afasta a responsabilidade ulterior de seu emissor pelos danos causados nem o exercício do direito de resposta.

A crítica ao art. 19 reforça-se diante da constatação, já descrita anteriormente, de que as plataformas já promovem a retirada unilateral das informações publicadas, não tendo o Marco Civil vedado essa faculdade. Daí a conclusão de que a lei acabou

---

[55] No mesmo sentido, SCHREIBER, Anderson. Marco Civil da Internet: avanço ou retrocesso? A responsabilidade civil por dano derivado do conteúdo gerado por terceiro. *In*: LUCCA, Newton de; SIMÃO FILHO, Adalberto; LIMA, Cíntia Rosa Pereira (Coord.). *Direito e internet III*: Marco Civil da Internet. São Paulo: Quartier Latin, 2015. t. II.

[56] TEPEDINO, Gustavo; TERRA, Aline de Miranda Valverde; GUEDES, Gisela Sampaio da Cruz. *Fundamentos do direito civil*. São Paulo: Forense, 2020. v. 4. p. 77.

impondo dificuldades para o ressarcimento dos usuários e protegendo a autonomia dos grandes provedores.[57]

Outros autores entendem que a solução estaria no final do art. 19, que ressalva as "disposições em sentido contrário", o que abriria espaço para a responsabilidade civil do provedor de aplicações

> a partir da ciência de qualquer conteúdo acusado como ilegal, assim previsto em Lei, como nos casos de ofensas a direitos de personalidade, danos à imagem de empresas, crimes contra a honra, violação de propriedade intelectual, fraudes, ameaça, pornografia infantil, racismo, etc.[58]

A inconstitucionalidade do art. 19 do Marco Civil é objeto de discussão em recurso extraordinário no STF – RE nº 1.037.396 –, cuja repercussão geral foi reconhecida pelo Ministro Relator, Dias do Toffoli, em março de 2018.[59] Em síntese, o Tribunal de São Paulo reformou a sentença, para declarar a inconstitucionalidade do art. 19, em sede de controle difuso, e condenou o Facebook ao pagamento de indenização por danos morais pela inércia em remover perfil falso após notificação extrajudicial.[60]

O precedente não é isolado; há outros casos em que também se decidiu pela inconstitucionalidade do art. 19 do Marco Civil, sob o argumento de que o Marco Civil constituiria um verdadeiro retrocesso, "por ter privilegiado os provedores em detrimento dos consumidores, e por ter conferido a priori supremacia a determinados direitos fundamentais em face de outros de igual relevância, contrariando o sistema jurídico e a tábua axiológica da Constituição".[61]

Ressalte-se que o argumento, em favor do art. 19, de que as plataformas poderiam ser, eventualmente, responsabilizadas pela indevida interferência na liberdade de expressão de seus usuários é pouco convincente. Em primeiro lugar, o risco existe mesmo quando a moderação decorre do *enforcement* dos termos de uso. Nem por isso, as plataformas deixam de criar regras de governança. Em segundo lugar, a necessidade de sopesar interesses em conflito é inerente ao exercício da autonomia privada. Trata-se, na verdade, de uma decorrência direta do Estado democrático de direito, que, não

---

[57] ROSSETTO, Guilherme Ferreira; ANDRADE, Henrique dos Santos; BENATTO, Pedro Henrique Abreu. A responsabilidade dos provedores de aplicações no Marco Civil da Internet: reflexões sobre a viabilidade da medida com foco nos problemas que assolam o Judiciário. *Revista de Direito Privado*, v. 17, n. 69, p. 47-67, set. 2016.

[58] VAINZOF, Rony. Da responsabilidade por danos decorrentes de conteúdo gerado por terceiros. *In*: DEL MASSO, Fabiano (Coord.). *Marco Civil da Internet*: Lei 12.965/2014. São Paulo: RT, 2014. p. 203.

[59] A matéria também é objeto do RE nº 1.057.258. Rel. Min. Luiz Fux, pendente de julgamento.

[60] Confira-se trecho do voto condutor: "Para fins indenizatórios, todavia, condicionar a retirada do perfil falso somente 'após ordem judicial específica', na dicção desse artigo, significaria isentar os provedores de aplicações, caso da ré, de toda e qualquer responsabilidade indenizatória, fazendo letra morta do sistema protetivo haurido à luz do Código de Defesa do Consumidor, circunstância que, inclusive, aviltaria preceito constitucional (art. 5º, inciso XXXII, da Constituição Federal). Ademais, tal disposição como que quer obrigar, compelir o consumidor vitimado, a ingressar em Juízo para atendimento de pretensão que, seguramente, poderia ser levada a cabo pelo próprio provedor cercando-se de garantias a fim de preservar, em última análise, a liberdade de expressão. Antes, o provedor fica em confortável, mas não menos desproporcional, posição de inércia frente à vítima do abuso desse mesmo direito de manifestação e pensamento, gerando paradoxal desequilíbrio em relação aos 'invioláveis' direitos à 'intimidade, a vida privada, a honra e a imagem' (art. 5º, inciso X, da Constituição Federal) desta última (vítima)" (TJSP. Apelação Cível nº 006017-80.2014.8.26.0125. Rel. Des. Rogério Sartori Astolphi, j. 11.12.2015).

[61] TJSP, 1ª Câmara de Direito Privado. Apelação Cível nº 1011391-95.2015.8.26005. Rel. Des. Francisco Loureiro, j. 7.6.2016.

reconhecendo direitos subjetivos absolutos, exige a todo momento que os indivíduos exerçam delicados juízos quanto à abrangência de sua autonomia privada em face dos direitos de terceiros.

Não é sem razão que o art. 187 do Código Civil deixa claro que abusa do seu direito todo aquele que o exerce de forma a exceder manifestamente os limites impostos pelas finalidades sociais e econômicas do direito e pela boa-fé. Ao assim fazer, o artigo impõe que os particulares considerem em que medida as suas ações podem ou não estar causando danos desnecessários, inadequados ou desproporcionais a terceiros. Nesse sentido, adverte Marcelo Thompson[62] que caberá ao provedor, antes de retirar o conteúdo, "aferir-lhe a natureza, dedicando à liberdade de expressão a mesma responsabilidade que deve dedicar a outros direitos".

Se tal responsabilidade é exigível de qualquer cidadão, com maior razão deve sê-lo de grandes agentes profissionais, ainda mais diante de riscos previsíveis. É certo que a moderação desperta preocupação com a liberdade de expressão dos usuários. Daí por que a conduta das plataformas deverá ser examinada dentro de um parâmetro de razoabilidade, que assegure o equilíbrio entre os direitos em conflito.

Acresce que afastar a existência de ordem judicial expressa como condição *sine qua non* para a deflagração da responsabilidade não significa que, havendo recusa da plataforma em atender à eventual notificação extrajudicial para a retirada de conteúdo cujo caráter abusivo seja, posteriormente, reconhecido pelo Judiciário, ficará configurado o dever de indenizar. É preciso examinar, concretamente, qual o grau de cuidado exigido na hipótese.

Evidentemente, os casos em que o exercício da liberdade de expressão revelar-se nitidamente abusivo deverão ser tratados com maior rigor. É possível falar, aliás, em uma espécie de "zona de certeza positiva", na qual ninguém discutirá a ilicitude, que se revelará patente, como ocorre em incitações de ódio, xingamentos grosseiros, mensagens discriminatórias, pornografia infantil etc. Nessas hipóteses, o agente que, mesmo tomando conhecimento inequívoco da publicação, se recusa a retirá-la não pode se escusar dos danos daí decorrentes. Em alguns casos, contudo, a linha entre a licitude ou não pode ser tênue, de modo que, em determinadas hipóteses, de fato, só se poderá cogitar de responsabilidade após o descumprimento de ordem judicial que reconheça a ilicitude do conteúdo.

As próprias plataformas digitais reconhecem que hipóteses de ilicitude flagrante devem ser tratadas de forma diversa, inclusive mais rigorosa do que o disposto no art. 19 do Marco Civil. É o que revela a manifestação do Google no RE nº 1.057.258,[63] no qual se discute a constitucionalidade do art. 19 do Marco Civil, pendente ainda de julgamento pelo STF: "Esclareça-se que, obviamente, em casos em que a ilicitude é manifestamente explícita, como por exemplo, racismo, pedofilia, é razoável exigir da Recorrente uma atitude para fazer cessar a veiculação – após instada a tanto, evidentemente".

Vale citar o exemplo da Alemanha, país que, em 2017, aprovou a *Netzwerkdurchsetzungsgesetz*, estabelecendo, entre outras coisas, a obrigação de as redes sociais

---

[62] THOMPSON, Marcelo. Marco Civil ou demarcação de direitos? Democracia, razoabilidade e as fendas da internet no Brasil. *Revista de Direito Administrativo*, v. 261, p. 47-67, set./dez. 2012. p. 236.

[63] STF. RE nº 1.057.258. Rel. Min. Luiz Fux, pendente de julgamento.

excluírem "conteúdo manifestamente ilegal" no prazo de 24 (vinte e quatro) horas e de concluírem o processo de revisão das denúncias dos usuários em até 7 (sete) dias.[64]

O critério da "ilicitude manifesta" também vem sendo adotado por outras jurisdições. Em 2014, a Suprema Corte Argentina entendeu que a mera notificação extrajudicial não seria suficiente para responsabilizar os provedores de busca por violações à honra, à imagem e à intimidade, exigindo-se ordem judicial ou notificação de autoridade competente, com exceção dos casos em que a ilicitude fosse manifesta, tais como pornografia infantil, genocídio, ameaças de morte e lesões deliberadas à honra.[65]

Assim, independentemente de ordem judicial, poderá ficar configurada a responsabilidade da plataforma digital que deixar de remover conteúdo, após ser extrajudicialmente notificada do material lesivo, quando sua manutenção estiver aquém do dever de cuidado exigível na hipótese. Um dos parâmetros para a definição desse dever de cuidado é exatamente o grau de lesividade do conteúdo.

Esse dever de cuidado decorre do princípio da boa-fé objetiva, e se aplica a qualquer tipo de relação contratual, independentemente de previsão expressa, incluindo aquelas entre as plataformas digitais e seus usuários. Seu objetivo, como explica Menezes de Cordeiro,[66] não é assegurar os interesses obrigacionais em si, mas, sim, garantir que os contratantes não causem danos uns aos outros ou a seus patrimônios. A tutela, na verdade, recai sobre o interesse de proteção e não de prestação, impedindo que da relação obrigacional, independentemente de seu adimplemento, resultem danos para a contraparte.

Sob esta perspectiva, abre-se nova frente de discussões, que deixa de ter como foco apenas o controle de conteúdo e passa a ter como foco também a própria arquitetura da plataforma, ou seja, o seu *design* e a compatibilidade deste com padrões mínimos de *accountability*[67] e de cuidado. Isso porque, muitas vezes, os danos sofridos pelas vítimas decorrem do próprio *design* das plataformas, criado para atingir interesses privados dos agentes econômicos, ao mesmo tempo em que impõe externalidades significativas à sociedade. Com efeito, as decisões relativas ao *design* da plataforma não são neutras; ao contrário, elas podem estimular ou desestimular certos tipos de comportamento por seus usuários.[68]

Os caminhos para conciliar a liberdade de expressão com a redução das externalidades negativas apontadas, portanto, não podem ser a apriorística exclusão da

---

[64] MENDES, Gilmar Ferreira; FERNANDES, Victor Oliveira. Constitucionalismo digital e jurisdição constitucional: uma agenda de pesquisa para o caso brasileiro. *Revista Brasileira de Direito*, v. 16, n. 1, p. 1-33, jan./abr. 2020. p. 17-18. Disponível em: https://seer.imed.edu.br/index.php/revistadedireito/article/view/4103.

[65] CSJN. *Rodríguez, María Belén c/ Google Inc. s/ daños y perjuicios, 28.10.2014*. Disponível em: https://sjconsulta.csjn.gov.ar/sjconsulta/documentos/verDocumentoByIdLinksJSP.html?idDocumento=7162581&cache=1509324967388. Acesso em: 30 dez. 2020. Precedente também citado por SOUZA, Carlos Affonso Pereira de. As cinco faces da proteção à liberdade de expressão no Marco Civil da Internet. *In*: LUCCA, Newton de; SIMÃO FILHO, Adalberto; LIMA, Cíntia Rosa Pereira (Coord.). *Direito e internet III*: Marco Civil da Internet. São Paulo: Quartier Latin, 2015. t. I.

[66] CORDEIRO, Antonio Manuel da Rocha Menezes. *Da boa-fé no direito civil*. Coimbra: Almedina, 2015. p. 639.

[67] MAZÚR, Jan; PATAKYOVÁ, Maria T. Regulatory. *Masaryk University Journal of Law and Technology*, v. 13, p. 219-241, 2019. p. 223-224. Disponível em: https://journals.muni.cz/mujlt/article/view/11822/10861.

[68] WOODS, Lorna; PERRIN, William. Online harm reduction: a statutory duty of care and regulator. *Carnegie UK Trust*, abr. 2019. p. 5. Disponível em: https://www.carnegieuktrust.org.uk/publications/online-harm-reduction-a-statutory-duty-of-care-and-regulator/.

responsabilidade civil das plataformas pelos danos que ocorrerem no seu âmbito. É necessário traçar alternativas intermediárias entre a ampla responsabilização por conteúdo de terceiros e a irresponsabilidade, delineando um regime em que as plataformas possam responder por danos decorrentes do sistema de curadoria da informação que elas próprias criaram, notadamente quando padrões mínimos de cuidado e transparência não forem providenciados.

É preciso reconhecer que muitas das ambivalências e dificuldades que a preservação da liberdade de expressão vem enfrentando no ambiente digital decorrem da completa falta de transparência sobre a forma como as plataformas gerenciam os fluxos informacionais. Afinal, as plataformas já exercem o controle das informações, mas o fazem por meio de algoritmos secretos e obscuros, sem nenhuma *accountability* em relação aos critérios pelos quais determinados conteúdos são priorizados em detrimento de outros. Dessa maneira, as plataformas filtram, selecionam, ranqueiam, bloqueiam ou removem conteúdo em um ambiente de completa opacidade.[69]

Nesse cenário, o maior risco à liberdade de expressão dos usuários decorre precisamente da excessiva liberdade das plataformas digitais, especialmente no que diz respeito à falta de transparência sobre como exercem o seu papel de curadoria de conteúdo. Na verdade, o ponto-chave para evitar potenciais violações à liberdade de expressão está exatamente no incremento do dever de cuidado e de transparência das plataformas e não na isenção de responsabilidade pelos danos decorrentes de conteúdos publicados por terceiros.

Logo, diante do poder das plataformas digitais, é preciso reenquadrar a discussão sobre a liberdade de expressão, reconhecendo que, na nova era do "capitalismo de vigilância", não há propriamente um antagonismo entre regulação e liberdade de expressão.[70] Pelo contrário, a regulação acaba sendo fundamental para assegurar a efetiva liberdade de expressão, evitando as inúmeras distorções e manipulações que têm ocorrido no ambiente virtual.

Na verdade, como adverte Frank Pasquale,[71] a incidência do direito do consumidor, do direito antitruste, de leis protetivas da privacidade, entre outras, constitui ferramenta para controlar a excessiva interferência das plataformas digitais no fluxo informacional, assegurando padrões mínimos de neutralidade, o que pode, inclusive, contribuir para a promoção da liberdade de expressão, e não o contrário. A ideia subjacente à imposição

---

[69] Recentemente, o Departamento de Proteção e Defesa do Consumidor (DPDC), órgão da Secretaria Nacional do Consumidor (Senacon), notificou o Facebook para que esclareça, em quinze dias, os critérios para a remoção e/ou a restrição aos conteúdos gerados por seus usuários. O órgão exigiu, ainda, que a plataforma explique se presta informações sobre as causas que acarretam a remoção ou restrição do conteúdo. Cf. FACEBOOK terá que prestar esclarecimentos sobre remoção de conteúdos. *Revista Eletrônica Conjur*, 6 jan. 2021. Disponível em: https://www.conjur.com.br/2021-jan-06/facebook-prestar-esclarecimentos-censura-conteudos. Acesso em: 7 jan. 2021.

[70] PASQUALE, Frank. Platform neutrality: enhancing freedom of expression in spheres of private power. *Theoretical Inquiries in Law*, v. 17, n. 2, p. 487-513, 2016. p. 489. Disponível em: https://papers.ssrn.com/sol3/papers.cfm?abstract_id=2779270.

[71] PASQUALE, Frank. Platform neutrality: enhancing freedom of expression in spheres of private power. *Theoretical Inquiries in Law*, v. 17, n. 2, p. 487-513, 2016. p. 489. Disponível em: https://papers.ssrn.com/sol3/papers.cfm?abstract_id=2779270.

de regras é justamente impedir que "intermediários" com poder econômico tão elevado possam distorcer seja o comércio seja a esfera pública.[72]

Nesse sentido, é precisa a advertência de Jack Balkin[73] de que, na era digital, é preciso repensar o papel da liberdade de expressão, que, ao lado da função tradicional de proteger os cidadãos da censura estatal, também deverá funcionar como um contrapeso para equilibrar o poder privado de controle e vigilância das novas tecnologias.

A liberdade de expressão deve ser, portanto, compatibilizada com o direito de reparação de todos aqueles que sofreram danos em virtude dela. Ainda que a plataforma não responda diretamente por conteúdos de terceiros, há boas razões para sustentar que deve responder quando permite, tolera, veicula ou mesmo impulsiona e incentiva conteúdos em situações nas quais isso seja incompatível com o dever geral de cuidado, visto a partir de uma perspectiva de razoabilidade e probabilidade do dano.

Assim, o Marco Civil da Internet não pode ser interpretado como uma espécie de "blindagem" das plataformas, alheio aos demais dispositivos legais e à própria Constituição, para restringir a tutela dos danos injustos causados a seus usuários por conteúdos de terceiros. É dizer: se a plataforma digital, na execução da relação contratual, deixar de adotar os deveres de cuidado necessários, razoáveis e proporcionais para evitar que sejam causados danos injustos à outra parte, ficará obrigada a repará-los, pela violação ao dever de proteção que decorre da boa-fé objetiva.

A precisa identificação do conteúdo do dever de cuidado, contudo, não pode ser feita em abstrato, devendo ser densificada a partir de critérios como a previsibilidade e a gravidade do dano, a profissionalidade e o porte do agente econômico, entre outros.

5 Conclusões

O art. 19 da Lei nº 12.965/2014 configura um retrocesso no que se refere à tutela das vítimas de danos causados por conteúdo de terceiros, ao condicionar a responsabilidade dos provedores ao descumprimento de ordem judicial. O dispositivo, como visto, reduziu o grau de proteção assegurado pela jurisprudência brasileira, que adotava, em linhas gerais, o modelo do *notice and take down*.

O objetivo do legislador teria sido resguardar a liberdade de expressão dos usuários, evitando que agentes privados pudessem promover a censura prévia. O regime instituído pela lei, contudo, longe de assegurar a liberdade de expressão, serve como um mecanismo de blindagem das plataformas digitais. Daí por que diversos autores sustentam sua inconstitucionalidade. De fato, o art. 19 acabou priorizando a liberdade de expressão em detrimento de outros direitos fundamentais, impedindo a reparação plena e integral das vítimas, assegurada pela Constituição.

Por outro lado, a lei não proibiu o exercício da moderação de conteúdo pelas plataformas, assegurando-lhes o melhor dos mundos: a possibilidade de usufruir

---

[72] PASQUALE, Frank. Platform neutrality: enhancing freedom of expression in spheres of private power. *Theoretical Inquiries in Law*, v. 17, n. 2, p. 487-513, 2016. p. 489. Disponível em: https://papers.ssrn.com/sol3/papers.cfm?abstract_id=2779270.

[73] BALKIN, M. Jack. Free speech in the algorithmic society: big data, private governance, and new school speech regulation. *University of California*, Davis, p. 1149-1210, 2018. p. 1152. Disponível em: https://lawreview.law.ucdavis.edu/issues/51/3/Essays/51-3_Balkin.pdf.

de um regime de quase irresponsabilidade, sem prejuízo do poder de estabelecer, unilateralmente, regras de governança, para filtrar, bloquear, remover e direcionar os conteúdos publicados por terceiros.

Diante dessas incongruências, é necessário dar interpretação sistemática e teleológica ao art. 19, para evitar que danos injustos causados a seus usuários permaneçam sem reparação. Dessa forma, o descumprimento da ordem judicial deve ser entendido como mera presunção de culpa, que não afasta outras hipóteses de responsabilidade dos provedores, quando verificado o claro descumprimento do dever de cuidado, que deverá ser definido a partir de critérios como a previsibilidade e a gravidade do dano, a profissionalidade e o porte do agente econômico, entre outros.

A imposição desses deveres de cuidado poderá ter com efeito não apenas obrigar as plataformas a suprimirem conteúdos lesivos após notificação extrajudicial, a depender do caso, mas também poderá incidir na própria arquitetura das plataformas, a fim de evitar a imposição de externalidades negativas à sociedade.

Por fim, um dos fatores essenciais para evitar potenciais violações à liberdade de expressão está exatamente no incremento do dever de transparência desses agentes econômicos, que, em regra, atuam em um ambiente de total opacidade, o que dificulta a imposição de um regime de responsabilidade condizente com o poder exercido por eles no fluxo comunicativo.

Longe de esgotar as discussões sobre o tema, este artigo buscou expor as limitações do Marco Civil da Internet no que se refere ao regime de responsabilidade das plataformas digitais, e acenar para a necessidade de se refletir sobre o dever de cuidado, que deve ser imputado aos provedores, não apenas no que se refere à supressão de conteúdos lesivos, mas também no que diz respeito à arquitetura desses agentes econômicos, reduzindo as externalidades negativas que decorrem desse modelo de negócio.

Referências

AMMORI, Marvin. The "New" New York Times: free speech lawyering in the age of Google and Twitter. *Harvard Law Review*, v. 127, n. 8, jun. 2014.

BALKIN, Jack M. Free speech is a triangle. *Columbia Law Review*, v. 118, p. 2011-2056, 2011.

BALKIN, M. Jack. Free speech in the algorithmic society: big data, private governance, and new school speech regulation. *University of California*, Davis, p. 1149-1210, 2018. Disponível em: https://lawreview.law.ucdavis. edu/issues/51/3/Essays/51-3_Balkin.pdf.

BINICHESKI, Paulo Roberto. *Responsabilidade civil dos provedores de internet*. Curitiba: Juruá, 2011.

CORDEIRO, Antonio Manuel da Rocha Menezes. *Da boa-fé no direito civil*. Coimbra: Almedina, 2015.

EVANS, David; SCHMALENSEE, Richard. *Matchmakers*: the new economics of multisided platforms. Boston: Harvard Business Review Press, 2016.

FRAZÃO, Ana. Plataformas digitais e os desafios para a regulação jurídica. *In*: PARENTONI, Leonardo; GONTIJO, Bruno Miranda (Org.). *Direito, tecnologia e inovação*. Belo Horizonte: D'Plácido, 2018. v. 1.

GILLESPIE, Tarleton. *Custodians of the internet*: platforms, content moderation, and the hidden decisions that shape social media. New Haven, CT: Yale University Press, 2018. Disponível em: https://www.researchgate. net/publication/327186182_Custodians_of_the_internet_Platforms_content_moderation_and_the_hidden_ decisions_that_shape_social_media.

LAVI, Michael. Do platforms kill? *Harvard Journal of Law and Public Policy*, v. 43, n. 2, p. 477-572, 2020.

MAZÚR, Jan; PATAKYOVÁ, Maria T. Regulatory. *Masaryk University Journal of Law and Technology*, v. 13, p. 219-241, 2019. Disponível em: https://journals.muni.cz/mujlt/article/view/11822/10861.

MENDES, Gilmar Ferreira; FERNANDES, Victor Oliveira. Constitucionalismo digital e jurisdição constitucional: uma agenda de pesquisa para o caso brasileiro. *Revista Brasileira de Direito*, v. 16, n. 1, p. 1-33, jan./abr. 2020. Disponível em: https://seer.imed.edu.br/index.php/revistadedireito/article/view/4103.

PARISER, Eli. *O filtro invisível*: o que a internet está escondendo de você. São Paulo: Zahar, 2012.

PASQUALE, Frank. Platform neutrality: enhancing freedom of expression in spheres of private power. *Theoretical Inquiries in Law*, v. 17, n. 2, p. 487-513, 2016. Disponível em: https://papers.ssrn.com/sol3/papers.cfm?abstract_id=2779270.

QUEIROZ, João Quinelato de. *Responsabilidade civil na rede*: danos e liberdade à luz do marco civil da internet. Rio de Janeiro: Processo, 2019.

ROSSETTO, Guilherme Ferreira; ANDRADE, Henrique dos Santos; BENATTO, Pedro Henrique Abreu. A responsabilidade dos provedores de aplicações no Marco Civil da Internet: reflexões sobre a viabilidade da medida com foco nos problemas que assolam o Judiciário. *Revista de Direito Privado*, v. 17, n. 69, p. 47-67, set. 2016.

SARLET, Ingo Wolfgang. Liberdade de expressão e biografias não autorizadas – Notas sobre a ADI 4.815. *Revista Eletrônica Conjur*, 19 jun. 2015.

SCHREIBER, Anderson. Marco Civil da Internet: avanço ou retrocesso? A responsabilidade civil por dano derivado do conteúdo gerado por terceiro. *In*: LUCCA, Newton de; SIMÃO FILHO, Adalberto; LIMA, Cíntia Rosa Pereira (Coord.). *Direito e internet III*: Marco Civil da Internet. São Paulo: Quartier Latin, 2015. t. II.

SOUZA, Carlos Affonso Pereira de. As cinco faces da proteção à liberdade de expressão no Marco Civil da Internet. *In*: LUCCA, Newton de; SIMÃO FILHO, Adalberto; LIMA, Cíntia Rosa Pereira (Coord.). *Direito e internet III*: Marco Civil da Internet. São Paulo: Quartier Latin, 2015. t. I.

TEPEDINO, Gustavo; TERRA, Aline de Miranda Valverde; GUEDES, Gisela Sampaio da Cruz. *Fundamentos do direito civil*. São Paulo: Forense, 2020. v. 4.

THOMPSON, Marcelo. Marco Civil ou demarcação de direitos? Democracia, razoabilidade e as fendas da internet no Brasil. *Revista de Direito Administrativo*, v. 261, p. 47-67, set./dez. 2012.

VAINZOF, Rony. Da responsabilidade por danos decorrentes de conteúdo gerado por terceiros. *In*: DEL MASSO, Fabiano (Coord.). *Marco Civil da Internet*: Lei 12.965/2014. São Paulo: RT, 2014.

WOODS, Lorna; PERRIN, William. Online harm reduction: a statutory duty of care and regulator. *Carnegie UK Trust*, abr. 2019. Disponível em: https://www.carnegieuktrust.org.uk/publications/online-harm-reduction-a-statutory-duty-of-care-and-regulator/.

WU, Tim. *The attention merchants*: the epic scramble to get inside our heads. Nova York: Knopf, 2016.

ZUBOFF, Shoshana. *The age of surveillance capitalism*. The fight for a human nature at the new frontier of power. New York: Public Affairs, 2019.

Informação bibliográfica deste texto, conforme a NBR 6023:2018 da Associação Brasileira de Normas Técnicas (ABNT):

FRAZÃO, Ana; MEDEIROS, Ana Rafaela. Responsabilidade civil dos provedores de internet: a liberdade de expressão e o art. 19 do Marco Civil. *In*: EHRHARDT JÚNIOR, Marcos; LOBO, Fabíola Albuquerque; ANDRADE, Gustavo (Coord.). *Liberdade de expressão e relações privadas*. Belo Horizonte: Fórum, 2021. p. 413-431. ISBN 978-65-5518-188-3.

ATOS NOTARIAIS, RELAÇÕES PRIVADAS E SEUS LIMITES DIANTE DA LIBERDADE DE EXPRESSÃO DOS USUÁRIOS DAS SERVENTIAS EXTRAJUDICIAIS

GUSTAVO SIMÕES PIOTO

1   Introdução

O direito constitucional à liberdade de expressão é a todos assegurado pela Carta Magna, porém, necessário analisar a existência ou não de limites para o exercício desta liberdade na prática dos atos notariais.

A aplicação dos direitos fundamentais às relações privadas já consolidada em nosso direito deixa clara a conclusão de que a liberdade de expressão constitucionalmente prevista se aplica também aos atos notariais praticados pelas serventias extrajudiciais, especialmente ao tabelionato de notas.

A grande questão e indagação seria quais os limites aplicáveis aos atos notariais diante da liberdade de expressão do usuário e conflitos de direitos fundamentais, bem como formas e possibilidade de intervenção a serem efetuadas pelo tabelião.

Por sua vez, o notário possui deveres e obrigações que impõem uma atuação, assessoramento e intervenção nos atos notariais, com observância na segurança jurídica, eficácia e autenticidade.

Diante disso, apesar do respeito à liberdade de expressão do indivíduo, a prudência notarial, o zelo pela prevenção de litígios, a necessidade de proteção dos interesses dos indivíduos e os pilares dos atos notariais (eficácia e segurança jurídica) devem prevalecer na essência da prática dos atos pelas serventias extrajudiciais, pelo notário e seus prepostos.

2   Liberdade de expressão

O direito fundamental à liberdade de expressão está previsto na Constituição Federal em seu art. 5º, inc. IX: "é livre a expressão da atividade intelectual, artística, científica e de comunicação, independentemente de censura ou licença".

Assim, o indivíduo tem o direito de manifestar livremente opiniões, ideias e pensamentos, seja oralmente ou por escrito, inclusive em atos notariais praticados nas serventias extrajudiciais.

Ressaltando a importância da liberdade de expressão, o Ministro Celso de Mello explica que "a liberdade de expressão é condição inerente e indispensável à caracterização e preservação das sociedades livres e organizadas sob a égide dos princípios estruturadores do regime democrático" (MORAES, 2013, p. 157).

Segundo a doutrina do constitucionalista Dirley da Cunha Júnior (2009, p. 666):

A liberdade de expressão de atividade intelectual, artística, científica e de comunicação tem fundamento na liberdade do pensamento, da qual é uma decorrência lógica. Enquanto o direito de opinião consiste na liberdade de manifestação do pensamento, ou seja, externar juízos, conceitos, convicções e conclusões sobre alguma coisa, o direito de expressão é o direito de manifestação das sensações, sentimentos ou criatividade do indivíduo, tais como a pintura, a música, o teatro, a fotografia etc.

Portanto, o indivíduo tem o direito de usufruir de seu direito de expressão inclusive em escritos particulares que adentram as serventias, bem como atos notariais das mais diversas espécies, como escrituras públicas declaratórias, atas notariais diversas, contratos, reconhecimentos de firmas, pactos antenupciais etc.

3 Aplicação dos direitos fundamentais às relações privadas

A constitucionalização do direito civil e aplicação dos direitos fundamentais às relações privadas são uma questão pacífica na doutrina e jurisprudência. Da mesma forma, a conclusão lógica é que também incidem os direitos fundamentais nos atos das serventias extrajudiciais, notadamente nas relações privadas entre indivíduos.

Quanto ao tema, importante a lição do professor Paulo Lôbo (2017, p. 52):

De todos os ramos jurídicos, são o direito civil e o constitucional os que mais dizem respeito ao cotidiano de cada pessoa humana e de cada cidadão, respectivamente. As normas constitucionais e civis incidem diária e permanentemente, pois cada um de nós é sujeito de direitos ou de deveres civis em todos os instantes da vida, como pessoas, como adquirentes e utentes de coisas e serviços ou como integrantes de relações negociais e familiares. Do mesmo modo, em todos os dias exercemos a cidadania e somos tutelados pelos direitos fundamentais. Essa característica comum favorece a aproximação dos dois ramos, em interlocução proveitosa.

Os três princípios básicos do direito civil constitucional são a proteção da dignidade da pessoa humana (art. 1º, III, CF), princípio da solidariedade social (art. 3º, I, CF) e princípio da igualdade (art. 5º, *caput*, CF), pois é um sistema lógico de normas, valores e princípios que regem a vida social, que interagem entre si para propiciar segurança jurídica (TARTUCE, 2017).

No que se refere à constitucionalização e aplicação dos direitos fundamentais às relações privadas, os ensinamentos de Cristiano Chaves de Farias e Nelson Rosenvald (2016, p. 71):

Como consequência lógica e natural da constitucionalização do Direito Civil – e, de resto do Direito Privado como um todo –, decorre o reconhecimento da induvidosa aplicação dos direitos fundamentais mesmo nas relações estritamente privadas.

É o que se vem denominando de *aplicação dos direitos fundamentais às relações privadas* ou *eficácia horizontal dos direitos fundamentais* (Drittwirkung, como preferem os germânicos). [...]

Destrinchando: em toda e qualquer relação jurídica entre particulares – e o Direito Civil é, sem dúvida, o mais eloquente exemplo – devem estar salvaguardados os direitos fundamentais dos sujeitos.

Incorporando tais ideias, então, é possível afirmar que em toda e qualquer relação privada o respeito às garantias fundamentais constitucionais é condição de validade. [...]

É bem verdade que essa aplicação direta dos direitos fundamentais nas relações privadas trará consigo a mitigação do princípio da autonomia da vontade (liberdade de contratar), que sempre norteou o Direito Civil. Todavia, sem dúvida, já é tempo de reconhecer que a autonomia privada não pode implicar na violação de garantias fundamentais que materializam a própria dignidade humana. Não se pode, pois, tolerar que uma parte venha, através de contratos ou negócios em geral, atentar contra as garantias básicas da outra.

Sublinhe-se, demais de tudo isso, que a aplicação concreta dos direitos fundamentais é pedra de toque não apenas das relações privadas, mas, necessariamente e por coerência e lógica, a toda e qualquer situação jurídica. Com isso, é fácil inferir a impossibilidade de invocar o princípio da supremacia do interesse público sobre o interesse privado quando implicar na negativa de afastamento de direitos fundamentais.

Assim, não há dúvidas sobre a aplicação da liberdade de expressão dos usuários na prática dos atos notariais, incidindo todos os direitos fundamentais no dia a dia das serventias extrajudiciais, com a imprescindível fiscalização do notário e seus prepostos.

4 Conflito entre direitos fundamentais

A Constituição Federal elenca uma série de princípios e direitos fundamentais, que muitas vezes podem entrar em conflitos, necessitando de uma ponderação de interesses para superação e análise daquele direito que deverá preponderar.

A liberdade de expressão é um direito de todos, porém, nas relações privadas podem se chocar com o direito à privacidade (intimidade, vida privada, honra, imagem e inviolabilidade de domicílio) ou direito à segurança jurídica.

Cristiano Chaves de Farias e Nelson Rosenvald (2016, p. 90-91) explicam a ponderação de interesses na contradição entre diferentes princípios:

Seguramente, os clássicos métodos hermenêuticos (critério da especialidade, da anterioridade e da hierarquia) se mostram insuficientes e pouco eficientes para dirimir tais colisões principiológicas, em razão do elevado grau de abstração, generalidade e indeterminação de cada um dos princípios em conflito. E nessa ambiência surge, então, a *técnica de ponderação de interesses* para solucionar o entrechoque de diferentes normas-princípio, a partir de uma nova formulação.

Nessa arquitetura, a técnica de ponderação de interesses é uma verdadeira *técnica de decisão*, utilizada quando há colisão de princípios, importando, em nível prático, na superação à tradicional técnica de subsunção.

Nesse ponto, bem explica Manoel Jorge e Silva Netto, partindo da premissa de que os valores impressos em um sistema são heterodoxos e muitas vezes conflitantes, que "a clássica operação de subsunção (premissa maior = enunciado normativo; premissa menor = fatos; consequência = aplicação da norma ao caso concreto) não é satisfatória para desvendar a solução mais adequada para a hipótese, simplesmente porque o sistema constitucional torna possível a escolha por duas ou mais normas que são conflitantes entre si".

Entenda-se: a ponderação dos interesses é uma técnica que disponibiliza para solução de conflitos normativos, devendo ser sopesados para que se descubra qual dos valores colidentes respeita, com maior amplitude, a dignidade humana. Em linguagem simbólica, devem ser justapostas em uma balança imaginária as normas em conflito para que o princípio da dignidade da pessoa humana (espécie de "fiel da balança") indique qual delas deve, em concreto, preponderar. Daí se inferir que a ponderação de interesses é uma verdadeira *técnica de balanceamento*.

Os princípios do Direito Civil, portanto, conquanto tragam consigo uma induvidosa força normativa, pode exigir uma ponderação (balanceamento) para a sua aplicação, em face de uma colisão estabelecida com outros princípios de idêntica altitude normativa. A técnica da ponderação de interesses exsurge, nesse cenário, como o mecanismo para concretizar uma efetiva solução para o caso.

No particular das relações privadas, como consequência da constitucionalização das relações de Direito Civil e da natural exigência de uma interpretação conforme a Constituição, é necessário desenvolver técnicas capazes de produzir soluções que, operando multidirecionalmente, respeitem os mais diversos valores fundamentais presentes em cada conflito de interesses.

A ponderação de interesses é uma técnica utilizada para dirimir tensões estabelecidas em razão do entrechoque de diferentes normas-princípios em casos concretos. Ora, considerada a induvidosa aplicação dos direitos fundamentais nas relações de Direito Civil, é fatal reconhecer a não menos incontroversa utilização da técnica de ponderação dos interesses como mecanismo seguro e eficaz de solução dessas colisões no âmbito privado.

Arrematando, cabe repetir, à exaustão, ser tarefa típica do jurista contemporâneo buscar a otimização dos interesses colidentes, almejando dar concretude ao valor máximo do ordenamento jurídico, que é a dignidade da pessoa humana (CF, art. 1º, III).

Assim, verificamos que diante de conflitos entre princípios ou direitos fundamentais nas relações privadas é necessário sopesar os valores, princípios e aplicar a ponderação de interesses como técnica de balanceamento desses direitos, avaliando na intervenção quais destes devem prevalecer no caso concreto e quais limites precisam ser utilizados.

5   Funções e atos notariais

A principal finalidade do notário é garantir publicidade, autenticidade, segurança e eficácia dos atos jurídicos, conforme art. 1º, da Lei nº 6.015/73[1] (Lei de Registros Públicos) e art. 1º, da Lei nº 8.935/94[2] (Lei dos Notários e Registradores).

O tabelião de notas possui ainda como funções a formalização da vontade das partes, intervenção nos atos e negócios (art. 6º, da Lei nº 8.935/94), aconselhamento e

---

[1]   "Art. 1º Os serviços concernentes aos Registros Públicos, estabelecidos pela legislação civil para autenticidade, segurança e eficácia dos atos jurídicos, ficam sujeitos ao regime estabelecido nesta Lei" (Lei nº 6.015/73).

[2]   "Art. 1º Serviços notariais e de registro são os de organização técnica e administrativa destinados a garantir a publicidade, autenticidade, segurança e eficácia dos atos jurídicos" (Lei nº 8.935/94).

assessoramento jurídico, bem como tem a obrigação de zelar pela prevenção de litígios nos atos e fatos que adentram as serventias extrajudiciais.

Paulo Roberto Gaiger Ferreira e Felipe Leonardo Rodrigues (2020, p. 15-16) tecem os seguintes comentários sobre o notário e a função notarial:

> O notário é um profissional do direito titular de uma função pública nomeado pelo Estado para conferir autenticidade aos atos e negócios jurídicos integrantes dos documentos que redige, assim como para aconselhar e assessorar as partes que lhe requerem os serviços.
>
> A função notarial é uma função pública e, portanto, o notário tem autoridade de Estado. É exercida de forma imparcial e independente, sem estar hierarquicamente entre os funcionários do Estado.
>
> Esta função notarial se estende a todas as atividades não contenciosas, confere ao usuário segurança jurídica, evita litígios e conflitos, que podem ser resolvidos por meio do exercício da mediação jurídica. É um instrumento indispensável à administração da justiça eficaz. [...]
>
> Os documentos redigidos pelo notário podem ter por objeto formalizar atos e negócios de qualquer espécie, ou autenticar fatos. Sua autenticidade compreende a autoria, as assinaturas, a data e o conteúdo. Devem ser conservados pelo notário e classificados por ordem cronológica.
>
> Ao redigir os documentos notariais, o notário deve atuar sempre conforme a lei, interpretando a vontade das partes e adequando-a às exigências legais. Dá fé da identidade e qualifica a capacidade e legitimidade dos outorgantes em relação ao ato ou negócio jurídico que *in casu* pretendem realizar. Controla a legalidade e deve assegurar-se de que a vontade das partes, que é expressa na sua presença, é livremente declarada, sem importar o suporte em que conste o documento notarial.
>
> O notário é o único responsável pela redação de seus documentos. Tem autonomia para aceitar ou recusar qualquer texto ou minuta que lhe seja apresentado ou sugerido, podendo sugerir e introduzir, em acordo com as partes, as modificações que entenda pertinentes (art. 6º, II, Lei n. 8.935/94).

Importante definir as principais funções do notário para desenvolvimento da problemática e aplicação da interpretação, princípios e direitos utilizados nas serventias extrajudiciais.

Os conceitos de autenticidade, eficácia e segurança jurídica, de acordo com *Legislação notarial e de registros comentada* por Martha El Debs (2018, p. 1674):

> *Autenticidade* é a qualidade, condição ou caráter de autêntico. Na atividade notarial e registral, ela decorre da fé pública do notário e do registrador.
>
> Na lição de Walter Ceneviva, "a autenticidade é qualidade do que é confirmado por ato de autoridade, de coisa, documento ou declaração verdadeiros. O registro cria presunção relativa de verdadeira. É retificável, modificável." (Lei dos Notários e dos Registradores Comentada. ...). A autenticidade visa assim, estabelecer uma presunção relativa de verdade sobre o conteúdo do ato notarial ou registral.
>
> No que se refere à *segurança*, tal atributo confere estabilidade às relações jurídicas e confiança ao ato notarial e registral.
>
> Por fim, a *eficácia* consiste na aptidão de produzir efeitos jurídicos. Ela assegura a produção destes efeitos decorrentes do ato notarial e registral.
>
> Os atributos da publicidade, autenticidade, segurança e eficácia, nas palavras de Marcelo Rodrigues, "apontam o norte, distinguem os fins e põe em relevo os objetivos de toda

legislação concernente aos Registros Públicos" (Tratado de Registros Público e Direito Notarial. 2 ed., São Paulo: Atlas, 2016, p. 10).

Quanto à eficácia, vale ressaltar que o notário deve observar os requisitos do ato jurídico: agente capaz, objeto lícito, possível, determinado ou determinável e forma prescrita ou não defesa em lei, consoante art. 104, do Código Civil, que atua como limitador legal dos atos praticados nos cartórios.

Em geral, relaciona-se o art. 104 apenas com o plano de validade do negócio jurídico, que costuma ser descrito como fase de controle de qualidade em que se deve perquirir se os elementos constituintes do fato jurídico apresentam defeitos que influem em sua perfeição, isto é, em sua conformidade com o previsto no ordenamento jurídico (DIDIER, 2018, p. 206).

Em texto esclarecedor sobre a função notarial, José Luiz Duarte Marques nos ensina:

> No desempenho de nobre função pública delegada, o notário colhe a vontade das partes, interpreta-a à luz da moral, da justiça e da lei, e propõe, dentre as soluções, a que apresenta maior conveniência sob o aspecto jurídico e ainda nos reflexos fiscais, formalizando assim o negócio que as partes buscam realizar a coberto de riscos futuros. Essa atividade de consultor, nascida na confiança que sua idoneidade, experiência e conhecimento especializado inspiram, tem remate na escritura pública, onde ele coordena, autentica e legitima os interesses dos contratantes, assegurando a eficácia jurídica necessária à correta aplicação dos direitos gerados pelo acordo de vontades. É o que observa a autoridade inconteste de Carnelutti, em conferência realizada em Madrid, no ano de 1949:
>
> "... fosse o notário exclusivamente um mero documentador, estaria fadado a desaparecer, eis que a função de plasmar uma declaração de vontade de um documento, de modo a que não haja dúvidas sobre a autenticidade, será realizada por meios mecânicos e mais do que suficientes aos fins pretendidos. Entretanto, o notário realiza algo mais, e isto leva à conclusão de que a função documentadora constitui o acessório do notário. A essência da função notarial deve ser encontrada em outra que forneça, de modo definitivo, sua base, seu conteúdo e seu significado. Esta essência está em vias de encontrar-se quando se relaciona a idéia de sua missão com a mediação. Vale dizer, quando se parte do estudo da figura jurídica do intérprete. Não do intérprete material, e aqui está o mais importante, mas do intérprete jurídico. Realmente, o que o notário faz é interpretar, "traduzir" a realidade social ao campo do Direito, transladar o ato ao direito, "ligar a lei ao fato". [...]
>
> Ainda convém ouvir a palavra autorizada de Carnelutti:
>
> "... aos notários ajusta-se a expressão de escultores do direito. Porque a função do notário encaminha-se diretamente a que a vontade declarada das partes siga seu curso normal, evitando toda possibilidade de litígio". (POISL, p. 32-33)

No que se refere às características das funções notariais e registrais, Luiz Guilherme Loureiro (2017, p. 58-65):

> *Função delegada pelo Estado.* A *fé pública,* isto é, o poder de autenticar e certificar fatos e atos jurídicos – que deve ser acreditados e considerados verdadeiros por todas as demais pessoas jurídicas de direito público e privado – é do Estado. Cabe a este ente velar pela competência ou atribuição de velar pela paz social e pela segurança jurídica dos atos e contratos realizados pelos seus cidadãos e pelas pessoas que se encontram sob a sua soberania. [...]

Controle de legalidade. A função notarial e de registro tem por base o princípio da legalidade, no seu duplo aspecto de cumprimento das solenidades para que o documento seja reputado um instrumento público, e de determinação dos meios jurídicos mais adequados para consecução dos fins desejados pelas partes [...]

Intervenção nos negócios jurídicos particulares. De acordo com os artigos 1 e 3 da Lei 8.935/94 o tabelião e o oficial de registro devem velar pela autenticidade, publicidade, eficácia e segurança dos atos e negócios jurídicos dos particulares. Tais intervenções são essenciais para a segurança jurídica das relações econômicas estabelecidas pelos particulares e para o próprio tráfico jurídico de bens e direitos, fator de criação e circulação de riquezas. [...]

Vale dizer, o *controle preventivo da segurança jurídica* garante maior igualdade contratual, por meio do igual acesso à informação sobre os riscos e efeitos do negócio e da assessoria jurídica prestada por um profissional imparcial. [...]

As características dos atos notariais e registrais – autenticidade, perenidade e conservação – constituem os atributos necessários para segurança dos contratos celebrados pelos particulares. [...]

Função de assessoramento e mediação. [...] O notário aconselha e aproxima as partes por ocasião de sua intervenção nos atos e negócios jurídicos. [...]

Imparcialidade. O notário e o registrador são profissionais imparciais que têm o dever de defender igualmente os interesses de ambas as partes, sem privilegiar qualquer delas, independentemente de pressões ou influências de qualquer natureza.

Independência x controle da função. [...] Portanto, a atividade do notário e do registrador deve ser independente inclusive em relação ao Estado, como o qual não mantém qualquer relação de subordinação hierárquica, devendo antes de tudo, respeitar a ordem legal e agir de forma leal e fiel em relação ao usuário. [...]

Daí se infere que na presença de conflito de interesse público em face do interesse privado, o notário e o oficial não devem necessariamente sempre privilegiar o interesse do Estado. Em primeiro lugar, este profissional deverá se assegurar que o agir do Poder Público tem base legal. Em segundo lugar, principalmente o notário, deve buscar uma solução alternativa que garanta o interesse público sem sacrificar inteiramente o interesse privado e sem incorrer, obviamente, na violação de uma norma de ordem pública. [...]

Imediação significa a presença efetiva e pessoal do notário e do oficial de registro na realização de atos de seu ofício.

Desta forma, as funções dos notários são definidas em normas e devem ser seguidas para prática dos atos notariais e registrais. Autenticidade, eficácia, segurança jurídica, prevenção de litígios e formalização dos negócios são pilares dos atos notariais e devem nortear atuação do tabelião.

6 Limites aplicáveis

Para que o tabelião possa analisar os fatos, negócios e necessidade de intervenção nos atos notariais e relações privadas que transitam pelas serventias extrajudiciais, essencial que observe seus deveres e obrigações, bem como os princípios e as normas aplicáveis ao caso concreto, para que possa analisar a possibilidade da prática do ato ou necessidade de imposição de algum tipo de limite, inclusive a recusa na prestação do serviço.

O Código de Ética e Disciplina Notarial do Colégio Notarial do Brasil – Conselho Federal dispõe o seguinte:

Art. 2º O procedimento do notário deve levar em consideração os seguintes aspectos, dentre outros que possam dignificar a função:

I – observância da legislação aplicável à atividade;

II – imparcialidade e independência no exercício de sua profissão;

III – conduta pessoal e profissional compatível com os princípios de moral e bons costumes, de forma a dignificar a função exercida;

VI – respeito pela livre escolha das partes, abstendo-se de todo comportamento que possa influir sobre a decisão dos interessados quanto ao notário escolhido;

Art. 3º São deveres dos notários, além daqueles impostos pela legislação e regulamentos pertinentes à atividade: [...]

III – atender as partes com atenção, urbanidade, imparcialidade, eficiência, presteza e respeito;

IV – manter uma posição equilibrada entre os diferentes interesses das partes, procurando uma solução que tenha como único objetivo observar a legalidade e preservar a segurança jurídica do usuário de seus serviços;

V – informar as partes, de forma clara, inequívoca e objetiva, quanto à importância da lavratura do ato notarial necessário, bem como das consequências que poderão advir da não realização do mesmo; [...]

VII – aplicar todo o zelo, diligência e recursos de seu saber na redação dos atos notariais, usando linguagem clara e apropriada; [...]

XI – respeitar o segredo profissional, guardando sigilo sobre documentos e assuntos de natureza reservada de que tenham conhecimento em razão do exercício da profissão; [...].

A questão apresentada é: considerando a liberdade de expressão do particular que deseja praticar um ato notarial, seria possível a limitação de direito constitucionalmente previsto? Até onde deve o tabelião intervir, impedir ou se negar à prática do ato?

Conforme já exposto, o notário possui inúmeros deveres, obrigações e funções a cumprir. Ademais, deve pautar sua atuação nos pilares dos atos notariais (eficácia, autenticidade e segurança jurídica), princípios, direitos fundamentais e prevenção dos litígios.

A necessidade da prevalência da segurança jurídica não se justifica somente pelo zelo ao ato notarial, mas principalmente para proteção dos interesses das pessoas e sua própria segurança, resultando na perfeita eficácia dos negócios na prática das relações privadas.

Ainda sobre a questão dos limites e atuação do notário, em seu *Tratado notarial e registral*, Vitor Kümpel *et al.* (2017 p. 218-221) mencionam importante lição sobre a prudência notarial:

> O sujeito prudente é aquele que, por meio de uma visão antecipada do futuro, adota diligências cautelares. Por meio de uma visão antecipada do futuro, adota diligências cautelares. Por meio de uma memória do passado e da reiteração do ato, adquire-se uma percepção do presente. O dever notarial passa pela experiência e memória do passado junto à apreensão das circunstâncias e situações atuais, em busca da aplicação da melhor norma contingente no futuro, em meio ao senso de realidade.
>
> O notário, por meio de prudência, antevê, tendo por fim, o justo, entendido aqui não apenas como princípio, mas sim em seu plano material, abordando seu conteúdo, planificado em um hábito inato.

A prudência jurídica consiste no conhecimento do justo em seu mais alto grau de concreção. Trata-se, nesse sentido de um conhecimento relativo à práxis, à realidade concreta, à ação, mas que visa a um determinado bem: a justiça. Na medida em que o agente realiza esse bem, a justiça, tende a seu próprio aperfeiçoamento moral. Assim, a prudência é antes de tudo uma virtude, cumprimento de um valor. A prudência passa a ser essencial para a aplicação da justiça no caso concreto.

A consciência deve ser guiada pela inteligência; por meio do hábito, herdado ou não, aprendem-se os dois grandes princípios da vida moral: evitar o mal e fazer o bem, ambos evidentes por si só. Assim, os princípios morais encontram sua tradução concreta no agir ético, mediante o juízo da consciência emitido pela razão. A consciência é ditada pela razão.

Retomando a vontade inata de "dar a cada um o que é seu", cabe à prudência indicar caso a caso o que é o "seu". Eis a razão de se afirmar que o manual de instruções do tabelião consiste na virtude da prudência.

Logo, é possível prognosticar o comportamento de alguém a partir de seu passado, pois o hábito gera a certeza de uma tendência. De qualquer modo, a prudência é algo educável, por meio de observação e esforço do sensato, tendo por fim último iluminar os atos e atividades do agente segundo as virtudes morais.

Assim, a liberdade de expressão do usuário não será ilimitada, pois existe inúmeras possibilidades de limitações pelo tabelião, que aplicando a ponderação de interesses, prudência notarial e observância dos princípios, direitos e deveres ao caso concreto, resultará na eficácia, segurança jurídica, proteção e prevenção dos litígios entre os indivíduos no âmbito das serventias extrajudiciais.

Paulo Roberto Gaiger Ferreira e Felipe Leonardo Rodrigues, especificamente no que tange aos limites quanto aos fatos da ata notarial, nos explicam:

> Limites quantos aos fatos: o tabelião presta um serviço público, portanto, universal. Todos têm o direito de receber dele a prestação do serviço notarial.
>
> Há limites quanto aos fatos. O tabelião tem competência e autonomia profissional para decidir, soberanamente, quais fatos deve ser objeto de ata notarial. Isto porque as partes podem ter um interesse ou buscam um fim que refoge da competência notarial, como é exemplo extremo, mas ilustrativo, a atestação de óbito de uma pessoa
>
> Os atos notariais devem ser aptos a produzir eficácia aos atos jurídicos (Lei n. 8.935/94, art. 1º). Esta é uma disposição legal finalística e, portanto, não deve ser empecilho à prestação do serviço notarial, *a priori*. Contudo, tendo o notário, a seu juízo, certeza da inutilidade ou evidente futura ineficácia da prestação de seu serviço, deve negar-se à lavratura do ato notarial.
>
> Outro limite quanto aos fatos diz respeito à natureza dos fatos presenciados pelo tabelião. Quando há neles um acordo de vontade, o instrumento mais adequado passa a ser a escritura pública que, por sua vez, pode conter a narrativa de certos e determinados fatos que levaram aos acordo de vontades ou à promessa própria ou de terceiros.[3]

Portanto, diante da análise dos fatos pelo tabelião, caso sejam constatadas desnecessidade, ineficácia ou inutilidade do ato, é possível a negativa ou limitação da liberdade de expressão dos particulares.

---

[3] FERREIRA, Paulo Roberto Gaiger; RODRIGUES, Felipe Leonardo. *Ata notarial* – Doutrina, prática e meio de prova. São Paulo: Quartier Latin, 2010.

Além disso, o usuário do cartório não pode, sob justificativa de uma eventual liberdade de expressão, violar outros princípios ou normas, motivo pelo qual é necessário o notário estabelecer limites e intervir nos atos notariais.

Vale ainda mencionar que não é possível utilizar o ato notarial como meio para prática de ilícitos penais, por exemplo, uma escritura declaratória que, com palavras e escritos, configura a consumação de crimes contra honra. Por sua vez, alguns tipos de diligências que resultariam em violação de domicílio ou de privacidade também não devem ser lavrados ou autorizados por se tornarem parte do *iter criminis*.[4]

Por outro lado, se o ilícito penal já foi praticado, seja qual for a forma (redes sociais, aplicativos de áudios, conversas escritas, imagens e vídeos), obviamente é possível a lavratura de uma ata notarial para fazer prova deste ato e crimes, de acordo com art. 7º, III, da Lei nº 8.935/94[5] e art. 384, do Código de Processo Civil.[6]

No que se refere aos limites da ata notarial:

> se dá apenas pela competência territorial e atribuições de outros delegados pelo poder público (como ex: ata de protesto de títulos, atribuída ao tabelião de protesto). No remanescente, o instrumento pode ser usado irrestritamente, até mesmo em fatos ilícitos (exceto nos crimes penais, tais como: homicídios, estelionatos, lesões corporais et.), pois o papel primordial da ata notarial é materializar o fato e, se o fato é ilícito, será transcrito como foi presenciado pelo tabelião e, a toda evidência, não poderá contribuir para propagar o fato ilícito. (RODRIGUES, [s.d.])

Marcio Pires de Mesquita, ao escrever sobre os limites para lavratura da ata notarial:

> É evidente que para lavratura da ata notarial o tabelião está adstrito aos direitos subjetivos alheios, tais como direito à propriedade e à intimidade, não podendo, por exemplo, invadir determinado estabelecimento sem o consentimento do proprietário, para lavrar uma ata por solicitação de terceiro. [...]
>
> Para o Prof. Brandelli não há impedimento para lavratura de ata notarial, cujo objeto narrado seja um fato ilícito, dado seu cunho eminentemente probatório, sem que haja manifestação de vontade endereçada ao tabelião. Pode mencionar, *v.g.*, as hipóteses previstas na lei da propriedade industrial, cujos crimes, em regra, são de ação privada. (DIP; JACOMINO, 2013, p. 335-336)

Por sua vez, se a prática do ato público não ofende direitos e princípios, bem como atende ao controle de legalidade, então a liberdade de expressão do usuário é ampla.

Diante da possibilidade de imposição de limites e ponderação de interesses nas atas notariais e escrituras públicas declaratórias, nos resta questionar se essa intervenção também caberia aos notários nos casos de instrumentos particulares, que são apresentados em cartório para um "simples" reconhecimento de assinatura.

---

[4] *Iter criminis* é uma expressão em latim, que significa "caminho do crime", utilizada no direito penal para se referir ao processo de evolução do delito, ou seja, descrevendo as etapas que se sucederam desde o momento em que surgiu a ideia do delito até a sua consumação.

[5] "Art. 7º Aos tabeliães de notas compete com exclusividade: [...] III - lavrar atas notariais; [...]".

[6] "Art. 384. A existência e modo de existir de algum fato podem ser atestados ou documentados, a requerimento do interessado, mediante ata lavrada por tabelião. Parágrafo único. Dados representados por imagem ou som gravados em arquivo eletrônico poderão constar da ata notarial".

A princípio, o tabelião tão somente reconhece a firma por semelhança ou verdadeiro, não efetuando qualquer análise de mérito no documento, salvo determinação específica em normas das corregedorias de cada estado.

Se analisarmos a qualificação notarial do reconhecimento de firma, essa incidirá somente no aspecto morfológico e não atinge seu conteúdo. Portanto, não seria função e tampouco obrigação do notário analisar o teor do documento apresentado, mas apenas o aspecto formal da assinatura (GONÇALVES, 2014).

Entretanto, comumente surgem documentos para reconhecimento de firma o qual simplesmente não pode ser praticado, sob pena de violar os princípios de eficácia, segurança, autenticidade, prevenção de litígios e proteção aos próprios usuários da serventia extrajudicial. São exemplos o instrumento particular de transferência de guarda de filho, instrumento com objetos jurídicos impossíveis, bem como atos inúteis e desnecessários, que servem apenas para gerar conflitos entre as partes.

A questão do reconhecimento de firma em instrumentos particulares e a obrigatoriedade de análise do conteúdo é bastante controversa, porém, entendemos que o notário deve analisar todo e quaisquer atos apresentados nas serventias.

Dessa forma, não somente os atos públicos devem ser objeto de orientação, assessoramento e fiscalização pelo notário, pois os princípios, direitos fundamentais e normas legais regem toda a gama de serviços públicos prestados pelos tabelionatos de notas.

7 Conclusão

No presente trabalho analisamos a amplitude da liberdade de expressão e os limites de seu exercício na prática dos atos notariais sob a ótica do tabelião de notas.

Observamos a aplicabilidade dos direitos fundamentais às relações privadas, e chegamos à conclusão de que a liberdade de expressão deve ser respeitada no dia a dia das serventias extrajudiciais.

Verificamos, ainda, a possibilidade de conflitos entre direitos constitucionais, princípios e normas nas relações entre particulares.

Concluímos que a liberdade de expressão não é ilimitada, pois, ao colidir com outros direitos fundamentais e princípios, o notário analisará o caso concreto e pode estabelecer limites, ponderar direitos e definir quais interesses irão prevalecer, observando seus deveres e obrigações na função notarial.

O tabelião deve garantir a aplicação das principais características e finalidade dos atos notariais (publicidade, autenticidade, eficácia e segurança jurídica), além da premissa da prevenção de litígios dos atos que transitam nas serventias extrajudiciais.

Em suma, a limitação da liberdade de expressão é necessária e salutar para a correta aplicação do direito e não violação de princípios, sejam constitucionais ou notariais.

Ademais, essa busca pela segurança jurídica visa proteger também os interesses das pessoas em suas relações privadas, no intuito de alcançar atos eficazes e seguros para os indivíduos que praticam seus atos, evitando assim litígios e conflitos posteriores.

Vale mencionar que não é uma tarefa simples, pois é muito tênue a linha que separa a liberdade de expressão do indivíduo e a possibilidade de intervenção do notário nas relações privadas entre particulares, devido aos princípios do direito civil.

A limitação é complexa, pois por vezes as partes têm a necessidade de produzir prova ou documentar um negócio via ata notarial, porém, é comum acontecer o conflito de interesses e direitos fundamentais.

Por fim, entendemos que somente com a devida prudência notarial, observância dos princípios e legislação pátria será possível uma prestação de serviços de qualidade, de maneira imparcial, eficaz, ética, com compromisso, respeito e que resulte na ampla segurança jurídica.

Os princípios e formas apontados neste trabalho nos auxiliam a sopesar e ponderar os interesses que eventualmente surjam nas serventias extrajudiciais entre liberdade de contratar, autonomia da vontade, liberdade de expressão, segurança jurídica, prevenção de litígios, direito à privacidade e proteção aos interesses das partes.

Referências

BOBBIO, Norberto. *Igualdade e liberdade*. Tradução de Carlos Nelson Coutinho. 5. ed. Rio de Janeiro: Ediouro, 2002.

CENEVIVA, Walter. *Lei dos Notários e dos Registradores comentada*: Lei n. 8.935/94. 9. ed. rev. e atual. São Paulo: Saraiva, 2014.

CHAVES, Carlos Fernandi Brasil; REZENDE, Afonso Celso F. *Tabelionato de notas e o notário perfeito*. 7. ed. São Paulo: Saraiva, 2013.

CUNHA JÚNIOR, Dirley da. *Curso de direito constitucional*. 3. ed. rev., ampl. e atual. Salvador: JusPodivm, 2009.

DEBS, Martha el. *Legislação notarial e de registros públicos* – Comentada. 3. ed. rev., atual. e ampl. Salvador: JusPodivm, 2018.

DIDIER, Ricardo (Coord.). *Código Civil para concursos*. 7. ed. rev., ampl. e atual. Salvador: JusPodivm, 2018.

DIP, Ricardo. *A natureza e os limites das normas judiciárias do serviço extrajudicial*. São Paulo: Quartier Latin, 2013.

DIP, Ricardo; JACOMINO, Sérgio (Org.). *Direito registral*. 2. ed. São Paulo: Revista dos Tribunais, 2013. v. 1. Coleção Doutrinas Essenciais.

FARIAS, Cristiano de; ROSENVALD, Nelson. *Curso de direito civil*: parte geral e LINDB. 14. ed. rev., ampl. e atual. Salvador: JusPodivm, 2016.

FERREIRA, Paulo Roberto Gaiger; RODRIGUES, Felipe Leonardo. *Ata notarial* – Doutrina, prática e meio de prova. São Paulo: Quartier Latin, 2010.

FERREIRA, Paulo Roberto Gaiger; RODRIGUES, Felipe Leonardo. *Tabelionato de notas*. Coordenação de Christiano Cassettari. 3. ed. Indaiatuba: Foco, 2020.

GENTIL, Alberto. *Registros públicos*. Rio de Janeiro: Forense; São Paulo: Método, 2020.

GONÇALVES, Luis Flávio Fidelis. Reconhecimento de firma: limites da qualificação notarial. *Colégio Notarial do Brasil*, 3 out. 2014. Disponível em: http://www.notariado.org.br/blog/notarial/reconhecimento-de-firma-limites-da-qualificacao. Acesso em: 20 jan. 2021.

KÜMPEL, Vitor Frederico et al. *Tratado notarial e registral*. São Paulo: YK, 2017. v. III.

LÔBO, Paulo. *Direito civil*: parte geral. 6. ed. São Paulo: Saraiva, 2017.

LOUREIRO, Luiz Guilherme. *Registros públicos*: teoria e prática. 8. ed. rev., atual. e ampl. Salvador: JusPodivm, 2017.

MORAES, Alexandre de. *Constituição do Brasil interpretada e legislação constitucional*. 9. ed. atualizada até a EC nº 71/12. São Paulo: Atlas, 2013.

POISL, Carlos Luiz. *Em testemunho da verdade*: lições de um notário. Porto Alegre: Sergio Antonio Fabris Ed., 2006.

RODRIGUES, Felipe Leonardo. Ata notarial e sua eficácia na produção de provas com fé pública do tabelião no ambiente físico e eletrônico. *Ata Notarial*, [s.d]. Disponível em: http://www.atanotarial.org.br/artigos_detalhes.asp?Id=8. Acesso em: 20 jan. 2021.

SCHAEDLER, Bianca. *Ata notarial*. Leme: BH, 2017.

TARTUCE, Flávio. *Manual de direito civil*: volume único. 7. ed. rev., atual. e ampl. Rio de Janeiro: Forense; São Paulo: Método, 2017.

Informação bibliográfica deste texto, conforme a NBR 6023:2018 da Associação Brasileira de Normas Técnicas (ABNT):

PIOTO, Gustavo Simões. Atos notariais, relações privadas e seus limites diante da liberdade de expressão dos usuários das serventias extrajudiciais. *In*: EHRHARDT JÚNIOR, Marcos; LOBO, Fabíola Albuquerque; ANDRADE, Gustavo (Coord.). *Liberdade de expressão e relações privadas*. Belo Horizonte: Fórum, 2021. p. 433-445. ISBN 978-65-5518-188-3.

INTERSECÇÕES ENTRE AS RESPONSABILIDADES CIVIL E PENAL NO (AB)USO DA LIBERDADE DE EXPRESSÃO: PONDERAÇÕES SOBRE LIMITES, CONTROLE E EFICÁCIA EM MÍDIAS SOCIAIS

BRUNO CAVALCANTE LEITÃO SANTOS
FRANCISCO DE ASSIS DE FRANÇA JÚNIOR

1 Introdução

Um dos pontos de grande divergência na literatura jurídica contemporânea, tanto entre penalistas quanto entre civilistas, é a proposta de formulação de teorias gerais sobre determinados institutos que se articulam discursivamente em áreas distintas. Embora seja esta uma providência pouco recomendada,[1] pelas estruturas com pretensões e consequências bem diferentes, não é providência rara de se observar. Não por acaso Luis Jimenez de Asúa[2] adverte para os riscos de um "especialismo" que busca sentido próprio em institutos (que parecem) comuns a todo o ordenamento.

É evidente que, com o avanço tecnológico e a democratização do acesso aos mecanismos de divulgação de informação, as tensões entre ramos diferentes do conhecimento jurídico se intensificaram, fazendo com que as pessoas que lidam com tais áreas cada vez menos consigam identificar até aonde exatamente poderiam ir suas fronteiras em determinados assuntos. É, por exemplo, o que se observa sobre o tema da responsabilidade (civil ou penal) pelo (ab)uso da liberdade de expressão.

No presente caso, a problemática proposta, e que sucintamente será explorada mais adiante, está consubstanciada nas seguintes perguntas: como lidar com o exercício do direito constitucional da liberdade de expressão quando se observa a possibilidade de abuso? O que, por consequência, tratando-se de um direito de cunho relativo, nos leva a questionar, em termos essencialmente jurídicos, o que seria mais adequado manusear

---

[1] Rechaça-se, por exemplo, a ideia de uma *teoria geral do processo,* em especial quando se inclui o processo penal. Por todos, recomenda-se: LOPES JR., Aury. *Fundamentos do processo penal*: introdução crítica. 5. ed. São Paulo: Saraiva Educação, 2019. p. 63-73.

[2] JIMÉNEZ DE ASÚA, Luis. *Tratado de derecho penal* – Concepto del derecho penal y de la criminología, História y legislación penal comparada. Buenos Aires: Losada, 1950. t. I. p. 166.

para responsabilizar a pessoa que extrapolou o exercício desse direito? Como articular os direitos civil e penal nesse processo discursivo de responsabilização?

As principais hipóteses, ou seja, as possíveis respostas, submetidas à prova ao longo do desenvolvimento do presente texto, apontam para uma desnecessidade de utilização do direito penal, uma vez que o direito civil (ou ainda o administrativo, como se destacará adiante) possui instrumentos capazes de enfrentar adequadamente o problema. Em apertada síntese, tratando-se de uma discussão que tensiona direitos relativos, quais sejam o direito de se expressar e o direito de ver preservada a própria imagem e a paz de espírito, uma ameaça de prisão não se justificaria adequadamente, o que na prática seria um risco muito raro de ser verificado.

No entanto, entre a problemática proposta e a conclusão a que se pretende chegar, tendo sido esta já insinuada a partir das hipóteses mencionadas, será preciso estabelecer o caminho a ser percorrido e o seu tipo de abordagem, o que nos leva à necessidade de explicitar tanto o método quanto a técnica. Assim, o método estará baseado na articulação entre uma análise qualitativa e uma perspectiva hipotético-dedutiva, em que formularemos questões mais gerais para então tratarmos de algumas especificidades sobre a temática enfocada. Tudo isso a partir das técnicas da revisão de literatura e da coleta de informações em determinados bancos de dados disponíveis na internet, congregando, devido à complexidade do tema, referencial teórico de direito constitucional, além das ideias de civilistas e penalistas pátrios, bem como exemplos da jurisprudência nacional e norte-americana.

Apresentar-se-á uma visão panorâmica sobre a liberdade de expressão no tocante a seu alcance e limites, para uma posterior verificação da necessidade da tutela penal; em seguida, refletir-se-á sobre uma possível suficiência da tutela civil. Para tal fim, ter-se-á como referência no âmbito penal a proteção à honra, para ao final verificar a eficácia da responsabilização administrativo-contratual das mídias sociais em relação a abusos no uso de tal direito por parte de seus usuários, utilizando como exemplo a incitação à violência promovida pelo Ex-Presidente norte-americano Donald Trump.

O objetivo principal é proporcionar uma aproximação reflexiva entre as responsabilidades penal e civil, como providência especialmente voltada aos limites sobre o uso da liberdade de expressão enquanto direito constitucionalmente garantido. Visa-se com isso estimular o senso crítico ponderativo sobre a utilização *prima facie* da responsabilização penal, ao se fazer perceber que o direito civil possui instrumentos capazes de enfrentar o problema de maneira adequada.

2 Liberdade de expressão no ordenamento jurídico brasileiro: uma perspectiva panorâmica

Textualmente, a liberdade de expressão se encontra prevista no art. 5º, inc. IX, em nossa Constituição Federal, protegendo seu exercício na atividade intelectual, artística, científica e de comunicação, independentemente de censura ou licença. Destaque-se, no entanto, sua total vinculação ao inc. IV do mesmo artigo, em que se protege a livre manifestação de pensamento e a vedação ao anonimato.

Há quem a entenda em uma relação de gênero, quanto à liberdade de pensamento, e espécie, no tocante à liberdade de expressão, já que haveria uma maior relevância e densidade da primeira, como "a maior e mais alta" das liberdades, segundo Ruy Barbosa.[3]

Contudo, o entendimento que tem prevalecido na doutrina e na jurisprudência do Supremo Tribunal Federal – STF é o de utilização genérica do termo *liberdade de expressão*, abrangendo tanto a livre manifestação de pensamento quanto outras dimensões fundamentais da liberdade de expressão.[4]

A história mostra que a liberdade de manifestar a sua opinião publicamente é a primeira das manifestações democráticas da Antiguidade, com destaque para a Ágora na Grécia. Porém, a ideia de liberdade de expressão como direito só se desenvolve com a modernidade, principalmente com o iluminismo jusnaturalista, tendo como grandes fatores a Reforma Protestante, a obstar a hegemonia de uma unidade religiosa que pregava uma verdade teologicamente fundada, e com uma crescente valorização da racionalidade humana, mas principalmente com o desenvolvimento da imprensa.[5]

No Brasil, a liberdade de expressão surge na Constituição de 1824, no art. 179, inc. IV, já vedando a censura. Porém, é importante ressaltar que essa proteção se deu de maneira muito insuficiente, sendo mantida nos textos constitucionais subsequentes, porém permitindo maiores ou menores espécies de censura entre as Constituições de 1934 e 1969, sempre em torno de manifestações culturais e da imprensa, algo que só consegue ser revertido com o processo de redemocratização concretizado com a Constituição de 1988.[6]

Sua proteção é confirmada na maioria das constituições democráticas contemporâneas, bem como pelo sistema global de proteção dos direitos humanos. Importante ressaltar sua amplitude em nosso ordenamento jurídico, visto que apenas em nossa Constituição estão com ela relacionados o art. 5º, incs. IV, V, IX, XIV e XVI, bem como os arts. 139, III, 150, VI, alínea "d", 206, incs. II e III, 215 e 220 a 224; e no tocante à sua limitação, os arts. 5º, incs. X e XLII, e 21, inc. XVI.[7]

Nesse contexto, a liberdade de expressão está fundada na garantia do desenvolvimento da personalidade, e consequentemente da dignidade inerente a cada pessoa individual, protegendo a capacidade de interagir socialmente e expor suas ideias e valores regidos pelo princípio da confiança. Outro elemento fundante da liberdade de

---

[3] BARBOSA, Ruy. *Commentários à Constituição Federal Brasileira*. São Paulo: Saraiva, 1934. p. 333.

[4] ROBL FILHO, Ilton; SARLET, Ingo Wolfgang. Estado democrático de direito e os limites da liberdade de expressão na Constituição Federal de 1988, com destaque para o problema da sua colisão com outros direitos fundamentais, em especial, com os direitos de personalidade. *Revista Brasileira de Direito Constitucional*, Curitiba, v. 18, n. 14, p. 112-142, jan./jun. 2016. p. 118.

[5] SARMENTO, Daniel. Comentário ao artigo 5º, IV. *In*: CANOTILHO, J. J. Gomes; MENDES, Gilmar F.; SARLET, Ingo W.; STRECK, Lenio L. (Coord.). *Comentários à Constituição do Brasil*. São Paulo: Saraiva/Almedina, 2013. p. 252.

[6] SARMENTO, Daniel. Comentário ao artigo 5º, IV. *In*: CANOTILHO, J. J. Gomes; MENDES, Gilmar F.; SARLET, Ingo W.; STRECK, Lenio L. (Coord.). *Comentários à Constituição do Brasil*. São Paulo: Saraiva/Almedina, 2013. p. 252-253.

[7] SARMENTO, Daniel. Comentário ao artigo 5º, IV. *In*: CANOTILHO, J. J. Gomes; MENDES, Gilmar F.; SARLET, Ingo W.; STRECK, Lenio L. (Coord.). *Comentários à Constituição do Brasil*. São Paulo: Saraiva/Almedina, 2013. p. 253.

expressão é a garantia à própria democracia, possibilitando a participação com liberdade e igualdade nos processos decisórios da coletividade.[8]

A estrutura jurídico-organizacional ocidental decorre da influência intrínseca do direito privado, basicamente do direito civil, em seu instituto do mandato, transfigurado em mandato político, que, como ressalta Jellinek,[9] por se tratar da configuração da representação, como já vista na Grécia e em Roma, quando não se tratava de atos vinculados à "assembleia do povo", serve de base à democracia indireta ou representativa que rege a atual organização política.

Por essa definição, a representação pressupõe que os eleitores – reais detentores do poder – inferem aos mandatários – os representantes – a criação de comandos e organização política em seu nome; contudo, essa transmutação não gera por parte dos representantes uma vinculação que beire a dependência dos interesses dos representados, visto que a atual conjuntura se dissocia dos antigos, ficando atrelada a teorias liberais de figuras como Condorcet e Guizot, em que os eleitores devem confiar em seus representantes.[10]

Tocqueville[11] reforça tal ideia ao analisar a democracia norte-americana como "forma autêntica da democracia dos modernos, contraposta à democracia dos antigos" (tradução livre),[12] e deixar claro que a grande diferença seria justamente a figura da representação como forma de participação de todos – os que eram sujeitos ativos no âmbito político em um modelo censitário que só admitia homens livres como votantes – no processo político.

Contudo, não se trata apenas desse tipo de manifestação democrática referente à aptidão em votar; os cidadãos devem ter acesso a informações de pontos de vistas variados sobre temas de interesse público, o que proporciona aptidão à sua autodeterminação; e, da mesma forma, devem estar aptos a expor suas ideias e influenciar os demais cidadãos, numa democracia que pressupõe um espaço público, aberto, plural e dinâmico de ideias para o livre desenvolvimento da personalidade, reduzindo o papel paternalista do Estado, para a prevalência das melhores ideias na sociedade.[13]

Seu exercício fica garantido por um conteúdo que abrange "toda opinião, convicção, comentário, avaliação ou julgamento sobre qualquer assunto ou sobre qualquer pessoa, envolvendo tema de interesse público, ou não, de importância e de valor, ou não",[14] desde que não viole outros direitos fundamentais e não se vincule à violência, ocorrendo inclusive pelo direito de não se expressar.

---

[8] SARMENTO, Daniel. Comentário ao artigo 5º, IV. *In*: CANOTILHO, J. J. Gomes; MENDES, Gilmar F.; SARLET, Ingo W.; STRECK, Lenio L. (Coord.). *Comentários à Constituição do Brasil*. São Paulo: Saraiva/Almedina, 2013. p. 255.

[9] JELLINEK, Georg. *Teoria general del Estado*. Tradução de Fernando de Los Rios. México: Fondo de Cultura Económica, 2000. p. 506-527.

[10] BEÇAK, Rubens. *Democracia*: hegemonia e aperfeiçoamento. São Paulo: Saraiva, 2014. p. 22.

[11] BEÇAK, Rubens. *Democracia*: hegemonia e aperfeiçoamento. São Paulo: Saraiva, 2014. p. 58.

[12] TOCQUEVILLE, Alexis de. *Democracy in America*. Tradução de Henry Reeve. London: Oxford University Press, 1959. p. 126.

[13] SARMENTO, Daniel. Comentário ao artigo 5º, IV. *In*: CANOTILHO, J. J. Gomes; MENDES, Gilmar F.; SARLET, Ingo W.; STRECK, Lenio L. (Coord.). *Comentários à Constituição do Brasil*. São Paulo: Saraiva/Almedina, 2013. p. 255.

[14] MENDES, Gilmar Ferreira; COELHO, Inocêncio Mártires; BRANCO, Paulo Gustavo Gonet. *Curso de direito constitucional*. 4. ed. São Paulo: Saraiva, 2009. p. 403.

Nesse passo, indicar a proibição da censura como regra não garante o exercício da liberdade de se expressar de maneira absoluta, tendo em vista a possibilidade de limitações sobre seu exercício, sobretudo com a possibilidade de responsabilização civil e criminal quando se verifica violação a outros direitos fundamentais, o que exigirá uma ponderação sobre os valores envolvidos por meio da aplicação do princípio da proporcionalidade para o caso concreto.

O direito à honra, por exemplo, é das primeiras limitações à liberdade de expressão, sobremodo no tocante à necessidade de tutela penal, sendo por isso mais bem detalhado nessa esfera mais adiante. Uma primeira variável que se observa no tocante a pessoas públicas, tendo em vista que por trás de sua atuação há um interesse coletivo, é uma menor intensidade em confronto com a liberdade de expressão, se comparado a pessoas comuns.[15]

É importante ressaltar que a ideia de verdade é um critério de limitação dos mais importantes, principalmente no tocante à manifestação sobre fatos, mas não sobre opiniões e ideias.[16] Isso ganha ainda mais relevância em atividades de informação, como é a atividade de imprensa.

Nesse sentido, não há dúvidas de que "a comunicação social com conteúdo comercial está obrigada a não distorcer a verdade";[17] há, inclusive, norma expressa no Código de Defesa do Consumidor – CDC (art. 30) que veda a propaganda enganosa. Não se trata apenas de uma proteção e limitação de ordem consumerista, senão de proteção ao sistema democrático, já que não há proteção constitucional sobre a informação falsa, mas uma função social da liberdade de imprensa no tocante à informação, que é a de possibilitar o livre desenvolvimento de sua personalidade.[18]

Manter a sociedade informada para o adequado exercício da opinião pública é fundamental para a preservação e o desenvolvimento de uma sociedade democrática que tem entre seus fundamentos a cidadania, a dignidade humana e o pluralismo político (totalmente vinculado ao pluralismo de ideias).

Além da honra, tem-se ainda a privacidade como outra limitação ao (ab)uso no exercício da liberdade de expressão. Tal violação se verifica quando o conteúdo de determinadas manifestações públicas se refere a dados da vida privada de outros indivíduos, algo muito verificável por alguns setores da mídia no tocante às pessoas públicas, principalmente celebridades.[19]

---

[15] SARMENTO, Daniel. Comentário ao artigo 5º, IV. In: CANOTILHO, J. J. Gomes; MENDES, Gilmar F.; SARLET, Ingo W.; STRECK, Lenio L. (Coord.). Comentários à Constituição do Brasil. São Paulo: Saraiva/Almedina, 2013. p. 257.

[16] Cabe ressaltar dois julgados do STF, na ADPF nº 187, que tratou da denominada "Marcha da Maconha". Por mais impopular que seja uma pauta, ela deve ser protegida prima facie. Idem para a ADI nº 4.451, que tratou das manifestações humorísticas. Deve sempre ser garantida a manifestação de pensamentos irônicos e satíricos, desde que revestidos de uma racionalidade comprovável (SARMENTO, Daniel. Comentário ao artigo 5º, IV. In: CANOTILHO, J. J. Gomes; MENDES, Gilmar F.; SARLET, Ingo W.; STRECK, Lenio L. (Coord.). Comentários à Constituição do Brasil. São Paulo: Saraiva/Almedina, 2013. p. 256-257).

[17] MENDES, Gilmar Ferreira; COELHO, Inocêncio Mártires; BRANCO, Paulo Gustavo Gonet. Curso de direito constitucional. 4. ed. São Paulo: Saraiva, 2009. p. 414.

[18] MENDES, Gilmar Ferreira; COELHO, Inocêncio Mártires; BRANCO, Paulo Gustavo Gonet. Curso de direito constitucional. 4. ed. São Paulo: Saraiva, 2009. p. 414.

[19] SARMENTO, Daniel. Comentário ao artigo 5º, IV. In: CANOTILHO, J. J. Gomes; MENDES, Gilmar F.; SARLET, Ingo W.; STRECK, Lenio L. (Coord.). Comentários à Constituição do Brasil. São Paulo: Saraiva/Almedina, 2013. p. 258.

Como dito acima, há uma proteção menos intensa da privacidade de pessoas públicas em detrimento de pessoas comuns, contudo, mesmo assim, alguns aspectos da vida privada não dizem respeito ao que seria objeto de interesse público, sendo passíveis de responsabilização tanto civil quanto penal, inclusive no tocante a como foram obtidas essas informações, que podem gerar outras espécies de responsabilização.

Um dos pontos mais problemáticos em relação à limitação da liberdade de expressão certamente é relacionado à igualdade e à dignidade humana, principalmente quando envolvem alguma forma de discriminação, seja esta de cunho racista, sexista, homofóbico ou religioso.

Essas manifestações atentam tanto contra a autoestima das vítimas quanto contra o interesse público de proteção ao pluralismo, que promove as mais diversas formas de convivência harmônica em sociedade. Quase todos os Estados democráticos garantem proteção e imputam restrições a esse tipo de conduta, bem como o sistema global de proteção dos direitos humanos (com "o Pacto Internacional para a Eliminação de Todas as Formas de Discriminação Racial (art. 4º), o Pacto dos Direitos Civis e Políticos (art. 20.2) e a Convenção Interamericana de Direitos Civis e Políticos (art. 13.5)").[20]

Ressalte-se, por fim, que nossa jurisprudência constitucional se vincula a essa espécie de proteção e limitação, como exemplo, no caso da publicação de Elwanger (HC nº 82.424/RS), em que se deu prevalência à proteção da igualdade e da dignidade humana sobre a liberdade de expressão,[21] entendimento que não é o mesmo, por exemplo, nos Estados Unidos da América, cujas cortes de justiça têm sido mais tolerantes e complacentes com os limites da liberdade de expressão.[22]

3 A (des)necessidade da tutela penal: uma perspectiva a partir da tutela da honra

O direito penal moderno se desenvolveu a partir da ideia de proteção de bens jurídicos fundamentais, principalmente a de Karl Binding, e consequentemente vinculada a teorias que visam limitar o *jus puniendi*, porém não de forma direta. Como ressalta Enrique Bacigalupo, os "valores superiores do ordenamento jurídico" inseridos nas constituições como direitos fundamentais, como "a dignidade da pessoa, os direitos individuais invioláveis que são inerentes e o livre desenvolvimento da personalidade".[23] Essa é a finalidade que hoje tem sido anunciada como a prevalente.

Entretanto, observe-se que o direito penal é apenas parte do sistema de sanções estatais, que se justifica tão só quando ficar caracterizado um considerável grau de ofensa na ação, bem como uma alta reprovabilidade do comportamento do autor, que

---

[20] SARMENTO, Daniel. Comentário ao artigo 5º, IV. *In*: CANOTILHO, J. J. Gomes; MENDES, Gilmar F.; SARLET, Ingo W.; STRECK, Lenio L. (Coord.). *Comentários à Constituição do Brasil*. São Paulo: Saraiva/Almedina, 2013. p. 258.

[21] SARMENTO, Daniel. Comentário ao artigo 5º, IV. *In*: CANOTILHO, J. J. Gomes; MENDES, Gilmar F.; SARLET, Ingo W.; STRECK, Lenio L. (Coord.). *Comentários à Constituição do Brasil*. São Paulo: Saraiva/Almedina, 2013. p. 258.

[22] GATES JR., Henry Louis; GRIFFIN, Anthony P.; LIVELY, Donald E.; POST, Robert C.; RUBENSTEIN, Willian B.; STROSSEN, Nadine. *Speaking of race, speaking of sex*: hate speech, civil rights and civil liberties. New York: New York University Press, 1994.

[23] BACIGALUPO, Enrique. *Direito penal*: parte geral. Tradução de André Estefam. São Paulo: Malheiros, 2005. p. 35

atestam a infração de normas definidoras da identidade da sociedade, do Estado e dos cidadãos.[24]

O ilícito decorre de um dano a uma liberdade juridicamente protegida. Assim, os fundamentos da tutela penal da honra, por exemplo, compreendem-na como o valor do prestígio (para si e para os outros) de uma pessoa, que deve ser respeitado socialmente. Nesse sentido, a honra é um atributo pessoal decorrente de suas relações sociais, logo a proteção à honra, sobretudo em direito penal, é tida como uma função pública.[25]

Que a lesão à honra requer consequências jurídicas formais não restam dúvidas. O controle social informal pode vir a ser muito mais eficaz em evitar desvios e, consequentemente, violações a bens jurídicos. Contudo, como argumenta parte da doutrina, a tutela penal aqui se faz necessária, como explica Rainer Zaczyk:

> En la búsqueda de definiciones cualitativas puede sostenerse que, en principio, a nivel de lesión a la persona, en el ilícito civil (genuino) como por ejemplo con la mora del deudor, se afecta el patrimonio del otro contratante, pero este daño non se vincula con una intervención radical sobre la autonomía de la persona como su centro, sino que sólo es una consecuencia de la violación al deber contractual. Si acepta que, en los casos de lesiones que implican una intervención radical sobre el núcleo personal del sujeto de derecho, al mismo tiempo se afecta el reconocimiento general de la persona en la comunidad jurídicamente constituida (Estado), deviene obvio que dichas lesiones no pertenecen ya únicamente a la esfera privada del autor y de la víctima y donde pueden decidir sobre su disposición jurídica (civil, por ej.), sino que por su parte exigen que ese status jurídico del autor sufra una disminución a efectuar-se por la comunidad.[26]

Essa explicação aparenta sustentar-se tendo em vista que ilícito e sanção se encontram numa espécie de sucessão temporal e consequencial. Assim, ao se verificar que a lesão atinge bem jurídico que o Estado se obriga a proteger, há a necessidade de controle formal para a proteção do *status* moral individual e público de cada cidadão.

Essa é uma opinião compartilhada por Guilherme de Souza Nucci, entendendo o autor que, considerar a lesão à honra como algo exclusivo da esfera civil, fundamentando-se no princípio da intervenção mínima, não se sustenta. Converge com o argumento de Zaczyk; este defende que a honra "está vinculada à estima de que gozam as pessoas dignas e probas no seio da comunidade onde vivem",[27] aquilo que Ernst von Beling denomina "valoração social por estimativa",[28] o que obriga a tutela pública por parte do Estado, inclusive por sua proteção constitucional no art. 5º, inc. X – tanto a honra quanto a imagem. Sua lesão não se esgota na expressão verbal (escrita, simbólica ou

---

[24] BACIGALUPO, Enrique. *Direito penal*: parte geral. Tradução de André Estefam. São Paulo: Malheiros, 2005. p. 43.

[25] ZACZYK, Rainer. La lesión al honor de la persona como lesión punible. Tradução de Maria del Rosario Picasso. *In*: FRANCO, Alberto Silva; NUCCI, Guilherme de Souza. *Direito penal*. São Paulo: Revista dos Tribunais, 2010. v. 5. p. 1.049-1.050.

[26] ZACZYK, Rainer. La lesión al honor de la persona como lesión punible. Tradução de Maria del Rosario Picasso. *In*: FRANCO, Alberto Silva; NUCCI, Guilherme de Souza. *Direito penal*. São Paulo: Revista dos Tribunais, 2010. v. 5. p. 1.051-1.052.

[27] NUCCI, Guilherme de Souza. *Curso de direito penal* – Parte especial. 2. ed. Rio de Janeiro: Forense, 2018. v. 2. p. 214.

[28] BELING, Ernst von. *Esquema de derecho penal*: la doctrina del delito tipo. Tradução de Sebastian Soler. Buenos Aires: Depalma, 1944. p. 142.

gestual), porquanto será reverberada em outras esferas da vida pessoal e social, trazendo consequências inclusive patrimoniais.[29]

Já Nucci[30] entende pela desnecessidade de diversos tipos penais para tutelar a honra em nosso ordenamento e cita como exemplo a Itália, que revogou o crime de injúria, deixando a esfera do direito civil, que mantém apenas a difamação (art. 595 do CP italiano) atrelada ao dolo genérico (*injuriandi vel diffamandi*), algo que, segundo o autor, poderia ser pensado para o ordenamento do Brasil.

Cezar Roberto Bitencourt[31] opina que a proteção à honra não é de interesse exclusivo do indivíduo, mas da coletividade, para a preservação da harmonia social, como bem jurídico subdividido entre honra objetiva (reputação, imagem perante terceiros) e subjetiva (dignidade, decoro, autoimagem), tutelado pelos tipos penais de calúnia (art. 138), difamação (art. 139) e injúria (art. 140), todos do Código Penal brasileiro.

Cabe ressaltar que esse não é um modelo de tutela uníssono entre os demais países com a mesma base romano-germânica de direito. Em Roma a honra já tinha *status* de direito público, algo que ocorrera também na Idade Média, principalmente com o direito canônico.[32] Contudo, sua positivação deu-se com o Código Napoleônico de 1810, prevendo a calúnia e a injúria, sem distinguir calúnia e difamação, fato que ocorrera apenas na Lei de Imprensa de 1819, em sua alteração de 1881, que ainda assim não diferenciava a calúnia e a denunciação caluniosa.[33]

Mesmo em códigos modernos como o espanhol e o português, há divergências sobre sua caracterização, pois o espanhol não distingue difamação e injúria (art. 208 do CP espanhol). Já em Portugal a diferença dá-se a penas quanto à forma de cometimento, não se ocupando do *animus*, na difamação (art. 180 do CP português), quando a ofensa é manifestada a terceiro (que não o ofendido), e na injúria (art. 181 do CP português), quando a ofensa ocorre diretamente contra o ofendido, semelhante ao que se vê no Código italiano de 1932.[34]

No Brasil o disciplinamento da matéria ocorreu no modelo da Lei de Imprensa francesa, em parte associado ao modelo alemão, institucionalizando três delitos: a calúnia (*Verleumdung*, §187), a difamação (üble Nachrede, §186) e a injúria simples (*Beleidigund*, §185).

> No direito alemão, porém, a calúnia e a difamação apresentam outras particularidades, associadas à prova da falsidade do fato imputado ou do seu conhecimento. Na difamação, há a imputação de um fato depreciativo ou, publicamente, desonroso, mas cuja veracidade não pode ser comprovada. A impossibilidade de comprovação do fato constitui, portanto, uma condição objetiva de punibilidade. Na calúnia, a imputação se refere a um fato inverídico, cuja falsidade é do conhecimento pleno do autor. Se o que se atribui à vítima, como fato

---

[29] NUCCI, Guilherme de Souza. *Curso de direito penal* – Parte especial. 2. ed. Rio de Janeiro: Forense, 2018. v. 2. p. 214.

[30] NUCCI, Guilherme de Souza. *Curso de direito penal* – Parte especial. 2. ed. Rio de Janeiro: Forense, 2018. v. 2. p. 214.

[31] BITENCOURT, Cezar Roberto. *Tratado de direito penal*: parte especial – Crimes contra a pessoa. 20. ed. São Paulo: Saraiva, 2020. p. 439.

[32] BITENCOURT, Cezar Roberto. *Tratado de direito penal*: parte especial – Crimes contra a pessoa. 20. ed. São Paulo: Saraiva, 2020. p. 439.

[33] TAVARES, Juarez. Anotações aos crimes contra a honra. *Revista Brasileira de Ciências Criminais*, v. 94, p. 89-132, jan./fev. 2012. p. 89.

[34] TAVARES, Juarez. Anotações aos crimes contra a honra. *Revista Brasileira de Ciências Criminais*, v. 94, p. 89-132, jan./fev. 2012. p. 90.

ofensivo determinado, é a prática de um delito, isto não interfere na sua caracterização típica, podendo constituir tanto calúnia quanto difamação ou até mesmo injúria. Relativamente à injúria, o direito alemão apresenta um claro déficit de taxatividade, porque não a define em termos de conduta determinada, deixando que a doutrina e a jurisprudência o façam. Entende-se, então, por injúria, segundo as contribuições doutrinárias e judiciais, todo ato que implique desprezo ou desrespeito de alguém, de modo a "negar-lhe os valores humanos elementares ou os valores éticos ou sociais e lesar, por meio disso, a absoluta pretensão ao respeito".[35]

O Código Penal brasileiro de 1940 dispõe das três espécies de violação à honra com algumas características próprias e até mais precisas em seus dispositivos. Segundo Juarez Tavares, "costuma-se menosprezar o Código brasileiro, mas, nesse ponto, o legislador pátrio foi bem melhor e mais lúcido do que seus colegas eruditos e civilizados".[36]

O objeto de tutela penal subdividido em honra objetiva e subjetiva traz características peculiares, como exemplo, a necessidade de comprovação do elemento subjetivo do tipo, ou seja, o *animus* em causar a mácula à honra em todos os tipos penais,[37] o que resulta numa maior dificuldade em sua tipicidade penal do que ocorre com a tutela civil.

Mesmo havendo tutela pública sobre esses tipos penais, a iniciativa processual é, em regra, privada. O art. 145 do CP expõe que a regra em relação à ação penal é privada, e que o ofendido, por questão de oportunidade ou conveniência, deve buscar a tutela do Estado, exceto nos casos de injúria real (art. 140, §2º, do CP) e injúria qualificada pelo preconceito (art. 140, §3º, do CP), ou quando as vítimas de quaisquer dos crimes contra a honra forem presidente da República ou chefe de governo estrangeiro (art. 141, I, do CP), ou funcionário público no exercício de suas funções (art. 141, II, do CP).[38]

Outro ponto importante é verificado nas possibilidades de sanção no âmbito penal, na impressão de que a proteção da honra aqui seria mais intimidadora e repressiva, tendo em vista que os três tipos penais citados em que cabe ação privada são crimes de menor potencial ofensivo, admitindo transação penal pela Lei nº 9.099/95, além da possibilidade de restrição de direitos e, excepcionalmente, suspensão condicional da pena, o que demonstra a desnecessidade de controle mais rigoroso para quase todos esses crimes. Ademais, as disposições comuns previstas para esses crimes deixam expressas hipóteses de exclusão do crime (art. 142 do CP) e a possibilidade de retratação (art. 143 do CP) e pedido de explicações (art. 144 do CP) como forma de afastar qualquer sanção.[39]

---

[35] TAVARES, Juarez. Anotações aos crimes contra a honra. *Revista Brasileira de Ciências Criminais*, v. 94, p. 89-132, jan./fev. 2012. p. 90.

[36] TAVARES, Juarez. Anotações aos crimes contra a honra. *Revista Brasileira de Ciências Criminais*, v. 94, p. 89-132, jan./fev. 2012. p. 90.

[37] BITENCOURT, Cezar Roberto. *Tratado de direito penal*: parte especial – Crimes contra a pessoa. 20. ed. São Paulo: Saraiva, 2020. p. 438 e ss.

[38] BITENCOURT, Cezar Roberto. *Tratado de direito penal*: parte especial – Crimes contra a pessoa. 20. ed. São Paulo: Saraiva, 2020. p. 515-518.

[39] BITENCOURT, Cezar Roberto. *Tratado de direito penal*: parte especial – Crimes contra a pessoa. 20. ed. São Paulo: Saraiva, 2020. p. 500 e ss.

4 A (in)suficiência da tutela civil

Ao se fundamentar a necessidade de tutela penal como *ultima ratio*, pode-se ter uma compreensão distorcida de insuficiência da tutela civil no tocante à liberdade de expressão, o que em verdade não deve passar de uma mera impressão, e muito tem a ver com a capacidade de vislumbrar um caráter subjetivo e objetivo em relação à sua tutela.

O caráter subjetivo relaciona-se à parte que toca ao desenvolvimento da personalidade, e a condições que permitem o livre pensamento e formas de expressá-lo. Já o caráter objetivo concerne ao sentido produzido pelas formas de expressão, tanto nas relações intersubjetivas quanto nas políticas inerentes à aptidão de seu autogoverno. É nas formas de sua limitação e controle social do abuso que surgem divergências e preferências no tocante à sua efetividade.[40]

Independentemente da esfera em que se busque verificar o controle sobre a liberdade de expressão, haverá sempre uma relação lógica entre o que se quer proteger, uma ação lesiva, a identificação da responsabilização e sua sanção. Nos três últimos elementos, há confluências e divergências entre a responsabilidade civil e penal. O ato ilícito é certamente o elemento de maior relevância, justamente por ser o fator de responsabilização e o fundamento que serve de "medida" da sanção, seja na esfera civil, seja na esfera penal.

As teorias que tratam da responsabilização civil indicam um duplo aspecto da ilicitude. Em seu aspecto *objetivo*, verifica-se apenas a conduta em si, e sua desconformidade com o direito, independentemente da voluntariedade do agente, restando caracterizada sua *antijuridicidade* (mera contrariedade do direito). Já em seu aspecto *subjetivo*, há a necessidade de verificar o juízo de valor da conduta, restando demonstrada a voluntariedade do agente, também chamada de *antijuridicidade subjetiva* ou *ilicitude*.[41] Ressalta-se que a esfera penal se vincula apenas, especialmente por sua ameaça de privação da liberdade, à responsabilidade subjetiva.

A essência da verificação de responsabilidade tem modelo de verificação muito semelhante em ambas as esferas, como salienta Sergio Cavalieri Filho: "seu elemento nuclear é o descumprimento do dever jurídico por uma conduta voluntária do agente, ensejando para este, quando acarreta dano a outrem, o dever de responder pelas consequências jurídicas daí decorrentes".[42] Desse modo, a ilicitude é elemento vinculado à conduta, e não ao dano.

O fundamento da responsabilidade civil decorre do princípio da *restitutio in integrum*, ou reparação integral, que orienta a uma restituição otimizada da vítima à situação anterior à lesão sofrida. Sua origem decorre do Código Civil francês, que previu a reparação contratual em relação a inadimplemento que gerasse danos emergentes e lucros cessantes, mas com incidência para a responsabilidade extracontratual (legal).[43]

O nosso Código Civil de 2002 expressou no *caput* do art. 944 que a indenização se mede pela extensão do dano, o que ratifica a reparação integral em sua abrangência

---

[40] SILVA, Paulo Thadeu Gomes da. *Sistema constitucional das liberdades e igualdades*. São Paulo: Atlas, 2012. p. 36.

[41] CAVALIERI FILHO, Sérgio. *Programa de responsabilidade civil*. 11. ed. São Paulo: Atlas, 2014. p. 21-23.

[42] CAVALIERI FILHO, Sérgio. *Programa de responsabilidade civil*. 11. ed. São Paulo: Atlas, 2014. p. 26.

[43] CAVALIERI FILHO, Sérgio. *Programa de responsabilidade civil*. 11. ed. São Paulo: Atlas, 2014. p. 26-27.

para três funções: a compensatória, a indenitária e a concretizadora. Essas funções estabelecem, respectivamente, a busca pela reparação dos danos causados, não gerando enriquecimento sem causa ao lesado, avalizados concretamente por um juiz que efetivou uma equivalente indenização em relação aos prejuízos causados. No tocante ao dano moral, além dessa equivalência (ou proporcionalidade) sobre os fatos, haverá uma análise da capacidade econômica dos envolvidos.[44]

Outra classificação importante é a de responsabilidade civil contratual ou extracontratual. A primeira decorre de violação de vínculo obrigacional preexistente, também chamado de ilícito contratual, já que os deveres entre as partes têm como fonte contratos por elas formulados. Já para a segunda, esse vínculo inexiste, porém, há violação a direito subjetivo de outra pessoa, também chamado de ilícito aquiliano, decorrente de violação à norma estabelecida de maneira genérica no ordenamento jurídico.[45]

> Dito de outro modo, a responsabilidade contratual seria oriunda de relação obrigacional preexistente (origem num ato ilícito, o acordo de vontades que originou o negócio jurídico), enquanto na responsabilidade extracontratual a relação obrigacional apenas surgiria ao verificar-se o dano (origem num ato ilícito, descrito em lei).[46]

Porém, quando se trata da limitação do uso sobre a liberdade de expressão pelo controle estatal, muitos problemas surgem. Certamente, um dos principais diz respeito à densidade desse direito, compreendido como uma garantia constitucional.

O então Ministro do Supremo Tribunal Federal, Ayres de Britto, argumentou no julgamento da ADPF nº 130 que as limitações que esse direito poderia sofrer são apenas as decorrentes do texto constitucional, ou seja, ponderações entre direitos fundamentais em caso de colisão de mesma magnitude, não devendo sofrer limitações legais. Posicionamento distinto daquele defendido pelo Ministro Gilmar Mendes, que entendeu pela sua possibilidade, desde que em conformidade com as demais garantias constitucionais.[47]

O abuso no exercício da liberdade de expressão pode gerar tanto dano material quanto moral, todos decorrentes de lesão a direitos de personalidade, contudo os que mais se ajustam aqui são os direitos à integridade moral, aqueles vinculados à vida privada, intimidade, honra e imagem, todos atrelados à dignidade humana (sentido estrito), que em sentido amplo seria a violação a algum direito ou atributo da personalidade.[48]

Atualmente é pacífico o entendimento de cumulação entre dano material e moral, tanto na Constituição Federal quanto na legislação ordinária, bem como em nossa jurisprudência.

---

[44] CAVALIERI FILHO, Sérgio. *Programa de responsabilidade civil*. 11. ed. São Paulo: Atlas, 2014. p. 28-29.

[45] CAVALIERI FILHO, Sérgio. *Programa de responsabilidade civil*. 11. ed. São Paulo: Atlas, 2014. p. 30-31.

[46] EHRHARDT JR., Marcos. Em busca de uma teoria geral da reponsabilidade civil. *In*: EHRHARDT JR., Marcos (Coord.). *Os 10 anos do Código Civil*: evolução e perspectivas. Belo Horizonte: Fórum, 2012. p. 337.

[47] ROBL FILHO, Ilton; SARLET, Ingo Wolfgang. Estado democrático de direito e os limites da liberdade de expressão na Constituição Federal de 1988, com destaque para o problema da sua colisão com outros direitos fundamentais, em especial, com os direitos de personalidade. *Revista Brasileira de Direito Constitucional*, Curitiba, v. 18, n. 14, p. 112-142, jan./jun. 2016. p. 127.

[48] CAVALIERI FILHO, Sérgio. *Programa de responsabilidade civil*. 11. ed. São Paulo: Atlas, 2014. p. 108.

A configuração de um dano moral depende da comprovação de uma conduta que cause à vítima sofrimento ou humilhação que afete sua estabilidade emocional, acarretando desequilíbrio a seu bem-estar, e não um mero dissabor ou desentendimento trivial em relações intersubjetivas.

Para exemplificar, Sérgio Cavalieri Filho indica:

> [...] sempre utilizei como critério aferidor do dano moral se, no caso concreto, houve alguma agressão à dignidade daquele que se diz ofendido (dano moral em sentido estrito e, por isso, o mais grave) ou, pelo menos, se houve agressão, mínima que seja, a um bem integrante da sua personalidade (nome, honra, imagem, reputação etc.).[49]

Surgem daqui outros dois problemas: a prova do dano (conduta lesiva) e a definição de seu valor indenizatório (sanção). Para o primeiro, deve-se provar a ocorrência do fato lesivo e a responsabilidade do agente, tendo em vista que o dano está implícito como sua decorrência, o que é feito de maneira objetiva pelo julgador, aferindo, por exemplo, se em caso de expressões difamatórias resta comprovada ofensa pessoal no tocante à sua reputação.

Questões subjetivas, quanto à intensidade do dano para a própria vítima, e o quanto ela demonstra estar atingida, serão importantes para a quantificação da reparação, mas não para a verificação ou não do dano à honra em si.[50]

> Quanto ao ônus da prova, na responsabilidade contratual o devedor é que tem que provar, em face do inadimplemento, a inexistência de culpa ou qualquer outra excludente do dever de indenizar [...]. Ressalta-se, entretanto, que a presunção de culpa não depende exclusivamente do fato de o dever jurídico violado ter sua fonte em um contrato. O fator decisivo será o tipo de obrigação assumida no contrato (obrigação de meio ou de resultado).[51]

Quanto ao seu valor indenizatório, o arbitramento do dano moral terá como base a repercussão do dano e a capacidade econômica do ofensor. A Constituição Federal de 1988 insculpiu um sistema de reparação do dano moral exclusivamente ao direito civil comum. Nesse sentido, confirma-se a regra geral do princípio da reparação integral, porquanto na fixação do *quantum debeatur*, o julgador buscará reparar o prejuízo causado, não conferindo ao ofendido um lucro desmedido, adotando a razoabilidade e evitando o enriquecimento sem causa.[52]

A sanção decorrente do dano moral no direito civil não tem natureza apenas reparadora. Tanto a doutrina quanto a jurisprudência admitem o caráter punitivo do dano moral, já que atende a dois objetivos: punir e prevenir. Curiosamente, há uma nítida aproximação com a sanção penal, pois esta adquire a característica de pena (em sentido retributivo), como uma "função sancionatória (ou punitiva) da responsabilidade

---

[49] CAVALIERI FILHO, Sérgio. *Programa de responsabilidade civil*. 11. ed. São Paulo: Atlas, 2014. p. 112.

[50] CAVALIERI FILHO, Sérgio. *Programa de responsabilidade civil*. 11. ed. São Paulo: Atlas, 2014. p. 117.

[51] EHRHARDT JR., Marcos. Em busca de uma teoria geral da reponsabilidade civil. *In*: EHRHARDT JR., Marcos (Coord.). *Os 10 anos do Código Civil*: evolução e perspectivas. Belo Horizonte: Fórum, 2012. p. 337-338.

[52] CAVALIERI FILHO, Sérgio. *Programa de responsabilidade civil*. 11. ed. São Paulo: Atlas, 2014. p. 124-125.

civil",[53] tendo a missão de dissuadir outras pessoas a praticarem atos semelhantes, e o próprio agente, aquilo que no direito penal seria chamado de prevenção geral.

5 O exemplo do controle administrativo das mídias sociais pela via da responsabilidade civil contratual

Um dos pontos de maior controvérsia no tocante ao (ab)uso da liberdade de expressão se dá em relação à tutela inibitória, que – diga-se de passagem – é aceita em nossa jurisprudência. Vários são os critérios que podem excepcionalmente justificá-la. "Um deles diz respeito à divulgação de informação inverídica de forma dolosa ou com negligência grave, situação na qual se aplicaria a teoria da malícia, necessária para configurar abusos de liberdades de expressão".[54]

Esses fundamentos foram suscitados no caso *New York Times vs. Sullivan* na Suprema Corte norte-americana em 1964, indicando que acusados por críticas ofensivas à reputação de agentes públicos só poderiam ser condenados se restasse comprovada a falsidade da informação e se os agentes sabiam dessa falsidade ou atuaram com desinteresse para buscar a verdade ou a falsidade dos fatos afirmados.[55]

Em se tratando de participação política dos cidadãos, a utilização das mídias sociais ganhou muito destaque, sendo relevante para angariar capital político à eleição de líderes por todo o mundo. Curiosamente, não apenas mobilizou a comunidade como ouvinte, mas a incentivou como criadora e disseminadora de informações, o que, em princípio, seria um ganho à democracia, contudo, relacionada a uma ampla difusão de informações falsas (*fake news*) e intencionalmente lesivas a determinados grupos sociais (*hate speech*), reveste-se de inegável caráter prejudicial.

Há quem entenda pela readequação da "teoria do agendamento", elaborada na década de 1970 por McCombs e Shaw, em que indicavam como "função dos meios de comunicação de massa conformar a agenda pública como um ator intermediário entre a esfera política e os cidadãos".[56] Haveria entre as pessoas e o poder público uma instância de mediação a ser ocupada pelas grandes mídias, que agrupavam e selecionavam os temas associados a problemas sociais, determinando assim a agenda pública.[57]

Contudo, essa teoria teve de ser repensada, e sua compreensão passou a ser vital pelos agentes políticos. Com a ampliação de veículos de comunicação como Orkut, Twitter,

---

[53] EHRHARDT JR., Marcos. Em busca de uma teoria geral da reponsabilidade civil. *In*: EHRHARDT JR., Marcos (Coord.). *Os 10 anos do Código Civil*: evolução e perspectivas. Belo Horizonte: Fórum, 2012. p. 330.

[54] ROBL FILHO, Ilton; SARLET, Ingo Wolfgang. Estado democrático de direito e os limites da liberdade de expressão na Constituição Federal de 1988, com destaque para o problema da sua colisão com outros direitos fundamentais, em especial, com os direitos de personalidade. *Revista Brasileira de Direito Constitucional*, Curitiba, v. 18, n. 14, p. 112-142, jan./jun. 2016. p. 133.

[55] MELLO, Rodrigo Gaspar de. *Liberdade de expressão, honra e responsabilidade civil*: uma proposta de adoção da doutrina da malícia real como meio de combate a censura judicial no direito brasileiro. 2016. 342 p. Tese (Doutorado em Direito) – Pontifícia Universidade Católica do Rio de Janeiro (PUC-Rio), Rio de Janeiro, 2016. p. 81.

[56] SANTOS, Nina. Agendamento e Twitter: um estudo exploratório. *In*: RIBEIRO, José Carlos; FALCÃO, Thiago; SILVA, Tarcízio (Org.). *Mídias sociais*: saberes e representações. Salvador: EDUFBA, 2012. *E-book*. posição 2.905 de 4.201.

[57] SANTOS, Nina. Agendamento e Twitter: um estudo exploratório. *In*: RIBEIRO, José Carlos; FALCÃO, Thiago; SILVA, Tarcízio (Org.). *Mídias sociais*: saberes e representações. Salvador: EDUFBA, 2012. *E-book*. posição 2.921 a 2.942 de 4.201.

Facebook, entre outros, o que se viu foi uma maior facilidade em acessar informações, agora sem limites temporais e espaciais, criando uma nova e ampla forma de relação comunicacional. O ambiente *on-line* traz uma ampliação das fontes de informação, questionando as mediações tradicionais das grandes mídias e proporcionando uma maior democraticidade, pois o agendamento das pautas pela *mass media* tende a uma homogeneização, diferentemente do que ocorre nas mídias sociais.[58]

A Ágora moderna é *on-line*, e essa ideia tem sido aceita na jurisprudência norte-americana, no caso *Packingham v. North Carolina*,[59] esses mecanismos têm ampliado os mecanismos de cidadania, possibilitando petições públicas, organização e gestão de manifestações e contato direto com órgãos e poderes públicos, sendo reconhecido como uma *modern public square*.

A suprema corte também já se manifestou sobre o uso das mídias sociais pelo Ex-Presidente Donald Trump, especificamente sobre o direito de bloquear usuários. Ocorre que, somado ao citado no caso acima, passou-se a desenvolver uma doutrina do fórum público, para analisar se o governo pode impor limitações de acesso aos conteúdos por ele transmitidos, algo que se viu testado no caso *Knight First Amendment Inst. at Columbia Univ. v. Trump*.[60] Comprovou-se que Trump utilizava sua conta privada de modo público, como espaço de informações e interação oficial da presidência, de manifesto caráter institucional, gerando interesse coletivo à participação política, não podendo alegar interesse privado para definir quem poderia acessar tais informações, o que em nada afasta a possibilidade em responsabilizar ações abusivas.

Ocorre que esse aumento da democraticidade para criar e transmitir informações trouxe consigo também sérios riscos, sobretudo ao potencializar choques entre grupos com pensamentos antagônicos, muitos dos quais não se dão por satisfeitos com a ocupação do espaço para a disseminação de suas ideias e lançam suas forças para ver o grupo antagônico eliminado, até mesmo fisicamente.

Curiosamente, é aqui que, antes mesmo dos direitos civil e penal, o direito administrativo acaba se inserindo sem grandes amarras, utilizando-se dos seus mecanismos de controle, como o bloqueio em casos mais graves ou mesmo a advertência à conta utilizada pelo usuário da rede social em questão. O acionamento de tais providências administrativas pelas empresas que mantêm essas plataformas de comunicação é o que tem gerado recentemente muitas discussões sobre se os casos de suspensão e banimento de seus membros ensejariam uma classificação de censura.

Um dos mais recentes episódios é o do ex-presidente dos EUA, Donald Trump, que insistentemente se manifestava nas redes sociais, sem prova alguma, contra o resultado das eleições que perdera para Joe Biden, em dezembro de 2020. Manifestações públicas que, em 6.1.2021, mantinham o teor anterior e iam de encontro à sessão do Congresso que confirmaria a vitória de seu opositor. Utilizando-se de redes sociais, incitou seus apoiadores não apenas a não aceitar o resultado, mas demonstrar sua

---

[58] SANTOS, Nina. Agendamento e Twitter: um estudo exploratório. *In*: RIBEIRO, José Carlos; FALCÃO, Thiago; SILVA, Tarcízio (Org.). *Mídias sociais*: saberes e representações. Salvador: EDUFBA, 2012. *E-book*. posição 2.966 de 4.201.

[59] UNITED STATES. Supreme Court of the United States. *Packingham v. North Carolina, 582 U.S. (2017)*. 19 jun. 2017.

[60] UNITED STATES. Supreme Court of the United States. *Knight First Amendment Institute at Columbia University v. Trump, n. 18-1691 (2d Cir. 2019)*. 9 jul. 2019.

insatisfação marchando até o Congresso, o que resultou na invasão do Capitólio e em ações violentas.[61]

A rede social usada pelo então presidente o advertiu, e posteriormente suspendeu sua utilização por 12 horas, impedindo-o de prosseguir na escalada de alegações de fraude sobre eleições sem quaisquer provas, tendo a plataforma alegado violação de suas políticas de integridade cívica,[62] intensificando os debates sobre o (ab)uso da liberdade de se expressar em tais mecanismos de comunicação de massa, e sua forma de controle.

O fato é que esses canais de comunicação em massa possuem como virtude a democratização da participação popular e o acesso à informação, passando a pautar inclusive o processo de formulação de políticas públicas; entretanto, exigem um maior cuidado e responsabilidade de seus mantenedores, e consequentemente, uma maior responsabilidade de seus usuários, já que a rede mundial de computadores mantém regulação estatal.

Vê-se que as normas de integridade, tributárias à regulação administrativa, alinhadas às normas atinentes ao que foi contratualizado entre as partes, revestem-se de grande relevância, pois conseguem controlar ilicitudes privadas com repercussão pública, com eficácia para evitar lesividade a outros direitos fundamentais de mesma magnitude, como a liberdade de expressão, em casos de violações decorrentes de incitação à violência, discursos de ódio e risco à segurança nacional, e à própria democracia, como foi o caso em tela.

Censura é restrição prévia à liberdade de expressão efetivada por autoridades administrativas públicas, impedindo a veiculação de uma informação; é um controle estatal preventivo. Esse abuso também pode ocorrer na esfera judicial e legislativa, porém não de maneira absoluta. Pode haver um controle que se fundamenta em ponderações necessárias, como pela lei, ao proibir de exibição de imagens e divulgação de nomes de menores em conflito com a lei, pelo ECA.[63]

Não há no caso citado uma violação à eficácia horizontal da liberdade de expressão como direito fundamental, pois, ao se optar por determinado espaço para expor suas ideias, está-se obrigado a acolher suas regras. A vedação à censura tem sua relevância para proporcionar o desenvolvimento da personalidade individual, no livre debate de ideias, como também da própria sociedade, porém como garantia fundamental na "esfera do público".[64]

É indiscutível a vinculação de particulares aos direitos fundamentais, mesmo com a ausência expressa em nossa Constituição; contudo, é possível questionar se sua vinculação ocorre de maneira direta ou indireta. Não são toleráveis agressões de nenhuma ordem à dignidade humana; deve-se buscar um equilíbrio entre esses valores

---

[61] GODOY, Juan Diego. Twitter suspende permanentemente a conta de Trump. *El País*, 8 jan. 2021. Disponível em: https://brasil.elpais.com/tecnologia/2021-01-09/twitter-suspende-permanentemente-a-conta-de-trump.html. Acesso em: 10 jan. 2021.

[62] JAMES, Clayton; KELION, Leo; MOLLOY, David. Trump allowed back on to Twitter. *BBC*, 8 jan. 2021. Disponível em: https://www.bbc.com/news/technology-55569604. Acesso em: 10 jan. 2021.

[63] SARMENTO, Daniel. Comentário ao artigo 5º, IV. *In*: CANOTILHO, J. J. Gomes; MENDES, Gilmar F.; SARLET, Ingo W.; STRECK, Lenio L. (Coord.). *Comentários à Constituição do Brasil*. São Paulo: Saraiva/Almedina, 2013. p. 275.

[64] HABERMAS, Jürgen. *Mudança estrutural da esfera pública*: investigações sobre uma categoria da sociedade burguesa. Tradução de Denilson Luís Werle. São Paulo: Editora Unesp, 2014. p. 228.

e os princípios da autonomia privada e da liberdade negocial,[65] principalmente quando a ação for lesiva ou potencialmente lesiva a outros direitos de mesma magnitude, ideia que se amolda ao posicionamento do STF de eficácia direta não absoluta, a indicar que "o modo pelo qual se opera a aplicação dos direitos fundamentais às relações jurídicas entre particulares não é uniforme, reclamando soluções diferenciadas mediante recurso, em especial, à ponderação e correlato teste de proporcionalidade".[66]

A ninguém é dado o direito de expor qualquer conteúdo num espaço privado, ainda mais quando se é notificado de suas limitações. Logo, ao se optar por uma associação, há o acatamento de suas regras de comportamento e sanções, bem como resta condicionada a sua permanência de forma precária. O que se viu no caso citado foi uma gradual responsabilização administrativa ao advertir, suspender e expulsar, o que não afasta questionamentos no tocante a seus fundamentos, ou até mesmo quanto à verificação de equidade em casos semelhantes.

6 Considerações finais

Diante da complexidade do tema, o que se pretendeu foi uma aproximação reflexiva entre as responsabilidades penal e civil, destacando-se, ao final, que embora o debate esteja amparado por tal dualidade, normas administrativas de controle podem vir a ser mais efetivas do que as articulações tradicionalmente oferecidas, principalmente no tocante ao controle das informações oriundas das mídias sociais, dado o alto impacto mobilizador da sociedade, associado à baixa comprovação de verificação de sua veracidade por conta de sua facilidade de transmissão, tendo em vista os riscos do mau uso da liberdade de expressão, o que requer, conforme demonstrado, a responsabilização efetiva.

Assim, resta evidenciado que nem sempre a tutela estatal traz uma resposta mais eficiente ao abuso da liberdade de expressão, como também seu controle em âmbito privado nem sempre acarreta sua violação como se censura fosse. Nos meios virtuais, especialmente, em que a informação percorre o espaço comunicativo a uma velocidade raramente acompanhada pelos agentes públicos, os mecanismos que têm se apresentado como os mais eficientes são justamente aqueles oferecidos pelas próprias redes sociais, ou seja, um controle privado com regras de responsabilização contratual, advinda de uma assunção de uma relação obrigacional voluntária, indicando direitos e deveres preexistentes.

A liberdade de poder se expressar capacita a sociedade para o exercício da liberdade pela autonomia de seus cidadãos, ampliando sua autodeterminação, já que seu conceito não se separa da ideia de justiça social. Esse contexto possibilita uma autonomia moral (ou ética) de forma procedimental e dinâmica; o Estado deve garantir meios para uma maior deliberação democrática, numa reconstrução normativa da eticidade, na qual o sujeito é livre quando existem condições de satisfação de seus desejos, como condições objetivas para o seu pleno exercício.

---

[65] SARLET, Ingo Wolfgang. *A eficácia dos direitos fundamentais*: uma teoria geral dos direitos fundamentais na perspectiva constitucional. 11. ed. Porto Alegre: Livraria do Advogado, 2012. p. 388.
[66] SARLET, Ingo Wolfgang. *A eficácia dos direitos fundamentais*: uma teoria geral dos direitos fundamentais na perspectiva constitucional. 11. ed. Porto Alegre: Livraria do Advogado, 2012. p. 391.

Entretanto, tudo isso, em ambiente que se pretende como democrático, não haverá de ser permitido sem limitações, sem freios e contrapesos, sem atribuir às pessoas alguma responsabilidade sobre aquilo que propagam como opinião. Numa democracia, o espaço comunicativo se desenvolve levando-se em consideração não apenas o bônus, mas também seu ônus, e sua caracterização haverá de ser encontrada sobretudo na busca pelo equilíbrio entre uma coisa e outra.

A possibilidade de utilização dos direitos penal e civil, na nossa perspectiva, deve resguardar-se à subsidiariedade. No caso do direito penal, tal providência é ainda mais extraordinária, dada a existência de mecanismos capazes de se articularem adequadamente ao controle dos riscos e excessos decorrentes do mau uso da liberdade de expressão.

Nada há nos exemplos citados a se falar em censura, pois, mesmo existindo uma eficácia horizontal dos direitos fundamentais, em que está inserida a liberdade de expressão, ela não é absoluta, ainda que colida com direitos privados. Nesse caso, não é limitada apenas por violação de dever contratual (formal), mas no tocante a seu conteúdo (substância), tendo em vista a incitação à violência e a própria democracia.

Referências

BACIGALUPO, Enrique. *Direito penal*: parte geral. Tradução de André Estefam. São Paulo: Malheiros, 2005.

BARBOSA, Ruy. *Commentários à Constituição Federal Brasileira*. São Paulo: Saraiva, 1934.

BEÇAK, Rubens. *Democracia*: hegemonia e aperfeiçoamento. São Paulo: Saraiva, 2014.

BELING, Ernst von. *Esquema de derecho penal*: la doctrina del delito tipo. Tradução de Sebastian Soler. Buenos Aires: Depalma, 1944.

BITENCOURT, Cezar Roberto. *Tratado de direito penal*: parte especial – Crimes contra a pessoa. 20. ed. São Paulo: Saraiva, 2020.

CAVALIERI FILHO, Sérgio. *Programa de responsabilidade civil*. 11. ed. São Paulo: Atlas, 2014.

EHRHARDT JR., Marcos. Em busca de uma teoria geral da reponsabilidade civil. *In*: EHRHARDT JR., Marcos (Coord.). *Os 10 anos do Código Civil*: evolução e perspectivas. Belo Horizonte: Fórum, 2012.

GATES JR., Henry Louis; GRIFFIN, Anthony P.; LIVELY, Donald E.; POST, Robert C.; RUBENSTEIN, Willian B.; STROSSEN, Nadine. *Speaking of race, speaking of sex*: hate speech, civil rights and civil liberties. New York: New York University Press, 1994.

GODOY, Juan Diego. Twitter suspende permanentemente a conta de Trump. *El País*, 8 jan. 2021. Disponível em: https://brasil.elpais.com/tecnologia/2021-01-09/twitter-suspende-permanentemente-a-conta-de-trump. html. Acesso em: 10 jan. 2021.

HABERMAS, Jürgen. *Mudança estrutural da esfera pública*: investigações sobre uma categoria da sociedade burguesa. Tradução de Denilson Luís Werle. São Paulo: Editora Unesp, 2014.

JAMES, Clayton; KELION, Leo; MOLLOY, David. Trump allowed back on to Twitter. *BBC*, 8 jan. 2021. Disponível em: https://www.bbc.com/news/technology-55569604. Acesso em: 10 jan. 2021.

JELLINEK, Georg. *Teoria general do Estado*. Tradução de Fernando de Los Rios. México: Fondo de Cultura Económica, 2000.

JIMÉNEZ DE ASÚA, Luis. *Tratado de derecho penal* – Concepto del derecho penal y de la criminología, História y legislación penal comparada. Buenos Aires: Losada, 1950. t. I.

MELLO, Rodrigo Gaspar de. *Liberdade de expressão, honra e responsabilidade civil*: uma proposta de adoção da doutrina da malícia real como meio de combate a censura judicial no direito brasileiro. 2016. 342 p. Tese (Doutorado em Direito) – Pontifícia Universidade Católica do Rio de Janeiro (PUC-Rio), Rio de Janeiro, 2016.

MENDES, Gilmar Ferreira; COELHO, Inocêncio Mártires; BRANCO, Paulo Gustavo Gonet. *Curso de direito constitucional*. 4. ed. São Paulo: Saraiva, 2009.

NUCCI, Guilherme de Souza. *Curso de direito penal* – Parte especial. 2. ed. Rio de Janeiro: Forense, 2018. v. 2.

ROBL FILHO, Ilton; SARLET, Ingo Wolfgang. Estado democrático de direito e os limites da liberdade de expressão na Constituição Federal de 1988, com destaque para o problema da sua colisão com outros direitos fundamentais, em especial, com os direitos de personalidade. *Revista Brasileira de Direito Constitucional*, Curitiba, v. 18, n. 14, p. 112-142, jan./jun. 2016.

SANTOS, Nina. Agendamento e Twitter: um estudo exploratório. *In*: RIBEIRO, José Carlos; FALCÃO, Thiago; SILVA, Tarcízio (Org.). *Mídias sociais*: saberes e representações. Salvador: EDUFBA, 2012. *E-book*.

SARLET, Ingo Wolfgang. *A eficácia dos direitos fundamentais*: uma teoria geral dos direitos fundamentais na perspectiva constitucional. 11. ed. Porto Alegre: Livraria do Advogado, 2012.

SARMENTO, Daniel. Comentário ao artigo 5º, IV. *In*: CANOTILHO, J. J. Gomes; MENDES, Gilmar F.; SARLET, Ingo W.; STRECK, Lenio L. (Coord.). *Comentários à Constituição do Brasil*. São Paulo: Saraiva/Almedina, 2013.

SILVA, Paulo Thadeu Gomes da. *Sistema constitucional das liberdades e igualdades*. São Paulo: Atlas, 2012.

TAVARES, Juarez. Anotações aos crimes contra a honra. *Revista Brasileira de Ciências Criminais*, v. 94, p. 89-132, jan./fev. 2012.

TOCQUEVILLE, Alexis de. *Democracy in America*. Tradução de Henry Reeve. London: Oxford University Press, 1959.

UNITED STATES. Supreme Court of the United States. *Knight First Amendment Institute at Columbia University v. Trump, n. 18-1691 (2d Cir. 2019)*. 9 jul. 2019.

UNITED STATES. Supreme Court of the United States. *Packingham v. North Carolina, 582 U.S. (2017)*. 19 jun. 2017.

ZACZYK, Rainer. La lesión al honor de la persona como lesión punible. Tradução de Maria del Rosario Picasso. *In*: FRANCO, Alberto Silva; NUCCI, Guilherme de Souza. *Direito penal*. São Paulo: Revista dos Tribunais, 2010. v. 5.

Informação bibliográfica deste texto, conforme a NBR 6023:2018 da Associação Brasileira de Normas Técnicas (ABNT):

SANTOS, Bruno Cavalcante Leitão; FRANÇA JÚNIOR, Francisco de Assis de. Intersecções entre as responsabilidades civil e penal no (ab)uso da liberdade de expressão: ponderações sobre limites, controle e eficácia em mídias sociais. *In*: EHRHARDT JÚNIOR, Marcos; LOBO, Fabíola Albuquerque; ANDRADE, Gustavo (Coord.). *Liberdade de expressão e relações privadas*. Belo Horizonte: Fórum, 2021. p. 447-464. ISBN 978-65-5518-188-3.

PARTE VIII

INTERSECÇÕES DA LIBERDADE DE EXPRESSÃO COM O DIREITO PÚBLICO

A TEORIA DA PROTEÇÃO DÉBIL DO HOMEM PÚBLICO E A NECESSÁRIA PONDERAÇÃO ENTRE LIBERDADE DE EXPRESSÃO E O EXERCÍCIO DOS DIREITOS POLÍTICOS

CAIO BUARQUE
THIAGO BOMFIM

A hermenêutica jurídica é a ciência da interpretação, o gênero do qual o termo *interpretação* é espécie, tendo por objetivo formular os princípios e regras necessários à concretização da tarefa do intérprete. Já a interpretação, propriamente dita, significa a atividade prática de revelar o conteúdo, o significado e o alcance de uma norma, tendo por finalidade fazê-la incidir em um caso concreto. Por fim, a aplicação da norma representa o final do processo interpretativo, sua concretização, pela efetiva incidência do preceito sobre a realidade de fato. Estes são os marcos do itinerário intelectivo que o intérprete deve percorrer para cumprir satisfatoriamente sua função.[1]

Todavia, ainda que tais conceitos possam perfeitamente ser utilizados na interpretação da Constituição, nem sempre serão suficientes de *per si* para extrair todas as possibilidades contidas nos dispositivos constitucionais. Isto ocorre devido ao fato de as Constituições serem formadas, em maior parcela, por normas principiológicas, dotadas de elevado grau de abstração, já que se destinam a alcançar situações que nem sempre estão explicitamente previstas nas expressões contidas nos textos normativos. Daí porque alguns autores trabalham, além dos tradicionais conceitos acima apontados, com a especificação de outro, mais relevante para a hermenêutica constitucional, que é o de *construção*. Enquanto interpretar significa encontrar o possível sentido de qualquer expressão, a construção seria a tarefa de tirar conclusões a respeito de matérias que estão fora e além das expressões contidas no texto, colhendo conclusões no espírito e não na letra da norma.[2]

---

[1] BARROSO, Luís Roberto. *Interpretação e aplicação da Constituição*. São Paulo: Saraiva, 2003. p. 103.

[2] Conceito trabalhado por Luís Roberto Barroso em sua obra *Interpretação e aplicação da Constituição*, citando Thomas Cooley em *A Treatise on the constitucional limitations* (1890, p. 70) (BARROSO, Luís Roberto. *Interpretação e aplicação da Constituição*. São Paulo: Saraiva, 2003. p. 104).

A interpretação constitucional, portanto, embora utilize técnicas interpretativas tradicionais, possui, também, princípios próprios e apresenta complexidades inerentes ao seu texto. Entretanto, por força da necessidade de render as devidas homenagens ao princípio da unidade da ordem jurídica,[3] isso não a separa da interpretação geral do direito, pois, como nos lembra Barroso,[4] "existe uma conexão inafastável entre a interpretação constitucional e a interpretação das leis, de vez que a jurisdição constitucional se realiza, em grande parte, pela verificação da compatibilidade entre a lei ordinária e as normas da Constituição".[5]

Pode-se dizer, então, que a tarefa de interpretar a Constituição é realizada sob dois prismas: ou se aplica diretamente o Texto Constitucional para reger uma situação jurídica, oportunidade em que a norma constitucional incide como uma norma jurídica convencional, instituidora de direito subjetivo; ou se opera o controle de constitucionalidade, que significa, de modo geral, adequar a legislação ordinária às determinações magnas emanadas da Lei Maior. Nesse segundo caso, a norma não rege nenhuma situação particular, servindo apenas como paradigma para a validade das disposições normativas infraconstitucionais.

Desta feita, a tarefa do intérprete da Constituição se assemelha à interpretação da legislação ordinária, quando a norma constitucional a ser interpretada esteja regendo uma situação jurídica individual, gerando direito subjetivo, oportunidade em que, pela natureza clara e objetiva da linguagem de tais dispositivos, não precisará recorrer a métodos hermenêuticos mais apurados, satisfazendo-se com os critérios utilizados para a interpretação das normas jurídicas em geral. No entanto, sendo a Constituição formada, em grande parte, conforme já dito, por normas que apresentam alto grau de abstração, os conceitos e métodos clássicos, embora utilizáveis, não serão suficientes, devendo o intérprete recorrer a princípios e conceitos próprios à hermenêutica constitucional, como a técnica da construção, acima mencionada. A esse respeito, afirma Britto:

> Ora, se estamos assim a nos comprometer com o acerto da proposição de que existe uma especificidade hermenêutico-constitucional, é claro que essa peculiaridade exegética só pode advir do fato de ser a Constituição uma realidade normativa que se marca por traços ontológicos próprios. [...] É por se peculiarizar perante o Direito em geral (e como!) que a Magna Lei justifica e exige para si uma metódica hermenêutica também peculiarizada.[6]

Conforme já dito, a interpretação da Constituição lança mão de mecanismos tradicionalmente utilizáveis para a realização da tarefa de interpretar as normas jurídicas em geral. Todavia, apresenta o Texto Constitucional um conjunto de características que

---

[3] No que tange à discussão sobre unidade da Constituição, Virgílio Afonso da Silva afirma que "[...] o chamado princípio da unidade da constituição parece em nada se diferenciar daquilo que há pelo menos século e meio se vem chamando de 'interpretação sistemática'. Isso pode não o invalidar como idéia-guia para a interpretação constitucional, mas acaba com a pretensão de exclusividade e, mais além, com a pretensão de rompimento com a chamada interpretação jurídica clássica. O chamado princípio da unidade da constituição é, ao contrário, uma reafirmação de um dos cânones clássicos de interpretação e a confirmação de que ele também vale no âmbito constitucional" (SILVA, Virgílio Afonso da. Interpretação constitucional e sincretismo metodológico. *In*: SILVA, Virgílio Afonso da (Org.). *Interpretação constitucional*. São Paulo: Malheiros, 2005. p. 127).

[4] BARROSO, Luís Roberto. *Interpretação e aplicação da Constituição*. São Paulo: Saraiva, 2003. p. 105.

[5] Sobre o tema *vide* CANOTILHO. J. J. Gomes. *Direito constitucional*. Coimbra: Almedina, 1991. p. 1096.

[6] BRITTO, Carlos Ayres. *Teoria da Constituição*. Rio de Janeiro: Forense, 2003. p. 146.

tornam singulares as disposições normativas contidas na Lei Maior, fazendo com que a interpretação desses dispositivos se torne uma tarefa peculiar. Entre estas, destacamos: *superioridade hierárquica, natureza da linguagem, conteúdo próprio* e *caráter político* de suas disposições.[7]

A superioridade hierárquica da Constituição ante os demais textos normativos, também chamada de superlegalidade, ou simplesmente supremacia, deve ser sempre o ponto de partida do intérprete. Ao pretender iniciar sua atividade, deve este sempre ter em mente que a norma a ser interpretada não é um dispositivo legal qualquer, mas sim uma disposição normativa que está inserida no diploma legal de maior hierarquia no contexto normativo, servindo, portanto, como parâmetro para a interpretação de todas as normas inseridas no ordenamento do qual não só faz parte, como, principalmente, inaugura.[8] É justamente essa supremacia que "confere à Constituição o caráter paradigmático e subordinante de todo o ordenamento, de forma tal que nenhum ato jurídico possa subsistir validamente no âmbito do Estado se contravier seu sentido".[9]

A origem da noção de supremacia está ligada a duas distinções essenciais: entre *poder constituinte* e *poder constituído* e entre *rigidez* e *flexibilidade* constitucional.[10] A primeira demonstra, em verdade, não simplesmente a supremacia da Constituição sobre os demais textos normativos, mas sim do poder constituinte sobre as demais fontes de produção normativa, o que faz com que o produto do seu exercício, o Texto Constitucional, ocupe um patamar hierarquicamente superior ao que é ocupado pelos dispositivos oriundos da manifestação dos poderes constituídos. A Constituição é suprema em relação à legislação infraconstitucional porque o poder do qual ela se origina é igualmente supremo ante os demais poderes.[11] A respeito, manifesta-se Cunha Jr.:

> Assim, a Constituição, além de imperativa como toda norma jurídica, é particularmente *suprema*, ostentando posição de proeminência em relação às demais normas, que a ela deverão se conformar, seja quanto ao modo de sua elaboração, seja quanto à matéria de que tratam. Essa supremacia da Constituição (ou sua imperatividade reforçada e superlativa) em face às demais entidades normativas advém, naturalmente, da soberania da fonte que a produziu: o *poder constituinte originário*, circunstância que a distingue sobremaneira, das outras normas do sistema jurídico, que são postas pelos poderes constituídos.[12]

Já a segunda dicotomia é fundamental para demonstrar que a ideia de supremacia somente existirá nos ordenamentos em que haja rigidez constitucional, ou seja, um procedimento de alteração do Texto Constitucional mais gravoso do que o utilizado para

---

[7] Classificação proposta por Luís Roberto Barroso (*Interpretação e aplicação da Constituição*. São Paulo: Saraiva, 2003. p. 107).

[8] A esse respeito, lembra Virgílio Afonso da Silva que "É – salvo engano – ponto pacífico que a interpretação das disposições constitucionais deve ser feita levando-se em consideração o todo constitucional, e não disposições isoladas" (SILVA, Virgílio Afonso da. Interpretação constitucional e sincretismo metodológico. *In*: SILVA, Virgílio Afonso da (Org.). *Interpretação constitucional*. São Paulo: Malheiros, 2005. p. 127).

[9] BARROSO, Luís Roberto. *Interpretação e aplicação da Constituição*. São Paulo: Saraiva, 2003. p. 107.

[10] Nessa linha trabalham SIEYÈS, Emmanuel Joseph. *A Constituinte Burguesa* – Que é o terceiro Estado. [s.l.]: [s.n.], 2003. p. 118 e SILVA, José Afonso. *Curso de direito constitucional positivo*. 27. ed. São Paulo: Malheiros, 2006. p. 50.

[11] Há que se anotar que a noção de ordem constitucional nem sempre se confunde com Constituição escrita, já que, na experiência inglesa, por exemplo, o sistema constitucional é bastante forte, sem, contudo, consubstanciar-se num texto escrito.

[12] CUNHA JR., Dirley. *Controle judicial das omissões do poder público*. São Paulo: Saraiva, 2004. p. 48.

a reforma da legislação ordinária. Isto por que, caso o procedimento para alteração da Constituição seja o mesmo utilizado para modificar a ordem infraconstitucional, onde estaria a superioridade? Vale lembrar que a superlegalidade, superioridade hierárquica, ou simplesmente supremacia da Constituição não configura uma mera orientação hermenêutica, estando, ao contrário, elevada ao patamar de princípio constitucional.

Outra característica que singulariza a interpretação da Constituição ante a interpretação das demais normas jurídicas é a natureza da linguagem dos dispositivos constitucionais. Como já foi registrado anteriormente, a linguagem da Constituição é caracterizada, não apenas, mas em grande parte, por normas que possuem elevado grau de abertura e abstração, e, consequentemente, menor densidade jurídica, o que não acontece com a linguagem que se verifica nos dispositivos situados abaixo dela. Dessa forma, o esforço exigido do intérprete do Texto Constitucional será bem maior. Não há como se comparar as dificuldades encontradas para se chegar, por exemplo, ao conceito de função social da propriedade, com a tarefa de se verificar a idade com que uma pessoa atinge a maioridade civil. Esse grau de abertura das normas contidas na Constituição faz com que alguns autores sustentem até mesmo que, diante destes casos, o intérprete exerceria uma atividade discricionária.[13] Sobre o assunto, sustenta Barcellos:

> [...] As Constituições contemporâneas são generosas na previsão de valores materiais de conteúdo bastante difuso (como justiça social e dignidade humana), cuja definição detalhada pode variar em certa medida no tempo, no espaço e em função das circunstâncias do caso concreto. Também aqui, mais um espaço de determinação do sentido de normas constitucionais foi transferido ao intérprete.[14]

Podemos também anotar, como traço distintivo do Texto Constitucional, o conteúdo de boa parcela dos dispositivos materialmente constitucionais, que se diferencia da estrutura convencional das normas que compõem os demais ramos do direito. Nesta linha, destacamos as chamadas normas de conduta, de organização ou de estrutura e as programáticas.[15] As primeiras são as normas jurídicas por excelência, que regem e disciplinam condutas e comportamentos diante de bens protegidos pela ordem jurídica. Preveem um fato e a ele atribuem determinada consequência jurídica. Já as normas de organização ou estrutura, como o próprio nome sugere, não se destinam a disciplinar condutas de indivíduos ou grupos, tendo apenas caráter instrumental. Por fim, também contribui para o conteúdo peculiar da Lei Maior a existência em seu texto de normas denominadas programáticas, que têm por objeto estabelecer princípios e fixar programas de ação. Sobre essa categoria, vejamos as palavras de Barroso:

---

[13] Luís Roberto Barroso afirma que o juiz exerce competência discricionária sempre que se conceba que a norma admite mais de uma interpretação razoável. Utilizando o termo cunhado por Dworkin, o autor sustenta que tal ocorrerá diante dos chamados *hard cases*, casos difíceis, em que se abrem para o aplicador da lei várias possibilidades legais de solução para o caso concreto. A respeito afirma Dworkin que "quando uma ação judicial específica não pode ser submetida a uma regra de direito clara, estabelecida de antemão por alguma instituição, o juiz tem, segundo tal teoria, o 'poder discricionário' para decidir o caso de uma maneira ou de outra" (DWORKIN, Ronald. *Levando os direitos a sério*. São Paulo: Martins Fontes, 2002. p. 127).

[14] BARCELLOS, Ana Paula de. Alguns parâmetros normativos para a ponderação constitucional. *In*: BARROSO, Luís Roberto (Org.). *A nova interpretação constitucional* – Ponderação, direitos fundamentais e relações privadas. [s.l.]: [s.n.], 2003. p. 51.

[15] Classificação proposta por Luís Roberto Barroso (*Interpretação e aplicação da Constituição*. São Paulo: Saraiva, 2003. p. 108).

Característica dessas regras é que elas não especificam qualquer conduta a ser seguida pelo Poder Público, apenas apontando linhas diretoras. Por explicitarem fins, sem indicarem os meios, investem os jurisdicionados em uma posição jurídica menos consistente do que as normas de conduta típicas, de vez que não conferem direito subjetivo em sua versão positiva de exigibilidade de determinada prestação. Todavia, fazem nascer um direito subjetivo *negativo* de exigir do Poder Público que se abstenha de praticar atos que contravenham os seus ditames.[16]

Finalizando as características que fazem com que as normas constitucionais possuam traços peculiares, abordemos o caráter político de suas disposições. Ao contrário das normas jurídicas infraconstitucionais, que se originam dos poderes constituídos, a Constituição é fruto do exercício de um poder de fato, ilimitado, autônomo e incondicionado,[17] político em sua essência, que é o poder constituinte originário. A Constituição, portanto, vai representar a tentativa de converter esse poder político em poder jurídico, esforçando-se para operar a juridicização do fenômeno político. No entanto, não sendo possível livrar inteiramente o Texto Constitucional das interferências políticas presentes em sua criação no momento da interpretação de suas normas, que implicaria atingir a utópica *racionalidade total*, deve-se buscar, então, adequar o caráter político dos objetivos constitucionais com a tarefa indiscutivelmente jurídica de interpretá-lo. Ou seja, não se pode afastar o fato de que a Carta Magna se origina de um poder eminentemente político. Todavia, o intérprete deve sempre perseguir a compatibilização desse caráter político presente desde a criação da Constituição com os limites e possibilidades oferecidos pelo ordenamento jurídico, por meio de uma *racionalidade possível*.[18]

A dogmática constitucional tem como uma de suas bases a distinção feita entre regras e princípios, como elemento indispensável à superação do que Barroso[19] chama de positivismo legalista, em que as normas se limitavam a regras jurídicas. Nesse contexto, passou-se a entender que as normas jurídicas em geral, e as normas jurídicas em particular, podem ser enquadradas nessas duas grandes categorias diversas. As regras têm uma incidência mais restrita às situações jurídicas por elas preconizadas, enquanto os princípios possuem uma maior carga valorativa e um alto grau de abstração.

Nesse ponto, a Constituição passa a ser vista como um sistema aberto de princípios e regras, tendo como paradigma o estudo sobre a matéria feito por Dworkin, que sustentava que a diferença entre princípios jurídicos e regras jurídicas é de natureza lógica. Os dois conjuntos de padrões apontam para decisões particulares acerca da obrigação jurídica em circunstâncias específicas, mas se distinguem quanto à natureza da orientação que oferecem. As regras são aplicáveis à maneira do tudo-ou-nada. Dados

---

[16] BARROSO, Luís Roberto. *Interpretação e aplicação da Constituição*. São Paulo: Saraiva, 2003. p. 110. Interessante se anotar que muitos autores não reconhecem as normas programáticas como dispositivos constitucionais dotados de eficácia por si só, necessitando para tanto de regulamentação posterior. Em memorável opinião contrária posiciona-se André Ramos Tavares (*Curso de direito constitucional*. [s.l.]: [s.n.], 2003. p. 82) assim como José Afonso da Silva (*Aplicabilidade das normas constitucionais*. [s.l.]: [s.n.], 2001. p. 35).

[17] Características apontadas por Michel Temer (*Elementos de direito constitucional*. São Paulo: Malheiros, 2003. p. 23).

[18] Terminologia empregada por Luís Roberto Barroso (*Interpretação e aplicação da Constituição*. São Paulo: Saraiva, 2003. p. 112).

[19] BARROSO, Luís Roberto. Fundamentos teóricos e filosóficos do novo direito constitucional brasileiro. *In*: BARROSO, Luís Roberto (Org.). *A nova interpretação constitucional* – Ponderação, direitos fundamentais e relações privadas. [s.l.]: [s.n.], 2003. p. 30.

os fatos que uma regra estipula, então ou a regra é válida, e neste caso a resposta que ela fornece deve ser aceita, ou não é válida, e neste caso em nada contribui para a decisão.[20]

Já os princípios representam valores especialmente transportados para o ordenamento, sendo apresentados, normalmente, por meio de elevado grau de abertura. Esses valores protegidos em forma de princípios podem, e frequentemente o fazem, entrar em rota de colisão. Ocorre que, exatamente por conta dos objetivos que possuem, bem como pelas características que apresentam, como maior teor de abstração, por exemplo, a solução de um conflito entre princípios não pode ocorrer de forma semelhante à de um conflito entre regras. À vista dos elementos do caso concreto, o intérprete deverá fazer escolhas fundamentadas, quando se defronte com antagonismos inevitáveis, como o que ocorre entre a liberdade de expressão e o direito à privacidade. A aplicação dos princípios se dá, predominantemente, mediante ponderação.[21] Ainda sobre as características dos princípios manifesta-se Alexy:

> Princípios são normas que ordenam que algo seja realizado na maior medida possível, dentro das possibilidades jurídicas e reais existentes. Por isso, são mandados de otimização, caracterizados pelo fato de que podem ser cumpridos em diferentes graus e que a medida devida de seu cumprimento não só depende das possibilidades reais, mas também das jurídicas. O âmbito do juridicamente possível é determinado pelos princípios e regras opostas.[22]

Dessa forma, pode-se claramente perceber que uma colisão entre princípios não pode ser solucionada como se resolveria um conflito envolvendo regras. Para o caso destas últimas basta tão somente o recurso aos critérios tradicionais de solução de conflitos normativos – hierárquico, cronológico e o da especialidade –, enquanto em relação aos princípios estes não podem ser postos em termos de tudo ou nada. A ponderação, critério utilizado para a aplicação dos princípios, busca estabelecer o grau de importância de cada um dos princípios contrapostos, visto que não se pode afirmar que exista qualquer critério que permita se garantir a superioridade de um princípio sobre outro.

Ultrapassada a fase de certo deslumbramento com a redescoberta dos princípios como elementos normativos, o pensamento jurídico tem se dedicado à elaboração teórica das dificuldades que sua interpretação e aplicação oferecem, tanto na determinação de seu conteúdo quanto na de sua eficácia. A ênfase que se tem dado à teoria dos princípios deve-se, sobretudo, ao fato de ser nova e de apresentar problemas ainda irresolvidos. O modelo tradicional, como já mencionado, foi concebido para a interpretação e aplicação de regras. É bem de ver, no entanto, que o sistema jurídico ideal se consubstancia em uma distribuição equilibrada de regras e princípios, na qual as regras desempenham o

---

[20] DWORKIN, Ronald. *Levando os direitos a sério*. São Paulo: Martins Fontes, 2002. p. 39.

[21] BARROSO, Luís Roberto. Fundamentos teóricos e filosóficos do novo direito constitucional brasileiro. *In*: BARROSO, Luís Roberto (Org.). *A nova interpretação constitucional* – Ponderação, direitos fundamentais e relações privadas. [s.l.]: [s.n.], 2003. p. 31.

[22] ALEXY, Robert. *Teoria de los Derechos Fundamentales*. [s.l.]: [s.n.], 1993. p. 86.

papel referente à *segurança jurídica* – previsibilidade e objetividade das condutas – e os princípios, com sua flexibilidade, dão margem à realização da justiça no caso concreto.[23]

Impõe-se aqui, portanto, a tarefa de estabelecer critérios hermenêuticos que possibilitem, na aplicação do caso concreto, a adequada interpretação que compatibilize, no exercício dos direitos políticos, a liberdade de expressão com o direito à honra, intimidade e vida privada, todos eles valores consagrados e protegidos pela Constituição, erigidos à categoria de direitos fundamentais.

A própria evolução dos direitos fundamentais, representada pela estruturação em *gerações* ou *dimensões*, demonstra o reconhecimento de que a proteção de certos bens jurídicos seria inerente à própria existência do ser humano, sendo decorrente da evolução das relações sociais. Tais direitos, nas palavras de Paulo Gonet, são o "núcleo da proteção da dignidade da pessoa".[24] Nessa senda, como um dos direitos fundamentais mais característicos de um Estado democrático de direito emanados da Constituição, surge a livre manifestação do pensamento, de que decorre a liberdade de expressão, consagrada no art. 5º, IV e IX. O primeiro é mais amplo e abrange a liberdade do próprio pensamento, algo totalmente subjetivo e que pode ou não se materializar por meio das palavras escritas ou faladas, já o segundo emana a liberdade de expressão de cunho intelectual, artístico, científico e de comunicação. Liberdade de expressão, então, em linhas gerais, pode ser assim conceituada:

> Assim, na ordem jurídica contemporânea, a liberdade de expressão consiste, em sentido amplo, num conjunto de direitos relacionados às liberdades de comunicação, que compreende: a liberdade de expressão em sentido estrito (ou seja, de manifestação do pensamento ou de opinião), a liberdade de criação e de imprensa, bem como o direito de informação.[25]

Não bastasse a Constituição Federal, a Declaração Universal dos Direitos Humanos, que possui *status* formal de norma constitucional e constitui uma das mais importantes declarações de direitos, em seu art. 19, expressamente protege a liberdade de expressão do ser humano, pois ela, ao fim e ao cabo, está intrinsicamente ligada à dignidade da pessoa humana. Isto porque, na medida em que é por meio dela que o ser humano pode expressar seus pensamentos, opiniões, convicções, ideologias e tudo o quanto o caracterize enquanto ser pensante, inegável que a noção de dignidade humana engloba a liberdade de pensamento, opinião e comunicação. José Afonso da Silva define a liberdade de opinião da seguinte forma:

> [...] a própria liberdade de pensamento em suas várias formas de expressão. Por isso é que a doutrina a chama de liberdade primária e ponto de partida das outras. Trata-se da liberdade de o indivíduo adotar a atitude intelectual de sua escolha: quer um pensamento

---

[23] BARROSO, Luís Roberto. O começo da história: a nova interpretação constitucional e o papel dos princípios no direito brasileiro. *In*: SILVA, Virgílio Afonso da (Org.). *Interpretação constitucional*. São Paulo: Malheiros, 2005. p. 281-282.

[24] MENDES, Gilmar Ferreira; BRANCO, Paulo Gustavo Gonet. *Curso de direito constitucional*. 12. ed. rev. e atual. São Paulo: Saraiva, 2017. p. 133.

[25] TÔRRES, Fernanda Carolina. *O direito fundamental à liberdade de expressão*. Disponível em: https://www12.senado.leg.br/ril/edicoes/50/200/ril_v50_n200_p61.pdf. Acesso em: 27 out. 2020.

íntimo, quer seja a tomada de posição pública ou a liberdade de pensar e dizer o que se crê verdadeiro.[26]

Por mais que reste primordial a tutela jurídica da liberdade de expressão, o exercício dos direitos fundamentais pode e deve sofrer limitações, principalmente quando em choque com outros bens jurídicos que gozem do mesmo *status*. No processo eleitoral tal conflito ocorre com frequência, notadamente diante da polarização que hoje impera no país, impulsionada pela rápida disseminação de qualquer tipo de conteúdo, verdadeiro ou inverídico, por meio das redes sociais. Assim, o aplicador do direito eleitoral se depara diuturnamente com embates entre direitos fundamentais, como o que envolve a liberdade de expressão e o direito à honra e à imagem. A questão que se põe é: como então coadunar e equilibrar o exercício de direitos tão importantes e caros ao princípio da dignidade da pessoa humana e à democracia, basilares de todo Estado democrático de direito?

A liberdade de expressão, então, direito fundamental instituído pela Carta Magna, especificamente no exercício dos direitos políticos, tem sofrido forte influência das novas tecnologias que vem transformando a sociedade dia após dia, e, por óbvio, influenciam também o processo democrático e eleitoral. Tal situação restou amplamente demonstrada na última eleição de âmbito nacional, realizada em 2018, quando foi profundamente influenciada pelas redes sociais, cenário igualmente identificado nas eleições municipais realizadas em 2020, em que se vê diariamente a discussão que remonta à tutela do bem jurídico denominado liberdade *de expressão*, seus limites, efeitos e consequências no pleito eleitoral.

A Constituição Cidadã de 1988, em seu art. 5º, IV, declara que é "livre a manifestação do pensamento", já o inc. IX afirma que é "livre a expressão da atividade intelectual, artística, científica e de comunicação, independentemente de censura ou licença", decorrendo daí a ideia de liberdade de expressão, ou seja, todo indivíduo tem o direito de se expressar, de manifestar seus pensamentos, opiniões e críticas. Tal prerrogativa é alçada a um patamar ainda mais elevado de importância quando se observa que a Constituição que o garante é peça chave para inaugurar um período democrático no Brasil, após um largo período de totalitarismo.[27] Razão pela qual se reafirma que referido direito fundamental é corolário da própria noção de dignidade da pessoa humana, haja vista que a própria realização do indivíduo está intrinsicamente ligada à possibilidade que ele possui de se expressar.

> A plenitude de formação da personalidade depende de que se disponha de meios para conhecer a realidade e as suas interpretações, e isso como pressuposto mesmo para que se possa participar de debates e para que se tomem decisões relevantes. O argumento humanista, assim, acentua a liberdade de expressão como corolário da dignidade da pessoa humana.[28]

---

[26] SILVA, José Afonso. *Curso de direito constitucional positivo*. 27. ed. São Paulo: Malheiros, 2006. p. 241.

[27] BRASIL. Constituição (1988). *Constituição da República Federativa do Brasil*. Brasília, 5 de outubro de 1998. Disponível em: http://www.planalto.gov.br/ccivil_03/constituicao/constituicao.htm. Acesso em: 26 out. 2020.

[28] MENDES, Gilmar Ferreira; COELHO, Inocêncio Mártires; BRANCO, Paulo Gustavo Gonet. *Curso de direito constitucional*. 2. ed. São Paulo: Saraiva, 2017. p. 360.

Tendo em vista a relevante importância da liberdade de expressão para o indivíduo, é fácil compreender a sua magnitude para o próprio Estado democrático de direito e suas instituições, especialmente no pleito eleitoral periódico, o qual representa, em grande parcela, a maior expressão da democracia no Brasil. Afinal, o ambiente democrático só encontra campo fértil para florescer no âmbito da liberdade de expressão, que, nos dizeres do Min. Luís Roberto Barroso, é uma liberdade preferencial, que abre as portas para o exercício dos demais direitos fundamentais, como exemplo, os direitos políticos. Veja-se:

> [...] no Brasil, por força da Constituição e das circunstâncias brasileiras, a liberdade de expressão deve ser tratada constitucionalmente como uma liberdade preferencial. E as consequências de se estabelecer essa premissa são igualmente três. Em primeiro lugar, ao se dizer que a liberdade de expressão é uma liberdade preferencial, estabelece-se uma primazia prima facie da liberdade de expressão no confronto com outros direitos fundamentais. [...]
>
> A segunda consequência dessa posição preferencial da liberdade de expressão é a forte suspeição e o escrutínio rigoroso que devem sofrer quaisquer manifestações de cerceamento da liberdade de expressão, seja legal, seja administrativa, seja judicial, ou seja privada.
>
> A terceira e última consequência dessa preferência da liberdade de expressão é a regra da proibição da censura previa ou da licença. Quanto a essa, nem é necessária muita elaboração teórica, porque a Constituição, em cláusula expressa em dois lugares, proíbe terminantemente a censura.

Seguindo a mesma linha, a Comissão Interamericana de Direitos Humanos já afirmou que a carência de liberdade de expressão é uma causa que contribui ao desrespeito de outros direitos.

No entanto, o que se vê na prática acerca da tutela que tem sido ofertada a esse direito fundamental que é a liberdade de expressão, especificamente no âmbito do direito eleitoral, é que as próprias decisões judiciais admitem que há enorme dificuldade em se pontuar um limite entre a crítica ao homem público e a ofensa, principalmente no contexto das novas tecnologias, que dinamizam, aceleram e acaloram os debates políticos. Devendo-se destacar, ainda, a questão das chamadas *fakes news*, cuja disseminação demanda uma resposta concreta e imediata da jurisprudência, da doutrina e da própria legislação eleitoral.

Tudo isso acaba por gerar uma grande disparidade entre as decisões que ora indeferem e ora deferem os pedidos de tutela antecipada para sustar críticas que seriam ofensivas, havendo dissonância entre os Tribunais Regionais Eleitorais e a concreta necessidade de uma pacificação e resposta acerca de qual seria, no caso concreto, de fato, o limite entre a crítica e a ofensa, a fim de equalizar o direito à liberdade de expressão no exercício dos direitos políticos e uma efetiva proteção ao direito à honra e à imagem. Assim, estar-se-ia a prestigiar a própria segurança jurídica, tão buscada na concretização e aplicação do direito.[29]

Nesse ponto, interessante trazer à tona recente decisão do Supremo Tribunal Federal em sede da ADI nº 4.451 quando se manifestou no sentido de extirpar restrições legislativas indevidas ao humor e à crítica legislativa, restando consignado pelo ministro

---

[29] BARROSO, Luís Roberto. *Neoconstitucionalismo e constitucionalização do direito* (O triunfo tardio do direito constitucional no Brasil). p. 2. Disponível em: https://cutt.ly/8gYl9uS. Acesso em: 28 out. 2020.

relator que "O processo eleitoral não é estado de sítio", mas o ponto fulcral em que "a democracia atinge o seu clímax ou ponto mais luminoso". Veja-se:

> A liberdade de imprensa, assim abrangentemente livre não é de sofrer constrições em período eleitoral. Ela é plena em todo o tempo, lugar e circunstâncias. Tanto em período não eleitoral, portanto, quanto em período de eleições gerais. Se podem as emissoras de rádio e televisão, fora do período eleitoral, produzir e veicular charges, sátiras e programas humorísticos que envolvam partidos políticos, pré-candidatos e autoridades em geral, também podem fazê-lo no período eleitoral. Processo eleitoral não é estado de sítio (art. 139 da CF), única fase ou momento coletivo que, pela sua excepcional gravidade, a Constituição, a Constituição toma como fato gerador de "restrições à inviolabilidade da correspondência, ao sigilo das comunicações, à prestação de informações e à liberdade de imprensa, radiodifusão e televisão, na forma da lei" (inciso III do art. 139).

O que se nota, facilmente, é que é preciso encontrar um equilíbrio para a correta e constitucionalmente adequada aplicação dos direitos fundamentais em conflito, notadamente quando a coexistência harmônica de ambos é imprescindível à existência e manutenção de um Estado democrático de direito.

Dessa forma, surgiram algumas teorias que se prestam a dar melhores contornos a tais questões, como exemplo, a principal e mais utilizada pela jurisprudência, denominada teoria da proteção débil do homem público, que não se presta a eliminar por completo a intimidade, a honra e imagem dos agentes públicos, como bem explica Streck:

> Obviamente, não se está defendendo que a figura do agente público possua um grau zero de proteção e resguardo quanto a sua intimidade privada, sua honra e dignidade. Precisamente, a proteção débil do homem público – aplicada ostensivamente na seara do direito eleitoral – afirma que diante da natureza pública de seus atos, e o direito/dever do cidadão de fiscalização das tomadas de decisão do poder público, aquele que assume a alta responsabilidade de servir à República, automaticamente abdica de certo grau de intimidade, sobretudo, no exercício de suas funções. A proteção da sua pessoa se dará no âmbito da lesão causada por ação ou omissão eventuais, atos que ataquem a honra e dignidade de sua pessoa (vinculada a sua pessoa institucional).[30]

Tem-se, então, que uma possível solução à problemática aqui apontada seria justamente a aplicação da teoria da proteção débil do homem público, que tem sido tema constante dos julgados proferidos pela Justiça Eleitoral. A doutrina da debilidade da honra de homens públicos, em síntese, afirma que as pessoas que estão na vida pública, como os políticos, têm uma considerável redução dos limites da privacidade, haja vista que a divulgação de fatos do interesse público pode ser revelada sem a anuência do agente político envolvido.[31]

Em outras palavras, o homem público tem uma maior relativização de sua privacidade e honra quando comparado ao cidadão comum e, justamente por isso, a liberdade de expressão utilizada contra o candidato/político teria um maior elastecimento em seu uso. Nesse sentido, o político e o candidato se encaixariam como homens públicos.

---

[30] STRECK, Lenio Luiz. *Parecer*. Disponível em: https://www.conjur.com.br/dl/defensor-indenizar-juiza-divulgar-video1.pdf. Acesso em: 27 out. 2020.

[31] SAMPAIO, Grace Kelly. Liberdade de imprensa e intangibilidade moral do indivíduo. *Revista ESMAT*, Tocantins, ano 1, n. 1. p. 191-204, 2009.

A teoria da proteção débil do homem público, portanto, é assim vista pelos tribunais:

> O ocupante de cargo público, devido a seu mister, deve estar propenso a eventuais críticas a seus posicionamentos e posturas profissionais, críticas que visam, exatamente, o aperfeiçoamento do exercício do cargo público e legitimam o processo democrático de governabilidade. Aplicação da Teoria da Proteção Débil do Homem Público.[32]

Como já ressaltado, o que a teoria defende não é o completo desguarnecimento da honra e privacidade dos candidatos a cargo político e dos já eleitos, mas, sim, que a proteção de tais direitos deve ser observada em consonância com princípios como pluralismo democrático e com uma margem de aceitação e tolerância às críticas muito maior que em relação a um cidadão comum. Ou seja, a liberdade de expressão invocada para criticar e comentar a atuação de homens públicos teria um espectro maior que na relação entre particulares. Nesse sentido, tem-se o excerto de Bobbio:

> Na maioria das situações em que está em causa um direito do homem, ao contrário, ocorre que dois direitos igualmente fundamentais se enfrentem, e não se pode proteger incondicionalmente um deles sem tornar o outro inoperante. Basta pensar, para ficarmos num exemplo, no direito à liberdade de expressão, por um lado, e no direito de não ser enganado, excitado, escandalizado, injuriado, difamado, vilipendiado, por outro. Nesses casos, que são a maioria, deve-se falar de direitos fundamentais não absolutos, mas relativos, no sentido de que a tutela deles encontra, em certo ponto, um limite insuperável na tutela de um direito igualmente fundamental, mas concorrente.[33]

Extrai-se, portanto, que, na medida em que a liberdade de expressão não é absoluta, não só ela deve ser garantida, mas também os demais princípios e valores constitucionais com os quais eventualmente colida na aplicação do caso concreto, razão pela qual a harmonia constitucional deve ser o ponto de partida para que todos os princípios e garantias sejam plenamente assegurados.

Ou seja, não se está a pretender de forma alguma negar vigência à liberdade de expressão e informação consagradas no art. 5º, IV, IX e XIV da Constituição Federal. No entanto, é preciso igualmente ter a certeza de que referidos direitos fundamentais, ao serem aplicados concretamente, compatibilizam-se com todas as normas constitucionais com as quais conflitem. Vale dizer: a liberdade de expressão não confere a prerrogativa de ofender, caluniar, injuriar e difamar, ao argumento de se estar a exercer uma garantia constitucional.

É nesse cenário de conflito entre direitos fundamentais quanto ao exercício da liberdade de expressão e informação que a Justiça Eleitoral deve fazer valer o pleno exercício da cidadania, que também se garante com o direito de ter mantidas a integridade e a honra das pessoas públicas diante de adversários que a todo custo buscam denegrir a imagem uns dos outros.

---

[32] TRE-TO. RE nº 77.928 – Porto Nacional/TO. Rel. Jacqueline Adorno De La Cruz Barbosa, j. 22.11.2016. PSESS – Publicado em Sessão, v. 10, 22.11.2016.

[33] BOBBIO, Norberto. *A era dos direitos*. Tradução de Carlos Nelson Coutinho. Rio de Janeiro: Campus, 1992. p. 24.

Por tal razão o período eleitoral traz consigo um novo contexto no que se refere, então, ao exercício da liberdade de expressão, especialmente entre os candidatos nos acalorados debates e disputas pelo voto do eleitor. Nesse sentido, o Ministro Luís Roberto Barroso esclarece que "a liberdade de expressão não abarca somente as opiniões inofensivas ou favoráveis, mas também aquelas que possam causar transtorno ou inquietar pessoas, pois a democracia se assenta no pluralismo de ideias e pensamentos",[34] por sua vez, o Ministro Carlos Horbach, à época integrante do Tribunal Superior Eleitoral, assentou que a liberdade de expressão é "direito fundamental salutar à democracia, especialmente durante o período eleitoral, época em que o fluxo de ideias se mostra essencial para a formação de um espaço público de debate".[35] E, ainda, Aline Osório:

> A crítica política – dura, mordaz, espinhosa, ácida – é peça essencial ao debate democrático [...]. [...] por meio da crítica à figura dos candidatos, os eleitores têm acesso a um quadro mais completo das opções políticas. Considerações a respeito do caráter, da idoneidade e da trajetória dos políticos não são indiferentes ou [ir]relevantes para o eleitorado e fazem parte do leque de informações legitimamente utilizadas na definição do voto.[36]

A autora defende ainda que, em geral, tem-se pouco apreço pela liberdade de expressão e que o direito e a sociedade brasileira, infelizmente, ainda são adeptos de concepções marcadas por autoritarismo, paternalismo, assepsia e elitismo, o que demanda novas pesquisas científicas embasadas sobre o tema, como a que se propõe.

> No lugar de uma concepção elitista, que busca restringir a participação da cidadania e dos demais atores no processo eleitoral e "resfriar" o debate público, reivindica-se "mais calor". Isto é, uma concepção participatória, que tenha como norte o aumento do interesse e do engajamento da população nos pleitos. No lugar de uma concepção asséptica, que pretende suprimir as emoções, os conflitos e suas pretensas "impurezas", reivindica-se a associação da política não só com argumentos e razões, mas também a experiências afetivas e emoções. No lugar de uma concepção paternalista, que pressupõe a ausência de discernimento dos cidadãos para a escolha eleitoral, reivindica-se a restauração da "palavra" e da "voz" da população, reconhecendo cada indivíduo como um agente moral, autônomo, digno de igual respeito e consideração. No lugar de uma concepção autoritária, comprometida com a asfixia das liberdades e da atividade política, reivindica-se o fim da persistente cultura censória e a reafirmação da plena liberdade de expressão.[37]

O que se vê é que o trato de tais questões foi acentuado pelo advento das redes sociais, cenário que motivou a disseminação em grande escala, inclusive, das chamadas *fake news*, bem como de ferramentas tecnológicas que possibilitaram que discursos, críticas e opiniões contra pessoas públicas ganhassem contornos de maior propagação e conhecimento geral, ainda mais em período eleitoral. Assim, é preciso encontrar caminhos que equilibrem a aplicação dos direitos fundamentais à liberdade de expressão,

---

[34] ADI nº 4.439/DF. Rel. Min. Roberto Barroso. Rel. p/ ac. Min. Alexandre de Moraes, Tribunal Pleno. *DJe*, 21 jun. 2018.

[35] TSE. Rp nº 06010446920186000000 – Brasília/DF. Rel. Min. Carlos Bastide Horbach, j. 11.9.2018. PSESS – Mural eletrônico, 12.9.2018.

[36] OSÓRIO, Aline. *Direito eleitoral e liberdade de expressão*. Belo Horizonte: Fórum, 2017. p. 228.

[37] OSÓRIO, Aline. *Direito eleitoral e liberdade de expressão*. Belo Horizonte: Fórum, 2017.

informação, honra e imagem na seara dos direitos políticos, sob pena de transformar o período eleitoral em uma arena de combate que não traga qualquer benefício ao cidadão.

Referências

ALEXY, Robert. *Teoria de los Derechos Fundamentales*. [s.l.]: [s.n.], 1993.

BARCELLOS, Ana Paula de. Alguns parâmetros normativos para a ponderação constitucional. *In*: BARROSO, Luís Roberto (Org.). *A nova interpretação constitucional* – Ponderação, direitos fundamentais e relações privadas. [s.l.]: [s.n.], 2003.

BARROSO, Luís Roberto. Fundamentos teóricos e filosóficos do novo direito constitucional brasileiro. *In*: BARROSO, Luís Roberto (Org.). *A nova interpretação constitucional* – Ponderação, direitos fundamentais e relações privadas. [s.l.]: [s.n.], 2003.

BARROSO, Luís Roberto. *Interpretação e aplicação da Constituição*. São Paulo: Saraiva, 2003.

BARROSO, Luís Roberto. *Neoconstitucionalismo e constitucionalização do direito* (O triunfo tardio do direito constitucional no Brasil). Disponível em: https://cutt.ly/8gYl9uS. Acesso em: 28 out. 2020.

BARROSO, Luís Roberto. O começo da história: a nova interpretação constitucional e o papel dos princípios no direito brasileiro. *In*: SILVA, Virgílio Afonso da (Org.). *Interpretação constitucional*. São Paulo: Malheiros, 2005.

BOBBIO, Norberto. *A era dos direitos*. Tradução de Carlos Nelson Coutinho. Rio de Janeiro: Campus, 1992.

BRITTO, Carlos Ayres. *Teoria da Constituição*. Rio de Janeiro: Forense, 2003.

CANOTILHO. J. J. Gomes. *Direito constitucional*. Coimbra: Almedina, 1991.

CUNHA JR., Dirley. *Controle judicial das omissões do poder público*. São Paulo: Saraiva, 2004.

DWORKIN, Ronald. *Levando os direitos a sério*. São Paulo: Martins Fontes, 2002.

MENDES, Gilmar Ferreira; COELHO, Inocêncio Mártires; BRANCO, Paulo Gustavo Gonet. *Curso de direito constitucional*. 2. ed. São Paulo: Saraiva, 2017.

OSÓRIO, Aline. *Direito eleitoral e liberdade de expressão*. Belo Horizonte: Fórum, 2017.

SAMPAIO, Grace Kelly. Liberdade de imprensa e intangibilidade moral do indivíduo. *Revista ESMAT*, Tocantins, ano 1, n. 1. p. 191-204, 2009.

SIEYÈS, Emmanuel Joseph. *A Constituinte Burguesa* – Que é o terceiro Estado. [s.l.]: [s.n.], 2003.

SILVA, José Afonso. *Curso de direito constitucional positivo*. 27. ed. São Paulo: Malheiros, 2006.

SILVA, Virgílio Afonso da. Interpretação constitucional e sincretismo metodológico. *In*: SILVA, Virgílio Afonso da (Org.). *Interpretação constitucional*. São Paulo: Malheiros, 2005.

STRECK, Lenio Luiz. *Parecer*. Disponível em: https://www.conjur.com.br/dl/defensor-indenizar-juiza-divulgar-video1.pdf. Acesso em: 27 out. 2020.

TEMER, Michel. *Elementos de direito constitucional*. São Paulo: Malheiros, 2003.

TÔRRES, Fernanda Carolina. *O direito fundamental à liberdade de expressão*. Disponível em: https://www12. senado.leg.br/ril/edicoes/50/200/ril_v50_n200_p61.pdf. Acesso em: 27 out. 2020.

Informação bibliográfica deste texto, conforme a NBR 6023:2018 da Associação Brasileira de Normas Técnicas (ABNT):

BUARQUE, Caio; BOMFIM, Thiago. A teoria da proteção débil do homem público e a necessária ponderação entre liberdade de expressão e o exercício dos direitos políticos. *In*: EHRHARDT JÚNIOR, Marcos; LOBO, Fabíola Albuquerque; ANDRADE, Gustavo (Coord.). *Liberdade de expressão e relações privadas*. Belo Horizonte: Fórum, 2021. p. 467-479. ISBN 978-65-5518-188-3.

LIBERDADE DE EXPRESSÃO DOS SERVIDORES PÚBLICOS: RESPONSABILIDADE CIVIL POR DANOS A TERCEIROS E À ADMINISTRAÇÃO PÚBLICA

ROMUALDO BAPTISTA DOS SANTOS

Introdução

No presente estudo, abordaremos o tema da liberdade de expressão dos servidores públicos, tendo em vista os danos que podem causar a terceiros e à própria Administração Pública. Se, de um lado, a liberdade de expressão é posta como um dos valores superiores de uma sociedade democrática, de outro, coloca-se a necessidade de orientar as manifestações das pessoas que exercem alguma parcela do poder público. Ademais, o exercício da liberdade individual dos servidores públicos pode em muitos casos causar danos a terceiros e à própria Administração Pública, cabendo perquirir em que medida tais danos são suscetíveis de reparação.

O método de investigação adotado para a elaboração deste artigo é o teórico, no plano dogmático, consistente no levantamento doutrinário e jurisprudencial sobre o tema abordado, com vista à fixação de parâmetros que possam orientar a aplicação aos casos práticos.

1 Apontamentos sobre a liberdade de expressão

A Constituição Federal de 1988 elenca a dignidade da pessoa humana como um dos fundamentos da ordem jurídica e institucional, em seu art. 1º, III. Em seguida, no art. 5º, a Constituição apresenta um rol não exaustivo dos direitos e garantias individuais e coletivos, os quais constituem direitos fundamentais a serem tutelados pelo Estado.

Todos os direitos e garantias individuais são relacionados ao princípio da dignidade da pessoa humana, o qual constitui o norte axiológico e epistemológico de todo o sistema jurídico.[1] No entanto, algumas garantias estão umbilicalmente relacionadas

---

[1] FACHIN, Luiz Edson. *Teoria crítica do direito civil*. 2. ed. Rio de Janeiro: Renovar, 2003. p. 18; 218; FACHIN, Luiz Edson. *Estatuto jurídico do patrimônio mínimo*. 2. ed. Rio de Janeiro: Renovar, 2006. p. 48.

à preservação do regime democrático, como é o caso da liberdade de expressão, sem a qual não seria possível o Estado democrático de direito.[2]

A liberdade de expressão figura como um dos principais direitos individuais constantes da Constituição Federal, diretamente relacionado com a dignidade da pessoa humana. Entendida a pessoa como ser essencialmente relacional e como ente psicofísico e espiritual dotado de capacidades e potencialidades, não é possível supô-la sem a possibilidade de se expressar.[3] Por outro lado, a liberdade de expressão é pressuposto do Estado democrático de direito, o qual se constrói dialética e permanentemente com a contribuição de cada pessoa no âmbito das relações sociais.[4]

A liberdade de expressão pode ser definida como a faculdade inerente a todo ser humano de externar os variados aspectos de sua personalidade por meio das diversas formas de linguagem, em um ambiente de igualdade no qual seja reconhecida a mesma faculdade a todas as pessoas.[5]

A Constituição disciplina diversas formas de expressão da personalidade, como a manifestação de pensamento, a liberdade intelectual, artística e científica, a liberdade política, a liberdade desportiva, a liberdade religiosa, a liberdade de reunião, a liberdade de trabalho, ofício ou profissão, a liberdade de locomoção, a liberdade de reunião e de associação etc. (CF, art. 5º), sem prejuízo de outras formas não catalogadas, como é o caso da liberdade de expressão afetiva.[6] Em seu conjunto, a liberdade de expressão pode ser entendida como gênero que se desdobra em inúmeras espécies, consoante as múltiplas formas de manifestação da personalidade.[7]

---

[2] Sobre a correlação entre democracia e liberdade de expressão, baseando-se principalmente na teoria discursiva de Robert Alexy e na teoria do agir comunicativo de Jürgen Habermas, Christiano Taveira sustenta que: "um verdadeiro Estado Democrático seria aquele que proporcionasse a todos os cidadãos, em igualdade de condições, uma possibilidade de expressar seus pensamentos" (TAVEIRA, Christiano de Oliveira. *Democracia e pluralismo na esfera comunicativa*: uma proposta de reformulação do papel do estado na garantia da liberdade de expressão. 2010. 266 f. Tese (Doutorado em Direito Público) – Universidade do Estado do Rio de Janeiro, Rio de Janeiro, 2010. p. 26).

[3] De acordo com Arthur Kaufmann, somente nas relações é que nos constituímos como pessoas: "Pero, entiéndase bien: persona no es substancia, persona es relación, más exactamente: la unidad estructural de relatio y relata. En ese sentido es persona el cómo y el qué, sujeto y objeto del discurso normativo en uno, tanto dentro como fuera de ese proceso discursivo, lo dado y lo perdido, pero ella no es estática e intemporal, en su figura dinámico-histórica, ni tampoco discrecionalmente disponible" (KAUFMANN, Arthur. *La filosofia del derecho en la posmodernidad*. 2. ed. Santa Fé de Bogotá: Temis, 1998. p. 68).

[4] Segundo Habermas, "O mundo como síntese de possíveis fatos só se constitui para uma comunidade de interpretação, cujos membros se entendem entre si sobre algo no mundo, no interior de um mundo de vida compartilhado intersubjetivamente" (HABERMAS, Jürgen. *Direito e democracia*: entre facticidade e validade. 2. ed. Tradução de Flávio Bueno Siebeneichler. Rio de Janeiro: Tempo Brasileiro, 2003. v. I. p. 25; 29; 31). Em sentido análogo, ROUANET, Sérgio Paulo. *Mal-estar na modernidade*: ensaios. 2. ed. São Paulo: Companhia das Letras, 1993. p. 243.

[5] Ao tratar dos limites da liberdade, Alexy anota, com base no art. 4º, I, da Declaração dos Direitos do Homem e do Cidadão, que não existem outros limites, senão aqueles que asseguram igual liberdade a todos os outros membros da sociedade (ALEXY, Robert. *Teoria dos direitos fundamentais*. Tradução de Virgílio Afonso da Silva. São Paulo: Malheiros, 2008. p. 371). Em sentido semelhante, confira-se: SOUZA, Rabindranath Capelo de. *O direito geral de personalidade*. Lisboa/Coimbra: Ed. Coimbra, 2011. p. 515-517.

[6] Em outro estudo, defendemos que, por ser constitutiva da pessoa, a afetividade se converte em um valor jurídico a ser tutelado pelo Estado. Do ponto de vista das liberdades individuais, as pessoas têm direito de praticar os atos básicos da vida, entre os quais se distingue o de amar e ser amado (SANTOS, Romualdo Baptista dos. *A tutela jurídica da afetividade*: os laços humanos como valor jurídico na pós-modernidade. Curitiba: Juruá, 2010. p. 133-138, especialmente p. 135; 137).

[7] João Victor Longhi discorre com percuciência: "Antes de mais nada, pode-se brevemente conceituar liberdades comunicacionais como um gênero que abrange toda a gama decorrente do direito inalienável à liberdade de se

A liberdade de expressão desempenha um papel dúplice no funcionamento de uma sociedade democrática. No plano individual, a liberdade de pensamento, crítica e opinião constitui instrumento de preservação da dignidade humana. No plano coletivo, constitui fator de instauração e de preservação do Estado democrático de direito. Tanto isso é fato que os regimes totalitários e ditatoriais são incompatíveis com a liberdade de expressão, a qual só floresce e viceja nos regimes políticos minimamente democráticos.[8]

2 Fronteiras da liberdade de expressão

É corrente o ditado popular segundo o qual "a liberdade de um termina onde começa a liberdade do outro".[9] Isto, porém, não se aplica integralmente à liberdade de expressão, a qual se articula com o princípio da igualdade e pressupõe igual liberdade concedida a todas as pessoas. Com efeito, embora a liberdade de expressão possa ser enquadrada entre os direitos da personalidade, posto tratar-se de expressão da personalidade de cada um, seu limite se encontra neste mesmo ambiente, isto é, no momento em que esbarra nos direitos da personalidade de outra pessoa. Assim, toda pessoa tem o direito de expressar os diversos aspectos de sua personalidade, porém esta liberdade não pode ultrapassar os limites de igual liberdade conferida às demais pessoas. Logo, a liberdade de expressão é exercida em consonância com igual liberdade concedida a todas as pessoas, mas encontra um de seus limites quando esbarra na esfera dos direitos da personalidade de outra pessoa.[10]

Outra fronteira para a liberdade de expressão são os valores sociais e os princípios constitucionais e convencionais que regem a vida em sociedade. Como regra, tem prevalecido o entendimento de que não cabe censurar a manifestação de ideias e opiniões, mas a pessoa ofendida tem direito de fazer cessar a ofensa e de pedir indenização, com base no art. 12 do Código Civil e do art. 5º, V e X, da Constituição Federal.[11] Há casos, porém, em que a liberdade de expressão deve ser refreada porque esbarra em feridas e cicatrizes da humanidade, como o holocausto, a escravidão e a tortura.[12]

---

comunicar" (LONGHI, João Voctor Rozatti. *Responsabilidade civil e redes sociais*: retirada de conteúdo, perfis falsos, discurso de ódio e fake news. Indaiatuba: Foco, 2020. p. 121).

[8] No Brasil, o exemplo mais eloquente de castração das liberdades democráticas se deu com a promulgação dos atos institucionais, que representaram o recrudescimento do Regime Militar. O AI-2 e o AI-5 atribuíram ao presidente da República, com base no então denominado "poder revolucionário", a prerrogativa de cassar mandatos eletivos e suspender os direitos políticos de qualquer cidadão, "sem as limitações previstas na Constituição", tendo como consequência, entre outras, a "proibição de atividades ou manifestação sobre assunto de natureza política" (AI-2, arts. 15 e 16, III; AI-5, arts. 4º e 5º, III).

[9] A frase é atribuída ao pensador inglês Herbert Spencer (1820-1903) (CAMARGO, Orson. Liberdade. *Brasil Escola*. Disponível em: https://brasilescola.uol.com.br/sociologia/consciencia-e-liberda-humana-texto-2.htm. Acesso em: 27 jan. 2021).

[10] *Vide* notas 2 e 5, acima.

[11] A este respeito, vejam-se: ADPF nº 187, sobre a denominada "Marcha da Maconha"; ADPF nº 130, sobre a aplicação da Lei de Imprensa (Lei nº 5.250/67); ADI nº 4.815, sobre a desnecessidade de autorização prévia para a publicação de biografias.

[12] Um exemplo emblemático é o que ficou conhecido como caso Ellwanger, que trata de livro fazendo apologia a ideias preconceituosas e discriminatórias contra a comunidade judaica, em que o Supremo Tribunal Federal decidiu que: "EMENTA: [...] 13. Liberdade de expressão. Garantia constitucional que não se tem como absoluta. Limites morais e jurídicos. O direito à livre expressão não pode abrigar, em sua abrangência, manifestações de conteúdo imoral que implicam ilicitude penal. 14. As liberdades públicas não são incondicionais, por isso devem ser exercidas de maneira harmônica, observados os limites definidos na própria Constituição Federal (CF, artigo

De todo modo, a liberdade de expressão encontra limite no direito de danos, isto é, no direito de cada pessoa de não suportar danos decorrentes de conduta ou atividade alheia.[13] Com efeito, um dos reflexos da centralidade da pessoa humana no sistema jurídico é a incidência do princípio *pro domnato* ou *favor victimae* sobre o sistema de tratamento de danos.[14] De acordo com o sistema brasileiro, não se pode impor censura prévia à liberdade de expressão, mas as demais pessoas não são obrigadas a suportar danos decorrentes do exercício desta liberdade.[15]

3 Liberdade de expressão dos servidores públicos

Um dos problemas que tem se apresentado nos últimos tempos é o da liberdade de expressão dos servidores públicos, principalmente no ambiente das redes sociais. É certo que os trabalhadores do Estado são pessoas naturais e, como tais, são dotados de personalidade e são titulares das garantias constitucionais asseguradas a todas as pessoas. Logo, não é possível negar-lhes o direito de se manifestar livremente nas redes sociais ou em qualquer outro ambiente físico ou virtual a respeito dos fatos da vida.

Ocorre que, a depender das circunstâncias, as manifestações de determinadas categorias de servidores públicos podem ser interpretadas como manifestações do órgão ou instituição a que pertencem, incutindo na população a ideia de que se trata de informação oficial ou de discurso de autoridade. Alguns fatores são importantes para distinguir entre as manifestações da pessoa e do órgão ou instituição.

5º, §2º, primeira parte). O preceito fundamental de liberdade de expressão não consagra o 'direito à incitação ao racismo', dado que um direito individual não pode constituir-se em salvaguarda de condutas ilícitas, como sucede com os delitos contra a honra. Prevalência dos princípios da dignidade da pessoa humana e da igualdade jurídica. 15. 'Existe um nexo estreito entre a imprescritibilidade, este tempo jurídico que se escoa sem encontrar termo, e a memória, apelo do passado à disposição dos vivos, triunfo da lembrança sobre o esquecimento'. No estado de direito democrático devem ser intransigentemente respeitados os princípios que garantem a prevalência dos direitos humanos. Jamais podem se apagar da memória dos povos que se pretendam justos os atos repulsivos do passado que permitiram e incentivaram o ódio entre iguais por motivos raciais de torpeza inominável. 16. A ausência de prescrição nos crimes de racismo justifica-se como alerta grave para as gerações de hoje e de amanhã, para que se impeça a reinstauração de velhos e ultrapassados conceitos que a consciência jurídica e histórica não mais admitem. Ordem denegada" (STF, Pleno. HC nº 82424/RS. Rel. Min. Moreira Alves, j. 17.9.2003).

[13] É o que defende Llamas Pombo: "El protagonista es ahora la víctima, de manera que la formulación de los preceptos nucleares de nuestro sistema de responsabilidad civil podría ser muy distinta, para señalar que 'todo aquel que sufre un daño antijurídico tiene derecho a ser indemnizado', o algo parecido" (LLAMAS POMBO, Eugenio. Prevención y reparación, las dos caras del derecho de daños. *In*: MORENO MARTÍNEZ, Juan Antonio (Coord.). *La responsabilidad civil y su problemática actual*. Madrid: Dykinson, 2007. p. 4).

[14] Arturo Solarte explica que o princípio *favor victimae* é um princípio tendencial que constitui forte pauta hermenêutica para juízes e tribunais, no sentido de favorecer a situação da vítima e assegurar a obtenção de uma indenização (SOLARTE RODRIGUEZ, Arturo. El princípio favor victimae. *In*: LLAMAS POMBO, Eugenio (Coord.). *Congreso Internacional de Derecho Civil Octavo Centenário de la Universidad de Salamanca*: libro de ponencias. Valência: Tirant lo Blanch; Salamanca: Universidad de Salamanca, 2018. p. 719-736, especialmente p. 725). Entre nós, Maria Celina Bodin de Moraes é enfática ao afirmar: "O princípio da proteção da pessoa humana, determinado constitucionalmente, gerou no sistema particular da responsabilidade civil, a sistemática extensão da tutela da pessoa da vítima, em detrimento do objetivo anterior de punição do responsável" (MORAES, Maria Celina Bodin de. A constitucionalização do direito civil e seus efeitos sobre a responsabilidade civil. *Revista Direito, Estado e Sociedade*, v. 9, n. 29, p. 233-258, jul./dez. 2006, especialmente p. 238).

[15] O art. 5º, IX, da Constituição Federal diz que é livre a expressão da atividade intelectual, artística, científica e de comunicação, independentemente de censura ou licença. No entanto, os incs. V e X do mesmo dispositivo asseguram a reparação dos danos, bem como o art. 12 do Código Civil garante a cessação de lesão ou ameaça aos direitos da personalidade, além da reparação dos danos.

O primeiro aspecto é a estatura do cargo ocupado pela pessoa que se manifesta sobre determinados fatos. Por exemplo, um auxiliar administrativo de uma repartição pública desempenha uma parcela de poder estatal infinitamente menor que aquela desempenhada por um promotor de justiça ou por um juiz de direito. Assim, as manifestações de um juiz ou promotor de justiça reverberam de modo distinto em comparação com as manifestações de um auxiliar administrativo.[16]

Outro aspecto relevante é a circunstância em que o servidor público se manifesta. Por exemplo, quando um policial manifesta sua opinião sobre determinado fato durante uma reunião de família, aquilo representa apenas sua opinião pessoal. Algo bem diverso ocorre quando o mesmo policial se pronuncia em um evento aberto ao público.

Outro aspecto importante, também relacionado com a circunstância da manifestação, é a forma ou a maneira como o servidor público se qualifica perante o público. Em muitos casos, ao se apresentar em público, o servidor público se identifica pelo cargo ou função pública que desempenha, como juiz, promotor de justiça, delegado de polícia, levando a crer que esteja de posse de conhecimentos relacionados com seu cargo ou função.

Por fim, é preciso ter em conta se o tema abordado do servidor público guarda relação com seu cargo ou função por ele desempenhada. As manifestações de um servidor sobre culinária em um programa de televisão, como regra, não guardam relação com seu cargo ou função. No entanto, se tratar-se de um servidor da Secretaria da Educação discorrendo sobre merenda escolar, o tema pode estar relacionado com as atribuições do cargo.[17]

Todavia, a liberdade de expressão dos servidores públicos adquire maior relevância, principalmente em tempos de redes sociais, quando os conteúdos versam sobre preferências político-ideológicas ou sobre moralidade, que são temas polêmicos e socialmente sensíveis. Não raro, as manifestações dos servidores públicos vão de encontro às diretrizes de governo e às políticas públicas do Estado, causando desprestígios e constrangimentos aos governantes. Em alguns casos, as manifestações dos servidores públicos podem levar ao descrédito dos órgãos e das instituições públicas.

4   Limites à liberdade de expressão dos servidores públicos

Sem grande esforço, é possível entrever um ponto de tensão: de um lado, a preservação da liberdade de expressão dos servidores públicos, mesmo quando contrária à vertente político-ideológica de governo; de outro, a necessidade de preservar a credibilidade das diretrizes de governo e as políticas públicas do Estado.

---

[16] Com base na psicologia de Carl Jung, Lídia Reis ressalta o caráter arquetípico da figura do juiz, que exerce influência diferenciada no imaginário das pessoas (PRADO, Lídia Reis de Almeida. *O juiz e a emoção*: aspectos da lógica judicial. 4. ed. Campinas: Millenium, 2008. p. 43-56).

[17] Um caso recente é o da enfermeira que foi demitida do serviço público após publicar vídeo nas redes sociais, em tom de deboche, sobre a vacina contra a Covid-19, a pretexto de exercer sua liberdade de expressão (ENFERMEIRA que debochou da vacina contra Covid-19 no ES é demitida de hospital. *G1*, 25 jan. 2021. Disponível em: https://g1.globo.com/es/espirito-santo/noticia/2021/01/25/enfermeira-que-debochou-da-vacina-contra-covid-19-no-es-e-demitida-de-hospital.ghtml?utm_source=facebook&utm_medium=social&utm_campaign=g1&fbclid=IwAR31UuW3sTAtQyh1Yp9Q3mbIaMDXvj9hfx5gVlmQIbVL937qIakkZKls0EM. Acesso em: 25 jan. 2021).

É preciso ter em conta que a maioria dos servidores públicos desempenha funções administrativas, sem nenhuma representatividade em relação ao poder estatal.[18] Desse modo, para essa maioria de servidores públicos, as manifestações nas redes sociais ou em outros meios só podem ser entendidas como manifestações pessoais, sem nenhuma conexão com o órgão ou repartição a que pertencem.

O Estatuto dos Servidores Públicos Federais, que se aplica subsidiariamente a todos os servidores públicos, dispõe que são deveres do servidor ser leal à instituição a que servir, manter conduta compatível com a moralidade administrativa e guardar sigilo sobre os assuntos da repartição, bem como lhe é vedado promover manifestação de apreço ou desapreço no recinto da repartição, valer-se do cargo para lograr proveito pessoal ou de outrem, em detrimento da dignidade da função pública.[19] No estado de São Paulo, o Estatuto dos Servidores Públicos diz que é dever do funcionário guardar sigilo sobre os assuntos da repartição, especialmente sobre despachos, decisões ou providências, bem como é proibido promover manifestações de apreço ou desapreço dentro da repartição, ou tornar-se solidário com elas.[20]

Esses deveres e proibições se tornam mais acentuados em se tratando de servidores que ocupam elevados cargos na Administração Pública e que, portanto, são efetivamente detentores de parcela significativa do poder estatal. Nesta posição, podemos destacar exemplificativamente os membros da Magistratura, do Ministério Público, da Advocacia Pública e da Defensoria Pública, os delegados de polícia e os comandantes da Polícia Militar. Tais pessoas desempenham funções elevadas dentro dos quadros da Administração Pública e, por isso, encontram-se em posição de relevância e evidência aos olhos da população. Suas manifestações, mesmo quando prestadas a título pessoal, são carregadas de representatividade em relação aos órgãos e instituições em que desempenham suas funções.

Algumas carreiras contam com disposições específicas em seus respectivos estatutos, como é o caso dos magistrados,[21] dos membros da Advocacia-Geral da União,[22] dos policiais civis da União e do Distrito Federal.[23] Quanto à Defensoria Pública e ao Ministério Público, as respectivas leis orgânicas não fazem restrições à liberdade

---

[18] É enganosa a noção, que ainda vigora em parte de nossa sociedade, de que cada servidor público representa uma pequena parcela da soberania estatal, como se fosse um representante do rei. Esta noção é típica do Estado absolutista, em que cada funcionário público se considerava um emissário do próprio rei, cuja figura se confundia com o próprio Estado. Por isso, o funcionário era pessoalmente responsável pelos danos que causasse a terceiros no exercício de seu cargo.

[19] Lei nº 8.112, de 11.12.1990, arts. 116, II, VIII e IX; 117, V e IX.

[20] Lei nº 10.261, de 28.10.1968, arts. 241, IV; 242, VI.

[21] O Estatuto da Magistratura Nacional, Lei Complementar nº 35, de 14.3.1979, diz que é vedado aos magistrados "manifestar[-se], por qualquer meio de comunicação, opinião sobre processo pendente de julgamento, seu ou de outrem, ou juízo depreciativo sobre despachos, votos ou sentenças, de órgãos judiciais, ressalvada a crítica nos autos e em obras técnicas ou no exercício do magistério" (art. 36, III).

[22] O Estatuto da Advocacia-Geral da União veda expressamente aos membros a manifestação, por qualquer meio de divulgação, sobre assunto pertinente às suas funções, salvo ordem ou autorização expressa do Advogado-Geral da União (Lei Complementar nº 73, de 10.2.1993, art. 28, II).

[23] O art. 43 da Lei nº 4.878, de 3.12.1965, classifica como transgressões disciplinares: "I - referir-se de modo depreciativo às autoridades e atos da administração pública, qualquer que seja o meio empregado para êsse fim; II - divulgar, através da imprensa escrita, falada ou televisionada, fatos ocorridos na repartição, propiciar-lhes a divulgação, bem como referir-se desrespeitosa e depreciativamente às autoridades e atos da administração; III - promover manifestação contra atos da administração ou movimentos de aprêço ou desaprêço a quaisquer autoridades; IV - indispor funcionários contra os seus superiores hierárquicos ou provocar, velada ou ostensivamente,

de manifestação de seus membros, salvo em caso de uso indevido de informações requisitadas.[24]

Cumpre ressaltar que os membros das principais carreiras jurídicas acima mencionadas gozam de independência funcional, não podendo sofrer qualquer tipo de restrição à liberdade de se posicionar tecnicamente sobre os assuntos que lhe são submetidos.[25] O mesmo pode ser dito a respeito dos servidores públicos em geral, sobretudo aqueles que desempenham funções técnicas, os quais devem se ater à análise técnica atinente às suas especialidades, empregando linguagem moderada, sem exacerbação e sem ataques a pessoas e instituições.[26]

No que se refere à liberdade de expressão em sentido geral, sem pertinência com as atribuições de seus cargos, os membros da Magistratura e do Ministério Público se encontram em situação dúbia. De um lado, a legislação diz que são obrigados ao denominado "dever de reserva", que consiste em manter conduta irrepreensível na vida pública e particular (Loman, art. 35, VIII; LONMP, art. 43, I). De outro, a mesma lei lhes assegura ampla liberdade de expressão, não podendo ser punidos pelas opiniões que manifestarem, salvo em casos de improbidade ou de excesso de linguagem (Loman, art. 41; LONMP, art. 41, V). Disso resulta que, embora os magistrados e membros do Ministério Público gozem de ampla liberdade de expressão, encontram-se sujeitos ao dever de reserva que lhes impõe moderação em suas manifestações públicas e privadas.

Por último, cabe mencionar que os agentes políticos são titulares de cargos que compõem a estrutura do poder estatal, segundo o disposto na própria Constituição, razão pela qual são formadores da vontade superior do Estado. Enquadram-se nesta categoria o presidente e o vice-presidente da República, os governadores dos estados e do Distrito Federal, os prefeitos e vice-prefeitos, os parlamentares em geral, os ministros e os secretários.[27]

---

animosidade entre os funcionários". Encontra-se pendente de julgamento no Supremo Tribunal Federal a ADPF nº 353, que questiona a constitucionalidade deste dispositivo legal.

[24] Lei nº 8.625, de 12.2.1993, art. 26, §2º; Lei Complementar nº 80, de 12.1.1994, arts. 46 e 47.

[25] A respeito da liberdade de expressão dos profissionais do direito, confira-se: SANTOS, Romualdo Baptista dos. Liberdade de imprensa versus prerrogativas da advocacia. Abuso de direito na divulgação de notícia. Crítica áspera e ofensiva de jornalista à atuação do advogado. In: HIRONAKA, Giselda Maria Fernandes Novaes; SANTOS, Romualdo Baptista dos (Coord.). Direito civil: estudos – Coletânea do XV Encontro dos Grupos de Pesquisa – IBDCIVIL. São Paulo: Blucher, 2018.

[26] Um exemplo atual sobre a importância da independência técnica dos servidores públicos é a análise realizada pelos institutos oficiais a respeito das vacinas contra o coronavírus (VALENTE, Jonas. Anvisa diz que análise de vacinas contra Covid-19 será técnica. Agência Brasil, 21 out. 2020. Disponível em: https://agenciabrasil.ebc.com.br/saude/noticia/2020-10/anvisa-diz-que-analise-de-vacinas-contra-covid-19-sera-tecnica. Acesso em: 27 jan. 2021).

[27] A respeito do tema, Celso Antônio Bandeira de Mello sustenta: "Agentes políticos são os titulares dos cargos estruturais à organização política do país, ou seja, ocupantes dos que integram o arcabouço constitucional do Estado, o esquema fundamental do Poder. Daí que se constituem nos formadores da vontade superior do Estado. São agentes políticos apenas o Presidente da República, os Governadores, Prefeitos e respectivos vices, os auxiliares imediatos dos Chefes de Executivo, isto é, Ministros e Secretários das diversas Pastas, bem como os Senadores, Deputados federais e estaduais e os Vereadores" (BANDEIRA DE MELLO, Celso Antônio. Curso de direito administrativo. 31. ed. São Paulo: Malheiros, 2013. p. 246-247). Também a propósito deste ponto, quando do julgamento do Tema nº 562 de Repercussão Geral, o Supremo Tribunal Federal definiu a seguinte tese: "Ante conflito entre a liberdade de expressão de agente político, na defesa da coisa pública, e honra de terceiro, há de prevalecer o interesse coletivo".

5 Danos que podem resultar do exercício da liberdade de expressão dos servidores públicos

Os funcionários públicos em geral não devem se manifestar sobre suas atribuições funcionais e sobre as atividades dos órgãos e instituições a que pertencem, mas são livres para se manifestar publicamente sobre fatos da vida política e social, pois suas manifestações só podem ser entendidas como posicionamentos pessoais sem conexão nem representatividade em relação àqueles órgãos e instituições. Em se tratando de servidores que ocupam elevados cargos na Administração Pública, suas manifestações, mesmo quando prestadas a título pessoal, são carregadas de representatividade em relação aos órgãos e instituições em que desempenham suas funções. Em todo caso, os servidores públicos em geral devem manter postura de lealdade e se abster de realizar manifestações de desapreço em relação aos órgãos e instituições a que servem.

Tanto os magistrados quanto os membros do Ministério Público desfrutam de ampla liberdade de expressão quanto aos fatos da vida política e social, mas se subordinam ao denominado "dever de reserva" que restringe o gozo dessa liberdade. Ademais, os magistrados não podem se manifestar sobre processos em andamento nem tecer críticas a decisões proferidas por outros órgãos judiciais, ressalvada a análise crítica em atividade docente e acadêmica.

Ocorre que as manifestações de funcionários públicos podem ocasionar prejuízos a terceiros e à própria Administração Pública. Suponhamos o caso de um magistrado que externa sua opinião a respeito de determinada religião ou de determinado grupo étnico, ofendendo as pessoas que pertencem àquela religião ou àquela etnia. Há exemplos recentes, relacionados com a pandemia da Covid-19, como o de um magistrado que destratou um guarda civil, ao manifestar discordância sobre o uso de máscara de proteção contra o novo coronavírus.[28] Outro exemplo é o da juíza que postou vídeos nas redes sociais, desdenhando da necessidade de utilização de máscara de proteção.[29] Outro magistrado, ao tomar posse como presidente do Tribunal de Justiça de seu estado, utilizou linguajar pouco ortodoxo para se posicionar contra as medidas de distanciamento e isolamento social.[30] Há também o caso da enfermeira que postou vídeos nas redes sociais desdenhando da utilidade da vacinação contra a Covid-19, assim como o caso dos funcionários de um posto de saúde que, após tomarem vacina contra a Covid-19, postaram fotos na internet fantasiados de jacaré.[31]

Em todos esses casos, pode-se discutir a responsabilidade administrativa e funcional, bem como é possível vislumbrar a ocorrência de danos individuais e coletivos

---

[28] DESEMBARGADOR é condenado a pagar R$20 mil a guarda que humilhou em Santos, SP. *G1*, 21 jan. 2021. Disponível em: https://g1.globo.com/sp/santos-regiao/noticia/2021/01/21/desembargador-e-condenado-a-pagar-r-20-mil-a-guarda-que-humilhou-em-santos-sp.ghtml. Acesso em: 27 jan. 2021.

[29] JUÍZA que incentivou aglomerações agora ensina a burlar o uso de máscara. *Migalhas*, 5 jan. 2021. Disponível em: https://migalhas.uol.com.br/quentes/338509/juiza-que-incentivou-aglomeracoes-agora-ensina-a-burlar-o-uso-de-mascara. Acesso em: 27 jan. 2021.

[30] NOVO presidente do TJ-MS diz que quem recomenda isolamento é "picareta e covarde". *Conjur*, 25 jan. 2021. Disponível em: https://www.conjur.com.br/2021-jan-25/presidente-tj-ms-quem-recomenda-isolamento-covarde.

[31] DIAS, Carlos Henrique; RAMOS, Pâmela. *G1*, 25 jan. 2021. Disponível em: https://g1.globo.com/sp/sorocaba-jundiai/noticia/2021/01/25/funcionarios-de-posto-de-saude-sao-advertidos-por-publicarem-fotos-com-filtro-de-jacare-apos-vacina-da-covid.ghtml. Acesso em: 27 jan. 2021.

suscetíveis de reparação. Além disso, cabe questionar a ocorrência de danos contra o próprio ente público cuja seriedade e reputação venha a ser colocada em dúvida por força da opinião manifestada pelo servidor.

6 Contornos da responsabilidade civil do Estado e dos agentes públicos

A responsabilidade civil do Estado pode ser definida como a obrigação legal de reparar os danos causados a terceiros por atos de seus agentes ou em razão de suas atividades.[32] No direito positivo brasileiro, a responsabilidade civil do Estado percorre longo processo de evolução, desde a responsabilidade subjetiva dos empregados públicos, admitida nas Constituições de 1824 e 1891, passando pela responsabilidade subjetiva do Estado, no Código Civil de 1916, até a admissão da responsabilidade estatal objetiva a partir da Constituição de 1946.[33]

Atualmente, a responsabilidade civil do Estado está prevista no art. 37, §6º, da Constituição Federal, segundo o qual o Poder Público tem o dever de reparar os danos causados aos particulares por seus agentes, no desempenho das funções públicas, ressalvado o direito de regresso contra o causador direto do dano, em caso de dolo ou culpa. Em recente julgamento do Tema nº 940 de Repercussão Geral, o Supremo Tribunal Federal fixou a tese de que não é possível mover ação de reparação de dano diretamente contra o agente público, devendo a vítima demandar contra o ente público e este, por sua vez, deve demandar o causador direto do dano, mediante comprovação de dolo ou culpa.[34]

Disso resulta que, como regra, a responsabilidade civil do Estado é objetiva, com lastro no risco da atividade administrativa, o que afasta a ideia de risco integral e a figura do Estado segurador universal.[35] Com isso, a vítima fica dispensada de comprovar dolo ou culpa, bastando demonstrar o dano sofrido e sua relação de causalidade com alguma atividade estatal.

---

[32] CAHALI, Yussef Said. *Responsabilidade civil do Estado*. 3. ed. São Paulo: Revista dos Tribunais, 2007. p. 13.

[33] Na evolução da responsabilidade civil do Estado, identificam-se três teorias: a da irresponsabilidade absoluta, que remete à ideia do Estado absolutista pré-moderno; a civilista, que tenta organizar a responsabilidade civil do Estado sob os preceitos do direito civil; a teoria publicista, que tenta organizar a responsabilidade civil do Estado sob a égide do direito público. Para compreensão completa destas teorias, consultem-se: CAHALI, Yussef Said. *Responsabilidade civil do Estado*. 3. ed. São Paulo: Revista dos Tribunais, 2007. p. 19-29; CAVALCANTI, Amaro. *Responsabilidade civil do Estado*. Rio de Janeiro: Borsoi, 1956. t. I. p. 147-268; MEIRELES, Hely Lopes. *Direito administrativo brasileiro*. 8. ed. São Paulo: Revista dos Tribunais, 1982. p. 621-623; BANDEIRA DE MELLO, Celso Antônio. *Curso de direito administrativo*. 31. ed. São Paulo: Malheiros, 2013. p. 990-996.

[34] "Decisão: O Tribunal, por unanimidade, apreciando o tema 940 da repercussão geral, deu provimento ao recurso, nos termos do voto do Relator. Não participou, justificadamente, da votação de mérito, o Ministro Gilmar Mendes. Em seguida, por maioria, acolhendo proposta do Ministro Ricardo Lewandowski, fixou a seguinte tese: 'A teor do disposto no art. 37, §6º, da Constituição Federal, a ação por danos causados por agente público deve ser ajuizada contra o Estado ou a pessoa jurídica de direito privado prestadora de serviço público, sendo parte ilegítima para a ação o autor do ato, assegurado o direito de regresso contra o responsável nos casos de dolo ou culpa', vencidos os Ministros Marco Aurélio, Edson Fachin e Luiz Fux. Falou, pela interessada, o Dr. Aristides Junqueira Alvarenga. Ausentes, justificadamente, os Ministros Celso de Mello e Cármen Lúcia. Presidência do Ministro Dias Toffoli. Plenário, 14.08.2019".

[35] MEIRELES, Hely Lopes. *Direito administrativo brasileiro*. 8. ed. São Paulo: Revista dos Tribunais, 1982. p. 622-623. Ver também: CAHALI, Yussef Said. *Responsabilidade civil do Estado*. 3. ed. São Paulo: Revista dos Tribunais, 2007. p. 40.

São pressupostos da responsabilidade civil em geral o dano, a ilicitude, a ação culposa e o nexo de causalidade.[36] Tratando-se de responsabilidade objetiva, a vítima fica dispensada de provar a culpa do agente, bastando a prova do dano e do nexo causal com a atividade.[37] Consentido que a responsabilidade civil do Estado é objetiva, baseada na teoria do risco administrativo, seus pressupostos são aqueles da responsabilidade objetiva: o dano e o nexo de causalidade com alguma atividade estatal.

O dano envolve a lesão a um interesse jurídico tutelado pelo ordenamento e a consequência negativa sofrida pela vítima.[38] No caso da responsabilidade civil do Estado, o dano é a consequência negativa experimentada pela vítima em decorrência da atividade estatal.

O nexo de causalidade é o elemento virtual da responsabilidade civil, que não existe enquanto realidade fática, mas depende da elaboração intelectual de quem investiga a relação do dano com sua causa.[39] Tanto a atividade estatal quanto o dano são fenômenos que se materializam no mundo dos fatos, ao passo que a ligação causal entre esses fenômenos deve ser elaborada abstratamente pela mente humana. Portanto, nexo de causalidade é a relação de causa e consequência que se estabelece entre dois fatos que se sucedem no tempo, quais sejam, a conduta culposa ou a atividade de risco e o dano.[40]

Entre as várias teorias que tentam explicar o nexo causal, destacam-se a da equivalência das causas, a da causalidade adequada e, mais recentemente, a do escopo de proteção da norma violada.[41] A rigor, as teorias sobre nexo de causalidade são relevantes, mas nenhuma é suficiente para determinar a causalidade de maneira satisfatória em todos os casos.[42] De todo modo, a verificação da relação de causalidade entre o dano

---

[36] CAVALIERI FILHO, Sergio. *Programa de responsabilidade civil*. 11. ed. São Paulo: Atlas, 2014. p. 33; GONÇALVES, Carlos Roberto. *Responsabilidade civil*. 9. ed. São Paulo: Saraiva, 2002. p. 32-34.

[37] PEREIRA, Caio Mário da Silva. *Responsabilidade civil*. Rio de Janeiro: Forense, 1989. p. 287.

[38] DIAS, José de Aguiar. *Da responsabilidade civil*. 2. ed. Rio de Janeiro: Forense, 1950. v. II. p. 313; BUERES, Alberto J. *Derecho de daños*. Buenos Aires: Hammurabi, 2001. p. 483; ZANNONI, Eduardo A. *El daño en la responsabilidad civil*. Buenos Aires: Astrea, 1982. p. 1; VARELA, João de Matos Antunes. *Das obrigações em geral*. 10. ed. 12. reimpr. Coimbra: Almedina, 2015. v. I. p. 597; ALPA, Guido. *Trattato di diritto civile*: La responsabilità civile. Milano: Giuffrè, 1999. v. IV. p. 100; 608.

[39] "Mediante uma 'valoração' (*Wertung*) investiga-se em que medida o mero nexo de causalidade pode justificar a responsabilização pelas consequências lesivas de um fato que fundamenta a responsabilidade [...]" (REINIG, Guilherme Henrique Lima. A teoria da causalidade adequada no direito civil alemão. *Revista de Direito Civil Contemporâneo*, São Paulo, ano 6, v. 18, p. 215-248, jan./mar. 2019. p. 223).

[40] Em sentido análogo: LÓPEZ MESA, Marcelo J. *Presupuestos de la responsabilidad civil*. Buenos Aires: Astrea, 2012. p. 385.

[41] CRUZ, Gisela Sampaio da. *O problema do nexo causal na responsabilidade civil*. Rio de Janeiro/São Paulo/Recife: Renovar, 2005. p. 33-111; REINIG, Guilherme Henrique Lima. *O problema da causalidade na responsabilidade civil*: a teoria do escopo da de proteção da norma (Schutzzwecktheorie) e a sua aplicabilidade no direito civil brasileiro. 293 p. Tese (Doutorado) – Faculdade de Direito, Universidade de São Paulo, São Paulo, 2015.

[42] Mafalda Miranda Barbosa aponta a insuficiência das teorias tradicionais, para em seguida propor uma nova visão da causalidade baseada na imputação, que comporta uma função fundamentadora e uma função preenchedora da responsabilidade civil (BARBOSA, Mafalda Miranda. A causalidade na responsabilidade civil do Estado. *Revista de Direito da Responsabilidade*, ano 2, p. 388-437, 2020, particularmente p. 405-411). Confiram-se também: NORONHA, Fernando. *Direito das obrigações*. São Paulo: Saraiva, 2003. v. 1. p. 587; SCHREIBER, Anderson. *Novos paradigmas da responsabilidade civil*: da erosão dos filtros da reparação à diluição dos danos. 5. ed. São Paulo: Atlas, 2013. p. 78; FARIAS, Cristiano Chaves de; ROSENVALD, Nelson; BRAGA NETTO, Felipe Peixoto. *Curso de direito civil*: responsabilidade civil. 2. ed. São Paulo: Atlas, 2015. v. 3. p. 365.

e a atividade desempenhada pelo Estado é indispensável para configuração do dever de reparar o dano.

7 Caracterização da responsabilidade civil em razão da liberdade de expressão dos agentes públicos

A liberdade de expressão é um direito fundamental diretamente relacionado à dignidade da pessoa humana e à preservação do Estado democrático de direito. Portanto, a manifestação do pensamento e de opiniões a respeito de fatos da vida política e social não pode ser enquadrada como fato ilícito para fins de responsabilidade civil. Nada obstante, a opinião externada por uma pessoa, no exercício de sua liberdade de expressão, pode causar prejuízos morais e materiais a outras pessoas, ensejando o dever de reparação.

No caso dos servidores públicos em geral, é certo que devem se abster quanto a fatos relativos às suas atribuições funcionais e às atividades dos órgãos e instituições a que pertencem, sob pena de responsabilidade administrativo-disciplinar. No entanto, as manifestações externadas por esses servidores públicos representam suas posições pessoais e não guardam relação de representatividade quanto aos órgãos e instituições públicas a que servem. Logo, eventuais danos causados a terceiros devem ser suportados pessoalmente pelo ofensor e não pelo Poder Público.

Algo diverso ocorre quando um ocupante de alto cargo na Administração Pública se pronuncia publicamente a respeito de determinado tema, em nome do Poder Público.[43] Nestes casos, incide a regra do art. 37, §6º, da Constituição Federal, de modo que o Estado responde pelos danos causados a terceiros e tem direito de regresso contra o servidor, comprovando a culpa. Quanto às manifestações de cunho pessoal, é preciso observar se o tema abordado pelo servidor público guarda relação com as atribuições de seu cargo, caso em que são carregadas de representatividade em razão da autoridade do cargo e geram dever de indenizar eventuais danos. Um exemplo disso é o caso de um ministro de Estado que, em palestra em uma universidade, expõe sua posição pessoal acerca de tema atinente à sua pasta. Se o tema abordado não guarda relação com as atribuições do cargo, a reparação dos danos deve ser suportada diretamente pelo agente.[44]

Por outro lado, é possível a ocorrência de danos para a Administração Pública em virtude de manifestações proferidas pelos servidores públicos no exercício de sua liberdade de expressão. Há entendimento consolidado na jurisprudência do Superior Tribunal de Justiça, no sentido de que os entes públicos não são suscetíveis de danos

---

[43] É o caso do presidente da Fundação Palmares, que tem expressado reiteradamente opinião ofensiva acerca do movimento negro (PRESIDENTE da Fundação Palmares chama movimento negro de "escória maldita". *Brasil de Fato*, 3 jun. 2020. Disponível em: https://www.brasildefato.com.br/2020/06/03/presidente-da-fundacao-palmares-chama-movimento-negro-de-escoria-maldita. Acesso em: 26 jan. 2021).

[44] É o caso do desembargador que proferiu ofensas contra um guarda municipal por discordar do uso de máscara de proteção contra o novo coronavírus (DESEMBARGADOR é condenado a pagar R$20 mil a guarda que humilhou em Santos, SP. *G1*, 21 jan. 2021. Disponível em: https://g1.globo.com/sp/santos-regiao/noticia/2021/01/21/desembargador-e-condenado-a-pagar-r-20-mil-a-guarda-que-humilhou-em-santos-sp.ghtml. Acesso em: 27 jan. 2021).

morais.[45] No entanto, em recente julgado, o mesmo Tribunal determinou o pagamento de indenização por danos morais causados ao INSS, por entender que as fraudes praticadas contra aquela autarquia afetam sua reputação e credibilidade.[46]

É importante ressaltar que a Súmula nº 227 do Superior Tribunal de Justiça sintetiza que "a pessoa jurídica pode sofrer dano moral". No entanto, ao negar pedido de indenização por danos morais à pessoa jurídica de direito público contra o particular, o Tribunal argumentou que a pretensão constitui a completa subversão da essência dos direitos fundamentais. Ademais, a pretensão indenizatória estatal movida contra veículo de imprensa constitui real ameaça a centros nervosos do Estado democrático de direito. Em arremate, o Tribunal sentenciou que a Súmula nº 227 tem a finalidade de resguardar a credibilidade mercadológica ou a reputação negocial da empresa, o que não se verifica no caso de pessoa jurídica de direito público.

O que se tem observado nos últimos tempos, principalmente em razão da difusão e alcance das redes sociais, é que a imagem e a credibilidade dos entes públicos podem sofrer abalos significativos, com prejuízo para o interesse público. Assim, uma campanha difamatória e dissuasória a respeito de determinada política pública pode comprometer sua eficácia e abalar a credibilidade do órgão ou entidade encarregado de implementá-la. Exemplo disso é a produção de vacinas por institutos de pesquisas que gozam de credibilidade junto à população, credibilidade esta que pode sofrer abalo em virtude de questionamentos e dúvidas lançadas nas redes sociais, a pretexto da liberdade de expressão.

O julgamento acima referido indica um início de alteração na jurisprudência do Superior Tribunal de Justiça no sentido de reconhecer que as pessoas jurídicas de direito público possam sofrer abalo em sua reputação e, em virtude disso, possam postular a reparação por danos extrapatrimoniais, nos mesmos moldes que as pessoas jurídicas de direito privado.

Isso significa que o exercício da liberdade de expressão pelos servidores públicos no exercício ou em razão do exercício de suas funções pode causar danos a terceiros, caso em que incide a regra constante do art. 37, §6º, da Constituição Federal, com a modulação realizada pelo Supremo Tribunal Federal, quando do julgamento do Tema nº 940 de Repercussão Geral. Assim, a vítima deve mover a ação indenizatória contra o Estado, que tem ação de regresso contra o causador direto do dano, mediante comprovação da culpa.

Caso o dano tenha ocorrido no âmbito das relações privadas do servidor público, o fato de ser titular de cargo público não é razão suficiente para justificar uma ação indenizatória, devendo a vítima mover a ação diretamente contra o causador do dano, mediante comprovação da culpa. Há casos, porém, em que a manifestação do servidor público em suas relações particulares guarda conexão com a autoridade do cargo que ocupa, o que pode atrair a responsabilidade civil do Estado, a depender da análise de cada fato concreto.

---

[45] STJ, 4ª Turma. REsp nº 1.258.389/PB. Rel. Min. Luis Felipe Salomão, j. 17.12.2013. Em igual sentido, consultem-se os seguintes precedentes: STJ, 1ª Turma. AGRESP nº 24.940. Rel. Min. Napoleão Nunes Maia Filho, j. 18.2.2014; TRF2, 6ª Turma Especializada. Apel. Cível nº 0022276-66.1994.4.02.5101. Rel. Des. Marcus Abraham, j. 20.5.2014, v.u.

[46] STJ, 2ª Turma. REsp nº 1.722.423/RJ. Rel. Min. Herman Benjamin, j. 24.11.2020, v.u.

Por fim, as manifestações dos servidores públicos podem resultar em prejuízo para o Poder Público, ensejando o dever de reparação. Nos termos da jurisprudência do Superior Tribunal de Justiça, os entes públicos não podem figurar como vítimas de danos morais, razão pela qual a indenização pelo servidor público se restringe aos prejuízos patrimoniais que tenha causado por conta de suas manifestações. Em recente julgado, porém, o Tribunal reconheceu a ocorrência de dano à reputação do INSS em virtude de fraudes praticadas por servidores públicos, o que pode ser indicativo de uma futura mudança jurisprudencial.

Conclusões

Em síntese, a liberdade de expressão figura entre os direitos e garantias individuais consagrados no art. 5º da Constituição Federal, diretamente relacionado à dignidade da pessoa humana e ao Estado Democrático de Direito. Entendida a pessoa como ser essencialmente relacional, não é possível supô-la sem a possibilidade de se expressar. Por outro lado, a liberdade de expressão é pressuposto do Estado democrático de direito, o qual se constrói dialética e permanentemente com a contribuição de cada pessoa no âmbito das relações sociais.

Enquanto pessoas naturais, os servidores públicos são dignatários da liberdade de expressão, mas o exercício dessa liberdade pode entrar em contrariedade com as diretrizes governamentais. Em razão disso, o ordenamento jurídico impõe restrições quanto a temas relacionados com as funções desempenhadas pelos servidores públicos em geral.

As manifestações dos servidores públicos podem causar danos a terceiros, casos em que a vítima pode demandar o Poder Público, que responde objetivamente e tem ação de regresso contra o causador direto do dano, mediante prova de sua culpa. Quanto aos danos causados à própria Administração Pública, cabe ação indenizatória contra o servidor público para recomposição de eventuais prejuízos materiais.

Há entendimento sufragado pelo Superior Tribunal de Justiça no sentido de que as pessoas jurídicas de direito público não podem ser vítimas de danos morais. Nada obstante, em recente julgado sobre danos causados ao INSS, o mesmo Tribunal reconheceu o direito à reparação de danos morais por abalo à reputação e credibilidade da autarquia federal.

Referências

ALEXY, Robert. *Teoria dos direitos fundamentais*. Tradução de Virgílio Afonso da Silva. São Paulo: Malheiros, 2008.

ALPA, Guido. *Trattato di diritto civile*: La responsabilità civile. Milano: Giuffrè, 1999. v. IV.

BANDEIRA DE MELLO, Celso Antônio. *Curso de direito administrativo*. 31. ed. São Paulo: Malheiros, 2013.

BARBOSA, Mafalda Miranda. A causalidade na responsabilidade civil do Estado. *Revista de Direito da Responsabilidade*, ano 2, 2020.

BUERES, Alberto J. *Derecho de daños*. Buenos Aires: Hammurabi, 2001.

CAHALI, Yussef Said. *Responsabilidade civil do Estado*. 3. ed. São Paulo: Revista dos Tribunais, 2007.

CAMARGO, Orson. Liberdade. *Brasil Escola*. Disponível em: https://brasilescola.uol.com.br/sociologia/consciencia-e-liberda-humana-texto-2.htm. Acesso em: 27 jan. 2021.

CAVALCANTI, Amaro. *Responsabilidade civil do Estado*. Rio de Janeiro: Borsoi, 1956. t. I.

CAVALIERI FILHO, Sergio. *Programa de responsabilidade civil*. 11. ed. São Paulo: Atlas, 2014.

CRUZ, Gisela Sampaio da. *O problema do nexo causal na responsabilidade civil*. Rio de Janeiro/São Paulo/Recife: Renovar, 2005.

DESEMBARGADOR é condenado a pagar R$20 mil a guarda que humilhou em Santos, SP. *G1*, 21 jan. 2021. Disponível em: https://g1.globo.com/sp/santos-regiao/noticia/2021/01/21/desembargador-e-condenado-a-pagar-r-20-mil-a-guarda-que-humilhou-em-santos-sp.ghtml. Acesso em: 27 jan. 2021.

DIAS, Carlos Henrique; RAMOS, Pâmela. *G1*, 25 jan. 2021. Disponível em: https://g1.globo.com/sp/sorocaba-jundiai/noticia/2021/01/25/funcionarios-de-posto-de-saude-sao-advertidos-por-publicarem-fotos-com-filtro-de-jacare-apos-vacina-da-covid.ghtml. Acesso em: 27 jan. 2021.

DIAS, José de Aguiar. *Da responsabilidade civil*. 2. ed. Rio de Janeiro: Forense, 1950. v. II.

ENFERMEIRA que debochou da vacina contra Covid-19 no ES é demitida de hospital. *G1*, 25 jan. 2021. Disponível em: https://g1.globo.com/es/espirito-santo/noticia/2021/01/25/enfermeira-que-debochou-da-vacina-contra-covid-19-no-es-e-demitida-de-hospital.ghtml?utm_source=facebook&utm_medium=social&utm_campaign=g1&fbclid=IwAR31UuW3sTAtQyh1Yp9Q3mbIaMDXvj9hfx5gVlmQIbVL937qIakkZKls0EM. Acesso em: 25 jan. 2021.

FACHIN, Luiz Edson. *Estatuto jurídico do patrimônio mínimo*. 2. ed. Rio de Janeiro: Renovar, 2006.

FACHIN, Luiz Edson. *Teoria crítica do direito civil*. 2. ed. Rio de Janeiro: Renovar, 2003.

FARIAS, Cristiano Chaves de; ROSENVALD, Nelson; BRAGA NETTO, Felipe Peixoto. *Curso de direito civil*: responsabilidade civil. 2. ed. São Paulo: Atlas, 2015. v. 3.

GONÇALVES, Carlos Roberto. *Responsabilidade civil*. 9. ed. São Paulo: Saraiva, 2002.

HABERMAS, Jürgen. *Direito e democracia*: entre facticidade e validade. 2. ed. Tradução de Flávio Bueno Siebeneichler. Rio de Janeiro: Tempo Brasileiro, 2003. v. I.

JUÍZA que incentivou aglomerações agora ensina a burlar o uso de máscara. *Migalhas*, 5 jan. 2021. Disponível em: https://migalhas.uol.com.br/quentes/338509/juiza-que-incentivou-aglomeracoes-agora-ensina-a-burlar-o-uso-de-mascara. Acesso em: 27 jan. 2021.

KAUFMANN, Arthur. *La filosofia del derecho en la posmodernidad*. 2. ed. Santa Fé de Bogotá: Temis, 1998.

LLAMAS POMBO, Eugenio. Prevención y reparación, las dos caras del derecho de daños. *In*: MORENO MARTÍNEZ, Juan Antonio (Coord.). *La responsabilidad civil y su problemática actual*. Madrid: Dykinson, 2007.

LONGHI, João Voctor Rozatti. *Responsabilidade civil e redes sociais*: retirada de conteúdo, perfis falsos, discurso de ódio e fake news. Indaiatuba: Foco, 2020.

LÓPEZ MESA, Marcelo J. *Presupuestos de la responsabilidad civil*. Buenos Aires: Astrea, 2012.

MEIRELES, Hely Lopes. *Direito administrativo brasileiro*. 8. ed. São Paulo: Revista dos Tribunais, 1982.

MORAES, Maria Celina Bodin de. A constitucionalização do direito civil e seus efeitos sobre a responsabilidade civil. *Revista Direito, Estado e Sociedade*, v. 9, n. 29, p. 233-258, jul./dez. 2006.

NORONHA, Fernando. *Direito das obrigações*. São Paulo: Saraiva, 2003. v. 1.

NOVO presidente do TJ-MS diz que quem recomenda isolamento é "picareta e covarde". *Conjur*, 25 jan. 2021. Disponível em: https://www.conjur.com.br/2021-jan-25/presidente-tj-ms-quem-recomenda-isolamento-covarde.

PEREIRA, Caio Mário da Silva. *Responsabilidade civil*. Rio de Janeiro: Forense, 1989.

PRADO, Lídia Reis de Almeida. *O juiz e a emoção*: aspectos da lógica judicial. 4. ed. Campinas: Millenium, 2008.

PRESIDENTE da Fundação Palmares chama movimento negro de "escória maldita". *Brasil de Fato*, 3 jun. 2020. Disponível em: https://www.brasildefato.com.br/2020/06/03/presidente-da-fundacao-palmares-chama-movimento-negro-de-escoria-maldita. Acesso em: 26 jan. 2021.

REINIG, Guilherme Henrique Lima. A teoria da causalidade adequada no direito civil alemão. *Revista de Direito Civil Contemporâneo*, São Paulo, ano 6, v. 18, p. 215-248, jan./mar. 2019.

REINIG, Guilherme Henrique Lima. *O problema da causalidade na responsabilidade civil*: a teoria do escopo da de proteção da norma (Schutzzwecktheorie) e a sua aplicabilidade no direito civil brasileiro. 293 p. Tese (Doutorado) – Faculdade de Direito, Universidade de São Paulo, São Paulo, 2015.

ROUANET, Sérgio Paulo. *Mal-estar na modernidade*: ensaios. 2. ed. São Paulo: Companhia das Letras, 1993.

SANTOS, Romualdo Baptista dos. *A tutela jurídica da afetividade*: os laços humanos como valor jurídico na pós-modernidade. Curitiba: Juruá, 2010.

SANTOS, Romualdo Baptista dos. Liberdade de imprensa versus prerrogativas da advocacia. Abuso de direito na divulgação de notícia. Crítica áspera e ofensiva de jornalista à atuação do advogado. *In*: HIRONAKA, Giselda Maria Fernandes Novaes; SANTOS, Romualdo Baptista dos (Coord.). *Direito civil*: estudos – Coletânea do XV Encontro dos Grupos de Pesquisa – IBDCIVIL. São Paulo: Blucher, 2018.

SCHREIBER, Anderson. *Novos paradigmas da responsabilidade civil*: da erosão dos filtros da reparação à diluição dos danos. 5. ed. São Paulo: Atlas, 2013.

SOLARTE RODRIGUEZ, Arturo. El princípio favor victimae. *In*: LLAMAS POMBO, Eugenio (Coord.). *Congreso Internacional de Derecho Civil Octavo Centenário de la Universidad de Salamanca*: libro de ponencias. Valência: Tirant lo Blanch; Salamanca: Universidad de Salamanca, 2018.

SOUZA, Rabindranath Capelo de. *O direito geral de personalidade*. Lisboa/Coimbra: Ed. Coimbra, 2011.

TAVEIRA, Christiano de Oliveira. *Democracia e pluralismo na esfera comunicativa*: uma proposta de reformulação do papel do estado na garantia da liberdade de expressão. 2010. 266 f. Tese (Doutorado em Direito Público) – Universidade do Estado do Rio de Janeiro, Rio de Janeiro, 2010.

VALENTE, Jonas. Anvisa diz que análise de vacinas contra Covid-19 será técnica. *Agência Brasil*, 21 out. 2020. Disponível em: https://agenciabrasil.ebc.com.br/saude/noticia/2020-10/anvisa-diz-que-analise-de-vacinas-contra-covid-19-sera-tecnica. Acesso em: 27 jan. 2021.

VARELA, João de Matos Antunes. *Das obrigações em geral*. 10. ed. 12. reimpr. Coimbra: Almedina, 2015. v. I.

ZANNONI, Eduardo A. *El daño en la responsabilidad civil*. Buenos Aires: Astrea, 1982.

Informação bibliográfica deste texto, conforme a NBR 6023:2018 da Associação Brasileira de Normas Técnicas (ABNT):

SANTOS, Romualdo Baptista dos. Liberdade de expressão dos servidores públicos: responsabilidade civil por danos a terceiros e à Administração Pública. *In*: EHRHARDT JÚNIOR, Marcos; LOBO, Fabíola Albuquerque; ANDRADE, Gustavo (Coord.). *Liberdade de expressão e relações privadas*. Belo Horizonte: Fórum, 2021. p. 481-495. ISBN 978-65-5518-188-3.

DIREITO À PRIVACIDADE PRESIDENCIAL: A PROTEÇÃO ÀS INFORMAÇÕES RELATIVAS À CONDIÇÃO DE SAÚDE DO PRESIDENTE DA REPÚBLICA EM FACE DA LIBERDADE DE IMPRENSA

IGOR DE LUCENA MASCARENHAS
ANA PAULA CORREIA DE ALBUQUERQUE DA COSTA

Se é do maior interesse que o trono seja rodeado de luzes, que o soberano não ignore nada do que pode concorrer a formar a felicidade dos seus súditos, ou pelo menos aliviar os seus padecimentos, deixemos que a liberdade de imprensa dissipe as tenebrosidades com que ordinariamente os reis, os mais sábios e ativos, são cercados, e que retardam inevitavelmente a prática dos desejos que os bons reis têm a favor dos seus povos.
(Líbero Badaró)[1]

1 Introdução

A pandemia causada pela Covid-19 gerou uma onda de questionamentos acerca da liberdade de expressão, esta enquanto manifestação derivada da liberdade de imprensa. Temas como discursos de ódio, discursos anticientificistas, achismos contraproducentes e manifestações públicas conflitantes foram o mote da realidade brasileira desde março de 2020. Esse conflito se desenvolveu em múltiplos campos de batalha: internet (redes sociais, portais consolidados e *blogs,* por vezes, viesados), televisão e rádio.

Dentro dessa perspectiva, o presidente da República apresentou um discurso de desprezo acerca dos efeitos da pandemia e, em algumas situações, de enfrentamento aos que apresentavam ideias distintas.

Entre os dias 7 e 10.3.2020, uma comitiva, liderada pelo presidente da República e composta por políticos, assessores e empresários, viajou aos Estados Unidos da América e, ao longo dos dias subsequentes, começou-se a noticiar quase três dezenas de infectados que integravam a referida comitiva. O presidente da República negou,

---

[1] BADARÓ, Líbero. *Liberdade de imprensa.* Ribeirão Preto: Migalhas, 2011.

publicamente, em duas oportunidades, ter sido infectado, e o jornal *O Estado de S. Paulo* solicitou cópia dos exames aos quais o presidente teria se submetido, com fulcro na Lei de Acesso à Informação.

Todavia, ainda que em um cenário extremamente conflituoso, cabe a restrição aos direitos da personalidade do sujeito de direito, mesmo que este seja o presidente da República, e ter acesso a exames e prontuários médicos?

O presente trabalho, por intermédio de uma revisão bibliográfica e documental, visa analisar o conflito entre os direitos da personalidade do presidente da República e a livre circulação de ideias e informações relativas ao seu estado de saúde em um contexto de pandemia.

Para tanto, o texto se inicia com análise do instituto da liberdade de imprensa como expressão da liberdade de pensamento e, portanto, direito fundamental; em seguida, analisar-se-ão os direitos da personalidade, com ênfase na proteção à intimidade e aos direitos da personalidade de pessoas públicas; para, ao final, tecer críticas a respeito da privacidade presidencial e sobre a exibição de documentos médicos pelo presidente da República em tempos de pandemia.

2 Liberdade de imprensa como prerrogativa de Estados democráticos

A liberdade de expressão é gênero da qual a liberdade de imprensa, liberdade de cátedra, liberdade artística, liberdade científica, liberdade de culto e tantas outras liberdades representam espécie. A liberdade de imprensa é uma expressão da liberdade de pensamento e, mais do que um direito, é uma garantia fundamental para exercício racional e consciente dos demais direitos fundamentais. Significa dizer que, em um cenário de desinformação, direitos e garantias fundamentais podem ser vilipendiados, de modo que a informação correta é instrumento de edificação da cidadania.

A liberdade de informação, desta forma, é um pressuposto para um agir adequado, na medida em que o acesso à informação por meio da imprensa, apesar de não ser o único meio, permite que haja um acesso a fatos e informações de interesse social, de modo que as ações e opções das pessoas seria balizada pela informação prévia disponível.

A Constituição Federal, apesar de não apresentar uma hierarquia formal entre as normas constitucionais, apresenta em seu art. 5º um conteúdo formal e materialmente constitucional e de elevada proteção, na medida em que boa parte de valores fundantes do sistema constitucional encontra-se ali expressa. Nesse cenário, é cristalino que alguns temas, como a liberdade de expressão e imprensa, são dotados de maior fundamentalidade, sobretudo quando confrontados com temas constitucionais sob a perspectiva formal.

Não por acaso, a liberdade de imprensa encontra eco no texto constitucional e em diversos outros instrumentos normativos:

Constituição Federal [...]
Art. 5º Todos são iguais perante a lei, sem distinção de qualquer natureza, garantindo-se aos brasileiros e aos estrangeiros residentes no País a inviolabilidade do direito à vida, à liberdade, à igualdade, à segurança e à propriedade, nos termos seguintes: [...]

IV - é livre a manifestação do pensamento, sendo vedado o anonimato;

V - é assegurado o direito de resposta, proporcional ao agravo, além da indenização por dano material, moral ou à imagem; [...]

XIV - é assegurado a todos o acesso à informação e resguardado o sigilo da fonte, quando necessário ao exercício profissional; [...]

Art. 220. A manifestação do pensamento, a criação, a expressão e a informação, sob qualquer forma, processo ou veículo não sofrerão qualquer restrição, observado o disposto nesta Constituição.

Declaração Universal dos Direitos do Homem de 1948 [...]

Artigo 18

Todo ser humano tem direito à liberdade de pensamento, consciência e religião; esse direito inclui a liberdade de mudar de religião ou crença e a liberdade de manifestar essa religião ou crença pelo ensino, pela prática, pelo culto em público ou em particular.

Artigo 19

Todo ser humano tem direito à liberdade de opinião e expressão; esse direito inclui a liberdade de, sem interferência, ter opiniões e de procurar, receber e transmitir informações e ideias por quaisquer meios e independentemente de fronteiras.

Como bem reconheceu a Min. Cármen Lúcia, o direito de informar relaciona-se à liberdade de buscar a informação em fonte não censurada e sobre qualquer tema que se revele de interesse do cidadão.[2] Ocorre que, no afã de informar, a atividade jornalística e a liberdade de expressão podem conflitar com direitos dos sujeitos noticiados e envolvidos.

3 Os direitos da personalidade e a teoria das esferas

Tradicionalmente, a valorização e proteção do ser humano é a base para a construção e defesa dos direitos da personalidade fundados na dignidade humana. Na Idade Média já se começou a construir um conceito de pessoa humana fundada na dignidade e valorização da pessoa, ainda que ao longo da história humana tenhamos observado diversos retrocessos e questionamentos acerca de quem seria digno de ser tratado como pessoa e sujeito de direito.[3]

O desenvolvimento da personalidade está fundado justamente na defesa da dignidade humana e no atingimento das potencialidades relacionadas, de modo que a defesa dos direitos da personalidade trazidos entre os arts. 11 e 21 do Código Civil, que não representa um rol exaustivo de direitos da personalidade, é imprescindível para a construção e desenvolvimento da pessoa.[4] O catálogo de direitos da personalidade "está em continua expansão, constituindo uma série aberta de vários tipos".[5]

---

[2]   STF, Tribunal Pleno. ADI nº 4.815/DF. Rel. Min. Cármen Lúcia, j. 10.6.2015. *DJe*, 018, 1º fev. 2016.

[3]   SZANIAWSKI, Elimar. *Direitos de personalidade e sua tutela*. São Paulo: Revista dos Tribunais, 2005. p. 35

[4]   BITTAR, Carlos Alberto. *Os direitos da personalidade*. São Paulo: Saraiva, 2015. p. 29 e ss.

[5]   BORGES, Roxana Cardoso Brasileiro. Conexões entre direitos da personalidade e bioética. *In*: GOZZO, Débora; LIGIERA, Wilson Ricardo. *Bioética e direitos fundamentais*. [s.l.]: [s.n.], [s.d.]. p. 148-184.

A dignidade da pessoa humana, enquanto valor fundante do nosso ordenamento, permitiria uma expansão de outros direitos, entre eles os direitos fundamentais e direitos da personalidade, com o fito de garantir o respeito ao sujeito de direito. Os direitos da personalidade seriam então projeções físicas ou psíquicas relacionadas a situações jurídicas existenciais, ainda que tenham uma possível manifestação patrimonial, que refletem o ser em detrimento do ter.

Ocorre que algumas pessoas, em razão do espaço público ocupado, apresentam uma redução do alcance de determinados direitos da personalidade, na medida em que constroem suas carreiras ou desempenham funções de interesse público, de modo que a liberdade de informar, que tradicionalmente não atingiria determinados direitos ou situações jurídicas, passam a alcançar tais personalidades públicas, na medida em que a zona de proteção aos seus direitos da personalidade é mais restrita. De forma didática, poderíamos ilustrar da seguinte forma:

IMAGEM 1 – Zona de contato entre a liberdade de informar e os direitos da personalidade de uma pessoa "comum"

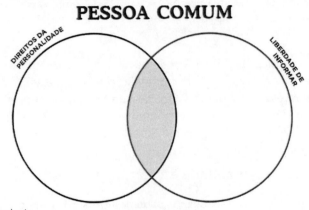

Fonte: Elaboração própria.

IMAGEM 2 – Zona de contato entre os direitos da personalidade de uma pessoa pública e a liberdade de informar

Fonte: Elaboração própria.

Nesse cenário, Pedro Pais de Vasconcelos[6] apresenta que os direitos da personalidade poderiam ser escalonados em três esferas: pública, privada e íntima.[7] A esfera pública seria aquela de amplo conhecimento, ao passo que a privada seria contemplada pelo exercício e compartilhamento de direitos com um número limitado de pessoas como amigos próximos e familiares, enquanto que a esfera íntima seria aquela compartilhada por pouquíssimas pessoas, ou mesmo com nenhuma, envolvendo direitos relativos à sexualidade, saúde e afetividade.[8] De acordo com Otávio Luiz Rodrigues Júnior, há camadas concêntricas, em que a vida privada apresenta um maior âmbito em que está inserida a intimidade.[9] Em certa medida, a teoria das esferas poderia ser representada como um núcleo duro composto pela esfera íntima, considerada indevassável, intransponível e impenetrável, uma zona intermediária, formada pela esfera privada, esta cuja intromissão depende da prévia concordância, e uma esfera mais ampla, composta pela pública:[10]

IMAGEM 3 – Esferas e níveis de proteção dos direitos da personalidade

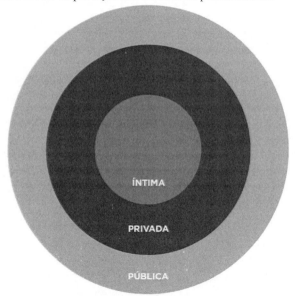

Fonte: Elaboração própria.

O gestor público, como pessoa pública, gere a coisa pública e representa a vontade popular. A sua atividade política está essencialmente ligada ao interesse público e

---

[6] VASCONCELOS, Pedro Pais de. *Direitos da personalidade*. Coimbra: Almedina, 2006. p. 80.
[7] Carlos Alberto Bittar classifica as esferas em pública, individual e propriamente privada, porém adotando a mesma conceituação apresentada por Pedro Pais de Vasconcellos. Cf. BITTAR, Carlos Alberto. *Os direitos da personalidade*. São Paulo: Saraiva, 2015. p. 113.
[8] BITTAR, Carlos Alberto. *Os direitos da personalidade*. São Paulo: Saraiva, 2015. p. 113-114.
[9] RODRIGUES JÚNIOR, Otávio Luiz. O direito ao nome, à imagem e outros relativos à identidade e à figura social, inclusive a intimidade. *In*: SIMÃO, José Fernando; BELTRÃO, Silvio Romero. *Direito civil*: estudos em homenagem a José de Oliveira Ascensão. São Paulo: Atlas, 2015. v. 2. p. 10.
[10] GUERRA, Sidney César Silva. *A liberdade de imprensa e o direito à imagem*. 2. ed. Rio de Janeiro: Renovar, 2004. p. 47.

dever de fiscalização coletivo, tornando necessária a ampliação de restrições relativas aos direitos da personalidade sem, contudo, anulá-los.[11]

Considerando que o recorte proposto no presente trabalho é relativo à intimidade e sigilo médico, Jussara de Azambuja Loch destaca que estes representam um exercício especial de liberdade, na medida em que envolvem fatos e informações pessoais cuja revelação encontra tutela na autonomia privada.[12] Todavia, nem toda informação e nem todo dado aprioristicamente sigiloso e íntimo devem manter esse *status*.

O dever da imprensa, em muitas situações, é contraindividual, notadamente de pessoas públicas, no sentido de apresentar questionamentos, falhas, tensões e omissões, em especial para que possam ser corrigidos, evitados ou emendados.[13]

Ocorre que pessoas públicas apresentam um maior espectro da esfera pública e reduzem os das demais esferas, posto que a função, cargo ou atuação pública exigem essa compatibilização. O problema sobre o sigilo relativo às informações de pacientes que, também, são pessoas públicas é se haveria uma tutela da intimidade em face do interesse de informar.

3.1 O sigilo médico como pressuposto básico para a defesa da intimidade

O sigilo médico é tratado como um dos pilares fundamentais do exercício médico. Não por acaso, o Juramento Hipocrático é categórico ao tratar do sigilo: "Àquilo que no exercício ou fora do exercício da profissão e no convívio da sociedade, eu tiver visto ou ouvido, que não seja preciso divulgar, eu conservarei inteiramente secreto".[14]

O sigilo médico é encarado como um dever para o profissional, na medida que o compartilhamento de informações íntimas com o médico e demais profissionais não decorre de uma escolha simplória, mas de uma necessidade de se socorrer a determinado profissional que necessita de tais informações para prestação de um serviço médico efetivo e adequado.[15]

Como a relação médica é fundada na confiança, espera-se que tudo o que for compartilhado ou utilizado no contexto do atendimento médico não seja compartilhado com terceiros. Neste sentido, André Gonçalo Dias Pereira destaca que diversos instrumentos normativos preveem o sigilo médico, a saber: art. 12 da Declaração Universal dos Direitos do Homem, Pacto Internacional de Direitos Civis e Políticos, Declaração Universal sobre Genoma Humano e os Direitos do Homem, Declaração Internacional sobre Dados Genéticos Humanos, Declaração sobre Normas Universais em Bioética e Convenção da Organização das Nações Unidas sobre os Direitos da Criança, Declaração

---

[11] GODOY, Cláudio Luiz Bueno de. *A liberdade de imprensa e os direitos da personalidade*. 3. ed. São Paulo: Atlas, 2015. p. 72.

[12] LOCH, Jussara de Azambuja. Confidencialidade: natureza, características e limitações no contexto da relação clínica. *Revista Bioética*, v. 11, n. 1, p. 51-64, 2009. p. 52.

[13] FERREIRA, Manuel Alceu Affonso. Apresentação. *In*: BADARÓ, Líbero. *Liberdade de imprensa*. Ribeirão Preto: Migalhas, 2011.

[14] CREMESP. *Juramento de Hipócrates*. Disponível em: https://www.cremesp.org.br/?siteAcao=Historia&esc=3. Acesso em: 15 jan. 2021.

[15] VILLAS-BÔAS, Maria Elisa. O direito-dever de sigilo na proteção ao paciente. *Revista Bioética*, v. 23, n. 3, p. 513-523, 2015. p. 515.

para a Promoção dos Direitos dos Pacientes, Declaração de Helsinque, Declaração de Lisboa, Declaração de Budapeste.[16]

O médico se torna um confidente do seu paciente, de modo que toda informação, ressalvadas as hipóteses expressamente previstas no Código de Ética Médica (CEM) ou na legislação, são tuteladas pelo sigilo.[17]

O Código de Ética Médica estabelece o sigilo como um princípio fundamental, conforme se extrai do inc. XI do Capítulo I, além de apresentar um rol exaustivo de hipóteses em que o sigilo médico pode ser flexibilizado pelo profissional:

> PRINCÍPIOS FUNDAMENTAIS [...]
>
> XI - O médico guardará sigilo a respeito das informações de que detenha conhecimento no desempenho de suas funções, com exceção dos casos previstos em lei.
>
> É vedado ao médico: [...]
>
> Art. 73. Revelar fato de que tenha conhecimento em virtude do exercício de sua profissão, salvo por motivo justo, dever legal ou consentimento, por escrito, do paciente.
>
> Parágrafo único. Permanece essa proibição: a) mesmo que o fato seja de conhecimento público ou o paciente tenha falecido; b) quando de seu depoimento como testemunha (nessa hipótese, o médico comparecerá perante a autoridade e declarará seu impedimento); c) na investigação de suspeita de crime, o médico estará impedido de revelar segredo que possa expor o paciente a processo penal.

Ou seja, apesar de o Código estabelecer como uma hipótese de flexibilização do sigilo o consentimento do paciente, entendemos que não se trata de uma flexibilização, na medida em que o sigilo é direcionado, precipuamente, a tutelar os interesses do paciente, de modo que se este retira o manto protetivo dos seus dados e autoriza o profissional a falar sobre determinado assunto, não há uma flexibilização propriamente.[18] Situação distinta são as hipóteses de motivo justo e dever legal.

A situação de motivo justo é caracterizada por um interesse de ordem moral ou social que autoriza a retirada do sigilo. Motivo justo é um conceito jurídico indeterminado e que caberá ao médico interpretar, conforme as particularidades do caso concreto, se há motivo para o levantamento do sigilo.[19] Ou seja, cabe ao profissional verificar se há uma subsunção da situação fática à previsão abstrata de que se trata de um motivo justo.

Situação diversa é o dever legal, em que a norma previamente já estabelece as hipóteses de flexibilização, como exemplo, casos suspeitos ou confirmados de agressão contra a mulher (Lei nº 13.931/2019), pessoas com deficiência (Lei nº 13.146/2015), idosos (Lei nº 10.741/2003), crianças e adolescentes (Lei nº 8.069/1990). Em todas essas situações,

---

[16] PEREIRA, André Gonçalo Dias. O sigilo médico: análise do direito português. *Estudo Geral – Repositório científico da UC*, 2009. Disponível em: https://estudogeral.sib.uc.pt/handle/10316/10576. Acesso em: 3 jan. 2021.

[17] BARROS JÚNIOR, Edmilson de Almeida. *Código de Ética*: comentado e interpretado. Timburi: Cia do Ebook, 2019. p. 122.

[18] André Gonçalo Dias Pereira pontifica que o sigilo e confidencialidade visam tutelar os interesses do paciente, mas também a defesa da dignidade profissional e confiança da sociedade e dos pacientes nos profissionais. Cf. PEREIRA, André Gonçalo Dias. O sigilo médico: análise do direito português. *Estudo Geral – Repositório científico da UC*, 2009. Disponível em: https://estudogeral.sib.uc.pt/handle/10316/10576. Acesso em: 3 jan. 2021. Complementando o pensamento externado, Tereza Rodrigues Vieira (VIEIRA, Tereza Rodrigues. Segredo médico: um direito ou um dever? *Revista Cesumar – Ciências Humanas e Sociais Aplicadas*, v. 2, n. 3, p. 127-131, 1998).

[19] FRANÇA, Genival Veloso. *Direito médico*. 15. ed. Rio de Janeiro: Forense, 2019. p. 121.

já há uma predeterminação normativa acerca do dever de violação do sigilo, de modo que a conduta profissional está adstrita a verificar uma análise objetiva entre o quadro fático e o quadro normativo presente.

A intimidade e o dever de sigilo são tamanhos que possuem tutela cível, ética e penal.[20] O fato de até o arcabouço penal, tipicamente considerado como *ultima ratio* na defesa de direitos, ser utilizado como instrumento de defesa dos direitos da personalidade apenas reforça a sua importância no nosso ordenamento.

3.2 Dos recentes casos de violação de direitos da personalidade de pessoas públicas

A sociedade contemporânea vivencia um *boom* informativo em que quase tudo é objeto de reprodução informativa nos mais diversos meios de comunicação. A democratização da informação, que deveria ser encarada como algo positivo, também apresentou como ponto negativo uma verdadeira anarquia informacional. Todos os agentes viraram verdadeiros emissores e promotores da notícia/informação, comprometendo, por vezes, o conteúdo legítimo e verdadeiro ou exercendo essa liberdade de forma abusiva.

Ser pessoa pública não significa ter sua vida totalmente publicizada, na medida em que há uma parcela da vida do sujeito de direito que se encontra protegida da condição pública da pessoa. A vida pública, apesar de restringir os direitos da personalidade, não os elimina, de modo que deve haver uma verdadeira convergência entre os direitos da personalidade e a condição pública da pessoa.

O direito à intimidade, ainda que parcialmente preservado em razão do *status* da pessoa, representa o direito de resguardar a intromissão ou mesmo a publicização de temas da esfera mais reservada de sua existência, bem como promover concessões nesse campo, quando assim desejar.[21]

É necessário separar o que é interesse público de interesse do público. O interesse público justifica o compartilhamento de informações e dados pessoais por um critério teleológico de alcançar determinada finalidade social, enquanto que o interesse do público nada mais é do que uma curiosidade pública, representando apenas uma sanha indiscreta e, por vezes, doente de ter acesso a informações que não acrescem, mas satisfazem essa força incontrolável.

Apenas para nos restringirmos a dois casos que foram tratados pela doutrina e jurisprudência, temos a exibição de dados médicos da Sra. Marisa Letícia[22] e a exibição da imagem do corpo de Cristiano Araújo.[23]

---

[20] VIEIRA, Tereza Rodrigues. Segredo médico: um direito ou um dever? *Revista Cesumar – Ciências Humanas e Sociais Aplicadas*, v. 2, n. 3, p. 127-131, 1998. p. 128.

[21] ARDENGHI, Régis Schneider. Direito à vida privada e direito à informação: colisão de direitos fundamentais. *Revista da ESMESC*, v. 19, n. 25, p. 227-251, 2012. p. 238.

[22] VAZAMENTO de prontuário de Marisa Letícia abre debate sobre ética médica. *G1*, 2017. Disponível em: http://g1.globo.com/fantastico/noticia/2017/02/vazamento-de-prontuario-de-marisa-leticia-abre-debate-sobre-etica-medica.html. Acesso em: 10 jan. 2021.

[23] PAI processa clínica e funerária após vídeo de Cristiano Araújo morto vazar. *G1*, 2015. Disponível em: http://g1.globo.com/goias/noticia/2015/07/pai-processa-clinica-e-funeraria-por-vazar-video-de-cristiano-araujo-morto.html. Acesso em: 10 jan. 2021.

Todos os dois casos foram reputados como flagrantes hipóteses de violação aos direitos da personalidade, na medida em que a condição de pessoa pública não estava associada à condição em que se encontravam no momento em que tais dados/imagens foram colhidos, sobretudo pelo contexto informativo.

O fato de ser pessoa pública, restando essa condição em razão do exercício da autonomia privada, não poderia ser confundido com a permissão do exercício abusivo de direitos que vilipendiam o desenvolvimento da personalidade das celebridades e personalidades públicas.[24] Registre-se ainda que, em certa medida, o uso da liberdade de informar é utilizado com o intuito lucrativo, de modo que a violação aos direitos da personalidade ocorre como meio para alavancar audiência, promover determinado produto ou serviço, o que representa um claro abuso de direito.

A linha que separa a função jornalística do abuso de direito decorrente de pessoa pública é tênue, ainda que esta possua uma menor expectativa de intimidade.[25] O problema é: como estabelecer essa linha tênue entre o grau de relativização causado pela condição pública? Recentemente, Mizael Bispo, condenado pelo homicídio de Mércia Nakashima, ingressou em juízo pretendendo defender o seu direito ao esquecimento, pedido este negado pelo Tribunal de Justiça de São Paulo, sob o argumento de que a pena pendia de cumprimento, assim como os fatos narrados na série "Investigação Criminal" não estarem inseridos em uma esfera da vida privada.[26] Desta forma, observa-se que a análise do que é interesse público e qual o alcance da mídia é algo extremamente casuísta e sem uma baliza concreta.

4 Exibição de documentos médicos pelo presidente da República no contexto da pandemia

A figura do presidente da República, como chefe de Governo e Estado, apresenta grande proeminência no cenário político e social do país. Não se trata de uma personalidade política qualquer, mas aquela que, em tese, tem a maior projeção e cobertura midiática, na medida em que seus pensamentos, atitudes e comportamentos não apenas influenciam a vida cotidiana, mas também representam uma conduta referencial para uma parcela significativa da população.

É incontroverso que houve um desprezo aos impactos causados pela pandemia, seja defendendo publicamente o uso de determinados fármacos que não apresentariam evidências científicas, seja pela condenação das medidas de combate à pandemia ou pela rejeição ao uso de máscaras e promoção de aglomerações, quando o indicativo era de que estas fossem evitadas.

---

[24] BORGES, Roxana Cardoso Brasileiro. *Direitos da personalidade e autonomia privada*. 2. ed. São Paulo: Saraiva, 2007. p. 106.

[25] TEIXEIRA, Daniele Chaves. Breves considerações sobre a privacidade de pessoa notória no espaço público. *In*: TEPEDINO, Gustavo; FACHIN, Luiz Edson. *Diálogos sobre direito civil*. Rio de Janeiro: Renovar, 2012. v. III. p. 208-209.

[26] TJ-SP, 4ª Câmara de Direito Privado. *Apelação Cível nº 1105964-92.2019.8.26.0100*. Rel. Alcides Leopoldo, j. 26.11.2020, pub. 30.11.2020.

É questão de domínio público a relação entre a pandemia e o número vidas perdidas, alcançando, no momento da redação do presente texto, a incrível marca de mais de 8,5 milhões de infectados e mais de 200 mil mortes.[27]

O cerne da celeuma envolvendo a personalidade pública do presidente e os seus direitos da personalidade ocorreu após uma comitiva presidencial ter apresentado 23 casos de Covid-19,[28] enquanto que, em manifestação pública, o presidente se referia à Covid-19 como apenas uma gripezinha.[29]

Em situações normais, compreendemos que o presidente, por mais que seja uma figura pública, deve ter seus direitos da personalidade regidos pela autonomia privada, ou seja, só deve transpor da esfera íntima para a esfera pública ou privada aqueles dados que realmente deseje ou o interesse público exija. Todavia, a análise do alcance da liberdade de expressão de imprensa e a sua potencial profundidade nas esferas estão relacionadas ao comportamento das pessoas públicas.

Ao afirmar publicamente que não foi infectado pela Covid-19 e apresentar comportamento contrário às medidas de isolamento e proteção coletiva, é coerente afirmar que, como o direito veda a existência de comportamento contraditório, em observância ao dever de boa-fé, a exigência de apresentação dos documentos médicos relativos, única e exclusivamente, à possível contaminação não é abusiva ou mesmo infundada.

A pessoa pública, notadamente aquela que lidera o combate à pandemia, deve estar regida pelo princípio da transparência e boa-fé. Saber se aquele que deve guiar o país em uma pandemia encontra-se infectado ou não é medida exigida pelos níveis mais basilares de *compliance* público, já que o direito da personalidade, neste caso, é flexibilizado em favor do interesse público.

Autoridades integrantes dos três poderes da União foram contaminadas, como ministros do Supremo Tribunal Federal, ministros de Estado, os dois chefes da Câmara e Senado Federal, diversos parlamentares, e todos confirmaram publicamente a infecção.

Em um ambiente que buscava desqualificar ou diminuir os efeitos da pandemia e, diante de uma infecção generalizada da comitiva presidencial, o ético a ser exigido era a publicização dos exames, notadamente por existirem "graus diferentes na escala de valores comunicáveis ao público"[30] em função da posição do titular do direito e, sobretudo, do tipo de comportamento desempenhado publicamente.

Da boa-fé objetiva, fundada no dever de informação e lealdade, também se encontra o dever de colaboração.[31] Desta forma, o presidente da República, até para esclarecer, refutar ou reforçar determinados argumentos, deve apresentar os exames e municiar, adequadamente, o debate público. A exigência da boa-fé e a necessidade de comunicação

---

[27] NÚMEROS do Coronavírus. *Gazeta do Povo*. Disponível em: https://especiais.gazetadopovo.com.br/coronavirus/numeros/. Acesso em: 19 jan. 2020.

[28] JUÍZA de São Paulo garante acesso de jornal a testes de Bolsonaro para Covid-19. *Conjur*, 27 abr. 2020. Disponível em: https://www.conjur.com.br/2020-abr-27/juiza-garante-acesso-jornal-testes-bolsonaro-covid-19. Acesso em: 15 jan. 2021.

[29] 2 MOMENTOS em que Bolsonaro chamou Covid-19 de 'gripezinha', o que agora nega. *BBC*. Disponível em: https://www.bbc.com/portuguese/brasil-55107536. Acesso em: 15 jan. 2021.

[30] BITTAR, Carlos Alberto. *Os direitos da personalidade*. São Paulo: Saraiva, 2015. p. 174.

[31] EHRHARDT JÚNIOR, Marcos. *Responsabilidade civil pelo inadimplemento da boa-fé*. Belo Horizonte: Fórum, 2014. p. 95-96.

da pessoa pública, associadas ao direito/dever das empresas jornalísticas de retratarem informações "não agradáveis", porém necessárias, impõem a publicização dos dados.

Repita-se, tais dados, a princípio, íntimos são relevantes de serem postos de forma pública, na medida em que estão correlacionados ao discurso e comportamento públicos. Ou seja, são transportados da esfera íntima ou privada para a esfera pública em razão da atuação da pessoa retratada. Sobre o tema, Fachin destaca que Garrincha apresentava múltiplos casos extraconjugais, tema, a princípio, íntimo, porém ante a ausência de tentar ocultar ou mesmo omitir tais relacionamentos, é necessário analisar o direito à intimidade à luz da atitude do próprio detentor do direito, ou seja, promovendo-se o comportamento e discurso são considerados para fins de uma análise hermenêutica da lide.[32]

Nesse sentido, Gustavo Tepedino lança luz sobre o caso de um político defensor do moralismo que, eventualmente, é flagrado em atitude contrária ao seu discurso e suposto ideário.[33]

Como bem aponta Luiz Edson Fachin ao tratar das biografias não autorizadas, o *locus* do debate não pode ser o caso abstrato.[34] Há uma necessidade de análise do caso concreto para verificar se um tema originariamente íntimo deve ser transposto para o debate público.

4.1 Intimidade médica e outros casos famosos

O presente texto, apesar de apresentar certa crítica ao chefe do Executivo, não pretende ser político-partidário, de modo que é relevante demonstrar que o comportamento errante e conflituoso não é exclusivo do chefe de Governo.

Nesse contexto, é interessante trazer à discussão o caso de David Uip, médico infectologista e ex-chefe do Centro Contra Coronavírus em São Paulo, infectado pela Covid-19.

Uip representava o principal porta-voz científico e estratégico do Governo de São Paulo. Desta forma, considerando a cruzada do Governo Federal em defesa da cloroquina e hidroxicloroquina e a crítica ferrenha do governo paulista aos mesmos fármacos, mostra-se relevante que se verifique a convergência entre o comportamento e o discurso.[35]

No caso concreto, Uip teve uma receita autoprescrita[36] com "Difosfato de Cloroquina" vazada por um gerente de farmácia. Desta forma, ainda que se condene civil e criminalmente a forma de obtenção da informação a respeito do tratamento

---

[32] FACHIN, Luiz Edson. A liberdade e a intimidade: uma breve análise das biografias não autorizadas. *In*: SIMÃO, José Fernando; BELTRÃO, Silvio Romero. *Direito civil*: estudos em homenagem a José de Oliveira Ascensão. São Paulo: Atlas, 2015. v. I. p. 382.

[33] TEPEDINO, Gustavo. *Temas de direito civil*. Rio de Janeiro: Renovar, 1999. p. 474.

[34] FACHIN, Luiz Edson. A liberdade e a intimidade: uma breve análise das biografias não autorizadas. *In*: SIMÃO, José Fernando; BELTRÃO, Silvio Romero. *Direito civil*: estudos em homenagem a José de Oliveira Ascensão. São Paulo: Atlas, 2015. v. I. p. 381.

[35] DAVID Uip critica tentativa de liberar cloroquina para qualquer paciente. *CBN*. Disponível em: https://cbn. globoradio.globo.com/media/audio/297695/david-uip-critica-tentativa-de-liberar-cloroquina-.htm. Acesso em: 19 jan. 2021.

[36] Conduta tida como ética, mas que deve ser feita com parcimônia e bom senso, nos termos do Parecer CFM nº 1/2004.

medicamentoso de que o infectologista teria feito uso e que era publicamente condenado pela equipe paulista, é necessário destacar que a exteriorização do comportamento formulado pelo médico depõe contra o seu comportamento no âmbito privado, atraindo, portanto, o interesse jornalístico.[37]

Situação diversa é a do quadro do Ex-Presidente Tancredo Neves.[38] Rubens Ricupero esclarece que a não publicização do estado de saúde do ex-presidente estava associada ao quadro político instável vivenciado no Brasil.[39] Em um período de extrema fragilidade democrática e transição de uma ditadura para uma democracia, eventual demonstração da fragilidade de saúde do futuro gestor público traria uma insegurança político-jurídica incomensurável.

Reproduzindo o pensamento de Getúlio Vargas, "no Brasil, não basta vencer a eleição, é preciso ganhar a posse". Desta forma, o que se observa é que a publicização do estado de saúde do Ex-Presidente Tancredo poderia produzir um efeito nocivo à comunidade, de modo que eventual preservação do sigilo estaria em consonância com o interesse coletivo e, também, do próprio paciente.

5   Conclusões

Diante do contexto da pandemia provocada pela Covid-19, muita polêmica se gerou em torno do comportamento de autoridades públicas, notadamente do presidente da República, em relação à adesão às medidas de distanciamento, uso de máscaras e demais cuidados necessários para conter o contágio da doença. Diante desse cenário, o objetivo do presente texto foi analisar o direito à privacidade do presidente, fazendo a ponderação necessária entre o direito à proteção de dados relativos à condição de saúde e o direito à liberdade de imprensa e informação. Ao final, chegou-se às seguintes conclusões:

1. A liberdade de imprensa, espécie do gênero liberdade de expressão, é constitucionalmente protegida e, enquanto garantia da liberdade de informação, é fundamental para o exercício de direitos e garantias fundamentais, uma vez que é um dos principais meios de acesso a informações de interesse social. Pode-se falar, inclusive, que a liberdade de imprensa tem uma função social, uma vez que serve não apenas ao jornal ou portal de notícias que exerce esse direito, mas também a toda a sociedade.

2. Entende-se que os direitos da personalidade têm três esferas de proteção: a pública, mais ampla; a privada, cuja intromissão depende de prévia concordância; e a íntima, esta última considerada intransponível, merecedora de um nível maior de proteção e segurança. Em se tratando de pessoas públicas, a

---

[37] GERENTE de farmácia que vazou receita médica de David Uip será processado. *Conjur*, 26 maio 2020. Disponível em: https://www.conjur.com.br/2020-mai-26/gerente-farmacia-vazou-receita-medica-david-uip. Acesso em: 19 jan. 2021.

[38] Sugerimos o filme *O paciente*, que mostra justamente o último mês de vida do paciente e também presidente eleito, porém não empossado, Tancredo Neves. Cf. O PACIENTE. Direção de Sérgio Rezende. Rio de Janeiro: Downtown Filmes, 2017.

[39] RODA VIVA. Rubens Ricupero explica o motivo que levou Tancredo Neves a esconder a doença. *YouTube*. Disponível em: https://www.youtube.com/watch?v=aYn5kii5ARA. Acesso em: 5 jan. 2020.

exemplo de gestores públicos, o espectro da esfera pública é maior em relação às demais, uma vez que, em razão do cargo ou função que ocupam, suas ações podem estar revestidas de interesse da coletividade.

3. O sigilo médico é dever do profissional direcionado à proteção de interesses do paciente. Possui tutela cível, ética e penal, porém não é absoluto, comporta exceções, como a possibilidade de quebra do sigilo por motivo justo, conforme disciplina o Código de Ética Médica, que pode ser entendido como situação de interesse de ordem moral ou social que legitime a retirada do sigilo.

4. É necessário analisar o direito à intimidade e ao sigilo à luz do comportamento do próprio detentor desse direito. Em se tratando de figura pública, notadamente daquele que ocupa o maior cargo político do país, há dados de sua intimidade que podem ultrapassar a esfera privada por serem de interesse público.

5. Como o direito veda o comportamento contraditório como corolário do dever de boa-fé, diante do comportamento contraditório do presidente da República em relação às orientações das autoridades sanitárias nacionais e internacionais quanto à pandemia, diante dos deveres de transparência e boa-fé que se espera daquele que deveria reger o combate à pandemia da Covid-19, é razoável que se flexibilize o direito da personalidade, notadamente em relação ao sigilo médico, em favor da liberdade de imprensa e do direito à informação.

Referências

2 MOMENTOS em que Bolsonaro chamou Covid-19 de 'gripezinha', o que agora nega. *BBC*. Disponível em: https://www.bbc.com/portuguese/brasil-55107536. Acesso em: 15 jan. 2021.

ARDENGHI, Régis Schneider. Direito à vida privada e direito à informação: colisão de direitos fundamentais. *Revista da ESMESC*, v. 19, n. 25, p. 227-251, 2012.

BADARÓ, Líbero. *Liberdade de imprensa*. Ribeirão Preto: Migalhas, 2011.

BARROS JÚNIOR, Edmilson de Almeida. *Código de Ética*: comentado e interpretado. Timburi: Cia do Ebook, 2019.

BITTAR, Carlos Alberto. *Os direitos da personalidade*. São Paulo: Saraiva, 2015.

BORGES, Roxana Cardoso Brasileiro. Conexões entre direitos da personalidade e bioética. *In*: GOZZO, Débora; LIGIERA, Wilson Ricardo. *Bioética e direitos fundamentais*. [s.l.]: [s.n.], [s.d.].

BORGES, Roxana Cardoso Brasileiro. *Direitos da personalidade e autonomia privada*. 2. ed. São Paulo: Saraiva, 2007.

CREMESP. *Juramento de Hipócrates*. Disponível em: https://www.cremesp.org.br/?siteAcao=Historia&esc=3. Acesso em: 15 jan. 2021.

DAVID Uip critica tentativa de liberar cloroquina para qualquer paciente. *CBN*. Disponível em: https://cbn.globoradio.globo.com/media/audio/297695/david-uip-critica-tentativa-de-liberar-cloroquina-.htm. Acesso em: 19 jan. 2021.

EHRHARDT JÚNIOR, Marcos. *Responsabilidade civil pelo inadimplemento da boa-fé*. Belo Horizonte: Fórum, 2014.

FACHIN, Luiz Edson. A liberdade e a intimidade: uma breve análise das biografias não autorizadas. *In*: SIMÃO, José Fernando; BELTRÃO, Silvio Romero. *Direito civil*: estudos em homenagem a José de Oliveira Ascensão. São Paulo: Atlas, 2015. v. I.

FERREIRA, Manuel Alceu Affonso. Apresentação. *In*: BADARÓ, Líbero. *Liberdade de imprensa*. Ribeirão Preto: Migalhas, 2011.

FRANÇA, Genival Veloso. *Direito médico*. 15. ed. Rio de Janeiro: Forense, 2019.

GERENTE de farmácia que vazou receita médica de David Uip será processado. *Conjur*, 26 maio 2020. Disponível em: https://www.conjur.com.br/2020-mai-26/gerente-farmacia-vazou-receita-medica-david-uip. Acesso em: 19 jan. 2021.

GODOY, Cláudio Luiz Bueno de. *A liberdade de imprensa e os direitos da personalidade*. 3. ed. São Paulo: Atlas, 2015.

JUÍZA de São Paulo garante acesso de jornal a testes de Bolsonaro para Covid-19. *Conjur*, 27 abr. 2020. Disponível em: https://www.conjur.com.br/2020-abr-27/juiza-garante-acesso-jornal-testes-bolsonaro-covid-19. Acesso em: 15 jan. 2021.

LOCH, Jussara de Azambuja. Confidencialidade: natureza, características e limitações no contexto da relação clínica. *Revista Bioética*, v. 11, n. 1, p. 51-64, 2009.

NÚMEROS do Coronavírus. *Gazeta do Povo*. Disponível em: https://especiais.gazetadopovo.com.br/coronavirus/numeros/. Acesso em: 19 jan. 2020.

O PACIENTE. Direção de Sérgio Rezende. Rio de Janeiro: Downtown Filmes, 2017.

PAI processa clínica e funerária após vídeo de Cristiano Araújo morto vazar. *G1*, 2015. Disponível em: http://g1.globo.com/goias/noticia/2015/07/pai-processa-clinica-e-funeraria-por-vazar-video-de-cristiano-araujo-morto.html. Acesso em: 10 jan. 2021.

PEREIRA, André Gonçalo Dias. O sigilo médico: análise do direito português. *Estudo Geral – Repositório científico da UC*, 2009. Disponível em: https://estudogeral.sib.uc.pt/handle/10316/10576. Acesso em: 3 jan. 2021.

RODA VIVA. Rubens Ricupero explica o motivo que levou Tancredo Neves a esconder a doença. *YouTube*. Disponível em: https://www.youtube.com/watch?v=aYn5kii5ARA. Acesso em: 5 jan. 2020.

RODRIGUES JÚNIOR, Otávio Luiz. O direito ao nome, à imagem e outros relativos à identidade e à figura social, inclusive a intimidade. *In*: SIMÃO, José Fernando; BELTRÃO, Silvio Romero. *Direito civil*: estudos em homenagem a José de Oliveira Ascensão. São Paulo: Atlas, 2015. v. 2.

STF, Tribunal Pleno. ADI nº 4.815/DF. Rel. Min. Cármen Lúcia, j. 10.6.2015. *DJe*, 018, 1º fev. 2016.

SZANIAWSKI, Elimar. *Direitos de personalidade e sua tutela*. São Paulo: Revista dos Tribunais, 2005.

TEIXEIRA, Daniele Chaves. Breves considerações sobre a privacidade de pessoa notória no espaço público. *In*: TEPEDINO, Gustavo; FACHIN, Luiz Edson. *Diálogos sobre direito civil*. Rio de Janeiro: Renovar, 2012. v. III.

TEPEDINO, Gustavo. *Temas de direito civil*. Rio de Janeiro: Renovar, 1999.

TJ-SP, 4ª Câmara de Direito Privado. *Apelação Cível nº 1105964-92.2019.8.26.0100*. Rel. Alcides Leopoldo, j. 26.11.2020, pub. 30.11.2020.

VASCONCELOS, Pedro Pais de. *Direitos da personalidade*. Coimbra: Almedina, 2006.

VAZAMENTO de prontuário de Marisa Letícia abre debate sobre ética médica. *G1*, 2017. Disponível em: http://g1.globo.com/fantastico/noticia/2017/02/vazamento-de-prontuario-de-marisa-leticia-abre-debate-sobre-etica-medica.html. Acesso em: 10 jan. 2021.

VIEIRA, Tereza Rodrigues. Segredo médico: um direito ou um dever? *Revista Cesumar – Ciências Humanas e Sociais Aplicadas*, v. 2, n. 3, p. 127-131, 1998.

VILLAS-BÔAS, Maria Elisa. O direito-dever de sigilo na proteção ao paciente. *Revista Bioética*, v. 23, n. 3, p. 513-523, 2015.

Informação bibliográfica deste texto, conforme a NBR 6023:2018 da Associação Brasileira de Normas Técnicas (ABNT):

MASCARENHAS, Igor de Lucena; COSTA, Ana Paula Correia de Albuquerque da. Direito à privacidade presidencial: a proteção às informações relativas à condição de saúde do presidente da República em face da liberdade de imprensa. *In*: EHRHARDT JÚNIOR, Marcos; LOBO, Fabíola Albuquerque; ANDRADE, Gustavo (Coord.). *Liberdade de expressão e relações privadas*. Belo Horizonte: Fórum, 2021. p. 497-510. ISBN 978-65-5518-188-3.

PARTE IX

A COMPREENSÃO DOS TRIBUNAIS BRASILEIROS SOBRE A LIBERDADE DE EXPRESSÃO

O CASO DA ESCOLA BASE: A LIBERDADE DE EXPRESSÃO E A LESÃO AOS DIREITOS DA PERSONALIDADE SOB A ÓTICA DA ADPF Nº 130 E DO ENUNCIADO Nº 613 DO CJF

DANIELLE SPENCER
ELAINE BUARQUE

O Estado social – o estágio contemporâneo do Estado Moderno –, marcado profundamente pelas diretrizes de solidariedade e justiça social, provoca intensa alteração na concepção de responsabilidade, não só para torná-la mais objetiva, mas também para a inclusão de sujeitos vulneráveis no âmbito de proteção e, consequentemente, da responsabilização das pessoas físicas e jurídicas. (LÔBO, 2020, p. 325)

1 Introdução

Os Estados absolutista e liberal perderam, após o término da Segunda Guerra Mundial, aquilo que tinham como característica mais evidente, qual seja, a demasiada proteção do patrimônio e a garantia do mínimo de proteção aos direitos e garantias individuais. Os ideais da Revolução Francesa serviram para impulsionar o anseio por mais direitos individuais, mas, fundamentalmente, para pôr os holofotes no bem-estar comum e no direito coletivo, que não são só os meus ou só os seus, mas que devem ser ofertados a todos, de modo igualitário e acessível. Exigiu-se que o Estado passasse a intervir nas relações privadas, promover seu equilíbrio e que assim agisse, de ofício, na defesa de pessoas.

Com o surgimento do Estado social, todos os ramos do direito começaram a sofrer a irradiação direta e imediata dos valores constitucionais, em que o mais importante era o patrimônio, afinal de contas as normas são feitas por pessoas e para as pessoas. Centrada na pessoa humana, relevou-se, então, ser a dignidade desta o princípio vetor de todas as normas que viessem a ser elaboradas e, com relação às normas, porventura por ela recepcionadas, guardassem em si a garantia contra a violação de direitos constitucionalmente protegidos.

Por sinal, foi o que ocorreu com a análise da liberdade de imprensa através do julgamento da ADPF nº 130, conforme se observará adiante.

Ao passo que o ser humano e em especial sua dignidade assumiram o protagonismo do sistema normativo, de outro lado, a responsabilidade civil, tradicional, que tinha na conduta humana culposa ou dolosa, como pressuposto para a admissão da imputação obrigacional de uma indenização, passava a ampliar as hipóteses de responsabilidade objetiva. A culpa, que figurou como o elemento central da imputação da responsabilização civil, foi perdendo seu lugar.

Diante de uma sociedade tecnocientífica contemporânea, afirma Nelson Rosenvald (2017, p. 26), a responsabilidade objetiva é a que formaliza os conceitos de liberdade e regulação, sendo a responsabilidade o conceito base e integrador da ética e do direito. Todavia, será possível constatar nesse artigo que, no caso da Escola Base, ocorreu exatamente o oposto, tornando-se o maior erro da imprensa brasileira. Resultado do que chamaremos de "jornalismo de mercado".

Para Paulo Lôbo (2020, p. 328), diante da sociedade de risco que vivemos, "[...] a maior parte dos danos são suportados pelas pessoas e não são objeto de tutela jurídica. Por outro lado, muitas atividades naturalmente arriscadas, tendem-se a valer do seguro de danos". Significa dizer que a liberdade de expressão apregoada constitucionalmente e ratifica na ADPF nº 130 tem, sim, certos limites, ou seja, não basta apenas a reparação do dano em si, mas a responsabilidade da verificação jornalística acerca da veracidade dos fatos, o que não houve no caso da Escola Base, mas que começa a ser reparado pela doutrina a partir do Enunciado nº 613 da VIII Jornada de Direito Civil do CJF/STJ.

Tão importante quanto defender o indivíduo é reparar o homem coletiva e socialmente isolado. O princípio da solidariedade finalmente consagrou que o homem está inserido no mundo cujas fronteiras estão desaparecendo, cujos riscos estão em crescimento, e a legislação não acompanha o sistema de reparação integral dos danos, dadas a velocidade e fluidez das relações interpessoais.

Sobre o assunto, afirma Fachin (2008): "[...] todos os institutos fundamentais do Direito Civil devem atender à dignidade da pessoa, desde a propriedade funcionalizada, passando pelas relações de família até as obrigacionais, aí incluídos o contrato e a responsabilidade civil". Nesta mesma senda, continua o ministro do STF:

> [...] emprego plural do vocábulo substantiva a função hermenêutica constante e atualizadora do governo jurídico das relações interprivadas. O contrato, a família e a propriedade do meado do século pretérito não encontram mais abrigo no tempo presente. Por meio da doutrina, da jurisprudência e mesmo da legislação infraconstitucional o sentido e o alcance das normas constitucionais (compostas de regras e princípios) são permanentemente contextualizados. Assim, numa dimensão prospectiva, o doutrinador, o magistrado e o legislador desenvolvem, sempre, uma ação de reconstituir, dentro do sistema jurídico, as expressões do Direito Civil na contemporaneidade, de modo coerente com a contraprova histórica de todo discurso jurídico. (FACHIN, 2007)

Fez-se necessário entender as cláusulas gerais de conduta sob uma visão aberta, pluralista, multifuncional e multifacetada, ou seja, foi preciso uma (re)leitura dos dispositivos legais, sob a luz e interpretação das leis, em conformidade com a Constituição, segundo a ótica de seus princípios e valores. Por conseguinte, qualquer dispositivo normativo ou decisão judicial, para serem considerados existentes, válidos e eficazes, devem ser aptos a proteger, garantir e reparar qualquer dano a uma pessoa (seja ele cometido por outro indivíduo, pela coletividade, pela família ou pelo Estado), ou que se tente chegar o mais próximo possível da reparação, em sua integralidade.

Não só não estava em relevo a culpa, mas se começou a perquirir se todo e qualquer dano injusto, sendo ele lícito ou ilícito, culposo ou não, deveria ser analisado e indenizado sempre que estivessem presentes direitos e interesses constitucionalmente protegidos. Na análise do caso em concreto, Escola Base, será possível observar que houve uma lesão irreparável aos direitos da personalidade a pretexto da absoluta vedação à censura.

Entrementes, os tipos de danos surgem da existência de novos elementos de risco aos bens juridicamente tutelados da pessoa; o direito, então, constitui a ideia da responsabilidade pautada na teoria do risco. Assim, os sistemas jurídicos começaram a visualizar e, aos poucos, aceitar a convivência entre duas formas de responsabilidade, a responsabilidade subjetiva (já maciçamente expressa no ordenamento jurídico brasileiro) e a responsabilidade objetiva (que surgiu para equilibrar os novos riscos de dano ou os novos tipos de dano, que passaram a surgir). Por oportuno, esse foi o fundamento que norteou o Enunciado nº 613 do CJF/STJ, *in verbis*:

> ENUNCIADO 613 – Art. 12: A liberdade de expressão não goza de posição preferencial em relação aos direitos da personalidade no ordenamento jurídico brasileiro.
>
> Justificativa: Difundiu-se a tese de que a liberdade de expressão teria posição preferencial em colisões com outros direitos fundamentais, decorrente de sua estreita conexão com o princípio democrático. Efeito comumente extraído desta premissa é a primazia de soluções que permitam a divulgação ou mantenham em circulação a informação reputada lesiva a um direito (ex: retratação pública, direito de resposta, compensação pecuniária etc.). No entanto, os direitos da personalidade, que colidem frequentemente com a liberdade de expressão, também possuem elevado "peso abstrato", em razão de sua conexão direta e imediata com a dignidade da pessoa humana, verdadeiro fundamento da República. Assim, revela-se arbitrária qualquer tentativa apriorística de privilegiar algum desses direitos. A relação de prevalência deverá ser determinada à luz de elementos extraídos do caso concreto. Assim, não devem ser excluídos meios de tutela que possam se revelar adequados à proteção do direito da personalidade lesado. Isto inclui a possibilidade de interromper a circulação de informações (ex: retirar das bancas revista que divulgue fotos íntimas de ator famoso) ou impedir sua publicação (ex: biografia que retrate a vida do biografado de maneira desconectada da realidade, relatando fatos comprovadamente inverídicos). Em determinados casos, chega-se a propor a limitação dos remédios disponíveis ao lesado à solução pecuniária (indenização). É de se recordar, porém, que o que a Constituição assegura a todo cidadão não é o direito a ser indenizado por violações à privacidade; é o direito à privacidade em si.

Outrossim, o ordenamento jurídico brasileiro, na esteira das demais doutrinas e jurisprudências internacionais, passou a entender que, por ser uma cláusula aberta, o princípio da proteção à dignidade da pessoa humana deve dar oportunidade para que o magistrado identifique, segundo sua análise, o que seria considerado uma lesão ao direito da personalidade. Assim, o legislador, o doutrinador e os aplicadores do direito passaram a defender a não limitação quanto às espécies de dano objetivo previstas na Constituição da República ou em qualquer outra norma infraconstitucional, quando a atividade desenvolvida fosse de lucro.

Aqui se pretende desenvolver um estudo sobre a divulgação de fatos e/ou imagens privados como possibilidade de lesão permanente à privacidade e de dano existencial, a partir da análise de enunciados do CJF e súmulas do STJ sobre o assunto; iniciando-se o debate com a necessidade de revistar os direitos da personalidade, em especial, os diversos conceitos de privacidade e sua contextualização em face de erros de imprensa cometidos por meio de divulgações de informações falsas, o que, por sinal, contraria também a liberdade de expressão. Em seguida, far-se-á uma análise da liberdade de expressão, suas peculiaridades e proteção jurídica, quando confrontada com o direito à privacidade, a fim de evitar o dano permanente à pessoa por divulgação de aludidos fatos e/ou imagens privados, no caso apresentado, inverídicos.

Notadamente, o estudo fez uso dos métodos analítico e lógico-dedutivo ao pugnar pela defesa do vazamento de fatos e/ou imagens da vida privada como forma de garantir a privacidade, evitando-se o dano permanente à pessoa. É notório que, no mais, existe o entrelace com o interesse público da proteção penal e constitucional sobre a matéria, mas a delimitação do tema não nos permite, por hora, traçar maiores comentários a esse respeito, resguardando-nos ao tratamento da concepção privatista do tema.

2 Aspectos gerais sobre a tutela dos direitos da personalidade

Atualmente, devido ao nível elevado do desenvolvimento científico e tecnológico, a proteção à dignidade da pessoa humana é analisada como uma necessidade imediata do nosso ordenamento jurídico, posto que está amparada em dispositivos legais, e não respeitar aludido desiderato pode ocasionar um dano, e, ainda mais, permanente, à pessoa. Assim, é necessária uma breve análise dos direitos da personalidade, uma vez que a dignidade da pessoa humana encontra aqui seu habitat natural.

No mais, é possível observar a relação entre os direitos da personalidade e a dignidade da pessoa humana, por meio do Enunciado nº 286 do CJF/STJ: "Os direitos da personalidade são direitos inerentes e essenciais à pessoa humana, decorrentes de sua dignidade, não sendo as pessoas jurídicas titulares de tais direitos".

Por sinal, considera-se, pois, um desafio aos civilistas, consoante entendimento de Paulo Lôbo (1999, p. 103), com o qual perfilhamos, ver a pessoa em toda a sua dimensão ontológica e, assim, seu patrimônio. Esse, também, é o posicionamento de Maurício D'Olivo (1996, p. 185), pelo que se constata em seu artigo:

> [...] a personalidade faz parte do indivíduo, é a parte que lhe é intrínseca, pois através dela, a pessoa poderá adquirir e defender os demais bens. Como um bem do homem, a personalidade poderá ser defendida contra quaisquer agressões. Através de normas do direito positivo, a coletividade autoriza o homem a cuidar e defender os seus demais bens.

Enaltecer o ser humano torna-se uma condição básica para se adequar o direito à realidade e aos fundamentos constitucionais, bem como protegê-lo na sua integralidade, a fim de se evitar um dano à pessoa, quando da sua violação. Urge, pois, proteger os direitos da personalidade e, consequentemente, a dignidade da pessoa humana.

Inicialmente, cumpre esclarecer o conceito, a natureza e a extensão dos direitos da personalidade, os quais estão intimamente ligados pela adoção da tese naturalista ou da cláusula geral do direito da personalidade, consagradas no art. 1º, III, da Constituição Federal/88, ou, mesmo, da sua *atipicidade*.

A personalidade é, segundo Pietro Perlingieri (1997, p. 155-156), um valor encontrado na base de uma série aberta de situações existenciais, exigindo, assim, sua incessante e mutável tutela. Compõe-se de características que a distinguem como ser humano, ao mesmo tempo em que integra a sociedade e o gênero humano (MONTEIRO, 2003, p. 96).

Outrossim, as situações subjetivas podem ser analisadas como existenciais ou patrimoniais, a depender das funções sociais que exercem, isto é, levar-se-á em consideração o interesse inserido no seu núcleo. Dessa forma, "as situações referentes à propriedade, ao crédito etc., são tidas como relações patrimoniais, enquanto as situações referentes aos chamados direitos da personalidade são tidas como situações existenciais" (FACHIN, 1998, p. 33). Por isso, um dano permanente à pessoa, quando da violação da sua privacidade ante a liberdade de expressão, configura um dano existencial.

Daí, pode-se afirmar que os direitos da personalidade, segundo Carlos Alberto Bittar (1989, p. 1), são aqueles reconhecidos à pessoa humana considerada em si e em sua projeção na sociedade e consagrados pelo ordenamento jurídico para a defesa de valores inatos no homem, concretizando, assim, o princípio da dignidade da pessoa humana. Consequentemente, o direito da personalidade é, conforme Pontes de Miranda (1971, p. 7), ubíquo, pois está amparado pelo direito público (analisando-o como espécie dos direitos fundamentais), bem como pelo direito privado (observando-o como relação de igualdade presente no direito civil). Portanto, não mais se vislumbra a velha dicotomia entre os espaços público e privado, o que, por sinal, incide na problemática deste artigo, quando se questiona os limites da liberdade de expressão (e até liberdade de imprensa, com o seu dever de informar) e o direito à privacidade do indivíduo.

Verifica-se, portanto, o reconhecimento da existência de direitos da personalidade não tipificados pelo ordenamento jurídico, os quais merecem ser amparados, pois decorrem do princípio geral da proteção da dignidade da pessoa humana (BELTRÃO, 2005, p. 24). É o posicionamento defendido por Luciana Fregadolli (1997, p. 197-199), o qual é adotado no presente artigo:

> Assim, a personalidade é parte do indivíduo, a parte que lhe é intrínseca, pois através dela a pessoa poderá adquirir e defender os demais bens. Todo homem tem a sua personalidade, independentemente do que o manda o Direito. [...]
>
> O direito objetivo autoriza a pessoa a defender sua personalidade, de forma que os direitos da personalidade são os direitos subjetivos da pessoa de defender o que lhe é próprio, ou seja, a identidade, a liberdade, a sociabilidade, a reputação, a honra, a autoria etc. São direitos comuns da existência, porque são simples permissões dadas pela norma jurídica, a cada pessoa, de defender um bem que a natureza lhe deu, de maneira primordial e direta.

A tutela da pessoa, portanto, não se fracionaria em isolados suportes fáticos, em autônomas hipóteses não comunicáveis entre si, mas deve ser apresentada como problema unitário, dado o seu fundamento representado pela unidade do valor da pessoa. Assim, "além dos tipos de direitos da personalidade já positivados na Constituição e na legislação civil, os tipos socialmente reconhecidos são aferíveis a partir de sua compatibilidade com o princípio da dignidade da pessoa humana, fonte determinante de todos" (LÔBO, 2009, p. 144), o que possibilita a plena aplicabilidade dos direitos da personalidade.

Além disso, a Lei Maior traz como um dos fundamentos da República o respeito ao princípio da dignidade da pessoa humana, dentro do qual se configuram os chamados direitos da personalidade, a isso se chamaria cláusula ou direito geral da personalidade, o que é reforçado no Enunciado nº 274 do CJF/STJ:

> Os direitos da personalidade, regulados de maneira não exaustiva pelo Código Civil, são expressões da cláusula geral de tutela da pessoa humana, contida no art. 1º, inc. III, da Constituição (princípio da dignidade da pessoa humana). Em caso de colisão entre eles, como nenhum pode sobrelevar os demais, deve-se aplicar a técnica da ponderação.

Corroborando o entendimento exposto, esclarece Gustavo Tepedino (1999, p. 36) que "não se trataria de enunciar um único direito subjetivo ou classificar múltiplos direitos da personalidade, senão, mais tecnicamente, de salvaguardar a pessoa humana em qualquer momento da atividade econômica".

Verifica-se, pois, que só é permitido restringir os direitos inerentes à pessoa quando se justifica na própria dignidade da pessoa humana, argumento esse, por sinal, que comprova a não preferência da liberdade de expressão sobre o direito à privacidade, justificando-se no amparo à dignidade da pessoa humana, impedindo que esta seja atingida por um dano existencial, como se analisará adiante.

No tocante à sua extensão, nada mais do que reflexo da sua atipicidade, a posição dominante classifica esses direitos em várias categorias: integridade física, moral, existencial e patrimonial, o que possibilita sua sistematização e evidencia diferentes direitos. Constata-se, então, a referência, de um lado, à pessoa em si (patrimônio físico e intelectual, originários, existentes por sua natureza, como ente humano, com o nascimento); e, de outro, sua projeção na coletividade (patrimônio moral e social, ou seja, a pessoa em seu relacionamento com a sociedade) (BITTAR, 1989, p. 17).

Constata-se, portanto, que os direitos da personalidade abrangem um complexo valorativo – tese anteriormente exposta por meio de Perlingieri – intrínseco e extrínseco do ente, alcançando a pessoa em si ou integrada à sociedade, possuindo como objeto seus atributos substanciais e, como fundamento, a própria essencialidade do ser.

O Código Civil dedica um capítulo da parte geral aos direitos da personalidade (art. 11 e segs.), selecionando aqueles que produzem efeitos mais agudos nas relações civis, a saber: direito à integridade física; vedação de tratamento médico ou intervenção cirúrgica não consentidos; direito à identidade pessoal; direito à imagem; direito à honra; direito à vida privada (LÔBO, 2001, p. 92). Essa previsão restrita a alguns direitos da personalidade ocorre porque a matéria é definida como complexa e de significação ética essencial, deixando-a para o natural desenvolvimento da doutrina e da jurisprudência.

Inicia-se a exposição da legislação civil, com disposição genérica, quanto às suas características, definindo-as, salvo casos previstos em lei, como: intransmissíveis e irrenunciáveis, não podendo o seu exercício sofrer limitação voluntária (art. 11), salvo a que não seja permanente ou que afete seu núcleo essencial, o que pode ser reforçado através do Enunciado nº 4 do CJF/STJ: "O exercício dos direitos da personalidade pode sofrer limitação voluntária, desde que não seja permanente nem geral", bem como no Enunciado nº 139 do CJF/STJ: "Os direitos da personalidade podem sofrer limitações, ainda que não especificamente previstas em lei, não podendo ser exercidos com abuso de direito de seu titular, contrariamente à boa-fé objetiva e aos bons costumes".

Relativamente ao direito ao segredo e à imagem (art. 20), ambos constituem o direito à privacidade e impedem a divulgação de escritos, a transmissão de palavras ou a publicação e exposição ou a utilização da imagem da pessoa que afetem a honra, boa fama ou respeitabilidade, ou se se destinarem a fins comerciais, salvo se autorizadas, necessárias e verídicas, fundamentalmente, se destinadas à administração de justiça ou à manutenção da ordem pública.

Enfim, após essa breve apresentação da tutela dos direitos da personalidade, convém analisar as particularidades do direito à privacidade, bem como as (im) possibilidades de sua limitação ante a liberdade de expressão, o que é objeto do tópico a seguir.

3 Direito à privacidade versus direito à liberdade de expressão: (im) possibilidade de sua violação

Inicialmente, é oportuno trazer à baila algumas acepções do conceito de direito à privacidade. A privacidade, como um constructo humano, tem por fundamento o contexto de tradição e história em que as pessoas estão imersas. Sem um significado ontológico, inerente a ela, esta perpassa diversas transformações significativas ao longo da história humana.

No século XIX, Samuel Warren e Louis Brandeis (1890), no intuito protetivo, bem além de seu tempo, publicaram o artigo *The right to privacy*, que se tornou a primeira tese do direito à privacidade, traduzido à época como direito de ser deixado só. Tratava-se de uma definição ampla e vaga, mas inovadora. O direito à privacidade representava, segundo aqueles autores, a violação da personalidade, provocada pelas novas tecnologias, à época, como a divulgação de fotos ou matérias em jornais, sem a permissão de seus protagonistas. Mas, até então, a privacidade era algo que não podia ser medido de forma física, tratava-se, pois, de uma forma de dor meramente psicológica.[1] Por sinal, válido salientar que essa sua "origem", norte-americana, como direito de estar só, o tornaria "um direito associal", que em si nada tem a ver com o desenvolvimento da pessoa, o

---

[1] Em 1928, no entanto, a Suprema Corte Americana ao julgar o caso Olmstead *v.* United decidiu que a interceptação telefônica não se tratava de uma violação ao direito à privacidade, por não resultar na invasão física do domicílio do indivíduo. Brandeis, um dos juízes do caso, proferiu voto contrário, afirmando que o direito à privacidade "[...] conferred, as against the government, the right to be let alone – the most comprehensive of rights and the right most valued by civilized men". Já em 1967, a mesma Suprema Corte americana, no caso Katz *v.* United States, afirmou que o direito à privacidade estava condicionado à verificação de uma razoável expectativa "reasonable expectation of privacy". O direito à privacidade passou a ser defendido como o direito de "[...] to live one's life as one chooses, free from assault, intrusion or invasion except as they can be justified by the clear needs of community living under a government of law" (BRANDÃO, 2013, p. 240).

que prejudica sua eficaz proteção legal, segundo Paulo Lôbo (2009, p. 150), uma vez que deve ser analisada a pessoa em si ou como um ser que se relaciona com os demais.

Uma segunda concepção para o direito à privacidade foi definida por E. L. Godkin, também em 1890, que a definiu como direito de limitado acesso à personalidade, representado na decisão, de cada pessoa, do quanto de sua vida pode ser exposta ao público.

Logo, apesar de o século XIX ter inaugurado alguns parâmetros para a proteção à privacidade, não havia ainda a definição quanto às situações e às informações nas quais o acesso não permitido consistiria numa violação de tal direito. Verificou-se a existência e a necessidade de áreas de proteção, postas sob controle do indivíduo, porém sem clareza dos limites dessa área.

Em outra esteira de raciocínio, David O'Brien, em 1979, quase um século após a publicação do artigo *The right to privacy*, defendeu o "direito público de saber", baseado na Primeira Emenda da Constituição Federal dos Estados Unidos da América.[2] A imprensa ganhou novos significados simbólico e prático, ainda que não totalmente compreendidos, notadamente, depois do escândalo de *Watergate*. De outro lado, o Congresso Nacional americano, pressionado por uma "abertura governamental", promulgou uma importante legislação destinada a promover o "direito de saber" do público, concedendo acesso a documentos, registros e reuniões governamentais. Decisões que diminuíssem o significado constitucional do "direito de saber" do público foram atacadas, por estabelecer, para todos os fins práticos, uma guerra contra a imprensa (O'BRIEN, 1979).

Clara era a defesa no sentido de que o interesse do público em conhecer o seu governo deveria ser protegido pela garantia de uma imprensa livre. Mas a difícil tarefa passou a ser encontrar um equilíbrio entre o direito do público de acesso à informação (sobre assuntos governamentais) e um governo representativo eficiente (pelos poderes eleitorais dos cidadãos, tornando-se, pois, um tema bastante delicado). Fazendo com que a Suprema Corte americana se pronunciasse, no sentido de manter o posicionamento de que Congresso e as legislaturas estaduais eram responsáveis por determinar políticas e práticas quanto à informação governamental. Pautando-se aqui a liberdade de expressão por meio da liberdade de imprensa (dever à informação). Nesse mesmo sentido, o STF, por meio da arguição de descumprimento do preceito fundamental, recepcionou a Lei de Imprensa, conferindo-lhe uma interpretação constitucional a fim de se evitar a censura prévia.

Assim, a privacidade teria três prismas diversos, primeiramente representado pelo direito de ser deixado sozinho, o direito de ter informações (direito de saber) e o direito de esconder certas informações, este violado sempre que uma informação é obtida contra a vontade daquele a qual pertence, representado pelo acesso limitado à informação; com isso restrito restaria, também, o acesso à personalidade, no tocante às informações que pertencem à sua zona de privacidade e outras que não estão albergadas pelo mesmo direito, pois dizem respeito principalmente à identificação do indivíduo.

---

[2] "Emenda I – O Congresso não legislará no sentido de estabelecer uma religião, ou proibindo o livre exercício dos cultos; ou cerceando a liberdade de palavra, ou de imprensa, ou o direito do povo de se reunir pacificamente, e de dirigir ao Governo petições para a reparação de seus agravos".

Uma quarta conceituação acerca do direito à privacidade é vista como o poder que a pessoa tem de controlar suas informações pessoais, ou seja, a habilidade individual na circulação de informações relacionadas a si mesmo. Sua violação poderia acarretar a violação do direito à privacidade em relação a dados pessoais, denominados "sensíveis", como que aqueles que podem levar a práticas discriminatórias de qualquer sorte, como sexismo e racismo.[3]

Uma quinta teoria sobre o direito à privacidade (BRANDÃO, 2013, p. 243) a trata como direito à personalidade, representado pelo direito de tomar decisões sobre a própria vida sem interferência externa, da sociedade ou de governo, baseado nos princípios da autonomia privada e da dignidade da pessoa humana. O objetivo, como foi exposto acima, é o de prevenir que o Estado controle o desenvolvimento das relações interpessoais, influenciando e criando determinismos sobre o nível de intimidade desejado para cada relacionamento formado, impondo aos indivíduos uma conduta predeterminada, decidindo quanto à permissividade de informações sobre as ações, crenças e emoções de uma pessoa, ou vedação de seu compartilhamento, preestabelecendo quais dados não podem ser compartilhados com quem quer que seja. Sob este aspecto, tolhido estaria o autogerenciamento da privacidade, retirando do sujeito o poder de decisão sobre suas informações.

Enfim, o direito à privacidade é gênero do qual são espécies o(a): intimidade (situações do domínio exclusivo da pessoa, o que torna seu conteúdo relativo de pessoa para pessoa, dependente da cultura, época e lugar), vida privada (situações concernentes ao ambiente familiar e cuja lesão resvala em outros membros do grupo), sigilo (proteção ao conteúdo das correspondências e das comunicações, consistindo na liberdade de não se emitir o pensamento ou o sentimento), imagem (toda forma de reprodução da figura humana, cuja exposição não autorizada é repelida; comporta a imagem externa da pessoa – efígie – art. 5º, X, e imagem-atributo, art. 5º, V, ambos da CF/88), e honra (atinge reputação, respeito e boa fama de que a pessoa desfruta nas relações sociais).

Oportuno ressaltar o posicionamento do STJ acerca do tema, por meio das súmulas nºs 221 e 403, *in verbis*:

---

[3] São dados pessoais e dados sensíveis, segundo os incs. I e II do art. 5º da Lei nº 13.709, de 14.8.2018: "Art. 5º Para os fins desta Lei, considera-se: I - dado pessoal: informação relacionada a pessoa natural identificada ou identificável; II - dado pessoal sensível: dado pessoal sobre origem racial ou étnica, convicção religiosa, opinião política, filiação a sindicato ou a organização de caráter religioso, filosófico ou político, dado referente à saúde ou à vida sexual, dado genético ou biométrico, quando vinculado a uma pessoa natural; [...]". E seu tratamento só pode ocorrer nas hipóteses elencadas nesta mesma lei, que em seu art. 11 determina: "Art. 11. O tratamento de dados pessoais sensíveis somente poderá ocorrer nas seguintes hipóteses: I - quando o titular ou seu responsável legal consentir, de forma específica e destacada, para finalidades específicas; II - sem fornecimento de consentimento do titular, nas hipóteses em que for indispensável para: a) cumprimento de obrigação legal ou regulatória pelo controlador; b) tratamento compartilhado de dados necessários à execução, pela administração pública, de políticas públicas previstas em leis ou regulamentos; c) realização de estudos por órgão de pesquisa, garantida, sempre que possível, a anonimização dos dados pessoais sensíveis; d) exercício regular de direitos, inclusive em contrato e em processo judicial, administrativo e arbitral, este último nos termos da Lei nº 9.307, de 23 de setembro de 1996 (Lei de Arbitragem); e) proteção da vida ou da incolumidade física do titular ou de terceiro; f) tutela da saúde, em procedimento realizado por profissionais da área da saúde ou por entidades sanitárias; ou g) garantia da prevenção à fraude e à segurança do titular, nos processos de identificação e autenticação de cadastro em sistemas eletrônicos, resguardados os direitos mencionados no art. 9º desta Lei e exceto no caso de prevalecerem direitos e liberdades fundamentais do titular que exijam a proteção dos dados pessoais".

Súmula 221: São civilmente responsáveis por danos morais e materiais em caso de ofensa pela imprensa, tanto o autor do escrito, quanto o proprietário do jornal que o veicula.

Súmula 403: Independe de prova do prejuízo a indenização pela publicação não autorizada de imagem de pessoa com fins econômicos ou comerciais.

Relativamente à liberdade de expressão, nela estão abarcados sensações e intuições, bem como juízos intelectivos (art. 5º, IX, CF/88). Portanto:

> [...] depreende-se que a liberdade de expressão é direito genérico que finda por abarcar um sem-número de formas e direitos conexos e que não pode ser restringido a um singelo externar sensações ou intuições, com a ausência da elementar atividade intelectual, na medida em que a compreende. Dentre os direitos conexos presentes no gênero *liberdade de expressão* podem ser mencionados, aqui, os seguintes: liberdade de manifestação de pensamento; de comunicação; de informação; de acesso à informação; de opinião; *de imprensa, de mídia,* de divulgação e de radiodifusão. (TAVARES, 2005, p. 219) (Grifos nossos)

Por sua vez, o direito de expressar o próprio pensamento agrega componentes funcional-democráticos e coletivos, possuindo um duplo sentido: direito de informar (semelhante à liberdade de imprensa, individual ou profissional) e direito de ser informado (direito público ou coletivo à informação) (SAMPAIO, 1998, p. 387-388). De forma genérica, está garantido constitucionalmente pelo direito de acesso à informação (art. 5º, XXXIII e XXXIV, alínea "b") ou da liberdade de informação jornalística (art. 220, §1º), constituindo um direito-dever de informar correlato ao direito coletivo de conhecer, o que, a princípio, o coloca em posição de destaque, quase como um direito ilimitado, e, nesses termos, a intimidade estaria condenada ao desamparo legal.

Entretanto, esclarece Sampaio (1998, p. 390):

> A liberdade de informação e o direito à intimidade, nesse sentido, devem gozar de um mesmo nível de proteção, em *abstrato, prima facie,* para, consoante às circunstâncias do caso, prevalecer uma ou outro. Não importa aqui a veracidade dos fatos ou a correção de opiniões, mas sim a atitude invasiva que pode, destarte, não produzir a responsabilidade do invasor, pelo legítimo exercício de sua liberdade de informar. Vale, assim, considerar as situações fáticas presentes: para além do caráter objetivo e transcendente da *notícia,* os fatos noticiados (*a*); a influência do "ânimo" ou comportamento do envolvido, âmbito espacial de proteção (*c*) e notoriedade do fato (*d*) ou da pessoa (*e*), bem assim o lapso de tempo decorrido desde os acontecimentos narrados (*f*). (Grifos no original)

Por outro lado, é notório que há violações ao direito de privacidade pautadas no direito de informar dos veículos de comunicação ou mesmo no direito do público de ser informado, cabendo-se indagar: se essas violações, escoltadas na liberdade de expressão, ocasionarem danos permanentes à pessoa, ainda justifica a violação ao direito à privacidade? Ao que tudo indica a resposta a esse questionamento pode ser extraída do Enunciado nº 613 do CJF/STJ, já transcrito anteriormente.

Aliás, já foi objeto de discussão no programa *STJ Cidadão* (STJ) o tema, a saber:

> *Liberdade de imprensa é tema do programa STJ Cidadão*
>
> O *STJ Cidadão* desta semana aborda a liberdade de imprensa e começa com uma distinção importante. Um dos convidados, o advogado Antônio Rodrigo Machado, explica que "a

liberdade de expressão é a liberdade do cidadão, um direito de natureza individual. A liberdade de imprensa é a liberdade jornalística, de expor a informação para a sociedade como um todo". E quais os limites nesse trabalho de informar?

Para os convidados a debater o tema, os limites são necessários, mas não podem configurar censura prévia. O ministro do Superior Tribunal de Justiça (STJ) Og Fernandes lembra que em nenhum outro período a imprensa brasileira foi tão livre. Afirma ele que "a imprensa é rima rica para o Estado Democrático de Direito".

A questão é descobrir em que ponto termina o legítimo exercício da liberdade de expressão ou de imprensa e começa a violação do direito das pessoas à honra e à intimidade. Muitas vezes, cabe ao Judiciário estabelecer o limite e, em caso de dano, apontar de quem é a responsabilidade.

Nesse aspecto, é importante destacar que o STJ editou a Súmula 221, segundo a qual são civilmente responsáveis pelo ressarcimento de dano decorrente de publicação pela imprensa tanto o autor quanto o proprietário do veículo de divulgação.

É importante, portanto, verificar a real utilidade da informação veiculada pelos mais diversos canais de comunicação para que a liberdade de expressão se justifique expondo aspectos íntimos da pessoa; caso contrário, a ausência de investigação jornalística pode conduzir à sobreposição aos direitos da personalidade, notadamente ao direito à privacidade, como o caso da Escola Base, o que representou um atentado à dignidade da pessoa humana e consubstanciou um ato ilegítimo.

Corroborando esse raciocínio, convém colacionar o entendimento de Silva (2003, p. 88), *in verbis*:

> Mas é indispensável sopesar o grau de utilidade geral da informação com o sofrimento da pessoa a quem a informação concerne e aferir se a utilidade é tal que justifique a imposição desse sofrimento. Ainda, se é possível conciliar aquele interesse geral com o interesse individual pelo resguardo, veiculando-se, por exemplo, o fato, mas sem identificar os protagonistas.

Dessa forma, embora a informação e a intimidade sejam valores amparados na ordem jurídica, é salutar encontrar um equilíbrio entre eles, segundo um critério casuístico, determinando-se o interesse prevalecente em cada situação concreta.

No mais, importa trazer à baila o posicionamento interessante de André Ramos Tavares (2005, p. 216-217), para o qual a liberdade de expressão só se concretizará se não ultrapassar o limite imposto pelo conceito de liberdade, sendo esse extraído da lição de Jonh Stuart Mill, a saber: "a única liberdade merecedora desse nome é a de buscar nosso próprio bem", ou seja, "liberdade é a possibilidade de tudo fazer, desde que não se prejudiquem terceiros". Constata-se que o limite à liberdade de expressão é a responsabilidade ou o respeito que deve haver ao fazer uso da liberdade.

Portanto, conforme se analisará adiante, a liberdade de expressão não goza de preferência sobre o direito à privacidade e, por isso, não constitui um direito ilimitado por que: a uma, há necessidade de harmonia entre os direitos individuais; a duas, não pode contraditar a sua finalidade, atentando contra o desenvolvimento da personalidade individual. Enfim, desrespeitando a dignidade da pessoa humana, o que reforça a tese defendida por Tavares (2005, p. 227-228), com a qual perfilhamos:

Em outro giro, se a liberdade de expressão-comunicação encontra-se tutelada para, dentre outras finalidades, assegurar a formação da personalidade individual (ainda que não seja, evidentemente, responsável pela totalidade dessa formação), seria insuportável que seu exercício engendrasse justamente o desrespeito a direitos da personalidade e, ademais, provocasse com isso aquela formação por meio de divulgação viciadas, gerando uma mensagem implícita de que os direitos podem sempre ser violados.

[...] a liberdade de expressão-comunicação não é absoluta, não podendo violentar outros direitos constitucionais nos quais deve encontrar balizas.

4 A liberdade de expressão ou liberdade de imprensa sob a ótica da ADPF nº 130/DF/2009

A Arguição de Descumprimento de Preceito Fundamental (ADPF nº 130/DF/2009), como analisado anteriormente, adequou constitucionalmente a Lei de Imprensa (por isso feita mediante o controle concentrado de constitucionalidade, via adequada à impugnação de norma pré-constitucional) à expressão "Liberdade de Informação Jornalística", como sinônimo de liberdade de imprensa e salientou a "plena" liberdade de imprensa como categoria jurídica proibitiva de qualquer tipo de censura prévia.

Ressaltou, em sua ementa, a plenitude da liberdade de imprensa, ressalvando as suas principais características, entre as quais estariam:

a) Servir de reforço ou sobretutela das liberdades de manifestação do pensamento, de informação e de expressão artística, científica, intelectual e comunicacional, como liberdades que dão conteúdo às relações de imprensa e que se põem como superiores bens de personalidade e mais direta emanação do princípio da dignidade da pessoa humana.

b) A comunicação social como segmento prolongador das liberdades de manifestação do pensamento, de informação e de expressão artística, científica, intelectual e comunicacional, do transpasse da fundamentalidade dos direitos prolongados ao capítulo prolongador.

Fora realizada uma ponderação diretamente constitucional entre blocos de bens de personalidade, os quais denominou bloco dos direitos que dão conteúdo à liberdade de imprensa e bloco dos direitos à imagem, honra, intimidade e vida privada. Naquele caso em concreto, determinou a precedência do primeiro bloco, com incidência *a posteriori* do segundo bloco de direitos, para o efeito de assegurar o direito de resposta e assentar responsabilidades penal, civil e administrativa, entre outras consequências do pleno gozo da liberdade de imprensa, surgindo, a partir deste julgamento, a "peculiar fórmula constitucional de proteção a interesses privados", como destacado a seguir, no trecho de sua ementa:

[...] mesmo incidindo a *posteriori*, atua sobre as causas para inibir abusos por parte da imprensa. Proporcionalidade entre liberdade de imprensa e responsabilidade civil por danos morais e materiais a terceiros. Relação de mútua causalidade entre liberdade de imprensa e democracia. Relação de inerência entre pensamento crítico e imprensa livre. A imprensa como instância natural de formação da opinião pública e como alternativa à versão oficial dos fatos. Proibição de monopolizar ou oligopolizar órgãos de imprensa como novo e autônomo fator de inibição de abusos. Núcleo da liberdade de imprensa e matérias apenas perifericamente de imprensa. Autorregulação e regulação social da atividade de imprensa. Não recepção em bloco da lei nº 5.250/1967 pela nova ordem constitucional. Efeitos jurídicos da decisão. Procedência da ação.

Assim, o bloco normativo, reservado pela Constituição, segundo o STF, com o apropriado nome Da Comunicação Social (Capítulo V do Título VIII), refere-se à imprensa como:

[...] plexo ou conjunto de "atividades", com a dimensão de instituição-ideia, de modo a poder influenciar cada pessoa de *per se* e até mesmo formar o que se convencionou chamar de opinião pública. Pelo que ela, Constituição, destinou à imprensa o direito de controlar e revelar as coisas respeitantes à vida do Estado e da própria sociedade. A imprensa como alternativa à explicação ou versão estatal de tudo que possa repercutir no seio da sociedade e como garantido espaço de irrupção do pensamento crítico em qualquer situação ou contingência. Entendendo-se por pensamento crítico o que, plenamente comprometido com a verdade ou essência das coisas, se dota de potencial emancipatório de mentes e espíritos.

c) A liberdade de informação jornalística e liberdade de imprensa, insertas no art. 220 da CF, são rechaçadas por qualquer censura prévia, em respeito à dignidade da pessoa humana, em sintonia com o conceito de evolução do estado de civilização. Elas simbolizam o transpasse da natureza jurídica dos direitos prolongados ao capítulo constitucional sobre a comunicação social.

d) Abarcados na definição da plena liberdade de atuação da imprensa, estão: d.1) os direitos de personalidade (liberdade de pensamento, criação, expressão e informação) salvos de qualquer restrição em seu exercício, seja qual for o suporte físico ou tecnológico de sua veiculação; d.2) o seu exercício não se sujeita a outras disposições que não sejam as figurantes dela própria, a Constituição.

Os direitos que dão conteúdo à liberdade de imprensa ou liberdade de informação jornalística são bens de personalidade que se qualificam como sobredireitos de liberdade de imprensa, por isso, em seu limite, as relações de imprensa e as relações de intimidade, vida privada, imagem e honra são de mútua excludência, no sentido de que as primeiras se antecipam, no tempo, às segundas.

Na ocasião do julgamento da ADPF, portanto, o STF determinou que prevalecem as relações de imprensa como superiores bens jurídicos e natural forma de controle social sobre o poder do Estado, sobrevindo as demais relações como eventual responsabilização ou consequência do pleno gozo das primeiras.

A expressão constitucional "observado o disposto nesta Constituição" (parte final do art. 220) foi traduzida pela incidência dos dispositivos tutelares de outros bens de personalidade, mas como consequência ou responsabilização pelo desfrute da "plena liberdade de informação jornalística" (§1º do mesmo art. 220 da Constituição Federal).

O art. 220, ao tratar das liberdades de pensamento, criação, expressão e informação que, de alguma forma, se veiculem pelos órgãos de comunicação social, está em consonância com os incisos do art. 5º da mesma Constituição Federal: vedação do anonimato (parte final do inc. IV); direito de resposta (inc. V); direito à indenização por dano material ou moral à intimidade, à vida privada, à honra e à imagem das pessoas (inc. X); livre exercício de qualquer trabalho, ofício ou profissão, atendidas as qualificações profissionais que a lei estabelecer (inc. XIII); direito ao resguardo do sigilo da fonte de informação, quando necessário ao exercício profissional (inc. XIV).

Outrossim:

> Lógica diretamente constitucional de calibração temporal ou cronológica na empírica incidência desses dois blocos de dispositivos constitucionais (o art. 220 e os mencionados incisos do art. 5º). Noutros termos, primeiramente, assegura-se o gozo dos sobredireitos de personalidade em que se traduz a "livre" e "plena" manifestação do pensamento, da criação e da informação. Somente depois é que se passa a cobrar do titular de tais situações jurídicas ativas um eventual desrespeito a direitos constitucionais alheios, ainda que também densificadores da personalidade humana.

O direito de resposta e todo um regime de responsabilidades civis, penais e administrativas, mesmo atuando *a posteriori*, infletiriam sobre as causas para inibir abusos no desfrute da plenitude de liberdade de imprensa e no regime da livre e plena circulação das ideias e opiniões, assim como das notícias e informações.

Em tempo, um dos argumentos favoráveis à prevalência da liberdade de expressão encontra guarida na fundamentação de que a excessividade indenizatória, em si mesma, seria um poderoso fator de inibição da liberdade de imprensa, em violação ao princípio constitucional da proporcionalidade. A relação de proporcionalidade entre o dano moral ou material sofrido por alguém e a indenização que lhe caiba receber (quanto maior o dano, maior a indenização) seria aplicável no âmbito interno da potencialidade da ofensa e da concreta situação do ofendido. A circunstância em si da veiculação do agravo por órgão de imprensa não deveria entrar nessa equação, porque, senão, "a liberdade de informação jornalística deixaria de ser um elemento de expansão e de robustez da liberdade de pensamento e de expressão *lato sensu* para se tornar um fator de contração e de esqualidez dessa liberdade". Assim, destaca-se a seguir importante trecho da ementa da ADPF:

> A plena liberdade de imprensa é um patrimônio imaterial que corresponde ao mais eloquente atestado de evolução político-cultural de todo um povo. Pelo seu reconhecido condão de vitalizar por muitos modos a Constituição, tirando-a mais vezes do papel, a Imprensa passa a manter com a democracia a mais entranhada relação de mútua dependência ou retroalimentação. Assim visualizada como verdadeira irmã siamesa da democracia, a imprensa passa a desfrutar de uma liberdade de atuação ainda maior que a liberdade de pensamento, de informação e de expressão dos indivíduos em si mesmos considerados. O §5º do art. 220 apresenta-se como norma constitucional de concretização de um pluralismo finalmente compreendido como fundamento das sociedades autenticamente democráticas; isto é, o pluralismo como a virtude democrática da respeitosa convivência dos contrários. A imprensa livre é, ela mesma, plural, devido a que são constitucionalmente proibidas a oligopolização e a monopolização do setor (§5º do art. 220 da CF). A proibição do monopólio e do oligopólio como novo e autônomo fator de contenção de abusos do chamado "poder social da imprensa".

5 Total procedência da ADPF nº 130/DF/2009, para o efeito de declarar como não recepcionado pela Constituição de 1988 todo o conjunto de dispositivos da Lei Federal nº 5.250, de 9.2.1967

Inicialmente, insta pontuar que não houve recepção em bloco da Lei nº 5.250 pela nova ordem constitucional, uma vez que se constatou a impossibilidade de conciliação e incompatibilidade material insuperável entre a referida lei e a Constituição de 1988, seja do tipo material ou de substância (vertical). Contaminada restou toda a Lei de Imprensa, eis que:

> [...] a) quanto ao seu entrelace de comandos, a serviço da prestidigitadora lógica de que para cada regra geral afirmativa da liberdade é aberto um leque de exceções que praticamente tudo desfaz; b) quanto ao seu inescondível efeito prático de ir além de um simples projeto de governo para alcançar a realização de um projeto de poder, este a se eternizar no tempo e a sufocar todo pensamento crítico no País. [...] São de todo imprestáveis as tentativas de conciliação hermenêutica da Lei 5.250/67 com a Constituição, seja mediante expurgo puro e simples de destacados dispositivos da lei, seja mediante o emprego dessa refinada técnica de controle de constitucionalidade que atende pelo nome de "interpretação conforme a Constituição". Os bens de personalidade que se põem como o próprio conteúdo ou substrato da liberdade de informação jornalística foram declarados irregulamentáveis, haja vista serem bens jurídicos que têm na própria interdição da prévia interferência do Estado o seu modo natural, cabal e ininterrupto de incidir. Em tema elementarmente de imprensa, a vontade normativa surgiria e se exauriria no próprio texto da Lei Suprema. Sob pena de artificializar ou forçar a descontaminação da parte restante do diploma legal interpretado, a técnica da interpretação conforme não pôde ser aplicada, descabido incursionamento do intérprete em legiferação por conta própria. Inapartabilidade de conteúdo, de fins e de viés semântico (linhas e entrelinhas) do texto interpretado. Caso-limite de interpretação necessariamente conglobante ou por arrastamento teleológico, a pré-excluir do intérprete/aplicador do Direito qualquer possibilidade da declaração de inconstitucionalidade apenas de determinados dispositivos da lei sindicada, mas permanecendo incólume uma parte sobejante que já não tem significado autônomo. Não se muda, a golpes de interpretação, nem a inextrincabilidade de comandos nem as finalidades da norma interpretada. Impossibilidade de se preservar, após artificiosa hermenêutica de depuração, a coerência ou o equilíbrio interno de uma lei (a Lei federal nº 5.250/67) que foi ideologicamente concebida e normativamente apetrechada para operar em bloco ou como um todo *pro indiviso*.

Entrementes, é importante ressaltar que o direito de resposta, que se manifesta como ação de replicar ou de retificar matéria publicada, é exercitável por parte daquele que se vê ofendido em sua honra objetiva, ou então subjetiva, conforme estampado no inc. V do art. 5º da Constituição Federal. A legislação comum, notadamente o Código Civil, o Código Penal, o Código de Processo Civil e o Código de Processo Penal serão aplicáveis às causas decorrentes das relações de imprensa.

Outrossim, cumpre colacionar a decisão do STF, com base na ADPF nº 130/DF/2009, a qual contaminou a Lei de Imprensa nº 5250/67 pelos motivos já elencados anteriormente. *In verbis:*

> *Decisão:* O Tribunal, por maioria e nos termos do voto do Relator, julgou procedente a ação, vencidos, em parte, o Senhor Ministro Joaquim Barbosa e a Senhora Ministra Ellen

Gracie, que a julgavam improcedente quanto aos artigo 1º, §1º; artigo 2º, caput; artigo 14; artigo 16, inciso I e artigos 20, 21 e 22, todos da Lei nº 5.250, de 9.2.1967; o Senhor Ministro Gilmar Mendes (Presidente), que a julgava improcedente quanto aos artigos 29 a 36 da referida lei e, vencido integralmente o Senhor Ministro Marco Aurélio, que a julgava improcedente. Ausente, justificadamente, o Senhor Ministro Eros Grau, com voto proferido na assentada anterior. Plenário, 30.04.2009.

No mais, é possível facilmente constatar que a decisão supratranscrita traduz a relação de inerência entre pensamento crítico e imprensa livre, isto é, a imprensa como instância natural de formação da opinião pública e como alternativa à versão oficial dos fatos.

Por considerar o pensamento crítico parte integrante da informação plena e fidedigna, enaltecendo que o possível conteúdo socialmente útil da obra compensa eventuais excessos de estilo e da própria verve do autor, o STF entendeu que o exercício concreto da liberdade de imprensa assegura ao jornalista o direito de expender críticas a qualquer pessoa, ainda que em tom áspero ou contundente, especialmente contra as autoridades e os agentes do Estado, aliás, justamente pela sua relação de inerência com o interesse público não seria aprioristicamente suscetível de censura, mesmo que legislativa ou judicialmente intentada. Assim, concluiu que a crítica jornalística é própria às atividades de imprensa, e operar como formadora de opinião pública traz espaço natural do pensamento crítico e apresenta, na realidade, uma alternativa à versão oficial dos fatos.

Seguindo essa linha de raciocínio, a Constituição Federal acrescentou à liberdade de imprensa, já prevista como "livre", o qualificativo "plena". Além de qualquer censura prévia, a própria plenitude da liberdade de informação seria a essência mesma do jornalismo (o chamado "núcleo duro" da atividade).

Dessa forma:

> Assim entendidas as coordenadas de tempo e de conteúdo da manifestação do pensamento, da informação e da criação *lato sensu*, sem o que não se tem o desembaraçado trânsito das ideias e opiniões, tanto quanto da informação e da criação. Interdição à lei quanto às matérias nuclearmente de imprensa, retratadas no tempo de início e de duração do concreto exercício da liberdade, assim como de sua extensão ou tamanho do seu conteúdo.

À exceção do "estado de sítio" (art. 139), "o Poder Público somente poderia dispor sobre matérias lateral ou reflexamente de imprensa, respeitada sempre a ideia-força de que quem quer que seja tem o direito de dizer o que quer que seja".[4]

---

[4] Logo, não caberia ao Estado, por qualquer dos seus órgãos, definir previamente o que pode ou o que não pode ser dito por indivíduos e jornalistas. Por conseguinte, as matérias reflexamente de imprensa, suscetíveis, portanto, de conformação legislativa estão indicadas pela própria Constituição, como: direitos de resposta e de indenização, proporcionais ao agravo; proteção do sigilo da fonte; responsabilidade penal por calúnia, injúria e difamação; diversões e espetáculos públicos; estabelecimento dos "meios legais que garantam à pessoa e à família a possibilidade de se defenderem de programas ou programações de rádio e televisão que contrariem o disposto no art. 221, bem como da propaganda de produtos, práticas e serviços que possam ser nocivos à saúde e ao meio ambiente" (inc. II do §3º do art. 220 da CF); independência e proteção remuneratória dos profissionais de imprensa como elementos de sua própria qualificação técnica (inc. XIII do art. 5º); participação do capital estrangeiro nas empresas de comunicação social (§4º do art. 222 da CF); composição e funcionamento do Conselho de Comunicação Social (art. 224 da Constituição).

As regulações estatais, que incidissem no plano das consequências ou responsabilizações, repercutiriam sobre as causas de ofensas pessoais, para inibir o cometimento dos abusos de imprensa. A proteção de interesses privados em face de eventuais descomedimentos da imprensa ocorreria peculiarmente na defesa dos abusos, mas sem prejuízo da ordem de precedência a esta conferida. A justificativa foi a de que "não é pelo temor do abuso que se vai coibir o uso", segundo o Ministro Celso de Mello, "a censura governamental, emanada de qualquer um dos três Poderes, é a expressão odiosa da face autoritária do poder público".

No mais, a autorregulação da imprensa é um mecanismo de permanente ajuste de limites da sua liberdade ao sentir-pensar da sociedade civil. Ou seja:

> Os padrões de seletividade do próprio corpo social operam como antídoto que o tempo não cessa de aprimorar contra os abusos e desvios jornalísticos. Do dever de irrestrito apego à completude e fidedignidade das informações comunicadas ao público decorre a permanente conciliação entre liberdade e responsabilidade da imprensa. Repita-se: não é jamais pelo temor do abuso que se vai proibir o uso de uma liberdade de informação a que o próprio Texto Magno do País apôs o rótulo de "plena" (§1º do art. 220).

6 O caso da Escola Base e a mídia como mecanismo de construção social versus a lesão aos direitos da personalidade: hipervalorização da liberdade de expressão ou jornalismo de mercado?

A maneira com que os fatos são veiculados e a forma com que as imagens são transmitidas pela mídia podem gerar a construção de uma percepção equivocada quanto a determinado fato. A influência que a mídia exerce no pensar e no agir das pessoas pode, por vezes, ser responsável pela distorção da realidade, com o intuito de "vender notícia". A forma como um fato é retratado pode acabar provocando sentimentos, os mais diversos, na população, o que acaba por interferir diretamente no que convencionamos intitular de "opinião pública". De acordo com o estudo, publicado na revista científica *Proceedings of the National Academy of Sciences*, a tendência de reagir mais fortemente a notícias de conteúdo negativo é um fenômeno global (CORRÊA, 2019).

A partir da análise das reações fisiológicas dos participantes, conclui-se que, ao redor do mundo, as pessoas são mais "ativadas" por notícias com conteúdo negativo do que por histórias positivas. Logo, reações como indignação moral, revolta, repulsa, entre outras semelhantes, além de serem "mais propagadas", parecem influenciar mais diretamente a opinião das pessoas, e, em alguns casos, como o que passaremos a analisar, pode produzir efeitos condenatórios sobre determinados indivíduos, desencadeando, assim, uma reação social sobre determinado delito que sequer chegou a ser cometido, mas que fora difusamente propagado (CORRÊA, 2019). A fim de remontar à época em que as notícias sobre a Escola Base foram veiculadas, decidimos trazer algumas reportagens, divulgadas pela *Folha de S.Paulo* e verificar como seu conteúdo produziu um verdadeiro juízo inquisitório social, cujo resultado foi uma condenação precoce de "condenados inocentes". Seguem as imagens:

FIGURA 1 – Publicação de 30.3.1994 – Acusadores

Escola é acusada de prostituição

Menino de 4 anos, vítima de abuso sexual, diz que tirou fotos nu com professoras; diretora nega

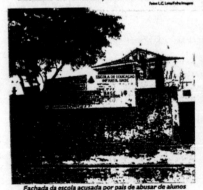

Fachada da escola acusada por pais de abusar de alunos

**Da FT
e Da Reportagem Local**

Duas mães de alunos acusam a Escola de Educação Infantil Base, particular, localizada na Aclimação (região central), de agenciar crianças para fazer filmes e fotos pornográficos. Elas afirmam que a menina C.C., 4 , e o garoto F.J.C., 4, também foram violentados.

As sessões teriam sido organizadas por diretores da escola e pais de um outro aluno. Em depoimento à polícia, uma das diretoras da escola, Aparecida Shimada, negou as acusações (*leia texto abaixo*)

A denúncia foi registrada anteontem no 6.º DP (Cambuci) por Clea Parente de Carvalho, mãe de C.C., e Lúcia Eiko Chang, mãe de F.J.C., com base nos relatos das próprias crianças.

As duas crianças foram examinadas ontem no (IML) Instituto Médico Legal, que já constatou que F.J.C. foi violentado.

O delegado Antonino Primante, 43, do 6º DP, disse que suspeita que a escola sirva de fachada para utilizar crianças para fotos e filmes pornográficos. "Vamos investigar se a escola tem registro na Secretaria de Educação."

A desconfiança dos pais de F.J.C. começou quando, durante uma brincadeira com o filho, a criança decidiu mostrar a posição usada por adultos para fazer sexo.

"Nunca desconfiei de nada até então", disse En Jun Chang, 42, pai de F.J.C.

Chang disse que, depois disso, o menino contou que as diretoras da escola, Aparecida Shimada e Paula Milhim Monteiro Alvarenga, uma professora chamada Célia, o motorista de Kombi chamado Maurício (que seria marido de Paula) e o marido de Aparecida levavam as crianças de Kombi para um local grande, com vários quartos e camas redondas.

Segundo Chang, a criança disse também que os pais de um colega da escola chamado R. também participavam das sessões de pornografia. Eles já teriam sido identificados pelos policiais.

Nos relatos de F.J.C. era citada a participação de uma outra criança, C.C.. A mulher de Chang decidiu procurar os pais de C.C.

"Procuro pensar que isso é tudo mentira", disse Everson de Carvalho, 27, bancário e pai de C.C.. Carvalho disse que "reza" para o exame do IML não dar em nada.

Diferentemente de F.J.C., segundo Carvalho, C.C. não conta o que aconteceu, apenas confirma os fatos narrados pelo menino.

Na noite de ontem, um terceiro casal foi até a delegacia por suspeitar que seu filho de quatro anos também foi violentado. O menino estuda em uma escola pública, mas a Kombi que o leva às aulas seria dirigida por Maurício.

"O casal me disse que o menino lhes relatou que ele abusava das crianças da Kombi", afirmou o delegado. Primante pediu para os pais voltarem hoje ao 6º DP.

Recorte da publicação da *Folha de S.Paulo* de 30 de março de 1994. Caso Escola Base. Imagem completa disponível em: http://acervo.folha.uol.com.br/fsp/1994/03/30/264

FIGURA 2 – Publicação de 30.3.1994 – Acusados

Diretoras negam as acusações

**Da Reportagem Local
e Da FT**

Uma das diretoras da Escola de Educação Infantil Base, Aparecida Shimada, e seu marido, Airi Shimada, negaram todas as acusações de abuso sexual em depoimentos prestados ontem à tarde ao delegado-titular do 6º Distrito Policial, Edélcio Lemos.

Os policiais do 6º DP conversaram anteontem com a outra diretora da escola, Paula Milhim Monteiro Alvarenga, que também negou as acusações de abuso sexual contra as crianças.

Ela disse que em hipótese alguma as crianças saíam da escola durante o horário de aula, como afirmaram as duas crianças. Paula e seu marido, Maurício, também deverão depor no 6º DP.

A reportagem esteve ontem à tarde na escola e foi atendida, por interfone, por uma pessoa que preferiu não se identificar e disse que ninguém da direção estava. A mesma pessoa afirmou que ontem não houve aula na escola.

"Vim em busca de esclarecimentos", disse Humberto Dantas, 28, bancário, pai de aluno. Dantas foi até a escola ontem à tarde, mas não conseguiu saber o que houve. Ele disse que ontem deixou sua filha de 2 anos na casa de parentes.

Recorte da publicação da *Folha de S.Paulo* de 30 de março de 1994. Caso Escola Base. Imagem completa disponível em: http://acervo.folha.uol.com.br/fsp/1994/03/30/264

FIGURA 3 – Publicação de 31.3.1994 – Abordagem plural: a notícia do caso Escola Base na *Folha de S.Paulo* em 1º.4.1994

Pais fazem novas denúncias de abuso sexual

Segundo eles, alunos de escola infantil estariam sendo usados em filmes pornográficos; diretores negam

Da Reportagem Local

A polícia recebeu ontem duas novas denúncias de pais de alunos que acusam a Escola de Educação Infantil Base de abusar sexualmente de seus filhos.

De manhã, o gerente de vendas Ricardo Isber, 36, levou seu filho R.S.I., 4, ao IML (Instituto Médico Legal) para saber se ele sofreu abuso sexual.

R.S.I. não estudava na Base, mas era levado para uma escola municipal pelo motorista Maurício Monteiro de Alvarenga, 31, marido de uma das sócias da Base, a professora Paula Milhim Monteiro Alvarenga, 27.

Segundo Isber, seu filho lhe contou que Alvarenga o obrigava a acariciar seu órgão genital dentro de sua Kombi quando ia para a escola. O laudo do IML sobre R.S.I. não estava pronto até as 22h de ontem.

Além de R.S.I., a polícia examinou ontem o menino R., 4. Ele é filho de Saulo da Costa Nunes e de Mara Cristina França.

Os dois são acusados de participar das orgias com as crianças que seriam promovidas pela direção da escola a fim de fazer filmes e fotos pornográficos com as crianças.

A escola permaneceu fechada ontem. O motorista Alvarenga, Paula, a diretora Maria Aparecida Shimada, 43, Icushiro Shimada (marido de Maria), 48, Nunes e Maria Cristina continuaram negando as acusações de abuso sexual.

Na tarde de ontem, a dona-de-casa Sheila Cristina Fiorito, 23, e seu atual marido, o instrutor de ginástica Abraão Rodrigues do Nascimento, 32, foram ao 6º DP.

Sheila teve, em seu primeiro casamento, o menino C.R.F., 4. Da mesma forma, Nascimento teve A.R.N.J., 6. Os dois meninos estudam na Base e A.R.N.J. teria visto seus amigos pelados na escola.

Segundo o delegado Edélcio Lemos, 38, do 6º DP, uma garrafa de álcool foi atirada em uma janela da escola na madrugada de ontem. Ela não causou prejuízo, pois o álcool não se incendiou.

No início da noite de ontem, a polícia montou uma operação para tentar achar um laboratório fotográfico que seria usado para revelar os filmes feitos com as crianças. Até as 22h, a polícia não havia divulgado resultado da busca.

O IML já examinou quatro crianças. Por enquanto, o instituto só constatou que o menino F.J.C., 4, foi violentado.

O delegado descartou ontem pedir imediatamente a prisão preventiva dos suspeitos. Segundo ele, ainda não existem provas suficientes para essa medida.

Os suspeitos no caso da escola Base estão sujeitos a uma pena, caso sejam condenados, que vai de dois a sete anos de prisão.

Eles podem ser processados por atentado violento ao pudor, que pune todo ato sexual feito sob violência e diferente do estupro (relação sexual violenta com mulher).

Fiscalização

Não há órgão fiscalizador em São Paulo para escolas infantis. "Abrir uma escola dessas é mais fácil do que abrir uma quitanda", afirma o presidente do Conselho Estadual de Educação, José Mário Azanha. Segundo ele, basta registrar a escola na Administração Regional do bairro para colocar a escola em funcionamento.

A legislação federal e estadual é vaga a esse respeito. Mas, a Lei Orgânica do Município —um tipo de constituição— de São Paulo, de 1990, diz, nos artigos 200 e 202, que é o Conselho Municipal de Educação que deve definir as normas de "funcionamento, fiscalização, supervisão, direção, assistência psicológica", entre outros, dessas escolas.

Os nove membros do recém-criado Conselho Municipal de Educação tomaram posse na sexta-feira passada e ainda não se reuniram.

(Marcelo Godoy e Fernando Rossetti)

Lúcia Shang com o filho de 4 anos que sofreu abuso sexual

Mãe diz que filho mudou

Da Reportagem Local

A dona-de-casa Sheila Cristina Fiorito, 23, matriculou seu filho C.R.F., 4, na Escola de Educação Infantil Base no ano passado. Casada pela segunda vez, seu atual marido também mantém um filho, A.R.N.J., 6, na escola.

Folha - Por que a senhora denunciou a escola?

Sheila Cristina Fiorito -O filho do meu marido disse que viu seus coleguinhas ficarem pelados na escola. O comportamento dele e de meu filho mudou. Na semana passada, ele disse para o pai que era 'melhor namorar homem do que namorar mulher'.

Folha - Quando a senhora percebeu a mudança no comportamento de seu filho?

Sheila -Percebi isso quando surpreendi o meu filho e o do meu marido nus no quarto. Os dois estavam se acariciando como se fossem adultos.

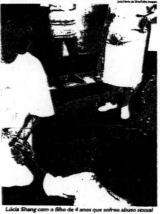

FIGURA 4 – Publicação editada da *Folha de S.Paulo* de 1º.4.1994, caso Escola Base. Disponível em: http://acervo.folha.uol.com.br/fsp/1994/04/01/264/#

Psicanalistas

Pais devem agir com naturalidade

Da Reportagem Local

Especialistas em psiquiatria infantil afirmam que qualquer criança que tenha sofrido abuso sexual pode vir a desenvolver traumas sérios que afetariam suas relações interpessoais desde a infância.

Para o psicanalista Bernardo Tanis são vários os tipos de distúrbios que a criança pode desenvolver, tais como bloqueio total da afetividade, dificuldades na vida sexual quando adultas e até uma total impossibilidade de contatos pessoais.

Ele aconselha os pais de crianças que tenham sofrido abuso sexual a submeterem os filhos a uma avaliação psicológica para determinar o tipo de tratamento.

O distúrbio mais frequente que se manifesta é a culpa, em consequência de uma auto-crítica da criança por não ter sido capaz de se defender do agressor.

Para Francisco Assunção, livre-docente em psiquiatria no Hospital das Clínicas, a reação dos pais em situações como essa é muitas vezes a maior causadora de traumas. Ele aconselha os pais a agir da forma mais natural possível para não gerar em casa um clima de desespero e culpa.

Segundo os especialistas, não existem sintomas que possam indicar se um criança está ou não sofrendo abuso sexual, mas, se os pais notarem uma mudança drástica no comportamento de seus filhos, devem ficar mais atentos e procurar conversar.

Funcionária

'Nunca vi nada de estranho'

Da Reportagem Local

A auxiliar de berçário Sandra de Jesus trabalhou por cinco anos na Escola de Educação Infantil Base. Durante este tempo, diz que nunca viu nada de estranho na Base.

Sandra mora em frente da escola e deixou esse emprego no último dia 8. A auxiliar de berçário cuidava de cerca de sete crianças na Base. Sua filha Daiane foi aluna da escola por cinco anos.

Daiane é sua única filha e tem seis anos. Ela agora está em uma outra escola do bairro, onde Sandra está trabalhando. "Mudei de trabalho porque ganhava pouco na escola Base", disse.

Ela afirmou que não acredita nas acusações de abuso sexual contra as donas da escola, Maria Aparecida Shimada e Paula Milhim Monteiro Alvarenga.

" Elas eram disciplinadoras, muito responsáveis e tratavam bem as crianças. Nunca tive uma briga com elas", disse.

Para ela, a verdade sobre o caso ainda irá aparecer. "Quando essa história passou na televisão, meu marido se assustou me pressionou muito para saber se eu tinha conhecimento do que acontecia dentro da Base."

Sandra disse que também foi pressionada pela polícia para acusar as diretoras da escola. "Não posso fazer isso, não posso dizer o que eles (policiais) querem ouvir, porque eu estaria mentindo".

Acusados

Prisão preventiva não foi pedida

Da Reportagem Local

O delegado Edélcio Lemos, 38, do 6º, disse que o momento ainda é muito "prematuro" para se fazer uma pedido à Justiça de decretação de prisão dos acusados de abuso sexual contra os alunos da Escola de Educação Infantil Base.

De acordo com ele, ainda existem apenas "provas tênues" sobre a autoria do crime. É que o depoimento de crianças não é considerado uma prova forte pela Justiça *(leia texto nesta página)*.

Lemos chefia as investigações sobre o abuso sexual contra as crianças. Ele disse que não está descartado, no futuro, um pedido de prisão dos suspeitos.

Os principais acusados deverão depor na próxima semana no inquérito que apura o caso. A polícia ouviu apenas informalmente os suspeitos.

As donas da escola, Paula Milhim Monteiro Alvarenga, 27, e Maria Aparecida Shimada, 45, negaram todas as acusações. O motorista Maurício Monteiro Alvarenga (marido de Paula), 31, e o marido de Maria Aparecida, Icushiro Shimada, 48, disseram que as suspeitas são absurdas.

A polícia também deverá ouvir os depoimentos de funcionários da escola. Entre os que deverão ser intimados para depor estão Matilde de Melo, 42, e Maria Célia Belisário, 40. A ex-funcioário Sandra de Jesus também deverá depor. **(MG)**

FIGURA 5 – Publicação de 1º.4.1994

CONHEÇA AS ACUSAÇÕES

Da Reportagem Local

A organização - Paula Milhim Monteiro Alvarenga e Maria Aparecida Shimada, donas da escola Base, são acusadas de mandar as crianças de até 6 anos, durante o período das aulas, para uma casa onde eram feitas fotos e fitas de vídeo com as crianças e adultos nus. As crianças também teriam sido violentadas.

O transporte - Icushiro Shimada e Maurício Monteiro Alvarenga são acusados de transportar as crianças para os locais onde eram feitas as orgias.

A Kombi - Alvarenga é acusado de abusar dos alunos na Kombi, durante o transporte de casa para a escola. O menino R.S.I., que não era aluno da Base mas usava a perua para ir a uma escola pública, teria dito aos pais que Alvarenga teria colocado o pênis entre suas pernas.

A casa grande - É o lugar para onde as crianças afirmaram que eram levadas. Lá, haveria camas redondas e seriam feitas as orgias.

A iniciação - As crianças dizem que seus amiguinhos eram despidos pelas tias e obrigados a ver o corpo dos coleguinhas.

O beijo - As crianças afirmam que eram beijadas na boca pelas "tias" na casa grande. Uma jovem oriental foi descrita por F.J.T.C. como sendo a mulher que beijava seu corpo nu durante as orgias.

Vídeo e foto - As crianças dizem que foram filmadas e fotografadas em orgias com adultos nas camas redondas.

Os pais - Saulo da Costa Nunes e sua mulher, Mara Cristina França, são suspeitos de participar das orgias. Eles são pais do aluno R., 4, suspeito de ser vítima de abuso sexual na escola.

A platéia - Os diretores da escola são acusados de obrigar as crianças a assistirem sessões de sexo entre adultos.

O sexo entre crianças - Os meninos dizem que aprenderam que "namorar" homem é melhor do que ficar com mulher e que deveriam "brincar" de namoro.

A violação - O IML (Instituto Médico Legal) constatou que o menino F.J.T.C. foi violentado. Outros três alunos foram examinados, mas os laudos não estão prontos ainda.

As drogas - Uma professora faria as crianças fumarem "cigarros de brincadeira", que eram feitos "de papel".

A fuga - As crianças dizem que tentavam fugir das "tias" que tentavam obrigá-los a beijar as mulheres e homens na casa grande.

O chapéu de linguarudo - Sylvia Maria Fossa disse que retirou sua filha de seis anos da escola Base porque ela lhe disse que, se relatasse o que acontecia na escola, iria ser obrigada pelas "tias" a usar um chapéu de linguaruda.

O comportamento - Os pais acusam a escola de mudar o comportamento das crianças. O menino C.R.F., 4, foi surpreendido pela mãe abaixando as calças do irmão A.R.N.J., 6, para beijar seu pênis.

A memória do abuso - Algumas crianças negam terem sido vítimas de abuso, mas dizem que viram seus coleguinhas serem molestados pelas "tias". Duas delas dizem não se lembrar do que acontecia às tardes na escola.

Observa-se que, sem se importar se os fatos eram verídicos ou não, pessoas inocentes, juridicamente absolvidas, tornaram-se, antecipadamente "condenados sociais", em grave ofensa aos princípios constitucionais como os da ampla defesa, do contraditório, da presunção de inocência, do devido processo legal, da dignidade da pessoa humana, além dos direitos da personalidade, como exemplo, os direitos à intimidade, à honra, à imagem, à liberdade de expressão e à liberdade de imprensa, os quais foram abordados anteriormente.

Este artigo tem como objetivo analisar a responsabilidade civil e os danos cometidos, como consequência das condutas adotadas pelos jornalistas que cobriram o mais conhecido erro da imprensa brasileira, o caso Escola Base.

Dessa forma, válido fazer, brevemente, uma síntese sobre o aludido caso.

No início dos anos 90, Ayres e sua esposa Maria Aparecida Shimada (Cida) resolveram abrir o seu próprio negócio, no caso, uma escola de ensino fundamental.

Como não tinham o capital suficiente, convidaram Paula Milhin de Monteiro Alvarenga (prima de Cida) que, por sua vez, pediu a ajuda do marido, Maurício de Monteiro Alvarenga, que ficou responsável por dirigir a Kombi que buscaria e levaria os futuros alunos às aulas.

Em setembro de 1992, Cida interessou-se por uma escolinha, que estava à venda, no bairro da Aclimação, na capital do estado de São Paulo. Começava ali a história da escola de Cida e Paula. No momento em que assumiram o negócio, possuíam apenas 17 alunos, que estavam prestes a cancelar suas matrículas.

Ayres, marido de Cida, costumava sair do seu trabalho como fotocopiador e ir direto à Escola de Educação Infantil Base para ajudar a esposa, no momento em que ela terminava o turno acadêmico, atendendo aos pais que chegavam para buscar seus filhos.

No começo de 1994, com as últimas obras prontas, todos estavam esperançosos de que seus sacrifícios poderiam ter valido a pena, superando a meta de 17 alunos (iniciais) para 72 alunos matriculados, número este que tendia a aumentar, pois os proprietários planejavam fazer mais investimentos, por meio da realização de outras reformas e da compra de equipamentos para o local.

Porém, para o infortúnio de todos os envolvidos naquele investimento pessoal e profissional, o destino da Escola Base começava a mudar exatamente na noite do dia 26.3.1994. As senhoras Lúcia Eiko Tanoue e Cléa Parente de Carvalho, mães de dois alunos, ambos de 4 anos, dirigiram-se à Delegacia de Polícia, na zona sul de São Paulo e "prestaram queixa" contra dois casais, proprietários da escola, e um terceiro casal, pais de um aluno. Toda a tragédia que estava por acontecer começou quando a senhora Lúcia Eiko relatou para a polícia que a criança, ao sentar em cima de sua barriga, começou a se movimentar dizendo "o homem faz assim com a mulher" (RIBEIRO, 2000, p. 20). Ela dizia ter sido pega de surpresa com comportamento acima narrado e, ao ter questionado seu filho sobre onde teria aprendido aquilo, o menino não quis responder, vindo logo em seguida a contar-lhe que aprendera com o videogame. A partir dali, Lúcia diz ter começado a inquirir a seu próprio marido se este teria levado o garoto a algum local inapropriado, e a resposta foi que não. Ainda assim, ela afirmou ter continuado a insistir com a criança para saber de onde teriam partido aquelas informações que a criança obteve.

O fato é que a mãe declarou – de maneira falsa, difamatória, caluniosa e injuriosa – para a imprensa que o menino revelara barbaridades. Segundo aquela, o filho teria assistido a uma fita pornográfica, na casa de Rodrigo, outro aluno da Escola Base, em um lugar (conforme "as palavras do filho", em um lugar em que não foram ouvidos) descrito como um "porão verde, jardim na lateral, muitos quartos, cama redonda e aparelho de televisão no alto". O problema foi que, além dela, ninguém havia presenciado ou participado daquela inquirição familiar. Sem qualquer prova, mas sendo tudo anotado pela imprensa e reduzido a termo na delegacia, ela "descreveu" a maneira como tudo teria sido feito. Afirmou que o filho teria sido levado à casa de Rodrigo por uma perua Kombi, dirigida por Shimada (Ayres). A criança teria sido beijada na boca por uma mulher (Cida) e o beijo teria sido fotografado por três homens: José Fontana, Roberto Carlos e Saulo, pai de Rodrigo. Denunciou ainda que Maurício, marido de Paula, sócia da escolinha, teria agredido a criança com tapas; que Cida teria feito com que a criança fosse virada de bruços para passar mertiolate em suas nádegas; que seu filho contou a ela que ardeu muito e que outros coleguinhas teriam participado deste episódio, nomeando-os por Iracema, Rodrigo e Cibele.

Lúcia, por conhecer a mãe de Cibele, Cléa Parente de Carvalho, teria ligado e contado os relatos que disse ter ouvido de seu filho à Cléa e que esta, por sua vez, teria ido conversar com a filha, e que, segundo ela, a menina a teria contado tudo, porém, da mesma forma como ocorrera a "conversa" de Lúcia com Fábio, ninguém presenciou a conversa de Cléa com Cibele.

Cléa afirmou em depoimento na delegacia e na imprensa que sua filha teria contado "que teria sido introduzido em seu ânus um objeto esquisito, que ela não sabia descrever", que "assistia a filmes de mulheres peladas e era fotografada nua" e que "os tios ficavam sem roupas e se deitavam em cima dela" (RIBEIRO, 2000, p. 23).

Neste episódio, o jornalismo brasileiro não se baseou na incessante busca aos "furos de reportagens", para vender mais notícias, mas sim em boatos sem fundamentos, sem ouvir os acusados, sendo responsável por um dos maiores danos à pessoa já causados pela mídia. Esta assumiu os papéis de juiz, acusador e carrasco de seis pessoas, entre as quais, três proprietárias da extinta Escola Base.

Foi assim que, há quase 27 anos, os donos da Escola de Educação Infantil Base, na zona sul de São Paulo, viram a sua escola ser depredada e suas casas violadas, como consequência de mentiras, de fatos não comprovados, não apurados, mas que foram ampla e irresponsavelmente divulgados pela mídia, que os rotularam de pedófilos.

A histeria causada pelas falsas acusações, derivadas das queixas das duas mães, prestadas na delegacia, foi tão grande que o caso tomou proporções enormes, principalmente porque o próprio delegado e os repórteres que "apuravam" os fatos não se preocuparam com o que deveria ser o principal, a busca pela verdade real.

Jornais traziam em seu texto as queixas das duas mães, como se elas, de fato, tivessem sido apuradas e representassem a verdade absoluta e incontestável. Muitas das denúncias sequer haviam sido registradas nos autos da polícia. Depoimentos foram prestados aos repórteres que corriam atrás de reportagens inéditas. Estes, sem qualquer preocupação ou responsabilidade para com as informações veiculadas. Estas sequer possuíam base comprobatória. Fatos eram divulgados pela polícia sem qualquer critério ou compromisso com a ética profissional.

O delegado responsável pelo caso, Edélcio Lemos, encaminhou as crianças ao IML. As mesmas tinham assaduras, aparentemente causadas apenas pela forma de se sentar e pela demora em trocar a fralda molhada. Edélcio obteve um mandado de busca e apreensão para o apartamento de Saulo e Mara. O delegado fez buscas na escola, nas casas dos demais "acusados", e nada foi encontrado.

Como não havia prova alguma do fato narrado pelas mães, estas decidiram procurar a TV Globo para contar aquilo que já vinha sendo veiculado na mídia impressa. Neste momento, houve o início do fim dos projetos de vida daqueles que viram a construção de um sonho tornar-se um dano causado às suas próprias existências.

O delegado Edélson Lemos discutiu com o jornal *Diário Popular*. A polícia tinha efetuado a apreensão de um filme fotográfico pertencente àquele jornal. O delegado Lemos telefonou para o editor do *Diário*, Paulo Breitenvieser, e ofereceu informações com exclusividade sobre o caso da Escola Base. Afirmou o delegado ter um furo de reportagem, casos de violência sexual envolvendo crianças de quatro anos.

Ribeiro (2000, p. 35), escritor do livro sobre a Escola Base, relata que foi o repórter Antônio Carlos Silveira dos Santos, do *Diário*, o primeiro a conseguir uma declaração formal do caso. O delegado afirmou a Carlos Silveira que a polícia tinha apenas uma denúncia e que até ali não havia prova nenhuma, tudo precisava ser mais investigado.

Profissionalmente, Antônio Carlos ficou um tanto desapontado com a busca na escola, pois não havia qualquer indício concreto da existência do crime. O repórter conversou com Ayres, que, conforme a narrativa de Ribeiro (2000, p. 36), lhe disse: "se vocês publicarem uma matéria dessas vão destruir a vida da gente".

O jornalista publica que "O dono da escola foi pego de surpresa, mas não se encontrou nada que provasse qualquer ligação com um suposto crime. Ninguém poderia ir para a cadeia, nem por flagrante nem por prisão temporária". Mesmo assim, foi divulgada uma reportagem afirmando serem os envolvidos culpados (RIBEIRO, 2000, p. 36).

Foi instaurado um inquérito, que passou a tramitar sob a responsabilidade do delegado Edélson Lemos. A revelação "surpresa" aconteceu no dia do recebimento de um telex do IML, que, adiantando alguns resultados do exame de corpo de delito realizado nas crianças, informou que, "referente ao laudo nº. 6.254/94 do menor F.J. T Chang, BO 1827/94, informamos que é positivo para a prática de atos libidinosos. Dra. Eliete Pacheco, setor de sexologia, IML, sede" (RIBEIRO, 2000, p. 41).

A partir daquela informação, todos os jornais passaram a ter conhecimento sobre o caso. O *Jornal Nacional*, da Rede Globo, publicou a notícia sem qualquer versão dos acusados, narrando que um inquérito policial havia sido aberto para apurar um possível caso de abuso sexual na Escola Base (RIBEIRO, 2000, p. 43).

Até o dia 30 de março, os jornais expunham apenas informação sobre as acusações. Sem proferir juízos de valor quanto ao caso. No entanto, quando o delegado deu início às declarações na mídia, a opinião pública já estava formada, no sentido de considerar as seis pessoas acusadas culpadas do crime de pedofilia e de terem cometido perversidades com as crianças. Os acusados foram presos, fotografados e expostos na mídia, bem antes de findarem as investigações sobre o possível fato criminoso.

A Escola Base foi depredada pela população e os suspeitos precisaram se esconder para não serem linchados. É forçoso esclarecer que aqueles sequer haviam prestado seus depoimentos à polícia. A mídia, perdendo completamente a preocupação com a ética e em violação expressa à presunção de inocência, causou um verdadeiro dano existencial para a vida dos acusados que, inocentes, jamais tiveram condições de se restabelecer econômica ou psicologicamente. Um dano que repercute até hoje por quem lembra e por quem é lembrado.

O sensacionalismo da imprensa foi tanto que fez com que o novo delegado cometesse um grande erro, o de errar o número da casa em que realizaria o mandado de prisão (a casa era a de nº 23 e não a de nº 93). O delegado terminou por prender um americano chamado Richard, o qual não possuía ligação qualquer com o caso e foi solto somente nove dias depois.

Os menores chegaram a ser levados à casa de Richard para um possível "reconhecimento do local", e o simples fato de a filha de Cléa ter querido brincar com uma abelhinha de pelúcia que estava na residência foi o suficiente para dizerem que ela estaria identificando o local.

No dia 13 de abril, após a prisão do americano e depois de tanta repercussão, foi esclarecido que ele sequer conhecia os "culpados" pelo caso da Escola Base. As notícias trazidas pela imprensa eram absurdas. A matéria apresentada pelo jornal *O Estado de S. Paulo*, visivelmente sem crédito, foi a seguinte:

> [...] A mulher (mãe de R.) contou ter recebido um folheto de uma outra escola. Ao ver o papel, seu filho perguntou o que era aquilo, e, ao responder, o menino indagou: "Será que esta escola dá aula de educação especial como a minha?" A mãe quis saber como era a aula. Respondeu que uma professora, de nome Célia, o obrigou a tirar a roupa, tocou nele, enquanto o beijava. Ele contou que um "tio" ajudou na aula. (RIBEIRO, 2000, p. 57)

Aos "acusados" parecia não restar mais nada. Estavam sem emprego, sem casas, sem paz, sem liberdade e com as suas honras devassadas. O único que se propôs a escutar a versão dos acusados foi o jornalista Florestan Fernandes Jr., que, ao entrevistá-los, descobriu e revelou a todos serem eles as verdadeiras vítimas do caso.

Lamentavelmente, seis vidas nunca mais foram as mesmas. O estigma de abusadores de crianças deixado pela imprensa acompanhará os acusados até o fim da vida deles, o que já havia chegado para alguns deles (RIBEIRO, 2000, p. 71).

Sem provas, o inquérito policial é arquivado, mas a vida dos acusados nunca mais seria a mesma. A todo o momento surgiam novas provas da inocência dos envolvidos. Até que no dia 22.6.1994, o delegado Gérson de Carvalho inocentou todos os envolvidos. Os jornais começavam a apresentar suas retratações, noticiando que os acusados eram, na verdade, vítimas do fato. Mas os danos já haviam sido causados.

Até hoje, as reais vítimas sofrem com as consequências do "não crime" de que foram acusados. Maria Aparecida teve o sonho de ter sua escola depredada e exterminada, pelas falsas acusações. Ayres, Saulo e Mara Nunes acumulam dívidas e passaram por problemas financeiros. Paula e Maurício Alvarenga se divorciaram. Ele desenvolveu a síndrome do pânico, tinha medo de sair à rua e dependia de utilização de disfarces para falar até mesmo com seu advogado, por medo de ser reconhecido. Paula mudou-se para a casa da mãe com suas filhas, com 60kg acima do peso, sofreu depressão e nunca mais conseguiu emprego como professora. O filho do casal, durante todo o período que a imprensa anunciava horrores sobre seus pais, começou a comer com as mãos, porque soube que era assim que seus pais comeriam quando fossem presos.

Paula faleceu em 2001, Cida em 2007 e Ayres em 2014, sem terem recebido quaisquer indenizações. As mães Cléa e Lúcia, aconselhadas pela psicóloga Walquiria Fonseca Duarte, continuaram com o tratamento psicológico dos seus filhos, e jamais retiraram as acusações, para não serem presas por denunciação caluniosa.

No dia 28.3.2013, o valor da indenização que o estado de São Paulo devia aos seis envolvidos chegou ao valor de R$457.000,00 (quatrocentos e cinquenta e sete mil reais). O valor da condenação pelos danos morais e patrimoniais foi arbitrado no montante de R$100.000,00 (cem mil reais) para cada uma das vítimas. Mas, chegando ao STJ, por meio do REsp nº 351.779, a indenização foi limitada ao valor de R$250.000,00 (duzentos e cinquenta mil) a ser divido entre todas as vítimas.

A Rede Globo foi condenada a pagar cerca de R$1.350 000,00 (milhão e trezentos e cinquenta mil reais) aos donos e ao motorista da Escola Base a título de danos morais. A Rede Globo ingressou com recurso na 7ª Câmara de Direito Privado do TJ paulista. O Tribunal de Justiça de São Paulo decidiu, unanimemente, que "a atuação da imprensa deve se pautar pelo cuidado na divulgação ou veiculação de fatos ofensivos à dignidade e aos direitos de cidadania" e confirmou o valor da indenização fixado pelo juiz da primeira instância, como indenização pelos danos morais causados. O que significa dizer que por danos morais, neste caso, para este artigo, devem se entender os danos existenciais.

O STF ao julgar o Agravo de Instrumento nº 496.406/SP findou o julgamento do caso da Escola Base. Segundo o STF, os direitos à liberdade de informação e à liberdade de imprensa, previstos constitucionalmente, não são absolutos. O STF esclareceu que, de maneira geral, na resolução do conflito, devem ser sobrepesados, pelo método do sistema de freios e contrapesos ou da ponderação concreta de valores, o princípio a ser aplicado ao caso concreto. Mas, demonstrado o exercício abusivo da liberdade de informar, provocando um dano inequívoco aos direitos da personalidade e da dignidade da pessoa humana, da integridade da honra e da imagem, estes se sobreporão aos direitos à intimidade, à vida privada e à imagem (CF, art. 5º, V e X).

O Agravo de Instrumento nº 496.406/SP (p. 66) foi assim ementado:

> Indenização - Danos morais - Veiculação de noticiário ofensivo à honra dos autores, sem a mínima cautela, nem apuração dos fatos, produtora de gravíssimos prejuízos de natureza moral para os ofendidos – Abuso configurado do exercício da liberdade de informar - Preliminares de inépcia da inicial, de falta de condição de procedibilidade e de obrigatoriedade de denunciação da lide rejeitadas - Decadência também afastada - Responsabilidade configurada - Indenização fixada sem excesso e até parcimoniosamente - Matéria preliminar repelida por inteiro e apelo não provido.

Constatou-se que uma série de erros corriqueiros decorrentes do modelo comercial de jornalismo foi a causa dos problemas da cobertura em questão. Por meio de um método, inicialmente comparativo, analisou-se a cobertura jornalística realizada em 1994, quando ocorreu o caso, e a sua repercussão social-midiática, a fim de compreender que o jornalismo-mercadoria tem consequências na construção da notícia como produto final.

7 Conclusão

Erros como hipervalorização das versões da polícia, abertura ao denuncismo, não apuração e não checagem dos fatos cometidos na cobertura jornalística de 1994 conduziram à ofensa aos princípios éticos da profissão jornalística, causando um dano existencial aos seus "protagonistas".

O presente estudo teve por objeto de investigação a lesão à tutela da personalidade produzida pela mídia decorrente de uma verdadeira histeria, a partir de depoimentos (frenéticos) e da ampla divulgação inverídica, infundada e caluniosa, por parte das mães de duas crianças, o que repercutiu no destino daqueles que passaram a ser criminosos, apenas na ficção e no imaginário, de forma indiscriminada, cuja veracidade não foi investigada pela mídia.

Sob o argumento de estar atuando sob a égide da liberdade de expressão, a mídia tornou-se responsável pela lesão à tutela da personalidade daqueles que estavam sendo mencionados em seus tabloides. Verificamos que a mera retratação, no Caso da Escola Base, de modo algum reparou a destruição causada às personalidades dos "protagonistas" de uma estória (inventada).

Reforçamos que foi adotado, como marco epistemológico, o Enunciado nº 613 do Conselho da Justiça Federal,

Assim, nos dias 30 e 31 de março e 1º de abril de 1994, a mídia levou-nos a indagar se as matérias estruturadas pelos veículos de imprensa ouviram todas as fontes envolvidas de forma democrática e que efeitos essa construção causou no público.

Com o intuito de expor a natureza de dano existencial à violação dos direitos da personalidade, no Estado democrático de direito, no caso da Escola Base, notou-se que as práticas de um específico e determinado meio de comunicação acabaram condenando antecipadamente os supostos inimigos da sociedade, convertendo-se a mídia, como vimos, por meio de sua "liberdade de imprensa" em um juiz praticamente inquisitorial. Aliás, no caso ora em análise, pudemos falar em poder punitivo da imprensa.

Infelizmente, o caso da Escola Base, diferentemente de como se deveria esperar atuar o jornalismo, ficou registrado na história brasileira como um das maiores violações ao Estado democrático de direito, caso raro, mas não único, em que a atuação jornalística buscou a mídia em detrimento da violação de inúmeros direitos e garantias asseguradas nas normas constitucionais, inclusive, causando a indignação e a indagação, por parte de toda uma coletividade, acerca da necessidade de serem ou não impostos limites à liberdade de expressão. Mister, *in casu*, a ponderação de valores, como esclarecido a seguir:

> Ponderando, assim, as garantias e direitos preservados constitucionalmente, tendo de um lado a liberdade de imprensa e a liberdade de expressão sustentada pelos abusos midiáticos e do outro lado, a presunção de inocência, o devido processo legal, o contraditório e a ampla defesa, além da preservação dos direitos tutelados pelo princípio da dignidade da pessoa humana, como o direito à intimidade, à imagem e à honra, propondo obter o necessário equilíbrio entre os interesses conflitantes no caso concreto. (SOUZA, 2019)

Referências

AGRELA, Lucas. O escândalo de vazamento de dados do Facebook é muito pior do que parecia. *Exame*, 6 abr. 2018. Disponível em: https://exame.abril.com.br/tecnologia/o-escandalo-de-vazamento-de-dados-do-facebook-e-muito-pior-do-que-parecia/. Acesso em: 18 jan. 2021.

BELTRÃO, Silvio Romero. *Direitos da personalidade*: de acordo com o Novo Código Civil. São Paulo: Atlas, 2005.

BITTAR, Carlos Alberto. *Os direitos da personalidade*. Rio de Janeiro: Forense Universitária, 1989.

BOURDIEU, Pierre. *A distinção*: crítica social do julgamento. Tradução de Daniela Kem e Guilherme J. F. Teixeira. São Paulo: Edusp, 2007.

BRANDÃO, André Martins. Interpretação jurídica e direito à privacidade na era da informação: uma abordagem da hermenêutica filosófica. *Revista Paradigma*, Ribeirão Preto, ano XVIII, n. 22, jan./dez. 2013.

BUCAR, Daniel. Controle temporal de dados: o direito ao esquecimento. *Civilistica.com*, ano 2. n. 3, p. 1-17, 2013. Disponível em: www.revistacivilistica.com. Acesso em: 18 jan. 2021.

CORRÊA, Alessandra. Brasileiros prestam mais atenção em notícias negativas, mostra estudo. *BBC Brasil*, 9 set. 2019. Disponível em: https://www.google.com.br/amp/s/www.bbc.com/portuguese/geral-49640933. amp, acesso em 10/01/20.

CUPIS, Adriano de. *Os direitos da personalidade*. Tradução de Afonso Celso Furtado Rezende. Campinas: Romana, 2004.

D'OLIVO, Maurício. O direito à intimidade na Constituição Federal de 1988. *Cadernos de Direito Constitucional e Ciência Política*, São Paulo, ano 4, n. 15, abr./jun. 1996.

DINIZ, Maria Helena. *Curso de direito civil brasileiro*. São Paulo: Saraiva, 1994. v. 1.

DINIZ, Rivanildo Pereira. A proteção constitucional da vida privada e a reparação do dano moral. *Cadernos de Direito Constitucional e Ciência Política*, São Paulo, ano 7, n. 29, out./dez. 1999.

FACHIN, Luiz Edson (Coord.). *Repensando fundamentos do direito civil contemporâneo*. Rio de Janeiro: Renovar, 1998.

FACHIN, Luiz Edson. Constitucionalização do direito civil. *Carta Forense*, 10 dez. 2007. Disponível em: http://www.cartaforense.com.br/conteudo/entrevistas/constitucionalizacao-do-direito-civil/1098.

FACHIN, Luiz Edson; PIANOVSKI, Carlos Eduardo. A dignidade da pessoa humana no direito contemporâneo: uma contribuição à crítica da raiz dogmática do neopositivismo constitucionalista. *Revista Trimestral de Direito Civil – RTDC*, v. 9, n. 35, p. 101-119, jul./set. 2008.

FERREIRA, Rafael Freire. *Autodeterminação informativa e a privacidade da sociedade de informação*. Rio de Janeiro: Lumen Juris, 2017.

FREGADOLLI, Luciana. O direito à intimidade. *Cadernos de Direito Constitucional e Ciência Política*, São Paulo, ano 5, n. 19, abr./jun. 1997.

GODKIN, E. L. Newspapers here and abroad. *The North American Review*, v. 150, n. 399, p. 197-204, fev. 1890. Disponível em: https://www.jstor.org/stable/25101936. Acesso em: 4 mar. 2019.

GOMES, Orlando. *Introdução ao direito civil*. Rio de Janeiro: Forense, 1974.

JABUR, Gilberto Haddad. *Liberdade de pensamento e direito à vida privada*: conflitos entre direitos da personalidade. São Paulo: Revista dos Tribunais, 2000.

LIBERDADE de imprensa é tema do programa STJ Cidadão. *STJ*, 10 maio 2018. Disponível em: https://www.stj.jus.br/sites/portalp/Paginas/Comunicacao/Noticias-antigas/2018/2018-05-10_18-11_Liberdade-de-imprensa-e-tema-do-programa-STJ-Cidadao.aspx. Acesso em: 18 jan. 2021.

LÔBO, Paulo Luiz Netto. Constitucionalização do direito civil. *Revista de Informação Legislativa*, Brasília, n. 141, jan./mar. 1999.

LÔBO, Paulo Luiz Netto. Danos morais e direitos da personalidade. *Revista Trimestral de Direito Civil*, Rio de Janeiro, n. 6, abr./jun. 2001.

LÔBO, Paulo Luiz Netto. *Direito civil*: parte geral. São Paulo: Saraiva, 2009.

LÔBO, Paulo Luiz Netto. *Teoria geral das obrigações*. São Paulo: Saraiva, 2005.

LÔBO, Paulo. *Direito civil*: obrigações. 8. ed. São Paulo: Saraiva, 2020. v. 2.

LORENZETTI, Ricardo Luis. A descodificação e a possibilidade de ressistematização do direito civil. *In*: FIÚZA, Cesar et al. (Coord.). *Direito civil*: atualidades. Belo Horizonte: Del Rey, 2003.

MIRANDA, Pontes de. *Tratado de direito privado*. Campinas: Bookseller, 2000. v. 7.

MIRANDA, Pontes de. *Tratado de direito privado*. Rio de Janeiro: Borsoi, 1971. v. VII.

MONTEIRO, Washington de Barros. *Curso de direito civil*. São Paulo: Saraiva, 2003. v. 1.

O'BRIEN, David M. The First Amendment and the Public's Right to Know. *Hastings Constitutional Law Quarterly*, v. 7, n. 3, Spring 1980. Disponível em: https://repository.uchastings.edu/hastings_constitutional_law_quaterly/vol7/iss3/1. Acesso em: 18 jan. 2021.

PEREIRA, Caio Mário da Silva. *Instituições de direito civil*. Rio de Janeiro: Forense, 2004. v. 1.

PERLINGIERI, Pietro. *O direito civil na legalidade constitucional*. Rio de Janeiro: Renovar, 2008.

PERLINGIERI, Pietro. *Perfis do direito civil* – Introdução ao direito civil constitucional. Tradução de Maira Cristina de Cicco. Rio de Janeiro: Renovar, 1997.

RIBEIRO, Alex. *Caso Escola Base*: os abusos da imprensa. São Paulo: Ática, 2000.

ROSENVALD, Nelson. *As funções da responsabilidade civil*: a reparação e a pena civil. 3. ed. São Paulo: [s.n.], 2017.

SAMPAIO, José Adércio Leite. *Direito à intimidade e à vida privada*: uma visão jurídica da sexualidade, da família, da comunicação e informações pessoais, da vida e da morte. Belo Horizonte: Del Rey, 1998.

SILVA, Edson Ferreira da. *Direito à intimidade*: de acordo com a doutrina, o direito comparado, a Constituição de 1988 e o Código Civil de 2002. São Paulo: J. de Oliveira, 2003.

SOUZA, Thaís dos Santos. Violação das garantias processuais brasileira praticadas pela Mídia: uma análise do caso Escola Base/1994. *Mídia & Jornalismo*, v. 19, n. 34, p. 269-293, 2019. Disponível em: http://dx.doi.org/10.14195/2183-5462_34_19. Acesso em: 20 jan. 2021.

STF. Tribunal Pleno. *ADPF nº 130/DF*. Rel. Min. Carlos Britto, j. 30.4.2009, pub. 6.11.2009. Disponível em: https://jurisprudencia.stf.jus.br/pages/search/sjur169063/false. Acesso em: 20 jan. 2021.

TAVARES, André Ramos. Liberdade de expressão-comunicação em face do direito à privacidade. *In*: MARTINS FILHO, Ives Gandra; MONTEIRO JUNIOR, Antônio Jorge (Coord.). *Direito à privacidade*. São Paulo: Ideias e Letras, 2005.

TEPEDINO, Gustavo. Normas constitucionais e relações de direito civil na experiência brasileira. *Boletim da Faculdade de Direito Studia Iuridica*, Coimbra, n. 48, colloquio 6, 2000.

TEPEDINO, Gustavo. *Temas de direito civil*. Rio de Janeiro: Renovar, 1999.

WARREN, Samuel D.; BRANDEIS, Louis, D. Right to privacy. *Harvard Law Review*, v. IV, n. 5, dez. 1890. Disponível em: http://groups.csail.mit.edu/mac/classes/6.805/articles/privacy/Privacy_brand_warr2.html. Acesso em: 18 jan. 2021.

Informação bibliográfica deste texto, conforme a NBR 6023:2018 da Associação Brasileira de Normas Técnicas (ABNT):

SPENCER, Danielle; BUARQUE, Elaine. O caso da Escola Base: a liberdade de expressão e a lesão aos direitos da personalidade sob a ótica da ADPF nº 130 e do Enunciado nº 613 do CJF. *In*: EHRHARDT JÚNIOR, Marcos; LOBO, Fabíola Albuquerque; ANDRADE, Gustavo (Coord.). *Liberdade de expressão e relações privadas*. Belo Horizonte: Fórum, 2021. p. 513-540. ISBN 978-65-5518-188-3.

BREVES CONSIDERAÇÕES SOBRE AS BIOGRAFIAS E A LIBERDADE DE EXPRESSÃO, APÓS O JULGAMENTO DA ADI Nº 4.815 PELO SUPREMO TRIBUNAL FEDERAL

PAULA FALCÃO ALBUQUERQUE
JOSÉ BARROS CORREIA JÚNIOR

Considerações iniciais

É comum que os acontecimentos da vida de várias pessoas, especialmente as públicas, despertem interesse e curiosidade, fazendo com que os relatos biográficos sejam obras facilmente encontradas em livrarias e editoras (sejam elas as tradicionais, físicas, ou as mais modernas, virtuais), como também na rede mundial de computadores.

Nesse contexto, a construção de uma biografia acaba por invadir aspectos relacionados à intimidade do biografado e de pessoas que com ele convivem, permitindo que leitores passem a ter conhecimento de informações muitas vezes inéditas – inclusive, quanto mais inédita, maior o interesse. Ocorre que, em vários momentos, o biografado e as pessoas que com ele convivem preferem não divulgar essas informações e se recusam a autorizar a exposição delas; já em outros momentos, sequer tomam conhecimento da construção da obra biográfica.

Nasce, nesse cenário, um choque entre direitos apresentados constitucionalmente: de um lado o direito à intimidade; do outro, o direito à liberdade de expressão. Os direitos em choque se encontram no mesmo patamar legislativo, fazendo com que a solução para este entrave vá além da mera análise hierárquica das normas. A questão em debate impõe a necessária reflexão em torno dos direitos fundamentais inseridos um Estado democrático de direito, entrelaçando-o diretamente na proteção de direitos da personalidade. O diálogo entre a Constituição Federal de 1988 e o Código Civil de 2002 é indispensável para explorar a questão.

Para o Supremo Tribunal Federal (STF), esse assunto não é novidade. Esta Corte já analisou a questão e emitiu seu posicionamento em junho do ano de 2015, ao julgar a Ação Direta de Inconstitucionalidade (ADI) tombada sob o nº 4.815/DF, de relatoria da Ministra Cármen Lúcia. A ação em questão foi proposta pela Associação Nacional dos Editores de Livros – Anel, que solicitou a declaração de inconstitucionalidade parcial, sem redução de texto, dos arts. 20 e 21 do Código Civil de 2002, no sentido de que houvesse a inexigibilidade do consentimento da pessoa biografada e das pessoas retratadas como coadjuvantes para a publicação ou veiculação de obras biográficas, literárias ou audiovisuais. Ao emitir seu posicionamento, o Plenário do Supremo Tribunal Federal, por unanimidade, julgou procedente a ADI, acolhendo o pedido formulado.

Diante desse cenário, o presente ensaio tem o condão de apresentar breves apontamentos acerca dos fundamentos utilizados pelo Supremo Tribunal Federal para sua decisão, especialmente utilizando a lupa da metodologia civil-constitucional como base para análise crítica. A temática é de extremo relevo tendo em vista que a tutela de direitos como a liberdade de expressão e a intimidade/privacidade se assenta nas bases de um Estado democrático de direito, tendo como um de seus fundamentos a dignidade da pessoa humana.

O artigo foi dividido em três partes: inicialmente será apresentada uma base teórica para expor o atual arcabouço jurídico constitucional sobre a liberdade de expressão e a proteção à intimidade e à vida privada. Em sequência, serão apresentados os principais argumentos utilizados da ADI nº 4.815/DF quando do posicionamento do Supremo Tribunal Federal acerca da discussão de necessidade ou não de autorização prévia para biografias não autorizadas. Por fim, serão apresentados alguns argumentos contrários à decisão e a consequente análise crítica.

1   A Constituição Federal de 1988 e os direitos à liberdade de expressão, à intimidade e à privacidade

Não há como negar a relação intrínseca entre o Estado democrático de direito e os direitos fundamentais, fazendo com que democracia e proteção à liberdade de expressão, à intimidade e à vida privada dos indivíduos estejam diretamente relacionadas, devendo, inevitavelmente, ser protegidas.[1]

Isso ocorre diante da expansão e centralidade dos direitos fundamentais, determinando o dever de proteção dos indivíduos tanto nas relações com o Estado (eficácia vertical), como nas relações particulares (eficácia horizontal). Assim, as "liberdades constitucionalmente asseguradas informam e conduzem a interpretação legítima das regras infraconstitucionais"[2] e fazem tais direitos da personalidade alcançarem, por consequência, o patamar constitucional.

A intimidade e a privacidade, hoje protegidas constitucionalmente,[3] não são as mesmas de outrora, tendo passado por consideráveis modificações nos últimos tempos. Atualmente, ao pensar na intimidade e na vida privada, verifica-se a possibilidade de o indivíduo guardar para si aquilo que não pretende compartilhar publicamente, deixando "dentro de um envelope" parte de sua história, para que não seja um lugar fácil de mexer.

---

[1]   GARCIA, Rebeca. Biografias não autorizadas – Liberdade de expressão e privacidade na história da vida privada. *Revista de Direito Privado*, v. 52, p. 37-69, out./dez. 2012.

[2]   SUPREMO TRIBUNAL FEDERAL. Plenário. *Ação Direta de Inconstitucionalidade nº 4.815/DF*. Rel. Min. Cármen Lúcia, j. 10.6.2015.

[3]   "Art. 5º [...] X - são invioláveis a intimidade, a vida privada, a honra e a imagem das pessoas, assegurado o direito a indenização pelo dano material ou moral decorrente de sua violação" (BRASIL. *Constituição da República Federativa do Brasil*. Disponível em: http://www.planalto.gov.br/ccivil_03/Constituicao/Constituicao.htm. Acesso em: 5 jan. 2021).

Com isso, aquilo que não se pretende dividir com os outros gira em torno da intimidade; por outro lado, o que se compartilha apenas com os mais próximos em uma esfera restrita e sem que se publicize amplamente chama-se privacidade.

Ao cuidar desses aspectos conceituais, Paulo Lôbo afirma que a intimidade se encontra dentro de um campo de conhecimento exclusivo da pessoa, dizendo respeito a "fatos, situações e acontecimentos que a pessoa deseja ver sob seu domínio exclusivo, sem compartilhar com qualquer outra. [...] O direito à vida privada diz respeito ao ambiente familiar cuja lesão resvala os outros membros do grupo".[4] Tratar da vida privada, diferentemente da intimidade, gera um reflexo em pessoas de convívio próximo e restrito.

A proteção à intimidade e privacidade é de suma importância. Isso porque existe uma esfera dos indivíduos (ainda que pessoas públicas) que são tão particulares que não a sua divulgação traria relevância coletiva, servindo apenas para satisfazer mera e irrelevante curiosidade. Assim:

> Nem todos os fatos da vida privada de uma pessoa "de vida pública" podem ser considerados de interesse coletivo, historiográfico – embora se reconheça, sim, que, em relação às pessoas "comuns", "desconhecidas", a vida privada das pessoas "públicas" é naturalmente mais restrita. Em relação à intimidade, contudo, é muito menor a "flexibilização" permitida pelo caráter público da vida de determinadas pessoas. A não ser em casos excepcionalíssimos, e por meio de uma forma que resguarde a integridade moral da pessoa, sua intimidade é intangível.[5]

A discussão sobre divulgação de fatos íntimos e privados gira em torno de biografia não autorizada e guarda relação direta com art. 20[6] do Código Civil de 2002, cuidando de limites à manifestação de pensamento ao tutelar a imagem das pessoas. Da análise meramente literal do texto, a utilização da imagem de alguém dependeria de consentimento prévio do titular, e, por conclusão, restaria a possibilidade de vedação de sua divulgação com fins comerciais, ou se lhe atingisse a honra, boa fama ou respeitabilidade.

Apesar de terem sido apresentados alguns projetos de lei tratando da matéria, foi uma ação judicial que acabou por dar alguns contornos sobre o assunto. A Anel propôs uma ação declaratória de inconstitucionalidade na intenção de que fosse dada interpretação conforme a Constituição Federal para os arts. 20 e 21 do Código Civil, sobretudo no intento de dispensar a prévia aprovação do biografado e demais integrantes da história relatada para a publicação de obras biográficas. Um dos principais fundamentos utilizados foi o de que a interpretação literal dos dispositivos mencionados, por ter uma amplitude semântica, não se compatibilizava com a estrutura constitucional referente à liberdade de expressão e ao direito à informação, como também dava ensejo

---

[4] LÔBO, Paulo. Direito à privacidade e sua autolimitação. *In*: EHRHARDT JR., Marcos; LOBO, Fabíola Albuquerque (Coord.). *Privacidade e sua compreensão no direito brasileiro*. Belo Horizonte: Fórum, 2019. p. 18.

[5] MAURMO, Júlia Pereira Gomes; OLIVEIRA, Mário Henrique C. Prado de. Biografias não autorizadas: um embate entre a liberdade de expressão e a privacidade. *Revista de Direito Privado*, v. 60, p. 37-55, out./dez. 2014.

[6] "Art. 20. Salvo se autorizadas, ou se necessárias à administração da justiça ou à manutenção da ordem pública, a divulgação de escritos, a transmissão da palavra, ou a publicação, a exposição ou a utilização da imagem de uma pessoa poderão ser proibidas, a seu requerimento e sem prejuízo da indenização que couber, se lhe atingirem a honra, a boa fama ou a respeitabilidade, ou se se destinarem a fins comerciais" (BRASIL. *Lei n. 10.406, 10 de janeiro de 2002*. Institui o Código Civil. Disponível em: http://www.planalto.gov.br/ccivil_03/Leis/2002/L10406. htm. Acesso em: 11 jan. 2021).

a um modelo de censura privada à liberdade de expressão dos autores, historiadores e artistas em geral, e ao direito à informação de todos os cidadãos.[7]

Nesse contexto, se de um lado há preocupação com a privacidade/intimidade, por outro há com a liberdade de expressão e direito à informação, todos alicerces do Estado democrático de direito,[8] sendo, inclusive "um dos mais relevantes e preciosos direitos fundamentais, correspondendo a uma das mais antigas reivindicações dos homens de todos os tempos".[9]

Falar em liberdade de expressão é falar de liberdades conquistadas. Não há como questionar que o anseio pela liberdade é instintivo e inerente ao ser humano, permitindo que ele decida o que fazer, para onde ir, o que pensar e como se manifestar. A liberdade deve ser encarada sob uma perspectiva poliédrica, ou ser tratada como um plural. Com isso, falar em liberdade não é apenas falar sob a perspectiva física de ir e vir, como também a possibilidade de expor ideias e opiniões, informações e olhar sobre os fatos. Da mera noção de liberdade como o autocontrole de sua locomoção, vê-se que ela se enraíza nos direitos da personalidade como liberdade de autodeterminação do corpo, como autonomia privada nos contratos, como liberdade religiosa, entre outras, ganhando destaque aqui na figura da liberdade de expressão.

De tamanha importância e representando uma grande conquista durante o processo de redemocratização, manifestar o pensamento de modo livre significa estar apto a propagar o que se pensa, sem sofrer limitação prévia, referente à censura de qualquer natureza, seja ela política, ideológica e artística. Ou seja, poder livremente repassar informações recebidas e expor suas visões, impressões, conhecimentos, pensamentos, experiências etc.

A historiografia moderna afirma que a liberdade de expressão foi reconhecida na Declaração de Direitos do Homem e do Cidadão de 1789, como também e na Primeira Emenda à Constituição Federal dos Estados Unidos em 1791, firmando-se indispensável na construção de qualquer Estado democrático de direito.[10]

No Brasil, atualmente, o direito fundamental à liberdade de expressão foi positivado na Constituição Federal como cláusula pétrea no art. 5º, IV, V, IX, XII e XIV[11] e no art. 220.[12] Neles se percebem "os direitos de dizer, de protestar, de opinar,

---

[7] SUPREMO TRIBUNAL FEDERAL. *Petição inicial apresentada na ADIn 4.815/2012*. Disponível em: http://redir.stf.jus.br/estfvisualizadorpub/jsp/consultarprocessoeletronico/ConsultarProcessoEletronico.jsf?seqobjetoincidente=4271057. Acesso em: 12 dez. 2020.

[8] FARIAS, Edilson Pereira de. *Colisão de direito*: a honra, a intimidade, a vida privada, e a imagem versus a liberdade de expressão e informação. Porto Alegre: Sergio Antônio Fabris Editor, 1996. p. 128.

[9] MENDES, Gilmar Ferreira; COELHO, Inocêncio Mártires; BRANCO, Paulo Gustavo Gonet. *Curso de direito constitucional*. 6. ed. rev. e atual. São Paulo: Saraiva, 2011. p. 296.

[10] ARAÚJO, Natália Ramos Nabuco de. *Liberdade de expressão e o discurso do ódio*. Curitiba: Juruá, 2018. p. 27.

[11] "Art. 5º [...] IV - é livre a manifestação do pensamento, sendo vedado o anonimato; V - é assegurado o direito de resposta, proporcional ao agravo, além da indenização por dano material, moral ou à imagem; [...] IX - é livre a expressão da atividade intelectual, artística, científica e de comunicação, independentemente de censura ou licença; [...] XII - é inviolável o sigilo da correspondência e das comunicações telegráficas, de dados e das comunicações telefônicas, salvo, no último caso, por ordem judicial, nas hipóteses e na forma que a lei estabelecer para fins de investigação criminal ou instrução processual penal; [...] XIV - é assegurado a todos o acesso à informação e resguardado o sigilo da fonte, quando necessário ao exercício profissional" (BRASIL. *Constituição da República Federativa do Brasil*. Disponível em: http://www.planalto.gov.br/ccivil_03/Constituicao/Constituicao.htm. Acesso em: 5 jan. 2021).

[12] "Art. 220. A manifestação do pensamento, a criação, a expressão e a informação, sob qualquer forma, processo ou veículo não sofrerão qualquer restrição, observado o disposto nesta Constituição. §1º Nenhuma lei conterá dispositivo que possa constituir embaraço à plena liberdade de informação jornalística em qualquer veículo de

de informar e, por conseguinte, de ser informado e gozam hoje indubitavelmente de um status político valioso, de alta relevância, considerado requisito basilar do regime democrático".[13]

Ou seja, como autêntico direito da personalidade, a liberdade de expressão possui vários desdobramentos, e delimitar seu conteúdo não é uma tarefa fácil, tendo em vista a pluralidade de valores e bens jurídicos com ela envolvidos.[14] Apesar de tal dificuldade, não há como negar que a liberdade de expressão se entrelaça tanto à liberdade de expressão em sentido estrito, como também o desdobramento relacionado à liberdade de informação.

Sobre o assunto, Jorge Miranda afirma que a primeira nasce da liberdade de pensamento e da possibilidade de exteriorizá-lo; já a segunda reflete a liberdade de informação pelos meios de comunicação social e propagação de informes de interesse coletivo,[15] compreendendo três vertentes: o direito de informar, o direito de ser informado e o direito de se informar. Com isso, resta então o entendimento de que "à medida que a liberdade de informação se relaciona com fatos, esta se condiciona à prova da verdade, ao passo que a liberdade de expressão em sentido estrito, por se referir a pensamentos, opiniões e juízos de valores, não possui tal exigência".[16]

Como já mencionado, ao tratar de biografia não autorizada, há choque entre os direitos acima postos, havendo um imbricamento entre direitos fundamentais. O Supremo Tribunal Federal, guardião e intérprete oficial da Constituição Federal, teve o dever de tentar compatibilizar a liberdade de expressão com intimidade/privacidade de biografado e pessoas que com ele se relacionam, interpretando os arts. 20 e 21 do Código Civil.

2 Contornos acerca da decisão da ADI nº 4.815

Inicialmente e sem que se siga a sequência perfeita dos argumentos postos na decisão em análise, é relevante destacar o entendimento apresentado na decisão de que o simples fato de estar vivo por si só já implica a inter-relação social e a possibilidade de ser observado pelos demais integrantes do seio social. Ora, "o ser humano não existe isoladamente, à margem da comunidade onde se insere"[17] e, como mencionado na ementa do acórdão em análise, a "vida não se desenvolve apenas a partir da soleira da porta de casa".[18]

---

comunicação social, observado o disposto no art. 5º, IV, V, X, XIII e XIV. §2º É vedada toda e qualquer censura de natureza política, ideológica e artística" (BRASIL. *Constituição da República Federativa do Brasil*. Disponível em: http://www.planalto.gov.br/ccivil_03/Constituicao/Constituicao.htm. Acesso em: 5 jan. 2021).

[13] COELHO, Denian Couto. *Liberdade de expressão*. Curitiba: Juruá, 2016. p. 27.

[14] AGUILERA FERNÁNDEZ, Antonio. *La libertad de expresión del ciudadano y la libertad de prensa o información* (Posibilidades y limites constitcionales). Granada: Comares, 1990. p. 8.

[15] MIRANDA, Jorge. *Manual de direito constitucional*. Direitos fundamentais. Coimbra: Coimbra, 2014. t. IV. p. 399.

[16] ARAÚJO, Natália Ramos Nabuco de. *Liberdade de expressão e o discurso do ódio*. Curitiba: Juruá, 2018. p. 29.

[17] CANOTILHO, José Joaquim Gomes; MACHADO, Jónatas E. M.; GAIO JR., Antônio Pereira. *Biografia não autorizada versus liberdade de expressão*. 3. ed. Curitiba: Juruá, 2017. p. 44.

[18] SUPREMO TRIBUNAL FEDERAL. Plenário. *Ação Direta de Inconstitucionalidade nº 4.815/DF*. Rel. Min. Cármen Lúcia, j. 10.6.2015.

Essa frase reflete a ideia de que a vida de cada ser humano não deve ser observada de modo exclusivamente individual, mas contextualizada diante da sociedade em que estiver inserido, não podendo

> perder de vista ainda o caráter relacional da vida privada. A vida em sociedade implica uma vida de relações, naturalmente complexa. Esse viés de relacionalidade constitui fundamento do próprio sistema jurídico, expressando uma posição alinhada não apenas à ideia de vida em sociedade, mas ao princípio da solidariedade.[19]

Nesse contexto relacional, é comum a curiosidade pela vida dos outros, especialmente quando o outro é alguém de personalidade pública, de destaque na mídia, na política, em ações relevantes, na ciência ou nas redes sociais. Com isso, o Supremo Tribunal Federal entendeu o seguinte:

> O biógrafo busca saber quem é o biografado pesquisando a vida deste. Investiga, prescruta, indaga, questiona, observa, analisa, para concluir o quadro da vida, o comportamento não mostrado que ostenta o lado que completa o ser autor da obra que influencia e marca os outros.
>
> A vida do outro há de ser preservada. A curiosidade de todos há de ser satisfeita. O biógrafo cumpre o segundo papel.[20]

Assim, houve o reconhecimento no julgado de que o simples fato de viver em sociedade já relativiza alguns aspectos da intimidade e da vida privada, sendo consequentemente um risco: "o risco é próprio do viver".[21]

Além do mencionado risco de viver e de ter a vida exposta, a decisão também cuidou dos riscos dos abusos na exteriorização do pensamento no instante em que reconheceu que a "vida é experiência de riscos. Riscos há sempre e em tudo e para tudo. Mas o direito preconiza formas de serem reparados os abusos, por indenização a ser fixada segundo o que se tenha demonstrado como dano".[22] Fez-se, então, uma pesagem entre a restrição à liberdade de expressão *versus* os riscos gerados por possíveis abusos.

O risco aqui mencionado diz respeito justamente à possibilidade de propagação de informações que não se coadunam com a realidade vivida pelo eventual biografado e seus próximos. Há o temor acerca da divulgação de versões distorcidas da história, por meio de narrativas com equívocos e construção astuciosa de fatos inexistentes.

Ora, tal receio é plausível, porém, segundo o Supremo Tribunal Federal, risco maior é o da censura. Isso porque a eventual ausência de verdade pode ser reparada por meio de mecanismos jurídicos já postos na Constituição Federal, inclusive a possibilidade de direito de resposta; enquanto que a supressão de informações pode gerar um dano

---

[19] GARCIA, Rebeca. Biografias não autorizadas – Liberdade de expressão e privacidade na história da vida privada. *Revista de Direito Privado*, v. 52, p. 37-69, out./dez. 2012.

[20] SUPREMO TRIBUNAL FEDERAL. Plenário. *Ação Direta de Inconstitucionalidade nº 4.815/DF*. Rel. Min. Cármen Lúcia, j. 10.6.2015.

[21] SUPREMO TRIBUNAL FEDERAL. Plenário. *Ação Direta de Inconstitucionalidade nº 4.815/DF*. Rel. Min. Cármen Lúcia, j. 10.6.2015.

[22] SUPREMO TRIBUNAL FEDERAL. Plenário. *Ação Direta de Inconstitucionalidade nº 4.815/DF*. Rel. Min. Cármen Lúcia, j. 10.6.2015.

à liberdade inevitavelmente irreparável. Com isso, "há que se permitir o erro, para buscar-se o acerto. E garante-se a reparação sem tolher-se o direito do outro".[23]

Ademais, permitir a confecção de biografia é permitir a documentação da história; o povo precisa conhecer os integrantes da sua história. O passado e a contextualização dos acontecimentos relacionados a pessoas específicas, por meio de biografias, permitirão que gerações futuras conheçam o passado, chegando "à conclusão sobre o que ocorreu, porque e como repetir, se positiva a experiência, ou evitar, em caso de episódios negativos".[24] E não há como dissociar a pesquisa histórica de biografias, afinal, é o viver das diversas pessoas integrantes da sociedade que constrói fatos relevantes socialmente, ou seja, a história viva.

Outro ponto de relevo é o argumento apresentado acerca do risco da censura. Exigir do biografado uma autorização prévia para divulgação acerca dos fatos que com ele se relacionem pode dar ensejo à derrocada da liberdade de expressão tão defendida no instante da redemocratização.

Isso decorre do fato de que exigir qualquer consentimento prévio para manifestar pensamento acarretaria uma censura prévia particular. E a Constituição Federal de 1988 é taxativa ao vedar qualquer tipo de censura; com isso, a liberdade de expressão não pode ser tolhida nem pelo Estado, nem por qualquer particular. Ora,

> Censura é forma de controle da informação: alguém, não o autor do pensamento e do que quer se expressar, impede a produção, a circulação ou a divulgação do pensamento ou, se obra artística, do sentimento. Controla-se a palavra ou a forma de expressão do outro. Pode-se afirmar que se controla o outro. Alguém – o censor – faz-se senhor não apenas da expressão do pensamento ou do sentimento de alguém, mas também – o que é mais – controla o acervo de informação que se pode passar a outros.[25]

Com a censura (seja ela pública – legislativa, administrativa, judicial – ou particular), não apenas se impede a liberdade de expressão, como também, passa a "se viver o faz de conta, deixar-se de ver o que ocorreu".[26] Desse modo, inevitavelmente, estimula-se uma vida de faz de conta. Com isso, "sistema constitucional brasileiro traz, pois, em norma taxativa, a proibição de qualquer censura, valendo a vedação ao Estado e também a particulares".[27]

Apesar de tamanha defesa à liberdade de expressão, é relevante notar que a decisão em análise não deixou de lado o dever de observância de proteção à intimidade e à vida privada. A proteção está expressa na Constituição Federal e o reconhecimento à inviolabilidade da intimidade, da privacidade, da honra e da imagem constitui direito,

---

[23] SUPREMO TRIBUNAL FEDERAL. Plenário. *Ação Direta de Inconstitucionalidade nº 4.815/DF*. Rel. Min. Cármen Lúcia, j. 10.6.2015.

[24] SUPREMO TRIBUNAL FEDERAL. Plenário. *Ação Direta de Inconstitucionalidade nº 4.815/DF*. Rel. Min. Cármen Lúcia, j. 10.6.2015.

[25] SUPREMO TRIBUNAL FEDERAL. Plenário. *Ação Direta de Inconstitucionalidade nº 4.815/DF*. Rel. Min. Cármen Lúcia, j. 10.6.2015.

[26] SUPREMO TRIBUNAL FEDERAL. Plenário. *Ação Direta de Inconstitucionalidade nº 4.815/DF*. Rel. Min. Cármen Lúcia, j. 10.6.2015.

[27] SUPREMO TRIBUNAL FEDERAL. Plenário. *Ação Direta de Inconstitucionalidade nº 4.815/DF*. Rel. Min. Cármen Lúcia, j. 10.6.2015.

cuja a não observância dá ensejo à punição do autor por meio do dever de indenizar e qualquer outro modo que possa reparar a lesão eventualmente sofrida.

A decisão proferida admitiu a responsabilização daqueles que propagarem informações abusivas, inverídicas, com excessos, sendo consequência das escolhas do autor no exercício da sua liberdade de expressão. Percebe-se, portanto, a conformação da liberdade de expressão em sentido amplo em frente aos direitos demais colidentes, sobretudo de proteção à intimidade e à vida privada.

Logo, verifica-se, que diante do amplo direito de liberdade de expressão, não deve haver espaço para restrições, restando claro que há possibilidade de responsabilização diante de eventuais excessos, mas não há que se falar em supressão do conteúdo.[28] Assim, "o exercício do direito às liberdades não se concilia com restrições ao direito de informar, menos ainda com a sua eliminação".[29]

Sob essa perspectiva, a proteção à intimidade e à privacidade deve ser observada a depender das circunstâncias pessoais do indivíduo;[30] desse modo, os excessos e abusos também devem utilizar esse parâmetro para determinação. A decisão objeto de análise afirma:

> A doutrina e a jurisprudência costumam identificar um elemento decisivo na determinação da intensidade dessa proteção: o grau de exposição pública da pessoa, em razão de seu cargo ou atividade, ou até mesmo de alguma circunstância eventual. A privacidade de indivíduos de vida pública – políticos, atletas, artistas – sujeita-se a parâmetro de aferição menos rígido do que os de vida estritamente privada. Isso decorre, naturalmente, da necessidade de auto-exposição, de promoção pessoal ou do interesse público na transparência de determinadas condutas.[31]

Percebe-se que a decisão do STF não pretende retirar a intimidade ou a vida privada das pessoas públicas. É notório o curvamento no sentido de liberdade de expressão, porém, há o destaque de que as pessoas públicas também possuem um espaço que deve ser protegido caso haja excesso de exposição. Neste ponto, há clara diferença entre censura e tutela jurisdicional de interesses legitimamente protegidos. Os excessos e abusos devem ser combatidos e punidos, porém não se deve admitir que o Estado proíba "a divulgação de informações verdadeiras obtidas por meios lícitos, apenas por considerar que seriam frívolas ou de mau gosto".[32]

Com essas premissas constitucionais, o STF entendeu que a interpretação dos arts. 20 e 21 do Código Civil de acordo com a Constituição Federal, sem redução do texto, deve ser nos seguintes moldes:

---

[28] MELO, Mariana Cunha e. *Liberdade de expressão e o acórdão sobre biografias não autorizadas*. Curitiba: Juruá, 2017. p. 43.

[29] SUPREMO TRIBUNAL FEDERAL. Plenário. *Ação Direta de Inconstitucionalidade nº 4.815/DF*. Rel. Min. Cármen Lúcia, j. 10.6.2015.

[30] MELO, Mariana Cunha e. *Liberdade de expressão e o acórdão sobre biografias não autorizadas*. Curitiba: Juruá, 2017. p. 45.

[31] SUPREMO TRIBUNAL FEDERAL. Plenário. *Ação Direta de Inconstitucionalidade nº 4.815/DF*. Rel. Min. Cármen Lúcia, j. 10.6.2015.

[32] SUPREMO TRIBUNAL FEDERAL. Plenário. *Ação Direta de Inconstitucionalidade nº 4.815/DF*. Rel. Min. Cármen Lúcia, j. 10.6.2015.

em consonância com os direitos fundamentais à liberdade de pensamento e de sua expressão, de criação artística, produção científica, declarar inexigível autorização de pessoa biografada relativamente a obras biográficas literárias ou audiovisuais, sendo também desnecessária autorização de pessoas retratadas como coadjuvantes (ou de seus familiares, em caso de pessoas falecidas ou ausentes).[33]

Portanto, com base na Constituição Federal, os arts. 20 e 21, no que se refere à biografia, devem ser lidos no sentido de garantir o livre o direito de expressão, a liberdade e o dever de informar e ser informado, por meio da transmissão da palavra por escrito, audiovisual, se o interessado autorizar ou não.

3 Posicionamentos contrários a alguns argumentos postos na decisão da ADI nº 4.815/DF

A temática está longe de ser pacífica e de estar fora dos olhares de posicionamentos contrários. Da própria construção da ação, há argumentos que foram apresentados como contrapontos, especialmente no que se refere ao risco de eventual irreparabilidade de danos existenciais diante de abusos ou excessos cometidos.

A decisão proferida pelo STF afirma:

> Em uma sociedade democrática, é preferível arcar com os custos sociais que decorrem de eventuais danos causados pela expressão do que o risco da sua supressão. Disso resulta a necessidade de conferir à liberdade expressão uma maior margem de tolerância e imunidade e de estabelecer a vedação à censura.[34]

Ao tratar do assunto, Melina Girardi Fachin rebateu tal argumento, aduzindo acerca da possibilidade de haver restrição excepcionalíssima à publicação, por meio de decisão judicial, sobretudo porque "os particulares fazem da tutela de seu direito uma arbitrariedade em desforço próprio, e o legislador, ao tutelar com abstração e generalidade, não consegue ver as particularidades de cada caso. Resta, assim, ao Judiciário, quando posta a questão, deliberar".[35]

Outro argumento apresentado é o do risco do minimalismo da decisão proferida pelo STF quando trata de delimitação conceitual acerca da liberdade de expressão. Para Mariana Cunha e Melo:

> não há uniformização quanto ao que significa liberdade de expressão no Brasil: o que um juiz ou tribunal entende válido em determinadas circunstâncias pode ser considerado abusivo em outra localidade ou até na mesma jurisdição, mas em um dia ou em circunstâncias pontualmente distintas. Essa disparidade – em qualquer matéria – fere o princípio da isonomia e ameaça o Estado de Direito. Em matéria de liberdade de expressão, vale lembrar

---

[33] SUPREMO TRIBUNAL FEDERAL. Plenário. *Ação Direta de Inconstitucionalidade nº 4.815/DF*. Rel. Min. Cármen Lúcia, j. 10.6.2015.

[34] SUPREMO TRIBUNAL FEDERAL. Plenário. *Ação Direta de Inconstitucionalidade nº 4.815/DF*. Rel. Min. Cármen Lúcia, j. 10.6.2015.

[35] FACHIN, Melina Girardi. As biografias não autorizadas e a ilegitimidade da ficção. *Revista Internacional de Direito e Literatura*, v. 2, n. 1, jan./jun. 2016.

que não existe lei que estabeleça critérios materiais para proteção do conteúdo básico do princípio, o que apenas agrava essa situação.[36]

A crítica da autora não se coaduna com a relação civil-constitucional dos dias atuais. Exigir que a legislação ou até mesmo o Supremo Tribunal Federal consigam delimitar conceitualmente a liberdade de expressão é deixar de lado a importância dos conceitos jurídicos indeterminados e das cláusulas gerais. Ora, ambos foram adaptados à atual realidade jurídica na intenção de dar mobilidade ao sistema diante de situações concretas, apresentando um feixe de valores que deve ser verificado de acordo com fatos ocorridos ao longo do tempo e do espaço.

Traçar um conceito exato acerca da liberdade de expressão é correr o risco de engessar o direito e ocasionar desigualdades materiais diante de situações concretas verdadeiramente diferentes. De outro lado, há que se destacar que nenhum julgador, ao analisar a situação concreta, poderá julgar de forma aleatória sem a construção argumentativa pautada no direito; as decisões devem conter uma fundamentação sólida e adequada para justificar a situação em análise.

Tal pensamento tem vínculo com a segurança jurídica. Falar em segurança jurídica não é falar de atividade jurisdicional do "juiz boca da lei", que precisa de contornos legislativos exatos e engessados para simplesmente fazer a subsunção. Ter uma definição exata de liberdade de expressão não gera necessariamente uma segurança jurídica; a consecução da justiça diante do caso concreto, quando corretamente aplicada, protege também e principalmente a segurança jurídica.

Outro argumento crítico apresentado por Mariana Cunha e Melo gira em torno do que a autora chama de efeito inibidor diante da possibilidade de uma autocensura, quando a decisão não traz a delimitação conceitual de liberdade de expressão e conteúdo abusivos:

> Assim, a ausência de previsibilidade sobre o que o STF entende estar na esfera de liberdade dos cidadãos e o que configura abuso causa um justo receio nos produtores de conteúdo de que amanhã ou depois a Corte pode considerá-los carentes de proteção constitucional em determinadas situações. E, diante desse risco, podem optar por uma postura de autocensura. Esse fenômeno é o já mencionado efeito inibidor (*chilling effect*): quanto maior a incerteza sobre o que pode ser proibido, mais as pessoas tendem a optar por não correr o risco e a se autocensurar.[37]

A autocensura mencionada pela autora é um exercício diário desenvolvido pela maioria dos indivíduos e é extremamente saudável para o convívio coletivo. Pensar duas vezes no que se pretende falar, argumentar, produzir, expor, publicar, nada mais é do que reconhecer o natural convívio em sociedade e a necessidade de respeito com os demais conviventes. O receio de uma eventual punição faz com que os que pretendem expor seu pensamento organizem melhor as ideias para não praticar excessos e abusos. Ou seja, a autocensura é inerente a qualquer ser humano que bem convive em sociedade.

---

[36] MELO, Mariana Cunha e. *Liberdade de expressão e o acórdão sobre biografias não autorizadas*. Curitiba: Juruá, 2017. p. 94.

[37] MELO, Mariana Cunha e. *Liberdade de expressão e o acórdão sobre biografias não autorizadas*. Curitiba: Juruá, 2017. p. 114.

Dessa forma, qualquer pessoa que pretende produzir uma biografia sem autorização e realiza a autocensura, no mínimo, terá o cuidado de verificar as fontes de informações para não produzir conteúdo ilícito, abusivo, inverídico ou que adentre em uma esfera restrita do biografado e das pessoas que com ele convivem. Com isso, não se trata de um ponto negativo; ao contrário, extremamente salutar e preventivo de excessos.

Por fim, Henrique Bortali,[38] ao escrever sobre direito ao esquecimento de uma biografia não autorizada, apresenta outro contraponto à decisão proferida em sede da ADI nº 4.815, qual seja, o direito do biografado de não querer expor determinados fatos sobre sua vida e impedir a propagação de tal informação. O autor afirma que não há como solucionar essa questão de forma prévia e abstrata, dependendo necessariamente da análise de cada caso concreto, realizando um juízo de ponderação, podendo existir resultados diferentes em muitos casos diante das peculiaridades específicas de cada situação; não há, portanto, como definir previamente critérios objetivos. Veja-se:

> Não há como resolver o conflito propriamente dito, procurando a fixação de critérios objetivos que visem ora dar proteção jurídica somente à liberdade de expressão do biógrafo e possibilidade de publicação de todo e qualquer conteúdo sobre a vida de personalidade, ora tutelar absolutamente o direito ao esquecimento do biografado, impedindo a publicação de qualquer obra que trate de sua vida. A solução mais lógica e concreta é feita pelo Judiciário ao analisar caso a caso. Entendendo a peculiaridade dos acontecimentos, poderá o Órgão visualizar a melhor solução ao caso concreto, visando sempre efetivar ao máximo a tutela destes direitos.[39]

Correta a intelecção do autor! Não se pode esquecer de que o direito à liberdade de expressão é um direito fundamental, constitucionalmente protegido, ainda que encontre limites no princípio da dignidade da pessoa humana e no direito à privacidade. Nesse viés, não se atribui a ninguém o direito de apagar fatos passados ou reescrever a própria história; o que existe é apenas a garantia e a possibilidade de se discutir o uso que é dado a tais fatos nos meios de comunicação.[40]

A doutrina e jurisprudência majoritárias atualmente fazem, mesmo que de forma implícita, um comparativo entre o direito ao esquecimento e à memória. Ao passo que o direito ao esquecimento se refere ao direito de não ter lembrados certos fatos de uma vida além da sua própria expectativa de lembrança, outros fatos merecem sempre ser lembrados, especialmente tragédias que tenham atingido e alterado o curso da história humana, sob pena de serem repetidos em outras oportunidades. O direito à memória seria a necessidade e a possibilidade da reconstrução do passado, por outro lado o direito ao esquecimento seria essa reconstrução desnecessária, mesmo que fosse possível.

Tomem-se por base decisões já integrantes do repositório jurisprudencial brasileiro. Há alguns anos, o Supremo Tribunal Federal, ao julgar o Habeas Corpus nº 82.424-2

---

[38] BORTALI, Henrique. O direito ao esquecimento de uma biografia não autorizada. *Revista de Direito Privado*, v. 103, p. 101-120, jan./fev. 2020.

[39] BORTALI, Henrique. O direito ao esquecimento de uma biografia não autorizada. *Revista de Direito Privado*, v. 103, p. 101-120, jan./fev. 2020.

[40] SÁ, Débora Nunes de Lima Soares de. Direito ao esquecimento. *Migalhas de Peso*, 11 nov. 2013. Disponível em: http://www.migalhas.com.br/dePeso/16,MI190121,101048-Direito+ao+esquecimento. Acesso em: 29 dez. 2020.

RS,[41] considerou a existência de limites à liberdade de expressão quando ofensivas à dignidade humana, notadamente por antissemitismo e racismo. Na oportunidade, julgava-se a liberdade de um autor de negar a existência do holocausto judeu e defender ideais nazistas em obra literária. O editor da obra, Siegfried Ellwanger Castan, acabou sendo acusado de crime de racismo, na condição de escritor e sócio da empresa Revisão Editora Ltda., com o objetivo de incitar o ódio e o desprezo público contra o povo e a cultura judeus. A defesa argumentou que, sendo os judeus um povo e não uma raça, não existiria crime de racismo. Ao tomar postura inaceitavelmente racista e negar o holocausto judeu em diversas publicações, a editora negou a memória de um povo, de uma raça e de cada indivíduo do planeta.

Destarte, entendeu o STF que certos fatos da história humana, notadamente o holocausto judeu, não poderiam ser esquecidos, fazendo parte da memória de cada indivíduo, judeu ou não, sob pena da repetição de erros imperdoáveis cometidos pelo homem no passado. A negativa da existência dele por si só já constituiria crime de racismo. Daí o fato de não poder ser considerado o direito ao esquecimento um direito absoluto, mesmo que seja um direito da personalidade e fundado na dignidade da pessoa humana.

Contudo, da mesma forma que o direito ao esquecimento não é absoluto, sofrendo restrições claras pelo direito, o direito à memória também não pode ser visto de forma absoluta. Em verdade, praticamente nenhum direito é absoluto. Na mesma medida, o direito à liberdade de expressão e de imprensa merece um exercício com responsabilidade. Não apenas uma responsabilidade *a posteriori*, mas também *a priori*, uma responsabilidade em sentido muito mais amplo e filosófico do que o atual.

Assim, deve-se efetuar uma verdadeira ponderação de valores para se identificar no caso concreto qual direito a ser aplicado: o direito à memória ou ao esquecimento. Neste sentido, vale lembrar, existem duas formas de memória: a memória individual e a memória coletiva.

Por memória individual se tem as lembranças de um sujeito, de um indivíduo, sem a conexão com interesses sociais. Essas memórias correspondem à sua vivência e geralmente fenecem e devem fenecer com o próprio indivíduo, tornando-as desnecessárias e impróprias ao controle social.

Por outro lado, a memória coletiva pode e muitas vezes deve ser transmitida, passando de indivíduo para indivíduo, de geração a geração, enaltecendo ou criticando fatos socialmente importantes. É uma memória que não pode ser esquecida, sob pena de que erros históricos se repitam. A memória coletiva não pertenceria a um indivíduo apenas, mas a toda a sociedade que a controlaria por seus interesses.

Repousa justamente aí a ponderação dos valores para a aplicação do direito ao esquecimento ou à memória. Representando memórias individuais, vige o direito ao esquecimento como garantidor de que o sujeito não veja a sua vida privada tornada pública sem que tenha sido do seu interesse. De outra forma, as memórias coletivas devem viver e permanecer na consciência da coletividade, sendo o *locus* para a aplicação do direito à memória.

---

[41] SUPREMO TRIBUNAL FEDERAL. Tribunal Pleno. *Habeas Corpus nº 82.424/RS*. Rel. Min. Moreira Alves, j. 17.9.2003.

Por esse motivo é que o Enunciado nº 531 do CJF não considera absoluto o direito ao esquecimento.[42] Ademais, o enunciado se baseia ainda no art. 11 do Código Civil, que regulamenta que os "direitos da personalidade são intransmissíveis e irrenunciáveis, não podendo seu exercício sofrer limitação voluntária",[43] bem como no já mencionado art. 5º, inc. X. As limitações advêm da ponderação de valores aplicada ao caso concreto, e não de limites voluntários.

A jurisprudência pátria também tratou do tema. Em julgamento do Recurso Especial nº 1.334.097-RJ,[44] já mencionado *supra*, o acusado de ter participado da Chacina da Candelária demandou a Rede Globo pleiteando indenização por danos morais decorrentes da exibição de documentário relatando o fato e expondo sua imagem. Entendeu a Quarta Turma do STJ que a menção ao nome do autor como um dos partícipes do crime, mesmo esclarecendo que ele fora absolvido, causou danos à sua honra, reconhecendo o direito ao esquecimento e condenando a emissora a pagar R$50 mil de indenização a título de danos morais. No caso concreto, o acusado foi absolvido no processo crime, mas mesmo que tivesse sido condenado teria direito ao esquecimento dos fatos pelo próprio tempo decorrido.

No *leading case* do STJ, argumentou o ministro relator que a ausência de contemporaneidade da notícia reabriu feridas já superadas pelo autor, reacendendo a desconfiança da sociedade quanto à sua índole e, em que pese a Chacina da Candelária ser considerada fato histórico, não seria no caso em comento necessário expor sua imagem e nome para que a história fosse contada de forma fidedigna, ou seja, sem prejudicá-lo.

Em sentido diverso decidiu o STJ no também emblemático Recurso Especial nº 1.335.153-RJ,[45] proposto por familiares de Aída Curi, que ficou conhecida por sua trágica morte na década de 50. Ocorre que, após quase meio século do brutal assassinato que adquiriu repercussão nacional, fora exibido em rede nacional documentário sobre o caso, citando o nome da vítima e fazendo referências à sua pessoa. Os familiares demandaram a rede televisiva invocando o direito ao esquecimento e pleiteando indenização por danos morais, haja vista que o documentário fora exibido sem a autorização deles.

A Quarta Turma entendeu que, não obstante as vítimas de crimes e seus familiares tenham o direito ao esquecimento, assim como ocorre com os que cumpriram pena ou que foram absolvidos em processo-crime, deve-se ponderar a historicidade do fato e o direito de seu esquecimento.

Deliberou também que, após o decorrer do tempo, embora se adquira um direito ao esquecimento, a dor causada pelo fato vai diminuindo, de modo que, depois de decorridos 50 anos, torna-se desproporcional a indenização, prevalecendo, portanto, a liberdade de imprensa sobre o desconforto causado pela lembrança do ocorrido.

---

[42] CONSELHO DE JUSTIÇA FEDERAL. *Enunciado 531 da VI Jornada de Direito Civil*. Disponível em: https://www.cjf.jus.br/enunciados/enunciado/142. Acesso em: 26 dez. 2020.

[43] BRASIL. *Lei n. 10.406, 10 de janeiro de 2002*. Institui o Código Civil. Disponível em: http://www.planalto.gov.br/ccivil_03/Leis/2002/L10406.htm. Acesso em: 11 jan. 2021.

[44] SUPERIOR TRIBUNAL DE JUSTIÇA. Quarta Turma. *Recurso Especial nº 1.334.097/RJ*. Rel. Min. Luís Felipe Salomão, j. 28.5.2013.

[45] SUPERIOR TRIBUNAL DE JUSTIÇA. Quarta Turma. *Recurso Especial nº 1.335.153/RJ*. Rel. Min. Luis Felipe Salomão, pub. 10.9.2013.

Particularmente, discorda-se desta última decisão. O caso não faz parte da memória coletiva e muito menos da história do país, como ocorre com o julgamento pelo STF dos casos sobre o holocausto judeu e de crimes ocorrido durante a ditadura militar. A decisão acabou sendo desproporcional, pois os acusados após 50 anos certamente poderiam alegar que teriam o direito ao esquecimento. Os parentes da vítima não poderiam? Certamente a dor diminui com o tempo, mas o direito da personalidade não se vincula com a dor, mas com a sua ofensa. A redução da dor poderia interferir na extensão do dano,[46] mas não com a sua existência. Caberia, assim, também o respeito à memória no caso Aída Curi.

O que se deve buscar é o equilíbrio entre a proteção de direitos da personalidade como a privacidade e a intimidade sem interferir na liberdade de expressão, buscar os limites da tutela de direitos fundamentais sem beirar a censura. O grande problema é que o equilíbrio sempre é um ponto difícil de se alcançar. Homero, em sua *Odisseia*, relata a viagem de Ulisses que, em certo momento, vê-se na ilha de Circe com seus homens. Na obra, eles acabam se deixando levar pela segurança ilusória da ilha em troca de uma dura liberdade e o retorno ao lar. É o mesmo ponto de conflito em que se encontra o binômio liberdade de expressão/privacidade e intimidade, nem sempre sendo fácil a escolha, carecendo de uma análise dos casos concretos.

Considerações finais

Vê-se sem maiores dificuldades que, apesar de o assunto das biografias não autorizadas já ter sido objeto de análise pelo Supremo Tribunal Federal, o assunto está longe de estar pacificado. A razão para tanto diz respeito à dificuldade de fixação de critérios objetivos prévios a serem analisados para solucionar as situações concretas.

O fato é: é impossível solucionar o conflito de modo abstrato, buscando a fixação de critérios objetivos que tenham o condão de proteger juridicamente apenas a liberdade de expressão do biógrafo ou garantir proteção à intimidade/privacidade do biografado, obstaculizando a publicação de qualquer trabalho que discorra sobre sua vida.

Os conceitos de liberdade de expressão, privacidade e intimidade são abertos e variam consideravelmente no tempo e no espaço. Para exemplificar, há 20 anos não se concebia a tamanha exposição que as pessoas têm nas redes sociais vistas nos dias atuais; há 20 anos nem todos tinham acesso a informações das casas das pessoas, gostos, sentimentos, relacionamentos etc.

Por essa razão, apenas a análise do caso concreto poderá dar a resposta correta para permitir a consecução da justiça. Isso deverá ser feito por meio da construção argumentativa do Poder Judiciário pautado em argumentos e fundamentos inseridos no ordenamento jurídico brasileiro, respeitando a realidade dos envolvidos.

---

[46] Mesmo com julgados divergentes nesse caso, parte considerável da jurisprudência brasileira parte do ponto de vista de que com o tempo a gravidade do dano diluiria. Há, como mencionado, decisões divergentes que entendem que a dor não reduz com o passar dos anos, não interferindo nos sentimentos em longo prazo, mas apenas com um período de luto natural.

Referências

AGUILERA FERNÁNDEZ, Antonio. *La libertad de expresión del ciudadano y la libertad de prensa o información* (Posibilidades y limites constitcionales). Granada: Comares, 1990.

ARAÚJO, Natália Ramos Nabuco de. *Liberdade de expressão e o discurso do ódio.* Curitiba: Juruá, 2018.

BORTALI, Henrique. O direito ao esquecimento de uma biografia não autorizada. *Revista de Direito Privado,* v. 103, p. 101-120, jan./fev. 2020.

BRASIL. *Constituição da República Federativa do Brasil.* Disponível em: http://www.planalto.gov.br/ccivil_03/Constituicao/Constituicao.htm. Acesso em: 5 jan. 2021.

BRASIL. *Lei n. 10.406, 10 de janeiro de 2002.* Institui o Código Civil. Disponível em: http://www.planalto.gov.br/ccivil_03/Leis/2002/L10406.htm. Acesso em: 11 jan. 2021.

CANOTILHO, José Joaquim Gomes; MACHADO, Jónatas E. M.; GAIO JR., Antônio Pereira. *Biografia não autorizada versus liberdade de expressão.* 3. ed. Curitiba: Juruá, 2017.

COELHO, Denian Couto. *Liberdade de expressão.* Curitiba: Juruá, 2016.

CONSELHO DE JUSTIÇA FEDERAL. *Enunciado 531 da VI Jornada de Direito Civil.* Disponível em: https://www.cjf.jus.br/enunciados/enunciado/142. Acesso em: 26 dez. 2020.

FACHIN, Melina Girardi. As biografias não autorizadas e a ilegitimidade da ficção. *Revista Internacional de Direito e Literatura,* v. 2, n. 1, jan./jun. 2016.

FARIAS, Edilson Pereira de. *Colisão de direito:* a honra, a intimidade, a vida privada, e a imagem versus a liberdade de expressão e informação. Porto Alegre: Sergio Antônio Fabris Editor, 1996.

GARCIA, Rebeca. Biografias não autorizadas – Liberdade de expressão e privacidade na história da vida privada. *Revista de Direito Privado,* v. 52, p. 37-69, out./dez. 2012.

LÔBO, Paulo. Direito à privacidade e sua autolimitação. *In:* EHRHARDT JR., Marcos; LOBO, Fabíola Albuquerque (Coord.). *Privacidade e sua compreensão no direito brasileiro.* Belo Horizonte: Fórum, 2019.

MAURMO, Júlia Pereira Gomes; OLIVEIRA, Mário Henrique C. Prado de. Biografias não autorizadas: um embate entre a liberdade de expressão e a privacidade. *Revista de Direito Privado,* v. 60, p. 37-55, out./dez. 2014.

MELO, Mariana Cunha e. *Liberdade de expressão e o acórdão sobre biografias não autorizadas.* Curitiba: Juruá, 2017.

MENDES, Gilmar Ferreira; COELHO, Inocêncio Mártires; BRANCO, Paulo Gustavo Gonet. *Curso de direito constitucional.* 6. ed. rev. e atual. São Paulo: Saraiva, 2011.

MIRANDA, Jorge. *Manual de direito constitucional.* Direitos fundamentais. Coimbra: Coimbra, 2014. t. IV.

SÁ, Débora Nunes de Lima Soares de. Direito ao esquecimento. *Migalhas de Peso,* 11 nov. 2013. Disponível em: http://www.migalhas.com.br/dePeso/16,MI190121,101048-Direito+ao+esquecimento. Acesso em: 29 dez. 2020.

SUPERIOR TRIBUNAL DE JUSTIÇA. Quarta Turma. *Recurso Especial nº 1.334.097/RJ.* Rel. Min. Luís Felipe Salomão, j. 28.5.2013.

SUPERIOR TRIBUNAL DE JUSTIÇA. Quarta Turma. *Recurso Especial nº 1.335.153/RJ.* Rel. Min. Luis Felipe Salomão, pub. 10.9.2013.

SUPREMO TRIBUNAL FEDERAL. *Petição inicial apresentada na ADIn 4.815/2012.* Disponível em: http://redir.stf.jus.br/estfvisualizadorpub/jsp/consultarprocessoeletronico/ConsultarProcessoEletronico.jsf?seqobjetoincidente=4271057. Acesso em: 12 dez. 2020.

SUPREMO TRIBUNAL FEDERAL. Plenário. *Ação Direta de Inconstitucionalidade nº 4.815/DF.* Rel. Min. Cármen Lúcia, j. 10.6.2015.

SUPREMO TRIBUNAL FEDERAL. Tribunal Pleno. *Habeas Corpus nº 82.424/RS.* Rel. Min. Moreira Alves, j. 17.9.2003.

Informação bibliográfica deste texto, conforme a NBR 6023:2018 da Associação Brasileira de Normas Técnicas (ABNT):

ALBUQUERQUE, Paula Falcão; CORREIA JÚNIOR, José Barros. Breves considerações sobre as biografias e a liberdade de expressão, após o julgamento da ADI nº 4.815 pelo Supremo Tribunal Federal. *In*: EHRHARDT JÚNIOR, Marcos; LOBO, Fabíola Albuquerque; ANDRADE, Gustavo (Coord.). *Liberdade de expressão e relações privadas*. Belo Horizonte: Fórum, 2021. p. 541-556. ISBN 978-65-5518-188-3.

LGPD E O DIREITO AO ESQUECIMENTO NO CENÁRIO DA PROTEÇÃO DE DADOS PESSOAIS NO DIREITO BRASILEIRO

MARCOS EHRHARDT JR.
GUILHERME LOPES DA MATTA

Introdução

A frenética evolução digital e a popularização das tecnologias eletrônicas fizeram com que a internet se tornasse o maior banco de dados já concebido pela humanidade. O armazenamento de informações em arquivos físicos, predominante até poucas décadas atrás, cede cada vez mais espaço para o armazenamento de dados de modo digital, que proporciona maior velocidade de acesso e transmissão de informações e possibilita a acumulação de dados de forma praticamente infinita.

Entretanto, apesar dos inúmeros benefícios trazidos pela internet e outras inovações tecnológicas que permitem o armazenamento de dados, existem pontos negativos que precisam ser considerados. Uma importante consequência foi o aumento da exposição dos indivíduos em geral e a utilização indevida ou abusiva de dados pessoais, que passaram a ser armazenados e difundidos por diversos agentes públicos e privados.

Nessas circunstâncias, o tratamento autônomo da proteção de dados surgiu como uma tendência – ou necessidade –, chamando cada vez mais atenção da comunidade jurídica para o desenvolvimento deste direito, não apenas como um dos inúmeros aspectos contidos no conceito de garantia à privacidade, mas como um direito fundamental autônomo.

As primeiras leis específicas para a proteção de dados foram registradas na Europa a partir do início da década de 70, pautadas pela proteção da privacidade dos indivíduos perante o controle arbitrário de seus dados pelo Estado, sendo classificadas como integrantes da primeira geração das legislações que tratam exclusivamente da proteção de dados pessoais.[1]

---

[1] Na Alemanha, o *Land de Hesse* editou uma lei em 1970; na Suécia, surgiu o Estatuto para Bancos em 1973; e, em 1974, o *Privacy Act* nos Estados Unidos.

Posteriormente, com a multiplicação dos centros de tratamento de dados decorrente do maior acesso dos particulares ao computador pessoal – e depois a dispositivos móveis (*v.g.*: celular) –, tornou-se evidente a necessidade de rápida atualização legislativa para buscar acompanhar o ritmo, cada vez mais veloz, de lançamento de novos dispositivos digitais, que evoluíam exponencialmente suas funções e desempenhos, tornando o fluxo de dados quase que instantâneo.

Na tentativa de acompanhar esse ritmo frenético, surgem a segunda e a terceira gerações de leis específicas para a proteção de dados, até chegar à atual quarta geração. Se na geração inicial a maior preocupação era o abuso causado pelo controle estatal, atualmente a maior ameaça ao uso indiscriminado e abusivo de dados pessoais encontra-se nas redes sociais, que consolidam um modelo de capitalismo de vigilância que se utiliza prioritariamente de operações de tratamento de dados pessoais para impulsionar o comércio eletrônico.

A informação agregada e o conhecimento adquirido para a formação de padrões de comportamento tornaram-se moedas de grande valor, servindo como ferramenta à identificação dos desejos e costumes individuais e coletivos. Através do processamento e do cruzamento de dados colhidos durante a experiência do indivíduo na rede, é possível identificar desde simples informações (como qual a próxima peça de vestuário o usuário da rede social pretende adquirir) até o conhecimento de informações sensíveis, como a inclinação política do indivíduo, a ponto de possibilitar o desenvolvimento de ferramentas nocivas às democracias, como ocorreu no escândalo do Facebook e da Cambridge Analytica.[2]

Como bem identificado por Bauman, a condição de ser observado e visto foi reclassificada de ameaça à tentação.[3] Principalmente por conta das redes sociais, a promessa de maior visibilidade, por meio da exposição pública, mostrando a todo o mundo detalhes de sua vida íntima, em busca de reconhecimento social, tornou-se um dos aspectos mais cultuados e significativos na sociedade pós-moderna. Para muitos, o receio da exposição pública foi suplantado pela alegria de ser notado.[4]

Diante dessa nova realidade em que as novas tecnologias de informação e comunicação provocaram mudanças bruscas nas formas de comportamento e relacionamento humano, redimensionando o conceito de privacidade e despertando o interesse na preservação de dados pessoais, foi aprovado em 2016 o Regulamento Geral sobre a Proteção de Dados (RGPD), na União Europeia (UE), tendo impacto global e influenciando a criação de marcos regulatórios semelhantes em diversos países.

Substituindo a Diretiva de Proteção de Dados Pessoais de 1995 (95/46/CE), primeiro marco da quarta geração de legislações específicas para a proteção de dados, o RGPD foi a principal influência na criação da Lei Geral de Proteção de Dados (LGPD), sancionada

---

[2] ENTENDA o escândalo de uso político de dados que derrubou valor do Facebook e o colocou na mira de autoridades. *G1*, 20 mar. 2018. Disponível em: https://g1.globo.com/economia/tecnologia/noticia/entenda-o-escandalo-de-uso-politico-de-dados-que-derrubou-valor-do-facebook-e-o-colocou-na-mira-de-autoridades.ghtml. Acesso em: 5 mar. 2021.

[3] BAUMAN, Zygmunt; LYON, David. *Vigilância líquida*. Rio de Janeiro: Zahar, 2013. p. 30.

[4] Sobre o tema, MOUTINHO, Maria Carla. Se você gostou, dê um "like". *In*: EHRHARDT JÚNIOR, Marcos; LOBO, Fabíola Albuquerque (Coord.). *Privacidade e sua compreensão no direito brasileiro*. Belo Horizonte: Fórum, 2019. p. 73-86.

no Brasil em 2018, mesmo ano da entrada em vigor do regulamento europeu. É preciso registrar que, até o surgimento da LGPD em nosso ordenamento, a falta da legislação específica foi suprida pela atuação dos tribunais superiores, do Ministério Público, de agências reguladoras, das disposições da própria Constituição Federal,[5] além de leis ordinárias, como o Código de Defesa do Consumidor,[6] de 1990, e o Marco Civil da Internet (Lei nº 12.965/2014).[7]

Um dos grandes méritos da Lei Geral de Proteção de Dados foi justamente cristalizar o que estava disposto em leis anteriores, que tratavam a matéria de forma esparsa, garantindo maior coerência e unidade ao sistema de proteção de dados brasileiro, além das diversas inovações trazidas, fundamentais para acompanhar a evolução digital. Um dos pontos abordados pelo RGPD que acabou não se fazendo explicitamente presente na LGPD despertou o interesse para o desenvolvimento do presente estudo: o direito ao esquecimento.

Previsto no art. 17 do Regulamento europeu, que reconhece o direito a ser esquecido por meio do apagamento de dados, a expressão não encontrou paralelo na lei brasileira, o que levanta a reflexão da possibilidade do reconhecimento do chamado direito a ser esquecido de forma implícita, mediante a interpretação de outros dispositivos presentes da Lei Geral de Proteção de Dados Pessoais, principalmente do art. 18, inc. IV, no qual é determinado que o titular dos dados pessoais tem direito à anonimização, bloqueio ou eliminação de dados desnecessários, excessivos ou tratados em desconformidade com o disposto na lei, a qualquer momento e mediante requisição.

A busca por uma resposta para tal questionamento passa pelo esforço para compreender o significado de um "direito ao esquecimento", a partir da disciplina oferecida pela Lei Geral de Proteção de Dados, assim como a possível sobreposição deste ao entrar em conflito com o direito à informação e o direito à liberdade de expressão – discussão já encontrada em casos de grande repercussão, como o relacionado ao processo de Aída Curi e o da Chacina da Candelária, especialmente após o recente julgamento do Tema de Repercussão Geral nº 786 pelo Supremo Tribunal Federal.

1 Direito ao esquecimento: em busca de um conceito

Antes de adentrar na discussão sobre a possibilidade de se reconhecer, de modo implícito, o direito ao esquecimento, por meio de uma interpretação sistemática da Lei Geral de Proteção de Dados, faz-se necessário compreender o que de fato significa o direito a ser esquecido, por meio da análise das diversas interpretações que lhe são dadas pelas doutrinas pátria e estrangeira.

A capacidade de relembrar a história, antes reduzida aos momentos de conversa com familiares, amigos e professores, às oportunidades derivadas do consumo de obras literárias ou audiovisuais, atualmente está ao alcance de um simples clique para consultar

---

[5] OLIVEIRA, Marco Aurélio Bellizze; LOPES, Isabela Maria Pereira. Os princípios norteadores da proteção de dados pessoais no Brasil e sua otimização pela Lei 13.709/2018. *In*: TEPEDINO, Gustavo (Coord.). *Lei Geral de Proteção de Dados Pessoais e suas repercussões no direito brasileiro*. 1. ed. São Paulo: Thomson Reuters Brasil, 2019. p. 81.

[6] Na Seção VI, o CDC discorre sobre bancos de dados e cadastros de consumidores, assim como em seus arts. 72 e 73 estabelece dois tipos penais para o gestor de dados que descumprir suas normas.

[7] Trata da neutralidade da rede, elegendo a proteção de dados como princípio para uso da internet no Brasil.

o conhecimento desejado, do mais fútil ao mais relevante. Durante quase todo o percurso evolutivo, o ser humano tinha enorme dificuldade para escolher deliberadamente o que lembrar, tendo na escrita seu primeiro grande passo na busca da habilidade de relembrar os fatos já acontecidos, equilibrando de certa forma a balança entre lembrança e esquecimento. Milênios depois, a internet e os demais meios de armazenamento de dados provocaram o evidente desequilíbrio dessa equação. O padrão, que ainda assim pendia para o esquecimento, foi desconstruído na era digital, mediante mais um passo dado pela humanidade em direção ao progresso tecnológico. Agora, a memória digital tornou-se o padrão, tornando a qualidade natural de esquecer uma total exceção.

Apesar de representar um grande passo para a humanidade, com inúmeros benefícios para a população em geral, a impossibilidade de esquecer certos fatos pode gerar prejuízo quando analisados casos individuais. Para parte da doutrina, a origem histórica do direito ao esquecimento ocorre na esfera criminal, em situações nas quais, após o cumprimento da pena, tornava-se necessário assegurar ao ex-detento uma efetiva possibilidade de ressocialização, impedindo que este fosse perseguido por um crime cuja pena já cumpriu.

Neste sentido, aduz Schreiber:

> [...] a expressão direito ao esquecimento talvez não seja a mais exata. Embora consagrada pelo uso doutrinário e jurisprudencial, tal expressão acaba por induzir em erro o intérprete, sugerindo que haveria um direito a fazer esquecer, um direito de apagar os dados do passado ou suprimir referências a acontecimentos pretéritos. Não é disso, todavia, que se trata. O direito ao esquecimento consiste simplesmente de um direito da pessoa humana de se defender contra uma recordação opressiva de fatos pretéritos, que se mostre apta a minar a construção e a reconstrução da sua identidade pessoal, apresentando-a à sociedade sob falsas luzes, de modo a fornecer ao público uma projeção do ser humano que não corresponde à realidade (atual).[8]

No lado oposto, há aqueles que defendem a inexistência de um direito ao esquecimento, posicionamento regularmente adotado por entidades ligadas à comunicação. Para estes, o reconhecimento de tal direito seria um atentado à memória de um povo, uma tentativa de apagar a história, devendo sempre haver a prevalência do direito fundamental à informação. Seus argumentos sustentam-se no fato de que não há previsão expressa na legislação brasileira para o direito ao esquecimento, o que impediria a extração do direito a partir de outro direito fundamental.

No outro extremo, há os defensores de que o direito a ser esquecido deve sempre preponderar ante o direito à informação, devendo ser acolhido o direito da pessoa humana à reserva, à intimidade e à privacidade, caso contrário, seriam aplicadas "penas perpétuas" por meio da mídia e da internet, fazendo com que o indivíduo fique impedido de garantir efetiva proteção contra fatos e informações que não mais se amoldam à realidade.

O desafio parece evidente: como se deve preencher de significado a expressão "direito ao esquecimento"?

---

[8] SCHREIBER, Anderson. As três correntes do direito ao esquecimento. *Jota*, 18 jun. 2017. Disponível em: https://www.jota.info/opiniao-e-analise/artigos/as-tres-correntes-do-direito-ao-esquecimento-18062017. Acesso em: 5 mar. 2021.

Seria possível compreender o direito a ser esquecido como uma tentativa de defender-se de uma recordação opressiva de fatos pretéritos?

Faz sentido reduzir sua compreensão a situações nas quais ocorreu divulgação de informações antigas por veículos de imprensa?

A solução parece apontar para a construção de um posicionamento intermediário, baseado na compreensão de que não deve haver hierarquização prévia e abstrata dos direitos fundamentais à liberdade de informação e à privacidade na Constituição Federal, sendo necessário o estudo casuístico, a partir das provas e evidências do caso concreto, para o enfrentamento da questão.

Seria possível rotular como "tentativa de reescrever a história" a pretensão de um indivíduo de fazer cessar a utilização de fatos desatualizados (ou fora do contexto) que o retratem de forma equivocada, oprimindo a realidade de sua presente existência?

Do modo como atualmente a discussão sobre o direito ao esquecimento vem sendo apresentada em nosso país, imperioso demonstrar que a multiplicidade de sentidos impede a construção de uma compreensão unidimensional do tema,[9] como bem estabelecem Voss e Castets-Renard,[10] que buscaram delimitar o conceito do direito ao esquecimento em cinco definições: direito à reabilitação;[11] direito ao apagamento; direto à desindexação; direito à obscuridade; direito ao esquecimento digital.

Para os fins deste texto, o direito ao apagamento (*right to deletion*) é, sem dúvida, o mais polêmico, uma vez que implica a destruição do dado coletado, podendo ser uma ameaça à livre expressão. Vale anotar, entretanto, que os casos registrados pelos autores acima apontados se limitam às informações colhidas de forma incompleta ou imprecisa ou aos casos em que o relacionamento entre o usuário e o agente coletor dos dados foi finalizado, o que permitiria concluir pela ausência de propósito relevante à sua manutenção.

Situação diferente ocorre diante da possibilidade do exercício do direto de se pretender à desindexação (*right to delisting*) de medida que não apaga os dados pessoais em questão, apenas dificulta o acesso a eles por meio da remoção do *link* do *site* que contém a informação pessoal das ferramentas de pesquisa, preservando a fonte.[12]

---

[9] Sobre este tema, seja permitido remeter a ACIOLI, Bruno de Lima; EHRHARDT JÚNIOR, Marcos. Notas sobre o direito à privacidade e o direito ao esquecimento no ordenamento jurídico brasileiro. *In*: EHRHARDT JÚNIOR, Marcos; LOBO, Fabíola Albuquerque (Coord.). *Privacidade e sua compreensão no direito brasileiro*. Belo Horizonte: Fórum, 2019. p. 127-161.

[10] VOSS, W. Gregory; CASTETS-RENARD, Céline. Proporsal for an International Taxonomy on the various forms of the "Right to be Forgotten": A study on the convergence of norms. *Colorado Technology Law Journal*, Boulder, v. 14, n. 2, 2016. p. 298. Disponível em: https://papers.ssrn.com/sol3/papers.cfm?abstract_id=2800742. Acesso em: 3 fev. 2021.

[11] O direito à reabilitação (*right to rehabilitation*), primeira faceta do direito ao esquecimento reconhecida judicialmente, busca garantir a ressocialização do indivíduo à sociedade após o cumprimento da pena a que foi condenado ou apenas que o crime no qual foi absolvido não lhe traga consequências sociais negativas. Diferentemente dos demais conceitos advindos do direito ao esquecimento, o direito à reabilitação é tratado exclusivamente no âmbito da relação do indivíduo com o Estado, sendo previsto expressamente no art. 93 do Código Penal brasileiro, um exemplo claro de que o reconhecimento do esquecimento, neste caso, por meio da reabilitação, não busca apagar o delito ou uma possível reincidência, mas apenas garantir o seu sigilo, facilitando o direito à reinserção do indivíduo ao meio social e, dessa forma, o livre desenvolvimento da pessoa humana.

[12] No Brasil, antes mesmo da publicação da LGPD, já havia sido registrado um projeto de lei, sob o nº 7.881, em 2014, prevendo explicitamente o acolhimento do direito à desindexação, com a seguinte ementa: "Obriga a remoção de *links* dos mecanismos de busca da internet que façam referência a dados irrelevantes ou defasados sobre o envolvido". Contudo, o projeto não obteve êxito, encontrando-se arquivado (BRASIL. *Projeto de Lei nº 7.881/2014*.

Assim como o direito à desindexação, o direito à obscuridade (*right to obscurity*) não representa a remoção da informação da internet, apenas a imposição de obstáculos para obter acesso ao dado pessoal. Classificado como um direito "nascente", a obscuridade busca colocar uma série de fatores técnicos para dificultar o acesso à informação. Por fim, o direito ao esquecimento digital (*right to digital oblivion*) utiliza códigos pré-programados inseridos pelo próprio indivíduo nos arquivos que contêm seus dados pessoais, de modo que seja determinada uma data limite que indica a expiração da informação compartilhada, sendo esta autodestruída. Esse último método encontra-se mais ligado a questões de arquitetura da rede do que à questão propriamente jurídica, além de provocar o usuário a refletir sobre o problema da memória digital permanente.[13]

Diante do exposto, resta evidente que tratar o direito ao esquecimento de forma genérica, empregando uma compreensão uniforme para todas as hipóteses fáticas de aplicação, não parece ser o melhor modo de endereçar uma solução ao problema. Mas seria possível encontrar uma das dimensões de tal direito no âmbito da LGPD?

A Lei Geral de Proteção de Dados é bastante clara ao enumerar os princípios que a norteiam, expostos em seu art. 6º: finalidade; necessidade; adequação; transparência; livre acesso; qualidade dos dados; segurança; prevenção; não discriminação; e responsabilização e prestação de contas.

Num primeiro momento, é possível traçar um paralelo do conceito geral do direito ao esquecimento proposto por Schreiber e os princípios de finalidade, adequação e qualidade de dados, assim descritos na lei:

> Art. 6º As atividades de tratamento de dados pessoais deverão observar a boa-fé e os seguintes princípios:
>
> I - finalidade: realização do tratamento para propósitos legítimos, específicos, explícitos e informados ao titular, sem possibilidade de tratamento posterior de forma incompatível com essas finalidades;
>
> II - adequação: compatibilidade do tratamento com as finalidades informadas ao titular, de acordo com o contexto do tratamento; [...]
>
> V - qualidade dos dados: garantia, aos titulares, de exatidão, clareza, relevância e atualização dos dados, de acordo com a necessidade e para o cumprimento da finalidade de seu tratamento; [...].

A Lei Geral de Proteção de Dados impõe aos agentes de tratamento de dados o dever de cuidado na manutenção das informações colhidas atualizadas, de forma que não representem o ser humano de uma forma que não se assemelhe ao seu estado presente, sob pena de desvirtuar a própria finalidade em que o dado foi colhido inicialmente. Entre seus fundamentos, a autodeterminação informativa e a privacidade ressaltam o aspecto de preocupação com direitos personalíssimos dos sujeitos de direito.

Apesar da evidente ligação, não parece ser possível afirmar que o direito ao esquecimento é originado exclusivamente do direito fundamental à privacidade,

---

11 nov. 2014. Disponível em: http://www.camara.gov.br/proposicoesWeb/fichadetramitacao?idProposicao=621575. Acesso em: 3 fev. 2021).

[13] ACIOLI, Bruno de Lima; EHRHARDT JÚNIOR, Marcos. Uma agenda para o direito ao esquecimento no Brasil. *Rev. Bras. Polit. Públicas*, Brasília, v. 7, n. 3, 2017. p. 398.

visto que não se trata apenas de uma possível violação à vida íntima ou privada do indivíduo, mas também de aspectos relativos à sua projeção pessoal diante da sociedade, e consequentemente ao desenvolvimento de sua personalidade.

Ao lado da privacidade, também é necessário investigar se seria adequada a sua associação ao denominado direito à identidade pessoal, que consiste, nos termos de Choeri,[14] ao

> [...] direito de toda pessoa expressar sua verdade pessoal, "quem de fato é", em suas realidades física, moral e intelectual. A tutela da identidade impede que se falseie a "verdade" da pessoa, de forma a permanecerem intactos os elementos que revelam sua singularidade como unidade existencial no todo social.

Nessa concepção, a identidade constitui um bem em si mesmo, de modo que a cada um é reconhecido o direito de ter sua personalidade protegida, considerando a sua exclusividade genética e social. Está-se diante de direitos vinculados de forma indissociável ao reconhecimento da dignidade humana, qualidade necessária ao desenvolvimento das potencialidades físicas, psíquicas e morais de todo indivíduo.

No mesmo sentido segue o Enunciado nº 531 da VI Jornada de Direito Civil, que sugere que "a tutela da dignidade da pessoa humana na sociedade da informação inclui o direito ao esquecimento". Apesar de ser um dos marcos de aceitação ao direito ao esquecimento no Brasil, o enunciado não é vinculante, representando mera orientação aos magistrados e demais operadores do direito.

Faz-se fundamental notar que o art. 2º, inc. VII, da Lei Geral de Proteção de Dados vincula à proteção de dados pessoais "os direitos humanos, o livre desenvolvimento da personalidade, a dignidade e o exercício da cidadania pelas pessoas naturais", o que aproximaria uma interpretação favorável à previsão do direito a ser esquecido com fulcro na LGPD.

2   O que podemos extrair da experiência europeia?

Delimitadas as bases conceituais do direito a ser esquecido, cabe relatar como este vem sendo aplicado pelo Tribunal de Justiça da União Europeia (TJUE). Inevitável citar o caso envolvendo o cidadão espanhol Costeja González, que, junto à Agência Espanhola de Proteção de Dados, processou o Google e sua filial espanhola pleiteando a supressão ou ocultação da menção nos resultados da busca que envolvem o seu nome no buscador em questão de dívida perante a seguridade social da Espanha, uma vez que a execução já havia sido encerrada há mais de 15 anos e tal menção – apesar de correta – trazia, anos depois, prejuízos à imagem de bom pagador.

O TJUE, em sentença proferida em maio de 2014, deu preferência ao direito à privacidade e à proteção de dados (arts. 7º e 8º da Carta de Direitos Fundamentais da União Europeia) em detrimento da liberdade de iniciativa do Google e eventual direito à informação de terceiros, salientando que sua decisão era justificada pela ausência

---

[14] CHOERI, Raul Cleber da Silva. *O direito à identidade na perspectiva civil-constitucional*. Rio de Janeiro: Renovar, 2010. p. 244.

de interesse público – ponto fundamental a ser analisado nesta questão – na pesquisa impugnada.

O Tribunal entendeu que as atividades desempenhadas pelo operador do motor de busca o tornam responsável pelo tratamento de dados, visto que determina as finalidades e os meios dessa atividade – recolhe, recupera, registra, organiza, conserva, comunica e coloca à disposição os dados –, distinguindo-o do serviço efetuado pelos editores de *sites*, que apenas fazem figurar esses dados numa página. No caso em questão, tratava-se de informações verídicas, não devendo ser censuradas.

Outro ponto que fundamenta a decisão é o fato de que os motores de busca têm papel decisivo na difusão global dos referidos dados, gerando "uma visão global mais estruturada das informações sobre essa pessoa, que se podem encontrar na Internet, que lhes permita estabelecer um perfil mais ou menos detalhado da pessoa em causa".

Em seu parágrafo 74, referindo-se ao art. 7º da Diretiva 95/46, a decisão traz a discussão sobre a questão dos interesses legítimos do responsável pelo tratamento em colisão com o interesse do indivíduo titular dos dados:

> Esta disposição permite o tratamento de dados pessoais sempre que seja necessário para prosseguir interesses legítimos do responsável pelo tratamento ou do terceiro ou terceiros a quem os dados sejam comunicados, desde que não prevaleçam os interesses ou os direitos e liberdades fundamentais da pessoa em causa, nomeadamente o direito ao respeito pela sua vida privada, no que se refere ao tratamento de dados pessoais, protegidos ao abrigo do artigo 1º, nº 1, desta diretiva. A aplicação do referido artigo 7°, alínea f, requer assim uma ponderação dos direitos e interesses opostos em questão, no âmbito da qual se deve ter em conta a importância dos direitos da pessoa em causa, resultantes dos artigos 7º e 8º da Carta.

Deve-se notar que, assim como presente na diretiva, o RGPD e a LGPD trazem a possibilidade do tratamento de dados pelo responsável sem consentimento do titular, mediante a justificativa de interesse legítimo do controlador, fato criticado por parte da doutrina diante do vasto leque de possibilidades de tratamento, sem levar em conta o consentimento do "verdadeiro dono" dos dados.

Já no parágrafo 81, a decisão traz à tona a discussão referente à relevância do interesse público diante da possibilidade da existência de internautas interessados em ter acesso à informação. Sendo o direito à informação também um direito fundamental, tanto no diploma europeu quanto para o direito brasileiro, é necessário compreender, na seara dos dados pessoais, quais podem ou devem ser reputados como integrantes desse âmbito de transparência inerente à satisfação do direito fundamental.

Como exposto inicialmente, na modernidade líquida tudo se torna espetáculo, desde cenas cotidianas até a execução de mandados de prisão, comumente expostos em horário nobre por jornais policialescos. O atual estado das coisas leva à concepção equivocada de que quase toda informação se transformou em interesse público. Contudo, não se deve cair neste erro, confundindo um conceito fundamental como o de interesse público com o de curiosidade banal, pois dessa forma poderia ser utilizado de forma indiscriminada. No caso em questão, não há benefício para a coletividade em obter o conhecimento de que um indivíduo aleatório esteve em débito com a seguridade social há mais de uma década.

Sobre a utilização do conceito de interesse público, anotam Matos e Ruzyk:[15]

Como conceito indeterminado, que serve para restringir direitos fundamentais, não pode ele ser compreendido extensivamente sob pena de solapar a liberdade individual, que se expressa, entre outras formas, também pelo controle sobre os dados pessoais, como escolha oponível (liberdade positiva) a ser assegurada aos cidadãos em um espaço de não coerção (liberdade negativa).

Trazendo para uma leitura a partir do direito pátrio, o interesse público em matéria de dados pessoais atende ao direito fundamental assegurado no inc. XXXIII do art. 5º, conjugado com o art. 37 da Constituição, e compreende aquilo que é necessário para o controle social da transparência pública, não legitimando o que seria uma coletivização abstrata.

Não se deve perder de vista que o direito à expressão e à informação é um dos pilares mais importantes para a manutenção da democracia, como nota Barroso:[16]

o interesse público na divulgação de qualquer fato verdadeiro se presume, como regra geral. A sociedade moderna gravita em torno da notícia, da informação, do conhecimento e de ideias. Sua livre circulação, portanto, é da essência do sistema democrático e do modelo de sociedade aberta e pluralista que se pretende preservar e ampliar. Caberá ao interessado na não divulgação demonstrar que, em determinada hipótese, existe um interesse privado excepcional que sobrepuja o interesse público residente na própria liberdade de expressão e de informação.

Retornando ao caso Costeja González, o Tribunal entendeu que o interesse do particular em questão deveria prevalecer sobre o interesse econômico da empresa e o interesse público (parágrafo 97), determinando no parágrafo 94 da decisão que:

na hipótese de se concluir, no seguimento de um pedido da pessoa em causa ao abrigo do artigo 12°, alínea b, da Diretiva 95/46, que a inclusão na lista de resultados, exibida na sequência de uma pesquisa efetuada a partir do seu nome, de ligações a páginas *web* publicadas legalmente por terceiros e que contenham informações verdadeiras sobre a sua pessoa, é, na situação atual, incompatível com o referido artigo 6°, n° 1, alíneas c e e, devido ao facto de essas informações serem, tendo em conta todas as circunstâncias que caracterizam o caso concreto, inadequadas, não serem pertinentes ou já não serem pertinentes ou serem excessivas atendendo às finalidades do tratamento em causa realizado pelo operador do motor de busca, as informações e as ligações em causa da referida lista de resultados devem ser suprimidas.

Desta forma, prevaleceu a autodeterminação informativa do indivíduo, no momento em que o Tribunal entendeu que deve prevalecer o direito fundamental de uma pessoa exercer o seu direito à desindexação de certos dados expostos nos

---

[15] MATOS, Ana Carla Harmatiuk; RUZYK, Carlos Eduardo Pianovski. Diálogos entre a Lei Geral de Proteção de Dados e a Lei de Acesso à Informação. *In*: TEPEDINO, Gustavo; FRAZÃO, Ana; OLIVA, Milena Donato (Org.). *Lei Geral de Proteção de Dados Pessoais e suas repercussões no direito brasileiro.* 1. ed. São Paulo: Thomson Reuters Brasil, 2019. p. 212.

[16] BARROSO, Luís Roberto. Colisão entre liberdades de expressão e direitos da personalidade. Critérios de ponderação. Interpretação constitucional adequada do Código Civil e da Lei de Imprensa. *R. Dir. Adm.*, Rio de Janeiro, v. 235, p. 1-36, jan./mar. 2004.

resultados de *sites* de pesquisa, sendo reconhecido seu direito ao esquecimento por meio da desindexação.

O Caso Costeja González foi citado pela Procuradoria-Geral da República em parecer apresentado em 25.9.2019, oportunidade na qual propôs a fixação da seguinte tese sob Repercussão Geral (Tema nº 786):[17] "O direito ao esquecimento, por ser desdobramento do direito à privacidade, deve ser ponderado, no caso concreto, com a proteção do direito à informação e liberdade de expressão".

O posicionamento da PGR supera a argumentação de inexistência de delimitação normativa do direito ao esquecimento no país e o dissocia da censura, postulando seu respaldo no ordenamento jurídico pátrio e utilizando a técnica de ponderação diante do caso concreto:

> Com efeito, ante a manifesta impossibilidade de estabelecer-se a prevalência, em abstrato, de quaisquer dos interesses em conflito, quais sejam, a inviolabilidade da imagem e o direito à privacidade – dos quais decorre a elaboração teórica do direito ao esquecimento –, de um lado, e a liberdade de expressão e de imprensa, bem como o direito à informação, de outro, a solução de eventuais controvérsias depende, fundamentalmente, do exame das peculiaridades de cada caso concreto, a fim de que se possa apurar se, na específica situação discutida, a divulgação de determinada informação extrapolou os limites da liberdade de expressão e violou o direito ao esquecimento [...]. Reconheça-se, por fim, que a proteção ao direito ao esquecimento permite que fatos deletérios do passado não impeçam a vida cotidiana dos envolvidos de modo perpétuo, bem como permite que vicissitudes pretéritas não gerem danos excessivos aos indivíduos envolvidos, inclusive familiares. Contudo, não se trata de um direito absoluto, devendo ser ponderado especialmente com o direito à informação, liberdade de expressão e a liberdade de iniciativa em cada caso concreto.

Outra decisão importante tomada pelo Tribunal de Justiça da União Europeia no tocante ao direito ao esquecimento deu-se no dia 24.9.2019, na qual determina que a empresa Google não estaria obrigada a assegurar o direito ao esquecimento em escala global.[18]

No Regulamento europeu, o direito ao esquecimento é garantido por meio do art. 17; este determina que o titular dos dados pessoais tem o direito de obter do responsável pelo tratamento o apagamento de seus dados, sem demora injustificada, quando se aplicar um dos seguintes motivos:

> a) Os dados pessoais deixaram de ser necessários para a finalidade que motivou a sua recolha ou tratamento;
>
> b) O titular retira o consentimento em que se baseia o tratamento dos dados nos termos do artigo 6, nº 1, alínea a, ou do artigo 9, nº 2, alínea a e se não existir outro fundamento jurídico para o referido tratamento;

---

[17] BRASIL. Procuradoria-Geral da República. *Manifestação nº 178/2018* – SDHDC/GABPGR. Disponível em: https://www.jota.info/wp-content/uploads/2020/01/pgr-x-2018-esquecimento-manifestacao.pdf. Acesso em: 5 mar. 2021.

[18] TRIBUNAL DE JUSTIÇA DA UNIÃO EUROPEIA. *Acórdão do Tribunal*. Disponível em: http://curia.europa.eu/juris/document/document.jsf?docid=218105&doclang=PT. Acesso em: 5 mar. 2021. A decisão encontrada nos autos do Processo C-507/17 fundamentou-se no art. 17 do RGPD para determinar que o operador de um motor de busca não tem de efetuar essa supressão de referências em todas as versões do seu motor, devendo fazê-lo somente nas versões deste que correspondem a todos os Estados-Membros da Comunidade Europeia.

c) O titular opõe-se ao tratamento nos termos do artigo 21, nº 1, e não existem interesses legítimos prevalecentes que justifiquem o tratamento, ou o titular opõe-se ao tratamento nos termos do artigo 21, nº 2;

d) Os dados pessoais foram tratados ilicitamente;

e) Os dados pessoais têm de ser apagados para o cumprimento de uma obrigação jurídica decorrente do direito da União ou de um Estado-Membro a que o responsável pelo tratamento esteja sujeito;

f) Os dados pessoais foram recolhidos no contexto da oferta de serviços da sociedade da informação referida no artigo 8, nº 1.

Contudo, o Regulamento elenca algumas situações em que o direito a ser esquecido não poderá ser aplicado diante da colisão com outros direitos fundamentais, em especial ao exercício da liberdade de expressão e de informação, bem como funções diversas que privilegiam o interesse público, ou para efeitos de declaração, exercício ou defesa de um direito num processo judicial.

Ainda traz referências a tal direito nas exposições de motivo nºs 65 e 66, reforçando o disposto no art. 17, além da importante consideração nos casos em que "o titular dos dados tiver dado o seu consentimento quando era criança e não estava totalmente ciente dos riscos inerentes ao tratamento, e mais tarde deseje suprimir esses dados pessoais, especialmente na Internet". É citada a possibilidade da supressão de ligações, o que direciona a aplicação de demais técnicas que não apenas o apagamento de dados.

Deve-se atentar ao fato de que nem o artigo supracitado nem os referidos itens da exposição de motivos determinam uma clara e objetiva definição de um parâmetro concreto orientador à equação que deverá sopesar o exercício da liberdade de expressão e de informação ante o direito invocado pelo titular dos dados.

Apesar do aparente avanço na positivação do direito ao esquecimento na União Europeia, há uma série de críticas acerca dos contornos a que este foi associado. Uma das opiniões levantadas é a de que o art. 17 do RGPD traz um remédio associado à dinâmica específica da proteção de dados pessoais, e não um mecanismo de tutela da identidade da pessoa em face de recordações opressivas, como nota Alegri,[19] citada por Schreiber:

> A qualificação do direito a ser esquecido (Artigo 17), entretanto, é completamente imprópria, uma vez que o *GDPR* enfatiza a exclusão de dados independentemente de circulação pública, sem que o pedido de cancelamento feito pela pessoa a quem os dados se referem seja necessariamente avaliado em relação à liberdade de imprensa dos órgãos de informação. De fato, os dados podem ser excluídos por qualquer motivo (não apenas por razões relacionadas à proteção da reputação ou à correta representação pública da personalidade individual); pode também dizer respeito a dados não públicos, mas apenas geridos pelo controlador de dados; pode também dizer respeito a informações que nunca foram do interesse público, nem mesmo no passado [...]. É, portanto, necessário distinguir entre um significado amplo do conceito de direito ao esquecimento de um direito a ser esquecido, que na era da Internet é mais uma aspiração do que uma possibilidade real, e uma abordagem mais restrita, que diz respeito ao perfil do tratamento de dados

---

[19] ALEGRI, Maria Romana. GDPR e dirito di cancellazione dati/rettifica: come funziona. *Agenda Digitale,* 31 out. 2018. Disponível em: https://www.agendadigitale.eu/sicurezza/privacy/gdpr-e-diritto-di-cancellazione-dati-rettifica-come-funziona. Acesso em: 25 fev. 2021.

pessoais, com base nos quais o intermediário digital é solicitado a eliminar os que são incorretos, distorcidos ou não são relevantes, o que não garante necessariamente a absoluta indisponibilidade dos dados.

Percebe-se que o que consta no Regulamento Geral de Proteção de Dados da União Europeia é apenas um direito à eliminação de dados, já que não observa um dos pontos basilares do direito ao esquecimento: a oposição a uma recordação opressiva dos fatos, assim entendida a recordação que se caracteriza, a um só tempo, por ser desatual e recair sobre aspecto sensível da personalidade, comprometendo a plena realização da identidade daquela pessoa humana, ao apresentá-la sob falsas luzes à sociedade.[20]

Apesar de ambos decorrerem da proteção da dignidade da pessoa humana, o direito à eliminação de dados e o direito ao esquecimento tomam caminhos diferentes, tanto no tocante aos seus conteúdos quanto no que se refere aos seus fins mais imediatos. Destarte, conclui-se que a abordagem assumida pelo RGPD não pode ser a única a ser considerada.

Diante da evidente inspiração colhida no Regulamento Geral de Proteção de Dados da União Europeia, cabe agora avaliar até que ponto o conceito de direito ao esquecimento (ou apenas à eliminação de dados) estaria consubstanciado na Lei Geral de Proteção de Dados brasileira, e como se posiciona o entendimento jurisprudencial pátrio acerca do tema.

3   Como a questão vem sendo tratada no direito brasileiro?

Conforme exposto inicialmente, o art. 18, inc. IV, da Lei Geral de Proteção de Dados Pessoais trouxe diversos questionamentos acerca da possibilidade de aplicação do direito ao esquecimento no ordenamento jurídico pátrio a partir do dispositivo. Dele se extrai o seguinte:

> Art. 18. O titular dos dados pessoais tem direito a obter do controlador, em relação aos dados do titular por ele tratados, a qualquer momento e mediante requisição: [...]
>
> IV - anonimização, bloqueio ou eliminação de dados desnecessários, excessivos ou tratados em desconformidade com o disposto nesta Lei; [...].

De fato, o artigo traz elementos bastante relevantes e que se relacionam com o conceito desenvolvido pelo direito a ser esquecido. O direito observado no dispositivo em questão deverá ser exercido por uma pessoa humana, em face de agentes públicos ou privados que tenham a aptidão fática de promover representações dessa pessoa sobre a esfera pública (opinião social), incluindo veículos de imprensa, emissoras de TV, fornecedores de serviços de busca na internet, entre outros.

Assim como o art. 17 do Regulamento europeu, há a possibilidade de o art. 18, VI, da LGPD ser interpretado apenas como um remédio associado à dinâmica específica da

---

[20] SCHREIBER, Anderson. Direito ao esquecimento e proteção de dados pessoais na Lei 13.709/2018: distinções e potenciais convergências. *In*: TEPEDINO, Gustavo; FRAZÃO, Ana; OLIVA, Milena Donato (Org.). *Lei Geral de Proteção de Dados Pessoais e suas repercussões no direito brasileiro*. 1. ed. São Paulo: Thomson Reuters Brasil, 2019. p. 376.

proteção de dados pessoais. Na própria lei brasileira encontram-se diversos elementos normativos que preveem o direito ao apagamento, como nota Schreiber:[21] o direito do titular de requisitar a eliminação de dados desnecessários (LGPD, art. 18, IV); a retirada do consentimento (LGPD, art. 18, VI); a eliminação de dados tratados em desconformidade com o disposto na lei (LGPD, art. 18, IV).

É inconteste o fato de que o silêncio trazido pelo legislador não exprime a opção de rejeição do reconhecimento do instituto do direito ao esquecimento. Aprofundando o estudo, cabe neste momento entender quais os posicionamentos mais relevantes da jurisprudência pátria no tocante ao direito ao esquecimento, para desta forma antever uma possível aplicação do direito a ser esquecido com base na LGPD.

Enquanto no direito europeu o direito ao esquecimento assumia contornos de mecanismo de defesa contra abusos do Estado ou da mídia, no direito pátrio tomou-se um conceito mais amplo. O primeiro julgado mais relevante analisado aqui é o acórdão proferido pelo Supremo Tribunal de Justiça no julgamento do Recurso Especial nº 1.334.097, conhecido como o julgamento do caso da chacina de Candelária.[22]

Naquele precedente, o STJ atestou a existência de um "direito ao esquecimento", mas o definiu como "um direito de não ser lembrado contra a sua vontade, especificamente no tocante a fatos desabonadores, de natureza criminal, nos quais se envolveu, mas de que, posteriormente, fora inocentado".[23]

---

[21] SCHREIBER, Anderson. Direito ao esquecimento e proteção de dados pessoais na Lei 13.709/2018: distinções e potenciais convergências. *In*: TEPEDINO, Gustavo; FRAZÃO, Ana; OLIVA, Milena Donato (Org.). *Lei Geral de Proteção de Dados Pessoais e suas repercussões no direito brasileiro*. 1. ed. São Paulo: Thomson Reuters Brasil, 2019. p. 381. Ao comparar o tratamento dispensado ao tema no Marco Civil da Internet e na LGPD, o referido autor anota que a principiologia da Lei nº 13.709/2018 revela-se mais equilibrada, apresentando, em posição de igualdade, "os múltiplos interesses constitucionalmente relevantes, de caráter individual e transindividual, que atuam na esfera da proteção de dados: (a) o respeito à privacidade; (b) autodeterminação informativa; (c) a liberdade de expressão, de informação, de comunicação e de opinião; (d) a inviolabilidade da intimidade, da honra e da imagem; (e) o desenvolvimento econômico e tecnológico e a inovação; (f) a livre iniciativa, a livre concorrência e a defesa do consumidor; e (g) os direitos humanos, o livre desenvolvimento da personalidade, a dignidade e o exercício da cidadania pelas pessoas naturais (art. 2º)" (p. 382).

[22] A expressão "chacina de Candelária" faz alusão a uma sequência de homicídios ocorridos em 1993 na cidade do Rio de Janeiro. Diante da enorme repercussão, o caso acabou tornando-se matéria no programa *Linha Direta – Justiça*, exibido pela Rede Globo. Um dos envolvidos, o serralheiro Jurandir Gomes de França, que havia sido indiciado como coautor, foi submetido a júri, sendo absolvido de forma unânime. Jurandir alega que foi procurado pela emissora para conceder uma entrevista, recusando-a por não possuir interesse em ter sua imagem veiculada em rede nacional. Apesar disso, quando o programa foi ao ar em 2006, veiculou Jurandir Gomes de França como um dos envolvidos. A absolvição do requerente foi mencionada, mas este se sentiu lesado, pois foi trazida à tona uma situação já então superada. Em primeiro grau, o caso foi analisado como uma colisão entre o interesse coletivo da notícia e o direito individual do autor ao esquecimento e julgou improcedente a ação por priorizar o interesse coletivo da notícia. Por meio da apelação, a sentença foi reformada pelo Superior Tribunal de Justiça, o qual reconheceu as alegações do autor na inicial, pois o requerente teve sua capacidade de se desenvolver como pessoa abalada com os efeitos do episódio.

[23] Neste caso, seguimos a crítica realizada por Schreiber: "Essa acepção do direito ao esquecimento como um 'direito de não ser lembrado contra sua vontade' incorre no grave erro de abordar o tema sob a ótica voluntarista, na qual fatos relativos ao indivíduo passam a se subordinar à sua esfera de vontade individual, à semelhança de bens que passam a integrar seu patrimônio. O direito ao esquecimento ganha, assim, contornos proprietários, incompatíveis com a ordem constitucional brasileira, que tutela a liberdade de informação e o acesso à informação por toda a sociedade, não apenas como direitos fundamentais, mas como pressupostos do Estado Democrático de Direito" (SCHREIBER, Anderson. Direito ao esquecimento e proteção de dados pessoais na Lei 13.709/2018: distinções e potenciais convergências. *In*: TEPEDINO, Gustavo; FRAZÃO, Ana; OLIVA, Milena Donato (Org.). *Lei Geral de Proteção de Dados Pessoais e suas repercussões no direito brasileiro*. 1. ed. São Paulo: Thomson Reuters Brasil, 2019. p. 371).

Outro julgado a ser observado é o Recurso Especial nº 1.660.168 – RJ, que trata de caso similar ao Caso Costeja González. Debateu-se a possibilidade de se determinar o rompimento do vínculo estabelecido por provedores de aplicação de busca na internet entre o nome do prejudicado, utilizado como critério exclusivo de busca, e a notícia apontada nos resultados.[24]

Encontram-se nos argumentos proferidos pelos ministros[25] citações do caso Costeja González e da Diretiva 95/46/CE, afirmando que o Tribunal de Justiça da União Europeia trouxe uma série de compilados importantes para a questão do direito ao esquecimento, bem como o Enunciado nº 531 da VI Jornada de Direito Civil, citado anteriormente, que declarou que a tutela da dignidade da pessoa humana na sociedade da informação inclui o direito ao esquecimento.

É importante notar que a ministra relatora, apesar de reconhecer a existência do direito ao esquecimento no ordenamento jurídico brasileiro em situações particulares, esclareceu que a jurisprudência majoritária do STJ não aceita imputar aos provedores de buscas a obrigação de fiscalizar o conteúdo acessível ao público, sob o risco de torná-lo um verdadeiro censor digital. Conclui que não se pretendia a exclusão do conteúdo

---

[24] A autora da ação, Denise Pieri Nunes, processou as empresas Google Brasil Internet Ltda., Yahoo! do Brasil Internet Ltda. e Microsoft Informática Ltda. em 2009, pleiteando a condenação dos réus para serem proibidos de divulgar, em seus sítios eletrônicos de buscas, notícias relacionadas às suspeitas fraudes praticadas no XLI Concurso de Magistratura de Carreira do Estado do Rio de Janeiro, defendendo seu direito à desindexação. Na época dos fatos, a Ordem dos Advogados do Brasil (OAB) ajuizou representação no Conselho Nacional de Justiça (CNJ) sobre a suspeita de vazamento do gabarito do concurso para juiz do Tribunal de Justiça do Rio de Janeiro (TJRJ) e a consequente aprovação de parentes de desembargadores; por fim, requereu a anulação do concurso. Sete parentes de desembargadores do tribunal foram aprovados; Denise foi acusada de reproduzir o gabarito da prova específica de Direito Tributário. A suspeita recaiu sobre a autora por ela ter gabaritado a prova discursiva e ter ficado com a nota zero na mesma matéria, no entanto, na prova oral. O CNJ afirmou que não havia elementos suficientes para confirmar a fraude e reconheceu que houve problemas nas práticas adotadas pela banca organizadora do concurso. Entretanto, a informação sobre a suposta fraude foi divulgada em diversos *sites*, os quais afirmavam que Denise teria tido acesso a um dos gabaritos da prova com antecedência.

[25] Vale transcrever alguns trechos da ementa do referido processo: "RECURSO ESPECIAL. [...] 3. PROVEDOR DE APLICAÇÃO DE PESQUISA NA INTERNET. PROTEÇÃO A DADOS PESSOAIS. POSSIBILIDADE JURÍDICA DO PEDIDO. DESVINCULAÇÃO ENTRE NOME E RESULTADO DE PESQUISA. PECULIARIDADES FÁTICAS. CONCILIAÇÃO ENTRE O DIREITO INDIVIDUAL E O DIREITO COLETIVO À INFORMAÇÃO. [...] 1. Debate-se a possibilidade de se determinar o rompimento do vínculo estabelecido por provedores de aplicação de busca na internet entre o nome do prejudicado, utilizado como critério exclusivo de busca, e a notícia apontada nos resultados. [...] 3. A jurisprudência desta Corte Superior tem entendimento reiterado no sentido de afastar a responsabilidade de buscadores da internet pelos resultados de busca apresentados, reconhecendo a impossibilidade de lhe atribuir a função de censor e impondo ao prejudicado o direcionamento de sua pretensão contra os provedores de conteúdo, responsáveis pela disponibilização do conteúdo indevido na internet. Precedentes. 4. Há, todavia, circunstâncias excepcionalíssimas em que é necessária a intervenção pontual do Poder Judiciário para fazer cessar o vínculo criado, nos bancos de dados dos provedores de busca, entre dados pessoais e resultados da busca, que não guardam relevância para interesse público à informação, seja pelo conteúdo eminentemente privado, seja pelo decurso do tempo. 5. Nessas situações excepcionais, o direito à intimidade e ao esquecimento, bem como a proteção aos dados pessoais deverá preponderar, a fim de permitir que as pessoas envolvidas sigam suas vidas com razoável anonimato, não sendo o fato desabonador corriqueiramente rememorado e perenizado por sistemas automatizados de busca. 6. O rompimento do referido vínculo sem a exclusão da notícia compatibiliza também os interesses individual do titular dos dados pessoais e coletivo de acesso à informação, na medida em que viabiliza a localização das notícias àqueles que direcionem sua pesquisa fornecendo argumentos de pesquisa relacionados ao fato noticiado, mas não àqueles que buscam exclusivamente pelos dados pessoais do indivíduo protegido. 7. No caso concreto, passado mais de uma década desde o fato noticiado, ao se informar como critério de busca exclusivo o nome da parte recorrente, o primeiro resultado apresentado permanecia apontando link de notícia de seu possível envolvimento em fato desabonador, não comprovado, a despeito da existência de outras tantas informações posteriores a seu respeito disponíveis na rede mundial. [...] 9. Recursos especiais parcialmente providos" (REsp nº 1.660.168/RJ. Rel. Min. Nancy Andrighi. Rel. p/ acórdão Ministro Marco Aurélio Bellizze, Terceira Turma, j. 8.5.2018. *DJe*, 5 jun. 2018).

disponibilizado por terceiros no ambiente virtual, mas sim a instalação de filtros para que o conteúdo não fosse disponibilizado. Os ministros acrescentaram em sua decisão o critério temporal, considerando o tempo decorrido desde o acontecimento do fato até o momento da sentença.

O voto vencedor foi o do Ministro Marco Aurélio Bellizze, que discordou, inicialmente, da ministra relatora ao destacar que o ordenamento jurídico pátrio tutela a proteção de dados dos cidadãos a partir da disposição expressa constitucional do *habeas data* e por meio da Lei nº 9.507/1997, que regula o direito de acesso a informações e disciplina o rito processual do *habeas data*. Por derradeiro, demonstrou a existência de leis esparsas, como o Código de Defesa do Consumidor e o Marco Civil da Internet, que têm como objetivo proteger o direito à privacidade.

O Ministro Moura Ribeiro acompanhou o voto divergente do Ministro Bellizze e explicitou a necessidade de utilizar o princípio da ponderação para analisar qual direito deve prevalecer. Ademais, frisou que as suspeitas contra a autora não foram comprovadas em nenhum momento e que a suposta fraude foi declarada inexistente. Para o ministro, a melhor solução seria a atualização das informações, porém, como não foi requerida nos autos, ele insiste que a desindexação é necessária no caso em análise, porquanto é direito inerente ao direito ao esquecimento.

Outra decisão importante que também trata da discussão relativa à censura diante da aplicação do direito ao esquecimento, assim como no caso analisado anteriormente, ocorreu na 3ª Turma do Superior Tribunal de Justiça, durante o julgamento do Recurso Especial nº 1.736.803 – RJ. Neste caso, o objeto julgado foi uma reportagem da revista *IstoÉ*, publicada em outubro de 2012, sobre como viviam pessoas condenadas por crimes nacionalmente conhecidos. A reportagem informou dados da rotina de uma das autoras da ação, que foi condenada e cumpriu pena por um dos crimes, além de informações sobre outros envolvidos. Segundo os autos, o texto dificulta a reintegração da mulher, por provocar sensações de pretensa impunidade e por explorar o sentimento de vingança coletiva e comoção midiática.

Na análise do relator, Ministro Ricardo Villas Bôas Cueva, a postura fere o princípio da proibição de penas perpétuas, o direito à reabilitação e o direito de retorno ao convívio social por egressos do sistema penal, o que gera o dever de indenizar. Entretanto, não é suficiente para aplicar o direito ao esquecimento e proibir o veículo de voltar a publicar informações sobre o caso.[26] O Tribunal, apesar de condenar os réus

---

[26] Para uma melhor compreensão, vale transcrever trecho do referido acórdão: "[...] Apesar de haver nítida violação dos mencionados direitos e princípios, aptos a ensejar condenação pecuniária posterior à ofensa, inviável o acolhimento da tese do direito ao esquecimento. Isso porque, muito embora cabível reconhecer e reparar as violações constatadas no presente caso, é inadmissível a fixação, ao veículo de comunicação, de antemão, de um dever geral de abstenção de publicar futuras reportagens relacionadas com o ato criminoso. Com efeito, a doutrina tem se dedicado a estudar, em situações análogas, a importância da dimensão democrática transcrita pela garantia da liberdade de manifestação. Paulo Gustavo Gonet Branco, em suas lições, destaca o pluralismo como elemento constituinte da democracia, motivo pelo qual a liberdade de expressão figuraria como instrumento central ao funcionamento desse sistema (BRANCO, Paulo Gustavo G. 'II – Liberdades'. In: MENDES, Gilmar Ferreira, BRANCO, Paulo Gustavo G. (Orgs.) 'Curso de Direito Constitucional'. 7ª edição revista e atualizada. São Paulo: Saraiva, 2012). O conteúdo de tal direito, como afirma o autor, busca assegurar que o direito à informação e à liberdade de expressão não sofram limitações indevidas por meio de imposições gerais vinculadas à temerária necessidade de chancela prévia por parte de um agente do Estado [...]. Contudo, é válido ressalvar que a análise concreta da historicidade de crimes famosos deve perpassar a aferição do genuíno interesse público presente em cada hipótese fática. Tal dimensão apenas pode ser constatada nas situações em que os fatos recordados

à indenização por danos morais, afastou a aplicação do direito ao esquecimento sob o argumento de que implicaria a imposição de censura prévia aos meios de informação disponíveis para o público.

Por fim, cabe analisar a decisão proferida pelo Supremo Tribunal Federal nos autos do RE nº 1.010.606, o Caso Aída Curi,[27] cujo julgamento alterou os rumos da discussão referente à aplicação do instituto do direito ao esquecimento no Brasil. Em 11.2.2021, dos 11 ministros, nove se manifestaram contra o direito ao esquecimento, que se encerrou com a orientação firmada no seguinte sentido:

> É incompatível com a Constituição a ideia de um direito ao esquecimento, assim entendido como poder de obstar, em razão da passagem do tempo, a divulgação de fatos ou dados verídicos e licitamente obtidos e publicados em meios de comunicação social analógicos ou digitais. Eventuais excessos ou abusos no exercício de liberdade de expressão e de informação devem ser analisados caso a caso, a partir dos parâmetros constitucionais, especialmente os relativos à proteção da honra, da imagem, da privacidade e da personalidade em geral e as expressas e específicas previsões legais nos âmbitos penal e cível.

O Relator Dias Toffoli, ao elaborar uma definição do que seria o direito ao esquecimento, entendeu-o como a pretensão apta a impedir a divulgação, seja em plataformas tradicionais ou virtuais, de fatos ou dados verídicos e licitamente obtidos, mas que, em razão da passagem do tempo, teriam se tornado descontextualizados ou destituídos de interesse público relevante; já sua ocultação melhor serviria aos propósitos constitucionais, sobretudo aos direitos da personalidade.

---

marcaram a memória coletiva e, por isso, sobrevivem à passagem do tempo, transcendendo interesses individuais e momentâneos. Assim, sob pena de imposição de indevida censura prévia e por existir evidente interesse social no cultivo à memória do mencionado fato notório, não é possível restringir de antemão a veiculação de quaisquer notícias e matérias investigativas sobre o tema, notadamente aquelas voltadas à preservação da dimensão histórica e social referente ao caso em debate" (REsp nº 1.736.803/RJ. Rel. Min. Ricardo Villas Bôas Cueva).

[27] O caso Aída Curi permanece até hoje no imaginário popular como um dos mais célebres da história do país, não somente pelas circunstâncias em que os fatos aconteceram, mas, sobretudo, porque se estendeu por três julgamentos pelo Tribunal do Júri. Não à toa a Rede Globo decidiu veicular, passados cinquenta anos do ocorrido, uma reportagem especial sobre a vida, a morte e a pós-morte de Aída Curi no mesmo programa que transmitiu o relato do Caso da Candelária, o *Linha Direta – Justiça*. Inconformados com o teor da reportagem, seus únicos irmãos vivos ajuizaram ação de reparação de danos morais, materiais e à imagem, em face da rede televisiva. Na inicial, afirmaram que o delito, apesar de ter sido intensamente divulgado no noticiário da época, com o passar dos anos foi esquecido. Sob esse viés, a TV Globo teria aberto novamente as feridas dos autores ao explorar a imagem de Aída com a transmissão do programa. O pleito foi julgado improcedente, tanto em primeiro quanto em segundo grau, tendo a discussão chegado ao STJ pelo Recurso Especial nº 1.335.153-RJ, interposto pelos autores. Como o pedido inicial não se limitava apenas aos danos morais decorrentes da exibição do programa, o Ministro Relator Luís Felipe Salomão se deteve também a analisar a questão do uso indevido da imagem da falecida. Apesar de reconhecer o direito dos familiares de esquecer o episódio, o ministro salientou que o reconhecimento, em tese, de um direito ao esquecimento não conduz necessariamente ao dever de indenizar. Como o cerne da matéria veiculada foi o crime em si, e não a imagem da vítima, não se poderia falar em dano moral. A isso se somaria o fato de que a reportagem contra a qual se insurgiram os autores foi ao ar cinquenta anos depois da morte de Aída Curi, razão pela qual não haveria, nos tempos presentes, o mesmo abalo vivenciado à época do acontecimento. É dizer: muito embora tenha gerado algum desconforto aos irmãos, seria inexistente o dano moral. Quanto aos pedidos indenizatórios por dano à imagem e dano material, o ministro também os rechaçou. Isso porque durante todo o programa exibido a vítima foi retratada mediante dramatizações realizadas por atores contratados, tendo havido uma única exposição de sua imagem real. Assim, não seria possível que esta única fotografia veiculada ocasionasse um decréscimo ou acréscimo na receptividade da reconstituição pelo público espectador. Diante do exposto, a 4ª Turma do Superior Tribunal de Justiça negou provimento ao recurso dos irmãos de Aída Curi, que visavam obter indenização pelo dano moral causado pelo documentário exibido pela TV Globo, beneficiando, nesse sentido, a liberdade de informação em detrimento do direito ao esquecimento, apesar de reconhecer a aplicação e a importância do instituto.

Concluiu afirmando não caber ao Judiciário, por hermenêutica, criar um suposto direito ao esquecimento, e que admitir tal direito seria uma restrição excessiva e peremptória às liberdades de informação e expressão, ato incompatível com os ideais da Constituição Federal. A tese firmada pelo Supremo Tribunal Federal segue uma jurisprudência que indica a prevalência da liberdade de expressão, como demonstram as decisões recentes, como a decretação da inconstitucionalidade da antiga Lei de Imprensa (ADPF nº 130) e a liberação da produção de obras bibliográficas sem a autorização do biografado (ADI nº 4.815).

O único ministro a reconhecer a aplicação do direito ao esquecimento, Edson Fachin, salientou que tal direito decorreria de uma leitura sistemática das liberdades fundamentais e que, ainda que se possa falar de uma posição de preferência da liberdade de expressão no sistema constitucional brasileiro, deve-se preservar o núcleo essencial dos direitos da personalidade, o que permite uma linha de raciocínio que foi muito bem sintetizada por Karina Nunes Fritz:[28]

> O direito ao esquecimento não é regra, mas exceção. Ele não dá um poder absoluto à pessoa de deletar toda e qualquer informação a seu respeito disponível na imprensa ou na internet e, muito menos, de reescrever sua biografia de forma seletiva, filtrando e apagando, de acordo com suas conveniências, acontecimentos desabonadores do passado. Essa é uma leitura simplista do direito ao esquecimento. O que se pretende atualmente, via de regra, é apenas evitar que essas notícias de cunho privado, não acobertadas pelo interesse público, sejam facilmente encontradas na internet e acessadas por qualquer um. Por isso, os tribunais europeus têm permitido a desindexação e até a anonimização, como explicou o Min. Gilmar Mendes em seu voto divergente. Se antes o interessado tinha que ir aos arquivos e bibliotecas públicas para fazer uma pesquisa, hoje eles devem fazer uma busca específica no próprio site de notícias ou digitar termos relacionados ao fato para ter acesso à notícia no original. O que se quer, nesses casos, é uma desindexação a fim de evitar que qualquer busca rápida no Google pelo nome da pessoa coloque no topo da lista de resultados aquele fato passado que não goza mais de relevância social, mas que a prejudica enormemente.

Em uma série de artigos sobre o julgamento em análise, Otávio Luiz Rodrigues Júnior indaga se estamos diante do "esquecimento de um direito" ou da "quitação do preço de uma coerência retrospectiva".[29] Importante anotar que, mesmo após o julgamento e a fixação da tese acima apontada, seja utilizando a denominação "direito ao esquecimento" ou não, situações concretas de colisões de direitos fundamentais ainda podem servir de fundamento à restrição do direito à liberdade de expressão, como anotado pelo ministro relator do caso:

> cabível a restrição, em alguma medida, à liberdade de expressão, sempre que afetados outros direitos fundamentais, mas não como decorrência de um pretenso e prévio direito

---

[28] FRITZ, Karina Nunes. Direito ao esquecimento está implícito na CF, diz especialista. *Migalhas*, 23 fev. 2021. Disponível em: https://www.migalhas.com.br/quentes/340757/direito-ao-esquecimento-esta-implicito-na-cf-diz-especialista. Acesso em: 5 mar. 2021.

[29] RODRIGUES JR., Otavio Luiz. Esquecimento de um direito ou o preço da coerência retrospectiva? (Parte 1). *Conjur*, 25 fev. 2021. Disponível em: https://www.conjur.com.br/2021-fev-25/direito-comparado-esquecimento-direito-ou-preco-coerencia-retrospectiva-parte. Acesso em: 14 mar. 2021.

de ver dissociados fatos ou dados por alegada descontextualização das informações em que inseridos, por força da passagem do tempo.

As discussões sobre o tema não cessarão, mesmo após o julgamento aqui em análise.

Conclusão

A revolução tecnológica impôs novos desafios à humanidade. O mundo digital apresenta um novo ambiente que não tem entre suas qualidades o esquecimento, sendo necessário um maior cuidado com a tutela da imagem da pessoa humana. Enquanto o ser humano havia evoluído durante toda sua experiência convivendo com o ato de esquecer, o desenvolvimento tecnológico trouxe novos obstáculos, através da possibilidade do armazenamento quase infinito dos dados, que permitiu uma memória, ainda que virtual, que a sociedade nunca teve.

Diante desse novo cenário, num contexto no qual a tecnologia avançou mais rápido que a capacidade intelectual e emocional de digerir e lidar com todas essas vertentes disruptivas, direitos como a privacidade são colocados em xeque. Entre as inúmeras facetas encontradas na aplicação do princípio da dignidade da pessoa humana, encontram-se os direitos da personalidade; entre estes, importa não apenas garantir o direito a construir a própria identidade, mas também o de reconstruí-la, já que a identidade é dinâmica e mutável.

Marcadamente influenciada pelo RGPD, foi promulgada, em 2018, a Lei Geral de Proteção de Dados Pessoais. Um dos principais elementos consubstanciados na atual geração de legislações específicas para o tratamento de dados é justamente o instituto da autodeterminação informativa, que simboliza a possibilidade de o próprio indivíduo, titular dos dados pessoais, deter o controle (possível) sobre eles.

Ligada ao conceito de autodeterminação informativa, situa-se a discussão sobre o direito ao esquecimento, cujo esforço de delimitação vinha sendo efetuado pela doutrina pátria nos últimos anos, durante os quais se iniciou uma construção jurisprudencial a respeito de um tema que não pode ser negligenciado. É que num contexto de capitalismo de vigilância, baseado em ações publicitárias que exploram aspectos comportamentais, todo fluxo de informação carrega suas consequências.

Apesar do silêncio legislativo sobre o tema, as ferramentas hermenêuticas vinham sendo bem empregadas para construir o entendimento sobre os requisitos à utilização do direito ao esquecimento em nosso país. Todo esse trabalho não será deixado de lado, mesmo após a decisão do STF no julgamento do Tema nº 786, que admite uma margem de discricionariedade para a avaliação específica do caso concreto, utilizando os direitos fundamentais consagrados no texto constitucional.

A referida decisão não representa um ponto final na discussão da matéria. Deve ser entendida como o início de um novo capítulo de debates sobre sua abrangência e aplicação em cenários específicos, muitos deles com diplomas legislativos próprios, como o da proteção de dados pessoais, disciplinada, no Brasil, pela LGPD.

Referências

ACIOLI, Bruno de Lima; EHRHARDT JÚNIOR, Marcos. Uma agenda para o direito ao esquecimento no Brasil. *Rev. Bras. Polít. Públicas*, Brasília, v. 7, n. 3, 2017.

ALEGRI, Maria Romana. GDPR e dirito di cancellazione dati/rettifica: come funziona. *Agenda Digitale*, 31 out. 2018. Disponível em: https://www.agendadigitale.eu/sicurezza/privacy/gdpr-e-diritto-di-cancellazione-dati-rettifica-come-funziona. Acesso em: 25 fev. 2021.

BARROSO, Luís Roberto. Colisão entre liberdades de expressão e direitos da personalidade. Critérios de ponderação. Interpretação constitucionalmente adequada do Código Civil e da Lei de Imprensa. *R. Dir. Adm.*, Rio de Janeiro, v. 235, p. 1-36, jan./mar. 2004.

BAUMAN, Zygmunt; LYON, David. *Vigilância líquida*. Rio de Janeiro: Zahar, 2013.

BIONI, Bruno R.; MENDES, Laura Schertel. Regulamento Europeu de Proteção de Dados Pessoais e a Lei Geral Brasileira de Proteção de Dados: mapeando convergências na direção de um nível de equivalência *In*: TEPEDINO, Gustavo; FRAZÃO, Ana; OLIVA, Milena Donato (Org.). *Lei Geral de Proteção de Dados Pessoais e suas repercussões no direito brasileiro*. 1. ed. São Paulo: Thomson Reuters Brasil, 2019.

BRASIL. *Constituição da República Federativa do Brasil*. Brasília, DF: Senado Federal, 1988.

BRASIL. *Lei nº 10.406, de 10 de janeiro de 2002*. Código Civil. Brasília, DF: Senado Federal, 2002.

BRASIL. *Lei nº 13.709, de 14 de agosto de 2018*. Lei Geral de Proteção de Dados Pessoais. Brasília, DF: Senado Federal, 2018.

BRASIL. Procuradoria-Geral da República. *Manifestação nº 178/2018* – SDHDC/GABPGR. Disponível em: https://www.jota.info/wp-content/uploads/2020/01/pgr-x-2018-esquecimento-manifestacao.pdf. Acesso em: 5 mar. 2021.

CHOERI, Raul Cleber da Silva. *O direito à identidade na perspectiva civil-constitucional*. Rio de Janeiro: Renovar, 2010.

EHRHARDT JÚNIOR, Marcos; LOBO, Fabíola Albuquerque (Coord.). *Privacidade e sua compreensão no direito brasileiro*. Belo Horizonte: Fórum, 2019.

FRITZ, Karina Nunes. Direito ao esquecimento está implícito na CF, diz especialista. *Migalhas*, 23 fev. 2021. Disponível em: https://www.migalhas.com.br/quentes/340757/direito-ao-esquecimento-esta-implicito-na-cf-diz-especialista. Acesso em: 5 mar. 2021.

FRITZ, Karina Nunes. Direito ao esquecimento não é absoluto, diz Bundesgerichtshof. *Migalhas*, 11 nov. 2020. Disponível em: https://www.migalhas.com.br/coluna/german-report/336206/direito-ao-esquecimento-nao-e-absoluto—diz-bundesgerichtshof. Acesso em: 5 mar. 2021.

GAVISON, Ruth. Privacy and the limits of law. *The Yale Law Journal*, v. 89, n. 3, jan. 1980.

MATOS, Ana Carla Harmatiuk; RUZYK, Carlos Eduardo Pianovski. Diálogos entre a Lei Geral de Proteção de Dados e a Lei de Acesso à Informação. *In*: TEPEDINO, Gustavo; FRAZÃO, Ana; OLIVA, Milena Donato (Org.). *Lei Geral de Proteção de Dados Pessoais e suas repercussões no direito brasileiro*. 1. ed. São Paulo: Thomson Reuters Brasil, 2019.

NISSENBAUM, Helen. *Privacy in context*: technology, policy and the integrity of social life. Stanford: Stanford University Press, 2010.

OCDE. *Diretrizes da OCDE para a Proteção da Privacidade e dos Fluxos Transfronteiriços de Dados Pessoais*. Disponível em: http://www.oecd.org/sti/ieconomy/15590254.pdf. Acesso em: 5 mar. 2021.

OLIVEIRA, Marco Aurélio Bellizze; LOPES, Isabela Maria Pereira. Os princípios norteadores da proteção de dados pessoais no Brasil e sua otimização pela Lei 13.709/2018. *In*: TEPEDINO, Gustavo (Coord.). *Lei Geral de Proteção de Dados Pessoais e suas repercussões no direito brasileiro*. 1. ed. São Paulo: Thomson Reuters Brasil, 2019.

PARLAMENTO EUROPEU E CONSELHO DA UNIÃO EUROPEIA. *Regulamento (UE) 2016/679 do Parlamento Europeu e do Conselho*. 27 abr. 2016.

PERLINGIERI, Pietro. *Perfis do direito civil*: introdução ao direito civil constitucional. 3. ed. Rio de Janeiro: Renovar, 2007.

RAMOS, André de Carvalho. *Curso de direitos humanos*. 6. ed. São Paulo: Saraiva Educação, 2019.

SCHREIBER, Anderson. As três correntes do direito ao esquecimento. *Jota*, 18 jun. 2017. Disponível em: https://www.jota.info/opiniao-e-analise/artigos/as-tres-correntes-do-direito-ao-esquecimento-18062017. Acesso em: 5 mar. 2021.

SCHREIBER, Anderson. *Direitos da personalidade*. 2. ed. São Paulo: Atlas, 2013.

SCHREIBER, Anderson. Direito ao esquecimento e proteção de dados pessoais na Lei 13.709/2018: distinções e potenciais convergências. *In*: TEPEDINO, Gustavo; FRAZÃO, Ana; OLIVA, Milena Donato (Org.). *Lei Geral de Proteção de Dados Pessoais e suas repercussões no direito brasileiro*. 1. ed. São Paulo: Thomson Reuters Brasil, 2019.

VOSS, W. Gregory; CASTETS-RENARD, Céline. Proporsal for an International Taxonomy on the various forms of the "Right to be Forgotten": A study on the convergence of norms. *Colorado Technology Law Journal*, Boulder, v. 14, n. 2, 2016. Disponível em: https://papers.ssrn.com/sol3/papers.cfm?abstract_id=2800742. Acesso em: 3 fev. 2021.

ZWEIGERT, Konrad; KÖTZ, Hein. *Introduzione al diritto comparato*. Traduzione di Barbara Pozzo. Milão: Giuffrè, 1998. v. I.

Informação bibliográfica deste texto, conforme a NBR 6023:2018 da Associação Brasileira de Normas Técnicas (ABNT):

EHRHARDT JR., Marcos; MATTA, Guilherme Lopes da. LGPD e o direito ao esquecimento no cenário da proteção de dados pessoais no direito brasileiro. *In*: EHRHARDT JÚNIOR, Marcos; LOBO, Fabíola Albuquerque; ANDRADE, Gustavo (Coord.). *Liberdade de expressão e relações privadas*. Belo Horizonte: Fórum, 2021. p. 557-576. ISBN 978-65-5518-188-3.

SOBRE OS AUTORES

Adriano Marteleto Godinho
Professor da Graduação e Pós-Graduação da Universidade Federal da Paraíba. Pós-Doutorando em Direito Civil pela Universidade de Coimbra. Doutor em Ciências Jurídicas pela Universidade de Lisboa. Mestre em Direito Civil pela Universidade Federal de Minas Gerais. *E-mail*: adrgodinho@hotmail.com

Adrualdo de Lima Catão
Doutor pela UPFE. Professor do Mestrado em Direito da Ufal e do Cesmac. Professor da Unit. Advogado.

Ana Carla Harmatiuk Matos
Doutora e Mestre em Direito pela Universidade Federal do Paraná e Mestre em Derecho Humano pela Universidad Internacional de Andalucía. Tutora in Diritto na Universidade di Pisa-Italia. Professora na Graduação, Mestrado e Doutorado em Direito da Universidade Federal do Paraná. Vice-Presidente do IBDCIVIL. Diretora Regional-Sul do IBDFAM. Advogada militante em Curitiba. Conselheira Estadual da OAB-PR.

Ana Carolina Brochado Teixeira
Doutora em Direito Civil pela UERJ. Mestre em Direito Privado pela PUC Minas. Professora do Centro Universitário UNA. Coordenadora editorial da *Revista Brasileira de Direito Civil – RBDCivil*. Advogada.

Ana Frazão
Advogada. Professora Associada da Universidade de Brasília – UnB.

Ana Paula Correia de Albuquerque da Costa
Doutora e Mestra em Ciências Jurídicas pela Universidade Federal da Paraíba, com realização de estágio doutoral no Centro de Direito Biomédico da Universidade de Coimbra. Professora da Universidade Federal da Paraíba. Associada do Instituto Brasileiro de Responsabilidade Civil. Presidente do Instituto Perspectivas e Desafios de Humanização do Direito Civil Constitucional. Advogada. *E-mail*: anapaula.costa@cccadv.com.br.

Ana Rafaela Medeiros
Advogada.

André Luiz Arnt Ramos
Doutor e Mestre em Direito das Relações Sociais pela Universidade Federal do Paraná. Professor de Direito Civil na Universidade Positivo. Cofundador do Instituto Brasileiro de Direito dos Contratos. Associado ao Instituto Brasileiro de Estudos de Responsabilidade Civil e ao Instituto dos Advogados do Paraná. Advogado. *E-mail*: andre@arntramos.adv.br.

Bruno Cavalcante Leitão Santos
Doutor em Direito pela PUCRS. Mestre em Direito Público pela Ufal. Professor de Direito Penal no Centro Universitário Cesmac (Maceió/AL). Advogado. *E-mail*: brunoleitao.adv@hotmail.com.

Caio Buarque
Advogado. Mestrando em Direito.

Carlos E. Elias de Oliveira
Professor de Direito Civil, Notarial e de Registros Públicos na Universidade de Brasília – UnB, no IDP/DF, na Fundação Escola Superior do MPDFT – FESMPDFT, no EBD-SP, na Atame/DF e GO e em outras instituições. Consultor Legislativo do Senado Federal em Direito Civil. Advogado/Parecerista. Ex-Advogado da União. Ex-Assessor de ministro STJ. Instagram: @profcarloselias e @direitoprivadoestrangeiro. *E-mail*: carloseliasdeoliveira@yahoo.com.br.

Carlos Edison do Rêgo Monteiro Filho
Professor Titular de Direito Civil e Ex-Coordenador do Programa de Pós-Graduação em Direito da UERJ. Vice-Presidente do Instituto Brasileiro de Estudos de Responsabilidade Civil (Iberc). Advogado e parecerista em temas de Direito Privado.

Carlos Henrique Félix Dantas
Mestrando em Direito Privado pela Universidade Federal de Pernambuco (UFPE). Graduado em Direito pela Universidade Católica de Pernambuco (Unicap). Pesquisador do Grupo de Pesquisa Constitucionalização das Relações Privadas (Conrep/UFPE/CNPq) e do Grupo de Pesquisa em Direito, Bioética e Medicina (JusBioMed/Uneb/CNPq). Associado do Instituto Brasileiro de Direito de Família (IBDFAM). Advogado. *E-mail*: carloshenriquefd@hotmail.com.

Cássio Monteiro Rodrigues
Doutorando e Mestre em Direito Civil pela Universidade do Estado do Rio de Janeiro (UERJ). Advogado.

Clayton Douglas Pereira Guimarães
Especialista em Ciências Jurídicas com ênfase em Direito Civil e Processo Civil pela Faculdade Arnaldo Janssen. Advogado. Orcid nº 0000-0001-5613-0443.

Danielle Spencer
Mestre e Doutora em Direito pela UFPE. Advogada. Professora Universitária da Faculdade Damas, Uninassau e Universo e de cursos preparatórios para concurso: Cers, Espaço Jurídico, ATF e Nejus.

Edhyla Carolliny Vieira Vasconcelos Aboboreira
Assessora de Promotoria no Ministério Público da Paraíba. Doutoranda em Ciências Jurídicas pela Universidade Federal da Paraíba. Mestre em Ciências Jurídicas pela Universidade Federal da Paraíba. *E-mail*: edhylacva@gmail.com.

Eduarda Victória Menegaz dos Santos
Membro do grupo de pesquisas CNPq/UFRGS: Núcleo de Estudos e Pesquisa em Direito Civil-Constitucional, Família, Sucessões e Mediação de Conflitos. Bacharelanda em Direito na Universidade Federal do Rio Grande do Sul – Porto Alegre/RS. *E-mail*: eduarda.menegaz@hotmail.com.

Eduardo Nunes de Souza
Doutor e Mestre em Direito Civil pela Universidade do Estado do Rio de Janeiro (UERJ). Professor Adjunto de Direito Civil da Faculdade de Direito da UERJ.

Elaine Buarque
Mestre e Doutora em Direito pela UFPE. Bolsista Capes com período sanduíche na Università di Camerino. Professora universitária. Membro do Instituto Brasileiro de Direito Civil e do Instituto Brasileiro de Responsabilidade Civil. Pesquisadora do CNPq – Grupo de Constitucionalização do Direito Civil.

Felipe Braga Netto

Membro do Ministério Público Federal (Procurador da República). Pós-Doutor em Direito Civil pela Università di Bologna, Itália (Alma Mater Studiorum). Doutor em Direito Constitucional e Teoria do Estado pela PUC-Rio. Mestre em Direito Civil pela UFPE. Associado fundador e Vice-Presidente do Iberc – Instituto Brasileiro de Responsabilidade Civil (2017-2019). Professor de Direito Civil da PUC-Minas (2002-2007). Professor de Direito Civil da ESDHC (2003-2019). Professor convidado em cursos de Pós-Graduação em Direito Civil e Direito do Consumidor nos últimos 18 anos (FESMPMG; Escolas de Magistratura diversas etc.). Professor da Escola Superior do Ministério Público da União. Procurador Regional Eleitoral de Minas Gerais (2010-2012). Publicou artigos em 32 obras coletivas, tendo coordenado 4 delas. Além das obras coletivas, publicou 14 livros.

Felipe Quintella

Doutor, Mestre e Bacharel em Direito pela UFMG. Professor dos cursos de Graduação e de Mestrado em Direito da Faculdade de Direito Milton Campos. Coordenador-Geral da Faculdade de Direito Milton Campos. Professor do Ibmec BH. Sócio fundador do Quintella e Righetti Advocacia e Consultoria.

Fernanda Leão Barretto

Advogada. Mestra em Família na Sociedade Contemporânea (UCSAL). Graduada em Direito (UFBA). Conselheira da OAB/BA. Primeira Vice-Presidente do IBDFAM/BA. Membro da Diretoria Nacional do IBDFAM. Membro fundador do IBDCONT. Professora de diversos cursos de Pós-Graduação.

Filipe Medon

Doutorando e Mestre em Direito Civil pela Universidade do Estado do Rio de Janeiro (UERJ). Professor substituto de Direito Civil na Universidade Federal do Rio de Janeiro (UFRJ) e de cursos de Pós-Graduação do Instituto New Law, PUC-Rio, CEPED-UERJ, EMERJ, Cedin e do curso Trevo. Membro da Comissão de Proteção de Dados e Privacidade da OAB-RJ e do Instituto Brasileiro de Estudos de Responsabilidade Civil (Iberc). Advogado e pesquisador. Instagram: @filipe.medon.

Francisco de Assis de França Júnior

Doutorando e Mestre em Direito pela Universidade de Coimbra (PT). Professor no Centro Universitário Cesmac (Maceió/AL. Advogado. *E-mail*: fafjunior2016@gmail.com.

Gabriel Schulman

Doutor em Direito pela Universidade do Estado do Rio de Janeiro (UERJ). Mestre em Direito pela Universidade Federal do Paraná (UFPR). Especialista em Direito da Medicina (Universidade de Coimbra). Advogado, sócio de Trajano Neto e Paciornik Advogado. Coordenador da Pós-Graduação em Direito e Tecnologia da Universidade Positivo. *E-mail*: gabriel@schulman.com.br.

Geraldo Frazão de Aquino Júnior

Doutor em Direito pela Universidade Federal de Pernambuco – UFPE. Graduado e Mestre em Direito e em Engenharia Elétrica pela Universidade Federal de Pernambuco – UFPE.

Guilherme Lopes da Matta

Graduando pela Universidade Federal de Alagoas (Ufal). Estagiário do Ministério Público Federal de Alagoas (MPF-AL). Ex-Monitor das disciplinas de Direito das Obrigações e Contratos. Integrante dos grupos de pesquisa Núcleo de Estudos em Direito Civil e Constitucional e Direito Privado e Contemporaneidade. *E-mail*: guilhermelopesdamatta@hotmail.com.

Gustavo Henrique Baptista Andrade

Pós-Doutor em Direito Civil pela Universidade do Estado do Rio de Janeiro – UERJ. Mestre e Doutor em Direito Civil pela Universidade Federal de Pernambuco – UFPE. Procurador judicial do Município do Recife. Pesquisador visitante do Max-Planck-Institut für Ausländisches und Internationales Privatrecht – MPIPRIV, Alemanha. *E-mail*: gustavo@gustavoandrade.adv.br.

Gustavo Simões Pioto
Tabelião de Notas e Protesto de Títulos no Estado de Goiás. Especialista em Direito Notarial e Registral pela Faculdade Ibmec – SP e Instituto Damásio de Direito. Especialista em Direito Processual Civil pela Univem – SP. Membro convidado da Comissão Especial de Direito Notarial e Registral do Conselho Federal da Ordem dos Advogados do Brasil. 1º Secretário do Colégio Notarial do Brasil – Seção Goiás. Membro do Colégio Notarial do Brasil – Conselho Federal, IBDFAM, IBDFAM-GO, ATC-GO e IEPTB-GO.

Hermano Victor Faustino Câmara
Doutorando em Direito das Relações Sociais na Universidade Federal do Paraná. Mestre em Direito pela Universidade Federal do Rio Grande do Norte.

Igor de Lucena Mascarenhas
Doutorando em Direito pela Universidade Federal da Bahia e pela Universidade Federal do Paraná. Mestre pela Universidade Federal da Paraíba. Especialista em Direito da Medicina pelo Centro de Direito Biomédico da Universidade de Coimbra. Professor da Graduação e Pós-Graduação do Centro Universitário Unifip e do Centro Universitário Unifacisa. Membro do Iberc, ABDE e IBDCIVIL. Advogado. *E-mail*: imascarenhas@mbrp.adv.br.

João Paulo Capelotti
Doutor e Mestre em Direito das Relações Sociais pela Universidade Federal do Paraná. Membro da International Society for Humor Studies. Advogado.

José Barros Correia Júnior
Doutor em Constitucionalização das Relações Privadas pela Faculdade de Direito de Recife – FDR/ UFPE. Professor dos cursos de Graduação e Mestrado da Faculdade de Direito de Alagoas – FDA/UFAL. Pesquisador vinculado aos grupos de pesquisa Constitucionalização das Relações Privadas da UFPE e Problemas de Direito Civil Constitucional na Sociedade Contemporânea da Ufal. Advogado militante.

José Luiz de Moura Faleiros Júnior
Doutorando em Direito pela Universidade de São Paulo – USP. Mestre em Direito pela Universidade Federal de Uberlândia – UFU. Especialista em Direito Digital e Compliance. Membro do Instituto Avançado de Proteção de Dados – IAPD e do Instituto Brasileiro de Estudos de Responsabilidade Civil – Iberc. Advogado. Professor.

Luiza Moraes Galrão
Advogada. Graduada em Direito pela Faculdade Baiana de Direito. Pós-Graduada em Direito Empresarial pela Fundação Getúlio Vargas.

Manuel Camelo Ferreira da Silva Netto
Doutorando em Direito Civil pela Universidade do Estado do Rio de Janeiro (UERJ). Mestre em Direito Privado pela Universidade Federal de Pernambuco (UFPE). Graduado em Direito pela Universidade Católica de Pernambuco (Unicap). Advogado. Mediador humanista. Pesquisador do Grupo de Pesquisa Constitucionalização das Relações Privadas (Conrep/UFPE/CNPq) e do Núcleo de Estudos em Direito Civil Constitucional – Grupo Virada de Copérnico (UFPR/CNPq). Vice-Presidente da Comissão de Direito Homoafetivo e Gênero do Instituto Brasileiro de Direito de Família – Diretoria de Pernambuco (IBDFAM-PE). Membro da Comissão de Diversidade Sexual e de Gênero da Ordem dos Advogados do Brasil – Seccional Pernambuco (CDSG/OAB-PE). *E-mail*: manuelcamelo2012@hotmail.com.

Marcos Ehrhardt Jr.
Advogado. Doutor em Direito pela Universidade Federal de Pernambuco (UFPE). Professor de Direito Civil dos cursos de Mestrado e Graduação em Direito da Universidade Federal de Alagoas (Ufal) e do Centro Universitário Cesmac. Editor da *Revista Fórum de Direito Civil* (RFDC). Vice-Presidente do Instituto Brasileiro de Direito Civil (IBDCIVIL). Presidente da Comissão de Enunciados e Vice-Presidente da Comissão de Família e Tecnologia do Instituto Brasileiro de Direito de Família (IBDFAM). Associado do Instituto Brasileiro de Estudos em Responsabilidade Civil (Iberc). Membro fundador do Instituto Brasileiro de Direito Contratual – IBDCONT. *E-mail*: contato@marcosehrhardt.com.br.

Maria Carla Moutinho Nery
Mestre em Direito pela UFPE. Assessora jurídica do TJPE. Professora da Escola da Magistratura de Pernambuco – Esmape.

Marília Pedroso Xavier
Professora da Graduação e da Pós-Graduação *stricto sensu* da Faculdade de Direito da UFPR. Doutora em Direito Civil pela USP. Mestre e Graduada em Direito pela UFPR. Coordenadora de Direito Privado da Escola Superior de Advocacia do Paraná. Diretora do Instituto Brasileiro de Direito Contratual – IBDCONT. Advogada. Mediadora.

Maurício Requião
Doutor em Direito. Professor de Direito Civil na Faculdade de Direito da UFBA e na Faculdade Baiana de Direito. Líder do grupo de pesquisa Autonomia e Direito Civil Contemporâneo. Advogado.

Michael César Silva
Doutor e Mestre em Direito Privado pela Pontifícia Universidade Católica de Minas Gerais. Especialista em Direito de Empresa pela Pontifícia Universidade Católica de Minas Gerais. Professor da Escola Superior Dom Helder Câmara. Líder do grupo de iniciação científica Responsabilidade Civil: desafios e perspectivas dos novos danos na sociedade contemporânea, da Escola Superior Dom Helder Câmara. Membro do Instituto Brasileiro de Estudos de Responsabilidade Civil (Iberc). Advogado. Mediador judicial credenciado pelo Tribunal de Justiça de Minas Gerais. ORCID nº 0000-00021142-4672.

Paula Falcão Albuquerque
Doutoranda em Direito pela UFPE. Mestra em Direito pela Ufal. Integrante do grupo de pesquisa Constitucionalização das Relações Privadas (Conrep), da UFPE. Pesquisadora do grupo de pesquisa Direito Privado e Contemporaneidade, da Ufal. Professora. Advogada. *E-mail*: paula.falcao@hotmail.com.

Paulo Lôbo
Doutor em Direito Civil (USP). Professor emérito da Ufal. Ex-Conselheiro do CNJ.
Rinaldo Mouzalas
Advogado sócio do Mouzalas Azevedo Advocacia. Professor da Universidade Federal da Paraíba. Doutorando pela Universidade Federal de Pernambuco. Mestre em Direito pela Universidade Católica de Pernambuco. *E-mail*: rinaldo@mouzalasadvogados.adv.br.

Rodrigo da Guia Silva
Doutorando e Mestre em Direito Civil pela Universidade do Estado do Rio de Janeiro (UERJ). Advogado.

Romualdo Baptista dos Santos
Mestre e Doutor em Direito Civil pela Universidade de São Paulo – USP. Especialista em Direito Contratual e Direito de Danos (Contratos y Daños) pela Universidade de Salamanca – Usal.

Professor convidado em cursos de Graduação e Pós-Graduação em Direito. Autor e coautor de várias obras e artigos jurídicos. Procurador do Estado de São Paulo aposentado. Advogado. *E-mail*: romualdobaptista@gmail.com.

Simone Tassinari Cardoso Fleischmann
Professora do Programa de Mestrado e Doutorado em Direito da Universidade Federal do Rio Grande do Sul. Doutora e Mestre em Direito pela PUCRS. Advogada. Mediadora. Porto Alegre/RS. *E-mail*: sitassinari@hotmail.com.

Tereza Cristina Monteiro Mafra
Doutora, Mestra e Bacharela em Direito pela UFMG. Professora dos cursos de Graduação e de Mestrado em Direito da Faculdade de Direito Milton Campos. Diretora da Faculdade de Direito Milton Campos. Sócia fundadora do Tereza Mafra Advocacia.

Thamis Dalsenter Viveiros de Castro
Professora do Departamento de Direito da PUC-Rio. Doutora em Direito Civil pela UERJ. Mestre em Direito Constitucional e Teoria do Estado pela PUC-Rio.

Thiago Bomfim
Advogado. Doutorando em Direito Público pela Universidade de Coimbra. Professor da Ufal e do Centro Universitário Cesmac.

Vitor Almeida
Doutor e Mestre me Direito Civil pela Universidade do Estado do Rio de Janeiro (UERJ). Professor adjunto da Universidade Federal Rural do Rio de Janeiro (UFRRJ). Professor de Direito Civil do Departamento de Direito da PUC-Rio. Advogado.